T0401791

RÖMISCH-GERMANISCHE KOMMISSION
DES DEUTSCHEN ARCHÄOLOGISCHEN INSTITUTS

# BERICHT DER RÖMISCH-GERMANISCHEN KOMMISSION

BAND 100
2019

SCHRIFTLEITUNG FRANKFURT A. M. PALMENGARTENSTRASSE 10–12

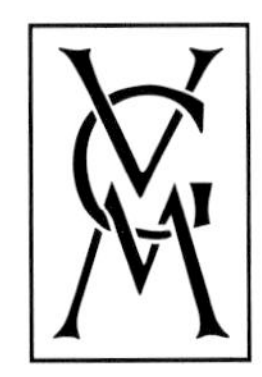

MIT 204 TEXTABBILDUNGEN und 2 ANHÄNGEN

Die wissenschaftlichen Beiträge im Bericht der Römisch-Germanischen Kommission
unterliegen dem peer-review-Verfahren durch auswärtige Gutachterinnen und Gutachter.

Contributions to the Bericht der Römisch-Germanischen Kommission
are subject to peer review by external referees

Tous les textes présentés à la revue «Bericht der Römisch-Germanischen Kommission»
sont soumis à des rapporteurs externes à la RGK.

Der Abonnementpreis beträgt 39,00 € pro Jahrgang. Bestellungen sind direkt an den Verlag zu richten. Mitglieder des Deutschen Archäologischen Instituts und Studierende der Altertumswissenschaften können die Berichte der Römisch-Germanischen Kommission zum Vorzugspreis von 19,50 € abonnieren. Studierende werden gebeten, ihre Bestellungen mit einer Studienbescheinigung an die Schriftleitung zu richten. Wir bitten weiterhin, die Beendigung des Studiums und Adressänderungen unverzüglich sowohl dem Verlag (vertrieb@reimer-verlag.de) als auch der Redaktion (redaktion.rgk@dainst.de) mitzuteilen, damit die fristgerechte Lieferung gewährleistet werden kann.

ISBN 978-3-7861-2888-5
ISSN 0341-9312

Verlag: Gebr. Mann Verlag, Berlin – www.reimer-mann-verlag.de
Verantwortliche Redakteure: David Wigg-Wolf und Julienne Schrauder, Römisch-Germanische Kommission
Graphische Betreuung: Kirstine Ruppel, Römisch-Germanische Kommission
Formalredaktion: Nadine Baumann
Satz und Druck: LINDEN SOFT Verlag e.K., Aichwald
Printed in Germany

# Inhaltsverzeichnis

# Vorwort der Herausgeberinnen und Herausgeber

Es gehört zu den grundlegenden Aufgaben der Römisch-Germanischen Kommission, Berichte über ihre Forschungen und ihre Impulse für andere Forschungseinrichtungen vorzulegen und diese der Öffentlichkeit zugänglich zu machen. Dafür wurde 1905 die Zeitschrift „Bericht über die Fortschritte der römisch-germanischen Forschungen“ gegründet, die seit 1910 als „Bericht der Römisch-Germanischen Kommission“ erscheint. Lag damals das Schwergewicht der Kommissions- und Publikationsarbeit in der Begleitung und Förderung von archäologischen Feldarbeiten innerhalb Deutschlands, wurde in mehr als einhundert Jahren Publikationstätigkeit dieses Spektrum sowohl inhaltlich als auch räumlich erheblich erweitert.

Zum einen wurden unter maßgeblicher Beteiligung des sechsten bzw. achten Direktors der RGK Gerhard Bersu (1889–1964) zahlreiche Kontakte in das europäische Ausland geknüpft und ein internationales Verständnis von Archäologie entwickelt, das die RGK bis heute pflegt. So bestehen Kooperationen mit vielen der Regionen, in die Bersu seinerzeit Studienfahrten internationaler Archäologieabsolventinnen und -absolventen führte oder in denen er selbst forschte – als freier Mann oder als Kriegsinternierter –, aber stets im Austausch mit den örtlichen Archäologen und Archäologinnen. Zum anderen werden seit den 1990er Jahren zunehmend auch forschungsgeschichtliche Fragen durch die Kommission bearbeitet und gefördert. Wie ertragreich diese beiden Traditionen heute sind, und dass sie unbedingt miteinander zu verknüpfen sind, davon legt der vorliegende hundertste Berichtsband Zeugnis ab.

Dass so viele Kolleginnen und Kollegen der Einladung gefolgt sind, die reichen Archivbestände der RGK und ihrer eigenen Institutionen dafür zu nutzen, um erneut und kritisch auf die Arbeiten Bersus, auf seine Aktivitäten und seine Netzwerke zu blicken, freut uns als Herausgeberinnen und Herausgeber sehr. Es verdeutlicht die Tragfähigkeit und den Gewinn internationaler interdisziplinärer Zusammenarbeit ebenso wie die der wissenschaftsgeschichtlichen Fragestellungen, die in den letzten Jahren von der RGK gefördert wurden. Damit wird auch ein ertragreiches und zukunftsfähiges Archäologieverständnis beschrieben, wie die Beiträge zu denjenigen Forschungen zeigen, die aktuell an traditionsreichen Fundplätzen auf den Britischen Inseln mit Blick auf Bersus Vorarbeiten durchgeführt werden.

Wir schätzen uns glücklich, das Erscheinen des 100. Bandes des Berichts der RGK mit diesem fach- und wissenschaftsgeschichtlichen Rückblick auf Gerhard Bersus Leben und Wirken feiern zu können, und dies gemeinsam mit den zahlreichen europäischen Wissenschaftlerinnen und Wissenschaftlern, die zu diesem Band beigetragen haben. So hoffen wir, nicht nur ein vertieftes Verständnis für europäische Archäologiegeschichte zu ermöglichen, sondern auch einen frischen Blick auf Möglichkeiten und Herausforderungen wissenschaftlicher Kooperation auf europäischer Ebene zu bieten.

Wir danken den Gutachterinnen und Gutachtern für ihre kritischen und ermutigenden Anmerkungen zu den Manuskripten sowie den Mitarbeiterinnen und Mitarbeitern der Redaktion der RGK für die Begleitung dieses Bandes.

Eszter Bánffy
Kerstin P. Hofmann
Alexander Gramsch
Susanne Grunwald
Gabriele Rasbach

Frankfurt am Main, im Mai 2022

Eszter Bánffy
Erste Direktorin

Kerstin P. Hofmann
Zweite Direktorin

Alexander Gramsch
Redaktionsleitung

Susanne Grunwald
Mitherausgeberin
des Sammelbandes

Gabriele Rasbach
Mitherausgeberin
des Sammelbandes

# Digging Bersu.
# Ein europäischer Archäologe

Herausgegeben von Susanne Grunwald, Eszter Bánffy, Alexander Gramsch, Kerstin P. Hofmann und Gabriele Rasbach

## Inhalt

Zusammenfassungen, die von Sandy Hämmerle und Isabel Aitken (Zusammenfassungen und Summaries) bzw. Yves Gautier (Résumés) übersetzt wurden, sind entsprechend gekennzeichnet.

# Einleitung

Von Susanne Grunwald, Eszter Bánffy, Alexander Gramsch,
Kerstin P. Hofmann und Gabriele Rasbach

## Idee

Die Idee, in einem Band verschiedene Perspektiven auf das Leben und Arbeiten von Gerhard Bersu (1889–1964) zusammenzuführen, entwickelte sich parallel zu der von Susanne Grunwald im Rahmen eines Forschungsstipendiums vom Mai 2017 bis April 2018 an der RGK durchgeführten Untersuchung zur Reorganisation der deutschen Prähistorischen Archäologie nach 1945[1]. Dabei wurde deutlich, wie Bersu in seiner zweiten Amtszeit als Direktor der RGK an alte Beziehungen anknüpfte und neue herstellte, alte Projekte z. T. unbearbeitet ließ, während er neue anstieß. Es zeigte sich, wie stark seine neuerlichen Amtshandlungen, Ideen und Errungenschaften an das anschlossen, was er seit seiner Zeit als Schüler gelernt und geleistet hatte, – dass also seine zweite Amtszeit unverständlich bleiben muss ohne den Blick zurück.

Nun vertreten wir, die Herausgeberinnen und der Herausgeber, sehr unterschiedliche Generationen, sind unterschiedlicher Herkunft, haben verschiedene Bildungswege absolviert und niemand von uns hat Gerhard Bersu noch persönlich kennengelernt. Gleichzeitig sind wir ihm aber in gewisser Weise entweder als Amtsnachfolgerinnen verbunden, folgen einzelnen seiner Forschungsperspektiven und Überzeugungen oder verfolgen seine Wirkung auf Geschichte und Gegenwart der Archäologien. Dies begründet noch keine Beziehung zueinander, sondern gewährleistet vielmehr eine respektvolle Distanz auf das Leben und die verschiedenen Arbeiten Bersus und bedingt zugleich ein ausgeprägtes Interesse an seinen fachlichen Leistungen. Dadurch können wir erkennen und anerkennen, welchen großen Einfluss Bersu auf die Ausgrabungspraxis in Europa im frühen 20. Jahrhundert und auf die internationale Vernetzung der Prähistorischen Archäologie vor und nach dem Zweiten Weltkrieg nahm. Dank der historischen Distanz kann aber auch gefragt werden, wie ein talentierter und vielfältig geförderter junger Mann im Ersten Weltkrieg agierte, wie ein inzwischen anerkannter Wissenschaftler vor dem Zweiten Weltkrieg und schließlich im Kalten Krieg netzwerkte und inwieweit dessen eigene Forschungen den roten Faden oder möglicherweise auch oft das Rettungsseil durch dieses Zeitalter der Extreme für ihn selbst bildeten. Schließlich erlaubt diese distanzierte Perspektive, nach Bersus Lehrern, Kolleginnen und Kollegen und auch Nachfolgerinnen und Nachfolgern zu fragen und nach den Forschungen, die seine Arbeiten fortsetzen[2]. Bersus Wirken wird dadurch als wichtiger Beitrag zur Geschichte der europäischen Prähistorischen Archäologie beschrieben, der verschiedene regionale Vorläufer und erfreulich viele Fortsetzungen hat.

[1] Grunwald 2016 (2020).

[2] Als Herausgeberinnen und Herausgeber fühlen wir uns der berechtigten Forderung nach einer geschlechtergerechten Sprech- und Schreibweise verpflichtet, aber sie kollidiert bei historischen Fragestellungen, wie wir sie in diesem Band verfolgen, regelmäßig mit der vergangenen Realität. Die große Mehrheit der Menschen, die in den hier beschriebenen Untersuchungszeiträumen in Europa Prähistorische Archäologie betrieben, waren Männer, so dass in den folgenden Texten mit männlichen Bezeichnungen auch tatsächlich nur Männer gemeint sind. In den Fällen, in denen unsere Autorinnen und Autoren oder wir Kenntnis haben von der Beteiligung weiblicher Akteure, werden diese entsprechend genannt.

Abb. 1. Gerhard Bersu, wohl Anfang der 1930er Jahre (Fotograf unbekannt; Privatarchiv Eva Braun-Holzinger).

Im Jahr 2002 erschien die erste ausführliche biographische Würdigung Bersus[3]. Verfasst hatte sie sein Amtsnachfolger Werner Krämer (1917–2007), der von 1956 bis 1972 die RGK geleitet hatte, für die Festschrift anlässlich des einhundertsten Jahrestages der Gründung der RGK. Diese Festschrift wiederum gab Siegmar von Schnurbein heraus, der während seiner eigenen Amtszeit als Erster Direktor der RGK wesentlich zur Öffnung und Nutzung der reichen Archivbestände der RGK beitrug und damit am Beginn eines neuen Forschungsbereiches der RGK steht – der wissenschaftsgeschichtlichen Rekonstruktion und historischen Kontextualisierung von Forschungen und Forschungsstrukturen. Daran knüpfen die derzeitige Erste und Zweite Direktorin, Eszter Bánffy und Kerstin P. Hofmann, mit der Förderung wissenschaftsgeschichtlicher Untersuchungen an, so auch ganz im Sinne Bersus mit der Einladung europäischer Kolleginnen und Kollegen zur Mitarbeit an diesem vorliegenden Band. Zu unserer Freude wurde dadurch tatsächlich Vieles zu Bersu, seinen Projekten und seinem Wirken aus den Archiven gehoben und so bisher unbekannte Aspekte seines Arbeitslebens ausgegraben *(Abb. 1)*.

## Umsetzung

Die Wissenschaftsgeschichte der Prähistorischen Archäologie ist derzeit weder durch eigene Lehrstühle noch Institute vertreten und europaweit finden sich daher nur wenige Fachvertreterinnen und -vertreter, die sich mit entsprechenden Fragen beschäftigen[4]. Dass es gelungen ist, unter diesen Bedingungen 19 Autorinnen und Autoren zu gewinnen, die zu den regional breit gestreuten Lebens- und Arbeitsstationen Bersus neue Perspektiven

[3] Krämer 2001.

[4] Jüngst z. B. Coltofean-Arizancu / Díaz-Andreu 2021; von Rummel / Benecke 2021.

liefern, freut uns ebenso wie die Bereitschaft unserer britischen, irischen und deutschen Kolleg*innen, über zeitgenössische Forschungen an Fundplätzen zu berichten, an denen Bersu vor, während und nach seiner Internierung und Forschungszeit in Großbritannien und Irland gearbeitet hat.

Chronologisch gereiht, werfen die Beiträge Schlaglichter auf Bersus verschiedene Projekte und Ideen, aber auch auf Elemente seines Wissenschaftsverständnisses. Den Auftakt bildet die Rekonstruktion der Burgwallgrabungen, die Bersu noch als Student in seiner Heimat, der damaligen preußischen Provinz Schlesien, im Auftrag der örtlichen Bodendenkmalpflege durchgeführt hatte, durch die Archäologin und Wissenschaftshistorikerin Karin Reichenbach (S. 43–61). Der talentierte Schüler und dann Student wurde als solcher von arrivierten Fachvertretern erkannt und in aktuelle Forschungen in verantwortlicher Position eingebunden. Dass er sich dabei ebenso wie die Älteren, allen voran Carl Schuchhardt (1859–1943), Hans Seger (1864–1943) und Martin Jahn (1888–1974), auf methodischem Neuland bewegte, machte die Zusammenarbeit und den lebenslang engen Austausch miteinander so einflussreich für die weitere Entwicklung der archäologischen Methodik im Allgemeinen und der sog. Burgwallforschung, der Erforschung befestigter Siedlungen, im Speziellen[5]. Während für Seger und Jahn die Klärung chronologischer und besiedlungsgeschichtlicher Fragen auf regionaler Ebene im Vordergrund standen, sah Bersu befestigte Siedlungen vor allem als grabungstechnische Herausforderungen, an denen sich Grabungsorganisation und Befundinterpretation schulen und verfeinern ließen. Hier mag auch der Grund für die vielfach beklagten Versäumnisse Bersus liegen, kaum finale Ausgrabungsberichte und Abschlusspublikationen verfasst zu haben. Das Graben selbst und das Erschließen des Fundortes standen stets im Vordergrund seiner Arbeiten.

Der zweite Beitrag beleuchtet vor einem jüngst angewachsenen Forschungsstand Bersus Rolle im sog. Kunstschutz im besetzten Belgien während des Ersten Weltkrieges. Während die ältere Forschungsliteratur stets vage auf die großen Verdienste Bersus bei der Vertretung deutscher Interessen während und nach dem Krieg verwies, werten die Historikerin Christina Kott und der Archäologe Heino Neumayer (S. 63–96) in ihrem Beitrag weit verstreutes Archivmaterial aus der Kriegszeit aus und rekonstruieren den eifrigen Einsatz eines jungen, ambitionierten Studenten, der pragmatisch Gelegenheiten nutzte und sich damit aus heutiger Sicht weit über die Grenzen akzeptabler wissenschaftlicher Neugier bewegte. Dieser Beitrag macht vor allem klar, warum die Entscheidungsträger in den deutschen Altertumswissenschaften nach dem Kriegsende Bersu derart förderten und entsprechend seinen Talenten 1924 an die RGK empfahlen.

Als Assistent der RGK und ab 1927 als deren Zweiter Direktor entwickelte sich Bersu einerseits zu einem Multiplikator moderner Ausgrabungspraxis, indem er auf zahlreichen Fundplätzen in Deutschland und der Schweiz auf Einladung örtlicher Vereine seine Expertise einbrachte und Grabungen leitete. Andererseits trug er persönlich zur Vernetzung der europäischen Archäologinnen und Archäologen bei, indem er ab 1929 „Studienfahrten deutscher und donauländischer Bodenforscher" für fortgeschrittene Studierende und Absolventinnen und Absolventen der Altertumswissenschaften zu prähistorischen Fundregionen vor allem in Südostmitteleuropa initiierte. Siegmar von Schnurbein (S. 97–117) stellt die insgesamt fünf unter Bersus Leitung durchgeführten Studienfahrten zusammen und breitet das Netzwerk der Teilnehmerinnen und Teilnehmer aus, das sich wie das *Who is who* der europäischen Archäologie des frühen 20. Jahrhunderts liest.

[5] U. a. Grunwald 2019.

Eine der Grundlagen dieser Studienreisen war der enge Austausch zwischen Bersu und einzelnen Kollegen im heutigen Österreich und im heutigen Ungarn auf Basis eines 1928 zwischen der RGK und dem Österreichischen Archäologischen Institut geschlossenen Kooperationsvertrages. Gemeinsam trugen sie dazu bei, diesen großen Forschungsraum für die deutsche und westeuropäische Wahrnehmung zu öffnen. Der Archäologe Péter Prohászka beschreibt dies ausführlich anhand der Beziehung zwischen Bersu und Ferenc Tompa (1893–1943) (S. 119–154). Die Archäologin Marianne Pollack liefert mit ihrer Darstellung der Zusammenarbeit von Bersu und dem österreichischen Historiker und Epigraphiker Rudolf Egger (1882–1962) Einblicke in die gemeinsamen archäologischen Projekte der RGK und des Österreichischen Archäologischen Instituts in Kärnten zwischen 1928 und 1931, in deren Mittelpunkt die praktische Grabungsausbildung der aus Deutschland, Österreich, Ungarn, Jugoslawien und Rumänien kommenden Studierenden stand (S. 155–180).

Die Zeit nach dem Ersten Weltkrieg sah zahlreiche interdisziplinäre raumbezogene Initiativen der frühen Kultur- und Altertumswissenschaften, in denen versucht wurde, national getrennt erarbeiteten Forschungsstand in Atlanten oder Kartenwerken zusammenzustellen. Eines der erfolgreicheren Projekte dieser Art war die *Tabula Imperii Romani*, die auf eine britische Initiative für eine *Map of Roman Britain* zurückging. Der Byzantinist und Historische Geograph Andreas Külzer beschreibt in seinem Beitrag die Entstehungsgeschichte dieses internationalen Projektes, an dem Bersu als Vertreter der RGK mitarbeitete und dabei entscheidende Kontakte zu Kollegen auf den Britischen Inseln knüpfte (S. 181–197).

Südwestdeutschland und die Schweiz bildeten einen eigenständigen und wichtigen Forschungsraum für Bersu, der bislang noch nicht wissenschaftsgeschichtlich gewürdigt und mit den Forschungsgeschichten dieser Regionen verzahnt wurde. Einen ersten Beitrag dafür liefert der Archäologe Hansjörg Brem, der die vielfältigen Austauschbeziehungen zwischen Bersu und den Schweizer Kollegen vor und nach dem Zweiten Weltkrieg nachzeichnet und dabei die Arbeit der Schweizerischen Gesellschaft für Urgeschichte (SGU) als Drehscheibe eines Archäologiebooms in der Schweiz beschreibt (S. 199–232). Brem betont, dass Bersu einen erheblichen Einfluss auf die Schweizer Archäologie ausgeübt hat, und zwar insbesondere auf die Grabungstechnik.

Da Bersus weiterer Karriereweg bei der RGK und seine Entlassung als Direktor der RGK in der Anfangszeit des Nationalsozialismus inzwischen hinreichend dargestellt wurden, wollten wir Bersus Forschungsarbeiten in den 1930er und frühen 1940er Jahren genauer beschreiben. Wir haben dafür den Archäologen Christopher Evans gewinnen können. Dreißig Jahre nach seiner forschungsgeschichtlichen Auseinandersetzung mit Bersus britischen Siedlungsgrabungen und ihrem Wirken auf die britische Archäologie, insbesondere in Bezug auf die Erforschung prähistorischer Siedlungen ohne Steinbauten, beschreibt Evans Bersus Ausgrabungen in Little Woodbury 1938 und 1939 nicht als „oft-told tale" vom Ausgangspunkt der modernen britischen Siedlungsarchäologie aus (S. 233–269). Vielmehr stellt er Bersus Arbeit dort als weiteres Beispiel für dessen Vorgehen dar, an jedem Fundort eine den Fundumständen, den Ressourcen und der Fragestellung angemessene Ausgrabungsstrategie zu entwickeln, zeigt aber auch die Lücken auf: „the shortcomings of his approach now seem more apparent: what he overlooked, omitted and misunderstood" (S. 235).

Der Ausbruch des Zweiten Weltkrieges 1939 beendete Bersus Arbeit in Little Woodbury, die ihn auf den Britischen Inseln weithin bekannt gemacht hatte. Als Angehörige des Kriegsgegners Deutschland wurden Gerhard und seine Frau Maria Bersu im Sommer 1940 auf der Isle of Man interniert. Dass er auch diese Zeit für Ausgrabungen nutzte, ist inzwischen bekannt, aber erst jetzt kann diesen Informationen die britische und irische

Wahrnehmung des Deutschen Bersu hinzugefügt werden. Der Archäologe Harold Mytum hat es dankenswerter Weise übernommen, fachinterne wie private Quellen zum Aufenthalt Bersus und seiner Frau auf der Isle of Man auszuwerten (S. 271–303). Dabei werden nicht nur die besonderen Umstände dieser Ausgrabungen deutlich, sondern auch, wie Bersu sein britisches Netzwerk nutzte und ausbaute[6]. Gerhard und Maria Bersu scheinen die Internierung über die gesamte Kriegsdauer einer bereits 1942 diskutierten Entlassung vorgezogen zu haben, und Vere Gordon Childe (1892–1957) vermutete in einem Brief sogar, dass Gerhard „deliberately decided that it is better to remain in the Camp at least since excellent employment for his peculiar gifts is available than to live on charity without equally useful employment" (zitiert nach Mytum in diesem Band, S. 294).

Mit dem Kriegsende endete auch die Internierung von Gerhard und Maria Bersu. Sie wurden an verschiedene Fundplätze eingeladen und dabei von örtlichen Forschungsinstitutionen oder Vereinen finanziert. Im südöstlichen Schottland unternahm Bersu 1947 u. a. eine Ausgrabung auf der großen befestigten Siedlung bei Traprain Law, seine einzige Untersuchung einer derartigen Anlage während seiner Zeit auf den Britischen Inseln. Wie schon zuvor in Schlesien oder besonders auf dem Goldberg in Württemberg sah sich Bersu mit einem buchstäblich herausragenden mehrphasigen Besiedlungsplatz mit komplizierter Nutzungsgeschichte und den Erwartungen regionaler Forscher konfrontiert, die Geschichte des Platzes durch eine Ausgrabung zu (er-)klären. Auch wenn die Dauer dieser Untersuchung zu kurz bemessen war und Bersu nie wieder die Möglichkeit fand, nach Traprain Law zurückzukehren, bleibt dieses Projekt als wesentlicher Impulsgeber für die späteren Forschungen am Ort bedeutsam, wie die Archäologen Fraser J. Hunter, Ian Armit und Andrew Dunwell in ihrem Text dazu darlegen (S. 305–334).

Auf Anregung von Childe hatte der britische Archäologe Osbert G. S. Crawford (1886–1957) Kontakte nach Irland hergestellt, und im Herbst 1947 nahm Bersu die Einladung der Royal Irish Academy an, eine neue Professur für Archäologie zu bekleiden. Von Dublin aus unternahm Bersu auf dem Freestone Hill, Co. Kilkenny in Südostirland, 1948 und 1949 mehrere Grabungskampagnen, über die er allerdings nur einen kurzen Bericht vorlegte. Wie die Archäologen Knut Rassmann, Roman Scholz, Hans-Ulrich Voß, Cóilín Ó Drisceoil und die Archäologin Jacqueline Cahill Wilson in ihrem gemeinsamen Beitrag betonen (S. 335–366), konnte Bersu zeigen, dass die Kontakte zwischen der Ostküste Irlands und dem Römischen Reich intensiver waren, als zuvor gedacht. Bersus Grabungen und Publikationen bilden die Grundlage für zahlreiche Forschungen der folgenden Jahrzehnte, die die Autorin und Autoren ebenfalls vorstellen.

Parallel zu Bersus Arbeiten in Schottland und Irland dauerten die Verhandlungen um seine Rückkehr an die RGK fast fünf Jahre. Dass sie überhaupt geführt wurden, erscheint aus heutiger Sicht auch deshalb so interessant, weil dieser Prozess zahlreiche Schlaglichter auf die Protagonisten der deutschen Nachkriegsarchäologie wirft und auf ihre Vorstellungen davon, was die RGK im bald geteilten Deutschland leisten sollte. Die Stationen zwischen dem Kriegsende und Bersus Rückkehr nach Frankfurt zeichnet die Archäologin und Wissenschaftshistorikerin Susanne Grunwald in ihrem Beitrag ebenso nach wie die Schwerpunkte von Bersus zweiter Amtszeit (S. 367–413). Deren Höhe- und gleichzeitig Schlusspunkt bildete die Ausrichtung des fünften *Congrès International des Sciences Préhistoriques et Protohistoriques* (CISPP), der im August 1958 in Hamburg stattfand.

[6] So pflegten Gerhard und Maria Bersu den Kontakt zu Basil Megaw, dem Direktor des Manx Museum, und seiner Familie, und dies bis zu Marias Tod 1987 (E-Mail Clare Alford, Tochter von Basil Megaw, 1.2.2020).

Abb. 2. Maria und Gerhard Bersu 1956 auf Sizilien (Fotograf unbekannt; Archiv RGK Nachlass Bersu Kiste 3, Tüte 33, Bild 15).

Gemeinsam mit der Archäologin Nina Dworschak ordnet Susanne Grunwald diesen Kongress in die Reihe der bisherigen Veranstaltungen ein und lenkt damit den Blick auf die kulturpolitische Bedeutung solcher internationaler Wissenschaftsereignisse (S. 415–451).

Während Bersu an so vielen Orten seines Wirkens so vielfältige Spuren und vor allem auswertbare Archivalien hinterlassen hat, gibt es kaum Quellen zu seiner Frau Maria *(Abb. 2)*. Sie begleitete ihn seit ihrer Heirat 1928 zu seinen Ausgrabungen und auch bei den Studienfahrten. Sie war ferner vielfach als Zeichnerin bei seinen Ausgrabungsprojekten tätig. Vermutlich ist sie auch für viele Zeichnungen der Grabungen auf der Isle of Man verantwortlich[7]. Zudem wirkte sie als Übersetzerin, indem sie z. B. für die Zeitschrift Germania eingereichte Manuskripte aus dem Englischen ins Deutsche übertrug[8]. In Frankfurt

[7] Crellin 2013: „[…] we are relatively confident that she produced many of the illustrations of the excavations and that she was an experienced fieldworker in her own right."

[8] So berichtet z. B. Vincent Megaw, der Neffe von Basil Megaw (s. Fußnote 6), dass Maria seine erste Germania-Publikation (Megaw 1967) übersetzte (E-Mail vom 3.10.2021). Clare Alford erzählt: „Her command of English was much better than Gerhard's" (E-Mail vom 1.2.2020). Nach Gerhard Bersus Tod 1964 kümmerte sich Maria um seinen Nachlass, insb. eine große Zahl an Lithografien. An Familie Megaw schrieb sie im Dezember 1964: „I go to the Institute every day to deal with his papers, books, correspondence, maps, reports, and it is a gigantic task, but I feel I must do it for his sake and soon." (privates Archiv Clare Alford).

leben noch Bekannte und Freunde der Bersus, die Erinnerungen an Marias Anteil an Gerhard Bersus Arbeiten pflegen. Zu ihnen gehört die Vorderasiatische Archäologin Eva Andrea Braun-Holzinger, der wir einen ganz persönlichen, abschließenden Blick auf das Ehepaar Bersu verdanken (S. 453–465).

## Ausblick

Auch die vorliegenden Beiträge beschreiben selbstverständlich nicht das ganze Spektrum von Bersus Forschungen und seiner vielfältigen Gremienarbeit. Vielmehr verweisen sie auf weitere, offene Fragen.

So wird z. B. deutlich, dass die große Anzahl der Ausgrabungen, die Bersu in so verschiedenen Forschungsregionen wie der Schweiz, Ungarn und Bulgarien im Lauf seines Lebens durchführte, auch aufgrund ihres geringen Publikationsstandes, bislang nicht als Teil deutschsprachiger Forschungstraditionen betrachtet und untersucht wurden, während sie in diesen Regionen als einflussreich für die dortige Fachentwicklung gelten. Für die deutsche Fachgeschichte werden dagegen u. a. Bersus Arbeiten im bulgarischen Sadovec, einer spätantiken Befestigung im Norden des Landes, deren forschungsgeschichtliche Eckpunkte bereits Raiko Krauß[9] an anderer Stelle vorgelegt hat, nicht gewürdigt. 1936 und 1937 grub Bersu dort im Rahmen eines Gemeinschaftsprojektes der Bulgarischen, Österreichischen und Deutschen Archäologischen Institute und trat damit thematisch und regional in eine Tradition, die seine älteren Förderer wie Hans Dragendorff (1870–1941) und Theodor Wiegand (1864–1936) während des Ersten Weltkrieges in dieser Region begründet hatten. Dass Bersus alter Freund Wilhelm Unverzagt (1892–1971) während des Zweiten Weltkrieges die ebenfalls spätantiken Fundamente der Festung Belgrad untersuchte, ist ein weiterer Strang dieser Tradition, die bislang in ihrem regionalen und überregionalen Wirken noch nicht hinreichend diskutiert wurde[10].

Was für Bersus Ausgrabungen gilt, ist ebenso auf seine Gremienarbeit zu beziehen. Wenn wir Kongresse als wesentliche Kommunikationsformate der institutionalisierten Wissenschaft einerseits und als Instrument moderner Kulturpolitik andererseits würdigen und analysieren, dann darf von einer kritischen Auswertung der seinerzeit innovativen Veranstaltungen noch einiges an Aufklärung über die gegenseitigen Einflussnahmen und Weichenstellungen unter den Beteiligten erwartet werden. Eine solche Auswertung steht z. B. immer noch aus für die „Internationale Tagung für Ausgrabungen“, die Bersu 1929 im Rahmen der Hundertjahrfeier des DAI veranstaltete.

Ebenfalls mit Bersu ist die Einführung archäologischer Lehrgrabungen in die deutsche Prähistorische Archäologie zu verbinden. Die Anfänge dieses einflussreichen Formates der Wissensvermittlung und Netzwerkbildung wurde 2021 mit Förderung der RGK von Susanne Grunwald untersucht. Bersus Kampagnen auf dem Goldberg wurden dabei als ein frühes Beispiel für systematische archäologische Lehrgrabungen wissenschaftsgeschichtlich kontextualisiert[11], was zahlreiche neue Fragen zur Wissensvermittlung in der Prähistorischen Archäologie und auch Bersus Anteil daran als Grabungsleiter, Lehrstuhlinhaber in Irland und Direktor der RGK aufwirft.

Gerade in seinem Fokus auf die Feldforschungspraxis war Gerhard Bersu, das zeigen die hier versammelten Beiträge eindrücklich, ein hervorragender Netzwerker – oder in den Worten von Fraser Hunter: „Bersu, it seems, had a knack of making friends“ (s. Beitrag

[9] Krauss 2013.
[10] Kott 2017.
[11] Grunwald in Vorb.

Hunter, S. 310). Nicht beantwortet werden können bislang aber Fragen dazu, wie Bersu selbst sein Leben und seine Tätigkeiten unter wechselnden, teils bedrohlichen politischen Umständen sah und gegenüber seinen zahlreichen Freunden und Kolleginnen und Kollegen darstellte. Er arbeitete offenbar nach dem Zweiten Weltkrieg erneut mit vielen von ihnen zusammen, ungeachtet der Frage, ob und wieweit sie in den nationalsozialistischen Apparat verstrickt gewesen waren. Erstaunlicherweise sprach Bersu selbst nie von einer Flucht, die ihn nach Großbritannien brachte, sondern zählte stets die zahlreichen Ausgrabungen auf, die er seit der Zwangspensionierung durchgeführt hatte. Möglicherweise wollte er sich bewusst nicht als Opfer sehen und auch nicht so gesehen werden. Unklar ist auch, ob bzw. inwieweit er seine familiäre Herkunft thematisierte. Er war wegen seiner jüdischen Vorfahren aus der RGK entfernt worden und es war letztlich dieser Umstand, der zu seinem langjährigen Aufenthalt in Großbritannien geführt hatte. Wenn, dann äußerte er sich nur sehr zurückhaltend über diese Gründe oder seine Familie[12].

Auch zu einigen der späten Projekte Bersus können wir derzeit noch keine biografische und wissenschaftsgeschichtliche Einordnung bieten, dies gilt z. B. für seine wohl beratenden Tätigkeiten in Ägypten und Nubien in den frühen 1960er Jahren. Wir hoffen, dass zum besseren Verständnis dieser Einsätze sowie anderer genannter offener Fragen auch weiterhin die Arbeit des Archivs der RGK beitragen kann. Es wird u. a. im Rahmen eines DFG-LIS-Projektes „Spuren Archäologischer Wissensgenerierung" jetzt weiter erschlossen. Neben vielen wissenschaftsgeschichtlich relevanten Daten werden dabei auch die verstreuten Archivalien anderer Einrichtungen digital vernetzt und u. a. in das biographische Informationssystem Propylaeum-VITAE eingespeist[13].

## Literaturverzeichnis

Coltofean-Arizancu / Díaz-Andreu 2021
L. Coltofean-Arizancu / M. Díaz-Andreu (Hrsg.), Interdisciplinarity and Archaeology. Scientific Interactions in Nineteenth- and Twentieth-Century Archaeology (Oxford 2021).

Crellin 2017
R. Crellin, Gerhard and Maria Bersu. Round Mounds of the Isle of Man, https://roundmounds.wordpress.com/2017/03/03/gerhard-and-maria-bersu/ 3. März 2017 (letzter Zugriff 4.10.2021).

Grunwald 2016 [2020]
S. Grunwald, Beispiellose Herausforderungen. Deutsche Archäologie zwischen Weltkriegsende und Kaltem Krieg. Ber. RGK 97, 2016 [2020], 227–377.

Grunwald 2019
S. Grunwald, Burgwallforschung in Sachsen. Ein Beitrag zur Wissenschaftsgeschichte der deutschen Prähistorischen Archäologie zwischen 1900 und 1961. Universitätsforschungen zur Prähistorischen Archäologie 331 (Bonn 2019).

Grunwald in Vorb.
S. Grunwald, „Eine Hochschule des Ausgrabens". Der Goldberg und die Idee archäologischer Lehrgrabungen. In: Th. Fröhlich / G. Rasbach / S. Schröer (Hrsg.), Wo Wissen entsteht – Orte der Forschung, des Austauschs und des Lernens in den Altertumswissenschaften. Tagung des Forschungsclusters 5 des DAI, 24.–25. November 2021 (in Vorb.)

[12] Basil Megaw erzählte seiner Tochter Clare Alford, „that Bersu had said privately to him one time, that although he was not Jewish, he may well have had Jewish ancestry in the distant past" (E-Mail Clare Alford, 1.2.2020).

[13] Rasbach u. a. 2021; https://www.propylaeum.de/themen/propylaeum-vitae/ (letzter Zugriff am 19.5.2022).

Kott 2017
Ch. Kott, „Kunstschutz im Zeichen des totalen Krieges". Johann Albrecht von Reiswitz und Wilhelm Unverzagt in Serbien, 1941–1944. Acta Praehistorica et Archaelogica 49, 2017, 245–269.

Krämer 2001
W. Krämer, Gerhard Bersu – ein deutscher Prähistoriker, Ber. RGK 82, 2001, 6–135.

Krauss 2013
R. Krauss, Archäologie in schwieriger Zeit. Gerhard Bersu und die Ausgrabungen bei Sadovec 1936-1937. In: H. Schaller / R. Zlatanova (Hrsg.), Deutsch-Bulgarischer Kultur- und Wissenschaftstransfer (Berlin 2013) 123–138.

Megaw 1967
V. Megaw, Ein verzierter Frühlatène-Halsring im Metropolitan Museum of Art in New York. Germania 45, 1967, 50–59.

Rasbach u. a. 2021
G. Rasbach / S. Schröer / K. P. Hofmann / A. Frey / M. Effinger / S. Grunwald / J. Merten / C. Berbüsse, Spuren archäologischer Wissensgenerierung. Propylaeum-Vitae, ein von der DFG-gefördertes Verbundprojekt zur archäologischen Wissenschaftsgeschichte, e-Forschungsberichte des DAI 2021/1, 37–46. doi: https://doi.org/10.34780/686e-a85e.

von Rummel / Benecke 2021
Ph. von Rummel / N. Benecke, Das Zentralinstitut für Alte Geschichte und Archäologie (ZIAGA) und das Deutsche Archäologische Institut (DAI). Erinnerungen und Berichte aus der Vor- und Nachwendezeit (1975–2010) (Berlin 2021).

Anschriften der Verfasserinnen und des Verfassers:

Susanne Grunwald
Johannes-Gutenberg-Universität Mainz
Institut für Altertumswissenschaften
Jakob-Welder-Weg 8
DE-55128 Mainz

Eszter Bánffy
Kerstin P. Hofmann
Alexander Gramsch
Gabriele Rasbach
Römisch-Germanische Kommission
des Deutschen Archäologischen Instituts
Palmengartenstr. 10–12
DE-60325 Frankfurt am Main

# Besuchen – Beraten – Ausgraben

Von Susanne Grunwald

Bereits als Schüler besuchte Gerhard Bersu Ausgrabungen in Schlesien und Brandenburg oder nahm an ihnen teil[1] und danach riss seine Neugier nie mehr ab. Seine zahlreichen Tagungs- und Kongressbesuche sowie privaten Reisen, die immer auch seinem wissenschaftlichen Interesse folgten, führten ihn seit seiner ersten Berufung zum Assistenten der Römisch-Germanischen Kommission (RGK) im November 1924[2] auf die Ausgrabungen seiner Kollegen und wenigen Kolleginnen in Deutschland, West- und Südeuropa sowie Nordafrika. Vermutlich besuchte Bersu im Laufe seines Lebens mehr als 200 Ausgrabungsstellen und es wäre sicherlich lohnend, diese Besuche zu dokumentieren, um Bersus Einflussnahme auf die Projekte anderer Ausgräber und Ausgräberinnen besser beschreiben und rekonstruieren zu können.

Mit seiner Berufung an die RGK, besonders nach seiner Ernennung zum Zweiten Direktor im September 1927, wurde Bersu nicht nur zum von Amts wegen neugierigen Besucher von Ausgrabungen, sondern auch explizit zum Berater seiner grabenden Kolleginnen und Kollegen[3]. Dem Gründungsauftrag der RGK entsprechend berieten Bersu und die anderen Vertreter dieser Kommission die archäologischen Forschungen in Deutschland[4]. Die RGK gewährte Zuschüsse für Grabungen, unterstützte aber ausdrücklich nicht bodendenkmalpflegerische Arbeiten. Die Vertreter der RGK vermittelten Kontakte und Grabungsbesuche und förderten damit nicht nur die Kenntnis über Fundplätze, sondern auch Standards der Grabungsplanung, -organisation und -dokumentation. Mangels detaillierter Überlieferung kann heute nicht immer getrennt werden zwischen Grabungsbesuch und -beratung, sodass wir auch keine separate Aufstellung solcher letztgenannten Termine vorlegen. Die Berichte der RGK vermitteln aber einen guten Eindruck von dieser Beratungstätigkeit, wobei für die beiden Amtszeiten Bersus angemerkt sei, dass die dafür erforderlichen Reisemittel stets als unzureichend beklagt wurden, sodass die RGK wahrscheinlich sehr viel mehr Beratungsanfragen erreichten, als dann durch die Mitarbeiter berücksichtigt werden konnten.

Anhand der im Archiv der RGK erhaltenen Materialien lassen sich bislang folgende 36 Grabungsteilnahmen oder -leitungen für Bersu während und zwischen seinen beiden Amtszeiten bei der RGK nachweisen. Ausgehend von den bisherigen Arbeiten am Nachlass Bersus wird sich die RGK in den nächsten Jahren gemeinsam mit den Verantwortlichen in Bersus ehemaligen Forschungsregionen darum bemühen, die in Frankfurt aufbewahrten Grabungsdokumentationen weiter zu erschließen und digitale Verknüpfungen mit den Beständen in der Schweiz oder Großbritannien zu entwickeln.

Sofern für einzelne Fundorte keine Koordinaten bei frei zugänglichen Diensten und Publikationen gefunden werden konnten, wurden die bekannten Koordinaten der nächstgelegenen Ortschaft oder des Bezirkes als Grundlage für die iDAI.gazetteer-ID genutzt[5]. Sie sind in der Ortsangabe durch Unterstreichung kenntlich gemacht.

[1] S. den Beitrag von Karin Reichenbach in diesem Band.

[2] Krämer 2001, 21; 26.

[3] Krämer 2001, 25.

[4] Zu den durch die RGK geförderten und von ihr durchgeführten Ausgrabungen und Geländeuntersuchungen siehe Müller-Scheessel et al. 2001.

[5] Herzlichen Dank an Katja Rösler, RGK, für die Unterstützung bei der entsprechenden Recherche!

### Bürgle bei Gundremmingen, Lkr. Günzburg, Bayern

https://gazetteer.dainst.org/place/2047356 (letzter Zugriff: 27.4.2022)
Deutschland
1921, 1922, 1925
Dieses Kastell, das aus einem römischen Vicus entstand, wurde von Paul Reinecke (1872–1958) entdeckt und zwischen 1921 und 1925 vom örtlichen Verein mit finanzieller Unterstützung der RGK archäologisch untersucht. Vorläufig ist unklar, inwieweit Bersu mitgrub oder lediglich beratend tätig war; 1964 publizierte er die Ausgrabungsergebnisse.
RGK-A NL Gerhard Bersu Kiste 6
Ber. RGK 16, 1925/26, 171; Bersu 1926b; Bersu 1964; Krämer 2001, 23

### Lautlingen, Zollernalbkreis, Baden-Württemberg

https://gazetteer.dainst.org/place/2046327 (letzter Zugriff: 27.4.2022)
Deutschland
1924, 1925, 1926
Der seit Jahrzehnten durch römische Funde bekannte Fundplatz wurde von Bersu in drei Kampagnen untersucht, wobei der Nachweis eines Kastells gelang.
RGK-A NL Gerhard Bersu Kiste 6
Ber. RGK 16, 1925/26, 171; Bersu 1925; Bersu 1926c; Krämer 2001, 19; 23

### Goldberg bei Nördlingen, Gem. Riesbürg, Baden-Württemberg

https://gazetteer.dainst.org/place/2045959 (letzter Zugriff: 27.4.2022)
Deutschland
1924, 1925, 1926, 1927, 1928, 1929
Die 1924 begonnenen Ausgrabungen wurden von 1926–1929 von der Notgemeinschaft der deutschen Wissenschaft gefördert. Hermann Parzinger veröffentlichte die Befunde der metallzeitlichen Phasen dieser Höhensiedlung; die Vorlage der neolithischen Befunde steht noch aus.
RGK-A NL Gerhard Bersu
Ber. RGK 16, 1925/26, 171; Bersu 1926a; Ber RGK 1927, 253; Bersu 1927a; Bersu 1928a; Ber. RGK 18, 1928, 189; Ber. RGK 19, 1929, 203; Bersu 1929a; Bersu 1930a; Bersu 1930b; Bersu 1930c; Bersu 1936; Bersu 1937; Parzinger 1998; Krämer 2001, 19; 21; 23; 27

### Sog. Angrivarierwall bei Leese, Lkr. Nienburg / Weser, Niedersachsen

https://gazetteer.dainst.org/place/2050865 (letzter Zugriff: 27.4.2022)
Deutschland
1926
Bis in die Aufklärung reichen die Versuche zurück, die Orte der von Tacitus überlieferten Schlachten zwischen Truppen des Germanicus und des Arminius in Norddeutschland zu identifizieren. Ein niedersächsischer Fabrikant machte Mitte der 1920er-Jahre Carl Schuchhardt auf mögliche Überreste des von Tacitus beschriebenen sog. Angrivarierwalls aufmerksam. Auf Schuchhardts Initiative leitete Bersu im Juni 1926 eine fünftägige Kampagne und wies mit drei Schnitten am Ohle Hoop bei Leese nach, dass es sich um eine Wallkonstruktion von ehemals 10 m Breite und 2,5 m Höhe handelte. Eine Untersuchung

des nahegelegenen Marschberges ergab Reste einer frühkaiserzeitlichen Siedlung und eine frühmittelalterliche Überbauung, was eine Zuordnung zum sog. Angrivarierwall ausschloss.
RGK-A NL Gerhard Bersu Kiste 6
Ber. RGK 16, 1925/26, 171; Bersu et al. 1926; Krämer 2001, 23; Hegewisch 2012

### Gelbe Birg / Burg / Bürg bei Dittenheim, Lkr. Weißenburg-Gunzenhausen, Bayern

https://gazetteer.dainst.org/place/2115541 (letzter Zugriff: 27.04.2022)
Deutschland
1926
Nach ersten Ausgrabungen 1908–1911 auf diesem seit der Bronzezeit wiederholt besiedelten Berg unternahm Paul Reinecke (1872–1958) zusammen mit Bersu 1926 eine weitere Untersuchung, die der mehrphasigen spätantiken Höhensiedlung galt.
Ber. RGK 16, 1925/26, 171; Werner 1965; Krämer 2001, 23

### Altrip bei Ludwigshafen, Rhein-Pfalz-Kreis, Rheinland-Pfalz

https://gazetteer.dainst.org/place/2052024 (letzter Zugriff: 27.4.2022)
Deutschland
1926, 1927, 1932 (1934)
Bersu grub u. a. mit dem Prähistoriker und Direktor des Historischen Museums der Pfalz Friedrich Sprater (1884–1952) an diesem 1917 als spätrömisches Kastell identifizierten Fundplatz und lieferte umfangreiche Informationen zum Grundriss und der Innenbebauung des Lagers.
RGK-A NL Gerhard Bersu Kiste 8
Ber. RGK 16, 1925/26, 171; Bersu 1928b; Bersu 1930d; Ber. RGK 1932, 7; Krämer 2001, 23; 27

### Bettmauer bei Isny, Ldk. Ravensburg, Baden-Württemberg

https://gazetteer.dainst.org/place/2122143 (letzter Zugriff: 27.4.2022)
Deutschland
1926
Bersu führte in diesem spätrömischen Reiterkastell die erste systematische Ausgrabung durch. Die entsprechende Akte wurde 1966 von der RGK an die Bayerische Akademie der Wissenschaften übergeben.
RGK-A NL Gerhard Bersu Kiste 6
Ber. RGK 16, 1925/26, 171; Bersu 1927b; Krämer 2001, 23; 27

### Sarmenstorf, Kt. Aargau

https://gazetteer.dainst.org/place/2057851 (letzter Zugriff: 27.4.2022)
Schweiz
1927
Seit dem frühen 19. Jahrhundert waren die römischen Ruinen auf der Flur Murimooshau bekannt und wurden später, am Beginn des 20. Jahrhunderts, von Altertumsforschern dokumentiert. Als damit begonnen wurde, Steine abzureißen und zum Wegebau

zu nutzen, begann die Historischen Gesellschaft Seetal mit der Ausgrabung einer römischen Villa als Teil eines großen Gutshofes bei Sarmenstorf. Die Grabungen begannen am 6. Juni 1927 und wurden auf Einladung der Gesellschaft vom 4.–11. Juli und vom 21.–23. August von Bersu geleitet.
Ber. RGK 1927, 233; Bosch 1930

### Duel bei Feistritz an der Drau, Kärnten

https://gazetteer.dainst.org/place/2777521 (letzter Zugriff: 27.4.2022)
Österreich
1928, 1929, 1930, 1931
Die spätantike Befestigung, das Kastell auf dem Duel, wurde mehrere Sommer unter der Leitung von Bersu und dem Österreicher Rudolf Egger (1882–1969) archäologisch untersucht. Den Rahmen bildete eine offizielle Kooperation zwischen der RGK und dem Österreichischen Archäologischen Institut, dessen Direktor Egger war. 1928 leitete Egger die Grabungen allein, während Bersu auf dem benachbarten Görz arbeitete, ab 1929 teilten sie sich die Grabungsleitung. Die Ausgrabung auf dem Duel gilt als eine der ersten Lehrgrabungen der Prähistorischen Archäologie in Mitteleuropa.
Ber. RGK 18, 1928, 193; Ber. RGK 19, 1929, 203; Nachrbl. Dt. Vorzeit V, 1929, 9–10; Bersu 1929b; Bersu 1929c; Bersu 1929d; Bersu et al. 1929; Ber. RGK 20, 1930, 10–12; Ber. RGK 21, 1931, 8; Ebner 2009, 60; Krämer 2001, 27

### Görz bei Feistritz an der Drau, Kärnten

https://gazetteer.dainst.org/place/2777521 (letzter Zugriff: 27.4.2022)
Österreich
1928
Die spätlatènezeitliche Befestigungsanlage auf dem 18 ha großen Görz wurde unter der Leitung von Bersu archäologisch untersucht. Den Rahmen dafür bildete eine Kooperation zwischen der RGK und dem Österreichischen Archäologischen Institut.
Ber. RGK 18, 1928, 193; Ber. RGK 19, 1929, 203; Nachrbl. Dt. Vorzeit V, 1929, 9–10; Bersu 1929b; Bersu 1929c; Bersu 1929d; Bersu et al. 1929; Ber. RGK 20, 1930, 10–12; Ber. RGK 21, 1931, 8; Ebner 2009, 60; Krämer 2001, 27

### Lengyel, Kom. Tolna

https://gazetteer.dainst.org/place/2777514 (letzter Zugriff: 27.4.2022)
Ungarn
1928
Seit den 1880er-Jahren waren von diesem eponymen Fundort der mittelneolithischen Lengyel-Kultur zahlreiche Gräber bekannt. Gemeinsam mit Ferenc von Tompa (1893–1945) vom Ungarischen Nationalmuseum untersuchte Bersu Anfang Juni 1928 fünf Tage lang die Befestigungsreste der Siedlung. Ihrer Meinung nach handelte es sich dabei aber um einen hallstattzeitlichen und nicht, wie u. a. Hans Lehner (1865–1938) und die spätere Forschung versicherten, um einen neolithischen Fundplatz.
RGK-A NL Gerhard Bersu Kiste 6; RGK-A 41: Gerhard Bersu, Bericht über eine Reise nach Ungarn
Ber. RGK 18, 1928, 189–190; Tompa 1937; Krämer 2001, 26

Dietzenley bei Gerolstein, Lkr. Vulkaneifel, Rheinland-Pfalz

https://gazetteer.dainst.org/place/2777515 (letzter Zugriff: 27.4.2022)
Deutschland
1928
Diese mehrphasige metallzeitliche Befestigungsanlage untersuchte Paul Steiner (1876–1944) vom Trierer Provinzialmuseum unter Anleitung von Bersu mit zwölf Arbeitern innerhalb einer Woche. Dabei wurde 15 Suchschnitte und auch ein Wallschnitt angelegt, der aber nach Bersus Aussage so enttäuschend war, dass deshalb die Ausgrabung abgebrochen wurde. Dennoch gilt sie als die erste im Trierer Bezirk mit modernen Methoden durchgeführte Ringwalluntersuchung. Über ihren Verlauf ist allerdings wenig bekannt, da kein Grabungsbericht von Bersu vorliegt.
Ber. RGK 18, 1928, 189; Koch / Schindler 1994; Ringwall Dietzenley: https://kulturdb.de/einobjekt.php?id=5689 (letzter Zugriff: 24.3.2022)

Tószeg, Kom. Jász-Nagykun-Szolnok

https://gazetteer.dainst.org/place/2111604 (letzter Zugriff: 27.4.2022)
Ungarn
1928
Bei seiner Ungarnreise 1928 nahm Bersu auch an einer einwöchigen Untersuchung dieses bronzezeitlichen Tells teil, die vom Ungarischen Nationalmuseum durchgeführt wurde. Ein weiterer Teilnehmer war der niederländische Archäologe Albert Egges van Giffen (1884–1973).
RGK-A 41: Gerhard Bersu, Bericht über eine Reise nach Ungarn
Ber. RGK 18, 1928, 189–190; Krämer 2001, 26

Hermopolis / Aschmuneyn / El-Aschmunen, al-Minyā (Muhāfazat)

https://gazetteer.dainst.org/place/2042791 (letzter Zugriff: 28.4.2022)
Ägypten
1929, 1930–1932
Ziel der von 1929 bis 1939 unter der Leitung des Ägyptologen und Direktors des Pelizaeus-Museums in Hildesheim Günther Roeder (1881–1966) durchgeführten Ausgrabungen war der Nachweis, dass sich in Hermopolis die Weltschöpfung vollzogen hätte und es der Sitz der acht ägyptischen Urgötter gewesen sei. Damit war also die ägyptische Prähistorie der Untersuchungsgegenstand, für deren Untersuchung es an entsprechenden Grabungsmethoden und Erfahrungen fehlte. Auf Einladung des Vereins für Städteausgrabungen in Ägypten nahm Bersu 1929 an einer Begehung des Fundplatzes teil und koordinierte die Kampagnen im Winter 1930 und im Winter 1931/32, um das Knowhow moderner prähistorischer Siedlungsgrabungen zu vermitteln. Auf seinen Wunsch hin nahmen auch die Archäologiestudenten Alexander Langsdorff (1898–1946) und Kurt Bittel (1907–1991) am Projekt teil; Bittel war 1931 als Bersus Vertretung vor Ort.
RGK-A NL Gerhard Bersu Kiste 7
Ber. RGK 19, 1929, 203; Bersu 1932; Roeder 1951; Krämer 2001, 32; Voss / Raue 2016, 234–237

Laufen, Kt. Bern

https://gazetteer.dainst.org/place/2057973 (letzter Zugriff: 28.4.2022)
Schweiz
1933
Bei der dreiwöchigen Untersuchung dieser römischen *Villa rustica* gelang Bersu im Mai 1933 der erste Nachweis eines hölzernen Vorgängerbaus einer solchen Villa in der Schweiz.
RGK-A NL Gerhard Bersu Kiste 6
Ber. RGK 23, 1933, 7; Krämer 2001, 44

Wittnauer Horn, Kt. Aargau

https://gazetteer.dainst.org/place/2057813 (letzter Zugriff: 28.4.2022)
Schweiz
1934, 1935
Bersu untersuchte 1934 wohl vier Monate lang mit zahlreichen deutschen Studenten, u. a. auch Walter Rest (1911–1942), diese mehrphasige Befestigungsanlage. Im April und Mai 1935 wurden dann Männer vom Archäologischen Arbeitsdienst für die Ausgrabungen eingesetzt, wobei verschiedene Besiedlungsphasen zwischen Neolithikum und Frühmittelalter nachgewiesen wurden. Während dieser Ausgrabungen untersuchte Bersu auch einen hallstattzeitlichen Grabhügel auf dem nahegelegenen Buschberg. Das Deutsche Archäologische Institut (DAI) beauftragte Bersu 1937 per Werkvertrag mit der Grabungsaufarbeitung und dem Verfassen eines Manuskripts. Die RGK stimmte zu, diesen Text in der Reihe Römisch-Germanische Forschungen zu veröffentlichen und die Druckkosten zu übernehmen. Für diese Aufarbeitung hielt sich Bersu von Mitte Mai bis Mitte Juni 1937 in Rheinfelden auf.
RGK-A NL Gerhard Bersu Kiste 5; RGK-A 1048: Korrespondenz Bersu / Rest
Bersu 1945; Bersu 1946; Krämer 2001, 45–46; 61; Marti 2008

Tongeren, Prov. Limburg

https://gazetteer.dainst.org/place/2076035 (letzter Zugriff: 28.4.2022)
Belgien
1934
Bersu besichtigte „beratend" auf Einladung belgischer Kollegen die Ausgrabung des spätrömischen Kastells *Aduatuca Tungrorum*. Er war in den beiden Jahren zuvor bereits in die Planungen dieser Ausgrabungen einbezogen worden.
RGK-A 356
Ber. RGK 24/25, 1934, 6

Füzesabony, Kom. Heves

https://gazetteer.dainst.org/place/2113403 (letzter Zugriff: 28.4.2022)
Ungarn
1934
Zusammen mit Ferenc von Tompa (1893–1945) vom Ungarischen Nationalmuseum nahm Bersu von Ende Mai bis zum 5. Juni 1934 an den Ausgrabungen dieses kupferzeitlichen Tells teil, die von Lajos Márton (1876–1934) geleitet wurden.
Ber. RGK 24/25, 1934/35, 6

## Golemanovo Kale bei Sadovec, Dolni Dabnik

https://gazetteer.dainst.org/place/2777516 (letzter Zugriff: 28.4.2022)
Bulgarien
1936, 1937
Im Rahmen eines Projektes zwischen Deutschland und Bulgarien und dem Österreichischen Archäologischen Institut wurde die byzantinische Befestigung bei Sadovec in Nordbulgarien untersucht. Bersu nahm daran im Auftrag des DAI gemeinsam mit Joachim Werner (1909–1994) und Studenten wie Walter Rest (1911–1942) von Mitte September bis Ende Oktober 1936 und nochmals 1937 von September bis Ende November teil. Bulgarische Archäologen, vor allem Bogdan Filow (1883–1945), wollten an diesem Fundplatz den „germanischen" Einfluss auf die Region in der Spätantike nachweisen, was den deutschen außenpolitischen Interessen auf dem Balkan entgegenkam. Nach dem Abschluss der Ausgrabungen wurde Bersu mit deren Aufarbeitung beauftragt, was er im Winter 1937/38 in Berlin tat.
RGK-A NL Gerhard Bersu Kiste 6
Bersu 1938b; Krämer 2001, 57; 63; Krauss 2013

## Studen, Kt. Bern

https://gazetteer.dainst.org/place/2110993 (letzter Zugriff: 28.4.2022)
Schweiz
1937
Auf dem Gelände der römischen Kleinstadt *Petinesca* auf dem Jäisberg oder Jensberg untersuchte Bersu mit ca. 14 Männern des freiwilligen archäologischen Arbeitslagers eine römische Villa und wohl auch Reste der Tempelanlagen.
RGK-A NL Gerhard Bersu Kiste 6
Tschumi 1940; Müller et al. 2003

## Little Woodbury, Wiltshire

https://gazetteer.dainst.org/place/2777530 (letzter Zugriff: 28.4.2022)
Großbritannien
1938, 1939
Im Auftrag der *Prehistoric Society* untersuchte Bersu diese eisenzeitliche Siedlung ab Juni 1938 drei Monate und nochmals vom 12. Juni bis zum 19. Juli 1939. Die Siedlung und der Kreisgraben wurden flächendeckend ausgegraben.
Bersu 1938a; Bersu 1940a; Krämer 2001, 65–66

## King Arthur's Round Table bei Eamont Bridge, Cumberland

https://gazetteer.dainst.org/place/2777532 (letzter Zugriff: 28.4.2022)
Großbritannien
1939
Der englische Philosoph und Archäologe Robin C. Collingwood (1889–1943) hatte begonnen, diese gestörte Kreisgrabenanlage zu untersuchen, war aber erkrankt, so dass Bersu um die Fortführung der Ausgrabung gebeten wurde. Er untersuchte die Anlage zwischen dem 20. Juli und dem 27. August 1939 im Auftrag der *Cumberland and Westmoreland Archaeological and Antiquarian Society*.
Bersu 1940b; Simpson 1998; Krämer 2001, 67

Cashtal yn Ard bei Garwick Beach, Maugold, Isle of Man

https://gazetteer.dainst.org/place/2777533 (letzter Zugriff: 28.4.2022)
Großbritannien
1941
Die *Society of Antiquaries of London* und das *Manx Museum* beauftragten Bersu mit der Untersuchung dieses hochmittelalterlichen Wohnbaus. Bersu führte diese Ausgrabung zusammen mit Internierten der Lager *Married Alien Camp* von Port Erin und Port St. Mary vom 2. bis 19. Mai 1941 durch.
Bersu 1964; Bersu / Cubbon 1966; Bersu 1968; Krämer 2001, 70

Erdwerke nahe Dumb River bei Castletown, Isle of Man

https://gazetteer.dainst.org/place/2777534 (letzter Zugriff: 28.4.2022)
Großbritannien
1941, 1942, 1943, 1944
Im Auftrag der *Society of Antiquaries of London* und des *Manx Museum* untersuchte Bersu (wahrscheinlich mit Internierten der Lager *Married Alien Camp* von Port Erin und Port St. Mary) zwischen August 1941 und Frühjahr 1944 insgesamt 18 Monate lang drei eisenzeitliche runde Erdwerke mit Rundhäusern in der Nähe des Dumb Rivers.
Bersu 1977; Krämer 2001, 70–71

Chapel Hill, Balladoole, bei Castletown, Isle of Man

https://gazetteer.dainst.org/place/2083211 (letzter Zugriff: 28.4.2022)
Großbritannien
1944, 1945
Zwischen Oktober 1944 und Mai 1945 untersuchte Bersu diesen eisenzeitlichen Ringwall und wies eine mehrphasige Besiedlung und ein wikingerzeitliches Schiffsgrab nach.
Bersu / Bruce 1964; Bersu 1966; Bersu / Wilson 1966; Krämer 2001, 72–73

Grabhügel, Kirchenspiel Jurby, Isle of Man

https://gazetteer.dainst.org/place/2777520 (letzter Zugriff: 28.4.2022)
Großbritannien
1946
Bersu setzte eine Notgrabung fort, bei der 1939 aus militärischen Gründen ein Grabhügel abgetragen worden war. Bersu wies neolithische Siedlungs- und Pflugspuren sowie eine wikingerzeitliche Bestattung in einem Holzsarg nach.
Bersu / Wilson 1966; Krämer 2001, 73

Ramsey Bay, Isle of Man

https://gazetteer.dainst.org/place/2777517 (letzter Zugriff: 28.4.2022)
Großbritannien
1946
Im März 1946 untersuchte Bersu im Auftrag des *Manx Museums* die wikingerzeitliche Küstenbefestigung *„Promontory fort"*.
Bersu 1949; Krämer 2001, 74

### Grabhügel in Gutsbezirk Ballateare, Kirchenspiel Jurby, Isle of Man

https://gazetteer.dainst.org/place/2083212 (letzter Zugriff: 28.4.2022)
Großbritannien
1946
Im Oktober und November untersuchte Bersu diesen wikingerzeitlichen Grabhügel über einem kupferzeitlichen Bestattungsplatz.
Bersu 1947a; Bersu / Wilson 1966; Krämer 2001, 75

### Lisburn im Townland Lissue, Nordirland

https://gazetteer.dainst.org/place/2777518 (letzter Zugriff: 28.4.2022)
Großbritannien
1946, 1947
Im Sommer 1946 und vom 23. Juni bis 15. August 1947 grub Bersu in diesem Erdwerk mit Innenbebauung. Die Untersuchung wurde finanziert durch diverse irische Institutionen.
Bersu 1947b; Bersu 1948; Krämer 2001, 74–75

### Scotstarvit Covert und Gren Craig, Grafschaft Fife, Schottland

https://gazetteer.dainst.org/place/2084890 (letzter Zugriff: 28.4.2022)
Großbritannien
1946, 1947
In insgesamt vier Wochen untersuchte Bersu zwei Erdwerke mit Rundhäusern. Die Kampagnen wurden organisiert von *St. Andrew Branch of the League of Prehistorians*.
Bersu 1950a; Bersu 1950b; Krämer 2001, 75

### Peel Castle auf St. Patrick Island, Peel, Isle of Man

https://gazetteer.dainst.org/place/2777535 (letzter Zugriff: 28.4.2022)
Großbritannien
1947
Auf der der Hafenstadt Peel vorgelagerten Insel St. Patrick erforschte Bersu mittelalterliche Gebäudereste, darunter die Ruinen einer Kirche und einer Kathedrale.
Krämer 2001, 77

### Freestone Hill bei Kilkenny, Leinster

https://gazetteer.dainst.org/place/2777519 (letzter Zugriff: 28.4.2022)
Irland
1948, 1949
In mehrere Kampagnen untersuchte Bersu diese spätantike Befestigung und wies dabei auch einen älteren, frühbronzezeitlichem Bestattungsplatz nach.
Bersu 1951; Krämer 2001, 79

### Llwyn-du Bach bei Penygroes, Wales

https://gazetteer.dainst.org/place/2777536 (letzter Zugriff: 28.4.2022)
Großbritannien

1948, 1953
Zwischen 17. März und 14. April 1948 untersuchte Bersu auf Anregung und mit der Förderung diverser lokale Vereinigungen dieses eisenzeitliche Gehöft. Während seines Urlaubs im Spätherbst 1953 beendete er diese Ausgrabung.
Bersu / Griffiths 1949; Krämer 2001, 78; 85

Kelly's Cave, Nymphsfield, Cong, County Mayo

https://gazetteer.dainst.org/place/2777537 (letzter Zugriff: 28.4.2022)
Irland
1949
Im Auftrag der *Royal Irish Academy* untersuchte Bersu zwischen Juli und August die Stratigraphie im Inneren der Höhle. Er wies drei Nutzungsperioden nach, konnte diese aber nicht datieren.
Krämer 2001, 79

Auerberg, Ldk. Weilheim-Schongau, Bayern

https://gazetteer.dainst.org/place/2122295 (letzter Zugriff: 28.4.2022)
Deutschland
1953
Auf Bitte des Bayerischen Landesamtes für Denkmalpflege prüfte Bersu 1953 die Möglichkeiten einer Wiederaufnahme der Ausgrabungen der befestigten Höhensiedlung auf dem Auerberg. Zwischen Ende April und Anfang Mai wurden drei Suchschnitte angelegt, wobei Bersu einen Brandopferplatz nachwies. Bersus damaliger Grabungsassistent Günter Ulbert (1930–2021) sowie Bersus Nachfolger bei der RGK, Werner Krämer (1917–2007), veröffentlichten die Ergebnisse dieser Voruntersuchung. An den weiteren Forschungen auf dem Auerberg war Bersu nicht mehr beteiligt.
Ber. RGK 34, 1951–53, 192; Krämer 1966; Ulbert 1994; Krämer 2001, 85

Münsterhügel, Konstanz

https://gazetteer.dainst.org/place/2045732 (letzter Zugriff: 28.4.2022)
1957
Deutschland
Im Mai ließ Bersu am nördlichen Münsterplatz zwei Suchschnitte anlegen, um den Bereich des spätrömischen Kastells zu identifizieren. In Bersus Nachlass im Archiv der RGK befindet sich nur die Korrespondenz aus dem Jahr 1965 über den Verbleib von Bersus Aufzeichnungen beim zuständigen Denkmalamt in Freiburg.
RGK-A NL Gerhard Bersu Kiste 6
Bersu 1959; Krämer 2001, 85

## Zitierte Literatur


Bersu 1925
G. Bersu, Das Kastell Lautlingen O. A. Balingen Württemberg. Germania 9,3, 1925, 167–170. doi: https://doi.org/10.11588/ger.1925.20744.

Bersu 1926a
G. Bersu, Goldberg. Fundber. Schwaben N. F. 3, 1926, 22–23.

Bersu 1926b
G. Bersu, Das Bürgle bei Gundremmingen (Bayer. Bez.-Amt Dillingen). Eine Befestigung der spätrömischen Donaugrenze. Arch. Anz. 1926, 280–288.

Bersu 1926c
G. Bersu, Das Kastell Lautlingen. Ein Beitrag zur Geschichte der Besetzung Württembergs durch die Römer. In: P. Goessler (Hrsg.), Württembergische Studien. Festschrift zum 70. Geburtstag von Eugen Nägele (Stuttgart 1926) 177–201.

Bersu et al. 1926
G. Bersu / G. Heimbs / H. Lange / C. Schuchhardt, Der Angrivarisch-Cheruskische Grenzwall und die beiden Schlachten des Jahres 16 n. Chr. zwischen Arminius und Germanicus. Prähist. Zeitschr. 17, 1926, 100–131.

Bersu 1927a
G. Bersu, Ausgrabungen auf dem Goldberg bei Nördlingen. Forsch. u. Fortschritte 3, 1927, 105–106.

Bersu 1927b
G. Bersu, Ausgrabung am spätrömischen Kastell bei Isny. Schwäbischer Merkur 10 vom 8.1.1927.

Bersu 1928a
G. Bersu, Die Ausgrabungen auf dem Goldberge. Nachrbl. Dt. Vorzeit 4, 1928, 71–72.

Bersu 1928b
G. Bersu, Das spätrömische Kastell Altrip. Pfälz. Mus 45 = Pfälz. Heimatkde. 24, 1928, 3–7.

Bersu 1929a
G. Bersu, Ausgrabungen auf dem Goldberg. Monatsschr. Württemberg 1929, 60–61.

Bersu 1929b
G. Bersu, Stadtgörz. In: Bersu et al. 1929, Beibl. 169–190.

Bersu 1929c
G. Bersu, Ausgrabungen auf Burgen bei Feistritz. Nachrbl. Dt. Vorzeit 5, 1929, 9–10.

Bersu 1929d
G. Bersu, Ausgrabungen in Kärnten. Forsch. u. Fortschritte 5, 1929, 73–74.

Bersu et al. 1929
G. Bersu / R. Egger / L. Franz, Ausgrabungen in Feistritz a. d. Drau, Oberkärnten. Jahresh. Österr. Arch. Inst. 25, 1929, 161–216.

Bersu 1930a
G. Bersu, Der Goldberg bei Nördlingen und die moderne Siedlungsarchäologie. Deutsches Archäologisches Institut, Bericht über die Hundertjahrfeier, 21.–25. April 1929 (Berlin 1930) 313–318.

Bersu 1930b
G. Bersu, Fünf Mittel-La-Téne-Häuser vom Goldberg (Württemberg, OA. Neresheim). In: Direktion des Römisch-Germanischen Zentralmuseums in Mainz (Hrsg.), Schumacher-Festschrift. Zum 70. Geburtstag Karl Schumachers, 14. Oktober 1930 (Mainz 1930) 156–159.

Bersu 1930c
G. Bersu, Vorgeschichtliche Siedlungen auf dem Goldberg bei Nördlingen. In: G. Rodenwaldt (Hrsg.), Neue deutsche Ausgrabungen. Deutschtum und Ausland 23/24, 1930, 130–143.

Bersu 1930d
G. Bersu, Das römische Kastell Altrip bei Ludwigshafen am Rhein. Neue deutsche Ausgrabungen. Deutschtum und Ausland 23/24, 1930, 170–176.

Bersu 1932
G. Bersu, Vorläufiger Bericht über die Deutsche Hermopolis-Expedition 1929–1930. Durchführung und Ergebnis der Ausgrabung. Mitt. Dt. Inst. Ägypt. Altkde. Kairo 2, 1932, 90–105.

Bersu 1936
G. Bersu, Rössener Wohnhäuser vom Goldberg, OA. Neresheim, Württemberg. Germania 20,4, 1936, 229–243. doi: https://doi.org/10.11588/ger.1936.41692.

Bersu 1937
G. Bersu, Altheimer Wohnhäuser vom Goldberg, OA. Neresheim, Württemberg. Germania 21,3, 1937, 149–158. doi: https://doi.org/10.11588/ger.1937.40117.

Bersu 1938a
G. Bersu, Excavations at Woodbury, near Salisbury, Wiltshire (1938). Proc. Prehist. Soc. 4, 1938, 308–313.

Bersu 1938b
G. Bersu, A 6th century German settlement of foederati. Golemanovo Kale, near Sadowetz, Bulgaria. Antiquity 12, 1938, 31–43.

Bersu 1940a
G. Bersu, Excavations at Little Woodbury, Wiltshire, Part 1: The Settlement as revealed by excavation. Proc. Prehist. Soc. 6, 1940, 30–111.

Bersu 1940b
G. Bersu, King Arthur's Round Table. Final report including the excavations of 1939 with an appendix on the Little Round Table. Transact. Cumberland and Westmorland 40, 1940, 169–206.

Bersu 1945
G. Bersu, Das Wittnauer Horn im Kanton Aargau. Seine ur- und frühgeschichtlichen Befestigungsanlagen. Monogr. Ur- u. Frühgesch. Schweiz 4 (Basel 1945).

Bersu 1946
G. Bersu, A Hill-Fort [Wittnauer Horn] in Switzerland. Antiquity 20, 1946, 4–8.

Bersu 1947a
G. Bersu, A cemetery of the Ronaldsway Culture at Ballateare, Jurby, Isle of Man. Proc. Prehist. Soc. 13, 1947, 161–169.

Bersu 1947b
G. Bersu, The rath in Townland Lissue, Co. Antrim. Report on excavations in 1946. Ulster Journal Arch. 3. Ser. 10, 1947, 30–58.

Bersu 1948
G. Bersu, Preliminary report on the excavations at Lissue, 1947. Ulster Journal Arch. 3. Ser. 11, 1948, 131–133.

Bersu 1949
G. Bersu, A promotory fort on the shore of Ramsey Bay, Isle of Man. Ant. Journal 29, 1949, 62–79.

Bersu / Griffiths 1949
G. Bersu. / W. E. Griffiths, Concentric circles at Llwyn-du Bach, Penygroes, Caernarvonshire. Arch. Cambrensis 100, 1949, 173–204.

Bersu 1950a
G. Bersu, "Fort" at Scotstarvit Covert, Fife. Proc. Soc. Ant. Scotland 82, 1947/48 (1950) 241–263.

Bersu 1950b
G. Bersu, Rectangular Enclosure on Gren Craig, Fife. Proc. Soc. Ant. Scotland 82, 1947/48 (1950) 264–274.

Bersu 1951
G. Bersu, Freestone Hill, a Preliminary Report on the Excavation. The Old Kilkenny Review 4, 1951, 5–10.

Bersu 1959
G. Bersu, Das spätrömische Kastell in Konstanz. Limes Studien. Vorträge des 3. Internationalen Limes-Kongresses in Rheinfelden / Basel 1957. Schr. Inst. Ur- u. Frühgesch. Schweiz 14, 1959, 34–38.

Bersu 1964
G. Bersu, Excavations of the Cashtal, Ballagawne, Garwick. Proc. Isle of Man Natural Hist. Soc. 7,1, 1964, 89–114.

Bersu / Bruce 1964
G. Bersu / J. R. Bruce, Chapel Hill, a Prehistoric, early Christian and Viking site at Balladoole, Kirk Arbory. Proc. Isle of Man Natural Hist. Soc. 7,4, 1964, 632–665.

Bersu 1966
G. Bersu, The Vikings in the Isle of Man. Journal Manx Mus. 7, 1966–1976, pl. 83.

Bersu / Wilson 1966
G. Bersu / D. M. Wilson, Three Viking graves in the Isle of Man. Soc. Medieval Arch. (London 1966).

Bersu / Cubbon 1966
G. Bersu / A. M. Cubbon, The Cashtal, Ballagawne, Garwick. Excavation of the Cashtal, Ballagawne, Garwick, 1941. Proc. Isle of Man Natural Hist. Soc. N. S. 7, 1966, 88–119.

Bersu 1968
G. Bersu, The Vikings in the Isle of Man. Journal Manx Mus. 7, 1968, 88.
Bersu 1977
G. Bersu, Three Iron Age round houses in the Isle of Man. The Manx Museum and National Trust (Douglas 1977).
Bosch 1930
R. Bosch, Die römische Villa in Murimooshau (Gemeinde Sarmenstorf, Aargau). Anz. Schweizer. Altkde. N. F. 32,1, 1930, 15–25.
Ebner 2009
D. Ebner, Entwicklung der archäologischen Forschung und deren museale Präsentation ab dem 20. Jahrhundert in Kärnten. Magisterarbeit Universität Wien 2009. doi: https://doi.org/10.25365/thesis.4784.
Egger 1929
R. Egger, Ausgrabungen in Feistritz a. d. Drau, Oberkärnten. ÖJh 25, 1929, 159–216.
Hegewisch 2012
M. Hegewisch, Von Leese nach Kalkriese? Ein Deutungsversuch zur Geschichte zweier linearer Erdwerke. In: E. Baltrusch / M. Hegewisch / M. Meyer / U. Puschner / Ch. Wendt (Hrsg.), 2000 Jahre Varusschlacht. Geschichte – Archäologie – Legenden. Topoi – Berlin Studies of the Ancient World 7 (Berlin, Boston 2012) 177–209; 437–438.
Koch / Schindler 1994
K.-H. Koch / R. Schindler (Hrsg.), Vor- und frühgeschichtliche Burgwälle des Regierungsbezirkes Trier und des Kreises Birkenfeld. Rhein. Landesmus. Trier (Trier 1994).
Krämer 1966
W. Krämer, Ein frühkaiserzeitlicher Brandopferplatz auf dem Auerberg im Bayerischen Alpenvorland. Jahrb. RGZM 13, 1966, 60–66.
Krämer 2001
W. Krämer, Gerhard Bersu, ein deutscher Prähistoriker, 1889–1964. Ber. RGK 82, 2001, 5–101.
Krauss 2013
R. Krauss, Archäologie in schwieriger Zeit – Gerhard Bersu und die Ausgrabungen bei Sadovec in den Jahren 1936–1937. In: H. Schaller / R. Zlatanova (Hrsg.), Deutsch-Bulgarischer Kunst- und Wissenschaftstransfer (Berlin 2013) 123–138.
Marti 2008
R. Marti, Spätantike und frühmittelalterliche Höhensiedlungen im Schweizer Jura. In: H. Steuer / V. Bierbrauer (Hrsg.), Höhensiedlungen zwischen Antike und Mittelalter von den Ardennen bis zur Adria. RGA Ergbd. 58 (Berlin, New York 2008) 341–380.
Müller-Scheessel et al. 2001
N. Müller-Scheessel / K. Rassmann / S. von Schnurbein / S. Sievers, Die Ausgrabungen und Geländeforschungen der Römisch-Germanischen Kommission. Ber. RGK 82, 2001, 291–363.
Müller et al. 2003
F. Müller / J. Frey / A. Haenssler, Germanenerbe und Schweizertum. Archäologie im Dritten Reich und die Reaktionen in der Schweiz. Jahrb. SGU 86, 2003, 191–198. doi: https://doi.org/10.5169/seals-117757.
Parzinger 1998
H. Parzinger, Der Goldberg. Die Metallzeitliche Besiedlung. Röm.-Germ. Forsch. 57 (Mainz 1998).
Petrikovits 1986
RGA² 6 (1986) 226–238 s. v. Duel (H. v. Petrikovits).
Roeder 1951
G. Roeder, Ein Jahrzehnt deutscher Ausgrabungen in einer ägyptischen Stadtruine. Deutsche Hermopolis-Expedition 1929–1939. Zeitschr. Mus. Hildesheim 3 (Hildesheim 1951).
Simpson 1998
G. Simpson, Collingwood's latest archaeology misinterpreted by Bersu and Richmond. Collingwood Stud. 5, 1998, 109–119.
Tompa 1937
F. v. Tompa, 25 Jahre Urgeschichtsforschung in Ungarn 1912–1936. Ber. RGK 24/25, 1934/35 (1937) 27–114. doi: https://doi.org/10.11588/berrgk.1937.0.35643.
Tschumi 1940
O. Tschumi, Die Ausgrabungen in Petinesca 1937–1939 (Amt Nidau Kt. Bern). Jahrb. Bern. Hist. Mus. 19, 1940, 94–98.

Ulbert 1994
G. Ulbert, Der Auerberg I. Topographie, Forschungsgeschichte und Wallgrabungen. Münchner Beitr. Vor- u. Frühgesch. 45 (München 1994).
Voss / Raue 2016
S. Voss / D. Raue, Georg Steindorff und die deutsche Ägyptologie im 20. Jahrhundert: Wissenshintergründe und Forschungstransfers. Zeitschr. ägyptische Sprache u. Altkde, Beih. 5 (Berlin 2016) 234–253.
Werner 1965
J. Werner, Zu den alamannischen Burgen des 4. und 5. Jahrhunderts. In: C. Bauer / L. Boehm / M. Müller (Hrsg.), Speculum Historiale. Geschichte im Spiegel von Geschichtsschreibung und Geschichtsdeutung. Festschrift für Johannes Spörl (München 1965) 439–453.

Anschrift der Verfasserin

Susanne Grunwald
Institut für Altertumswissenschaften (IAW)
Arbeitsbereich Klassische Archäologie
Johannes Gutenberg-Universität
DE-55099 Mainz
https://orcid.org/0000-0003-2990-839X

# Schriftenverzeichnis von und über Gerhard Bersu

Von Susanne Grunwald und Tamara Ziemer

Wir setzen hiermit die 1964 veröffentlichte Bibliografie Gerhard Bersus fort um diejenigen Titel, die von ihm postum erschienen oder die damals nicht erfasst worden sind[1]. Im zweiten Teil sind diejenigen Publikationen gelistet, auf die in der Einführung zu diesem Sammelband Bezug genommen wird, und solche, in denen Bersus verschiedene Beiträge zu Ausgrabungen, zur Entwicklung der Ausgrabungsmethodik oder zu fachpolitischen Entwicklungen beschrieben und eingeordnet werden. Diese Liste von Publikationen erhebt keinen Anspruch auf Vollständigkeit.

## Literatur von Gerhard Bersu

Bersu 1909a
G. Bersu, Hallstattgrab in Kronenburg. Anz. Elsäss. Altkde. 1, 1909, 25–26.

Bersu 1909b
G. Bersu, Römisches Gebäudemodell aus Straßburg. Anz. Elsäss. Altkde. 1, 1909, 63–64.

Bersu 1909c
G. Bersu, Ein neolithisches Dorf bei Höheim-Suffelweyersheim. Anz. Elsäss. Altkde. 1, 1909, 78–87.

Bersu 1910a
G. Bersu, Straßburg i. E. Lichthäuschen in Turmform. Röm.-Germ. Korrbl. 3, 1910, 57–58.

Bersu 1910b
G. Bersu, Slawisches Gräberfeld bei Frankfurt / Oder. Prähist. Zeitschr. 2, 1910, 198–201.

Bersu 1911a
G. Bersu, Archäologische Untersuchungen in Schönbuch: 1. Die Riesenschanze auf der Federlesmad bei Echterdingen. Schwäbische Kronik des Schwäbischen Merkurs, 2. Abt., Mittwochsbeil. 439 (Stuttgart 1911).

Bersu 1911b
G. Bersu, Zwei Viereckschanzen. 1. Die „Riesenschanze" auf der Federlesmad bei Echterdingen. 2. Viereckschanze bei Einsiedel, OA. Tübingen. Fundber. Schwaben 19, 1911, 13–27.

Bersu et al. 1911
G. Bersu / P. Goessler / O. Paret, Römische Töpferöfen bei Weil i. Schönbuch, Walheim und Welzheim. Fundber. Schwaben 19, 1911, 119–135.

Bersu / Haag 1911
G. Bersu / K. Haag, Römische Funde im Gmindersdorf bei Reutlingen. Fundber. Schwaben 19, 1911, 69–72.

Bersu 1912a
G. Bersu, Beiträge zur Kenntnis des steinzeitlichen Wohnhauses. Festschrift zur Feier des fünfzigjährigen Bestehens der Königlichen Altertümersammlung in Stuttgart (Stuttgart 1912) 41–45.

Bersu 1912b
G. Bersu, Die steinzeitliche Besiedlung des Goldbergs, OA. Neresheim. Schwäbische Chronik 323 vom 13.7.1912.

Bersu 1912c
G. Bersu, Germanische Brandgräber aus Straßburg. Anz. Elsäss. Altkde. 4, 1912, 299–303.

Bersu 1912d
G. Bersu, Das römische Kastell Burladingen (Kgl. Preussisches Oberamt Hechingen). Röm.-Germ. Korrbl. 5, 1912, 65–70.

Bersu 1912e
G. Bersu, Zur Ringwallforschung. 1. Goldberg, OA. Neresheim. 2. Viereckschanze bei Einsiedel, OA. Tübingen. Fundber. Schwaben 20, 1912, 25–32.

[1] Meyer 1964.

Bersu 1912f
G. Bersu, Sulz. Fundber. Schwaben 20, 1912, 69.
Bersu 1913a
G. Bersu, Der Goldberg, eine steinzeitliche Höhenbefestigung in Württemberg. Korrbl. Gesamtver. Dt. Gesch.- u. Altver. 61, 1913, 99–101.
Bersu 1913b
G. Bersu, Der Goldberg, eine steinzeitliche Höhenbefestigung in Württemberg. Protokolle der Hauptversammlung des Gesamtvereins der Deutschen Geschichts- und Altertumsvereine in Würzburg 1912 (1913).
Bersu 1913c
G. Bersu, Heiligenhof, Markung Betznau, OA. Tettnang. Fundber. Schwaben 21, 1913, 58–59.
Bersu 1913d
G. Bersu, Die Lenensburg im Argental, OA. Tettnang. Fundber. Schwaben 21, 1913, 32–39.
Bersu 1913e
G. Bersu, Rißtissen. Fundber. Schwaben 21, 1913, 66–67.
Bersu 1913f
G. Bersu, Kanzach, OA. Riedlingen. Fundber. Schwaben 21, 1913, 108.
Bersu 1913g
G. Bersu, Kornwestheim. Fundber. Schwaben 21, 1913, 108–110.
Bersu 1913h
G. Bersu, Nagold. Fundber. Schwaben 21, 1913, 110.
Bersu / Fleck 1913
G. Bersu / [K.] Fleck, Mergentheim. Vorgeschichtliche Funde bei der Karlsquelle. Fundber. Schwaben 21, 1913, 15–22.
Bersu / Goessler 1913
G. Bersu / P. Goessler, Ausgrabungen in Rottweil. Fundber. Schwaben 21, 1913, 66–67.
Bersu et al. 1913
G. Bersu / P. Goessler / K. Hähnle / A. Schliz, Großgartach. Steinzeitliche Niederlassung. Ausgrabungsbericht. Röm.-Germ. Korrbl. 6, 1913, 54–56.
Bersu 1914a
G. Bersu, Hausbau in der Steinzeit in Deutschland. Protokolle der Hauptversammlung des Gesamtver. Dt. Gesch.- u. Altver. Breslau 1913 (1914).
Bersu 1914b
G. Bersu, Hausbau in der Steinzeit in Deutschland. Korrbl. Gesamtver. Dt. Gesch.- u. Altver. 62, 1914, 114–117.
Bersu 1917
G. Bersu, Kastell Burladingen. Kgl. Pr. O.-A. Hechingen. Frühjahrsgrabung 1914. Germania 1,4, 1917, 111–118. doi: https://doi.org/10.11588/ger.1917.47565.
Bersu 1922a
G. Bersu, Die Heuneburg (Markung Upflamör, OA. Riedlingen). Fundber. Schwaben N. F. 1, 1922, 46–60.
Bersu 1922b
G. Bersu, Römisches Gebäude im Rotwildpark bei Stuttgart. Germania 6,3, 1922, 117–122. doi: https://doi.org/10.11588/ger.1922.24669.
Bersu / Paret 1922
G. Bersu / O. Paret, Heiligkreuztal. Keltische Viereckschanzen im Oberamt Riedlingen. Fundber. Schwaben N. F. 1, 1922, 64–74.
Bersu / Veeck 1923
G. Bersu / W. Veeck, Die Viereckschanze bei Obereßlingen. Schwäbischer Merkur, Sonntags-Beilage vom 13.1.1923.
Bersu / Goessler 1924
G. Bersu / P. Goessler, Der Lochenstein bei Balingen. Fundber. Schwaben N. F. 2, 1924, 73–103.
Bersu 1925a
G. Bersu, Die Methode der Erforschung antiker Erdbefestigungen und der Ringwall auf dem Breiten Berg bei Striegau [Diss. Univ.Tübingen] (Tübingen 1925).
Bersu 1925b
G. Bersu, Das Kastell Lautlingen O. A. Balingen Württemberg. Germania 9,3, 1925, 167–170. doi: https://doi.org/10.11588/ger.1925.20744.
Bersu 1925c
G. Bersu, Die Höhensiedlung auf dem Lochenstein der Schwäbischen Alb. Korrbl. Gesamtver. Dt. Gesch.- u. Altver. 37, 1925, 101.

Bersu 1925d
G. Bersu, Die archäologische Forschung in Belgien von 1919–1924. Ber. RGK 15, 1923/24 (1925) 58–66. doi: https://doi.org/10.11588/berrgk.1925.0.32406.
Bersu 1925e
G. Bersu, Slawische Hügelgräber bei Neuhof, Kr. Regenwalde, Pommern. Prähist. Zeitschr. 16, 1925, 64–76.
Bersu 1926a
G. Bersu, Die Ausgrabung vorgeschichtlicher Befestigungen. Vorgesch. Jahrb. 2, 1925 (1926) 1–22.
Bersu 1926b
G. Bersu, Das Bürgle bei Gundremmingen (Bayer. Bez.-Amt Dillingen). Eine Befestigung der spätrömischen Donaugrenze. Arch. Anz. 1926, 280–288.
Bersu 1926c
G. Bersu, Fundchronik 1926. II. Germania 10,2, 1926, 157–161. doi: https://doi.org/10.11588/ger.1926.20798.
Bersu 1926d
G. Bersu, Goldberg. Fundber. Schwaben N. F. 3, 1926, 22–23.
Bersu 1926e
G. Bersu, Aus Museen und Vereinen. 18. Hauptversammlung der Schweizerischen Gesellschaft für Urgeschichte. Germania 10,2, 1926, 156–157. doi: https://doi.org/10.11588/ger.1926.20797.
Bersu 1926f
G. Bersu, Aus Museen und Vereinen. 12. Hauptversammlung des Verbandes Bayerischer Geschichts- und Urgeschichtsvereine. Germania 10,2, 1926, 156. doi: https://doi.org/10.11588/ger.1926.20797.
Bersu 1926g
G. Bersu, Das Kastell Lautlingen. Ein Beitrag zur Geschichte der Besetzung Württembergs durch die Römer. In: P. Goessler (Hrsg.), Württembergische Studien. Festschrift zum 70. Geburtstag von Eugen Nägele (Stuttgart 1926) 177–201.
Bersu 1926h
G. Bersu, Aus Museen und Vereinen. 19. Tagung des Südwestdeutschen Verbandes für Altertumsforschung in Karlsruhe und Baden-Baden vom 9.–12. April 1926. Germania 10,1, 1926, 74–75. doi: https://doi.org/10.11588/ger.1926.20779.
Bersu 1926i
G. Bersu, Die Viereckschanze bei Obereßlingen. Fundber. Schwaben N. F. 3, 1926, 61–70.
Bersu 1926j
G. Bersu, [Rez. zu]: E. Sprockhoff, Die Kulturen der jüngeren Steinzeit in der Mark Brandenburg (Berlin 1926). Germania 10,2, 1926, 166–167. doi: https://doi.org/10.11588/ger.1926.20799.
Bersu 1926k
G. Bersu, [Rez. zu]: O. Tschumi, Urgeschichte der Schweiz (Frauenfeld 1926). Germania 10,2, 1926, 164–165. doi: https://doi.org/10.11588/ger.1926.20799.
Bersu et al. 1926
G. Bersu / G. Heimbs / H. Lange / C. Schuchhardt, Der Angrivarisch-Cheruskische Grenzwall und die beiden Schlachten des Jahres 16 n. Chr. zwischen Arminius und Germanicus. Prähist. Zeitschr. 17, 1926, 100–131.
Bersu 1927a
G. Bersu, Ausgrabung am spätrömischen Kastell bei Isny. Schwäbischer Merkur 10 vom 8.1.1927.
Bersu 1927b
G. Bersu, Ausgrabungen auf dem Goldberg bei Nördlingen. Forsch. u. Fortschritte 3, 1927, 105–106.
Bersu 1927c
G. Bersu, Funde der Michelsberger Kultur von der Altenburg bei Niedenstein. Germania 11,1, 1927, 53–55. doi: https://doi.org/10.11588/ger.1927.46837.
Bersu 1928a
G. Bersu, Aus Museen und Vereinen. 20. Tagung des Südwestdeutschen Verbandes für Altertumsforschung vom 22. bis 24. April 1927 in Wiesbaden. Germania 11,1, 1927/28 (1928) 74–75. doi: https://doi.org/10.11588/ger.1927.46844.
Bersu 1928b
G. Bersu, Die Ausgrabungen auf dem Goldberge. Nachrbl. Dt. Vorzeit 4, 1928, 71–72.
Bersu 1928c
G. Bersu, Feier des 25jährigen Bestehens

der Römisch-Germanischen Kommission des Archäologischen Instituts des Deutschen Reiches in Frankfurt a. M. Nachrbl. Dt. Vorzeit 4, 1928, 18–20.

Bersu 1928d
G. Bersu, Aus Museen und Vereinen. 20. Hauptversammlung der Schweizerischen Gesellschaft für Urgeschichte in Genf. Germania 12,4, 1928, 178–179. doi: https://doi.org/10.11588/ger.1928.20954.

Bersu 1928e
G. Bersu, Das spätrömische Kastell Altrip. Pfälz. Mus. 45 = Pfälz. Heimatkde. 24, H. 1/2, 1928, 3–7.

Bersu 1928f
G. Bersu, Aus Museen und Tagungen. 19. Tagung des Nordwestdeutschen Verbandes für Altertumsforschung in Oldenburg. Germania 12,4, 1928, 177. doi: https://doi.org/10.11588/ger.1928.20954.

Bersu 1928g
G. Bersu, Aus Museen und Vereinen. 21. Tagung des Südwestdeutschen Verbandes für Altertumsforschung in Trier. Germania 12,4, 1928, 178. doi: https://doi.org/10.11588/ger.1928.20954.

Bersu 1929a
G. Bersu, Ausgrabungen auf Burgen bei Feistritz. Nachrbl. Dt. Vorzeit 5, 1929, 9–10.

Bersu 1929b
G. Bersu, Ausgrabungen auf dem Goldberg. Monatsschr. Württemberg 1929, 60–61.

Bersu 1929c
G. Bersu, Ausgrabungen in Kärnten. Forsch. u. Fortschritte 5, 1929, 73–74.

Bersu 1929d
G. Bersu, Stadtgörz. Jahresh. Österr. Arch. Inst. Beibl. 25, 1929, 169–190.

Bersu et al. 1929
G. Bersu / R. Egger / L. Franz, Ausgrabungen in Feistritz a. d. Drau, Oberkärnten. Jahresh. Österr. Arch. Inst. Beibl. 25, 1929, 161–216.

Bersu 1930a
G. Bersu, Der Breite Berg bei Striegau. Eine Burgwalluntersuchung. Teil 1: Die Grabungen (Breslau 1930).

Bersu 1930b
G. Bersu, Bericht über die Tätigkeit der Römisch-Germanischen Kommission vom 1. April 1929 bis zum 31. März 1930. Ber. RGK 19, 1929 (1930) 201–206. doi: https://doi.org/10.11588/berrgk.1930.0.33422.

Bersu 1930c
G. Bersu, Der Goldberg bei Nördlingen und die moderne Siedlungsarchäologie. Deutsches Archäologisches Institut, Bericht über die Hundertjahrfeier, 21.–25. April 1929 (Berlin 1930) 313–318.

Bersu 1930d
G. Bersu, Das römische Kastell Altrip bei Ludwigshafen am Rhein. Neue deutsche Ausgrabungen 1930, 170–176.

Bersu 1930e
G. Bersu, Fünf Mittel-La-Tène-Häuser vom Goldberg (Württemberg, OA. Neresheim). In: Direktion des Römisch-Germanischen Zentralmuseums in Mainz (Hrsg.), Schumacher-Festschrift. Zum 70. Geburtstag Karl Schumachers, 14. Oktober 1930 (Mainz 1930) 156–159.

Bersu 1930f
G. Bersu, Vorgeschichtliche Siedlungen auf dem Goldberg bei Nördlingen. In: G. Rodenwaldt (Hrsg.), Neue deutsche Ausgrabungen. Deutschtum und Ausland 23/24, 1930, 130–143.

Bersu 1930g
G. Bersu, Kleine Mitteilungen. Gallo-römische Archäologie. Germania 15,3, 1931, 190. doi: https://doi.org/10.11588/ger.1931.29600.

Bersu 1931a
G. Bersu, Bericht über die Tätigkeit der Römisch-Germanischen Kommission vom 1. April 1930 bis 31. März 1931. Ber. RGK 20, 1930 (1931) 1–13. doi: https://doi.org/10.11588/berrgk.1931.0.33426.

Bersu 1931b
G. Bersu, Archäologische Karten. Prähist. Zeitschr. 22, 1931, 223–224.

Bersu 1931c
G. Bersu, Die Neugründung eines Congrès International des Sciences Préhistoriques et Protohistoriques. Forsch. u. Fortschritte 7, 1931, 299.

Bersu 1931d
G. Bersu, Die Neugründung eines Congrès International des Sciences Préhistoriques et

*Die RÖMISCH-GERMANISCHE KOMMISSION*
*des DEUTSCHEN ARCHÄOLOGISCHEN INSTITUTS*

*beehrt sich, Ihnen die Veröffentlichung*

**Bericht der RGK 100/2019 (2022)**

*zu überreichen*

*Eszter Bánffy*
*Kerstin P. Hofmann*

*Palmengartenstraße 10–12*
*60325 Frankfurt am Main*
*Germany*

*Fax: (00 49) (0)69–97 58 18 38*
*eMail: exchange.rgk@dainst.de*
*www.dainst.de*

---------------------------------------------------------------------------------

*Den Empfang von*

**Bericht der RGK 100/2019**

*bestätigt:*

*Bitte Stempel und Datum*

*Unterschrift*

Protohistoriques. Nachrbl. Dt. Vorzeit 7, 1931, 113–115.

Bersu 1932a
G. Bersu, Vorläufiger Bericht über die Deutsche Hermopolis-Expedition 1929–1930. Durchführung und Ergebnis der Ausgrabung. Mitt. Dt. Inst. Ägypt. Altkde. Kairo 2, 1932, 90–105.

Bersu 1932b
G. Bersu, [Rez. zu]: O. Kunkel, Pommersche Urgeschichte in Bildern (Stettin 1931). Germania 16,1, 1932, 64–65. doi: https://doi.org/10.11588/ger.1932.29318.

Bersu / Zeiss 1933a
G. Bersu / H. Zeiss, Bericht über die Tätigkeit der Römisch-Germanischen Kommission vom 1. April 1931 bis zum 31. März 1932. Ber. RGK 21, 1931 (1933) 1–10. doi: https://doi.org/10.11588/berrgk.1933.0.34366.

Bersu / Zeiss 1933b
G. Bersu / H. Zeiss, Bericht über die Tätigkeit der Römisch-Germanischen Kommission vom 1. April 1932 bis zum 31. März 1932. Ber. RGK 22, 1932 (1933) 1–10. doi: https://doi.org/10.11588/berrgk.1933.0.35607.

Bersu 1934
G. Bersu, Prähistorische Ausgrabungen und Museen. Proc. First Internat. Congress of Prehist. and Protohist. Scienc. 1932, 1934, 160.

Bersu 1934b
G. Bersu, Kleine Mitteilungen. Zur Frage des Hüttenbewurfs. Germania 18,2, 1934, 134–135. doi: https://doi.org/10.11588/ger.1934.35112.

Bersu / Zeiss 1934
G. Bersu / H. Zeiss, Bericht über die Tätigkeit der Römisch-Germanischen Kommission vom 1. April 1933 bis zum 31. März 1934. Ber. RGK 23, 1933 (1934) 1–9. doi: https://doi.org/10.11588/berrgk.1934.0.34156.

Bersu 1935
G. Bersu, Kleine Mitteilungen. Zur Fundchronik Germania 19, 1935, 64 Abb. 6,1. Germania 19,2, 1935, 159. doi: https://doi.org/10.11588/ger.1935.34810.

Bersu 1936
G. Bersu, Rössener Wohnhäuser vom Goldberg, OA. Neresheim, Württemberg. Germania 20,4, 1936, 229–243. doi: https://doi.org/10.11588/ger.1936.41692.

Bersu 1937a
G. Bersu, Altheimer Wohnhäuser vom Goldberg, OA. Neresheim, Württemberg. Germania 21,3, 1937, 149–158. doi: https://doi.org/10.11588/ger.1937.40117.

Bersu 1937b
G. Bersu, Bericht über die Tätigkeit der Römisch-Germanischen Kommission vom 1. April 1934 bis zum 31. März 1935. Ber. RGK 24/25, 1934/35 (1937) 1–7. doi: https://doi.org/10.11588/berrgk.1937.0.35615.

Bersu 1938a
G. Bersu, Excavations at Woodbury, near Salisbury, Wiltshire (1938). Proc. Prehist. Soc. 4, 1938, 308–313.

Bersu 1938b
G. Bersu, A 6th century German settlement of foederati. Golemanovo Kale, near Sadowetz, Bulgaria. Antiquity 12, 1938, 31–43.

Bersu 1940a
G. Bersu, Excavations at Little Woodbury, Wiltshire, Part 1: The settlement as revealed by excavation. Proc. Prehist. Soc. 6, 1940, 30–111.

Bersu 1940b
G. Bersu, King Arthur's Round Table. Final report including the excavations of 1939 with an appendix on the Little Round Table. Transact. Cumberland and Westmorland 40, 1940, 169–206.

Bersu 1940c
G. Bersu, [Rez. zu]: W. F. Grimes, Guide to the Collection Illustrating the Prehistory of Wales (Cardiff 1939). Antiquity 14, 1940, 455–456.

Bersu 1945
G. Bersu, Das Wittnauer Horn im Kanton Aargau. Seine ur- und frühgeschichtlichen Befestigungsanlagen. Monogr. Ur- u. Frühgesch. Schweiz 4 (Basel 1945).

Bersu 1946a
G. Bersu, Celtic homestaeds in the Isle of Man. Journal Manx Mus. 5, 1946, 1–6.

Bersu 1946b
G. Bersu, A Hill-Fort [Wittnauer Horn] in Switzerland. Antiquity 20, 1946, 4–8.
Bersu 1947a
G. Bersu, A cemetery of the Ronaldsway Culture at Ballateare, Jurby, Isle of Man. Proc. Prehist. Soc. 13, 1947, 161–169.
Bersu 1947b
G. Bersu, The rath in Townland Lissue, Co. Antrim. Report on excavations in 1946. Ulster Journal Arch. 3. Ser. 10, 1947, 30–58.
Bersu 1948
G. Bersu, Preliminary report on the excavations at Lissue, 1947. Ulster Journal Arch. 3. Ser. 11, 1948, 131–133.
Bersu 1949
G. Bersu, A promontory fort on the shore of Ramsey Bay, Isle of Man. Ant. Journal 29, 1949, 62–79.
Bersu / Griffiths 1949
G. Bersu / W. E. Griffiths, Concentric circles at Llwyn-du Bach, Penygroes, Caernarvonshire. Arch. Cambrensis 100, 1949, 173–204.
Bersu 1950a
G. Bersu, „Fort“ at Scotstarvit Covert, Fife. Proc. Soc. Ant. Scotland 82, 1947/48 (1950) 241–263.
Bersu 1950b
G. Bersu, [Rez. zu]: Poul Nørlund, Trelleborg (1948). Ant. Journal 30, 1950, 80–85.
Bersu 1950c
G. Bersu, Rectangular enclosure on Gren Craig, Fife. Proc. Soc. Ant. Scotland 82, 1947/48 (1950) 264–274.
Bersu 1951a
G. Bersu, The most remarkable discovery of Roman parade armour ever made: An imperial cavalry „Sports Store“ turned up by a worksman's spade in Bavaria. The Illustrated London News 218, Nr. 5841, 1951, 500–503.
Bersu 1951b
G. Bersu, Freestone Hill, a preliminary report on the excavation. The Old Killkenny Rev. 4, 1951, 5–10.
Bersu 1954a
G. Bersu, Vorwort zu Inventaria Archaeologica Deutschland. H. 1: Steinzeit: Eduard Sangmeister, Grabfunde der südwestdeutschen Schnurkeramik (Bonn 1954).
Bersu 1954b
G. Bersu, Vorwort zu Inventaria Archaeologica Deutschland. H. 2: Metallzeit: Hermann Müller-Karpe, Metallzeitliche Funde aus Süddeutschland (Bonn 1954).
Bersu / Schleiermacher 1954
G. Bersu / W. Schleiermacher, Bericht über die Tätigkeit der Römisch-Germanischen Kommission vom 1. April 1952 bis zum 31. März 1954. Ber. RGK 34, 1951–1953 (1954) 187–194. doi: https://doi.org/10.11588/berrgk.1954.0.46805.
Bersu 1956a
G. Bersu, Vorwort zu Inventaria Archaeologica Deutschland. H. 3: Metallzeit: Hartmut Zürn, Hallstattgrabfunde aus Württemberg (Bonn 1956).
Bersu / Schleiermacher 1956a
G. Bersu / W. Schleiermacher, Bericht über die Tätigkeit der Römisch-Germanischen Kommission vom 1. April 1954 bis zum 31. März 1954. Ber. RGK 35, 1954 (1956) 244–251. doi: https://doi.org/10.11588/berrgk.1956.0.46811.
Bersu / Schleiermacher 1956b
G. Bersu / W. Schleiermacher, Bericht über die Tätigkeit der Römisch-Germanischen Kommission vom 1. April 1955 bis zum 31. März 1956. Ber. RGK 36, 1955 (1956) 223–232. doi: https://doi.org/10.11588/berrgk.1956.0.46817.
Bersu 1957
G. Bersu, Three Viking graves in the Isle of Man. Journal Manx Mus. 6, 1957, 15–17.
Bersu 1958
G. Bersu, [Rez. zu]: J. R. C. Hamilton, Excavations at Jarshof, Shetland (Edinburgh 1956). Germania 36,1/2, 1958, 258–263. doi: https://doi.org/10.11588/ger.1958.42353.
Bersu 1959
G. Bersu, Das spätrömische Kastell in Konstanz. Limes Studien. Vorträge des 3. Internationalen Limes-Kongresses in Rheinfelden / Basel 1957. Schr. Inst. Ur- u. Frühgesch. Schweiz 14, 1959, 34–38.

Bersu 1960a
G. Bersu, [Rez. zu]: M. Aylwin Cotton / P. W. Gathercole, Excavations at Clausentum, Southhampton, 1951–1954 (London 1958). Germania 38,3/4, 1960, 446–448. doi: https://doi.org/10.11588/ger.1960.41902.
Bersu 1960b
G. Bersu, [Rez. zu]: A. L. F. Rivet, Town and Country in Roman Britain (London 1958). Germania 38,1/2, 1960, 238–240. doi: https://doi.org/10.11588/ger.1960.41739.
Bersu 1961a
G. Bersu, [Rez. zu]: A Matter of Time – An Archaeological Survey of the River Gravels of England Prepared by the Royal Commission on Historical Monuments (England) (London 1960). Germania 39, 1961, 533–534.
Bersu 1961b
G. Bersu, Vorwort. In: G. Bersu / W. Dehn (Hrsg.), Bericht über den 5. Internationalen Kongress für Vor- und Frühgeschichte, Hamburg vom 24. bis 30. August 1958 (Berlin 1961).
Bersu / Dehn 1961
G. Bersu / W. Dehn (Hrsg.), Bericht über den 5. Internationalen Kongress für Vor- und Frühgeschichte, Hamburg vom 24. bis 30. August 1958 (Berlin 1961).
Bersu / Unverzagt 1961
G. Bersu / W. Unverzagt, Le castellum de Fanum Martis (Famars, Nord). Gallia 19, 1961 (1962) 159–190.
Bersu 1964a
G. Bersu, Die spätrömische Befestigung „Bürgle“ bei Gundremmingen. Münchner Beitr. Vor- u. Frühgesch. 10 = Veröff. Komm. Arch. Erforsch. Spätröm. Raetien 4 (München 1964).
Bersu 1964b
G. Bersu, Excavations of the Cashtal, Ballagawne, Garwick. Proc. Isle of Man Natural Hist. Soc. 7,1, 1964, 89–114.
Bersu / Bruce 1964
G. Bersu / J. R. Bruce, Chapel Hill, a Prehistoric, early Christian and Viking site at Balladoole, Kirk Arbory. Proc. Isle of Man Natural Hist. Soc. 7,4, 1964, 632–665.

## Postum

Bersu 1966
G. Bersu, The Vikings in the Isle of Man. Journal Manx Mus. 7, 1966–1976, pl. 83.
Bersu / Wilson 1966
G. Bersu / D. M. Wilson, Three Viking graves in the Isle of Man. Soc. Medieval Arch. (London 1966).
Bersu / Cubbon 1963–1974
G. Bersu / A. M. Cubbon, The Cashtal, Ballagawne, Garwick. Excavation of the Cashtal, Ballagawne, Garwick, 1941. Proc. Isle of Man Natural Society N. S. 7, 1963–1974, 88–119.
Bersu 1968
G. Bersu, The Vikings in the Isle of Man. Journal Manx Mus. 7, 1968, 88.
Bersu 1977
G. Bersu, Three Iron Age Round Houses in the Isle of Man. The Manx Museum and National Trust (Douglas 1977).
Bersu 2002
G. Bersu, A Hill-fort in Switzerland. In: G. Carr / S. Stoddart (Hrsg.), Celts from Antiquity (Cambridge 2002) 57–62.

## Literatur zu Gerhard Bersu, seinen Forschungen und Netzwerken


Babeş 2012
M. Babeş, Bersu, von Merhart şi elevul lor Ion Nestor. Zargidava 11, 2012, 45–66.

Barker 2003
Ph. Barker, Techniques of Archaeological Excavation (London 2003).

Bittel 1986
K. Bittel, Gerhard Bersu. Arch. Dt. 1986,1, 8–13.

Bofinger 2011
J. Bofinger, Vor 100 Jahren – Beginn einer archäologischen Großgrabung auf dem Goldberg im Nördlichen Ries. Denkmalpfl. Baden-Württemberg 40, 2011, 155–157.

Bradley 1994
R. Bradley, The philosopher and the field archaeologist: Collingwood, Bersu and the excavation of King Arthur's Round Table. Proc. Prehist. Soc., N. S. 60, 1994, 27–34.

Close-Brooks 1983
J. Close-Brooks, Dr Bersu's excavations at Traprain Law, 1947. In: A. O'Connor / D. V. Clarke (Hrsg.), From the Stone Age to the 'Forty-Five. Studies presented to R. B. K. Stevenson, former Keeper, National Museum of Antiquities of Scotland (Edinburgh 1983) 206–223.

Clotuche 2018
R. Clotuche, Bersu et Unverzagt: Deux passionnés en mission dans l'ouest de la Gaule / Bersu und Unverzagt: Zwei leidenschaftliche Prähistoriker auf Dienstreise in West-Gallien. In: L. Baudoux-Rousseau / M.-P. Chélini / Ch. Giry-Deloison (Hrsg.), Le patrimoine, un enjeu de la Grande Guerre. Art et archéologie dans les territoires occupées 1914–1921 (Arras 2018) 17–40.

Collis 2001
J. Collis, Digging Up the Past. An Introduction to Archaeological Excavation (Stroud 2001).

Díaz-Andreu 2009
M. Díaz-Andreu, Childe and the international congresses of archaeology. European Journal Arch. 12, 2009, 91–122.

Díaz-Andreu 2012
M. Díaz-Andreu, Archaeological Encounters. Building Networks of Spanish and British Archaeologists in the 20th Century (Cambridge 2012).

Döhle 1996
B. Döhle, [Rez. zu]: S. Uenze, Die spätantiken Befestigungen von Sadovec (Bulgarien). Ergebnisse der deutsch-bulgarisch-österreichischen Ausgrabungen 1934–1937. Bonner Jahrb. 195, 1995 (1996) 850–854.

Evans 1989
Ch. Evans, Archaeology and modern times. Bersu's Woodbury 1938 and 1939. Antiquity 63, 1989, 436–450.

Evans 1998
Ch. Evans, Constructing houses and building context: Bersu's Manx roundhouse campaign. Proc. Prehist Soc. 64, 1998, 183–201.

Ficker 2005
F. Ficker, Gerhard Bersu und die vorgeschichtliche Hausforschung. Zum 40. Todestag des Wissenschaftlers. Sitzber. Leibniz-Sozietät 76, 2005, 163–181.

Halle 2002
U. Halle, „Die Externsteine sind bis auf weiteres germanisch!" Prähistorische Archäologie im Dritten Reich. Sonderveröff. Naturwiss. u. Hist. Verein Land Lippe 68 (Bielefeld 2002).

Halle 2014
U. Halle, „Frey […] hat mal wieder völlig versagt" – Herman-Walther Frey im Netzwerk der Vorgeschichtsforscher. In: M. Custodis (Hrsg.), Herman-Walther Frey: Ministerialrat, Wissenschaftler, Netzwerker. NS-Hochschulpolitik und die Folgen (Münster, New York 2014) 43–66.

Hannigan 2021
D. Hannigan, Barbed Wire University. The Untold Story of the Interned Jewish Intellectuals Who Turned an Island Prison into the Most Remarkable School in the World (Lanham 2021).

Hauser 2015
K. Hauser, Bloody Old Britain. O. G. S. Crawford and the Archaeology of Modern Life (London 2015).

Hegewisch 2012
M. Hegewisch, Von Leese nach Kalkriese? Ein Deutungsversuch zur Geschichte zweier linearer Erdwerke. In: E. Baltrusch (Hrsg.), 2000 Jahre Varusschlacht. Geschichte – Archäologie – Legenden (Berlin 2012) 177–212.

Heiligmann / Röber 2005
J. Heiligmann / R. Röber, Lange vermutet – endlich belegt: Das spätrömische Kastell Constantia. Erste Ergebnisse der Grabung auf dem Münsterplatz von Konstanz 2003–2004. Denkmalpfl. Baden-Württemberg 34, 2005, 134–141.

Jope 1997
E. M. Jope, Bersu's Goldberg 4. A petty chief's establishment of the 6th–5th centuries B. C. Oxford Journal Arch. 16, 1997, 227–241.

Koch / Schindler 1994
K.-H. Koch / R. Schindler (Hrsg.), Vor- und frühgeschichtliche Burgwälle des Regierungsbezirkes Trier und des Kreises Birkenfeld. Trierer Grabungen u. Forsch. 13,2 (Trier 1994).

Krämer 1965
W. Krämer, Gerhard Bersu zum Gedächtnis, Ber. RGK 45, 1964 (1965) 1–2.

Krämer 2001
W. Krämer, Gerhard Bersu, ein deutscher Prähistoriker, 1889–1964. Ber. RGK 82, 2001, 5–101.

Krause 2012
R. Krause, Landsiedlungen, Rechteckhöfe und Höhenburgen. Siedlungsstrukturen und Siedlungshierarchien der älteren Eisenzeit im Nördlichen Ries (Baden-Württemberg, Bayern). In: W. Raeck / D. Steuernagel, Das Gebaute und das Gedachte. Siedlungsform, Architektur und Gesellschaft in prähistorischen und antiken Kulturen. Frankfurter Arch. Schr. 21 (Bonn 2012) 41–60.

Krauss 2009
R. Krauss, Die deutschen und österreichischen Grabungen in Bulgarien. Bulgarien-Jahrb. 2008 (2009) 67–89.

Krauss 2013
R. Krauss, Archäologie in schwieriger Zeit – Gerhard Bersu und die Ausgrabungen bei Sadovec in den Jahren 1936–1937. In: H. Schaller / R. Zlatanova (Hrsg.), Deutsch-Bulgarischer Kunst- und Wissenschaftstransfer (Berlin 2013) 123–138.

Lantier 1964
R. Lantier, Gerhard Bersu. Rev. Arch. 1964, 191–194.

Leach 2019
St. Leach, King Arthur's Round Table revisited. A review of two rival interpretations of a henge monument near Penrith, in Cumbria. Ant. Journal 99, 2019, 417–434.

Leube 2002
A. Leube (Hrsg.), Prähistorie und Nationalsozialismus. Die mittel- und osteuropäische Ur- und Frühgeschichtsforschung in den Jahren 1993–1945 (Heidelberg 2002).

Lucas 2001
G. Lucas, Critical Approaches to Fieldwork. Contemporary and Historical Archaeological practice (London 2001).

Marti 2008
R. Marti, Spätantike und frühmittelalterliche Höhensiedlungen im Schweizer Jura. In: H. Steuer / V. Bierbrauer / M. Hoeper, Höhensiedlungen zwischen Antike und Mittelalter von den Ardennen bis zur Adria. RGA Ergbd. 58, 2008, 341–380.

Meyer 1965
D. Meyer, Bibliographie Gerhard Bersu. Ber. RGK 45, 1964 (1965) 3–10.

Mozsolics 1965
A. Mozsolics, Gerhard Bersu. Arch. Ért. 92, 1965, 217–218.

Müller-Wille 2002
M. Müller-Wille, Das Bootsgrab von Balladoole, Isle of Man. Dt. Schiffahrtsarchiv 25, 2002, 295–310.

Mytum 2017
H. Mytum, Networks of association: The social and intellectual lives of academics in Manx internment camps during World War II. In: S. Crawford / K. Ulmschneider / J. Elsner, Ark of Civilization. Refugee Scholars and Oxford University 1930–1945 (Oxford 2017) 96–116.

Oexle 2005
J. Oexle, The foundation „Pro Archaeologia Saxoniae“. A new platform for sponsoring

research in the central European archaeology. Arch. Polona 43, 2005, 209–217.

Parzinger 1998
H. Parzinger, Der Goldberg. Die Metallzeitliche Besiedlung. Röm.-Germ. Forsch. 57 (Mainz 1998).

Parzinger 2002
H. Parzinger, „Archäologien" Europas und „europäische Archäologie" – Rückblick und Ausblick. In: P. F. Biehl / A. Gramsch / A. Marciniak (Hrsg.), Archäologien Europas. Geschichte, Methoden und Theorien / Archaeologies of Europe. History, Methods and Theories (Münster, New York, München, Berlin 2002) 35–52.

Pericot 1965
L. Pericot, Gerhard Bersu. Pyrenae 1, 1965, 185.

Radford 1965
C. A. R. Radford, Obituary of Gerhard Bersu. Ant. Journal 45,2, 1965, 323–324.

Raftery 1969
B. Raftery, Freestone Hill, Co. Kilkenny: An Iron Age Hillfort and Bronze Age Cairn. Excavation: Gerhard Bersu, 1948–1949. Proc. Royal Irish Acad. 68, 1969, 1–106.

Rassmann / Voss 2015
K. Rassmann / H.-U. Voss, County Kilkenny, Republik Ireland: Geomagnetische Prospektion auf dem eisenzeitlichen Hillfort „Freestone Hill". e-Forschungsber. DAI 2, 2015, 12–15. doi: https://doi.org/10.34780/q14x-6aed.

Röder / Strauss 1983
W. Röder / H. A. Strauss, Bersu, Gerhard. In: W. Röder / H. A. Strauss (Hrsg.): Biographisches Handbuch der deutschsprachigen Emigration nach 1933 / International Biographical Dictionary of Central European Émigrés 1993–1945 (München 1983) 98.

Rottloff 2009
A. Rottloff, Die berühmten Archäologen (Mainz 2009).

Simpson 2015
G. Simpson, Collingwood's latest archaeology misinterpreted by Bersu and Richmond. Collingwood Stud. 5, 1998, 109–119.

Ulbert 1994
G. Ulbert, Der Auerberg I (München 1994).

Unverzagt 1964
W. Unverzagt, Gerhard Bersu zum 75. Geburtstage. Forsch. u. Fortschritte 38, 1964, 285–286.

Unverzagt 1965
W. Unverzagt, Gerhard Bersu. Ausgr. u. Funde 10, 1965, 57–58.

Waterman 1978
D. M. Waterman, [Rez. zu]: G. Bersu / C. A. R. Radford, Three Iron Age Round Houses in the Isle of Man (Douglas 1977). Ulster Journal Arch. 41, 1978, 104–106.

Wright 1980
M. D. Wright, Excavations at Peel Castle, 1947. Based on the section drawings and notes of the late Prof. Gerhard Bersu. Proc. Isle of Man Nat. Hist. Soc. 9,1, 1980, 21–57.

Anschrift der Verfasserinnen

Susanne Grunwald
Institut für Altertumswissenschaften (IAW)
Arbeitsbereich Klassische Archäologie
Johannes Gutenberg-Universität
DE-55099 Mainz
https://orcid.org/0000-0003-2990-839X

Tamara Ziemer
Römisch-Germanische Kommission
des Deutschen Archäologischen Instituts
Palmengartenstr. 10–12
DE-60325 Frankfurt a. M.
E-Mail: tamara.ziemer@dainst.de

# „Seit 29 Jahren schulden Sie uns einen Ausgrabungsbericht […]!" – Gerhard Bersu und die schlesischen Burgwälle

Von Karin Reichenbach

*Schlagwörter:* *Schlesien / Befestigungsanlagen / Schul- und Studienzeit / Bodendenkmalpflege vor dem Ersten Weltkrieg*
*Keywords:* *Silesia / fortifications / school and study time / preservation of archaeological monuments before World War I*
*Mots-clés:* *Silésie / fortifications / période scolaire et universitaire / conservation des sites archéologiques avant la Première Guerre mondiale*

## Bersus schlesische Herkunft

Gerhard Bersus (1889–1964) Geburtsort Jauer (poln. Jawor) ist ein Ort in Niederschlesien, etwa 70 km westlich von Breslau (poln. Wrocław) gelegen und bekannt durch die dort Mitte des 17. Jahrhunderts errichtete Friedenskirche. Seine schlesische Kindheit währte allerdings nur kurz, da die Familie schon bald nach Frankfurt / Oder umzog. Über den Direktor des Gymnasiums, das er dort besuchte, gelangte er noch als Schüler auf Carl Schuchhardts (1859–1943) Ausgrabung der sog. „Römerschanze" bei Potsdam und sammelte dort erste und offenbar prägende grabungsmethodische Erfahrungen. Gleichzeitig führte ihn das in die Burgwallforschung, die Untersuchung vor- und frühgeschichtlicher befestigter Siedlungen, ein, handelte es sich doch bei der Römerschanze um eine Wallanlage mit bronze- / früheisen- und slawenzeitlichen Befestigungsschichten. Mit seiner schlesischen Heimat blieb Bersu jedoch auch weiterhin verbunden, insbesondere der schlesischen Archäologie und ihrem in den ersten Jahrzehnten des 20. Jahrhunderts wichtigsten Akteur, Hans Seger (1864–1943), den Bersu hoch geschätzt haben soll. Er war vermutlich auch der Grund, weshalb sich Bersu 1913 für ein Sommersemester lang an der Friedrich-Wilhelms-Universität zu Breslau einschrieb. Zuvor hatte er zunächst 1909 ein Studium der Geologie in Straßburg begonnen, war im Folgejahr nach Tübingen und 1912 nach Heidelberg gewechselt und hatte sich immer mehr der Archäologie zugewandt. Erst nach dem Ersten Weltkrieg sollte er das Studium 1925 mit der Promotion in Tübingen beenden können[1].

Als Vorsitzender des schlesischen Altertumsvereins und Leiter der vorgeschichtlichen Sammlung des Schlesischen Museums für Kunstgewerbe und Altertümer in Breslau schätzte Seger das Talent des jungen Studenten für die Untersuchung komplexer Ausgrabungssituationen und übertrug ihm in den Jahren 1911 bis 1913 die Leitung mehrerer Burgwallgrabungen *(Abb. 1)*.

## Bersus Ausgrabungen als Beitrag zur frühen schlesischen Burgwallforschung

Die Schule machenden Grabungen Schuchharts, die Bersus Weg frühzeitig bestimmten und seine moderne Grabungsmethodik prägten, bildeten auch einen maßgeblichen Impuls

[1] Unverzagt 1964, 285; Krämer 2001, 8–9; 20.

Abb. 1. Breiter Berg bei Striegau, vmtl. Bersu auf dem Plateau sitzend, 1913 (Muzeum Miejskie Wrocławia, Muzeum Archeologiczne, Fotoarchiv Nr. 1561D).

für die schlesische Burgwallarchäologie, da sie die Untersuchung vor- und frühgeschichtlicher Befestigungen jenseits des Limes ermöglichten. Nachdem Rudolf Virchows (1821–1902) Unterscheidung zwischen vorgeschichtlicher Keramik des „Lausitzer Typus" und des slawischen „Burgwalltypus" die Frage nach der Zuordnung der schlesischen Wallanlagen zur spätbronze- bis früheisenzeitlichen Lausitzer Kultur oder dem slawischen Mittelalter aufgeworfen hatte, war man nun mit dem neuen grabungstechnischen Know-how zunehmend in der Lage, diese Befestigungen durch systematische Ausgrabungen genauer zu erforschen[2]. Bereits seit der Jahrhundertwende und mit zunehmender Intensität initiierte der Schlesische Altertumsverein, seit 1907 unter dem Vorsitz Segers, gemeinsam mit der ebenfalls von Seger geführten vorgeschichtlichen Abteilung des Breslauer Museums für Kunstgewerbe und Altertümer nachhaltige Anstrengungen zur Erforschung der schlesischen Wallanlagen, die „zur Aufklärung des Alters und Zweckes alter Befestigungsanlagen, der sogenannten Burgwälle" dienen sollten[3].

Neben einer flächendeckenden Aufnahme aller Burgwälle, die seit 1907 der Landvermesser und Vorgeschichtsenthusiast Max Hellmich (1867–1937) im Auftrag des Vereins durchführte[4], sollten auch Ausgrabungen einzelner Anlagen vorgenommen werden. Inwieweit und wie lange Bersu mit der schlesischen Vorgeschichtsforschung bereits in Kontakt

[2] Virchow 1872, 226–238; Brather 2005, 437; Reichenbach 2009a, 24–26.

[3] Jahn 1913/14, 93. – Zur Geschichte der Archäologie und Burgwallforschung in Niederschlesien ausführlich: Reichenbach 2020.

[4] Hellmich 1934, 341.

stand, lässt sich nicht genau ermitteln. Spätestens jedoch 1910 begegneten sich Seger und Bersu in Köln, vermutlich auf der Jahresversammlung der Deutschen Gesellschaft für Anthropologie, Ethnologie und Urgeschichte, wo Seger mit ihm über dieses Vorhaben sprach und schon genauere Verabredungen über Bersus Beteiligung an den Burgwalluntersuchungen traf, sodass Bersu Ende des Jahres nachfragte: „[i]n Erinnerung an unsere Unterredung gelegentlich des Kölner Kongresses, gestatte ich mir die ergebene Anfrage[,] ob und wann die für das Frühjahr 1911 in Aussicht genommene Ausgrabung eines Burgwalles in Schlesien stattfindet“[5]. Als gebürtiger Schlesier, dessen Talent für Ausgrabungen ihn bereits als jungen Studenten für die Übernahme verschiedener Grabungsleitungen empfahl, schien Bersu berufen, an den Wallanlagen in Schlesien durch eingehende Untersuchung zu überprüfen, ob sie der Lausitzer Kultur oder dem slawischen Frühmittelalter zugeordnet werden mussten und welche Befestigungskonstruktionen sie aufwiesen[6]. So beschrieb Seger bei der Einholung von Grabungsgenehmigungen in den nächsten Jahren Bersus Kompetenz folgendermaßen: „[d]ie Leitung der Ausgrabung würde Herrn cand. archeol. Bersu übertragen werden, der sich schon wiederholt erfolgreich an ähnlichen Untersuchungen beteiligt hat“[7] bzw. „[e]in junger Archäologe, Herr Bersu, der zur Zeit in Heidelberg studiert, und bereits viele ähnliche Untersuchungen für das Berliner und unser Museum geleitet hat, ist bereit[,] während der großen Ferien [...] die Ausgrabung zu übernehmen“[8].

Welche Wallanlagen von Bersu ausgegraben werden sollten, war zu Beginn noch nicht genau festgelegt. Neben dem Breiten Berg bei Striegau (poln. Góra Bazaltowa / Strzegom), dessen Ausgrabung besonders dringlich erschien, war zunächst auch der Ritscheberg, eine mittelalterliche, durch Schriftquellen belegte Befestigung bei Ritschen (poln. Ryczyn), östlich von Ohlau (poln. Oława), im Gespräch, wurde jedoch offenbar wieder verworfen[9]. Schließlich untersuchte Bersu zwischen 1911 und 1913 vier Wallanlagen: den genannten Breiten Berg bei Striegau, den Burgberg von Mertschütz (poln. Mierczyce), den ebenfalls bei Striegau gelegenen Streitberg (poln. Graniczna) sowie einen kleinen Ringwall in Mönchmotschelnitz bei Winzig (poln. Moczydlnica Klasztorna, Wińsko). Bis auf den Mertschützer Burgberg waren alle durch Abtragungsarbeiten verschiedener Art gefährdet, jedoch auch als Forschungsobjekte interessant für die Frage nach Zeitstellung und Art der Befestigung. Daneben war Bersu noch an einer Siedlungsgrabung in Noßwitz bei Glogau (poln. Nosocice, Głogów) sowie offenbar auch an der Ausgrabung einer Ustrine in oder bei Mertschütz involviert[10].

Von den genannten vier Wallanlagen sollte der Breite Berg bei Striegau Bersus wichtigste Untersuchung in Schlesien werden. Hier führte er 1911 und 1913 zwei umfangreiche Grabungskampagnen durch *(Abb. 2)*, die er 1925 im Rahmen seiner Dissertation auswertete und die Ergebnisse 1930 in einer ausführlichen Publikation veröffentlichte[11]. Sie sollten auch die einzigen bleiben, zu denen Bersu der schlesischen Bodendenkmalpflege mit der Veröffentlichung detaillierte Aufzeichnungen und Auswertungen hinterließ – ein Problem, das die anfangs guten Beziehungen zunehmend belastete, wie noch zu zeigen sein wird. Auch wenn er die Anlage bereits „aus eigener Anschauung“ kannte, informierte sich Bersu im Vorfeld eingehend, fragte nach, was über den Wall bereits bekannt sei und

[5] Bersu an Seger 30.12.1910 APW WSPŚ 759, 20.

[6] Seger 1926, 251–252; Krämer 2001, 9–10.

[7] Seger an Magistrat von Striegau 1.3.1911 APW WSPŚ 759, 30.

[8] Seger an von Richthofen 3.7.1912 APW WSPŚ 724, 337.

[9] Seger an Bersu 10.1.1911 APW WSPŚ 759, 21.

[10] Krämer 2001, 9; Bersu an Seger 24.3.1921 APW WSPŚ 759, 129.

[11] Bersu 1930.

Abb. 2. Breiter Berg bei Striegau, vmtl. Bersu während der Ausgrabung 1913 (Muzeum Miejskie Wrocławia, Muzeum Archeologiczne, Fotoarchiv Nr. 1571D).

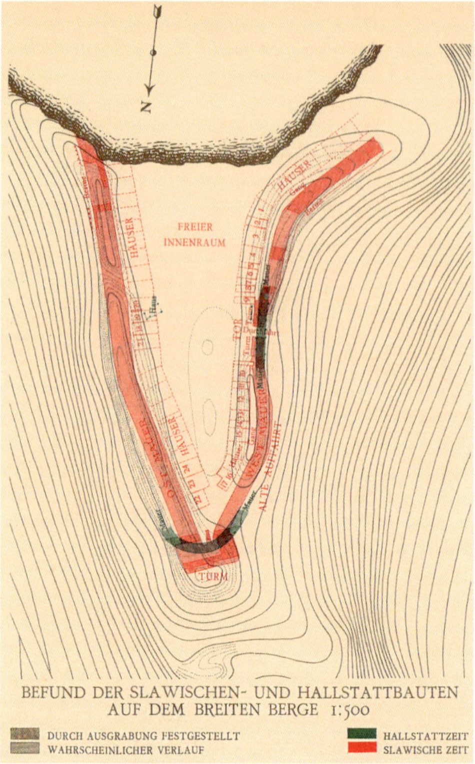

FREIER INNENRAUM

BEFUND DER SLAWISCHEN- UND HALLSTATTBAUTEN AUF DEM BREITEN BERGE 1:500

DURCH AUSGRABUNG FESTGESTELLT
WAHRSCHEINLICHER VERLAUF
HALLSTATTZEIT
SLAWISCHE ZEIT

Abb. 3. Breiter Berg bei Striegau, Übersicht der Wallverläufe (Bersu 1930, Taf. II).

konsultierte kritisch die bisher veröffentliche Literatur[12]. Auf dieser Grundlage formulierte er dann ganz konkrete „Pläne für den Breiten Berge", die vorsahen, den Wallschnitt einer früheren Laiengrabung zu erneuern und erweitern, dann „einen neuen Durchschnitt zu machen und ein Tor aufzudecken" sowie ggf. noch einen Schnitt in den Innenraum zu legen. Darüber hinaus kündigte er genau an, welche Geräte und sonstiges Equipment er für die Grabung benötigen würde[13].

Der Breite Berg bildete zum Zeitpunkt der Ausgrabungen ein sich aus der Ebene erhebendes Basaltmassiv in der Gruppe der Striegauer Berge mit einem nach Norden spitz zulaufenden Plateau, das vor seiner Zerstörung eine rhombische Fläche von etwa 0,7 ha umfasst haben muss[14]. Seit Eröffnung eines Basaltsteinbruchs 1820, durch den der Berg nach und nach abgetragen wurde, waren immer wieder Funde aufgetreten, die zum Teil durch den Altertumsverein und das Museum erfasst und durch Nachuntersuchungen begleitet wurden[15]. Der noch erhaltene Wallverlauf führte in spitzem Winkel um die Nordspitze des Plateaus, während der südliche Bereich durch den Steinbruch bereits abgetragen war (vgl. *Abb. 3*). Er soll jedoch noch Ende des 19. Jahrhunderts eine geschlossene Begrenzung gebildet haben[16]. Bersu untersuchte zunächst im März 1911 den westlichen Wallarm. Nach neuen Abtragungen durch die Steinbrucharbeiten wurden weitere

[12] Bersu an Seger 20.1.1910 APW WSPŚ 759, 24.
[13] Bersu an Seger 5.3.1910 APW WSPŚ 759, 27–28.
[14] Bersu 1930, 6.
[15] Schmidt 1909; Raschke 1927, 65; Bersu 1930, 1–4.
[16] Bersu 1930, 6.

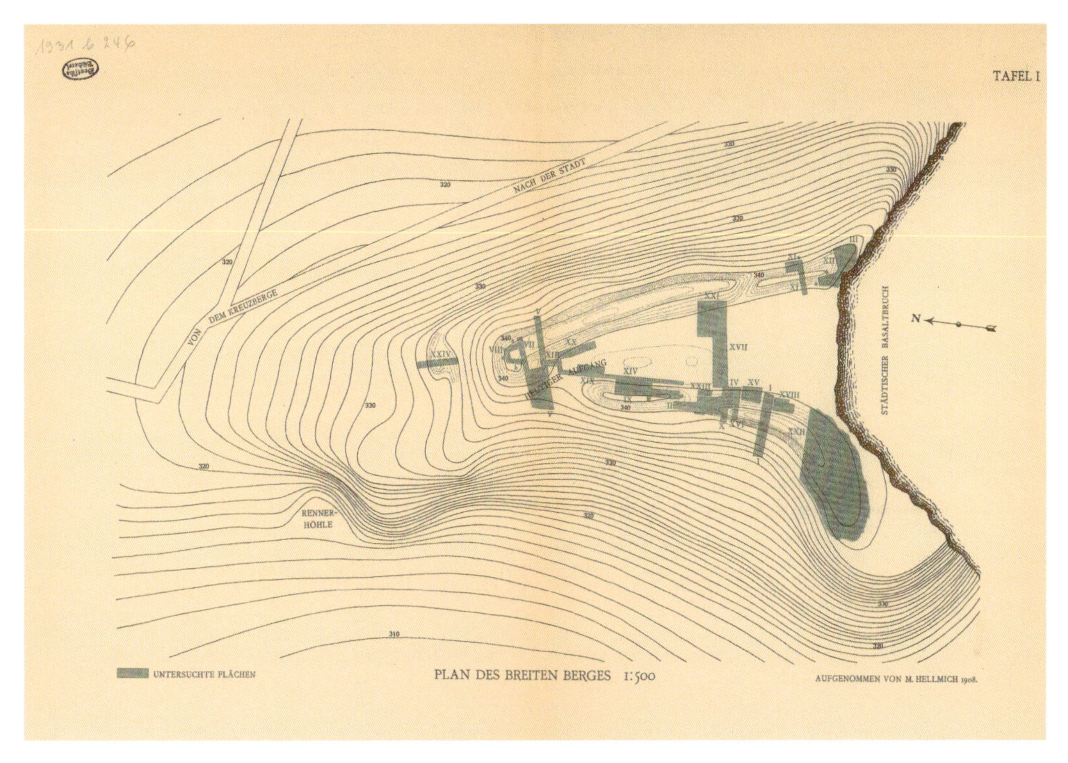


Abb. 4. Breiter Berg bei Striegau, Schnittübersicht (Bersu 1930, Taf. I).

Untersuchungen bereits im Folgejahr nötig, die Mitarbeiter des Museums vornahmen und an denen Bersu nicht beteiligt war. Er kommentierte die Ergebnisse jedoch als „absolut, in allen Kleinigkeiten identisch mit [den] Profilen von vergangen Jahr [sic]“[17]. Im Juli 1913 erfolgten dann erneut durch Bersu, der wie erwähnt das Sommersemester in Breslau verbrachte, und mit Unterstützung Martin Jahns (1888–1974) weitere Grabungen im Innenraum und an der Nordspitze des Walles[18]. Bei all diesen Untersuchungen wurden mehrere Schnitte durch beide Wallarme, den Bereich ihres Aufeinandertreffens und im Innenraum angelegt. Wie die Publikation zeigt, wurden die Schnittlagen aufs Genaueste dokumentiert und umfassten der Nummerierung zufolge insgesamt 24 Schnitte *(Abb. 4)*. Die Ortsakten überliefern keinen direkten Grabungsbericht oder unmittelbare Aufzeichnungen von Bersu. Allerdings befindet sich dort das Manuskript einer früheren Fassung des zweiten Teils seiner 1925 eingereichten Dissertationsschrift, welcher die Grundlage der späteren Publikation bildete[19].

Die Ausgrabungen ergaben auf dem Breiten Berg zwei Besiedlungs- und Befestigungsphasen. Die erste Phase wurde anhand der Funde in die frühe Eisenzeit bzw. die Hallstattzeit datiert, die zweite aufgrund der spätslawischen Keramik sowie in Verbindung mit einer 1155 überlieferten Kastellaneiburg „gradice Ztrigom“ ins 12.–13. Jahrhundert. Während die hallstattzeitlichen Befunde durch die slawenzeitliche Überbauung generell stark gestört waren und nur vage eine Befestigungskonstruktion aus pfostengestützten und erdverfüllten Plankenwänden mit Lehmverkleidung sowie Aufschlüsse über die Bebauung des Innenraums zuließen[20], erbrachte die Untersuchung der mittelalterlichen Schichten

[17] Bersu an Seger 1.5.1912, APW WSPŚ 759, 59.
[18] APW WSPŚ 759, 78–81; 783; Bersu 1930, 4.
[19] APW WSPŚ 759, 175–252.
[20] Bersu 1930, 34–38.

Abb. 5. Mertschütz, Bersu an Seger o. D. [23.8.1912], Postkarte mit Rekonstruktionsskizze zum Wallaufbau (Archiwum Państwowe we Wrocławiu, WSPŚ 724, 343).

detailliertere Ergebnisse. Aus den Wallbefunden rekonstruierte Bersu eine „Holzerdemauer", die mit einem Wehrgang versehen und an der Außenseite mit Lehm verputzt war, und vor der sich offenbar noch eine palisadengesicherte Berme befand. Außer sich im Inneren anschließenden Wohn- und Vorratsgebäuden schloss Bersu ferner auf halber Länge des noch erhaltenen Westwalles anhand von Stein- und Holzbefunden auf eine Torkonstruktion. Eine weitere große Steinpackung am Schnittpunkt der beiden Wallarme machte zudem die Annahme eines größeren Turmes an der Nordspitze des Plateaus wahrscheinlich[21].

Die drei weiteren Burgwallgrabungskampagnen, an denen Bersu leitend beteiligt war, waren geringeren Ausmaßes. Der Wall in Mertschütz, eine kreisrunde Anlage von ca. 180 m Durchmesser befand sich nordöstlich von Bersus Geburtsort Jauer auf dem Gut des Barons Ernst Freiherr von Richthofen (1858–1933), dem Vater des Prähistorikers Bolko von Richthofen (1899–1983). Diese Anlage war nicht von Zerstörung bedroht; ausschlaggebend für die Ausgrabung war hier das Ersuchen des Barons selbst im Juni 1912, das Museum möge eine Untersuchung vornehmen, wofür er die Bereitstellung der notwendigen Arbeitskräfte in Aussicht stellte[22]. Daraufhin hatte sich Seger offenbar sogleich an Bersu gewandt, der sich zur Übernahme der Grabung bereit erklärte: „[i]ch hoffe bestimmt im Herbst zu der Grabung Zeit zu haben. [...] Falls es sich um den Wall bei Mertschütz an der Strecke Jauer-Maltsch handelt[,] so kenne ich den Wall schon persönlich, da ich diesen vor zwei Jahren mir angesehen habe. Er interessierte mich wegen seiner guten Erhaltung"[23]. Auch hier klärte Bersu vorab wichtige Voraussetzungen für die Durchführung seiner

[21] Bersu 1930, 11–13; 18–27. In der Nachkriegszeit wurde nur eine kleinere Rettungsgrabung Mitte der 1960er-Jahre durch das Archäologische Denkmalamt Wrocław (Urząd Konserwatorski Zabytków Archeologicznych) unternommen, bevor auch die letzten Wallfragmente dem Steinbruch wichen, vgl. Jaworski 2005, 188, dort auch entsprechende Literatur.

[22] Notiz Seger 6.6.1912 APW WSPŚ 724, 335–336.

[23] Bersu an Seger 12.6.1912 APW WSPŚ 724, 344.

Abb. 6. Mertschütz, vmtl. Bersu vor dem Wallschnitt 1912 (Muzeum Miejskie Wrocławia, Muzeum Archeologiczne, Fotoarchiv Nr. 694D).

Untersuchung, so etwa die landwirtschaftliche Bebauung des Geländes und seinen Bedarf an Arbeitskräften. In diesem Zusammenhang wird offenbar, dass Bersu in den Semesterferien bereits mit mehreren Grabungen beauftragt war, denn das Vorhaben in Mertschütz und „[s]eine süddeutschen Grabungen" mussten terminlich in Einklang gebracht werden[24]. Ende August 1912 begann hier schließlich die zweiwöchige Ausgrabung und Bersu meinte bereits am ersten Tag, die Wallkonstruktion schon deutlich erkannt zu haben, wie er in einer Postkarte an Seger verkündete: „Die Wallgrabung geht ausgezeichnet. Habe heut mit dem ersten Tage und 3 Mann schon ein klares Bild der Konstruktion und des Alters. Der Wall hat nur eine Periode und ist slawisch". Auf der Karte ist zudem eine Profilskizze mit Beschreibung der Schichten angefügt *(Abb. 5)*[25]. Abgesehen von dieser flüchtigen Wallrekonstruktionsskizze und einigen schlecht belichteten Fotos ist hier keine weitere Dokumentation durch Bersu überliefert *(Abb. 6)*. Auf die Grabungsergebnisse lässt sich jedoch aus einem Zeitungsbericht sowie der Schichtenanalyse aus Bersus Publikation von 1926 schließen[26]. Offenbar war seine Einschätzung vom ersten Grabungstag doch etwas verfrüht gewesen, denn zwei Wallschnitte und Untersuchungen im Innenraum ergaben letztlich zwei Schichtenkomplexe, die ähnlich wie auf dem Breiten Berg der Hallstattzeit und dem slawischen Mittelalter zugewiesen wurden. Aus den Befestigungsbefunden konnte Bersu auch die Bauweise der Wallphasen ermitteln[27].

[24] Bersu an Seger 2.7.1912 APW WSPŚ 724, 345.
[25] Bersu an Seger [23].8.1912 APW WSPŚ 724, 343.
[26] Bersu 1913; Bersu 1926.
[27] Bersu 1926, Taf. II. In der Nachkriegszeit wurden keine größeren Untersuchungen vorgenommen (zu neueren Datierungsvorschlägen vgl. Jaworski 2005, 60–61; Lodowski 1990).

Die als nächstes von ihm erforschte Wallanlage auf dem ca. fünf Kilometer nordöstlich vom Breiten Berg gelegenen Streitberg war wie jener auch durch Steinbrucharbeiten bedroht bzw. zu einem großen Teil bereits zerstört. Die Anlage hatte ehemals einen das Bergmassiv umgebenden ovalen Wall umfasst, der durch zwei Querwälle geteilt war. Im Nordwesten war dieser Komplex bereits einschließlich eines Querwalles abgetragen. Im anderen Querwall legte Bersu, der offenbar im Rahmen seines Breslauer Semesters ohnehin in der Gegend war, zusammen mit Jahn im Juli 1913 zwei Profilschnitte an. Wiederum hatte er keine Dokumentation abgeliefert, lediglich ein Zeitungsartikel informierte über die Grabung. Zusammen mit weiteren Profilaufnahmen, die Georg Raschke (1903–1973) 1927 für das Museum machte, ergaben die Untersuchungen für diesen inneren Wall eine nach Bersu zunächst grobe slawenzeitliche, später bei Raschke konkretisierte Datierung in das 10.–11. Jahrhundert, während die Zeitstellung der äußeren Wälle unklar blieb[28]. Auch diese Wallanlage wurde später durch den Steinbruch schließlich vollständig vernichtet[29].

Seine letzte Untersuchung betraf den Burgwall in Mönchmotschelnitz, einer mehrteiligen Niederungsanlage bestehend aus einem Hauptwall und einem kleineren Innenwall. Hier dokumentierte und erweiterte Bersu im Oktober 1913 lediglich ein Profil, das von einem ortsansässigen Laien geschachtet worden war[30]. Wiederum erfolgte für die Ortsakten des Museums keine Dokumentation durch Bersu, sodass sich die schlesischen Archäologen 1920 veranlasst sahen, den Profilschnitt nochmals zu erneuern, um die Untersuchung abzuschließen. Erst auf Nachfragen schickte Bersu im Folgejahr seine Profilzeichnung und gestand, er habe sich keine weiteren Aufzeichnungen gemacht: „[d]er Befund war mir auch damals schon höchst rätselhaft“[31]. Beide Untersuchungen zusammen ergaben für den Hauptwall eine hallstattzeitliche Konstruktion, während der diesen z. T. schneidende Innenwall als jünger, vermutlich slawenzeitlich, erschien. Aufgrund fehlender Feuereinwirkung und entsprechend schlechter Erhaltung konnte die hallstattzeitliche Konstruktion nicht genau ermittelt werden. Jahn, der 1920 noch einen weiteren Schnitt legte, ging jedoch von einer „Holzerdemauer“ aus, an die sich im Innenraum Gebäude anschlossen. Der jüngere Wall wurde nicht untersucht[32].

## „Sein Fundbericht steht noch aus“ – Bersus Arbeitsweise in Schlesien

Aus Bersus Herangehensweise bei diesen Grabungen sprechen, abgesehen vom großen Interesse und der wissenschaftlichen Neugier, ein deutliches Selbstbewusstsein angesichts seiner Erfahrung und Kompetenz. Er wusste genau, was zu tun ist, wie er vorzugehen hatte und welche Mittel er dafür benötigte. Seit seiner Einführung in die Archäologie auf Schuchhardts Grabung 1908 hatte er bereits an einer ganzen Reihe weiterer Untersuchungen teilgenommen und zunehmend die Grabungsleitung übertragen bekommen. Die Mehrheit betraf zwar Siedlungsplätze, doch vertiefte Bersu auch sein Wissen über die Ausgrabung vorgeschichtlicher Befestigungen durch die Untersuchung römischer Kastelle und vor allem der kupferzeitlichen Siedlung im rumänischen Cucuteni[33]. Dennoch erstaunt es,

[28] Ausgrabung auf dem Streitberge bei Striegau o. D. APW WSPŚ 762, 251; Raschke 1927, 68.

[29] Jaworski 2005, 184–187, dort zu Untersuchungen nach 1945.

[30] Bericht Seger o. D. APW WSPŚ 780, 611.

[31] Bericht Jahn 25.11.1920 APW WSPŚ 780, 627; Bersu an Seger 5.11.1921 APW WSPŚ 780, 631–632.

[32] Grabungsbericht Jahn 25.11.1920 APW WSPŚ 780, 627–630. Auch nach 1945 wurde hier lediglich ein kleiner Sondageschnitt angelegt, sodass außer einer vorläufigen Datierung ins 9.–11. Jahrhundert hierzu keine weiteren Aussagen vorliegen, vgl. Kaletynowie / Lodowski 1968, 79–81.

[33] Krämer 2001, 8.

wie selbstverständlich und unbefangen, ja mit einer gewissen Autorität der junge Student an die Burgwallgrabungen in Schlesien herantrat. Gleichzeitig wird deutlich, dass Bersu unglaublich umtriebig und emsig war. Neben seinen studentischen Verpflichtungen jonglierte er zunehmend mit mehreren Grabungsleitungen und „grast[e noch] am Wochenende die Sammlungen ab“[34]. Dies tat zwar der Qualität seiner Ausgrabungen keinen Abbruch – die Beschreibungen der Stratigraphien und Befunde in der Veröffentlichung zum Breiten Berg bei Striegau beispielsweise sind exzellent und zeugen von außerordentlichen Beobachtungs-, Auffassungs- und Wiedergabefähigkeiten, über die Bersu bereits in so jungen Jahren verfügte. Dies tritt besonders deutlich im Vergleich zu zeitgleichen anderen Grabungen der zu dieser Zeit durchaus gut entwickelten Vorgeschichtsforschung in Schlesien hervor. Dennoch führten seine vielfältigen Aktivitäten offensichtlich dazu, dass er die schlesischen Grabungen nicht ordnungsgemäß mit einem Grabungsbericht oder sonstiger ausführlicher Dokumentation der Ergebnisse abschließen konnte. So sind mit Ausnahme des Breiten Berges die genauen Resultate dieser Grabungen weitgehend unbekannt geblieben. Mit der Auswertung der Grabung auf dem Breiten Berg bei Striegau erlangte Bersu 1925 an der Universität Tübingen den Doktorgrad. Die Schichtenfolge aus Mertschütz bildete ein Beispiel für den einleitenden, methodischen Teil dieser Arbeit, den er 1926 als viel beachtete Anleitung zur archäologischen Untersuchung befestigter Siedlungen veröffentlichte und damit einen ersten deutschlandweiten grabungsmethodischen Standard setzte. Dass er diesem mit dem Ausbleiben der Grabungsberichte selbst nicht gerecht wurde, zeigen die überlieferten Ortsakten und Briefwechsel aus Breslau, aus denen hervorgeht, dass diese Versäumnisse Bersus gute Beziehungen zur schlesischen Archäologie zunehmend gefährdeten.

Dabei begann es mit guten Vorsätzen. Bereits im April 1911, nur drei Wochen nach Ende seiner ersten Untersuchung auf dem Breiten Berg legte Bersu einem Schreiben an Seger einen „allerersten Entwurf für die Publikation“ mit der Bitte um Rückgabe bei[35], der jedoch nicht zur Veröffentlichung gelangte. In den nächsten Monaten und Jahren wurden Manuskripte, Befundfotos, Profilzeichnungen u. ä. zwischen Breslau und den verschiedenen Aufenthaltsorten Bersus hin und her geschickt. Bersu reiste im Januar 1913 sogar eigens nach Breslau, um an den Funden zu arbeiten, und hielt dort auch einen Vortrag über die Grabung auf dem Breiten Berg. Auch nach der weiteren Untersuchung im Sommer 1913 fand die Vorbereitung der Publikation der Grabungsergebnisse keine Beendigung, obwohl Bersu 1914 schrieb, der Text sei „schon so lange fertig“[36]. Bis Ende des Ersten Weltkrieges dauerte die Korrespondenz in dieser Angelegenheit an; der Bericht scheint bis hin zu fertig gesetzten Tafeln druckreif gewesen zu sein. Mit Bersus anschließender Tätigkeit für das Reichskommissariat für Reparationslieferungen entstand dann jedoch eine erneute Verzögerung[37]. Erst im Februar 1921 meldete sich Bersu bei Seger zurück, er habe „mit [der] Umarbeitung des Breiten-Berges-Manuskriptes angefangen“, aber es fehle ihm „ein großer Teil der Abbildungen“[38]. Wiederum gingen Manuskriptteile und Fotoabzüge zwischen den Beteiligten hin und her, bis im Januar 1925 Seger den ausstehenden Bericht für seine Bestrebungen, den bestehenden Burgwallrest auf dem Breiten Berg unter Schutz stellen zu lassen, dringend benötigte. In diesem Sinne wandte er sich auf's Neue an Bersu in der Hoffnung, „daß wir nun auch den seit über einem Dezenium ausstehenden Bericht über ihre Ausgrabungen in Schlesien erhalten werden. Vor allem liegt mir daran,

[34] Bersu an Seger 12.6.1912 APW WSPŚ 724, 346.
[35] Bersu an Seger 21.4.1911 APW WSPŚ 759, 38–40.
[36] Bersu an Seger 25.2.1914 APW WSPŚ 759, 71–72.
[37] Krämer 2001, 13–17.
[38] Bersu an Seger 1.2.1921 APW WSPŚ 759, 133–134.

den Bericht über den breiten Berg bald zu erhalten. Es schweben Verhandlungen mit der Stadt über die Erhaltung des Bergrestes. [...] Ich muß Sie also bitten, mir Ihren Bericht – es wird im wesentlichen wohl das für die Dissertation bestimmte Schreibmaschinendiktat sein – möglichst umgehend zu schicken"[39]. Bersus Antwortschreiben zeugt von neueren Überarbeitungen des Textes – neben seinen vielen Verpflichtungen und Reisen hinderte ihn offensichtlich auch ein gewisser Perfektionismus an der zügigen Fertigstellung des Textes: „ich habe in dem alten Manuskript, das in der Tat sehr verbesserungsfähig war, viel geändert und bin dabei[,] es nach diesen Aenderungen in die Maschine zu diktieren, da man es im gegenwärtigen Zustande nicht lesen kann"[40]. Selbst nachdem Bersu dieses Manuskript als Teil seiner Doktorarbeit der Universität Tübingen noch im Februar des Jahres vorlegte und Seger verkündete, der „Breite-Berg-Bericht liegt nunmehr druckfertig vor", sollte es noch weitere fünf Jahre dauern bis, wie noch darzustellen sein wird, das Werk tatsächlich durch den Schlesischen Altertumsverein und die Burgwall-AG endlich veröffentlicht wurde[41].

Bei den anderen Burgwallgrabungen blieben Segers zunehmend verzweifelte Nachfragen in Bezug auf die Grabungsberichte letztlich ergebnislos. Immer wieder vertröstete ihn Bersu: „[a]m Bericht über Mertschütz habe ich auch etwas arbeiten können und hoffe auf den Tag, wo ich damit fertig werde. [...] Ich habe die in Frage stehenden Pläne usw. mit hierher [nach Brüssel] genommen und bin dabei die Fundnotizen zu diktieren. Als erstes werde ich Ihnen Mönchmotschelnitz zuschicken"[42]. Das Fehlen der Berichte führte in Breslau angesichts der vom Museum (und ab 1931 dann vom Landesamt für vorgeschichtliche Denkmalpflege) sorgfältig und unter stetiger Erweiterung geführten Ortsakten zu steigender Konsternation. Die schlesische Vorgeschichtsforschung war bereits zu Beginn des 20. Jahrhunderts sehr gut organisiert und stützte sich u. a. auf die verlässlich abgelegten und so immer wieder aktualisierten Fundinformationen in den Akten. Aber nicht nur wegen der unvollständigen Ortsakten kam Unmut über Bersus Versäumnisse auf, sie behinderten auch ganz konkret die Arbeit des Museums. Beispielsweise machte es der ausstehende Bericht „schwierig, Funde aus der Grabung [in Mertschütz] zuzuordnen und auszuwerten"[43]. In diesem Zusammenhang äußerte Jahn auch Kritik an Bersus vielleicht manchmal etwas vorschneller Bewertung der Mertschützer Funde in Bezug auf Reste eines Gefäßes, „das vielleicht vollständiger zusammengekommen wäre, hätte nicht Herr Bersu schon an Ort und Stelle die Scherben sortiert und nur eine Auswahl, besonders Randstücke, ins Museum gesandt"[44]. Die ausbleibende Dokumentation stellte also offenbar ein tatsächliches Problem für den schlesischen Bodendenkmalpflegebetrieb dar, und das so sehr, dass sich Seger im April 1925 genötigt sah, eine offizielle, von beiden unterzeichnete Vereinbarung zu treffen, die vorsah, dass Bersu die noch ausstehenden Fundberichte einschließlich der Profile und Pläne zu Mertschütz und dem Streitberg „sobald wie möglich" vorlegte und für eine Publikation aufbereitete, ferner er sein Handexemplar der Tafeln und Abbildungen der Arbeit über den Breiten Berg dem Breslauer Museum überließ, sowie schließlich, dass nötige Ergänzungen und Änderungen an dem sonst für „druckfertig" befundenem Manuskript über den Breiten Berg vorgenommen werden müssten[45].

[39] Seger an Bersu 6.1.1925 APW WSPŚ 759, 7 (Unterstreichung im Original).

[40] Bersu an Seger 28.1.1925 APW WSPŚ 759, 5–6.

[41] Krämer 2001, 20; Bersu an Seger 21.2.1925 APW WSPŚ 759,1.

[42] Bersu an Seger 28.7.1917 APW WSPŚ 759, 137–139

[43] Vermerk Jahn o. D. 1923 APW WSPŚ 724, 352.

[44] Vermerk Jahn o. D. 1923 APW WSPŚ 724, 352.

[45] Vereinbarungen Seger-Bersu 11.4.1925 APW WSPŚ 759, 123–124.

Doch auch diese Vereinbarung blieb folgenlos, sodass Seger im August 1933 schließlich einmal der Kragen platzte und er seine Irritation gegenüber Bersu deutlicher zum Ausdruck brachte: „[s]eit 29 Jahren schulden Sie uns einen Ausgrabungsbericht über Mertschütz, Streitberg und Mönchmotschelnitz! [...] Eine Aktennotitz besagt allerdings, daß Sie schon früher erklärt hätten, keine eigenen Aufzeichnungen über Ihre Grabung zu besitzen. Aber das kann doch unmöglich richtig stimmen; denn wie hätten Sie sonst Ihren Teilbericht für den II. Band des Ebertschen Jahrbuches schreiben können? Selbst ein nur ganz kurzer und unvollkommener Bericht wäre immer noch besser als garnichts. Zur Zeit haben wir nichts weiter über Mertschütz, als einen Zeitungsbericht und den Jahrbuch-Artikel. Diesen übrigens auch nicht einmal als Sonderabdruck bei den Akten. Sollten Sie noch einen Sonderdruck haben, so würden wir für dessen Überlassung dankbar sein“[46].

Bersu antwortete lediglich mit neuen Versprechungen: „[...] Mit Ihrer Gegenrechnung über Mertschütz und Streitberg haben Sie leider durchaus recht. Wenn alles einigermassen gut geht, habe ich mir für den Winter sowieso schon vorgenommen, mal wieder an eigene Veröffentlichungen zu denken, und da stehen diese Dinge in erster Linie. [...] Leider habe ich von dem Jahrbuchartikel schon lange keinen Sonderabdruck mehr. Ich bin schon vor längerer Zeit aufgefordert worden, einmal ein kleines Ausgrabungshandbuch zu schreiben, zu dem ich diesen Artikel gern erweitert hätte, aber das gehört auch zu jenen Plänen, wo ich auf ruhigere Zeiten warten muss. Meine Aufzeichnungen über die Grabungen sind leider so, dass niemand Dritter damit etwas anfangen kann. Sollte ich in absehbarer Zeit nicht dazu kommen, über Mertschütz und Streitberg etwas zu schreiben, will ich wenigstens versuchen, diese Notizen in die Maschine zu diktieren, damit sie zu den Plänen, die ich Ihnen dann ebenfalls schicken würde, wenigstens auch verwertbare Notizen haben“[47].

## Die Arbeitsgemeinschaft zur Erforschung der nord- und ostdeutschen vor- und frühgeschichtlichen Wall- und Wehranlagen

In den Folgejahren bezog sich die Zusammenarbeit von Bersu und Seger vor allem auf die 1927 gegründete „Arbeitsgemeinschaft zur Erforschung der nord- und ostdeutschen vor- und frühgeschichtlichen Wall- und Wehranlagen“. Diese war nach dem Vorbild der Reichlimeskommission als ein überregionales archäologisches Vorhaben ins Leben gerufen worden, das sich auf die Befestigungsstrukturen im östlichen Teil Deutschlands bezog. Ziel der sog. Burgwall-AG war es, mit finanzieller Förderung durch die Notgemeinschaft der deutschen Wissenschaft alle Burgwälle in Nord- und Ostdeutschland nach einheitlichen Kriterien zu inventarisieren sowie planmäßige Ausgrabungen an bedrohten und besonders wichtigen Wallanlagen vorzunehmen. Unter der Leitung eines Vorstandes, der bei der Gründung aus Carl Schuchhardt, Max Ebert (1879–1929), Otto Scheel (1876–1954) und Wilhelm Unverzagt (1892–1971) bestand, vereinte die AG Fachvertreter aus den Gebieten Mecklenburgs, der preußischen Provinzen Schleswig-Holstein, Brandenburg, Pommern, West- und Ostpreußen, Schlesien und Sachsen sowie des sächsischen Freistaats[48].

Bersu war an der Konzeption der Burgwall-AG zumindest inhaltlich beteiligt, als er zusammen mit Schuchhardt und Unverzagt ein Forschungsprogramm skizzierte, das Eingang in die auf der Gründungsversammlung der Burgwall-AG am 12. April 1924 von

[46] Seger an Bersu vom 15.8.1933 APW WSPŚ 724, 492–493.

[47] Bersu an Seger 23.8.1933 APW WSPŚ 724, 494–495.

[48] Fehr 2004, 206 Abb. 2. Zur Geschichte der Burgwall-AG Grunwald / Reichenbach 2009, 73–82; Grunwald 2019, 88–106.

Abb. 7. Gruppenfoto der 3. Hauptversammlung der Burgwall-AG 1929 in Ratibor während der Besichtigung des Burgwalls in Bladen, Oberschlesien (Oberschlesien im Bild 1929, Nr. 25,5).

Unverzagt präsentierte Denkschrift fand. Welchen konkreten Beitrag er dazu leistete, lässt sich nicht mehr eruieren, da diese konzeptionellen Vorarbeiten zusammen mit Schuchhardts Nachlass vernichtet worden sind[49]. Auf den AG-Sitzungen lässt sich Bersus Anwesenheit allerdings erst für 1929 in Ratibor nachweisen *(Abb. 7)*. 1932 wurde er dann im Rahmen der Neuausrichtung der AG zusammen mit Schuchhardt, Unverzagt und Seger für die Redaktionskommission einer von der AG geplanten neuen Reihe „Vor- und frühgeschichtliche Burgen im deutschen Osten" vorgeschlagen und als reguläres, die Römisch-Germanische Kommission vertretendes Mitglied berufen[50]. Das Publikationsvorhaben wurde allerdings ebenso wenig umgesetzt wie die neukonzipierte „Arbeitsgemeinschaft für die Erforschung der Vor- und Frühgeschichte des deutschen Ostens" realisiert[51].

Auch Segers Beteiligung an der Entstehung der Burgwall-AG ist angesichts der von ihm initiierten Burgwalluntersuchungen, insbesondere auch der Inventarisierungsmaßnahmen in Schlesien wahrscheinlich. Er wurde zwar erst später in den Vorstand gewählt, fungierte aber von Beginn an als Verantwortlicher für die niederschlesische Region. Die Erfahrungen aus den bereits vor dem Krieg in Schlesien begonnenen Anstrengungen einer systematischen Burgwallaufnahme sowie aus den grabungstechnisch richtungsweisenden Untersuchungen Bersus an den niederschlesischen Anlagen dürften in die Konzeption der Aufgabenstellungen und die Arbeit der Burgwall-AG eingeflossen sein. Die Aufnahmekriterien, die der Wallanlagen-Erfassung auf den Karteikarten der Burgwall-AG seit 1928 zugrunde lagen, entsprechen in Vielem den seit 1907 in Breslau von Hellmich angelegten „Burgwallakten", die damit quasi als Vorläufer der dann im Rahmen der AG erstellten

[49] Grunwald 2019, 92–93.
[50] Raschke 1929; Unverzagt 1985, 75.
[51] Unverzagt 1985, 75.

Karteikartensätze erscheinen[52]. Aus einem Briefwechsel zwischen Hellmich und von Richthofen bezüglich der Burgwallaufnahme in Oberschlesien geht zudem hervor, dass Hellmich durchaus konkrete Vorschläge zur Gestaltung der AG-Aufnahmebögen machte bzw. ergänzende oder andere Aufnahmekriterien empfahl[53]. Ferner hatte Hellmich seit Anfang des Jahrhunderts maßgeblich die Diskussion über die technischen Grundlagen der Wallanlagenvermessung bestimmt und dürfte einer der wenigen oder gar der einzige ausgebildete Vermessungstechniker unter den Bearbeitern der durch die AG koordinierten Burgwallinventarisation gewesen sein[54].

Bersu selbst legte gerade im Gründungsjahr der Burgwall-AG „recht großen Wert darauf [...], dass die Publikation [zum Breiten Berg] bald erscheint[,] und zwar bestimmt mich hierbei besonders die durch Errichtung der Arbeitsgemeinschaft geschaffene Lage. Denn ich glaube, dass gerade diese Veröffentlichung mancherlei Anregung für diese Arbeiten geben kann"[55]. Er wollte zugleich bei Friedrich Schmidt-Ott (1860–1956), dem Präsidenten der Notgemeinschaft der deutschen Wissenschaft vorschlagen, „die Arbeit als 1. Heft der Veröffentlichungen der Arbeitsgemeinschaft mit Hülfe der Notgemeinschaft herauszubringen", woraufhin Seger intervenierte, da ihm vielmehr daran gelegen war, dass der Zuschuss für den Druck an den Schlesischen Altertumsverein ginge, der die Publikation bereits unter Aufwendung einiger Kosten auf den Weg gebracht hatte[56]. Schließlich blieb das Publikationsprojekt beim Verein, wurde aber im Rahmen und mit Unterstützung der Burgwall-AG 1930 von der Notgemeinschaft mit einer Publikationsbeihilfe von 1000,- RM (von ursprünglich beantragten 4000,- RM) gefördert. Auch dieser gemeinsame Antrag von Bersu und Seger war zunächst nicht ganz reibungslos verlaufen, da Bersu das Antragsschreiben vom 23. März 1929 offenbar nicht, wie abgesprochen, persönlich bei der Notgemeinschaft abgegeben hatte, sodass Seger im November über das Nichtvorliegen des Antrags informiert, bestürzt nachfragte: „Wie ist das zu erklären? Haben Sie denn das Gesuch nicht abgegeben? [...] Sie wissen doch, daß wir mit Schmerzen auf eine Antwort von dort warten"[57]. Die genauen (Um-)Wege des Antrags bleiben unklar, ein weiteres Formular wurde im Folgejahr an die Notgemeinschaft gesandt, die Bewilligung zunächst zurückgestellt und schließlich doch noch erteilt[58]. Weitere 1000,- RM bezuschusste über Bersu selbst die Römisch-Germanische Kommission, sodass die lange erwartete Arbeit zum Breiten Berg 1931 endlich vorlag[59]. Sie war offenbar als mehrteiliges Werk konzipiert worden, von dem jedoch keine weiteren Teilbände mehr erschienen. Nichtsdestotrotz bildete sie das umfangreichste Publikationswerk, das im Zusammenhang mit der Burgwall-AG zum Druck gelangte.

Noch ein weiteres Forschungsprojekt verband Seger und Bersu um 1930/31. Die Leipziger Stiftung für deutsche Volks- und Kulturbodenforschung, als Vorläuferin der Nord- und Ostdeutschen Forschungsgemeinschaft eine erste Institution zur Koordinierung

[52] Vgl. dazu auch Hellmich 1930; Hellmich 1931a; Hellmich 1931b; Hellmich 1934.

[53] Richthofen an Hellmich 23.11.1927 und Hellmich an Richthofen 27.11.1927 MAW Kat. A 253.

[54] Hellmich 1904; Hellmich 1909; Hellmich 1928; Hellmich 1929.

[55] Bersu an Seger 1.7.1927 MAW Kat. A 230.

[56] Bersu an Seger 3.1.1928 MAW Kat. A 230; Seger an Bersu 5.1.1928 MAW Kat. A 230.

[57] Seger und Jahn an Bersu 4.11.1929 MAW Kat. A 230.

[58] Seger an Bersu 1.1930; Bersu an Seger 27.3.1930 MAW Kat. A 230.

[59] Seger an Bersu 11.1.1930 MAW Kat. A 230, 116; Zeiss an Schles. Altver. 31.3.1930 MAW Kat. A 230, 121; Seger an Bersu 29.3.1930 MAW Kat. A 230. Auf dem Einband der großformatigen Publikation ist zwar 1930 als Erscheinungsjahr angegeben, sie kam jedoch, wie aus den Akten hervorgeht, erst 1931 aus dem Druck.

von wissenschaftlichen Vorhaben im Sinne der deutschen Ostforschung,[60] bewilligte die Finanzierung eines Projekts zur Aufarbeitung der Lausitzer Kultur. Seger, der seit 1927 Mitglied des wissenschaftlichen Ausschusses der Stiftung war, betreute dieses Projekt zusammen mit Robert Beltz (1854–1942), Georg Bierbaum (1889–1953), Alfred Götze (1865–1948), Karl Hermann Jacob-Friesen (1886–1960), Wolfgang La Baume (1885–1971) sowie Unverzagt und Bersu[61]. Das Vorhaben stand zudem unter wissenschaftlicher Aufsicht der Berufsvereinigung deutscher Prähistoriker, deren Leitung Seger von ihrer Gründung 1922 bis 1926 innegehabt hatte, und sollte mit Sachsen, Thüringen, Brandenburg, Posen-Westpreußen, Schlesien, Polen, Böhmen und Mähren, der Slowakei sowie Niederösterreich das ganze Verbreitungsgebiet der Lausitzer Kultur erfassen. Allerdings wurde lediglich die erste Untersuchungsregion, der Freistaat Sachsen, innerhalb eines Jahres durch Werner Radig (1903–1985) bearbeitet[62]. Offenbar mit dem schon abzusehenden Ende der Leipziger Stiftung im August 1931 konnte von dort aus keine weitere finanzielle Förderung erreicht werden.

Deshalb wurde, als sich die Burgwall-AG 1932 erweiterte und in „Arbeitsgemeinschaft für die Erforschung der Vor- und Frühgeschichte des deutschen Ostens“ umbenannte, die Fortführung der Arbeiten zur Lausitzer Kultur als eine der vordringlichsten Aufgaben in die neue Agenda aufgenommen. Zu einem erfolgreichen Abschluss sollte es aber nicht kommen, da die Burgwall-AG, vermutlich aufgrund der wissenschaftspolitischen Veränderungen im Nationalsozialismus ihre neuen Vorhaben nicht mehr umsetzte[63].

## Die schlesische Vorgeschichtsforschung nach 1933

Nach 1933 scheint die Korrespondenz zwischen Bersu und den Breslauer Vorgeschichtsforschern abgerissen zu sein. Nachdem Bersu 1935 unter dem neuen Regime aufgrund der jüdischen Wurzeln seines Vaters nach Berlin versetzt und 1937 zwangspensioniert wurde, emigrierte er 1939 auf die Britischen Inseln[64]. Ob und wie sich die Breslauer Kollegen während der NS-Zeit zu Bersu und seiner Herkunft positionierten, lässt sich nicht ermitteln. Seger und Jahn, mit denen er all die Jahre regen Austausch hatte, standen der Forschungsrichtung Gustaf Kossinnas (1858–1931) sehr nahe und hatten in ihren Interpretationen auch immer wieder mehr oder weniger offen völkische Denkweisen gezeigt. Seger hatte sich beispielsweise bereits 1891 in einem öffentlichen Vortrag, der allerdings erst 1939 publiziert wurde, zur Frage nach der Herkunft der Arier geäußert und damit als einer der ersten deutschsprachigen Altertumsforscher eine antiorientalistische „ex septentrione lux“-Position bezogen[65]. Für die Deutung der Befestigungen der Lausitzer Kultur stand für die schlesischen Vorgeschichtsforscher die Frage nach der ethnischen Zuordnung ihrer Erbauer und der Zweck der Anlagen im Mittelpunkt. Die ethnische Deutung der Lausitzer Kultur avancierte besonders in der Zwischenkriegszeit in Auseinandersetzung mit der polnischen Archäologie und angesichts der territorialen Neuordnung und der Grenzkonflikte nach 1918 im deutschen Osten zu einem politisch hochaufgeladenen Thema. Waren es für Bersu beispielsweise schlicht „die Hallstattleute“, die den Wall auf dem Breiten Berg

[60] Zur deutschen Ostforschung allgemein: Krzoska 2008; Krzoska 2017; zur Leipziger Stiftung: Fahlbusch 1994; Haar 2008a; Haar 2017a; zur Nord- und Ostdeutschen Forschungsgemeinschaft: Haar 2008b; Haar 2017b.

[61] Fahlbusch 1994, 72; Seger an Bersu 29.3.1930 MAW Kat. A 230.

[62] Seger 1931/32, 87–88. Vgl. auch Reichenbach 2009b, 227–228 und Grunwald / Reichenbach 2009b, 83 sowie Strobel 2007, 290–291.

[63] Unverzagt 1932, 129–131; Unverzagt 1985, 71–78; Halle 2002, 111–112.

[64] Krämer 2001, 48–68.

[65] Seger 1939; Wiwjorra 2002.

aus einem nur zu spekulierenden Bedürfnis heraus errichteten[66], so deutete die schlesische Archäologie die Befestigungen der Lausitzer Kultur als Abwehrmaßnahmen eines nordillyrischen Volkes gegen die Bedrohung der als siegreich und übermächtig dargestellten von Norden nahenden Germanen[67]. Solche Auffassungsunterschiede scheinen jedoch zwischen Bersu und den Breslauer Kollegen nicht thematisiert worden zu sein und ihre Beziehung war trotz der oben geschilderten Komplikationen stets von großem Respekt und ausgeprägter Freundlichkeit bestimmt.

Andere Fachkollegen, mit denen Bersu vor 1933 freundlich verkehrt hatte, wendeten sich jedoch nun dezidiert von ihm ab, wie ein bei Werner Krämer veröffentlichter Brief Bolko von Richthofens zeigt, der ein Schüler Segers war und 1925–29 die oberschlesische Bodendenkmalpflege geleitet hatte[68]. In den 1930er-Jahren änderten sich allerdings in Breslau auch die institutionellen und personellen Verhältnisse. Nach der 1931 erfolgten Gründung eines Landesamtes für vorgeschichtliche Denkmalpflege, dem zunächst Jahn als Direktor vorstand, wurde 1934 eine ordentliche Professur für Vorgeschichte an der Friedrich-Wilhelms-Universität in Breslau eingerichtet, wohin dieser als berufener Professor wechselte. Als Direktor des Landesamtes folgte Ernst Petersen (1905–1944), der eine viel stärkere nationalsozialistische Ausrichtung des Faches und, wie ein von Krämer im Zusammenhang mit der Gleichschaltung der Berufsvereinigung (BV) deutscher Prähistoriker angeführtes Zitat zeigt, eine ablehnende Haltung gegenüber jüdischen Kollegen vertrat: „Nachdem rein grundsätzlich die Gleichschaltung der BV mit allen sich daraus ergebenden Folgen beschlossen worden war, wurde festgestellt, daß damit auch der Arierparagraph Bestandteil unserer Satzung geworden sei. Die Versammlung stellte sich auf den Standpunkt, daß dieser in seiner schärfsten Form anzuwenden sei, d. h., daß alle Juden und jüdisch Versippten nicht mehr Mitglieder der BV sein könnten. Damit können heute schon Bersu und Kühn als ausgeschlossen gelten“[69]. Auch der Schlesische Altertumsverein, deren zahlendes Mitglied Bersu gewesen war, passte sich den neuen Gegebenheiten und Gleichschaltungsmaßnahmen an. Spätestens mit einer neuen Satzung vom April 1936 wurde die Mitgliedschaft nur noch deutschen Reichsbürgern sowie in eingeschränktem Maße Angehörigen anderer Staaten verliehen, wodurch Bersu und anderen, als „nichtarisch“ klassifizierten Personen die Mitgliedschaft verwehrt wurde[70]. Wie Seger, der dem Verein noch nominell bis zu seinem Tod 1943 vorstand, damit umging, ist nicht überliefert. Ende der 1930er-Jahre zog er sich mit zunehmendem Alter und Krankheiten aus der Archäologie zurück.

## Fazit

Von den genannten schlesischen Prähistorikern verblieb nach 1945 nur Jahn im Fach und lehrte bis 1959 an der Universität in Halle an der Saale[71], von wo aus er mit dem Netzwerk um Bersu und Unverzagt verbunden blieb, sich jedoch vorrangig seinem Hauptinteresse, der „germanischen“ Besiedlung widmete. Bersu dagegen beschäftigte sich sowohl in den Jahren auf den Britischen Inseln als auch während seiner zweiten Amtszeit als Direktor der RGK weiterhin intensiv mit der archäologischen Erforschung von Befestigungen und gab sein in Schlesien und anderswo entwickeltes grabungstechnisches Wissen an nachfolgende Generationen weiter. Seine Untersuchungen an schlesischen Wallanlagen stellten

[66] Bersu 1930, 36; 38.
[67] Reichenbach 2009a; Reichenbach 2009b.
[68] Krämer 2001, 53.
[69] Krämer 2001, 42 [Petersen an Reinerth 1933]; Reichenbach 2009a; Reichenbach 2009b; zu Petersen allg. Kieseler 2008.
[70] MAW Kat. A 144; Oehlert 2007, 77.
[71] Fahr 2009.

für ihn wichtige methodische Erfahrungen dar, die zusammen mit anderen frühen Ausgrabungen seine berufliche Entwicklung entscheidend prägten. Die tiefgreifende Analyse der Befunde vom Breiten Berg bei Striegau und vom Burgberg in Mertschütz sowie ihre Veröffentlichungen bildeten nicht nur für ihn selbst wissenschaftliche Schlüsselmomente, sondern setzten auch Maßstäbe in Grabungstechnik, -dokumentation, stratigraphischer Auswertung und Befundrekonstruktion. Für die schlesische prähistorische Archäologie selbst bedeuteten sie die Dokumentation zweier wichtiger Bodendenkmäler und damit ihre Überlieferung für die Nachwelt, da beide nicht lange danach vollständig durch Steinbrucharbeiten vernichtet wurden. Bersus Wirken in Schlesien ist deshalb bis heute von besonderem Wert.

## Archivalien- und Literaturverzeichnis

APW WSPŚ 724
Archiwum Państwowe we Wrocławiu Wydział Samorządowy Prowincji Śląskiej, Ortsakte Mertschütz.

APW WSPŚ 759
Archiwum Państwowe we Wrocławiu Wydział Samorządowy Prowincji Śląskiej, Ortsakte Breiter Berg bei Striegau.

APW WSPŚ 762
Archiwum Państwowe we Wrocławiu Wydział Samorządowy Prowincji Śląskiej, Ortsakte Streit (fr. Ober Streit).

APW WSPŚ 780
Archiwum Państwowe we Wrocławiu Wydział Samorządowy Prowincji Śląskiej, Ortsakte Mönchmotschelnitz (Heidevorwerk).

MAW Kat. A 144
Muzeum Miejskie Wrocławia, Oddział Muzeum Archeologiczne, Archiwum. Katalog A 144.

MAW Kat. A 253
Muzeum Miejskie Wrocławia, Oddział Muzeum Archeologiczne, Archiwum. Katalog A 253.

Bersu 1913
G. Bersu, Der Burgberg bei Mertschütz. Schles. Zeitung vom 31. Juli 1913 (auch APW WSPŚ 759, 350; 352).

Bersu 1926
G. Bersu, Die Ausgrabungen vorgeschichtlicher Befestigungen. Vorgesch. Jahrb. 2, 1925 (1926), 1–22.

Bersu 1930
G. Bersu, Der Breite Berg bei Striegau. Eine Burgwalluntersuchung. Teil 1: Die Grabungen (Breslau 1930).

Brather 2005
S. Brather, Slawische Keramik §1 Elbslawen. RGA 29, 2005, 79–87.

Fahlbusch 1994
M. Fahlbusch, „Wo der deutsche...ist, ist Deutschland!". Die Stiftung für deutsche Volks- und Kulturbodenforschung in Leipzig 1920–1933 (Bochum 1994).

Fahlbusch et al. 2017
M. Fahlbusch / I. Haar / A. Pinwinkler (Hrsg.), Handbuch der völkischen Wissenschaften. Akteure, Netzwerke, Forschungsprogramme (Berlin, Boston 2017).

Fahr 2009
J. Fahr, Martin Jahn in Halle / Saale – Ein Neuanfang unter völlig veränderten Vorzeichen. In: Grunwald et al. 2009, 102–113.

Fehr 2004
H. Fehr, Prehistoric archaeology and German Ostforschung: the case of the excavations at Zantoch. Arch. Polona 42, 2004, 197–228.

Grunwald 2019
S. Grunwald, Burgwallforschung in Sachsen. Ein Beitrag zur Wissenschaftsgeschichte der deutschen Prähistorischen Archäologie zwischen 1900 und 1961. Univforsch. Prähist. Arch. 331 (Bonn 2019).

Grunwald / Reichenbach 2009
S. Grunwald / K. Reichenbach, „Förderung der Erkenntnis vom Wesen und Zweck der Wehranlagen". Zur Geschichte der archäologischen Burgwallforschung in Sachsen und Schlesien in der ersten Hälfte des 20. Jahrhundert. In: S. Rieckhoff /

S. Grunwald / K. Reichenbach (Hrsg.), Burgwallforschung im akademischen und öffentlichen Diskurs im 20. Jahrhundert. Leipziger Forsch. Ur- u. Frühgesch. 5 (Leipzig 2009) 63–95.

Grunwald et al. 2009
S. Grunwald / J. K. Koch / D. Mölders / U. Sommer / S. Wolfram (Hrsg.), ARTeFACT. Festschrift für Sabine Rieckhoff zum 65. Geburtstag. Univforsch. Prähist. Arch. 172 (Bonn 2009).

Haar 2008a
I. Haar, Leipziger Stiftung für Volks- und Kulturbodenforschung. In: Haar / Fahlbusch 2008, 374–382.

Haar 2008b
I. Haar, Nord- und Ostdeutsche Forschungsgemeinschaft. In: Haar / Fahlbusch 2008, 432–443.

Haar 2017a
I. Haar, Stiftung für Volks- und Kulturbodenforschung. In: Fahlbusch et al. 2017, 1516–1526.

Haar 2017b
I. Haar, Nord- und Ostdeutsche Forschungsgemeinschaft. In: Fahlbusch et al. 2017, 1894–1907.

Haar / Fahlbusch 2008
I. Haar / M. Fahlbusch (Hrsg.), Handbuch der völkischen Wissenschaften. Personen – Institutionen – Forschungsprogramme – Stiftungen (München 2008).

Halle 2002
U. Halle, „Die Externsteine sind bis auf weiteres germanisch!" Prähistorische Archäologie im Dritten Reich. Sonderveröff. Naturwiss. u. Hist. Verein Land Lippe 68 (Bielefeld 2002).

Hellmich 1904
M. Hellmich, Der Götzesche Böschungsmesser. Zeitschr. Ethn. 36, 1904, 885–890.

Hellmich 1909
M. Hellmich, Aufmessung und Kartendarstellung vorgeschichtlicher Befestigungswerke. Korrbl. Dt. Ges. Anthr. 40, 1909, 6–12.

Hellmich 1928
M. Hellmich, Die Verzeichnung und Aufnahme der schlesischen Wehranlagen. Altschles. Bl. 1928, 71–73.

Hellmich 1929
M. Hellmich, Über die Aufmessung von Erdwerken. Nachrbl. Dt. Vorzeit 5, 1929, 145–147.

Hellmich 1930
M. Hellmich, Raummessungen und Vorgeschichte. Nachrbl. Dt. Vorzeit 6, 1930, 155–159.

Hellmich 1931a
M. Hellmich, Schlesische Wehranlagen. Altschlesien 3, 1931, 37–47.

Hellmich 1931b
M. Hellmich, Die Erforschung der Rundschanzen und Langwälle. Altschles. Bl. 6, 1931, 37–39.

Hellmich 1934
M. Hellmich, Hans Seger und die schlesischen Wehranlagen. Altschlesien 5, 1934, 340–343.

Jahn 1913/14
M. Jahn, Die Ringwälle auf dem Breiten Berge und drei Bergen bei Striegau. Schlesische Chronik 7,4, 1913/14, 93–94.

Jaworski 2005
K. Jaworski, Grody w Sudetach (VIII–X w.) (Wrocław 2005).

Kaletynowie / Lodowski 1968
M. Kaletynowa / T. Kaletynowie / J. Lodowski, Grodziska wczesnośredniowieczne woj. wrocławskiego (Breslau 1968).

Kieseler 2008
A. Kieseler, Ernst Petersen (1905–1944). Ein Beitrag zur Erforschung der ur- und frühgeschichtlichen Archäologie in der Zeit des Nationalsozialismus. In: F. Biermann / U. Müller / Th. Terberger (Hrsg.), „Die Dinge beobachten ...". Archäologische und historische Forschungen zur frühen Geschichte Mittel- und Nordeuropas (Rahden / Westfalen 2008) 49–64.

Krämer 2001
W. Krämer, Gerhard Bersu – ein deutscher Prähistoriker. Ber. RGK 82, 2001, 5–101.

Krzoska 2008
M. Krzoska, Ostforschung. In: Haar / Fahlbusch 2008, 452–463.

KRZOSKA 2017
M. KRZOSKA, Ostforschung. In: FAHLBUSCH et al. 2017, 1090–1102.
LODOWSKI 1990
J. LODOWSKI, Stan i potrzeby badań nad wczesnym średniowieczem Śląska (VI–X w.). In: Z. Kurnatowska (Hrsg.), Stan i potrzeby badań nad wczesnym średniowieczem w Polsce: materiały z konferencji, Poznań 14-16 grudnia 1987 roku (Poznań 1990) 173–185.
OEHLERT 2007
M. OEHLERT, Der Schlesische Altertumsverein (1858–1945). Ein Beitrag zur Wissenschaftsgeschichte der Prähistorischen Archäologie Ostmitteleuropas [Unveröff. Magisterarbeit, Univ. Leipzig] (Leipzig 2007).
RASCHKE 1927
G. RASCHKE, Die Striegauer Berge, der Streitberg und ihre vorgeschichtlichen Burgen. Altschles. Bl. 1927, 65–68.
RASCHKE 1929
G. RASCHKE, Ostdeutsche Prähistoriker besuchen die Ringwälle von Bladen. Oberschl. Zeitung vom 30.5.1929.
REICHENBACH 2009a
K. REICHENBACH, Die schlesische Burgwallforschung zwischen 1900 und 1970. Forschungskonjunkturen und geschichtspolitische Diskurse. In: J. Schachtmann / M. Strobel / T. Widera (Hrsg.), Politik und Wissenschaft in der prähistorischen Archäologie. Perspektiven aus Sachsen, Schlesien, und Böhmen. Ber. u. Stud. 56 (Dresden 2009) 219–235.
REICHENBACH 2009b
K. REICHENBACH, „... damit jeder Schlesier sich besinne, daß er auf einem uralten Kulturboden lebt“ – Schlesische Archäologie und deutsche Ostforschung. In: GRUNWALD et al. 2009, 175–188.
REICHENBACH 2020
K. REICHENBACH, Die niederschlesische Burgwallarchäologie von 1900 bis 1970. Forschungsstrukturen und Deutungsdiskurse [unpubl. Diss. Univ. Leipzig] (Leipzig 2020).
SEGER 1939
H. SEGER, Die Heimat der Arier. Altschlesien 8, 1939, 7–18.
SEGER 1926
Reallexikon der Vorgeschichte 7 (1926) 251–256 s. v. Lausitzische Kultur (H. SEGER).
SEGER 1931/32
H. SEGER, Die Lausitzer Kultur. Dt. H. Volks- u. Kulturbodenforsch. 2, 1931/32, 82–89.
STROBEL 2007
M. STROBEL, Werner Radig (1903–1985) – Ein Prähistoriker in drei politischen Systemen. Arbeits- u. Forschber. Sächs. Bodendenkmalpfl. 47, 2005 (2007), 281–320.
SCHMIDT 1909
H. SCHMIDT, Ergebnis meiner Wallforschung auf dem Breiten Berge bei Striegau in Schlesien. Mannus 1, 1909, 280–187.
UNVERZAGT 1932
W. UNVERZAGT, Gründung einer Arbeitsgemeinschaft für die Erforschung der Vor- und Frühgeschichte des deutschen Ostens. Nachrbl. Dt. Vorzeit 8, 1932, 129–131.
UNVERZAGT 1964
W. UNVERZAGT, Gerhard Bersu zum 75. Geburtstag. Forsch. u. Fortschritte 38, 1964, 285–286.
UNVERZAGT 1985
W. UNVERZAGT, Wilhelm Unverzagt und die Pläne zur Gründung eines Instituts für die Vorgeschichte Ostdeutschlands. Dt. Arch. Inst. Gesch. u. Dok. 8 (Mainz 1985).
VIRCHOW 1872
R. VIRCHOW, Über Gräberfelder und Burgwälle der Niederlausitz und des überoderischen Gebietes. Verhandl. Berliner Ges. f. Anthr., Ethnol. u. Urgesch. Beil. Zschr. Ethnol. 4, 1872, 226–237.
WIWJORRA 2002
I. WIWJORRA, „Ex oriente lux“ – „Ex septentrione lux“. Über den Widerstreit zweier Identitätsmythen. In: A. Leube / M. Hegewisch (Hrsg.), Prähistorie und Nationalsozialismus. Die mittel- und osteuropäische Ur- und Frühgeschichtsforschung in den Jahren 1933–1945. Stud. Univ.- u. Wissenschaftsgesch. 2 (Heidelberg 2002) 73–106.

# „Seit 29 Jahren schulden Sie uns einen Ausgrabungsbericht [...]!" – Gerhard Bersu und die schlesischen Burgwälle

## Zusammenfassung · Summary · Résumé

ZUSAMMENFASSUNG · Gerhard Bersus Ausgrabungen an niederschlesischen Befestigungsanlagen und seine Beziehungen zur schlesischen Vorgeschichtsforschung sind bislang nur wenig bekannt. Sie prägten ihn jedoch ebenso wie seine frühen archäologischen Tätigkeiten in Süddeutschland und der Mark Brandenburg und bildeten nicht zuletzt die Grundlage für seine Dissertation und zwei seiner wichtigsten Publikationen. Die Nachwirkungen dieser Forschungen blieben für die niederschlesische Bodendenkmalpflege allerdings nicht ganz unproblematisch, da Bersu Grabungsberichte und Befunddokumentationen schuldig blieb.

SUMMARY · Gerhard Bersu's excavations at Lower Silesian fortifications and his relations to Silesian prehistoric research are scarcely known so far. Yet, they influenced him as much as his early archaeological work in southern Germany and the Mark Brandenburg and formed the basis for his dissertation and two of his most important publications. The consequences of this research, however, proved also problematic for his Lower Silesian colleagues and their efforts in archaeological monument preservation since Bersu failed to provide excavation reports to document work and results.

RÉSUMÉ · Les fouilles de Bersu dans des fortifications de la basse Silésie et ses liens avec la recherche préhistorique silésienne sont encore peu connus. Ils l'ont pourtant fort influencé, comme d'ailleurs ses activités archéologiques précoces dans le Sud de l'Allemagne et dans la marche de Brandebourg, et furent surtout à l'origine de sa dissertation et de deux de ses publications les plus importantes. Les retombées de ces recherches furent cependant quelque peu problématiques pour la conservation des sites archéologiques en basse Silésie, car Bersu n'avait pas remis tous les rapports de fouilles et documentations de terrain. (Y. G.)

Anschrift der Verfasserin

Karin Reichenbach
Leibniz-Institut für Geschichte und Kultur des östlichen Europa (GWZO)
Specks Hof (Eingang A), Reichsstr. 4–6
DE-04109 Leipzig
E-Mail: karin.reichenbach@leibniz-gwzo.de
https://orcid.org/0000-0002-2391-9752

# Vom Kunstschützer zum Kulturdiplomaten – Gerhard Bersu in den Jahren 1914 bis 1927

Von Christina Kott und Heino Neumayer

*Schlagwörter:* *Erster Weltkrieg / Belgien / Kunstschutz / Nordfrankreich / Denkmälerinventarisation / Kriegsentschädigung*
*Keywords:* *World War I / Belgium / art conservation / northern France / monument inventory / war compensation*
*Mots-clés:* *Première Guerre mondiale / Belgique / protection du patrimoine / Nord de la France / inventaire des monuments / réparations de guerre*

## Von Frankfurt an der Oder nach Brüssel

Wie so viele junge Männer meldete sich auch Gerhard Bersu bei Ausbruch des Ersten Weltkrieges als Kriegsfreiwilliger zur Infanterie. Seine Promotion hatte er zu diesem Zeitpunkt noch nicht abgeschlossen, dennoch war er bereits als wissenschaftlicher Hilfsarbeiter an der Altertumssammlung Stuttgart angestellt[1]. Bersus Wunsch, ins Feld zu ziehen, wurde jedoch abgewiesen, woraufhin er sich als Kriegsfreiwilliger bei dem in seiner Heimatstadt Frankfurt an der Oder stationierten Telegraphen-Bataillon 2 meldete. In Friedenszeiten lagen dort und in Cottbus die Standorte des am 25. März 1899 gestifteten Bataillons. Unterstellt war es dem III. Armeekorps bzw. der 1. Inspektion der Telegraphentruppen[2]. In Frankfurt an der Oder wurde Bersu dann in den ersten Oktobertagen als Kriegsfreiwilliger angenommen. Zuvor hatte er sich im Gebrauch von Morsezeichen unterrichten lassen[3]. Mit seinem Eintritt in das Heer schied er aus seiner Stelle an der Altertumssammlung in Stuttgart aus[4].

Das III. Armeekorps war als Teil der 1. Armee bei Ausbruch des Krieges über Belgien, Le Cateau und Saint-Quentin bis an die Marne vorgestoßen. Nach der Niederlage an der Marne kam der Rückzugsbefehl für die 1. Armee an die Aisne, wo das III. Armeekorps feindliche Angriffe erfolgreich abwehrte, unter anderem am 12. Januar 1915 nördlich von Soissons. Ein Einsatz an der Front blieb Bersu jedoch erspart. Er wurde Anfang Februar

[1] Anlage 2 eines Schreibens Bersus an den Präsidenten des Archäologischen Instituts des Deutschen Reichs Theodor Wiegand vom 25.5.1933. Bundesarchiv, BA R 4901/13353, Bl. 70. In Ermangelung anderer Quellen zu den Tätigkeiten Bersus im und nach dem Ersten Weltkrieg muss sich vorliegender Beitrag teilweise auf Dokumente stützen, die zu seiner Verteidigung anlässlich der drohenden Absetzung als Direktor der RGK aufgrund des „Gesetzes zur Wiederherstellung des Berufsbeamtentums" vom 7.4.1933, insbesondere des § 3, dem „Arierparagraphen", verfasst wurden. Zum Kontext und der Bedeutung dieser Quellen, siehe auch den Abschnitt „Fazit".

[2] https://de.wikipedia.org/wiki/Telegrafentruppe#Telegraphen-Bataillon_Nr._2 (letzter Zugriff: 11.11.2021).

[3] Anlage 2 eines Schreibens von Bersu an den Präsidenten des Archäologischen Instituts des Deutschen Reichs Theodor Wiegand vom 25.5.1933. Bundesarchiv, BA R 4901/13353, Bl. 70.

[4] Anlage 2 eines Schreibens von Bersu an den Präsidenten des Archäologischen Instituts des Deutschen Reichs Theodor Wiegand vom 25.5.1933. Bundesarchiv, BA R 4901/13353, Bl. 70.

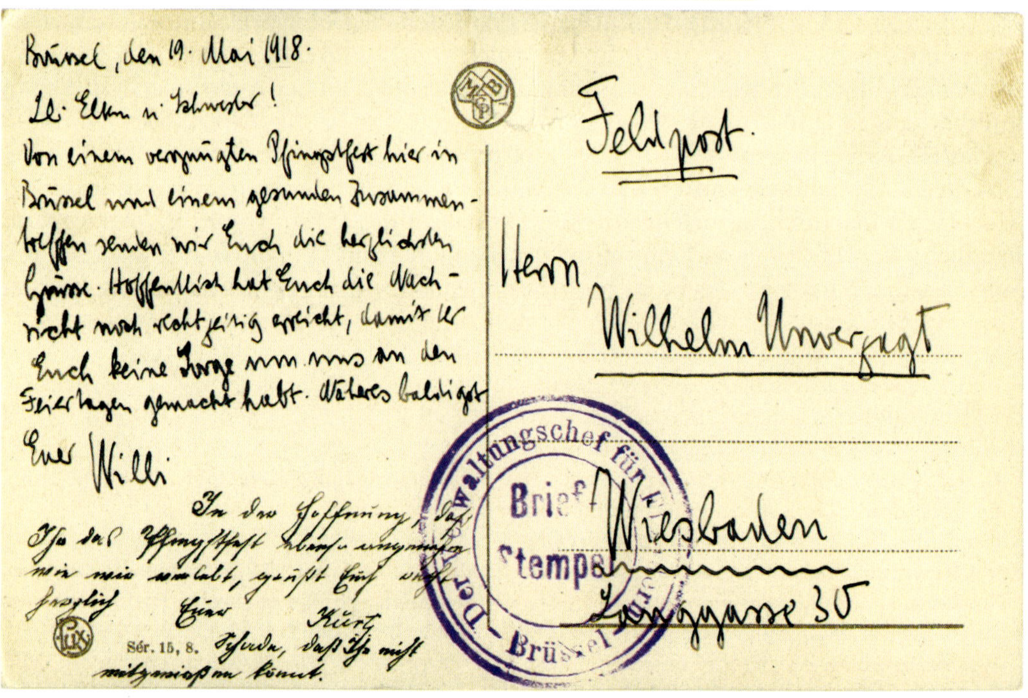
Brüssel, den 19. Mai 1918.
Lb. Eltern u. Schwester!
Von einem vergnügten Pfingstfest hier in Brüssel und einem gesunden Zusammentreffen senden wir Euch die herzlichsten Grüsse. Hoffentlich hat Euch die Nachricht noch rechtzeitig erreicht, damit Ihr Euch keine Sorge um uns an den Feiertagen gemacht habt. Weiteres baldigst.
Euer Willi

In der Hoffnung, daß Ihr das Pfingstfest ebenso vergnügt wie wir erlebt, grüßt Euch recht herzlich Euer Kurt
Schade, daß Ihr nicht mitgenießen konnt.

Sér. 15, 8.

Feldpost.
Herrn
Wilhelm Unverzagt
Wiesbaden
Langgasse 30

Der Verwaltungschef für ... – Brüssel
Brief Stempel

Abb. 1. Feldpostkarte Wilhelm Unverzagts von einem „vergnügten Pfingstfest“ mit seinem Bruder Karl an seine Eltern aus Brüssel. Zu sehen ist das „Palais de la Nation“, Sitz des belgischen Senats und Parlaments, das während des Ersten Weltkrieges Sitz des Kaiserlichen Deutschen Generalgouvernements Belgien war (SMB-PK/MVF, NL W. Unverzagt).

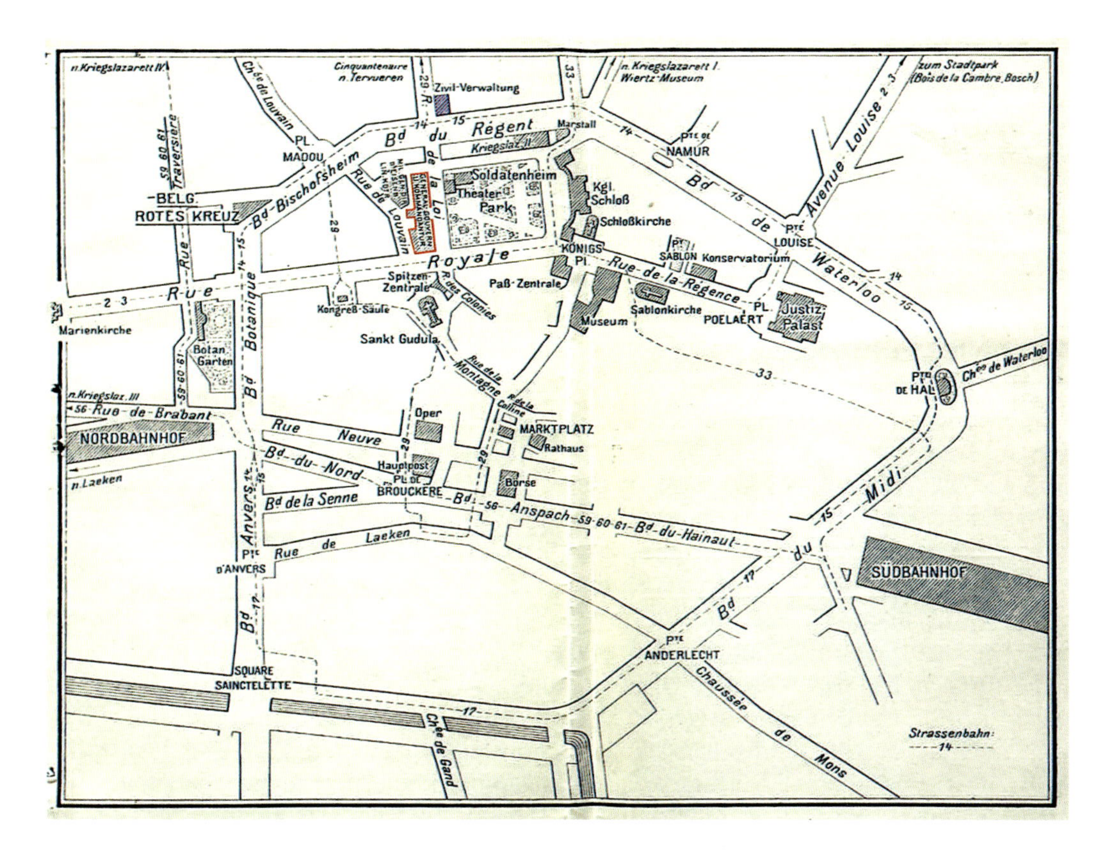


Abb. 2. Stadtplan von Brüssel aus dem Jahre 1915. Rot umrandet der Sitz des deutschen Generalgouvernements; blau die Zivilverwaltung, die Arbeitsstätte Bersus (Soldatenführer durch Brüssel 1915, 17).

1915 als Funker zur Festungsfunkenstation in Brüssel in Marsch gesetzt. Am 1. August 1915 beförderte man ihn dort zum Unteroffizier. Zudem hatte man ihn in einer erneuten Untersuchung als „dauernd g.v." (garnisonsdienst-verwendungsfähig) befunden[5].

Bereits in seiner Funktion als Unteroffizier an der Funkenstation des Generalgouvernements scheint sich Bersu in offiziellen deutschen Kulturkreisen der belgischen Hauptstadt bewegt zu haben. An der im August 1915 in Brüssel stattfindenden deutschen „Kriegstagung für Denkmalpflege" hatte er nicht nur teilgenommen, sondern er hatte auch zu ihrer Vorbereitung beigetragen[6]. Im Frühjahr 1916 wurde Bersu schließlich auf Anforderung von Friedrich-Wilhelm von Bissing (1873–1956) zur deutschen Zivilverwaltung in Belgien abkommandiert. Von Bissing, Ägyptologe, Ordinarius an der Ludwig-Maximilians-Universität München und Mitglied der Bayerischen Akademie der Wissenschaften, war Sohn des Generalgouverneurs von Belgien, Generaloberst Freiherr Moritz von Bissing (1844–1917). Bereits Ende 1914 hatte Reichskanzler Bethmann-Hollweg Moritz von Bissing mit dem Umbau der Universität Gent in eine flämischsprachige Hochschule beauftragt, wofür

[5] Von Bersu verfasster Lebenslauf vom 30.9.1924. In: Schreiben Bersus an den Präsidenten des Archäologischen Instituts des Deutschen Reichs Theodor Wiegand vom 25.5.1933. Bundesarchiv, BA R 4901/13353, Bl. 5.

[6] Bersus Name erscheint auf der Teilnehmerliste und ihm wird abschließend für seine Mitarbeit an der geschäftlichen Vorbereitung der Tagung gedankt. In: Kriegstagung für Denkmalpflege. Brüssel 28. und 29. August 1915. Stenographischer Bericht (Berlin 1915) 3; 116.

man im Frühjahr 1916 Friedrich Wilhelm von Bissing in die Brüsseler Verwaltung berief[7]. Die Eröffnung der Universität im Oktober 1916 erfolgte innerhalb der sogenannten deutschen „Flamenpolitik", deren Ziel die Instrumentalisierung der flämischen Bewegung für die Gewährleistung eines nachhaltigen deutschen Einflusses im Nachbarland war[8].

Im Sommer 1916 übernahm Bersu in der Abteilung III B das zum Schutz der belgischen Kunstdenkmäler und Museen, vermutlich speziell für ihn eingerichtete Kunst- und Verwaltungsreferat beim Verwaltungschef des Generalgouvernements Belgien *(Abb. 1–2)*. Dafür hatte man Bersu aus dem Heeresdienst entlassen und dem Reichsministerium des Innern überstellt[9]. Die Aufgabe der Dienststelle bestand vor allem darin, „die Museen dauernd zu überwachen, sie vor Übergriffen nicht zuständiger Ressorts zu schützen und für ihre Bedürfnisse, wie der Kohlenbeschaffung, der Wiederherstellung schadhafter Gebäude usw., bei den deutschen Dienststellen zu vermitteln"[10]. Nach einem am 30. Juli 1916 verfassten Schreiben an den Direktor der Prähistorischen Abteilung des Königlichen Museums für Völkerkunde, Geheimrat Carl Schuchhardt, gehörte Bersu ab dem 1. Juli „nun ganz zur Zivilverwaltung" und hatte „das Funken ganz aufgesteckt". Bersu teilte Schuchhardt mit, er sei mit der auf Anregung der Römisch-Germanischen Kommission (RGK) vorgesehenen „Museographie der vorgeschichtlichen Funde in Belgien" beauftragt worden und als Hilfsarbeiter Geheimrat Kaufmann[11] für museumstechnische und konservatorische Fragen zugeteilt worden. Mit seinem neuen Betätigungsfeld war Bersu augenscheinlich zufrieden. Mit den Worten „So bin ich nun in der glücklichen Lage, mich wieder mit den geliebten Scherben beschäftigen zu können", endete sein Schreiben an seinen ehemaligen Grabungsleiter auf der Römerschanze bei Potsdam[12]. Neben dem Referat „Kunst und Museen" war Bersu durch Verfügung des Generalquartiermeisters zudem „der Schutz der archäologischen Denkmäler im besetzten Frankreich" übertragen worden[13].

[7] Grimm 2010, 36. – Rauwling / Gertzen 2013, 72; 77. Ein Urteil zur Rolle Bissings in Brüssel s. Rauwling / Gertzen 2013, 102.

[8] Die Zivilverwaltung verfügte dazu über die sogenannte „Politische Abteilung", in der zahlreiche Künstler, Wissenschaftler und Schriftsteller Kulturpropaganda betrieben, s. Roland 2009, 62–67. Zu Kulturpropaganda und Flamenpolitik, s. auch Kott 2006.

[9] Schreiben Bersus an den Präsidenten des Archäologischen Instituts des Deutschen Reichs Theodor Wiegand vom 25.5.1933. Bundesarchiv, BA R 4901/13353, Bl. 71. – Zu den Wissenschaftlern, die in der belgischen Zivilverwaltung tätig waren s. Roolf 2009, bes. 144–154. – Siehe hierzu auch: Fehr 2010, 264 f.

[10] Clemen / Bersu 1919, 16. – Zum deutschen Kunstschutz s. verschiedene Publikationen von Christina Kott, vor allem: Kott 2006.

[11] Es könnte sich um den Euskirchener Landrat und Schriftsteller Dr. Karl Leopold Kaufmann (1863–1944) handeln.

[12] SMB-PK/MVF, IIe Bd. 11, 677.16. Der Brief ist in größeren Teilen wiedergegeben bei Krämer 2001, 12. Schuchhardt hatte Bersu um Unterstützung für Dr. Werth gebeten.

[13] Von Bersu verfasster Lebenslauf vom 30.9.1924. In: Schreiben Bersus an den Präsidenten des Archäologischen Instituts des Deutschen Reichs Theodor Wiegand vom 25.5.1933. Bundesarchiv, BA R 4901/13353, Bl. 5. – Ernest Will erwähnt, dass „vers la fin de 1917" Bersu und Unverzagt der Schutz der vor- und frühgeschichtlichen Denkmäler in Nordfrankreich übertragen worden war. Bersu / Unverzagt 1961, 159. – Anhang 2 des Schreiben Bersus vom 25.5.1933 an Wiegand: „… durch Verfügung des Generalquartiermeisters" wurde er „mit dem Schutz und der Bergung archäologischer Gegenstände an der Westfront" beauftragt. Schreiben Bersus an den Präsidenten des Archäologischen Instituts des Deutschen Reichs Theodor Wiegand vom 25.5.1933. Bundesarchiv, BA R 4901/13353, Bl. 71.

## Gerhard Bersu und Wilhelm Unverzagt

Bereits 1917 hatte Bersu den drei Jahre jüngeren Wilhelm Unverzagt (1892–1971) nach Brüssel geholt, wo er mit der Erfassung der provinzialrömischen und vormittelalterlichen Denkmäler im Generalgouvernement beauftragt wurde[14]. Nach seiner Einberufung als Kriegsfreiwilliger im Jahre 1914 hatte Unverzagt an den Kämpfen in Flandern, an der Schlacht bei Łódź und dem Feldzug in den Karpaten teilgenommen. Als Folge einer schweren Verwundung wurde er aus dem Kriegsdienst entlassen und trat eine Stelle als wissenschaftlicher Hilfsarbeiter am Landesmuseum Nassauischer Altertümer in Wiesbaden an, ab dem 1. Dezember 1916 wirkte er dann als wissenschaftlicher Mitarbeiter an der RGK in Frankfurt am Main, von wo man ihn nach Brüssel berief[15]. Am 14. Juni 1917 kam Unverzagt in der belgischen Hauptstadt an. „Herrn Bersu habe ich noch nicht getroffen, dagegen mich schon bei den Behörden gemeldet. Morgen schließe ich den Dienstvertrag ab. Der Betrieb ist hier ganz enorm wie im Frieden in Berlin", schreibt Unverzagt am 14. Juni 1917 an seine Eltern und Schwester[16]. Am 17. Juni trafen Unverzagt und Bersu erstmals zusammen. Aufschlussreich sind die Aussagen Unverzagts über seine neue Dienststelle und die Verhältnisse in Brüssel. „Von dem Betrieb hier macht ihr Euch nicht die geringste Vorstellung. Das Verwaltungspersonal geht in die Tausende. In der Stadt ein tolles Leben"[17]. Wohl auch um den neuen Mitarbeiter einzuführen, unternahmen Bersu und Unverzagt sogleich gemeinsame Studienreisen, bei denen sie die Museen in Arlon (27. Juni 1917) sowie Bavay und Valenciennes (25. Juli 1917) besichtigten, worüber Unverzagt in die Heimat berichtete und hinzufügte: „bei den Behörden war die Aufnahme glänzend"[18]. Aber auch mit den lokalen Besonderheiten machte Bersu Unverzagt vertraut und besuchte mit ihm am 1. Juli 1917 ein Hunderennen in Brüssel[19].

Die Zusammenarbeit von Bersu und Unverzagt führte zu einer lebenslangen Freundschaft, die nicht nur die NS-Zeit überdauerte, sondern auch im geteilten Deutschland, wo beide für Institutionen in dem jeweiligen deutschen Staat arbeiteten, anhielt[20].

## Gerhard Bersus Grabung in Löwen

Die Zerstörung der Universitätsbibliothek von Löwen am 25. August 1914 durch deutsche Truppen *(Abb. 3–4)* führte zu heftigen Reaktionen im europäischen Ausland und in Übersee. Deutschlands „Krieg gegen die Kultur" entfachte einen Propagandakrieg, an dem sich nicht nur Staaten der Entente, sondern auch des neutralen Auslands beteiligten[21]. Das Kaiserreich war dabei bemüht, die Schäden zu verharmlosen und die von den Kriegsgegnern aufgestellten Anschuldigungen zu entkräften. Hierzu wurde bereits im Herbst 1914 Otto von Falke (1862–1942), Direktor des Berliner Kunstgewerbemuseums, zur Inspektion des belgischen Kulturerbes nach Brüssel geschickt. Dort sollte er mit einem ihm zur Seite gestellten Fotografen unter anderem die Schäden in Löwen dokumentieren. Dabei wurde er zum Teil auch von belgischen Museumskonservatoren begleitet[22].

[14] Coblenz 1992, 1–2.

[15] Jankuhn 1971.

[16] Feldpostkarte W. Unverzagts vom 14.6.1917. SMB-PK/MVF, NL W. Unverzagt.

[17] Brief W. Unverzagts an seine Eltern und Schwester vom 18.6.1917. SMB-PK/MVF, NL Unverzagt.

[18] Brief W. Unverzagts an seine Eltern und Schwester vom 29.6.1917. SMB-PK/MVF, NL Unverzagt.

[19] Brief W. Unverzagts an seine Eltern und Schwester vom 29.6.1917. SMB-PK/MVF, NL Unverzagt.

[20] Krämer 2001, 13. – Roolf 2009, 146. Siehe auch der Beitrag von Susanne Grundwald zum „Abenteuer Frankfurt" in diesem Band.

[21] Keegan 2013, 129 f.

[22] Kott 2006, 87. – Kott 2014, 55 f.

Abb. 3. Der große Saal der Universitätsbibliothek in Löwen, um 1900 (©KIK-IRPA, Brüssel, B008412).

Abb. 4. Die Ruine der Universitätsbibliothek in Löwen, aufgenommen von Richard Hamann im Rahmen der Fotoinventarisation der belgischen Denkmäler, 1918 (©KIK-IRPA, Brüssel, B019550).

Abb. 5. „ Schacht 3“ der Ausgrabung in der Löwener Bibliothek mit den darüber liegenden Schuttmassen. Unteroffizier Gerhard Bersu steht dabei auf dem Fliesenboden der ehemaligen Wandelhalle der Bibliothek (G. Bersu, Bericht über die Ausgrabung der Universitätsbibliothek zu Löwen. August 1917, Abb. 6. Acta der Staatsbibliothek Berlin, Generaldirektion: Fritz Milkau Nr. 245, Mappe 6).

Am 30. März 1915 wurde vom Preußischen Kultusministerium mit Erlass vom 13. März 1915 der Direktor der Universitätsbibliothek Breslau, Fritz Milkau (1859–1934), nach Belgien entsandt, um dort die Orte, in denen sich gefährdete Bibliotheken befanden, aufzusuchen. Im Rahmen seines Auftrages besuchte Milkau 37 Bibliotheken in Brüssel und 73 in den Provinzen Belgiens, unter ihnen auch Löwen[23]. Milkaus Nachfolger wurde im Juni 1915 sein Mitarbeiter in Brüssel Richard Oehler (1878–1948), der 1917 die Ruine der Löwener Bibliothek mehrmals inspizierte. Um einem möglichen Vorwurf, man habe nicht gründlich genug nach Bücherresten gesucht, begegnen zu können, waren bei einer offiziellen Ortsbesichtigung im Mai 1917, „nach vorangegangenem Antrag von Bibliothekar Dr. Oehler, vom Verwaltungschef unter IIIa 3206 Nachgrabungen in der Bibliothek befohlen worden“[24]. Tatsächlich hatten sich bei Aufräumungsarbeiten in den Nebenräumlichkeiten der Universitätsbibliothek „unter den wüsten Massen von Holzkohle, Kalk und Mauersteinen häufig Reste von völlig verkohlten, aber noch lesbaren Büchern gefunden“[25].

Grabungsleiter wurde Bersu, der aufgrund seiner Erfahrungen aus der Zeit vor dem Ersten Weltkrieg sicherlich zu den führenden Ausgräbern, nicht nur beim preußischen Militär, sondern in ganz Deutschland gehörte *(Abb. 5)*[26]. Die vor Beginn der Ausgrabung angetroffene Situation im Gebäude der Bibliothek beschreibt Bersu in seinem „Bericht über

[23] Hartwieg 2014, 38. – Für ihre Hilfe ist Ursula Hartwieg an dieser Stelle herzlich danken.

[24] G. Bersu, Bericht über die Ausgrabung der Universitätsbibliothek zu Löwen. August 1917, Bl. 2. Acta der Staatsbibliothek Berlin, Generaldirektion: Fritz Milkau Nr. 245, Mappe 6. – Hartwieg 2014, 40.

[25] G. Bersu, Bericht über die Ausgrabung der Universitätsbibliothek zu Löwen. August 1917, Bl. 2. Acta der Staatsbibliothek Berlin, Generaldirektion: Fritz Milkau Nr. 245, Mappe 6.

[26] Krämer 2001, 10.

Abb. 6. Innenraum im Hauptbau der Löwener Bibliothek mit dem angehäuften Brandschutt von Decken und Dach (G. Bersu, Bericht über die Ausgrabung der Universitätsbibliothek zu Löwen. August 1917, Abb. 1. Acta der Staatsbibliothek Berlin, Generaldirektion: Fritz Milkau Nr. 245, Mappe 6).

Abb. 7. „Ansicht des Versuchsgrabens im Schutt in der Wandelhalle mit den Schächten 2,3,4" (G. Bersu, Bericht über die Ausgrabung der Universitätsbibliothek zu Löwen. August 1917, Abb. 5. Acta der Staatsbibliothek Berlin, Generaldirektion: Fritz Milkau Nr. 245, Mappe 6).

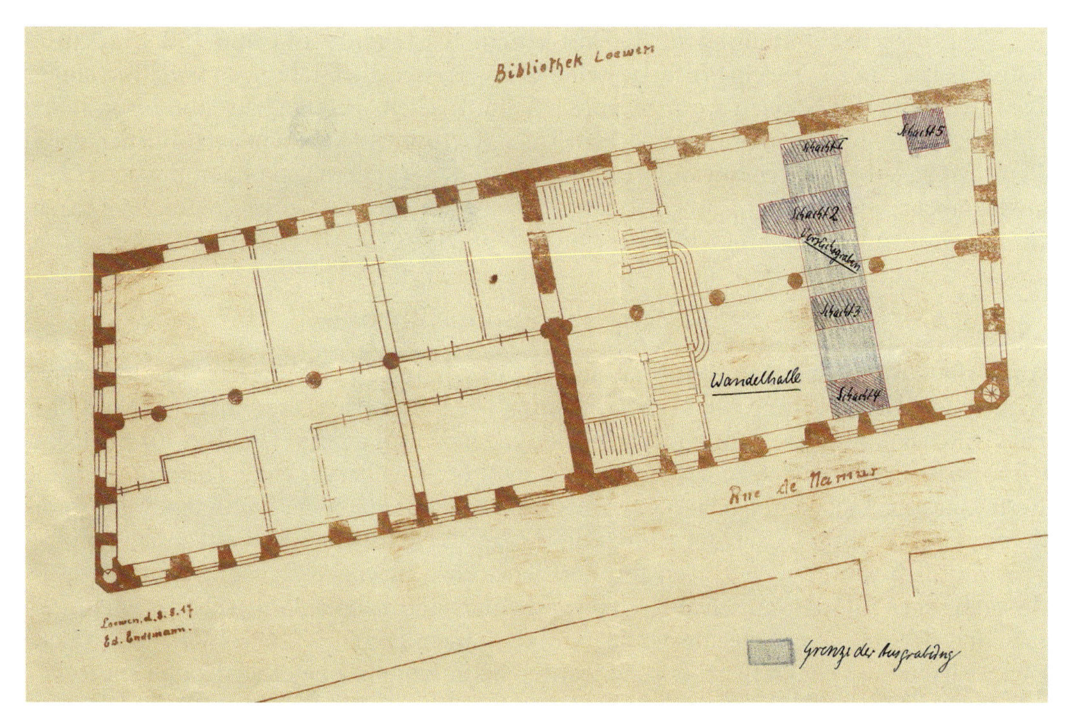


Abb. 8. Plan der Bibliothek von Löwen mit den in der Wandelhalle untersuchten Ausgrabungsflächen (G. Bersu, Bericht über die Ausgrabung der Universitätsbibliothek zu Löwen. August 1917, Planbeilage. Acta der Staatsbibliothek Berlin, Generaldirektion: Fritz Milkau Nr. 245, Mappe 6).

die Ausgrabung der Universitätsbibliothek zu Löwen August 1917“. Auf dem Boden des Erdgeschosses war „mehrere Meter hoch Brandschutt aufgehäuft, auf dem die 3 Kriegsjahre schon eine bunte Vegetation haben entstehen lassen“[27] *(Abb. 6)*. Für die geplanten Suchschnitte wurde die „Alte Wandelhalle“ ausgewählt, durch die ein 3 m breiter Graben durch den Schutt gezogen wurde. Hier hatten sich im Obergeschoss „die reichsten Schätze der Bibliothek“ in Form von Büchern und Handschriften befunden. Bersu vermutete, dass die Füllung der Decke beim Brand mit den Bücherschränken in die Tiefe des Geschosses gestürzt war, sodass das Füllmaterial vermutlich als schützender Mantel die Bücherhaufen vor direkter Feuereinwirkung geschützt hatte[28]. Im Suchschnitt selbst ließ Bersu dort, wo der Schutt hoch aufgehäuft war, vier Versuchsschächte anlegen *(Abb. 7)*. Dabei stieß man bis zum Niveau des alten Fußbodens vor, wo man Trockenmäuerchen antraf. Die Schächte zeigten, dass schon kurze Zeit nach dem Brand die Schuttmassen durchwühlt worden waren. Von belgischer Seite erfuhr Bersu, dass sofort nach dem Brand der Löwener Stadtarchivar Vingerkort, ein Geistlicher und der „Archäologieprofessor Lemaire“ in der noch glühenden Asche der Bibliothek nach untergegangenen Büchern gesucht hatten. Dabei waren Mäuerchen als „Schutz gegen das Nachstürzen durch nicht durchgegrabenes Erdreich“ errichtet worden[29].

[27] G. Bersu, Bericht über die Ausgrabung der Universitätsbibliothek zu Löwen. August 1917, Bl. 2. Acta der Staatsbibliothek Berlin, Generaldirektion: Fritz Milkau Nr. 245, Mappe 6, Bl. 1.

[28] G. Bersu, Bericht über die Ausgrabung der Universitätsbibliothek zu Löwen. August 1917, Bl. 2. Acta der Staatsbibliothek Berlin, Generaldirektion: Fritz Milkau Nr. 245, Mappe 6, Bl. 2–3.

[29] G. Bersu, Bericht über die Ausgrabung der Universitätsbibliothek zu Löwen. August 1917, Bl. 2. Acta der Staatsbibliothek Berlin, Generaldirektion: Fritz Milkau Nr. 245, Mappe 6, Bl. 4–5.

„Nach diesen Feststellungen, die mit einem Kostenaufwand von 150 Mark und 120 Arbeitsstunden erreicht wurden, stellte der Verfasser die Grabungen vorläufig ein“[30]. Den Grund hierfür bildeten die angehäuften Schuttmassen, die man hätte abtransportieren müssen, um weitere Sondierungen vorzunehmen. Gefunden hatte man auch Bücher, deren Reste „völlig lesbar“ waren sowie „Reste von nur an den Rändern verkohlten Büchern“. Das ausgegrabene Büchermaterial übergab man, um ggf. weitere Sondierungen durchzuführen, in zehn großen Kartons an Oehler zur Durchsicht *(Abb. 8)*[31].

## Die Ausgrabungen in Famars

Auch für Unverzagt ist eine Ausgrabung für das Jahr 1917 überliefert. In „Flanderns Küste“, der „Kriegszeitung für das Marinekorps“, berichtet Unverzagt über eine wohl kleinere Untersuchung nahe dem Badeort Wenduyne in Westflandern. Um Torf für die Kommandantur in Wenduyne zu gewinnen, war man bei der Anlage einer Torfgrube auf die Reste eines aus Holz und Fachwerk errichteten Gebäudes gestoßen, das in das 2. Jahrhundert n. Chr. datierte. Unverzagt schrieb die Anlage germanischen Siedlern zu[32].

Vermutlich war es auch Unverzagt, der Bersu dazu bewogen hatte, im Sommer 1918 Ausgrabungen im spätrömischen Kastell von Famars nördlich von Valenciennes vorzunehmen und Bersu für die Probleme der Spätantike zu interessieren[33]. „In der Nähe von Valenciennes haben wir ein großes römisches Kastell beim Flugplatz einer Jagdstaffel entdeckt“, schrieb Unverzagt am 9. Dezember 1917 an seine Eltern und Schwester[34]. Durch seine Erfahrungen in Alzey war Unverzagt mit der Untersuchung spätantiker Befestigungen vertraut. Bersu konnte aufgrund seiner Grabungen in den württembergischen Kastellen Rißtissen und Burladingen ebenfalls Erfahrungen in der Provinzialrömischen Archäologie vorweisen, sodass sicherlich beide voneinander profitierten[35].

Die erhaltenen Ruinen von Famars erweckten bereits früh das Interesse von Gelehrten. Erste Münzfunde sind aus dem 15. Jahrhundert überliefert. Die ab 1714 entstandene Sammlung des Comte de Caylus (1692–1765) enthielt unter anderem Bronzen und Terrakotten, die aus Famars stammten. Im 19. Jahrhundert ist Famars, wie so viele andere Stätten auch, Ziel kommerzieller Ausgrabungen. Die ersten systematischen Untersuchungen erfolgten 1908 durch Maurice Hénault (1867–1944) im Bereich der Thermen[36].

Die Ausgrabungen Bersus und Unverzagts wurden zwischen dem 7. Juni und 9. Oktober 1918 durchgeführt[37]. Gespräche mit Hauptmann Martin Zander, dem Kommandeur der Jagdstaffelschule I und weiteren Offizieren der Jagdstaffelschule führten dazu, dass man im „Quartier im Schloss Pailly“, Verpflegung im Offizierskasino und „Mitbenutzung

[30] G. Bersu, Bericht über die Ausgrabung der Universitätsbibliothek zu Löwen. August 1917, Bl. 2. Acta der Staatsbibliothek Berlin, Generaldirektion: Fritz Milkau Nr. 245, Mappe 6, Bl. 5.

[31] G. Bersu, Bericht über die Ausgrabung der Universitätsbibliothek zu Löwen. August 1917, Bl. 2. Acta der Staatsbibliothek Berlin, Generaldirektion: Fritz Milkau Nr. 245, Mappe 6, Bl. 4–5. – W. Unverzagt spricht in einer Karte an seine Eltern vom 7.8.1917 ebenfalls von „verkohlten Büchern“ bei einer Grabung in Löwen Anfang August 1917. SMB-PK/MVF, NL Unverzagt.

[32] Unverzagt 1917, 343–344 bes. 344. – Clotuche 2018, 19; 33.

[33] Krämer 2001, 13

[34] SMB-PK/MVF, NL Unverzagt.

[35] Krämer 2001, 13. – Bersu 1917, 111–118.

[36] Clotuche 2013, 34.

[37] „Abends Schluss der Grabung und Entlohnung der Arbeiter“. Tagebucheintrag W. Unverzagt 7.6.1918. SMB-PK/MVF, NL Unverzagt. – In der Gallia wird als Ende der Grabung der 13.10.1918 genannt. Ein Eintrag „Famars“ befindet sich für den 10.–12.10.1918 im Tagebuch W. Unverzagts. – Bersu / Unverzagt 1961, 159.

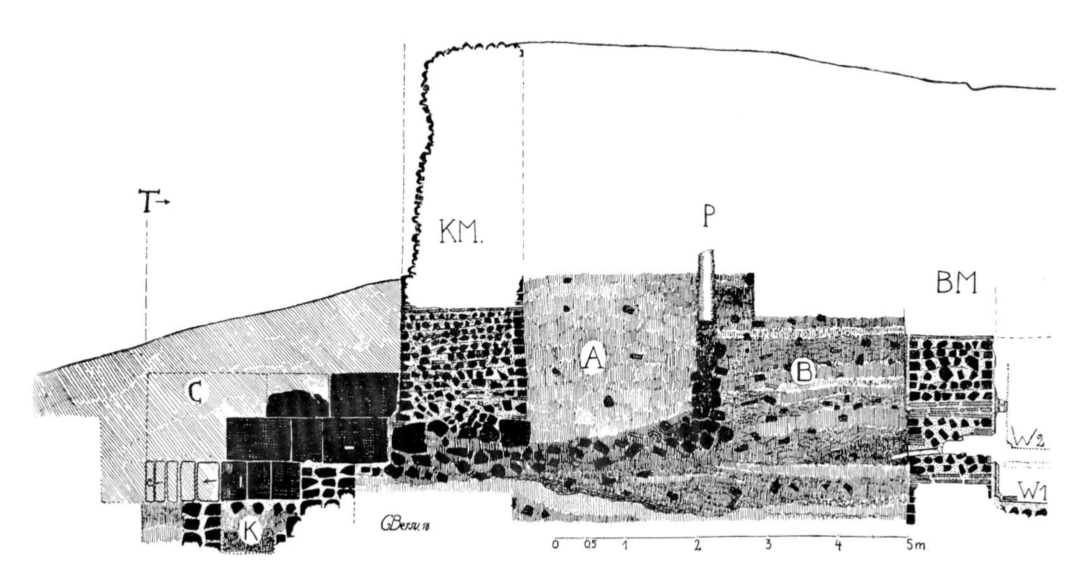


Abb. 9. Schnittzeichnung Gerhard Bersus. Ostseite des Kastells von Famars, Schnitt durch Turm 2 mit Resten der Thermen (KM; Bersu / Unverzagt 1961, 167 Fig. 8).

zur Stadt fahrender Autos“ erhielt. Für die Grabung beschäftigte man sechs Zivilarbeiter[38].

Die Veröffentlichung der Ausgrabung war zu Beginn des Zweiten Weltkrieges vorgesehen, ein Großteil der Dokumente verbrannte jedoch 1943 bei einem Bombenangriff auf Berlin[39]. Vermutlich befanden sich die Unterlagen zu Famars zu diesem Zeitpunkt in Unverzagts Privatwohnung, da der Verlust von Dokumentationen in seinem Bericht über die Zerstörungen des Museums für Vor- und Frühgeschichte im Jahre 1943 nicht erwähnt wird[40]. Erst 1961 legten die beiden Ausgräber ihre Untersuchungen unter dem Titel „Le Castellum de Fanum Martis (Famars Nord)“ im 19. Band der Gallia mit einem Vorwort von Ernest Will (1913–1997), Directeur de la Circonscription des antiquités historiques de Lille, vor. Will war es auch, der den Text der beiden ins Französische übersetzt hatte[41]. Bersus zeichnerische Akkuratesse zeigen zwei in der Gallia abgebildete Profilschnitte *(Abb. 9)*, die im Beitrag wiedergegebenen Fotos die sorgfältige Dokumentation der Grabung[42].

Die Ausgrabungen in Famars, die sich auf die spätantiken Befestigungsanlagen und die Thermen konzentrierten und vor allem Rädchensigillata erbrachten[43], sollten jedoch für Bersu einen unglücklichen Verlauf nehmen. „In den Ruinen“ von Famars lag die Jagdstaffel I *(Abb. 10)*, in dem Dorf dahinter ein großes Bombengeschwader. Infolgedessen war „auch die Ausgrabung in steigendem Maße das Ziel feindlicher Luftangriffe“[44]. Bei

[38] Tagebucheintrag 6.6.1918. SMB-PK/MVF, NL Unverzagt. Hauptmann Zander (1884–1925) mit fünf bestätigten Abschüssen war ab 15.11.1916 Kommandeur der Jagdstaffelschule I. https://pl.wikipedia.org/wiki/Martin_Zander (letzter Zugriff: 11.11.2021).

[39] Vorwort E. Will (Bersu / Unverzagt 1961). In der Nacht zum 23.8.1943 wurde die Wohnung Unverzagts, in der wohl Teile der Dokumentation aufbewahrt waren, bei einem Bombenangriff der Royal Air Force auf Berlin völlig zerstört. Einige Unterlagen entgingen jedoch der Vernichtung.

[40] Bertram 2004/05, 187.

[41] Bersu / Unverzagt 1961, 159–190.

[42] Unverzagt 1988, 326.

[43] Bersu / Unverzagt 1961, 164 Anm. 3,

[44] Brief W. Unverzagts an den Präsidenten des DAI Theodor Wiegand vom 13.7.1933. Bundesarchiv, BA R 4901/13353, Bl. 86 (Rückseite).

Abb. 10. Wrack eines Albatros Doppeldeckers (D.) V auf dem Feldflugplatz Famars der Jagdstaffelschule I. Aufnahme aus dem Jahr 1918 (Haus der Geschichte Baden-Württembergs, Inv. 2009_0815_30; https://www.flickr.com/photos/hdgbw/8450016657/ [letzter Zugriff: 11.11.2021]).

Abb. 11. Kriegslazarett I in Brüssel (Privatbesitz H. Neumayer).

einem besonders heftigen Angriff am 7. Juni 1918 explodierte ein im Bahnhof von Famars stehender Munitionszug. Bei dem mehrere Stunden andauernden Brand zog sich Bersu in einem Unterstand in Gesicht und an den Händen schwere Verbrennungen zu[45]. Da sich Bersus Zustand verschlechterte, fuhr Unverzagt am nächsten Tag mit Bersu nach Brüssel, wo dieser in der Kommandantur verbunden wurde. Am 9. Juni brachte Unverzagt Bersu in das Kriegslazarett I nach Brüssel *(Abb. 11)*, „wo er mehrere Wochen in schwerem Fieber darniederlag"[46]. Die Funde waren nach Aussage der beiden Ausgräber mit dem Umfang einer „caisse de dimensions moyennes" vor ihrer Abfahrt dem Konservator des Museums in Valenciennes Maurice Hénault übergeben worden. Zum Zeitpunkt der Publikation 1961 waren sie im Museum jedoch nicht auffindbar. Hier befanden sich lediglich Objekte aus Famars aus vorangegangenen Grabungen und Erwerbungen, die man 1918 in Augenschein genommen hatte[47].

## Der Dienst in Brüssel

Bersus Aufgaben in der Brüsseler Zivilverwaltung scheinen vielfältig gewesen zu sein. Die bereits genannte Betreuung der Museen spielte wohl eher eine untergeordnete Rolle für ihn. Die wenigen Spuren, die sie hinterlassen hat, zeugen in erster Linie von Konflikten mit belgischen Museumskustoden verschiedener Museen, hauptsächlich in Brüssel. Als die deutsche Zivilverwaltung Ende Januar 1915 anordnete, die Museen wieder zu eröffnen, fürchteten die belgischen Verantwortlichen nicht nur die deutsche „Soldateska", sondern vor allem durch Personal- und Kohlenmangel entstehende Schäden und die fehlende Sicherheit der Sammlungen. Im September 1916, also kurz nach Einrichtung des Kunstreferats, ersuchte die Leitung der Brüsseler Musées royaux de peinture et de sculpture (heute Musées royaux des Beaux-Arts de Belgique) bei Bersu um die erneute Schließung der Sammlungen, da das Gebäude durch Schrapnellfeuer leicht beschädigt worden war. Der von belgischer Seite leicht spöttisch als „conservateur en uniforme" betitelte Bersu, der zuvor wohl das Museum besichtigt hatte, lehnte das Gesuch jedoch ab[48].

Bereits 1916 war Bersu auch an der Organisation zweier Ausstellungen beteiligt, die in der modernen Abteilung der Musées royaux de peinture et de sculpture, auch Musée d'art moderne genannt, gezeigt wurden. Die von der Städtischen Kunsthalle Mannheim übernommene Ausstellung „Kriegergrabmal und Kriegerdenkmal" sowie die „Ausstellung für soziale Fürsorge"[49] galten gegenüber dem Ausland als Zeichen deutscher Kulturbemühungen. Zugleich sollten sie der Bevölkerung eine Rückkehr zu friedensartigen Zuständen und die Sorge der Deutschen um das belgische Kunsterbe demonstrieren[50]. Von belgischer Seite wurden diese Initiativen als unliebsame Eingriffe in die Museumsverwaltung angesehen. Besonders die Ausstellung über Kriegergrabmale stieß auf völliges Unverständnis bei

[45] Brief W. Unverzagts an den Präsidenten des DAI Theodor Wiegand vom 13.7.1933. Bundesarchiv, BA R 4901/13353, Bl. 86 (Rückseite). – Tagebucheintrag vom 7.6.1918. SMB-PK/MVF, NL Unverzagt.

[46] Tagebucheintrag vom 7.6.1918. SMB-PK/MVF, NL Unverzagt. – Tagebucheintrag vom 8. und 9.6.1918. SMB-PK/MVF, NL Unverzagt. – Am 28.6. ist Bersu wieder auf der Grabung. Tagebucheintrag „Abends Ankunft von Bersu" vom 28.6.1918. SMB-PK/MVF, NL Unverzagt. – In seinem Schreiben an Th. Wiegand vom 13.7.1933 schreibt Unverzagt, dass er Bersu ins Kriegslazarett I nach Brüssel gebracht habe. Bundesarchiv, BA R 4901/13353, Bl. 60.

[47] Bersu / Unverzagt 1961, 164; 184.

[48] Kott 2006, 97; zitiert nach Fierens-Gevaert 1922, 29. Die belgischen Kustoden brachten daraufhin mehrere wertvolle Werke in die Keller, ohne die deutsche Verwaltung zu informieren.

[49] Kott 2006, 98.

[50] Kott 2016, 158.

belgischen Rezensenten[51]. Im Zuge der deutschen Verwaltungstrennung des Generalgouvernements in einen flämischen und einen wallonischen Sektor wurden die Museen der Stadt Brüssel, mit Ausnahme des Musée d'art ancien, der flämischen Zone zugeteilt und ein Generaldirektor eingesetzt, der als flämischer Aktivist bekannt war. Bersu, der ab März 1917 wohl dem deutschen Verwaltungschef für Flandern Alexander Schaible (1870–1933) unterstellt war, muss in diese Vorgänge involviert gewesen sein. Nach eigenen Angaben hatte er auch „die Aufsicht über das Direktorat der entsprechenden Angelegenheiten im belgischen Kulturministerium“[52].

Aufgrund ihrer fachlichen Schwerpunkte kümmerten sich die beiden Archäologen Bersu und Unverzagt, neben ihrer Ausgrabungstätigkeit, vor allem um die Aufnahme der vorgeschichtlichen sowie römischen und vormittelalterlichen Denkmäler. Hierzu waren Reisen durch das Generalgouvernement Belgien notwendig und Bersu war es spätestens ab Sommer 1916 möglich, von „jetzt an etwas mehr im Land herumzukommen“. Dabei hatte der fortgeschrittene Verlauf des Krieges jedoch zu Einschränkungen geführt. „Schade, dass die Autozeit vorbei ist und man auf die schlechten Verkehrsmittel angewiesen ist“, schrieb Bersu 1916 an Carl Schuchhardt[53]. Bei solchen Reisen besuchte man die Museen und Bodendenkmäler vor Ort. Standort blieb Brüssel, von wo aus regelmäßig Fahrten unternommen wurden, wobei für jede einzelne Reise eine Erlaubnis der Behörden notwendig war[54]. Dabei war es wohl besser, im Gegensatz zu Brüssel, wo man „in Civil“ ging, Uniform anzulegen, „besonders nach der Front zu“. Die Uniform war „ähnlich eines Majors, feldgrau mit grünem Besatz und grün und Gold durchwirkten Raupen mit einem kleinen Reichsadler drauf“[55]. Zu den Besuchen der Museen und Denkmäler im Gebiet des besetzten Belgiens, aber auch im benachbarten, unter militärischer Verwaltung stehenden Nordfrankreichs, stießen auch Fachkollegen aus Deutschland hinzu. So war Unverzagt mit Hans Lehner (1865–1938), dem Direktor des Rheinischen Landesmuseums Bonn, am 17. Januar 1918 in Bavay, wo man die römischen Ruinen und das dortige Museum besichtigte[56]. Am 18. Januar besuchte man die Museen von Valenciennes und Cambrai. In Cambrai traf man sich am 19. Januar mit Bersu und reiste weiter nach Douai zum dortigen Museum. Ein gemeinsamer Abend in Brüssel mit Bersu und Unverzagt beendete Lehners Reise[57]. Vom 9. bis 10. Juli 1918 besuchte Bersus ehemaliger Vorgesetzter in Stuttgart, Peter Goessler (1872–1956), die Grabung in Famars[58].

In Zusammenhang mit Schutzmaßnahmen des deutschen Kunstschutzes für die Denkmäler und Bestände des Museums Antoine Lécuyer hatte Bersu am Sonntag, den 8. April 1917 Saint-Quentin bereist. Dort waren die „frühgeschichtlichen Denkmäler im Museum Lécuyer bei den deutschen Maßnahmen bislang unberücksichtigt“ geblieben[59]. Als vorspringendes Bollwerk in der sogenannten Siegfriedstellung, auf die sich die deutsche Armee in Erwartung des alliierten Angriffes im März 1917 zurückgezogen hatte, schien

[51] van Kalck 2003, 220.

[52] Krämer 2001, 13.

[53] SMB-PK/MVF, IIe Bd. 11, 677.16. Der Brief ist in größeren Teilen wiedergegeben bei Krämer 2001, 12.

[54] „[...] werde aber immer 14 Tage bis 3 Wochen nach den einzelnen Orten reisen, um hier die Museen abzutun“. Brief W. Unverzagts an seine Eltern vom 22.6.1917. SMB-PK, MVF NL Unverzagt.

[55] Brief W. Unverzagts an seine Eltern vom 22.6.1917. SMB-PK, MVF NL Unverzagt.

[56] Neumayer 2014, 144.

[57] Tagebucheintrag 9. u. 10.7.1918. SMB-PK/MVF, NL Unverzagt.

[58] Tagebucheintrag vom 8. u. 9.6.1918. SMB-PK/MVF, NL Unverzagt. – Vom 27. bis 29.9.1918 ist Goessler erneut auf der Grabung Famars (Tagebucheintrag vom 8. u. 9.6.1918. SMB-PK/MVF, NL Unverzagt).

[59] Brief von P. Clemen an Th. Demmler vom 12.4.1917. SMB-ZA IV/NL Demmler 21.

Saint-Quentin besonders gefährdet. Bei Bersus Aufenthalt war die alliierte Frühjahrsoffensive in vollem Gange und die Stadt lag aufgrund des geplanten Durchbruchs der Entente zwischen Alaincourt und Saint-Quentin seit dem 4. April unter starkem britischen Artilleriefeuer. Als der „im Gebiet des Generalgouvernements Belgien mit der Kontrolle der Frühgeschichtlichen Denkmälern betraute Archäologe" empfahl Bersu, die „im Museum Lécuyer vorhandenen einzigartigen und unersetzlichen Objekte aus dem Gräberfeld von Vermand" dringend zu bergen. Falls dies nicht möglich sei, seien sie „in geeigneten Kellern unterzubringen"[60]. Auch wäre er gerne bereit, für eine Auswahl selbst nach Saint-Quentin zu kommen. Das Angebot Bersus wurde wohl nicht angenommen. Bei der Suche der Vorgeschichtlichen Abteilung der Königlichen Museen nach der Sammlung des französischen Archäologen Théophile Eck (1841–1917), die in Saint-Quentin verblieb, wird Bersu von Theodor Demmler (1879–1944) nicht erwähnt[61].

Im Sommer 1917 hatte Paul Clemen (1866–1947), Vorsitzender des Denkmalrates der Rheinprovinz und seit 1914 mit Kunstschutzaufgaben in den besetzten Gebieten an der West- und Ostfront beauftragt, ein Projekt zur systematischen Inventarisierung aller belgischen Kunstdenkmäler in die Wege geleitet. Beteiligt waren u. a. Kunsthistoriker, Architekten und Fotografen, wodurch Angehörige verschiedener Disziplinen unter einem Dach vereint waren. Unter der Schirmherrschaft des Generalgouvernements und mit finanzieller Unterstützung durch den Dispositionsfonds des Kaisers entstanden mehr als 10 000 qualitätvolle Aufnahmen von Sakral- und Profanbauten, Kunstwerken, städtebaulichen Ansichten, Bauernhöfen und Schlössern *(Abb. 12)*. Es ist nicht bekannt, in welcher Weise Bersu hierin involviert war. Er kannte aber seit 1915 den Geschäftsführer des Projektes, den Kunsthistoriker und Museumsleiter Erwin Hensler (1882–1935). Auch nahm er nachweislich an zwei Treffen der „Kommission für die photographische Inventarisation der belgischen Denkmäler" in den Jahren 1917 und 1918 *(Abb. 13)* in Brüssel teil. Zudem vermittelte Bersu den Verkauf der Fotoplatten an Belgien und blieb noch bis Ende der 1920er-Jahre mit der Kommission und ihren Anliegen verbunden[62].

Ab dem 1. Oktober 1917 gehörten Bersu und Unverzagt als Archäologen auch einer zehnköpfigen „Kunstkommission" an. Diese hatte die Aufgabe, im Rahmen der deutschen Metallbeschlagnahme in Belgien „Metallsachen auf ihren Kunstwert zu prüfen und über ihre Wegnahme zu entscheiden". Was für die Besitzer der Objekte ein demütigendes und schmerzvolles Prozedere bedeutete, war für die beiden Archäologen nach den Worten Unverzagts „eine interessante Tätigkeit", die sie in „Schlösser, Klöster und viele Privathäuser" führte[63].

Bei all seinen Aufgaben fand Bersu jedoch auch Zeit für persönliche Forschungen. Im Frühjahr 1917 korrespondierte er mit dem Direktor der RGK Friedrich Koepp (1860–1944) über den Druck seines „Burladingenaufsatzes" und bat um „50 Sonderabzüge"[64]. Für die RGK erwarben er und Unverzagt wohl im März 1918 auf einer Brüsseler Auktion

[60] Brief von P. Clemen an Th. Demmler vom 12.4.1917. SMB-ZA IV/NL Demmler 21. – Ob es sich um einen offiziellen Auftrag handelt, muss offen bleiben. Theodor Demmler (1879–1944),, leitender Kunstschutzbeauftragter für Frankreich, vermerkt in dem zitierten Brief von P. Clemen als Randnotiz zu den Ausführungen von Clemen zu Bersu „in wessen Auftrag". Ob Bersu lediglich Clemen informierte, ist ebenfalls nicht feststellbar.

[61] Zum Verkauf der Sammlung Eck s. Neumayer 2002, 84–87.

[62] Kott 2018a, 171. – Kott 2014, 58.

[63] Brief W. Unverzagts an seine Eltern vom 29.9.1917. SMB-PK/MVF, NL Unverzagt.

[64] Briefe G. Bersus an F. Koepp vom 2.3. und 31.5.1917. RGK-A NL Gerhard Bersu. – G. Bersu, Bericht über die Ausgrabung der Universitätsbibliothek zu Löwen. August 1917, Bl. 2. Acta der Staatsbibliothek Berlin, Generaldirektion: Fritz Milkau Nr. 245, Mappe 6.

Abb. 12. Brüssel von der Kongresssäule aufgenommen, im Zentrum die Kathedrale Sankt-Gudula, links der Justizpalast, rechts das Rathaus. Deutsche Messbildaufnahme im Rahmen der Fotoinventarisation der belgischen Denkmäler, 1917–1918 (Königlich-Preußische Messbildanstalt Berlin / ©KIK-IRPA, Brüssel, F000223).

32 Bücher und Schriften, die er nach Frankfurt schickte. Dabei hatte er „im Einvernehmen mit Unverzagt einiges mehr gekauft" als Koepp „angestrichen" hatte[65].

Der letzten großen deutschen Offensive im Frühjahr 1918 (Operation Michael) folgte im August die alliierte sogenannte Hunderttageoffensive, welche die Deutschen zwang, sich hinter die „Siegfriedstellung" zurückzuziehen und letztendlich zum Zusammenbruch der Westfront führte. Beim Zurückweichen auf die sogenannte Wotanstellung mussten auch die Städte Cambrai und Douai geräumt werden. Infolge des übereilten Rückzuges kam es zu „verworrenen Zuständen hinter der Front" mit einem „katastrophalen Mangel an Verkehrs- und Transportmitteln"[66]. „An den Bergungen der Kunstschätze aus den Museen Cambrai und Douai im Herbst 1918" nahmen nach Aussage Bersus auch er und Unverzagt teil[67]. Diese Bergungen erfolgten, wie Unverzagt später schreibt, „unter persönlicher Lebensgefahr, unter heftigem Artillerie- und Bombenfeuer des Feindes" und nur „dem Zufall" verdankten beide, dass sie „heil" herauskamen[68]. Der Kunsthistoriker Hermann

[65] Brief G. Bersus an F. Koepp vom 28.5.1918. RGK-A NL Gerhard Bersu. – „mit Bersu Antiquitäten". Tagebucheintrag vom 8.3.1918. SMB-PK/MVF, NL Unverzagt.

[66] Burg 1920, 50.

[67] Schreiben G. Bersus an Th. Wiegand vom 25.5.1933. Bundesarchiv, BA R 4901/13353, Bl. 69.

[68] Brief W. Unverzagts an den Präsidenten des DAI Theodor Wiegand vom 13.7.1933. Bundesarchiv, BA R 4901/13353, Bl. 86 (Rückseite).

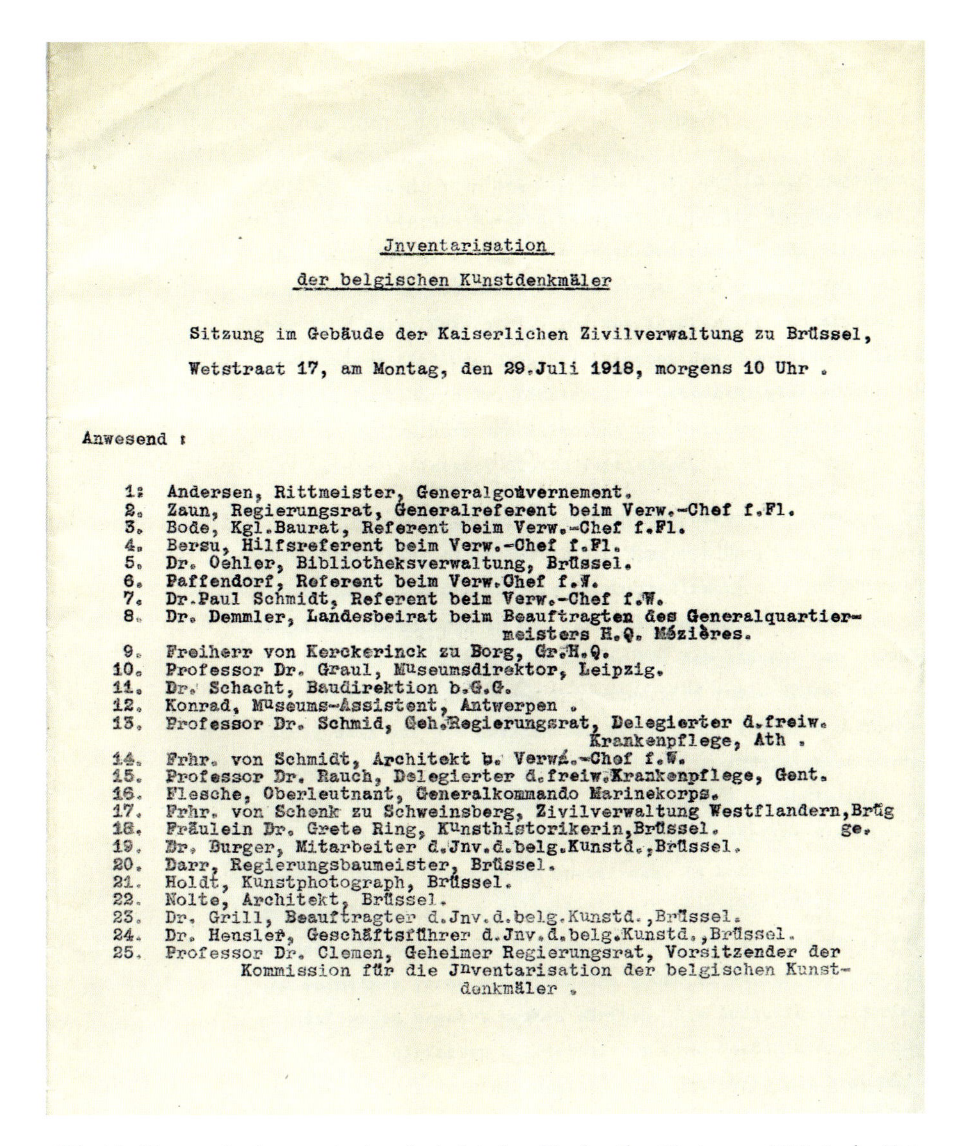

Jnventarisation

der belgischen Kunstdenkmäler

Sitzung im Gebäude der Kaiserlichen Zivilverwaltung zu Brüssel, Wetstraat 17, am Montag, den 29.Juli 1918, morgens 10 Uhr .

Anwesend :

1. Andersen, Rittmeister, Generalgouvernement.
2. Zaun, Regierungsrat, Generalreferent beim Verw.-Chef f.Fl.
3. Bode, Kgl.Baurat, Referent beim Verw.-Chef f.Fl.
4. Bersu, Hilfsreferent beim Verw.-Chef f.Fl.
5. Dr. Oehler, Bibliotheksverwaltung, Brüssel.
6. Paffendorf, Referent beim Verw.Chef f.W.
7. Dr.Paul Schmidt, Referent beim Verw.-Chef f.W.
8. Dr. Demmler, Landesbeirat beim Beauftragten des Generalquartiermeisters H.Q. Mézières.
9. Freiherr von Kerckerinck zu Borg, Gr.H.Q.
10. Professor Dr. Graul, Museumsdirektor, Leipzig.
11. Dr. Schacht, Baudirektion b.G.G.
12. Konrad, Museums-Assistent, Antwerpen .
13. Professor Dr. Schmid, Geh.Regierungsrat, Delegierter d.freiw. Krankenpflege, Ath .
14. Frhr. von Schmidt, Architekt b. Verw.-Chef f.W.
15. Professor Dr. Rauch, Delegierter d.freiw.Krankenpflege, Gent.
16. Flesche, Oberleutnant, Generalkommando Marinekorps.
17. Frhr. von Schenk zu Schweinsberg, Zivilverwaltung Westflandern,Brügge.
18. Fräulein Dr. Grete Ring, Kunsthistorikerin,Brüssel.
19. Dr. Burger, Mitarbeiter d.Jnv.d.belg.Kunstd.,Brüssel.
20. Darr, Regierungsbaumeister, Brüssel.
21. Holdt, Kunstphotograph, Brüssel.
22. Nolte, Architekt, Brüssel.
23. Dr. Grill, Beauftragter d.Jnv.d.belg.Kunstd.,Brüssel.
24. Dr. Hensler, Geschäftsführer d.Jnv.d.belg.Kunstd.,Brüssel.
25. Professor Dr. Clemen, Geheimer Regierungsrat, Vorsitzender der Kommission für die Jnventarisation der belgischen Kunstdenkmäler .

Abb. 13. Sitzung der Inventarisation der belgischen Denkmäler, 29. August 1918, in der Kaiserlichen Zivilverwaltung in Brüssel, 17 rue de Loi. Bersu an 4. Stelle der Teilnehmerliste (Universitätsbibliothek Marburg, NL Hamann, Ms. 1026 U 302 ©Universitätsbibliothek Marburg).

Burg (1878–1946), Kunstsachverständiger der I. Armee, war „Anfang September 1918“ vom „Chef der Zivilverwaltung der Nachbararmee“ aufgefordert worden, „bei der unmittelbar bevorstehenden Evakuierung von Cambrai […] dort noch vorhandene Kunstwerke zu bergen“[69]. Burg beschreibt, dass er „mit Hilfe einiger Zivilpersonen […] das Fuhrwerk mit der archäologischen Sammlung“ des Museums Cambrai beladen hätte[70]. Unverzagt und Bersu werden bei seinen Ausführungen zur Bergung der in Cambrai verbliebenen Kunstschätze nicht erwähnt. Auch im Tagebuch von Unverzagt findet sich kein Eintrag für einen Aufenthalt in Cambrai im September 1918[71]. Die sogenannte zweite Schlacht um

[69] Burg 1920, 36.

[70] Burg 1920, 39.

[71] Der einzige Eintrag, der sich auf Cambrai bezieht, stammt vom 14.8.1918. SMB-PK/MVF, NL Unverzagt.

Cambrai begann am 27. September 1918. Ab dem 28. September 1918 lag die Stadt unter britischem Artilleriefeuer. Zu diesem Zeitpunkt waren die Bergungsmaßnahmen nach den Aussagen Burgs abgeschlossen[72]. Die eigentlichen Kämpfe um Cambrai fanden vom 8. bis 10. Oktober statt, am 11. Oktober 1918 war die Stadt in britischer Hand.

In einem Brief an seinen Bruder Kurt berichtet Unverzagt, dass er am 6. Dezember 1917 „mit einem großen Stabsauto die unter Feuer liegende Stadt Cambrai" besuchte, „wobei es an allen Ecken und Enden krachte". Im Museum von Cambrai, „dessen Fensterscheiben schon zertrümmert waren", ließ er „die archäologischen Bestände in den Keller bringen, sodass ich wenigstens noch etwas für die Wissenschaft tun konnte"[73]. Möglicherweise bezieht sich Unverzagts Aussage über die Gefahren bei der Bergung in Cambrai auch auf die Aktion im Dezember 1917.

Am 14. September 1918 ist Burg in Douai. Hier hatte aus der archäologischen Abteilung des Museums „wenige Tage vorher ein besonders eifriger Archäologe mit Hilfe einer Fliegerabteilung einen gewaltigen Stein mit einer wichtigen römischen Inschrift sowie einen romanischen steinernen Abtstuhl von kolossalem Gewicht nach Brüssel schaffen lassen"[74]. In Douai war die Bevölkerung am 3. und 4. September 1918 evakuiert worden[75]. Am 5. Oktober erhielt die 17. Armee den Befehl, Douai aufzugeben, die Stadt zu sprengen und alles Verwertbare mitzunehmen. Am 12. Oktober begann der Rückmarsch, am 17. Oktober betraten die ersten britischen Soldaten die Stadt[76]. Nach der Schilderung Burgs war der „eifrige Archäologe" nach der Evakuierung der Bevölkerung und vor dem Eintreffen Burgs am 14. September in Douai. Bei dem „eifrigen Archäologen" handelte es sich um Unverzagt, der für den 14. September 1918 in sein Tagebuch notierte: „Über Derain nach Douai mit Burg Abtransport der Kunstsachen". Unverzagt hielt sich bereits ab dem 5. September immer wieder in Douai auf, wo er sich unter anderem mit dem Konservator Paul Belette aus Douai und auch mit Burg traf. Burg wird von ihm auch am 9. und 12. September in Valenciennes aufgesucht. Unverzagts Eintrag „Douai, Steine" für den 13. September könnte ein Hinweis sein, dass Unverzagt möglicherweise mit Hilfe der Flieger aus dem ca. 43 km entfernten Famars an diesem Tag die von Burg beschriebenen Stücke aus dem Museum Douai abtransportieren ließ[77]. Für einen erneuten Aufenthalt der Archäologen Bersu und Unverzagt in Douai nach dem 14. September 1918 und vor dem 12. Oktober 1918 gibt es keine Hinweise.

Die Aktionen in Cambrai und Douai, aber auch die handschriftliche Notiz Demmlers „in wessen Auftrag"[78] im Schreiben von Clemen bestätigen, dass Maßnahmen zum Schutz von Sammlungen und Kunstdenkmälern nicht immer unter den mit dem Kunstschutz

[72] Burg 1920, 40. – Deutscher Heeresbericht vom 28.9.1918. http://www.stahlgewitter.com/18_09_28.htm (letzter Zugriff: 11.11.2021).

[73] Brief von W. Unverzagt an seinen Bruder Kurt vom 9.12.1917. SMB-PK/MVF, NL Unverzagt. – Bereits Mitte Januar hatte Unverzagt Cambrai zusammen mit Hauptmann Lehner im Auftrage des Grossen Hauptquartiers besucht, wo er Zeuge „heftigen Flakschießens und eines interessanten Luftkampfes" wurde. – Brief W. Unverzagts an seinen Bruder Kurt vom 21.1.1917. SMB-PK/MVF, NL Unverzagt.

[74] Burg 1920, 41. – Zu den Bergungen und Plünderungen durch deutsche Soldaten in Cambrai und Douai s. auch Kott 2006, 375–378 bzw. Burg 1920, 36 ff.

[75] Préemersch / Kordes 2014, 120.

[76] Préemersch / Kordes 2014, 117. – Der deutsche Heeresbericht vom 13.10.1918 meldet: „Douai hat durch feindliches Artilleriefeuer und Fliegerbomben erheblich gelitten". http://www.stahlgewitter.com/18_10_13.htm (letzter Zugriff: 11.11.2021).

[77] Tagebucheinträge vom 4., 5.–9. und 13.–14.9.1918. SMB-PK/MVF, NL Unverzagt.

[78] Brief von P. Clemen an Th. Demmler vom 12.4.1917. SMB-ZA IV/NL Demmler 21.

betrauten Personen abgestimmt wurden. Ein „zentralisierter und einheitlicher militärischer ‚Kunstschutz' an der Westfront, also in den besetzten Gebieten Belgiens und in den Operations- und Etappengebieten Nord- und Nordostfrankreichs" schien somit nicht wirklich zu existieren[79]. Vor allem im Chaos eines Rückzuges dürfte es daher, wie in Saint-Quentin und Douai, immer wieder unter den mit dem Kunstschutz beauftragten Personen zu Meinungsverschiedenheiten über die Auswahl der zu evakuierenden Objekte und zu nicht abgestimmten Operationen gekommen sein. Die Tatsache, dass Unverzagt von Burg, obwohl er im Vorfeld der Räumungsaktionen in Douai ständig mit ihm zusammentraf, nicht erwähnt wird, bzw. ihn eher abfällig als eifrigen Archäologen tituliert, mag ein Zeichen dafür sein, dass es bei solchen Aktionen auch persönliche Differenzen gab[80].

## Der deutsche Rückzug und das Ende des Krieges

Das Ende des Kaiserreiches und den Waffenstillstand erlebte Bersu in Brüssel. Als Vertreter der Zivilverwaltung hatte er zwischen Januar und Mai 1918 schon etliche, etwa aus Courtrai / Kortrijk und Umgebung geborgene Kunstgüter zusammen mit belgischen Verantwortlichen in Empfang genommen und zu ihrer Unterbringung an sicheren Orten in der Hauptstadt beigetragen[81]. Während des deutschen militärischen Rückzugs im Herbst 1918 hatte er dann, zusammen mit Burg und Demmler, eine Rolle beim Empfang der aus Valenciennes und Douai auf den sogenannten „Kunstkähnen" evakuierten nordfranzösischen Museumssammlungen gespielt[82]. Diese aus vielen tausend Objekten bestehenden öffentlichen und privaten Sammlungen waren aus Angst vor Plünderungen und im Rahmen des Rückzugs in die belgische Hauptstadt transportiert worden. Dies geschah, obwohl nicht wenige Deutsche, darunter auch der Kaiser, jedoch ohne Erfolg, für eine Auslagerung direkt nach Deutschland plädiert hatten. Am 20. Oktober war es wohl Bersu, der Hippolyte Fierens-Gevaert (1870–1926), Generalsekretär der Musées royaux de peinture et de sculpture, über die Ankunft in Brüssel von zunächst zwei Schiffen informierte. Deren Ladungen wurden von deutschen Soldaten zum Musée moderne transportiert, wo sie vom belgischen Museumspersonal in Empfang genommen und eingelagert wurden[83]. Laut Burg lastete hingegen die Organisation dieser Unterschutzstellungen ausschließlich auf seinen Schultern, da „die in Brüssel residierende Kunstschutzstelle des Generalgouvernements", unter Leitung Bersus, „nur für einen Bureaubetrieb eingerichtet" war[84]. Am 9. November 1918, dem Tag der Ausrufung der Republik, entdeckten Demmler, Burg und Bersu die zwei anderen Kähne, die nach einer wochenlangen Irrfahrt die belgische Hauptstadt erreicht hatten. Diese war inzwischen zum Schauplatz revolutionärer Unruhen unter den dort sich zum Rückzug sammelnden, tausenden deutschen Soldaten geworden. Die Übergabe der Verantwortung für die Kunstwerke an die belgischen Behörden scheint

[79] Kott 2017, 36.

[80] Burg hatte im Juni 1918 auch die Grabung in Famars besucht und er und Unverzagt trafen sich auch nach der Räumung von Cambrai und Douai immer wieder. Ein letztes Treffen fand laut Tagebuch W. Unverzagts am 22.3.1929 statt.

[81] Es handelte sich um 760 Kisten mit Kulturgut, die im Justizpalast, in einer Bank und im Musée moderne in Sicherheit gebracht wurden. Kott 2006, 370–371.

[82] Kott 2006, 386.

[83] Rapport de l'officier du génie Sabatté, chef du Service des œuvres d'art sur le front Nord adressé au ministre de l'Instruction publique et des Beaux-Arts, Brüssel, 13.12.1918 (MAP, Nr. 80/3/32, Brüssel). Anderen wenig plausiblen Versionen zufolge soll die gesamte Rettungsaktion von Fierens-Gevaert, der die Schiffe auf ihrer Fahrt nach Deutschland abgefangen haben soll, organisiert worden sein. Kott 2002, 412–417.

[84] Burg 1920, 49.

ausschließlich durch Burg erfolgt worden zu sein. Der am 10. November gebildete Brüsseler Arbeiter- und Soldatenrat war dafür wohl gar nicht erst in Betracht gezogen worden. Der Schriftsteller, Kunsthistoriker und -kritiker Carl Einstein (1885–1940), zuvor beim Generalgouvernement in der Abteilung „Kolonien" tätig, hatte in diesem Soldatenrat die Schlüsselfunktion als diplomatischer Vertreter des Vollzugsausschusses übernommen[85]. Nach Aussage von Friedrich Wilhelm von Bissing war Bersu „einer der wenigen gewesen, die den Kopf nicht verloren haben" und sich, „so weit es an ihm lag, den Maßnahmen des Dr. Einstein" widersetzt hat. Auch habe er sich „der hilflosen weiblichen Büroangestellten und Schwestern angenommen" und sie nach Holland in Sicherheit gebracht[86].

## Gerhard Bersu als Kulturdiplomat

„Seit Brüssel bin ich noch nicht zur Ruhe gekommen", schrieb Bersu an Friedrich Koepp Ende 1918[87]. In der Tat gingen in seiner Lebensgeschichte Krieg und Nachkrieg fließend ineinander über. Seine Kriegstätigkeit im besetzten Belgien und in den Etappen- und Operationsgebieten Frankreichs prädestinierte ihn geradezu für die Rolle, die er ab Kriegsende und offiziell bis zu seiner Ernennung als Direktionsassistent der RGK im November 1924, inoffiziell weit darüber hinaus, spielen sollte. Die verheerenden Kriegshandlungen hatten das Kulturerbe der Kriegsteilnehmer stark in Mitleidenschaft gezogen. Die Besetzung fremder Territorien und Staaten, die Evakuierungen ganzer Städte oder Landschaften und die Verschiebung von Grenzen hatten zu zahlreichen Dislokationen von Werken oder ganzen Sammlungen geführt. Die Nachkriegszeit war daher zunächst geprägt von Verhandlungen der ehemaligen Feinde über die Modalitäten der Rückführungen sowie von deren konkreter Abwicklung. Die Frage der Wiedergutmachung der Schäden durch die Mittelmächte stand sodann im Fokus der internationalen Beziehungen. Schlussendlich ging es aber auch um die Wiederherstellung der wissenschaftlichen Beziehungen unter den ehemaligen Kriegführenden.

Für seine sukzessiven Positionen als Abteilungsleiter der deutschen Delegation der Waffenstillstandskommission in Spa (Dezember 1918–1919*) (Abb. 14)*, als Referent für die Rückgabe von Werten bei der Friedensabteilung des Auswärtigen Amtes (1919–1920), als stellvertretender Leiter der Kommission für Rückgabe von Werten im Dienste der Reichsrücklieferungskommission (1920–1923) und schließlich in der gleichen Funktion im Reichskommissariat für Reparationslieferungen (Oktober 1923 bis September 1924) brachte Bersu nicht nur die nötigen Kenntnisse – auch außerhalb seiner eigenen Disziplin – mit, sondern auch die Erfahrungen im Umgang mit den Fachkollegen der ehemals vom Deutschen Reich besetzten Staaten. Darüber hinaus waren seine diplomatischen Fähigkeiten besonders nützlich, wenn es darum ging, durch den Kriegsverlust drohende Sanktionen von deutschen Institutionen und Personen abzuwenden. Erschwert wurde dies durch die Tatsache, dass die deutschen Vertreter weder die Verhandlungen der

[85] Zu Einsteins politischer Haltung und Aktion siehe http://www.dadaweb.de/wiki/Einstein,_Carl (letzter Zugriff: 11.11.2021). Die Abwertung Einsteins durch von Bissing erklärt sich aus dessen extrem national-konservativer Einstellung, seiner tiefen Abneigung gegenüber der Moderne und seinem Antisemitismus, s. Rauwling / Gertzen 2013. Die Bedeutung Carl Einsteins, der 1915 sein berühmtes Werk „Negerplastik" veröffentlichte, wird heute von der Forschung allgemein anerkannt, siehe z. B. Fleckner 2006.

[86] Brief von F. W. von Bissing an den „Gesandten Stieve" (1884–1966), Leiter der Informationsstelle im Auswärtigen Amt vom 7.4.1933. Bundesarchiv, BA R 4901/13353, Bl. 58.

[87] G. Bersu an F. Koepp, 22.12.1918 (Postkarte). RGK-A Bersu 356 6 RS.

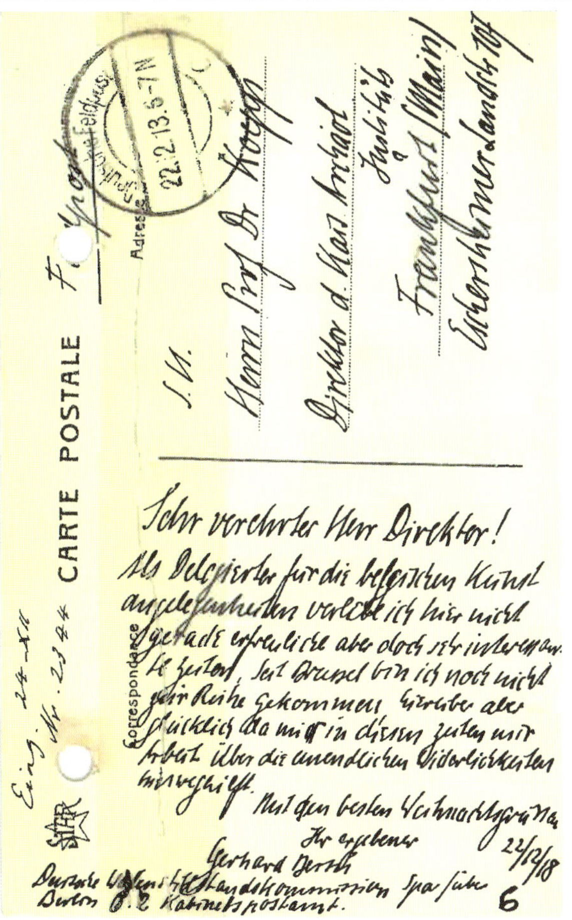
CARTE POSTALE

Feldpost

S. H.
Herrn Prof. Dr. Koepp
Direktor d. Kais. Archäol. Instituts
Frankfurt (Main)
Eschersheimer Landstr. 107

Sehr verehrter Herr Direktor!
Als Delegierter für die besetzten Kunstangelegenheiten verlebe ich hier nicht gerade erfreuliche aber doch sehr interessante Zeiten. Seit Brüssel bin ich noch nicht zur Ruhe gekommen, glaube aber glücklich, da mir in diesen Zeiten mir Arbeit über die unendlichen Widerlichkeiten hinweghilft.
Mit den besten Weihnachtsgrüßen
Ihr ergebener
Gerhard Bersu
22/12/18

Deutsche Waffenstillstandskommission Spa
Berlin O. 2 Kabinettspostamt.

Eing. 24-XII
Nr. 2324

6

Abb. 14. Postkarte von Gerhard Bersu an Friedrich Koepp aus Spa (Belgien) vom 22. Dezember 1918. Bersu war dort als Mitglied der Deutschen Delegation der Waffenstillstandskommission für die Rückführung von Kulturgütern zuständig (RGK-A NL Gerhard Bersu, Nr. 356, 6 [Vorder- und Rückseite]).

Waffenstillstandskommission in Spa noch die Friedensverhandlungen in Versailles direkt beeinflussen konnten, sondern lediglich deren Ergebnisse unterzeichnen und umsetzen mussten. Bersu berichtete aus Spa von „nicht gerade erfreulichen aber interessanten Zeiten" und davon, dass nur viel Arbeit ihm helfe, über die „unendlichen Widerlichkeiten" hinwegzukommen[88].

Die Rückführung von Kulturgütern war nicht in einem eigenen Abschnitt des Waffenstillstandvertrags geregelt, sondern im Schlussprotokoll der Finanzkommission, das am 1. Dezember 1918 unterzeichnet wurde. Darin wurde unter anderem festgelegt, dass alle deutschen Kunstdepots zunächst von Vertretern beider Seiten überprüft und sodann auf Kosten der deutschen Regierung unverzüglich an ihren Ursprungsort transportiert werden sollten. Da sich die meisten Kunstdepots in Frankreich befunden hatten, traten als deutsche Experten hauptsächlich die ehemaligen Kunstschutzbeauftragten wie Burg oder Demmler in Erscheinung. Bersus direkte Beteiligung ist aber zumindest in einem Fall nachgewiesen: im Februar oder März 1919 überprüfte er zusammen mit Burg und mehreren französischen Vertretern den Inhalt der 1300, von Brüssel nach Valenciennes zurückgeführten Kisten mit Kulturgütern aus den nordfranzösischen Museen[89]. Welche Rolle er insbesondere als Abteilungsleiter, bzw. Leiter des Referats „bezüglich Rückgabe und Nachforschung nach angeblich verschlepptem Kunstbesitz"[90] spielte, bleibt aber weitgehend unklar. Wie gespannt und zum Teil hasserfüllt die deutsch-belgischen Beziehungen kurz nach der Okkupation noch waren, und wie schwierig sich daher die Verhandlungen für Bersu (und seine Kollegen) gestalteten, lässt sich an der Tatsache bemessen, dass der belgische Delegierte der Waffenstillstandskommission und Zuständige für die Rückgabe von Kulturgut, der Directeur des Beaux-Arts Ernest Verlant (1862–1924), sich weigerte, mit Bersu zu verhandeln und auf Deutsch verfasste Schriftsätze zu beantworten[91]. Verlant hatte sich im Krieg als Generaldirektor der Museen innerhalb der staatlichen Kunstverwaltung der deutschen Separationspolitik widersetzt, und war nach einem Fluchtversuch nach Holland mehrere Monate inhaftiert gewesen. Inwiefern Bersu eine Rolle dabei gespielt hatte, lässt sich nicht mehr feststellen, zumindest scheint aber sein Name mit diesen für Verlant traumatischen Ereignissen verbunden gewesen zu sein.

## Kulturgüter als Entschädigung

Während Frankreichs Forderungen nach einer Entschädigung in Form von Kunstwerken aus deutschen Sammlungen („restitution in kind") nicht in den Friedensvertrag aufgenommen wurden, erreichten die belgischen Delegierten in Artikel 247 Absatz 2 des Versailler Friedensvertrags die Lieferung mehrerer Altarflügel aus deutschen Museen, und zwar als moralische Wiedergutmachung für Zerstörungen und nicht als Restitution, da die genannten Werke auf legalem Wege erworben worden waren[92]. An den Vorbereitungen

[88] Bersu an Koepp, 22.12.1918, RGK-A Bersu 356 6 RS.

[89] Kott 2002, 439–440.

[90] Schreiben Bersus an den Präsidenten des Archäologischen Instituts des Deutschen Reichs Theodor Wiegand vom 25.5.1933. Bundesarchiv, BA R 4901/13353, Bl. 71.

[91] General Hammerstein an General Delobbe, 11.4.1919 (Übersetzung aus dem Deutschen), Archives des Affaires étrangères de Belgique (heute: Archives du SPF Affaires étrangères), N/A Dossier Nr. 382.

[92] In Artikel 247 hieß es: „Deutschland verpflichtet sich, durch die Vermittlung des Wiedergutmachungsausschusses binnen sechs Monaten nach Inkrafttreten des gegenwärtigen Vertrags an Belgien, um ihm die Wiederherstellung zweier großer Kunstwerke zu ermöglichen, abzuliefern:
1. die Flügel des Triptychons der Brüder van Eyck „Die Anbetung des Lammes" („Agneau mystique"),

Abb. 15. Gerhard Bersu (2. Reihe, 2. von li.) als Vertreter der Kommission für Rückgabe von Werten mit (1. Reihe von li. nach re.) Richard Oehler, Staatskommissar für die Wiederherstellung der Universitätsbibliothek Löwen, Louis Stainier, Directeur de l'Office de la Restauration de la Bibliothèque de L'Université de Louvain, und Joseph de Ghellinck, sowie unbekannten Personen, im Büro des Staatskommissars im Buchhändlerhaus in Leipzig, Platostrasse 3. o. D. (1920–1924) (Aufnahme von Georg Müller, Bayerische Staatsbibliothek München, Bildarchiv, Nr. port-028904).

zur Erfüllung dieser Klausel war Bersu, zunächst als Vertreter der Friedensabteilung des Auswärtigen Amtes, dann der Reichsrücklieferungskommission, direkt beteiligt. Ungefähr einen Monat nach Unterzeichnung des Versailler Vertrages wurde er von der deutschen Regierung als offizieller Bevollmächtigter für die Aushandlung der Lieferungsmodalitäten mit der belgischen Delegation des Wiedergutmachungsausschusses (Commission des réparations) vorgeschlagen[93]. Am 10. März 1920 fand bereits ein Treffen zwischen Bersu und belgischen Vertretern in Brüssel statt[94]. Noch Ende Juni teilte der belgische Minister für Wissenschaft und Kunst, Jules Destrée (1863–1936), dem inzwischen zum

früher in der Kirche Sankt Bavo in Gent, jetzt im Berliner Museum;
2. die Flügel des Triptychons von Dierk Bouts, „Das Abendmahl", früher in der Kirche Sankt Peter in Löwen, von denen sich jetzt zwei im Berliner Museum und zwei in der Alten Pinakothek in München befinden". http://www.documentarchiv.de/wr/vv08.html (letzter Zugriff: 11.11.2021). Kemperdinck / Rössler 2014, 161–174.

[93] Korrespondenz zwischen der belgischen Delegation bei der Reparationskommission und dem deutschen Wiederaufbauministerium, Februar 1920. Bundesarchiv, BA, R3301, Nr. 431.

[94] Protokoll über die Erfüllung des Absatzes 2 des § 247 des Friedensvertrages zwischen Deutschland und den alliierten und associierten Mächten vom 16.7.1919, datiert auf den 1.7.1920 (SMB-ZA, I/GG 18), zit. in Cladders 2018, 141 Anm. 550.

Museumskonservator ernannten Fierens-Gevaert mit, dass Bersu, nach dem letzten Stand der Verhandlungen, „apportera à Bruxelles, au Musée, les tableaux restitués“ [95]. Warum stattdessen am 1. Juli die belgischen Vertreter Georges Hulin de Loo (1862–1945) und Verlant nach Berlin kamen, um die Altartafeln abzuholen, bleibt unklar.

Artikel 247 des Versailler Friedensvertrags legte ebenfalls deutsche Reparationslieferungen für die Ende August 1914 zerstörten Sammlungen der Löwener Universitätsbibliothek fest, deren Ruine Bersu aus eigener Anschauung kannte[96]. Der Zusatz, dass die näheren Bestimmungen durch die „Commission des réparations“ geregelt würden, legte die Befürchtung nahe, dass dieses von französischen Hardlinern und Verfechtern einer rigorosen Sühnepolitik geprägte Gremium die direkte Abgabe von Büchern, Inkunabeln und anderen Sammlungsgegenständen aus deutschen Bibliotheken und wissenschaftlichen Einrichtungen, wenn nicht gar eine komplette Bibliothek, verlangen würde. Da nicht nur die deutschen, sondern auch die belgischen Delegierten sich nichts von Paris diktieren lassen wollten, kam es zu einer deutsch-belgischen mehrjährigen Kooperation zur Wiederherstellung der Bibliothek, für deren Zustandekommen Bersu einen wesentlichen Beitrag leistete[97] *(Abb. 15)*. An der Seite von Hensler, der ebenfalls den deutschen Besatzungsbehörden in Brüssel angehört hatte, war Bersu als deutsches Mitglied einer deutsch-belgischen Expertenkommission entscheidend an der Lieferung an die Universität Löwen von Gipsabgüssen nach Originalen aus der Berliner Antikensammlung sowie aus dem Mainzer Römisch-Germanischen Nationalmuseum beteiligt[98].

## Geld anstatt Kulturgüter

Um die langwierigen, teuren und für die Wiederaufnahme wissenschaftlicher Beziehungen zu den Entente-Staaten hinderlichen Nachforschungen nach verschollenen Kulturgütern und deren Rückgabe nach Artikel 238 des Versailler Friedensvertrags *(Abb. 16)* zu beenden, schlossen mehrere Staaten mit dem Deutschen Reich bilaterale Ablöseabkommen. Darin verpflichtete sich Deutschland, mit der Zahlung einer pauschalen Summe – in Geld oder in Sachlieferungen – den hypothetischen Wert der Kulturgüter zu entschädigen. Im Gegenzug musste der betroffene Staat die Suche nach Objekten auf deutschem Boden beenden. Laut einem Bericht von 1933 war Bersu an der Unterzeichnung von Ablöseabkommen mit Belgien, England, Polen, Serbien, Rumänien und Italien beteiligt[99]. Eine der ersten Initiativen zu einer vertraglichen Lösung scheint schon im September 1921 von

[95] Briefentwurf von Fierens-Gevaert vom 24.6.1920 und Antwort von Destrée, o. D., Dossier van Eyck (Archives des MRDAB, Bruxelles, n°. 5521).

[96] „Deutschland verpflichtet sich, an die Hochschule zu Löwen binnen drei Monaten nach Empfang der ihm durch Vermittlung des Wiedergutmachungsausschusses zugehenden Aufforderung Handschriften, Wiegendrucke, gedruckte Bücher, Karten und Sammlungsgegenstände zu liefern, die der Zahl und dem Werte nach den Gegenständen entsprechen, die bei dem von Deutschland verursachten Brande der Bücherei von Löwen vernichtet worden sind. Alle Einzelheiten dieser Erstattung werden von dem Wiedergutmachungsausschuß bestimmt.“ http://www.documentarchiv.de/wr/vv08.html (letzter Zugriff: 11.11.2021).

[97] In Schivelbusch 1993, 84–85 heißt es, leider ohne Belege, Bersu habe bei den Verhandlungen über die Auslieferung der Altarflügel einen seiner Verhandlungspartner, einen Harry (Henri) Schleisinger auf Löwen angesprochen, woraufhin ihm dieser zu verstehen gab, dass auch die belgische Seite an einer Lösung in gegenseitigem Einvernehmen interessiert war.

[98] Grüssinger 2014, 175–204.

[99] Schreiben Bersus an den Präsidenten des Archäologischen Instituts des Deutschen Reichs Theodor Wiegand vom 25.5.1933. Bundesarchiv, BA R 4901/13353, Bl. 72.

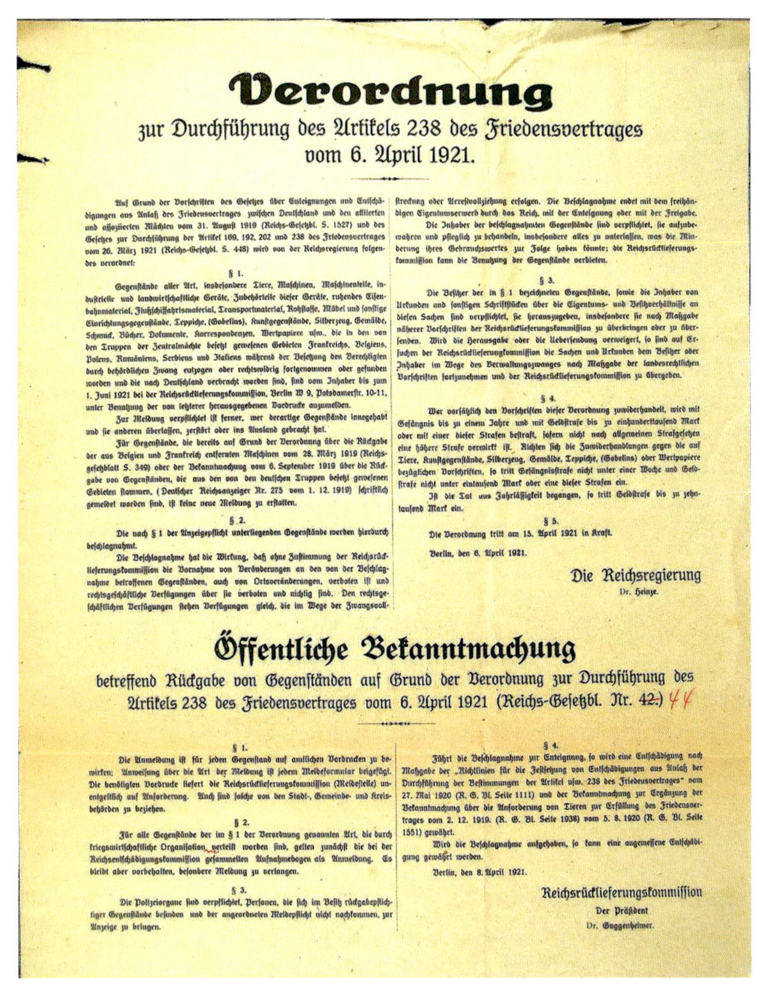

# Verordnung

zur Durchführung des Artikels 238 des Friedensvertrages
vom 6. April 1921.

Auf Grund der Vorschriften des Gesetzes über Enteignungen und Entschädigungen aus Anlaß des Friedensvertrages zwischen Deutschland und den alliierten und assoziierten Mächten vom 31. August 1919 (Reichs-Gesetzbl. S. 1527) und des Gesetzes zur Durchführung der Artikel 169, 192, 202 und 238 des Friedensvertrages vom 26. März 1921 (Reichs-Gesetzbl. S. 448) wird von der Reichsregierung folgendes verordnet:

§ 1.

Gegenstände aller Art, insbesondere Tiere, Maschinen, Maschinenteile, industrielle und landwirtschaftliche Geräte, Zubehörteile dieser Geräte, ruhendes Eisenbahnmaterial, Flußschiffahrtsmaterial, Transportmaterial, Rohstoffe, Möbel und sonstige Einrichtungsgegenstände, Teppiche, (Gobelins), Kunstgegenstände, Silberzeug, Gemälde, Schmuck, Bücher, Dokumente, Korrespondenzen, Wertpapiere usw., die in den von den Truppen der Zentralmächte besetzt gewesenen Gebieten Frankreichs, Belgiens, Polens, Rumäniens, Serbiens und Italiens während der Besetzung den Berechtigten durch behördlichen Zwang entzogen oder rechtswidrig fortgenommen oder gefunden worden und die nach Deutschland verbracht worden sind, sind vom Inhaber bis zum 1. Juni 1921 bei der Reichsrücklieferungskommission, Berlin W 9, Potsdamerstr. 10-11, unter Benutzung der von letzterer herausgegebenen Vordrucke anzumelden.

Zur Meldung verpflichtet ist ferner, wer derartige Gegenstände innegehabt und sie anderen überlassen, zerstört oder ins Ausland gebracht hat.

Für Gegenstände, die bereits auf Grund der Verordnung über die Rückgabe der aus Belgien und Frankreich entfernten Maschinen vom 28. März 1919 (Reichsgesetzblatt S. 349) oder der Bekanntmachung vom 6. September 1919 über die Rückgabe von Gegenständen, die aus den von den deutschen Truppen besetzt gewesenen Gebieten stammen, (Deutscher Reichsanzeiger Nr. 275 vom 1. 12. 1919) schriftlich gemeldet worden sind, ist keine neue Meldung zu erstatten.

§ 2.

Die nach § 1 der Anzeigepflicht unterliegenden Gegenstände werden hierdurch beschlagnahmt.

Die Beschlagnahme hat die Wirkung, daß ohne Zustimmung der Reichsrücklieferungskommission die Vornahme von Veränderungen an den von der Beschlagnahme betroffenen Gegenständen, auch von Ortsveränderungen, verboten ist und rechtsgeschäftliche Verfügungen über sie verboten und nichtig sind. Den rechtsgeschäftlichen Verfügungen stehen Verfügungen gleich, die im Wege der Zwangsvollstreckung oder Arrestvollziehung erfolgen. Die Beschlagnahme endet mit dem freihändigen Eigentumserwerb durch das Reich, mit der Enteignung oder mit der Freigabe.

Die Inhaber der beschlagnahmten Gegenstände sind verpflichtet, sie aufzubewahren und pfleglich zu behandeln, insbesondere alles zu unterlassen, was die Minderung ihres Gebrauchswertes zur Folge haben könnte; die Reichsrücklieferungskommission kann die Benutzung der Gegenstände verbieten.

§ 3.

Die Besitzer der in § 1 bezeichneten Gegenstände, sowie die Inhaber von Urkunden und sonstigen Schriftstücken über die Eigentums- und Besitzverhältnisse an diesen Sachen sind verpflichtet, sie herauszugeben, insbesondere sie nach Maßgabe näherer Vorschriften der Reichsrücklieferungskommission zu überbringen oder zu übersenden. Wird die Herausgabe oder die Uebersendung verweigert, so sind auf Ersuchen der Reichsrücklieferungkommission die Sachen und Urkunden dem Besitzer oder Inhaber im Wege des Verwaltungszwanges nach Maßgabe der landesrechtlichen Vorschriften fortzunehmen und der Reichsrücklieferungskommission zu übergeben.

§ 4.

Wer vorsätzlich den Vorschriften dieser Verordnung zuwiderhandelt, wird mit Gefängnis bis zu einem Jahre und mit Geldstrafe bis zu einhunderttausend Mark oder mit einer dieser Strafen bestraft, sofern nicht nach allgemeinen Strafgesetzen eine höhere Strafe verwirkt ist. Richten sich die Zuwiderhandlungen gegen die auf Tiere, Kunstgegenstände, Silberzeug, Gemälde, Teppiche, (Gobelins) oder Wertpapiere bezüglichen Vorschriften, so tritt Gefängnisstrafe nicht unter einer Woche und Geldstrafe nicht unter eintausend Mark oder eine dieser Strafen ein.

Ist die Tat aus Fahrlässigkeit begangen, so tritt Geldstrafe bis zu zehntausend Mark ein.

§ 5.

Die Verordnung tritt am 15. April 1921 in Kraft.

Berlin, den 6. April 1921.

Die Reichsregierung
Dr. Heinze.

# Öffentliche Bekanntmachung

betreffend Rückgabe von Gegenständen auf Grund der Verordnung zur Durchführung des Artikels 238 des Friedensvertrages vom 6. April 1921 (Reichs-Gesetzbl. Nr. ~~42.~~) 44

§ 1.

Die Anmeldung ist für jeden Gegenstand auf amtlichen Vordrucken zu bewirken; Anweisung über die Art der Meldung ist jedem Meldeformular beigefügt. Die benötigten Vordrucke liefert die Reichsrücklieferungskommission (Meldestelle) unentgeltlich auf Anforderung. Auch sind solche von den Stadt-, Gemeinde- und Kreisbehörden zu beziehen.

§ 2.

Für alle Gegenstände der im § 1 der Verordnung genannten Art, die durch kriegswirtschaftliche Organisation verteilt worden sind, gelten zunächst die bei der Reichsentschädigungskommission gesammelten Aufnahmebogen als Anmeldung. Es bleibt aber vorbehalten, besondere Meldung zu verlangen.

§ 3.

Die Polizeiorgane sind verpflichtet, Personen, die sich im Besitz rückgabepflichtiger Gegenstände befinden und der angeordneten Meldepflicht nicht nachkommen, zur Anzeige zu bringen.

§ 4.

Führt die Beschlagnahme zur Enteignung, so wird eine Entschädigung nach Maßgabe der „Richtlinien für die Festsetzung von Entschädigungen aus Anlaß der Durchführung der Bestimmungen der Artikel usw. 238 des Friedensvertrages" vom 27. Mai 1920 (R. G. Bl. Seite 1111) und der Bekanntmachung zur Ergänzung der Bekanntmachung über die Anforderung von Tieren zur Erfüllung des Friedensvertrages vom 2. 12. 1919. (R. G. Bl. Seite 1938) vom 5. 8. 1920 (R. G. Bl. Seite 1551) gewährt.

Wird die Beschlagnahme aufgehoben, so kann eine angemessene Entschädigung gewährt werden.

Berlin, den 8. April 1921.

Reichsrücklieferungskommission
Der Präsident
Dr. Guggenheimer.

Abb. 16. Verordnung zur Durchführung des Artikels 238 des Friedensvertrags vom 6. April 1921 und Bekanntmachung der Reichsrücklieferungskommission betreffend Rückgabe von Gegenständen aus den ehemals besetzten Gebieten Frankreichs, Belgiens, Rumäniens, Serbiens und Italiens. Inhaber solcher Gegenstände mussten diese der Reichsrücklieferungskommission, Potsdamerstraße 10–11 in Berlin, melden (Landesarchiv Baden-Württemberg, Staatsarchiv Freiburg W 113 Nr. 0113 Bild 1).

Belgien ausgegangen zu sein[100]. Aufgrund der guten Erfahrungen bei der Löwener Bibliothekswiederherstellung wollten die Belgier erneut direkt mit den deutschen Fachkollegen unter der Leitung von Bersu verhandeln. Das am 29. April 1922 zwischen dem deutschen Reich und dem Königreich Belgien abgeschlossene (wohl aber erst Ende 1922 oder Anfang 1923 von der Reparationskommission genehmigte) Kunst- und Mobiliarrückgabeablösungsabkommen sah die Zahlung von zwei Millionen Goldmark vor, davon eine

[100] Vgl. III. Vierteljahresbericht 1921 der Kommission für Rückgabe von Werten vom 18.10.1921 (Bundesarchiv, R 3301/435) in Cladders 2018, 148–149 u. Kott 2002, 502–504.

Million in Form von Sachlieferungen[101]. Eventuelle Zweifel über die belgische Haltung konnte Bersu im Vorfeld ausräumen: „Dank der schon seit längerer Zeit [zu den belgischen Museumsdirektoren] bestehenden Beziehungen ist auf eine glatte, für Deutschland schonendste und vorteilhafteste Durchführung der deutschen Verpflichtungen [...] zu rechnen", heißt es in einem Bericht der Kommission für Rückgabe von Werten im Januar 1923[102]. Kurz darauf wurde seine Umsetzung allerdings durch die Ruhrkrise und die Besetzung des Ruhrgebiets durch französische und belgische Truppen unterbrochen und erst im Dezember 1923 wieder aufgenommen. Doch was die Natur und die Herkunft der zu liefernden Objekte betraf, scheinen im April 1924 mehrere Optionen ins Auge gefasst worden zu sein: Deutschland sollte auf dem Kunstmarkt Werke im von Belgien festgelegten Wert erwerben, nach Meinung des Auswärtigen Amtes, oder, nach Ansicht Bersus, die deutschen Museen sollten aus ihren Sammlungen Doubletten nach Belgien abgegeben. Beide Verfahren waren schon bei der Wiederherstellung der Löwener Bibliothek mit größtmöglichen wissenschaftlichen und wirtschaftlichen Vorteilen für beide Vertragsparteien angewendet worden. Trotzdem musste Bersu gegenüber dem Finanzministerium die Vorteile des Abkommens zu diesem Zeitpunkt noch begründen: „An dem Abkommen besteht auch ein gewisses deutsches Interesse, da durch dasselbe die höchst unerquicklichen Diskussionen über Diebstähle an belgischem Kunst- und Mobiliarbesitz während des Krieges aus dem Weg geschafft werden"[103]. Mehrere Treffen einer aus Bersu, dem Antwerpener Museumsdirektor Buschmann jr. sowie Fierens-Gevaert und Eugène van Overloop (1847–1926), dem Direktor des Musée du Cinquantenaire bestehenden Kommission zur Festlegung der belgischen Desiderata hatten schon stattgefunden, als die Unterzeichnung des Dawes-Plans am 16. August 1924 zunächst das Ende des Ablöseabkommens zu bedeuten schien.

## Die belgische Fotoinventarisation

Schon seit Beginn der Verhandlungen über das Ablöseabkommen bemühte sich van Overloop, dem auch das kunsthistorische Fotoarchiv im Musée du Cinquantenaire unterstand, um die Miteinbeziehung der während der Besatzung von der „Kommission für die photographische Inventarisation der belgischen Denkmäler" erstellten Fotoplatten des belgischen Kulturerbes[104]. Bereits bei Kriegsende hatten Kunsthistoriker und Denkmalpfleger im Königreich die „Rückgabe" oder sogar die Konfiszierung der sich zum Teil im Rheinland befindlichen Fotosammlung gefordert, die sie als belgisches Staatseigentum betrachteten. Da es sich jedoch nicht um verschleppte Objekte aus ursprünglich belgischem Besitz handelte, und der juristische Status von Fotografien unklar war, hätte die Restitutionsforderung nach Artikel 238 des Versailler Vertrages einen neuen Konflikt mit der deutschen Seite hervorgerufen. Die belgische Regierung zog daher auch in diesem Fall ein einvernehmliches Vorgehen vor und stützte sich dabei auf die durch Bersus Zutun aufgebauten guten Beziehungen unter deutschen und belgischen Fachleuten. 1921 und 1922 hatte Clemen, in dessen Obhut sich rund die Hälfte der Aufnahmen befand, als Zeichen seines Entgegenkommens schon 1500 Abzüge an das Fotoarchiv des

[101] Accord de Substitution Générale du Mobilier et des Objets d'Art vom 29.4.1922. Archives Nationales, Pierrefitte-sur-Seine, AJ/6/1846, Projet et accord de substitution, zitiert in: Kott 2002, 502–504.

[102] Kommission für Rückgabe von Werten, 14. Bericht, 17.1.1923. Bundesarchiv, BA R 3301, Nr. 435.

[103] Bersu an Kastl vom Finanzministerium, 19.4.1924. Bundesarchiv Berlin, R 3301, Nr. 431.

[104] Kott 2018a, 171.

MÉMORIAL
**Eugène van Overloop**

Un comité a été constitué, sous la présidence effective de M. le Sénateur Alex. Braun, Ministre d'Etat, pour commémorer, d'une manière utile et durable, le souvenir de M. Eugène van Overloop, Conservateur en Chef honoraire des Musées Royaux du Cinquantenaire.

Un médaillon, reproduisant les traits du défunt, sera placé dans les locaux de ces Musées, au développement desquels il a apporté une si importante contribution.

Mais tous ceux qui ont connu la modestie et le désintéressement de M. van Overloop estimeront que ce serait honorer imparfaitement sa mémoire que de se borner à cet hommage personnel. Aussi le Comité a-t-il jugé bon d'adresser un appel aux admirateurs et amis du regretté Conservateur en Chef, en même temps qu'à tous ceux qui s'intéressent aux choses de l'art et de l'archéologie, en faveur d'une œuvre particulièrement chère à M. van Overloop et à laquelle il avait consacré, avec une ardeur toute juvénile, ses dernières années : le service de documentation artistique belge.

Ce service a pour but de dresser un inventaire de toutes nos richesses artistiques, en Belgique et à l'étranger et de fournir ainsi une documentation précise et complète à à tous ceux qui veulent étudier notre art national. Une plaque signalera que le service, fondé par M. van Overloop, a été doté par les souscripteurs du Mémorial.

Parmi les membres du comité d'honneur qui patronne la souscription, figurent en tête : M. Jaspar, Premier Ministre; M. Huysmans, Ministre des Sciences et des Arts ; M. le Baron Béco, Gouverneur du Brabant et M. Max, Bourgmestre de Bruxelles.

Les souscriptions peuvent être versées au compte chèques-postaux n° 76.402 ou à la Caisse Générale de Reports et de Dépôts (compte D. 248) de la Caisse Auxiliaire des Musées Royaux du Cinquantenaire, avec la mention "Mémorial van Overloop".

Elles peuvent également être remises directement à Mlle M. Paul, Trésorière du Comité, aux Musées du Cinquantenaire.

Abb. 17. Eugène van Overloop, Direktor der Musées royaux d'art et d'histoire (Musées royaux du Cinquantenaire) in Brüssel, ca. 1926 (Zeitungsausschnitt unbekannter Herkunft, ©KIK-IRPA, Brüssel, Fonds Bommer).

Musée du Cinquantenaire gesandt, und die Universitätsbibliothek Löwen erhielt über die Reichsrücklieferungskommission einen kompletten Satz Papierabzüge[105]. Glaubt man der im Archiv des Musée du Cinquantenaire (heute Musée Art & Histoire) erhaltenen Korrespondenz, so ist der Abschluss der zwei Verträge, die zum Kauf der letztendlich 540 Messbildplatten sowie 10 011 Fotoplatten anderer Formate führten, nicht nur dem Verhandlungsgeschick Bersus sowie der Hartnäckigkeit und Überzeugungsarbeit von van Overloop *(Abb. 17)*, und nach dessen Tod im März 1926, von Jean Capart (1877–1947) *(Abb. 18)* zu verdanken, sondern auch den freundschaftlichen Beziehungen, die vor allem Bersu und van Overloop verbanden. In einem Brief an Capart bezeichnete Bersu letzteren als „mon ami très vénéré“[106], dessen größten Wunsch, nämlich den Erwerb der

[105] Kott 2018a, 171.
[106] Bersu an Capart, 12.4.1927 (handschriftlich, auf Französisch). Archiv des Musée Art & Histoire, Brüssel, Dossier 146/8.

Abb. 18. Jean Capart, Ägyptologe und ab 1925 Direktor der Musées royaux d'art et d'histoire in Brüssel (Musées royaux du Cinquantenaire), o. D. (©KIK-IRPA, Brüssel, A120675).

Fotoinventarisation, er nunmehr postum erfüllen könne. Allen ist gemeinsam, dass sie zwar als Patrioten für ihre Nation das günstigste Ergebnis erreichen wollten, aber durch gegenseitiges Vertrauen der Wiederaufnahme kollegialer, sogar freundschaftlicher Wissenschaftsbeziehungen den Weg ebneten.

Der Beginn der Verhandlungen im Jahr 1924 fällt noch in Bersus Zeit im Reichskommissariat für Reparationslieferungen. Der Abschluss sowohl des ersten Vertrags zwischen der Staatlichen Bildstelle (ehemals Königlich-Preußischen Messbildanstalt) in Berlin und dem Musée du Cinquantenaire vom 4. September 1925 als auch besonders des zweiten Vertrags vom 18. Mai 1926 zwischen Capart und Bersu *(Abb. 19)* liegen dagegen schon in seiner Tätigkeit bei der RGK. In der Tat hatte er sich bereit erklärt, auch nach seinem Wechsel zur RGK, für die Abwicklung der von ihm im Reichskommissariat eingeleiteten Angelegenheiten nebenamtlich tätig zu sein[107]. Bersu zeigte sich außerordentlich zufrieden mit dem Ergebnis, das seiner Ansicht nach auch auf der gelungenen Kooperation mit den belgischen Kollegen beruhte: „Wenn auf allen Gebieten so zusammengearbeitet werden könnte, wie in diesem Fall mit Ihnen, kämen wir in der Wissenschaft rasch weiter“[108], schreibt er an Capart im Mai 1927, wenige Wochen vor dem Transport der Fotoplatten nach Brüssel im Juli 1927.

Wie schon erwähnt, blieb Bersu bis Ende der 1920er-Jahre der ehemaligen „Kommission für die photographische Inventarisation der belgischen Denkmäler“ unter Leitung

[107] Grüssinger 2014, 198.

[108] Bersu an Capart, 6.5.1927. Archiv des Musée Art & Histoire, Brüssel, Dossier 146/8.

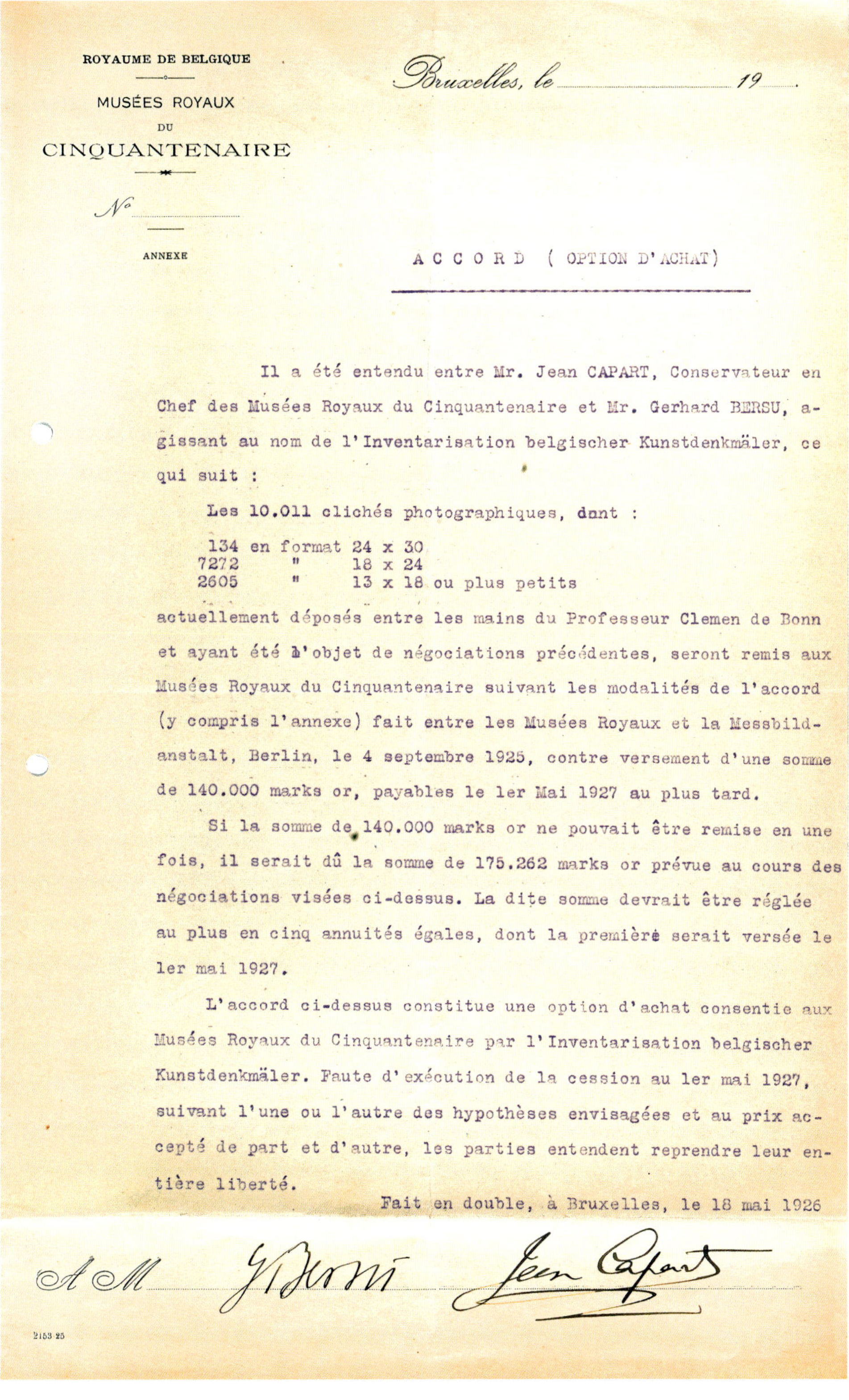

ROYAUME DE BELGIQUE

MUSÉES ROYAUX
DU
CINQUANTENAIRE

No

ANNEXE

Bruxelles, le 19

ACCORD ( OPTION D'ACHAT)

Il a été entendu entre Mr. Jean CAPART, Conservateur en Chef des Musées Royaux du Cinquantenaire et Mr. Gerhard BERSU, agissant au nom de l'Inventarisation belgischer Kunstdenkmäler, ce qui suit :

Les 10.011 clichés photographiques, dont :

134 en format 24 x 30
7272 " 18 x 24
2605 " 13 x 18 ou plus petits

actuellement déposés entre les mains du Professeur Clemen de Bonn et ayant été l'objet de négociations précédentes, seront remis aux Musées Royaux du Cinquantenaire suivant les modalités de l'accord (y compris l'annexe) fait entre les Musées Royaux et la Messbildanstalt, Berlin, le 4 septembre 1925, contre versement d'une somme de 140.000 marks or, payables le 1er Mai 1927 au plus tard.

Si la somme de 140.000 marks or ne pouvait être remise en une fois, il serait dû la somme de 175.262 marks or prévue au cours des négociations visées ci-dessus. La dite somme devrait être réglée au plus en cinq annuités égales, dont la première serait versée le 1er mai 1927.

L'accord ci-dessus constitue une option d'achat consentie aux Musées Royaux du Cinquantenaire par l'Inventarisation belgischer Kunstdenkmäler. Faute d'exécution de la cession au 1er mai 1927, suivant l'une ou l'autre des hypothèses envisagées et au prix accepté de part et d'autre, les parties entendent reprendre leur entière liberté.

Fait en double, à Bruxelles, le 18 mai 1926

A M G Bersu Jean Capart

2153 25

Abb. 19. Verkaufsvereinbarung vom 18. Mai 1926, unterzeichnet von Gerhard Bersu und Jean Capart, über den Erwerb durch die Musées royaux du Cinquantenaire von 10011 Fotoplatten zum Preis von 140000 RM bei einmaliger Zahlung vor dem 1. Mai 1927 (Kunsthistorisches Institut der Universität Bonn, NL Clemen, Belg. Inv., Fotos 1925–29, 1933. ©Jean-Luc Ikelle-Matiba / Kunsthistorisches Institut der Universität Bonn).

Clemens verbunden, und genoss als ihr Generalbevollmächtigter bzw. Prokurist das volle Vertrauen ihrer Mitglieder. Ob die beiden Verträge nun im Rahmen des deutsch-belgischen Ablöseabkommens, welches 1924 eine Neuauflage erhielt, oder direkt im Rahmen des Dawes-Plans abgeschlossen wurden, bleibt dahingestellt. Tatsache ist, dass sie der Staatlichen Bildstelle und dem Kunsthistorischen Institut der Universität Bonn in einer Zeit der Hyperinflation und der Finanznot durch geschicktes Ausnutzen der Reparationen wichtige finanzielle Ressourcen einbrachten. Neben verschiedenen, von Bersu abgeschlossenen Buchlieferungsverträgen (mit Frankreich und Italien) gehörte der Verkauf der Fotoinventarisation zu den Leistungen Bersus, die der Reichskommissar für Reparationslieferungen Cuntze in seinem Dienstzeugnis für den scheidenden Mitarbeiter lobend erwähnt: „Durch praktische Heranziehung solcher [deutscher wissenschaftlicher] Institute zu Reparationsleistungen gelang es ihm, diese Institute wieder in notwendige Fühlung mit dem Auslande zu bringen und ihnen dabei auch sehr erwünschte Zuwendungen zuzuführen“[109].

## Fazit

Von der allgemeinen Begeisterung im August 1914, Deutschlands Ehre mit der Waffe zu verteidigen, war auch der junge Bersu angesteckt worden. Sein Wunsch, dem Vaterland zu dienen, zeigt sich in seinen Bemühungen, trotz seiner Ablehnung in die Armee aufgenommen zu werden. Sein jugendlicher Patriotismus war sicherlich echt, auch wenn die durchweg positiven Schilderungen Wiegands, Unverzagts und von Bissings, die die Hauptquelle zu Bersus Aktivitäten und dessen Haltung im Ersten Weltkrieg bilden, den Zweck hatten, seine Entlassung als Erster Direktor der RGK 1933 durch die Hervorhebung seiner Verdienste und patriotischen Einstellung zu verhindern. Die Nachfrage des Vortragenden Legationsrates Valette vom Auswärtigen Amt bei Wiegand nach einem Verwundetenabzeichen Bersus, „das nützlich sein könnte“, und auch Unverzagts drastische Schilderungen über die Gefahren bei den Bergungsaktionen in Cambrai und Douai sind ebenfalls Ausdruck dieser Bemühungen[110].

In Brüssel bildete Bersu nach von Bissing „trotz seiner Jugend den Mittelpunkt eines regen und durchaus national gerichteten Kreises“ und wurde sowohl vom Generalgouverneur als auch von seinen militärischen Vorgesetzten „außerordentlich geschätzt“[111]. Zweifellos gehörte Bersu zu den in Belgien tätigen Wissenschaftlern, die in der Zivilverwaltung ihren Dienst taten, und mit ihrem Beitrag „einen persönlichen, spezifischen Dienst zum Nutzen und Kriegserfolg des eigenen Landes“ leisten wollten[112].

Auch aus seinem Grabungsbericht zur Bibliothek von Löwen lässt sich Bersus von der deutschen Sache überzeugte Haltung herauslesen. Im Gegensatz zu Fritz Milkau, der die Zerstörung der Löwener Bibliothek mit den Worten „Das ist kein belgischer Verlust mehr. Die ganze Welt ist dadurch ärmer geworden“[113] beklagte, scheint es, als wolle Bersu die

[109] Dienstzeugnis für Gerhard Bersu, ausgestellt vom Reichskommissar für Reparationslieferungen Cuntze, 30.9.1924 (Abschrift). Bundesarchiv, BA R 4901/13353, Bl. 66 (Rückseite).

[110] Bundesarchiv, BA R 4901/13353, Bl. 63. – Bersu teilt Wiegand mit, dass im September 1918 ein Antrag auf ein Verwundetenabzeichen vom Verwaltungschef Flandern gestellt worden war, „wegen der Beendigung des Krieges jedoch nicht mehr zur Erledigung kam.“ Bundesarchiv, BA R 4901/13353, Bl. 65.

[111] Brief von F. W. von Bissing an den „Gesandten Stieve“ (1884–1966), Leiter der Informationsstelle im Auswärtigen Amt vom 7.4.1933. Bundesarchiv, BA R 4901/13353, Bl. 56.

[112] Roolf 2009, 139.

[113] Hartwieg 2014.

Zerstörungen relativieren, da „entgegen den Aussagen von belgischer Seite noch Bücherreste in grossen Mengen vorhanden sind, und diese sich in einem noch lesbaren Zustand befinden“[114].

Bersu gehörte ohne Frage zu jener Kategorie von Vertretern der Kunstgeschichte und Archäologie im besetzten Belgien, die sich aufgrund der Aussichtslosigkeit von effektiven Schutzmaßnahmen für das Kulturerbe zeitweise bevorzugt der eigenen Forschung zuwendeten und die Stationierung im besetzten Belgien vor allem als „günstige Gelegenheit“ nutzten[115]. Anstatt jedoch, wie viele andere seiner Kollegen, diese Forschungen in der Nachkriegszeit fortzuführen und für die eigene Karriere gewinnbringend zu instrumentalisieren, widmete er sich zunächst für einige Jahre der Wiedergutmachung der deutschen Schuld an den Kriegszerstörungen und -verschleppungen. Patriotische Beweggründe, wie sie in den späteren Dienstzeugnissen und Lebensläufen hervorgehoben werden, haben auch hierbei sicherlich eine Rolle gespielt, galt es doch bei allen Verhandlungen, von deutschen Institutionen Schaden abzuwenden und ihnen Vorteile zu verschaffen. Aber wichtiger als Motor für sein Handeln war vermutlich die innere Überzeugung, dass die deutsche Wissenschaft, zumal die Vor- und Frühgeschichtliche Archäologie, an internationale Forschungszusammenhänge anknüpfen musste, wollte sie wieder einen ihr gebührenden Platz einnehmen. Sowohl seine Tätigkeiten in den besetzten Gebieten Belgiens und Frankreichs als auch seine diplomatische Rolle in der Nachkriegszeit haben ihn, so widersprüchlich dies erscheinen mag, darauf vorbereitet. Eine der ersten Publikationen Bersus nach seinem Ausscheiden aus der Diplomatentätigkeit war dann auch bezeichnenderweise ein Überblick über die Ausgrabungen in Belgien in den Jahren 1919 bis 1924[116].

## Literaturverzeichnis

Bersu 1917
G. Bersu, Kastell Burladingen. Kgl. Pr. O.-A. Hechingen. Frühjahrsgrabung 1914. Germania 1,4, 1917, 111–118. doi: https://doi.org/10.11588/ger.1917.47565.

Bersu 1925
G. Bersu, Die archäologische Forschung in Belgien von 1919 bis 1924. Ber. RGK 15, 1923/24 (1925), 58–66. doi: https://doi.org/10.11588/berrgk.1925.0.32406.

Bersu / Unverzagt 1961
G. Bersu / W. Unverzagt, Le Castellum Martis (Famars Nord). Gallia 19, 1961, 159–190.

Bertram 2004/05
M. Bertram, Wilhelm Unverzagt und das Staatliche Museum für Vor- und Frühgeschichte. Acta Praehist. et Arch. 36/37, 2004/05, 162–192.

Beyen 2011
M. Beyen, Art and architectural history as substitutes for preservation. German heritage policy during and after First World War. In: N. Bullock / L. Verpoest (Hrsg.), Living with History, 1914–1964: Rebuilding Europe After the First and Second World Wars and the Role of Heritage Preservation (Leuven 2011) 32–43.

Burg 1920
H. Burg, Kunstschutz an der Westfront. Kritische Betrachtungen und Erinnerungen (Berlin 1920).

Cladders 2018
L. Cladders, Alte Meister – Neue Ordnung: kunsthistorische Museen in Berlin, Brüssel, Paris und Wien und die Gründung des Office International des Musées (1918–1930) (Köln, Weimar, Wien 2018).

[114] G. Bersu, Bericht über die Ausgrabung der Universitätsbibliothek zu Löwen. August 1917, Bl. 2. Acta der Staatsbibliothek Berlin, Generaldirektion: Fritz Milkau Nr. 245, Mappe 6, Bl. 4–5.

[115] Beyen 2011, 33–43.

[116] Bersu 1925.

Clemen / Bersu 1919
P. Clemen / G. Bersu, Kunstdenkmäler und Kunstpflege in Belgien. In: P. Clemen, Kunstschutz im Kriege 1. Die Westfront (Leipzig 1919) 16–35.
Clotuche 2013
R. Clotuche, Les antiquaires de Famars. In: R. Clotuche (Hrsg.), La ville antique de Famars. Austellungskatalog Valenciennes 2013 (Valenciennes 2013) 31–35.
Clotuche 2018
R. Clotuche, Bersu et Unverzagt: Deux passionnés en mission dans l'ouest de la Gaule / Bersu und Unverzagt: Zwei leidenschaftliche Prähistoriker auf Dienstreise in West-Gallien. In: L. Baudoux-Rousseau / M.-P. Chélini / Ch. Giry-Deloison (Hrsg.), Le patrimoine, un enjeu de la Grande Guerre. Art et archéologie dans les territoires occupées 1914–1921 (Arras 2018) 17–40.
Coblenz 1992
W. Coblenz, In memoriam Wilhelm Unverzagt. 21.5.1982 – 17.3.1971. Prähist. Zeitschr. 67, 1992, 1–14.
Fehr 2010
H. Fehr, Germanen und Romanen im Merowingerreich. Frühgeschichtliche Archäologie zwischen Wissenschaft und Zeitgeschehen. RGA Ergbd. 68 (Berlin, New York 2010).
Fierens-Gevaert 1922
H. Fierens-Gevaert, Le Musée royal des Beaux-Arts de Belgique. Notice Historique (Bruxelles 1922).
Fleckner 2006
U. Fleckner, Carl Einstein und sein Jahrhundert: Fragmente einer intellektuellen Biographie (Berlin 2006).
Grimm 2010
A. Grimm, Friedrich Wilhelm Freiherr von Bissing. Glanz und Elend eines deutschen Gelehrtenlebens zwischen Politik und Geisteswissenschaft. In: S. Schoske / A. Grimm (Hrsg.), Friedrich Wilhelm Freiherr von Bissing. Ägyptologe – Mäzen – Sammler. R.A.M.S.E.S. 5 (München 2010).
Grüssinger 2014
R. Grüssinger, Abgüsse für Löwen. Theodor Wiegand und die deutschen Reparationslieferungen. In: Winter / Grabowski 2014, 175–204.
Hartwieg 2014
U. Hartwieg, Der Löwener Bibliotheksbrand: militärische Ziele und bibliothekarische Facharbeit. In: M. Hollender (Hrsg.), Seit 100 Jahren für Forschung und Kultur: das Haus unter den Linden der Staatsbibliothek als Bibliotheksstandort 1914–2014 [Festgabe zum 60. Geburtstag von Barbara Schneider-Kempf] (Berlin 2014) 35–45.
Jankuhn 1971
H. Jankuhn, Wilhelm Unverzagt 21.5.1892 – 17. März 1971. Prähist. Zeitschr. 46, 1971, o. S.
van Kalck 2003
M. van Kalck (Hrsg.), Les Musées royaux des Beaux-Arts de Belgique : deux siècles d'histoire, 2 Bde. (Brüssel 2003).
Keegan 2013
J. Keegan, Der erste Weltkrieg. Eine europäische Tragödie (Berlin[6] 2013).
Kott 2002
Ch. Kott, Protéger, confisquer, déplacer. Le service allemand de préservation d'œuvres d'art (Kunstschutz) en Belgique et en France occupées pendant la Première Guerre mondiale, 1914–1924. Dissertation zur Erlangung der Doktorwürde. Ecole des Hautes Etudes en Sciences sociales (EHESS) (Paris 2002).
Kott 2006
Ch. Kott, Préserver l'art de l'enemi? Le patrimoine artistique en Belgique et en France occupées, 1914–1918 (Bruxelles 2006).
Kott 2014
Ch. Kott, Der deutsche Kunstschutz und die Museen im besetzten Belgien und Frankreich. In: Winter / Grabowski 2014, 51–72.
Kott 2016
Ch. Kott, Das belgische Kulturerbe unter deutscher Besatzung. 1914 bis 1918 und 1940 bis 1944. Eine Skizze. In: S. Bischoff / Ch. Jahr / T. Mrowka / J. Thiel (Hrsg.), Belgica – Terra incognita? Resultate und Perspektiven der historischen Belgienforschung. Hist. Belgienforsch. 1 (Münster, New York 2016) 155–165.

Kott 2017
Ch. Kott, „Kunstschutz“ an der Westfront, ein transnationales Forschungsfeld? In: R. Born / B. Störtkuhl (Hrsg.), Apologeten der Vernichtung oder „Kunstschützer“. Kunsthistoriker der Mittelmächte im Ersten Weltkrieg (Köln, Weimar, Wien 2017) 29–42.

Kott 2018a
Ch. Kott, Vers un héritage partagé : Les « clichés allemands » après 1918. In: Kott / Claes 2018, 164–203.

Kott 2018b
Ch. Kott, De l'inventaire photographique belge aux „Clichés allemands", 1914–1918. In: Kott / Claes 2018, 12–93.

Kott / Claes 2018
Ch. Kott / M.-Ch. Claes (Hrsg.), Le patrimoine de la Belgique vu par l'occupant : un héritage photographique de la Grande Guerre (Bruxelles 2018).

Krämer 2001
W. Krämer, Gerhard Bersu – ein deutscher Prähistoriker, 1889–1964. Ber. RGK 82, 2001, 5–101.

Neumayer 2002
H. Neumayer, Die merowingerzeitlichen Funde aus Frankreich. Mus. Vor- u. Frühgesch. Berlin Bestandskat. 8 (Berlin 2002).

Neumayer 2014
H. Neumayer, Découvrir, fouiller, acquérir. Les activités des archéologues allemands dans la France occupée. In: Conseil général du Nord / Ville de Douai (Hrsg.), Sauve qui veut. Des archéologues et des musées mobilisés. Ausstellungskat. Bavay und Douai (Steenvoorde 2014) 127–147.

Préemersch / Kordes 2014
P. Préemersch / M. Kordes (Hrsg.), Douai, Jours de guerre. Kriegszustand Recklinghausen [Ausstellungskat. Recklinghausen, Douai] (Abbéville 2014).

Rauwling / Gertzen 2013
P. Rauwling / Th. L. Gertzen, Friedrich Wilhelm Freiherr von Bissing im Blickpunkt ägyptologischer und zeithistorischer Forschung: die Jahre 1914–1926. In: Th. Schneider / P. Rauwling (Hrsg.), Egyptology from the First World War to the Third Reich. Ideology, Scholarship, and individual Biographies (Leiden, Boston 2013) 34–119.

Roland 2009
H. Roland, Leben und Werk von Friedrich Markus Huebner (1886–1964). Vom Expressionismus zur Gleichschaltung (Münster 2009).

Roolf 2009
C. Roolf, Eine „günstige Gelegenheit“. Deutsche Wissenschaftler im besetzten Belgien während des Ersten Weltkrieges. In: M. Berg / J. Thiel / P. Th. Walter (Hrsg.), Mit Feder und Schwert: Militär und Wissenschaft – Wissenschaftler und Krieg (Stuttgart 2009) 137–154.

Schivelbusch 1993
W. Schivelbusch, Eine Ruine im Krieg der Geister. Die Bibliothek von Löwen August 1914 bis Mai 1940 (Frankfurt a. M. 1993).

Kemperdinck / Rössler 2014
S. St. Kemperdinck / J. Rössler, „Die Kunst ist kein Zahlungsobjekt.“ Die Altarflügel von Jan van Eyck und Dieric Bouts in den Berliner Sammlungen und ihre Abgabe an Belgien 1920. In: Winter / Grabowski 2014, 161–174.

Unverzagt 1917
M. Unverzagt, Römerfunde zwischen Wenduyne und Blankenberghe. An Flanderns Küste. Kriegszeitung für das Marinekorps 43, 15.12.1917, 343–344.

Unverzagt 1988
M. Unverzagt, Materialien zur Geschichte des Staatlichen Museums für Vor- und Frühgeschichte während des Zweiten Weltkrieges – zu seinen Bergungsaktionen und seinen Verlusten. Jahrb. Stiftung Preuss. Kulturbesitz 25, 1988, 313–384.

Winter / Grabowski 2014
P. Winter / J. Grabowski, Zum Kriegsdienst einberufen. Die Königlichen Museen zu Berlin und der Erste Weltkrieg. Schr. Gesch. Berliner Mus. 3 (Köln, Weimar, Wien 2014).

## Vom Kunstschützer zum Kulturdiplomaten – Gerhard Bersu in den Jahren 1914 bis 1927

### Zusammenfassung · Summary · Résumé

ZUSAMMENFASSUNG • Im Sommer 1916 übernahm der Kriegsfreiwillige Gerhard Bersu das Kunst- und Verwaltungsreferat beim Verwaltungschef des Kaiserlichen Generalgouvernements im besetzten Belgien. Zu seinen kulturpolitischen Aufgaben zählte die Betreuung der belgischen Kunstdenkmäler, Museen und Bodendenkmäler. Zusammen mit Wilhelm Unverzagt kam es zu Ausgrabungen und einer Inventarisation der archäologischen Stätten in den besetzten Gebieten der Westfront. Nach dem Waffenstillstand im November 1918 war Bersu an der Rückführung von Kulturgut in die ehemals besetzten Gebiete beteiligt. Im Auftrag des Auswärtigen Amtes machte er sich nach Unterzeichnung des Versailler Vertrags 1919 um die Abwicklung der darin enthaltenen Wiedergutmachungs- und Entschädigungsklauseln verdient. Patriotismus, aber auch der Wunsch nach Wiederherstellung internationaler Forschungsnetzwerke, leiteten sein Handeln.

SUMMARY · In the summer of 1916, the war volunteer Gerhard Bersu took over the art and administration department at the head of administration of the „Imperial General Government" of Germany in occupied Belgium. His cultural policy tasks included looking after the Belgian art monuments, museums and archaeological sites. Together with Wilhelm Unverzagt, he excavated and inventoried the archaeological heritage in the occupied areas of the Western Front. After the armistice in November 1918, Bersu was involved in the repatriation of cultural property to the formerly occupied territories. After the signing of the Treaty of Versailles in 1919, he was commissioned by the German Foreign Office to handle the reparation and compensation clauses contained therein. Patriotism, but also the desire to restore international research networks, guided his actions.

RÉSUMÉ · Gerhard Bersu, volontaire de guerre, prit la direction de la section Art et Administration auprès du chef administratif du Gouvernement général impérial allemand de Belgique en été 1916. Ses tâches en politique culturelle comprenaient entre autres la gestion des monuments, des musées et des sites archéologiques belges. Avec Wilhelm Unverzagt, il entreprit des fouilles et dressa l'inventaire des sites archéologiques des zones occupées sur le front occidental. Après l'armistice en novembre 1918, Bersu participa à la restitution du patrimoine dans les anciennes zones occupées. À la demande des Affaires étrangères, il s'est distingué après la signature du Traité de Versailles en exécutant les clauses de réparation et d'indemnisation. Ses actes étaient motivés par un patriotisme et, surtout, par le désir de rétablir les réseaux de recherche internationaux. (Y. G.)

Anschriften der Verfasser

Christina Kott
E-Mail: christinakott2016@gmail.com
https://orcid.org/0000-0002-6769-5260

Heino Neumayer
Museum für Vor- und Frühgeschichte –
Staatliche Museen zu Berlin
Geschwister-Scholl-Str. 6
DE-10117 Berlin
E-Mail: h.neumayer@smb.spk-berlin.de

# Gerhard Bersu und die „Studienfahrten deutscher und donauländischer Bodenforscher"

Von Siegmar von Schnurbein

*Schlagwörter:* *Exkursionen / Deutschland / Jugoslawien / Österreich / Ungarn / Zwischenkriegszeit / Internationale Zusammenarbeit*
*Keywords:* *Excursions / Germany / Yugoslavia / Austria / Hungary / Interwar period / International cooperation*
*Mots-clés:* *excursions / Allemagne / Yougoslavie / Autriche / Hongrie / entre-deux-guerres / coopération internationale*

Beginnend im Jahr 1929 fanden fünf Studienreisen zu archäologischen Fundorten und Museen in Österreich, Jugoslawien, Ungarn und Rumänien statt, die maßgeblich von Gerhard Bersu (1889–1964) geprägt worden sind. Sie hatten ihren Ursprung in einem 1925 in Linz, Oberösterreich, veranstalteten Treffen[1], das dazu dienen sollte, die infolge des Ersten Weltkriegs abgerissenen fachlichen und persönlichen Kontakte neu zu knüpfen. Die so geschaffenen Verbindungen wirkten sich auch nach dem Zweiten Weltkrieg segensreich aus.

## Zur Vorgeschichte der Studienfahrten

Oswald Menghin (1888–1973) nannte das Treffen von 1925 in seinem Bericht eine „zwanglose Versammlung"[2]. Unter den 17 Teilnehmern aus Deutschland war auch G. Bersu, der einen Vortrag über seine Grabungen auf dem Goldberg gehalten hat[3]. Nach dem „außerordentlich befriedigenden Verlauf" wurde eine zweite Zusammenkunft vom 3.–9. August 1927 in Kärnten abgehalten, an der wiederum Bersu sowie etliche weitere Deutsche und nun auch Kollegen aus Jugoslawien und Ungarn teilgenommen haben[4].

[1] Peter Trebsche hat dies herausgearbeitet: Trebsche 2004, 178–188 bes. 179–182. Die Verwirrung bei der Zählung der Reisen konnte Trebsche dankenswerter Weise aufklären; siehe dazu Krämer 2001, 30 und von Schnurbein 2001, 190. – In diesem Sinne stehen die Studienfahrten deutscher und donauländischer Bodenforscher in enger Tradition zu den früheren deutsch-österreichischen Exkursionen, aber ihre deutlich erweiterte Teilnehmerzahl und regionale Erweiterung rechtfertigen eine davon unabhängige Zählung.

[2] Menghin 1926, 118.

[3] Teilnehmer aus Deutschland: Gustav Behrens (1884–1955, Mainz), Robert Beltz (1854–1942, Schwerin), Gerhard Bersu (Frankfurt a. M.), Ernst Frickhinger (1876–1940, Nördlingen), Peter Goessler (1872–1956, Stuttgart), Otto-Friedrich Gandert (1898–1983, Halle a. d. S.), Hermann Gropengießer (1879–1946, Mannheim), Friedrich Hertlein (1865–1929, Ludwigsburg), Otto Kunkel (1895–1984, Stettin), Alexander Langsdorff (1898–1946, München), Hugo Mötefindt (1893–1932, Berlin), Ernst Neeb (1861–1939, Mainz), Oskar Paret (1889–1972, Stuttgart), Karl Woelke – fälschlich Wölke – (1885–1931, Frankfurt a. M.); aus Österreich: Leonhard Franz (1895–1974, Wien), Marianne Grubinger (1877–1964, Graz), Martin Hell (1885–1975, Salzburg), O. Menghin (Wien), Gero von Merhart (1886–1959, Innsbruck), Herbert Mitscha-Märheim (1900–1976, Wien).

[4] Bericht von L. Franz, 1928, 153 f. Teilnehmer: Michael Abramić (1884–1962, Split), Christoph Albrecht (1898–1966, Mainz), András Alföldi (1895–1981, Debrecen), G. Bersu (Frankfurt a. M.), Rudolf Egger (1882–1969, Wien), L. Franz (Wien), O.-F. Gandert (Halle a. d. S.),

Derartige Begegnungen waren nicht allein aus fachlich-wissenschaftlicher Sicht höchst sinnvoll, sondern sie entsprachen auch politischen Wünschen: Der Präsident des Deutschen Archäologischen Instituts (DAI), Gerhard Rodenwaldt (1886–1945), hatte, als die wirtschaftliche Erholung ab 1924/25 einsetzte, begonnen, die internationalen Beziehungen wieder zu beleben. In Abstimmung mit dem Auswärtigen Amt suchte er z. B. Kontakte nach Ungarn und lud András Alföldi (1895–1981), damals noch in Debrecen tätig, nach Deutschland ein. Dieser wandte sich im Dezember 1925 an Friedrich Drexel (1885–1930) und noch im Winter reiste er nach Frankfurt[5]. Drexel, der übrigens Ungarisch lesen und verstehen konnte, fuhr auf Einladung des Ungarischen Unterrichtsministeriums (Ministerialrat Zoltán von Magyary [1888–1945]) im Oktober 1926 zu einem Gegenbesuch über Wien nach Ungarn. Auf der Grundlage der dort geführten Gespräche ist eine Vereinbarung zwischen dem DAI und dem Ministerium geschlossen worden, nach der zu den Jahressitzungen der Römisch-Germanischen Kommission (RGK) ein Vertreter der ungarischen Altertumswissenschaft eingeladen werden sollte[6]. Alföldi hat an der Jahressitzung am 10. Mai 1927 in Frankfurt zum ersten Mal teilgenommen und im selben Jahr beim Festkolloquium anlässlich der 25-Jahr-Feier der RGK einen der Vorträge gehalten[7].

Im Protokoll einer Ausschusssitzung der RGK vom 19. Juli 1927 heißt es dazu: Drexel „verliest einen von ihm am 2. April 1927 an den Herrn Generalsekretär gerichteten Antrag betr. Erweiterung des Aufgabenkreises der Kommission nach Seite der Prähistorie, welcher durch die Aufnahme engerer Beziehungen zu den norddeutschen Fachgenossen und dem Auslande wissenschaftlich vertieft werden soll. Die räumliche Grenze des Arbeitsgebietes der Kommission ist für die vorgeschichtlichen Zeiten unnatürlich und hemmend“[8].

Schon im Bericht über die Zeit vom 1. April 1927 bis 31. März 1928 schreibt Drexel: „Eine Sonderbewilligung des Auswärtigen Amtes ermöglichte es, die Beziehungen zur prähistorischen Forschung des Auslandes stärker zu pflegen und mancherlei gemeinsame Arbeiten in die Wege zu leiten“ [9]; offenbar geschah dies zunächst noch außerhalb des Etats. 1928 hat die RGK vom Auswärtigen Amt eine „Sonderbewilligung für Prähistorie und Auslandsbeziehungen“[10] erhalten, über die im Protokoll der Sitzung vom 11. Mai 1928 zu lesen ist: „Herr Terdenge vom Auswärtigen Amt berichtet: Die bisherigen Sonderbewilligungen sind nun im Etat festgelegt. Das Reichsministerium hat vor allem die Pflege der Auslandsbeziehungen gewünscht. Das Ausland legt besonderen Wert auf die Pflege der Prähistorie im Verkehr mit dem Institut. Daher hat sich auch das Auswärtige Amt so stark um die Ausgestaltung der zur Leitung dieser Aufgabe bestimmten Institutsstelle bemüht“[11]. Ob und in wieweit die Reise des DAI-Präsidenten Rodenwaldt, welche dieser im Oktober des Jahres 1928 nach Budapest unternahm,[12] mit diesen Planungen in Zusammenhang stand, müssen weitere Forschungen erst noch klären.

H. Gropengießer (Mannheim), Martin Hell (1885–1975, Salzburg), Johann Ludwig Freiherr Koblitz von Willmburg (1868–1931, Salzburg), Wolfgang La Baume (1885–1971, Danzig), O. Menghin (Wien), O. Paret (Stuttgart), Erwin Polaschek (1885–1974, Wien), Emil Reisch (1863–1933, Wien), Balduin Saria (1893–1974, Belgrad), Arnold Schober (1886–1959, Wien), Ferenc von Tompa (1893–1945, Budapest), Wilhelm Unverzagt (1892–1971, Berlin), Ferdinand Wiesinger (1864–1943, Wels) und Hans Zeiß (1895–1944, Frankfurt a. M. später München).

[5] Datum nicht zu ermitteln. RGK-A 64 Bl. 17.

[6] Ein solches Abkommen konnte bislang nicht im Archiv der RGK nachgewiesen werden.

[7] Protokoll der Jahressitzung vom 16.5.1927, RGK-A 162 Bl. 46, dort die Erwähnung der „Vereinbarung“ – Alföldi 1930, 11–51.

[8] RGK-A 162, Bl. 53.

[9] Drexel 1929a, 233.

[10] RGK-A 18, Bl. 8, dito RGK-A 162, Bl. 75 f., Jahressitzung 11.5.1928, Protokoll S. 8–9.

[11] Es handelt sich um die neu geschaffene, ganz auf Bersu zugeschnittene Stelle eines zweiten Direktors der RGK.

[12] Jahresbericht 1928/29 S. II.

Die Sonderbewilligung betrug immerhin 7500 Reichsmark und war speziell für Bersu gedacht, eine beachtliche Summe bei einem Gesamtetat von 60 000 Reichsmark für wissenschaftliche Zwecke inkl. Veröffentlichungen! Finanziert wurden daraus in Österreich die Grabungen in Kärnten mit 3000 und in Stillfried mit 600 Reichsmark; 3900 Reichsmark waren ein „Dispositionsfond"[13].

Möglicherweise konnte Bersu 1928 dank des „Dispositionsfonds" zu einer längeren Reise nach Ungarn aufbrechen[14]. Das wissenschaftliche Ziel dieser gemeinsam mit Ferenc von Tompa (1893–1945) unternommenen Reise lag auch ganz im Bereich der Vorgeschichte; der Schwerpunkt war die Teilnahme an den Grabungen am Tell von Tószeg, an denen schon seit 1923 auch Albert Egges van Giffen (1884–1973) aus Groningen beteiligt gewesen ist[15]. Dort nutzten van Giffen und Bersu die Gelegenheit, ihre moderne Ausgrabungsmethodik mit der ungarischen zu vergleichen: „Obgleich außerordentlich günstige Bodenverhältnisse vorliegen, die ein Erkennen der Hausformen, genauer Abfolge der Schichten gestatten, beschränkt sich die Leitung der Grabung im wesentlichen mit der Gewinnung von Funden. Erst die Arbeiten und Aufnahmen von Herrn van Giffen, der über eine ausgezeichnete Ausgrabungstechnik verfügt und den die modernen Probleme der Urgeschichtsforschung nach der kulturgeschichtlichen Seite hin interessieren, gelang es, in die etwas verkalkte Methode von Herrn von Marton modernere Gesichtspunkte hereinzubringen"[16].

Zusammen mit von Tompa reiste Bersu weiter und besuchte im ganzen Land Museen. Besonders interessierte ihn der berühmte Fundplatz von Lengyel, wo beide eine fünftägige Ausgrabung unternahmen; ohne auf Einzelheiten dieser Grabung einzugehen, hob Bersu in seinem Bericht die Komplexität des Fundplatzes hervor, der in fast allen prähistorischen Epochen hohe Bedeutung gehabt hat[17]. Im letzten Abschnitt seines Berichtes behandelt Bersu die Lage der Vorgeschichtsforschung in Ungarn[18]. Er konstatiert, dass Grabungen ganz auf die Gewinnung von Funden orientiert seien, es „fehlt völlig eine wissenschaftliche Idee bei den Grabungen. Lediglich Herr von Tompa bemüht sich, das antiquarische beiseite zu stellen und nach wissenschaftlichen Gesichtspunkten zu graben. Hand in Hand damit geht ein völliges Versagen des Denkmalpflegedienstes [...]. Es gibt in Ungarn keinen Lehrstuhl für Vorgeschichte und keine Möglichkeit, dass die Herren im Land sich irgendwie bilden können"[19].

[13] 1928 reiste Bersu u. a. zum ersten Mal nach Paris, näheres ist dazu nicht zu finden: Drexel 1929b, 189. Im Protokoll der Jahressitzung vom 12.7.1929 heißt es rückblickend auf 1928 lediglich: „Herr Bersu berichtet über die Beziehungen zu Belgien, England, Frankreich, Holland, Österreich, zu der Schweiz, der Tschechoslowakei und zu Ungarn", RGK-A 162, Bl. 98.

[14] „Die Einladung zu der Reise nach Ungarn ging vom Nationalmuseum aus, offenbar als Erwiderung jener Einladung zu einer Ausgrabung des Instituts, der Dr. von Tompa vom Nationalmuseum im vorigen Jahr Folge geleistet hatte", Reisebericht Bersu S. 1, unsortiert in RGK-A NL Gerhard Bersu Kasten 1 Tüte 8 (39–45). Bersu traf am 21.5.1928 in Budapest ein: Brief von Tompa an Bersu vom 2.5.1928. RGK-A 80. Die Dauer der Reise ließ sich bisher nicht rekonstruieren. Von Tompa hatte 1927 an der Grabung von Bersu auf dem Goldberg teilgenommen. Vgl. Parzinger 1998, 13. – Es bleibt unklar, ob zu dieser Reise von Bersu auch Mittel aus seinem „Dispositionsfond" verwendet worden sind, wie überhaupt den Unterlagen nicht zu entnehmen ist, wie die künftigen „Studienreisen" im Einzelnen finanziert worden sind. Vgl. Beitrag von Péter Prohászka in diesem Band, S. 128.

[15] Reisebericht Bersu S. 1, unsortiert in RGK-A NL Gerhard Bersu Kasten 1 Tüte 8 (39–45). Dass dort auch Vere Gordon Childe tätig gewesen ist, erwähnt Bersu nicht. Vgl. Bóna 1992, 104.

[16] Reisebericht Bersu S. 1, unsortiert in RGK-A NL Gerhard Bersu Kasten 1 Tüte 8 (39–45).

[17] Im Nachlass von Bersu befinden sich zwei Profilzeichnungen der Grabung in Lengyel.

[18] Bericht S. 6–7. Der Rest des Textes fehlt.

[19] Vgl. hierzu in diesem Band im Beitrag von P. Prohászka, S. 122 das Schreiben von Tompas an Alföldi 1925.

Diese erste große Reise von Bersu brachte neben zahlreichen persönlichen Kontakten auch einige Jahre später reiche Frucht in Form zweier Aufsätze von dortigen Kollegen zur ungarischen Vorgeschichte in den Berichten der RGK[20]. Zugleich war Bersu dank der beiden Studienfahrten in Österreich und durch diese Ungarn-Reise derart gut mit den dortigen Kollegen in Kontakt, dass er sich von da an selbst in die Planungen der Studienfahrten eingeschaltet hat. Die Kontakte hatten sich auch in Zusammenhang mit der „Internationalen Tagung für Ausgrabungen" wesentlich vertieft, die Bersu anlässlich der 100-Jahr-Feier des DAI in Berlin vom 21.–25. Juli 1929 organisiert hatte[21].

## Die Studienfahrten

Die erste offiziell als „Studienfahrt deutscher und österreichischer Prähistoriker"[22] bezeichnete Reise wurde vor allem von Tompa gemeinsam mit Franz und Bersu vorbereitet und führte vom 2.–10. September 1929 von Wien aus über Eisenstadt nach Ungarn. Richard Pittioni (1906–1985) hat darüber einen ausführlichen Bericht verfasst[23]. Bersu schreibt zum Ergebnis der Reise: „Diese wohlgelungene Unternehmung, die auch den römischen und frühmittelalterlichen Denkmälern galt, führte, in Wien beginnend, durch das Burgenland und Nordwestungarn. Sie fand in Budapest ihren Abschluß [...]. Im Zusammenhang mit diesen Reisen wurden Museen und Ausgrabungen besichtigt und neue wissenschaftliche Verbindungen geknüpft. Ein Besuch des ungarischen Donaulimes und der Grabungen Herrn Stockys in Stradonitz war besonders fruchtbringend"[24]. Nach Pittionis detailliertem Bericht wurde am 3. September zunächst Eisenstadt besichtigt, danach ging es in sechs Tagen über Sopron und Szombathely, Kőszeg, Velemszentvid, Keszthely-Dobogó, Keszthely-Fenékpuszta – *Mogentiana*, Sümeg, Veszprém, Székesfehérvár *(Abb. 1)* nach Budapest und *Aquincum*.

[20] Hillebrand 1937; von Tompa 1937, 27–127.

[21] Krämer 2001, 31. – Rodenwaldt 1930.

[22] So bezeichnet in Bersu 1930, 203. – Trebsche 2004, 181 erläuterte die Missverständnisse bei der Planung, aus der Menghin sich weitgehend zurückgezogen hat.

[23] Nach Pittioni 1930, 160–162 nahmen teil (vgl. *Abb. 1*): K. Aggházi (Budapest), A. Alföldi (Debreczen), Alphons Barb (1901–1979, Eisenstadt), G. Behrens (Mainz), G. Bersu (Frankfurt a. M.), Jacques Breuer (1892–1971, Brüssel), Dezső Csallany (1903–1977, Szentes), József Csalogovits (1908–1978, Budapest), G. von Fejes (Fünfkirchen), Fritz Fremersdorf (1994–1983, Köln), Alban Gerster (1898–1986, Laufen), M. Hell (Salzburg), Martin Jahn (1888–1974, Breslau), H. Koblitz-Willmburg (Salzburg), Lajos Márton (1876–1934, Budapest), O. Menghin (Wien), G. v. Merhart (Marburg a. d. Lahn), H. Mitscha-Märheim (Wien), Lajos Nagy (1897–1946, Budapest), I. Járdányi-Paulovics (Budapest), R. Pittioni (Wien), E. Polaschek (Wien), Hans Seger (1964–1943, Breslau), Walter Schulz (1887–1982, Halle a. d. Saale), F. v. Tompa (Budapest), Emil Vogt (1906–1974, Basel), Friedrich Wimmer (1897–1965, Wien). – Im Archiv der RGK sind die Unterlagen zur Reise derart lückenhaft und die Angaben im Jahresbericht (Bersu 1930, 203) so knapp gehalten, dass eine Rekonstruktion des Ablaufs kaum möglich war. Der Bericht von Pittioni ist daher die beste Quelle, abgesehen von den Widersprüchen z. B. bei den Teilnehmern, da von Tompa in einem Brief vom 14.12.1929 zusätzlich zu Pittioni nennt: Dr. Géza Stöhr (Lebensdaten unbekannt), Akos von Szendrey (1902–1965) und Aladár Kovách (1860–1930). – In einem Brief von Bersu an von Tompa ist von einem Bericht die Rede, den Bersu zu schreiben habe; er befindet sich nicht im Archiv der RGK; es existiert lediglich die Durchschrift von Blatt 1 des Reiseplans und im Brief an Bersu vom 14.12.1929 (RGK-A 1232) gibt von Tompa zunächst eine Liste der ungarischen Teilnehmer und dann in Stichworten den Ablauf der Reise mit den Namen jener Personen, um die Bersu offensichtlich gebeten hatte, um Dankbriefe schreiben zu können; von diesen gibt es keine Durchschriften. Vgl. Beitrag von P. Proháska in diesem Band, S. 132–135.

[24] Bersu 1930, 203, gemeint ist damit der Hradiste von Stradonice in der Tschechoslowakei.

Abb. 1. Die Reisegruppe am 9. September 1929 in Székesfehérvár. 1 Gerhard Bersu, 7 Martin Hell, 13 Alphons Barb, 15 Richard Pittioni. Aus: Modl / Peitler 2020, 275 Abb. 5.

Die zweite Reise führte 1930 nach Friaul und zur Adria-Küste; sie fand nach der dritten Grabungskampagne in der spätantik-frühmittelalterlichen befestigten Siedlung auf dem Duel bei Feistritz in Kärnten vom 21.–25. September statt. Die Fahrt wurde nun im Wesentlichen von den beiden Grabungsleitern Bersu und Egger organisiert. Teilgenommen haben an dieser Grabungskampagne aus Deutschland Dr. Gerda Bruns (1905–1970), Wolfgang Dehn (1909–2001), Dr. W. Krautheimer[25], Dr. Friedrich von Lorentz (1902–1968), Karl Heinz Wagner (1907–1944), Joachim Werner (1909–1994) und der Oberpräparator Emil Wünsch vom Landesamt für Denkmalpflege München; aus Jugoslawien Dr. Josip Klemenc (1898–1967) und Svetozar Radojčić (1909–1978), aus Österreich F. Alexander, Dr. Erika Kretschmer (später: Helm, ca. 1904–1987), Walter Placht und M. Hell, aus Rumänien Dr. Constantin Daicoviciu (1898–1973) sowie aus Ungarn István Járdányi-Paulovics (1892–1952) und János Szilágyi (1907–1988)[26]. Während der Grabung und zur Vorbereitung der Exkursion hielt Paul Reinecke (1872–1958), der eigens aus München anreiste, Vorlesungen über „Prähistorie des Küstenlandes", während R. Egger über das römische Aquileia vortrug. Alle Grabungsteilnehmer durften an der Reise teilnehmen; aus Deutschland reisten zusätzlich an P. Goessler, G. Behrens, Max Heuwieser (1878–1944, Passau) und der Kunsthistoriker und Doktorvater von Frau Bersu, Rudolf Kautzsch (1868–1945, Frankfurt a. M.). Unter der Führung von Giovanni Battista Brusin (1883–1976) und „Herrn de Grassi" (wahrscheinlich Attilio Degrassi [1888–1969])

[25] Es ist vorläufig unklar, ob es sich nicht um den Kunsthistoriker Dr. Richard Krautheimer (1897–1994) handelt.

[26] Steinklauber 1988, 8 Anm. 2 und Bersu 1931, 10 f.

wurden Aquileia, Grado und Cividale besucht. Die Gruppe unterschied sich nun infolge der großen Zahl von Studenten oder gerade Promovierten[27] wesentlich von den bisherigen Reisen, und auch dadurch, dass zur Vorbereitung Vorträge gehalten worden sind.

Im Anschluss an diese Reise entspann sich eine heute wissenschaftsgeschichtlich fast sonderbar anmutende Diskussion um deren Bezeichnung: Bersu schrieb am 7. November 1930 an Menghin[28], der sich bei Grabungen in Ägypten aufhielt: „Rein formell möchte ich anregen, dass wir das Unternehmen nicht mehr ‚Studienfahrt deutscher und österreichischer Prähistoriker' nennen, sondern ‚Studienfahrt deutscher und donauländischer Bodenforscher'. Denn mit dieser neuen Bezeichnung wird erstens der Kreis der Teilnehmer besser beschrieben und ausserdem manchem Herrn aus dem Auslande die Teilnahme leichter. Denn ich habe mehrfach die Erfahrung gemacht, dass Kollegen aus den Nachfolgestaaten[29] gern an der Tagung teilgenommen hätten, wenn sie nicht aus politischen Gründen des Titels wegen davon Abstand nehmen mussten. Ferner bin ich für den Ersatz des Wortes ‚Prähistoriker' durch das Wort ‚Bodenforscher' deswegen, weil wir ja bei allen Fahrten bisher auch immer viel Römisches betrachtet haben, das nun einmal bei solchen Reisen mitgenommen werden muss und vielerorts jedenfalls für die deutschen Teilnehmer im Vordergrund des Interesses steht". Menghin antwortete am 21. November, er sei grundsätzlich einverstanden, bevorzuge aber den Begriff „Archäologen", worauf Bersu meinte: „So wie die Situation nun einmal ist, legen die Prähistoriker nur geringen Wert darauf, Archäologen genannt zu werden. Ich halte das für Unsinn, aber man muss ja oft mehr als man möchte auf seine lieben Mitmenschen Rücksicht nehmen"[30]. Bersu informierte Egger darüber, der am 6. Dezember antwortete: „Was die Angelegenheit der Studienfahrt betrifft, so bin ich bei der Wahl der Benennung im wahren Sinne des Wortes neutral. Ich kann mir denken, dass Menghin mit dem Titel Bodenforscher keine rechte Freude hat, und ich kann mir auch vorstellen, dass von Merhart in der Bezeichnung Archäologe einen Angriff sieht: denn diese Archäologen reizen ihn wirklich und er hat für sie den Sondernamen ‚Faltenwürflinge' geprägt. Was soll ich nun als Historiker dazu sagen? Am besten nichts, aber dafür mitfahren"[31]. So hat sich also der Vorschlag „Bodenforscher" von G. Bersu für diese Reisen durchgesetzt; im Sprachgebrauch ist er allerdings längst verschwunden.

Die dritte Reise führte vom 24. September bis zum 6. Oktober 1931 zur dalmatinischen Küste. Da dazu so gut wie keine Archivalien vorhanden sind, beruht deren Schilderung ganz auf den Berichten von Bersu[32] bzw. Matthias Gelzer (1886–1974)[33], dessen ausführlichem Text unten mit einigen längeren Zitaten gefolgt wird. Besonders hervorzuheben ist, sicher nicht nur aus heutiger Sicht, dass mit Raymond Lantier (1886–1980) erstmals ein Franzose mitreiste, waren doch die Beziehungen seit dem Ersten Weltkrieg zu diesem Land ganz besonders gespannt; er hatte als einer der wenigen Franzosen auch den erwähnten Kongress in Berlin 1929 besucht. Unter den Teilnehmern waren nicht nur Archäologen, sondern nach Gelzer auch drei „Kunsthistoriker mit besonderem Interesse für frühmittelalterliche Archäologie", womit er wahrscheinlich Hans Christ (1884–1978), Richard Krautheimer (1897–1994) und Wolfgang Fritz Volbach (1892–1988) gemeint hat[34].

[27] So schrieb Bersu in Ber. RGK 20, 1930, 10 f. z. B. „Szilaghi (Debrezcen), Hörer der alten Geschichte", „Dehn (Kreuznach), Hörer der Prähistorie und klass. Archäologie", „Werner (Berlin), Hörer der Prähistorie".

[28] RGK-A 879.

[29] Mit „Nachfolgestaaten" waren Jugoslawien, Rumänien und die Tschechoslowakei gemeint.

[30] RGK-A 879, Brief vom 3.12.1930.

[31] RGK-A 498.

[32] Bersu / Zeiss 1933, 3.

[33] Gelzer 1932, 60–62.

[34] An der Reise teilgenommen haben aus Deutschland Maria und G. Bersu, Julius Baum (1882–1959, Ulm), G. Behrens (Mainz), H. Christ (Marburg), P. Goessler (Stuttgart), Heinrich Jacobi

Welche Bedenken es gegen die von Bersu vorgeschlagene Teilnahme von Herrn Lantier gab, geht aus einem Brief von Egger vom 24. Juni 1931 hervor: „An Herrn Lantier erinnere ich mich schon, besser allerdings an seine lustige Frau. Hauptsache ist bei den jetzigen aufgeregten Zeiten, dass keine Politik betrieben wird. Wir beide werden ja auch keine treiben, aber bei dem tiefsitzenden Hass, der gegen Frankreich, und wie man vielleicht sagen kann, berechtigter Weise herrscht, könnte schon einmal eine unliebsame Szene möglich sein. Hoffentlich bleibt sie uns, wenn Herr Lantier kommt, erspart“[35]. Bersu antwortete am 3. Juli: „Politische Bedenken wegen der Teilnahme von Herrn Lantier habe ich nicht. Er ist persönlich ein so verständiger Mann, dass ich da keine Schwierigkeiten sehe. Da sich ausserdem inzwischen Herr Tschumi angesagt hat, haben wir auch noch einen Schweizer und ein neutrales Element damit dabei“[36].

Erster Treffpunkt war Zagreb, wo Viktor Hoffiller (1877–1954) im Archäologischen Museum führte; der eigentliche Beginn der Reise war jedoch in Knin *(Abb. 2)*. Gelzer berichtet[37]: „Das Städtchen Knin birgt das Lebenswerk des Direktors des ehrwürdigen Pater Marun, eine große Sammlung von Funden aus der ganzen Umgebung, die in zwei Museen untergebracht sind. Die wissenschaftliche [...] Führung übernahm in Knin Dr. Michael Abramić [1884–1962], der Direktor des archäologischen Staatsmuseums von Split, aufs beste unterstützt von Professor Dr. Rudolf Egger-Wien und dem zur Zeit in Salona lebenden Architekten Dyggve. In der Umgebung von Knin wurden neu freigelegte Ruinen zweier frühmittelalterlicher Kirchen und besonders interessante Reste einer byzantinischen Straßensperre besichtigt.“[38] Von Knin führte die Reise zum Legionslager von *Burnum*, nach *Varvaria*, *Asseria* und schließlich nach Zadar. Man besichtigte das Museum in San Donato und Ausgrabungen im Bereich des römischen Forums, am Nachmittag dann Nin, das antike *Aenona*. Von dort führte die Reise entlang der Küste über Biograd, Vrana, Scardona, Šibenik, Trogir nach Split. „Hier hatte die Gesellschaft nicht nur die große Freude, den berühmten Veteranen der dalmatinischen Altertumsforschung, Monsignore Franz Bulic [1846–1934], zu begrüßen, sondern der 85jährige ließ es sich nicht

(1866–1946) und Frau (Saalburg), R. Krautheimer (Marburg), Reinhold Rau (1897–1930, Stuttgart), P. Reinecke (München), August Stieren (1885–1970, Münster / Westf.), W. Unverzagt (Berlin) und Wolfgang Volbach (Mainz); aus Frankreich R. Lantier (St. Germain-an-Laye); aus Dänemark Ejnar Dyggve (1887–1961, Salona) mit Frau; aus Österreich R. Egger; aus der Schweiz A. Gerster (Laufen), Otto Tschumi (1878–1960, Bern) mit Frau und E. Vogt (Zürich); aus Ungarn A. Alföldi, I. Járdányi-Paulovics und F. von Tompa (alle Budapest); aus Jugoslawien M. Abramić (Split), Pater Lujo Marun (1857–1939, Knin) und B. Saria (Ljubljana), wobei V. Hoffiller wohl nur im Museum in Zagreb, dem ersten Treffpunkt, geführt hat. – Bersu hatte am 22.6.1931 Eggers mitgeteilt; „Als Teilnehmer zur Dalmatienfahrt hat sich übrigens schon vom Ausland Herr Lantier aus St. Germain angemeldet. Unverzagt und ich sind mit ihm ja sehr befreundet. Er ist ein famoser Mensch“ (RGK-A 498). – W. Krämer machte darauf aufmerksam, dass Bersu auch nord- und ostdeutsche Kollegen – ohne Erfolg – zur Teilnahme aufgefordert hatte: Krämer 2001, 31. Deren weitgehendes Fernbleiben fällt besonders auf, da an den ersten drei Reisen mehrere nord- und ostdeutsche Kollegen teilgenommen haben: Siehe oben Anm. 3; 4 und 23. A. Stieren aus Münster / Westf. ist insofern nicht zu den „norddeutschen“ Kollegen zu zählen, da er wegen seiner intensiven Beschäftigung mit dem Römerlager in Haltern wissenschaftlich nach Westen und Süden orientiert und der RGK eng verbunden war.

[35] RGK-A 498. Unter den Briefen von Lantier an Bersu findet sich zu den Fragen der „Feindschaft“, irgendwelcher Spannungen oder Vorbehalte zwischen beiden Ländern keine Spur, RGK-A 829 Bl. 111.

[36] RGK-A 498.

[37] Gelzer 1932, 60–62.

[38] Gemeint ist der dänische Architekt Ejnar Aksel Petersen Dyggve; vgl. dessen Pläne vieler Grabungen in: Ber. RGK 82, 2001, 194 f. Abb. 18a.b. Siehe auch Gelzer 1932, 60–62.

b

Abb. 2. (a) Dritte Studienfahrt 1931, Mittagspause bei Knin (Fotograf unbekannt; RGK-A NL Gerhard Bersu Kasten 3), (b) Identifizierung der Personen soweit möglich: 57 Stieren, 59 Volbach, 60 Krautheimer, 61 Paulovіçs, 62, 66, 67, 68 Nichten des Frater, 63 Alföldi, 64 Hofiller, 69 Frau Lantier, 70 Lantier, 71 Rau*, 72 Unverzagt, 73 Christ, 74 Reinecke, 75 Vogt, 77 Egger*, 78 Frau Bersu, 79 Dyggve, 80 Frau Dyggve, 81 Frau Jacobi, 82 Jacobi, 83 Goessler, 84 Bersu, 85 Abramić, 87 Frater Marun, 88 Tschumi; nicht identifiziert: 55, 56, 58, 65, 77, 86. * Identifizierung unsicher. (Umzeichnung: Zeichner unbekannt; vgl. auch Ber. RGK 82, 2001, 191 Abb. 15).

nehmen, im Diocletianspalast, im Museum und an zwei Nachmittagen in Salona selbst einen Teil der Führungen zu übernehmen“[39]. Oberhalb von Split wurde ein Ringwall hoch über der Mündung der Cetina bei Omis aufgesucht. Von Split aus reiste man per Schiff bis nach Metković an der Neretva-Mündung. Mit der Eisenbahn, mit der man am Ende bis nach Slawonski Brod reiste, ging es zunächst nach Mogorjelo. „Während (dieser Platz) bisher in der Wissenschaft unter die Kastelle gerechnet wurde, entschied die Diskussion der Reisegenossen sich mehr für die Annahme, daß man es mit einer großen, stark befestigten kaiserlichen Villa des dritten oder vierten Jh. zu tun haben könnte. Nach einem weiteren Halt in Mostar wurde das Endziel der Reise, Sarajevo, erreicht. Bei der Besichtigung der wundervoll angelegten und eingerichteten Museen erweckten das größte Interesse die Fundstücke der von Dr. Gregor Cremosnik [1890–1958] geleiteten Ausgrabung von Breza, die ihr Entdecker einer Kirche der Ostgoten aus dem 6. Jh. zuschreibt, vor allem wegen eines Sgraffittos mit dem Runenalphabet. Außerdem förderte die Ausgrabung einen beim Bau verwendeten römischen *Grabcippus* zum Vorschein, dessen Inschrift einen *princeps Desitiati*(*um*) erwähnt und damit ein urkundliches Zeugnis bietet für die Wohnsitze dieses durch den großen illyrischen Aufstand unter Augustus berühmt gewordenen Stammes [...]. Ebenso interessant wie die Zeugnisse und Denkmäler einer weit zurückliegenden Vergangenheit ist in Sarajevo das Leben der Gegenwart, das im friedlichen Nebeneinander der Konfessionen und Religionen, in Tracht und Wohngebräuchen politische und kulturelle Entwicklung von Jahrhunderten widerspiegelt [...]. Natürlich ist es dem einzelnen Berichterstatter unmöglich, den wissenschaftlichen Ertrag einer solchen Reise in Worte zu fassen. Denn jeder einzelne brachte seine speziellen Interessen mit. Desto mehr muß aber die allgemeine Überzeugung aller Teilnehmer vom einzigartigen Wert dieser Unternehmung ausgesprochen werden. Er liegt einmal darin, daß diese Fülle von Anschauung und Erkenntnis in so kurzer Zeit und so wohlfeil nur bei dieser Organisation geboten werden konnte“[40].

Dank der ausgezeichneten Kontakte, die während dieser Reise geknüpft bzw. vertieft werden konnten, konnte Werner Buttler (1907–1940) im Sommer 1932 als Reisestipendiat der RGK ausgiebige topographische Studien an einer großen Zahl von Burgwällen im nördlichen Dalmatien betreiben[41]. Bersu hat im Herbst 1933, offensichtlich anknüpfend an Gespräche während der vierten Reise, auch mit van Giffen Kontakt aufgenommen, um mit ihm gemeinsam eine der dalmatinischen Burgen durch Grabungen zu untersuchen, wozu es dann jedoch nicht gekommen ist[42].

Die vierte Reise führte vom 21. September bis 1. Oktober 1933 entlang der Donau von Budapest *(Abb. 3)* über Belgrad bis nach Turnu Severin, d. h. durch Ungarn und Jugoslawien bis nach Rumänien, und wurde von den dortigen Kollegen gestaltet. Offensichtlich waren die Kontakte bereits derart gefestigt, dass die Organisation fast ganz in den Händen der jeweiligen Kollegen in den Ländern lag. Besichtigt wurden außer den an der Strecke liegenden Museen sämtliche römischen Kastelle und Lager an der Donau sowie die römischen Städte Pécs / Fünfkirchen und Osijek. An prähistorischen Plätzen wurden in Ungarn Érd, Bolondvár, Dunaföldvár- Felső-Öreghegy und Pécs-Makárhegy, in Jugoslawien Vučedol, Titel, Vinča *(Abb. 4)*, Starčevo, Zemun und Vatin und in Rumänien *(Abb. 5)* die Insel Corbului besucht. Das Eiserne Tor wurde mit einem Schiff durchfahren, die übrigen Strecken teils mit einem Bus, teils mit der Bahn. Die Gruppe umfasste nun

[39] Gelzer 1932, 60–62.
[40] Gelzer 1932, 60–62.
[41] Buttler 1933.
[42] RGK-A 578 Bl. 31–33. Er nannte im Brief vom 26.10.1933 die bei Buttler behandelten Plätze Nr. 23, Puljane bei Burnum, und Nr. 29, Cezelj.

Abb. 3. Vierte Fahrt 1933. Beschriftung im Tagebuch: „Burgwall bei Erd. Im Hintergrund grosse Grabhügel, angebl. 100, die z. T. gut erhalten sind (Zsashalom – die hundert Hügel)" (Foto und Beschriftung: Gerhard Bersu. RGK-A NL Gerhard Bersu Kasten 4, Nr. 41 Reisetagebuch Bild 604).

bereits 31 Teilnehmer. Bersu resümierte: „Die Jugoslawische Archäologische Gesellschaft ernannte gelegentlich einer Feierlichkeit, die in Belgrad stattfand, die Teilnehmer an der Reise zu korrespondierenden Mitgliedern. Die Studienfahrt brachte den Teilnehmern wiederum großen Nutzen, da sie die Möglichkeit bot, schwer erreichbare Fundstellen unter sachkundiger Führung zu besichtigen und die Probleme der Forschung an Ort und Stelle in regem Gedankenaustausch unter Mitwirkung von Fachgenossen der verschiedensten Disziplinen zu erörtern. Neue Verbindungen für die gemeinsame Arbeit an wichtigen Aufgaben konnten angeknüpft werden"[43]. Als ein Beispiel sei Adam Graf Oršić Slavetić (1895–1968) genannt, der in Belgrad Funde aus der Gegend von Niš präsentierte und

[43] Bersu / Zeiss 1934, 3. Aus Deutschland reisten mit G. Behrens (Mainz), G. und M. Bersu, Kurt Stade (1899–1971, Frankfurt a. M.), F. Fremersdorf (Köln), P. Goessler und R. Rau (Stuttgart), Wilhelm Schleiermacher (1904–1977, Freiburg) und W. Unverzagt (Berlin); aus England Courtenay Arthur Ralegh Radford (1900–1999, London) und Ronald Syme (1903–1989, Oxford); aus Frankreich R. Lantier (St. Germain-en-Laye); aus Holland A. E. van Giffen (Groningen); aus Jugoslawien M. Abramić (Split), Miodrag Grbić (1901–1969, Belgrad) und B. Saria (Ljubljana); aus Österreich R. Egger und O. Menghin (Wien); aus Rumänien C. Daicoviciu (Cluj) und Jon Nestor (Bukarest); aus der Schweiz A. Gerster (Laufen) und E. Vogt (Zürich); aus Ungarn János Banner (1888–1971, Szeged) sowie aus Budapest A. Alföldi, Gizella Erdélyi (1906–1970), Balint Kuszinszky (1864–1938), Nándor Láng (1871–1952), Lajos von Márton, Lajos von Nagy, St. Paulovics und F. von Tompa. Eine Reihe weiterer namentlich nicht bekannter Kollegen hat die Gruppe kürzere Zeit begleitet und bei den Besichtigungen geführt. – Eines der Ergebnisse der Reise war die Entdeckung des kurz zuvor in der Sammlung des Museums in Szekszárd aufgestellten Grabsteins eines Cattenaten, den R. Egger in Germania 19, 1935, 226–228 veröffentlichte, wozu A. Alföldi das Foto besorgt hat.

Abb. 4. Vierte Fahrt 1933. Ausgrabung Vinca (Foto: Gerhard Bersu. RGK-A NL Gerhard Bersu Kasten 4 Nr. 41 Reisetagebuch Bild 623).

Abb. 5. Vierte Fahrt 1933. In der Theissebene wird ein Fluss überquert. Beschriftung: „Transit in Transilvanien, 1933". (Fotograf unbekannt; RGK-A NL Gerhard Bersu Kasten 3, Tüte 30, Bild 3).

darüber einen Vortrag hielt; er hatte bald darauf enge Kontakte mit Menghin und Wilhelm Unverzagt (1892–1971)[44].

Schon zu Beginn des Jahres 1933 hatten die Nationalsozialisten in Deutschland die Herrschaft übernommen; Bersu scheint noch gegen Ende des Jahres keine wesentlichen Folgen für sich selbst befürchtet zu haben, wie aus seinem an van Giffen gerichteten Brief vom 28. Dezember 1933 hervorgeht, in dem er auf einen im Archiv leider nicht erhaltenen Brief von van Giffen antwortet: „[...] Es ist mir bisher kein jüdischer deutscher Prähistoriker bekannt und auch niemand, der von den Prähistorikern im Augenblick von dem sehr viel weitergehenden sogenannten Arierparagraphen betroffen wird. Überhaupt ist ja die Zahl der jüdischen Gelehrten in den rein geisteswissenschaftlichen Fächern sehr viel geringer als etwa in der juristischen, medizinischen und handelswissenschaftlichen Fakultät. Ich bin weit davon entfernt, Ihnen ihre Frage übelzunehmen, sind mir doch sogar Fälle bekannt, in denen langjährige Nationalsozialisten in besonderen Fällen von Härte für jüdische Wissenschaftler eingetreten sind, die unserem Volk das ihnen gewährte Gastrecht nicht missbraucht hatten, sondern sich stets anständig bewiesen haben“[45].

Zur Vorbereitung der fünften Studienfahrt reiste Bersu nach verschiedenen Briefwechseln mit Abramić, Egger, Hoffiller und Balduin Saria (1893–1974) Anfang Juli 1935 nach Ljubljana, um die Einzelheiten der Reise zu besprechen. Vorgesehen war eine Fahrt nach Slowenien und Kroatien schon seit der zweiten Fahrt 1930; jetzt sollte unter der Führung von Saria und Hoffiller das Gebiet zwischen der Dalmatien-Bosnienreise 1931 und der Donaureise von 1933 geschlossen werden. Der Termin vom 3. bis 13. September 1935 wurde festgelegt, Bersu hat das Programm in Frankfurt vervielfältigen lassen und es wurde teils von dort, teils in Jugoslawien versandt[46].

Am 22. Juli 1935 ist Bersu seines Amtes an der RGK enthoben und nach Berlin versetzt worden. Er hat jedoch bis zur Reise die vorbereitenden Korrespondenzen von Frankfurt aus geführt und an der Reise selbst konnte er mit Genehmigung des Präsidenten teilnehmen. Im Einladungsschreiben heißt es u. a.: „Die diesjährige Studienfahrt, deren Programm samt Literaturverzeichnis anliegt, ermöglicht die Besichtigung einer großen Anzahl sonst schwer zugänglicher Fundstellen, prähistorischer Ringwälle und spätantiker Festungsanlagen. Ausserdem wird eine Reihe kleinerer abgelegener Sammlungen besucht [...]. Es wurde Wert auf ein in sich geschlossenes Programm gelegt, und zwar steht das Japodenproblem und die Eroberung des Gebietes durch die Römer sowie die Spätantike in dieser Gegend im Vordergrund. Das Japodenproblem dürfte allgemeines Interesse dadurch haben, dass hier der Übergang einer illyrisch beeinflußten Spätlatènekultur in das Römische gut studiert werden kann, ein Problem, das zurzeit mehrfach zur Diskussion steht. Die spätantiken Probleme stehen mit den Markomannenkriegen und den germanischen Einbrüchen der Völkerwanderungszeit im Zusammenhang“[47]. Einleitende Vorträge zu verschiedenen Themen hielten Abramić, Alföldi, Egger, Hoffiller und Saria. Die Gruppe umfasste nun über 30 Personen aus sieben Ländern[48]. Welche Bedeutung dieser erneuten

[44] Janković 2018, 118. – In einem an Bersu gerichteten Brief schreibt Orsich am 23.12.1933 als ein Ergebnis der Begegnungen: „Im Frühjahr denke ich mit Herrn Syme, Oxford, eine einmonatige Bereisung meines Gebietes zu unternehmen“ (RGK-A 977).

[45] RGK-A 578 Bl. 34.

[46] In einem für deutsche Teilnehmer beigelegten Begleitblatt wurde auf die Devisenfragen etc. für die „reichsdeutschen Teilnehmer“ hingewiesen. RGK-A 48 Bl. 14.

[47] RGK-A 48 Bl. 3, z. T. wortgleich in Sprockhoff / Stade 1937, 9 f.

[48] Aus Deutschland G. Behrens (Mainz), G. und M. Bersu (Frankfurt a. M.), W. Dehn (Trier), F. Fremersdorf (Köln), Ulrich Kahrstedt (1888–1962,

Abb. 6. Fünfte Fahrt 1935. Römischer Meilenstein bei Sittich/ Stična. Links Fremersdorf, rechts Alföldi, dahinter NN und Kahrstedt(?). (Fotograf unbekannt; RGK-A NL Gerhard Bersu Kasten 9, Tüte 129, Bild 936).

Reise von Gelehrten durch das Land von der jugoslawischen Regierung beigemessen worden ist, zeigen die verschiedenen Ausgrabungen, die eigens für diesen Anlass finanziert worden sind[49].

Es war ein reiches Programm, das im Gebiet zwischen Zagreb und der Grenze nach Italien mit einem Bus bewältigt werden konnte: Besucht wurden Pfahlbauten in Notranje Gorice und Ig-Studenec, acht verschiedene Ringwälle, mehrere Grabhügel und zahlreiche römische Plätze *(Abb. 6)* sowie die Museen in Celje, Kranj / Krainburg, Ljubljana *(Abb. 7)*, Ptuj und Zagreb. Einen gewissen Schwerpunkt bildeten dabei die spätantiken Sperren zwischen Vrhinka und Ajdovščina (Birnbaumer Wald), die damals z. T. im italienischen

Göttingen), Harald Koethe (1904–1944, Trier), R. Rau (Stuttgart), Heinrich Richter (1895–1970, Gießen), J. Werner (Frankfurt a. M.), H. Zeiß (München); aus England R. Syme (Oxford); aus Holland A. E. van Giffen (Groningen); aus Italien Giovanni Battista Brusin (1883–1976, Aquileia); aus Jugoslawien M. Abramić (Split), Franjo Bas (1899–1967, Maribor); Robert(?) Bratanic (Nis), Ante Grgin (Split), V. Hoffiller (Zagreb), J. Klemenc (Zagreb), Rajko Ložar (1904–1985, Ljubljana), Franz Lorger (Celje), B. Saria (Ljubljana), D. Sergejewski (Sarajewo), Franco Stele (Ljubljana); aus Österreich R. Egger und Kurt Willvonseder (1903–1968, Wien); aus Ungarn J. Banner (Szeged) sowie die Budapester Kolleginnen und Kollegen A. Alföldi, Gizela Erdelyi, L. Nagy, St. Paulovics und F. von Tompa.

[49] Sprockhoff / Stade 1937, 10.

Abb. 7. Fünfte Fahrt 1935. (a) Vor dem Museum in Ljubljana am 13.9.1935. 1 M. Bersu (Berlin); 2 A. Alföldi (Budapest); 3 G. Erdélyi (Budapest); 4 W. Dehn (Trier); 5 F. Fremersdorf (Köln); 6 G. Behrens (Mainz); 7 B. Saria (Ljubljana); 8 G. Bersu (Berlin); 9 U. Kahrstedt (Göttingen); 10 R. Syme (Oxford); 11 J. Werner (Frankfurt a. M.); 12 R. Lozar (Ljubljana); 13 H. Richter (Gießen); 14 R. Rau (Stuttgart); 15 M. Abramić (Split); 6 J. Banner (Szeged); 17 F. v. Tompa (Budapest); 18 V. Hoffiller (Zagreb); 19 D. Sergejewski (Sarajevo); 20 K. Willvonseder (Wien); 21 R. Bratanic (Niš); 22 F. Stelé (Ljubljana); 23 H. Zeiß (München); 24 H. Koethe (Trier); 25 A. E. van Giffen (Groningen); 26 L. Nagy (Budapest). Beschriftung Joachim Werner (NL Gerhard Bersu, Kiste 3, Umschlag 23, Bild 1a), (b) Umzeichnung (Zeichnung: K. Ruppel, RGK).

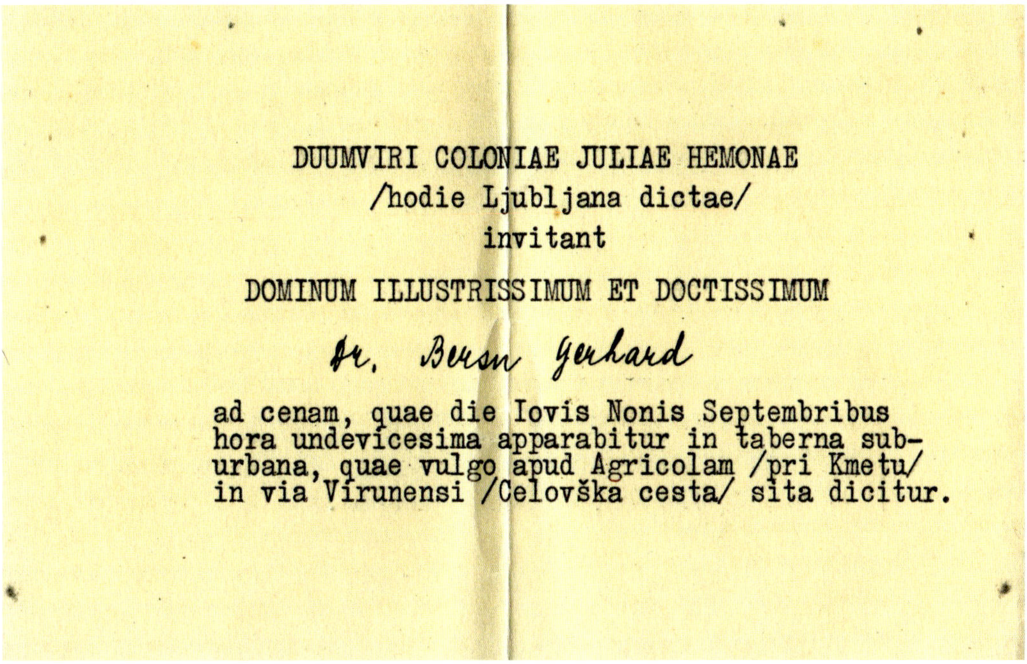

DUUMVIRI COLONIAE JULIAE HEMONAE
/hodie Ljubljana dictae/
invitant
DOMINUM ILLUSTRISSIMUM ET DOCTISSIMUM
Dr. Bersu Gerhard
ad cenam, quae die Iovis Nonis Septembribus hora undevicesima apparabitur in taberna suburbana, quae vulgo apud Agricolam /pri Kmetu/ in via Virunensi /Celovška cesta/ sita dicitur.

Abb. 8. Einladungskarte der Bürgermeister für Gerhard Bersu zum Abendessen im Wirtshaus Pri Kmetu am 5.9.1935. (RGK-A NL Gerhard Bersu, Kasten 4, Tüte 42, Nr. 6).

Gebiet lagen; im letzten Moment war es Bersu mit Hilfe des DAI in Rom und diplomatischer Unterstützung aus Rom und Berlin noch gelungen, dass die Gruppe gleich zu Beginn am 4. September ins italienische (heute slowenische) Karstgebiet reisen konnte *(Abb. 8)*[50].

[50] Telegramm Bersu an L. Curtius, Rom, vom 28.8.1935: „Vielen Dank für Erledigung. Einreise Mittwoch 4.9. früh 9 Uhr mit Autobus auf Strasse Laibach-Aidussina. Italienische Grenzstation Grude. Ausreise Nachmittag auf Strasse Aidussina – Laibach. Grenzstation Caccia. Wäre dankbar, wenn italienisches Konsulat Laibach über Angelegenheit informiert würde, wo ich am 3. vormittags vorspreche" (RGK-A 1074). – Bersu schilderte den Besuch in einem Brief an Curtius vom 18.9.1935 (RGK-A 1074): „[…] Dank der fürsorglichen Benachrichtigung der Botschaft und der italienischen Behörden waren sowohl der italienische Generalkonsul in Laibach wie die Grenzbehörden bei der Ein- und Ausreise über unsere Reise genau informiert, so dass die sonst ja immer recht schwierigen Grenzformalitäten geradezu in Rekordzeit – es dauerte jedesmal nicht länger als 5 Minuten – vonstatten gingen. Dies erregte die lebhafteste Bewunderung aller, die in diesem schwierigen Gebiet schon je die Grenze überschritten hatten […]. Wir fuhren dann auf Nebenwegen in italienisches Gebiet und hatten dort an dem permanenten Drahtverhau schon reichlich Gelegenheit zu sehen, wie Italien seine Grenzen gesichert hat, andererseits aber auch daran, welches Entgegenkommen die Zentralbehörden uns gezeigt hatten, dass wir diese sonst nicht zu Besuch freigegebenen Gebiete passieren durften. Der wissenschaftliche Gewinn dieser Besichtigung war ausserordentlich. Wir kamen übereinstimmend zur Ansicht, dass die spätantiken Sperrbefestigungen dort in die ganz späte Zeit gehören dürften (nach 400). Ihre Besichtigung gab im Zusammenhang mit den von uns in jugoslawischem Gebiet studierten Anlagen uns die Möglichkeit, im raschen Zuge diese für die Verteidigung des Reiches so wichtigen Anlagen zu sehen. Da wir Spezialisten aus verschiedenen Gebieten mit uns hatten, brachte uns diese Reise einen Gewinn, den der einzelne nie haben kann […]. Dass wir die Erlaubnis zu dieser Besichtigung erhielten, wurde bei den Verhältnissen an dieser Grenze im allgemeinen als grosses Wunder bezeichnet. Wie schwierig die Situation ist, erfuhren wir eindringlichst zwei Tage später, als ein

Nach dem Ende der Reise kehrte Bersu nach Frankfurt zurück und schrieb die fälligen Dankesbriefe. An Saria und Hoffiller sandte er zusätzlich Ausfertigungen der Dankesbriefe für die vielen Helfer in Kroatien und Slowenien mit der Bitte um Mitteilung, ob er jemanden vergessen habe. Er ergänzte am 20. September 1935 an Hoffiller: „Ich habe von allen Teilnehmern nur dankbarste Anerkennung gehört, wieviel sie von dieser Reise gelernt haben."[51].

Mit großer Selbstverständlichkeit hat sein Nachfolger als Direktor der RGK, Ernst Sprockhoff (1892–1967), diese Tradition fortgeführt, indem er für 1937 gemeinsam mit Hans Zeiß (1895–1945) zur sechsten Reise nach Süddeutschland eingeladen hat, die im Bus von Straubing über Regensburg, den Limes entlang bis Nördlingen nach Günzburg und Augsburg führte. Thematisch folgte er Bersus Programm da vorwiegend prähistorische bzw. keltische Ringwälle, römische Militäranlagen (Limes) und frühmittelalterliche Befestigungen besucht wurden, ebenso die Höhlenfundplätze Neuessing, Ofnet und Vogelherd[52]. Die Gruppe umfasste nun 29 Personen aus Deutschland (jetzt inkl. Österreich), England, Jugoslawien, der Tschechoslowakei und Ungarn; Frankreich, Holland und die Schweiz waren dieses Mal nicht vertreten[53]. Sprockhoff hat für 1939 eine weitere Reise gemeinsam mit C. Daicoviciu und Ion Nestor (1905–1974) vorbereitet, die infolge des ausbrechenden Zweiten Weltkrieges nicht stattfinden konnte; sie sollte nach Siebenbürgen (Rumänien) führen. Werner Krämer hat 1962 die alte Tradition noch einmal aufgegriffen und eine Reise zu den keltischen Oppida zwischen Taunus und Burgund veranstaltet; da der Bundesrechnungshof „Tourismus in der Dienstzeit" witterte[54], konnten ähnliche Studienreisen seither nicht mehr unternommen werden

## Bilanz und Ausblick

Wenige Tage nach der Studienfahrt nach Slowenien und Kroatien brach Bersu im Herbst 1935 zu einer Reise nach England auf. Er hatte mit diesen Studienreisen – parallel zu der Gründung des Internationalen Prähistoriker-Kongresses – innerhalb weniger Jahre die RGK insofern zu einem Zentrum der vor- und frühgeschichtlichen Forschung in Europa geformt, als ein regelrechtes Netzwerk persönlicher Kontakte von den Britischen Inseln über Mitteleuropa bis in die nördlichen Balkanländer geknüpft worden war. Die grundsätzliche Bedeutung, die Bersu diesen Reisen zumaß, wurde von ihm in prägnanter Weise am Tag vor seiner letzten Studienreise in einem Brief an den Klassischen Archäologen

jugoslawischer Grenzwächter sehr aufgeregt bat, in unserem Auto zur nächsten Meldestelle mitgenommen zu werden, weil gerade ein Kamerad von ihm, der ein auf italienisches Gebiet übergelaufenes Pferd einfangen wollte, von italienischen Grenzwächtern erschossen worden war".

[51] RGK-A 669. Entsprechende Briefe sind im Archiv der RGK nicht zu finden.

[52] Sprockhoff 1939, 2–4; RGK-A 48; von Schnurbein 2001, 196–198.

[53] Teilnehmer waren: Aus Deutschland Hans Beck (1909–1987, Münster / Westf.), R. Egger (Wien), M. Gelzer (Frankfurt a. M.), P. Goessler (Stuttgart), Adolf Hild (1883–1954, Bregenz), U. Kahrstedt (Göttingen), G. v. Merhart (Marburg), Franz Oelmann (1883–1963, Bonn), R. Pittioni (Wien), E. Polaschek (Wien), P. Reinecke (München), E. Sprockhoff (Frankfurt a. M.), A. Stieren (Münster Westf.) K. Willvonseder (Wien) und H. Zeiß (München); aus dem Ausland M. Abramić (Split), J. Banner (Szeged), F. Bas (Maribor), Eric Birley (1906–1995, Chesterholm), Sándor Gallus (1907–1996, Budapest), J. Klemenc (Zagreb), Gyula László (1910–1998, Budapest), Petre P. Panaitescu (1900–1967, z. Zt. Rom), St. Paulovics (Budapest), B. Saria (Ljubljana), F. Stele (Ljubljana), Camilla Streit (1903–1950, Prag), F. von Tompa (Budapest).

[54] Krämer 1995, 18.

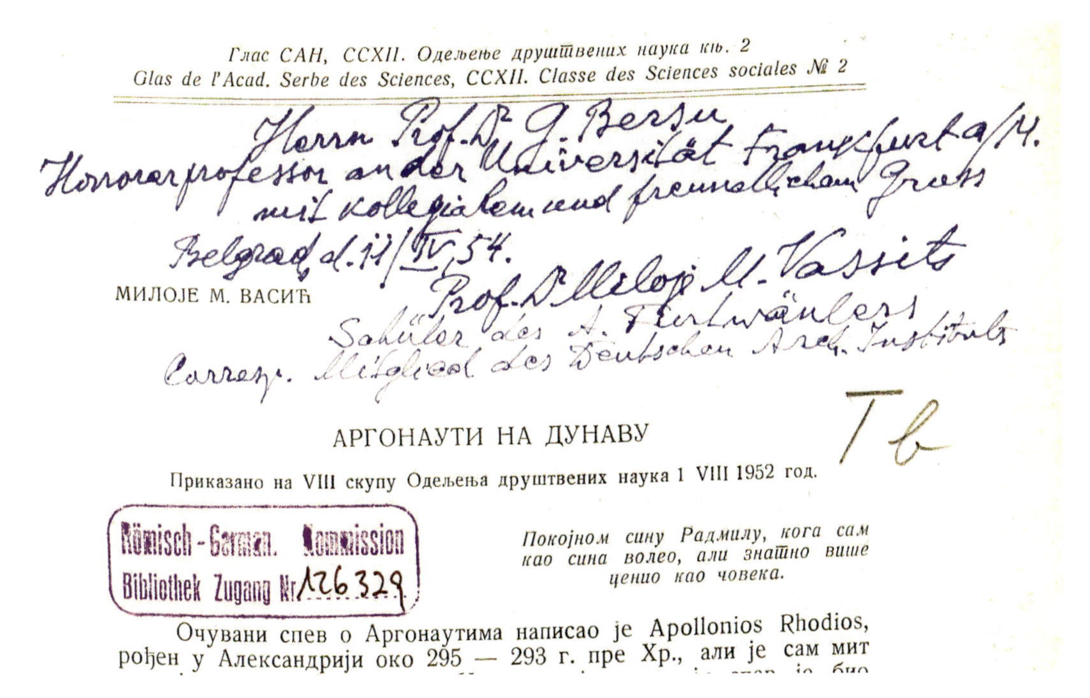
Глас САН, CCXII. Одељење друштвених наука кь. 2
Glas de l'Acad. Serbe des Sciences, CCXII. Classe des Sciences sociales № 2

Herrn Prof. Dr. G. Bersu
Honorarprofessor an der Universität Frankfurt a/M.
mit kollegialem und freundlichem Gruss
Belgrad d. 11/IV.54.
Prof. Dr. Miloje M. Vassits
Schüler des A. Furtwänglers
Correp. Mitglied des Deutschen Arch. Instituts

МИЛОЈЕ М. ВАСИЋ

АРГОНАУТИ НА ДУНАВУ

Приказано на VIII скупу Одељења друштвених наука 1 VIII 1952 год.



*Покојном сину Радмилу, кога сам као сина волео, али знатно више ценио као човека.*

Очувани спев о Аргонаутима написао је Apollonios Rhodios, рођен у Александрији око 295 — 293 г. пре Хр., али је сам мит

Abb. 9. Widmung von D. Miloje Vassits (Vasić) an Gerhard Bersu vom 11.4.1954. Аргонаути на Дунаву (Beograd 1953), Bibliothek RGK 126329.

Ludwig Curtius (1874–1954) formuliert, der damals das DAI in Rom leitete: „Es ist schade, dass Sie die Studienreise nicht mitmachen können. Gerade die Vielfältigkeit der Interessen der Teilnehmer, ihre Herkunft aus verschiedenen Nationen und Bildungszentren, gibt eine gute Möglichkeit einmal zu sehen, wie wir mit dem Stoff ringen. Die Fragwürdigkeit unserer Arbeiten und noch mehr der Arbeit gewisser Schulen, würde Ihnen dabei mit grausamer Deutlichkeit klar werden“[55].

Die Intensität der bei den Reisen geknüpften Kontakte zeigte sich unmittelbar nach Bersus Rückkehr an die RGK, denn bis zur Mitte der 1950er-Jahre bildeten die Gäste aus Jugoslawien mit Abstand die größte Gruppe der ausländischen Besucher in der RGK *(Abb. 9)*[56]. Dass in den beiden von ihm nach dem Krieg herausgegebenen Bänden der Berichte der RGK zwei Beiträge über Funde aus Serbien enthalten sind, ist ein markantes Zeugnis[57].

Von Anfang an hatte Bersu Wert darauf gelegt, auch den wissenschaftlichen Nachwuchs an den Studienreisen teilnehmen zu lassen. Als er 1953 eine Einladung zu einer vierwöchigen Reise nach Jugoslawien bekam, die er selbst aber nicht wahrnehmen konnte, gab er die Einladung an W. Dehn weiter, sicherlich deshalb, weil dieser 1930 und 1935 an den beiden Studienreisen teilgenommen hatte und daher dort Vielen gut bekannt war. Dehn traf dort u. a. mit Abramić, Hoffiller, Klemenc und Dimitrije Sergejewski (1886–1965) zusammen, die ihn von diesen Reisen kannten[58]. Eines der Ergebnisse dieser Reise

[55] RGK-A 1074. Brief vom 2.9.1935.

[56] von Schnurbein 2001, 268.

[57] Garašanin 1951; Garašanin 1954. Bersu lernte Milutin V. Garašanin (1920–2002) offenbar erst 1950 beim UISPP-Kongress in Zürich kennen: RGK-A 559 Bl. 1.

[58] Bericht W. Dehn in RGK-A 465, Bl. 525–526.

war dann die Teilnahme jugoslawischer Kollegen an den Grabungen auf der Heuneburg[59], und auch die deutsche Beteiligung an der Erforschung der spätantiken Befestigungen im Birnbaumer Wald, die Joachim Werner in den frühen 1970er-Jahren organisiert hat, dürfte auf den Besuch unter Bersus Leitung im Jahre 1935 zurückgehen[60]. Deutlich habe ich in Erinnerung, wie Werner uns Münchner Studenten bei einer Exkursion nach Slowenien im Sommer 1969 von den bei Bersus letzter Studienreise gewonnenen Eindrücken erzählte. Großen Gewinn hatten auch die Reisestipendiaten der RGK die in den 1950er-Jahren durch Jugoslawien reisten, dem einzigen Land hinter dem „Eisernen Vorhang" das besucht werden konnte. Ferdinand Maier (1925–2014), Stipendiat 1954–55, hat gerne davon berichtet, wie selbstverständlich er als Mitarbeiter von Bersu seinerzeit dort aufgenommen worden ist. Am prägnantesten hat Heinz-Eberhard Mandera (1922–1995), ebenfalls Stipendiat 1954/55, der in Frankreich, Spanien, Italien, Griechenland, der Türkei, Jugoslawien und Österreich gereist ist, in seinem Reisebericht seine Eindrücke vom Aufenthalt in Jugoslawien festgehalten: „In keinem der von mir besuchten Länder wurde ich von den ausländischen Kollegen so herzlich und gastfreundlich aufgenommen sowie in jeder nur erdenklichen Weise gefördert und unterstützt wie in Jugoslawien. Das ist natürlich zu einem guten Teil zurückzuführen auf die überaus engen und freundschaftlichen Beziehungen zwischen der deutschen und jugoslawischen Vorgeschichtsforschung, die sich in den letzten Jahren aufgrund der Initiative vor allem der Herren Bersu, Dehn und Werner angebahnt haben"[61].

## Literaturverzeichnis


Alföldi 1930
A. Alföldi, Die Vorherrschaft der Pannonier im Römerreiche und die Reaktion des Hellenentums unter Gallienus. In: Fünfundzwanzig Jahre Römisch-Germanische Kommission: zur Erinnerung an die Feier des 9.–11. Dez. 1927 (Berlin, Leipzig 1930) 11–51.

Bersu 1930
G. Bersu, Bericht über die Tätigkeit der Römisch-Germanischen Kommission vom 1. April 1929 bis zum 31. März 1930. Ber. RGK 19, 1929 (1930) 201–206. doi: https://doi.org/10.11588/berrgk.1930.0.33422.

Bersu 1931
G. Bersu, Bericht über die Tätigkeit der Römisch-Germanischen Kommission vom 1. April 1930 bis 31. März 1931. Ber. RGK 20, 1930 (1931) 1–13. doi: https://doi.org/10.11588/berrgk.1931.0.33426.

Bersu / Zeiss 1933
G. Bersu / H. Zeiss, Bericht über die Tätigkeit der Römisch-Germanischen Kommission vom 1. April 1931 bis 31. März 1932. Ber. RGK 21, 1931 (1933) 1–10. doi: https://doi.org/10.11588/berrgk.1933.0.34366.

Bersu / Zeiss 1934
G. Bersu / H. Zeiss, Bericht über die Tätigkeit der Römisch-Germanischen Kommission in der Zeit vom 1. April 1933 bis 31. März 1934. Ber. RGK 23, 1933 (1934) 1–9. doi: https://doi.org/10.11588/berrgk.1934.0.34156.


[59] RGK-A 465, Bl. 525–526. Nach den zur Verfügung stehenden Unterlagen des Heuneburg-Archivs waren es: Radoslav Galović, Belgrad; Draga (1921–1997) und M. Garašanin, Belgrad; A. Leben, Ljubljana und Stane Gabrovec (1920–2015), Ljubljana. Ich danke Leif Hansen, Stuttgart, für die Durchsicht des Archivs und die freundliche Mitteilung. Bei dem in diesen Unterlagen genannten A. Leben handelt es sich um den Prähistoriker France Leben (1928–2002), der damals in Ljubljana bzw. Postojna arbeitete. Den Hinweis verdanke ich Andreja Dolenc-Vicic, Ljublana.

[60] Ulbert 1981.

[61] RGK-A 2178, Reisebericht S. 20 f.

Bóna 1992
I. Bóna, Tószeg-Laposhalom. In: W. Meier-Arendt (Hrsg.), Bronzezeit in Ungarn. Forschungen in Tell-Siedlungen an Donau und Theiss [Ausstellungskatalog] (Frankfurt 1992).

Buttler 1933
W. Buttler, Burgwälle in Norddalmatien. Ber. RGK 21, 1931 (1933) 183–198. doi: https://doi.org/10.11588/berrgk.1933.0.34373.

Drexel 1929a
F. Drexel, Bericht über die Tätigkeit der Römisch-Germanischen Kommission vom 1. April 1927 bis 31. März 1928. Ber. RGK 17, 1927 (1929) 232–236. doi: https://doi.org/10.11588/berrgk.1929.0.33407.

Drexel 1929b
F. Drexel, Bericht über die Tätigkeit der Römisch-Germanischen Kommission vom 1. April 1928 bis 31. März 1929. Ber. RGK 18, 1928 (1929) 188–193. doi: https://doi.org/10.11588/berrgk.1929.0.33415.

Egger 1935
R. Egger, Die Wohnsitze der Cattenaten. Germania 19,3, 1935, 226–228. doi: https://doi.org/10.11588/ger.1935.34821.

Franz 1928
L. Franz, Bericht über die Versammlung deutscher und österreichischer Vor- und Frühgeschichtsforscher in Klagenfurt. Wiener Prähist. Zeitschr. 15, 1928, 153–154.

Garašanin 1951
M. V. Garašanin, [Bandkeramische Studien]. D. Die Theiß-Kultur im jugoslawischen Banat. Ber. RGK 33, 1943–1950 (1951) 125–132. doi: https://doi.org/10.11588/berrgk.1943.0.45876.

Garašanin 1954
M. V. Garašanin, Schaftlochäxte aus Kupfer in den Sammlungen serbischer Museen. Ber. RGK 34, 1951–1953 (1954) 61–76. doi: https://doi.org/10.11588/berrgk.1954.0.46762.

Gelzer 1932
M. Gelzer, Studienfahrt deutscher und donauländischer Bodenforscher nach Dalmatien. Gnomon 8, 1932, 60–62.

Hillebrand 1937
J. Hillebrand, Der Stand der Erforschung der älteren Steinzeit in Ungarn. Ber. RGK 24/25, 1934/35 (1937) 16–26. doi: https://doi.org/10.11588/berrgk.1937.0.35642.

Jahresbericht 1928/29
Jahresbericht des Archäologischen Instituts des Deutschen Reiches für das Haushaltsjahr 1928/29. Jahrb. DAI 44, 1929, Beibl. Arch. Anz. S. I–VI.

Janković 2018
M. A. Janković, Arheoloske putanie i stranputice Adama Orsica. Archaeological Paths and Sideways of Adam Oršić (Belgrad, Niš 2018).

Krämer 1995
W. Krämer, Curriculum Vitae 1917–1979 [Ungedr. Manuskript] (Wiesbaden 1995).

Krämer 2001
W. Krämer, Gerhard Bersu, ein deutscher Prähistoriker, 1889–1964. Ber. RGK 82, 2001, 5–101.

Menghin 1926
O. Menghin, Bericht über die Versammlung deutscher und österreichischer Vor- und Frühgeschichtsforscher in Linz, Oberösterreich. Wiener Prähist. Zeitschr. 18, 1926, 118–122.

Modl / Peitler 2020
D. Modl / K. Peitler, Archäologie in Österreich 1939 – 1945. Beiträge zum internationalen Symposium vom 27. bis 29. April 2015 am Universalmuseum Johanneum in Graz (Graz 2020).

Parzinger 1998
H. Parzinger, Der Goldberg. Die metallzeitliche Besiedlung. Röm.-Germ. Forsch. 57 (Mainz 1998).

Pittioni 1930
R. Pittioni, Bericht über die Versammlung deutscher, österreichischer und ungarischer Vor- und Frühgeschichtsforscher im September 1929. Wiener Prähist. Zeitschr. 17, 1930, 159–162.

Rodenwaldt 1930
G. Rodenwaldt (Hrsg.), Neue Deutsche Ausgrabungen. Deutschtum und Ausland. Stud. Auslanddeutschtum u. Auslandkultur 23–24 (Münster 1930).

von Schnurbein 2001
S. v. Schnurbein, Abriss der Entwicklungsgeschichte der Römisch-Germanischen Kommission unter den einzelnen Direktoren von 1911 bis 2002. Ber. RGK 82, 2001, 137–289.

Sprockhoff 1939
E. Sprockhoff, Bericht über die Tätigkeit der Römisch-Germanischen Kommission vom l. April 1937 bis 31. März 1938. Ber. RGK 27, 1937 (1939) 1–6. doi: https://doi.org/10.11588/berrgk.1939.0.39730.

Sprockhoff / Stade 1937
E. Sprockhoff / K. Stade, Bericht über die Tätigkeit der Römisch-Germanischen Kommission vom 1. April 1935 bis 31. März 1936. Ber. RGK 24/25, 1934/35 (1937) 8–15. doi: https://doi.org/10.11588/berrgk.1937.0.35617.

Steinklauber 1988
U. Steinklauber, Die Kleinfunde aus der spätantiken befestigten Siedlung vom Duel-Feistritz a. d. Drau (Kärnten) [Unveröff. Diss. Univ. Graz] (Graz 1988).

von Tompa 1937
F. v. Tompa, 25 Jahre Urgeschichtsforschung in Ungarn 1912–1931. Ber. RGK 24/25, 1934/35 (1937) 27–114. doi: https://doi.org/10.11588/berrgk.1937.0.35643.

Trebsche 2004
P. Trebsche, Zu den internationalen Beziehungen der Urgeschichtsforschung in Oberösterreich während der Zwischenkriegs- und Nazizeit. Arch. Arbeitsgemeinschaft Ostbayern/West- u. Südböhmen 14, 2004, 178–188.

Ulbert 1981
T. Ulbert (Hrsg.), Ad Pirum (Hrušica). Spätrömische Passbefestigung in den Julischen Alpen. Münchner Beitr. Vor- u. Frühgesch. 31 (München 1981).

## Gerhard Bersu und die „Studienfahrten deutscher und donauländischer Bodenforscher“

### Zusammenfassung · Summary · Résumé

ZUSAMMENFASSUNG · Unter dieser Bezeichnung werden fünf Reisen zusammengefasst, die zwischen den Jahren 1929 und 1937 stattgefunden haben. Der Ursprung dieser Gruppenreisen geht auf die „Versammlung deutscher und österreichischer Vor- und Frühgeschichtsforscher in Linz, Oberösterreich“ zurück, die 1925 stattgefunden hat. Dieses Treffen hatte nicht den Charakter der im Fach längst etablierten Tagungen, sondern sollte nach den Unterbrechungen infolge des Krieges und den Notzeiten der ersten Nachkriegsjahre dazu dienen, die abgerissenen persönlichen Kontakte zwischen Wissenschaftlern in Deutschland und dem ehemaligen Kaiserreich Österreich-Ungarn wieder zu knüpfen sowie neue anzubahnen. Es sollte sich zeigen, dass Gerhard Bersu maßgeblich dazu beitrug, langfristige Strukturen für einen regelmäßigen internationalen Austausch zu schaffen; ihm ist zu verdanken, dass die dabei entwickelten Beziehungen insbesondere zu Jugoslawien auch den Zweiten Weltkrieg überdauerten.

SUMMARY · Under this designation five journeys are summarized, which took place between the years 1929 and 1937. The origin of these group trips goes back to the “Meeting of German and Austrian prehistorians and early historians in Linz, Upper Austria”, which took place in 1925. This meeting did not have the character of the established conferences in the field, but should, after the interruptions due to the First World War and the times of need of the first post-war years, serve to re-establish the broken personal contacts between scholars in Germany and the former empire of Austria-Hungary as well as to initiate new ones. It was to prove that Gerhard Bersu was instrumental in creating long-term structures for regular international exchange; it is thanks to him that the relationships developed in the process, especially with Yugoslavia, also survived the Second World War.

RÉSUMÉ · Ce terme désigne cinq voyages effectués entre 1929 et 1937. L'origine de ces voyages en groupe remonte à la « Réunion des pré- et protohistoriens allemands et autrichiens à Linz, Haute-Autriche » en 1925. Cette réunion n'avait pas le caractère des congrès déjà bien établis dans la discipline, mais s'était fixé le but de rétablir les anciens contacts personnels, voire d'en créer de nouveaux, entre scientifiques de l'Allemagne et de l'ancien Empire austro-hongrois après les interruptions dues à la guerre et la crise des premières années d'après-guerre. Il en ressortira que Gerhard Bersu contribua de manière décisive à la création de structures permanentes en vue d'échanges internationaux réguliers. C'est aussi grâce à lui que les liens développés, particulièrement avec la Yougoslavie, survécurent à la Seconde Guerre mondiale. (Y. G.)

Anschrift des Verfassers

Siegmar von Schnurbein
Darmstädter Landstraße 81
DE-60598 Frankfurt am Main
E-Mail: siegmar.vonschnurbein@dainst.de

# Gerhard Bersu und Ferenc Tompa – Angaben zu den Kontakten Gerhard Bersus mit der ungarischen Archäologie

Von Péter Prohászka

*Schlagwörter:* *Ungarn / Österreich / Netzwerke / Studienfahrten / Internationale Kongresse*
*Keywords:* *Hungary / Austria / networks / study trips / international congresses*
*Mots-clés:* *Hongrie / Autriche / réseaux / voyages d'étude / congrès internationaux*

## Einführung

Gerhard Bersu (1889–1964) war eine wichtige Person nicht nur für die prähistorische Archäologie, sondern er spielte auch eine wichtige Rolle sowohl in der deutschen als auch in der internationalen Wissenschaftspolitik nach dem Ersten Weltkrieg. Er wirkte fast ein Jahrzehnt lang in Frankfurt am Main in der Römisch-Germanischen Kommission (RGK) in verschiedenen Positionen. Seiner Ansicht nach war, entgegen mancher hauptsächlich ostdeutscher Archäologen, die Prähistorie keine nationale Wissenschaft, sondern eine Wissenschaft, die auf die Zusammenarbeit von in- und ausländischen Forschern baut. Zur Verwirklichung dieser Zwecke hat Bersu ein internationales Netzwerk von Wissenschaftlern aufgebaut, wovon seine breite Korrespondenz zeugt. Dabei spielten die Einladungen, Studienfahrten[1] bzw. die heute so vernachlässigten und zum Verschwinden verurteilten Sonderdrucke in Papierformat eine wichtige Rolle. Die Intensivität dieser Kontakte war aber je nach Ländern bzw. Personen unterschiedlich.

Nach dem verlorenen Krieg strebte sowohl das Deutsche Reich als auch das Ungarische Königreich an, aus der Isolation auszubrechen, wobei den wissenschaftlichen Kontakten eine wichtige Rolle zukamen. Sie wurden von den höchsten ministerialen Stellen sowohl politisch als auch materiell gefördert[2]. Bersu hatte viele Kontakte zu ungarischen Archäologen[3], tiefere freundliche Beziehungen ergaben sich jedoch vor allem mit dem erst Debrecener, dann Budapester Professor András Alföldi[4] (1895–1981) sowie dem zuerst im Ungarischen Nationalmuseum, dann an der Universität Pázmány in Budapest als erster ungarischer Prähistorieprofessor lehrenden Ferenc Tompa (1893–1945). Neben den engsten wissenschaftspolitischen bzw. fachlichen Beziehungen entwickelte sich eine tiefe

[1] Vgl. hierzu auch in diesem Band den Beitrag von Siegmar von Schnurbein.

[2] Krämer 2001, 23–24. Siehe im Jahresbericht die Reise und Besprechungen des Ersten Direktors Friedrich Drexel (1885–1930) in Ungarn: „(Drexel) Im Oktober 1926 führte ihn eine auf Einladung des ungarischen Kultusministeriums unternommene Reise nach Budapest, wo nähere Verabredungen über eine engere Zusammenarbeit der ungarischen und der deutschen Landesarchäologie getroffen wurden. Er hatte sich dabei des lebhaften Interesses und der fördernden Anteilnahme des ungarischen Kultusministers Exzellenz Grafen Klebelsberg zu erfreuen" (Drexel 1927, 171).

[3] Auf diese Kontakte deutete auch in ihrem Nachruf Amália Mozsolics (1910–1997): Mozsolics 1965, 218. Jedoch kannte sie nicht mehr die Rolle, die Bersu in der Entwicklung und Förderung der ungarischen Prähistorie spielte.

[4] Über das Leben und Wirken von Alföldi siehe: Christ 1990.

Freundschaft besonders zu Alföldi, wovon zahlreiche Briefe zeugen: Besonders wichtig ist jener aus Lausen vom 18. Mai 1933, in dem Bersu Alföldi über seine Abstammung bzw. über die Angriffe Hans Reinerths (1900–1990) unterrichtete[5]: „Wie Sie wohl von Sager wissen, hatte Herr Reinerth – Tübingen der sein Herz für das Nationalsozialismus erst vor kurzem entdeckt hat, verlautet ich sei Jude an der R.G.K. herrsche jüdische Geist und deshalb sei die R.G.K zu bekämpfen. Ich nahm das weiter nicht tragisch trotzdem es Reinerth gelungen [ist, sich an] Leute der Fachgruppe ‚Vorgeschichte des Kampfbundes für deutsche Kultur' zu wenden. Nun hat sich aber herausgestellt dass ich tatsächlich ‚jüdisches Blut' habe. Ich hatte davon keine Äußerung, denn in unserer Familie war nie die Rede davon gewesen. Wir sind streng christlich erzogen, meine Eltern sind christlich getraut. Es scheint so zu sein, dass mein Vater noch als Jude geboren (1846) dann sich hatte taufen lassen und mit seiner Familie völlig gebrochen hatte. So erklärt nun auch die Tatsache, daß ich von Verwandten väterlicherseits nie etwas gehört hatte nur die ich meine Großeltern vaterlicherseits nicht mehr gekannt hatte da sie bei meiner Geburt verstorben waren. Es scheint so zu sein daß meine Großmutter väterlicher Seite bei der Heirat meiner Mutter vorher die Bedingung gestellt hatte, daß keinerlei Verkehr mit den Verwandten meines Vaters bestehen dürfte."

Ihr gemeinsames Projekt, der Sammelband unter dem Titel „Forschungen und Funde der Römerzeit in Ungarn" erschien wegen der Pensionierung Bersus jedoch nicht bei der RGK in Frankfurt, sondern erst als zweiter Band der Festschrift für Bálint Kuzsinszky (1864–1938; *Laurae Aquincenses*) in der von Alföldi gegründeten Reihe *Dissertationes Pannonicae*[6]. Die Korrespondenz zwischen den beiden Wissenschaftlern lief bis 1938 und dann brachen die Kontakte wegen des Krieges ab. Die Beziehung Bersus zur ungarischen Archäologie und zu Tompa können wir Dank der erhalten gebliebenen Korrespondenzen zum Teil rekonstruieren. Die an Bersu gerichteten bzw. von Bersu geschriebenen Briefe sind, jedoch nur bis zu seiner Entlassung aus dem Dienst, im Archiv der RGK vorhanden[7]. Hier befinden sich auch die Reiseberichte von Bersu, die wichtige Beobachtungen und Angaben über die ungarische Archäologie und das dortige Museumswesen beinhalten. Leider fehlen meistens diejenigen Briefe, die Bersu von seinen Grabungen, Konferenzen und Reisen aus geschickt hat. Zum Glück sind aber zahlreiche solcher Briefe in den Nachlässen von Alföldi und Tompa vorhanden. Besonders wichtig ist dabei der Nachlass von Tompa im Ungarischen Nationalmuseum[8]. Obwohl dieser Bestand im Zweiten Weltkrieg stark dezimiert wurde, gelangten mehrere Kartons mit Briefen, Aufzeichnungen, Berichten und Zeitungsartikeln ins Nationalmuseum, unter denen sich neben den Briefen von

[5] Bersu an Alföldi, 18.5.1933: OSZK, Nachlass Alföldi ungeordnet. Über die Machenschaften von Hans Reinerth siehe Schöbel 2002, 339: „Am 26. September 1932 wird von Reinerth in Jauer von der Gauleitung Schlesiens die jüdische Abstammung Bersus abgefragt, am 3. Februar 1933 bittet er am Archiv für Rassenstatistik um Informationen zu den Fachkollegen Kühn, Köln und Unverzagt, Berlin. … Hans Zeiss, Professor der Vor- und Frühgeschichte in München ist bestürzt, nachdem er von der NSDAP in Jauer ebenfalls eine Auskunft eingeholt hatte, dass »Herr Dr. Bersu einen Vollljuden als Vater hat«." Vgl. Krämer 2001, 39–40.

[6] Laurae Aquincenses Memoriae Valentini Kuzsinszky dicatae. Diss. Pannonicae 2,11 (Budapest 1941). Über den Stand der Redaktionsarbeiten bei der RGK: Bersu 1931, 7; Bersu / Zeiss 1933a, 5; Bersu / Zeiss 1933b, 5; Bersu / Zeiss 1934, 5; Bersu 1937, 5; Stade / Sprockhoff 1937, 12–13.

[7] Hier möchte ich mich für die Kopien der im Archiv der RGK vorhandenen Briefe bei Frau Dr. Susanne Grunwald bedanken.

[8] Hier möchte ich mich für die Hilfe von Dr. László Szende und Béla Debreczeni-Droppán (Ungarisches Nationalmuseum, Archiv) bedanken, die meine Forschungen im Nachlass von Tompa bzw. in den Akten der archäologischen Sammlung des Museums ermöglichten.

Bersu auch solche von Bolko von Richthofen (1899–1983), Oswald Menghin (1888–1973), Leonhard Franz (1895–1974) und Vere Gordon Childe (1892–1957) befinden[9]. Besonders wichtig ist Tompas Tagebuch über seine Reise und Teilnahme am Zweiten Internationalen Prähistorikerkongress, der 1936 in Oslo stattfand. Dank dieser Briefe und des Tagebuches war es möglich, jene Kontakte und Verbindungen in den Grundzügen zu rekonstruieren, die zwischen Bersu und Tompa bestanden hatten.

Über die Bedeutung und den Einfluss Bersus für die ungarische Archäologie, besonders für die Prähistorie, findet man kaum Angaben im Nachruf von Amália Mozsolics[10]. Jedoch hoben sowohl Lajos Márton (1876–1934) als auch Tompa seine Bedeutung für die Ausgrabungsmethodik bzw. Wissenschaftspolitik hervor. In dem Beitrag über die ungarische prähistorische Forschung schrieb Márton darüber, dass die modernsten und beispielhaftesten Ausgrabungen in Europa von Bersu und Albert van Griffen (1884–1973) geleitet wurden, welche auch als Vorbilder für die Ausgrabungen des Ungarischen Nationalmuseum dienten[11]. Von der wissenschaftspolitischen Bedeutung Bersus für die ungarische Forschung zeugen jene Zeilen, die von Tompa anlässlich der Ernennung Bersus zum Ersten Direktor der RGK verfasst wurden: „Es ist endlich geschehen, was wir schon lange gewartet haben. Gewissermassen ist es schliesslich auch eine ungarische Angelegenheit, da die ung. Archäologie von Niemanden so unterstützt wurde, wie eben von Ihnen."[12]

## Der erste „Prähistoriker" Ungarns – Ferenc Tompa

Obwohl die ungarische Archäologie eine lange Tradition bei der Erforschung prähistorischer Funde bzw. Fundstellen hat, beschäftigten sich die Archäologen bzw. Laienforscher im Ungarischen Königreich neben den prähistorischen Funden auch mit Denkmälern anderer Epochen. So wirkten zum Beispiel die bedeutendsten Archäologen wie Ferenc Pulszky (1814–1897), Flóris Rómer (1815–1889) und József Hampel (1849–1913) auf zahlreichen Gebieten der Archäologie. Der erste hauptberufliche Prähistoriker, noch dazu erster Professor der Prähistorie an einer ungarischen Universität wurde Tompa, der neben den theoretischen Forschungen auch Erfahrung mit Ausgrabungen hatte[13]. Der am 6. Januar 1893 in Budapest geborene Tompa stammte aus einer katholischen Familie *(Abb. 1)*. Er verbrachte seine Schuljahre im katholischen Hauptgymnasium in Keszthely, dann in Esztergom, wo er auch sein Abitur machte. Ab 1912 hörte er an der Universität Pázmány die Fächer Geschichte und Latein. Bei Ausbruch des Krieges meldete er sich freiwillig. Nach der Offiziersschule war er 29 Monate lang an den Kämpfen an der Ostfront beteiligt und nach dem Krieg wurde er hoch dekoriert als Oberstleutnant aus der Armee entlassen[14]. Er beendete danach sein Studium und promovierte im August 1919 in Geschichte über die Kriegsgerichte des Ungarischen Freiheitskrieges 1848/49[15].

Ab 1. August 1919 war er im Antikenkabinett des Ungarischen Nationalmuseums angestellt, jedoch wurde er durch die Anordnung des Kultusministeriums zur Ordnung

[9] Charakteristisch ist für die Epoche, dass die Briefe von Childe auf Deutsch verfasst wurden. Noch dazu hielt Childe seinen Vortrag auf dem Londoner Prähistorikerkongress auf Deutsch: Hančar 1933, 67. Titel seines Vortrags war „Die Bedeutung einiger im Orient neu gefundener Metalltypen für die bronzezeitliche Chronologie Europas".

[10] Mozsolics 1965.

[11] Márton 1930, 231.

[12] Tompa an Bersu, 12.5.1931. RGK-A 2674/31. Zur Ernennung Bersus zum Ersten Direktor: Krämer 2001, 33.

[13] Seine Lehrer in der Feldarchäologie waren K. Miske, Lajos Bella und L. Márton: Banner 1948, 419; Raczky 1993, 95.

[14] Patay 1993, 90.

[15] Patay 1993, 90.

Abb. 1. Ferenc Tompa (Fotograf unbekannt; MNM Archiv).

des Museums von Szombathely zu dessen Direktor berufen, wo er bis September 1923 wirkte[16]. Hier hat er eine tiefe Freundschaft mit dem Laienforscher Kálmán Miske (1860–1943) gepflegt und nahm auf dessen Ausgrabungen am prähistorischem Fundort Velem Szent Vid teil. Dabei wurde sein Interesse für die damals vernachlässigte prähistorische Archäologie geweckt. Er war im Gegensatz zu manch anderem ungarischen Forscher auch als Ausgräber tätig[17], musste sich jedoch selbst methodisch weiterbilden, wovon seine an Alföldi gerichteten Zeilen vom Oktober 1925 zeugen: „te tudod, hogy idáig nálunk igazi prähistorikus nem volt. Akademikus képzettsége nem volt senkinek sem, néhányan hozzáfogtak a munkához és fele úton megálltak, mint a Márton Lajos, a többinek meg, mint pl. a Lajos bácsinak külföldi tanulmányút és megfelelő szakirodalom nem állott a rendelkezésére. Most én pár éve hozzáfogtam és meg akarom állni a helyemet minden vonatkozásban, de érthető, hogy egyidejűleg fűt az ambíció is, hogy az elmulasztott munkát elsősorban én pótoljam."[18]

Zwischen 1923 und 1938 arbeitete Tompa als Kustos, dann als Direktor der prähistorischen Sammlung des Nationalmuseums. 1937 stellte er den prähistorischen Teil der ständigen Ausstellung auf[19] und zur Bereicherung der Sammlung führte er zahlreiche

[16] Patay 1993, 90.

[17] Patay 1993, 91.

[18] Tompa an Alföldi, 30.10.1925: OSZK, Nachlass Alföldi ungeordnet. Übersetzung P. P.: „Du weißt, dass bei uns bisher kein wahrer Prähistoriker war. Eine akademische Ausbildung besaß niemand, einige fingen mit dieser Arbeit an, jedoch halten sie am halben Weg an, wie Márton, den anderen, wie zum Beispiel Onkel Lajos, standen keine Studienfahrten im Ausland und die nötige Fachliteratur zur Verfügung. Jetzt mache ich mich seit einigen Jahren daran und ich möchte meinen Platz in jener Hinsicht behaupten, aber es ist verständlich, dass mich gleichzeitig die Ambition reizt, die vernachlässigte Arbeit in erster Linie selbst nachzuholen." – Vgl. hierzu in diesem Band im Beitrag von Siegmar von Schnurbein S. 99 den Bericht Bersus zur Lage der ungarischen Vorgeschichtsforschung.

[19] Patay 1993, 91.

Ausgrabungen durch[20]. Er nahm auch an den Grabungen in Tószeg-Laposhalom teil, die von Márton geleitet wurden. Seine späten Forschungen auf den bronzezeitlichen Siedlungen in Nagyrév-Zsidóhalom (1925–1927), Hatvan-Strázsahegy (1934–1935) und Füzesabony-Öregdomb (zwischen 1931 und 1937) waren sehr bedeutend[21]. Er erforschte jedoch auch kupfer- bzw. bronzezeitliche Gräberfelder sowie neolithische Fundstellen. Besonders wichtig war seine Ausgrabung an dem Schanzwerk von Lengyel, die er gemeinsam mit Bersu verwirklichte, die jedoch nicht publiziert wurde. Tompa wies lediglich in seinem Bericht auf neue Ergebnisse hin[22].

Wie sein Schüler Pál Patay (1914–2020) schrieb, war Tompa eher ein synthetisierender Forscher, wie seine Monografie über die Bükker und Theiss Kultur auch zeigt[23]. Seine wichtigste und international anerkannte Arbeit über die prähistorischen Forschungen in Ungarn nach dem Ersten Weltkrieg ist auf Anregung von Bersu entstanden[24]. Er strebte hier aber nicht eine Fundstatistik, sondern vielmehr eine Synthese an, die das Siedlungsbild eines Gebietes in der Prähistorie zeigen sollte[25]. Im letzten Jahrzehnt seines Lebens beschäftigte sich Tompa auch mit der Vorgeschichte von Budapest und verfasste dabei eine wichtige Arbeit über die Prähistorie der Stadt[26].

Tompa hatte sich im März 1931 an der Universität Pázmány im Fach Prähistorische Archäologie habilitiert[27]. Danach erhielt er einen Lehrauftrag für Vorgeschichte in Budapest. Bersu gratulierte gleich und riet ihm: „Um Debrecen würde ich mich an Ihrer Stelle auch nicht bewerben. Denn wirklich nutzbringende Arbeit, vor allen Dingen inbezug auf richtige Erziehung der Studenten, ist, wie Sie selbst ja richtig schreiben, nur zu leisten, wenn Sie an einem Ort sind, wo Sie eine gute Bibliothek, gute Sammlungen und durch Anlehnung an ein grosses Museum auch die Möglichkeit haben, die Studenten sowohl in praktischer wie in Geländearbeit einzuführen.“[28]

Seinerzeit bestand kein selbständiges Fach Prähistorische Archäologie an der Universität in Budapest[29] und es wurden nur einige Vorlesungen des Anthropologen Aurél Török (1842–1912) angeboten, in denen er über die Vorgeschichte der Menschheit unter Bezug auf die Arbeiten von Moriz Hoernes (1852–1917) sprach. Ab 1932 hielt Tompa selbst Vorlesungen an der Universität, zuerst im Institut von Alföldi und dann in dem ab 1938 selbständigen Institut für Prähistorische Archäologie, zu dessen ordentlichem Professor er ernannt wurde[30]. Bei seinem Unterricht strebte Tompa sowohl nach theoretischer als auch praktischer Ausbildung der Studierenden[31], wobei vor allem Childe und Bersu Einfluss auf seine Grabungs- und Forschungsmethoden nahmen[32].

[20] Szathmári 1993, 99.

[21] Patay 1993, 91; vgl. Szathmári 1993, 99. Siehe die Liste seiner Ausgrabungen: Patay 1993, 93.

[22] Tompa 1937, 105–106.

[23] Tompa 1929; Patay 1993, 91; Szathmári 1993, 99. Über die Monographie: Raczky 1993, 96–97.

[24] Tompa 1937; vgl. die Kritik des Berichtes: Raczky 1993, 97.

[25] Szathmári 1993, 99; 101.

[26] Tompa 1942.

[27] Siehe zum Beispiel sein Lebenslauf und das Gutachten von A. Hekler: MNM Archiv, Nachlass Tompa, ungeordnet. Er schrieb darüber auch an Bersu: „Inzwischen wurde auch meine Habilitation an der Budapester Universität erledigt und im Herbst beginne ich schon meine Vorlesungen. So hat Ungarn wenigstens eines Privatdozenten für die Vorgeschichte.“ Tompa an Bersu, 21.3.1931. RGK-A 1617/31.

[28] Bersu an Tompa, 21.3.1931. MNM Archiv, Nachlass Tompa, ungeordnet = RGK-A 1617/31 B/G.

[29] Patay 1993, 92; Raczky 1993, 95.

[30] Patay 1993, 92.

[31] Patay 1993, 92.

[32] Patay 1993, 92.; Raczky 1993, 97.

## Das Treffen in Klagenfurt

Wann und wo Bersu Tompa kennenlernte, wissen wir ganz genau. Es geschah bei der zweiten Versammlung deutscher und österreichischer Vor- und Frühgeschichtsforscher, die zwischen 3. und 7. August 1927 in Klagenfurt stattfand. Die erste Versammlung war zwischen 6. und 10. August 1925 in Linz, noch dazu unter außergewöhnlichen Umständen veranstaltet worden. Einer der Initiatoren, der archäologische Referent des oberösterreichischen Landesmuseums in Linz, Erwin Theuer (1887–1925), der die organisatorischen Vorarbeiten übernommen hatte, starb nämlich unerwartet wenige Wochen vor Tagungsbeginn[33]. Menghin und Paul Karnitsch (1904–1964) haben danach die organisatorischen Arbeiten durchgeführt. Bersu war bereits bei dieser Tagung dabei und sprach über den „Stand der Ausgrabungen am Goldberg in Württemberg."[34] Neben den Vorträgen nahmen die österreichischen und deutschen Forscher auch an einer Studienfahrt teil. Sie besuchten Wels und Hallstatt, wo sie eine fachliche Führung erhielten[35].

Die zweite Versammlung zwei Jahre später in Klagenfurt wurde vom Kärtner Geschichtsverein und dessen Präsidenten Hans Paul Meier (1872–1950) organisiert[36]. Neben den deutschen und österreichischen Forschern nahmen nun auch Wissenschaftler aus Ungarn und Jugoslawien teil[37]. Die ungarische Archäologie wurde von Alföldi und Tompa vertreten[38], die eingeladen worden waren, um die Zusammenarbeit zwischen den mitteleuropäischen Forschern zu fördern[39].

Allerdings war die Teilnahme wegen Mangel an finanziellen Mitteln des Ungarischen Nationalmuseums in Gefahr, wie Tompa in seinem Brief vom 7. Juli 1927 an den Staatssekretär des Kultusministeriums Kálmán Szily berichtete: „Az utóbbi időben több oldalról is úgy Hillebrand mint én kaptunk a külföldről kongresszusra szóló meghívást. És pedig Hillebrand az angol anthropologusok szeptemberben Leeds-ben tartandó kongresszusára, én a német és osztrák praehistorikusok klagenfurti kongresszusára, majd pedig mind ketten a szeptemberben tartandó amsterdami internationális kongressusra [...] Méltóságos Uram előtted kell legkevésbé hangsulyoznom az ilyen kongresszuson való részvétel és az ezzel kapcsolatos személyi érintkezés nagy fontosságát, különösen akkor, amikor az ilyen hivatalos megjelenéssel nem csak a nemzeti muzeumot, hanem egyuttal a magyar tudományosságot is képviseljük. [...] Én kaptam most a muzeumtól egy igen szerény kis összeget csehországi tanulmányutra. Ebből az összegből azonban, ha kenyéren és kolbászon is kell élnem, megcsinálom a klagenfurti utat is."[40]

[33] Menghin 1926, 119; Trebsche 2005, 179–180.

[34] Menghin 1926, 121, wo auch eine ausführliche Zusammenfassung dieses Vortrags veröffentlicht ist.

[35] Menghin 1926, 122.

[36] Siehe den ausführlichen Bericht in der Lokalzeitung „Freie Stimmen" 5.8.1927, S. 3. – Vgl. Trebsche 2005, 180–181.

[37] Freie Stimmen 5.8.1927, S. 3. Die Liste der Teilnehmer ist in Franz 1928, 153 zu finden.

[38] Franz 1928, 153.

[39] Freie Stimmen 5.8.1927, S. 3; Siehe das Programm: MNM Archiv, Nachlass Tompa, ungeordnet.

[40] Tompa an Szily, 7.7.1927. MNM Archiv, Nachlass Tompa, ungeordnet: Übersetzung P. P.: „In letzter Zeit erhielten von mehreren Seiten sowohl Hillebrand als auch ich Einladungen zu Kongressen im Ausland. So wurde Hillebrand auf den Leedser Kongress der englischen Anthropologen im September, ich auf den Klagenfurter Kongress der deutschen und österreichischen Prähistoriker, dann wir beide auf den internationalen Kongress im September in Amsterdam eingeladen[.] Euer Wohlgeboren, vor Ihnen muss ich am wenigsten betonen, wie wichtig die Teilnahme an diesen Kongressen und die damit verbundenen persönlichen Kontakte sind, besonders da wir mit unserem Auftreten nicht nur das Ungarische Nationalmuseum, sondern auch die ungarische Wissenschaft vertreten. [...] Ich habe

Tompas Wille wurde mehrfach belohnt, weil er einerseits die nötige finanzielle Unterstützung vom Ministerium erhielt, andererseits lernte er in Klagenfurt Bersu kennen, der ihn auf seine Ausgrabung auf dem Goldberg bei Nördlingen einlud, womit eine fruchtbringende Zusammenarbeit zwischen den beiden Prähistorikern begann[41]. Bei der Versammlung in Klagenfurt hat Tompa, wie die Lokalzeitung berichtete, auch das Wort ergriffen: „Von den Vertretern aus den benachbarten Staaten sprachen Direktor Dr. Abramovič aus Spalato und Professor Dr. von Tompa aus Ofen-Pest herzliche Begrüßungsworte."[42] Tompa wollte dort auch einen Vortrag halten, was aber durch das festgelegte Tagungsprogramm nicht möglich war[43]. Auf dieser Versammlung traf Bersu auf Tompa, wonach Tompa zur Ausgrabung auf den Goldberg eingeladen wurde.

## Tompas Besuch auf dem Goldberg und die Nachwirkungen

Zu den bedeutendsten Forschungen von Bersu gehörte seine Ausgrabung auf dem Goldberg bei Nördlingen, womit er auch internationales Renommee erworben hat[44]. Zwischen 1911 und 1929 grub Bersu große Teile des Goldbergs aus[45], wobei er die Grabungstechnik auf neue Grundlagen stellte. Er organisierte einige Kampagnen als Lehrgrabung für den wissenschaftlichen Nachwuchs[46], aber vor allem die Freilegung der metallzeitliche Siedlung diente auch als Lehrstück für die älteren deutschen und ausländischen Kollegen[47].

Ab 1927 wurden Bersu Sondermittel zur Pflege der Kontakte mit der prähistorischen Forschung im Ausland zur Verfügung gestellt, was die Einladungen bzw. Unterbringung der Gäste ermöglichte[48]. Obwohl Bersus mündliche Einladung an Tompa schon im August erfolgt war, musste sie noch offiziell bestätigt werden. Bersu wandte sich zuerst an Alföldi und bat ihn um seine Hilfe[49]. Dann schrieb er absprachegemäß dem Ungarischen Nationalmuseum: „Gelegentlich der Tagung in Klagenfurt hatte der Unterzeichnete Gelegenheit, mit Herrn von Tompa über die Ausgrabungsmethoden vorgeschichtlicher Siedelungen eingehend Rücksprache zu nehmen. Für eine Vergleichung der gegenseitigen Methoden verspricht sich der Unterzeichnete sehr viel davon, wenn es möglich wäre, dass Herr von Tompa zu der für den Oktober geplanten Fortsetzung der Grabungen auf den

von dem Museum eine sehr geringe Summe für meine tschechische Reise bekommen. Mit dieser Summe werde ich, selbst wenn ich von Brot und Wurst leben muss, auch die Fahrt nach Klagenfurt machen."

[41] Über die Beteiligung Bersus siehe auch Drexel 1929a, 232–233: „G. Bersu beteiligte sich […] an der Tagung deutscher und österreichischer Vor- und Frühgeschichtsforscher in Klagenfurt".

[42] Freie Stimmen 5.8.1927, S. 3.

[43] Franz an Tompa, 4.7.1927. MNM Archiv, Nachlass Tompa: „Was Deinen Vortrag betrifft, muß ich Dir leider mitteilen, daß der auf der Kärtner Tagung nicht steigen kann, da nur die Urgeschichte Kärntens auf dem Programm steht."

[44] von Schnurbein 2001, 176; Krämer 2001, 27. – Siehe auch im Jahresbericht Drexel 1929a, 233: „Herr Bersu leitete auch in diesem Jahre wieder die Ausgrabungen auf dem Goldberg bei Nördlingen und hatte Gelegenheit, zahlreichen Fachgenossen aus dem In- und Ausland die dort angewendete Grabungsmethode vorzuführen. […] Eine Sonderbewilligung des Auswärtigen Amtes ermöglichte es, die Beziehungen zur prähistorischen Forschung des Auslandes stärker zu pflegen und mancherlei gemeinsame Arbeiten in die Wege zu leiten."

[45] Parzinger 1998, 9–12.

[46] Parzinger 1998, 12–13; Krämer 2001, 27.

[47] Parzinger 1998, 13: Zu diesen zählten zum Beispiel T. Gerasimov, Ion Nestor, Eugen Tatarinoff, Otto Tschumi, Paul Zenetti und auch Ferenc Tompa.

[48] Drexel 1929a, 233; von Schnurbein 2001, 190. Vgl. in diesem Band Beitrag von S. von Schnurbein, S. 98.

[49] Bersu an Alföldi, 30.8.1927: OSZK, Nachlass Alföldi ungeordnet = RGK-A 2567/27.

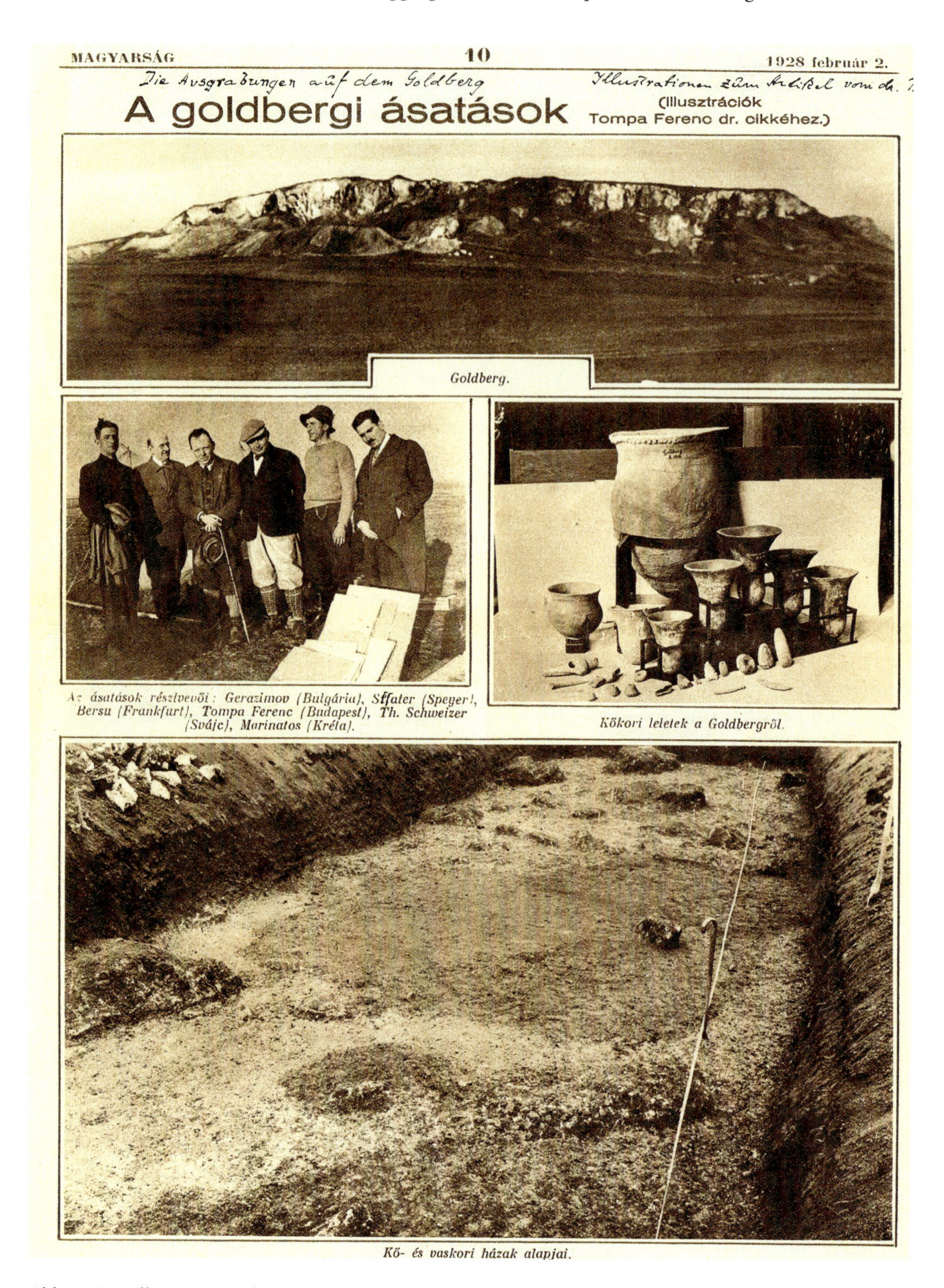

MAGYARSÁG 10 1928 február 2.

Die Ausgrabungen auf dem Goldberg — Illustrationen zum Artikel vom dr. T.

# A goldbergi ásatások

(Illusztrációk Tompa Ferenc dr. cikkéhez.)

*Goldberg.*

*Az ásatások résztvevői: Gerazimov (Bulgária), Sprater (Speyer), Bersu (Frankfurt), Tompa Ferenc (Budapest), Th. Schweizer (Svájc), Marinatos (Kréta).*

*Kőkori leletek a Goldbergről.*

*Kő- és vaskori házak alapjai.*

Abb. 2. Die Illustration in der Zeitung Magyarság über die Ausgrabung und die Funde (Magyarság 2.2.1928, S. 10).

Abb. 3. Die Teilnehmer der Grabung im Herbst 1927: T. Gerasimov, Friedrich Spater, Gerhard Bersu, Ferenc Tompa, Theodor Schweizer und Spyridon Nikolaou Marinatos (Magyarság 2.2.1928, S. 10).

Goldberg bei Nördlingen für einige Zeit delegiert werden könnte."[50] Sowohl das Museum als auch das Ministerium waren mit der Reise Tompas einverstanden, was seinen Besuch am Goldberg im Oktober ermöglichte[51]. Dass sich Tompa dort gut einfügte, bezeugen Bersus Worte: „Es wird viel nach Ihnen gefragt und Sie haben dort einen tiefen Eindruck hinterlassen."[52] Tompa verfasste auch einen Reisebericht, der mit Illustrationen in der ungarischen Landeszeitung „Magyarság" veröffentlicht wurde[53]. Neben Tompa berichteten auch andere Gäste in der Landespresse ihres Heimatlandes[54]. Tompas Bericht erschien am 29. Januar 1928 unter dem Titel „Őskori lakóházak és fejedelmi paloták. Ásatások a Goldbergen" (Prähistorische Wohnhäuser und Fürstenpaläste. Ausgrabungen auf dem Goldberg)[55] und war mit Fotos illustriert *(Abb. 2)*[56]. Diese waren von dem griechischen Gast Spyridon Marinatos (1901–1974) gemacht worden[57]. Neben ihm nahmen auch noch T. Gerasimov aus Bulgarien, Theodor Schweizer (1893–1956) aus der Schweiz und der Deutsche Friedrich Sprater (1884–1952) teil *(Abb. 3)*.

Nach Tompa lag die Bedeutung der Grabung in der Freilegung von Wohnhäusern und in den guten und präzisen Grabungsmethoden von Bersu[58]. Über die Methoden hat er Folgendes berichtet: „Bersu mindezeket egy mérnök ügyességével méri fel és rajzolja be a

[50] Bersu an Tompa, 30.8.1927. MNM Archiv, Nachlass Tompa, ungeordnet = RGK-A 2588/27; s. auch da die Abschrift des Briefes an das Nationalmuseum.

[51] Bersu an Tompa, 3.10.1927. MNM Archiv, Nachlass Tompa, ungeordnet.

[52] Bersu an Tompa, 25.10.1927. MNM Archiv, Nachlass Tompa, ungeordnet.

[53] Tompa 1928.

[54] Siehe zum Beispiel: L. Franz, Auf der Hochschule für archäologische Ausgräber. Wiener Zeitung 17.1.1929, S. 6–7.

[55] Tompa 1928.

[56] Magyarság 2.2.1928, S. 10.

[57] Marinatos an Tompa, 5.3.1928. MNM Archiv, Nachlass Tompa, ungeordnet.

[58] Tompa 1928.

térképébe, hogy végül minden periódus lakótelepéről teljesen pontos topographiát tudjon adni. Nagy szerepe van természetesen a fényképezőgépnek is és a chromo-lemez hűségesen rögzíti az őskori lakóházak nyomait."[59] Auf einer der Abbildungen finden sich die Spuren dieser Häuser. Im November bedankte sich Bersu auch bei dem Nationalmuseum für Tompas Entsendung[60]. Die angenehmen Erfahrungen bzw. die wissenschaftspolitischen Ziele trugen dazu bei, dass auch Bersu nach Ungarn eingeladen wurde[61].

## Die große Ungarnreise Bersus und seine Erfahrungen

Über Bersus Ungarnreise ist eine kurze Mitteilung im Jahresbericht der RGK erschienen[62]. Es steht uns zusätzlich sein detaillierter Reisebericht mit seinen Beobachtungen bzw. Ansichten zur Verfügung[63].

Schon im Dezember 1927 begannen die Verhandlungen über das Programm und den Zeitplan[64]. Tompa konnte nur mit einem Termin im Spätfrühling rechnen, weil Bersu sowohl die Ausgrabungen von Márton und van Giffen besuchen als auch selbst eine Grabung auf dem Schanz von Lengyel durchführen wollte[65]. Damit Bersu alle ihn interessierenden Museen und Ausgrabungen besuchen konnte, musste Tompa ein dichtes Programm zusammenstellen[66]. Schließlich wurde der 20. Mai für die Ankunft des Frankfurter Kollegen bestimmt[67]. Bersu freute sich dabei besonders auf die Forschungen in Lengyel und beschloss schon im Voraus, dass er sich lediglich auf die Befestigungsgrabung beschränken wolle[68]. Über die Ziele seiner Reise hat Bersu berichtet: „Die Einladung zu der Reise nach Ungarn ging vom Nationalmuseum aus, offenbar als Erwiderung jener Einladung zu einer Ausgrabung des Institutes, der Dr. von Tompa vom Nationalmuseum im vorigen Jahr Folge geleistet hatte. Bei dieser Gelegenheit war mit Herrn von Tompa besprochen worden, an zwei ungarischen Fundplätzen die Ausgrabungsmethoden zu vergleichen."[69]

[59] Tompa 1928, Übersetzung P. P.: „Bersu nimmt diese mit der Geschicklichkeit eines Ingenieurs auf und zeichnet sie in die Karte ein, so dass er am Ende über die Wohnsiedlung jeder Epoche eine vollkommen genaue Topographie geben kann. Dabei hat natürlich der Fotoapparat auch eine große Rolle gespielt und die Chromo-Platte fixiert getreu die Spuren der prähistorischen Wohnhäuser."

[60] Bersu an Tompa, 24.11.1927. MNM Archiv, Nachlass Tompa, ungeordnet.

[61] von Schnurbein 2001, 176; Krämer 2001, 26–27; vgl. in diesem Band Beitrag S. von Schnurbein, S. 99 f.

[62] Drexel 1929b, 189: „Bei einem mehrwöchentlichen Aufenthalt in Ungarn auf Einladung ungarischer Fachkollegen wurden die Verbindungen zur ungarischen Forschung enger geknüpft. Dankbar gedenkt die Kommission dabei der wertvollen Förderung, die Herr Bersu durch die Kollegen, vor allem aber durch das ungarische Kultusministerium und den Herrn deutschen Gesandten in Budapest erfuhr. Neben Museumsbesuchen und Besichtigung zahlreicher Fundstellen im Lande konnte Herr Bersu eine Woche der Ausgrabung des Ungarischen Nationalmuseums in Tószeg, die diese Anstalt gemeinsam mit Herrn van Giffen aus Groningen unternahm, beiwohnen. Eine viertägige gemeinsame Grabung mit Herrn von Tompa vom Ungarischen Nationalmuseum an der prähistorischen Festung Lengyel führte dort zu wichtigen Feststellungen."

[63] G. Bersu, Bericht über eine Reise nach Ungarn. RGK-A 40–41.

[64] Bersu an Tompa, 14.12.1927. MNM Archiv, Nachlass Tompa, ungeordnet.

[65] Bersu an Tompa, 20.2.1928. MNM Archiv, Nachlass Tompa, ungeordnet.

[66] Bersu an Tompa, 19.3.1928. MNM Archiv, Nachlass Tompa, ungeordnet.

[67] Bersu an Tompa, 28.4.1928. MNM Archiv, Nachlass Tompa, ungeordnet.

[68] Bersu an Tompa, 25.10.1928. MNM Archiv, Nachlass Tompa, ungeordnet = RGK-A 4013/28.

[69] G. Bersu, Bericht über eine Reise nach Ungarn. RGK-A 39.

Abb. 4. Ansicht von Tószeg-Laposhalom und die im Jahre 1928 freigelegte Fläche (Tompa 1937, Taf. 37).

Im Mai 1928 besuchte Bersu dann nach einem kurzen Aufenthalt in Budapest die prähistorische Tell-Siedlung in Tószeg *(Abb. 4.)*, die Márton mit Hilfe des Gröningener Professors Albert van Giffen erforschte. Bersu, der als Zuschauer da war, fasste seine Beobachtungen über die Grabung und die dabei angewandten Methoden so zusammen: „Seit Jahrzehnten gräbt hier das Nationalmuseum unter Leitung von Herrn von Marton. Obgleich ausserordentlich günstige Bodenverhältnisse vorliegen, die ein Erkennen der Hausformen und der genauen Abfolge der Schichten gestatten, beschränkt sich die Leitung der Grabung im wesentlichen auf die Gewinnung von Funden. Erst den Arbeiten und Aufnahmen von Herrn van Giffen, der über eine ausgezeichnete Ausgrabungstechnik verfügt und den die modernen Probleme der Urgeschichtsforschung nach der kulturgeschichtlichen Seite hin interessieren, gelang es, in die etwas verkalkte Methode von Herrn von Marton modernere Geschichtspunkte hereinzubringen. Vorzüglich ausgerüstet, mit allen notwendigen Apparaten, die dem Nationalmuseum für seine Ausgrabungen völlig fehlen und unterstützt von zwei mitgebrachten holländischen Vorarbeitern, hat Herr van Giffen, ohne auf die eigentliche Ausgrabungsarbeit wesentlichen Einfluss ausüben zu können, wenigstens erstmals einen genauen Plan und ein genaues Profil des Siedelungshügels aufgenommen, auch Arbeiten, die eigentlich die Grundlage und das Anfangsstadium jeder Ausgrabung bedeuten sollten. Herr von Tompa, der mich begleitete, beschränkte sich wie ich bei diesen Arbeiten auf das Zusehen und das Besprechen der Bodenverhältnisse.“[70] Etwas später bemerkte er noch: „Pfostenlöcher, die den Umriss der Wohnbauen zu erkennen gestatten, sind prachtvoll erhalten, sodass es bei richtiger Ausgrabungstechnik mühelos möglich wäre, sich über die Formen der Wohnbauten ein Bild zu machen.“[71]

Bersus Grabungsmethoden auf dem Goldberg waren ähnlich wie diejenigen van Giffens. Er öffnete dort 6 × 15 m große Segmente, ging immer wieder 10 cm tiefer, wodurch die geputzte Fläche Pfostenlöcher, Gruben und andere Siedlungsobjekte bereits deutlich erkennen ließ, und im letzten Arbeitsschritt wurden diese dann ausgehoben[72]. Im Fall von Tószeg irrte er sich aber, denn bei den Tell-Siedlungen mit mehreren Siedlungsschichten kann man seine Pfostenlöcher-Methodik nicht anwenden[73]. Die auf Grund von Pfostenlöchern rekonstruierten Hausgrundrisse führen zu Irrwegen und bei der Rekonstruktion der Siedlungsschichten bringen sie keine richtigen Resultate. Bei der Grabung von Tószeg musste Márton vielmehr die Fußböden der Häuser mit Handgeräten freilegen, was schließlich die Rekonstruktion einzelner Siedlungsschichten ermöglichte[74].

Die Gäste auf der Grabung in Tószeg werden im bruchstückhaften Manuskript der Tószeg-Monographie von Márton erwähnt[75] und auch in der Landeszeitung „Nemzeti Újság“ erschien ein großer Artikel über die Grabung und ihre Resultate[76]. Dank der Organisationsarbeit von Tompa konnte Bersu mit dem Wagen des Abgeordneten Béla Erödi-Harrach einen zweitägigen Ausflug entlang der Theiss machen. Sie besuchten dabei auch die Museen von Debrecen, Nyíregyháza und Kecskemét[77]. Bersus nächstes Ziel war Komitat Tolna und das Schanzwerk von Lengyel. Am 2. Juni besichtigte er noch das Museum von Szekszárd[78], dann folgte die Ausgrabung in Lengyel zwischen dem 3. und 7. Juni, finanziert durch das Ungarische Nationalmuseum[79]. Über die Grabung berichtete Bersu: „Ein 5 tägiger Besuch in Lengyel gab Gelegenheit zu einer kurzen Grabung mit Herrn von Tompa an dieser berühmten Befestigung. Hierbei konnte festgestellt werden, dass die

[70] G. Bersu, Bericht über eine Reise nach Ungarn. RGK-A 39–40.

[71] G. Bersu, Bericht über eine Reise nach Ungarn. RGK-A 40–41.

[72] Parzinger 1998, 13–14.

[73] Szathmári 1993, 99.

[74] Szathmári 1993, 99.

[75] MNM Archiv Ha 2002.XII.136 Nachlass Márton Karton 2. Manuskript von Márton „Die vorgeschichtliche Ufersiedelung Tószeg an der Theiss“, S. 58.: „Einer der interessantesten Grundrisse ist derjenige welche im Jahre 1928 in der Anwesenheit des Herrn Directors Bersu, Prof. Van Giffen und Franz von Tompa blosgelegt habe.“ Vgl. Banner et al. 1959, 25.

[76] Borbély 1928.

[77] Er besichtigte das Museum von Kecskemét mit van Giffen und Tompa zu Pfingsten: Kecskeméti Közlöny 30.5.1928, S. 2.

[78] Über sein Besuch berichtete auch die Lokalpresse: Külföldi tudós Szekszárdon. Tolnamegyei Lapok 9.6.1928, S. 4. Bersu beschrieb den Zustand des Museums auch im Reisebericht: „Besichtigt wurde dann mit Herrn von Tompa das Museum in Szegszard, wo in einem weiträumigen Gebäude, aber völliger Unordnung die weltberühmten Grabungsergebnisse der Forschungen Wosinskis und besonders das Inventar der berühmten steinzeitlichen Friedhöfe in Lengyel sich befinden.“ (G. Bersu, Bericht über eine Reise nach Ungarn. RGK-A 41).

[79] Siehe: A Magyar Nemzeti Múzeum Barátai Egyesületének első százezer pengője. Összefoglaló jelentés a Nemzeti Múzeum támogatásáról (Budapest 1934) 16.

Befestigung von Lengyel keinesfalls der Steinzeit angehört, ja es überhaupt fraglich ist, ob im Gebiete dieser heutigen Befestigung eine steinzeitliche Siedelung bestanden hat. Es sieht vielmehr so aus, als ob das für die Anlage einer Festung hervorragend geeignete Gelände in der Steinzeit nur zur Anlage von 2 Friedhöfen, die zu irgend welchen Siedelungen in der Umgegend gehören, benutzt worden ist und erst in der mittleren Bronze- und dann in der Hallstattzeit dieses von der Natur sehr geschützte Gelände zur Anlage einer engen Siedelung benutzt worden ist […]"[80]. Leider ist diese Ausgrabung bis heute nicht veröffentlicht und Tompa brachte nur die wichtigsten Resultate in seiner Forschungsgeschichte[81].

Nach dieser Grabung führte Bersus Weg nach *Aquincum*, wo er die römische Ausgrabungen von Lajos Nagy (1897–1946) besichtigte, und dann zu den Museen in Székesfehérvár und Veszprém[82]. Sein Urteil über die ungarische prähistorische Forschung war ziemlich ernüchternd: „Um zunächst die prähistorische zu behandeln, so zeigt sich, dass die ungarische Forschung seit Hantels [sic!] Tod im wesentlichen auf dem Stand von vor 40 Jahren stehen geblieben ist. Auf dem Gebiete der Paläolithik arbeitet Dr. Hillebrand seit Jahren an dem hervorragenden Fundplatz der Szelleta[sic!] höhle im gewohnten Geleise. Die Grabungen entspricht den Anforderungen, die an solche Unternehmungen zu stellen sind, aber der Wille zu einer Synthese der paläolithischen Forschung und die Absicht die neueren Grundsätze der Kulturkreislehre auf die Forschung auszudehnen, besteht nicht. Genau wie auch für die späteren Epochen beschränkt man sich im wesentlichen darauf Funde zu gewinnen und die Museen mit neuem Fundmaterial zu versehen. […] Lediglich Herr von Tompa bemüht sich, das antiquarische Moment beiseite zu stellen und nach wissenschaftlichen Gesichtspunkten zu graben."[83] Er hat auch den Grund für diese traurige Situation genannt: „Es gibt in Ungarn keinen Lehrstuhl für Vorgeschichte und keine Möglichkeit, dass die Herren im Lande sich irgendwie bilden können. Dem einzigen Prähistoriker am Nationalmuseum, Herrn von Tompa, ist es natürlich unmöglich, die Beratung der in der Landesforschung tätigen Herren vorzunehmen […]"[84].

Nach seiner Heimkehr bedankte sich Bersu für die Gastfreundschaft bei Tompa: „Ich denke noch gern und mit grosser Freude an die schönen Tage in Ungarn und bin noch immer ganz beschämt von der rührenden Fürsorge und Mühe, die Sie sich mit mir gegeben haben. Leider bin ich bisher noch nicht dazu gekommen, die Profile von Lengyel ins Reine zu zeichnen. Hoffentlich eilt es nicht allzusehr damit, ebenso wie mit meinem Berichte. Beigelegt habe ich Ihnen einige Abzüge der Photographien von unserem schönen Ausfluge nach Tisza-Inoka."[85]

[80] G. Bersu, Bericht über eine Reise nach Ungarn. RGK-A 41.

[81] Tompa 1937, 106: „Im Jahre 1928 haben G. Bersu und Referent den Rand und den Graben am Hang durchschnitten und durch einen glücklichen Zufall am Boden des Grabens keramisches Material gefunden, mit dem sie die Zeit der Entstehung des Schanzwerkes einwandfrei feststellen konnten. Es wurden dort nämlich Bruchstücke von Buccherogefässen der dritten Stufe der Eisenzeit in Gesellschaft von frühlatènezeitlichen Scherben unter Umständen gefunden, die die Datierung der Befestigungsanlage in die späte Hallstattzeit sicherstellen." In Anm. 296 steht: „Veröffentlichung in Vorbereitung." Sowohl die Grabungsdokumentation als auch die Funde sind verschollen.

[82] Über Bersus Besuch berichtete die Lokalzeitung in Székesfehérvár auch: Külföldi tudósok tekintették meg a múzeumunkat. Fejérmegyei napló 17.6.1928, S. 1.

[83] G. Bersu, Bericht über eine Reise nach Ungarn. RGK-A 44–45.

[84] Vgl. Beitrag von S. von Schnurbein in diesem Band. – G. Bersu, Bericht über eine Reise nach Ungarn. RGK-A 45.

[85] Bersu an Tompa, 17.7.1928. MNM Archiv, Nachlass Tompa, ungeordnet = RGK-A 2697/28.

Bersu wollte die Funde bzw. die Beobachtungen von Lengyel veröffentlichen und daher wandte er sich im September 1928 an Tompa mit dem Angebot: „Wie denken Sie über einen kurzen Bericht über unsere Grabung in Lengyel? Ich persönlich fände es ganz gut, wenn etwa gleichzeitig mit der Publikation in einer ungarischen Zeitschrift, etwa in der Prähistorischen Zeitschrift, ein Bericht erschiene.“[86] Keiner dieser Pläne wurde aber realisiert.

Die Reise und Zusammenarbeit mit Tompa hat bei Bersu tiefe Eindrücke hinterlassen, was sich auch in seinem Brief widerspiegelt: „Was ich jedenfalls tun kann, um Ihre Zukunftspläne irgendwie zu fördern, soll geschehen und falls Sie irgend wann glauben, dass ich Ihnen von Nutzen sein kann, stehe ich Ihnen jeder Zeit und jeder Form zu Verfügung.“[87]

## Bersu, Tompa und die Studienfahrten donauländischer Vor- und Frühgeschichtsforscher

Tompa spielte eine besonders wichtige Rolle bei der Organisationsarbeiten zweier Studienfahrten der Vor- und Frühgeschichtsforschern, die ein wichtiges Unternehmen Bersus waren[88].

In der Einladung zur Donaufahrt im Jahre 1929 hieß es zum Ursprung der Studienfahrt-Idee[89]: „Die Zusammenkunft reichsdeutscher, österreichischer und ungarischer Vor- und Frühgeschichtsforscher, die erstmals 1925 in Oberösterreich, 1927 in Kärnten stattfand, sollte verabredungsgemäss in zweijährigem Turnus abgehalten werden [...]“. Bei dem dritten Unternehmen sollten die Forscher dann neben dem österreichischen Kismarton / Eisenstadt hauptsächlich die nordtransdanubischen ungarischen Museen bzw. Fundorte besichtigen. Obwohl Bersu alle Möglichkeiten für die Unterstützung des Unternehmens nutzte, lag die Hauptlast der organisatorischen Arbeiten bei Franz und besonders bei Tompa[90], wie die Einladung zeigt *(Abb. 5)*[91]. Von Bersus Aufsicht über die Planungen zeugt der rege Briefverkehr zwischen den Organisatoren[92], wobei er sogar teilnehmende Nicht-Prähistoriker berücksichtigte: „Im Anschluss daran würde dann für die, die keine reinen Prähistoriker sind und für die rein römischen Archäologen jenes von Alföldi und Szalay ausgearbeitete Programm steigen.“[93] Er hat aber im April 1929 wegen der Nichtbeachtung

[86] Bersu an Tompa, 10.9.1928. MNM Archiv, Nachlass Tompa, ungeordnet = RGK-A 3371/28.

[87] Bersu an Tompa, 10.9.1928. MNM Archiv, Nachlass Tompa, ungeordnet = RGK-A 3371/28.

[88] Die im Jahre 1929 veranstaltete Donaufahrt war die erste offiziell auch als Studienfahrt bezeichnete Reise; vgl. Beitrag in diesem Band von S. von Schnurbein, S. 100; s.a. Krämer 2001, 30, nach ihm war sie die zweite.

[89] MNM Archiv, Nachlass Tompa, ungeordnet; vgl. Trebsche 2005, 179–181.

[90] Bersu 1930, 203: „Bersu – Gemeinsam mit Herrn Menghin und Herrn v. Tompa bereitete er die Studienfahrt deutscher und österreichischer Prähistoriker vor. Diese wohlgelungene Unternehmung, die auch den römischen und frühmittelalterlichen Denkmälern galt, führte, in Wien beginnend, durch das Burgenland und Nordwestungarn. Sie fand in Budapest ihren Abschluss. Alle Teilnehmer hatten sich der Gastfreundschaft und weitgehenden Förderung durch die einheimischen Kollegen und Behörden zu erfreuen, wofür an dieser Stelle besonders gedankt sei. Im Zusammenhang mit diesen Reisen wurden Museen und Ausgrabungen besichtigt und neue wissenschaftliche Verbindungen angeknüpft. Ein Besuch des ungarischen Donaulimes und der Grabung Herrn Stockys in Stradonitz war besonders fruchtbringend.“

[91] MNM Archiv, Nachlass Tompa, ungeordnet.

[92] So zum Beispiel Bersu organisierte die deutschen Teilnehmer für die Fahrt: Franz an Tompa, 24.7.1929 u. 22.8.1929. MNM Archiv, Nachlass Tompa, ungeordnet.

[93] Bersu an Tompa, 25.10.1928. MNM Archiv, Nachlass Tompa, ungeordnet = RGK-A 4013/28.

E i n l a d u n g

Die Zusammenkunft reichsdeutscher, österreichischer und ungarischer Vor-und Frühgeschichtsforscher, die erstmals 1925 in Oberösterreich, 1927 in Kärnten stattfand, sollte verabredungsgemäss in zweijährigem Turnus abgehalten werden. Für dieses Jahr ist folgendes vorläufiges Programm aufgestellt worden:

2.9.1929 Begrüssungsabend in Wien..
3.9. Morgens Abfahrt nach Eisenstadt.
Sammlung Wolf - Landesmuseum - Burgstall,
Abends nach Sopron.
4.9. Sopron. Vormittags Burgstall.
Nachmittags Museum. Abendmahl in Sopron.
5.9. Velem St. Veit. Abends nach Szombathely.
6.9. Szombathely - Museum.
Nachmittags / über Nagykanizsa / nach Keszthely-
Übernachten.
7.9. Keszthely.
Vormittags Museum. Nachmittags Rast. Übernachten Keszthely.
8.9. Mit Bahn nach Fenék. Röm. Mogentiana / Castrum/.
Nachmittags mit Bahn nach Veszprém / Unterbrechung in
Balatonfüred /.
9.9. Veszprém.
Vormittag Museum. Nachmittag Székesfehérvar. Museum.
Abends in Budapest.

Die örtliche Vorbereitung hat für den österreichischen Gebietsanteil gütigst Dr.Franz vom Urgeschichtlichen Institut der Universität in Wien, für den ungarischen Dr.v.Tompa vom Nationalmuseum in Budapest übernommen. Bezüglich Unterkunft und des Fahrpreises wird versucht werden, Vergünstigungen zu erhalten. Deshalb müssen die Anmeldungen bis 1.August d.J.für reichsdeutsche Teilnehmer beim Archäologischen Institut des Deutschen Reiches Römisch- Germanische Kommission, Frankfurt a.M., Palmengartenstr.12, für österreichische Teilnehmer an das Urgeschichtliche Institut der Universität in Wien, Wien IX, Wasagasse 4, erbeten werden. Zur Teilnahme werden Fachgenossen freundlichst aufgefordert. Endgültiges Programm mit Literaturangaben usw.wird nach dem 1.August d.J.den Angemeldeten übersandt. Ferner hat sich Herr Dr.Hillebrand bereit erklärt, anschliessend an den Aufenthalt in Budapest, etwa vom 11.September ab, Interessenten nach Miskolc und ins Bükkgebirge zu führen.

Abb. 5. Die Einladung auf die Donaufahrt (MNM Archiv).

seines Vorschlags auch bei Menghin energisch interveniert: „Bersu hat einen sehr indignierten Brief darüber geschrieben, dass das Programm zur ungarischen Tagung aufgestellt wurde, ohne dass man zuerst mit ihm darüber verhandelt. Ferner ist er mit dem Termin nicht zufrieden, er sagt, er kann im August nicht kommen. Er hat dies Dr. Franz schon früher mitgeteilt, aber dieser hat es vergessen zu sagen. […] Item, wir müssen nun die Sache auf alle Fälle reparieren und vor allem einen anderen Termin ansetzen, nämlich um 10. September herum.“[94] Dieses Problem wurde aber im Mai 1929 in Wien gelöst, als Bersu mit Egger und Menghin verhandelte und den Termin für September festsetzte[95].

[94] Menghin an Tompa, 12.4.1929. MNM Archiv, Nachlass Tompa, ungeordnet; s. Trebsche 2005, 180–181.

[95] Bersu an Tompa, 22.5.1929. MNM Archiv, Nachlass Tompa, ungeordnet = RGK-A 2144/29 B.

Bersu beklagte im Juli, wie wenig Wissenschaftler sich aus Deutschland anmeldeten: „Man sieht daran doch deutlich, wie sehr es unseren lieben Kollegen jetzt an Geld fehlt."[96] Auch Tompa, der sehr gute Arbeit bei der Organisation leistete, was sich auch in den Einladungen, Unterstützungen und Kosten widerspiegelte, bedauerte das fehlende Interesse: „Es ist aber sehr bedauerlich. dass so wenige Herren aus Deutschland bisher sich gemeldet haben. Das kann ich eigentlich nicht verstehen. Das Geld spielt doch nicht so eine grosse Rolle bei dieser Fahrt. Wie ich es so ungefähr ausgerechnet habe, kostet die ganze Sache von Sopron bis Budapest nicht mehr als 40.- RM. Visum umsonst, überall Halbefahrkarte, fast überall Freiquartiere, Ehrenfütterungen [...] Ich bitte Sie sehr darauf, machen Sie für die Tagung eine Propaganda. Sie sind wohl derjenige, der in dieser Beziehung das Grösste leisten kann. Diese Tagung ist sehr wichtig für uns und besonders für dieses Gebiet, wo, wie ich vollkommen überzeugt bin, nach diesem Besuch die archäologische Tätigkeit unbedingt in einen grossen Schwung kommen wird. Sie sind unsere willkommenen Gäste, gleichzeitig aber auch unsere Mitarbeiter, die mit diesem Ausflug für die Zukunft der ungarischen Forschung grosse Verdienste leisten können."[97]

Die Donaufahrt fand zwischen dem 2. und 9. September 1929 statt[98]. Die Teilnehmer sammelten sich in Wien und reisten danach nach Eisenstadt *(Abb. 6)*, wo die Sehenswürdigkeiten und besonders die Wolff-Sammlung besichtigt wurden[99]. Noch am gleichen Tag fuhren sie nach Ungarn, wo sie – wie die Lokalpresse berichtete – die ungarische Gastfreundschaft mit „Freiquartieren und Ehrenfütterungen" erfuhren. Besonders lehrreich waren aber die Besuche in den Museen und Ausgrabungsstellen, wo nach der Lokalpresse die Teilnehmer viele Notizen und Zeichnungen gemacht haben[100]. So wurden die Museen von Sopron, Szombathely, Keszthely, Veszprém, Sümeg, Székesfehérvár und Budapest bzw. die Fundorte von Velemszentvid, Keszthely-Fenékpuszta und Dunabogdány besichtigt[101]. Noch dazu hielten Alföldi und Márton kleine Vorträge über die römische Zeit bzw. die Prähistorie von Transdanubien[102]. Die Teilnehmer waren begeistert, wie Franz, der nicht mitgereist war, an Tompa berichtete: „Ich kann Dir verraten, dass alle Teilnehmer an der ungarischen Tagung restlos begeistert sind. Alle mit denen ich sprach, erklärten, so etwas hätten sie noch nicht mitgemacht."[103] Die angenehme Fahrt und die wissenschaftlich wichtigen Orte trugen dazu bei, dass danach noch sieben weitere Donaufahrten organisiert wurden. Bersu war auch zufrieden und bat Tompa um die Liste der Teilnehmer bzw. den Verlauf der Fahrt, weil er einen Bericht über die Fahrt schreiben musste[104]. Er strebte an, danach weitere Personen für die Reise zu gewinnen und andere mittel- und osteuropäische Ziele ins Programm zu nehmen. Noch dazu konnte er bei den offiziellen ministerialen Stellen erreichen, dass die ungarischen Teilnehmer immer einen Zuschuss für die Reisekosten erhielten[105].

[96] Bersu an Tompa, 30.7.1929. MNM Archiv, Nachlass Tompa, ungeordnet = RGK-A 3199/29 B.

[97] Tompa an Bersu, 8.8.1929. RGK-A. 3199/29 B.

[98] von Schnurbein 2001, 190; vgl. Trebsche 2005, 180–181; die Liste der Teilnehmer findet sich bei Pittioni 1930, 159.

[99] Sándor (Alexander) Wolf war ein Weinhändler in Eisenstadt, der auch als Laienforscher bzw. Antiquitätensammler wirkte. Aus seiner Sammlung enstand das Burgenländische Landesmuseum.

[100] Pittioni 1930, 160–161.

[101] Für das ausführliche Programm der Donaufahrt siehe D. M. 1929; Pittioni 1930.

[102] Eine gute Zusammenfassung bringt Pittioni 1930, 160, Anm. 1.

[103] Franz an Tompa, 16.9.1929. MNM Archiv, Nachlass Tompa, ungeordnet.

[104] Bersu an Tompa, 4.12.1929. MNM Archiv, Nachlass Tompa, ungeordnet = RGK-A 4877/29 B; vgl. Tompa an Bersu, 4.12.1929. RGK-A 5049/29.

[105] Bersu an Alföldi, 12.8.1931: OSZK, Nachlass Alföldi ungeordnet.4497/31 B/G 12.8.1931.

Abb. 6. Teilnehmer der Donaufahrt in Eisenstadt (Fotograf unbekannt; OSZK, Nachlass Alföldi).

Eine weitere Fahrt führte im Jahre 1931 nach Jugoslawien[106] und Bersu bat wieder Alföldi und Tompa um Hilfe bei der Organisation[107]. Bersu wollte ein schönes Programm und noch dazu verbilligte Fahrgelegenheiten bekommen. Wegen der Teilnehmer anderer Nationen musste er eine Lösung für die Benennung der Fahrten finden. Über die Lösung hat er Tompa so unterrichtet: „Um alle Schwierigkeiten zu vermeiden, haben wir beschlossen, die Unternehmung in Zukunft ‚Studienfahrt deutscher und donauländischer Bodenforscher' zu nennen."[108]

Die vierte Donaufahrt führte im September 1933 wieder nach Ungarn und daher musste sich Tompa mit dem Programm beschäftigen. Bersu wollte den Donaulimes bzw. die serbischen und rumänischen Sehenswürdigkeiten besuchen und dabei auch mit den serbischen Kollegen in Kontakt treten[109]. Obwohl Tompa manche Hilfe von István Paulovics (1892–1952) und Márton erhielt, musste er selbst die Organisationsarbeiten und Visaangelegenheiten erledigen. Er reiste sogar nach Serbien, wo er mit den Kollegen von Belgrad die Fahrmöglichkeiten und Unterkünfte organisierte. Er unterrichtete Bersu fortlaufend über die aktuelle Lage[110]. Noch dazu musste er sich um die Wünsche von Bersu

[106] Bersu 1931, 3: „Vom 24. September bis 6. Oktober wurde die 4. Studienfahrt deutscher und donauländischer Bodenforscher unter der Leitung der Römisch-Germanischen Kommission veranstaltet, welche Dalmatien und Bosnien zum Ziel hatte."

[107] von Schnurbein 2001, 192–193; vgl. auch in diesem Band Beitrag S. von Schnurbein, S. 102–105.

[108] Bersu an Tompa, 21.3.1931. MNM Archiv, Nachlass Tompa, ungeordnet = RGK-A 1617/31 B/G.

[109] Bersu an Tompa, 23.9.1932. MNM Archiv, Nachlass Tompa, ungeordnet; vgl. auch in diesem Band Beitrag S. von Schnurbein, S. 105–108.

[110] Bersu an Tompa, 22.8.1933. Archiv RGK 5027/33 B/H. und 10.8.1933. RGK-A 4438/33 B/H.

kümmern, wie zum Beispiel dessen Besuch bei dem Schanzwerk von Lengyel. Bersu bat sogar ihn und Márton darum, einen Brief an den Rektor der Universität Wien zu richten, damit Professor Rudolf Egger auch an der Fahrt teilnehmen konnte[111]. Die mehr als 30 Teilnehmer aus zehn Ländern bereisten schließlich zwischen dem 21. September und 1. Oktober 1933 die Limesstrecke von Budapest bis Kroatien[112], dann die wichtigsten Fundstellen und Museen im Osten Serbiens und Westen Rumäniens bis zu Turnu Severin[113]. Die Fahrt wurde wieder ein Erfolg und die Teilnehmer waren begeistert. Über ihre Fahrt berichtete sowohl die Landes-, als auch die Lokalpresse[114].

Die fünfte Fahrt führte im Jahre 1935 nach Slowenien und Kroatien und Dank Bersus tatkräftigem Eintreten bei dem zuständigen Minister konnten auch die ungarischen Forscher wie zum Beispiel Alföldi, Tompa und Nagy dabei sein[115]. Obwohl bei der Organisation Tompa auch eine kleine Aufgabe erhielt, wurde die Hauptlast von den jugoslawischen Kollegen Michovil Abramič (1884–1962), Viktor Hoffiler (1877–1954) und Balduin Saria (1893–1974) getragen[116]. Die sechste Studienfahrt deutscher und donauländischer Bodenforscher fand zwischen dem 13. und 19. September 1935 statt. Die Archäologen besuchten die wichtigsten Museen und Fundorte in Slowenien und Kroatien. Bei den Organisationsarbeiten wandte sich Bersu stets an Tompa, der immer zuverlässig die Aufgaben bzw. Wünsche von Bersu erfüllen konnte.

Tompa nahm im April 1929 als vortragender Gast auf der Hundertjahrfeier des Deutschen Archäologischen Institutes (DAI) teil. Obwohl die meisten Organisationsarbeiten von Bersu erledigt wurden, erhielt Tompa seine Einladung von Rodenwaldt[117]. Er und der Steinzeitforscher Jenő Hillebrand (1884–1950) wurden sogar von Anton Hekler (1882–1940) vorgeschlagen, weil anlässlich der Hundertjahrfeier des Archäologischen Instituts auch eine „Internationale Tagung für Ausgrabungen" stattfand[118]. Tompa erhielt die Instruktionen für seinen Vortrag am 22. März 1929 von Rodenwaldt selbst[119]. Alföldi wollte auch dabei sein, aber Bersus Bemühungen um die Einladung des Professors blieben ohne Erfolg[120]. Das ungarische Ministerium für Unterricht empfahl aber die Entsendung von Tompa und mit der 500 Pengő Unterstützung vom Minister Graf Kuno Klebelsberg nahm er am 21. April 1929 an der Hundertjahrfeier in Berlin teil[121].

[111] Bersu an Tompa, o. D. [Juli 1933]. MNM Archiv, Nachlass Tompa, ungeordnet.

[112] Liste der Teilnehmer. MNM Archiv, Nachlass Tompa, ungeordnet.

[113] von Schnurbein 2001, 193. Siehe das Programm: MNM Archiv, Nachlass Tompa, ungeordnet. Bersu / Zeiss 1934, 2–3. „Vom 21. September bis 1. Oktober 1933 wurde die 5. Studienfahrt deutscher und donauländischer Bodenforscher veranstaltet, die dieses Mal das Studium der in allen Perioden so bedeutsamen Donaulinie auf der Strecke von Aquincum bis Turnu Severin zum Ziele hatte, […] aus Ungarn die Herren Alföldi (Budapest), Banner (Szeged), Fräulein Erdélyi, die Herren Kuzsinszky, Lang, von Marton, von Nagy, Paulovics, von Tompa (alle Budapest) Dank der vorzüglichen Vorbereitung, für die wir besonders den Herren von Tompa und Paulovics für den ungarischen […] Teil der Strecke verpflichtet sind …".

[114] Internationale Wandersammlung der Archäologen in Budapest 22.9.1933, S. 5.

[115] Bersu an Tompa, 14.6.1935. MNM Archiv, Nachlass Tompa, ungeordnet = RGK-A 2713/35 B/G; Tompa an Bersu, 28.7.1935, RGK-A; Bersu an Tompa, 31.7.1935. MNM Archiv, Nachlass Tompa, ungeordnet = RGK-A 3455/35 B/H; vgl. in diesem Band Beitrag S. von Schnurbein, S. 108–112.

[116] Saria an Tompa, 25.8.1935. MNM Archiv, Nachlass Tompa; vgl. Stade / Sprockhoff 1937, 10; Krämer 2001, 48–49.

[117] Krämer 2001, 31.

[118] Bersu an Alföldi, 2.10.1928. OSZK, Nachlass Alföldi ungeordnet.

[119] Rodenwaldt an Tompa, 22.3.1929. MNM Archiv, Nachlass Tompa, ungeordnet.

[120] Bersu an Alföldi, 3.12.1928. OSZK, Nachlass Alföldi ungeordnet = RGK-A 4493/28B.

[121] MNM Archiv, Nachlass Tompa, ungeordnet.

Im Dezember 1929 wurden dann die Leistungen Tompas schließlich damit gewürdigt, dass die Zentraldirektion des Archäologischen Instituts ihn anlässlich der Winckelmannfeier zu ihrem Korrespondierenden Mitglied wählte[122].

## „25 Jahre Urgeschichtsforschung in Ungarn"

Wie schon Werner Krämer darstellte, wurde der Beitrag von Tompa über die 25 Jahre Urgeschichtsforschung in Ungarn zu einem der wichtigsten Ergebnisse der Zusammenarbeit zwischen den beiden Gelehrten[123]. Bersu förderte diese Arbeit nicht nur mit finanziellen Mitteln der RGK, er machte auch selbst die sprachlichen Korrekturen und die Redaktion.

Tompas Arbeit ist nicht einzigartig, sondern passt hervorragend in die Reihe jener Forschungsgeschichten, die nach dem Ersten Weltkrieg in den Bänden der Berichte der RGK erschienen[124]. Als wichtige Publikation wird sie jedoch erst im Jahresbericht von 1934 erwähnt[125]. Das erste Angebot, einen solchen Forschungsbericht zu verfassen, hat Tompa schon im Jahre 1928 von Bersu erhalten: „Ich wäre Ihnen dankbar, wenn Sie nicht aus dem Auge liessen, für unsere Berichte gelegentlich eine Uebersicht über den Stand der prähistorischen Forschung in Ungarn zu schreiben, so etwa, wie es im XVI. Bericht, der soeben erschienen ist und Ihnen mit gleicher Post zugeht, Herr Dr. Franz aus Wien getan hat."[126] Obwohl Bersu selbst auch einen Beitrag über die belgischen Forschungen veröffentlichte[127], empfahl er die Arbeit von Franz als Vorbild für Tompa[128]. Bersu bat schon früher um Artikel, die er in den Berichten der RGK bzw. der „Germania" veröffentlichen wollte[129]. Das erste Angebot blieb aber noch unbeantwortet. Anfang Januar 1932 wandte er sich aber wieder wegen des Beitrags an Tompa, worauf er folgende Antwort erhielt[130]: „Sehr dankbar bin ich Ihnen für die Aufforderung bezüglich des Berichtes über den Stand der vorgeschichtlichen Forschung. Wie wir das schon besprochen haben, gerne mache ich es und kann ich abgeben, wann Sie es wünschen." Kurz darauf sandte Bersu schon die wichtigsten redaktionellen Angaben nach Budapest: „Ebenso freute es mich, dass Sie bereit sind, uns einen Bericht über Stand und Fortschritte der prähistorischen Forschung in der Zeit nach dem Kriege zu machen. Als Ablieferungstermin kommt etwa der 1.1.1933 in Betracht. Am Umfang möchte ich etwa 3 Bogen in Aussicht nehmen. Falls Sie es für nützlich halten, dass Hildebrand das Paläolithikum selbstständig behandelt, bitte ich Sie, sich mit ihm zu verständigen."[131]

[122] Rodenwaldt an Tompa, 30.12.1929. MNM Archiv, Nachlass Tompa, ungeordnet; vgl. Bersu 1930, 201.

[123] Krämer 2001, 27. Eine Art Zusammenfassung der Forschungsergebnisse hat Márton im Jahre 1912 veröffentlicht (Márton 1912).

[124] Siehe z. B. für Frankreich Lantier 1931; für Rumänien Nestor 1933; für Österreich Franz / Mitscha-Märheim 1927 und für den westlichen Teil Jugoslawiens Saria 1927.

[125] Bersu / Zeiss 1934, 4: „Der Bericht soll auch in Zukunft einerseits Zusammenfassungen wichtiger Materialgruppen aus dem engeren Arbeitsgebiet der Kommission, andererseits Übersichten über den Stand der ausländischen Forschung bringen, die angesichts der zunehmenden Schwierigkeiten in der Beschaffung ausländischer Literatur für die deutsche Forschung besonders erwünscht sind. Für den 24. Bericht ist bereits eine Arbeit über die Vorgeschichtsforschung in Ungarn durch Herrn von Tompa (Budapest) in Vorbereitung."

[126] Bersu an Tompa, 27.2.1928. MNM Archiv, Nachlass Tompa, ungeordnet.

[127] Bersu 1925.

[128] Siehe Franz / Mitscha-Märheim 1927.

[129] Bersu an Tompa, 20.2.1928. MNM Archiv, Nachlass Tompa, ungeordnet: „Ihr freundlichst zugesagtes Referat für unsere Berichte eilt nicht. Ich weiss selbst zu genau, wie schwer es ist, literarisch zu arbeiten, wenn man im Gelände tätig ist."

[130] Tompa an Bersu, 7.1.1932. RGK-A 155/32 B/G.

[131] Bersu an Tompa, 21.1.1932. MNM Archiv, Nachlass Tompa, ungeordnet = RGK-A 155/32 B/G.

Aus diesem Publikationsvorhaben ging Tompas Vortrag auf dem *I. International Congress of Prehistoric and Protohistoric Sciences* in London hervor, in dem er über die wichtigsten Probleme der ungarischen Vorgeschichtsforschung sprach[132]. Tompas Materialsammlung und die Fertigstellung des Manuskriptes war so weit vorangekommen, dass Bersu in einem Brief vom Dezember 1933 über die Möglichkeit der sprachlichen Bearbeitung schrieb: „In diesem 23. Bericht würde Ihre Übersicht wohl kaum noch hineinkommen können, wenn wir an der Idee festhalten, dass ich im späten Frühjahr zu Ihnen komme und mit Ihnen in Budapest zusammen Ihr Manuskript durcharbeite, was wegen des Deutsch ja wohl notwendig sein wird. Es hat sich bei den anderen Berichten ja bisher auch immer als sehr nützlich herausgestellt, den Aufsatz mit dem betr. Autor eingehend durchzuarbeiten, damit die Dinge, an denen die deutsche Forschung besonders interessiert ist, auch entsprechend zum Ausdruck kommen. Auch für die Auswahl des Abbildungsmaterials hat sich dieser Modus immer bewährt."[133]

Weil Tompa in diesem Bericht zahlreiche unveröffentlichte Funde und Ausgrabungsresultate bringen wollte, wurde das Manuskript kontinuierlich umfangreicher. Währenddessen wirkten sich die nationalsozialistische Machtergreifung und Gleichschaltung und die damit verbundenen innenpolitischen Kämpfe unter den deutschen Prähistorikern auf die Tätigkeit und die Arbeitsmöglichkeiten von Bersu bei der RGK aus, aber er versuchte Tompa zu beruhigen: „Von der Wichtigkeit der Berichte über die ausländische Forschung sind immerhin so viele Kollegen überzeugt, dass ich es für ausgeschlossen halte, dass etwa gegen Ihren Bericht irgendwelche Bedenken geäussert werden könnten."[134] Bersu begleitete Tompa bei inhaltlichen Entscheidungen für diesen Bericht. So lehnte Tompa die Arbeit von Jon Nestor (1905–1974) über der Stand der Vorgeschichtsforschung in Rumänien[135] als Vorlage für seine eigene Darstellung ab, womit Bersu einverstanden war: „Sie haben ganz recht, dass Nestors Arbeit für Ihren Bericht nicht als Muster dienen kann, eher schon der englische Bericht. Die Nestorsche Arbeit ist auch viel zu lang geworden und sachlich liegt der grosse Unterschied zwischen rumänischer und ungarischer Forschung ja darin, dass über die rumänische Forschung seit dem Kriege überhaupt nichts Zusammenfassendes geschrieben worden ist und keine Mitteleuropa zugängliche Lokalliteratur erschienen ist, während wir über das ungarische Material doch sehr viel besser unterrichtet sind und es allerlei Zusammenfassungen gibt. Es wird im Wesentlichen darauf ankommen, dass Sie, wie ich Ihnen ja schon sagte, auf die noch offenen Probleme hinweisen und die erzielten Ergebnisse der Forschung der letzten 20 Jahre besonders hervorgehoben werden. Dabei werden einige Epochen ja wesentlich kürzer behandelt werden können, weil ja z. B. für das Latene eben die Zusammenfassung von Márton erschienen ist. [...] Dass ich besonderen Wert auf gutes Abbildungsmaterial lege, von neuen möglichst unpublizierten Dingen oder solchen, die nur in Provinzzeitschriften abgebildet sind, schrieb ich Ihnen ja schon."[136]

Tompa konnte seinen Freund Hillebrand tatsächlich für den Bericht über die ungarische paläolithische Forschung gewinnen, dessen Beitrag dann als selbständiges Werk in den Berichten der RGK veröffentlicht wurde: „Man würde also dann bei Hillebrand lassen ‚Stand und Ergebnisse der ungarischen paläolithischen Forschung der letzten zwei Jahrzehnte', und Ihr Titel würde heissen 'Zwanzig Jahre Urgeschichtsforschung in Ungarn'."[137]

[132] Hančar 1933, 68.

[133] Bersu an Tompa, 23.12.1933. RGK-A 6882/33 B/G.

[134] Bersu an Tompa, 14.2.1934. MNM Archiv, Nachlass Tompa, ungeordnet = RGK-A 872/34 B/G.

[135] Nestor 1933.

[136] Bersu an Tompa, 5.4.1934. MNM Archiv, Nachlass Tompa, ungeordnet = RGK-A 1849/34 B/H.

[137] Bersu an Tompa, 10.12.1934. MNM Archiv, Nachlass Tompa, ungeordnet = RGK-A 6368/34 B/H.

Dank der Einladung der RGK konnte Tompa mit Bersu die redaktionellen Arbeiten in Frankfurt fortsetzen. Um weitere Förderung für die Arbeit zu gemeinsam bekommen, bedankte sich Bersu bei Graf István Zichy (1879–1951), dem Direktor des Ungarischen Nationalmuseums, wobei er auch die besonderen Leistungen von Tompa hervorhob: „Es ist mir ein aufrichtiges Bedürfnis, Ihnen, sehr verehrter Herr Graf, dafür zu danken, dass Herr Tompa Urlaub erhielt, damit wir hier in Frankfurt seinen Aufsatz über den Stand der ungarischen Forschung durcharbeiten konnten. Zusammen mit den schönen Abbildungen, von denen mir Herr von Tompa schon einen Teil vorlegen konnte, und für deren Anfertigung wir Ihnen, sehr verehrter Herr Graf, ebenfalls sehr verpflichtet sind, wird dieser Bericht von der zielbewussten Aktivität der ungarischen Urgeschichtsforschung Zeugnis ablegen. Ich zweifle auch nicht, dass der Bericht bei der gesamten Vorgeschichtswissenschaft überaus freudig aufgenommen wird, da in Ungarn ja der Schlüsselpunkt für die Lösung vieler ganz Europa ausgehender Probleme liegt, die Herr von Tompa in seinem Bericht besonders hervorgehoben hat.“[138] Auch gegenüber Alföldi lobte er Tompas Arbeit[139].

Anfang 1936 war das Manuskript so weit fortgeschritten, dass es mit dem Abbildungsmaterial zum Druck gegeben wurde und nacheinander sandte Bersu die Druckfahnen an Tompa, allerdings traten Probleme bei der Zusammenstellung der Tafeln auf[140]. Ende Juli 1936 wurde Tompa von Ernst Sprockhoff (1892–1967), dem designierten Nachfolger Bersus im Amt des Ersten Direktors der RGK, über die Annahme des Beitrags von Hillebrand unterrichtet[141]. Wegen der veränderten Verhältnisse in der RGK fügte Tompa im Juli 1936 eine Danksagung an das Ende des Beitrags, worin Bersu besonders gewürdigt wurde: „Dieser Dank gilt in erster Linie der Römisch-Germanischen Kommission und ihrem damaligen Direktor Dr. Bersu, der mit der ungarischen Forschung seit langem in freundschaftlichen Beziehungen steht.“[142]

Bersu und Tompa wollten den Beitrag bis zum Prähistoriker-Kongress in Oslo erscheinen lassen, um damit Tompas neue Ergebnisse und die Wege der ungarischen Forschung wirkungsvoll präsentieren zu können. Die Drucklegung verzögerte sich aber noch eine Zeit lang; das Fundortverzeichnis wurde erst von Joachim Werner (1909–1974) im Februar 1937 zusammengestellt[143] und Ende April begann schließlich der Druck dieses Bandes der Berichte der RGK und der Sonderdrucke[144]. Nach mehr als fünf Jahren, im Mai 1937, erschien Tompas Bericht endlich[145].

Bersu gratulierte Tompa in einem Brief vom 6. August 1937: „Ich hoffe, Sie haben sie [die Sonderdrucke, Einf. P. P.] richtig und in gewünschter Zahl erhalten, aber ich war ja am Ausdruck nicht mehr beteiligt. Jedenfalls habe ich über Ihren Aufsatz von allen Seiten nur Lobenswertes gehört, und man hat doch nun einen schönen Überblick über die

[138] Bersu an Zichy, 19.12.1934., MNM Archiv, Archiv der Generaldirektion 113/1934 = RGK-A 6554/34 B/H.

[139] Bersu an Alföldi, 19.12.1934: OSZK, Nachlass Alföldi ungeordnet = RGK-A 6553/34 B/H.: „Tompa wird Ihnen ja über die Lage hier berichtet haben. Sein Aufsatz wird recht gut, aber noch viel Arbeit machen. Es ist doch erfreulich zu sehen, wie er sich bemüht, die Dinge in grösseren Zusammenhang zu rücken und mit recht gesundem Urteil die Verhältnisse allmählich übersieht.“

[140] Bersu an Tompa, 10.3.1936. MNM Archiv, Nachlass Tompa, ungeordnet.

[141] Sprockhoff an Tompa, 3.7.1936. MNM Archiv, Nachlass Tompa, ungeordnet = RGK-A 1749/35 Sp/H. Bersu arbeitete hauptsächlich im Jahre 1936 mit den Manuskripten, vgl. Krämer 2001, 61.

[142] Bersu an Tompa, 30.7.1936. MNM Archiv, Nachlass Tompa, ungeordnet. Siehe Tompa 1937, 114.

[143] Bersu an Tompa, 3.2.1937. MNM Archiv, Nachlass Tompa, ungeordnet.

[144] Sprockhoff an Tompa, 3.4.1937. MNM Archiv, Nachlass Tompa, ungeordnet = RGK-A 1909/337 Sp/II.

[145] Bersu an Tompa, 15.5.1937. MNM Archiv, Nachlass Tompa, ungeordnet.

ungarische Vorgeschichte. Sie werden sicher manchmal über mich geschimpft haben. Aber es scheint doch einmal wieder das alte Sprichwort sich zu bewahrheiten: Was lange währt, wird gut."[146]

Dank Bersus Unterstützung konnte Tompa das Manuskript fertigstellen und in dem zu den wichtigsten Jahrbüchern der Epoche gehörenden Bericht der RGK erscheinen lassen. Seine Arbeit wurde damit jahrzehntelang ein wichtiges Nachschlagewerk für die Prähistoriker in Europa und brachte seinem Verfasser viel Anerkennung[147].

## Bersu, Tompa und die Internationalen Kongresse für Vor- und Frühgeschichte

In der Zusammenarbeit von Bersu und Tompa hat auch der Internationale Kongress für Vor- und Frühgeschichte (CISPP) eine wichtige Rolle gespielt[148]. Bersu war von Anfang an eine Treibfeder dieses Unternehmens zur Förderung der internationalen Zusammenarbeit der Prähistoriker.

Am Anfang spielte hierbei Márton auf der Seite der ungarischen Archäologie eine wichtige Rolle, aber als er im September 1934 unerwartet starb, musste Tompa sein Platz einnehmen. Die politischen Veränderungen in Deutschland ab 1933 wirkten sich auch auf die internationalen Positionen bestimmter deutscher Wissenschaftler aus und während Bersu immer mehr in seinem Wirkungsbereich beschnitten wurde, stieg Tompas Stern. Er wurde 1936 in Oslo zum Vizepräsidenten des Kongresses und danach zu dessen Präsidenten gewählt, verfolgte jedoch die Ansichten bzw. Bestrebungen Bersus weiter. Die Prähistoriker-Kongresse wurden so für einige Jahr zu einer herausragenden Möglichkeit für die ungarische Archäologie, sich zu präsentieren.

Auf Bersus Betreiben war ein Organisationskomitee des internationalen Prähistorikerkongresses im Februar 1931 in Saint-Germain gegründet worden[149]. Der frisch bestellte Sekretär Pere Bosch i Gimpera hatte mit einem Rundschreiben führenden Prähistorikern aller Länder ein Treffen im Mai 1931 in Bern vorgeschlagen, wohin Otto Tschumi eingeladen hatte. Zu dieser Versammlung kamen 28 Prähistoriker aus 13 europäischen Ländern, aus Deutschland waren Bersu und aus Ungarn Tompa dabei[150]. Man beschloss die Gründung des Congrès International des Sciences Préhistoriques et Protohistoriques, dessen Leitungsgremium ein Conseil Permanent sein sollte, in dem aus jedem Land bis zu vier *savants professionelles en fonctions* Sitz und Stimme haben konnten[151]. Bersu wurde in den Conseil Permanent gewählt und auf Vorschlag von John Linton Myres wurde der erste Kongress in England veranstaltet[152].

Vom 1. bis zum 6. August 1932 wurde zu London im King's College der I. Internationale Kongress für Vor- und Frühgeschichte abgehalten. Mehr als 500 Teilnehmer aus aller Welt waren dabei *(Abb. 7)*. Aus Österreich kam Menghin und die deutschen Freunde waren auch da[153]. Es wurden 168 Referate gehalten und die Teilnehmer hatten Gelegenheit, sich bei offiziellen Empfängen und Exkursionen näher kennenzulernen. Bersu war einer der Vizepräsidenten und als einer der Sekretäre des Organisationskomitees fungierte

[146] Bersu an Tompa, 6.8.1937. MNM Archiv, Nachlass Tompa, ungeordnet.

[147] Vgl. die Kritik des Berichtes: Raczky 1993, 97.

[148] Vgl. in diesem Band den Beitrag von Susanne Grunwald und Nina Dworschak.

[149] Krämer 2001, 35; Wegner 2002, 409.

[150] Bersu / Zeiss 1933a, 9; Krämer 2001, 35.

[151] Krämer 2001, 35.

[152] Bersu / Zeiss 1933a, 9. Wie Bersu darüber Tompa unterrichtete, wurde der Kongress wegen der schlechten Vorbereitung der Engländer fast abgesagt: Bersu an Tompa, 31.10.1931. MNM Archiv, Nachlass Tompa, ungeordnet = RGK-A 5810/31 B/G.

[153] Hančar 1933.

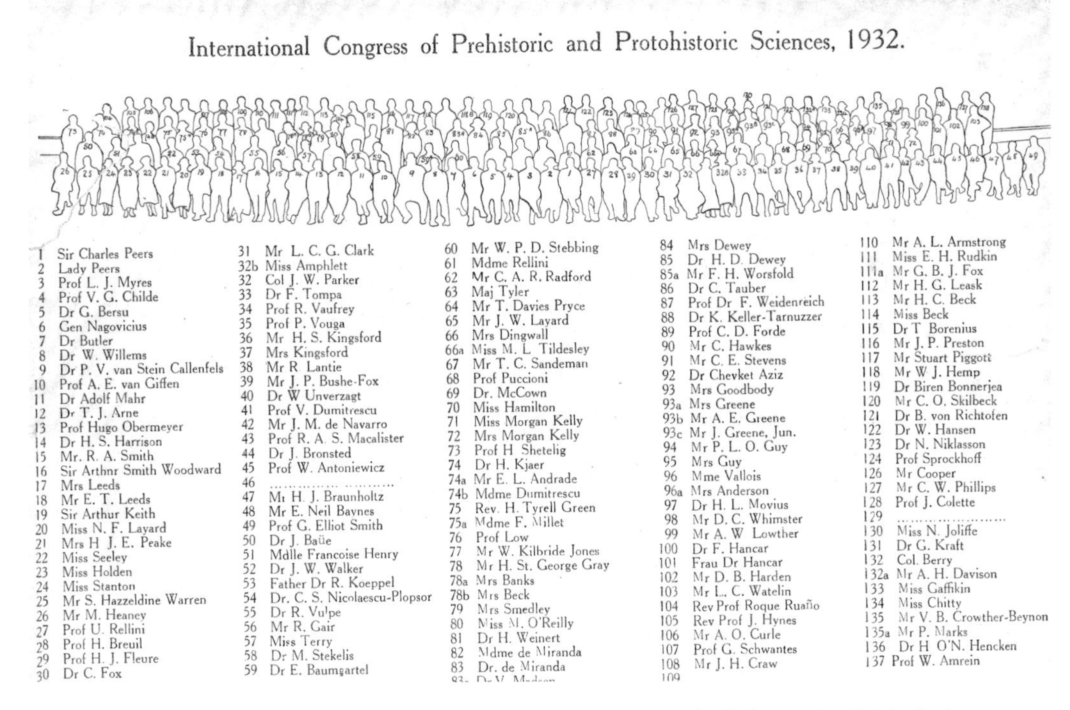


Abb. 7. Die Teilnehmer des Kongresses in London (Fotograf unbekannt; MNM Archiv).

Childe *(Abb. 8)*[154]. Tompa wurde auch eingeladen, aber es geschah ähnlich wie 1927 bei der Versammlung der Prähistoriker in Klagenfurt. In einem Brief unterrichtete er Bersu von seiner Lage: „Meine Teilnahme auf dem Londoner Kongress ist vollkommen aussichtslos. Wenn alles gut geht, kann vielleicht ein Herr dort teilnehmen, ich wurde aber nicht derjenige sein. Da solche finanziellen Schwierigkeiten sich überall zeigen, wäre es viel besser den Kongress mit einem Jahr zu verschieben. Ich bedauere es allerdings, dass

[154] Bersu / Zeiss 1933b, 8; Krämer 2001, 35.

Abb. 8. V. Gordon Childe, Gerhard Bersu und Ferenc Tompa auf dem Gruppenfoto (Fotograf unbekannt; MNM Archiv).

ich fernbleiben muss, – desto besser, da ich eventuell auch einen Vortrag halten wollte."[155] Dank Mártons Intervention beim Ministerium wurde seine Reise doch möglich. Bersu begrüßte die Entscheidung für eine Förderung der Prähistorie[156] und so hielt Tompa einen deutschsprachigen Vortrag über die wichtigsten Probleme der ungarischen Vorgeschichtsforschung[157]. Bersu betonte die Bedeutung von Tompas Teilnahme, als er in seinem Brief an Bálint Hóman (1885–1951) anlässlich dessen Ernennung zum Kultusminister seine ergebenste Glückwünsche aussprach: „Euer Exzellenz werden ja aus dem Bericht, den Herr von Tompa über den Internationalen Kongress in London erstattet hat, ersehen haben, mit welchem Erfolg und Geschick Herr von Tompa dort die ungarische Wissenschaft vertreten hat, so dass sich seine Entsendung nach London, die wir der Initiative Euer Exzellenz verdanken, durchaus gelohnt hat."[158] Auf Einladung von Norwegen hatte man in London

[155] Tompa an Bersu, 7.1.1932. RGK-A 155/32 B/G.

[156] Bersu an Márton, 16.9.1932 und 14.10.1932. MNM Archiv, Nachlass Tompa, ungeordnet.

[157] Hančar 1933, 68.

[158] Bersu an Hóman, 14.10.1932. MNM Archiv, Nachlass Tompa, ungeordnet. Bersu lobte Tompa in seinem Brief an Márton: Bersu an Márton, 16.9.1932. MNM Archiv, Nachlass Tompa, ungeordnet = RGK-A 4973/21 B/G: „Tompa hat in der Tat in London sehr grossen Erfolg gehabt. Er

beschlossen, den nächsten Kongress im Jahre 1936 in Oslo zu veranstalten und Anton Wilhelm Brøgger (1884–1951) zu dessen Präsidenten zu wählen.

Bersu war bereits im Mai 1932 nach Ungarn gereist und hatte dabei auch die Ausgrabung von Tompa besucht[159]. Gegenüber 1928 war seine Reise nur kurz, weil er schon am 16. Mai wieder heimkehren musste[160]. Anlässlich der Vorbereitungen für die fünfte Studienfahrt reiste Bersu dann wieder im Sommer 1933 nach Budapest und führte dort Gespräche mit Alföldi und Tompa[161]. Er erhielt wieder eine offizielle Einladung vom Ungarischen Nationalmuseum, um auf der Grabung in Füzesabony teilzunehmen[162]. Er nahm dort von Ende Mai bis zum 5. Juni teil, worüber uns aber nur ein kurzer Zeitungsbericht zur Verfügung steht. Nach diesem hat die Grabung 17 Kisten Fundmaterial erbracht und Bersu war von Anfang bis zum Ende dabei *(Abb. 9)*[163]. Danach kehrte er wieder nach Budapest zurück und besichtigte noch die Ausgrabungen bei der römischen Uferfestung von Nógrádverőce und die römische Siedlung bei Tác-Fővénypuszta[164]. Mangels finanzieller Mittel war die Restaurierung bzw. Bearbeitung der Funde von Füzesabony ziemlich schwierig. Daher wandte sich Bersu an Professor Otto Hilzheimer (1877–1946), um Zuschüsse für die Bearbeitung des Knochenmaterials zu bekommen[165].

Inzwischen gingen die Organisationsarbeiten des prähistorischen Kongresses voran. Bersu wollte die nächste Conseil-Sitzung in Frankfurt bei der RGK abhalten, aber wie er darüber Tompa vertraulich unterrichtete, wurden „Wiederstände gegen die Wahl von Frankfurt geltend gemacht“ und es wäre angebracht, „die Tagung lieber in Bern abzuhalten, bezw. sie zu verschieben.“[166] Ein neuer Schicksalsschlag traf sie mit dem plötzlichen Tod von Márton im September 1934[167], dessen Platz in Conseil mit einem zuverlässigen Mann besetzt werden sollte: „Haben Sie vielen Dank für Ihren Brief. Martons Tod hat uns alle sehr erschüttert. Wer hätte gedacht, dass er so rasch sterben müsste. Mir scheint es kein Zweifel, dass Tompa nun sein Nachfolger im Conseil unseres Kongresses werden sollte und wer dann Sekretär werden soll, muss man ihm ja wohl am besten überlassen. Ich persönlich hätte an Banner gedacht, damit auch die Provinz vertreten ist. Es muss ja ein reiner Prähistoriker sein und da kommt Tompa ja allein in Betracht. Paulovics kann man leider nicht vorschlagen, da er ja nur klassischer Archäologe ist und der Kongress damals ja gegründet wurde, um der Prähistorie Selbstständigkeit zu geben. Übrigens ist es leider sehr fraglich, ob ich bei der gegenwärtigen Lage nach Bern fahren kann. Aber Tompa werde ich

hat sich doch zu einem vorzüglichen Kenner der Prähistorie des Donaugebietes entwickelt, und man hat ihm ja deswegen auch die Organisation des Studienausschusses, der in London gebildet wurde, übertragen.“

[159] Bersu / Zeiss 1933b, 8.

[160] Bersu an Tompa, 26.4.1932. MNM Archiv, Nachlass Tompa, ungeordnet.

[161] Bersu / Zeiss 1934, 8.

[162] Bersu an Tompa, 5.4.1934. MNM Archiv, Nachlass Tompa, ungeordnet = RGK-A 1849/34 B/H.

[163] Siehe: Gazdag bronzkori leletre bukkantak Füzesabonyban. Miskolci Reggeli Lap 6.6.1934, S. 2.

[164] Bersu 1937, 6: „Auf Einladung des Ungarischen Nationalmuseums in Budapest beteiligte sich Herr Bersu an den Ausgrabungen von Herrn v. Tompa in Füzes-Abony, einem Tell der ungarischen Bronzezeit, der in engen kulturellen Beziehungen zur Lausitzer Kultur steht. Es gelang bei der Grabung, die Grundrisse von grossen Rechteckhäusern in Pfostenbau festzustellen. Der Aufenthalt in Ungarn wurde zur Besichtigung von weiteren Ausgrabungen (spätrömischer Burgus in Nograd und frühchristliche Kirche in Föveny-Puszta) sowie zu Besprechungen über laufende Veröffentlichungen benutzt.“

[165] Bersu an Tompa, 30.6.1934. MNM Archiv, Nachlass Tompa, ungeordnet = RGK-A 3453/34 B/G.

[166] Bersu an Tompa, 12.9.1934. MNM Archiv, Nachlass Tompa, ungeordnet.

[167] Bersu an Tompa, 20.11.1934. MNM Archiv, Nachlass Tompa, ungeordnet.

Abb. 9. Ansicht der Fundstelle von Füzesabony und ein da freigelegtes Haus (Tompa 1937, Taf. 38).

ja auf alle Fälle hier sehen."[168] Als am 1. Dezember 1934 in Bern der Conseil Permanent zur Vorbereitung des zweiten internationalen Prähistorikerkongresses zusammenkam, war Tompa da, Bersu jedoch fehlte.

Seit der nationalsozialistischen Machtergreifung sah sich Bersu zahlreichen Angriffen ausgesetzt[169]. Sein lautstärkster Gegner wurde Reinerth[170], dessen Stellensuche noch im Jahre 1928 von Bersu unterstützt worden war[171]. Wie Bersu im am Anfang des Beitrags

[168] Bersu an Alföldi, 26.11.1934. OSZK, Nachlass Alföldi, ungeordnet = RGK-A 6057/34 B/G.

[169] Krämer 2001, 39.

[170] Über das Leben und Wirken von Reinerth: Leube 1998, 378–380 und Schöbel 2002.

[171] Krämer 2001, 39; 53–54; Schöbel 2002, 332; 337–338; Wegner 2002, 410.

zitierten Brief an Tompa schrieb, spürte Reinerth seine Abstammung auf und verwendete diese fortlaufend als Druckmittel gegen ihn. Nicht nur Reinerth, sondern auch der mit Tompa befreundete Prähistoriker von Richthofen[172] stellte sich nun gegen Bersu und das DAI[173]. Er hatte bis 1933 freundlichste Briefe mit Bersu gewechselt, jedoch schloss am 16. September 1933 die „Berufsvereinigung Deutscher Prähistoriker" Bersu als „Halbjuden" aus, wofür Bersu u. a. auch von Richthofen verantwortlich machte[174]. Die Wurzel dieser Abneigung von Richthofens erklärte Bersu wie folgt: „Ich glaube Grund zu haben dass es Richthofen gewesen aber eben weil ich glaube dass er es ist muss ich Sie bitten in dieser Richtung zunächst nichts zu unternehmen bis ich Sie darum bitte. Bei ihm und seinem Kreis muss erst eine gewisse Berichtigung einer zur Zeit vorliegenden Psychose eintreten man würde die Situation nur verschlimmern zumal Sie sehr richtig schreiben dass schriftlich so etwas nur sehr schwer zu behandeln ist. Der Kern der Schwierigkeiten scheint meine abweichende Meinung über die Polenpolitik Richthofens zu sein. Er muss nun irgendwie gehört haben, dass wir in Ungarn darüber gesprochen haben und er nimmt es mir übel, dass ich mit Ausländern über diese Fragen gesprochen habe. So hat er sich wie ich Ihnen im Vertrauen auf vollste Diskretion mitteile Zeiss gegenüber geäussert der ihn vor einiger Zeit besuchte."[175] Wegen der Angriffe Reinerths verfügte der Direktor des DAI, Theodor Wiegand (1864–1936), im Einvernehmen mit dem Minister für Wissenschaft, Erziehung und Volksbildung, Bernhard Rust (1883–1945), die Versetzung Bersus nach zehn Jahren Arbeit in Frankfurt bei der RGK als „Referent für Ausgrabungswesen" an die Zentrale des DAI nach Berlin[176]. Währenddessen rückte der zweite Kongress in Oslo immer näher, von dem von dem Bersus Gegenspieler ihn unbedingt fernhalten wollten.

Die kuriose Lage im Jahre 1936 wurde von Günter Wegner anhand der Archivalien so dargestellt: „Da Bersu wie all die Jahre die deutschen Prähistoriker anführen soll, haben einige nationalsozialistische Vorgeschichtler sich nicht für Oslo gemeldet, »denn unter Führung des Nichtariers Bersu«", schrieb von Richthofen [...] »wollen wir natürlich alle nicht im Auslande auftreten«. Von Richthofen fordert, Bersu soll seine Mitgliedschaft in dem internationalen »Conseil« der Vor- und Frühgeschichtlertagungen niederlegen. Wenn er nicht zurückträte, würden sich alle nationalsozialistischen Vorgeschichtsforscher weigern, nach Oslo zu fahren."[177] Das Ultimatum war erfolgreich und vier Wochen später stellte Bersu seine Stelle im Conseil des Kongresses zur Verfügung[178]. Wegen der Differenzen zwischen dem Amt Rosenberg und dem Reichserziehungsministerium wurde so entschieden, dass der vom Amt Rosenberg als Delegationsführer vorgeschlagene Reinerth zu Hause bleiben musste und statt seiner sollte Walther Schulz (1887–1982) die Delegation führen[179]. Bersus Gegner hatten schließlich erreicht, dass er nicht nach Oslo reiste. Wie sehr er diese Entscheidung bedauerte, zeigt sein Brief an Tompa: „Sie können sich denken, wie viel ich an die Osloer Tagung gedacht habe und wie leid es mir tat, dort nicht gewesen zu sein."[180]

[172] Über das Leben und Wirken von Richthofens siehe Weger 2017.

[173] Krämer 2001, 39–40.

[174] von Schnurbein 2001, 184–185.

[175] Bersu an Alföldi, 28.5.1933. OSZK, Nachlass Alföldi ungeordnet. Noch am 11.4.1931 gratulierte B. v. Richthofen zur Ernennung: Krämer 2001, 33.

[176] Krämer 2001, 46–47.

[177] Wegner 2002, 409.

[178] Siehe darüber ausführlich: Krämer 2001, 55–56; Wegner 2002, 410.

[179] Krämer 2001, 55.

[180] Bersu an Tompa, 14.8.1936. MNM Archiv, Nachlass Tompa, ungeordnet.

Abb. 10. Die Eröffnung des Kongresses in Oslo (Fotograf unbekannt; MNM Archiv).

Zu den bedeutendsten Ereignissen in Tompas Leben zählt der Zweite Internationale Prähistorikerkongress in Oslo, wo er zum Vizepräsidenten des Kongresses gewählt wurde *(Abb. 10)*. Damit hatte er auch einen Sieg für die ungarische Vorgeschichtsforschung errungen, da für den nächsten Kongress im Jahre 1940 Budapest als Tagungsort gewählt wurde[181]. Die Idee für Budapest war schon früher aufgeworfen worden, jedoch hatten die nötigen Strukturen an der Universität gefehlt. Tompa hatte Bersu bereits im April 1935 über diese Probleme informiert: „Der Minister ist nicht prinzipiell dagegen, er ist aber der Meinung, dass wir dafür noch Zeit haben. Der Kongress kommt erst nach 5 Jahren. Es stimmt aber nicht. Abgesehen davon, dass man für die Urgeschichte eben in Ungarn keine Lehrkanzel hat, muss ich eigentlich bis dahin eine Generation von jungen Forschern erziehen, [...] Herr Homan sieht es nicht genug klar, dass es ebenso eine nationale, wie auch eine allgemeine wissenschaftliche Aufgabe ist. Deshalb wäre aber ein diplomatisch durchgeführter Druck von Aussen sehr notwendig."[182]

Der Einladungsbrief von Brøgger zum Kongress in Oslo erreichte Tompa im Februar 1936: „dass der Organizationskomité sehr dankbar sei, wenn Sie einen Vortrag über die nordischen Beziehungen der ungarischen Bronzezeit halten wollen. Wir wissen natürlich noch nicht wie viele Vorträge angemeldet werden, aber es besteht noch die Möglichkeit dass Sie – wenn Sie es wünschen – zwei Vorträge halten können, so dass Sie auch eine Übersicht über neuere Ausgrabungen geben können."[183] Seine Fahrt wurde diesmal sofort

[181] Die ungarische Landespresse berichtete auch darüber: Magyarság 13.8.1936; Pester Lloyd 13.8.1936: „Dr. Tompa war bereits bei der Eröffnungssitzung zum Vizepräsidenten des Kongresses gewählt worden, und bei der Schlußsitzung übertrug man ihm das Präsidium für die folgenden vier Jahre."

[182] Tompa an Bersu, April 1935. RGK-A 1656/35 B.

[183] Brøgger an Tompa, 15.2.1936. MNM Archiv, Nachlass Tompa, ungeordnet.

vom Ministerium unterstützt und so konnte er auch eine große Rundreise durch Deutschland, Norwegen, Finnland, die Baltische Staaten und Polen machen. Bersu hatte ihn nach Berlin eingeladen und hoffte, dass die Sonderdrucke des Berichtes bis dahin fertig würden[184], was aber unwahrscheinlich war.

Über seine Rundreise führte Tompa ein Tagebuch, das sich in seinem Nachlass befindet[185]. Wie geplant fuhr auf seiner Reise nach Oslo über Berlin, wo er sich am 26. Juli mit Bersu traf: „Bersuval majdnem elkerüljük egymást. Estig sörözés. Az Institutban lakom. B. panaszkodik."[186] Sie arbeiteten hauptsächlich an Tompas Bericht, wobei die kurzen Anmerkungen Tompas vielsagend sind: „27. Délelött a Bericht táblaanyaga. Követség. Szegedy igen szíves. Ebéd Bersunál. Délután Bericht. Wiegand ... 28. Bericht. ... B.-nél vacsora. Bericht 12-ig. Nyomott hangulat. Berlin nem a régi."[187]

Tompa fuhr weiter nach Oslo, wo er sich mit anderen Kollegen aus aller Welt traf, worüber auch die Lokalpresse berichtete *(Abb. 11)*[188]. Nach dem Tagebuch waren die Vorträge, Einladungen und Studienfahrten hervorragend organisiert. Die deutsche Seite versuchte alles, um die Stelle im Conseil mit Reinerth zu besetzen. Und schließlich setzte Schulz die Wahl von Reinerth an Bersus Stelle in den Conseil durch, wobei mit politischen Schwierigkeiten gedroht wurde, wenn man sich diesem Wunsch des Reichserziehungsministeriums widersetze. Die Wahl fiel bei starkem Widerstand äußerst knapp aus. Tompa erwähnte diesen Akt nur kurz im Tagebuch: „Tanácskozás Brögerrel. Nehéz Bersu csata, Conseil permanent. Ostoba szavazás. Többi simán megy."[189]

In der Schlusssitzung des Kongresses berieten die Teilnehmer über die von der ungarischen Regierung ergangene Einladung, die mit einstimmiger Freude und Begeisterung angenommen wurde. Demnach sollte der III. Internationale Kongress im Jahre 1940 in Budapest tagen. Die Schlussrede des Kongresses wurde von Tompa gehalten und nach der kurzen Zusammenfassung in der Presse hat er darin auch die Ansichten Bersus über die Prähistorie übermittelt: „Dr. Franz Tompa wies in seiner Schlussrede darauf hin, daß die Geschichte der Menschheit nicht erst mit der Geschichtsschreibung beginnt. Die urgeschichtliche Forschung ist in erster Linie eine nationale Aufgabe, gleichzeitig hat sie aber auch eine wesentliche, alle Völker zur Zusammenarbeit anregende Wirkung."[190]

Zu einem Eklat kam es erst nach dem Kongress, als bekannt geworden war, dass Schulz gar keinen offiziellen Auftrag des Ministeriums betreffs der Wahl Reinerths gehabt hatte. Der Conseil protestierte heftig dagegen, worüber Bersu aus Sadovec berichtete: „Wegen der Reinerthschen Wahl habe ich wie besprochen an die Engländer, Schweizer und an Vaufrey

[184] Bersu an Tompa, 21.6.1936. MNM Archiv, Nachlass Tompa, ungeordnet: „Es wäre sehr nett, wenn Sie auf der Fahrt nach Oslo hier in Berlin bleiben können. Meine Frau und ich freuen uns sehr, Sie als Gast bei uns aufnehmen zu können."

[185] Tompa, Osloi kongresszus. MNM Archiv, Nachlass Tompa, ungeordnet.

[186] Tompa, Osloi kongresszus. MNM Archiv, Nachlass Tompa, ungeordnet. Übersetzung P. P.: „Bersu und ich vermeiden einander fast. Bier bis in den Abend hinein. Ich wohne im Institut. B. beschwert sich."

[187] Tompa, Osloi kongresszus. MNM Archiv, Nachlass Tompa, ungeordnet. Übersetzung P. P.: „27. Am Vormittag Tafelmaterial des Berichts. Botschaft. Szegedy besonders herzlich. Mittagessen bei Bersu. Am Nachmittag Bericht. Wiegand ... 28. Bericht. ... Abendessen bei B. Bericht bis 12. Gedrückte Stimmung. Berlin ist nicht das alte."

[188] Tompa, Osloi kongresszus. MNM Archiv, Nachlass Tompa, ungeordnet.. Die karikaturenartigen Zeichnungen erschienen in den Zeitungen: Bergen Tidende 12.8.1936 und Bergen Astenposen 6.8.1936

[189] Tompa, Osloi kongresszus. MNM Archiv, Nachlass Tompa, ungeordnet. Übersetzung P. P.: „Beratung mit Bröger. Schwere Schlacht für Bersu, Conseil permanent. Eine dumme Wahl. Die andere geht glatt."

[190] Magyarság 13.8.1936; Pester Lloyd 13.8.1936.

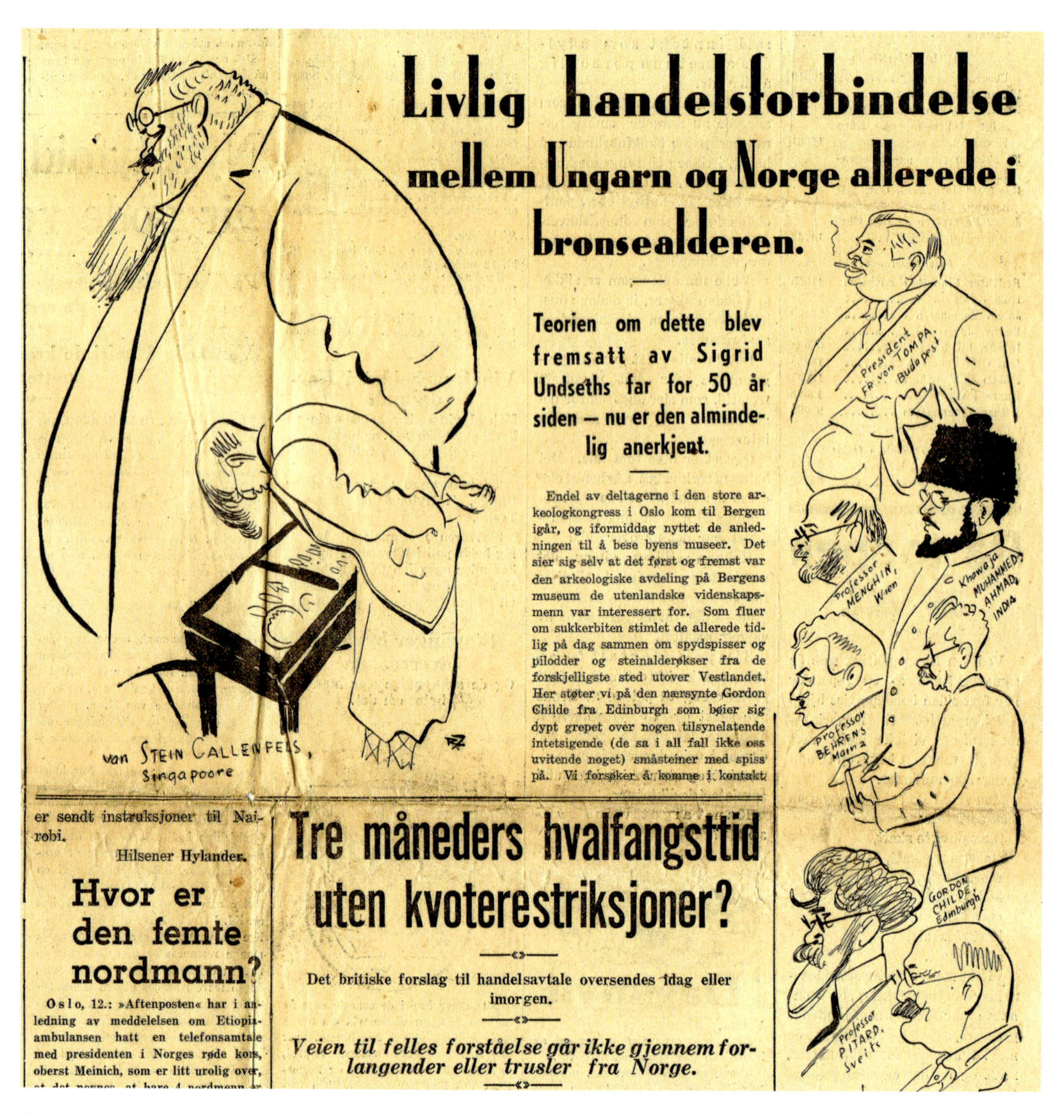

Livlig handelsforbindelse mellem Ungarn og Norge allerede i bronsealderen.

Teorien om dette blev fremsatt av Sigrid Undseths far for 50 år siden — nu er den almindelig anerkjent.

Endel av deltagerne i den store arkeologkongress i Oslo kom til Bergen igår, og iformiddag nyttet de anledningen til å bese byens museer. Det sier sig selv at det først og fremst var den arkeologiske avdeling på Bergens museum de utenlandske videnskapsmenn var interessert for. Som fluer om sukkerbiten stimlet de allerede tidlig på dag sammen om spydspisser og pilodder og steinalderøkser fra de forskjelligste sted utover Vestlandet. Her støter vi på den nærsynte Gordon Childe fra Edinburgh som bøier sig dypt grepet over nogen tilsynelatende intetsigende (de sa i all fall ikke oss uvitende noget) småsteiner med spiss på. Vi forsøker å komme i kontakt



er sendt instruksjoner til Nairobi.

Hilsener Hylander.

Hvor er den femte nordmann?

Oslo, 12.: »Aftenposten« har i anledning av meddelelsen om Etiopiaambulansen hatt en telefonsamtale med presidenten i Norges røde kors, oberst Meinich, som er litt urolig over,

Tre måneders hvalfangsttid uten kvoterestriksjoner?

Det britiske forslag til handelsavtale oversendes idag eller imorgen.

Veien til felles forståelse går ikke gjennem forlangender eller trusler fra Norge.

Abb. 11. Zeichnung der Teilnehmer des Kongresses in der Presse (Bergen Tildende 12.8.1936).

geschrieben, Ich erwarte nun hier noch den Entwurf Ihres Briefes an Reinerth. Es wird ja wohl noch eine Weile dauern, bis Sie die Unterlagen von den Norwegern erhalten."[191] Dass Bersus Bemühungen erfolgreich waren, zeigt sein zweiter Brief aus Sadovec: „Von Tschumi hatte ich einen Brief in dem er schrieb dass er gegen die Wahl von R. Einspruch erhoben hätte, dies ist immerhin besser als wenn er demissioniert hätte!"[192]

Am 21. Oktober 1936 erhob Childe Einspruch gegen die Wahl Reinerths beim neuen Kongresspräsidenten Tompa. Das Reichserziehungsministerium forderte daraufhin Wilhelm Unverzagt (1892–1971) auf, bei der für 1938 geplanten Conseilsitzung ebenfalls

[191] Bersu an Tompa, 27.9.1936. MNM Archiv, Nachlass Tompa, ungeordnet.

[192] Bersu an Tompa, 1.11.1936. MNM Archiv, Nachlass Tompa, ungeordnet.

zurückzutreten und gleichzeitig die Anerkennung der Wahl Reinerths zu veranlassen. Da er letzteres nicht wollte, trat Unverzagt sofort zurück[193]. Es war ein wahrer Sieg für Bersu, jedoch mit dem Tod des DAI-Präsidenten Wiegands 1936 verlor er seine Stütze beim DAI in Berlin und wurde vom Ministerium pensioniert[194]. Auf etwas ruhigere Zeiten deuten die Worte Bersus an Tompa im Mai 1937 hin: „Mir geht es sonst gut, und ich werde nun hoffentlich von unserem Freund R. in Ruhe gelassen werden. Sonst ist R. recht tätig, und von den grossen Schwierigkeiten, die er Richthofen bereitet hat, werden Sie ja wohl gehört haben. So wie die Dinge liegen, fürchte ich, wird Richthofen auch mit seinen Gegenmassnahmen kaum Erfolg haben, denn R. wird anscheinend à tou prix von Rosenberg gehalten auch wenn er sonst kaum ernste Wissenschaftler hinter sich hat. Matthes und Walter Schulz sind eigentlich die einzigen Fachleute, die noch zu R. stehen, Haben Sie eigentlich schon Antwort von R. in Angelegenheit des Kongresses?“[195]

Der letzte Brief von Bersu an Tompa in dessen Nachlass ist vom 6. August 1937[196]. Neben Nachrichten über die Kollegen teilte er Tompa mit, dass er an der Studienreise nicht teilnehmen werde[197], aber wenn er auf die Grabung nach Sadovec fahre, werde er durch Budapest reisen und ihn, Tompa, hoffentlich wiedersehen.

## Schluss

Wegen seiner heiklen Lage musste Bersu auch gegenüber langjährigen Freunden sehr vorsichtig sein, wie auch ein Brief an Alföldi zeigt, der im August 1938 in Cambridge weilte: „Vielen Dank für Ihre Karte, die mich auf dem Umwege über Berlin hier erreichte. Ich leite hier für die Prehistoric Society seit Mitte Juni eine grössere Siedlungsgrabung. (Dorf aus der Zeit kurz vor der Belgic invasion mit schönen Rundhausern.) Ich grabe noch bis Ende August. Könnten Sie nicht einmal als unsere Gäste uns besuchen kommen. Meine Frau ist nämlich auch hier.“[198] Bersu bat Alföldi ausdrücklich darum, dass er über seine Tätigkeit in England Schweigen bewahren möge: „In Deutschland bitte ich von meiner Tätigkeit hier nichts zu erzählen, die meisten, die es wissen wollen, wissen es und die anderen sind nur neidisch und ich habe keinen Anlass diesen Neid zu Taten zu veranlassen.“[199]

Im Juni 1939 kehrten die Bersus wieder nach England zurück, um die Ausgrabung in Little Woodbury fortzusetzen[200]. Beim Abschluss der Grabung war die politische Lage so angespannt, dass es für Bersu undenkbar war, nach Deutschland zurückzukehren[201].

[193] Krämer 2001, 56.

[194] Krämer 2001, 57–58. Menghin an Tompa, 3.2.1937: MNM Archiv, Nachlass Tompa ungeordnet. Darauf wies auch Menghin hin: „Daß Bersu pensioniert wird, habe ich nicht gewußt, war aber nach dem Tode Wiegands vorauszusehen.“. Über das Leben und Wirken von Menghin: Pittioni 1974.

[195] Bersu an Tompa, 15.5.1937. MNM Archiv, Nachlass Tompa, ungeordnet.

[196] Bersu an Tompa, 6.8.1937. MNM Archiv, Nachlass Tompa, ungeordnet.

[197] Bersu an Tompa, 6.8.1937. MNM Archiv, Nachlass Tompa, ungeordnet: „An der Studienreise werde ich keineswegs teilnehmen können, auch wenn ich um diese Zeit in Deutschland sein sollte. Es tut mir natürlich sehr leid, dass ich die Freunde und die alten Bekannten nicht sehen kann, aber da ist nun nichts zu machen. Man hätte natürlich manches helfen können, aber es wird ja wie so manches andere auch ohne mich gehen.“

[198] Bersu an Alföldi, 8.8.1938: OSZK Nachlass Alföldi. Über die Tätigkeit Bersus in England: Krämer 2001, 65–66.

[199] Bersu an Alföldi, 8.8.1938: OSZK Nachlass Alföldi.

[200] Vgl. in diesem Band den Beitrag von Christopher Evans.

[201] Krämer 2001, 67.

Tompa erfuhr über seine Lage aus einem Brief vom November 1939 des – damals schon Hauptmanns – Sprockhoff[202]. Gerhard Bersu blieb mit seiner Frau in Großbritannien, wo sie aber als Staatsbürger eines feindlichen Landes im Sommer 1940 interniert wurden[203]. Damit brachen die meisten ihrer Kontakte mit den Kollegen auf dem Festland ab[204]. Wegen des Krieges fand auch der Prähistorikerkongress in Budapest nicht statt. Tompa unterrichtete an der Universität bis zur sowjetischen Belagerung von Budapest, als er, von einem Minensplitter getroffen, am 9. Februar 1945 starb. Der erste Prähistoriker Ungarns fand seine letzte Ruhe erst am 18. Oktober 1945 im Kerepeser Friedhof in Budapest[205].

In Unkenntnis seines Todes wandte sich der alte gemeinsame englische Freund Childe in einem Brief vom 1. Januar 1946 an Tompa[206], in dem er über vergangene Jahre berichtete und ihn über sein Schicksal fragte: „I wonder how you have fared these six years, Not too badly I trust though I fear owing to the Nazi's recklessness beautiful Buda-Pest must be grievously ravaged. Edinburgh has miraculously escaped intact and I myself have nothing to complain of very seriously apart from the isolation from your good self and so many dear colleagues. [...] But recently I have been having letters from Arne, Brøgger, Bøe, Brøndsted, Nordmann, van Giffen, Lantier, Vaufrey, Santa-Olalla and others and have news, good news, even of Kostrzewski and Antoniewicz. So I at least try writing to you to see what happens. Bersu is still in Britain; during the war he made very successful excavations on the Isle of Man and now he sits there with his wife to write up his reports."[207] Dieser Brief gelangte schließlich an die archäologische Abteilung des Ungarischen Nationalmuseums, deren Mitarbeiter ihn der Witwe Tompas übergaben[208]. Eine Antwort hat der englische Professor jedoch vom Abteilungsleiter Mihály Párducz (1908–1974) erhalten, der ihn über die traurigen Ereignisse unterrichtete[209]. In seinem nächsten Brief würdigte Childe Tompa wie folgt: „In thanking you for your letter on Febr. 16 permit me to offer you and your colleagues my deep sympathy in the great loss you have sustained in the death of Tompa Ferencz. His death is a grievous blow to European archaeology as a whole and to me means the loss of a very dear fried too."[210]

## Abkürzungen

MNM Magyar Nemzeti Múzeum Adattár – Ungarisches Nationalmuseum Archiv

OSZK Országos Széchenyi Könyvtár – Ungarische Széchenyische Landesbibliothek

RGK-A Archiv der Römisch-Germanischen Kommission

[202] Sprockhoff an Tompa, 20.11.1939, MNM Archiv, Nachlass Tompa, ungeordnet = RGK-A 3460/1939 Sp/M: „Haben Sie Näheres von Bersu gehört? Er ist in England vom Krieg überrascht worden!".

[203] Vgl. in diesem Band den Beitrag von Harold Mytum.

[204] Krämer 2001, 67.

[205] Siehe den Parteizettel: MNM Archiv, Nachlass Tompa, ungeordnet; vgl. Krämer 2001, 69.

[206] Über Childe und dessen ungarischen Kontakte: Banner 1958.

[207] Childe an Tompa, 1.1.1946: MNM Archiv, Nachlass Tompa, ungeordnet.

[208] MNM Archiv, Akten der archäologischen Abteilung 5/1946.

[209] MNM Archiv, Akten der archäologischen Abteilung 5/1946. – Über Tompas Tod unterrichtete Childe gewiss auch Bersu.

[210] MNM Archiv, Akten der archäologischen Abteilung 5/1946.

## Literaturverzeichnis


Althoff / Jagust 2016
J. Althoff / F. Jagust mit einem Beitrag von St. Altekamp, Theodor Wiegand (1864–1936). In: G. Brands / M. Maischberger (Hrsg.), Lebensbilder. Klassische Archäologen und der Nationalsozialismus 2,2. Forschungscluster 5, Geschichte des Deutschen Archäologischen Instituts im 20. Jahrhundert (Rahden / Westfalen 2016) 1–37.

Banner 1948
J. Banner, Tompa Ferenc (1893–1945). Arch. Ért. 7–9, 1945–48 (1948) 419–429.

Banner 1958
J. Banner, Vere Gordon Childe, 1892–1957. Acta Arch. Acad. Scien. Hungaricae 8, 1958, 319–323.

Banner et al. 1959
J. Banner / I. Bóna / L. Márton, Die Ausgrabungen von L. Márton in Tószeg. Acta Arch. Acad. Scien. Hungaricae 10,1/2, 1959, 1–140.

Bersu 1925
G. Bersu, Die archäologische Forschung in Belgien von 1919–1924. Ber. RGK 15, 1923/24 (1925), 58–66.

Bersu 1930
G. Bersu, Bericht über die Tätigkeit der Römisch-Germanischen Kommission vom 1. April 1929 bis 31. März 1930. Ber. RGK 19, 1929 (1930) 201–206.

Bersu 1931
G. Bersu, Bericht über die Tätigkeit der Römisch-Germanischen Kommission vom 1. April 1930 bis 31. März 1931. Ber. RGK 20, 1930 (1931) 1–13.

Bersu 1934
G. Bersu, Prähistorische Ausgrabungen und Museen. Proc. First Internat. Congress of Prehist. and Protohist. Scienc. 1932, 1934, 160.

Bersu 1937
G. Bersu, Bericht über die Tätigkeit der Römisch-Germanischen Kommission vom 1. April 1934 bis 31. März 1935. Ber. RGK 24/25, 1934/35 (1937) 1–7.

Bersu / Zeiss 1933a
G. Bersu / H. Zeiss, Bericht über die Tätigkeit der Römisch-Germanischen Kommission vom 1. April 1931 bis 31. März 1932. Ber. RGK 21, 1931 (1933) 1–10.

Bersu / Zeiss 1933b
G. Bersu / H. Zeiss, Bericht über die Tätigkeit der Römisch-Germanischen Kommission vom 1. April 1932 bis 31. März 1933. Ber. RGK 22, 1932 (1933) 1–10.

Bersu / Zeiss 1934
G. Bersu / H. Zeiss, Bericht über die Tätigkeit der Römisch-Germanischen Kommission vom 1. April 1933 bis 31. März 1934. Ber. RGK 23, 1933 (1934) 1–9.

Bittel 1988
K. Bittel, Martin Schede. In: R. Lullies / W. Schiering (Hrsg.), Archäologenbildnisse. Porträts und Kurzbiographien von Klassischen Archäologen deutscher Sprache (Mainz 1988) 220–221.

Borbély 1928
Z. Borbély, Külföldi tudósok látogatták meg a tószegi bronzkori lakótelepet. Nemzeti Újság 24.5.1928, S. 7.

Christ 1990
K. Christ, Neue Profile der Alten Geschichte (Darmstadt 1990).

D. M. 1929
D. M., A német, osztrák és magyar archaeológusok 1929. évi vándorgyűlése. Historia 2, 1929, 56–57.

Drexel 1927
F. Drexel, Bericht über die Tätigkeit der Römisch-Germanischen Kommission vom 1. April 1925 bis 31. März 1927. Ber. RGK 16, 1925/26 (1927) 170–174. doi: https://doi.org/10.11588/berrgk.1927.0.33399.

Drexel 1929a
F. Drexel, Bericht über die Tätigkeit der Römisch-Germanischen Kommission vom 1. April 1927 bis 31. März 1928. Ber. RGK 17, 1927 (1929) 232–236. doi: https://doi.org/10.11588/berrgk.1929.0.33407.

Drexel 1929b
F. Drexel, Bericht über die Tätigkeit der Römisch-Germanischen Kommission vom 1. April 1928 bis 31. März 1929. Ber. RGK 18, 1928 (1929) 188–193. doi: https://doi.org/10.11588/berrgk.1929.0.33415.

Franz 1928
L. Franz, Bericht über die Versammlung deutscher und österreichischer Vor- und Frühgeschichtsforscher in Klagenfurt. Wiener Prähist. Zeitschr. 15, 1928, 153–154.
Franz / Mitscha-Märheim 1927
L. Franz / H. Mitscha-Märheim, Die urgeschichtliche Forschung in Österreich seit 1900. Ber. RGK 16, 1925/26 (1927) 1–34. doi: https://doi.org/10.11588/berrgk.1927.0.33392.
Halle 2002
U. Halle, „Die Externsteine sind bis auf weiteres germanisch!" Prähistorische Archäologie im Dritten Reich. Sonderveröff. Naturwiss. u. Hist. Verein Land Lippe 68 (Bielefeld 2002).
Hančar 1933
F. Hančar, Bericht über den „I. International Congress of Prehistoric and Protohistoric Sciences" (London 1932). Wiener Prähist. Zeitschr. 20, 1933, 65–68.
Hillebrand 1937
J. Hillebrand, Der Stand der Erforschung der älteren Steinzeit in Ungarn Ber. RGK 24/25, 1934/35 (1937) 16–26. doi: https://doi.org/10.11588/berrgk.1937.0.35642.
Krämer 2001
W. Krämer, Gerhard Bersu – ein deutscher Prähistoriker, 1889–1964. Ber. RGK 82, 2001, 5–101.
Lantier 1931
R. Lantier, Ausgrabungen und neue Funde in Frankreich aus der Zeit von 1915 bis 1930. (Paläolithikum bis Römerzeit). Ber. RGK 20, 1930 (1931) 77-146.
Leube 1998
A. Leube, Zur Ur- und Frühgeschichtsforschung in Berlin nach dem Tode Gustaf Kossinnas bis 1945. Ethnogr.-Arch. Zeitschr. 39, 1998, 373–427.
Leube 2002
A. Leube (Hrsg.) in Zusammenarbeit mit M. Hegewisch, Prähistorie und Nationalsozialismus. Die mittel- und osteuropäische Ur- und Frühgeschichtsforschung in den Jahren 1933–1945 (Heidelberg 2002).
Márton 1912
L. Márton, Die wichtigsten Resultate vor- und frühgeschichtlicher Forschung in Ungarn. Prähist. Zeitschr. 4, 1912, 175–191.
Márton 1930
L. Márton, Ősrégészeti kutatásunk feladata. Magyar Szemle 8, 1930, 225–232.
Menghin 1926
O. Menghin, Bericht über die Versammlung deutscher und österreichischer Vor- und Frühgeschichtsforscher in Linz, Oberösterreich. Wiener Prähist. Zeitschr. 13, 1926, 118–122.
Mozsolics 1965
A. Mozsolics, Gerhard Bersu. Arch. Ért. 92, 1965, 217–218.
Nestor 1933
J. Nestor, Stand der Vorgeschichtsforschung in Rumänien. Ber. RGK 22, 1932 (1933), 11–181. doi: https://doi.org/10.11588/berrgk.1933.0.35609.
Parzinger 1998
H. Parzinger, Der Goldberg Die metallzeitliche Besiedlung. Röm.-German. Forsch. 57 (Mainz 1998).
Patay 1993
P. Patay, Megemlékezés Tompa Ferencről születésének 100. évfordulóján. Arch. Ért. 120, 1993, 90–95.
Pittioni 1930
R. Pittioni, Bericht über die Versammlung deutscher, österreichischer und ungarischer Vor- und Frühgeschichtsforscher im September 1929. Wiener Prähist. Zeitschr. 17, 1930, 159–162.
Pittioni 1974
R. Pittioni, Oswald Menghin (1888–1973). Arch. Austriaca 55, 1974, 1–5.
Raczky 1993
P. Raczky, Tompa Ferenc munkássága a magyarországi újkőkor és rézkor kutatásában. Arch. Ért. 120, 1993, 95–98.
Saria 1927
B. Saria, Vor- und frühgeschichtliche Forschung in Südslavien. Ber. RGK 16, 1925/26 (1927) 86–118. doi: https://doi.org/10.11588/berrgk.1927.0.33395.

von Schnurbein 2001
S. v. Schnurbein, Abriss der Entwicklung der Römisch-Germanischen Kommission unter den einzelnen Direktoren von 1911 bis 2002. Ber. RGK 82, 2001, 137–289.

Schöbel 2002
G. Schöbel, Hans Reinerth. Forscher – NS-Funktionär – Museumsleiter. In: Leube 2002, 321–396.

Sprockhoff 1939
E. Sprockhoff, Bericht über die Tätigkeit der Römisch-Germanischen Kommission vom 1. April 1937 bis 31. März 1938. Ber. RGK 27, 1937 (1939) 1–6. doi: https://doi.org/10.11588/berrgk.1939.0.39730.

Stade / Sprockhoff 1937
K. Stade / E. Sprockhoff, Bericht über die Tätigkeit der Römisch-Germanischen Kommission vom 1. April 1935 bis 31. März 1936. Ber. RGK 24/25, 1934/35 (1937) 8–15. doi: https://doi.org/10.11588/berrgk.1937.0.35617.

Szathmári 1993
I. Szathmári, Tompa Ferenc munkássága a magyar bronzkorkutatásban. Arch. Ért. 120, 1993, 99–102.

Tompa 1928
F. Tompa, Őskori lakóházak és fejedelmi paloták. Ásatások a Goldbergen. Magyarság 29.1.1928, S. VI.

Tompa 1929
F. Tompa, A szalagdíszes agyagművesség kultúrája Magyarországon. a bükki és tiszai kultúra – Die Bandkeramik in Ungarn. Die Bükker und die Theiss-Kultur. Arch. Hungarica 5/6 (Budapest 1929).

Tompa 1934
F. Tompa, Die wichtigsten Probleme der ungarischen Urgeschichtsforschung. Proc. First Internat. Congress of Prehist. and Protohist. Scienc. 1932, 245–249.

Tompa 1937
F. Tompa, 25 Jahre Urgeschichtsforschung in Ungarn. Ber. RGK 24/25, 1934/35 (1937), 27–127. doi: https://doi.org/10.11588/berrgk.1937.0.35643.

Tompa 1942
F. Tompa, Őskor. In: F. Tompa / A. Alföldi / L. Nagy (Hrsg.), Budapest az ókorban (Budapest 1942) 1–134.

Trebsche 2005
P. Trebsche, Zu den internationalen Beziehungen der Urgeschichtsforschung in Oberösterreich während der Zwischenkriegs- und Nazizeit. In: Archäologische Arbeitgemeinschaft Ostbayern / West- und Südböhmen (Rahden / Westf. 2005) 178–188.

Weger 2017
T. Weger, s. v. Bolko von Richthofen. In: M. Fahlbusch / I. Haar / A. Pinwinkler (Hrsg.), Handbuch der völkischen Wissenschaften (München[2] 2017) 631–636.

Wegner 2002
G. Wegner, Auf vielen und zwischen manchen Stühlen. Bemerkungen zu den Auseinandersetzungen zwischen Karl Hermann Jacob-Friesen und Hans Reinerth. In: Leube 2002, 398–417.

## Gerhard Bersu und Ferenc Tompa – Angaben zu den Kontakten Gerhard Bersus mit der ungarischen Archäologie

### Zusammenfassung · Summary · Résumé

ZUSAMMENFASSUNG · Im vorliegenden Beitrag werden Gerhard Bersus Kontakte mit dem ungarischen Prähistoriker Ferenc Tompa rekonstruiert, wobei auch sein Einfluss auf die ungarische Archäologie behandelt wird. Diese Rekonstruktion basiert auf den überlieferten Korrespondenzen hauptsächlich im Nachlass Tompas bzw. im Archiv der Römisch-Germanischen Kommission (RGK). Die Kontakte mit Tompa kann man in vier Gruppen einteilen. Die Ausgrabungen in Goldberg bzw. in Ungarn (Tószeg, Lengyel usw.), Tompas Rolle in den Organisationsarbeiten bei den Donauländischen Studienfahrten (1929, 1933), Tompas Arbeit über die 25 Jahre Urgeschichtsforschung in Ungarn für die Berichte der RGK und die Rolle von Tompa bei den Organisationsarbeiten bzw. bei der Vertretung von Bersus Interessen im Internationale Kongress für Vor- und Frühgeschichte (CISPP). Nach der Quellenanalyse hatte Bersu eine wichtige Auswirkung auf Tompa und auch auf die ungarische Prähistorie.

SUMMARY · In this article Gerhard Bersu's contacts with the Hungarian prehistorian Ferenc Tompa are reconstructed, also dealing with his influence on Hungarian archaeology. This reconstruction is based on the surviving correspondences mainly in Tompa's estate or in the archives of the Römisch-Germanischen Kommission (RGK). The contacts with Tompa can be divided into four groups. The excavations in Goldberg or in Hungary (Tószeg, Lengyel, etc.), Tompa's role in the organizational work at the Danubian Study Trips (1929, 1933), Tompa's work on the 25 years of prehistoric research in Hungary for the reports of the RGK, and Tompa's role in the organizational work or in representing Bersu's interests in the *Congrès International des Sciences Préhistoriques et Protohistoriques* (CISPP). According to the source analysis, Bersu had an important impact on Tompa and also on Hungarian prehistory.

RÉSUMÉ · Cette contribution reconstitue les contacts que Gerhard Bersu a entretenus avec Ferenc Tompa tout en abordant son influence sur l'archéologie hongroise. Cette reconstitution s'appuie sur la correspondance qui nous est parvenue, surtout à travers la succession de Tompa et l'archive de la RGK . On peut distinguer quatre catégories de contacts avec Tompa : 1) les fouilles au Goldberg et en Hongrie (Tószeg, Lengyel etc.) ; 2) le rôle de Tompa dans l'organisation des voyages d'étude dans les régions du Danube (1929, 1933) ; 3) le travail de Tompa sur les 25 ans de recherche préhistorique en Hongrie pour les Berichte der Römisch-Germanischen Kommission ; 4) le rôle de Tompa dans les travaux d'organisation et la représentation des intérêts de Bersu au CISSP. L'analyse des sources démontre que Bersu a fort influencé Tompa et la préhistoire hongroise. (Y. G.)

Anschrift des Verfassers

Péter Prohászka
Archeologický ústav SAV
Akademická 2
SK-949 21 Nitra
E-Mail: prohaszkapeter1975@gmail.com
https://orcid.org/0000-0002-3484-4426

# Gerhard Bersu, Rudolf Egger und die österreichisch-deutsche Forschungskooperation in Kärnten (1928–1931)

Von Marianne Pollak

*Schlagwörter:* *Befestigte Höhensiedlungen / Frühchristentum / Kärnten / Alpen-Adria-Raum / Nachfolgestaaten der Habsburgermonarchie*
*Keywords:* *Fortified hilltop settlements / early Christianity / Carinthia / Alps-Adriatic region / successor states to the Habsburg monarchy*
*Mots-clés:* *Habitats de hauteur fortifiés / christianisme primitif / Carinthie / région Alpes-Adriatique / États issus de l'ex-monarchie des Habsbourg*

„Zwei Berichte über seine englischen Ausgrabungen hat er druckfertig hinterlassen, und er hatte eben mit der Vorbereitung der Publikation der Grabungen auf dem Duel bei Feistritz in Kärnten begonnen, als der Tod aller Arbeit und allem Planen ein Ende setzte."[1]

Werner Krämers Schlusssatz im Nachruf auf Gerhard Bersu liefert das Stichwort zur Auseinandersetzung mit dessen Bezug zur archäologischen Forschung in Österreich[2].

Als Bersu am 19. November 1964 bald nach seinem 75. Geburtstag verstarb, lagen die gemeinsamen Forschungsprojekte von Römisch-Germanischer Kommission (RGK) und Österreichischem Archäologischem Institut in Österreichs südlichstem Bundesland mehr als drei Jahrzehnte zurück. Sie begannen gegen Ende jenes für die archäologischen Wissenschaften schwierigen Jahrzehnts, das auf den Zusammenbruch der beiden Kaiserreiche im Jahr 1918 folgte. Der von den Siegermächten für Österreich ausgehandelte Friedensvertrag von St.-Germain-en-Laye bei Paris wurde am 10. September 1919 unterzeichnet[3]. Die wirtschaftlichen, finanziellen, militärischen, territorialen und außenpolitischen Angelegenheiten wurden in 381 Artikeln geregelt. Das habsburgische Großreich schrumpfte zum Kleinstaat und verlor dadurch seine wichtigsten Agrar- und Industriegebiete. Hinzu kamen enorme Reparationszahlungen an die Siegermächte sowie die Finanz- und Wirtschaftskrisen ab dem Jahr 1929, die zum Aufstieg des Nationalsozialismus beitrugen.

## Forschungstraditionen

Größere und öffentlich finanzierte Forschungsgrabungen wurden seit dem späten 19. Jahrhundert von zwei Institutionen ausgeführt: Der Prähistorischen Kommission der Österreichischen Akademie der Wissenschaften[4] und dem Österreichischen Archäologischen Institut[5]. Aufgrund der Gebietsverluste büßten beide ihre wichtigsten Forschungsschwerpunkte ein. Bis 1918 hatte die Prähistorische Kommission an über hundert Orten teilweise

[1] Krämer 1964, bes. 2 vorletzter Absatz.

[2] Mein besonderer Dank gilt Frau Dr. Kerstin P. Hofmann, Zweite Direktorin der RGK für die Einladung zur Mitarbeit am vorliegenden Band und Frau Dr. Gabriele Rasbach, RGK, für die Bereitstellung der Archivalien.

[3] https://www.ris.bka.gv.at/GeltendeFassung.wxe?Abfrage=Bundesnormen&Gesetzesnummer=10000044 (letzter Zugriff: 12.11.2021).

[4] Mader 2018.

[5] Kandler / Wlach 1998b.

langjährige Ausgrabungen vorgenommen, die meisten davon im heutigen Slowenien, Österreich, Böhmen und Mähren, aber auch in den ehemaligen Küstengebieten an der Oberen Adria und im damals österreichischen Teil Ungarns[6]. Die Ergebnisse wurden 2018 durch Brigitta Mader in einer umfassenden Monographie dargestellt[7].

Das wichtigste Arbeitsgebiet der Klassischen Archäologie lag bis 1918 an der Oberen Adria[8]. Dabei ist Aquileia hervorzuheben, da in dieser „bedeutendsten römischen Stadt des Habsburgerreiches" Forschung und Denkmalpflege besonderen Stellenwert besaßen[9]. Die Altertumswissenschaftler und Denkmalpfleger in den ehemals österreichischen Küstengebieten, vor allem Istrien und Dalmatien, waren die exzellenten Archäologen und Epigraphiker Anton Gnirs (1873–1933)[10] und Frane Bulić (1846–1934)[11], der eine in Prag, der andere in Wien ausgebildet. Auch der letzte österreichische Direktor des Staatsmuseums Aquileia, Michael / Michele / Mihovil Abramić (1884–1962) hatte in Wien Klassische Archäologie und Epigraphik studiert und in Kooperation mit dem Österreichischen Archäologischen Institut u. a. Ausgrabungen in Pettau / Ptuj (heute SL) durchgeführt[12].

Abramić, Rudolf Egger (1882–1969)[13] sowie Giovannni Battista Brusin (1883–1976)[14], der 1922 eingesetzte Direktor des Museums in Aquileia, bildeten eine Gruppe etwa gleichaltriger Wiener Schüler von Alexander Conze (1831–1914), Otto Hirschfeld (1843–1922) und Otto Benndorf (1838–1907). Alle drei hatten während der letzten Kriegsjahre wissenschaftliche und denkmalpflegerische Aufgaben in den österreichischen Küstenlanden wahrgenommen[15], aber nach dem Bruch des Jahres 1918 neue Wissenschaftskarrieren in ihren Herkunftsländern eingeschlagen. Zum Umfeld gehörte wohl auch der aus Agram / Zagreb kommende und etwas ältere Viktor Hoffiller (1877–1954)[16], der 1900 in Wien promoviert worden war und sein gesamtes wissenschaftliches Leben in Kroatien verbrachte.

Das Ende der beiden Kaiserstaaten 1918 führte zu einer drastischen Reduktion der personellen und finanziellen Mittel für die Altertumswissenschaften[17]. Wie ein Blick über die ersten Jahrgänge der „Fundberichte aus Österreich" lehrt, kam es kaum zu planmäßigen oder systematischen Grabungen. Vielfach wurden Zufallsfunde von ehrenamtlichen Konfidenten der offiziellen Denkmalpflege geborgen[18]. Erst die sich allmählich bessernde wirtschaftliche Lage ermöglichte ab 1925 wieder archäologische Untersuchungen, die durch Vereine und Institutionen in den Bundesländern gefördert wurden.

Eines der wichtigsten Projekte der Frühgeschichtsforschung dieser Zeit waren erstmalige systematischen Untersuchungen am Oberleiserberg (Niederösterreich), die Herbert

[6] Mader 2018, Übersichtskarte Abb. 33.

[7] Mader 2018.

[8] Kandler / Wlach 1998b, 24–31.

[9] Pollak 2019, 85–86; Pollak im Druck.

[10] Anton Gnirs, geboren in Saaz / Zatec, Studium der Geschichte und Philologie an der deutschen Universität Prag, ab 1899 Lehrer an der Marine-unterrealschule in Pola / Pula, ab 1901 Kustos der staatlichen Antikensammlung in Pola, 1903 Promotion und anschließend intensive archäologisch–denkmalpflegerische Tätigkeit. Ausführliche Biographie bei Mader 2000, 33–38.

[11] Pollak 2019, 82–83: Frane Bulić, geboren in Vranjić bei Spalato / Split, 1869 Priesterweihe, 1869–1873 und 1877/78 Studium der Klassischen Archäologie und Epigraphik in Wien, ab 1884 Direktor des Archäologischen Museums in Spalato / Split, ab 1880 Konservator, 1911 Mitglied der Zentralkommission, ab 1912 Konservator für Dalmatien.

[12] Schörner 2018, 452 Tab. 7; Mader 2018, 71–72; Pollak 2019, 85 Anm. 34.

[13] Wlach 1998, 108–110; Pesditschek 2010, 290–307.

[14] Cigaina 2018, 143–166; Pollak im Druck.

[15] Egger übernahm den Transport von Kulturgütern aus Aquileia nach Wien: Pollak 2019, 86.

[16] Mirnik 1977; Schörner 2018, 452 Tab. 7.

[17] von Schnurbein 2001, 163; Müller-Scheessel et al. 2001, 305–306; Mader 2017; Zabehlicky 1998.

[18] Pollak 2016, 138–140.

Abb. 1. Gerhard Bersu und Rudolf Egger auf dem Duel (Archiv RGK, aus dem Besitz von R. Noll).

Mitscha-Märheim (1900–1976) und Ernst Nischer-Falkenhof (1879–1961) zwischen 1925 und 1929 durchführten. Die abschließende Grabung des Jahres 1929 erhielt sogar eine Förderung durch das Deutsche Archäologische Institut[19]. Mitscha-Märheims lange gehegter Wunsch, die vielen offen gebliebenen Fragen zu klären, ging erst in seinem Todesjahr in Erfüllung, als Herwig Friesinger (* 1942, Universität Wien) neue archäologische Untersuchungen initiierte, die zeigten, dass sich hier – im nördlichen Vorfeld des Donaulimes – ein germanischer Fürstensitz des 5. Jahrhunderts n. Chr. befunden hatte[20].

Die besondere Förderung der RGK galt den gemeinschaftlichen Unternehmungen Bersus und Eggers in Kärnten, dem südlichsten Bundesland Österreichs, dessen archäologischen Denkmalbestand vielfältige und enge Verbindungen zum nordadriatischen Raum kennzeichnen *(Abb. 1)*. Wie Bersu in Deutschland, galt in Österreich Egger als bewährter Ausgräber.

Trotz aller politischen und finanziellen Einschränkungen waren beide bemüht, die traditionellen wissenschaftlichen Verbindungen einerseits über Deutschland und andererseits

[19] Nischer-Falkenhof / Mitscha-Märheim 1931, 439; von Schnurbein 2001, 173 mit Anm. 163.

[20] Aus der umfangreichen Literatur genannt sei nur die Zusammenfassung von Alois Stuppner: Stuppner 2008.

über das klein gewordene Österreich hinaus aufrechtzuerhalten[21]. Dabei kamen Egger seine alten Kontakte zu den Wiener Kommilitonen zugute, die nun in Italien und Jugoslawien wirkten[22].

## Neuanfänge und Beziehungspflege

Nachdem der gebürtige Kärntner und 1905 in Wien promovierte Egger zuerst als Gymnasialprofessor im istrischen Pola / Pula (österreichisches Küstenland, heute Kroatien), später in Klagenfurt unterrichtet hatte,[23] wurde er 1912 zum Sekretär des Österreichischen Archäologischen Instituts bestellt, so dass seine wissenschaftliche Karriere an Dynamik gewann. Ausgehend von der 1908 entdeckten und von ihm in den Folgejahren freigelegten „Friedhofskirche" von Teurnia folgte 1917 seine Habilitation „Frühchristliche Kirchenbauten im südlichen Norikum"[24], wobei er den im ersten Viertel des 20. Jahrhunderts gültigen Forschungsstand zusammenfasste. Damals waren frühchristliche Kirchen bei Aguntum in Osttirol[25], die östliche Doppelkirche am Hemmaberg[26], je zwei Kirchen am Grazer Kogel bei Virunum[27] sowie eine am Hoischhügel bei Arnoldstein bekannt[28]. Die drei letztgenannten bilden integrierende Bestandteile spätantiker Höhensiedlungen, deren Zahl sich seither beachtlich erhöht hat[29].

Der Beginn von Eggers engeren Beziehungen zur RGK lässt sich nur ungefähr eingrenzen. Seine Wahl zum Korrespondierenden Mitglied 1925/26 erfolgte jedenfalls knapp nach seiner Bestellung zum Co-Direktor des Wiener Österreichischen Archäologischen Instituts im Jahr 1925[30]. 1927 trat er bei zwei wichtigen Veranstaltungen der RGK auf: Als Festredner bei der von Bersu geplanten Jubiläumsfeier zu deren 25-jährigem Bestehen am 9. Dezember behandelte der langjährige Kenner Aquileias ein Sujet der berühmten Mosaikböden im Dom unter dem Titel „Ein altchristliches Kampfsymbol"[31] *(Abb. 2).*

Schon im Sommer 1927 hatte in Kärnten eine Zusammenkunft deutscher und österreichischer Archäologen stattgefunden, bei der ein gemeinsames Forschungsprojekt von Österreichischem Archäologischem Institut und RGK beschlossen wurde[32]. An diesem Treffen „deutscher und donauländischer Bodenforscher" nahm auch Egger teil[33]. Die Absprachen für die gemeinsamen Grabungsprojekte ab dem Folgejahr erwähnt Bersu in einer nicht näher datierten Notiz in Zusammenhang mit dem bis heute schwer zugänglichen Hoischhügel bei Arnoldstein[34]. Die Auswahl der Grabungsplätze geht zweifellos auf die Empfehlung Eggers zurück, der mit der archäologischen Landschaft Kärntens bestens vertraut war, damit eigene Forschungsfragen zu klären hoffte und Finanzmittel lukrierte.

[21] Krämer 2001, 24; von Schnurbein 2001, 166–167; Wlach 1998, 108–110.

[22] Mader 2017, 25–29.

[23] Wlach 1998, 108–110; Pesditschek 2010, 290–307.

[24] Egger 1916.

[25] Egger 1916, 58–69.

[26] Egger 1916, 70–92.

[27] Egger 1916, 106–109.

[28] Egger 1916, 123.

[29] Glaser 2003a; Glaser 2003b. – Eine Entdeckung aus jüngster Zeit stellt die Kirche am Burgbichl bei Irschen dar: Kainrath et al. 2020.

[30] Krämer 2001, 166.

[31] Egger 1930; Krämer 2001, 25; von Schnurbein 2001, 271.

[32] Reisch 1930, Beibl. Sp. 286–287.

[33] Vertreten waren sowohl Prähistoriker als auch Klassische Archäologen: s. Beitrag von Siegmar von Schnurbein in diesem Band.

[34] RGK-A NL Gerhard Bersu, Karton Nr. 11, Kuvert „Div. Tagebuchaufzeichnungen, Bilder und Pläne", das auch weitere Notizen zur Studienfahrt (Vorträge Klagenfurt, die Exkursionsorte Herzogstuhl, St. Donat, St. Veit an der Glan, Hochosterwitz, Zollfeld, Museum Villach sowie Fundskizzen enthält. Vgl. Franz 1927).

Abb. 2. Aquileia, Mosaik mit Darstellung von Hahn und Schildkröte (Foto: M. Pollak). Egger deutete Hahn und Schildkröte als christliche Symbole des Kampfes zwischen Licht und Finsternis, des Glaubens gegen den Unglauben, des Katholizismus gegen den Arianismus.

Eggers fachliche Reputation führte 1930 zu seiner Wahl zum Nachfolger Friedrich Drexels als Erster Direktor der RGK[35], wozu am 31. März 1931 aber Bersu bestellt wurde. Anlässlich seiner Dienstenthebung wegen Zugehörigkeit zur NSDAP stellte Egger seine Absage an Frankfurt und den Verbleib am Wiener Institut als Ausdruck seiner österreich-patriotischen Haltung dar: „1930 erhielt ich einen Ruf auf den schönsten Posten meines Faches als erster Direktor der römisch-germanischen Kommission in Frankfurt am Main. Ich bin trotz verlockender Vorteile in Wien geblieben, um meine doppelte Lebensaufgabe zu erfüllen: Lehrer zu sein und in der Forschung sowohl den österreichischen Problemen, vor allem denen meiner Heimat Kärnten mich zu widmen, als auch der vornehmen Aufgabe der Wiener Schule, Mittler nach dem Süden und Südosten zu sein“[36].

## Gemeinschaftsprojekte von Römisch-Germanischer Kommission und Österreichischem Archäologischem Institut

Die Kooperation mit der RGK – ermöglicht durch Sondermittel des Auswärtigen Amtes zur Pflege der Auslandsbeziehungen[37], Mittel der Österreichischen Akademie der Wissenschaften und des Landes Kärnten – eröffnete neue Perspektiven zur archäologischen Erforschung des Stadtgebietes von Teurnia (St. Peter in Holz) im Kärntner Drautal. Hier war nur 15 Jahre vorher in der sogenannten Friedhofskirche westlich des spätantiken Stadtzentrums das berühmte Ursus-Mosaik entdeckt und von Egger freigelegt worden. Sie gilt heute als Bischofskirche der Arianer in der Ostgotenzeit[38]. Darüber erhob sich bei der Exkursion 1927 bereits einer der ältesten Schutzbauten im Alpen-Adria-Raum[39] *(Abb. 3).*

[35] Krämer 2001, 33

[36] Pesditschek 2010, 291.

[37] von Schnurbein 2001, 172–173.

[38] Egger 1916; Glaser 2016, 33–40.

[39] Glaser 1999. – Der 1915 errichtete Schutzbau war 1938 bereits desolat und wurde 1960 erneuert.

Abb. 3. Teurnia (St. Peter in Holz), Schutzbau über dem frühchristlichen Mosaikboden (Foto: Landesmuseum Kärnten, Klagenfurt, Abt. Archäologie).

Die geplanten Untersuchungen konzentrierten sich auf das Gebiet um Feistritz an der Drau (Gem. Paternion). Beschäftigt wurden Studierende und junge Absolventen aus mehreren europäischen Ländern, die bei den bewährten Ausgräbern Bersu und Egger in die Praxis von Feldforschung und zeitgemäßer Grabungstechnik eingeführt wurden. Die methodischen Standards bei der Untersuchung von Befestigungsanlagen hatte Bersu 1925 in seiner Dissertation verschriftlicht und um eigene Grabungserfahrungen erweitert[40]. Sie sollten für die nächsten Jahrzehnte maßgeblich bleiben.

Zur Finanzausstattung liegen nur wenige Bemerkungen in der Korrespondenz zwischen Bersu und Egger vor[41]; 1929 konnte die RGK 6000 Reichsmark beibringen, mit Beginn der Weltwirtschaftskrise von 1929 waren es 1930 und 1931 jeweils nur noch 2000 Reichsmark, zu denen zumindest im Jahr 1930 noch 5000 Schilling der Österreichischen Akademie der Wissenschaften kamen. Die schwierige wirtschaftliche Situation bedeutete das Ende der Grabungsprojekte mit Herbst 1931. Aufgrund der begrenzten finanziellen Mittel wurden die Aufenthaltskosten der Teilnehmer nur teilweise übernommen und versucht, selbstzahlende Interessenten zu finden[42].

## Teilnehmende und Ausbildungsangebot

Über die Grabungsteilnehmer geben nur die von Egger für 1928 und 1930 verfassten Berichte Aufschluss, die in die gemeinsame Vorpublikation Bersus und Eggers aus 1929 und den Tätigkeitsbericht der RGK für 1930/31 Eingang gefunden haben[43]. 1928 kamen

[40] RGK-A NL Gerhard Bersu: G. Bersu, Die Methode der Erforschung antiker Erdbefestigungen und der Ringwall auf dem Breiten Berge bei Striegau, Manuskript 1925 [Diss. Univ. Tübingen].

[41] RGK-A 498, Egger Wien 1929–56.

[42] RGK-A 498, Egger Wien 1929–56.

[43] Archiv Landesmuseum Kärnten, Faszikel Duel 12. – Mein Dank gilt Prof. Dr. Franz Glaser, der mir die Einsichtnahme und Benutzung ermöglicht hat; Egger / Bersu 1929, Bbl. Sp. 165; Bersu 1930, 10–11.

Abb. 4. Gruppenbild der Grabungs- und / oder Exkursionsteilnehmenden 1930 (Archiv Landesmuseum Kärnten, Abt. Archäologie).

Ein Abzug desselben Fotos gelangte von Noll über Joachim Werner an die RGK. Noll identifizierte die Teilnehmenden namentlich, sprach allerdings von einem Ausflug nach Ptuj / Pettau im Jahr 1931, so dass Unstimmigkeiten bleiben, da Noll 1930 weder zu den Grabungsmitarbeitern gehörte noch ein Teilnehmer der Studienfahrt war.

aus Deutschland Kurt Bittel (1907–1991), Georg Petrich (Lebensdaten unbekannt), Wolfgang Dehn (1909–2001), aus Österreich die beiden Archäologie-Studenten Rudolf Noll (1906–1990) und Walter Placht (Lebensdaten unbekannt), aus der Schweiz Emil Vogt (1906–1974), aus Holland Kempers (Vorname und Lebensdaten unbekannt). Noll dissertierte 1929, Placht 1933 in Wien[44].

Die bunt gemischte Gruppe des Jahres 1930 umfasste auch ungarische (Johann(es) / János Szilágyi, 1907–1988), jugoslawische (Josip Klemenc, 1898–1967; Svetozar Radojčić, 1909–1978) und rumänische (Constantin Daicoviciu, 1898–1973) Absolventen und Studierende. Aus Deutschland kamen Gerda Bruns (1905–1970), nochmals Dehn, Friedrich von Lorentz (1902–1968), Karl H. Wagner (1907–1944), Joachim Werner (1909–1994), Eugen Wünsch (1894–1968), Oberwerkmeister (= Grabungstechniker) am Bayerischen Landesamt für Denkmalpflege, und der Kunsthistoriker Richard Krautheimer (1897–1994); österreichische Teilnehmer waren die Indogermanistin Erika Kretschmer (später Helm, ca. 1904–1987), der Archäologie-Student Ferdinand Alexander (Lebensdaten unbekannt), nochmals Placht sowie Martin Hell (1885–1975) und Gattin Karoline (1890–1975) *(Abb. 4).*

[44] Schörner 2018, 452 Tab. 7.

Für die Grabungsjahre 1929 und 1931 fehlen namentliche Angaben zu den Teilnehmenden. 1931 lässt sich aus dem Schriftverkehr Eggers und Bersus die Mitarbeit Rudolf Paulsens (1893–1975) erschließen, der auch für einen Beitrag in der Schlusspublikation vorgesehen war. Als Zeichner der Grabungsdokumentationen sind Radojčić, Artur Biedl (1904–1950) und Rolf Nierhaus (1911–1996) nachweisbar. Die praktische Feldausbildung umfasste zudem Vermessungstechnik und Schichtbeobachtung.

Abendliche Fachvorträge waren 1928 der archäologischen Denkmallandschaft Südnoricums, der Vita Severini als wichtigster Schriftquelle zur Spätantike im Alpenraum, aber auch der Geologie des Raumes gewidmet. 1930 referierte Paul Reinecke (1872–1958) zur Urgeschichte Friauls und der Küstenlande, Egger zu Geschichte und Kultur Aquileias.

## Exkursionen im In- und Ausland

Exkursionen führten zu nahe gelegenen Fundorten in Kärnten: nach Teurnia, zum antiken Marmorsteinbruch von Gummern, ins Zollfeld mit Virunum und in die Museen Klagenfurt und Villach.

Feistritz an der Drau bildete den Ausgangspunkt von zwei Auslandsexkursionen der „Bodenforscher". 1930 führte die sog. zweite Studienfahrt nach Friaul und an die Obere Adria[45], wo in Aquileia und Grado die neuesten Grabungsergebnisse Brusins besichtigt werden konnten *(Abb. 5)*.

Dort waren die von der neu gegründeten „Assoziazione Nazionale per Aquileia" finanzierten Grabungen eben in Gang gekommen. Diese führten zur Freilegung des Hafens und Gestaltung des archäologischen Freigeländes an der sog. Via sacra entlang des Natisone[46] *(Abb. 6)*.

1931 folgte eine Fahrt nach Dalmatien, bei der Hoffiller und Abramić sowie Egger die Führung übernahmen[47] *(Abb. 7)*.

## Grabungen

In der Einleitung zum gemeinsamen Vorbericht für 1928 fasste Egger den Forschungs- und Interpretationsstand für den Raum um Feistritz an der Drau zusammen[48]. Den Schwerpunkt der Untersuchungen bildeten zwei benachbarte Fundstellen: Die auf der rechten Hochterrasse der Drau gelegene befestigte Siedlung „Stadtgörz" (1928) und die nicht einmal zwei Kilometer Luftlinie davon entfernte spätantike befestigte Höhensiedlung des Duel (1928–1931). Das Projekt wurde ergänzt durch die von Leonhard Franz (1895–1974) 1928 geleitete Untersuchung eines prähistorischen Grabhügels mit antiker Nachbestattung, Hells Siedlungsgrabung in Pogöriach (1930) sowie Untersuchungen im spätantiken Gräberfeld am Fuß des Duel (1931).

Die markante Hochfläche „Stadtgörz" am rechten Drau-Ufer, auf der bis in historische Zeit noch (vermutlich spätantike) Baureste sichtbar erhalten gewesen sein sollen, war als archäologische Fundstelle seit dem 19. Jahrhundert bekannt *(Abb. 8)*. Aufgrund ihrer zusätzlichen Sicherung durch Wall und Graben wurde sie ursprünglich als römisches Kastell zum Schutz eines Flussüberganges interpretiert. Ein erster Versuchsschnitt durch Egger 1908 erwies sich als nicht aussagekräftig[49]. Die neue Untersuchung im Jahr 1928 erbrachte

[45] Vgl. Beitrag von Schnurbein in diesem Band.

[46] Giovannini 2010.

[47] Gelzer 1932; vgl. Beitrag von Schnurbein in diesem Band.

[48] Egger / Bersu 1929, Beibl. Sp. 159–165.

[49] Egger / Bersu 1929, Beibl. Sp. 165.

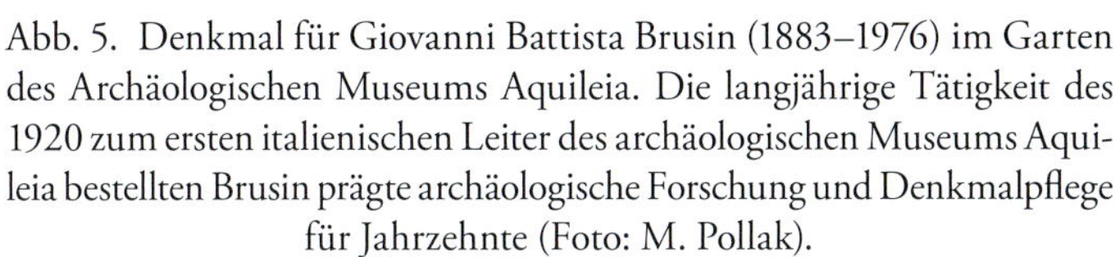

Abb. 5. Denkmal für Giovanni Battista Brusin (1883–1976) im Garten des Archäologischen Museums Aquileia. Die langjährige Tätigkeit des 1920 zum ersten italienischen Leiter des archäologischen Museums Aquileia bestellten Brusin prägte archäologische Forschung und Denkmalpflege für Jahrzehnte (Foto: M. Pollak).

Abb. 7. Michael / Michele / Mihovil Abramić war zwischen 1914 und 1918 Direktor des Staatsmuseums Aquileia. Nach dem Ende des Ersten Weltkrieges wandte er sich als Kroate Jugoslawien zu, wo er als stellvertretender Direktor am (ehemals österreichischen) archäologischen Staatsmuseum in Spalato / Split eingestellt wurde und das er ab 1926 leitete (Foto: Archiv Brigitta Mader).

Abb. 6. Blick über das durch Brusin freigelegte Hafengelände von Aquileia in Richtung Dom. Es wurde nach Plänen des Architekten und Denkmalpflegers Ferdinando Forlati (1882–1975) gestaltet, der Spazierweg entlang des Flusses Natisone als VIA SACRA bezeichnet (Foto: M. Pollak).

Abb. 8. Das auch im Vorbericht Bersus und Eggers verwendete Foto aus 1928 (Egger / Bersu 1929) zeigt das damals noch weitgehend intakte Siedlungsplateau der Stadtgörz unmittelbar südlich der Drau und den Höhenrücken des Duel im Hintergrund (Archiv Landesmuseum Kärnten, Abt. Archäologie).

den Nachweis einer zweiphasigen spätlatènezeitlichen Befestigung in Form einer Trockenmauer an der Westseite. Im Inneren wurde ein spätantikes Gebäude mit Schlauchheizung freigelegt, während die urzeitlichen Besiedlungsspuren kaum dokumentiert wurden. Die Untersuchungen blieben auf 1928 beschränkt, erst eine Grabung 2016 zeigte die außerordentliche Bedeutung der Stadtgörz als eisenzeitliche Zentralsiedlung mit intensiver spätantiker Nachnutzung. Die Bewuchsmerkmale verschliffener Hügelgräber in der näheren Umgebung fügen sich nahtlos in das Bild ein[50].

Die neuen Grabungen erregten in Fachkreisen großes Interesse, wie z. B. ein Besuch Eduard Nowotnys (1862–1935) im Jahr 1928 zeigt *(Abb. 9)*. Auch Emil Reisch (1863–1933), Direktor des Österreichischen Archäologischen Instituts, gehörte zu den Gästen *(Abb. 10)*[51].

Während die Arbeiten an der Stadtgörz auf das erste Grabungsjahr 1928 beschränkt blieben, entwickelte sich der Duel zum Hauptprojekt, für das eine abschließende Gesamtpublikation vorgesehen war. Die Vollständigkeit der unter der Aufsicht der beiden Grabungsleiter angefertigten Dokumentationen des Duel lässt sich nicht überprüfen. Sie befindet sich im Archiv der Abteilung Archäologie des Landesmuseums Kärnten und umfasst sowohl die Grabungsunterlagen Bersus als auch jene Eggers[52]. Diesen Teil übermittelte Egger wenige Wochen vor seinem Tod (6. Mai 1969) an Harald von Petrikovits

[50] Tiefengraber 2016.
[51] Wlach 1998, 104–105.
[52] RGK-A NL Gerhard Bersu, Korrespondenz: R. Egger an Gerhard Bersu am 18.9.1957.

Abb. 9. Besuch Eduard Nowotnys (1862–1935) auf der Stadtgörz (Bildmitte) im Jahr 1928; rechts Bersu, links außen Egger, links Noll. Nowotny war Altphilologe und gehörte zu den ersten Ausgräbern in Virunum und war Mitglied der Österreichischen Limeskommission (Archiv RGK, aus dem Besitz von Noll).

Abb. 10 Besuch von Emil Reisch am Duel, links von diesem Bersu. Reisch war zu diesem Zeitpunkt Direktor des Österreichischen Archäologischen Instituts (Archiv RGK, aus dem Besitz von Noll).

Abb. 11. Frühchristliche Kirche am Duel während der Grabung und gleichzeitigen Konservierung. Die Vorgangsweise orientierte sich an italienischen Vorbildern und wurde auch an anderen Fundorten in Kärnten über Jahrzehnte zur gängigen Praxis (Archiv Landesmuseum Kärnten, Abt. Archäologie).

(1911–2010)[53], wovon er Werner Krämer (1917–2007) Ende März 1969 in Kenntnis gesetzt hatte.

Details zu Eggers Dokumentation ergeben sich aus einem Schreiben an Bersu im Spätherbst 1950[54]. Da diese Unterlagen im Konvolut identifizierbar sind, können Bersu neben Fundlisten und Plänen wohl auch die maschinschriftlichen Schnittbeschreibungen zugeordnet werden. Die Archivalien bildeten die Grundlage für die zusammenfassende Darstellung im Reallexikon für germanische Altertumskunde von Petrikovits und die spätere Bearbeitung der Funde durch Ulla Steinklauber[55]. Nach von Petrikovits' Tod wurde das Konvolut dem Landesmuseum Kärnten in Klagenfurt, Archäologische Abteilung, übergeben.

[53] Archiv Landesmuseum Kärnten, Schachtel I, Kuvert des Österr. Archäologischen Instituts, Aufschrift „Duel, Nachlass Bersu" beiliegend Briefkonzept vom 1.4.1969.

[54] RGK-A 498, R. Egger Wien 1929–56: Egger an Bersu, 30.11.1950: „... Heimgekehrt habe ich sofort die Duelbestände durchgesehen.
Bei mir sind: fasc. 1: Bilder Duel und Umgebung
fasc. 2: Bilder der Bauten (Ringmauer, Aufgang, Bad, Kirche, Baracken
fasc. 3 Bilder der Funde (Reliefs, Inschriften, Architektur, Getreide mit Gutachten E. Hofmann, Metallsachen, Geld
fasc. 4 Material gesammelt für Bauherr, Arbeiter, Technisches. Parallelen zum Burgentypus, Herkunft und Entwicklungsfrage (Frage nach einem Binnenlimes, die castellani).
Die Bilder sind auf Bogen aufgeklebt und beschrieben, die von fasc. 3 ausgearbeitet, ebenso ist das Material fasc. 4 geordnet und bearbeitet. Erhalten ist das Tagebuch und die Rolle mit den Plänen, darunter die Grundaufnahme, sowie sie meinen Anteil betrifft, nicht aber die Aufnahme Ihres Anteils."

[55] von Petrikovits 1986; Steinklauber 1988; Steinklauber 2013.

Abb. 12. Mit Kreuzschnitt 1928 untersuchter Grabhügel, im Schnitt die Grabungsmannschaft von Leonhard Franz (Archiv Landesmuseum Kärnten, Abt. Archäologie).

Parallel zur Grabung wurde bereits an der Konservierung der Kirche gearbeitet, wie ein Foto zeigt *(Abb. 11)*. Sogar der damalige Stand der Technik durch Aufmauerung, um die Fundamente auf eine ebene Mauerkrone zu bringen, und deren Abdeckung mit einer Betonkappe ist erkennbar[56]. Die Vorgangsweise diente als Vorbild des Restaurierungskonzepts am Ulrichsberg, einer ab 1934 ebenfalls von Egger systematisch untersuchten Höhensiedlung[57].

Im letzten Grabungsjahr (1931) wurden die Ergebnisse im Siedlungsbereich durch eine Untersuchung des zugehörigen Bestattungsplatzes am Nordfuß des Duel abgerundet[58]. Dieser erwies sich als durch eine Sandgrube des 19. Jahrhunderts stark gestört und ergab insgesamt vierzehn unterschiedlich orientierte Beisetzungen, von denen lediglich jene eines Kindes eine Bernsteinperle enthielt.

Die dritte Grabung des Jahres 1928 fand, unter der Leitung des damals an der Universität Wien bei Oswald Menghin (1888–1973) lehrenden Leonhard Franz, etwas Drau abwärts von Feistritz statt[59]. Hier lagen die beiden hallstattzeitlichen Hügelgräber von Sachsenhof, von denen das eine mittels Kreuzschnitt untersucht wurde *(Abb. 12)*[60]. Der Hügel wies im Randbereich eine frührömische Nachbestattung auf.

Mit dem ur- und frühgeschichtlichen Erzbergbau in der Region setzte sich 1930 der Salzburger Hell auseinander[61]. Hell, der sich seit Jahrzehnten in Salzburg bei der Lokalisierung von Fundstellen und kleinen Grabungen bewährt hatte, arbeitete damals an seiner Dissertation bei Menghin[62]. Er sollte bei Begehungen Hinweise auf urzeitlichen Bergbau finden. Daran nahm, wie immer, seine Frau und bewährte Mitarbeiterin Lina (Karoline) teil, die nördlich der Drau tatsächlich eine Fundstelle lokalisieren konnte. Diese erwies sich bei einer kleinen archäologischen Untersuchung als ländliche römische Siedlung. Hell

[56] Pollak 2015, 166–175.

[57] Zusammenfassender Grabungsbericht: Egger 1950.

[58] AKLM Kopie eines handschriftlichen Berichtes „Bericht über die Aufdeckung des Gräberfeldes am Duel", datiert mit September 1931, gezeichnet von Karl (Name unleserlich) mit dem Vermerk „Original wurde von RGK an Kersting verliehen"; Kersting 1993, 113–114; Winkler 1977.

[59] Pittioni 1975b; Urban 2020.

[60] Franz 1929.

[61] Hell 1941.

[62] Pittioni 1975a; Urban 1996, 16; Pollak 2015, 118–120; Danner 2018.

datierte die Funde in frührömische Zeit, Alfred Neumann (1905–1988) 1955 in die Spätantike[63]. Aufgrund der problematischen Zuordnung der Funde lässt sich dazu heute keine Entscheidung treffen. Die erhofften Erkenntnisse zur Bergbauforschung blieben aus.

Der Karrieresprung Bersus zum Ersten Direktor der RGK 1931 und die sich bald darauf ändernden politischen Rahmenbedingungen beeinflussten den weiteren beruflichen Werdegang der Akteure. Mit dem Grabungsjahr 1931 endete die kurze und vielversprechende aktive Kooperation. Bis zur wissenschaftlichen Auswertung sollten Jahrzehnte vergehen.

## Der lange Weg zur Veröffentlichung

### Zwischenkriegszeit

Der Publikation der Grabungsergebnisse durch die Ausgräber stellten sich – entgegen der ursprünglichen Planung – letztlich unüberwindliche Hindernisse entgegen. Schon kurz nach Ende der Grabungen wurden die Untersuchungen der Pflanzen- und Tierreste durch zwei Wiener Naturwissenschaftler abgeschlossen: Durch die Botanikerin Elise Hofmann (1889–1955)[64] und den Paläontologen Kurt Ehrenberg (1896–1979)[65].

Die Bestellung Bersus zum Ersten Direktor der RGK 1931 brachte für diesen eine Vielzahl neuer Verpflichtungen im In- und Ausland. 1933 führte die Machtergreifung der Nationalsozialisten zu einer grundlegenden Veränderung seiner persönlichen Lebensumstände: 1935 zu seiner Versetzung in die Zentrale des Deutschen Archäologischen Instituts in Berlin, 1937 zu seiner Zwangspensionierung und schließlich zu einem rund zehnjährigen Exil in England und Irland[66].

Der langsame Fortgang der Publikationsvorbereitung geht in erster Linie auf die Restaurierung und Katalogaufnahme der Funde im Römisch-Germanischen Zentralmuseum Mainz zurück. Dort sollte Rudolf Paulsen die Kleinfundbearbeitung vornehmen und einen entsprechenden Beitrag verfassen. Paulsen als einer der Mitarbeiter der letzten Grabungskampagne 1931 war auch für die Erstellung des Gesamtplans verantwortlich.

Über diesen Schüler Menghins ist nur wenig bekannt. Der im altösterreichischen Znojmo / Znaim 1893 geborene Paulsen war Teilnehmer des Ersten Weltkriegs gewesen und studierte anschließend in Wien. 1929 dissertierte er mit „Die Münzprägung der Boier“[67], und habilitierte sich 1932 für Prähistorische und Klassische Archäologie in Erlangen. Noch im selben Jahr wurde er Mitarbeiter am dortigen Historischen Seminar, 1932 Privatdozent und Kustos der Urgeschichtlich-Anthropologischen Sammlung[68]. Er wurde in den Vorgeschichtler-Dossiers von seinen Zeitgenossen als wissenschaftlich unbedeutend qualifiziert[69].

[63] Archiv Landesmuseum Kärnten, Manuskript A. Neumann. Dazu siehe in diesem Beitrag S. 172–177.

[64] Gostenčnik 2018.

[65] Beide Manuskripte Archiv Landesmuseum Kärnten.

[66] Umfassend Krämer 2001, 38–77.

[67] Urban 1996, 16; Wachter 2009. Für den Hinweis auf C. Wachter danke ich Dana Schlegelmilch, RGK.

[68] Paulsen wurde bereits 1932 Mitglied der NSDAP und muss daher im Austrofaschismus als illegaler Nationalsozialist gegolten haben. 1944 sollte er eine neu eingerichtete Lehrkanzel für Urgeschichte in Graz übernehmen, was aber kriegsbedingt nicht mehr zustande kam (Modl 2015, 110); 1945 in Erlangen wegen seiner NSDAP-Mitgliedschaft seines Postens enthoben, fasste er 1952 an der dortigen Universität wieder Fuß.

[69] Simon 1939, 43.

Paulsens Erlanger Arbeitsverpflichtung dürfte der Hauptgrund für den stagnierenden Arbeitsfortschritt sein, von dem bis 1935 in der Korrespondenz Bersus und Eggers immer wieder die Rede ist[70]. Am 12. Dezember 1937 teilte Egger dem nunmehrigen Ersten Direktor Ernst Sprockhoff (1892–1967) mit, er und Bersu hätten für 1938 den Abschluss des Duel-Manuskripts beschlossen, doch sei Paulsen nicht mehr als Mitarbeiter anzusehen. Diese Absprache erfolgte anscheinend in Sadovec in Bulgarien, wo Bersu zwischen September und Dezember 1937 an einer Grabung teilnahm, die öfters von Egger besucht wurde[71]. Etwa gleichzeitig wurde über Bersu in Deutschland ein Publikationsverbot verfügt.

Ab 1938 verbrachten Bersus jeweils mehrere Monate in England, wo Gerhard Bersu die allseits anerkannte archäologische Untersuchungen in Little Woodbury durchführte[72]. Bei Abschluss der Grabung im Juli 1939 hatte sich die politische Lage in Zentraleuropa so zugespitzt, dass Bersu und Gattin in England blieben. Nach dem Kriegseintritt Großbritanniens wurden beide im Sommer 1940 als *enemy aliens* auf der Isle of Man interniert[73].

Nun herrschte Unklarheit über die weitere Publikationsvorbereitung. So schreibt Egger am 9. Januar 1940 an Hans Dragendorff, dass bei der letzten Jahressitzung der RGK vereinbart worden sei[74], dass die Zweigstelle Wien des Deutschen Archäologischen Instituts die Publikation übernehmen, die Aufarbeitung durch Bersu über die Kommission erfolgen solle[75]. Da sich Bersu nun aber in England aufhalte, hätte Egger in seinem ehemaligen Schüler Dr. Neumann die geeignete Person gefunden, um die Scherben gegen geringes Entgelt in Mainz aufzunehmen, was die Publikation der Keramik durch Bersu nicht ausschließe. Aus Sicht der Kommission war es aber unabdingbar, zuerst die Rahmenbedingungen von Bersus Aufenthalt in England zu klären, da dieser mit der Ausarbeitung der Keramik betraut worden sei und dafür Zuwendungen erhalten habe. Sollte er als Emigrant keine Bewegungsfreiheit haben, könne er nicht mehr zurückkommen und die Abmachungen über den Duel wären hinfällig[76]. Ende Februar 1940 war bekannt, dass Bersu seine Grabungsdokumentationen vom Duel vor der Abreise nach England am Berliner Institut hinterlegt hatte, wo man zwar Einsicht nehmen, diese aber Dritten nicht zur Veröffentlichung überlassen könne[77]. Die Anregung, die Funde nach Klagenfurt zu bringen, wurde (bedauerlicherweise) nicht näher verfolgt.

Der von Egger vorgeschlagene Wiener Archäologe Neumann war zwar 1929 bei Wilhelm Kubitschek (1858–1936) in Wien promoviert worden, aber kein nachweislicher Teilnehmer der Kärntner Grabungsprojekte[78]. Er wurde 1951 tatsächlich mit dieser Aufgabe betraut.

[70] RGK-A 498, R. Egger Wien 1929–56.

[71] Krämer 2001, 62.

[72] Vgl. in diesem Band den Beitrag von Christopher Evans.

[73] Die Internierung aus Sicherheitsgründen betraf alle Feindstaatenausländer, einschließlich politisch Verfolgter. Vgl. in diesem Band den Beitrag von Harold Mytum.

[74] Egger war 1938 zum Mitglied der RGK ernannt worden und war 1939 bei der Sitzung anwesend: Beck et al. 2001, 544; RGK-A 498, R. Egger Wien 1929–56.

[75] Dieser erhielt während seiner Zeit in Berlin ab 1937 mehrfach Werkverträge zur Publikationsvorbereitung: Krämer 2001, 61.

[76] RGK-A 498, R. Egger Wien 1929–56, Tgb. Nr. 4027/39 H. Dragendorff an R. Egger, 20.1.1940.

[77] RGK-A 498, R. Egger Wien 1929–56, Tgb. Nr. 4422/39 H. Dragendorff an R. Egger, 28.2.1940.

[78] https://www.geschichtewiki.wien.gv.at/Arch%C3%A4ologie (letzter Zugriff: 12.11.2021).

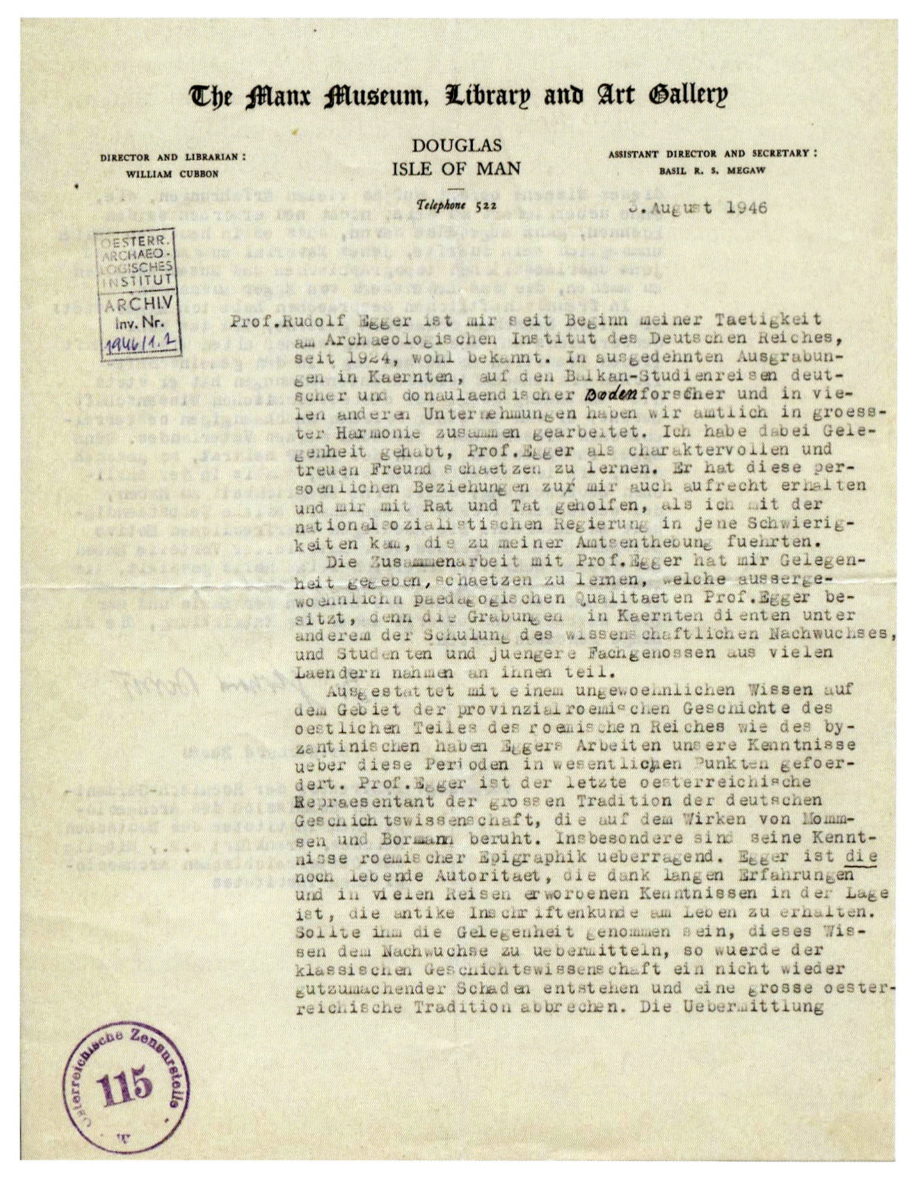

The Manx Museum, Library and Art Gallery

DIRECTOR AND LIBRARIAN: WILLIAM CUBBON

DOUGLAS
ISLE OF MAN

ASSISTANT DIRECTOR AND SECRETARY: BASIL R. S. MEGAW

Telephone 522

3. August 1946



Prof. Rudolf Egger ist mir seit Beginn meiner Taetigkeit am Archaeologischen Institut des Deutschen Reiches, seit 1924, wohl bekannt. In ausgedehnten Ausgrabungen in Kaernten, auf den Balkan-Studienreisen deutscher und donaulaendischer Bodenforscher und in vielen anderen Unternehmungen haben wir amtlich in groesster Harmonie zusammen gearbeitet. Ich habe dabei Gelegenheit gehabt, Prof. Egger als charaktervollen und treuen Freund schaetzen zu lernen. Er hat diese persoenlichen Beziehungen zu mir auch aufrecht erhalten und mir mit Rat und Tat geholfen, als ich mit der nationalsozialistischen Regierung in jene Schwierigkeiten kam, die zu meiner Amtsenthebung fuehrten.

Die Zusammenarbeit mit Prof. Egger hat mir Gelegenheit gegeben, schaetzen zu lernen, welche aussergewoehnlichen paedagogischen Qualitaeten Prof. Egger besitzt, denn die Grabungen in Kaernten dienten unter anderem der Schulung des wissenschaftlichen Nachwuchses, und Studenten und juengere Fachgenossen aus vielen Laendern nahmen an ihnen teil.

Ausgestattet mit einem ungewoehnlichen Wissen auf dem Gebiet der provinzialroemischen Geschichte des oestlichen Teiles des roemischen Reiches wie des byzantinischen haben Eggers Arbeiten unsere Kenntnisse ueber diese Perioden in wesentlichen Punkten gefoerdert. Prof. Egger ist der letzte oesterreichische Repraesentant der grossen Tradition der deutschen Geschichtswissenschaft, die auf dem Wirken von Mommsen und Bormann beruht. Insbesondere sind seine Kenntnisse roemischer Epigraphik ueberragend. Egger ist die noch lebende Autoritaet, die dank langen Erfahrungen und in vielen Reisen erworbenen Kenntnissen in der Lage ist, die antike Inschriftenkunde am Leben zu erhalten. Sollte ihm die Gelegenheit genommen sein, dieses Wissen dem Nachwuchse zu uebermitteln, so wuerde der klassischen Geschichtswissenschaft ein nicht wieder gutzumachender Schaden entstehen und eine grosse oesterreichische Tradition abbrechen. Die Uebermittlung



Abb. 13. Entlastungsschreiben Bersus für Egger, 3.8.1946. Die Schreiben heben stets die wissenschaftlichen Verdienste, Abscheu vor dem Verbrechen der Nationalsozialisten sowie die Parteimitgliedschaft als falsch verstandenen Dienst an der Wissenschaft und österreichischen Patriotismus hervor (Archiv Österreichisches Archäologisches Institut, Zl. 1946/1, 2).

## Nachkriegszeit

Das Kriegsende führte zu umfassenden organisatorischen und personellen Neuordnungen: Für Bersu wendete sich das Blatt nach mehr als einem Jahrzehnt zum Guten: Aus der Internierung entlassen, trat er im Oktober 1947 eine Professur an der Royal Irish Academy in Dublin an. Mit 12. August 1950 wurde er an der RGK wieder als Erster Direktor eingesetzt.

Egger hingegen wurde wegen seiner Mitgliedschaft in der NSDAP am 6. Juni 1945 vorzeitig aus dem Dienstverhältnis am Österreichischen Archäologischen Institut in Wien

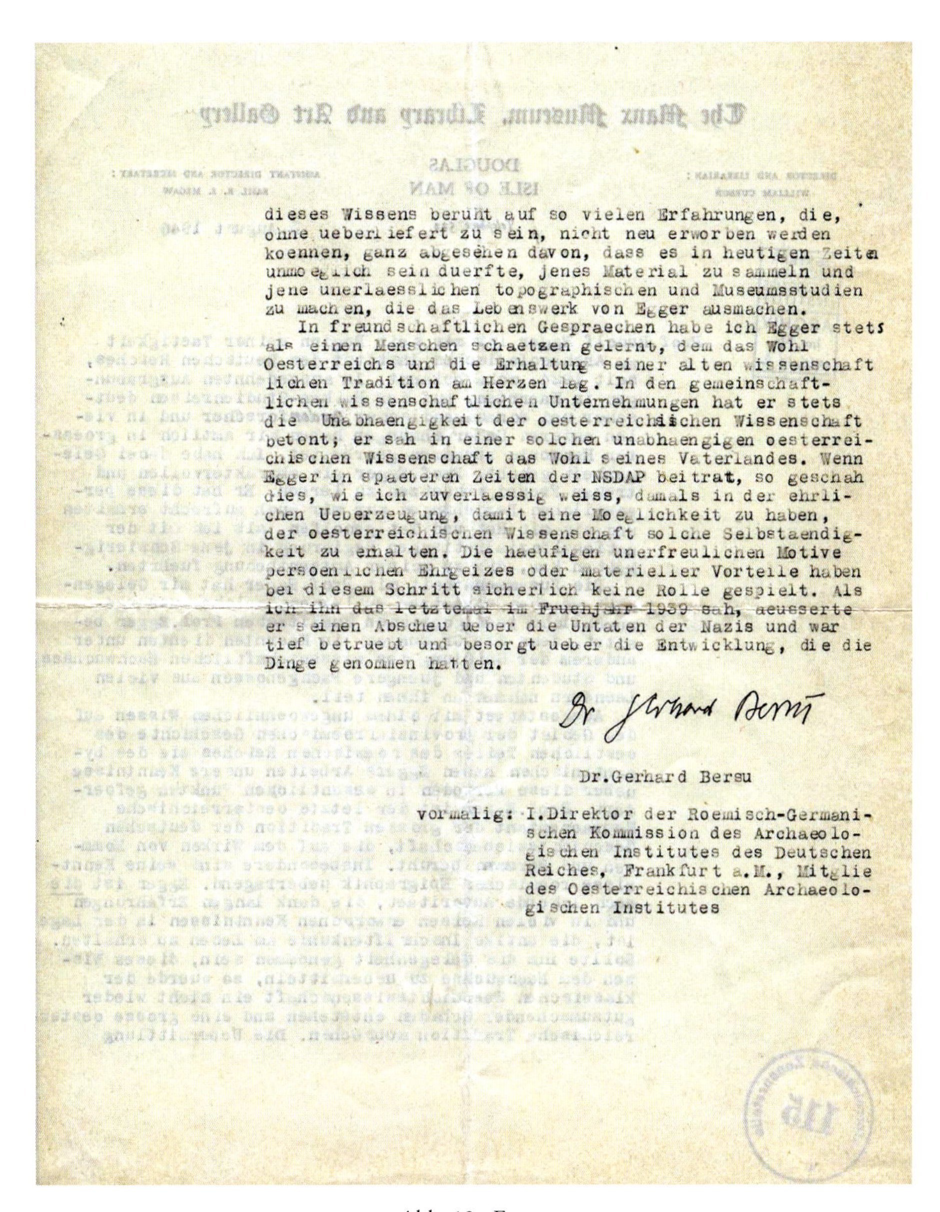
dieses Wissens beruht auf so vielen Erfahrungen, die, ohne ueberliefert zu sein, nicht neu erworben werden koennen, ganz abgesehen davon, dass es in heutigen Zeiten unmoeglich sein duerfte, jenes Material zu sammeln und jene unerlaesslichen topographischen und Museumsstudien zu machen, die das Lebenswerk von Egger ausmachen.

In freundschaftlichen Gespraechen habe ich Egger stets als einen Menschen schaetzen gelernt, dem das Wohl Oesterreichs und die Erhaltung seiner alten wissenschaftlichen Tradition am Herzen lag. In den gemeinschaftlichen wissenschaftlichen Unternehmungen hat er stets die Unabhaengigkeit der oesterreichischen Wissenschaft betont; er sah in einer solchen unabhaengigen oesterreichischen Wissenschaft das Wohl seines Vaterlandes. Wenn Egger in spaeteren Zeiten der NSDAP beitrat, so geschah dies, wie ich zuverlaessig weiss, damals in der ehrlichen Ueberzeugung, damit eine Moeglichkeit zu haben, der oesterreichischen Wissenschaft solche Selbstaendigkeit zu erhalten. Die haeufigen unerfreulichen Motive persoenlichen Ehrgeizes oder materieller Vorteile haben bei diesem Schritt sicherlich keine Rolle gespielt. Als ich ihn das letztemal im Fruehjahr 1939 sah, aeusserte er seinen Abscheu ueber die Untaten der Nazis und war tief betruebt und besorgt ueber die Entwicklung, die die Dinge genommen hatten.

Dr Gerhard Bersu

Dr.Gerhard Bersu

vormalig: I.Direktor der Roemisch-Germanischen Kommission des Archaeologischen Institutes des Deutschen Reiches, Frankfurt a.M., Mitglie des Oesterreichischen Archaeologischen Institutes

Abb. 13. Forts.

entlassen, mit 31. Oktober 1947 als 65-Jähriger in den Ruhestand versetzt. In seinem Rechtfertigungsschreiben stellte er sich – wie viele Profiteure des NS-Regimes – als österreich-patriotischen Mitläufer und seine Parteimitgliedschaft als Dienst an der Wissenschaft dar[79].

So wie nach dem Anschluss Österreichs an das Deutsche Reich die Aufnahme in die NSDAP in Gefälligkeitsgutachten befürwortet worden war, wurden nach 1945 Parteimitglieder manchmal sogar durch Opfer des Regimes entlastet[80]. Diese betonten die fachliche

[79] Pesditschek 2010, 304–307.

[80] Ein Musterbeispiel für solche zweifachen Gutachten ist der Prähistoriker Kurt Willvonseder: Pollak 2015, 63–66 (im Jahr 1938) und 83–84 mit Reg. Nr. 41 (zwischen 1947 und 1949).

Qualifikation, enge Bindung an Österreich, Parteizugehörigkeit nur zum Zweck der wissenschaftlichen Forschung und Kontaktpflege mit dem Ausland sowie die Abscheu vor den Handlungen der Nationalsozialisten. Im selben Stil verfasste auch Bersu – noch auf der Isle of Man interniert – am 3. August 1946 ein Entlastungsschreiben für Egger *(Abb. 13)*[81]. Er verwies im für diese Schreiben charakteristischen Duktus auf die gemeinsamen Arbeiten in Kärnten, die Studienfahrten und Eggers wissenschaftliche Verdienste[82]. Trotz mehrerer solcher Schreiben wurde Egger nicht mehr in den Universitätsdienst aufgenommen.

Mit Beginn der archäologischen Untersuchungen auf dem Kärntner Magdalensberg 1948 gelang aber auch ihm, so wie zahlreichen ehemaligen Nationalsozialisten – und dies sogar trotz des fortgeschrittenen Alters und des Ruhestandes – eine zweite wissenschaftliche Karriere.

Als 1949 Bersus Rückkehr nach Frankfurt in greifbare Nähe rückte, begannen neuerliche Überlegungen, die Duel-Grabung endlich zu publizieren. Da sich die Dokumentationen als vollständig erwiesen und auch das Fundmaterial in Mainz trotz der Kriegsschäden im Museum vorhanden war, hoffte man, das Manuskript im Sommer 1951 für den Druck vorbereiten zu können.

Am 11. April 1951 schreibt Bersu an den von Egger bereits 1940 ins Spiel gebrachten Neumann[83]: „Im November besprach ich in Venedig mit Herrn Professor Egger die Frage der Publikation unserer gemeinsamen Grabung auf dem Duel bei Feistritz in Kärnten. Die Unterlagen von Herrn Professor Egger sind vollzählig erhalten, meine Grabungsunterlagen offenbar auch soweit, dass der Ausgrabungsteil von Egger und mir bestritten werden kann. Nachforschungen beim Römisch-Germanischen Zentralmuseum in Mainz haben ergeben, dass die Funde von Duel, die seinerzeit zur Bearbeitung nach Mainz gesandt worden waren, ebenfalls dort noch vorhanden sind. Weder Herr Professor Egger noch ich werden in absehbarer Zeit die Muße finden, die Einzelfunde aufarbeiten und für die Publikation durcharbeiten zu können …".

Neumann, seit 1946 Leiter des Römermuseums (heute integriert ins Historische Museum) der Stadt Wien[84], übernahm die schwierige Aufgabe, die in Mainz verbliebenen, nach den Bombenangriffen aber in Unordnung geratenen und noch nicht restaurierten Funde zu identifizieren und zu ordnen. Als vorteilhaft erwies sich, dass er 1939 am Römisch-Germanischen Zentralmuseum in Mainz bei Gustav Behrens (1884–1955) beschäftigt gewesen war und daher die dortigen Zustände kannte. Positiv zu bewerten war auch seine Kenntnis spätantiker Fundmaterialien Kärntens, die er anlässlich der Bearbeitung der Grabungsfunde Eggers vom Ulrichsberg erworben hatte[85].

Während Neumann die Fundbestände der Stadtgörz und aus Pogöriach nicht mehr detailliert zuordnen konnte, gelang ihm dies bei einem erheblichen Teil des Fundmaterials vom Duel. Er bewerkstelligte 1952 auch dessen Transport nach Wien und die Restaurierung in den Werkstätten seiner Dienststelle, wobei die Finanzierung zu einem erheblichen Teil durch die RGK übernommen wurde. Lediglich die Metallfunde waren bei einem

[81] Archiv Österreichisches Archäologisches Institut, Zl. 1946/1, 2; Wlach 1998, 109.

[82] Zu Stil und Inhalt solcher Entlastungsschreiben Schlegelmilch 2012.

[83] RGK-A 951, Alfred Richard Neumann (Österreich) 1932–55. Im Schriftverkehr zahlreiche organisatorische Details zu Arbeitsplanung und Transport. Vor allem die Überstellung der Funde von Mainz nach Wien war wegen der unterschiedlichen Besatzungszonen und Zollformalitäten sehr aufwändig.

[84] Niegl 1980, 270–271.

[85] Neumann 1955, 143–182. – Zur Grabung und den Befunden Egger 1950.

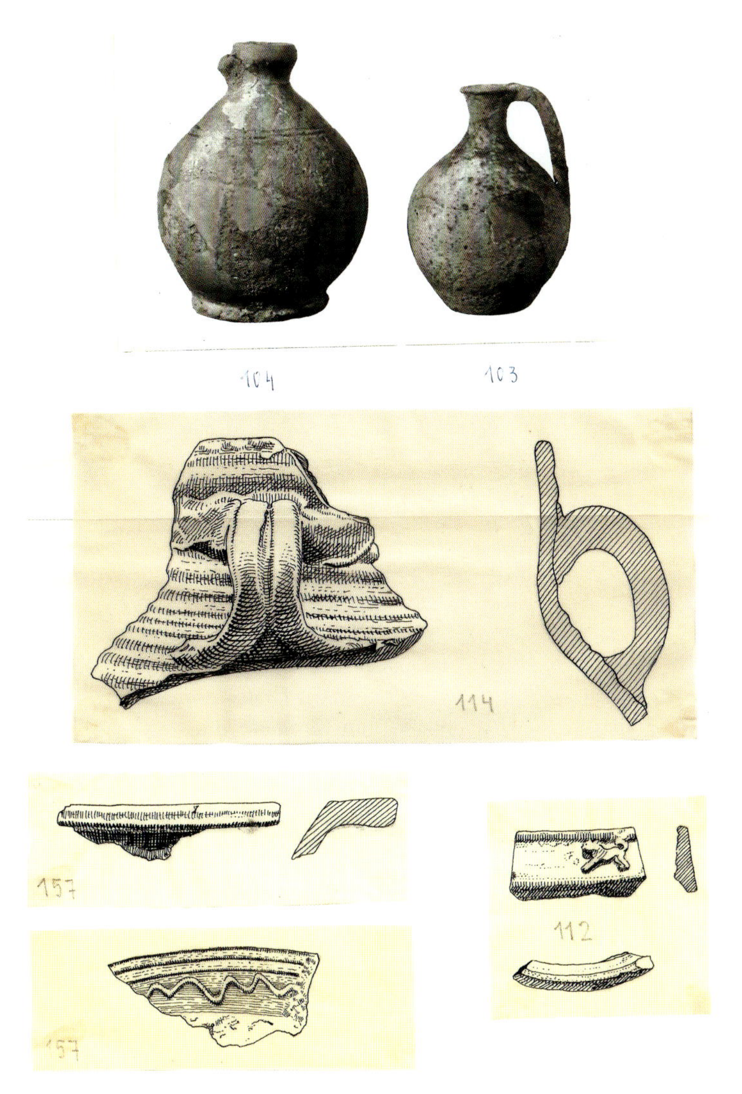


Abb. 14. Alfred Neumann, Tafel mit Darstellung von Kleinfunden. Neumann wurde seine Arbeit seitens der RGK großzügig entlohnt. Der wissenschaftlicher Ertrag blieb ihm allerdings verwehrt (Archiv Landesmuseum Kärnten, Abt. Archäologie).

Fachrestaurator in München bereits behandelt und nach Mainz retourniert worden. Neumann schloss sein Manuskript 1955 ab *(Abb. 14)*[86].

Ende März 1963 kündigte Bersu gegenüber Neumann letztmalig einen Wien-Besuch an, um gemeinsam mit Egger die Publikation in Angriff zu nehmen. Mit seinem Tod im November 1964 scheiterte auch dieser letzte Versuch. Die Funde wurden im folgenden Jahr vom Landesmuseum Kärnten übernommen.

[86] Archiv Landesmuseum Kärnten: A. Neumann, Keramik und andere Kleinfunde aus Stadtgörz, Pogöriach und Duel bei Feistritz an der Drau, Manuskript abgeschlossen 1955. – Es setzt sich aus Fundkatalog, Tafelteil und Auswertung zusammen. Neumann erhielt dafür ein Honorar von 500 DM.

Abb. 15. Der noch sehr jugendliche Werner in Feistritz an der Drau (Archiv Landesmuseum Kärnten, Abt. Archäologie).

## Nachwirkungen

Die Ergebnisse der Grabungen am Duel wurden in den folgenden Jahrzehnten immer wieder berücksichtigt, 1986 erfolgte durch von Petrikovits die zusammenfassende Darstellung der Befunde auf Grundlage der Dokumentationen Bersus und Eggers. Der in Rymarov / Römerstadt (Mähren) geborene Altösterreicher hatte zu den Schülern Eggers gehört und wurde von Bersu schon damals geschätzt, so dass er 1935–36 an der RGK beschäftigt wurde[87]. Kirche und Befestigung fanden ihre Berücksichtigung in zahlreichen zusammenfassenden Darstellungen zu spätantiken Höhensiedlungen und Kirchen im Alpenraum[88]. Zuletzt hat Ulla Steinklauber, die beste Kennerin des Fundmaterials, den Duel in den größeren Zusammenhang mit gleichzeitigen Fundmaterialien in Kärnten und der Steiermark gestellt[89].

Die archäologischen Projekte der Jahre 1928–31 stellen den ersten Versuch dar, für die wichtigsten Denkmalkategorien einer ganzen archäologischen Fundlandschaft eine Bewertung durch systematische Ausgrabungen zu erzielen. Die positiven Ergebnisse vom Duel regten unmittelbar darauf in Kärnten die Untersuchungen an zwei weiteren befestigten

[87] Ch. B. Rüger, Harald von Petrikovits. Bonner Jahrb. 208, 2018, XI-1 (sic!). – Am 19.9.1934 schreibt G. Bersu an Hans Zeiss (RGK-A NL Gerhard Bersu, Korrespondenz): „Er ist jener Eggerschüler, den ich sowieso schon immer einmal in Deutschland haben wollte… da wir einen Mann bekommen, der persönlich absolut zuverlässig, aus der guten Schule von Egger hervorgegangen, endlich einmal eine Persönlichkeit darstellt, die man an die Aufgaben der römischen Forschung in Deutschland auch im Gelände ansetzen kann, da er dafür sehr geeignet ist.“

[88] Glaser 2003a; Glaser 2003b; Glaser 2008; zuletzt Cavada / Zagermann 2020.

[89] von Petrikovits 1986, 226–238; Steinklauber 2013, 3–53; Taf. 96–201.

Höhensiedlungen (Ulrichsberg und Tscheltschnigkogel)[90] und damit die verstärkte Auseinandersetzung mit einer für den Südostalpenraum charakteristischen Denkmalgattung an, wie sie auch an den Südausgängen der Alpen (Slowenien, Friaul, Süd- und Osttirol) in vielfacher Ausprägung nachgewiesen ist[91]. Für Werner, einen der Teilnehmer der Duel-Grabungen der Zwischenkriegszeit, blieb die Auseinandersetzung mit befestigten Höhensiedlungen am Übergang von der Spätantike zum Frühmittelalter von lebenslangem Interesse und führte zu Grabungskooperationen der Bayerischen Akademie der Wissenschaften mit Partnern in Italien und Slowenien *(Abb. 15)*[92].

Dabei standen dieselben Fragen nach Datierung und Funktion im Zentrum, die schon zu Beginn der Untersuchungen am Duel gleichzeitig und unabhängig voneinander durch Hans Zeiss und Egger gestellt worden waren[93].

## Zusammenfassung

Rund ein Jahrzehnt nach der Neuordnung Europas infolge des Ersten Weltkriegs sollten die wissenschaftlichen Kontakte zu den Nachfolgestaaten der Habsburgermonarchie neu belebt und durch persönliche Begegnungen gefördert werden. Die gemeinsamen archäologischen Forschungsprojekte (1928–1931) sowie die Studienfahrten von RGK und Österreichischem Archäologischem Institut unter der Leitung von Bersu und Egger dienten zugleich der wissenschaftlichen und praktischen Weiterbildung von Studierenden und Absolventen der Fachrichtungen Urgeschichte und Klassische Archäologie aus mehreren europäischen Ländern. Viele der Beteiligten machten später bedeutende Karrieren an Museen und Universitäten.

Forschungen und Exkursionen fanden in einer kurzen Zeitspanne vor dem Erstarken des Nationalsozialismus statt, der bald darauf viele der Altertumswissenschaftler wenn schon nicht zu willigen, so zumindest opportunistischen Handlangern des Regimes werden ließ. In Gegensatz dazu wurde Bersu zum Opfer, das sich nach dem Krieg trotzdem für den belasteten Fachkollegen Egger einsetzte.

## Literaturverzeichnis

Beck et al. 2001
D. Beck / N. Müller-Scheessel / P. Trebsche, Die Mitglieder der Römisch-Germanischen Kommission seit 1902. Ber. RGK 82, 2001, 543–551.

Bersu 1930
G. Bersu, Bericht über die Tätigkeit der Römisch-Germanischen Kommission vom 1. April 1930 bis 31. März 1931. Ber. RGK 20, 1930, 1–12.

Bierbrauer / Steuer 2008
V. Bierbrauer / H. Steuer (Hrsg.), Höhensiedlungen zwischen Antike und Mittelalter. RGA Ergbd. 58 (Berlin, New York 2008).

Cavada / Zagermann 2020
E. Cavada / M. Zagerman (Hrsg.), Alpine Festungen 400–1000. Chronologie, Räume und Funktionen, Netzwerke, Interpretationen. Münchner Beitr. Vor- u. Frühgesch. 68 (München 2020).

Cigaina 2018
L. Cigaina, Giovanni Battista Brusin und die Archäologie in Aquileia und in den ›terre redente‹ (1919–1945). In: D. Steuernagel (Hrsg.), Altertumswissenschaften in Deutschland und Italien. Zeit des Umbruchs

[90] Ulrichsberg: Egger 1950; Tscheltschnigkogel: Dolenz / Görlich 1935.

[91] Ciglenečki 1987. – Der aktuelle Forschungsstand ist dargestellt im Sammelband von E. Cavada und M. Zagermann (Cavada / Zagermann 2020).

[92] Werner 1987, 11–13.

[93] Zeiss 1928; Egger / Bersu 1929, 208–213.

(1870–1940). Internationales Kolloquium in Regensburg, 25. bis 27. Juni 2015. Regensburger Klassikstud. 3 (Regensburg 2018) 143–166.

Ciglenečki 1987
S. Ciglenečki, Höhenbefestigungen aus der Zeit vom 3. bis 6. Jh. im Ostalpenraum (Ljubljana 1987).

Danner 2018
P. Danner, Martin Hell. In: M. Hochleitner, Anschluss, Krieg & Trümmer. Salzburg und sein Museum im Nationalsozialismus. Jahresschr. Salzburg Mus. 60 (Salzburg 2018) 179–190.

Dolenz / Görlich 1935
H. Dolenz / W. Görlich, Eine spätantike Fliehburg in Warmbad Villach. Carinthia I 125 (Klagenfurt 1935) 133–140.

Egger 1916
R. Egger, Frühchristliche Kirchenbauten im südlichen Norikum. Sonderschr. Österr. Arch. Inst. Wien 9 (Wien 1916).

Egger 1930
R. Egger, Ein altchristliches Kampfsymbol, Fünfundzwanzig Jahre Römisch-Germanische Kommission (Berlin, Leipzig 1930). Nachdruck in: A. Betz / G. Moro (Hrsg.), Römische Antike und frühes Christentum. Ausgewählte Schriften von Rudolf Egger. Zur Vollendung seines 80. Lebensjahres (Klagenfurt 1962) 144–158.

Egger 1950
R. Egger, Der Ulrichsberg. Ein heiliger Berg Kärntens. Carinthia I 140 (Klagenfurt 1950) 29–78.

Egger / Bersu 1929
R. Egger / G. Bersu, Ausgrabungen in Feistritz a. d. Drau, Oberkärnten. Jahresh. Österr. Arch. Inst. 5 (Wien 1929) Beibl. Sp. 159–215.

Franz 1927
L. Franz, Bericht über die Versammlung deutscher und österreichischer Vor- und Frühgeschichtsforscher in Klagenfurt. Wiener Prähist. Zeitschr. 15 (Wien 1927) 153–154.

Franz 1929
L. Franz, Ein hallstattzeitlicher Grabhügel. In: Egger / Bersu 1929, Beibl. Sp. 165–170.

Gelzer 1932
M. Gelzer, Studienfahrt deutscher und donauländischer Bodenforscher nach Dalmatien. Gnomon 8 (Berlin 1932) 60–62.

Giovannini 2010
A. Giovannini, „Sua nemica è la Terra pesante, ingombrante... Ah! Se potesse levarla d'un colpo“ (Biagio Marin). Giovanni Battista Brusin, il primo dopoguerra. L'Associazione nazionale per Aquileia e lo scavo delle necropoli aquileiesi. Aquileia nostra 81 (Trieste 2010) 161–192.

Glaser 1999
F. Glaser, Der älteste und der jüngste Schutzbau in der Austria Romana. Pro Austria Romana 49,3–4 (Wien 1999) 10–13.

Glaser 2003a
F. Glaser, Der frühchristliche Kirchenbau in der nordöstlichen Region (Kärnten / Osttirol). In: Sennhauser 2003, 413–437.

Glaser 2003b
F. Glaser, Frühchristliche Kirchen an Bischofsitzen, in Pilgerheiligtümern und in befestigten Höhensiedlungen. In: Sennhauser 2003, 865–880.

Glaser 2008
F. Glaser, Castra und Höhensiedlungen in Kärnten und Nordtirol. In: Bierbrauer / Steuer 2008, 595–642.

Glaser 2016
F. Glaser, Architektur und Kunst als Spiegel des frühen Christentums in Noricum. Mitt. Christl. Arch. 22, 2016, 33–66.

Gostenčnik 2018
K. Gostenčnik, Ein Stück Kärntner Botanikgeschichte: Elise Hofmanns Untersuchungen zu Pflanzenresten von Duel bei Feistritz an der Drau. Carinthia II 208 (Klagenfurt 2018) 399–412.

Hell 1941
M. Hell, Römische Siedlungsfunde der älteren Kaiserzeit in Pogöriach bei Feistritz a. d. Drau. Carinthia I 131 (Klagenfurt 1941) 322–326.

Kainrath et al. 2020
B. Kainrath / G. Grabherr / Ch. Gugl, Eine frühchristliche Kirche mit Marmorausstattung in einer spätantiken befestigten Höhensiedlung auf dem Burgbichl in

Irschen. In: CAVADA / ZAGERMANN 2020, 251–275.

KANDLER / WLACH 1998a
M. KANDLER / G. WLACH (Red.), 100 Jahre Österreichisches Archäologisches Institut 1898–1998. Österr. Arch. Inst. Sonderschr. 31 (Wien 1998).

KANDLER / WLACH 1998b
M. KANDLER / G. WLACH, Das k.k. österreichische archäologische Institut von der Gründung im Jahre 1998 bis zum Untergang der Monarchie. In: KANDLER / WLACH 1998a, 13–35.

KERSTING 1993
U. KERSTING, Spätantike und Frühmittelalter in Kärnten [Diss. Univ. Bonn] (Bonn 1993).

KRÄMER 1964
W. KRÄMER, Gerhard Bersu zum Gedächtnis. Ber. RGK 45, 1964, 1–2.

KRÄMER 2001
W. KRÄMER, Gerhard Bersu – ein deutscher Prähistoriker, 1889–1964. Ber. RGK 82, 2001, 5–101.

MADER 2000
B. MADER, Die Sphinx vom Belvedere. Erzherzog Franz Ferdinand und die Denkmalpflege in Istrien (Koper 2000).

MADER 2017
B. MADER, Zwischen Stillstand und Aufschwung. Die Prähistorische Kommission der Österreichischen Akademie der Wissenschaften von 1918 bis 1938. Arch. Austriaca 101, 2017, 11–44.

MADER 2018
B. MADER, Die Prähistorische Kommission der kaiserlichen Akademie der Wissenschaften 1878–1918. Mitt. Prähist. Komm. 86 (Wien 2018).

MIRNIK 1977
I. MIRNIK, Uz jednu stogodišnjicu: Viktor Hoffiller – MDCCCLXXVII–MCMLXXVII. [= On the occasion of a centenary: Viktor Hoffiller – MDCCCLXVII–MCMLXXVII]. Vijesti Muz. i Konzervatora Hrvatska 26,2, 1977, 5–13.

MODL 2015
D. MODL, Forschungsgeschichtliche Einführung. In: B. HEBERT (Hrsg.), Urgeschichte und Römerzeit in der Steiermark (Wien, Köln, Weimar 2015) 67–162.

MÜLLER-SCHEESSEL et al. 2001
N. MÜLLER-SCHEESSEL / K. RASSMANN / S. v. SCHNURBEIN / S. SIEVERS, Die Ausgrabungen und Geländeforschungen der Römisch-Germanischen Kommission. Ber. RGK 82, 2001, 291–361.

NEUMANN 1955
A. NEUMANN, Keramik und andere Kleinfunde vom Ulrichsberg. Carinthia I 145 (Klagenfurt 1955) 143–182.

NIEGL 1980
M. A. NIEGL, Die archäologische Erforschung der Römerzeit in Österreich. Österr. Akad. Wiss., Phil.-Hist. Kl. Denkschr. 141 (Wien 1980).

NISCHER-FALKENHOF / MITSCHA-MÄRHEIM 1931
E. NISCHER-FALKENHOF / H. MITSCHA-MÄRHEIM, Die römische Station bei Niederleis und abschließende Untersuchungen auf dem Oberleiserberge. Mitt. Prähist. Komm. 2,6 (Wien 1931) 439–469.

PESDITSCHEK 2010
M. PESDITSCHEK, Wien war anders – Das Fach Alte Geschichte und Altertumskunde. In: M. G. Ash / W. Nieß / R. Pils (Hrsg.), Geisteswissenschaften im Nationalsozialismus. Das Beispiel der Universität Wien (Wien 2010) 287–316.

VON PETRIKOVITS 1986
RGA 8 (1986) 226–238 s. v. Duel (H. VON PETRIKOVITS).

PITTIONI 1975a
R. PITTIONI, Martin Hell, 1885–1975. Arch. Austriaca 57, 1975, 1–8.

PITTIONI 1975b
R. PITTIONI, Leonhard C. Franz, 1895–1974. Arch. Austriaca 57, 1975, 104–114.

POLLAK 2015
M. POLLAK, Archäologische Denkmalpflege zur NS-Zeit in Österreich. Kommentierte Regesten für die „Ostmark". Stud. Denkmalschutz u. Denkmalpfl. 23 (Wien, Köln, Weimar 2015).

POLLAK 2016
M. POLLAK, Konservatoren – Korrespondenten – Gaupfleger. In: F. M. Müller (Hrsg.),

Graben, Entdecken, Sammeln. Laienforscher in der Geschichte der Archäologie Österreichs. Arch., Forsch. u. Wiss. 5 (Wien 2016) 129–150.

Pollak 2019
M. Pollak, Die Altertumswissenschaften im Bruch der Zeiten. Österr. Zeitschr. Kunst u. Denkmalpfl. 73,1–2, 2019, 78–105.

Pollak im Druck
M. Pollak, Aquileia zwischen Monarchie und Diktatur – Denkmalpflege an einem ikonischen Fundort im Focus des Zeitgeschehens. Oriental and European Archaeology (OREA) (im Druck).

Reisch 1930
E. Reisch, Die Grabungsarbeiten des österreichischen archäologischen Institutes in den Jahren 1924 bis 1929. Jahresh. Österr. Arch. Inst. 26 (Wien 1930) Beibl. Sp. 273–296.

Schlegelmilch 2012
D. Schlegelmilch, Gero von Merharts Rolle in den Entnazifizierungsverfahren „belasteter" Archäologen. In: R. Smolnik (Hrsg.), Umbruch 1945? Die prähistorische Archäologie in ihrem politischen und wissenschaftlichen Kontext. Arbeits- u. Forschber. Sächs. Bodendenkmalpfl. Beih. 23 (Dresden 2012) 12–19.

von Schnurbein 2001
S. von Schnurbein, Abriß der Entwicklung der Römisch-Germanischen Kommission unter den einzelnen Direktoren von 1911 bis 2002. Ber. RGK 82, 2001, 137–289.

Schörner 2018
H. Schörner, Studierendengeschichte und statistische Auswertung: Studierende, Stipendiaten und Absolventen der Klassischen Archäologie an der Universität Wien von 1898 bis 1951. In: G. Schörner / K. Meinecke, Akten des 16. Österreichischen Archäologentages (Wien 2018) 443–454.

Sennhauser 2003
R. Sennhauser (Hrsg.), Frühe Kirchen im östlichen Alpengebiet. Von der Spätantike bis in ottonische Zeit. Abhandl. Bayer. Akad. Wiss., Phil.-Hist. Kl. N. F. 123,2 (München 2003).

Simon 1939
G. Simon, Vorgeschichtler-Dossiers (1939). https://homepages.uni-tuebingen.de/gerd.simon/VorgeschDossiers.pdf (letzter Zugriff: 14.11.2021).

Steinklauber 1988
U. Steinklauber, Die Kleinfunde aus der spätantiken befestigten Höhensiedlung vom Duel – Feistritz a. d. Drau (Kärnten) [Ungedr. Diss. Universität Graz 1988].

Steinklauber 2013
U. Steinklauber, Fundmaterial spätantiker Höhensiedlungen in Steiermark und Kärnten. Frauenberg im Vergleich mit Hoischhügel und Duel. Forsch. Geschichtl. Landeskde. Steiermark 61 (Graz 2013).

Stuppner 2008
A. Stuppner, Der Oberleiserberg bei Ernstbrunn – eine Höhensiedlung des 4. und 5. Jahrhunderts n. Chr. In: Bierbrauer / Steuer 2008, 427–456.

Tiefengraber 2016
G. Tiefengraber, Fundber. Österr. 55, 2016, 96–97, D1600–D1619.

Urban 1996
O. H. Urban, „Er war der Mann zwischen den Fronten". Oswald Menghin und das Urgeschichtliche Institut der Universität Wien während der Nazizeit. Arch. Austriaca 80, 1996, 1–24.

Urban 2020
O. H. Urban, Zur Publikationstätigkeit von Leonhard Franz in der NS-Zeit, Professor für Vorgeschichte an der Leopold-Franzens-Universität Innsbruck von 1942 bis 1967. In: D. Model / K. Peitler (Hrsg.), Archäologie in Österreich 1938–1945. Beiträge zum internationalen Symposium vom 27. bis 29. April 2015 am Universalmuseum Joanneum in Graz. Schild von Steier Beih. 8 = Forsch. Geschichtl. Landeskde. Steiermark 79 (Graz 2020) 88–102.

Wachter 2009
C. Wachter, Die Professoren und Dozenten der Friedrich-Alexander-Universität Erlangen 1943–1960. Erlanger Forsch. Sonderr. 13 (Erlangen 2009). https://opus4.kobv.de/opus4-fau/frontdoor/index/index/docId/1421 (letzter Zugriff: 14.11.2021).

Werner 1987
J. Werner, Vorwort des Herausgebers. In: V. Bierbrauer, Invillino – Ibligo in Friaul I. Die römische Siedlung und das spätantik-frühmittelalterliche Castrum. Münchner Beitr. Vor- u. Frühgesch. 33 (München 1987) 11–13.

Winkler 1977
E. M. Winkler, Die Skelettfunde des Jahres 1931 von Duel bei Feistritz a. d. Drau. Carinthia II 167 (Klagenfurt 1977) 403–414.

Wlach 1998
G. Wlach, Die Akteure. Die Direktoren und wissenschaftlichen Bediensteten des Österreichischen Archäologischen Institutes. In: Kandler / Wlach 1998a, 99–132.

Zabehlicky 1998
H. Zabehlicky, Der Kampf gegen die Auflösung. Das Österreichische Archäologische Institut in der Zwischenkriegszeit 1918–1938. In: Kandler / Wlach 1998a, 37–48.

Zeiss 1928
H. Zeiss, Die Nordgrenze des Ostgotenreiches. Germania 12, 1928, 25–34.

## Gerhard Bersu, Rudolf Egger und die österreichisch-deutsche Forschungskooperation in Kärnten (1928–1931)

### Zusammenfassung · Summary · Résumé

ZUSAMMENFASSUNG · Eines der wenig bekannten Kapitel österreichischer und deutscher Forschungsgeschichte sind die gemeinsamen archäologischen Projekte der Römisch-Germanischen Kommission und des Österreichischen Archäologischen Instituts in Kärnten zwischen 1928 und 1931. Dabei ging es vor allem um die praktische Grabungsausbildung der aus Deutschland, Österreich, Ungarn, Jugoslawien und Rumänien kommenden Studierenden. Das Begleitprogramm bildeten Fachvorträge sowie Exkursionen zu den bedeutendsten archäologischen Fundstätten an der Oberen Adria. Die Fortsetzung scheiterte 1931 an den Folgen der Weltwirtschaftskrise, welche die Finanzierung von Forschungsvorhaben verhinderte.

In der Folgezeit wurde das persönliche Schicksal der beiden Hauptakteure Gerhard Bersu und Rudolf Egger durch Aufstieg und Scheitern des Nationalsozialismus entscheidend geprägt.

SUMMARY · One of the least well-known chapters of Austrian and German research history are the joint archaeological projects undertaken by the Römisch-Germanische Kommission and the Austrian Archaeological Institute in Carinthia between 1928 and 1931. The main aim was to provide practical training in excavation for students from Germany, Austria, Hungary, Yugoslavia, and Romania. The accompanying programme included lectures and excursions to the most important excavation sites of the Upper Adriatic. The world economic crisis of 1931 and the ensuing difficulty in obtaining financial support for research projects brought these activities to an end.

In the years that followed, the personal fates of both the main protagonists, Gerhard Bersu and Rudolf Egger, were decisively influenced by the rise and fall of National Socialism. (S. H. / I. A.)

RÉSUMÉ · Un des chapitres peu connus de l'histoire de la recherche autrichienne et allemande concerne les projets archéologiques menés conjointement par la Römisch-Germanische Kommission et l'Österreichisches Archäologisches Institut en Carinthie de 1928 à 1931. Il s'agissait alors surtout d'une formation pratique à la fouille archéologique pour les étudiants d'Allemagne, Autriche, de Hongrie, Yougoslavie et Roumanie. Elle s'accompagnait d'un programme constitué de conférences spécialisées et d'excursions vers les sites archéologiques les plus importants de l'Adriatique supérieure. La poursuite de ce projet fut stoppée en 1931 par les retombées de la Grande Dépression qui empêcha le financement des recherches. Plus tard, la montée et la chute du national-socialisme ont influencé de manière décisive le destin personnel des deux acteurs principaux, Gerhard Bersu et Rudolf Egger. (Y. G.)

Anschrift der Verfasserin

Marianne Pollak
Hauptstr. 17
AT-1140 Wien
E-Mail: marianne.pollak@gmx.net

# Gerhard Bersu, Osbert G. S. Crawford und die Tabula Imperii Romani

Von Andreas Külzer

*Schlagwörter:* *Briefwechsel / Geographie / Kartographie / Ordnance Survey / Tabula Imperii Romani*
*Keywords:* *Correspondence / geography / cartography / Ordnance Survey / Tabula Imperii Romani*
*Mots-clés:* *Correspondance / géographie / cartographie / Ordnance Survey / Tabula Imperii Romani*

Die *Tabula Imperii Romani* (TIR) zählt zu den großen paneuropäischen Wissenschaftsprojekten des 20. Jahrhunderts. Ihre Entstehung ist auf das Engste mit der Person des britischen Gelehrten Osbert Guy Stanhope Crawford (1886–1957) verbunden. Vielseitig interessiert, hatte sich dieser bald nach dem erfolgreichen Abschluss seines Studiums der Geographie in Oxford im Jahre 1910 auf die Archäologie konzentriert[1]. Nach Forschungstätigkeit und Weltkriegseinsatz erhielt er im Oktober 1920 dank des damaligen Direktors Sir Charles Frederick Arden-Close (1865–1952) als erster Archäologe überhaupt eine Stelle im *Ordnance Survey* (OS)[2], jener Behörde mit Sitz in Southampton, die bis auf den heutigen Tag für Landvermessung und Kartographie zuständig ist. Crawford sah die möglichst vollständige Dokumentation und kartographische Erfassung der archäologisch relevanten Stätten in Großbritannien als eine bedeutsame Aufgabe an, auch wenn dies innerhalb der Behörde kontrovers diskutiert wurde und auf verschiedene Vorbehalte stieß. Ungeachtet dessen konnte bereits im August 1924 nach ausgedehnten Surveys von Schottland im Norden bis in den tiefen Süden Englands hinein eine *OS Map of Roman Britain* veröffentlicht werden[3], ein Verzeichnis der römischen Siedlungen und Straßen, gehalten im Maßstab 1 : 1 000 000. Dieser Karte war ein unerwartet großer Erfolg beschieden, die erste Auflage von 1000 Exemplaren verkaufte sich innerhalb weniger Wochen. In den kommenden Jahren sollte die Karte mehrere Nachdrucke erleben; eine zweite verbesserte Auflage erschien bereits 1928[4]. In diesem Jahr veröffentlichte Crawford auch gemeinsam mit dem schottischen Archäologen Alexander Keiller (1889–1955) das forschungsgeschichtlich bedeutsame Buch *Wessex from the Air*, die erste wissenschaftliche Publikation zur Luftbildarchäologie in Großbritannien[5], dank der sich das internationale Renommee des Gelehrten weiter steigern sollte.

Auf Anregung von Brigadier Evan Maclean Jack (1873–1951), der seit 1922 das Amt des Direktors des OS innehatte, beteiligte sich Crawford am *International Geographical*

[1] Clark 1958, 282–284; Hauser 2008, 7–8.

[2] Clark 1958, 286; Hauser 2008, 54; zum OS: Hewitt 2010.

[3] Map Roman Britain 1924; Clark 1958, 287–288; Hauser 2008, 70.

[4] Birley 1927, 248; Gardiner 1973, 107. – Ein Nachdruck erfolgte 1931; die dritte neubearbeitete Auflage wurde im Jahre 1951 publiziert, die vierte Auflage 1978; weitere Auflagen folgten 1991 und später.

[5] Crawford / Keiller 1928; Clark 1958, 289; Hauser 2008, 80.

Abb. 1. Die Karte des Römischen Reiches auf der Basis der Internationalen Weltkarte 1 : 1 000 000 (Archiv Crawford 81).

*Congress*, welcher vom 18. bis 25. Juli 1928 in Cambridge tagte. Am Nachmittag des 19. Juli hielt er eine vielbeachtete Rede, in der er sich unter Zugrundelegung seiner Erfahrungen mit der *OS Map of Roman Britain* für die Anfertigung einer Karte des gesamten Römischen Reiches aussprach, die auf der Grundlage der standardisierten Internationalen Weltkarte ebenfalls im Maßstab 1 : 1 000 000 gehalten sein sollte[6]. Die Teilnehmer des Kongresses unterstützten den Vorschlag und begründeten umgehend eine Kommission für die Vorbereitung einer Karte des Römischen Reiches (Kommission No. 7), die sich als Arbeitsinstrument der *International Geographical Union* um die konkrete Umsetzung und Realisierung des Projektes kümmern sollte[7]; als Präsident wurde der amtierende Direktor des OS, Brigadier Jack, eingesetzt, Crawford fungierte als Schriftführer. Die Kommission hatte neben den Genannten zunächst drei weitere Mitglieder, die die Nationen Frankreich (in der Person von Charles de la Roncière [1870–1941]), Spanien (Professor Honorato de Castro Bonel [1885–1962]) und Italien (Graf Francesco Pellati [1882–1967])

[6] J. H. R. / A. J. P. 1928, 262; Adams 1954, 45–46; Gardiner 1973, 107. Zur Internationalen Weltkarte Grenacher 1947, 112–121; Adams 1954, 49–50; Meynen 1962; Pearson / Heffernan 2015, 58–80; https://www.landkartenarchiv.de/iwk.php (letzter Zugriff: 14.11.2021).

[7] J. H. R. / A. J. P. 1928, 265; Gardiner 1973, 107; Külzer 2020, 13.

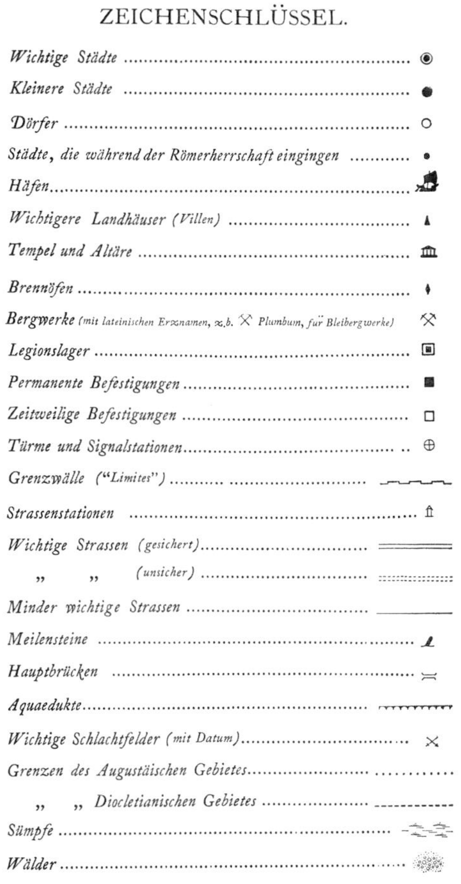

ZEICHENSCHLÜSSEL.

*Wichtige Städte*<br>
*Kleinere Städte*<br>
*Dörfer*<br>
*Städte, die während der Römerherrschaft eingingen*<br>
*Häfen*<br>
*Wichtigere Landhäuser (Villen)*<br>
*Tempel und Altäre*<br>
*Brennöfen*<br>
*Bergwerke (mit lateinischen Erznamen, z.b. Plumbum, für Bleibergwerke)*<br>
*Legionslager*<br>
*Permanente Befestigungen*<br>
*Zeitweilige Befestigungen*<br>
*Türme und Signalstationen*<br>
*Grenzwälle ("Limites")*<br>
*Strassenstationen*<br>
*Wichtige Strassen (gesichert)*<br>
„ „ *(unsicher)*<br>
*Minder wichtige Strassen*<br>
*Meilensteine*<br>
*Hauptbrücken*<br>
*Aquaedukte*<br>
*Wichtige Schlachtfelder (mit Datum)*<br>
*Grenzen des Augustäischen Gebietes*<br>
„ „ *Diocletianischen Gebietes*<br>
*Sümpfe*<br>
*Wälder*

Abb. 2. Vorgesehene Signaturen für die Internationale Karte des Römischen Reiches, Stand 1929 (Archiv Crawford 8c).

repräsentierten, doch sollten bei Bedarf weitere Mitglieder hinzugewählt werden können.

Die Kommission traf sich erstmalig am 30. April und 1. Mai 1929 in Florenz am *Istituto Geografico Militare*; hier wurden nach intensiven Diskussionen die formalen Grundlagen der geplanten Karte des Römischen Reiches festgelegt. Diese sollte insgesamt 48 Blätter haben, jedes Blatt dabei dem Vorbild der Internationalen Karte entsprechend vier Grad in der Breite und sechs Grad in der Länge umfassen. Die Gesamtkarte war begrenzt auf das Gebiet zwischen dem 24. und dem 60. Breitengrad, die projektrelevanten Längengrade reichen von 12° West bis 45° Ost *(Abb. 1)*[8]. Es bestand Einigkeit darüber, neben den Siedlungen aus römischer Zeit auch Straßen und Brücken, Aquädukte, Bergwerke und Grenzwälle zu verzeichnen, ferner bekannte Toponyme von Bergen, Flüssen und Seen, von „Stammesnamen" etc. *(Abb. 2)*[9]. Die zu verwendenden Kartensymbole wurden in Florenz, aber auch später diskutiert; in dieser Frage gab es über Jahre hinweg immer wieder Gesprächsbedarf, der zu Neuerungen und Umgestaltungen führte *(Abb. 3a–b)*[10]. Die Karte solle lesefreundlich sein und von daher nicht zu viele Eintragungen aufweisen, von ihrem Charakter her sei sie eher historisch als archäologisch anzulegen, so lautete der Konsens[11]. Bereits

[8] Archiv Crawford 8i–k. Vgl. auch TIR 1935, 523; Adams 1954, 45–46; Gardiner 1973, 107; Talbert 2019, 80.

[9] Archiv Crawford 8g–i.

[10] Archiv Crawford 8c; Bericht 1929 „Zeichenschlüssel"; Talbert 2019, 80.

[11] Archiv Crawford 8g: „Man wolle sich vor Augen halten, dass die Karte eine historische, nicht eine archäologische sein soll. Sie soll nicht ein Führer für antike Monumente sein, sondern die Verteilung und die Art der Bevölkerung, die Bezeichnungen der Städte und Bodenerscheinungen, die wirtschaftlichen und sozialen Verhältnisse der betreffenden Zeit aufzeigen".

## LLEGENDA

| | |
|---|---|
| Ciutat important | City |
| Altres nuclis de població | Town |
| Poblat indígena ibèric | Iberic settlement |
| Ruïnes | Ruins, foundations |
| Establiment rural o *Villa* | Rural settlement or *Villa* |
| Altres troballes | Other finds |
| Campament legionari | Legionary camps |
| Altres campaments militars | Other military camps |
| *Castellum, Turris, Pyrgus* | *Castellum, Turris, Pyrgus* |
| Via Itin. Ant., traçat segur | Itin. Ant., certain road |
| Via Itin. Ant., traçat insegur | Itin. Ant., uncertain road |
| Altres vies, traçat segur | Other road, certain road |
| Altres vies, traçat insegur | Other roas, uncertain road |
| *Mansio, statio* | *Mansio, statio* |
| Miliari, *terminus* | Milestone, *terminus* |
| Port, pas de muntanya | Mountain pass |
| Pont | Bridge |
| Port de mar | Sea port |
| Ancoratge | Anchorage |
| Far | Lighthouse |
| Peci | Shipwreck |
| *Centuriatio* | *Centuriatio* |
| Camp de batalla (45 a. C. = data) | Battlefield (45 b. C. = date) |
| Temple, santuari | Temple, shrine, sanctuary |

a

## LLEGENDA

| | |
|---|---|
| Teatre | Theatre |
| Amfiteatre | Amphitheatre |
| Circ | Circus |
| Monument aïllat, arc monumental | Monumental arch |
| Necròpolis, monument funerari | Cemetery, funerary monument |
| Aqüeducte, traçat segur | Aqueduct, certain line |
| Aqüeducte, traçat insegur | Aqueduct, uncertain line |
| Presa, embassament | Dam, barrage |
| Deu, *caput aquae* | Water spring, *caput aquae* |
| Font sagrada i nimfeu | Sacred fountain, nymphaeum |
| Termes, banys | Bath |
| Bòbila | Brick kiln |
| Forn de calç | Lime kiln |
| Terrisseria | Pottery workshop |
| Factoria | Factory |
| Mineria (Au) | Mineral working |
| Pedrera | Quarry |
| Salina, mina de sal | Salt working |
| Inscripció | Inscription |
| Límits de província (August) | Provincial boundaries (Augustus) |
| Límits de *Conventus iuridici* | *Conventus iuridici* boundaries |
| Límits de província i diòcesi (Dioclecià) | Provincial and Dioecesis boundaries (Diocletianus) |

b

Abb. 3 a) Signaturen der Karte TIR K/J 31: Pyrénées Orientales-Baleares, 1997, Teil 1; b) Signaturen der Karte TIR K/J 31: Pyrénées Orientales-Baleares, 1997, Teil 2 (beide Cepas et al. 1997).

Ende 1929 wurde der Bericht der Kommission über die Zusammenkunft und die wesentlichen Beschlüsse in vier Sprachen veröffentlicht[12].

Wenige Monate nach diesen Vorgängen kam Crawford erstmalig mit Gerhard Bersu (1889–1964) in Kontakt. Letzterer, ein im nationalen wie internationalen Vergleich herausragender Prähistoriker, passionierter Pfeifenraucher, seit dem Jahre 1929 in der Funktion des Zweiten Direktors der Römisch-Germanischen Kommission des Deutschen Archäologischen Instituts in Frankfurt am Main tätig, schrieb am 11. Oktober 1930 einen Brief an den Erstgenannten, in dem er unter anderem auf eine seiner Ansicht nach problematische Formulierung im eben publizierten Heft der Zeitschrift *Antiquity: A Quarterly Review of Archaeology* hinwies[13]. Diese hatte Crawford 1927, also erst wenige Jahre zuvor, begründet, um seither als Herausgeber zu fungieren – eine Tätigkeit, der er bis zu seinem Tod 1957 nachgehen sollte. Ungeachtet ihrer kurzen Präsenz auf dem wissenschaftlichen Fachmarkt konnte *Antiquity* damals bereits eine beträchtliche Leserschaft vorweisen, dies nicht zuletzt aufgrund der ausgiebigen Behandlung von prähistorischen Fragestellungen, welche in konkurrierenden Fachzeitschriften oftmals unberücksichtigt blieben[14].

Crawford beantwortete die Nachricht von Bersu umgehend und freundlich[15]. In der Folge entwickelte sich ein Briefwechsel zwischen den beiden Forschern, der archäologischen Themen wie dem unlängst entdeckten bandkeramischen „Dorf" in Köln oder der Siedlungsstätte am Goldberg im Nördlinger Ries gewidmet war[16], der aber im folgenden Jahre 1931 wieder etwas abebbte, so die uns erhaltenen Dokumente vollständig sind. Bersu wurde damals in der Nachfolge von Friedrich Drexel (1885–1930) zum Ersten Direktor der Römisch-Germanischen Kommission bestimmt; Crawford weilte im Spätsommer in Paris, wo vom 16. bis zum 24. September der *International Geographical Congress* tagte. Unter dem Vorsitz von Brigadier Harold St. John Loyd Winterbotham (1878–1946), der Evan Maclean Jack als Direktor des OS abgelöst hatte, fand ein weiteres Treffen der Kommission No. 7 für die Vorbereitung einer Karte des Römischen Reiches statt. Auf dem Kongress wurden die Kartenblätter N-30 Edinburgh, K-29 Porto, K-30 Madrid und K-33 Rom vorgestellt, alle noch in einer vorläufigen Form. Es bestanden erhebliche Abweichungen und fehlende Einheitlichkeit in der Präsentation. Die italienische Karte wurde niemals im Rahmen der Reihe publiziert, die beiden spanischen Blätter sind erst Jahrzehnte später nach grundlegender Überarbeitung publiziert worden[17]. Die Agenden wurden damals durch einen gemeinschaftlichen Beschluss von der *International Geographical Union* auf

[12] Bericht 1929, dort neben einem Kartenausschnitt des Bearbeitungsgebietes u. a. detaillierte Ausführungen zu den Aufnahmekriterien der Denkmäler und zu den zeitlichen Kriterien der Abbildung, die vom Erscheinen der Römer in den jeweiligen Regionen bis zum Untergang des Weströmischen Reiches reichen sollten (Archiv Crawford 8f) – letzteres freilich eine fragwürdige Begrenzung, da dieses Faktum in vielen Gebieten des östlichen Mittelmeerraumes *realiter* ohne tiefere Bedeutung blieb.

[13] Archiv Crawford 1: Tacitus, Ann. II 19 f. bezieht sich, wie G. Bersu hervorhob, nicht auf Gaius Julius Caesar (100–44 v. Chr.), wie man der in der Zeitschrift gewählten Formulierung zufolge glauben könnte, sondern auf Germanicus Julius Caesar (15 v. Chr.–19 n. Chr.).

[14] Hauser 2008, 72; 92–95; 258; Stout 2008, 22–25. http://www.antiquity.ac.uk/ (29.3.2019; letzter Zugriff: 14.11.2021).

[15] Archiv Crawford 2, abgeschickt am 14.10.1930.

[16] Archiv Crawford 3–6, 21.10. bis 6.11.1930. Einführend zu den Grabungen: Bofinger 2011, 155–157 (Goldberg); Matzerath et al. 2016, 298–303 (Köln).

[17] Adams 1954, 45–46; Gardiner 1973, 107. – Die Blätter wurden beide 1991 publiziert, doch dies ohne die Gebiete, die zu Portugal gehören: Balil Illana 1991; Fatás Cabeza 1991. Nur die Edinburgh-Karte wurde vergleichsweise zeitnah im Jahre 1939 veröffentlicht: OS 1939. – Zum Kongress Gallois 1931, 577–590, bes. 588 u. Anm. 1.

das Zentralbüro der Internationalen Karte übertragen, das ebenfalls im OS in Southampton angesiedelt war und von Brigadier Winterbotham geleitet wurde[18].

Im Dezember des Jahres 1931 besuchte Crawford Frankfurt am Main und traf hier mit Bersu zusammen[19]. Letzterer konnte rasch für das interessante Projekt einer kartographischen Präsentation des römischen Imperiums gewonnen werden; in einem intensiven Schriftwechsel tauschten die beiden Gelehrten in der Folge Gedanken, Publikationen und Landkarten aus. Bersu bedankte sich beispielsweise in einem Schreiben vom 30. Januar 1932 für die Zusendung der Blätter Edinburgh und Rom, wobei ihn insbesondere die geringe Eintragungsdichte in den südlichen Bereichen des italienischen Blattes und, damit einhergehend, der unvollkommene Forschungsstand in Erstaunen setzte[20]. Ein Schreiben vom 26. Februar 1932, welches Crawford als Vertreter des Zentralbüros der Internationalen Karte unterzeichnet hatte, informierte den deutschen Kollegen über den aktuellen Stand betreffs der Kartensymbole und über die zusätzlich neu eingeführten Zeichen[21]. Bersu war zu dieser Zeit bereits vollständig in das Projekt der Karte des Römischen Reiches involviert; nur wenige Tage nach dem Erhalt des Schreibens konnte er Crawford über den grundsätzlich positiven Stand hinsichtlich der Kartengrundlagen für die Blätter M-32 und M-33 informieren, die sich auf die Landschaften östlich des Rheins und nördlich der Donau konzentrieren[22]. Ein gemeinsamer Tagungsbesuch in London im August 1932 festigte die Verbundenheit der beiden Männer, auch wenn das Kartenprojekt bei dieser Gelegenheit offensichtlich kaum zur Sprache kam[23].

Dies sollte sich im Herbst des Jahres ändern: Am 21. und 22. November kam die Kommission in Rom zu einem Gedankenaustausch zusammen, Bersu war dabei als Vertreter Deutschlands anwesend, auf persönliche Einladung der italienischen Regierung[24]. Bei diesem Arbeitstreffen wurden einige Kartenblätter vorgestellt, darunter J-32 Karthago und J-33 Palermo, die aber niemals über einen vorläufigen Status hinausgekommen sind, nicht offiziell publiziert wurden und heute nur in wenigen Exemplaren existieren[25]. Man dehnte das darzustellende Gebiet auf weitere Regionen aus, in denen sich ein Einfluss Roms nachweisen lässt, womit sich ein Umfang des Kartenwerkes auf 52 Blätter vergrößerte. Auf diesen sollte die Periode der stärksten römischen Präsenz abgebildet werden, womit die Blätter untereinander zeitlich differierten. Man vereinbarte Modalitäten der Signaturbeschriftung, etwa hinsichtlich der Berücksichtigung moderner Namen, war sich aber auch der Schwierigkeiten bewusst, die sich aus den unterschiedlichen Forschungstraditionen der beitragenden Länder ergeben würden. Die Anreicherung der Kartenblätter durch Indizes mit bibliographischen Verweisen wurde grundsätzlich als sinnvoll erachtet[26].

Im Jahre 1933 entwickelten sich die Arbeiten am Kartenblatt M-32 fort, Bersu erbat sich hierzu in Southampton Detailkarten der französischen Gebiete, die auf der Karte

[18] Adams 1954, 46; Talbert 2019, 81.

[19] Archiv Crawford 10–12, 30. u. 31.12.1931, 1.1.1932; vgl. Talbert 2019, 81.

[20] Archiv Crawford 15, 30.1.1932.

[21] Archiv Crawford 18–20, 26.2.1932.

[22] Archiv Crawford 23–26, 12., 19. u. 23.3.1932.

[23] Archiv Crawford 28–30, 28.7., 8. u. 30.8.1932.

[24] Archiv Crawford 37–41, 1., 3., 8.11., 29.12.1932. Etwas verkürzt Krämer 2001, 38; Ber. RGK 1932, 9 zeugt vom starken Interesse von Staatschef Benito Mussolini (1883–1945), der die Wissenschaftler persönlich empfing, für die römischen Forschungen in Deutschland. Freundliche Mitteilung von Kerstin P. Hofmann, RGK, Nachricht vom 1.7.2021; vgl. auch Talbert 2019, 81.

[25] https://de.wikipedia.org/wiki/Tabula_Imperii_Romani (letzter Zugriff: 14.11.2021).

[26] [Crawford] 1933, 1–3; TIR 1935, 523–524; Adams 1954, 46; Gardiner 1973, 107–108; Talbert 2019, 81. – Die aktive Rolle, die Bersu auf der Tagung eingenommen hatte, erschließt sich auch aus einem Brief vom 19.5.1933, in dem Crawford auf den Sachverhalt zu sprechen kommt: Archiv Crawford 60.

aufscheinen[27]. Dem Ansuchen Crawfords, die für das Blatt benötigten Kartensymbole neu zu überdenken und gegebenenfalls weiterzuentwickeln, entsprach er bereits im Februar 1933 mit einer ausführlichen Darlegung, die ihre Gelehrsamkeit durch zahlreiche Differenzierungen in Bezug auf Größe und Alter der einzelnen Siedlungen und Kastelle manifestierte: Zusätzlich zur variierenden Ausdehnung und Bedeutung der Anlagen konnte nun auch der jeweilige Grad der Befestigung und, so vorhanden, deren Datierung abgebildet werden; der Hinweis auf eine mögliche Flottenformation stellte ebenfalls eine sinnvolle Neuerung dar[28]. Die Korrespondenz setzte sich auch in den kommenden Monaten fort, das System der Signaturen erfuhr dabei eine beständige Verfeinerung[29].

Vom 23. bis 31. August 1934 fand der *International Geographical Congress* in Warschau statt; hier war eine Ausstellung vorgesehen, auf der die bereits erschienenen Blätter der Karte des Römischen Reiches präsentiert werden sollten. Zu deren Vorbereitung hatte das Zentralbüro der Internationalen Karte bereits Ende April bei Bersu Erkundigungen über den Stand der aktuellen Arbeiten eingeholt[30]. Die Antwort fiel ernüchternd aus, der Bearbeitungsstand war lange nicht so weit fortgeschritten wie man es in Southampton erwartet hatte[31]. Interessant ist eine vertrauliche Anfrage von Bersu vom 31. Mai 1934, mit der er sich nach dem generellen Gedeihen des Projektes erkundigt und einräumt, dass „das Unternehmen, wie ich Ihnen ebenfalls vertraulich mitteilen möchte, hier nicht allzu populär ist“[32]. Spekulativ bleibt freilich, ob mit „hier“ das Institut in Frankfurt oder die allgemeine deutsche Forschungslandschaft gemeint ist. In jedem Fall zwangen die beträchtlichen Herstellungskosten der betreffenden Karten Bersu zu einer vorsichtigen Politik.

Das ausführliche Antwortschreiben, das Crawford am 11. Juni 1934 verfasste, war durchaus dazu angetan, die aufkeimenden Zweifel an der Realisierung des Projektes zu zerstreuen; vor allem die Fertigstellung der schottischen Karte und die Projektfortschritte in Ägypten ließen einen gewissen Optimismus aufkommen, so dass der gegen Ende des Briefes geäußerte Satz „I do not see why under such conditions the project should not go ahead“ keinesfalls unberechtigt erschien[33]. In Warschau wurden dann tatsächlich die Karte O-30 Aberdeen sowie die Blätter F-36 Wadi Halfa, G-36 Aswan, H-35 Alexandria und H-36 Cairo präsentiert, zudem ein Entwurf der Karte L-31 *Lugdunum* (Lyon)[34]. Bedeutungsvoll ist der hier erfolgte Beschluss, dass die Karte des Römischen Reiches von nun an den offiziellen Namen *Tabula Imperii Romani* tragen soll[35]. Bersu hatte den Kongress, der bereits von den politischen Umständen der Zeit und gewissen nationalen Spannungen beeinflusst war[36], nicht besucht und das Arbeitstreffen mithin versäumt, war aber bei einem wenig später erfolgten Aufenthalt in Berlin über Details informiert worden, wie einem Schreiben vom September des Jahres zu entnehmen ist. Hier ist auch von Fortschritten hinsichtlich der Erstellung der Karte L-32 Mailand die Rede[37].

[27] Archiv Crawford 45, 19.1.1933.

[28] Archiv Crawford 50, 6.2.1933 Erinnerungsschreiben Crawfords; Archiv Crawford 53a–54b, 10.2.1933 Antwortschreiben von Bersu.

[29] Archiv Crawford 55–60, 15.3., 5., 12., 19.4., 19.5.1933.

[30] Archiv Crawford 67, 28.4.1934.

[31] Archiv Crawford 68–69, 30.4., 8.5.1934.

[32] Archiv Crawford 70a, 31.5.1934.

[33] Archiv Crawford 72a–b, 11.6.1934.

[34] Adams 1954, 46; Gardiner 1973, 108; Talbert 2019, 81. Zu den Karten: Al-Misāḥah 1934a; Al-Misāḥah 1934b; Al-Misāḥah et al. 1934; OS 1934. Die Karte L-31 wurde 1938 publiziert: CNFG 1938; die Karte G-36 wurde neu bearbeitet: Meredith 1958.

[35] TIR 1935, 524; Talbert 2019, 81.

[36] Hierzu Clout 2005, 435–444; Jackowski et al. 2014, 297–308.

[37] Archiv Crawford 75, 13.9.1934.

In seinem Antwortschreiben verlieh Crawford der Hoffnung Ausdruck, bereits im Jahre 1935 in London eine weitere Zusammenkunft der Kommission organisieren zu können[38]. Er fügte dem Brief zwei Blaupausen hinzu, die für die Einarbeitung der deutschen Gebiete auf der Karte L-32 nützlich sein würden; weiterhin Exemplare der vier ägyptischen Kartenblätter, dies mit der Bitte um Stellungnahme. Dieser Aufforderung kam Bersu bereitwillig nach, wobei er ungeachtet berechtigter Kritik im Einzelnen wie fehlenden Eintragungen oder unberücksichtigt gebliebener Forschungsliteratur grundsätzlich positive Worte fand: „sie gefallen mir im grossen (*sic*!) und ganzen recht gut“[39].

Die gelungene Gestaltung der ägyptischen Blätter scheint Bersu in seinem Eifer für die Realisierung der *Tabula Imperii Romani* bestärkt zu haben; im Dezember 1934 empfahl er Crawford, den am Deutschen Archäologischen Institut in Istanbul weilenden Orientalisten Kurt Bittel (1907–1991) in das Projekt einzubinden, damit er an der Bearbeitung der Kleinasien betreffenden Blätter mitwirke und insbesondere seine Expertise in Bezug auf die antiken Kommunikationswege in der Region einbringe[40]. Crawford reagierte, so die Archivunterlagen vollständig sind, erst mit einiger Verzögerung, aber dennoch äußerst positiv auf den Vorschlag: „a most excellent suggestion to get the work done“[41]. Die in seinem Schreiben anklingende Frage nach einer geeigneten Grundlage, die für die Erstellung der türkischen Kartenblätter herangezogen werden könne, verwies aber bereits auf eine ernstzunehmende Schwierigkeit. In seinem Antwortschreiben deutete Bersu im Vertrauen auf Informationen, die er von Bittel erhalten hatte, beträchtliche Probleme an, die sich bei der Erstellung der Grundkarte ergeben würden – die für diesen Zweck unbedingt heranzuziehenden Blätter der neueren türkischen Generalstabskarte im Maßstab 1:200 000 befanden sich damals nicht im Handel, ja zeitweise war sogar ihr privater Besitz verboten[42]. Schwierigkeiten dieser Art sollten die kartographische Abbildung der römischen Besitzungen in Kleinasien noch auf Jahrzehnte hinaus verzögern.

Neben Kleinasien erfuhren in Vorbereitung der Londoner Konferenz auch andere Regionen vermehrte Aufmerksamkeit; die erhaltene Korrespondenz zeugt etwa von Planungen zu den Kartenblättern von Jugoslawien und Spanien. Durch die aktive Vermittlung von Bersu konnte mit dem Archäologen Julio Martínez Santa-Olalla (1905–1972) ein Interessent für die Arbeit an der letztgenannten Region gewonnen werden[43], im Falle Jugoslawiens aber gestalteten sich die Dinge schwieriger, da ungeachtet des Interesses einzelner lokaler Gelehrter die Regierung sich offiziell der Mitarbeit an dem Projekt verweigerte und es ablehnte, Delegierte zur Tagung zu entsenden[44].

Forschungsinstitute sind häufig keine schöngeistigen Horte der Gelehrsamkeit, sondern weit eher Spiegel der Gesellschaft, die Zeitströmungen und Tagesaktualitäten reflektieren. Dieser Sachverhalt galt auch für die Römisch-Germanische Kommission der 1930er-Jahre. Bersu hatte sich zunehmend mit Intrigen und Bosheiten auseinanderzusetzen, die von Hans Reinerth (1900–1990) und anderen unter dem Vorwand seiner „halbjüdischen“ Abstammung betrieben wurden; am 22. Juli 1935 wurde er schließlich seiner Position enthoben und, immerhin unter Beibehaltung seines Gehaltes, als Referent für Ausgrabungswesen an die Zentraldirektion des Deutschen Archäologischen Institutes nach Berlin versetzt[45]; am 11. Januar 1937 erhielt er dann seinen Pensionierungsbescheid[46]. Die

[38] Archiv Crawford 76a–b, 19.9.1934.
[39] Archiv Crawford 79a–b, 28.11.1934.
[40] Archiv Crawford 82, 11.12.1934.
[41] Archiv Crawford 83, 30.5.1935.
[42] Archiv Crawford 84–85, 14.6.1935.
[43] Archiv Crawford 84b; 87b; 89; 92a–b, 14.6. bis 13.7.1935.
[44] Archiv Crawford 87a; 94; 20.6., 19.7.1935.
[45] Krämer 2001, 39–47; Krauss 2013, 126–128.
[46] Krämer 2001, 48–60; Krauss 2013, 132.

Leitung der Kommission übernahm mit dem 1. Oktober 1935 des Jahres der Prähistoriker Ernst Sprockhoff (1892–1967).

Den Kongress, der vom 23. bis 26. September 1935 auf Einladung der *Royal Geographical Society* in London abgehalten wurde, auf den man so lange hingearbeitet hatte, besuchte Bersu bereits nur noch als Privatperson, als offizieller deutscher Delegierter fungierte hingegen der systemkonforme Kurt Stade (1899–1971); der im Vorfeld ebenfalls als offizieller Teilnehmer angedachte Hans Zeiß (1895–1944) scheint nicht vorstellig geworden zu sein[47]. Ungeachtet all der dramatischen Vorgänge in der Heimat aber wurde Bersu auf dem Kongress die Ehre und Anerkennung zuteil, gemeinsam mit Crawford, dem Italiener Giuseppe Lugli (1890–1967), der das Projekt seit der ersten Sitzung in Florenz begleitet hatte, und dem Franzosen Henri Seyrig (1895–1973) in das neu begründete *Permanent Council* der *Tabula Imperii Romani* gewählt zu werden, das in Unterstützung des Zentralbüros der Internationalen Karte über das Gedeihen des Kartenprojektes wachen und die Einheitlichkeit der einzelnen neuerstellten Blätter, etwa in Bezug auf die Symbolik oder das Design, überprüfen sollte[48]. Zwei Arbeitsgruppen, eine archäologische und eine kartographische, hatten unter dem Vorsitz des neuen Direktors des OS, General Malcolm Neynoe MacLeod (1882–1969), der seit Februar des Jahres im Amt war, auf der Tagung die sinnvollen weiteren Projektschritte diskutiert und koordiniert: Vier weitere Kartenblätter wurden in Planung genommen, womit sich der Atlas nunmehr aus insgesamt 56 Einzelblättern zusammensetzen sollte[49]. Die wichtige Funktion der Internationalen Karte als Grundlage und Vorbild wurde bestätigt, ebenso die Notwendigkeit von Begleitschriften zu den einzelnen Blättern, die neben einem Kurzkommentar einen Index und eine Bibliographie enthalten sollten. Die auf ein gebildetes Publikum abgestimmten lateinischen Termini der einzelnen Kartenblätter sollten stets eine Übersetzung ins Deutsche, Englische, Französische, Italienische oder Spanische erfahren[50]. Sollte neben dem Lateinischen eine andere für das jeweilige Blatt relevante Sprache Anwendung finden, beispielsweise Albanisch oder Türkisch, so musste zusätzlich eine der fünf genannten modernen Sprachen verwendet werden, womit sich in diesem Fall eine dreisprachige Beschriftung ergeben würde.

Vom 1. bis 4. September 1937 fand im slowenischen Ptuj in Anwesenheit von Bersu ein Arbeitstreffen des *Permanent Council* mit führenden jugoslawischen Geographen statt, in dem es wesentlich um die Gestaltung des Blattes L-33 Tergeste und die Aufarbeitung der römischen Präsenz in den weiter östlich gelegenen Gebieten in Ungarn und Rumänien ging[51].

Der nächste *International Geographical Congress* tagte vom 18. bis zum 28. Juli 1938 in Amsterdam; in einer Ausstellung wurden den Besuchern die Blätter der Internationalen Karte präsentiert[52], General MacLeod referierte in einem vieldiskutierten Beitrag über die Projektion topographischer Karten von Afrika. Im Rahmen der *Tabula Imperii Romani* konnte das neue Blatt L-31 *Lugdunum* vorgestellt werden[53]. Vor und während

[47] Archiv Crawford 100, 2.9.1935; Krämer 2001, 48–49.

[48] TIR 1935, 524; Adams 1954, 47; Gardiner 1973, 108; Talbert 2019, 82.

[49] Detaillierte Auflistung bei Adams 1954, 47; Gardiner 1973, 109.

[50] TIR 1935, 524–526; Gardiner 1973, 108; Talbert 2019, 82.

[51] Krämer 2001, 62 u. Abb. 7; Talbert 2019, 82. – Das besagte Blatt L-33 sollte erst Jahrzehnte später erscheinen: Lugli 1961, die östlich anschließenden Blätter L-34 Budapest und L-35 București sogar erst Ende der 1960er-Jahre: https://de.wikipedia.org/wiki/Tabula_Imperii_Romani (letzter Zugriff: 14.11.2021).

[52] Amsterdam 1938a, 357 (anonym).

[53] Amsterdam 1938b, 433 (M.N.M.); 442 (E.G.R.T.); Adams 1954, 48 liegt falsch, wenn er behauptet, „the historical map apparently was not even discussed"; Talbert 2019, 82.

dem Kongress unterhielt Crawford einen Briefwechsel mit dem unlängst bestellten zweiten Direktor der Römisch-Germanischen Kommission, Wilhelm Schleiermacher (1904–1977), in dem die Fortschritte in der Abbildung der deutschen Gebiete auf der Karte L-33 und der Karte M-32 im Allgemeinen thematisiert wurden[54]. Weitere Schreiben folgten, im Jahr 1940 wurde die letztgenannte Karte samt einem umfangreichen, in der Folge als vorbildhaft geltenden Beiheft gedruckt[55].

Ungeachtet dieser keineswegs unbedeutenden Erfolge verlief das Kartenprojekt insgesamt in vielen Bereichen schleppend[56]; in einem Schreiben vom 2. März 1939 berichtet Crawford dann, dass Bersu seine Funktion im *Permanent Council* der *Tabula Imperii Romani* zugunsten des Althistorikers Herbert Nesselhauf (1909–1995) niedergelegt habe; dieser sei sogleich auch anstelle von Crawford als Schriftführer des Gremiums eingesetzt worden[57]. Dieser augenfällige gleichzeitige Rückzug der beiden bedeutenden Persönlichkeiten kann nur als die Folge einer gewissen Ermüdung, vielleicht gar Resignation erklärt werden. Die Bestellung von Nesselhauf war im Übrigen kein Glücksgriff; dieser legte seine Funktion binnen kurzem nieder, angeblich aus Zeitmangel, ohne einen Nachfolger zu bestellen. Als dann der Weltkrieg ausbrach und im Zuge der Bombardierung von Southampton im Spätherbst 1940 auch das OS getroffen wurde und dabei zahlreiche Kartenmaterialien unwiederbringlich verlorengingen, schien das Projekt der *Tabula Imperii Romani* gescheitert, und dies nur fünf Jahre nach dem Londoner Kongress, der zu so großen Hoffnungen Anlass gegeben hatte[58].

Bersu hatte seit 1938 in England gearbeitet und eine Grabung in Wiltshire geleitet; nach seiner Internierung auf der Isle of Man 1940 bis 1945, wo er ungeachtet dessen archäologische Arbeiten durchführen durfte, und weiteren Tätigkeiten ebendort trat er im Oktober 1947 für wenige Jahre eine Professur für Archäologie an der *Royal Irish Academy* in Dublin an; im September 1950 kehrte er nach Frankfurt zurück[59]. Bis zum Jahre 1956 leitete er abermals die Römisch-Germanische Kommission[60]. Neben vielem anderem war ihm die Wiederbelebung des Projektes *Tabula Imperii Romani* ein Anliegen[61]; zu diesem Zweck besuchte er bereits im November 1950 eine Tagung im italienischen Abbazzia, die durch ihn wichtige Impulse erfuhr und nicht zuletzt dank der von ihm angeregten Führung eines Protokolls „in geschäftsmäßige Bahnen gelenkt wurde"[62]. Am 3. und 4. Januar 1954 fand in Bern unter dem Vorsitz von Giuseppe Luigi eine Projektbesprechung in kleinem Kreise statt; unter den sechs Teilnehmern war Bersu in der Funktion des Protokollführers[63]. Zunächst ging es um Stand und Fortschritte der beiden Blätter L-33 Triest und L-32 Mailand[64], bevor man grundsätzlich über das gesamte Projekt und seine weitere Förderung diskutierte: es bestand absolute Einigkeit darüber, dass in der Neugestaltung des *Permanent Council* ein kleines Komitee zielführender sei und weit effektiver arbeiten könne

[54] Archiv Crawford 103–109, 21., 26.4., 11.5., 18.6., 6., 25., 28.7.1938.

[55] Archiv Crawford 111–121b, 3.8., 27.10., 8.11., 5., 8., 12., 14., 15. u. 20.12.1938, 3. u. 4.1.1939; Archiv Crawford 123, 26.1.1939; Goessler 1940; Adams 1954, 48; Gardiner 1973, 108; Talbert 2019, 82.

[56] Vgl. Archiv Crawford 122, 12.1.1939.

[57] Archiv Crawford 124, 2.3.1939.

[58] Adams 1954, 48; Gardiner 1973, 110; Hauser 2008, 225–228; Talbert 2019, 82.

[59] Krämer 2001, 64–81.

[60] Krämer 2001, 82–94.

[61] Bersu an Weickert, 31.10.1950; Archiv ZD des DAI 10-10 RGK Allgemeines 1.4.1950–31.3.1951, unpag. Freundliche Mitteilung von K. Hofmann, Nachricht vom 10.1.2019.

[62] Bersu an Weickert, 31.10.1950; Archiv ZD des DAI 10-10 RGK Allgemeines 1.4.1950–31.3.1951, unpag. Freundliche Mitteilung von K. Hofmann, Nachricht vom 10.1.2019.

[63] Archiv TIR 42a–e, Protokoll vom 16.1.1954.

[64] Archiv TIR 42a–b zu Triest, 42b–c zu Mailand.

als ein großes, wenn etwa Kontaktaufnahmen mit Kartographen, Autoren und amtlichen Stellen anständen, wenn einzelne Arbeitsprozesse in der Gestaltung oder Drucklegung von Kartenblättern erörtert werden müssten. Diesem Gremium sollten neben Bersu und dem als Vorsitzenden vorgesehenen Luigi die bei der Sitzung anwesenden Professoren Andreas Alföldi (1895–1981) aus Budapest und Rudolf Egger (1882–1969) aus Wien angehören, weiterhin die bekannten Gelehrten Sir Mortimer Wheeler (1890–1976) und Raymond Lantier (1886–1980)[65]. Dieser Personalvorschlag sollte gemeinsam mit einem Neudruck der Broschüre, in der über den Gesamtplan, die Signaturen und andere Details des Projektes *Tabula Imperii Romani* berichtet wird, nach Brüssel weitergeleitet werden, um der dort ansässigen *Union Académique Internationale* bei der Entscheidungsfindung über eine Aufnahme des Projektes dienlich sein zu können[66].

Diese Idee war in der Akademien-Union bereits 1947, also bald nach Kriegsende diskutiert worden; angedacht war dabei eine Verbindung mit dem thematisch verwandten, aber auf viel detaillierter Basis arbeitenden Kartenprojekt *Forma Orbis Romani*, das seit 1922 Mitglied der Union war[67]. In der Folge wurde in Brüssel regelmäßig über die *Tabula Imperii Romani* berichtet. Als im Jahre 1952 die Internationale Karte aus der Hoheit des OS herausgelöst und dem *United Nations Geographic Office* in New York übertragen wurde, die ohnehin kriselnde Römische Karte aber in Southampton verblieb, wurde die Idee eines Beitritts in die *Union Académique Internationale* immer attraktiver. Nach zahlreichen Verhandlungen erfolgte dann am 12. Juni 1957 die Aufnahme der *Tabula Imperii Romani* in die Union[68]; Luigi, der zielstrebig auf diesen Akt hingewirkt hatte, wurde, wie bei dem drei Jahre zurückliegenden Treffen in Bern vorgesehen, zum Präsidenten des *Permanent Council* ernannt. Die Herren Bersu und Egger wurden ebenfalls in das Komitee gewählt, zudem die Archäologen John Bryan Ward-Perkins (1912–1981) und Frank Edward Brown (1908–1988) sowie der Philologe und Althistoriker Pierre Wuilleumier (1904–1979)[69].

Das Komitee arbeitete mit hoher Effektivität, die Arbeiten an vielen Kartenblättern schritten in der Folge gut voran. Die Aufnahme der *Tabula Imperii Romani* in die *Union Académique Internationale* erwies sich als eine höchst sinnvolle und erfolgreiche Maßnahme, die tiefe Krise, der das Projekt in den späten 1930er- und den 1940er-Jahren ausgesetzt war, konnte überwunden werden. In den kommenden Jahren wurden verschiedene Kartenblätter publiziert, so 1958 eine Neubearbeitung von G-36, nunmehr unter dem Namen *Coptos*, 1961 die endgültige Version des Blattes L-33 *Tergeste*, 1966 dann, zwei Jahre nach dem unerwarteten Ableben von Bersu[70], L-32 Mailand, um nur einige Werke zu nennen.

Von Anfang an hatte eine Schwierigkeit des Projektes darin bestanden, die infolge der vorgegebenen Blattausschnitte fast regelmäßig notwendigen internationalen Kooperationen zu koordinieren, oftmals verzögerte sich die Veröffentlichung von Kartenblättern nur deshalb, weil ein kleiner Teilbereich einer Karte eine Landschaft zeigte, die einem anderen Staatswesen angehörte, die somit anderen Autoritäten unterstand und aus welchen Gründen auch immer einen abweichenden Stand der Bearbeitung aufwies. Um dieses Problem in den Griff zu bekommen, ging man gelegentlich dazu über, die fertig bearbeiteten

[65] Archiv TIR 42d.

[66] Archiv TIR 43c–e.

[67] Talbert 2019, 83; http://www.uai-iua.org/en/projects/7/forma-orbis-romani-for (letzter Zugriff: 14.11.2021).

[68] Adams 1954, 48–49; Gardiner 1973, 110; Talbert 2019, 83; http://www.uai-iua.org/en/projects/6/tabula-imperii-romani-tir (letzter Zugriff: 14.11.2021); Külzer 2020, 14.

[69] Gardiner 1973, 110; Talbert 2019, 83–84.

[70] Zu den letzten Lebensjahren von Bersu vgl. Krämer 2001, 95–100.

[71] Avramea / Karanastassi 1993; Karvonis / Mikedaki 2012; Talbert 2019, 84.

Landschaften eines Staates gesondert zu veröffentlichen. In diesem Zusammenhang ist beispielsweise Griechenland zu nennen: der 1993 veröffentlichte Band K-35/1 *Philippopolis, Constantinopolis, Philippi* konzentriert sich ebenso ausschließlich auf das griechische Staatsgebiet wie der im Jahre 2012 veröffentlichte Band J-35/1 *Smyrna*; in beiden Fällen blieb das Territorium der modernen Türkei ohne Eintrag, ungeachtet des Umstands, dass im Titel dieser Blätter entsprechende geographische Angaben enthalten sind[71].

Der 1994 veröffentlichte Band Judäa, Palästina gab die Vorgaben der Internationalen Karte vollkommen auf, um in der Berücksichtigung von ausgewählten Landschaften, die eigentlich den Blättern H-36 Cairo und I-36 Beirut angehörten, einen zusammengehörigen historischen Raum abzubilden[72]. Die Darstellung der Siedlungsverhältnisse in der hellenistischen wie in der byzantinischen Zeit war eine weitere Neuerung dieses Bandes, womit auch die vorgegebene Periodengrenze der *Tabula Imperii Romani* bewusst überschritten wurde.

Besonders erfolgreich verläuft die Arbeit des Projektes auf der Iberischen Halbinsel, wo seit den frühen 1990er-Jahren mehrere wichtige Publikationen erschienen sind: 1991 wurde mit K-29 eine Publikation zu den Gebieten im Nordwesten Spaniens vorgelegt[73], bald darauf erschien mit K-30 das östlich angrenzende Blatt, betitelt Madrid[74]; 1995 erschien J-29, eine Darstellung der römischen Siedlungsverhältnisse im Südwesten der Iberischen Halbinsel[75], 1997 ein Band, der ebenso wie der Band zum „Heiligen Land" einen zusammengehörigen geographischen Raum vorstellt: die östlichen Pyrenäen und die Balearen[76]. Bemerkenswert an diesen Werken insgesamt ist der Einsatz digitaler Hilfsmittel, dank derer ein neuer und zeitgemäßer Weg zur Präsentation von Kartenwerken eingeschlagen wurde.

Was die Aufarbeitung der römischen Hinterlassenschaften auf dem Boden der Türkei angeht, so verdient die Arbeit der *Tabula Imperii Byzantini* hervorgehoben zu werden. Dieses Schwesterprojekt der *Tabula Imperii Romani* wurde im Jahre 1966 von Herbert Hunger (1914–2000) begründet[77]. Das Ziel war die möglichst vollständige kartographische und historisch-geographische Erfassung der byzantinischen Siedlungsverhältnisse, wobei man aber bald schon in einer sinnvollen methodischen Erweiterung auch die römischen Siedlungsverhältnisse als unmittelbare Vorgänger mitberücksichtigte. Die Kartengrundlage der *Tabula Imperii Byzantini* sollte zunächst derjenigen der *Tabula Imperii Romani* entsprechen und ebenfalls den Maßstab 1 : 1 000 000 aufweisen[78]. Aber schon im Herbst 1970 fiel die Entscheidung, den genaueren Maßstab 1:800 000 zu verwenden, der zu einem Gattungskriterium der Reihe wurde[79]. Die Grundkarte der Türkei wurde auf der Basis der türkischen Generalkarte 1:200 000 angefertigt, deren Besitz mittlerweile keinem Verbot mehr unterliegt. Mit Kappadokien[80], Galatien und Lykaonien[81], Kilikien und Isaurien[82], Phrygien und Pisidien[83], Lykien und Pamphylien[84], Paphlagonien und Honorias[85] dem östlichen Thrakien[86] sowie Bithynien und Hellespont[87] sind heute bereits weite Regionen der Türkei aufgearbeitet, andere werden in absehbarer Zukunft folgen *(Abb. 4)*.

[72] Tsafrir et al. 1994.
[73] Balil Illana 1991; die Landschaften Portugals fehlen.
[74] Fatás Cabeza 1991.
[75] De Alarcão et al. 1995.
[76] Cepas et al. 1997.
[77] Külzer 2019, 85–121; Külzer 2021.
[78] Külzer 2019, 85; 88; Külzer 2020, 14; 20.
[79] Kelnhofer 1976, 5; Külzer 2019, 93–94.
[80] Hild / Restle 1981.
[81] Belke 1984.
[82] Hild / Hellenkemper 1990.
[83] Belke / Mersich 1990.
[84] Hellenkemper / Hild 2004.
[85] Belke 1996.
[86] Soustal 1991; Külzer 2008.
[87] Belke 2020. Zusammenfassend Külzer 2019, 107–108; Külzer 2020, 25–27; Külzer 2021.

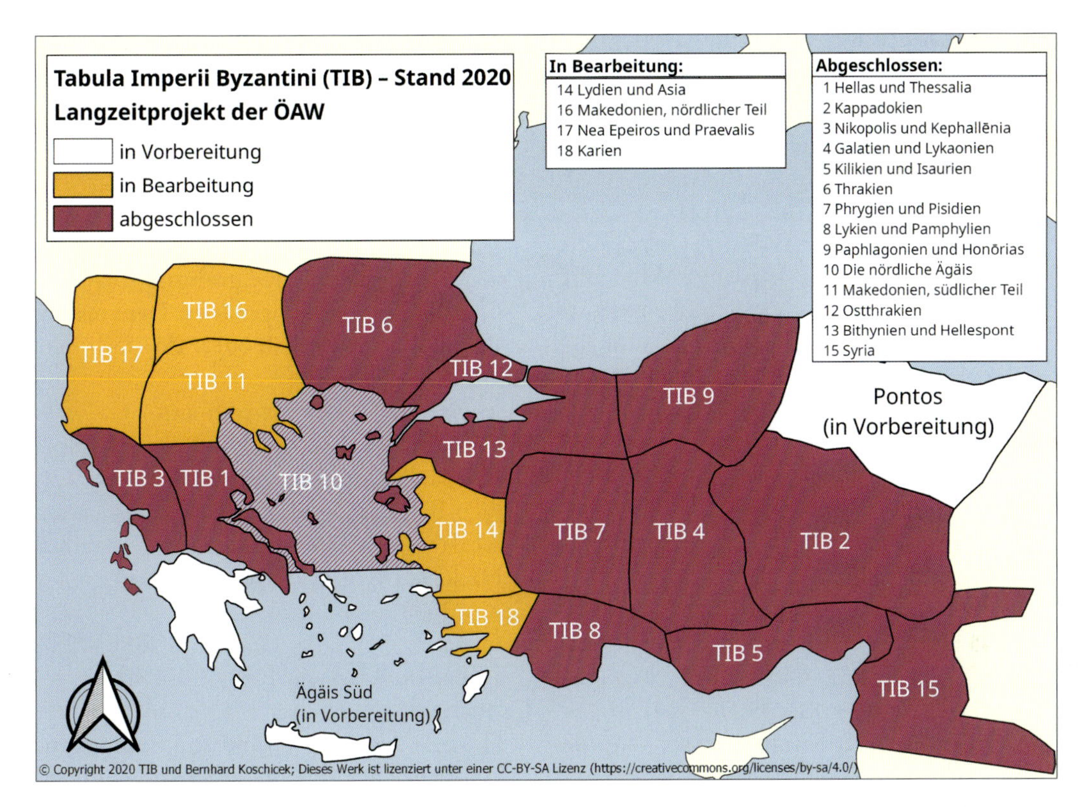


Abb. 4. Arbeitsstand des Langzeitprojektes Tabula Imperii Byzantini, 2020 (im Besitz des Verfassers).

Am 27. und 28. April 2015 kam es in Wien zu einem Treffen von Vertretern der beiden Forschungsprojekte, das von intensiven Diskussionen und einem lebhaften Gedankenaustausch insbesondere in Bezug auf methodische Fragestellungen und Aspekte der Digitalisierung geprägt war; in weiteren Treffen soll die Zusammenarbeit gestärkt werden. Die grundlegenden Arbeiten von Persönlichkeiten wie Crawford oder Bersu im Dienste der historischen Kartographie haben weit über deren Lebensende hinaus reiche Frucht getragen, in der *Tabula Imperii Romani* ebenso wie in verwandten Projekten. Das Andenken an diese Forscher besteht in den aktuellen wissenschaftlichen Projekten fort.

## Archive

Archiv Crawford
Archiv der Römisch-Germanischen Kommission-0454-Crawford, 1930–1955.

Archiv TIR
Archiv der Römisch-Germanischen Kommission-2585-Tabula Imperii Romani, 1954–1978.

## Literaturverzeichnis

Adams 1954
F. W. Adams, Tabula Imperii Romani. A map of the Roman Empire based on the Carte Internationale du Monde au Millionième. Am. Journal Arch. 58,1, 1954, 45–51.

Al-Misāḥah 1934a
M. Al-Misāḥah (Hrsg.), International map of the Roman Empire 1 : 1,000,000. Alexandria. Survey of Egypt (Gizeh 1934).

Al-Misāḥah 1934b
M. Al-Misāḥah (Hrsg.), International map of the Roman Empire 1 : 1,000,000. Cairo. Survey of Egypt (Gizeh 1934).
Al-Misāḥah et al. 1934
M. Al-Misāḥah / Great Britain Ordnance Suryey / Istituto Geografico militare / Merkaz le-mipui Yiśra'el / Comité Español de la Tabula Imperii Romani (Hrsg.), International Map of the Roman Empire 1 : 1,000,000. Wadi Halfa. Survey of Egypt (Gizeh 1934).
Amsterdam 1938a
International Geographical Congress, Amsterdam, 1938. Geogr. Journal 92,4, 1938, 355–358.
Amsterdam 1938b
International Geographical Congress, Amsterdam, 1938 (continued). Geogr. Journal 92,5, 1938, 433–446.
Avramea / Karanastassi 1993
A. Avramea / P. Karanastassi, Tabula Imperii Romani. D'après la Carte internationale du monde au 1 : 1.000.000 K 35 Istambul K35, I Philippi (Athen 1993).
Balil Illana 1991
A. Balil Illana, Tabula Imperii Romani, Hoja K-29, Porto. Conimbriga, Bracara, Lucus, Asturica. Sobre la base cartogràfica a escala 1 : 1.000.000 del Instituto Geográfico Nacional (Madrid 1991).
Belke 1984
K. Belke, mit Beiträgen von M. Restle, Galatien und Lykaonien. Tabula Imperii Byzantini 4 (Wien 1984).
Belke 1996
K. Belke, Paphlagonien und Honōrias. Tabula Imperii Byzantini 9 (Wien 1996).
Belke 2020
K. Belke, Bithynien und Hellespont. Tabula Imperii Byzantini 13 (Wien 2020).
Belke / Mersich 1990
K. Belke / N. Mersich, Phrygien und Pisidien. Tabula Imperii Byzantini 7 (Wien 1990).
Bericht 1929
Internationale Geographische Union (Hrsg.), Kommission No. 7 Karte des Römischen Reiches 1 : 1,000,000. 1. Bericht 1929.
Birley 1927
E. B. Birley [Rez. zu]: Map of Roman Britain. Second Edition, Southampton Ordnance Survey Office, 1928, 4 S. Journal Roman Stud. 17,2, 1927, 248.
Bofinger 2011
J. Bofinger, Vor 100 Jahren. Beginn einer archäologischen Großgrabung auf dem Goldberg im Nördlinger Ries. Denkmalpfl. Baden-Württemberg 3, 2011, 155–157.
Cepas et al. 1997
A. Cepas / J. Guitart i Duran / G. Fatás Cabeza, Tabula Imperii Romani. Hoja K/J 31 Pyrénées Orientales-Baleares, Tarraco-Baliares. Sobre la base cartogràfica a escala 1 : 1.000.000 del Instituto Geográfico Nacional (Madrid 1997).
Clark 1958
C. Clark, O. G. S. Crawford, 1886–1957. Proc. Brit. Acad. 44, 1958, 281–296.
Clout 2005
H. Clout, France, Poland and Europe. The experience of the XIVth International Geographical Congress, Warsaw 1934. Belgeo. Revue Belge Géogr. 4, 2005, 435–444.
CNFG 1938
Comité national français de géographie, Tabula Imperii Romani. Lugdunum (Paris 1938).
[Crawford] 1933
[O. G. S. Crawford], Editorial notes. Antiquity 7, 1933, 1–3.
Crawford / Keiller 1928
O. G. S. Crawford / A. Keiller, Wessex from the Air. With Contributions by R. C. C. Clay and E. Gardner (Oxford 1928).
De Alarcão et al. 1995
J. de Alarcão / J. M. Álvarez Martínez / A. Cepas Pelanca / R. Corso Sanchez, Tabula Imperii Romani. Hoja J-29, Lisboa. Emerita, Scallabis, Pax Iulia, Gades. Sobre la base cartográfica del mapa a escala 1 : 1.000.000 del Instituto Geográfico Nacional (Madrid 1995).
Fatás Cabeza 1991
G. Fatás Cabeza, Tabula Imperii Romani. Hoja K-30, Madrid. Caesaraugusta, Clunia. Sobre la base cartogràfica a escala

1 : 1.000.000 del Instituto Geográfico Nacional (Madrid 1991).

Gallois 1931
L. Gallois, Le congrès international de géographie de Paris. Annales Géogr. 28, 1931, 577–590.

Gardiner 1973
R. A. Gardiner, The International Map of the Roman Empire. Geogr. Journal 139,1, 1973, 107–111.

Goessler 1940
P. Goessler, Mogontiacum. Karte des Römischen Reiches auf der Grundlage der Internationalen Karte 1 : 1.000.000, Blatt M 32 Mainz (Frankfurt 1940).

Grenacher 1947
F. Grenacher, Die Internationale Weltkarte 1 : 1.000.000 im Zeitgeschehen. Geogr. Helvetica 2, 1947, 112–121.

Hauser 2008
K. Hauser, Bloody Old Britain. O. G. S. Crawford and the Archaeology of Modern Life (London 2008).

Hellenkemper / Hild 2004
H. Hellenkemper / F. Hild, Lykien und Pamphylien. Tabula Imperii Byzantini 8 (Wien 2004).

Hewitt 2010
R. Hewitt, Map of a Nation. A Biography of the Ordnance Survey (London 2010).

Hild / Hellenkemper 1990
F. Hild / H. Hellenkemper, Kilikien und Isaurien. Tabula Imperii Byzantini 5 (Wien 1990).

Hild / Restle 1981
F. Hild / M. Restle, Kappadokien. Kappadokia, Charsianon, Sebasteia und Lykandos. Tabula Imperii Byzantini 2 (Wien 1981).

J. H. R. / A. J. P. 1928
J. H. R. / A. J. P., International Geographical Congress, Cambridge, 1928. Geogr. Journal 72,3, 1928, 259–267.

Jackowski et al. 2014
A. Jackowski / E. Bilska-Wodecka / I. Sołjan, 80 Years after the 14th Congress of the International Geographical Union in Warsaw, 23–31 August 1934. Geogr. Polonica 87,2, 2014, 297–308.

Karvonis / Mikedaki 2012
P. Karvonis / M. Mikedaki, with the collaboration of G. Zachos, Tabula Imperii Romani. J 35 Smyrna, I Aegean Islands (Athen 2012).

Kelnhofer 1976
F. Kelnhofer, Die topographische Bezugsgrundlage der Tabula Imperii Byzantini. Mit 12 Tabellen und 16 Abbildungen im Text (Wien 1976).

Krämer 2001
W. Krämer, Gerhard Bersu. Ein deutscher Prähistoriker, 1889–1964. Ber. RGK 82, 2001, 5–101.

Krauss 2013
R. Krauss, Archäologie in schwieriger Zeit – Gerhard Bersu und die Ausgrabungen bei Sadovec in den Jahren 1936–1937. In: H. Schaller / R. Zlatanova (Hrsg.), Deutsch – Bulgarischer Kunst- und Wissenschaftstransfer (Berlin 2013) 123–138.

Külzer 2008
A. Külzer, Ostthrakien (Eurōpē). Tabula Imperii Byzantini 12 (Wien 2008).

Külzer 2019
A. Külzer, Herbert Hunger und die Historische Geographie. Zur Geschichte und Zukunft der Tabula Imperii Byzantini. In: A. Külzer (Hrsg.), Herbert Hunger und die Wiener Schule der Byzantinistik. Rückblick und Ausblick (Wien, Novi Sad 2019) 85–121.

Külzer 2020
A. Külzer, Ein historischer Atlas zum Byzantinischen Reich: Anfänge und Entwicklung der Tabula Imperii Byzantini. In: A. Külzer / V. Polloczek / M. St. Popović / J. Koder (Hrsg.), Raum und Geschichte: Der Historische Atlas „Tabula Imperii Byzantini" an der Österreichischen Akademie der Wissenschaften (Wien, Novi Sad 2020) 11–29.

Külzer 2021
A. Külzer, Reconstructing Medieval landscapes: The Austrian research project Tabula Imperii Byzantini and its work in Western Anatolia. In: M. Prevosti / J. Guitart i Duran (Hrsg.), Proceedings of the First TIR – FOR Symposium. From Territory

Studies to Digital Cartography (Barcelona 2021) 91–102.

Lugli 1961
G. Lugli, Tabula Imperii Romani. Sulla base della Carta internazionale del mondo alla scala di 1 : 1,000,000: foglio L33, Trieste (Tergeste) (Roma 1961).

Map Roman Britain 1924
Map of Roman Britain, published by the Ordnance Survey (Southampton 1924).

Matzerath et al. 2016
S. Matzerath / J. Schoenenberg / M. Euskirchen, Das bandkeramische „Dorf" von Köln Lindenthal. Eine Pionierfundstelle der archäologischen Siedlungsforschung. In: T. Otten / J. Kunow / M. M. Rind / M. Trier (Hrsg.), Revolution jungSteinzeit. Archäologische Landesausstellung Nordrhein-Westfalen. Schr. Bodendenkmalpfl. Nordrhein-Westfalen 11,1 (Darmstadt[2] 2016) 298–303.

Meredith 1958
D. Meredith, Tabula Imperii Romani. Map of the Roman Empire, based on the international 1 : 1,000,000 map of the world. N. G. 36, Coptos (Oxford 1958).

Meynen 1962
E. Meynen, International Bibliography of the Carte Internationale du Monde (Bonn 1962).

OS 1934
Ordnance Survey (Hrsg.), International Map of the Roman Empire 1 : 1,000,000: Aberdeen (Oxford, London 1934).

OS 1939
Ordnance Survey (Hrsg.), International Map of the Roman Empire 1 : 1,000,000: Edinburgh (Oxford, London 1939).

Pearson / Heffernan 2015
A. W. Pearson / M. Heffernan, Globalizing cartography? The international map of the world, the International Geographical Union, and the United Nations. Imago Mundi 67,1, 2015, 58–80.

Soustal 1991
P. Soustal, Thrakien. Thrakē, Rodopē und Haimimontos. Tabula Imperii Byzantini 6 (Wien 1991).

Stout 2008
A. Stout, Creating Prehistory. Druids, Ley Hunters and Archaeologists in Pre-War Britain (Malden, MA, Oxford 2008).

Talbert 2019
R. J. A. Talbert, Challenges of Mapping the Classical World (London, New York 2019).

TIR 1935
The Royal Geographical Society with the Institute of British Geographers, Tabula Imperii Romani. Geogr. Journal 86,6, 1935, 523–526.

Tsafrir et al. 1994
Y. Tsafrir / L. Di Segni / J. Green, Tabula Imperii Romani. Iudaea, Palaestina. Eretz Israel in the Hellenistic, Roman and Byzantine Periods. Maps and Gazetteer (Jerusalem 1994).

## Zusammenstellungen der TIR-Blätter, fortlaufend aktualisiert

http://www.uai-iua.org/en/publications?project=6 (letzter Zugriff: 14.11.2021)

https://de.wikipedia.org/wiki/Tabula_Imperii_Romani#Index_der_bisher_erschienenen_Bl%C3%A4tter (5.7.2021; letzter Zugriff: 14.11.2021)

## Gerhard Bersu, Osbert G. S. Crawford und die Tabula Imperii Romani

### Zusammenfassung · Summary · Résumé

ZUSAMMENFASSUNG · Der vorliegende Artikel beschreibt das Wirken von Gerhard Bersu im Rahmen des 1928 begründeten internationalen Langzeitprojektes *Tabula Imperii Romani* (TIR). Das Engagement des Gelehrten setzte 1931 ein und bestand bis zu seinem Lebensende 1964. Der Text thematisiert die enge Verbundenheit zum Initiator des Kartenprojektes, Osbert G. S. Crawford, beschreibt die anfänglichen Erfolge und Fortschritte des Vorhabens, Rückschläge in der Zeit unmittelbar vor und während des Zweiten Weltkrieges sowie die in den 1950er-Jahren einsetzenden Maßnahmen zur Wiederbelebung, die 1957 zur Aufnahme der TIR in die *Union Académique Internationale* (UAI) führten. Hier setzen sich die Arbeiten auf hohem Niveau fort.

SUMMARY · The present article describes the work of Gerhard Bersu in the context of the long-term international mapping project *Tabula Imperii Romani* (TIR), founded in 1928. Bersu's engagement with the project began in 1931 and continued until the end of his life in 1964. The article examines Bersu's close association with the project's initiator, Osbert G. S. Crawford, and describes the initial successes and advances of the enterprise, the reverses suffered in the period immediately before and during World War II, the steps taken in the 1950s to revive it, and the resulting adoption of the TIR in 1957 by the International Union of Academies (UAI), under whose auspices work was resumed at a high level.

RÉSUMÉ · Cet article décrit l'activité de Gerhard Bersu dans le cadre du projet international *Tabula Imperii Romani* (TIR) institué en 1928. Son engagement commença en 1931 et dura jusqu'à la fin de sa vie en 1964. Cette contribution vise ses liens étroits avec l'initiateur du projet cartographique, Osbert G. S. Crawford, décrit les premiers succès et les progrès du projet, puis les échecs juste avant et durant la Deuxième Guerre mondiale, et enfin les mesures pour la reprise au début des années 1950 qui déboucheront sur l'admission du TIR au sein de l'Union Académique Internationale (UAI). Les travaux continuent ici à un haut niveau. (Y. G.)

Anschrift des Verfassers

Andreas Külzer
Österreichische Akademie der Wissenschaften
Institut für Mittelalterforschung
Hollandstraße 11–13
AT-1020 Wien
E-Mail: Andreas.Kuelzer@oeaw.ac.at
https://orcid.org/0000-0003-1209-6735

# Bersu und die Schweiz – eine Annäherung. Einführung und Fragestellung

Von Hansjörg Brem

*Schlagwörter:* *Schweiz / Schweizerische Gesellschaft für Urgeschichte / Wittnauer Horn / Institutionalisierung der Archäologie*
*Keywords:* *Switzerland / Swiss Prehistoric Society / Wittnauer Horn / institutionalisation of archaeology*
*Mots-clés:* *Suisse / Société suisse de Préhistoire / Wittnauer Horn / institutionalisation de l'archéologie*

Im Sommer 1945 erschien im renommierten Birkhäuserverlag in Basel der vierte Band der Monografien zur Ur- und Frühgeschichte der Schweiz, an dem Gerhard Bersu, von 1931 bis 1935 als Erster Direktor der Römisch-Germanischen Kommission (RGK) und seit 1940 in England als deutscher Staatsbürger interniert, beteiligt war[1]. Der aufwendig gestaltete Band bildete den Abschlussbericht der Ausgrabungen auf dem Wittnauer Horn, einem Bergrücken im Aargauer Tafeljura *(Abb. 1a–b)*[2]. Hier und auf der unweit davon gelegenen Burgruine Tierstein (auch Alt-Thierstein) hatten unter der Leitung von Bersu 1934 und 1935 Grabungen im Rahmen des „Archäologischen Arbeitsdienstes" stattgefunden, eines neu eingeführten „Beschäftigungsprogrammes" für junge Männer ohne Stelle[3]. Bis heute ist die Publikation Bersus für die Beschäftigung mit diesem Fundplatz grundlegend geblieben. Es kam seither auf dem Bergrücken nur zu kleineren Nachgrabungen. Den meisten 1945 ausgelieferten Bänden ist ein Doppelbogen mit Korrigenda *(Abb. 2a–b)* beigefügt, der für eine wissenschaftliche Publikation zu dieser Zeit unüblich war. Grund dafür ist, dass der Autor die Drucklegung seines Werkes nicht begleiten konnte. Der Austausch von Korrekturen zwischen der Redaktion des Buches in Basel und dem Autor in England war erst nach Kriegsende zuverlässig möglich – die Korrekturen von Bersu kamen zu spät an, um noch eingearbeitet zu werden. Doch entspann sich im Jahr 1945 zwischen Basel und der Isle of Man, wo sich Bersu mit seiner Frau Maria aufhielt, ein Briefwechsel, der zwar vornehmlich Fragen der Drucklegung galt, worin Bersu aber ebenso Beurteilungen der Situation in Deutschland vornahm, wie er auf Informationen aus der Schweiz reagierte. Aber welche Rolle spielte denn überhaupt die Schweiz in der Biografie von Bersu und in seiner persönlichen Wahrnehmung? War er mit Personen aus der Schweiz befreundet? Gab es Unterstützung oder Kritik aus der Schweiz?

Ich behandle nachfolgend einige dieser Fragen. Dabei ist mir bewusst, dass ich zwar neues Quellenmaterial vorlege, dessen Auswertung wird allerdings in diesem Rahmen nicht erfolgen können. Deshalb versteht sich dieser Aufsatz als – wie der Titel besagt – eine Annäherung[4].

[1] S. in diesem Band die Beiträge von Harold Mytum und Eva Andra Braun-Holzinger.

[2] Berger et al. 1995; Bersu 1945 und Rez. dazu von Ammann (1945); zu Wittnau: vgl. https://hls-dhs-dss.ch/de/articles/001753/2016-03-24/ (letzter Zugriff: 20.11.2021).

[3] Vgl. insbesondere zur Grabung auf Tierstein: Link 2014 bes. 200–204.

[4] Für die vorliegende Arbeit konnte ich auf die Unterstützung von Urs Niffeler und Andrea Jenne

a

b

Abb. 1. a) Wittnau, Kt. Aargau, und das Wittnauer Horn im Hintergrund von Osten. Die Ausgrabungen 1934 und 1935 in der Höhensiedlung im Aargauer Jura und die 1945 dazu erschienene Publikation waren die wichtigsten Bezugspunkte von Bersu zur Schweiz. Aufnahme von Ruth und Max Eggler-Graf, ca. 1967 (©Fritz Steiner, Ettingen, https://www.kartenplanet.ch). – b) Wittnau, Altenberg und Tiersteinberg von Südosten um 1925 (©ETH-Bibliothek Zürich, Bildarchiv / Stiftung Luftbild Schweiz; Foto: Walter Mittelholzer, LBS_MH01-004780, Public Domain Mark, http://doi.org/10.3932/ethz-a-000296670).

## Forschungsstand und Ausgangslage

Als der Schreibende den Auftrag entgegennahm, sich mit dem Thema Bersu und dessen Beziehungen zur Schweiz näher zu befassen, ergab sich die Schwierigkeit, welche Aspekte dabei überhaupt zu berücksichtigen wären. Meine Wahl fiel auf Bereiche bzw. Bestände, die mir im Laufe von Recherchen zur Geschichte der Archäologie in der Schweiz schon früher aufgefallen waren. Der größte Teil davon befindet sich im Archiv von Archäologie Schweiz (AS) in Basel. Weiter ging ich davon aus, dass durch die Arbeiten von Klaus Junker, Werner Krämer, Siegmar von Schnurbein[5] und anderen sowohl die Institutionen RGK und Deutsches Archäologisches Institut (DAI) als auch die darin eingebettete Person Bersu schon relativ gut erforscht worden waren. Die genannten Arbeiten basieren auf vornehmlich in Deutschland liegendem Quellenmaterial, das durch Forschungen in England ergänzt worden ist. Bislang sind dagegen kaum Primärquellen aus der Schweiz in die Beurteilung von Bersus Wirken einbezogen worden. Zu bereits früher für andere Projekte zusammengetragenen Materialien[6] wurde deshalb bei einem zweitägigen Aufenthalt zum Quellenstudium in der RGK der Nachlass Bersu sowie ausgewählte Korrespondenz in der RGK zwischen Bersu und Schweizer Forschern gesichtet. Weiter fand mit Giuseppe Gerster, dem Sohn des Schweizer Freundes Alban Gerster (1898–1986), ein Austausch via E-Mail statt. Auf die Sichtung weiterer Archivbestände in der Schweiz musste verzichtet werden.

Allgemein muss darauf hingewiesen werden, dass die überwiegende Zahl der von mir konsultierten Dokumente aus offiziellem Schriftverkehr stammt. Dies betrifft besonders die Archivalien in der RGK, zum Teil aber auch Schriftstücke in den Archivalien aus der Schweiz. Persönliche Äußerungen, die nicht ausschließlich fachliche Themen betreffen, insbesondere solche von Bersu selbst, sind selten. Neben diesen Einschränkungen, ist darauf hinzuweisen, dass es aus Zeitgründen nicht möglich war, ein exaktes Bewegungs- und Aufenthaltsraster von Bersu ab 1926 zu zeichnen. Dies wäre für das Verständnis vieler Dokumente hilfreich gewesen und hätte natürlich auch Umfang und Bedeutung der „Schweizer Kontakte" besser erhellt[7]. Auch die Suche nach Bildmaterial war nur sehr eingeschränkt möglich.

Erschwerend wirkt sich aus, dass eine Geschichte der archäologischen Forschung in der Schweiz noch nicht geschrieben ist und relativ wenige Artikel zu diesem Thema bis heute publiziert sind[8]. Zwar bestehen zur Pfahlbauforschung bzw. auch zu den darum gewobenen nationalen Mythen einige Studien, es fehlt aber sowohl an vertieften biografischen Arbeiten zu einzelnen Protagonisten (und den wenigen Protagonistinnen) als auch an thematischen Arbeiten, die forschungsgeschichtliche Themen ins Zentrum rücken; einige

(beide Sekretariat von AS), Gabriele Rasbach (RGK, Frankfurt) sowie Georg Matter, Thomas Doppler und Christian Maise (Kantonsarchäologie Aargau), Giuseppe Gerster (Laufen), Christian Werner (Jena), Hans-Markus von Kaenel (Frankfurt a. M.) und auf meine Mitarbeiterinnen und Mitarbeiter im Amt für Archäologie des Kt. Thurgau, allen voran Eva Belz, Sebastian Iblacker und Selina Giger, zählen. Das Manuskript wurde im September 2019 abgeschlossen und danach nur noch formal überarbeitet.

[5] Krämer 2001; Junker 1997; von Schnurbein 2001.

[6] Brem 2004; Brem 2007; Brem 2008; Brem im Druck.

[7] Im Archiv der RGK liegen im Nachlass Bersu auch dessen Reisepässe aus den 1950er-Jahren vor, die auch Reisen in die Schweiz belegen (vgl. *Abb. 4*).

[8] Vgl. Rey 2002; Müller et al. 2003; Brem 2007. Im Archiv von AS in Basel befindet sich auch ein reiches, noch nicht erschlossenes fotografisches Material.

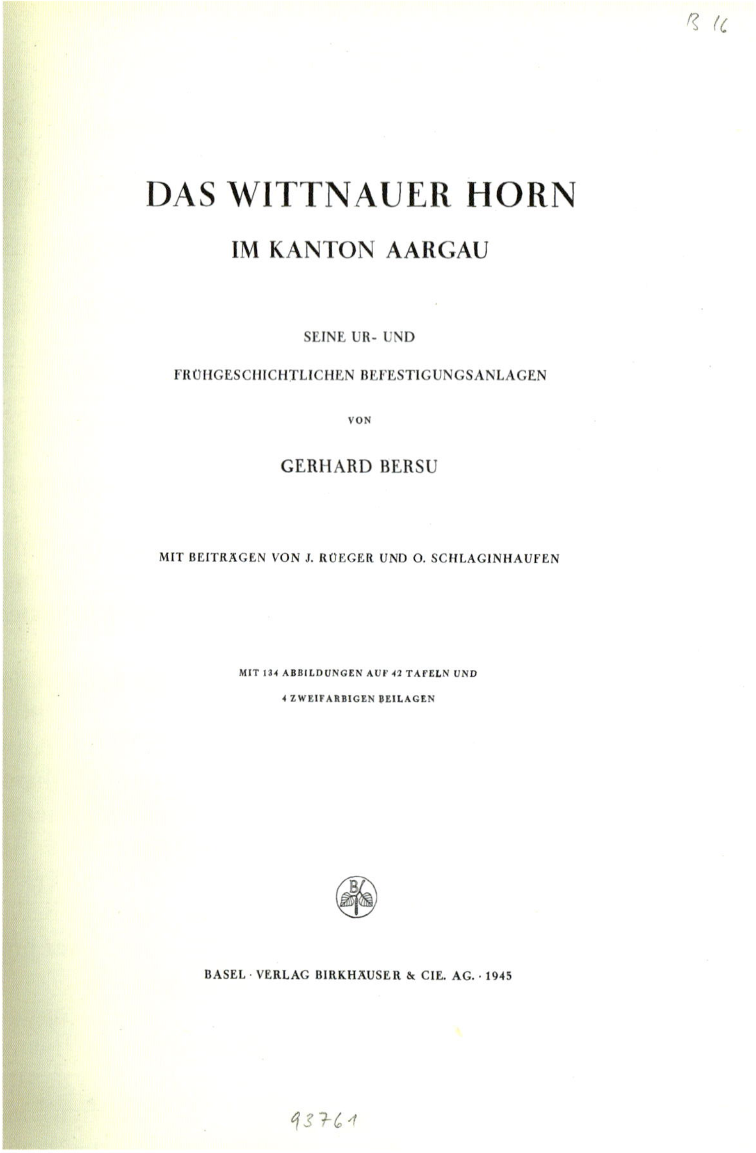

DAS WITTNAUER HORN

IM KANTON AARGAU

SEINE UR- UND

FRÜHGESCHICHTLICHEN BEFESTIGUNGSANLAGEN

VON

GERHARD BERSU

MIT BEITRÄGEN VON J. RÜEGER UND O. SCHLAGINHAUFEN

MIT 134 ABBILDUNGEN AUF 42 TAFELN UND

4 ZWEIFARBIGEN BEILAGEN

BASEL · VERLAG BIRKHÄUSER & CIE. AG. · 1945

a

Abb. 2. Titelblatt (a) und dem Buch beigelegtes Korrekturblatt (b) aus der Originalpublikation zum Wittnauer Horn. Da die Fahnenabzüge der Publikation nicht mehr rechtzeitig nach England gelangten, wurde der gedruckten Publikation eine vierseitige Liste der Autorenkorrekturen Bersus beigelegt, die bei einigen Exemplaren noch vorhanden ist (Amt für Archäologie Thurgau, Bibliothek).

Nekrologe oder Würdigungen können als biografische Leitfäden dienen. Sehr hilfreich ist das elektronisch verfügbare „Historische Lexikon der Schweiz" (HLS; DHS/DSS)[9], das ständig erneuert und angepasst wird. Die Gründe für einen im Vergleich zu Deutschland eher schlechten Forschungsstand sind nicht in wenigen Sätzen zu beschreiben. Einer

[9] Wird im Folgenden nur über elektronische Verweise zitiert: https://hls-dhs-dss.ch/ (letzter Zugriff: 5.12.2021).

Berichtigungen und Ergänzungen

Die Aufhebung der Beschränkungen der Kriegszeit ermöglichen dem Verfasser den Druck der nachstehenden Liste. Sie enthält Ergänzungen und Berichtigungen, die dem Leser willkommen sein werden. Sie helfen, Unzulänglichkeiten zu mindern, die sich aus den im Vorwort geschilderten Umständen des Druckes zwangsläufig ergaben.

Wird der beiliegende Zeilenzähler an den Rand der betreffenden Seite gelegt, so ist die gesuchte Zeile leicht zu finden. Der zu ändernde Text ist in Normalschrift wiedergegeben; die Anordnungen des Verfassers sind Kursiv gedruckt.

*Zum Text*

**Seite 4,** Zeile 38: auf dem Plan Beilage I durch punktierte Linien begrenzt *streichen*. Zeile 40: *statt* Innenraum II und *lies* Innenraum II, auf dem Plan Beilage I durch punktierte Linien begrenzt, und. – **Seite 6,** Zeile 12: *statt* Abb. 66 *lies* Abb. 65/66. – **Seite 11,** Zeile 23: *statt* $B_1$ *lies* B. – **Seite 12,** Zeile 33: *lies* Oberfläche a–a und (nach Abtragung des alten Humus B) auch nicht. – **Seite 16,** Zeile 25: *statt* Gehängeschutt *lies* Gehängeschutt B, Abb. 64. – **Seite 17,** Zeile 23: *statt* Humusdecke E *lies* Humusdecke. Zeile 32: *statt* c–d *lies* d. – **Seite 18,** Zeile 10: *statt* B *lies* R. – **Seite 21,** Zeile 3: *statt* übergehen *lies* übergehen (Abb. 68). Zeile 9: *statt* Steine, Holzkohlenreste *lies* Steine (in den Schnitten horizontal schraffiert), Holzkohlenreste. Zeile 35: *statt* in gleicher, *lies* in tieferer Höhenlage. Zeile 39: *statt* 27,90 m *lies* 25,90 m. – **Seite 22,** Zeile 15: *statt* und bei 4 m *lies* und etwas höher als bei 4 m. Zeile 35: *statt* M *lies* N. Zeile 37: *statt* zweimal N *lies* zweimal $N_1$. – **Seite 23,** Zeile 7: *lies* bis 48 m. Bei ihrem Auftrag wurde S bei 44 m schräg abgegraben. Zeile 36: *statt* 58 m *lies* 52 m. Zeile 37: *statt* 55,20 m *lies* 56,20 m. Zeile 38: *statt* endet mit… und 56,20 m *lies* endet bei 57,20 m wieder mit zwei treppenförmigen Absätzen (zwischen 56,20 m und 57,20 m). – **Seite 26,** Zeile 20: und T *streichen*. Zeile 32: *statt* unverbrauchte *lies* unverbrannte. Zeile 34: *statt* $M_1$ *lies* $N_1$. – **Seite 27,** Zeile 14: *statt* Punktierung *lies* enge senkrechte Schraffen. Zeile 15–17: Der gewachsene Felsboden… befinden *streichen*. Zeile 21: *statt* Verbindung *lies* Veränderung. Zeile 23: *statt* Aber… Außenseite *lies* Aber aus der Lage der Schuttmassen G, H, D′, D, C vor der Außenseite. Zeile 33: *statt* 5 *lies* 6, *statt* $K_5$ *lies* $K_6$. – **Seite 28,** Zeile 6: *lies* anzutreffen (z. B. Fläche 89 Abb. 70 K, L, M). Zeile 13/14: *statt* auf der alten Oberfläche a–b *lies* auf f–t. Zeile 18/19: *statt* F *lies* G. Zeile 21: *lies* erhalten ist (Punkt d′ Abb. 71 gleich 25 m in Abb. 60). Zeile 29: *statt* t *lies* d′. Zeile 31: *lies* Oberfläche a–b. Zeile 41: *lies* Stein und Holz. – **Seite 29,** Zeile 8: *statt* der Krone *lies* die Krone. Zeile 33 und 39: *statt* 26 m *lies* 25 m. – **Seite 30,** Zeile 9/10: *lies* „künstliche Böschung". Zeile 28: *zufügen:* Über den Einfluß, den die Verwendung von Schleudersteinen auf die Gestaltung von Festungswerken gehabt hat, hat neuerdings R. E. M. Wheeler in Maiden Castle Dorset, Research Report Society of Antiquaries of London Nr. XII, Oxford 1943 p. 48 gehandelt. Zeile 33: *statt* Y *lies* Z. Zeile 37: *lies* Rampenwege parallel zum Zug der Mauer. – **Seite 31,** Zeile 16: *statt* dort *lies* auf diesen Rampen. – **Seite 32,** Zeile 3: *lies* 18a (Abb. 75). Zeile 24: *lies* Abb. 71 (Linie o–n); *statt* wie *lies* da. Zeile 33: *statt* $NN_1$ *lies* $N_1$. – **Seite 33,** Zeile 1: nur unwesentlich *streichen*. Zeile 3: *statt* Punkte *lies* Punkte e–f. Zeile 11: *statt* (und $S_1$) *lies* (und $S_1$ i, k). Zeile 18: *statt* S und $S_1$ *lies* S und $S_1$ zwischen i und k. Zeile 24: *statt* e–g *lies* e–f. – **Seite 35,** Zeile 41: *statt* N *lies* M. – **Seite 36,** Zeile 2: *statt* $T_1$ *lies* T. Zeile 26: *statt* K *lies* Y. Zeile 37: *statt* K *lies* k. Zeile 38: *statt* F bei 24 m *lies* l bei 25,60 m. Zeile 42: *statt* 24 m *lies* 19 m. Zeile 43: so *streichen*. – **Seite 37,** Zeile 1: *statt* $D_1$ *lies* D. Zeile 6: *lies* Trockenmauer E und einer flachen Mulde vor E. Zeile 10: *statt* inneren *lies* äußeren. Zeile 12: *einfügen hinter* gebracht werden: E wird so eine Art Zwingmauer mit Graben II als Zwinger, eine im Abendland im römischen Befestigungswesen ganz ungewöhnliche Erscheinung (siehe Seite 90). Zeile 31: *statt* Abb. 32 *lies* Abb. 30. – **Seite 38,** Zeile 27: *statt* (Abb. 75) vermittelt eine Anschauung *lies* (Abb. 75) und das Profil des ursprünglichen Schnittes 84 [Verlängerung von 84a] nach Süden (Abb. 75, 4 m–11 m) vermitteln eine Anschauung. Zeile 28–31: *statt* Wir… liegt *lies* Über die Verhältnisse außerhalb des Turmes geben die Profile der Ostwand und Westwand der Fläche 84 Auskunft, die wir nun behandeln. Zeile 32 und 42: *statt* Schnitt *lies* Fläche. – **Seite 39,** Zeile 19/20: wenigstens… steht *streichen*. Zeile 33: *statt* Steinkleinschlag *lies* Boden. Zeile 42: *statt* Aufschüttung *lies* Hallstattoberfläche. – **Seite 40,** Zeile 26 und 39: *statt* Schnitt *lies* Fläche. Zeile 43: *statt* die Hallstattmauer *lies* der Hallstattschutt. – **Seite 41,** Zeile 5: *statt* Material *lies* Material B. Zeile 11: *statt* E *lies* D. Zeile 15: *statt* Schnitt *lies* Fläche. Zeile 19: *statt* Abb. 75 rechts *lies* (Abb. 75, 0–5 m). Zeile 20: *statt* Schnitt 84… auf *lies* Schnitt 82 und 90 sitzt Mauer II von 0 m bis 3 m auf. Zeile 35: *statt* Abb. 74) *lies* Abb. 74, 37, 39). Zeile 37: *statt* Steinkleinschlag *lies* Boden. Zeile 38: *lies* beobachten konnten und von 3 m bis 6 m auf E Steinkleinschlag D. Zeile 41/42: Zwischen… über *streichen*. – **Seite 42,** Zeile 1: *statt* C *lies* D. Zeile 13: *statt* Schuttwall *lies* Bronzezeitwall. Zeile 27: *statt* 18a, 18c *lies* 18a, durch den Schnitt 18c. Zeile 35: *statt* 1,50 m *lies* 15 m. Zeile 37: *statt* Abgrabung bei 8 m *lies* Abgrabung von G bei

b

Abb. 2. Forts.

davon ist, dass ein wesentlicher Quellenbestand, das Archiv der Gesellschaft AS in Basel, bis heute nicht erschlossen ist, während weitere wichtige Bestände, insbesondere Nachlässe zwar geordnet und grob erschlossen in Archiven vorliegen, kaum aber ausgewertet worden sind. Die eng mit der Archäologie verbundene anthropologische Forschung in der Schweiz, die auch Einflüsse auf andere Bereiche unter anderem etwa im sogenannten Fürsorgewesen hatte, ist dagegen in jüngster Zeit sehr gut aufgearbeitet worden, hier sind auch Verbindungen zur deutschen Forschung zur Zeit des Nationalsozialismus gut bekannt und dokumentiert.

Es gibt allerdings für die Archäologie selber eine prominente Ausnahme: Der „Bad Guy" der deutschen Archäologie von 1933–1945, Hans Reinerth (1900–1990), seine Beziehungen und sein Wirken in der Schweiz und die daraus entstandenen, bis weit nach dem Krieg andauernden „Komplikationen" sind relativ gut dokumentiert, nicht zuletzt wegen des umfangreichen, in Unteruhldingen liegenden Aktenmaterials und der Publikationstätigkeit von Gunter Schöbel, der auch Quellen aus der Schweiz berücksichtigt hat[10].

Da die in diesem Artikel untersuchten Bereiche hauptsächlich die Zeit zwischen 1925 und etwa 1946 berühren, muss darauf hingewiesen werden, dass seit den 1990er-Jahren die Rolle und das Wirken der Schweiz während dieser Zeit durch viele historische Publikationen untersucht wird. So ist heute bekannt, dass insbesondere die archäologische Forschung ab 1933 in das Konzept der „geistigen Landesverteidigung" einbezogen worden ist. Ein Konzept, das klar als Abgrenzung zur nationalsozialistischen und faschistischen Ideologie entwickelt worden war, in Form und Inhalten aber daraus formale Elemente und inhaltliche Argumente übernahm. Für die damals wenigen wissenschaftlich ausgebildeten Fachpersonen in der Schweiz, die zum großen Teil deutschsprechend und auf die deutsche Forschung ausgerichtet waren, war dies nicht nur erwünscht. Neue finanzielle Mittel, die politische Unterstützung insbesondere durch den konservativen Bundesrat Philipp Etter (1891–1977)[11] sowie die Möglichkeit, deutlich mehr Personen anzusprechen, überzeugten aber auch Skeptiker; Archäologie und Denkmalpflege erlebten zwischen 1933 und 1945 einen regelrechten Boom.

Bersu war neben Reinerth in den 1930er-Jahren der bekannteste deutsche Archäologe in der Schweiz – er kannte fast alle maßgeblichen Archäologen (darunter auch Personen ohne Studium) der Schweiz persönlich. Diese waren, wie Bersu, Mitglieder der Schweizerischen Gesellschaft für Urgeschichte (SGU; heute AS), die mittels Publikationen, Veranstaltungen sowie internationaler Vernetzung bis nach dem Zweiten Weltkrieg das Bild der Archäologie in der Schweiz und im Ausland prägte. Im Vergleich zu Deutschland war die Szene allerdings klein und überschaubar. Nur in *Vindonissa* (Brugg / Windisch) wurde regelmäßig ausgegraben, die bereits bestehenden Lehrangebote an den Universitäten in der Schweiz waren bescheiden und es gab wenig Nachwuchs. Die archäologische Forschung in der Schweiz war auch nach dem Ersten Weltkrieg im Vergleich zu den Entwicklungen in Deutschland weitaus stärker von Laien bzw. freiwilliger Initiative geprägt. Es gab mit Ausnahme des Schweizerischen Landesmuseums in Zürich (heute Nationalmuseum) keine zentral verwaltete, staatlich geförderte schweizerische Archäologie. Eben diese Aufgabe nahm bis weit nach dem Zweiten Weltkrieg die SGU wahr. Daneben gab es eine Vielzahl von meist kantonal oder lokal ausgerichteten Vereinigungen, Gesellschaften und sonstigen Gruppen, die auch archäologische Forschungen durchführten. Dabei blieben die Grenzen zwischen ausgebildeten Archäologen (Archäologinnen waren lange Zeit keine darunter) und Laien, meist Akademiker anderer Fachrichtungen, unscharf. Von den 1920er-Jahren bis nach dem Zweiten Weltkrieg veränderte sich das Bild wesentlich. Genau in diese Zeit fallen auch die Kontakte bzw. die Tätigkeit von Bersu in der Schweiz.

## „Die Welt sieht von hier außen betrachtet recht merkwürdig aus …"[12] – Abriss der Ereignisse von 1926 bis 1939

Zwar wird in einem Schweizer Nachruf erwähnt, dass Bersu schon als Student in der Schweiz tätig gewesen sei[13], doch fehlt dafür der Nachweis. Sicher ist, dass die RGK und

[10] Schöbel 2002. Noch nicht richtig aufgearbeitet sind die Entstehungsgeschichte der Habilitation von Reinerth zum Neolithikum der Schweiz (Reinerth 1926) sowie die Mitwirkung an verschiedenen Projekten. Reinerth stieß schon Mitte der 1920er-Jahre auf Widerstand bei einzelnen Schweizer Prähistorikern, was wohl an seinem persönlichen Auftreten und auch an Aversionen gegenüber Deutschen gelegen haben mag. Im Lager der Reinerth-Freunde waren Reinhold Bosch (1887–1973) und Wilhelm Amrein (1872–1946) seine engsten Vertrauensleute.

[11] Zu Etter und der geistigen Landesverteidigung neu: Zaugg 2020 bes. 315–452.

[12] RGK-A 2416, Brief Bersu an Zeiss 13.5.1933.

[13] Bandi 1965, 142.

die römisch ausgerichteten Archäologen in Deutschland die Forschungen in *Vindonissa* nahe verfolgten und auch mit der 1907 gegründeten SGU stets in Kontakt waren. Dies war wohl der Grund, weshalb Bersu und Friedrich Drexel (1885–1930) 1926 in die Gesellschaft eintraten. Bersu dürfte sich aufgrund seiner früheren Tätigkeit in Frankreich in der mehrsprachigen Gesellschaft wohl gefühlt haben. Bereits 1927 bestanden gemäß Jahresberichten der SGU intensive Kontakte zwischen Bersu bzw. der RGK und der Schweiz; so besuchten Schweizer die Grabungen von Bersu in Altrip und auf dem Goldberg. Insbesondere der Sekretär und spätere Präsident der SGU, Eugen Tatarinoff (1868–1938), strebte gute Beziehungen zur RGK an; ein Mitglied der SGU nahm drei Wochen an den Grabungen auf dem Goldberg teil. Bersu seinerseits leitete in der Schweiz die Ausgrabungen in der römischen Villa von Sarmenstorf, Kt. Aargau, die im Juni und Juli 1927 durchgeführt wurden, und bei der auch Gerster zeitweise anwesend war. Die Leitung der Grabung hatte der spätere Aargauer Kantonsarchäologe Reinhold Bosch[14]. An der Jahresversammlung der SGU 1928 in Genf war Reinerth anwesend und ergriff auch das Wort. Aus dem Jahresbericht geht hervor, dass Emil Vogt (1906–1974) und Gerster in diesem Jahr die Ausgrabungen von Bersu auf dem Goldberg besuchten. Dies machte daraufhin auch der in Genf neu gewählte neue Sekretär der Gesellschaft Karl Keller-Tarnuzzer (1891–1973)[15] zusammen mit Gerster. Dabei besuchten sie unter der persönlichen Führung von Bersu verschiedene weitere Fundplätze. Am 21. und 22. September 1929 nahm Bersu an der Jahresversammlung der SGU in Sursee, Kt. Luzern, teil und hielt ein Referat über den Goldberg. Alle diese jeweils in den Geschäftsberichten der SGU verzeichneten Informationen zeigen, dass die Sympathie zwischen den Schweizer Archäologen und Bersu (sowie Drexel) auf Gegenseitigkeit beruhten. Drexel nahm sich sogar die Mühe und besuchte Ende Mai 1929 den im Thurgau tätigen Archäologen und Sekretär der SGU Keller-Tarnuzzer in Frauenfeld und gab offenbar ein Urteil über die neu ausgegrabene Villa von Hüttwilen-Stutheien ab.

Der überraschende Tod von Drexel wird 1930 auch im Jahresbericht der SGU verzeichnet. Rudolf Laur-Belart (1898–1972)[16] und Keller-Tarnuzzer wurden in diesem Jahr Korrespondierende Mitglieder des DAI. Diese Ehre war schon 1928 Bosch zuteilgeworden. Es wird besonders darauf hingewiesen, dass die Beziehungen zwischen der RGK bzw. dem DAI und *Vindonissa* eng waren. 1931 nahm Bersu vom 27. bis 29. Juni in Zug an der Jahresversammlung der SGU teil und hielt ein Referat über die bandkeramischen Siedlungsplätze bei Köln. Keller-Tarnuzzer vermerkt dazu im Jahresbericht: „Unsere Beziehungen zu DEUTSCHLAND sind namentlich durch die Mitwirkung der Römisch Germanischen Kommission in Frankfurt a. M. stetsfort die besten“[17]. Zuvor hatte Bersu schon am 7. Juni ein Referat in Brugg bei der Gesellschaft Pro Vindonissa (GPV) gehalten[18]. An den von Bersu organisierten Exkursionen und Grabungen nahmen auch Schweizerinnen und Schweizer teil[19]. Besonders Laur-Belart, der erst über Umwege zur Archäologie gelangt war, konnte von der RGK profitieren. Er erhielt Unterstützung und Aufenthalt in der RGK und Bersu sorgte schließlich dafür, dass die Habilitationsschrift in den Römisch-Germanischen Forschungen erscheinen konnte. Die Beziehungen zwischen der Schweiz und den maßgeblichen Personen in der RGK von 1926 bis 1933 waren also ausgesprochen eng: Bersu und Drexel traten dabei als ausgesprochene „Netzwerker“ in Erscheinung.

[14] Bosch 1930a; Bosch 1930b. In Sarmenstorf war auch Reinerth tätig, vgl. dazu: Lustenberger 2012.

[15] Vgl. Brem 2008 sowie RGK-A 744 (K. Keller-Tarnuzzer).

[16] H. Brem, „Belart, Rudolf“. In: HLS, Version vom 24.4.2006. https://hls-dhs-dss.ch/de/articles/047791/2006-04-24/ (letzter Zugriff: 5.12.2021); RGK-A 834 (R. Laur-Belart).

[17] Keller-Tarnuzzer 1931, 7.

[18] Jahresber. Ges. Pro Vindonissa 1931/32, 1.

[19] von Schnurbein 2001, 190–199.

Dass Bersu auch in personelle Entscheidungen in der Schweiz einbezogen worden ist, beweist ein Schreiben von ihm an Otto Tschumi (1878–1960) in Bern vom 21. August 1930[20]. Bereits kurz vorher wurde Bersu sowohl vom jungen Prähistoriker Vogt[21] wie von Laur-Belart um ein Gutachten für eine Bewerbung auf die im Herbst freiwerdende Stelle des Konservators für Ur- und Frühgeschichte im Schweizerischen Landesmuseum gebeten[22]. Dies meisterte Bersu mit diplomatischem Geschick. Tschumi gegenüber bezog Bersu klar Stellung: „Vogt will ich sehr wünschen, dass er die Stelle in Zürich bekommt. Auf seine Bitte hin, habe ich ihm auch ein Zeugnis an Lehmann [Direktor des Museums] geschickt. Aber wie ich höre [sic!], hat er einen ernsthaften Konkurrenten an Laur-Belart, der älter ist als er und dessen Vater[23] sehr einflussreich sein soll. So sehr ich Laur-Belart schätze, so halte ich Vogt trotz seiner Jugend doch für den geeigneteren Kandidaten und es freut mich zu hören, dass Sie für ihn eintreten. Denn mit Laur-Belart würde die Prähistorie doch zu kurz kommen.“

Laur-Belart, der 1930 in einem von Eltern und Schwiegereltern finanzierten Habilitationsjahr steckt, erhält kurz nach der Wahl Vogts das Angebot, in Basel als Assistent am Historischen Museum Basel eine Stelle anzutreten, die er nach einigem Hin und Her Anfang 1931 annimmt[24]. Wie entscheidend das Gutachten von Bersu für die Wahl Vogts gewesen ist, lässt sich im Moment nicht beurteilen. Dagegen steht fest, dass Bersu – bzw. die RGK – einen gewissen Einfluss auf die Karrieren der beiden späteren Protagonisten der Schweizer Archäologie, Vogt und Laur-Belart hatten, im Falle von Laur-Belart durch eine direkte Förderung und besonders die Drucklegung der Habilitationsschrift[25]. Mit der Wahl von Bersu im Frühjahr 1931 zum Ersten Direktor der RGK dürfte dessen Zeitbudget geschrumpft sein. Im Nachgang zum von Bersu maßgeblich initiierten „Congrès International des Sciences Préhistoriques et Protohistoriques“ (CISPP) vom August 1932 in London schreibt Bersu an Tschumi (der ihm 1931 für die Vorbereitung in Bern Gastrecht geboten hatte) und qualifiziert den nicht akademisch ausgebildeten Sekretär der SGU[26] ab: „Vogt und Vouga[27] haben die Schweiz ausgezeichnet vertreten. Vogt hat sich mit dem grossen Ernst und seinen schönen Kenntnissen eine recht geachtete Stellung erworben. Weniger kann man dies von Keller-Tarnuzzer sagen, der zwar ungeheuer geschäftig war, aber keine glückliche Rolle spielte. Es fehlt ihm halt doch an der nötigen Vorbildung. Der SGU hätte ich eine glücklichere Rolle gewünscht. Über die Schwächen seines Vortrags haben wir ja schon gesprochen, den er bei der letzten Hauptversammlung in Zug hielt“[28].

[20] RGK-A 1237 (O. Tschumi).

[21] RGK-A 1254 (E. Vogt); H. Lanz, „Vogt, Emil“. In: HLS, Version vom 13.8.2013. https://hls-dhs-dss.ch/de/articles/009594/2013-08-13/ (letzter Zugriff: 5.12.2021).

[22] RGK-A 834 (R. Laur-Belart), Schreiben von Bersu an Laur-Belart, wo er eine Aufteilung der Stelle von Viollier vorschlägt „Denn an Arbeit für 2 Herren fehlt es ja wirklich nicht“.

[23] Ernst Laur (1871–1964), Landwirtschaftspolitiker und Professor an der ETH Zürich; W. Baumann, „Laur, Ernst“. In: HLS, Version vom 15.12.2006. https://hls-dhs-dss.ch/de/articles/029856/2006-12-15/ (letzter Zugriff: 5.12.2021).

[24] Von Laur-Belart werden im Archiv AS in Basel maschinenschriftliche, nach Datum geordnete Auszüge aus Briefen an seine Frau aufbewahrt, darin findet sich auf S. 44–45 unter einem vermutlich auf den 11.10.1930 datierten Brief die Bemerkung „Also wird in Basel mit seinen eigenen Mitteln und seiner bisher geringen Beanspruchung der Bundeskasse viel leichter einmal das von mir erstrebte Schweizerische Archäologische Institut zu verwirklichen sein, als in Zürich“.

[25] Laur-Belart 1935.

[26] Keller-Tarnuzzer war ausgebildeter Primarlehrer und im Bereich der Archäologie Autodidakt.

[27] Paul Vouga (1880–1940); vgl. N. Aubert, „Vouga, Paul“. In: HLS, Version vom 20.7.2012, übersetzt aus dem Französischen. https://hls-dhs-dss.ch/de/articles/031448/2012-07-20/ (letzter Zugriff: 5.12.2021).

[28] RGK-A 1237 (O. Tschumi).

Abb. 3. Verschiedene Unterlagen zur Ausgrabung in Laufen-Müschhag, Mai 1933. Das eine Bild zeigt Alban Gerster, das andere Maria Bersu, die Frau von Gerhard Bersu, das dritte Bild Schichten in der Ausgrabung von Laufen-Müschhag (Archiv RGK, Nachlass G. Bersu).

Die Veränderungen in Deutschland scheinen in der Korrespondenz zwischen Bersu und seinen schweizerischen Partnern erst allmählich auf. Dabei muss besonders berücksichtigt werden, dass es sich bei den konsultierten Quellen um Briefe handelt, die als offiziell gelten. Es scheinen eher wissenschaftliche Gründe gewesen zu sein, dass Gerster am 2. Mai 1933 Bersu mit seiner Gattin ins Laufental im Kanton Baselland einlud[29]: Gerster bzw. seine Familie besaßen eine Tonwarenfabrik, in deren Abbaugebiet seit 1917 eine römische Villa bekannt war, die allmählich ausgegraben wurde. Dieser Fund – so Gerster selber – führte dazu, dass dieser sich neben seinem Studium der Architektur an der Eidgenössischen Technischen Hochschule (ETH) im Fach Archäologie weiterbildete und auch in der Folge an Grabungen der RGK teilnahm. Gerster beauftragte Bersu als wissenschaftlichen Grabungsleiter für weitere Ausgrabungen in Laufen *(Abb. 3)*. Diesem gelang die damals in der Schweiz neue Entdeckung eines hölzernen Vorgängerbaus der *pars urbana* des römischen Gutshofes. Eine Publikation der Resultate erfolgte allerdings erst Jahrzehnte später und – leider – in zwei getrennten Druckwerken[30]. Gerster, der stets in seinem Hauptberuf als Architekt arbeitete und in diesem Bereich wie auch in der Politik sehr erfolgreich war, muss aus heutiger Sicht als eine der wichtigen Personen in der Schweizerischen Archäologie im 20. Jahrhundert genannt werden. Finanziell unabhängig

[29] RGK-A 575 (A. Gerster) Bl. 27.

[30] Gerster-Giambonini 1978; Martin-Kilcher 1980. Im Archiv der RGK sind im Nachlass Bersu noch einige wenige Dokumente zur Grabung vorhanden; Gerhard und Maria Bersu besuchten während ihres Aufenthaltes sicher auch den Mont Terri, eine Höhensiedlung im Jura.

Unterschrift des Paßinhabers

Gerhard Bersu

Es wird hiermit bescheinigt, daß der Inhaber die durch das obenstehende Lichtbild dargestellte Person ist und die darunter befindliche Unterschrift eigenhändig vollzogen hat.

Frankfurt am Main, den 19. April 1951

Stadt Frankfurt am Main
Polizeipräsidium
Im Auftrage:

Nr. 1318411

PERSONENBESCHREIBUNG

Name Professor Dr. phil. Bersu
(bei Frauen auch Geburtsname)

Vornamen Gerhard, Julius, Ferdinand
(Rufname unterstreichen)

Geburtstag 26. September 1889

Geburtsort Jauer Schlesien
(Kreis, Land)

Größe in cm und Gestalt 160, stark

Gesichtsform länglichrund

Farbe der Augen hellbraun

Unveränderliche Kennzeichen fehlen

Beruf Archäologe

Wohnort Frankfurt am Main

Nr. 1318411

a

RAUM FÜR SICHTVERMERKE

Dem/r Passinhaber/in wurden Reisezahlungsmittel in Höhe von ...... 260.- ausgehändigt (gem. ND-Genehmigung ......)

Frankfurt a/M., den 18. Juni 1951

Frankfurter Bank

21. Juni 1951
Zollamt Kreuzlingertor
Konstanz

Zollamt Kreuzlinger-Tor
40.- DM ausgeführt

Das Geld muß wieder vollzählig eingeführt werden.

Konstanz, den 21. Juni 1951

UNGÜLTIG

Nr. 1318411

Zollamt Kreuzlingertor
Konstanz
21. Juni 1951.

RAUM FÜR SICHTVERMERKE

SCHWEIZ. EIDGENOSSENSCHAFT

Nr. Bern

VISUM

Gültig zur Einreise in die Schweiz.

Zahl der Einreisen: beliebige

Dauer:

Aufenthaltsort: verschiedene

Zweck:

Dieses Visum wird ungültig, wenn es nicht ... benützt wird.

Gebühr: Fr.

Für das Schweiz. Generalkonsulat in Frankfurt a. M.
26. April 1951

SCHWEIZ
BASEL BAD BHF.

29. JUNI 1951
SCHAANWALD

BUNDESREPUBLIK DEUTSCHLAND
EINREISE
PASSKONTROLLE

Abb. 4. Reisepass Gerhard Bersus mit Stempeln seiner Schweizerreise aus dem Jahr 1951. Die Einreise in die Schweiz war nur mit Visum möglich (Archiv RGK, Nachlass G. Bersu).

und gut vernetzt, hat er offenbar Bersu als Fachkollege sehr geschätzt, er war diesem auch nicht zu Dank verpflichtet. Die nach der Grabung erfolgte Ernennung von Gerster zum Korrespondierenden Mitglied des DAI dürfte allerdings nicht aus rein fachlichen[31] Gründen erfolgt sein. Gemäß Auskunft des Sohnes von Gerster, Giuseppe Gerster in Laufen, sollen die beiden befreundet gewesen sein. Das Thema ist auf jeden Fall noch zu vertiefen; Gerster und Bersu trafen sich auch nach dem Krieg wieder *(Abb. 4a–c)*.

Das Einladungsschreiben von Gerster wurde, wie Vermerke auf dem Dokument zeigen, von Theodor Wiegand (1864–1936)[32], dem Vorgesetzten Bersus, in Berlin eingesehen, der seinen Untergebenen damit rund einen Monat in die Schweiz ziehen ließ. In den zeitlich folgenden Schreiben, die teilweise von Laufen aus gehen, wird klar, dass Bersu in Deutschland unter Druck geraten ist und dass die Entwicklung in Deutschland in der Schweiz auf Unverständnis stößt. So schreibt Bersu am 18. Mai auf Institutspapier an seinen Kollegen Hans Zeiss (1895–1944) in Frankfurt: „Die Welt sieht hier von aussen betrachtet recht merkwürdig aus, und es ist nicht leicht, den Leuten unsere Verhältnisse verständlich zu machen“[33]. Die Antwort von Zeiss vom 16. Mai 1933 enthält ebenfalls Hinweise auf die Lage: „Der neueste Verdruss ist ein Brief von Stein, der es für gut befunden hat, auf seine Venia zu verzichten und gleichzeitig der Akademie und der RGK die Lösung des Vertragsverhältnisses anheimzustellen“[34]. In weiteren Briefen werden auch die nun aktuellen Aktivitäten von Reinerth gegen Bersu angesprochen. Bersu verzichtete in der Folge an der Teilnahme an der Jahresversammlung der SGU im September 1933 im Raum Luzern, weil dort auch Reinerth anwesend war[35]. Gerster erstattete Bersu schon am 11. September Bericht über die Versammlung. Vom Vortag stammt auch eine Grußpostkarte, die von deutschen und Schweizer Archäologen unterzeichnet ist *(Abb. 5a–b)*[36].

Zu diesem Zeitpunkt dürfte somit den Schweizer Archäologen bewusst gewesen sein, in welcher Situation Bersu in Deutschland war. Nur so lässt sich etwa der im Nachlass von Wilhelm Amrein[37] sowie im Pfahlbaumuseum Unteruhldingen erhaltene Briefwechsel mit

[31] Zu A. Gerster: vgl. G. Gerster, „Gerster, Alban“. In: HLS, Version vom 8.12.2006. https://hls-dhs-dss.ch/de/articles/010437/2006-12-08/ (letzter Zugriff: 5.12.2021) bzw. Drack 1987. Gerster war unter anderem der Architekt für das Römerhaus in Augst, das 1953–1955 erbaut worden ist, er war sehr eng mit Laur-Belart befreundet. Seine Teilnahme an Veranstaltungen der RGK wie Exkursionen, Feiern usw. ist vor wie nach dem Zweiten Weltkrieg nachgewiesen.

[32] Althoff et al. 2016.

[33] RGK-A 356 (G. Bersu) Bl. 288. Albert Einstein hatte mit Schreiben vom 28.3.1933 seinen Austritt aus der Preußischen Akademie der Wissenschaften erklärt.

[34] RGK-A 356 (G. Bersu) Bl. 290a. Ernst Stein (1891–1945), Byzantinist, der 1945 in der Schweiz verstarb, wäre eine eigene Untersuchung wert; er weigerte sich 1933 von einer Gastprofessur aus Brüssel nach Berlin zurückzukehren. Zu Stein und seiner Gattin Johanna Brandeis befindet sich eine Akte im Schweizerischen Bundesarchiv Bern, die ich nicht eingesehen habe. Lebenslauf in Neue Zürcher Zeitung vom 10.3.1945, Morgenausgabe, Bl. 2.

[35] Bersu an Laur-Belart am 21.8.1933, RGK-A 834 (R. Laur-Belart).

[36] RGK-A 575 (A. Gerster) Bl. 43–45. Die Postkarte trägt die Unterschriften von Gerster, Bosch, Tatarinoff, Vouga, Vogt, Merhart, Kraft, Keller-Tarnuzzer, Holste, Werner, Laur-Belart, Stieren, Amrein, Bessler und Ischer. Aus dem Schreiben von Gerster geht hervor, dass er Tatarinoff die Ernennung von Bersu zum Ehrenmitglied der Gesellschaft vorgeschlagen habe, dass dies aber nicht mehr im Vorstand beraten werden konnte. 1934 dürfte das Traktandum infolge der Streitereien im Vorstand nicht behandelt worden sein.

[37] Zu Wilhelm Amrein: Gamma 1946; die zitierten Unterlagen befanden sich bei der Kantonsarchäologie Luzern unter dem Vermerk „Nachlass Amrein“ (Kopien AATG Frauenfeld). Zu den Interventionen Boschs und Amreins bei Reinerth siehe besonders Schöbel 2002, 338 mit Anm. 73.

a

b

Abb. 5. Vorder- (a) und Rückseite (b) einer Postkarte an Gerhard Bersu, versandt von seinen Bekannten aus der Schweiz anlässlich der Jahresversammlung der SGU vom 10. September 1933, vgl. *Anm. 36* (Archiv RGK 575 [A. Gerster] Bl. 43–45).

Reinerth deuten. Amrein wies in einem Schreiben an den ihm nahestehenden Reinerth am 26. Juni 1933 darauf hin, dass „Herr Dr. Bersu in Frankfurt in seiner Stellung als Direktor des Archäologischen Instituts wegen seiner entfernten jüdischen Abstammung gefährdet sei" und bat Reinerth, eine Absetzung zu verhindern. Dies nicht zuletzt, um auch die Ausgrabungen im Wauwilermoos nicht zu gefährden. Die Antwort vom 27. Juni 1933 stammt von Ottilia Reinerth – der Mutter von Reinerth – und weist ein solches Anliegen zurück und schließt mit den Worten „Es tut mir recht leid keine Nachricht in dem von Ihnen herbeigesehnten Sinne geben zu können, dass die Schweiz ganz anders d. h. internationalliberalistisch eingestellt ist uns nicht unbekannt – die beiden Völker stehen einander so nahe und sind doch zwei vollkommen verschiedene Welten." Am 11. Juli antwortete dann auch Reinerth ausführlich und sehr gemäßigt. Ihm war sehr an einer Fortsetzung der Grabungen in Egolzwil gelegen, zu Bersu schrieb er unter anderem „Das neue Beamtengesetz enthält diesbezüglich ganz eindeutige Bestimmungen, so dass mit der Enthebung Bersus von seinem Posten zu rechnen ist." Reinerth irrte sich, denn mit dem Schreiben des Reichsaußenministers Konstantin von Neurath (1873–1956) vom 19. Juli 1933[38] wurde bestätigt, dass auf Bersu das neue Gesetz nicht anzuwenden sei. Gemäß Reinerths Schreiben hatte sich auch der einflussreiche Aargauer Lehrer und Archäologe Bosch[39] für Bersu eingesetzt. Beide Gelehrte, Bosch wie Amrein, brachen nach dieser Episode den Kontakt mit Reinerth keineswegs ab. Amrein wurde sogar in Luzern am 22. November 1942 von einem Mitarbeiter von Reinerth, Heinz Küsthardt, persönlich die Ernennungsurkunde als erstes auswärtiges, korrespondierendes Mitglied des Reichsbundes für Deutsche Vorgeschichte überreicht. Amrein und besonders Bosch, der mit Reinerth „per Du" war, waren bezüglich der Implikationen mit der nationalsozialistischen Archäologie von einer besonderen Naivität. Die Sympathien lagen in der Schweiz ab 1933 sicher deutlich auf der Seite von Bersu, so soll (gemäß Gerster in einem Schreiben an Bersu) Vouga Reinerth als „imbécile" (Dummkopf) bezeichnet haben.

Wieso Bersu 1934 mit der Leitung der Ausgrabungen auf dem Wittnauer Horn beauftragt wurde, ist noch nicht in allen Details geklärt. In Unterlagen taucht zuerst der Sekretär der SGU, Keller-Tarnuzzer als vorgesehener Grabungsleiter auf. Wichtig ist, dass es sich eigentlich um ein Projekt mit zwei getrennten Grabungen handelte. Neben der Erforschung der Befestigungsanlagen auf dem Wittnauer Horn ist auch die Burgruine Tierstein Teil des Projektes; die Leitung der dortigen Grabung wird Hans Erb (1910–1986)[40] anvertraut. Auf die besonderen Rahmenbedingungen der Grabungen, soll hier nicht eingegangen werden, doch bildeten die Untersuchungen des Jahres 1934 die erste Aktivität des neu gegründeten „Archäologischen Arbeitsdienstes". Bund und Kanton finanzierten rund zwei Drittel der Arbeiten, ein weiteres Drittel stammte von Privaten, Firmen und Vereinen. Aus den gesichteten Beständen in Frankfurt und in Basel, weitere sind im Archiv der GPV, in der Kantonsarchäologie Aargau und sicher anderswo vorhanden, geht hervor, dass die Grabungen ein erhebliches Ausmaß annahmen und Bersus organisatorisches Talent sehr gefordert war. Zur Entlastung konnte er auch Studenten aus Deutschland für die Grabung auf dem Horn beiziehen, darunter Walter Rest (1911–1942). Neben der anstrengenden Tätigkeit auf der Grabung, führte Bersu vom Gasthaus Krone in Wittnau[41] aus

[38] Krämer 2001, 41–42.

[39] Bosch hatte einen deutschen Vater, wuchs in Zürich auf und hatte vor dem Ersten Weltkrieg in Berlin studiert. Seine Verbindungen zur Reinerth scheinen auch im Nachruf von Baur 1974 auf.

[40] H. Erb war Historiker, später Konservator des Rätischen Museums in Chur. Nachlass im Stadtarchiv Zürich und Staatsarchiv Graubünden.

[41] Das Gasthaus ist heute noch unter dem Namen „Landgasthof Krone" in Betrieb und liegt an der Hauptstraße 86 in Wittnau.

eine umfangreiche Korrespondenz mit seinem Amtssitz in Frankfurt, wo Zeiss und Kurt Stade (1899–1971) die Festung hielten[42]. Bersu wurde bei der Arbeit selbst auch von seiner Frau unterstützt. Nach längerem Hin und Her bewilligte die zuständige Kommission eine zweite Kampagne vom 7. April bis 19. Mai 1935, die ebenfalls von Bersu geleitet wurde. Bei diesem oder weiteren Aufenthalten in der Schweiz, so zeigen es Notizen im Bestand der RGK, besuchte Bersu offenbar viele Grabungsplätze und Monumente in der ganzen Schweiz, fotografierte und machte Skizzen[43]. Es besteht aufgrund des nur durchgesehenen Materials wenig Zweifel, dass vom Frühjahr 1934 bis im Sommer 1935 die Ausgrabung am Wittnauer Horn das wichtigste archäologische Projekt Bersus war.

Der Präsident des leitenden „Grabungskomitees" für die Grabungen auf dem Wittnauer Horn war der aargauische Staatsarchivar und Historiker Hektor Ammann (1894–1967)[44], eine Person, die dem Nationalsozialismus nahe stand und auch entsprechend politisch aktiv war[45]. Ob Ammann wusste, welcher Art die Angriffe auf Bersu in Deutschland waren, ist nicht bekannt, die Archäologen in der Kommission wie Laur-Belart und Vogt wussten es zweifellos. Bersu selbst scheint während der Grabungskampagne vom 4. Juni bis zum 30. September 1934 realisiert zu haben, dass Ammann außergewöhnlich gute Beziehungen nach Deutschland hatte, so äußert er sich in einem Schreiben vom 3. September 1934 an Zeiss „… und auf der anderen Seite täte ich Amann [sic] , der, wie ich immer mehr sehe, mit vielerlei nicht unwichtigen Leuten bei uns in Beziehung steht, gerne diesen Gefallen, zumal die Grabung auf dem Horn nun die *Pièce de résistance* geworden ist und die Grabung auf dem Tierstein versagt."[46] Dass Ammann Bersu schätzte, ist daran abzulesen, dass an der Jahresversammlung der Aargauischen Historischen Gesellschaft am 4. November 1934 „Direktor Dr. Bersu, der erfolgreiche Leiter der Grabungen auf dem Horn und verdiente Frühgeschichtsforscher" zum Ehrenmitglied ernannt worden ist[47]. Wie aus einem in Kopie auch an Bersu übermittelten Schreiben von Ammann an Wiegand zu entnehmen ist, stand dieser in direktem Kontakt mit Wiegand in Berlin, der ihm mit Schreiben vom 14. September 1934 mitteilte, dass er Bersu weiterhin für die Arbeit auf dem Wittnauer Horn beurlauben würde. Wiegand bat seinerseits darum, dass allenfalls der Schweizerische Gesandte in Berlin bei Innenminister Rust um Intervention für Bersu bitten solle[48]. Wie aus den folgenden Schreiben mit Ammann hervorgeht, wird sich Bersu mit diesem direkt persönlich über seine Situation unterhalten haben, denn er war offenbar anfangs November 1934 Gast von Ammann. Im Januar 1935 war Bersu auf Vortragstournee durch die Schweiz und berichtete darüber am 12. Januar in einem handschriftlichen Brief aus Zürich an Stade[49]: „… aber es ist doch nützlich, dass die Leute mal etwas anderes als über ihre kleinen Murksereien hören und ich haben nun schon mehrfach gesehen, dass die Schilderungen der Methodik einer solchen Untersuchung die Historiker zur Prähistorie bekehrt. Über Reinerth hörte ich nichts Neues. Die Saar interessiert hier ungemein, man muss die Daumen drücken. Bei Wohlmeinenden geht die Schätzung auf 70 % für Deutschland und wenn es mehr wird, wäre es ein grosser Erfolg." Solche Äußerungen von Bersu sind in den Archivalien eine Seltenheit, an seiner Loyalität gegenüber

[42] Dazu neu: Färber / Link 2019, 13.

[43] Die genaue Datierung der Unterlagen ist im Moment nicht möglich, ebenso liegen die Negative der Aufnahmen im Moment nicht vor. Da eine Aufnahme Grabungen auf der Insel Werd bei Eschenz / Schweiz zeigt, muss diese wohl 1935 entstanden sein.

[44] Fahlbusch 2017.

[45] Zu Ammann vgl. A. Wohler, „Ammann, Hektor". In: HLS, Version vom 26.6.2001. https://hls-dhs-dss.ch/de/articles/004256/2001-06-26/ (letzter Zugriff: 5.12.2021).

[46] RGK-A 356 (G. Bersu) Bl. 407.

[47] Ammann 1935, 209.

[48] RGK-A 300 (H. Ammann) Bl. 30.

[49] RGK-A 356 (G. Bersu).

seinem Arbeitgeber, dem Deutschen Reich, scheinen keine Zweifel auf. Bersu hatte zuvor an der Jahresversammlung der SGU vom 25. und 26. August 1934 in der Ajoie teilgenommen und einen Vortrag über das Wittnauer Horn gehalten. An dieser Versammlung kam es zu größeren Auseinandersetzungen im Vorstand der SGU[50]. Die Ausgrabungen auf dem Horn im Jahr 1935 beschäftigten Bersu bis Ende Mai, danach kehrte er nach Frankfurt zurück. Sicher ist die Ehrenmitgliedschaft, die ihm und Gero von Merhart (1886–1959) am 8. September in Vaduz und Sargans, angetragen wurde, auch als Unterstützung gedacht. Das Jahrbuch SGU schrieb dazu: „Unser Ehrenmitglied Dr. G. Bersu ist als Referent für Ausgrabungswesen des Deutschen Archäologischen Instituts nach Berlin übergesiedelt“[51]. Bersu bedankte sich für die Unterstützung bei Laur-Belart mit einem Schreiben vom 18. September 1935[52]. Eher außergewöhnlich ist eine Bemerkung in einem früheren Schreiben von Bersu an Laur-Belart vom 14. Juli 1935, wenige Tage vor seiner Versetzungsverfügung: „Die Lösung der österreichischen Frage wird ja gewiss auch in der Schweiz beruhigend gewirkt haben. Wer sich einmal länger mit Geschichte und Politik befasst hat, dem wird ja klar sein, dass die Vormachtstellung eines deutschen Stammes ausserhalb des Reichsgebietes des deutschen Reiches selbst viel nützlicher ist, als das Gebiet selbst.“ Die Anspielung auf die Tagespolitik war noch von Hinweisen auf die leider derzeit eingetrübten Beziehungen zur Schweiz auch in wirtschaftlicher Hinsicht begleitet[53].

Mit dem Umzug von Bersu nach Berlin schwinden die Informationen im Archiv der RGK, da Briefwechsel nicht mehr vollständig in Frankfurt dokumentiert wurden. In der Folge beziehen sich die meisten Hinweise in den RGK-Akten auf die Drucklegung der Grabungen auf dem Wittnauer Horn, die ja auch die Nachfolger Bersus in Frankfurt beschäftigten.

Generell lässt sich sagen, dass Bersu bis 1935 in der Schweiz keine Gegner, sondern sehr viele Unterstützer hatte. Darunter fällt Ammann als ausgesprochener Sympathisant des Nationalsozialismus besonders auf. In der gleichen Zeit verlor dagegen Reinerth in der Schweiz die Unterstützung für Grabungen im Kanton Luzern und auch im Aargau. Ein entschiedener Gegner von Reinerth war immer wieder Emil Vogt, der in einem Schreiben vom 28. Dezember 1938 an Bosch bemerkt: „Herrn Ströbel[54] würde ich das neue Material vom Baldeggersee nicht liefern. Dieser lächerliche Knabe hat kürzlich im Mannus eine Rezension des Jahresberichtes der SGU geliefert, die so lächerlich ist, wie er selber. Bei seiner Arbeit über die Silices wird nicht viel herauskommen, da er ja in den ausgefahrenen Bahnen Reinerths arbeiten muss. Die Leute sollen zuerst einmal ihr Wauwilermoosmaterial herausgeben. Diese Schule verdient von unserer Seite keine Unterstützung mehr“[55].

Die Beziehungen zwischen der RGK und der Schweiz dauerten auch nach dem Abgang von Bersu nach Berlin an. Joachim Werner (1909–1994) nahm an der Jahresversammlung der SGU 1938 in Basel teil, und der Erste Direktor der RGK, Wilhelm Schleiermacher (1904–1977) vertrat die RGK an der Jahresversammlung 1939 der SGU in Zürich. Emil

[50] Die Gesellschaft und ihre Organe. Jahresber. Schweizer. Ges. Urgesch. 26, 1934, 1–5. https://www.e-periodica.ch/digbib/view?pid=jas-001:1934:26#13 (letzter Zugriff: 5.12.2021).

[51] Keller-Tarnuzzer 1935, 11.

[52] RGK-A 834 (R. Laur).

[53] RGK-A 834 (R. Laur). Worauf sich die Bemerkung konkret bezieht, ist im Moment nicht klar.

[54] Rudolf Ströbel (1910–1972), Archäologe und Assistent Reinerths. Vgl. Benzing 1974.

[55] Vogt bekämpft, wie aus Akten im Schweizerischen Nationalmuseum hervorgeht, Reinerth, der gegen Kriegsende versucht, seine Arbeiten in der Schweiz wieder aufzunehmen. Er erwähnt dabei auch, dass Reinerth „auf der schweizerischen schwarzen Liste steht“ (Vogt an Bosch am 3.9.1945). Vogt setzte später die Grabungen von Reinerth im Wauwiler Moos fort.

Vogt besuchte als Vertreter des Schweizerischen Bundesrates den VI. Internationalen Kongress für Archäologie vom 21. bis 26. August 1939 in Berlin. Aus Großbritannien und Polen waren keine offiziellen Vertreter anwesend, Irland wurde durch den Konservator des Museums in Dublin, Adolf Mahr, vertreten[56]. Weiter nahmen aus der Schweiz auch Laur-Belart, Christoph Simonett, Theophil Ischer, Heribert Reiners[57], Otto Waser, Gerster, Harald Fuchs[58], sowie Anna Alioth teil. Die Aufrechterhaltung guter Beziehungen nach Deutschland blieb also auch nach der Absetzung und Entlassung Bersus „courant normal" von Seiten der führenden Schweizer Archäologen. Von einem Verzicht auf eine Mitgliedschaft im DAI oder Protestmaßnahmen ist nichts bekannt[59].

Von Herbst 1935 bis Ende 1938 bildet sich im konsultierten Aktenmaterial hauptsächlich die intensive Arbeit Bersus am Manuskript zum Wittnauer Horn ab. Dafür weilte Bersu im Jahr 1937 von Mai bis August in Rheinfelden, Kt. Aargau, wo er das im dortigen Museum aufbewahrte Fundmaterial aus den Grabungen bearbeitete. Sprockhoff besuchte mit ihm am 8. Juli 1937 das Wittnauer Horn. Das Verhältnis zwischen den Beiden schien sich allerdings wesentlich abgekühlt zu haben, weil Bersu merkte, dass Sprockhoff – im Gegensatz zum unterdessen verstorbenen Wiegand und sogar trotz der Unterstützung durch Martin Schede (1883–1947) – einen Druck der Arbeit bei der RGK nicht für opportun hielt. Wohl deshalb erhielt Bersu am 7. November 1938 von Sprockhoff die Erlaubnis, Ammann für direkte Verhandlungen zwecks Drucklegung der Arbeit einzuschalten. Bersu weilte dann am 17. und 18. November 1938 in der Schweiz und traf wohl Ammann. Ammann dankte Sprockhoff für das Vertrauen. Dieser gab am 3. Dezember 1938 Ammann klar zu verstehen: „… ich hege keine grosse Hoffnung, dass wir, so wie die Dinge nun einmal liegen, eine Arbeit von Dr. Bersu bei uns werden in Druck bringen können"[60]. Vermutlich ist es diese Haltung, die am Ende des Krieges Bersu so aufbrachte. Ammann dürfte Bersu wohl über die Haltung Sprockhoffs in Kenntnis gesetzt haben. Ein für Juli 1939 vorgesehenes Treffen zwischen Sprockhoff und Ammann in Frankfurt kam dann nicht mehr zustande. Mit dem Umzug von Bersu nach Berlin im Jahr 1935 waren die Beziehungen zur Schweiz auf die Publikation der Wittnauer Horn Grabung beschränkt, für die Bersu, wie beschrieben, mindestens noch zwei Mal in die Schweiz reiste und sicher auch intensiv am Manuskript arbeitete, sonst aber wirkte Bersu als Ausgräber hauptsächlich in Bulgarien und in England. Sicher war es die Arbeit an der Publikation, die die Brücke zur Schweiz auch über die Kriegsjahre hinweg gebildet hat. Wie und wann genau Bersu von 1936 am „Horn" gearbeitet hat, lässt sich im Moment nicht erschließen. Das Manuskript mit allen Abbildungen und Tafeln lag jedenfalls bei

[56] A. Mahr war als Vertreter der NSDAP in Irland tätig, er wurde 1927 Leiter der Archäologie am Nationalmuseum in Dublin und konnte nach dem Kongress in Berlin nicht mehr nach Irland zurückkehren. Im Archiv von AS finden sich Briefwechsel aus den Jahren 1937 bis 1938 zwischen Keller-Tarnuzzer und Mahr, die in ihrer Direktheit außergewöhnlich sind. Vgl. dazu Stephan 2004.

[57] H. Reiners, 1884–1960, 1925 Professor für Kunstgeschichte und ab 1940 für Archäologie an der Universität Fribourg, wurde 1945 aus der Schweiz ausgewiesen; M. Rolle, „Reiners, Heribert". In: HLS, Version vom 4.5.2012, übersetzt aus dem Französischen. https://hls-dhs-dss.ch/de/articles/042824/2012-05-04/ (letzter Zugriff: 5.12.2021). Auffällig ist, dass Reiners um 1950 seinen Wohnort mit Unteruhldingen angibt, dem Wohnort von H. Reinerth, als er um Wiederaufnahme in die Schweiz bittet.

[58] H. Fuchs, 1900–1985, Deutscher, Philologe an der Universität Basel von 1932 bis 1970; U. Dill, „Fuchs, Harald". In: HLS, Version vom 18.2.2008. https://hls-dhs-dss.ch/de/articles/043465/2008-02-18/ (letzter Zugriff: 5.12.2021).

[59] Grundlegend dazu Rey 2002.

[60] RGK-A 300 (H. Ammann).

Kriegsausbruch in Berlin. Bersu weilte dagegen in England und wurde dort mit seiner Frau zusammen ab Frühjahr 1940 als *enemy alien* auf der Isle of Man interniert[61].

Zusammengerechnet dürfte sich Bersu nach Ende Januar 1933 bis Sommer 1939 mindestens acht bis zehn Monate in der Schweiz aufgehalten haben – davon ein beachtlicher Teil, während er noch in Frankfurt im Amt war. Die Bearbeitung und Publikation der in der Schweiz wichtigen Grabungen auf dem Wittnauer Horn setzte er nach der Übersiedlung nach Berlin fort. Dies bildete einen wichtigen Schwerpunkt in seinen verschiedenen Projekten, allgemein dürfte aber die Auseinandersetzung mit Schweizerischen Themen in den Hintergrund getreten sein. Aus den bisher konsultierten Dokumenten lassen sich keine Indizien dafür herausschälen, dass Bersu die Schweiz allenfalls als Exilort in Erwägung gezogen hat[62]. Zumindest bis ins Jahr 1935 hinein lesen sich die Akten, als hätte Bersu die Entwicklung in Deutschland nicht als für ihn persönlich bedrohlich angesehen. Die Tatsache, dass es Wiegand und anderen gelungen war, eine Ausnahmeregelung für Bersu im Hinblick auf seine Funktion durchzusetzen und das Scheitern der Bemühungen Reinerths, das ganze Fach gleichzuschalten, dürften bis zu diesem Zeitpunkt ermutigend gewirkt haben. Dass Sprockhoff keine Anstrengungen mehr unternahm, um das Wittnauer Horn in Deutschland zu publizieren und Bersu in Deutschland faktisch nicht mehr publizieren konnte, schien ihn direkt nach dem Krieg mehr empört zu haben, als die Intrigen und Druckversuche von Reinerth und dessen Anhängern. Die Tatsache, dass die Gefahr für Bersu und seine Frau vom wissenschaftlich verbrämten Rassismus und den daraus folgenden, immer unmenschlicheren Maßnahmen der Nationalsozialisten ausging, wurde in den Unterlagen nie thematisiert. Wie bewusst schließlich das Ehepaar Bersu ihre letzte Reise nach England trotz Kriegsgefahr unternommen haben, bleibt offen – sie hat ihm wohl das Leben gerettet.

## „Das Buch ist zu einem echten Kind des Krieges geworden"[63] – Briefe aus England

Zum Zeitpunkt der Internierung des Ehepaars Bersu in England war noch nicht vereinbart, dass das Manuskript zum „Horn" in der Schweiz gedruckt würde. Dies erwirkte schließlich Laur-Belart, der nun mit einer Monografienreihe der SGU, die sich im Erscheinungsbild durchaus an die Römisch-Germanischen Forschungen anlehnte, ein geeignetes Publikationsgefäß besaß. Mit Schreiben vom 19. März 1941 teilte Sprockhoff Laur-Belart mit[64], dass Ammann, der zuletzt mit ihm in Verbindung gestanden war, nichts mehr habe von sich hören lassen und somit einer Veröffentlichung des Wittnauer Horns in der Schweiz nichts im Wege stehe. Am 2. Juli 1941 gelangte dann Laur-Belart an Schleiermacher und bat um Zusendung des Manuskriptes und aller Unterlagen sowie um Mitteilung der Adresse Bersus. Das Manuskript gelangte am 11. August 1941 per Post in die Schweiz. Bei der Kontrolle wurde das Fehlen von vier Phasenplänen bemerkt und auch die

[61] Mytum 2017, 107–112; gemäß H. Mytum versuchte Bersu noch bei Kriegsausbruch nach Deutschland zu gelangen. Siehe auch in diesem Band den Beitrag von Harold Mytum.

[62] Ob Bersu aktiv ins Exil gegangen ist oder nicht, war offenbar direkt nach dem Krieg nicht bekannt, so erwähnt M. Schede, Präsident des DAI von 1938 bis 1945, im Rahmen seines Entnazifizierungsverfahrens, dass er sich für Bersu eingesetzt habe, auch für dessen Ausreise ins Ausland: Maischberger 2016, 176–177; 193–194. Ich gehe heute davon aus, dass Bersu keine Absichten hatte, ein Exil zu suchen. Darauf deutet auch die folgende Internierung in England hin, wo sich Bersu nicht aktiv als Opfer des Nationalsozialismus präsentierte.

[63] Vorwort von Laur-Belart in: Bersu 1945.

[64] Archiv AS, Basel.

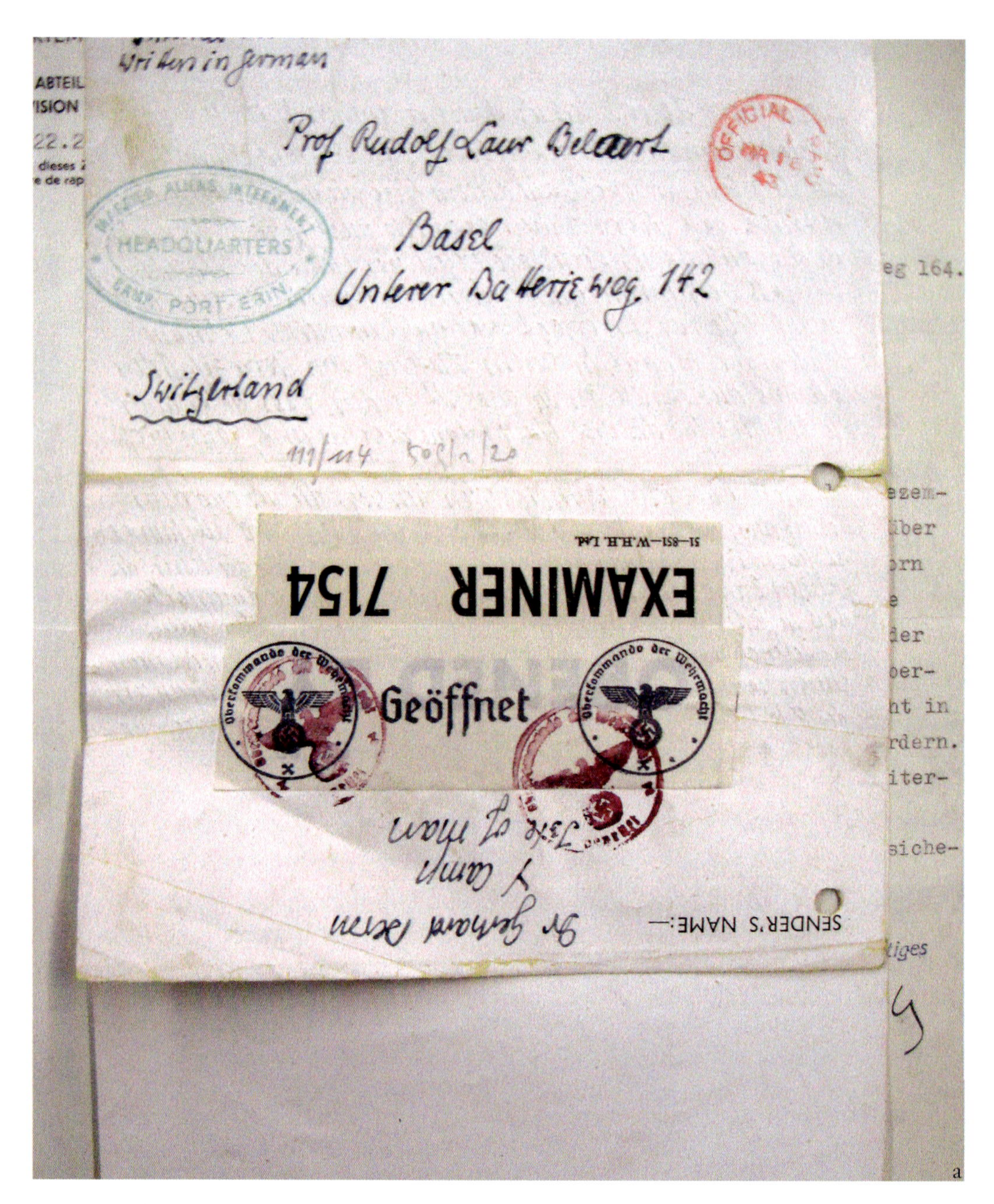


Abb. 6a. Außenseite des Briefs von Bersu an Rudolf Laur-Belart vom 14. März 1943 mit englischen und deutschen Zensurstempeln. Interessant die Rücksichtnahme der deutschen Behörden auf die englischen Stempel und Zensurvermerke. (Archiv AS, Konvolut Wittnauer Horn].

Adresse von Bersu war nicht bekannt. Laur-Belart versuchte in der Folge über Fachkollegen in England und über das „Comité international de la croix rouge" (CICR) in Genf die Adresse von Bersu zu erfahren. In einer dorthin gesandten Suchanfrage vom 1. September 1941 wird Bersu von Laur-Belart als „Halb-Israelit" bezeichnet, ein Begriff, der aus dem nationalsozialistischen Vokabular kommt und im Falle von Bersu, der in England nicht als Exilierter, sondern Internierter Angehöriger eines feindlichen Staates galt, keinen Sinn machte. Unter Mithilfe von Wilhelm Unverzagt (1892–1971) in Berlin und der Schwester

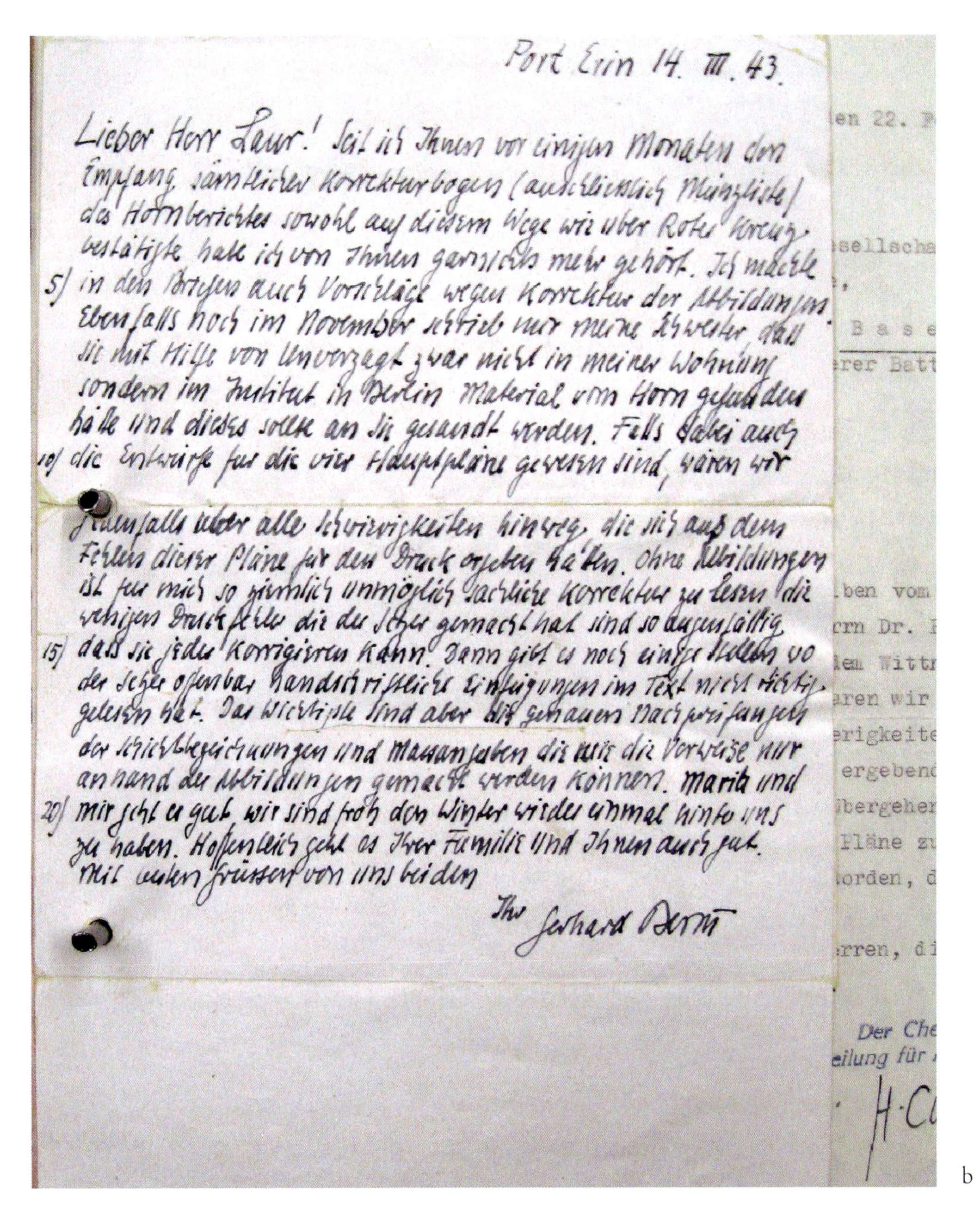

Port Erin 14. III. 43.

Lieber Herr Laur! Seit ich Ihnen vor einigen Monaten den Empfang sämtlicher Korrekturbogen (ausschliesslich Münzliste) des Hornberichtes sowohl auf diesem Wege wie über Rotes Kreuz bestätigte habe ich von Ihnen garnichts mehr gehört. Ich machte in den Briefen auch Vorschläge wegen Korrektur der Abbildungen. Ebenfalls noch im November schrieb mir meine Schwester daß sie mit Hilfe von Unverzagt zwar nicht in meiner Wohnung sondern im Institut in Berlin Material vom Horn gefunden hätte und dieses sollte an Sie gesandt werden. Falls dabei auch die Entwürfe für die vier Hauptpläne gewesen sind, wären wir jedenfalls über alle Schwierigkeiten hinweg, die sich aus dem Fehlen dieser Pläne für den Druck ergeben hätten. Ohne Abbildungen ist für mich so ziemlich unmöglich sachliche Korrektur zu lesen die wenigen Druckfehler die der Setzer gemacht hat sind so augenfällig, dass sie jeder korrigieren kann. Dann gibt es noch einige Stellen wo der Setzer offenbar handschriftliche Einfügungen im Text nicht richtig gelesen hat. Das Wichtigste sind aber die genauen Nachprüfungen der Schichtbezeichnungen und Massangaben die nur die Verweise nur anhand der Abbildungen gemacht werden können. Maria und mir geht es gut, wir sind froh den Winter wieder einmal hinter uns zu haben. Hoffentlich geht es Ihrer Familie und Ihnen auch gut. Mit vielen Grüssen von uns beiden

Ihr Gerhard Bersu

b

Abb. 6b. Innenseite des Briefs von Bersu an Rudolf Laur-Belart vom 14. März 1943. Die Zeilenzahl war beschränkt. (Archiv AS, Konvolut Wittnauer Horn].

von Gerhard Bersu, Lotte Uebel, die schließlich Ende Januar 1942 Laur-Belart über die Adresse informierte, gelang die Kontaktnahme. Tatsächlich antwortete Bersu erstmals am 1. März 1942 auf Englisch, dies mit Rücksicht auf die englische Zensur und wohl zum Ärger der deutschen Kontrollstelle, die auch ihre Stempel auf dem Brief hinterlassen hat *(Abb. 6a)*. Auf den 24 erlaubten Zeilen beantwortete Bersu Fragen nach dem Manuskript und riet Laur-Belart, einen diplomatischen Weg über die Gesandtschaften der Schweiz für den weiteren Austausch von Informationen zu nutzen. Der praktisch identische Wortlaut der ersten Rückmeldung von Bersu – allerdings in Französisch – wurde auch vom CICR am 7. April 1942 an Laur-Belart übermittelt, der sofort Demarchen beim Bundesrat bzw. zuständigen Departement für die Nachrichtenübermittlung vornahm, die positiv beantwortet werden. Gleichzeitig fehlten immer noch vier Pläne und die Suche danach ging in Deutschland weiter. Der Kontakt zwischen Laur-Belart und Bersu funktionierte nun sowohl über die Botschaft wie über das CICR und Bersu erhielt erste Druckfahnen bzw. Unterlagen. Wie aus einem Schreiben von Bersu vom 14. März 1943 hervorgeht, lief die Korrespondenz von der Schweiz nach England besser als umgekehrt *(Abb. 6b)*. In Basel wurde unterdessen der junge Archäologe Walter Drack (1917–2000) von Laur-Belart mit der Arbeit am Manuskript beauftragt, die immer noch fehlenden Phasenpläne wurden nun nachgezeichnet. Vogt, der wie Laur-Belart 1934 und 1935 die Grabungen auf dem Horn mitbeaufsichtigte, weigert sich auf Anfrage von Drack ohne Einwilligung von Bersu Korrekturen vorzunehmen und schickte das ihm zugesandte Manuskript postwendend zurück[65]. Das Verhältnis zwischen Laur-Belart und Vogt wie auch zwischen anderen Archäologen in der Schweiz wurde immer wieder durch solche kleineren Gehässigkeiten belastet.

Der regelmäßige Kontakt zwischen Bersu und Laur-Belart funktioniert erst ab Anfang 1945 wieder[66]. Nach wie vor gelangten aber die Korrekturen von Bersu an den Fahnenabzügen der Publikation nicht zurück in die Schweiz, was zur erneuten Intervention beim Eidgenössischen Politischen Departement durch Laur-Belart führt.

So erreichten die Korrekturen schließlich nicht mehr rechtzeitig vor Drucklegung die Schweiz, was zum erwähnten, umfangreichen Korrekturbeiblatt führte und Bersu offenbar ziemlich verärgerte. Erst ein Schreiben vom 14. Juni 1945 kam als erstes ausführlicheres Dokument von Bersu in der Schweiz an *(unten, Dokument 1)*, das Laur-Belart am 28. Juni beantwortete und in dem er Bersu verschiedene Informationen zur aktuellen Situation in Deutschland weiterleitete bzw. gab. Diese hatte er weitgehend von Werner, der seit Anfang April 1945 in der Schweiz interniert war, erhalten. Gleichzeitig teilte er Bersu mit „Ihr Buch ist bereits im Druck". Mit weiteren Schreiben vom 9. bzw. 14. Juli gab Laur-Belart eine vertiefte Beschreibung der Informationen über die Archäologie in Deutschland gegen Ende des Krieges. Bersu antwortete mit einem ausführlichen Brief am 15. Juli 1945 in dem er zur Drucklegung, zu Mängeln an der Publikation aber auch das einzige Mal ausführlich zur Situation in Deutschland nach dem Krieg Stellung bezieht und der deshalb hier als zweites Dokument transkribiert wird.

## Dokument 1 (Interpunktion nicht korrigiert)

Briefkopf des „Manx Museum", Tinte auf Briefbogen, doppelseitig

*Douglas, Isle of Man, 14.6.45*

*Lieber Herr Laur. Ich hoffe Sie haben meinen letzten Brief erhalten den ich vom Camp an Sie geschrieben hatte. Andererseits habe ich nichts mehr von Ihnen noch von der Gesandschaft gehört. Inzwischen sind [wir] wieder frei und dank der Zuwendung dieses Museums leben wir nun in Douglas und ich arbeite die Ergebnisse meiner Grabungen hier auf, was ungefähr 3 Monate in Anspruch nehmen wird. Was dann wird weiss ich noch nicht. Ich versuche von hier*

[65] Die Schwierigkeiten im Austausch auch im Jahresbericht der SGU: Uehlinger 1943, 9.

[66] Alle Dokumente: Archiv AS, Basel, Dossier Wittnauer Horn.

*nun Fühlung mit der Aussenwelt wieder aufzunehmen was vom Camp aus natürlich nicht einfach oder fast unmöglich war. Ich habe gleichzeitig mit diesem Brief meine neue Adresse an Ihre Gesandschaft in London mitgeteilt, denn ich glaube es ist immer noch notwendig ein Schreiben von der Gesandschaft zu haben ehe ich Ihnen meine Korrekturen zusenden kann. Ich habe ihre Gesandschaft gebeten Erkundigungen einzuziehen auf welchem Wege ich Ihnen die Korrekturen schicken kann da ich technisch natürlich immer noch „ennemy alien" bin und ich nicht weiss über welche Zensurstelle die Sendung zu leiten ist und ich nicht riskieren möchte dass das Material bei irgendeiner Zensurstelle liegen bleibt, was sicher geschieht, wenn diese Stelle nicht von autoritativer Seite weiss worum es sich hier handelt. Das gleiche gilt natürlich für das Material das ich von Ihnen erhalten habe: Fahnen vom jetzigen Zustand der Publikation, Abzüge der Abbildungen von denen ich ja nur die Lichtpausen der Strichzeichnungen hatte und Abzüge der rekonstruierten Pläne. Dies alles dürfte da nun der Krieg zu Ende ist sehr viel einfacher sein und so hoffe ich bald von Ihnen zu hören. Sollte es möglich sein, hier uns Drucksachen zu senden, so wäre ich für die Hefte der „Urschweiz" dankbar, die englische Gesandschaft in Bern wird Ihnen sicher Auskunft geben können ob das möglich ist. Sie werden sicher auch Hawkes und Kendrick vom Britischen Museum (Dpt of Bristish and Medieval Antiquities) eine Freude machen, wenn das Museum die im Krieg erschienene Schweizerische Archaeologische Literatur erhält. Da noch kein Postverkehr mit Deutschland besteht, habe ich natürlich noch nichts über den Zustand der Museen usw. gehört. Dinge die die Zeitungen nicht viel interessieren und noch weniger was aus meinen früheren Kollegen geworden ist. Da andere Probleme als unsere Wissenschaft so viel dringender sind, fürchte ich, wird es noch lange dauern, bis diesen Dingen mehr Fürsorge als dem Dringendsten zugewandt werden kann. Die englischen Kollegen, mit denen ich noch in Fühlung bin haben mit den eigenen Angelegenheiten genug zu tun. So habe ich auch noch keine Pläne für die Zukunft und bin nur glücklich, dass meine allernächste Zukunft gesichert ist. Das ist keine sehr angenehme Situation aber es könnte ja noch viel schlimmer sein. Für Maria, die mir mächtig geholfen hat und hilft ist das schwer zu ertragen. Wildberger würde seine Freude an dem Höhenkurvenatlas haben den sie dank der guten Schule durch den sie bei ihm gegangen ist, von meinem letzten Grabungsobjekt gemacht hat. Es war dies ein eisenzeitlicher Ringwall, der später als frühchristlicher Begräbnisplatz (6-8 Jhdt) genutzt wurde und auf dessen höchster Stelle dann ein Wiking in seinem Schiff 10 m lang bestattet wurde. Dies Grab lieferte schöne Funde. Es blieb trotzdem es eine heidnische Bestattung war ungestört als der Hügel dann wieder als christlicher Friedhof benützt wurde und eine kleine dem heiligen Michael gebaute Kapelle dort errichtet wurde. Und um alles noch etwas komplizierter zu machen, war der Berg schon in neolithischer Zeit besiedelt, frühneolithische Werkzeuge zum ersten Mal in England zusammen mit Keramik. Ausserdem gab es noch einige bronzezeitliche Brandgräber. Gesundheitlich geht es uns beiden gut. Nach den 5 Jahren Abgeschlossenheit von der äusseren Welt ist es nun etwas schwierig sich an das Leben in der Freiheit wieder zu gewöhnen. Doch das wird auch kommen, zumal man sehr hilfsbereit und freundlich zu uns ist. Es würde mich sehr freuen auch von meinen anderen Freuden wie Gerster, Vogt einmal zu hören. Grüssen Sie bitte alle vielmals und seien Sie und Ihre Frau herzlichst gegrüsst von uns beiden*

*Ihr Gerhard Bersu*

## Dokument 2

*Air Mail*

*15.VII. 45*

*Lieber Herr Laur!*
*Haben Sie vielen Dank für Ihren Brief vom 28. Juni. Wie erfreulich, dass die Post nun wieder schneller geht und wenn Ihr Drucker nicht so eilig wäre – was ich verstehen kann – so hätten wir die Korrekturen fast normal austauschen können. So blieb die Arbeit ganz an Ihnen hängen und Sie werden sicher viel Mühe und Arbeit gehabt haben. Dann schliesse ich aus Ihrem Brief, dass auch zwei Blätter mit den Anmerkungen scheinen in Frankfurt ebenso verschlampt worden zu sein wie wohl auch jener Schlüssel für die Anordnung der Strichzeichnungen auf Tafeln die so gezeichnet und ausgesucht waren, dass sie bei gleichmässiger Reduktion auf Tafeln angeordnet werden können. Immerhin muss es für Sie eine grosse Genugtuung gewesen sein, dass Sie mit Recht sagen können, dass nur Ihre Energie und Eifer das Ergebnis der Horngrabung überhaupt gerettet hat. Ich werde so sehr ich mich freue, dass die Publikation nun doch fertig geworden ist ein bitteres Gefühl nicht los, dass durch die kleinliche Feigheit von Sprockhoff eine klare deutsche Verpflichtung nicht erfüllt wurde, eine Verpflichtung, die Wiegand stets anerkannt hatte und um die sich auch Schede nicht drücken wollte. Ich kann mir nicht helfen, das Verschwinden der Pläne auch nicht unbeabsichtigt anzusehen. So wurde Ihnen zu Ihrer grossen Freundlichkeit mich mit der Leitung der Grabung zu betrauen, nun auch noch die grosse Arbeit der Drucklegung unter so schwierigen Umständen aufgehalst ganz abgesehen von der finanziellen Leistung. Mit dem Ausfall des deutschen Marktes wird der Absatz solcher wissenschaftlichen Publikationen recht beschränkt werden. Der zweite Teil Ihres Briefes zeigt ja nur zu schauerlich, wohin die Feigheit geführt hat. Ich hatte nie verstanden, dass Leute, die historische Schulung hatten, nicht begreifen wollte, dass der Kurs von 1933 zu einem solchen Ende führen musste. Ich hoffe, dass Werner seine Lektion gelernt hat, nachdem ihm das Schicksal jenes grausige Ende erspart hat, das W. Rest[67] zu meinem grossen Kummer unverdient erlitten hat. Falls es nicht zu spät ist, möchte ich das Buch gern dem Andenken dieses tüchtigen, jungen Mannes und Freundes widmen, der ein grosses Verdienst um das Gelingen der Grabung hatte. Ein Blatt mit: „Walter Rest zum Angedenken" und den zwei Daten (Geburtsjahr und Tod), wenn sie zu erfahren sind sonst nur ein +, scheint mir ein würdiges Denkmal für ihn, der ja auch Freunde bei Ihnen in der Schweiz hatte. – Sie können sich denken, wie gespannt ich bin das Buch nun zu sehen. Ich weiss nicht, ob Bücher aus der Schweiz schon geschickt werden können. Aber auf dem Wege über Ihre Gesandschaft in London (via Bern) oder englische Gesandschaft Bern könnte ich sicher ein ausgedrucktes Exemplar erhalten und beide Stellen werden wissen, ob die Sendung durch den englischen Zensor zu leiten ist, damit diese Verpflichtung nicht umgangen wird, falls sie noch besteht. Ich glaube, dass das auch einen gewissen praktischen Zweck erfüllen könnte. Wie Sie richtig schreiben, ergibt sich aus der Drucklegung zwangsläufig, dass der eine oder andere Fehler trotz Ihrer und Ihrer Mitarbeiter Mühe mit untergelaufen ist. Ich könnte Ihnen diese mitteilen und Sie könnten dann ein Berichtigungsblatt drucken und dem Werk beilegen ehe es in den Verkehr kommt, bzw. den Exemplaren die Bibliotheken und wissenschaftliche Benutzer bekommen, für jene Exemplare die Persönlichkeiten bekommen, die ein Verdienst um die Sache hatten, kommt dies ja nicht so in Betracht.*

[67] W. Rest, Freiburg im Breisgau, 1911–1942. War mit Bersu sowohl auf dem Wittnauer Horn wie auch in Sadovec auf Grabung, 1942 an der Ostfront gefallen. Vgl. dazu W. Kimmig, Bad. Fundber. 18, 1948/1950, 21–23.

*Schreiben Sie mir bitte auch, wem ich offiziell zu danken habe, dass Sie von Schweizer Seite das Buch zum Druck brachten. Ein Dankesbrief ist das mindeste, was ich in dieser Sache tun kann. Unabhängig davon möchte ich Sie auch bitten, falls Sie das Buch Kollegen schicken, einen Gruss von mir mit meiner jetzigen Adresse beizulegen. Lantier*[68] *in St. Germain würde sich freuen. Ich hörte durch englische Kollegen, dass er die Besatzungszeit einigermassen überstanden hat und bekam Grüsse übermittelt. Ich hoffe, die Herren des Komitees*[69] *wie Ammann, Matter, Senti, Bosch sind wohlauf und dass es auch Gerster und Vogt gut geht, grüssen Sie alle und ich würde gerne von Ihnen hören.*

*Ich habe noch keine Ahnung, was aus uns werden wird, wenn meine Arbeit hier erledigt ist. Ich habe manchmal das Gefühl einer gewissen moralischen Verpflichtung zu versuchen zu helfen, die Schäden, die die Nazis auf unserem Gebiet angerichtet haben, wieder in Ordnung zu bringen und meine englischen Kollegen raten mir sehr mich dieser Aufgabe in Deutschland zu widmen zumal mir meine nach dem letzten Krieg gesammelte Erfahrungen sicher von Nutzen sein würden. Nachdem man einmal erfolgreich versucht hatte, die Dinge wieder auf die Beine zu bringen, deswegen gemein beschimpft wurde und sehen musste, wie alles wieder ruiniert wurde, hat man mit 56 Jahren nicht den Optimismus von 30 in einer damals viel einfacheren Situation. Ich kann mir von hier überhaupt kein Bild machen, ob unter den diesmal so veränderten Umständen ein erfolgreiches Arbeiten möglich ist. Dass dies hier nur ein Minimalprogramm sein kann ist klar, es wird sich nur darum handeln können, zunächst die gefährdete Substanz zu retten zu versuchen. Das wird von zwei Faktoren abhängen 1) den Besatzungsbehörden 2) ob in Deutschland überhaupt noch Leute da sind, die willens und geeignet sind unsere Wissenschaft wieder aufzurichten. 1) Versuche ich zur Zeit die Beziehung zu den entsprechenden Stellen der Okkupationsbehörden mit Hilfe meiner Freunde aufzunehmen. Zu Punkt 2 sollte man mehr über die Personalien wissen, wer noch am Leben ist und deshalb bin ich Ihnen für jede Mitteilung in dieser Richtung dankbar. Mit Leuten der älteren Generation wie Behrens*[70]*, Fremersdorf*[71]*, Oelmann*[72] *Kutsch*[73]*, Woelke*[74]*, Stieren*[75] *[nachträglich eingefügt am Rand] wäre sicher zu arbeiten aber leben sie noch? Was macht eigentlich Merhart? Was ist aus den wilden Leuten wie Reinerth und seiner Umgebung und Richthofen geworden? Ich bin herzlos genug zu sagen, dass ihr Ende einen Wiederaufbau sehr erleichtern würde. Werner bitte ich Sie von mir zu grüssen und wenn sie meinen, dass man ihm irgendwie helfen kann und soll schreiben sie mir bitte, was ich tun kann. Denn er hat sich, wie z. B. Dehn, solange ich mit ihm noch in Verbindung war, immer anständig gegen andere und mich benommen und hatte ein gewisses Gefühl für wirkliche internationale wissenschaftliche Zusammenarbeit aber ich weiss natürlich nicht wie er sich in den Zeiten des Krieges entwickelt hat und ob ihn sein manchmal naiver Ehrgeiz in unbedachte Gefahren gebracht hat. Ich denke auch manchmal daran ob man die Institute nicht auf internationaler Basis neu aufbauen sollte so wie unser Institut in Rom bei seiner Gründung vor 120 Jahren war. Ich plante ähnliches nach der letzten Krise mit Hilfe*

[68] Raymond Lantier, 1886–1980, Kurator am Musée des Antiquités Nationales in Saint-Germain-en-Laye von 1933–1956.

[69] Gemeint ist die Kommission für die Ausgrabungen auf dem Wittnauer Horn.

[70] Gustav Behrens, 1884–1955. 1927 Direktor des RGZM in Mainz.

[71] Fritz Fremersdorf, 1894–1983. Ab 1923 in Köln tätig, Bodendenkmalpfleger und Museumsdirektor.

[72] Franz Oelmann, 1883–1963. Während des Krieges in Bonn tätig.

[73] Ferdinand Kutsch, 1889–1972. War ab 1931 als Präsident des Vereines der West- und Süddeutschen Verbandes für Altertumsforschung in Opposition zu Reinerth.

[74] Karl Woelke, Gründungsdirektor des Museums für heimische Vor- und Frühgeschichte Frankfurt a. M.

[75] August Stieren, 1885–1970. Während des Krieges Professor in Münster.

*des Völkerbundes aber das Institut de Collaboration Intellectuelle war keine geeignete Stelle. An dies zu denken, ist sicher zu früh und als Deutscher ist man kein geeigneter Promotor einer solchen Idee und solange so viele schuldlose Leute in Europa hungern, ist es keine Zeit an solches zu denken. Doch ich meine wir Ueberlebenden sollten stets sehen, dass unsere Wissenschaft nicht untergeht es wird an anderem nicht fehlen unsere Pläne mit den sogenannten Realitäten in Einklang zu bringen. – Das ist nun ein langer Brief geworden in der Freude einmal einem alten Freunde schreiben zu können der auch nie verzweifelte und der gegen viele Wiederstände, wie die Adresse zeigt, etwas erreichte. Seien Sie, ihre Frau und Ihre Mitarbeiter, wie Wildberger vielmals gegrüsst von meiner Frau und von Ihrem Gerhard Bersu. FSA*

In einem weiteren, persönlichen Brief vom 5. Oktober 1945 bedankt sich Bersu für das Buch, das ihn nun erreicht hat und lässt sich nochmals über Fragen der Publikation aus. Erneut bezichtigt er Sprockhoff der Feigheit, weil sich dieser nicht klar für oder gegen eine Drucklegung ausgesprochen habe. Er weist auch darauf hin, dass Ammann im Winter 1937/38 das Manuskript in Berlin eingesehen habe. Der Briefwechsel mit handschriftlichen Briefen Bersus an Laur-Belart zieht sich – so weit im Archiv von AS nachgewiesen – bis ins Jahr 1947 hinein. Dabei spielt die Publikation zum Wittnauer Horn eine wichtige Rolle. Bersu äußert sich aber auch zu seiner Situation und macht Überlegungen zu Organisation der Archäologie in Deutschland nach dem Krieg. Bisweilen wird auch auf Werner hingewiesen, dessen Korrespondenz mit Bersu offenbar eine Zeitlang über Laur-Belart läuft.

Das Wittnauer Horn und die Aufenthalte in der Schweiz spielten wohl für Bersu, der sich noch einmal in den Wiederaufbau der RGK „wirft", wohl nach seiner Rückkehr aus Irland keine große Rolle mehr. Doch fragte am 21. März 1957 Vladimir Miljočić (1918–1978), damals Professor in Saarbrücken[76], Bersu an, ob er ihm Referenzen zu Ammann abgeben könne, da sich dieser um eine Professur für Wirtschaftsgeschichte in Saarbrücken beworben habe. Bersu antwortete am 25. März und gab sich unsicher, ob es sich beim Bewerber um den Ammann handelt, den er kenngelernt hatte und bemerkt „Er hat sich dann politisch ziemlich stark exponiert und hatte bei Kriegsende Schwierigkeiten. Dies aber nur vertraulich für Sie"[77]. Ob Ammann diese Bemerkung bei der Kandidatur genützt hat, ist offen. Auf jeden Fall bekam er, der sein deutsches Netzwerk nach seiner Entlassung in der Schweiz nutzte, die Professur und konnte seine Karriere im Saarland fortsetzen. Die Beziehungen von Bersu in die Schweiz dauerten nach dem Krieg und insbesondere mit der Wiederaufnahme der Arbeit in der RGK an. Das Thema soll hier aber nicht mehr weiter vertieft werden. Tatsache ist, dass am 3. Internationalen Prähistorikerkongress im August 1950 in Zürich die deutschen Wissenschaftler wieder international Anerkennung fanden und dass Bersu diesen Anlass nutzte, sich länger in der Schweiz aufzuhalten[78]. Die Aufarbeitung der Rolle einzelner Wissenschaftler während der NS-Zeit schien erledigt[79].

## „Ein Trost in dieser hasserfüllten Zeit ..."

Da sich 1945 die Wege von Bersu und Werner über die Schweiz trafen und Werner später zu den bedeutenden Archäologen in Deutschland aufstieg, soll dessen Geschichte noch kurz gestreift werden: Werner, der bis 1942 offiziell für die RGK tätig, aber im Kriegsdienst war,

[76] V. Miljočić ursprünglich serbischer Herkunft, seit dem Zweiten Weltkrieg in Deutschland.

[77] RGK-A 356 (G. Bersu), o. Nr.

[78] Krämer 2001, 81.

[79] Dazu Brem im Druck.

wurde im September desselben Jahres in Straßburg an der „Reichsuniversität" Professor[80]. Er musste diese vor der Eroberung durch die 7. US-Armee am 23. November 1944 verlassen und wirkte anschließend in Würzburg weiter, wurde dann aber wieder zur Armee eingezogen. Der Vormarsch der Alliierten stoppte im Winter 1944/45 für einige Monate am Oberrhein, erst Anfang April 1945 rückte die Erste Französische Armee von General Lattre de Tassigny in Süddeutschland vor und erreichte am 23. April 1945 über den Schwarzwald Radolfzell. Waldshut an der Schweizer Grenze wurde erst am 25. April erobert. Werner musste sich Anfang April als Angehöriger der Luftwaffe im Gebiet des Südschwarzwaldes aufgehalten haben und tauchte am 7. April in der Schweiz auf. Über die Umstände seiner Flucht existieren verschiedene Versionen; die Tatsache, dass er interniert wurde, beweist, dass er als Angehöriger der Wehrmacht in die Schweiz gelangte[81]. Wohl nicht zufällig weilte auch seine Familie im Moment der Desertion im Schwarzwald. Einiges, so auch der Zeitpunkt des Grenzübertrittes vor der Eroberung der Gegend durch französische Einheiten, weist darauf hin, dass Werner sehr gezielt in die Schweiz gelangte, wo er nach einem gewissen Zögern und Abklärungen auch Unterstützung erhielt. In einem Schreiben vom 12. April 1945 an Werner erwähnt Laur-Belart dabei als Grund für die Hilfe: „im Übrigen sind wir dem Archäologischen Institut in Frankfurt a. M. aus Vorkriegszeiten her zu soviel Dank verpflichtet, dass wir uns auch auf diese Weise einmal revanchieren"[82]. In seiner Antwort vom 17. April 1945 führt Werner auf: „Die Anerkennung, die Sie und Vogt dem Wirken des Frankfurter Instituts zollten, mit dem ich seit 1935 eng verbunden bin, ist ein Trost in dieser hasserfüllten Zeit. Diese Bindungen bezeugen doch, dass die sachlich arbeitenden Wissenschaftler trotz des durch Reinerth-Rosenberg verkörperten inneren Terrors nicht auf verlorenem Posten gearbeitet haben." Dass Werner sofort alles daransetzte, seine Rolle in der Zeit von 1933 bis 1945 in ein positives Licht zu setzen und ihm dies auch nachhaltig gelang, belegt ein Artikel in der Schweizerischen Hochschulzeitung, der bis heute zwar erwähnt, aber in seinem Inhalt zu wenig berücksichtigt worden ist[83]. Dass die schließlich freundliche Aufnahme in der Schweiz von Werner selber sehr wohl richtig – nämlich als für die weitere Karriere entscheidend – eingestuft worden ist, ist gemeinhin

[80] Zu Werner vgl. Adam et al. 2001, bes. 137–143; umfassend zu Werner weiter: Fehr 2001 mit der älteren Literatur.

[81] Zu den Ereignissen im Grenzabschnitt: Räber 1989. Das erste Schreiben von Werner an Laur-Belart datiert vom 7.4.1945; Werner erklärt seine Flucht (er hat offenbar den Rhein bei Laufenburg durchschwommen), die er auch im Hinblick auf mögliche Hilfe in der Schweiz unternommen hat und nennt als zu informierende Personen: Tschumi, Vogt, Schefold, Keller-Tarnzuzzer. Wie aus einer Notiz auf dem Schreiben von Laur-Belart hervorgeht, war Vogt Werner gegenüber skeptisch „W. sei S. S.-Mann gewesen", Tschumi dagegen ist für Unterstützung. Werner hat besondere Sorge darum, dass ihm die Haare im Quarantänelager in Olten geschoren würden und bittet Laur-Belart, dies zu verhindern, was, so ein weiteres Schreiben vom 11. April, auch der Fall ist, allerdings weil Werner nicht in dieses Lager kommt. Zu deutschen Deserteuren in der Schweiz vgl. Zumbühl 2010 mit Hinweisen auf die Akten im Bundesarchiv Bern.

[82] Archiv AS.

[83] Werner 1945/46. Wie es dazu kam, dass sich Werner, der noch 1946 an der Schweizergrenze wegen seiner früheren Zugehörigkeit zur NSDAP zurückgewiesen wurde, in dieser Zeitschrift publizieren konnte, ist offen. Immerhin war der Chefredaktor der Zeitschrift, Eduard Fueter, ein früherer Angehöriger der Schweizerischen Frontenbewegung und die Zeitschrift selbst muss dem konservativ bis reaktionären Umfeld zugeordnet werden – sie hatte keinen offiziellen hochschulpolitischen Charakter. Zu Fueter siehe auch Schumacher 2019, 162–165; Th. Fuchs, „Fueter, Eduard". In: HLS, Version vom 26.7.2005. https://hls-dhs-dss.ch/de/articles/027037/2005-07-26/ (letzter Zugriff: 9.12.2021).

bekannt und dokumentiert[84]. Dass auch der direkte und früh über die Schweiz hergestellte Kontakt zwischen Werner und Bersu die eigene Haltung von Bersu beeinflusst hat, ist anzunehmen. Dass Bersu sich zwar zu Werner zuerst kritisch äußerte *(siehe Dokument 2)*, danach aber nicht mehr darauf zurückkam und Werner als Informant nutzte, dürfte auch die Haltung der Schweizer Wissenschaftler beeinflusst haben. Wie die Verbindungen zwischen Bersu und Werner nach dem Krieg waren, wäre im Detail allerdings noch zu erforschen. Werner konnte jedenfalls während bzw. nach seiner Internierungszeit im Auftrag von Vogt und Rudolf Laur-Belart das Gräberfeld von Bülach bearbeiten, das schließlich 1953 in Basel als neunter Band der Reihe der Monografien zur Ur- und Frühgeschichte der Schweiz erschien[85]. Ob dies möglich gewesen wäre, wenn das ganze Curriculum Werners von 1933 bis 1945 und sein Wirken insbesondere an der Reichsuniversität Straßburg[86] bekannt gewesen wären, bleibt offen. Die Mitgliedschaft in der Nationalsozialistischen Deutschen Arbeiterpartei (NSDAP) war in der Schweiz bekannt; diejenige in der Sturmabteilung (SA) dagegen nicht. Wie unter anderem Uta Halle festgestellt hat, war Bersu bereits nach dem Krieg generell darauf bedacht, in erster Linie das Fach in Deutschland wiederaufzubauen und in die wissenschaftliche Community zurückzuführen. Dafür setzte er seine Autorität bei Personen ein, deren Verstrickung mit dem Regime mehr als nur passiv war[87] – diese Haltung spiegelt sich auch in diesen ersten Briefwechseln in die Schweiz wider. Dass sich nach dem Krieg die Schweiz als Drehscheibe für Informationen etablierte, beweisen Briefwechsel, in denen es auch um die Entlastung deutscher Wissenschaftler nach dem Krieg geht[88].

## Würdigung und weitere Fragestellung

Hatte Bersu Freunde in der Schweiz? War er als Wissenschaftler und Fachmann geachtet oder suchte man seine Nähe nur solange er in Amt und Würden war? Aus heutiger Sicht und aufgrund der bis jetzt bekannten Quellen fällt ein Urteil schwer. Tatsache ist, dass in keinem Dokument Bersu mit einem der Schweizer Partner per Du ist[89]. In der Schweiz selbst war diese vertrauliche Anrede in dieser Zeit durchaus noch nicht so weit verbreitet wie heute und insbesondere auf bestimmte Zirkel beschränkt. Dabei spielte die Zugehörigkeit zu sozialen Schichten, gemeinsamen Schulen oder dem Militärdienst eine Rolle. Bersu galt bei den bestimmenden Archäologen in der Schweiz als wissenschaftliche Autorität in Ausgrabungsfragen. Selbst zu Gerster, der Bersu gegenüber nicht in der Schuld stand, ist in den schriftlichen Zeugnissen nichts von einer besonderen Nähe zu spüren. Menschlich

[84] Wie der Schreibende selbst bei zwei Treffen mit Werner 1988 und 1990 feststellen durfte, zeigte dieser eine eigentliche „Helvetophilie". Werner erging es auf jeden Fall deutlich besser als vielen Wissenschaftlern, die vor oder während des Krieges in der Schweiz Zuflucht suchten.

[85] Werner 1953.

[86] Dazu Hausmann 2017; Pinwinkler 2017.

[87] Halle 2014 bes. 57–63.

[88] So etwa ein Schreiben des schwedische Archäologen Adolf Schück (1897–1958) vom 18.5.1946 an Vogt, in dem auf Werners Bemühungen sich selber in ein gutes Licht zu stellen, eingegangen wird. Zu Sprockhoff äußert sich Schück: „Auch ein anständiger deutscher Archäologe, Dr. Sprockhoff, gehörte zum Ockupationsstab [sic] in Norwegen. Er machte sich zwar keiner Grausamkeiten schuldig, aber er half auch nicht den Freiheitskämpfern. – Unsere Auffassung ist, dass die deutsche Wissenschaft nicht allzu unverdient ihre Strafe erhalten hat." Ehemals Archiv Sektion Archäologie, Schweizerisches Landesmuseum, Korrespondenz Vogt.

[89] Bosch und Reinerth sind – so geht aus Briefen hervor – per Du, eine Seltenheit zwischen Schweizerischen und Deutschen Wissenschaftlern dieser Zeit.

muss Bersu in der Schweiz als sehr umgänglicher Mensch gegolten haben, sonst hätte er Anstoß erregt; ihm dürfte sicher die bei Reinerth monierte, vorlaute Art gefehlt haben. Ein deutliches, sehr persönliches Sympathiezeichen ist die Grußpostkarte vom 10. September 1933 *(Abb. 5a–b).* In den schriftlichen Äußerungen Bersus gegenüber Schweizer Kollegen blitzt durchaus auch manchmal herablassender akademischer Dünkel auf. Bersu war sich seiner Fähigkeiten bewusst. Bei der Durchsicht der Dokumente schien es mir, als wäre die Beziehungen zum Berner Archäologen Tschumi von einer größeren Nähe bzw. Ungezwungenheit. Tschumi berichtet Bersu freimütig seine gesundheitlichen Probleme. Es würde sich lohnen, der Beziehung zwischen Bersu und Tschumi besonders nachzugehen.

Wollte man Bersu ab 1933 aus der Schweiz unterstützen, indem man ihm Arbeitsmöglichkeiten anbot? Dies war zeitlich gesehen nur der Fall, als Bersu noch – zwar in Bedrängnis – Erster Direktor der RGK in Frankfurt war. Wieso Bersu diese Einladungen annahm, wo doch der Druck auf ihn in Deutschland enorm war, lässt sich gut damit begründen, dass er durch das DAI bzw. maßgebliche Fachkreise unterstützt wurde. Bersu konnte das, was er wohl am Liebsten tat – Ausgraben – in der Schweiz ohne Druck von außen ausüben und hatte in Zeiss und später Stade in Frankfurt zuverlässige und loyale Vertreter und obendrein die direkte Rückendeckung seines Vorgesetzten Wiegand. Auf den Kernpunkt der Angriffe, nämlich seine jüdische Herkunft, ging er auch in der Schweiz nicht ein. Wie bereits Krämer festgestellt hat, spielt auch Politik in den Dokumenten Bersus kaum eine Rolle. Bersu schien, wie seine Bemerkung zur Saar-Abstimmung zeigt, durchaus außenpolitische Ziele des NS-Regimes zu teilen. Die Ehrenmitgliedschaft der SGU dürfte Bersu und von Merhart im Sommer 1935 als Unterstützungsmaßnahme angetragen worden sein, beide erhielten sie in einem Moment, als sich die SGU davon keinen wissenschaftlichen Gewinn oder Vorteile versprechen konnte. Offen bleibt, wie gut die Schweizer Archäologen die Situation in Deutschland wirklich beurteilen konnten. Die bisweilen ideologische und vor allem aber auch politische Durchdringung der dortigen Wissenschaft fiel den in ihrer Mehrzahl stark nach Deutschland ausgerichteten Wissenschaftlern wohl nicht so auf. Dass Laur-Belart und auch Vogt nach dem Krieg Werner, den man damals auch als „belastet" einstufen hätte können, den Teppich ausrollte – während man mit Emigranten, unter anderem Ernst Stein (1891–1945)[90], sonst nicht so pfleglich umging, muss man wohl dem durchwegs konservativ-bürgerlichen Umfeld der Protagonisten sowie auch dem guten Ruf der RGK und ihres Personals zuschreiben, das ja Reinerth die Stirn geboten hatte. Der 1965 verfasste Nachruf des Berner Professor und Archäologen Hans-Georg Bandi (1920–2016) auf Bersu[91] wirkt aus heutiger Sicht allerdings auffallend wenig engagiert, wenn man die Geschichte des Faches sowie die Rolle des Verstorbenen auch für die Schweiz berücksichtigt. Man muss sich fragen, weshalb nicht einer der alten Bekannten von Bersu wie Gerster, Laur-Belart oder Vogt diesen verfasst haben. War es der Umstand, dass in den 1960er-Jahren auch in der Schweiz allmählich deutlich wurde, dass die einfache Aufteilung zwischen den „bösen Archäologen" (Reinerth und dessen Anhang) und allen übrigen nicht den Tatsachen entsprach, weder wissenschaftlich noch bezüglich deren Verhalten während des NS-Regimes. Wollte man die Vergangenheit lieber ruhen lassen und freute man sich über die nun deutlich verbesserte Situation für archäologische Forschung?

Es lässt sich klar festhalten, dass Bersu einen erheblichen Einfluss auf die Schweizer Archäologie ausgeübt hat und dass er als Autorität in Grabungsfragen galt. Schweizer Archäologen suchten seine Nähe, sie übernahmen auch, etwa was Flächengrabungen anging, seine Grabungsmethoden. Ob engere Freundschaften und Beziehungen bestanden,

[90] Siehe *Anm. 34.*

[91] Bandi 1965, 142.

ist im Moment unklar. In der Korrespondenz herrschte ein sachlicher, sehr am Fach orientierter Austausch vor. Hinweise, dass Bersu allenfalls an ein Exil in der Schweiz gedacht hat, sind keine aufgetaucht. Dagegen erhielt Bersu von seinen Fachkollegen Unterstützung im Kampf gegen Reinerth, der schon vor dem Angriff auf Bersu den meisten Schweizer Archäologen nicht sympathisch war. Die Haltung der Schweizer Archäologen direkt nach dem Krieg gegenüber der deutschen Archäologie und deren Vertretern dürfte durch die eher versöhnliche und abwartende Haltung Bersus beeinflusst worden sein, dessen Haltung gegenüber Werner diesem auch die Türen in der Schweiz öffnete. Bersu hat so auf die Archäologie in Nachkriegsdeutschland schon sofort nach dem Ende des Nationalsozialismus via die Schweiz eingewirkt und nicht erst später, als er wieder in der RGK aktiv war.

Die Erforschung des Themas sollte vor allem durch die Aufarbeitung von Quellen in der Schweiz weiter fortgesetzt werden; Biografien wichtiger Archäologen wie Laur-Belart, Vogt, Tschumi und anderen wären dafür wichtige Schritte.

## Abkürzungen, Quellen- und Literaturverzeichnis

Archiv AS Archiv der Gesellschaft Archäologie Schweiz, früher SGU, Basel. Keine Signaturen.

RGK-A Archiv der Römisch Germanischen Kommission, Frankfurt.

DAI Deutsches Archäologisches Institut

HLS Historisches Lexikon der Schweiz (DHS/DSS)

SGU Schweizerische Gesellschaft für Urgeschichte (heute: Archäologie Schweiz, AS)

## Literaturverzeichnis

Adam et al. 2001
A. M. Adam / I. Bardies / D. Heckenbrenner / J.-P. Legendre / L. Olivier / T. Panke / F. Petry / M. Sary / S. Schnitzler / T. Stern / L. Strauss, L'archéologie en Alsace et en Moselle au temps de l'annexion (1940–1944). Musées de Strasbourg et Metz: Catalogue d'Exposition 2001 (Strasbourg 2001).

Althoff et al. 2016
J. Althoff / F. Jagust / St. Altekamp, Theodor Wiegand. In: Brands / Maischberger 2012, 1–28.

Ammann 1935
H. Ammann, Die Aargauische Archäologische Gesellschaft 1934 und 1935. Argovia 47, 1935, 207–210. https://www.e-periodica.ch/digbib/view?pid=arg-001:1935:47#227 (letzter Zugriff: 5.12.2021).

Ammann 1945
H. Ammann, [Rez. zu]: G. Bersu, Das Wittnauer Horn. Monogr. Ur- u. Frühgesch. Schweiz 4 (Basel 1945). Zeitschr. Schweizer. Gesch. 25, 1945, 579–580.

Bandi 1965
H.-G. Bandi, Geschäftsbericht der Schweizerischen Gesellschaft für Urgeschichte. A. Gesellschaft. Jahrb. Schweizer. Ges. Ur- u. Frühgesch. 52, 1965, 139–142.

Baur 1974
K. Baur, Reinhold Bosch †. In: Argovia 86, 1974, 717–720. https://www.e-periodica.ch/cntmng?pid=arg-001:1974:86::854 (letzter Zugriff: 9.12.2021).

Benz 2018
W. Benz, Im Widerstand. Größe und Scheitern der Opposition gegen Hitler (München 2018).

Benzing 1974
O. Benzing, Otto Ströbel. Schr. Ver. Gesch. Baar 30, 1974, 15–20.

Berger et al. 1995
L. Berger / M. Brianza / P. Gutzwiller / M. Joos / M. Peter / Ph. Rentzel / J. Schibler / W. B. Stern, Sondierungen auf dem Wittnauer Horn 1980–1982. Basler Beitr. Ur- u. Frühgesch. 14 (Basel 1996).

Bersu 1945
G. Bersu, Das Wittnauer Horn. Monogr. Ur- u. Frühgesch. Schweiz 4 (Basel 1945).
Bosch 1930a
R. Bosch, Die römische Villa im Murimooshau. Anz. Schweizer. Altkde. N. F. 32, 1930, 15–25.
Bosch 1930b
R. Bosch, Die römische Villa im Murimooshau, Gemeinde Sarmenstorf (Aargau) (Zürich 1930).
Brands / Maischberger 2012
G. Brands / M. Maischberger, Lebensbilder. Klassische Archäologen und der Nationalsozialismus 1. Menschen – Kulturen – Traditionen. Stud. Forschcluster DAI 2,1 (Rahden 2012).
Brands / Maischberger 2016
G. Brands / M. Maischberger, Lebensbilder. Klassische Archäologen und der Nationalsozialismus 2. Menschen – Kulturen – Traditionen. Stud. Forschcluster DAI 2,2 (Rahden 2016).
Brem 2004
H. Brem, Die Schweiz als Zufluchtsort für Nazi-Archäologen? Eine Replik auf die Rezension von Martina Schäfer, St. Gallen, zum Werk von Uta Halle. Arch. Inf. 27,2, 2004, 259–262.
Brem 2007
H. Brem, Eine ungeschriebene Geschichte – 100 Jahre SGU(F) / Archäologie Schweiz. Jahrb. Arch. Schweiz 90, 2007, 19–26. doi: http://doi.org/10.5169/seals-117918.
Brem 2008
H. Brem, Das Amt und Museum für Archäologie. Thurgauer Beitr. Gesch. 145, 2008, 221–240.
Brem im Druck
H. Brem, Walking on egg shells? Archaeology in Switzerland torn between submission and resistance from 1933 to 1945. In: M. Eickhoff / D. Modl / E. Nuijten (Hrsg.), National-Socialist Archaeology in Europe and its Legacies (im Druck).
Buomberger 2017
Th. Buomberger, Die Schweiz im Kalten Krieg 1945–1990 (Baden 2017).
Delley 2016
G. Delley, Internationalism and lake-dwelling research after the Second World War. In: G. Delley / M. Díaz-Andreu / F. Djindjian / V. M. Fernández / A. Guidi / M.-A. Kaeser (Hrsg.), History of Archaeology: International Perspectives (Oxford 2016) 71–78.
Drack 1987
W. Drack, „Dr. h.c. Alban G.“. Jahrb. Schweizer. Ges. Ur- u. Frühgesch. 70, 1987, 272.
Evans 1989
Ch. Evans, Archaeology and modern times: Bersu's Woodbury 1938 & 1939, Antiquity 63, 240, September 1989, 436–450.
Fahlbusch 2002
M. Fahlbusch, Zwischen Kollaboration und Widerstand: zur Tätigkeit schweizerischer Kulturwissenschaftler in der Region Basel während des dritten Reiches. Basler Zeitschr. Gesch. u. Altkde. 102, 2002, 47–74. doi: http://doi.org/10.5169/seals-118452.
Fahlbusch 2017
M. Fahlbusch, Hektor Ammann. In: Fahlbusch et al. 2017, 21–27.
Fahlbusch et al. 2017
M. Fahlbusch / I. Haar / A. Pinwinkler, Handbuch der völkischen Wissenschaften. Akteure, Netzwerke, Forschungsprogramme (Berlin, Boston[2] 2017).
Färber / Link 2019
R. Färber / F. Link (Hrsg.), Die Altertumswissenschaften an der Universität Frankfurt 1914–1950. Studien und Dokumente (Basel 2019).
Fehr 2001
H. Fehr, Hans Zeiss, Joachim Werner und die archäologischen Forschungen zur Merowingerzeit. In: H. Steuer (Hrsg.), Eine hervorragend nationale Wissenschaft. RGA Ergbd. 29 (Berlin 2001) 311–415.
Gamma 1946
H. Gamma, Dr. h. c. Wilhelm Amrein, 1872–1946. Verhand. Schweizer. Naturforsch. Ges. 26, 1946, 341–345.
Germann 2015
P. Germann, Zürich als Labor der globalen Rassenforschung. Rudolf Martin, Otto Schlaginhaufen und die physische

Anthropologie. In: P. Kuppe / B. C. Schär (Hrsg.), Die Naturforschenden. Auf der Suche nach Wissen über die Schweiz und die Welt, 1800–2015 (Baden 2015) 157–173.

Germann 2016
P. Germann, Laboratorien der Vererbung. Rassenforschung und Humangenetik in der Schweiz 1900–1970 (Göttingen 2016).

Gerster et al. 1968
A. C. Gerster / G. Gerster / P. Gerster / L. Gerster / G. Gerster, Alban Gerster zum 70. Geburtstag 26. Dezember 1968 (Laufenburg 1968).

Gerster-Giambonini 1978
A. Gerster-Giambonini, Der römischen Gutshof im Müschhag bei Laufen. Helvetia Arch. 9,33, 1978, 2–66.

Gramsch 2009
A. Gramsch, „Schweizerart ist Bauernart" – Mutmaßungen über Schweizer Nationalmythen und ihren Niederschlag in der Urgeschichtsforschung. In: S. Grunwald (Hrsg.), ArteFact. Festschrift für Sabine Rieckhoff zum 65. Geburtstag. Univforsch. Prähist. Arch. 172 (Bonn 2009) 71–86.

Grütter 2002
D. Grütter, Eugen Probst (1873–1970) und die Gründung des Schweizerischen Burgenvereins. Mittelalter 7,1, 2002, 11–17.

Halle 2014
U. Halle, „Frey […] hat mal wieder völlig versagt" – Herman-Walther Frey im Netzwerk der Vorgeschichte. In: M. Custodis, Herman-Walther Frey: Ministerialrat, Wissenschaftler, Netzwerker: NS-Hochschulpolitik und die Folgen (Münster, New York 2014) 43–66.

Hausmann 2017
F.-R. Hausmann, Reichsuniversität Strassburg. In: Fahlbusch et al. 2017, 1624–1631.

Jorio 1998
M. Jorio, Die geistige Landesverteidigung und Bundesrat Philipp Etter. Allg. Schweizer. Militärzeitschr. 164,6, 1998, 23.

Joss 2016
A. Joss, Anhäufen, Forschen, Erhalten. Die Sammlungsgeschichte des Schweizerischen Nationalmuseums 1899–2007 (Baden 2016).

Junker 1997
K. Junker, Das archäologische Institut des Deutschen Reiches zwischen Forschung und Politik. Die Jahre 1929 bis 1945 (Mainz 1997).

Kaeser 2006
M.-A. Kaeser (Hrsg.), De la mémoire à l'histoire: l'oeuvre de Paul Vouga (1880–1940), des fouilles de La Tène au « néolithique lacustre ». Arch. Neuchâteloise 35 (Neuchâtel 2006).

Kaeser 2011
M.-A. Kaeser, Archaeology and the identity discours: universalism versus nationalism. Lake-dwelling studies in 19th Century Switzerland. In: A. Gramsch / U. Sommer (Hrsg.), A History of Central European Archaeology. Theory, Methods, and Politics. Archaeolingua, series minor 30 (Budapest 2011) 142–160.

Keller-Tarnuzzer 1931
K. Keller-Tarnuzzer, A. Geschäftlicher Teil. I. Die Gesellschaft und ihre Organe. Jahrb. Schweizer. Ges. Ur- u. Frühgesch. 23, 1931, 1–8.

Keller-Tarnuzzer 1935
K. Keller-Tarnuzzer, A. Geschäftlicher Teil, III. Verschiedene Notizen. Jahrb. Schweizer. Ges. Ur- u. Frühgesch. 27, 1935, 10–11. https://www.e-periodica.ch/cntmng?pid=jas-001%3A1935%3A27%3A%3A121 (letzter Zugriff: 9.12.2021).

Keller-Tarnuzzer 1936
K. Keller-Tarnuzzer, Die Herkunft des Schweizervolkes (Frauenfeld 1936).

Krämer 2001
W. Krämer, Gerhard Bersu – ein deutscher Prähistoriker, 1889–1964. Ber. RGK 82, 2001, 5–101.

Kreis 2004a
G. Kreis, Vorgeschichte der Gegenwart. Ausgewählte Aufsätze 2 (Basel 2004).

Kreis 2004b
G. Kreis, Geschichte zwischen Wissenschaft und Politik. Zum Engagement der Schweizer Historiker 1933-1945. In: Kreis 2004a, 42–56.

Kreis 2004c
G. Kreis, Philipp Etter – „voll auf eidgenössischem Boden“. In: Kreis 2004a, 58–73.
Laur-Belart 1935
R. Laur-Belart, Vindonissa Lager und Vicus. Röm.-Germ. Forsch. 10 (Berlin, Leipzig 1935).
Laur-Belart 1939
R. Laur-Belart, Urgeschichte und Schweizertum (Basel 1939).
Link 2014
F. Link, Disziplinäre Nichtkonsolidierung. Zu den Anfängen der Mittelalterarchäologie in den 1920er und 1930er-Jahren. NTM Zeitschr. Gesch. Wiss. Technik u. Medizin 22, 2014, 181–215.
Lustenberger 2012
W. Lustenberger, Wahr ist, was uns nützt! Zur Urgeschichte im Dienst der Nationalsozialisten. Argovia 124, 2012, 100–113. doi: http://doi.org/10.5169/seals-391287.
Maischberger 2016
M. Maischberger, Martin Schede (1883-1947). In: Brands / Maischberger 2016, 161–201.
Maissen 2016
Th. Maissen, Geschichte der Schweiz (Baden 2016).
Martin-Kilcher 1980
St. Martin-Kilcher, Die Funde aus dem römischen Gutshof von Laufen-Müschhag (Bern 1980).
Mooser 1997
J. Mooser, Die „Geistige Landesverteidigung“ in den 1930er-Jahren: Profile und Kontexte eines vielschichtigen Phänomens der schweizerischen politischen Kultur in der Zwischenkriegszeit. Schweizer. Zeitschr. Gesch. 47,4, 1997, 685–708.
Müller-Scheessel et al. 2001
N. Müller-Scheessel / K. Rassmann / S. von Schnurbein / S. Sievers, Die Ausgrabungen und Geländeforschungen der Römisch-Germanischen Kommission. Ber. RGK 82, 2001, 291–363.
Müller et al. 2003
F. Müller / J. Frey / A. Henssler / Ch. Lötscher, Germanenerbe und Schweizertum. Archäologie im Dritten Reich und die Reaktionen in der Schweiz. Jahrb. Schweizer. Ges. Ur- u. Frühgesch. 86, 2003, 191–198.
Mytum 2017
H. Mytum, Networks of association: The social and intellectual lives of academics in Manx Internement Camps during the Second World War. In: S. Crawford / K. Ulmschneider / J. Elsner (Hrsg.), Ark of Civilzation. Refugee Scholars and Oxford University 1930–1945 (Oxford 2017) 96–116. https://core.ac.uk/download/pdf/131165991.pdf (letzter Zugriff: 9.12.2021).
Näf 2002
B. Näf, Schweiz. In: Der Neue Pauly. Enzyklopädie der Antike. Rezeptions- und Wissenschaftsgeschichte 15,2 (Stuttgart, Weimar 2002) Sp. 1119–1156.
Pinwinkler 2017
A. Pinwinkler, Reichsuniversität Strassburg (Phil. Fak.). In: Fahlbusch et al. 2017, 1632–1643.
Räber 1989
T. Räber, Kriegsende am Rhein. Vom Jura zum Schwarzwald 63, 1989, 123–135. https://www.e-periodica.ch/digbib/view?pid=vjs-001:1989:63::128#10 (letzter Zugriff: 9.12.2021).
Reinerth 1926
H. Reinerth, Die Jüngere Steinzeit der Schweiz (Augsburg 1926).
Rückert 1998
A. Rückert, Pfahlbauleute und Nationalismus, 1920–1945. In: U. Altermatt / C. Bossert-Pluger / A. Tanner (Hrsg.), Die Konstruktion einer Nation. Nation und Nationalisierung in der Schweiz. 18.–20. Jahrhundert. Die Schweiz 1798–1998: Staat – Gesellschaft – Politik 4 (Zürich 1998) 87–100.
Rey 2002
T. Rey, Über die Landesgrenzen. Die SGU und das Ausland zwischen den Weltkriegen im Spiegel der Jahresberichte. Jahrb. Schweizer. Ges. Ur- u. Frühgesch. 85, 2002, 231–254.
Schlaginhaufen 1946
O. Schlaginhaufen, Der Anteil Zürichs an der Entwicklung der Anthropologie in der Zeit von 1895 bis 1945. Festschrift zur

200-Jahr-Feier der Naturforschenden Gesellschaft in Zürich. Vierteljahrsschr. Naturforsch. Ges. Zürich 91,1–4, 1946, 332–347.

von Schnurbein 2001
S. v. Schnurbein, Abriss der Entwicklung der Römisch-Germanischen Kommission unter den einzelnen Direktoren von 1911–2002. Bericht RGK 82, 2001, 137–290.

Schöbel 2002
G. Schöbel, Hans Reinerth. Forscher – NS-Funktionär – Museumsleiter. In: A. Leube (Hrsg.), Prähistorie und Nationalsozialismus. Die mittel- und osteuropäische Ur- und Frühgeschichtsforschung in den Jahren 1933–1945. Stud. Wiss. u. Univgesch. 2 (Heidelberg 2002) 321–396.

Schöbel 2008
G. Schöbel, Hans Reinerth (1900–1990) – Karriere und Irrwege eines Siebenbürger Sachsen in der Wissenschaft während der Weimarer Zeit und des Totalitarismus in Mittel- und Osteuropa. Acta Siculica 2008, 145–188.

Schumacher 2019
Y. Schumacher, Nazis! Facistes! Fascisti! Faschismus in der Schweiz 1918–1945 (Zürich 2019).

Simon 1995
Ch. Simon, Hektor Ammann – Neutralität, Germanophilie und Geschichte. In: A. Mattioli (Hrsg.), Intellektuelle von Rechts. Ideologie und Politik in der Schweiz 1918–1939 (Zürich 1995) 29–53.

Stephan 2004
A. Stephan, Adolf Mahr (1887–1951): His contribution to archeological research and practice in Austria an Ireland. In: G. Holfter / M. Krajenbrink / E. Moxon Browne (Hrsg.), Beziehungen und Identitäten: Österreich, Irland und die Schweiz (Bern, Berlin, Bruxelles, Frankfurt a. M., New York, Oxford, Wien 2004) 105–118.

Tanner 2015
J. Tanner, Die Geschichte der Schweiz im 20. Jahrhundert (München 2015).

Uehlinger 1943
A. Uehlinger, Eröffnungsrede des Jahrespräsidenten der S.N.G., Jahrb. Schweizer. Ges. Urgesch. 34, 1943, 9–18.

Werner 1945/46
J. Werner, Zur Lage der Geisteswissenschaften in Hitler-Deutschland. Schweizer. Hochschulzeitung 19, 1945/46, 71–81.

Werner 1953
J. Werner, Das alemannische Gräberfeld von Bülach. Monogr. Ur- u. Frühgesch. Schweiz 9 (Basel 1953).

Zaugg 2020
Th. Zaugg, Bundesrat Philipp Etter (1891–1977). Eine politische Biografie (Zürich 2020).

Zimmermann 2019
D. Zimmermann, Antikommunisten als Staatschützer. Der Schweizerische Vaterländische Verband 1930–1948 (Zürich 2019).

Zumbühl 2010
D. Zumbühl, 1939–1945: Deutsche Deserteure in der Schweiz. Schweizer. Zeitschr. Gesch. 60, 2010, 395–411. https://www.e-periodica.ch/digbib/view?pid=szg-006:2010:60::684#464 (letzter Zugriff: 9.12.2021).

## Bersu und die Schweiz – eine Annäherung. Einführung und Fragestellung

### Zusammenfassung · Summary · Résumé

ZUSAMMENFASSUNG · Der Artikel bietet eine erste Einschätzung des Wirkens von Gerhard Bersu auf die Archäologie in der Schweiz. Die historischen Dokumente aus verschiedenen Archiven der Schweiz und der RGK zeigen den durchaus beträchtlichen Einfluss Bersus nicht nur durch eigene Ausgrabungen in der Schweiz, besonders seine Ausgrabungen auf dem Wittnauer Horn im Kt. Aargau, sondern auch auf personelle Entscheidungen bei der Besetzung von Stellen. Das Forum hierfür war die „Schweizerische Gesellschaft für Urgeschichte", deren Mitglied er seit 1926 war. Durch die Jahresberichte der Gesellschaft lassen sich die Besuche und aktive Teilnahmen von Schweizer Archäologen auf Bersus Ausgrabungen etwa auf dem württembergischen Goldberg oder im römischen Militärlager von Altrip verfolgen. Besonders verbunden war Gerhard Bersu mit Alban Gerster und den Archäologen Emil Vogt und Rudolf Laur-Belart, die beide lange Jahre die Archäologie in der Schweiz maßgeblich prägten; sie wurden beide durch die RGK gefördert. Auch in der Schweiz brachte Bersu seine Fähigkeit ein, Menschen für die Archäologie zu gewinnen und miteinander in Kontakt zu bringen. Ein Mittel dies auch institutionell sichtbar zu machen, war die Ernennung von Schweizer Archäologen zu korrespondierenden Mitgliedern des DAI. Bersu zog wohl nie in Betracht nach 1933 in die Schweiz auszuwandern, aber einflussreiche Archäologen setzten sich für den Verbleib von Bersu als Erster Direktor der RGK ein.

SUMMARY · The article offers a first assessment of Gerhard Bersu's impact on archaeology in Switzerland. The historical documents from various archives in Switzerland and from the Römisch-Germanische Kommission (RGK) show the great influence exerted by Bersu, not only through his own excavations in Switzerland, especially those on the Wittnauer Horn in Canton Aargau, but also with regard to decisions on the appointment of personnel. The forum for this was the Swiss Prehistoric Society, of which he had been a member since 1926. Through the Society's annual reports, it is possible to trace visits made by Swiss archaeologists to Bersu's excavations and their active participation, for example, at the Goldberg in Württemberg and in the Roman military camp at Altrip. Gerhard Bersu had particularly close ties with Alban Gerster, and with the archaeologists Emil Vogt and Rudolf Laur-Belart, who both had a decisive influence on archaeology in Switzerland and were supported by the RGK. In Switzerland, too, Bersu brought to bear his ability to inspire people with enthusiasm for archaeology and put them in contact with each other. One way of making this institutionally visible was to appoint Swiss archaeologists as corresponding members of the German Archaeological Institute. Bersu probably never considered emigrating to Switzerland after 1933, but influential archaeologists lobbied for him to remain as the first director of the RGK.

RÉSUMÉ · Cet article donne une première impression de l'influence de Gerhard Bersu sur l'archéologie en Suisse. Les documents historiques provenant de différents archives suisses et de la RGK révèlent l'immense influence de Bersu non seulement à travers les fouilles qu'il a menées en Suisse, particulièrement au Wittnauer Horn dans le canton d'Argovie, mais aussi sur des choix personnels concernant l'occupation de postes. Servait alors de forum la « Société suisse de Préhistoire », dont il était membre depuis 1926. Les rapports annuels de la Société permettent de suivre les visites et participations actives d'archéologues suisses sur des fouilles de Bersu, sur le Goldberg dans le Wurtemberg par exemple ou dans le camp militaire d'Altrip. Gerhard Bersu s'était lié d'amitié avec Alban Gerster et les archéologues Emil Vogt et Rudolph Laur-Belart, qui ont tous deux exercé une influence décisive sur l'archéologie suisse. Tous deux furent aidés par la RGK. En Suisse aussi, Bersu déploya tout son talent pour gagner des personnes à l'archéologie et les mettre en contact les unes avec les autres. La nomination d'archéologues suisses comme membres correspondants du DAI fut un moyen de le rendre visible au niveau institutionnel. Bersu n'envisagea à aucun moment de s'exiler en Suisse après 1933, mais des archéologues influents s'engagèrent pour son maintien comme premier directeur de la RGK. (Y. G.)

Adresse des Verfassers

Hansjörg Brem
Amt für Archäologie des Kt. Thurgau
Schlossmühlestr. 15
CH-8510 Frauenfeld
E-Mail: Hansjoerg.brem@tg.ch
https://orcid.org/0000-0001-7099-6497

# Seeing differently: Rereading Little Woodbury

By Christopher Evans

*Schlagwörter:* *Historiografie / Arbeitstechniken im Feld / Quellenkritik / national(istisch)e Archäologien / Gebäudetypen und Rekonstruktionen / Rundhäuser*
*Keywords:* *Historiography / fieldwork technique / source criticism / national(ist) archaeologies / building types and reconstruction / roundhouses*
*Mots-clés:* *historiographie / technique du travail de terrain / critique des sources / archéologies nationales (-istes) / types de construction et reconstitution / maisons*

> Curiously enough, one cannot read a book; one can only reread it (Nabokov, "Lectures on Literature", 1980)

This effort requires situation. Looking back to this seminal site – Gerhard Bersu's (1889–1964) excavations of eighty years ago and, then, my youthful appraisal to mark its fiftieth anniversary[1] – my interest in Little Woodbury and early-day forays into the subject's historiography were entirely 'present-ist'[2]. Preparing to write-up the Haddenham Project findings[3], I wanted to know what were both the intellectual and more pragmatic roots – the 'baggage' – of its major components: first, its great causewayed enclosure and, then, the Iron Age roundhouses that survived so well on one of its sites[4]. By what basis were these 'types' interpreted and how had any understanding of them been achieved?

In the case of Haddenham's roundhouse settlement, Bersu's Little Woodbury excavations of 1938 and 1939 was the obvious starting point *(fig. 1)* and, with it, his dismissal of the ubiquitous 'pit dwellings' that had long-dominated Britain's prehistoric settlement architecture:

> "On this subject archaeologists have waged a stubborn battle. Clearly the imaginative appeal of the pit-dwelling is very great … Reason, however, prosaic, has triumphed in the end and banished the pit-dweller from our history"[5].

Embarking on that appraisal, the extraordinary conditions under which the fieldwork was conducted – both political (i. e. the war) and its disciplinary context (e. g. the rise of functionalism) – soon featured as much in the 1989 paper as Bersu's own excavation techniques and interpretative framework.

Going on, thereafter, to consider Bersu's Isle of Man roundhouse sites[6] and, too, the formulation of British archaeology during the war and its 'modernist' aftermath[7], in the years since there have been a number of site-specific historiographical exercises. Including David L. Clarke's (1937–1976) sole excavation project, Great Wilbraham in Cambridgeshire[8],

[1] Evans 1989.
[2] Murray / Evans 2008.
[3] Evans / Hodder 2006.
[4] Evans 1988; 1989.
[5] Hawkes / Hawkes 1943, 93; see *fig. 5*.
[6] Evans 1998.
[7] Evans 1995.
[8] Evans et al. 2008.

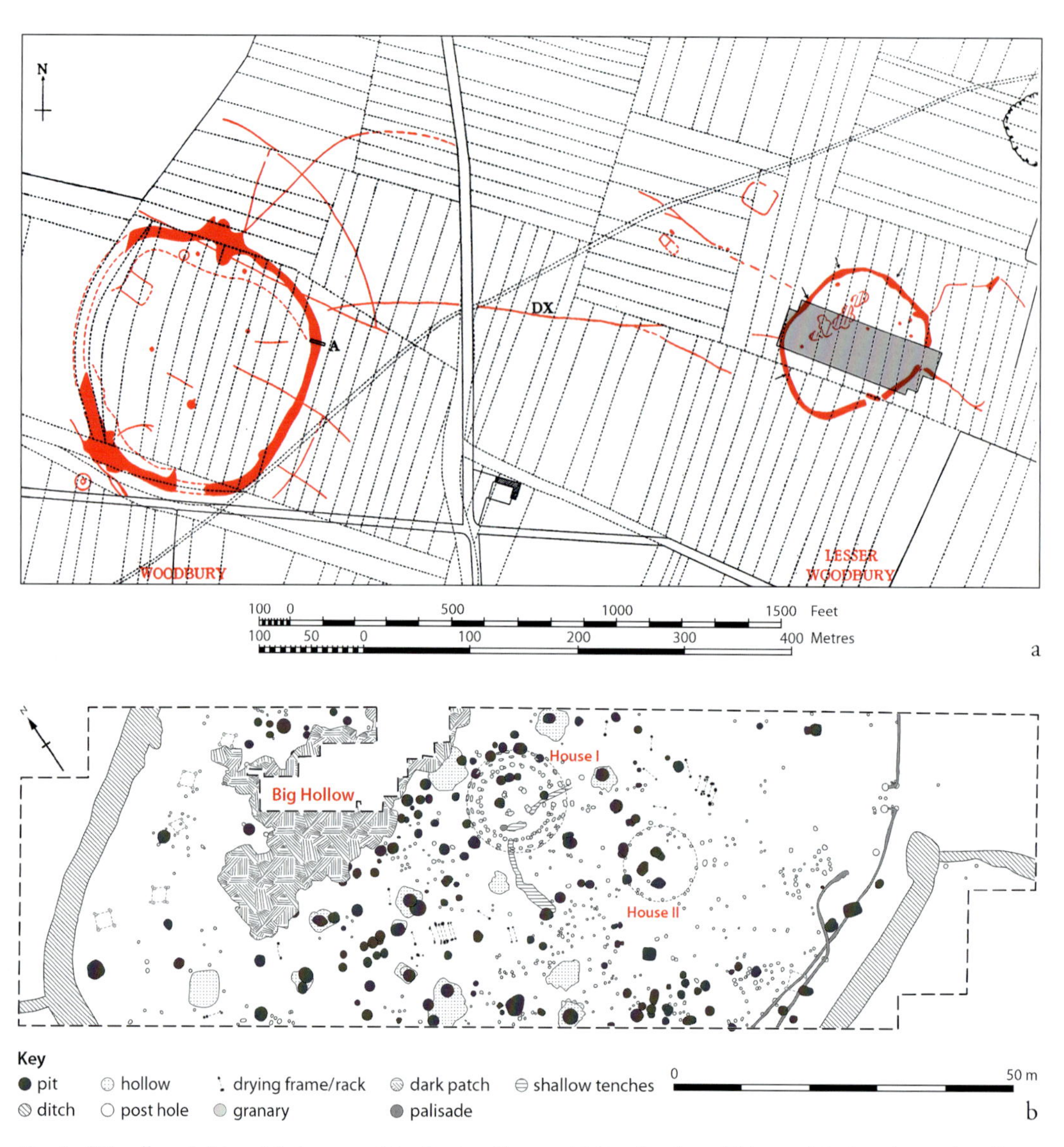


Fig. 1. Woodbury's (a) aerial photographic plotting (Bersu 1940a, fig. 1) and (b) simplified site base-plan (from Chapman / Wylie 2016 fig. 2.1).

such efforts eventually coalesced into the Cambridge Archaeological Unit's "Historiography and Fieldwork" series, of which Mucking's excavation volumes are its foremost outcome to date[9]. Paraphrasing Foucault, the abiding premise behind this initiative is straightforward: we now dig 'after origins', and as much in relationship to what has been written and thought about any entity- / component-type as what is actually in the ground before us during excavation. Of this contribution's Nabokov motto, any 'grounded reading' of remains now must involve rereading a vast amount of literature. Meaningful fieldwork entails a commitment to seriously 'read sources'[10], as various trajectories and networks of books, reports and people invariably lie behind major sites, just as they amass in their

[9] E. g. Evans et al. 2016.

[10] See, e. g., Spacks 2011 on "Rereading".

wake. Whatever insights this historiographic approach may have garnered, at its root it is essentially the same as informed the 1989 paper[11]. How does archaeological fieldwork assemble its knowledges and then acknowledge that 'a thing' is understood?

I have no desire to here simply dust off and rewrite the 1989 paper. Demonstrating how change can come about in the discipline, since that time the 'story' of Little Woodbury has become something of an oft-told tale[12]. This contribution will, nonetheless, briefly review facets of the site's background and what fostered its extraordinary reception and impact. It then considers just how Bersu assembled the site and, particularly, his formulation of its 'types'. With thirty years hindsight, source-criticism plays a greater role, and the shortcomings of his approach now seem more apparent: what he overlooked, omitted and misunderstood.

Whatever critique there may here be of Bersu's methods, one can only respect his work and what he achieved. This is certainly not, though, a matter of construing an 'ancestral genealogy' or any kind of progressive meta-narrative of field archaeology's development. If anything, Little Woodbury serves in opposition. It highlights what can come about through rupture – foreign introductions – and dispute; this being something that the often-repetitive sameness of so much of today's current professional-standard archaeological practice could do well to recognise.

## A visual record

More than three decades on, returning to the Bersu's Woodbury archives many of the things that strike you are the same as before. Its German has still to be translated, but then that does not matter greatly as his site record was not primarily 'textual'; his notebook entries are succinct and largely given to the immediate day's events (site visitors, *etc.*). Yet, the choice of their language is itself telling of their purpose. Bersu could, after all, write a reasonable English if they had been meant for 'others' (i. e. 'sponsors' and fellow practitioners). While held by Historic England, these amount to his 'personal records' and, in effect, what sources he would draw upon to write-up the excavations. The idea that site records constitute a public source of documentation in their own right simply did not exist then, that only really arose in Britain during the 1970s[13]. Indeed, one finds it hard to imagine that Bersu could conceive that others might actually wish to reassess his fieldwork[14].

Within Woodbury's 'archives' there are many of Bersu's hallmark section drawings. Rendered in the coloured sketch-style that Mortimer Wheeler (1890–1976) took such umbrage with, these are 'familiars', as is the idea that Bersu was a 'visual thinker'[15]. What strikes you now, on perusing the material again, is just how prominent is the site's photographic record. Going through the collection boxes, first there are his pocket-sized record notebooks relating to his travels in Britain in 1932, '35 and '37. This is not so much a personal chronicle as a tour-gazetteer of major sites and monuments, with each getting a page of spidery text and a small glued-in contact-negative photograph.

[11] Evans 1989.

[12] E. g. Lucas 2001, 43–44; Lucas 2012, 215–216; Davis 2011, 172–174; Chapman / Wylie 2016, 62–68.

[13] See Evans et al. 2016, 18–23 on the rise of 'official' site archives and the nature of notebook recording (vs. context sheets).

[14] See, though, Bradley 1994 on Bersu's reappraisal of Collingwood's King Arthur's Round Table investigations: Bersu 1940b.

[15] Evans 1998; see also Bradley 1996 on 'seeing'.

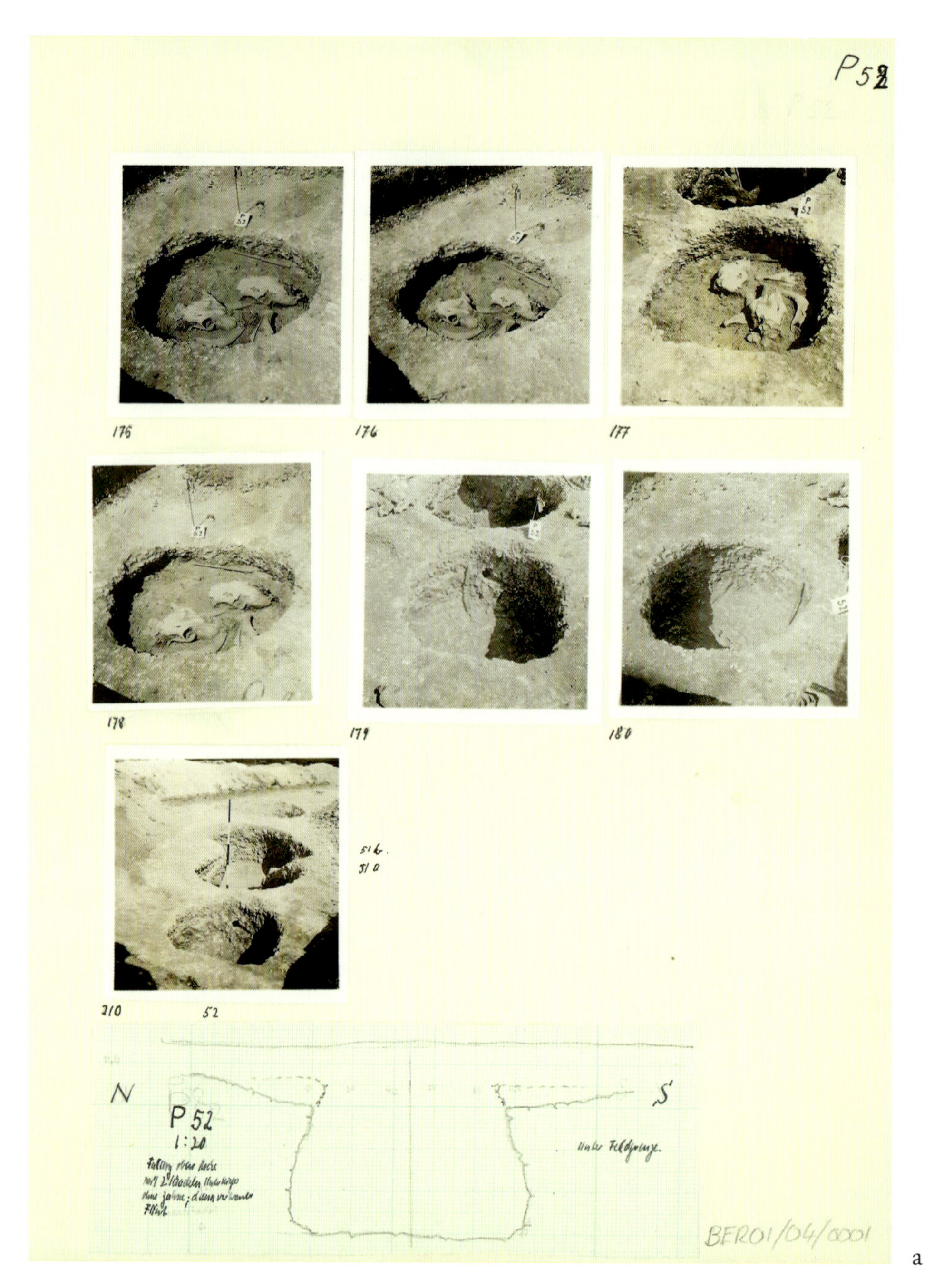


a

Fig. 2. Archive record sheets: Pit 52, (a) notice animals skulls in upper fill and (b) corn rack posthole settings (see Bersu 1940a, fig. 29; Historic England [HE] Archives, BER01/02,04/0001).

Proceeding through the boxes, there are then Bersu's many Kodak photographic negative albums. These are comparably small, with each page originally holding just one negative (they have almost all been removed; see. e. g. Bersu 1940a, pls IV; VI; VII). Thereafter, there are files of newspaper clippings and a few aerial and site photographs. Eventually, in the third box, there are the record sheets. Along with the site's pencil-rendered graph paper base-plans (kept in a separate large folder), these are the heart of the site's records. Generally, the sheets are of separate ditch cuttings or individual pits, each getting at least

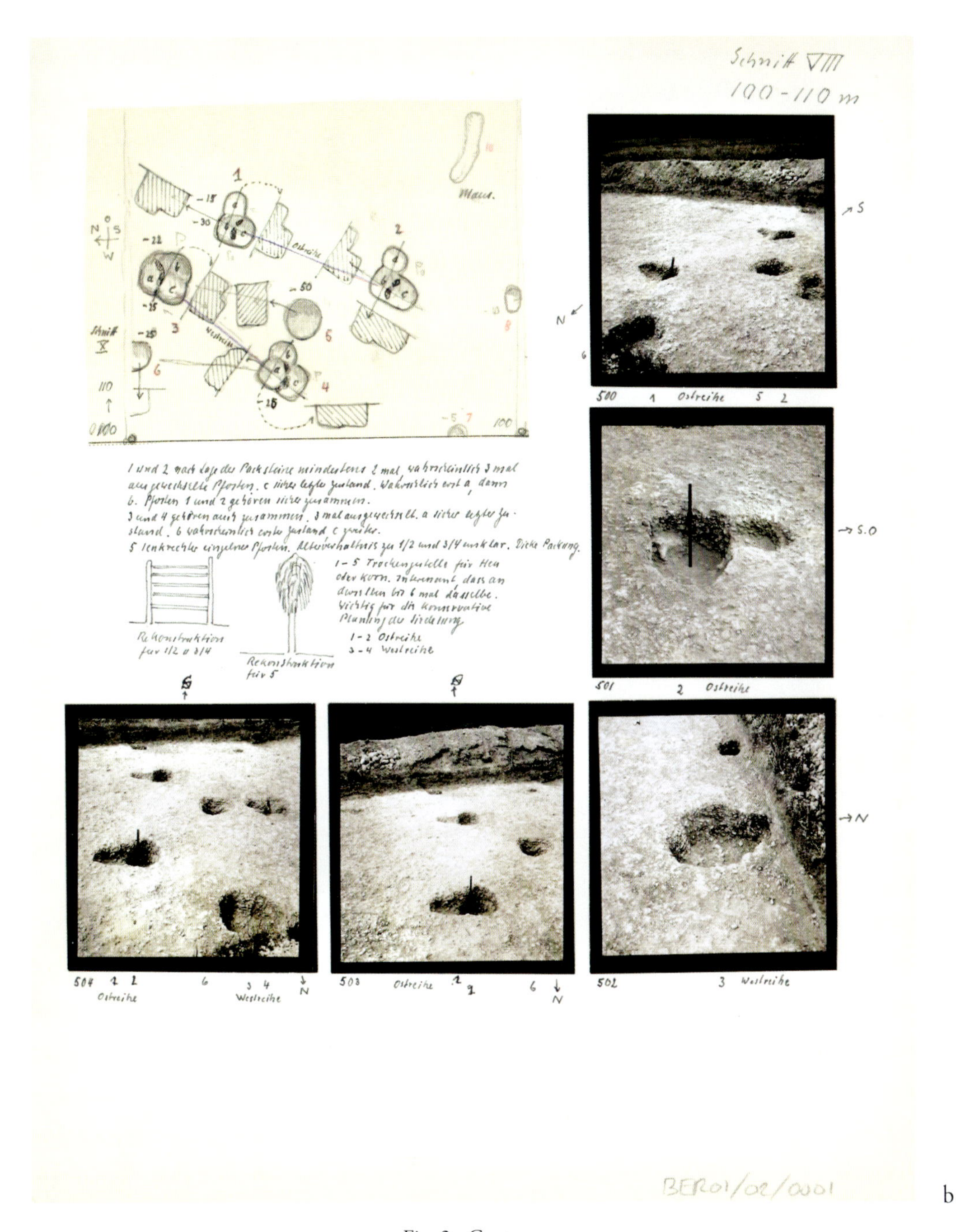


b

Fig. 2. Cont.

one loose page *(fig. 2).* These have their graph-paper sections stuck on; the fill sequences are annotated by Bersu's hand, with usually two to five photographs added. Amounting to hundreds of prints, the site's photographic record was clearly intense. Between this, the sheer number of negative albums and the character of the travel notebooks, you are reminded of the scale of O. G. S. Crawford's (1886–1957) photographic archive[16] and

[16] Hauser 2008, ix–xiv.

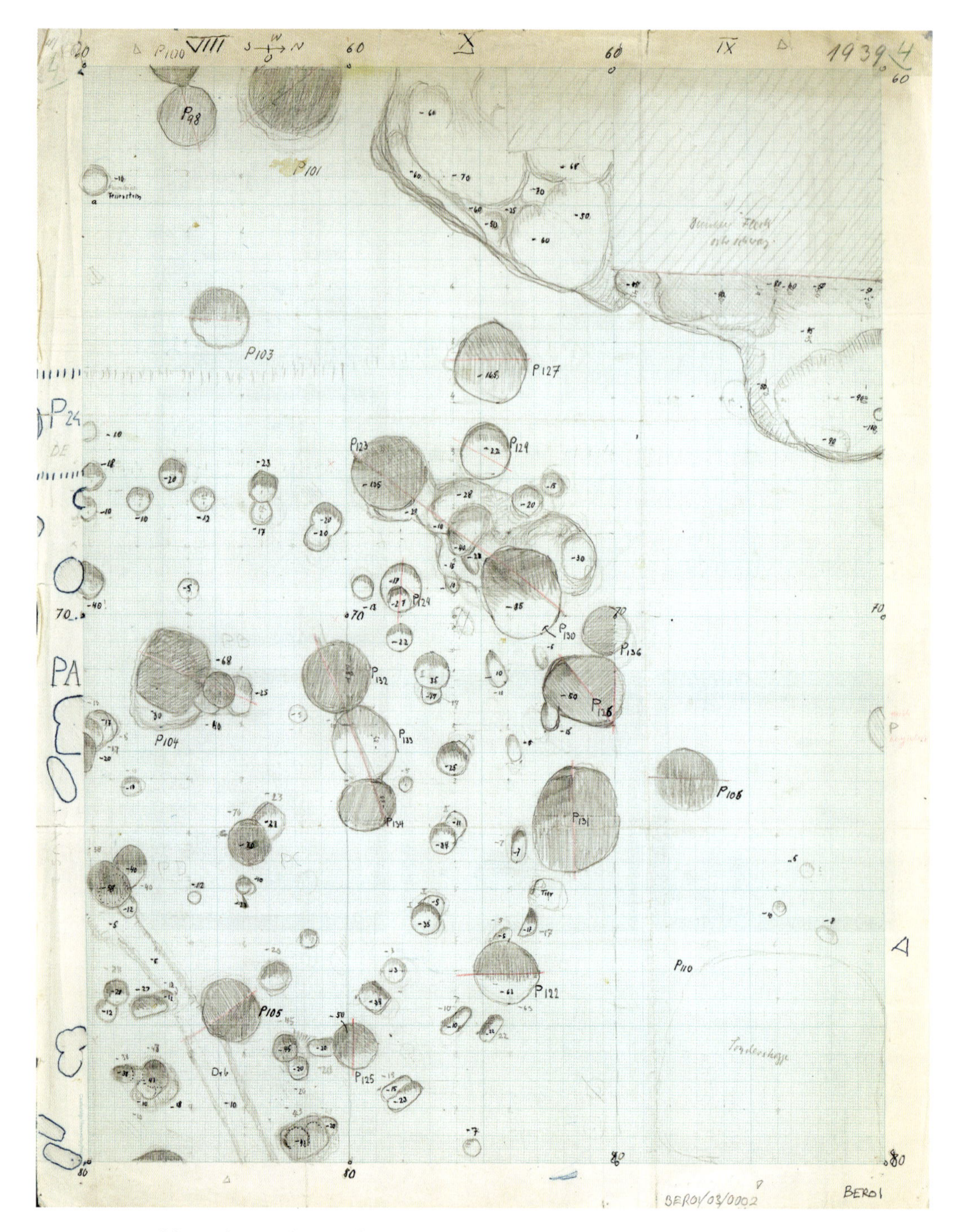


Fig. 3. Original base-plan rendering of House I northwest-sector features (with non-'P'-prefixed numbers indicating feature depth; HE Archives, BER01/03/0002).

what it was to then have this media widely available through the day's reasonably priced cameras.

Other aspects of the site's records deserve notice. One is the base-plans and their shaded, depth-suggestive pencil rendering. In terms of British archaeology, this seems to almost to hark back to the oddly abstract lunar-like style of such sites as Standlake a century before. Conversely, influenced by Bersu, and in contrast to Wheeler's advocacy of more hard-edged – 'precise' – hachuring conventions[17], Grimes in some of his wartime Heathrow figures adopted a comparably 'soft' style[18] and the graphics style of Christopher and Sonia Hawkes' (1905–1992 and 1933–1999) Longbridge Deverill Cow Down in the 1950s was close to Little Woodbury's[19]. Yet, there was nothing radically new in Bersu's renderings. They are of entirely the same ilk as, for example, he earlier employed in his account of Lochenstein's Neolithic–Iron Age settlement[20] and, as we will see, also in "Köln-Lindenthal"[21].

By what seems their omission, another noteworthy element are the postholes. Given Bersu's renown as a posthole excavator, where is their record? Although you cannot now ever be certain that the 'archive' is not today missing specific components, postholes seem to have no separate record or sections. Instead, their depths have simply been indicated on the main plans *(figs 3; 12).*

## A significant intervention

The choice by the Prehistoric Society to excavate Little Woodbury, a c. 1.5 ha sub-circular settlement enclosure located on chalk near Salisbury, Wiltshire, whose clear aerial photographic register showed an eastern antennae-ditch entrance – with a larger enclosure visible some hundreds of metres to the west – has been outlined in the earlier paper[22]. Equally, with the circumstances of Bersu's displacement to Britain now widely known and further detailed in Harold Mytum's chapter below[23], there is little cause for their reiteration[24]. It is said that Little Woodbury occurred under police surveillance[25]. Yet, this apparently was not primarily due to Bersu's involvement but rather his connections with Vere Gordon Childe (1892–1957), who was then under secret service investigation[26]. Bersu's involvement nonetheless evidently brought complications and the Prehistoric Society's Minute Books for March 1938 record:

> "The Hon. Secretary raised the question of the Research Fund in view of the serious turn recently taken by international events. He suggested that in any case it would be wise to withdraw the name of the Society's archaeological adviser for the Woodbury excavations [Bersu] from the printed appeal since this would fit in with his own known desire for a minimum of publicity[27].

[17] Wheeler 1954, 78.

[18] Grimes / Close-Brooks 1993, e. g. fig. 7.

[19] See Brown 2012, e. g. figs 2.29; 2.44.

[20] Bersu / Goessler 1924.

[21] Buttler / Haberey 1936.

[22] Evans 1989, 442–443.

[23] See also Mytum 2017.

[24] In a spirit of appropriate revision and self-correction, based now on Mytum's extensive archival researches it would seem that in my earlier efforts Bersu's status as a refugee were over-exaggerated (Evans 1989; 1998). He was caught up in Britain during the war due to circumstances and, not forced out from Germany, was more an 'accidental émigré'. Just as – having nowhere else to profitably go – the later years of his interment on the Isle of Man were essentially voluntary. As outlined in Mytum's contribution, helped by Childe, Bersu spent the winter of 1939–40 in Blairgowrie, Perthshire, where Woodbury's text was written. He acknowledged that it was W. Thorneycroft who enabled the report to be written. This is Wallace Thorneycroft (1864–1954), the Scottish geologist, businessman and mining engineer, who collaborated with Childe experimenting on the vitrification of Iron Age forts (Childe / Thorneycroft 1938).

[25] Phillips 1987, 67.

[26] Hauser 2008, 224.

[27] In the autumn of that year, due to the 'uncertainty of the world situation' and the problems of raising sufficient funding, the Society's Minutes note it was then estimated that, as a minimum, £ 600 would

That year's fourteen week-long season involved some thirty participants. With both Charles Phillips (1901–1985) and Stuart Piggott (1910–1996) as the site's experienced 'old hands', Little Woodbury was essentially intended to be a training school and, for example, both the then-young Sheppard Frere (1916–2015) and Katherine Kenyon (1906–1978) attended. Bersu was to receive a weekly stipend of £ 5 (plus expenses; rising to £ 8 in 1939, plus his travel from Berlin). The first season had a budget of just £ 330 (it apparently overran by £ 12), and Bersu complained that its staff only included eight paid labourers and not the 15 he requested. Amounting to only a poor 'flagship', its funding was certainly not lavish, especially when compared to Maiden Castle whose annual budget was three to four times that[28]. This is further evinced in that the funds did not extend to having spoil removed via a system of railed carts, as was then widely employed on Continental sites[29] and which had been used in Wheeler's 1928 Carleon excavation.

Little Woodbury is widely held to be amongst the first large open-area exposure of a prehistoric site in Britain. This is, however, just mythology. As detailed in its 1940 report, without the benefit of topsoil-stripping earthmoving machinery – that only arising through wartime investigations[30] – the site was dug in alternative 5 m-wide strips *(fig. 4)*. Its ultimate plan as a (partial) 'whole' was never seen in the ground. While the picture its c. 7000 sqm presented was far more intelligible than so many of the era's dispersed trench-exposures, in point of fact, by whatever means (their methodology not being detailed), at All Cannings Cross the Cunninghams achieved an extensive 3200 sqm exposure[31].

be required to finish the site, with Grahame Clark suggesting that Bersu's role be changed to a more consultative capacity (i.e. having less direct site involvement). Held in Bodleian Library, Bersu's letters to Crawford indicate that relations between Clark and Bersu were not always cordial (see also Evans 1998, 198 no. 2):
"I am still occupied with Woodbury ... I regret very much, that you had the troubles with Phillips. It is a pity with him as he is really no bad man, but abnormal. And then the bad influence of Clark, which is for me always like an incarnation of evil (I do not know why). But there is no doubt as we saw in the case of Woodbury, that he has this bad influence on C. W. P. I am with him in rather good relations, we write very sensible letters, sends books also. But I am careful in my letters, knowing now how to handle him" (26.1.1940; MS. Crawford 64.4); C. W. P is Charles William Phillips (1901–1985), whose appraisal of Bersu's character was equally not entirely complimentary (Philipps 1987, 66–69).

[28] Wheeler 1943, 2–3.

[29] Kooi / van der Ploeg 2014 figs 18; 19; see Evans 1989, fig. 2.

[30] E. g. Grimes / Close-Brooks 1993, 308–309; see T. Evans 2016.

[31] Cunnington 1923. – Using 3–4 labourers, between 1893–98 and 1904–06, at a total cost of just under £ 700 Arthur Bulleid (1862–1951) and Harold St George Gray (1872–1963) cumulatively excavated c. 0.8 ha at Glastonbury, but which, as a lakeside settlement, was atypical of the British Iron Age (Coles / Minnitt 1995, 7–10). Stripped using machines in 1944, Grimes' Heathrow site was just shy of a hectare (Grimes / Close-Brooks 1993, 308), whereas Wheeler's largest Maiden Castle settlement-area exposure was c. 585 sqm (Site B). As mentioned in the earlier paper (Evans 1989, 444), Bersu and Wheeler are known to have visited each other's sites. (Dennis Harding relates Hawkes' telling of how delighted he was on hearing Bersu protest, when together visiting Maiden Castle, that if people had actually sat around hearths in the bottom its larger pits then they would have surely suffocated!) While Wheeler nevertheless still clung onto some degree of pit occupation (Wheeler 1943, 52), he did recover Iron Age roundhouses at Maiden Castle. Most notably were Site D's 'hutments' (Wheeler 1943, 91–96; pl. VIII). These were generally defined by posthole-marked stone wall- and floor-defined small circles; elsewhere, curvilinear gully-settings – some, at least, probably surrounding roundhouses – were not attributed as such, but rather related to rainwater catchment (Site B; Wheeler 1943, 81; pl. VII). He also excavated a series of more polygonal / sub-rectangular posthole settings (Huts DH & DM; Wheeler 1943 pl. VIII) and, in the case of Site L's Hut 1 (of Iron Age A / 'ultimate Hallstatt' date), compared it to Bersu's Goldberg structures (Wheeler 1943, 124–125; pl. XX, fig. 2; see Jope 1997 and, also, Bersu 1940a, 90 no. 3).

Fig. 4. Site strip-dug exposures: (a) Köln-Lindenthal (Buttler / Haberey 1936, II, fig. 4) and (b–c) Little Woodbury, House I-area, 1938 (HE Archives).

The style of that site's presentation is not authorative; the key point being that, as a stratified Late Bronze Age midden settlement, the definition of All Cannings' structural elements was highly ambiguous. Not at all like Little Woodbury's straightforward house-plan recovery, and Bersu in fact made a virtue of the site's simplicity: "... in the present state of research, *it is more important to excavate systematically sites of simple character* than to conduct operations on sensational and complicated sites"[32]. As related below, in order to achieve such ready intelligibility Bersu crucially overlooked the site's more 'chaotic' elements.

[32] Bersu 1940a, 30; emphasis added.

Bersu's Woodbury fieldwork amounted to a significant 'foreign' intervention within British prehistory, one seeing the importation of current German excavation techniques[33]. In some respects, parallels could be drawn with colonial archaeologies; Wheeler in India, and all that he tried to impose, being an obvious example amongst many[34]. Nearer at hand, other such instances could be cited. Amongst these would be Prof. Albert Egges Van Giffen's (University of Groningen) excavation of a stone circle at Ballynoe, in County Down, Ireland in 1937 and 1938. Apparently first seeing the monument while touring in Ireland five years before, he then met a local amateur archaeologist, Miss M. Gaffikin, who suggested its digging and then worked closely with him. The fieldwork was never completed (like Little Woodbury) and, only published three years after Van Giffen's death[35], therefore had limited immediate impact[36].

Little Woodbury amounted to something altogether different. Not only was this due to its orchestration – its 'official' Prehistoric Society sponsorship, British Museum involvement and 'big name' endorsement (Childe, Hawkes and O. G. S. Crawford) – but that it was published in its time. Beyond this, and unlike colonial comparisons, it was a matter of introducing another European nation's practices to a country that already had its own established archaeological traditions. As crucial is that it was widely promoted as a catalyst of change and that there was then a widespread desire to do archaeology differently. Equally important, though, is that Bersu delivered such a *convincing performance*. This was not just the result of the coherence of the site's 'big plan view' and the manner in which he articulated its parts (i. e. 'types'), but that he made empathetic statements about the past. Much like how he evaluated Collingwood's King Arthur's findings[37], foregoing conventional courtesy, he dismissed out-of-hand what he held to be erroneous interpretations of the period's other settlements[38].

The 'style' of Little Woodbury's reportage also contributed to establishing the site as a significant turning point in British archaeology. Apart from Bersu's interim report on the first season[39], under the headline, 'Excavations at Little Woodbury', it was published in five parts over a ten year-span within three volumes of the "Proceedings of the Prehistoric Society":

[33] Writing to Thomas D. Kendrick (1895–1979) at the British Museum (4.9.1938), Bersu related: "I regret very much that you had no time to come over to Salisbury to see our dig. Dr Stevens was a very agreeable compagnion *[sic]* to us and he worked very well, *and I am absolutely satisfied about the results of our excavation. Nothing revolutionary but many new lights for Iron Age A and its civilisation, just that what I liked as a foreigner to have as results*" (emphasis added; publishing in 1934 the Highfield pit-dwelling settlement, Frank Stevens (1868–1949) was the curator of the Salisbury and South Wiltshire Museum; see *fig. 5*).

[34] Wheeler 1954.

[35] Groenman-van Waateringe / Butler 1976.

[36] Van Giffen's and other Dutch prehistorians' barrow investigations (e. g. van Giffen 1938) did, though, have enormous impact within Britain (e. g. Clark 1936b; Piggott 1939). – Following independence in 1922, with the demise of British influence and Ireland's growing Celtic nationalism, it welcomed 'foreign' archaeological investigators; for example, Harvard's Mission, that excavated 17 sites between 1932–36 (Carew 2018) and – from Copenhagen – there were Knud Jessen's (1884–1971) palaeoenvironmental studies (e. g. Jessen / Farrington 1938; see Mahr 1937, Gazetteer A). Adolf Mahr (1887–1951) was primarily responsible for this. After working on Vienna's Hallstatt collections, in 1927 he was appointed as the first Keeper of Irish Antiquities in Dublin's National Museum. He instigated many excavations, convincing the government to fund fieldwork using unemployed workers. President of the Prehistoric Society in 1937, Mahr departed to Germany in July of 1939 and had allegedly been head of Ireland's Nazi Party (Evans 1989, 440; Mullin 2007 and Stephan / Gosling 2004).

[37] Bersu 1940b, 189–190.

[38] Bersu 1940a, 102–104; Bradley 1994, 32.

[39] Bersu 1938.

1940 (Vol. 6)
- I) G. Bersu, The Settlement …

1948 (Vol. 14)
- II) J. Brailsford, The Pottery
- III) J. W. Jackson, The Animal Remains

1949 (Vol. 15)
- IV) J. Brailsford, Supplementary Excavation, 1947
- V) J. Brailsford, The Small Finds, with Appendices: Ceramic Spectrometry (H. B. Bolton) Quern Petrology (K. C. Dunham), Cereal Grain Impressions (A. H. G. Alston), Pottery Residues (H. Barker), Human Bone (J. C. Trevor) and Charcoal (F. L. Balfour-Browne).

Amounting, in total, to over 120 pages, the site's publication was thorough. Due to the war, however, the protracted production of its specialist studies fragmented the results, dividing artefactual and structural evidence[40]. Yet, in relationship to what was to become standard report formats[41], Woodbury's balance differed. At 82 pages, its first 'Settlement' instalment is long – two-thirds of the total – and fully details the site's constituent parts. Extending to observations of snail types and earthworm-action, close attention was paid to feature-fill processes. It was also copiously illustrated, having 20 full-page figures (plus eight half-page). While perhaps not particularly beautiful, they certainly convey technical competence. This is especially true of its fold-out base-plan (see *fig. 12*) and, throughout, the quality of Woodbury's illustrations markedly contrasts with the simplified cartoon-like style of many of the day's settlement-site reports (admittedly not, though, Society of Antiquaries' publications).

## Settlement and national archaeologies – German experience

Woodbury's is not the only report to feature here, as behind it lies "Köln-Lindenthal" by Bersu's students, Werner Buttler (1907–1940) and Waldemar Haberey (1901–1985). Published in two volumes by the Römisch-Germanische Kommission in 1936, it outlined the 1930–34 excavations by Cologne's Wallraf-Richatz Museum of a major *Linearbandkeramik* (LBK) enclosed settlement[42]. Apparently involving upwards of 100 labourers at any one time *(fig. 4)*, this was excavation on an enormous scale and eventually exposed 'long' buildings across some c. 3.5 ha. Its significance here is two-fold, both for how it reflects upon Little Woodbury itself and the volume's impact in Britain[43]. As to the first, given its pedigree, it is only to be expected that the two sites shared traits, and Little Woodbury's German technique-influence was explicit in its stated objectives:

By excavating the site completely many problems raised by the numerous partial excavations of analogous sites might be solved. In particular, *profiting by previous experience in Germany*, it was hope to reveal something of the nature of such settlements and of the social organisation which they imply[44].

[40] Only a proportion of the site's faunal assemblage was ever examined, with many of its bones disappearing due to the war (Brailsford / Jackson 1948, 19).

[41] Bradley 2006.

[42] Buttler / Haberey 1936.

[43] An English summary appearing in "Antiquity" of that year: Buttler 1936a.

[44] Bersu 1938, 308; with emphasis added; see also, e. g., Harke 1935's 'The Hun is a Methodical Chap' paper on German practice.

With Köln-Lindenthal's main base-plans hachure-rendered, it also had 'soft shade-style' sections and close-up plans[45], and it, too, had been alternate strip-exposed *(fig. 4)*. When in Woodbury's text Bersu refers to 'Danubian' parallels, this was primarily to Köln-Lindenthal, especially as regards the interpretation of pits as subterranean roofed structures[46]. There is, though, irony in this. While its characteristic longhouses were detailed[47], these were held to be barns and their flanking quarrying hollows – akin to smaller versions of Woodbury's working hollows – were actually interpreted as elaborate 'organic-plan' pit dwellings, *Grubenwohnungen*[48] *(fig. 5)*, with this interpretation only later dismissed by Oscar Paret[49].

Of Köln-Lindenthal's reception in Britain, its publication was fulsome, with comprehensive finds analyses and quality illustration. It was certainly well-received, with British prehistorians expressing a degree of envy. Reviewing it in "Antiquity", Childe remarked:

> "The information to be expected from such a complex excavation is naturally of quite a different order from that obtained by test-sections through ditches and dwellings, such as hitherto contented British and Continental archaeologists …
> Altogether the book is impressive testimony to the skill and devotion of its authors, to the foresight of the Römisch-Germanische Kommission of the German Archaeological Institute and *the enlightened patriotism of the State* and municipal authorities. The result is a precious contribution to prehistory – not only to the solution of special technical problems such as the determination of culture-sequences and house-types, but also to the more humane study of the economy and social structure of a neolithic group"[50].

Indeed, Childe's conclusion all but pre-figured what was attempted at Little Woodbury:

> "But have we in the British Isles yet reached the stage, achieved in Germany by the innumerable small excavations of the past, when we should turn from section-cutting and testing to concentrate on operations which must last over many seasons and absorb large sums?"[51].

Clark was equally effuse in his praise of their work[52], while also acknowledging the quality of, for example, van Giffen and Hatt's fieldwork respectively in Holland and Jutland[53].

In response to what had been the many previous sequence-focused hillfort defenses and barrow excavations, the Congress of Archaeological Societies' Peers Research Committee report of 1930 had called for an 'archaeology of the living' to supplement that of 'the dead'. This emphasis on settlement archaeology in the decades bracketing the Second World War reflects the day's emergent 'new functionalism' within Britain. Relating to trends in social anthropology (and sociology), it championed a more holistic, 'flesh-and-blood' archaeology. Embracing such themes as reconstruction, organic preservation and 'folk'/ethnographic and house studies, its abiding concern was with *the function*, and less with form (i. e. 'formalism'), of artefacts and settlement features:

[45] E. g. Buttler / Haberey 1936, II, figs 16–20.
[46] Buttler / Haberey 1936, I, 60–64; II, fig. 33; see also Buttler 1936b.
[47] E. g. Buttler / Haberey 1936, II, fig. 34.
[48] Buttler / Haberey 1936, I, 39; II, 30.
[49] Paret 1942.
[50] Childe 1936, 502; 503; emphasis added.
[51] Childe 1936, 504.
[52] Clark 1936a.
[53] Clark 1937.

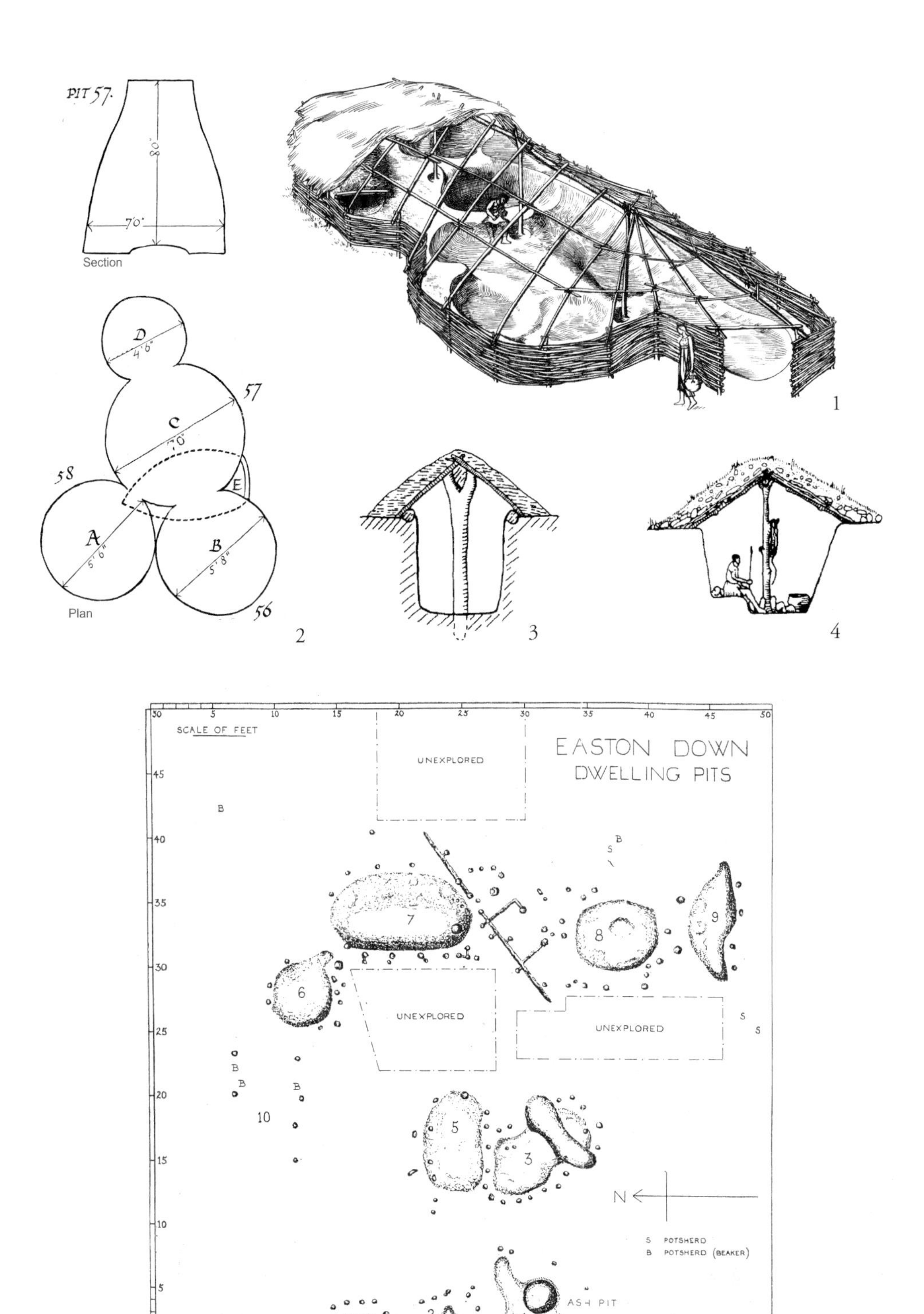


Fig. 5. Pit-dwellings: (a) Köln-Lindenthal (Buttler / Haberey 1936, II, fig. 30); (b) Highfield, Fisherton, Salisbury, quadruple pit group ('dwelling with attached stores'; Stevens 1934 fig. 5); (c) Piggott's 1935 reconstruction of the 'long pit-dwelling' found beneath the Kemp Howe barrow; (d) roofed Hungarian potato storage-pit (Buttler 1936b, fig. 6); e) plan of Easton Down, Wilts., pit dwellings (Stone 1933 pl. IX). In demonstration of the proliferation of pit dwelling settlements within Britain prior to Little Woodbury, appearing in the same 1932–34 volume of *The Wiltshire Archaeology & Natural History Magazine* (No. 46) as both Stevens' Highfield pit dwelling study (Stevens 1934) and Stone's 'Three "Peterborough" Dwelling Pits … at Winterbourne Dauntsey' report (Stone 1934) was Stone's Beaker-attributed Easton Down settlement (Stone 1933, 228–234). The latter is relevant not only for the manner in which its excavation methodology is detailed (Stone 1933, 229) but that the arrangement of the 'stake-holed furrow between Huts 7 and 8' was directly compared to Bersu's Neolithic houses at the Goldberg (Bersu 1937) and that Bersu had apparently sent Stone photographs and sketch plans of his buildings (Stone 1933, 232 pl. IV).

> "Our aim is the reconstruction of past life, and since that centres on the house, we are particularly interested in houses, and regard finds as subsidiary … Formerly we classified habitations as hut-circles, pit-dwellings, brochs, forts and the like. *Now we realize that it is our business to get behind the outward form to the function*"[54].

Largely arising in relationship to issues of funding, there were also political dimensions – both disciplinary and world-stage developments – behind the espousal of settlement archaeology and, with it, Little Woodbury. Subsequently formulating an *anti-nationalistic* archaeology (i. e. 'Archaeology against the State'[55]) that eventually propelled his trans-global World Prehistory[56], in the later 1930s Clark expressed considerable admiration for the German's National Socialists' promotion of archaeology[57]. This essentially came down to a need for state-funding for archaeology in Britain, which was then largely a matter of either wealthy individuals (e. g. Lt. General Augustus Pitt Rivers [1827–1900] and Alexander Keiller [1889–1955]) or else the Society of Antiquaries. Wheeler had commanded much of the latter's resources and, thereby, support for his later Iron Age / Roman archaeology and its emphasis on stratified (vertical) sequences to establish chronologies. It was in reaction that – inspired by Little Woodbury – a more 'horizontally concerned', younger 'sociological school' of archaeology was to coalesce[58], effectively one of settlement excavation in contrast to that of hillforts[59].

## Type logics – building parts and context

Type-formulation and its reasoning was fundamental to the subject's formative practices[60]. In order to assemble sites, 'things' were first delineated before attempting to interact them. Invariably involving a degree of caricature – like Lévi-Strauss' 'animals' – *types* 'are good to think with, too'; even if, through regional and temporal variability, they are widely prone to eventually breakdown (but with their complete death-knell being rare as it requires as much mass-agreement as for their creation).

A range of sources were cited by way of Little Woodbury's interpretative comparisons. For storage pits, apart from the 'pit caches' of Omaha Indians (based on Smithsonian Institution Reports), he alluded to Medieval instances in Hungary and their contemporary use in Romania[61], with the latter reflecting Buttler's researches there[62]. Interpreting Little Woodbury's two-post drying racks and four-poster granaries, Bersu cited contemporary examples of haystack settings in Holland and raised pig sties in Bulgaria[63]. Bersu was widely travelled at a time when 'traditional' peasant farming practices still existed throughout much of Europe and he clearly was a keen observer of these. Beyond this, concerning the roasting of corn, he quoted Samuel Johnson's 1883" Observations of Scotland's Western Isles" and, for storage pits, he cited Near Eastern sources such as Gertrude Caton

[54] Crawford 1953, 145; emphasis added; see also, e. g., Crawford 1921 and Clark 1937.

[55] Evans 1995.

[56] Clark 1943; 1954; 1961.

[57] Clark 1938; 1939, 194–203; cf. Clark 1943, 119 no. 5.

[58] Hawkes / Hawkes 1947, 167.

[59] Despite such 'new era' intentions, when the Hawkes' excavated Longbridge Deverill Cow Down in the 1950s its stripping was performed by hand (machine hire-costs then surely being prohibited) and Wheeler grid-boxes were still employed (Brown 2012, 13–16 fig. 2.8).

[60] See, e. g., Evans et al. 2009 and Lucas 2012, 169–214 respectively on 'types' and 'entities'.

[61] Bersu 1940a, 60–61.

[62] Buttler 1936b.

[63] Bersu 1940a, 97.

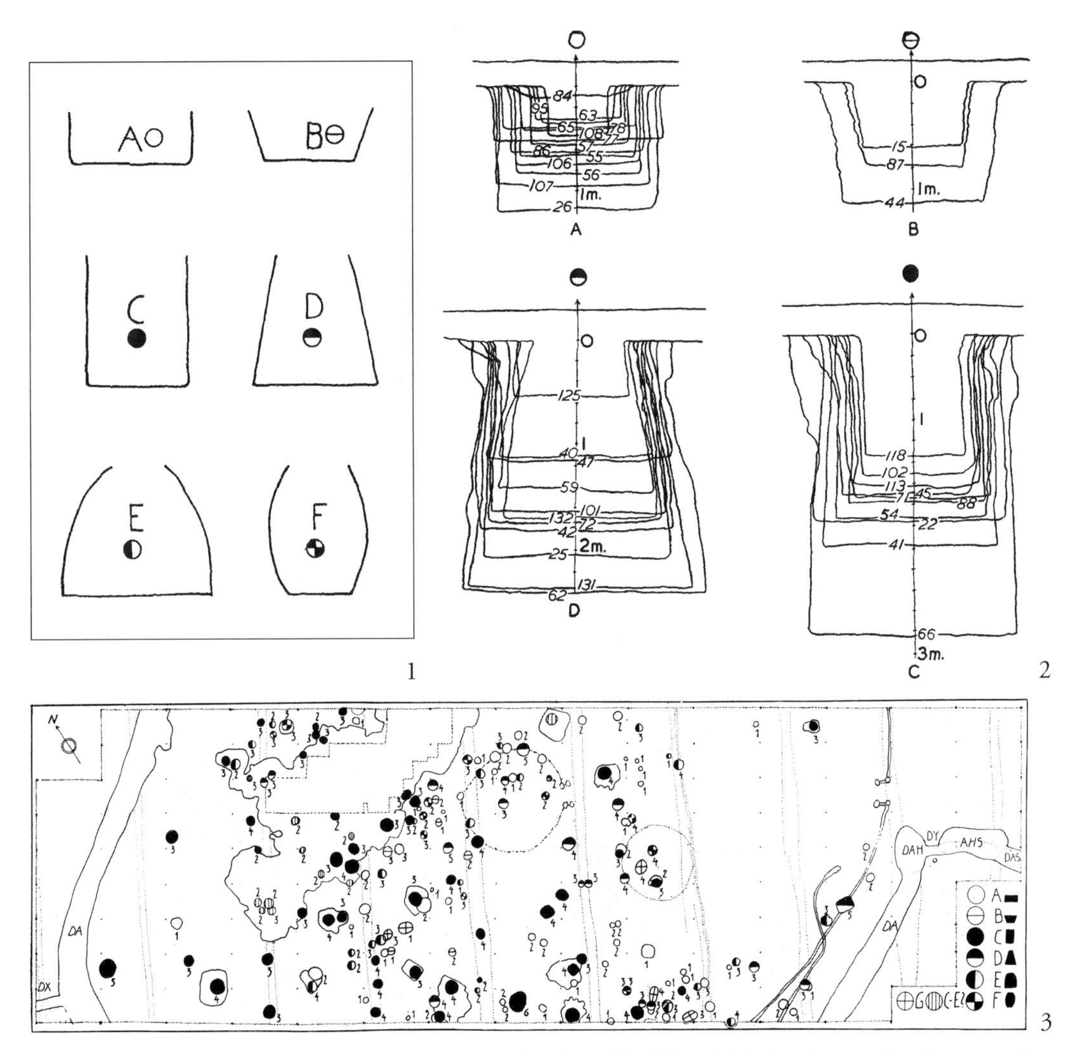


Fig. 6. Little Woodbury pit types (1) their respective depth profiles (2) and, (3) distribution plan (Bersu 1940a, figs 9; 10; pl. III).

Thompson (1889–1985) and Elinor Wight Gardner's (1892–1980) "The Desert Fayum" of 1930. Whilst for the settlement's working hollows – replete with their 'benches' – he drew upon his own observations of contemporary Egyptian village-life[64].

Bersu's analysis of the site's some 190 excavated pits was remarkably sophisticated[65]. Prior to discussing their function, they were first allocated to one of six lettered 'type-forms' based on their profiles (A–F; *fig. 6*). Each category was then tabulated according to depth-indices and their respective frequencies provided. Their soil-fabric types and dominate artefact inclusions were outlined, with the depositional dynamics of a number then detailed. Not only was a distribution plot provided of the pit-types[66] – a major 'first' within British archaeology – he also addressed their differential aerial photographic register. Arguing that while this offered no precise basis of establishing the number or type / form of

[64] Bersu 1940a, 77.
[65] Bersu 1940a, 48–64.
[66] Bersu 1940a, pl. III.

pits across the settlement's unexcavated portions, he relatively calculated (based on the presumption that their numbers were no greater along its uninvestigated margins than in its dug core) a total of around 360 deeper pits. Variously reckoning that six or twelve might have been open at any one time, and working out their average cubic- and bushel-storage capacity – while duly admitting that all this must carry much uncertainty – he concluded that, despite the number of pits present, it "does not indicate a settlement in which the harvest of a large community was stored"[67]. This was fundamental to his interpretation of the site. Although Bersu's calculations have since been duly critiqued, that is beside the point. No one had previously attempted such an analytical exercise in British archaeology, and, for example, there is nothing comparable in Wheeler's "Maiden Castle"[68]. Bersu's step-by-step logic was compelling and he clearly demonstrated how data could be deployed to illuminate prehistoric settlement life.

Despite its rebuilding, given the clear pattern of its postholes the distinction of the site's great c. 15 m diameter roundhouse (House I) was straight-forward. It had been found in the first season *(fig. 4)* and, therefore, there was no need to attribute any 'dwelling' to subterranean features (e. g. hollows or pits); this he dismissed on the grounds that any occupation debris within them had clearly been redeposited[69]. Although complicating House I's interpretation by postulating both outer and inner wall-lines (the latter running between the uprights of its interior post-ring[70]), his approach was 'architectural':

> "It is the duty of every excavator to attempt a reconstruction of the buildings he has found, despite the many uncertain factors involved. Speculations of this kind often lead us to notice features in the soil, which we should otherwise have overlooked. Many a building, believed to be completely excavated, would be recognised as not so if only the excavator had tried to reconstruct its mode of building"[71].

He rejected an earth-roof solution on the grounds that it would have had to of been ground-connected and that the building's postholes showed no such evidence. Accordingly, he assumed a straw-thatch roof and, with it, a proverbial 45 degree minimal inclination. Based on this, he then presented three main reconstruction variants *(fig. 7, A–C)*. The first – what is essentially the now 'classical' / simple roundhouse form (but with a central clear-storey) – he discounted on account of its unwieldy 9 m height (plus a 12 m-high clear-storey 'lantern'). As shown on *figure 7*, the other two had much more elaborate zig-zag roof profiles. Of these, 'B' was thought unlikely given the structural challenges of its rainwater pooling and for the connection of its outer wall. Remarkably, it was the equally complex Reconstruction C that he most favoured, with the C3 the preferred roof-variant (this being the only version to have a sketch isometric rendering of its standing form within the site's records / archives; *fig. 7, bottom*).

Citing indigenous instances of both North American Omaha earth-lodges and the huge straw-roofed circular 'halls' amongst Brazil's tribes, Bersu stressed that, limited to only ground-plan evidence, possible (upstanding) ethnographic parallels for the reconstruction of prehistoric houses can only be employed in a 'very cautious manner'. After acknowledging that there were then no close archaeological exemplars for Little Woodbury's main house-plan, he then turned to Oelmann's *Haus und Hof* studies[72] and its *laws* concerning

[67] Bersu 1940a, 64.
[68] Wheeler 1943, 51–54.
[69] Bersu 1938, 310; 1940a, 54.
[70] See e. g. Pope 2007, 217–22 and Sharples 2010, 182–183, fig. 4.3 on roundhouse 'peripheral space'.
[71] Bersu 1940a, 84.
[72] Oelmann 1927.

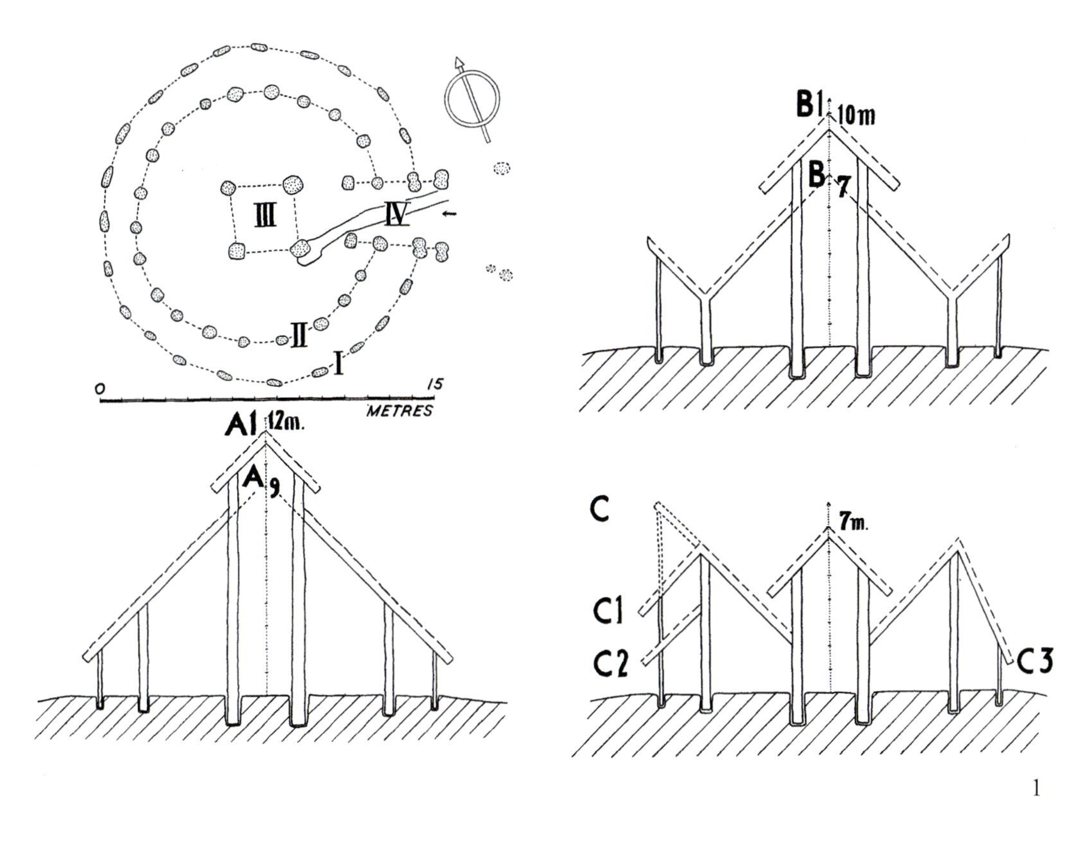


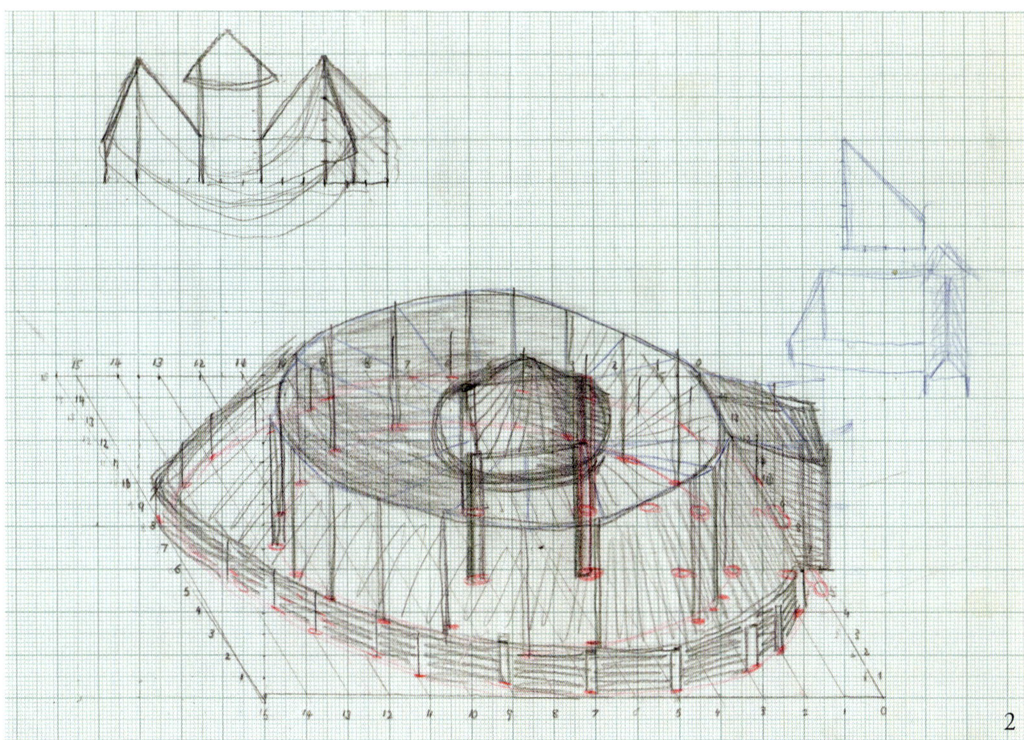


Fig. 7. (1) Bersu's House I A–C reconstruction variants (Bersu 1940a, figs 25; 26) and (2), isometric sketch-rendering of C3 Variant (HE Archives, BER01/03/0001).

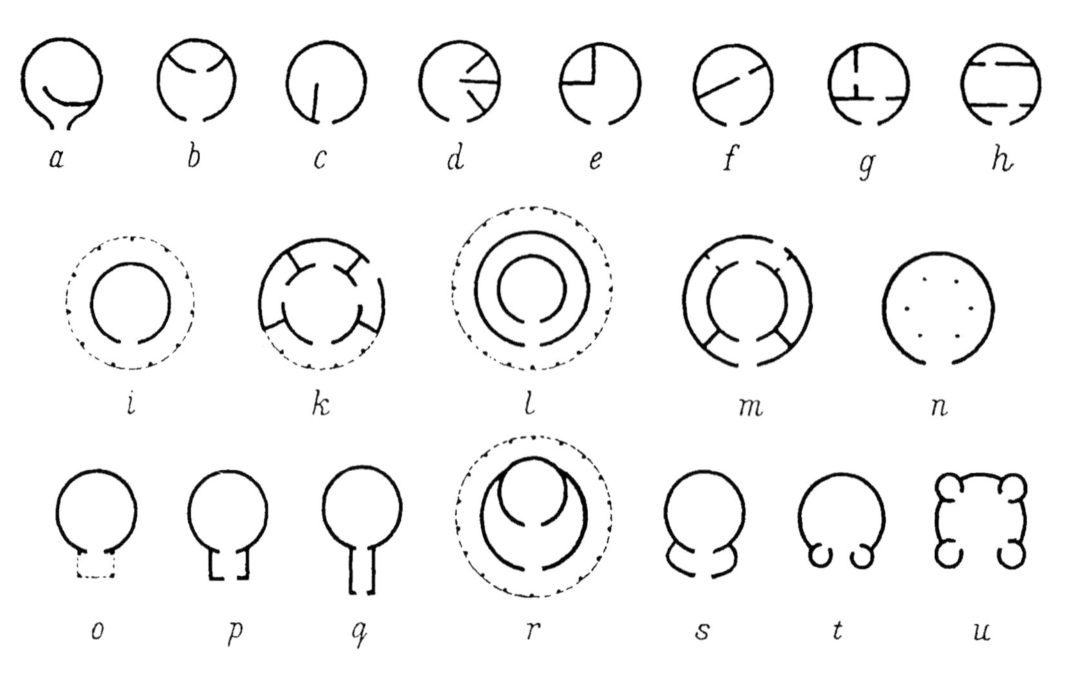


Fig. 8. The sub-divisions of individual and communal roundhouses (Oelmann 1927 fig. 13). Like Bersu, the excavators of Köln-Lindenthal drew upon Oelmann's studies:

"In compiling the report on the 'band keramik' settlement at Köln-Lindenthal it was found necessary, in order to elucidate many of the finds, to compare them with ethnographic material from settlements peopled by primitive peasants in modern Europe. This method proved no less helpful than when employed earlier by Oelmann, Menghin and others in dealing with other prehistoric studies. …. For, owing to the conservative character of the peasant, modern primitive peasant cultures have retained certain structures and institutions which are derived, without a doubt, from archaic, even Neolithic prototypes. Comparison of modern material with our prehistoric by no means postulates a direct historic connexion between the two, especially when the objects compared are widely separated in place, culture, nationality and race" (Buttler 1936b, 25).

Working for the Rheinisches Landesmuseum in Bonn (eventually appointed as its Director), and with his second "Haus und Hof" volume seeing 18 editions between 1927 and 1973, see, for example, Smith 1978 on the importance of Oelmann's work for Roman villa studies (see e. g. Kohl / Pérez Gollán 2002 concerning Oswald Menghin).

the development of domestic architecture. Amongst these were that conical-roof buildings with perpendicular walls did not descend from simple round structures, whose roofs must touch the ground, but were a secondary roundhouse-form variant and "belong to a series of buildings evolved from primitive forms of the rectangular building"[73].

He further cited Oelmann's researches that roundhouses with central four-set roof posts ultimately derived from rectangular huts and lean-tos, and basically saw this as developing from out of courtyard-like arrangements:

> "If we are right in thinking that our round house with four posts in the middle is the result of the coagulation of a farmstead composed of individual buildings, round a central court-yard, then the funnel roof slanting inwards that we chose in reconstruction C3, would find a parallel in the roof of the *Altrium Tuscanum*. Here is a further

[73] Bersu 1940a, 90; see *fig. 8*.

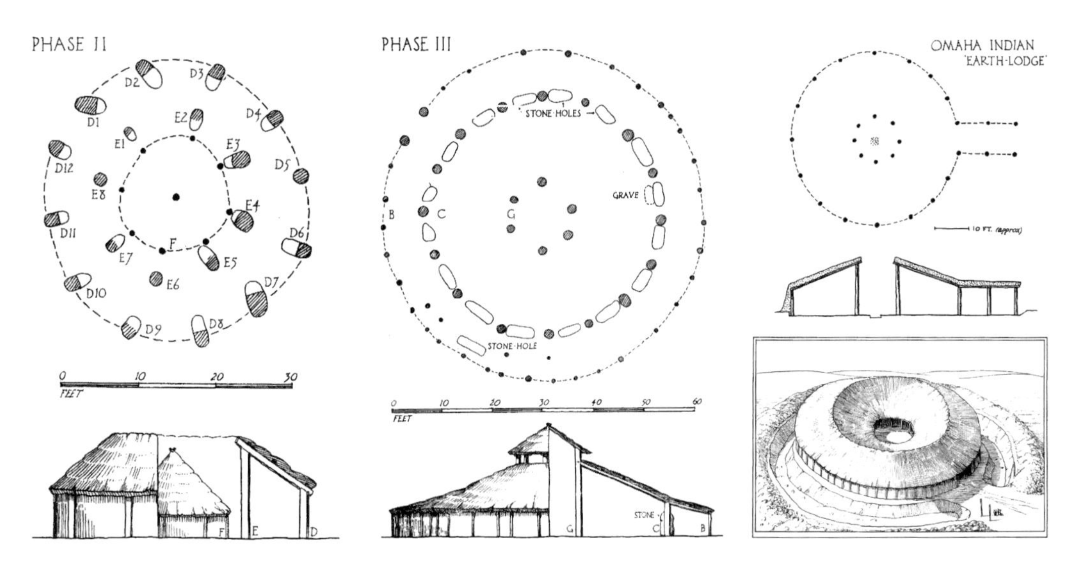


Fig. 9. Piggott's henge-form reconstructions (plus an Omaha Earth-Lodge; Piggott 1939 figs 3–5; 9). Tested in the course of the Durrington Walls' 1966–69 excavations (see Musson 1971), Piggott's explicitly Woodbury-inspired henge reconstructions have had a much greater longevity than Bersu's House I roof designs.

> reason for not connecting our house with the earth-covered houses with conical roof of the northern conifer forest-zone, but with the forms of house with this kind of roof belonging to the western Mediterranean.
> Thus, the conclusions suggested by the study of house forms indicate solution C as the most probable reconstruction. The size of the house and the absence of other individual buildings, such as stables and houses for the servants, are evidence that we are right in believing that the prototype of our house was a circle of huts with lean-to roofs and individual functions belonging to the farmstead; right too in thinking that the house represents an advanced stage of development of this primitive form, both the chronological and structural point of view"[74].

Leaving open the question whether this house-form first came to England with the arrival of 'Iron Age A civilization' or arose from older indigenous forms, underpinned by Oelmann's studies, this is certainly not how the origins of Britain's roundhouse tradition are envisaged today.

As outlined in the next section, Bersu courtyard-derived design did not really 'stand' for any length[75]. Oddly enough, where it saw a later manifestation was in Clark's post-war excavation of West Harling's Early Iron Age settlement in Norfolk, which explicitly occurred to further Woodbury's 'agenda'[76]. Its report considered at length the problems of roofing its c. 49 ft (c. 15 m) diameter gully-set Site II structure. A completely roofed solution was there also rejected on the grounds of its 'loftiness' and, making reference to

[74] Bersu 1940a, 92.

[75] Held in the Manx archives, in a 1942 letter to Bersu Hawkes related that "You will remember that Stuart [Piggott] and I still have doubts (and they are shared by others too) about the Woodbury house reconstruction. I wonder what you think about this question now?" By way of comparison, though, see the reconstruction drawing of Fison Way, Thetford's c. 12 m diameter, two-storey Late Iron Age 'temple' (Building 2; Gregory 1991, 48–52; 194–196 fig. 152).

[76] Clark / Fell 1953, 1–2.

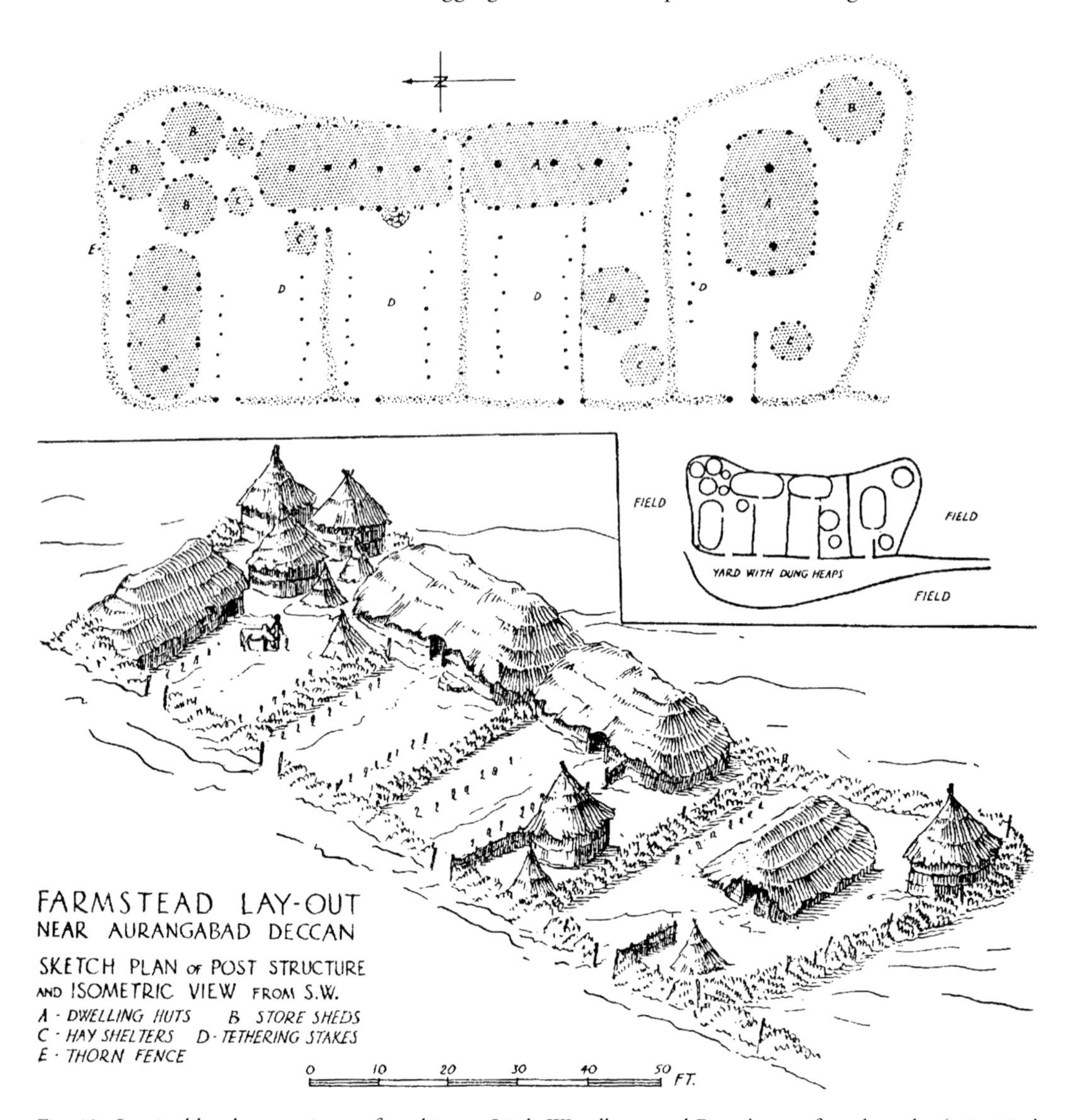


Fig. 10. Inspired by the experience of working at Little Woodbury and Bersu's use of modern-day 'primitive' agricultural analogies (i. e. the ethnoarchaeology of extant 'simple cultures'), while stationed in India during WWII Piggott sketch-recorded contemporary farmsteads. Published in "Antiquity" in 1945, he directly cited their post-settings in relationship to Woodbury's: "Many of the small stake-holes would be likely to become undetectable in the course of centuries, while rebuilding, alterations and additions to the simple primary settlement would in a generation of two, produce the maze of post-holes seen on such a site as that of the Late Bronze Age on Thorny Down, Wilts, or in the Iron Age on the Little Woodbury site" (Piggott 1945, 156).

Piggott's recent Woodhenge reconstructions[77], a penannular structure with an inner open yard (i. e. 'donut-like') was tentatively proposed.

Piggott's 'Timber Circles: A Re-examination' considered Britain's main, later Neolithic timber henge monuments, Woodhenge and The Sanctuary, and their multiple concentric rings of posts[78]. He introduced that paper declaring that his inspiration was directly as a result of working at Little Woodbury and acknowledged his indebtedness to Bersu.

[77] Piggott 1939 figs 7; 8.

[78] Piggott 1939.

Drawing upon exactly the same interpretative sources – Oelmann, Brazilian communal houses and Omaha lodges (with an illustration of the latter, whose central opening was said to be 'forerunner of the Pantheon'[79]) – it included accomplished reconstruction illustrations *(fig. 9)*. These variously involved courtyard arrangements and, for The Sanctuary's Phase III completely roofed c. 64 ft / 19.5 m span, a raised central lantern that he directly related to that of Little Woodbury's house[80]. Concluding that the circles were great ritual buildings (and that Stonehenge fossilized in stone the same techniques), Piggott's interpretations reflect the wholesale application of the Bersu's reasoning, whose analytical framework was, in effect, *universal*, at least within a tradition of circular construction. Not culturally/chronologically determined, this clearly was compelling at time when there was so little immediate archaeological context to draw upon (i. e. 'pattern'; see *fig. 10*)[81].

## Revisions and phasing

In the light of the quality of Little Woodbury's excavation and the lucid arguments that lay behind Bersu's interpretation of its great House I, how is it that he could have been so utterly wrong in its (Variant / Solution C) reconstruction? This, in part, comes down to that he was unable to draw upon other convincing exemplars. Pattern / precedent is, after all, the abiding logic of so much archaeological practice and reasoning. Unable to draw upon later British prehistoric settlement-component 'types' necessitated their creation and – like the LBK *Grubenwohnungen* – in theory, *when nothing is established anything is possible*. Yet, almost reminiscent of New Archaeology's more extreme 'rules', Bersu was equally guided by a need for some 'absolutes': variously Oelmann's building-development laws and that straw-thatch must have a 45 degree inclination. It was these that logically generated what would since be held as that house's absurd form.

In Woodbury's Acknowledgements Bersu related that Piggott "continued to make models of the more important structures on the site, so that an instructive series on a uniform scale is now available"[82]. These unfortunately cannot be located and are probably no longer extant; the only illustrated model known of the site did not show its House I as reconstructed but, rather – akin to model-renderings of the previous century (e. g. Standlake) – the site's features as dug (i. e. in base-plan form[83])[84].

Piggott's structure-related modeling would have been attuned to Bersu's 'architectonic' concerns, as he had building-reconstruction models made both for his Goldberg structures[85] and, later, the enormous Ballacagen roundhouse he excavated on the Isle of Man *(fig. 11)*. Having evidently also entertained a complicated 'pavilion-style' roof design for the latter[86], he eventually had it shown as a turfed dome. As part of Jacquetta Hawkes' joint Ministry of Education and Information film of 1944, *The Beginning of History*, Little

[79] Piggott 1939, 204.

[80] Piggott 1939, 203–204.

[81] Based on the recovery of Beaker, Piggott actually attributed these settings to the Early Bronze Age. The paper also considered the concentric post-settings beneath Dutch round barrows on the grounds that they might have related to circular buildings (Piggott 1939, 215–219); as well as Britain's prehistoric roundhouse remains generally, it separately reviewed the evidence of four-poster granaries, including an illustration with two of Woodbury's (Piggott 1939, 218–221 fig. 14).

[82] Bersu 1940a, 110.

[83] Stone 1958 pl. 68; see Evans 2008, 155.

[84] In a letter to Brailsford at the British Museum (16.1.1947) Bersu related that the model of House I's framework shown in J. Hawkes' 1946 paper (pl. II) was not that rendered by Piggott and, rather, had been made directly anticipating her film's full-size reconstruction.

[85] Bersu 1937 pl. 36.

[86] Evans 1995 fig. 4.

Fig. 11. Roundhouse reconstructions and 'appearances': (1) the Pinewood Studio version of Little Woodbury's House I (its turf-roof was apparently carried on four 'clad' central iron girders, and not timber posts: Hawkes 1946, 82 pl. XII); (2) model of Ballacagen Site A house (see Bersu 1946, 180 figs 3; 4); (3) reconstruction of Little Woodbury House I at Butser Experimental Farm (photographs: D. Freeman). Compare the over-rustic finish of House I's wartime reconstruction to its current Butser rendering – 'appearances' are telling!

Woodbury's House I saw the ultimate 'model-rendering': a full-size reconstruction in a Pinewood Studio backlot[87]. Both its Director and Art Director apparently travelled to the Isle of Man to confer with Bersu and, based on his recent experience there, he altered its design, changing the Woodbury house's 'high' thatched form to a low turfed profile[88].

To revise things in the light of experience is, of course, only proper. Due, however, to its load-bearing weight – and in the light of subsequent 'big house' findings (see below) – this turf-roof solution was rejected when the house was later (fully) reconstructed at Butser Experimental Farm. Supervised by David Freeman, a much lower, 8 m-high building was erected there[89]. At 42 degrees, its rafters are set on the inner post-circle's ring. Based on the experience of by then having built a number of roundhouses, their house required no central vertical support whatsoever, its roof being supported by the weave of hazel rod purlins and its tie-ring. The decision was, moreover, made that House I's four-square central posts must have related to an earlier structure, likely a raised granary[90]. Given that none of the other very large Late Bronze / Earlier Iron Age roundhouses that had been excavated after Little Woodbury had any evidence of a central support-post – let alone four[91] – this can

[87] Hawkes 1946.

[88] Hawkes 1946, 81. – One of Bersu's Manx roundhouses has now been reconstructed at the Dorset Ancient Technology Centre in Cranborne; making its turf-roof work has, however, apparently proven troublesome.

[89] Freeman pers comm. and https://www.youtube.com/watch?v=bl_Dx00j31o (last access: 8.11.2021).

[90] Musson 1970, 271.

[91] Sharples 2010, 226–230 fig. 4.14.

only be correct, especially as Buster's construction has now successfully stood for 11 years with just alterations to its porch[92]. For Bersu, the house's reconstruction was essentially a paper-based exercise (see *fig. 7*), uninformed by a hands-on craft experience of building techniques and materials[93]. I must admit that I only find it entirely appropriate that re-building buildings, like revisiting site texts and evidence, involves reworkings: different approaches and other ways of seeing.

Aside from the animal skulls shown in Pits 52 and 113 (*fig. 2*)[94], a near-complete dog's skeleton appears to have been the site's only obvious candidates for 'placed' or special deposits from the site[95]. Bersu similarly only reported one human bone from the excavation, the mandible of an early middle-aged female found in a pit (No. 97). The paucity of the site's human remains is, in fact, surprizing given how much they now feature in the period's settlements and in the light of the intensity of Little Woodbury's excavation. With inhumation burial since firmly established as the period's main interment rite, it can only be suspected that either Little Woodbury's burials must have occurred in its unexcavated marginal portions or that other human remains had been unidentified amongst its missing animal bone (see *Note 7*).

In advance of a recent housing development, Wessex Archaeology have recently conducted excavations some 200 m north of the enclosure[96]. There they found traces of an 'open' Early Iron Age settlement. Amid its scattered pits were various posthole settings, including possible four-posters and an arcing arrangement that could relate to a roundhouse[97]. Aside from a contemporary ditch-line, there were also clusters of intercut pits comparable to Little Woodbury's working hollows. Most important was the recovery of nine crouched inhumations. The radiocarbon dates of eight indicate a range of 790–530 cal. BC, with just one later (520–380 cal. BC[98]). Noteworthy is that one of the graves had been disturbed by a later pit and that redeposited human remains occurred in adjacent pits[99]. The 'partial' or fragmented quality of this site's structural remains is entirely typical of the period's settlements. Indeed, in some cases no roundhouse-suggestive postholes settings whatsoever survive and, rather, the location of houses has to be determined by the arrangement of encircling pit clusters (i. e. quasi-circular 'voids'[100]). With this in mind, it is worth looking again at Little Woodbury's findings.

There were distinct clusters of postholes along the site's southern perimeter. Admitting that these 'mazes of post-sockets' could not then be explained, Bersu provided a detailed plan of one such grouping south of House II[101]. Repeated here *(fig. 12)*, of it he noted:

[92] See Harding 2009, 206 on the possibility that the four central posts related to builders' scaffolding and pages 53–57 (fig. 7) for his interpretation of House I's features (see also Harding et al. 1993, 56).

[93] The importance of Butser's roundhouse reconstructions since the 1970s cannot be over-estimated (e. g. Reynolds 1982; cf. Townsend 2007; see Sharples 2010, 174–176 on the experience of working at Butser). Unlike longhouse plans, there was no British vernacular circular timber-building tradition to draw upon; hence why their initial reconstructions were essentially paper-based and could be so 'extreme' (with African parallels generally only later explored; see e. g. Clarke 1972 and Lane 2015).

[94] Bersu 1940a, fig. 13.

[95] E. g. Cunliffe 1992; Hill 1995.

[96] Powell 2013; 2015.

[97] Powell 2013, 55–58 fig. 5.

[98] Powell 2013, 52–55.

[99] At Gussage All Saints, in addition to 52 Iron Age inhumations (38 infants), there were six deposits of 'loose' human bone (Keepax 1979).

[100] Evans et al. 2018, 152–154 fig. 4.24.

[101] Bersu 1940a, fig. 31.

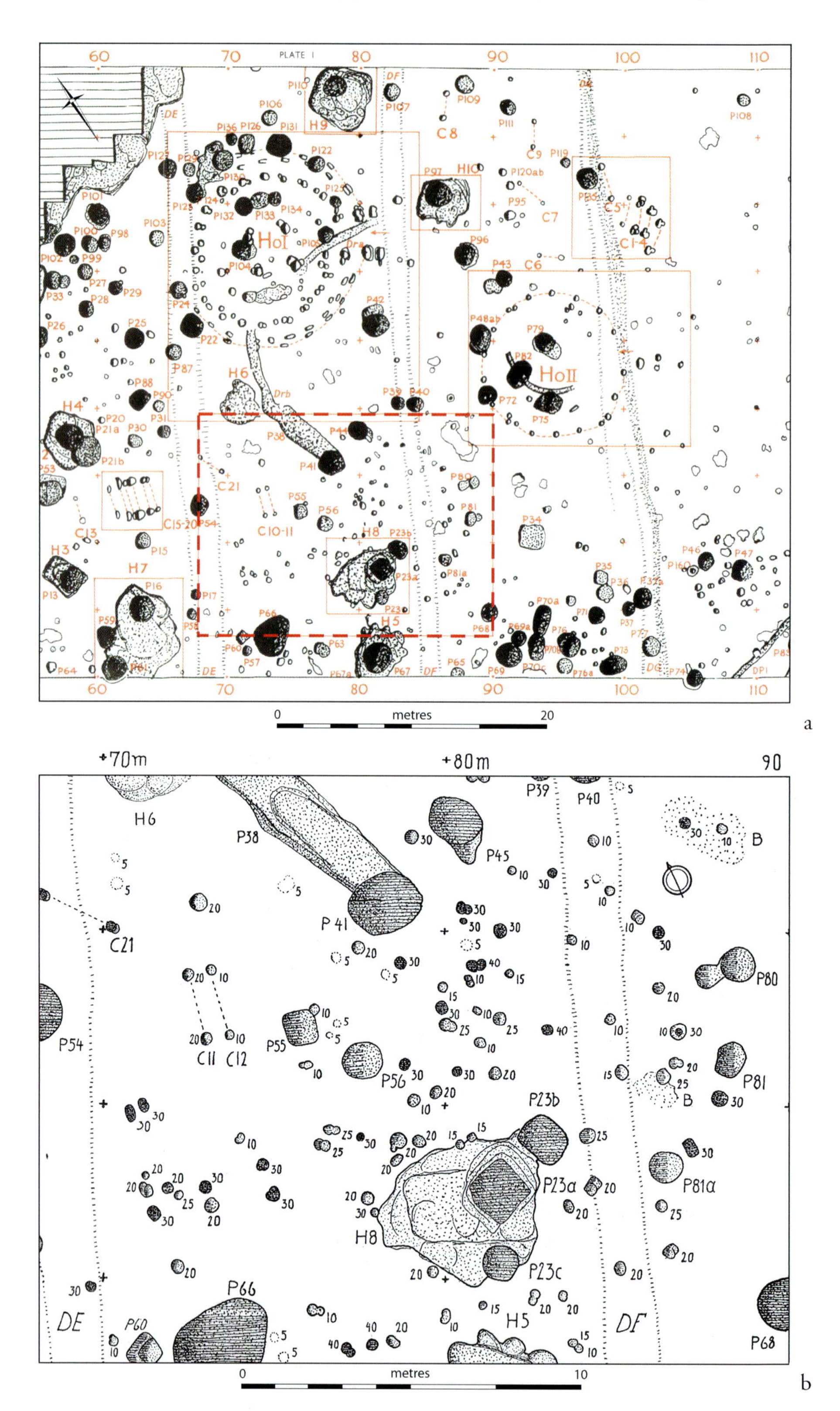


Fig. 12. Central portion of site base-plan (a; Bersu 1940a, pl. I), with detail (b) of 'maze of post-holes' (with posthole numbers indicating depth; Bersu 1940a, fig. 31).

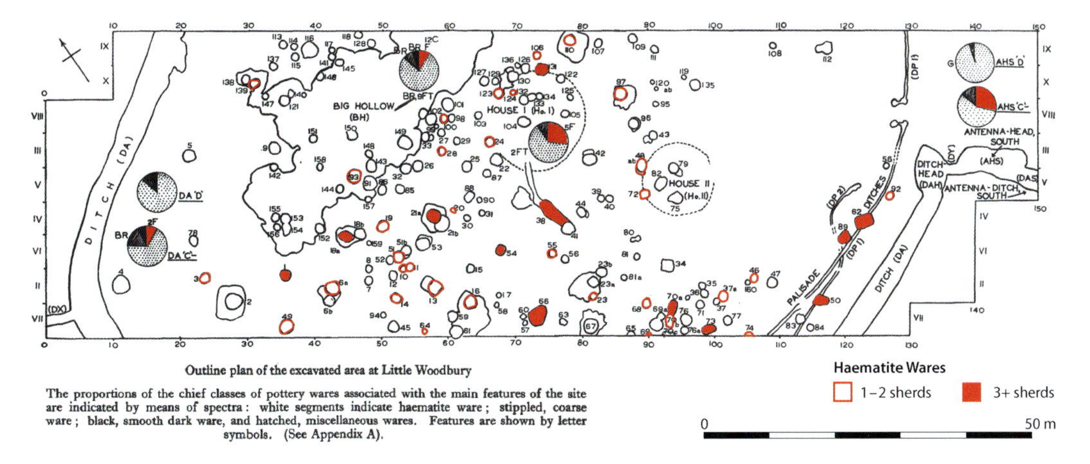


Fig. 13. Site base-plan, with proportion of Haematite Wares within main feature groups indicated as pie-charts and individual pit sherd-values plotted (after Brailsford / Jackson 1948 pl. I).

"This sector was chosen because the posts … might, on the small scale of the complete plan, easily have led to the false conclusion that they belonged to another roundhouse. In fact the posts are so different from one another in depth and diameter that they cannot be connected to form an appropriate ground-plan"[102].

True, the postholes don't describe a complete perimeter, but the partial arc-setting of what is likely to have been at least one more roundhouse (augmented by still other lines) can certainly be distinguished amid the 'maze'[103]. By paying so little heed to what did not readily fit his house and pit 'types' – the non-readily explained 'chaos' – Bersu effectively truncated Little Woodbury's sequence. Clearly, he failed to distinguish the full complexity and extent of the 'Early' settlement preceding its ditched form.

Reporting the site's pottery, Brailsford noted that, based on the distribution of Haematite Wares, this 'Early' occupation focused in the area of House I and the 'Big Hollow'[104]. As shown in *figure 13*, with their listed values plotted, yes they were recovered in quantity at those points (74 and 41 sherds respectively), but they also occurred widely within the site's pits. There is, moreover, a suggestion of somewhat higher values throughout its southern sector; in other words, across the same swathe as the 'unattributed' posthole clusters[105].

[102] Bersu 1940a, 98.

[103] See *fig. 10* for Piggott's 1945 comments on such posthole settings.

[104] Brailsford 1948, 4–5.

[105] It has duly been recognized that Little Woodbury's palisaded form (Bersu 1940a, 46–48) likely preceded its ditched layout (Cunliffe 1974, 155–156). Unfortunately, due to the site's partial exposure, the extent of its palisade is unknown, and the settlement's unexcavated portions have not been subject to geophysical survey (nor has any of its material been radiocarbon dated). As shown on *figure 13*, pits with higher densities of Haematite Wares clearly cut and post-dated the palisade; this does not, though, preclude that in the site's unexcavated portions other 'Early' features may have predated its perimeter. Indeed, the arcing of the DP2 gully suggests that it might have respected a small roundhouse.
Appearing in Germania, Collis' review of Wainwright's Gussage all Saints provided a platform to discuss Little Woodbury and its phasing (Collis 1982, 627–628). Following Musson's 1970 suggestion that House I's four-central posts were independent of the great roundhouse, he went even further and argued that its associated drainage ditches – cutting across the building's wall-line (Collis 1982, fig. 1) – might represent the otherwise ploughed out remnants of a small later-phase enclosure like those at Gussage.

Bersu successfully delivered a 'picture' of Little Woodbury as a later prehistoric settlement, but it was essentially static. Aside from postulating that House II succeeded House I, little attention was given to the site's phasing[106]. This is surely attributable to the fact that its finds were only studied in detail after he had produced its main text. Still, the site's sequence does not seem to have been a particular concern. Only a few cuttings taken through its enclosure ditch and, then working at the British Museum, in 1947 Hawkes had Brailsford and the Piggotts return to the site to supervise the excavation of additional lengths of its circuit to obtain more pottery[107].

Of the settlement's chronology and character, Brailsford remarked:

> "It seems unlikely that the agricultural routine of Little Woodbury was ever disturbed by a major catastrophe, or that the settlement ever changed hands as the result of military conquest. The material from the site gives the impression of cultural continuity (…). Nevertheless, the unfinished ditch is witness that at some time the settlement was threatened by outside danger. The virtual absence of Haematite ware from layer 'D' of DA and AHS [the main enclosure and 'antennae head south' ditches] is consistent with the theory already advanced that the ditch was built at the time of Marnian invasions in the 3rd century B. C. It was these La Tène II invaders, no doubt, who introduced the Smooth Dark class of ware (…) to Wessex"[108].

By the absence of the earliest pottery types present at All Cannings Cross (e. g. decorated globular jars), he suggested that its occupation began in the 'mature stage of the Iron Age 'A'' (then accredited to c. 300 BC) and that – from the increased use of 'Smooth Dark Wares' – it lasted until sometime into the first century BC[109]. Some 250 years, now with the absolute dating of the Early Iron Age that much earlier, this estimate of the settlement's duration should probably be more than doubled. Based on either reckoning, this is far too long to be adequately covered in just a successive two-roundhouse occupation. If having direct continuity throughout, put simply, *too few building remains were realised to account for such an occupation span*.

## Aftermaths

Acknowledging the effects of the site's only partial excavation and drawing upon what he held to be the low number of finds within its habitation deposits – plus its limited number of buildings – Bersu was emphatic that Little Woodbury represented a (rebuilt) single-dwelling farmstead and not a village, nor a market-type or a particularly high status settlement[110]. In his 1964 paper, 'Cultural Grouping within the British Pre-Roman Iron Age', Hodson proposed a basic chronology in the face of fragmented regional pottery series'[111]. Instead, he drew upon basic type-fossils: weaving combs, ring-headed pins and, most significantly, the roundhouse. Aside from Yorkshire's Arras and the Thames' Aylesford

[106] Twice in the text (1940a, 46; 48) Bersu asserts that the site's DP1 palisade-line was older than its DP2 version; whereas its plan-rendering clearly indicates the opposite (*fig. 13*; D. Harding pers comm.).

[107] Brailsford 1949, 156. – Writing to Bersu in 1942, Hawkes stressed that as soon as the war was finished Little Woodbury's excavation needed to be completed; not just to recover all of its pits and structures, but also to investigate its antenna ditches (see Evans 1998, 200 no. 22).

[108] Brailsford / Jackson 1948, 1.

[109] Brailsford / Jackson 1948, 1–2.

[110] Bersu 1940a, 98–100.

[111] Hodson 1946; and Hawkes' ABC System, wherein Woodbury also appeared; Hawkes 1959, 180 fig. 4.

cultural-group exceptions, stressing that Britain then fundamentally seemed apart from Continental developments (e. g. Hallstatt or Le Tène), Hodson entitled this insular / native Iron Age, *Woodbury Culture,* and, thereby, had the site epitomize the period's domestic settlement. In his schema the period was just sub-divided into 'Early and 'Late' *(fig. 14)*, with Little Woodbury's two houses shown in respect to these. Only put forward as a provisional first-attempt classification, this never really caught on and was superseded by Cunliffe's Early, Middle and Late chronology[112].

Little Woodbury nevertheless had an enormous influence on Britain's post-war Iron Age studies[113]. This was not just for comparable enclosed 'farmstead' sites, but also hillfort investigations[114]. Woodbury effectively provided the 'check-list' of what was expected of the period's settlements and, as early as 1947, Hawkes had declared it to be the 'Wessex type-site' of its kind. In the decades following the site's excavation, other comparably great roundhouses were quickly recovered; first by the Hawkes' at Longbridge Deverill Cow Down, Wiltshire in the later 1950s[115] and, then, in 1961 at Pimperene, Dorset[116]. At times termed 'Little Woodbury type / class' buildings[117], the site went onto to variously foster the 'Little Woodbury-type' economy and enclosures[118]. Its finds assemblages then provided much needed comparative base-line data, and it became something of an idealized settlement module / model. This was to the point that the 'slavish reiteration of the typicality of Little Woodbury' was critiqued[119], and was something that Wainwright's 1972 Gussage All Saints excavations (1979) was intended to readdress[120].

With large roundhouses also subsequently recovered in hillforts (e. g. Crickley Hill and Winklebury), and not just associated with single farmstead-type units, not only was Little Woodbury's 'model' questioned but, on other grounds, also the social status of its inhabitants. Whereas Bersu saw its resident farming family as being relatively lowly, based on Longbridge Deverill's findings Sonia Hawkes, for example, held "that the occupiers of our great roundhouses were men of substance, some them perhaps ranking as chieftains or even regional overlords"[121]. Cunliffe similarly elevated the rank of 'Woodbury-esque' settlements[122], with this mode of interpretation promoted by the high-quality metalworking debris – especially chariot fittings – at Gussage All Saints[123]. Reporting on the latter settlement, Wainwright drew upon earlier studies by Bowen[124] and others[125]. These linked such major roundhouse settlements with Celtic lords of legend, their halls and retinues, with this essentially being how – through the influence of Hawkes and Childe – Bersu had come to interpret his own Isle of Man roundhouse settlements[126].

[112] Cunliffe 1974.
[113] Evans 1989, 445.
[114] E. g. O'Neil 1942, 19.
[115] See Brown 2012.
[116] Harding / Blake 1963; see, also, Webley 2007 and Sharples 2010, 212–215.
[117] Musson 1970, 271; Harding et al. 1993, 54.
[118] Respectively, Piggott 1958 and Schadla-Hall 1977.
[119] Harding 1974, 21; see also 2009, 54–68.
[120] While Gussage's pits allowed for a reappraisal and modification of Bersu's analyses (Jefferies in Wainwright 1979, 8–15), that site's Early–Middle Iron Age building-related features proved poor and were not comparable to Little Woodbury's (see also Collis 1982).
[121] Hawkes 1994, 65.
[122] Cunliffe 1991, 227; see also Davis 2011.
[123] See Spratling 1979.
[124] E. g. Bowen 1969.
[125] Jones 1961; see Wainwright 1979, 192–194.
[126] Bersu 1946 and 1977; see Evans 1998. – As previously outlined (Evans 1998), Hawkes had sent Bersu a copy of the Mabinogion and, at some length, detailed the relevance of the Celtic tales to his Manx roundhouses. While this mode of interpretation did not significantly feature in their publication (Bersu 1946; 1977), as related in an Antiquaries Journal account (Vol. 24, 152; emphasis added), it apparently underpinned a 1944 lecture delivered on the Manx sites to the Society of Antiquaries: "Construction details revealed in

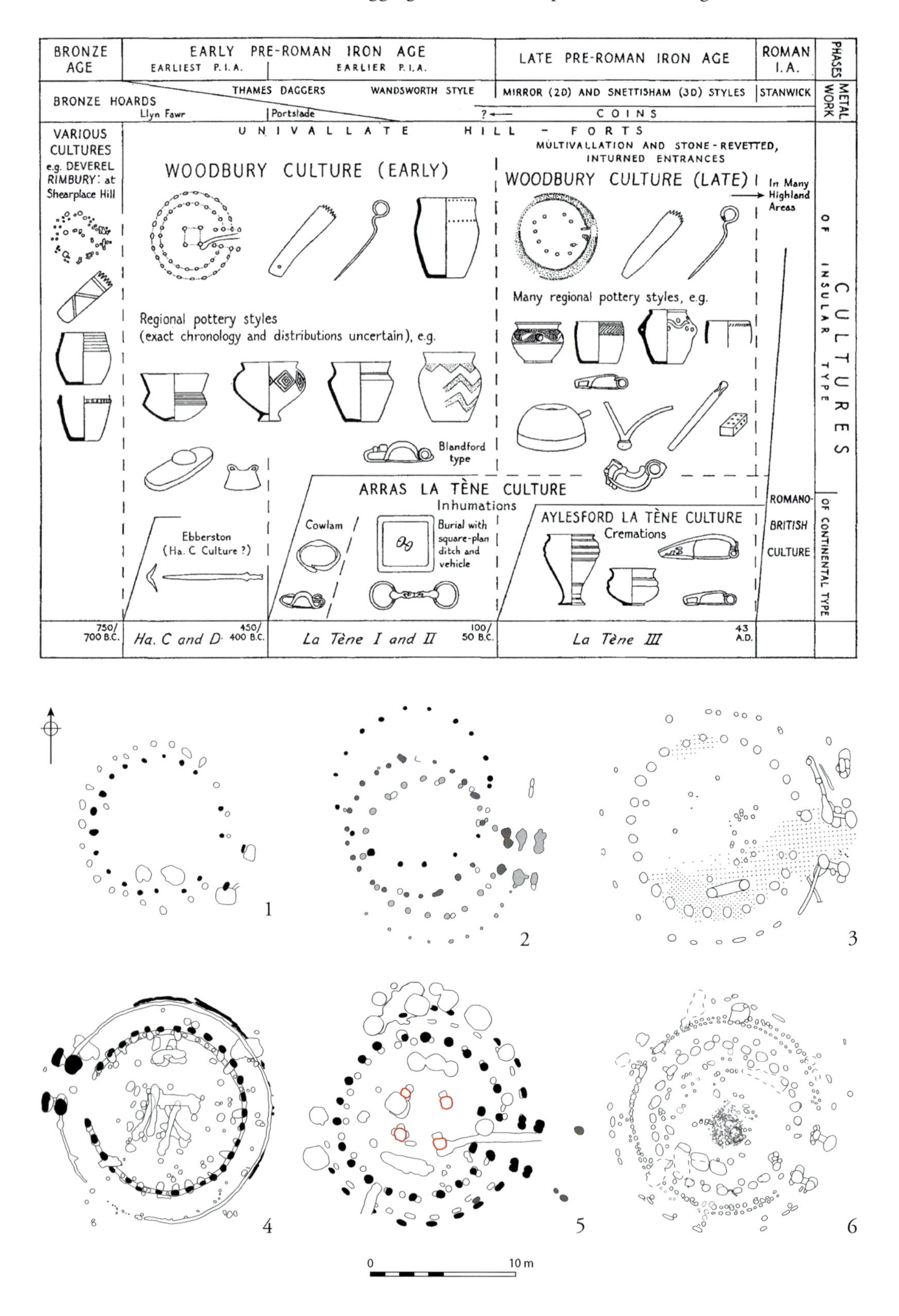


Fig. 14. Great Roundhouses: Hodson's Cultural Grouping schema, with Woodbury Culture types prominent (top; Hodson 1964 fig. 1); below, large Early Iron Age roundhouse plans: (1) Dunstan Park, Berks.; (2) Winklebury, Hamps.; (3) Longbridge Deverill Cow Down, Wilts.; (4) Flint Farm, Hamps.; (5) Little Woodbury, Wilts. (with its contentious four-set central posts shown in red); (6) Pimperene, Dorset (from Sharples 2010 figs 4.9; 4.14).

Bersu may not have fully detailed Little Woodbury's phasing, nor elucidated the specific 'antennae-ed' form of its enclosure, he did, though, duly emphasize the dynamics of the period's agricultural production[127]. Approaching fieldwork results in a highly systematic manner – if, at times, somewhat formulaically – he firmly established the period's main structural components: roundhouses + four-posters + storage pits. This amounted to *a new way of seeing* (the past) within a British context, one arising from contemporary German excavation practices and scholarship. Not only did he successfully articulate the settlement as "a social and economic organism"[128], but Little Woodbury's 'big plan-view' provided an analytical framework enabling the first feature-type distribution plots of any site in the country.

When compared to what had went before in Britain, what Bersu achieved at Little Woodbury amounted to nothing less than a sea-change as to how Iron Age settlement was envisaged. Yet, in relationship to 'evidential reasoning'[129], yes, the site marked a singular watershed, but there still remains the matter of its 'absurd' roof designs. Largely due to his own Ballacagan-inspired reduced-pitch modifications, these received little notice; but, then, neither was its later turf-roof solution seriously accredited (there being, after all, no evidence that House I's roof was ground-anchored). Instead, over the ensuring decades, the key factor was the recovery of other large Early Iron Age roundhouse plans. Lacking any central roof-support, it is these – and Butser's hands-on craft-building knowledge (vs. paper-based renderings) – that have directly informed Little Woodbury's reconstructions.

What this signifies is the degree to which archaeological knowledge is pattern-based and that *pattern* is its abiding epistemology. Due to limited survival and the past's 'fragmentation', one-off findings are often ambiguous, and the subject's collective acknowledgement/ endorsement is largely determined by repetitive recovery. Of course, once having established type-configurations, the question thereafter becomes how much variability they will withstand?

In the case of Little Woodbury, with no firm building forms to draw upon, based upon inductive reasoning Bersu fashioned its main building from a variety interpretative sources, including historical / ethnographic parallels and various 'house rules'. Through time and accrued site-derived archaeological context (i. e. 'pattern'), while many of Bersu's interpretations have 'stood the test', others have been duly jettisoned[130]. Rarely definitive, site-data involves successive reworkings and complex trajectories – Oelmann's "Haus und Hof" lying behind Köln-Lindenthal, which in turn backgrounded Little Woodbury, that then influenced so much of Britain's later prehistory (even its henges) – and is variously underpinned by alliance networks and dispute. When engaging with fieldwork's historiographies, in an effort to truly understand sites it is essential that such 'deep' linkages are traced and fully appreciated.

the excavation of these houses demand a complete revision of the hitherto accepted categories of 'crannogs', 'raths', and 'duns' ... Not least, we now have factual evidence of the 'palaces' which figure prominently in the poetry of the Celtic Golden Age ... As to social conditions, it may be concluded that the local 'chieftains' lived in comfortable round manor-houses, where the hearth-group would consist of themselves, their family and servants."

[127] Sharples 2011, 671.

[128] Bersu 1940a, 30.

[129] Chapman / Wylie 2016.

[130] While lacking a comparable episode of 'eureka' or 'blinkers-off' change as Bersu delivered for Iron Age roundhouses, the history of causewayed enclosure interpretation charts a similar trajectory, with broad variable – often external – sources eventually superseded by accrued excavation-result contexts (Evans 1988).

## Acknowledgements

This effort has only benefited from information and critique variously provided by many: Richard Bradley, Marcus Brittain, Bob Chapman, John Collis, Harry Fokkens, Dennis Harding, Gavin Lucas, Harold Mytum, and Niall Sharples. I am particularly grateful to David Freeman for sharing the insights of his Butser roundhouse-building experience, and that both Bob and Niall kindly allowed me to utilize figures from their respective volumes. Otherwise, Julia Farley (British Museum), Beth Hodgett (Oxford's Crawford material), Julie Parry (Prehistoric Society Archivist, University of Bradford) and, at RGK, Susanne Grunwald, Sandra Schröer, and David Wigg-Wolf, helped steer my way to archival sources, as did also Margarita Díaz-Andreu.

## Bibliography

Bersu 1937
G. Bersu, Altheimer Wohnhäuser vom Goldberg, OA. Neresheim, Württemberg. Germania 21, 1937, 149–158.

Bersu 1938
G. Bersu, Excavations at Woodbury, near Salisbury, Wiltshire (1938). Proc. Prehist. Soc. 4, 1938, 308–313.

Bersu 1940a
G. Bersu, Excavations at Little Woodbury, Wiltshire, Part I: The settlement as revealed by excavation. Proc. Prehist. Soc. 6, 1940, 30–111.

Bersu 1940b
G. Bersu, King Arthur's Round Table: final report. Transact. Cumberland and Westmorland 40, 1940, 169–206.

Bersu 1946
G. Bersu, Celtic Homesteads in the Isle of Man. Journal Manx Mus. 5, 1946, 177–182.

Bersu 1977
G. Bersu, Three Iron Age Round Houses in the Isle of Man. Douglas (Douglas 1977).

Bersu / Goessler 1924
G. Bersu / P. Goessler, Der Lochenstein bei Balingen. Fundber. Schwaben N. F. 20, 1924, 73–102.

Bowen 1969
H. C. Bowen, The Celtic Background. In: A. L. F. Rivet (ed.), The Roman Villa in Britain (London 1969) 1–49.

Bradley 1994
R. Bradley, The philosopher and the field archaeologist: Collingwood, Bersu and the excavation of King Arthur's Round Table. Proc. Prehist. Soc. N. S. 60, 1994, 27–34.

Bradley 1996
R. Bradley, "To see is to have seen": craft traditions in British field archaeology. In: B. L. Molyneaux (ed.), The Cultural Life of Images: Visual Representation in Archaeology (London 1996) 62–72.

Bradley 2006
R. Bradley, The excavation report as a literary genre: traditional practice in Britain. World Arch. 38, 2006, 664–671.

Brailsford 1949
J. Brailsford, Excavations at Little Woodbury, Part IV: Supplementary excavation, 1947; Part V: The small finds. Proc. Prehist. Soc. 15, 1949, 156–168.

Brailsford / Jackson 1948
J. Brailsford / J. W. Jackson, Excavations at Little Woodbury, Part II: The pottery; Part III: The animal remains. Proc. Prehist. Soc. 14, 1948, 1–23.

Brown 2012
L. Brown (ed.), S. C. Hawkes (with C. Hawkes), Longbridge Deverill Cow Down: An Early Iron Age Settlement in West Wiltshire. Oxford Univ. School Arch. Monogr. 76 (Oxford 2012).

Buttler 1936a
W. Buttler, The (Band-Keramik) neolithic village of Köln-Lindenthal. Antiquity 10, 1936, 89–93.

Buttler 1936b
W. Buttler, Pits and pit-dwellings in

Southeast Europe. Antiquity 10, 1936, 25–36.

Buttler / Haberey 1936
W. Buttler / W. Haberey, Die Bandkeramische Ansiedlung bei Köln-Lindenthal. Röm.-German. Forsch. 11 (Berlin 1936).

Carew 2018
M. Carew, The Quest for the Irish Celt: The Harvard Archaeological Mission to Ireland, 1932–1936 (Newbridge 2018).

Chapman / Wylie 2016
R. Chapman / A. Wylie, Evidential Reasoning in Archaeology (London 2016).

Childe 1936
V. G. Childe, [Rev. of]: W. Buttler / W. Haberey, Die Bandkeramische Ansiedlung bei Köln-Lindenthal. Röm.-German. Forsch. 11 (Berlin 1936). Antiquity 10, 1936, 502–504.

Childe / Thorneycroft 1938
V. G. Childe / W. Thorneycroft, The experimental production of the phenomena distinctive of vitrified forts. Proc. Soc. Ant. Scotland 72, 1938, 44–55.

Clark 1936a
J. G. D. Clark, Current prehistory [Köln-Lindenthal excavations]. Proc. Prehist. Soc. 2, 1936, 1–51.

Clark 1936b
J. G. D. Clark, The timber monument at Arminghall and its affinities. Proc. Prehist. Soc. 2, 1936, 468–469.

Clark 1937
J. G. D. Clark, Current Prehistory [Prehistoric houses]. Proc Prehist. Soc: 3, 1937, 468–469.

Clark 1938
J. G. D. Clark, Review (Handbuch der Urgeschichte Deutschlands, Bd. 1 & 3). Proc. Prehist. Soc. 4, 1938, 351.

Clark 1939
J. G. D. Clark, Archaeology and Society (London 1939).

Clark 1943
J. G. D. Clark, Education and the study of man. Antiquity 17, 1943, 113–121.

Clark 1954
J. G. D. Clark, The Study of Prehistory: An Inaugural Lecture (Cambridge 1954).

Clark 1961
J. G. D. Clark, World Prehistory: An Outline (Cambridge 1961).

Clark / Fell 1953
J. G. D. Clark / C. I. Fell, The Early Iron Age site at Micklemoor Hill, West Harling. Proc. Prehist. Soc. 19, 1953, 1–40.

Clarke 1972
D. L. Clarke, A provisional model of an Iron Age society and its settlement system. In: D. L. Clarke (ed.), Models in Archaeology (London 1972) 801–885.

Coles / Minnitt 1995
J. M. Coles / S. Minnitt, Industrious and Fairly Civilized: The Glastonbury Lake Village (Exeter 1995).

Collis 1982
J. R. Collis, [Rev. of]: G. J. Wainwright, Gussage All Saints. An Iron Age settlement in Dorset. Department of the Environment. Archaeological reports 10 (London 1979). Germania 60, 1982, 625–629.

Crawford 1921
O. G. S. Crawford, Man and his Past (London 1921).

Crawford 1953
O. G. S. Crawford, Archaeology in the Field (London 1953).

Cunliffe 1974
B. Cunliffe, Iron Age Communities in Britain (London 1974).

Cunliffe 1991
B. Cunliffe, Iron Age Communities in Britain (London 1991).

Cunliffe 1992
B. Cunliffe, Pits, Preconceptions and Propitiation in the British Iron Age. Oxford Journal Arch. 11, 1992, 69–83.

Cunnington 1923
M. E. Cunnington, The Early Iron Age Inhabited Site at All Cannings Cross Farm, Wiltshire (Devizes 1923).

Davis 2011
O. Davis, A re-examination of three Wessex-type sites; Little Woodbury, Gussage All Saints and Winnall Down. In: T. Moore / X. Armada (eds), Atlantic Europe in the First Millennium BC: Crossing the Divide (Oxford 2011) 171–186.

Evans 1988
Ch. Evans, Monuments and analogy: the interpretation of causewayed enclosures. In: C. Burgess / P. Topping / C. Mordant / M. Maddison (eds), Enclosures and Defences in the Neolithic of Western Europe. BAR Internat. Ser. 403 (Oxford 1988) 47–73.

Evans 1989
Ch. Evans, Archaeology and modern times: Bersu's Woodbury 1938/39. Antiquity 63, 1989, 436–450.

Evans 1995
Ch. Evans, Archaeology against the state: roots of internationalism. In: Ucko 1995, 312–326.

Evans 1998
Ch. Evans, Constructing houses and building context: Bersu's Manx roundhouse campaign. Proc. Prehist. Soc. N. S. 64, 1998, 183–201.

Evans 2008
Ch. Evans, Model Excavations: 'Performance' and the three-dimensional display of knowledge. In: N. Schlanger / J. Nordbladh (eds), Archives, Ancestors, Practices: Archaeology in the light of its History (Oxford 2008) 147–161.

Evans et al. 2008
Ch. Evans / M. Edmonds / S. Boreham, 'Total Archaeology' and model landscapes: excavation of the Great Wilbraham causewayed enclosure, Cambridgeshire, 1975–76. Proc. Prehist. Soc. N. S. 72, 2008, 113–62.

Evans et al. 2009
Ch. Evans / E. Beadsmoore / M. Brudenell / G. Lucas, Fengate revisited: further fen-edge excavations, Bronze Age fieldsystems / settlement and the Wyman Abbott / Leeds Archives. CAU Historiography and Fieldwork Ser. 1 (Cambridge 2009).

Evans et al. 2016
Ch. Evans / G. Appleby / S. Lucy, Lives in Land – Mucking Excavations by Margaret and Tom Jones, 1965–1978: Prehistory, Context and Summary. CAU Historiography and Fieldwork Ser. 2 (Oxford 2016).

Evans et al. 2018
Ch. Evans / S. Lucy / R. Patten, Riversides: Neolithic Barrows, a Beaker Grave, Iron Age and Anglo-Saxon Burials and Settlement at Trumpington, Cambridge. New Arch. Cambridge Region Ser. 2 (Cambridge 2018).

Evans / Hodder 2006
Ch. Evans / I. Hodder, A Woodland Archaeology and Marshland Communities and Cultural Landscape. The Haddenham Project 1–2 (Cambridge 2006).

Evans 2016
T. Evans, Twilight over England? Archaeological excavations in England 1937–1945. European Journal Arch. 19, 2016, 335–359.

Gregory 1991
T. Gregory, Excavations in Thetford, 1980–1982, Fison Way. East Anglian Arch. Report 53 (Gressenhall 1991).

van Giffen 1938
A. E. van Giffen, Continental bell- or disc-barrows in Holland. Proc. Prehist. Soc. 4, 1938, 258–271.

Grimes / Close-Brooks 1993
W. F. Grimes / J. Close-Brooks, The Excavation of Caesar's Camp, Heathrow, Harmondsworth, Middlesex, 1944. Proc. Prehist. Soc. N. S. 59, 1993, 303–360.

Groenman-van Waateringe / Butler 1976
W. Groenman-van Waateringe / J. J. Butler, The Ballynoe Stone Circle: Excavations by A. E. van Giffen, 1937–1938. Palaeohistoria 18, 1976, 73–110.

Harding 1974
D. W. Harding, The Iron Age in Lowland Britain (London 1974).

Harding 2009
D. W. Harding, The Iron Age Round-House: Later Prehistoric Building in Britain and Beyond (Oxford 2009).

Harding / Blake 1963
D. W. Harding / I. M. Blake, An Early Iron Age Settlement in Dorset. Antiquity 37, 1963, 63–64.

Harding et al. 1993
D. W. Harding / I. M. Blake / P. J. Reynolds, An Iron Age Settlement in Dorset: Excavation and Reconstruction. Univ. Edinburgh, Dept. Arch. Monogr. Ser. 1 (Edinburgh 1993).

Harke 1935
H. Harke, 'The Hun is a Methodical Chap': Reflections on the German Tradition of Pre- and Proto-history. In: Ucko 1995, 46–60.
Hauser 2008
K. Hauser, Bloody Old Britain: O. G. S. Crawford and the Archaeology of Modern Life (London 2008).
Hawkes 1947
C. F. C. Hawkes, Britons, Romans and Saxons round Salisbury and in Cranborne Chase: reviewing the excavations of General Pitt-Rivers, 1881–1897 (Part II). Arch. Journal 104, 1947, 27–81.
Hawkes 1959
C. F. C. Hawkes, The A B C of the British Iron Age. Antiquity 33, 1959, 170–182.
Hawkes 1946
J. Hawkes, The beginning of history: a film. Antiquity 20, 1946, 78–82.
Hawkes / Hawkes 1943
J. Hawkes / C. F. C. Hawkes, Prehistoric Britain (Harmondsworth 1943).
Hawkes / Hawkes 1947
J. Hawkes / C. F. C. Hawkes, Prehistoric Britain (London 1947).
Hawkes 1994
S. C. Hawkes, Longbridge Deverill Cow Down, Wiltshire, House 3: a major round house of the Early Iron Age. Oxford Journal Arch. 13, 1994, 49–69.
Hill 1995
J. D. Hill, Ritual and Rubbish in the Iron Age of Wessex (Oxford 1995).
Hodson 1964
F. R. Hodson, Cultural grouping within the British pre-Roman Iron Age. Proc. Prehist. Soc. 30, 1964, 99–110.
Jessen / Farrington 1938
K. Jessen / A. Farrington, The bogs at Ballybetagh, near Dublin, with remarks on late-glacial conditions in Ireland. Proc. Royal Irish Acad. 44, 1938, 205–260.
Jones 1961
G. Jones, Settlement patterns in Anglo-Saxon England. Antiquity 35, 1961, 221–232.
Jope 1997
E. M. Jope, Bersu's Goldberg IV: a petty chief's establishment of the 6th–5th centuries B. C. Oxford Journal Arch. 16, 1997, 227–241.
Keepax 1979
C. Keepax, Chapter XI. The human bones. In: Wainwright 1979, 161–171.
Kohl / Pérez Gollán 2002
P. L. Kohl / J. A. Pérez Gollán, Religion, politics, and prehistory: reassessing the lingering legacy of Oswald Menghin. Current Anthr. 43, 2002, 561–586.
Kooi / van der Ploeg 2014
P. Kooi / K. van der Ploeg, Ezinge: Ijkpunt in de Archeologie (Groningen 2014).
Lane 2015
P. Lane, Iron Age imaginaries and barbarian encounters: British prehistory's African past. In: J. Fleisher / S. Wynne-Jones (eds), Theory in Africa, Africa in Theory: Locating Meaning in Archaeology (London 2015) 175–200.
Lévi-Strauss 1962
C. Lévi-Strauss, The Savage Mind (1966 English edit.) (London 1962).
Lucas 2001
G. Lucas, Critical Approaches to Fieldwork: Contemporary and Historical Archaeological Practice (London 2001).
Lucas 2012
G. Lucas, Understanding the Archaeological Record (Cambridge 2012).
Mahr 1937
A. Mahr, New aspects and problems in Irish Prehistory, Presidential Address for 1937. Proc. Prehist. Soc. 3, 1937, 261–436.
Mullin 2007
G. Mullin, Dublin Nazi No. 1: The Life of Adolf Mahr (Dublin 2007).
Murray / Evans 2008
T. Murray / Ch. Evans, Introduction: writing histories of archaeology. In: T. Murray / Ch. Evans (eds), Histories of Archaeology: A Reader in the History of Archaeology (Oxford 2008) 1–12.
Musson 1970
C. R. Musson, House-plans and prehistory. Current Arch. 21, 1970, 267–275.
Musson 1971
C. R. Musson, A study of possible building forms at Durrington Walls, Woodhenge and

The Sanctuary. In: Wainwright / Longworth 1971, 363–377.

Mytum 2017
H. Mytum, Networks of association: the social and intellectual academics in Manx internment camps during the World War. In: S. Crawford / K. Ulmschneider / J. Elsner (eds), Ark of Civilization: Refugee Scholars and Oxford University, 1930–1945 (Oxford 2017) 96–116.

Oelmann 1927
F. Oelmann, Haus und Hof in Altertum – Untersuchungen zur Geschichte des Antiken Wohnbau I, Die Grundformen des Hausbaus (Berlin 1927).

O'Neil 1942
B. H. St. J. O'Neil, Excavations at Ffridd Faldwyn Camp, Montgomery, 1937–38. Arch. Cambrensis 97, 1942, 1–57.

Paret 1942
O. Paret, Vorgeschichtliche Wohngruben?, Germania 26, 1942, 84–103.

Phillips 1987
C. W. Phillips, My Life in Archaeology (Gloucester 1987).

Piggott 1939
S. Piggott, Timber circles: a re-examination. Arch. Journal 96, 1939, 193–225.

Piggott 1945
S. Piggott, Farmsteads in Central India. Antiquity 19, 1945, 154–156.

Piggott 1958
S. Piggott, Native economies and the Roman occupation of the North. In: I. A. Richmond (ed.), Roman and Native in North Britain (London 1958) 1–27.

Pope 2007
R. E. Pope, Ritual and the roundhouse: a critique of recent ideas on domestic space in later British prehistory. In: C. C. Haselgrove / R. E. Pope (eds), The Earlier Iron Age in Britain and the near Continent (Oxford 2007) 204–228.

Powell 2013
A. Powell, Early Iron Age inhumations outside Little Woodbury, Wiltshire. PAST 74, 2013, 3–4.

Powell 2015
A. Powell, Bronze Age and Early Iron Age burial grounds and later landscape development outside Little Woodbury, Salisbury, Wiltshire. Wiltshire Arch. and Natural Hist. Magazine 108, 2015, 44–78.

Reynolds 1982
P. J. Reynolds, Substructure to superstructure. In: P. J. Drury (ed.), Structural Reconstruction: Approaches to the Interpretation of the Excavated Remains of Buildings. BAR British Ser. 110 (Oxford 1982) 173–198.

Schadla-Hall 1977
R. T. Schadla-Hall, The Winchester District: The Archaeological Potential (Winchester 1977).

Sharples 2010
N. Sharples, Social Relations in Later Prehistory: Wessex in the First Millennium BC (Oxford 2010).

Sharples 2011
N. Sharples, Boundaries, Status and conflict: an exploration of Iron Age research in the twentieth century. In: T. Moore / X. Armada (eds), Atlantic Europe in the First Millennium BC: Crossing the Divide (Oxford 2011) 668–681.

Smith 1978
J. Smith, Halls or yards? A problem of villa interpretation. Britannia 9, 1978, 351–358.

Spacks 2011
P. M. Spacks, On Reading (London 2011).

Spratling 1979
M. G. Spratling, Chapter IX. The debris of metal working. In: Wainwright 1979, 125–149.

Stephan / Gosling 2004
A. Stephan / P. Gosling, Adolf Mahr (1887–1951): his contribution to archaeological research and practice in Austria and Ireland. In: G. Holfter /M. Krajenbrink / E. Moxon-Browne (eds), Beziehungen und Identitäten: Österreich, Irland und die Schweiz. Connections and Identities: Austria, Ireland and Switzerland 6 (Bern 2004) 105–119.

Stevens 1934
F. Stevens, The Highfield pit dwellings, Fisherton, Salisbury. Wiltshire Arch. and Natural Hist. Magazine 46, 1934, 579–624.

Stone 1933
J. F. S. Stone, Excavations at Easton Down, Winterlow, 1931–1932. Wiltshire Arch. and Natural Hist. Magazine 46, 1933, 225–242.

Stone 1934
J. F. S. Stone, Three "Peterborough" Dwelling Pits and a doubly stockaded Early Iron Age ditch at Winterbourne Dauntsey. Wiltshire Arch. and Natural Hist. Magazine 46, 1934, 445–453.

Stone 1958
J. F. S. Stone, Wessex before the Celts (London 1958).

Townsend 2007
S. Townsend, What have reconstructed roundhouses ever done for us...? Proc. Prehist. Soc. N. S. 73, 2007, 97–111.

Ucko 1995
P. Ucko (ed.), Theory in Archaeology: A World Perspective (London 1995).

Wainwright 1979
G. J. Wainwright, Gussage All Saints. An Iron Age settlement in Dorset. Dept. Environment Arch. Report 10 (London 1979).

Wainwright / Longworth 1971
G. J. Wainwright / I. H. Longworth, Durrington Walls: Excavations 1966–1968. Reports Com. Soc. Ant. London 29 (London 1971).

Webley 2007
L. Webley, Using and abandoning roundhouses: A reinterpretation of the evidence from Late Bronze Age–Early Iron Age Southern England. Oxford Journal Arch. 26, 2007, 127–144.

Wheeler 1943
M. Wheeler, Maiden Castle, Dorset. Research Com. Report 12 (London 1943).

Wheeler 1954
M. Wheeler, Archaeology from the Earth (Oxford 1954).

## Seeing differently: Rereading Little Woodbury

### Zusammenfassung · Summary · Résumé

ZUSAMMENFASSUNG · Die außergewöhnlichen, kriegsbedingten Umstände der Ausgrabungen in Little Woodbury, vor allem die soziale Zusammensetzung der Belegschaft und Bersus Status als „Außenseiter", werden hier nur kurz gestreift, da sie sowohl bei EVANS (1989) als auch in diesem Sammelband von Harold Mytum ausführlicher behandelt werden. Stattdessen wird hier das Augenmerk auf die technischen Grabungsmethoden sowie auf die Interpretation der Fundstelle gerichtet. Vor dem Hintergrund einer sehr geringen Anzahl von überzeugend ausgegrabenen prähistorischen Siedlungen im damaligen Großbritannien war der archäologische Ansatz klar plan- und komponentenbezogen und stützte sich stark auf die von Franz Oelmann formulierten baulichen „Gesetzgebungen" von Haus und Hof. Zusätzlich wurde eine Vielfalt an ethnografischen und historischen Quellen zurate gezogen. Während das Ausmaß von Bersus Verdienst um Little Woodbury sowie der bahnbrechende Charakter seiner Feldforschungen keinesfalls geschmälert werden sollen, werden einige seiner Argumentationen hinterfragt und gewisse Aspekte seiner Interpretation kritisch betrachtet. Dazu gehören die absurden Dimensionen einiger seiner großen Rundhausrekonstruktionen, das Außerachtlassen von gewissen Faktoren der Siedlungsstruktur sowie die Nichterkennung der Komplexität der Siedlungsabfolge.

(S. H. / I. A.)

SUMMARY · Briefly rehearsed here, with issues relating to Little Woodbury's extraordinary wartime circumstances – particularly its societal orchestration and Gerhard Bersu's 'outsider' status – previously addressed (EVANS 1989) and also further outlined in this volume by Harold Mytum, this contribution rather focuses upon its methodological technique and interpretation. Practicing a plan-based and distinctly component-type archaeology, with so few convincing prehistoric settlements then excavated within Britain, underpinned by Oelmann's evolutionary *Haus und Hof* building 'laws' (1927), a wide range of ethnographic and historical sources were drawn upon. While fully acknowledging just what Bersu achieved there and how groundbreaking was the fieldwork, the paper raises questions of its evidential reasoning and involves critique: the absurdity of some of its great roundhouse reconstructions, the settlement-matrix factors that were ignored and the failure to appreciate the full complexity of the site's sequence.

RÉSUMÉ · Reprise ici brièvement, avec des questions concernant les circonstances exceptionnelles à Little Woodbury durant la guerre – particulièrement son organisation sociétale et le statut d'étranger de Bersu – abordées précédemment (EVANS 1989) et développées plus loin dans ce volume par Harold Mytum, cette contribution se concentre plutôt sur sa technique méthodologique et son interprétation. En effet, un large éventail de sources ethnographiques et historiques furent exploitées dans la conduite d'une archéologie basée sur des plans et utilisant des unités (« components »), malgré le faible nombre d'habitats préhistoriques convaincants fouillés en Grande-Bretagne, et étayée par les « lois » de construction évolutives d'Oelmann *(Haus und Hof im Altertum).* Tout en reconnaissant pleinement le travail révolutionnaire de Bersu réalisé ici, cet article questionne son argumentation et émet des critiques : l'absurdité de certaines reconstitutions des maisons circulaires, l'ignorance des facteurs de la matrice territoriale et le manque d'appréciation de toute la complexité de la séquence du site. (Y. G.)

Address of the author

Christopher Evans
Dept. of Archaeology
University of Cambridge
Downing St.
GB-Cambridge CB2 3DZ
E-mail: cje30@cam.ac.uk

# Internment archaeology: Gerhard and Maria Bersu's collaborative efforts to live and research on wartime Isle of Man

By Harold Mytum

*Schlagwörter:* *Internierung / Insel Man / Rundhaus / Ballanorris / Ballacagen*
*Keywords:* *Internment / Isle of Man / roundhouse / Ballanorris / Ballacagen*
*Mots-clés:* *Internement / île de Man / maisons circulaires / Ballanorris / Ballacagen*

## Introduction

The excavations that the Bersus undertook on the Isle of Man from 1941 were highly significant for Manx archaeology, but also comprised a significant phase in Gerhard Bersu's (1889–1964) professional career. A by-product of the rise of Nazism and World War II, how this came about, and how resources were made available for excavation during such a protracted internment has never been explored. Here, the results based on a number of archive searches provide some answers, though further sources are still being investigated[1]. Those interned for most of the war were considered significant security threats, yet the Bersus were allowed to leave their camp and carry out fieldwork in the countryside, albeit under nominal guard. Moreover, resources were found to support these endeavours, which remain some of the most extensive excavations ever carried out on the Isle of Man. This was only possible because of G. Bersu's reputation amongst many significant British archaeologists, reinforced by his pre-internment activity in Britain. The relationships that Bersu had built up were sufficient to allow him a professionally productive internment life, but not sufficient to enable fieldwork as a free person. This paper considers what the internment experience was like for both of the Bersus, what excavations took place and how, and why earlier release did not take place.

G. Bersu was an archaeologist with a European reputation, and in Britain he was most influential because of his style of excavation and methods of graphical recording. He was known to a number of prominent archaeologists in Britain, particularly prehistorians and Romanists. His excavations at the Goldberg in Southern Germany from 1911 until 1929, together with appearance at various international gatherings, meant that he was known to leading British scholars including Grahame Clarke (1907–1995) at Cambridge University, Vere Gordon Childe (1892–1957) at Edinburgh University, and Christopher Hawkes (1905–1992) and Thomas D. Kendrick (1895–1979) at the British Museum in London. Whilst the Director of the *Römisch-Germanische Kommission* (RGK), he developed a strong friendship with the Ordnance Survey archaeologist and founder of the journal *Antiquity*, Osbert G. S. Crawford (1886–1957)[2].

[1] Sadly, the effects of the covid-19 pandemic have prevented visits to additional archives that are now known to be relevant to the Bersu biographies. Sufficient has been consulted, however, to provide a firm outline of the overall biographical narrative, the conditions endured, and opportunities seized by the Bersus during their residence on the Isle of Man.

[2] Crawford 1955 ; cf. in this volume the contribution by Andreas Külzer.

Bersu was sufficiently well-connected and acknowledged for his expertise to be elected Honorary Fellow of the Society of Antiquaries of London in 1933, but with demotion from Director of the RGK to become Officer for excavations, Berlin, in 1935 because of his Jewish ancestry, his position was diminished. However, even after enforced retirement in 1937, he was still active in German archaeology in March 1938 when at a conference in Berlin he assisted Crawford on his visit. Bersu was attempting to maintain his German archaeological position, but at every turn this was being curtailed, reduced in status, or even cut off, and overseas support seemed ever more important. Crawford, who was a major figure in the Prehistoric Society (and was then President in 1939), proposed that it should fund excavations that Gerhard could direct in England[3]. The Prehistoric Society was a body with a substantial British focus, but with European and indeed global concerns which it maintains to this day. This project was important at a methodological level in terms of exposing British fieldworkers to the Continental style of area excavation by gradually excavating trenches to reveal the complete site plan, and also for the styles of recording. These were not unique to Bersu, but he was a competent and articulate exponent of these. It was also significant as it was to explore a non-hillfort enclosed settlement with the intention of searching for domestic structures, a feature of Iron Age archaeology that had been largely unrecognised in the record to this point[4]. Crawford and Bersu together selected the site, Little Woodbury in Wiltshire, in 1938 from potential cropmark settlements photographed and identified by Crawford, one of the pioneers of aerial photography of archaeological sites[5]. This was an important technique increasingly applied after World War I for not only prehistoric settlement but also the Roman frontier[6].

The excavations took place over the diplomatically tense summers of 1938 and 1939 when Maria and Gerhard would come by ferry with their car and drive to Wiltshire to conduct the fieldwork[7]. The excavations at Little Woodbury had an influence on British excavation and recording methods, and also had a profound effect on the British understanding of their Iron Age[8]. Excavation methods affect what data we collect, and in what form it can be represented and analysed. Bersu had different priorities in excavation than did British archaeologists of the time and did not use either the long-established narrow trenching method or the more recent grid system with substantial balks, as espoused by Sir Mortimer Wheeler (1890–1976) in his classic excavation method textbook *Archaeology From the Earth*[9]. Rather, Gerhard excavated by a series of parallel trenches that accumulated to create a full plan *(fig. 1)*, or one interrupted by only narrow balks. The methods he applied at Little Woodbury were generally those he applied on the Isle of Man. He demonstrated the efficiency of these techniques in Wiltshire such that his supporters were able to argue for funding to enable his Manx campaigns to proceed, even during the war.

The other methodological issue also confronted the Wheeler practices, this time in recording. Wheeler had successfully introduced a clear understanding of stratigraphic excavation and recording, but the latter he wished for in clear, monochrome schematically represented layers. In contrast, Bersu appears to have excavated in the Continental style of spits, and then drawn his sections in a naturalistic and coloured format. Spits were hardly needed at Little Woodbury, where once the plough soil had been removed the archaeological features were cut into the chalk subsoil, and there were no intact archaeological

[3] Crawford 1955.

[4] Evans 1989.

[5] Crawford 1955; cf. in this volume the contribution by Christopher Evans.

[6] Crawford 1928; Crawford / Keiller 1928; Hauser 2008.

[7] Evans 1989.

[8] Evans 1989.

[9] Wheeler 1954.

Fig. 1. 1: Little Woodbury, 1938. Trench style excavation. Note workmen clearing in the background and Maria looking at an excavated pit in the foreground (photo: G. Bersu; © Crown Copyright. Historic England Archive AA74/00679). 2: Ballacagen A. Trench with post hole stains, with internees working on a parallel trench in the background (Historic England).

layers outside clearly defined features. The spits would have been of little purpose at many of the Manx sites such as Ballacagen, but they would have been applied in the deeper stratigraphy of King Arthur's Round Table and Ballanorris, though the photographs and other records do not demonstrate this method in action *(fig. 2)*. Wheeler had a relationship with his deposits that was fixed and certain, determined in the trench as the recorder faced the deposits head-on. Bersu had a more subtle and nuanced relationship, though at a final interpretive level he was in fact just as fixed as Wheeler's – the archives indicate that he was open to suggestions where he was uncertain but where he had made up his mind,

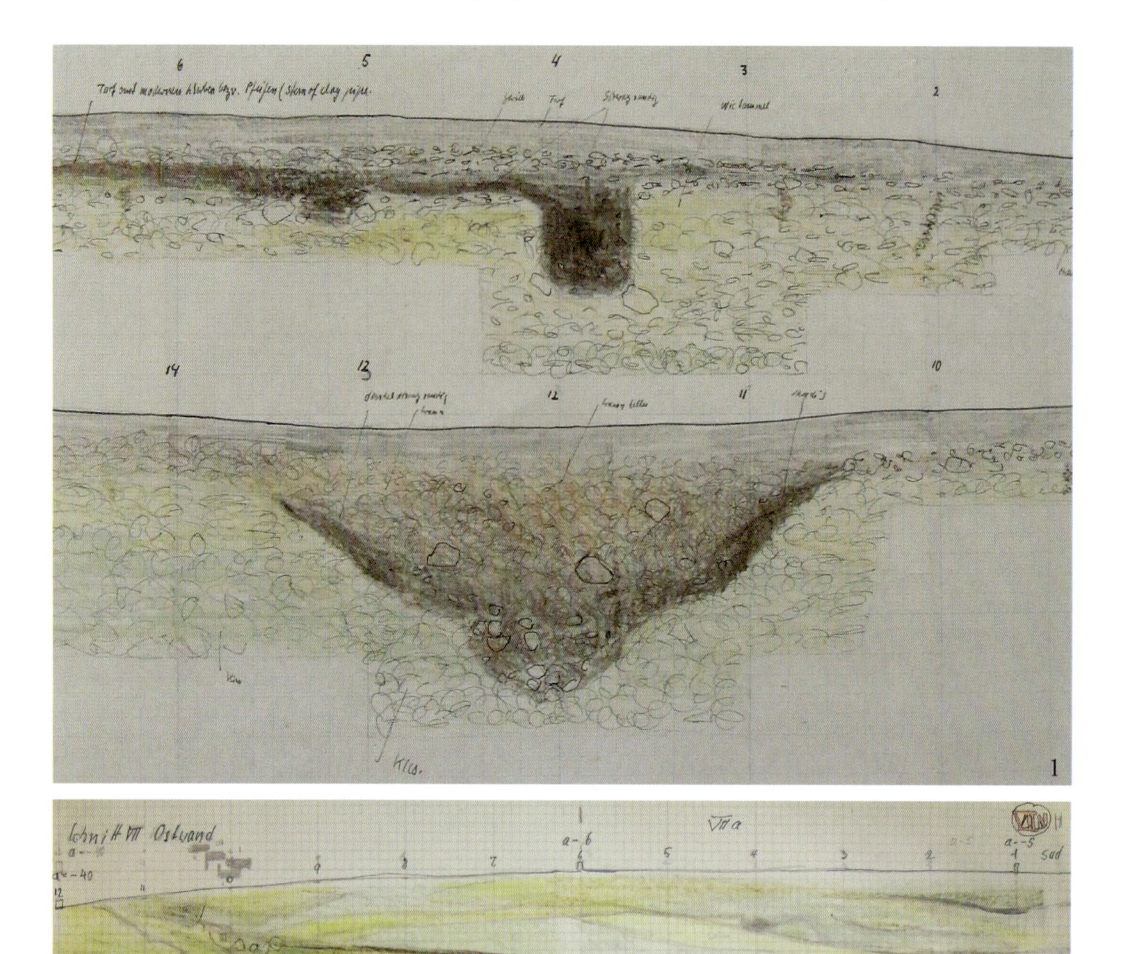

Fig. 2. 1: King Arthur's Round Table section (drawing: G. Bersu; Historic England). 2: Part of a long section across Ballanorris (drawing: G. Bersu; Manx National Heritage).

persuading Gerhard to take a different interpretation was clearly difficult, at least through communication between distant scholars.

Examination of British reports from the 1940s and 1950s indicates that Wheeler's methodologies dominated, but there are some notable examples of excavators where it can be argued that the Bersu approaches were absorbed and adapted. William F. Grimes (1905–1988), a conscientious objector, was sent to excavate war time archaeological sites in advance of destruction, for example at aerodromes which were often laid out on flat arable land on which cropmark sites had been identified. The decision to excavate by wide trenches set side by side or in the grid system was often unnecessary because the topsoil was all bulldozed away to expose the surface of the subsoil, but this created a plan that more emphasised horizontal relationships, and Grimes adopted a style of recording that, with its fuzzy realistic shading, had much more in common with Bersu's recording methods than it did with Wheeler's[10], as also noted by Christopher Evans in his paper[11]. Grimes attended the Little Woodbury excavations, and engaged with the Bersu excavations on the Isle of Man, corresponding with Gerhard on points of interpretation.

Area excavation only became widespread in Britain from the 1970s, and a more realistic style of recording (even if still built on defining clear lines between layers) became dominant[12]. For some, a more Bersu-like representational style was preferred – notably espoused by Philip Barker (1920–2000) in his style of stone-by-stone planning and use of crayon colouring[13]. Barker was a colleague at Birmingham University of Manxman Peter Gelling (1926–1983), who excavated on the Isle of Man for a number of years to increase understanding of the Manx Iron Age following on from Bersu's investigations, and who had been a schoolboy on the Island whilst the wartime fieldwork took place[14]. Gelling conducted area excavations in a similar manner to Bersu, with adjacent trenches excavated successively, but he only had the resources to carry this out over several summer seasons rather than one continuous project. The advantages of a genuinely area excavation on one of his partially excavated sites was demonstrated by more recent investigations at Port y Candas that involved excavating part of the site not previously investigated by Gelling[15].

Unlike much of Continental Europe, the British domestic dwellings were round, not rectangular, and Bersu demonstrated that timber roundhouses could be identified through his style of excavation. He also argued that the large pits – often containing many artefacts – found on numerous sites in southern England were not dwellings, as many British archaeologists had inferred having failed to find other clear structural traces in their grid system or narrow trench excavations, but they were for storage. Bersu's awareness of eastern European parallels for grain storage in pits was a valuable contribution, and he was believed sufficiently that they were depicted in a film made in 1945 of a reconstruction of Little Woodbury, filled with grain and covered with basketry[16]. The effectiveness of such storage pits in British conditions was only conclusively demonstrated through experiment by Peter Reynolds (1939–2001) in the 1970s[17] and with environmental evidence from the Iron Age pits themselves in the 1980s. The methodologies and interpretations from Little Woodbury were rapidly disseminated; the excavations were visited by many British archaeologists, and many of the younger generation of the time came and participated at Little Woodbury, including Stuart Piggott (1910–1996) and C. A. Ralegh Radford (1900–1998). At least preliminary results at Little Woodbury were published[18], which further consolidated the impact of the discoveries on British understanding of the Iron Age. The increased network of personal relations, and better appreciation of Bersu's talents beyond those scholars aware of his European work, would pay dividends in creating support for fieldwork amongst a wide range of British archaeologists at all stages of their career whilst he was interned, even though for many their practical effectiveness was hindered by the various roles they undertook in the war effort.

The Little Woodbury excavations met all expectations of their sponsors, but Bersu wished to maintain the appearance of compliance with the Nazi regime and even in early September 1939, when he knew he should not return, he and Maria made the pretence

[10] Grimes 1968; Grimes / Close-Brooks 1993.

[11] In this tome pp. 233–269.

[12] For example, Wainwright / Longworth 1971.

[13] Barker 2003.

[14] Gelling 1972; Gelling 1978 provide useful summaries and references to individual site reports.

[15] Mytum 2014.

[16] HE Bersu archive Photograph by Crown Film Unit, negative BB69/1013; letter 10.7.1945 from Graham Wallace to G. Bersu.

[17] Reynolds 1974.

[18] Bersu 1938; Bersu 1940a.

of trying to get to the King's Lynn ferry but missed it, thereby giving himself the excuse that he tried to return, should the Germans win the war[19]. He was a refugee but an apparently unwilling one. This decision was one which was to haunt the Bersus for many years to come, and one which undermined much of the support for them amongst his British archaeological colleagues.

## After the outbreak of war

Given the unplanned stay in Britain, the Bersus were fortunate to be then invited to excavate at King Arthur's Round Table, a massive earthwork, funded by the Cumberland and Westmorland Archaeological Society[20]. The investigations had been started by Robin George Collingwood (1889–1943), noted philosopher and Roman archaeologist, even though the site was a prehistoric henge monument. However, Collingwood had become ill and was not able to direct a second season of fieldwork, though his wife continued to assist. Bersu took his own approach to the site but could only undertake limited excavations in the one short season he had to investigate *(fig. 2)*. Nevertheless, he managed to gain sufficient information to interpret the site in quite a different way to Collingwood and wrote to him to say he was sorry that he had a different opinion and it was a pity that ill health at the time of the dig prevented Collingwood's visit, and war time restrictions prevented his visiting the Collingwoods in Oxford[21]. Several subsequent letters from various colleagues congratulate Gerhard in passing on how he diplomatically dealt with both taking over and offering a different interpretation of the site.

Following the Arthur's Seat excavations, during which they stayed at the Crown Hotel, Eamont Bridge, adjacent to the site, the Bersus had to find somewhere to stay, and Childe helped with this and so they moved to Scotland. They took up residence at the Dalrulzian Garage, Blairgowrie, Perthshire, for the winter of 1939–40, before leaving there to stay for three weeks with Mrs Birley in early March, a connection no doubt developed through Gerhard's previous work on the Roman *Limes*[22]. It was during his time at Dalrulzian Garage that Gerhard wrote up first Little Woodbury and then Arthur's Seat, despite limited light in the evenings[23]. Although not his period specialism, Bersu was given advice through correspondence from others, including Childe and Piggott[24]. Given war time problems and challenges over translation of the report from German into English provided by Ian A. Richmond (another noted Roman archaeologist, 1902–1965) despite his ill health[25], it was impressive that the final report was published in 1940[26]. Sadly, this was not to be the case for most of the Manx excavations which, though numerous and extensive, took many years to appear in print, and even then, only with the assistance of others after Gerhard's death[27]. Undoubtedly, if more of the reports had appeared in a timely manner, Bersu's influence in British archaeology would have been even greater.

Enemy Alien Tribunals had been established in 1939, and as aliens were identified they were assessed and classified into one of three categories: A, B, or C. Those considered a

[19] Crawford 1955.

[20] Bersu 1940b; Bradley 1994.

[21] HE Bersu archive copy of letter 26.2.1940 from G. Bersu to R. G. Collingwood.

[22] HE Bersu archive copy of letter 262.1940 from G. Bersu to R. G. Collingwood.

[23] HE Bersu archive postcard 28.6.1940 from G. Bersu to C. A. Ralegh Radford.

[24] HE Bersu archive letter 13.4.1940 from G. Childe and letters 16.4. and 1.3.1940 from St. Piggott.

[25] HE Bersu archive letter 4.4.1940 from I. A. Richmond to G. Bersu.

[26] Bersu 1940b.

[27] Radford 1965; Bersu / Wilson 1966.

threat to security were A, those uncertain were B, and those of no risk were C. It was on the 19th December that the Bersus appeared before a Tribunal of Aliens[28]. Gerhard felt that the hearing had gone well, and he was classified as a B category alien. Movement restrictions were dropped, and Gerhard was allowed his cameras back[29]. At first, only the category A aliens were held, but the others were still regarded with suspicion and, despite Gerhard's optimism, constraints were soon limiting his prospects for work.

In February 1940, Childe wrote to the Society for the Protection of Science and Learning (SPSL) to find out how to gain permission for Gerhard to excavate for 6 weeks on Scottish sites, using funds agreed by the Society of Antiquaries of Scotland[30]. The grant of £ 10 per week was to be assigned at £ 5.10s. to the Bersus, with the remainder for other expenses including the employment of two labourers. Childe was informed that the local labour exchange could now give permission for 'friendly aliens' to be allowed employment, though there might need to be an advertisement to ensure that no British person could undertake the task[31]. It was from this correspondence that the SPSL discovered the existence of Gerhard and Maria Bersu in Britain, so they wrote to Gerhard, care of Childe, explaining that they assisted refugee academics, and could he fill in a questionnaire and provide a cv. This Bersu did, and these documents are in the SPSL file[32]. He states that he has a wife as dependent, 'who is able and accustomed to help me with all my work (was secretary at the *Archäologisches Institut* for 41/2 years, in charge of the library, has experience in editing, typewriting, art, archaeology and history of literature, Dr. phil.)' By the end of February, the SPSL acknowledged receipt of the documentation, and the Bersus were in the SPSL system[33]. Little did anyone realise at this time how long their case would be active, and how voluminous the correspondence would become.

Security concerns and increased xenophobia across Britain rapidly overtook the relatively relaxed arrangements in place over the winter of 1939/40, and official permission to undertake the work was refused[34]. Only category A aliens had been confined, but by early 1940, large numbers of category B were soon thought to need further assessment and in the interim they should be held securely so that further checks could be undertaken to ascertain whether they were Nazi supporters acting as infiltrators, or true refugees who could be released and used in the war effort.

The British government required somewhere away from any military areas to house relatively large numbers of alien civilians, and it asked the Manx government whether the Isle of Man would be prepared to take them. The Isle of Man had (and still has) its own independent government, Tynwald, but one also with the British monarch (then King George VI) as head of state. The Manx were willing to support Britain; they had interned over 30 000 civilians in the World War I, using two camps; one was in Douglas (an adapted holiday camp) and the other was a newly constructed extensive site at Knockaloe, near Peel[35]. In World War II, the Manx government decided to follow a different strategy and commandeered many of the hotels and guesthouses that catered for the summer tourist business from the industrial towns of northern England that would be disrupted by the

[28] HE Bersu archive letter 10.12.1939 from G. Bersu to C. A. Ralegh Radford.

[29] HE Bersu archive letter 20.12.1939 from G. Bersu to C. A. Ralegh Radford.

[30] SPSL 181/7 G Bersu file, letter 16.2.1940 from G. Childe to SPSL.

[31] SPSL 181/18 G Bersu file, letter 24.8.1940 from G. Childe to SPSL.

[32] SPSL 181/1-5 G Bersu file.

[33] SPSL 181/12 G Bersu file, 29.2.1940.

[34] SPSL 181/18 G Bersu file, letter 24.8.1940 from G. Childe to SPSL.

[35] Cresswell 1994.

war[36]. By May 1940, the first camp was ready for occupation, Mooragh Camp in Ramsey in the north of the Island. Italy joined the war in June and at this point Italian civilians, and also the remaining Germans of whatever security category, were rounded up and placed in any secure premises that could be found across Britain[37]. The demand for Manx camps therefore grew rapidly and more were soon available, one in Peel and others in or close to Douglas. The main ones were Onchan, Central, Palace, Metropole, and Sefton, but the last only lasted a few months as already many civilians sent to the Island had been cleared for release and returned back to the British mainland. Indeed, by March 1941 not only Sefton but also Central had closed, and the remaining internees on the mainland at Lingfield and Huyton were transferred to Hutchinson; by July, Onchan was also closed. The women (including Maria) were from the start sent to the southern part of the Island, which was called Rushen camp (Camp Y).

The Bersus' freedom was short-lived as they were caught up in the rounding up of aliens and on 20th June, when they were back in Edinburgh, they were taken into custody. Maria was sent to H. M. Prison in the city, but she did not know where Gerhard had been placed[38]. Maria was able to send communications to Ralegh Radford and her husband on 28th June, but after that correspondence was difficult for some time. Bersu still did not know about his wife's whereabouts in mid-August, even though she was only miles away on the Island[39].

## Separation on the Isle of Man

Gerhard and Maria Bersu were interned on the Isle of Man in 1940, but they travelled separately and in ignorance of the other's fate. Gerhard was assigned to Hutchinson Camp (Camp P) in Douglas, arriving on 23rd July. The camp comprised terraced multi-story guesthouses arranged in a rectangle surrounding a grass-covered area that was called Hutchinson Square *(fig. 3)*. It was relatively easy for the authorities to make this secure with barbed wire fencing and with the landlords and landladies moved elsewhere, all of the accommodation could be devoted to the internees in housing which otherwise required no structural modification, with an exercise area provided in the centre. Internees were of mixed ages and backgrounds, but Hutchison had a particularly large number from the academic and cultural professions. Nevertheless, conditions were spartan and there were few resources beyond the bare minimum to be shared by the inmates. Gerhard wrote to Ralegh Radford requesting many culinary items that were unavailable in camp – though many would soon become mere memories for all in Britain as supplies became limited[40].

Many Jewish academics were interned, though often only briefly, as was the experience of Classical and Iron Age archaeologist Jacobsthal, whom Bersu used to visit till his release[41]. They must have subsequently maintained some level of contact is he let Gerhard know that Hawkes had been appointed to the Chair in European Archaeology at Oxford in 1946[42]. The internees were guarded and had daily roll calls, but they were largely left to

[36] Mytum 2011.
[37] Stent 1980.
[38] HE Bersu archive postcard 28.6.1940 from M. Bersu to C. A. Ralegh Radford.
[39] SPSL 181/18 G Bersu file, letter 24.8.1940 from G. Childe to SPSL.
[40] HE Bersu archive letter 1.8.1940 from G. Bersu to C. A. Ralegh Radford. Items include Marmite, Oxo cubes, tinned tomatoes and sardines, corned beef, condensed milk, chocolate and spices.
[41] Ulmschneider / Crawford 2013; Crawford et al. 2017.
[42] CFCH; letter 31.7.1946 from G. Bersu.

1

2

Fig. 3. Hutchinson Square housing as used for the internment camp. 1: Around 1940–41 (photo: Major H. O. Daniel, © The estate of Hubert Daniel, Photo © Tate, CC-BY-NC-ND 3.0 [Unported]) and 2: today (photo: H. Mytum).

manage themselves through various committees. A Cultural Department was established (popularly called the camp university), with many of the academics providing discussion groups and lectures across a wide range of disciplines. A vibrant artistic culture was also established, with exhibitions and meetings, and a variety of musical events[43]. Bersu would have been more at home than some of the professional and academic internees who had previously had little contact with less educated men, whereas Gerhard would have worked with labourers on excavations and discussed sites and landscapes with farmers and their employees.

[43] Hinrichsen 1993; Dickson et al. 2012.

By August 1940, Denis William Brogan, a Fellow of Peterhouse and Professor of Political Science at the University of Cambridge, wrote to support the release of Bersu, having known him since 1932[44]. He mentioned other supporters by name: his wife, Hawkes (British Museum), Hawkes' wife Jaquetta (here styled Gowland-Hopkins), and Ronald Syme (Trinity College, Oxford). It is notable that Peterhouse Fellow G. Clarke was not on the list, though he may have by this stage have been elsewhere in the war effort. A second letter from Brogan the same day, but this time styled as coming from the Ministry of Information, American Division, adds that he and Professor Childe (Edinburgh University) could stand guarantors for the Bersus having some financial support[45]. This letter also explicitly mentions Maria, stating 'What is to be done about Dr. Bersu's wife, Maria? She is not a scholar but works along with her husband, helps him in his editorial work etc. and all that I have said about his character applies equally to her'. A reply notes that Maria would only be freed after her husband, and much of the rest of the correspondence over the coming years refers only to Bersu as he is perceived as being the one who would be employed, and his wife would be a dependent[46]. The result, sadly, is that Maria is rarely mentioned in the voluminous correspondence that revolves around the saga of unsuccessful attempts to provide Gerhard with paid employment as a freed field archaeologist in wartime mainland Britain.

Later in August 1940, Crawford attested that Gerhard and his wife had been financially backed by himself and two friends, but that their internment was because Gerhard could not support himself and his wife, though this was only because the Home Office refused to allow him to take the work that has been offered[47]. The issue that lay behind this reticence – beyond a widespread level of chaos and suspicion – was that the Bersus were not technically refugees – they had not fled Germany for fear of persecution but had just been unable to return to their homeland because of the outbreak of war[48]. Bersu's request for release – supported by a number of eminent scholars – was submitted by the British Academy in September but was refused by November 1940 because it was at that stage not possible to overturn the decision of the Regional Advisory Committee that had first recommended internment[49]. By February 1941, however, it was becoming possible for the Bersus to be released as long as they then resided outside the Aliens Protected Area. Whether there was work or not, provided they could be supported and housed, release was possible, but 'it would not be advisable for Dr. Bersu to "dig holes in lonely spots at the present time"[50]. The SPSL was tasked with locating suitable accommodation whilst their academic contacts attempted to find employment not involving fieldwork for Gerhard, and they wrote to several institutions for help[51]. By this stage, however, Gerhard was already well-advanced making other arrangements closer to his enforced home.

Bersu persuaded the Manx authorities to give permission for him and a few other internees to leave camp to explore the countryside and prospect for minerals such as manganese

[44] SPSL 181/13 G Bersu file, letter 16.8.1940 from D. W. Brogan to SPSL.
[45] SPSL 181/14 G Bersu file, letter 16.8.1940 from D. W. Brogan to SPSL.
[46] SPSL 181/14 G Bersu file, copy of letter 16.8.1940 from SPSL to D. W. Brogan.
[47] SPSL 181/144 G Bersu file, letter 10.6.1945 from O. G. S. Crawford to SPSL.
[48] SPSL 181/21 G Bersu file; copy of letter 27.8.1940 from SPSL to G. Childe.
[49] SPSL 181/23 G Bersu file; copy of letter 27.8.1940 from SPSL to Sir Frederick Kenyon; SPSL 181/23 G Bersu file; letter 20.2.1941 from Home Office (Aliens department) to SPSL.
[50] SPSL 181/23 G Bersu file; letter 20.2.1941 from Home Office (Aliens department) to SPSL.
[51] SPSL 181/26, 27, 28 G Bersu file; copy of letters 22.2.1941 from SPSL to D. W. Brogan, G. Childe, O. G. S. Crawford.

at Slieau Chiarn; this was a failure in terms of geological exploitation, but it indicated how Gerhard could mobilise the internees as a resource to benefit the Island. The Camp Commandant, Captain O. H. Daniel, allowed groups of internees out on walks, guarded at all times, and Bersu arranged one such excursion for camp internees and officials which was described in the December 1940 issue of *The Camp,* the Hutchinson newspaper[52]. The expedition headed to the prospection site but also featured a visit to what was described as a Viking site. Photographs survive that record this outing, showing that it was The Braaid site that was included in the tour, and the inclement weather mentioned in the newspaper is corroborated by the clothing of Bersu and the walkers. The prospection project failed to identify mineral sources suitable for exploitation, but this set a precedent for out-of-camp activities that Bersu set about arranging, and his archaeological expertise was made obvious at The Braaid, as well as in a lecture on prehistory within the camp[53].

The idea of excavating archaeological sites could be broached following the mining explorations. Bersu was fortunate in that the Director of the Manx Museum was Basil Megaw, who also knew Childe and was a Fellow of the Society of Antiquities of London. Megaw was an influential Manxman with archaeological interests who saw the potential of using such a well-regarded excavator on the Island's under-explored archaeological resource. Sadly, there is no publicly available early correspondence between Megaw and Bersu but, given that Hutchison Camp was only a short walk from the museum, he may have visited him (and indeed the Camp Commandant) to consider what options might be possible. Bersu did not plan and then carry out excavation in complete professional isolation, and he used his contacts within the wider British archaeological community. The surviving correspondence from the 1940s indicates a wide network of acquaintances, and clearly some were close friends. These included Ralegh Radford, Crawford, Hawkes, and Childe, the last managing to visit the Ballacagen excavations[54]. Others were correspondents, including F. Kendrick and Grimes, and numerous specialists regarding finds from the excavations including C. Curwen, A. Oswald, W. Hemp and S. O'Riordain. Yet others, such as Clarke, were professional associates but were less supportive of his alien status[55]. Wheeler was in disagreement with Bersu on both field methods and recording methods, but his attitude to Bersu the man is thus far unknown. These scholars, together with others such as Glyn Daniel are not in the Bersu network identified to date, though he and Piggott (who had known Bersu) were abroad during much of the war and so could not have participated easily in discussions regarding the Isle of Man excavations. All were linked primarily through the Society of Antiquaries of London, though the Bersus had stayed with several during their visits, and some must have known Bersu well from pre-war international conferences.

The excavations required funding and given the success of Little Woodbury and his numerous contacts, a grant from the Society of Antiquaries of London was agreed early in 1941. The first excavation was arranged with considerable speed, taking place on a small fort at Garwick, north of Douglas, in the first part of May 1941[56]. Gerhard was therefore able to demonstrate the effectiveness of excavation with internees and the logistical viability of the activity in considerably less than a year after arriving on the Isle of Man.

Maria was sent to the Rushen Camp (Camp W) for women which had been set up in late May 1940, though it is not known whether she was at first billeted in Port Erin or

[52] The Camp No. 11, December 2 1940.

[53] Ulmschneider / Crawford 2013; Crawford et al. 2017.

[54] Letter 29.4.1942 from G. Childe to B. Megaw in the possession of Clare Alford.

[55] Evans 1998, fn. 2.

[56] Bersu 1967; Bersu / Cubbon 1967.

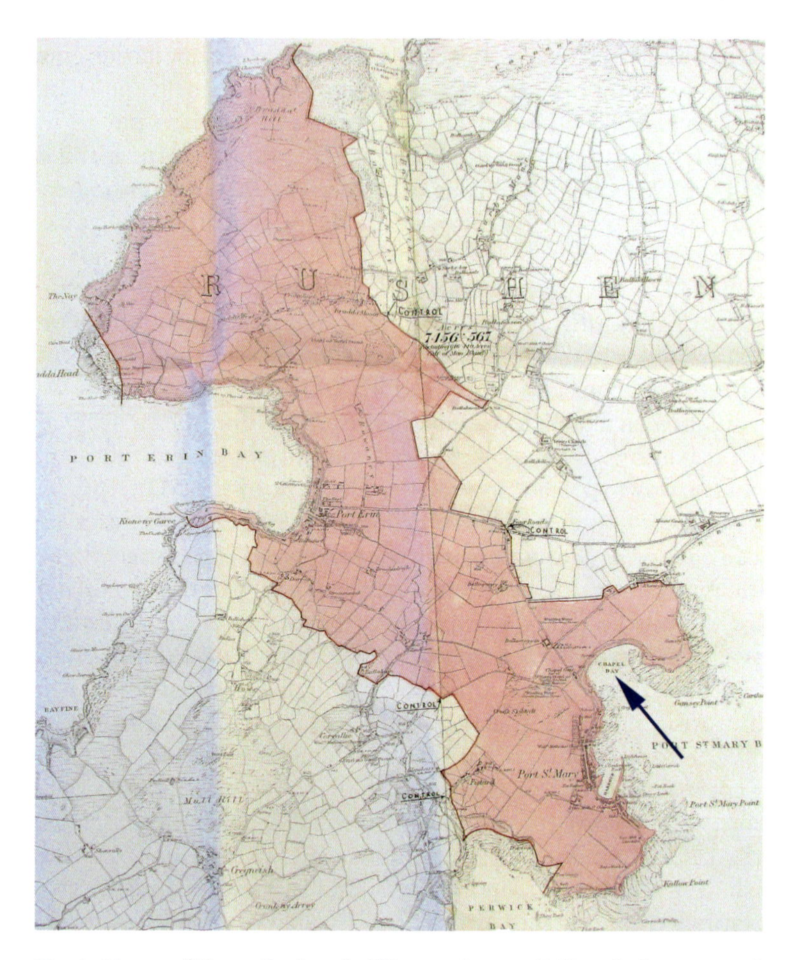


Fig. 4. Extent of Camp Rushen for Women, August 1940 with the two small towns of Port Erin and Port St. Mary. This is based on an O. S. map which does not show The Promenade and other expansion of Port St. Mary that existed by this date, but The Promenade runs round Chapel Bay marked with the blue arrow (map: Ordnance Survey, editing: H. Mytum; Manx National Heritage).

Port St. Mary, the two small towns that were used to house the female internees and their children, but by November 1940, Maria was staying at House Belvedere, Port St Mary[57]. In time there were 4,000 women interned, with only a quarter of them housed in Port Erin. A map of August 1940 *(fig. 4)* provides a detailed outline of the camp's extent[58], which includes extensive areas of countryside not only between but around the two main settlements. Part was defined by the coastline, largely of low but not easily scaled cliffs, but the land barriers were at first controlled only with checkpoints on the roads. By October, the countryside areas had been reduced in the south and particularly in the north, but there was still a considerable area available for walking and visiting the coast[59]. At some point, the land boundaries to north-east and south-west were defined with high barbed wire fences.

[57] Letter 11.11.1940 from C. A. Ralegh Radford to Eleanor Megaw in the possession of C. Alford.

[58] MNH, O. S. map, coloured August 1940.

[59] MNH Plan 377, hand drawn map of Rushen Internment Area 11.10.1940.

The female internees comprised single and married women, including those with children and a number who were pregnant. The Camp Commandant Dame Joanna Cruickshank, attempted to run the system through co-operation, but this was challenged by the presence of not only refugees from Nazism but also between 500 and 600 who explicitly supported Germany and of whom a number were actively and outspokenly supporters of Nazism[60]. Gradually these were segregated into separate boarding houses, initially Windsor House and Ard Chreg.

*The Camp* (the male Hutchinson camp newspaper) reports in late October 1940, a meeting arranged in the Theatre Hall and other rooms of Derby Castle in Douglas where married internees could meet[61], but Stent notes that monthly meetings between married couples commenced in August at a hotel in Port Erin[62], so it is unclear when Maria and Gerhard first met up after their separation. It was only from April 1941 that the Married camp (Camp Y) began operation; Gerhard had joined Maria at Port St Mary by later June 1941[63].

## Reunited at the Married camp and the excavations

The Rushen camp (Camp W) was restructured in 1941, with the single women concentrated in Port Erin, and Port St Mary (now renamed Camp Y) being redesignated for married couples only. A new management was put in place, with the Commandant being Chief Inspector C. R. Cuthbert who proved to be an enthusiastic supporter of the excavations and the use of internees. The Bersus at first stayed in Southlands[64], a boarding house with ten guest rooms on the Promenade run by a widow, Mary Eslick. The property was one of a number facing onto the curved sandy Chapel Bay that made it a quieter and more select holiday destination than Douglas in the pre-war period *(fig. 5,1)*. Such establishments had meals provided by the landlady, but all household chores had to be undertaken by the internees. Nevertheless, they had much unoccupied time, despite being able to go for country walks within the camp area and go swimming in the sea. Maria certainly availed herself of the bathing opportunities, at least in warmer weather. The only surviving physical evidence of the camp at Chapel Bay are some posts in the sea that supported the barbed wire which prevented the swimmers escaping from the camp confines by water *(fig. 5,2)*[65]. Gerhard also worked on an allotment, growing vegetables that would no doubt be much appreciated given wartime shortages, but it would seem that he was also required to assist with housework at the accommodation[66]. His field diary notes that he caught a rabbit on the first day of the Ballacagen dig[67], which was presumably taken back to Southlands for the pot.

The Bersus also had networks for socializing and surviving within wartime conditions, within the constraints of internment; Gerhard even acted as Father Christmas for the children, and Maria made life-long friends with some who were also interned there[68]. The female and married camp management had encouraged a simple exchange system that

[60] Brinson 2005, 114.

[61] The Camp No. 6, October 27 1940.

[62] Stent 1980, 197.

[63] Noted as 21.5.1941 in notes provided by C. Alford.

[64] As seen on the addresses of letters from Gerhard at this time, e. g letter 17.9.1941 from Gerhard to Hawkes.

[65] MNHB, Bersu correspondence, letter 28.7.1943 from G. Childe to G. Bersu.

[66] SPSL 181/69 Letter 22.1.1942 G. Childe to SPSL.

[67] MNHB, Field Diary 26.8.1941.

[68] Mentioned in a 1965 Christmas card from M. Bersu to E. Megaw in the possession of C. Alford.

1

2

Fig. 5. The Promenade and Chapel Bay. 1: The Promenade properties are still externally much as they were in 1940 (photo: H. Mytum). 2: View of The Promenade from the south-east, with two of the posts for the barbed wire camp boundary across the bay in the foreground (photo: H. Mytum).

allowed skills and resources to be paid in camp coupons between internees, but this was discontinued in November 1941[69]; however, such activities were maintained after this but now for payment or barter exchange. Skills might include hairdressing or dressmaking, or actual products such as knitted clothing could be bartered or sold. Evidence of the Bersus' social involvement in camp life is indirect and unusual. A pink woollen cardigan in the Manx Museum[70] that was knitted by a female internee for her daughter has wooden buttons made from the bog oak wood excavated from the Iron Age settlement at Ballacagen. Bersu, or one of his workforce, took back suitable timber to be made into buttons, though by whom is unknown. Such resources would be of value within the exchange networks of internees, socially if not economically, and also as gifts to local people. This is emphasised by a letter from W. Cubbon (retired Director of the Manx Museum) who was providing

[69] Stent 1980, 194–195.

[70] Manx Museum 2008-0336.

Fig. 6. Artefacts made from bog oak excavated at Ballacagen. 1: Brooch. 2: Cufflinks with Masonic symbols (photo: H. Mytum; Manx National Heritage).

advice on Manx place names and history, stating "I thank you very kindly for the generous gift of the half a doz Buttons made from the ancient oak found at Ballacagen"[71]. The buttons, still on their presentation card, are now in the Manx Museum[72].

Another item made from the bog oak is a brooch over 6 cm long vertically spelling out the name FRIEDA[73], *(fig. 6,1)*. Whether it was carved for an internee, to be sent to a relative, or was for a local woman, is unknown. The excavations and the discoveries of impressive buildings made an impact amongst news-starved internees, and Bersu was known as the director who made possible this work outside the camp, giving a different perspective on life, an activity to escape boredom, and indeed a small income. Pride in this endeavour is exemplified in a third item, a pair of expertly made cufflinks of bog oak with Masonic symbolism inlaid in silver-coloured metal *(fig. 6,2)*. It has an accompanying note dated Autumn 1943 which proudly states that they were made by an internee in "P" Camp (Hutchinson) from "part of a pillar belonging to a Celtic Manor House, probably the habitation of a Celtic Chief … excavated in 1942 … by fellow internee Dr. G. Bersu, formerly 'P' Camp, at present 'Y' Camp to Lt. C. Standen with thanks and appreciation", and signed by Camp Captain, H. L. Bender[74]. This shows that the bog oak was not only taken back to the Married camp, but also to Hutchinson to be crafted.

Internees were steadily being released, and the number of women and married couples declined to such an extent that the camp was reduced in size. In August 1942 the Bersus were suddenly transferred to different lodgings in Port Erin, and Gerhard had to transplant all his allotment crops to a new plot there from the one he had in Port St Mary, about which he was most distressed[75]. He was also displeased with the offer of a work room which was some distance from their new home, and refused it, stating it was

[71] MNHB, Bersu correspondence, letter 27.9.1942 from W. Cubbon to G. Bersu.

[72] Manx Museum accession no. 2005-0057.

[73] Manx Museum accession no. 1999-0036.

[74] Manx Museum.

[75] MNHB, Field Diary after 14.8.1942 entry states "Moving to P. Erin"; Bersu correspondence, letter 30.9.1942 from G. Childe to G. Bersu.

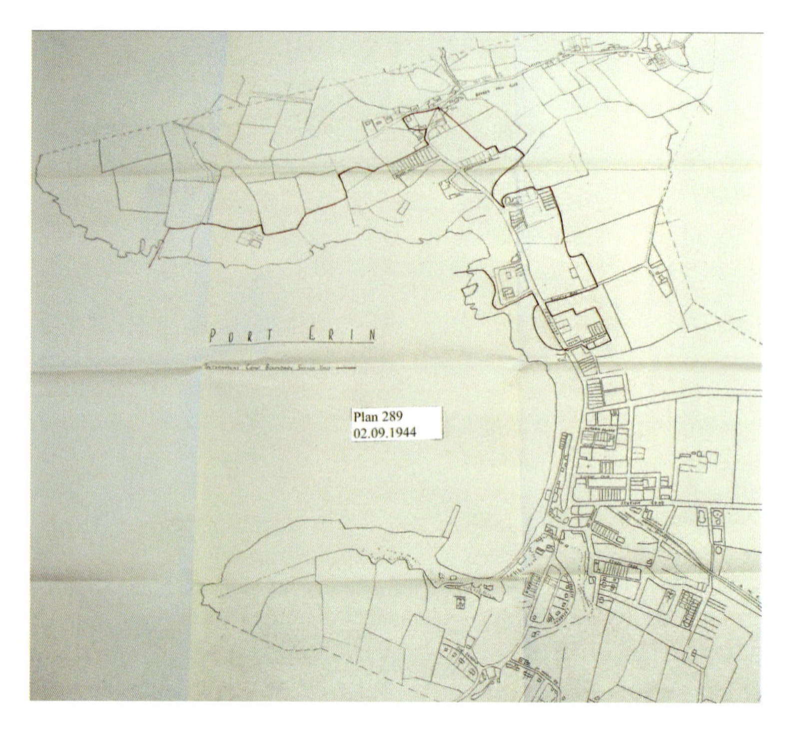


Fig. 7. Map of September 1944 showing the limited extent of the Port Erin Camp by this stage of the war (map unsigned; Manx National Heritage).

unsuitable, though Eleanor Megaw thought it was fit for purpose[76]. Coal shortages by October prevented him having any dedicated work room, though Childe notes he suffers from similar problems, and this was clearly not because of internment[77]. By November, better accommodation had been secured in Port Erin, and the small size of this camp by September 1944 *(fig. 7)* reveals how exceptional the Bersus' long internment was. At this time the Married and Women's camps were merged, and by February 1945 there were only 269 adults and 70 children remaining, of whom 85 and 26 were still supporting the German side[78]. The Bersus were part of the other 180 or so, a tiny remnant of the original large numbers interned in 1940.

After the Bersus were reunited and Gerhard moved to the south of the Island, a plan was drawn up to investigate one or more of the presumed late prehistoric enclosures, called raths by Bersu given their similarity with Irish sites of the same name. These were near Castletown, east of the married camp but in relatively easy access by public transport. The Bersus could now work together and gather a team of internee workers, some of whom could build up considerable experience over the years that followed. With the mindset of Little Woodbury settlement types and round buildings in mind, the excavations were to focus on the recovery of more or less complete internal site plans, with limited excavation of the encircling earthworks. The low-lying Ballacagen sites were the initial target, with site A examined first, from 26 August 1941 until 15 May 1942, the long duration being

[76] Letter 16.9.1942 from Eleanor to Basil Megaw in the possession of C. Alford.

[77] MNHB, Bersu correspondence, letter 31.10.1942 from G. Childe to G. Bersu.

[78] Brinson 2005.

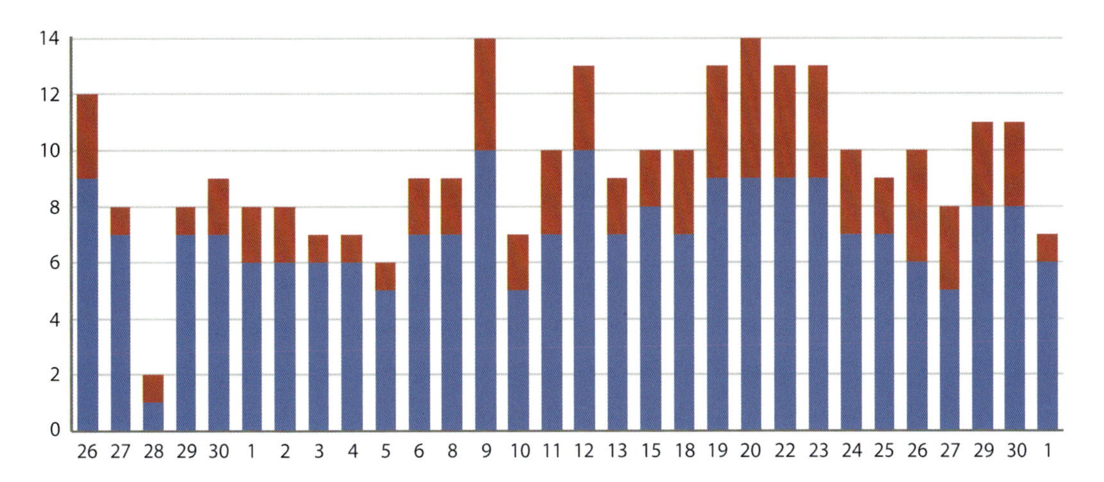


Fig. 8. Bar chart of workers as recorded in the Ballacagen daybook 26 August – 1 October 1941 (blue = men; red = women). Dates are missing when there was no excavation because of either bad weather or lack of guards (illustration: H. Mytum).

because of delays with inclement weather. Ballacagen B was started on 21 May, but further work was postponed on the 16 October because of flooding, and attention was turned to Ballanorris, also in a waterlogged location but forming a raised mound. Work on this site lasted from 22 October 1942 until 5 July 1943, with Ballacagen B being completed between 23 August and 16 February 1943[79].

Once B. Megaw was drafted into the war effort in late 1941, his wife Eleanor became temporary director whilst he was away. She was also a great supporter of the Bersu excavations[80]; sometimes she was off-Island with her husband, but the local support from the Trustees of the Manx Museum and other influential supporters continued. No doubt receiving a visit from such a renowned archaeologist as Childe (who notes that he promoted the value of the excavations, with reasons that chimed with the various parties that he met)[81], gave the local power brokers a Manx nationalistic gloss to their prehistoric past on an Island where modern excavation had been absent. From Port St Mary, the Bersus reached the excavation sites by train on the narrow-gauge railway that ran through Castletown and on to Douglas, or by road; how the internee workforce travelled to the sites is unclear. The internees had to be guarded at all times whilst outside the confines of camp, which led to interruptions in excavation when no one was available for this task[82].

Bersu was used to employing labourers on the Continent and in his Little Woodbury excavations, so using untrained internees would not have been unusual, except that they may have been less fit or used to using digging tools. Both male and female internees worked on the site, and Gerhard notes that he has these "other ladies looking for finds in the earth"[83]. The field diary also records ladies turfing. The size and composition of the workforce was only recorded for a few weeks, but this provides an insight into both the rate or participation and the gender mix of the workforce *(fig. 8)*. Internees were initially paid

[79] MNHB, Bersu archive site notebooks and other dated records.

[80] For example, a letter from Eleanor to Basil Megaw, dated in the possession of C. Alford.

[81] SPSL 181/64 Letter 22.1.1942 G. Childe to SPSL.

[82] For example, SPSL 181/93 Note 20.7.1943 from G. Bersu to Sir F. Kenyon; MNHB, Bersu correspondence, letter 28.7.1943 from G. Childe to G. Bersu.

[83] CFCH; letter 17.9.1941 from G. Bersu.

"the usual 1/- a day and their extra ration"[84] which the married workers could spend in the Manx shops within the camp. By 1942 the pay was 1/7 a day, and Gerhard received the same amount as the other internees, however unskilled. If he had been free, he would have been paid more, on Government rates, but internee work was not assessed by skill because it would have been impossible to agree relative rates.

Maria assisted her husband with his fieldwork; she was certainly responsible for the pre-excavation mapping, but how much more she did is unclear from the extant documentation, though she seemed to excavate at Little Woodbury and was certainly responsible for the finds there[85]. It is unclear whether she may have done this on the Manx sites also, though as women were involved in searching for finds, this is possible. The Ballacagen pre-excavation contour survey was by Maria, interrupted by some unspecified medical condition that caused her to visit the Castletown doctors[86]. Unfortunately, her subsequent work on site work is not much recorded and is rarely mentioned in the surviving correspondence. However, Gerhard mentions to Hawkes that she helps with the measuring[87], and the day book notes her helping to draw a trench profile (section) on one day[88]. Nevertheless, the contour survey (albeit redrawn by Gerhard for publication) survives and is an accomplished piece of work, and it attests to Maria's technical skills and active role in fieldwork when able to take part *(fig. 9)*. Maria was clearly not just a fair-weather fieldworker as she was working with Gerhard and another internee at Balladoole despite the snow, before being visited by W. R. Hughes from the Germany Emergency Committee[89]. All the illustrations that survive are assumed to be created by Gerhard alone, though it is possible that Maria may have helped in measuring these, or by colouring in the sections. It has been assumed that all this was done by Gerhard alone, but there is no positive evidence to confirm this. The field diary notes much effort spent on cleaning sections, presumably to be studied by Gerhard and then drawn. A considerable number of photographs were taken of all three sites, and despite requests for film there is a surprising archive of images, but they reveal little of excavation practice as they are set-piece compositions, though some are revealing because of workers in the background.

The language on site was presumably German, and all the records are annotated in that language. However, English must have been spoken at Little Woodbury and King Arthur's Round Table as the workforce at both sites was local. Unfortunately, the diary kept by Gerhard for his work at Ballacagen contains only brief daily entries regarding the weather and logistical difficulties, and for a while how many people were working on site. Which trenches were opened and closed, and notable features or finds are mentioned, but more attention is given to listing visitors. When they were on site, presumably Gerhard was busy explaining progress; regular visitors were those linked to the Museum – the Megaws and Deemster Reginald D. Farrant (1877–1952) the Chairman, and J. R. Bruce a member of the Manx Museum and Ancient Monuments Trustees. G. J. H. Neely, Inspector of Ancient Monuments for the Isle of Man, also very frequently observed the excavations; he was also responsible for the investigations at Ronaldsway where the airfield was being developed and a substantial Bronze Age village as well as ritual and early medieval

[84] SPSL 181/36 G Bersu file letter 3.3.1941 from G. Childe to SPSL.

[85] Bersu 1938, 313 where Maria was involved with surveying and finds; for the 1939 season, it was only the former that concerned her, Bersu 1940a, 111.

[86] MNHB, Ballacagen archive, Field Diary, entry for 26.8.1941.

[87] CFCH; letter 17.9.1941 from G. Bersu.

[88] MNHB, Ballacagen archive, Field Diary, entry for 10.9.1941.

[89] SPSL 181/ G Bersu file; letter 7.3.1945 from Lawrence Darton.

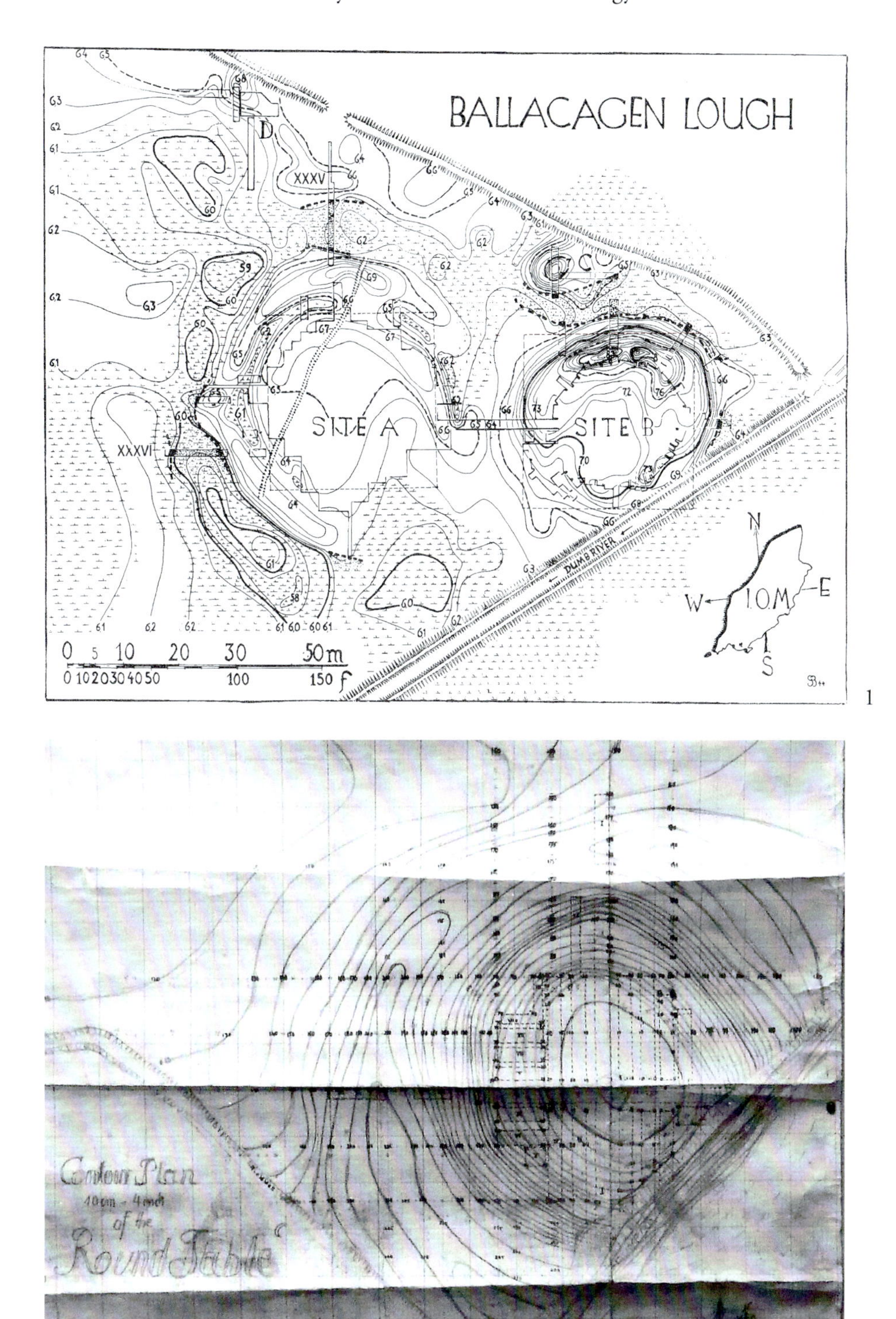


Fig. 9. Contour plans based on Maria's surveys. 1: Ballacagen A and B drawn up for publication by Gerhard based on Maria's survey. 2: Ballanorris contour plan, an early version drawn by Gerhard marking the points measured by Maria (both: Bersu Papers 9865, Manx National Heritage).

evidence was being uncovered[90]. Unfortunately, his experience of digging was limited, and he wished Bersu to visit or even carry out work there, but because of the military nature of the site and the security worries, this was not possible even though the site was only walking distance from Ballacagen where Bersu was excavating. Other dignitaries included the Speaker of the House of Keys and the Lieutenant of Castletown.

Bersu wrote a lecture for the Society of Antiquaries of London which was translated from the German and then delivered by Childe in 1942, illustrated with lantern slides made from plans and sections sent ahead by Bersu. It was therefore given before the excavations were completed, and indeed would have been devoted only to the first phase of excavations at Ballacagen A and B. The lecture was received with considerable enthusiasm, but there was disagreement regarding some of his interpretations. The surviving correspondence reveals who was challenging Gerhard's interpretation of the archaeological remains, revealing the sophistication of understanding of archaeological deposits that is omitted as a "taken for granted" in published excavation reports of the mid-20th century in Britain. It also exposes the type of discussion that would have been face-to-face in normal circumstances, but it is preserved because it was conducted by letter as Bersu was isolated on the Isle of Man and unable to give his lecture in person and answer questions or discuss matters further afterwards. Here we have a fossilisation of discussions that might not otherwise have been identifiable. Bersu found some posts set at an angle but argued that they had shifted; this led to discussions at the Antiquaries' lecture to which he could not directly respond and is set out in subsequent correspondence from both Childe and Grimes [91]. This was crucial as the large buildings proposed by Bersu were greeted with scepticism by most British archaeologists, even though most accepted smaller roundhouses, as definitively shown by the Little Woodbury excavations. The suggestion of a turf roof at Ballacagen was accepted, and indeed was the design used for the Little Woodbury reconstruction[92].

The three Iron Age settlements first examined by the Bersus once interned on the Isle of Man were re-examined in a campaign to reassess the Manx Long Iron Age by the Centre for Manx Studies, directed by the author. The Ballanorris mound studied by Bersu was investigated in 2011 together with a large open-area excavation close by which revealed late prehistoric structures unknown to Bersu. The enclosures of Ballacagen A and B were examined in tandem during 2012 and 2013, with the settlement interiors again being the major focus of attention. Through this work, it has been possible to re-examine and compare our perceptions of the build-up of layers in the sections with those of Gerhard and which are encapsulated in his drawings. We are also able to challenge his structural interpretations which indicated very large roundhouses not since paralleled in the British Iron Age, but there is not space here to discuss the conclusions drawn from our excavations beyond the ways in which they revealed some of Bersu's methods of excavation. Sadly, the excellent preservation of timber on the settlements was no longer present on re-excavation though wood, including fragments produced during woodworking, were encountered in the limited investigations of the ditches[93].

[90] Neely 1940; Laing / Laing 1987.

[91] MNHB, Bersu correspondence, letters 28.5.1942 from G. Childe to G. Bersu; 31.5.1942 from W. F. Grimes to G. Bersu.

[92] Evans 1998.

[93] Evans 1998 notes that Bersu did not excavate more extensively in the ditches where more artefacts might have been expected, but water levels are still very high so it would have been logistically difficult in the 1940s. The recent campaign did not excavate more in the ditches as the potential conservation costs for Manx National Heritage were beyond budgets, so this bias in the data for the sites remains.

1

2

Fig. 10. Re-excavation of Bersu's trenches. 1: Ballanorris 2010 excavations; those Bersu trenches in the foreground run across the site interior, those in the rear right examined the earthwork (photo: H. Mytum). 2: Ballacagen A, 2013 excavations with edges of the Bersu trenches indicated by dark fill in the deeply-cut edges of the trenches to reveal the subsoil profile in the sections. In the background to the right is Ballacagen B, in the centre our site tent, very similar to that used by Bersu (photo: H. Mytum).

The pattern of excavation employed by Bersu varied slightly between Ballanorris and Ballacagen A and B. At Ballanorris, wider balks were left between many of the trenches, though some were removed following recording of the sections *(fig. 10,1)*. Some of the original trenches were emptied and the section re-examined, and part of a balk excavated understand what features we could identify compared with those noted by Bersu. The

Fig. 11. The gas pipe (by the trowel of the excavator in the foreground), put in place by Gerhard Bersu at Ballacagen A in 1942. The deeply cut trench edges are here fully excavated and in the centre is a balk left by Bersu with one of the hearth sections visible (photo: H. Mytum).

trenches revealed the rounded corners presumably resulting from the types of shovels and spades used. At Ballacagen, more extensive clearance allowed a better image of the trench layout, with the edges of the trenches being dug significantly deeper into the soft subsoil to ensure that all cultural strata were identified and could be drawn on the section drawings *(fig. 10,2)*. The 2012 Ballacagen A excavation trenches were in part selected because magnetometry survey revealed high readings in the centre of the site. At Ballacagen A this coincided with the location of prehistoric hearths but unfortunately these had been completely removed by Bersu, except in a narrow balk. The high reading was produced by a length of piping which must be one of the gas pipes noted by Bersu in the field notes that he put in place on the 16 February 1944[94], "Tidied up, gaspipes buried as permanent

[94] Ballacagen archive, Field Diary, entry for 16.2.1944 (erroneously written as January but after 14.2. entry)

marking". The pipe was located in the excavations of Ballacagen A *(fig. 11),* but the pipes for both A and B were located on the pre-excavation magnetometry survey. As the exposed Ballacagen pipe acts as a memorial to the Bersu's collaborative efforts, with their internee workforce, it was left *in situ* at the end of the recent investigations as a continuing marker of all their efforts.

At all three sites, balks were sampled for environmental data and micromorphology, examining categories of data not available in the 1940s, and wet sieving recovered artefacts. Only small fragments of bone were recovered in the backfill, suggesting a thorough search for finds, and clearly those assigned to the task of recovering artefacts and larger ecofacts were thorough. The wet sieving, however, did produce a significant number of tiny glass beads which are not visible to the naked eye when digging, so they had been unsurprisingly missed in the Bersu excavations, but then neither did the recent fieldwork through traditional hand excavation.

## Excavation or release without a role: Gerhard's dilemma

Evans has considered that the security risk was the main reason for Gerhard Bersu's detention for so long, and he asks did any support his release[95]. Apparently, some British archaeologists wrote against his freedom, but the archives of the SPSL reveal a complex pattern of support, doubt, suspicion, frustration and prevarication on the part of British colleagues, and a variety of responses from Gerhard[96]. This correspondence, combined with that in other archives, creates a rich texture of official and unofficial opinion regarding Gerhard from the outbreak of war through the 1940s. The SPSL file for the Bersus is unusually thick – most other academic refugees they assisted have slim files as the organization successfully placed them in British and, in most cases, American Universities. This was never an option for Bersu, and the various sources of correspondence shows how alternatives in Britain were never fulfilled and how the opportunities on the Isle of Man came about. The tone of the initial correspondence has been discussed above, and official interest in making progress towards release seems to have been in abeyance for all of 1941 after April.

In January 1942, the Home Office enquires whether any arrangements have been made for the Bersus[97], but already there are suspicions that Gerhard is happy where he is, given the realistic options open to him. The Society of Friends (Quakers) sent their representative on the Island, William Hughes, to ascertain whether Bersu wished to leave the camp, given that the excavations were completed[98]. Anticipating this decision, the Germany Emergency Committee, SPSL could write to Childe "prepared to find suitable accommodation and maintenance for Dr. and Mrs. Bersu. In view of this fact it is very likely that the Home Office will release Dr. and Mrs. Bersu from internment"[99]. But that release was not to be.

The 1941 season of excavations that had commenced in August should have been completed and writing up in progress by the end of that year, though in fact because of bad weather they continued intermittently. In January 1942 Childe lobbied for the Bersus to be released but staying on the Isle of Man and continuing work "for the value of the work and his morale and that of the other internees"[100]. He had visited the excavations in the

[95] Evans 1998, fn. 2 and 3.

[96] SPSL 181, though some of the critical documents may have been destroyed.

[97] SPSL 181/56 letter 13.1.1942 Home Office to SPSL.

[98] SPSL 181/56 letter 15.1.1942 Society of Friends Germany Emergency Committee to SPSL.

[99] SPSL 181/63 letter 20.1.1942 SPSL to G. Childe.

[100] SPSL 181/69 letter 22.1.1942 G. Childe to SPSL.

previous year, and he may have sensed the positive value of the activity in not only academic terms. Efforts were made by the Germany Emergency Committee to find accommodation on-Island, but release did not materialise – and it seems that it was Bersu who refused to move. Childe reported that Gerhard "deliberately decided that it is better to remain in the Camp at least since excellent employment for his peculiar gifts is available than to live on charity without equally useful employment", though he also notes "objections to an enemy alien being left at liberty on the Island are greater than I had anticipated"[101]. Nevertheless, Bersu's well-placed supporters on-island were able to suppress any xenophobic tendencies and work proceeded.

For most of the time of his internment, Gerhard was only interested in excavation, not an academic teaching or a museum curation post. There are numerous letters in the SPSL files where efforts at arranging release and accommodation on the mainland start but then founder, and in places this is clearly because Gerhard refused to leave without certain paid employment – and that the employment had to be archaeological fieldwork. This was despite many of his British archaeological colleagues putting their archaeological careers on hold as they took up roles in the civil service and armed services. As the SPSL noted in October 1944, "he was interned along with all the others and instead of accepting his release nearly three years ago, decided to remain on the island in the married camp (his wife is with him) in order to take part in excavations there"[102]. By this stage, the authorities were becoming increasingly frustrated, and the Home Office was refusing Gerhard permission to publish his findings whilst an internee as an incentive for him to leave the camp[103].

Sir Frederick Kenyon considered the situation absurd by October 1944 since "for … years he could have been released, yet the government was still maintaining the Bersus in camp"[104].

Crawford, one of Bersus' great friends and supporters, was also supposedly of the opinion that he may "have chosen wisely from his own scholarly point of view, and that it may well be better to be quietly interned than to live suspected on a pittance", though this was communicated via Charles Stringer, a person with a clearly stated low opinion of Gerhard[105]. This suspicious opinion of Gerhard's character and political inclination may be one which represents a wider alternative view than the one largely portrayed by his supporters such as Childe and Hawkes which is mainly represented in the SPSL files and other surviving correspondence.

The Manx Trustees continued to support Bersu in his excavation plans, and so the Chapel Hill, Balladoole work commenced in the Autumn of 1944. This provided a new challenge to follow on from the three rath excavations, and despite their dwindling internee labour force the Bersus managed to achieve significant results, particularly with the excavation of a Viking burial. This prehistoric fort with an early medieval phase was located even closer to the camp than the previous sites, and would produce important prehistoric, early medieval and Viking finds that would further extend the Bersus' project plans. A visitor from the Friends Committee for Refugees and Aliens paid a call on the Bersus in March 1945, visiting him at home after he and Maria (together with one other helper) had been working on at Balladoole despite the snow. By this point Bersu had recognised that paid

[101] SPSL 181/84 letter 7.2.1942 G. Childe to SPSL.

[102] SPSL 181/105 letter 23.10.1944 from SPSL to Charles Singer.

[103] SPSL 181/107 letter 13.10.1944 William F. Hughes to Friends Committee for Refugees and Aliens.

[104] SPSL 181/93 Letter 2.10.1944 from Sir F. Kenyon to SPSL.

[105] SPSL 181/ 110 letter 25.10.1944 Ch. Singer to SPSL.

excavation work outside the camp was impossible, but he hoped that indoor archaeological employment might be attainable[106]. Even so nothing could be found; the challenge, as was the case previously, was not there were no funds available for this type of employment.

Efforts to find fieldwork in Cornwall were unenthusiastically received by Charles Singer, and Croft Andrew, Secretary of the Cornwall Excavations Committee, warned that "If Bersu were brought down here, I should always be afraid of hearing that he had met with a nasty 'accident'; for which I should feel some degree of responsibility"[107]. Stringer considered that "masterly inactivity" was the best course of action. As a result, SPSL found funds to maintain the Bersus, who continued to write up the fieldwork, if and when the Manx Museum was no longer able to support them.

Gerhard's strategy of apparent acquiescence to authority but with a stubborn determination to carry out archaeological fieldwork, if at all possible, meant that he was active, despite logistical problems, through most of the war. Given that everyone suffered from shortages and limitations on their employment options, he was able to indulge his own preferences to a remarkable degree. Safe from bombing and in a beautiful landscape with a little-explored archaeological record, the Manx Museum and Bersu both gained from this symbiotic relationship that made the most of the privations of wartime.

## Freedom but continuing work on the Isle of Man

That the Bersus remained on the Isle of Man for several more years after their release indicates that they were happy there, or at least content to remain until the immediate post-war chaotic situation in Britain and in Germany began to be resolved. The correspondence indicates Gerhard's considerable concern about the fate of many of his old colleagues, and Hawkes and others clearly valued his opinions on many of the German and Austrian archaeologists that had survived the war, and how any antiquities service could be re-established in the areas under Allied control. After the Nazi surrender in May 1945, controls on movement still applied to the Bersus as they did not have the necessary paperwork for travel, but their options began to widen. They had another three months' support from the Manx Museum, with a further three months from SPSL if and when the Manx support came to an end, thus providing financial support through to at least the autumn. By July 1945, Gerhard could write "we are now much more used to the fact of being free only to be in a big crowd as we were when we saw the King and Queen, when they visited this island is still a strange feeling". He exchanged correspondence frequently with Crawford, who sent supplies from his garden[108].

The loss of contact with family and friends on the Continent was gradually re-established after the Armistice. By November 1945, Maria had heard that her sister, husband and children had survived the war and escaped from Czechoslovakia and were in Wiesbaden[109]. Later, by March 1946, Gerhard had heard that his 86-year old mother had died in February of that year, but he had received no news of her for over a year, and his two sisters were alive in Berlin, though the one that was married was concerned that her husband had been arrested by the Russians. He notes that nothing can be found out about the fate

[106] SPSL 181/118 letter 7.3.1945 from Friends Committee for Refugees and Aliens to SPSL; SPSL 181/127 letter 16.3.1945 SPSL to Sir F. Kenyon.

[107] SPSL 181/127 undated letter 1945 from C. K. Croft Andrew to Stringer, sent on to SPSL 14.3. with a comment.

[108] CFCH; letter 11.7.1945 from G. Bersu.

[109] CFCH; letter 21.9.1945 from G. Bersu.

of Maria's mother but that, given that she had been deported to Poland in 1943" it may be better for Maria if she hears nothing at all"[110]; in fact, she was sent to Theresienstadt in Czechoslovakia, but clearly at this stage information was still inaccurate[111].

They returned to Douglas from their first trip off-island on 7 February 1946, "feeling not hampered at all by the long seclusion"[112]. They had stayed in Edinburgh with a man who had worked in security on the Island during the war and had frequently visited Bersu's excavations but saw Childe before heading to Glasgow. They then travelled on to Belfast and met Estyn Evans (whom Gerhard had previously met in Dundee before the war)[113] before heading down to Dublin and the O'Riordains. A formal after-dinner lecture, with deValera in attendance, was followed the next day by another to the Royal Society of Antiquaries of Ireland, then further lectures in Limerick and Cork. The rath-like Manx sites were of particular interest to the Irish audiences, and Rory deValera, who had established the Dublin Institute for Advanced Studies in 1940, later asked Bersu if he would like to come and work in Ireland, in the Institute, National Museum, or a University. Bersu was reticent, not wanting to take a post from one of the young Irish archaeologists he knew, but this set the scene for his professorship at the Royal Irish Academy, achieved no doubt because of the high level political and academic supporters he acquired during this trip.

Whilst writing up Manx excavations undertaken during wartime continued, the excitement of the Viking burial finds at Balladoole led to other investigations now possible in the north of the Island. The burials at Cronk Mooar, and at Ballateare, both in the parish of Jurby, greatly increased understanding of Viking occupation of the Isle of Man, though these were only published after Gerhard's death[114]. The prehistoric findings at the latter site also had to await his death[115], though an excavation of a promontory fort near the northern town of Ramsay was published[116]. He also excavated at Peel Castle. The Viking burials, as with the Ballanorris and Ballacagen sites, were only published through the editorial determination of D. M. Wilson and Ralegh Radford respectively, but they were all heavily reliant on Gerhard Bersu's illustrations and records and also often extensive draft reports that were never finished to his satisfaction[117].

Fieldwork at various locations was now possible for Gerhard, accompanied by Maria, and in June and July 1946 he was excavating at Lissue Rath in Northern Ireland, whilst staying in Lisburn[118]. Maria surveyed the site and produced the contour plan, which continues the contributions seen with the Manx sites. She also acted as secretary for the excavation and was "pretty busy with the accounts as most of the money is given by the government of Northern Ireland and they are rather bureaucratic with endless forms to fill out"[119]. During the dig, deValera and O'Riordain visited the site from Dublin and said that a post in Ireland was still a possibility; Gerhard did not think it would be feasible for him yet to return to a post in Germany. He also returned to excavate further at Lissue in 1947, and both seasons had interim reports published[120].

Bersu resumed his visits to Scotland and delivered the Dalrymple lectures in Glasgow during October 1946, subsequently excavating for two weeks at Traprain Law in early

[110] CFCH; letter 25.3.1946 from G. Bersu.

[111] Thanks to Professor Dr. Eva Braun-Holzinger for this information.

[112] CFCH; letter 8.2.1946 from G. Bersu.

[113] Letter 26.12.1940 from Estyn Evans to Megaw in the possession of C. Alford.

[114] Bersu / Wilson 1966.

[115] Bersu / Cubbon 1967.

[116] Bersu 1949.

[117] Bersu 1977.

[118] CFCH; letter 23.6.1946 from G. Bersu.

[119] CFCH; letter 31.7.1946 from G. Bersu.

[120] Bersu 1947b; Bersu 1948.

1947[121], but the Bersus were still based on the Isle of Man and in April were back writing up the excavations undertaken there until the end of May. Gerhard was meanwhile hoping that he would be able to make a visit to Germany before taking up his Irish position[122]. He became Professor at the Royal Irish Academy in 1948, and excavated at Freestone Hill, County Kilkenny in 1948 and 1949[123]. In the end, Gerhard went to Germany for four weeks in November and December 1948. He also completed his publication reports at Green Craig in Scotland and Llyn du Bach in North Wales whilst in Ireland[124], before his eventual permanent return to Germany in 1950.

## Conclusions

What is clear is that Gerhard Bersu's relationships with archaeological sites and deposits, with concepts and methods, and with other archaeologists, all affected his actions, interpretations and impact on Manx and British archaeology. Whilst the visual was extremely important, and most of the site archive is drawn or photographic[125], this forms part of Bersu's emphasis on doing – as seen by the desire to keep digging rather than any form of teaching or curating role as a means of escaping internment. It is unclear what Maria's influence was, on-site or within their constrained domestic life on the Isle of Man, but she was clearly an important administrative, logistical, and emotional support for her husband. The role of women within the married camp was limited not only by internment but also social attitudes of the time, but Maria certainly assisted at least with site survey, and possibly other tasks including finds administration and other recording, though none of the extant illustrations appear to be in her hand.

The wide range of influential contacts, and a reputation that allowed him to gain the support of the Manx Museum curator and trustees as well as camp commandants throughout his stay on the Island, created access to sufficient resources – both financial and workforce – for large-scale, long-term excavations to be undertaken despite internment. It is now clear that Gerhard, at least, considered that a constrained existence but able to carry out archaeological excavation was preferable to greater freedom but having to take some alternative employment. Despite the best efforts of some of his archaeological friends (many themselves undertaking war effort roles), and the SPSL and government moves to release him for alternative activity, Gerhard managed to elude release. The final judgement must be that Gerhard Bersu preferred internment to the alternative; he and his wife could have been free, but an archaeologically active incarceration was preferable to freedom with uncertain purpose.

Whilst the Little Woodbury interventions had an immediate impact, the delay in publication of the Manx Iron Age sites meant that they have been largely overlooked as, by the time that the definitive publication appeared in print, sufficient numbers of British roundhouses had been excavated that their irrelevance – or incorrect interpretation – meant that they could be generally ignored[126]; a detailed critique has yet to be set out and any alternative offered, though Evans has considered the various interpretations contemplated by Bersu and how he constructed his arguments regarding the buildings' forms[127]. The

[121] See F. Hunter, I. Armit and A. Dunwell in this volume.

[122] CFCH; letter 26.4.1947 from G. Bersu.

[123] See K. Rassman et al. in this volume.

[124] Bersu 1947a; Bersu / Griffiths 1949; CFCH; letter 15.2.1949 from G. Bersu.

[125] Evans 1998.

[126] Harding 2009, 66–68.

[127] Evans 1998.

overall effect of the Bersu campaigns on the Isle of Man – first during internment but then continuing for several more years – was profound, and his discoveries have been used to reinforce a Manx nationalist exceptionalism held by some, with a unique Iron Age settlement form and strong archaeological evidence for the Viking component of Manx heritage from which the independent government through Tynwald is claimed[128]. Bersu's legacy is visible in both the recently redesigned Viking gallery in the Manx Museum, and the model he had made of the Ballacagen roundhouse is still a major feature of the prehistoric display. Ballanorris was the template for the full-size interior recreation at the museum's House of Manannan in Peel.

Even as the more recent archaeological re-evaluations continue to critique the Bersu large roundhouse interpretations, it will probably take much longer before Manx popular perception shifts to a more recognisably western British Iron Age cultural package. Even so, Manx and British archaeologists will still be indebted to the efforts of the Bersus through a period when others were unable to carry out research excavations, and where the value of Continental methods could be demonstrated across a range of different sites.

## Acknowledgements

Many individuals and institutions have assisted this research which commenced with my arrival as Director of the Centre for Manx Studies at the University of Liverpool in 2008. Manx National Heritage contributed towards the funding of the Ballanorris and Ballacagan excavations, as did the University of Liverpool. Manx National Heritage allowed access to their Bersu archive, and Historic England (Swindon) did likewise. The photography of the Manx archive and much of the logistics, supervision, and archive ordering for the Centre for Manx Studies fieldwork was undertaken by Kate Chapman, who also researched the Southlands guesthouse. Other site supervisors were Rachel Crellin and Alistair Cross, and the excavation team comprised University of Liverpool students (including those on the international field school) and local volunteers. I would like to thank the Keeper of Archives, University of Oxford, the Secretary of the SPSL, and staff at the Bodleian Scientific Library for access to the SPSL papers. Sally Crawford and Katharina Ulmschneider made the O. G. S. Crawford and C. F. K. Hawkes archives at the Institute of Archaeology, University of Oxford, available for consultation. I am grateful also to Alexander Gramsch for encouraging this paper, and passing on details of various primary sources, including the information derived from the Megaw's correspondence from Clare Alford who has kindly allowed its use here.

[128] For the role of historical archaeology in assertions of Manx distinctiveness and independence, see Mytum 2017.

# References

## Archives

| | |
|---|---|
| CFCH | C. F. C. Hawkes archives, Institute of Archaeology, Oxford |
| HE | Historic England, Bersu files, Swindon |
| MNHB | Manx National Heritage Library and Archives, IM 147 MS 09865, Bersu excavation archives, Douglas |
| MNH | Manx National Heritage Library and Archives |
| OGSC | O. G. S. Crawford archives, Institute of Archaeology, Oxford |
| SPSL | Society for the Protection of Science and Learning Archives, Bodleian Library, Oxford |

## Publications


Barker 2003
P. Barker, Techniques of Archaeological Excavation (London 2003).

Bersu 1938
G. Bersu, Excavations at Woodbury, near Salisbury, Wiltshire (1938). Proc. Prehist. Soc. 4, 1938, 308–313.

Bersu 1940a
G. Bersu, Excavations at Little Woodbury, Wiltshire. Part 1: The settlement as revealed by excavation. Proc. Prehist. Soc. 6, 1940, 30–111.

Bersu 1940b
G. Bersu, King Arthur's Round Table. Final report including the excavations of 1939 with an appendix on the Little Round Table. Transact. Cumberland and Westmorland 40, 1940, 169–206.

Bersu 1947a
G. Bersu, Rectangular enclosure on Greencraig, Fife. Proc. Soc. Antiq. Scotland 82, 1947, 264–275.

Bersu 1947b
G. Bersu, The rath in Townland Lissue, Co. Antrim. Report on excavations in 1946. Ulster Journal Arch. 10, 1947, 30–58.

Bersu 1947c
G. Bersu, A cemetery of the Ronaldsway Culture at Ballateare, Jurby, Isle of Man. Proc. Prehist. Soc. 13, 1947,161–169.

Bersu 1948
G. Bersu, Preliminary report on the excavations at Lissue, 1947. Ulster Journal Arch. 11, 1948, 131–133.

Bersu 1949
G. Bersu, A promontory fort on the shore of Ramsey Bay, Isle of Man. Antiq. Journal 29,1–2, 1949, 62–79.

Bersu 1967
G. Bersu, Excavation of the Cashtal, Ballagawne, Garwick, 1941. Proc. Isle of Man Nat. Hist. Antiq. Soc. 7, 1967, 88–119.

Bersu 1977
G. Bersu, Three Iron Age Round Houses in the Isle of Man (Douglas 1977).

Bersu / Cubbon 1967
G. Bersu / A. M. Cubbon, Excavation of the Cashtal, Ballagawne, Garwick, 1941. Proc. Isle of Man Nat. Hist. Antiq. Soc. 1967, 88–119.

Bersu / Griffiths 1949
G. Bersu / W. E. Griffiths, Concentric circles at Llwyn-du Bach, Penygroes, Caernarvonshire. Arch. Cambrensis 100,2, 1949, 173–206.

Bersu / Wilson 1966
G. Bersu / D. M. Wilson, Three Viking Graves in the Isle of Man. Soc. Medieval Arch. Monogr. 1 (London 1966).

Bradley 1994
R. Bradley, The philosopher and the field archaeologist: Collingwood, Bersu and the excavation of King Arthur's Round Table. Proc. Prehist. Soc, 60, 1994, 27–34.

Brinson 2005
C. Brinson, 'Loyal to the Reich',: National socialists and others in the rushen women's internment camp. In: R. Dove (ed.), 'Totally

Un-English'?: Britain's Internment of 'Enemy Aliens' in Two World Wars. Yearbook of the Research Centre for German and Austrian Exile Studies 7 (Amsterdam 2005) 101–119.

Crawford 1928
O. G. S. Crawford, Air Survey and Archaeology. Ordnance Survey Professional Papers N. S. 7 (London 1928).

Crawford 1955
O. G. S. Crawford, Said and Done. The Autobiography of an Archaeologist (London 1955).

Crawford / Keiller 1928
O. G. S. Crawford / A. Keiller, Wessex from the Air (Oxford 1928).

Crawford et al. 2017
O. G. S. Crawford / K. Ulmschneider / J. Elsner (eds), Ark of Civilization: Refugee Scholars and Oxford University 1930–1945 (Oxford 2017)

Cresswell 1994
Y. Cresswell, Living with the Wire: Civilian Internment in the Isle of Man during the Two World Wars (Douglas, Isle of Man 1994).

Dickson et al. 2012
R. Dickson / S. MacDougall / U. Smalley, "Astounding and encouraging": High and low art produced in internment on the Isle of Man during the Second World War. In: G. Carr / H. Mytum (eds), Cultural Heritage and Prisoners of War. Creativity Behind Barbed Wire (London 2012) 186–204.

Evans 1989
Ch. Evans, Archaeology and modern times. Bersu's Woodbury 1938 and 1939. Antiquity 63, 1989, 436–450.

Evans 1998
Ch. Evans, Constructing houses and building context: Bersu's Manx Roundhouse Campaign. Proc. Prehist Soc. 64, 1998, 183–201.

Gelling 1972
P. S. Gelling, The hill-fort on South Barrule and its position in the Manx Iron Age. In: F. Lynch / C. Burgess (eds), Prehistoric Man in Wales and the West. Essays in Honour of Lily F. Chitty (Bath 1972) 285–292.

Gelling 1978
P. S. Gelling, The Iron Age. In: P. J. Davey (ed.), Man and Environment in the Isle of Man. British Arch. Report 54 (Oxford 1978) 233–243.

Grimes 1968
W. F. Grimes, The Excavation of Roman and Mediaeval London (London 1968).

Grimes / Close-Brooks 1993
W. F. Grimes / J. Close-Brooks, The excavation of Caesar's Camp, Heathrow, Harmondsworth, Middlesex, 1944. Proc. Prehist. Soc. 59, 1993, 303–360.

Harding 2009
D. W. Harding, The Iron Age Roundhouse (Oxford 2009).

Hauser 2008
K. Hauser, Bloody Old Britain: O. G. S. Crawford and The Archaeology of Modern Life (Cambridge 2008).

Hinrichsen 1993
K. E. Hinrichsen, Visual art behind the wire. In: D. Ceserani / T. Kushner (eds), The Internment of Aliens in Twentieth Century Britain (London 1993) 188–209.

Laing / Laing 1987
L. Laing / J. Laing, The Early Christian period settlement at Ronaldsway, Isle of Man: a reappraisal. Proc. Isle of Man Nat. Hist. Antiq. Soc. 9,3, 1987, 389–415.

Mytum 2011
H. Mytum, A tale of two treatments: the materiality of internment on the Isle of Man in World Wars I and II. In: A. Myers / G. Moshenska (eds), Archaeologies of Internment (New York 2011) 33–52.

Mytum 2014
H. Mytum, Excavations at the Iron Age and Early Medieval settlement of Port y Candas, German. Proc. Isle of Man Nat. Hist. Antiq. Soc. 12,4, 2014, 650–665.

Mytum 2017
H. Mytum, The role of historical archaeology in the emergence of nationalist identities in the Celtic countries. In: N. Brooks / N. Mehler (eds), The Country Where My Heart Is: Historical Archaeologies of Nationalism and National Identity (Gainesville 2017) 154–167.

NEELY 1940
G. J. H. NEELY, Excavations at Ronaldsway, Isle of Man. Antiq. Journal 20,1, 1940, 72–86.

RADFORD 1965
C. A. R. RADFORD, Obituary of Gerhard Bersu. The Antiq. Journal 45,2, 1965, 323–324.

REYNOLDS 1974
P. J. REYNOLDS, Experimental Iron Age storage pits: an interim report. Proc. Prehist. Soc. 40, 1974, 118–131.

STENT 1980
R. STENT, A Bespattered Page? The Internment of His Majesty's 'most loyal enemy aliens' (London 1980).

ULMSCHNEIDER / CRAWFORD 2013
K. ULMSCHNEIDER / S. CRAWFORD, Writing and experiencing internment: Rethinking Paul Jacobsthal's internment report in the light of new discoveries. In: H. Mytum / G. Carr (eds), Prisoners of War: Archaeology, Memory and Heritage of 19th- and 20th-Century Mass Internment (New York 2013) 223–236.

WAINWRIGHT / LONGWORTH 1971
G. J. WAINWRIGHT / I. H. LONGWORTH, Durrington Walls: Excavations 1966–1968. Report Research Comm. Soc. Antiq. London 29 (London 1971).

WHEELER 1954
R. E. M. Wheeler, Archaeology from the Earth (Oxford 1954).

## Internment archaeology: Gerhard and Maria Bersu's collaborative efforts to live and research on wartime Isle of Man

### Zusammenfassung · Summary · Résumé

ZUSAMMENFASSUNG · Gerhard Bersu und seine Frau Maria wurden nach England eingeladen, um die Fundstelle Little Woodbury auszugraben und dank der Grabungs- und Aufnahmemethoden aus Kontinentaleuropa in der britischen Siedlungsarchäologie neue Maßstäbe zu setzen. Während Bersu auf diversen Tagungen und Konferenzen bereits Kontakte mit britischen Archäologen und Archäologinnen geknüpft hatte, war es insbesondere seine Geländearbeit in Wiltshire in den Jahren 1938 und 1939, die einen großen Eindruck auch auf die jüngere Forschergeneration in Großbritannien hinterließ. Die Internierung von Gerhard und Maria Bersu auf der Insel Man während fast der ganzen Zeit des Zweiten Weltkriegs war äußerst ungewöhnlich – Flüchtlingen wurde ansonsten jeweils relativ schnell eine Rolle in den Kriegsanstrengungen zugewiesen. Die archäologische Erforschung der Insel Man profitierte jedoch von einer Reihe von längeren Ausgrabungsprojekten, die als die ersten nach wissenschaftlichen Kriterien ausgeführten Untersuchungen auf der Insel gelten dürfen und auf denen die Rekonstruktion der insularen Eisen- und Wikingerzeit beruht. In diesem Beitrag wird die Internierung des Paars in einen größeren Zusammenhang gestellt, ihre Lebensumstände auf der Insel etwas genauer untersucht und anhand des Beispiels von Maria Bersu zum ersten Mal auch die Rolle der Frauen beleuchtet. Die Methoden und logistischen Herausforderungen der archäologischen Forschung während des Krieges werden ebenso untersucht wie die Briefwechsel, die dem Ehepaar Auftrieb gaben, Gerhard Bersu in fachlichen Fragen unterstützten und schließlich beide auf ihre weiteren Reisen und Grabungsunternehmen nach dem Krieg vorbereiteten. Ungefähr ein Drittel von Bersus Werdegang als einer der wichtigsten europäischen Archäologen der Mitte des 20. Jahrhunderts fand auf der Insel Man statt und sein Wirken gilt bis heute als der wichtigste Beitrag an die Grabungsgeschichte der Insel. (S. H. / I. A.)

SUMMARY · Gerhard Bersu, together with his wife Maria, were invited to carry out excavations at Little Woodbury to set new standards for British settlement archaeology and apply Continental excavation and recording methods for the first time in Britain. Gerhard was familiar with British archaeology and archaeologists through meetings at conferences, but his Wiltshire fieldwork in 1938 and 1939 also heavily influenced the young generation of British archaeologists. The Bersus' internment on the Isle of Man for almost the whole the duration of World War II was extremely unusual, as most refugees were rapidly found roles in the war effort. Archaeology on the Isle of Man benefitted from a series of long-term excavations, the first of any scale conducted there according to scientific principles, and thereby created narratives for the Manx Iron Age and Viking periods. Here, the context of the Bersus' internment on the Isle of Man is considered, and their lives under internment explored, with the role of women – including Maria – highlighted for the first time. The methodologies and logistics of the wartime excavation campaign are also reviewed, together with the communications which sustained the Bersus' morale, advised Gerhard on the excavation results, and then prepared the Bersus for their immediate post-war travels and fieldwork. Around a third of Gerhard's career as a major European archaeologist of the mid-20th century was based on the Isle of Man, and he is still the single largest contributor to excavated archaeology on the Island.

RÉSUMÉ · Gerhard Bersu avait été invité, avec son épouse Maria, à mener des fouilles à Little Woodbury en vue d'établir de nouveaux standards pour l'archéologie de l'habitat britannique et appliquer pour la première fois en Grande-Bretagne les techniques de fouille et de relevé continentales. Gerhard connaissait bien l'archéologie et les archéologues britanniques à travers ses rencontres lors de conférences, mais ses campagnes dans le Wiltshire en 1938/39 ont aussi fort influencé la jeune génération d'archéologues britanniques. L'internement de Bersu sur l'île de Man durant presque toute la Seconde Guerre mondiale fut très inhabituel, la plupart des réfugiés étant rapidement engagés dans l'effort de guerre. L'archéologie sur l'île de Man a profité d'une série de fouilles à long terme, les premières de toute envergure à être réalisées selon des règles scientifiques, et a fourni ainsi des descriptions de l'âge du Fer et de l'époque viking de l'île de Man. Cet article analyse le contexte de l'internement des Bersu sur l'île de Man, leur vie dans cette situation et pose pour la première fois un regard particulier sur le rôle des femmes, dont Maria. On y examine aussi la méthodologie et la logistique des campagnes de fouille, ainsi que les échanges qui ont soutenu le moral des Bersu, donné des conseils à Gerhard sur les résultats des fouilles, et préparé les Bersu aux voyages et campagnes qui suivirent immédiatement la fin de la guerre. Environ un tiers de la carrière de Gerhard, un des archéologues européens les plus importants du milieu du 20$^{e}$ siècle, se déroula sur l'île de Man et il reste celui qui a contribué le plus à l'archéologie de l'île. (Y. G.)

Address of the author

Harold Mytum
Department of Archaeology, Classics and Egyptology
12–14 Abercromby Square
University of Liverpool
GB-Liverpool L69 7WZ
E-mail: hmytum@liverpool.ac.uk
https://orcid.org/0000-0002-0577-2064

# Gerhard Bersu in Scotland, and his excavations at Traprain Law in context

By Fraser Hunter, Ian Armit and Andrew Dunwell

*Schlagwörter:* *Vere Gordon Childe / O. G. S. Crawford / befestigte Höhensiedlung / League of Prehistorians / Rundhäuser / Scotstarvit / Traprain Law*

*Keywords:* *Vere Gordon Childe / O. G. S. Crawford / hillfort / League of Prehistorians / roundhouses / Scotstarvit / Traprain Law*

*Mots-clés:* *Vere Gordon Childe / O. G. S. Crawford / colline fortifiée / Ligue des préhistoriens / maisons circulaires / Scotstarvit / Traprain Law*

## Introduction

One of Gerhard Bersu's (1889–1964) less well-known excavations was his work on the great hillfort of Traprain Law in south-east Scotland, but its implications are noteworthy. Conducted over two weeks in 1947 among a whirlwind of other excavations, it was only published in 1983, long after his death. This paper considers its position within Bersu's other work in Britain and seeks to place it in the context of other research on the site, before and since.

## Bersu's activities in Scotland

Bersu's development of international networks during his first stint at the *Römisch-Germanische Kommission* (RGK) is well known. A key aspect of this was the founding of the *Congrès International des Sciences Préhistoriques et Protohistoriques* (CISPP) in 1931, and its first conference in London in 1932[1]. There he was able to develop links with the British archaeological establishment that would help him greatly in the difficult years to follow. He struck up strong friendships with Osbert G. S. Crawford (1886–1957), archaeological officer of the Ordnance Survey[2], and with Vere Gordon Childe (1892–1957), professor of prehistoric archaeology at Edinburgh University. When Bersu and his wife decided to leave Nazi Germany in 1938, Crawford, who had recently become president of the Prehistoric Society, invited him to run excavations on behalf of the Society at an Iron Age enclosed settlement at Little Woodbury in Wiltshire[3]. During large-scale work in 1938 and 1939, using techniques familiar from his German excavations, he built up a plan of the settlement and demonstrated the presence of substantial post-built roundhouses for the first time; this has rightly been seen as a revolution in field techniques in the British Isles[4]. In late July and August 1939 he excavated the Neolithic henge site of "King Arthur's Round Table" in Cumbria, work which has continued to prove controversial[5].

[1] Krämer 2001, 34–35.

[2] The government mapping division; Crawford 1955, 202–203; cf. in this volume the contribution by Andreas Külzer.

[3] Crawford 1955, 252–253.

[4] Bersu 1940a; Evans 1989; Krämer 2001, 64–66; see also contribution by Ch. Evans in this volume.

[5] Bersu 1940b; Bradley 1994; Simpson 1998 [2015]; Krämer 2001, 67; Leach 2019.

Bersu came to Scotland in 1939 at Gordon Childe's invitation after his work in Cumbria. Childe's security service file in the National Archives in Kew records that Bersu "accepted an invitation [from Childe] to excavate in Fife (from a professional point of view this was a poor job). At the outbreak of war he was in Glenisla [in Perthshire]"[6]. The report (dated January 1940) mentions Childe, Crawford, and a rich friend of Childe's, Wallace Thorneycroft (1864–1954) as his supporters: "I understand he [Bersu] and his wife lived at their expense in Blacklunans (Glenshee)[7]. He is now being given a grant by the Soc Antiq Scot to excavating ... his own site"[8]. It has not proved possible to confirm whether Bersu was actually excavating in this period; it seems likely these were grants promised for fieldwork that could not take place in the circumstances. He and his wife were attending the meeting of the British Association for the Advancement of Science in Dundee, along with several other archaeologists, when war broke out[9]. Bersu spent the winter in Perthshire writing up the Little Woodbury excavations[10]. While visiting Edinburgh in June 1940 he was taken into custody and subsequently interned on the Isle of Man, where he was able to conduct extensive archaeological work under the aegis of the Society of Antiquaries of London and the Manx Museum[11].

At the end of the war, with an immediate return to Germany impossible, Bersu was helped by friends to find continuing work[12]. The Manx Museum supported further excavations in 1946 and 1947, but Bersu also obtained funding from a variety of sources to explore other sites. In March 1946 he dug a promontory fort at Ramsey Bay in the Isle of Man, and in the summer of that year an early medieval "rath" settlement (a circular enclosure containing a large roundhouse) at Lissue in Co. Antrim, Northern Ireland. He also spent time in Scotland, probably in September, investigating an Iron Age enclosure at Scotstarvit in Fife. In October he was invited to deliver the prestigious Dalrymple Lectures to the Glasgow Archaeological Society, on the topic of "The archaeology of the Viking Age in the lands around the Irish Sea"[13]. October and November 1946 saw him back on Man, digging a Viking and Bronze Age burial site at Ballateare. In 1947 he was in Scotland again, working in Fife for several weeks[14] and on Traprain Law for two weeks in April. He was back on Man that summer, digging medieval remains at Peel, and returned to Lissue in northern Ireland from 23 June to 15 August. Having been appointed to a professorship at the Royal Irish Academy earlier that year, he finally moved to Dublin in October.

Bersu's Scottish work was thus sandwiched between several other excavations as he shuttled around and across the Irish Sea *(fig. 1)*, but it had a considerable impact on Scottish

[6] National Archives, KV2/2148/32X 23/1/1940; the informant was Lady Gordon-Finlayson, wife of a nearby landowner.

[7] Blacklunans lies in Glenshee, on the road between it and Glenisla (some 5 km to the east) in upland Perthshire. Thorneycroft had land at nearby Dalrulzion, some 2 km to the south in Glenshee, which must have influenced this as a venue for the Bersus. We are most grateful to Ian Ralston for his notes on this topic. Maria Bersu's (1902–1987) Registration Certificate records the address as 'Dalrulzion, Blackwater, Blairgowrie' (see contribution by E. Braun-Holzinger, fig. 6, in this volume). Black Water is the river that flows past Dalrulzion through lower Glenshee.

[8] National Archives, KV2/2148/32X 23/1/1940; Ralston 2009, 72 no. 18.

[9] As recorded in the diary of archaeologist Angus Graham (1892–1979): Geddes 2016, 284.

[10] Evans 1998, 198 fn. 4; see also contribution by Ch. Evans in this volume.

[11] E.g. Bersu 1977; Cubbon 1977; Evans 1998; Krämer 2001, 69–73; Mytum 2017; see also contribution by H. Mytum in this volume.

[12] The following draws on Krämer 2001, 73–81, where references to excavation reports may be found.

[13] Mearns 2008 xix; see Mytum in this volume.

[14] The chronology of his Scotstarvit work is unclear. No dates are given in the report or survive in the excavation archive. A letter to him from one of

archaeology. In 1946 he excavated trial trenches across an enclosed settlement at Scotstarvit, revealing roundhouse remains; he exposed half of these in that year, and the remainder in the 1947 season (a total of four weeks' work[15]). A further week was spent in 1947 with the same student and volunteer team in exploring another site in Fife: a roundhouse in a rectangular enclosure at Green Craig, near Creich[16]. The work was done with the St Andrews University Branch of the League of Prehistorians[17]; Gordon Childe was heavily involved with the League in its early years, and probably facilitated the contacts. The Scotstarvit work had an immediate impact. Published rapidly after the excavation, it was pivotal to the development of settlement archaeology in Scotland: "Bersu's work has stood the test of time as a seminal paper … [as part of the] transition to a recognisably modern world in the study of Scottish roundhouses"[18]. As with his Little Woodbury excavation, and using the same methods as there and in the Manx roundhouses, both techniques and results served to inspire future work.

Scotstarvit and Green Craig fit readily within the wider theme of Bersu's British and Irish work over this period, which focussed strongly on the excavation and reconstruction of substantial roundhouses; indeed, Chris Evans has termed him "an itinerant journeyman of the round-house" and recognised a coherent research programme among his disparate excavations[19]. Bersu himself noted that his Lissue work was designed to compare it to the Manx raths, and his Scottish reports cross-reference his Manx, Irish and English work[20], although his publications offer little stated research design; one must glean this from his discussions. A clearer statement of his views of settlement archaeology (specifically concerning buildings) survives in the unpublished text of a lecture that he gave in St Andrews, probably in 1947; it is reproduced in Appendix 1. The text is interesting in a number of ways; two strands are selected for comment here.

The first is in terms of understanding Bersu's broader approach. In this talk he specified the primacy of settlement archaeology as a key recent trend, moving away from an antiquarian focus on finds. "But if we try to learn earnestly about our ancestors we should not go treasure-hunting any more. We have to excavate sites where experience has shown that only very modest finds are bound to turn up." He stressed the need to dig "typical" sites, seeing Scotstarvit as such; it is rather ironic that by the time of publication it had become "the homestead of a wealthy farmer"[21] rather than a run-of-the-mill farm. In order to achieve this aim, the identification of wooden structures was the key recent methodological innovation. Houses were valued over finds because of the conservative nature of the former, more "characteristic of an ethnical unit" than material culture. This lecture makes his concerns and approach very clear indeed.

The second strand is in terms of his approach to the roundhouses he was excavating. From the slide list, one can reconstruct the narrative to an extent. He started and finished with rectangular buildings, the first a Viking house, the last a recent parallel of a rectangular turf-roofed house from Lewis in the vernacular tradition. The bulk of the slides,

the organisers of the dig is dated October 1946, its contents implying that Bersu had not long left (National Record of the Historic Environment [NHRE] MRS MS25/2). The 1947 season took place "at a time of year when the soil was wet and the slight differences in colour showed up well" (Bersu 1948a, 244), thus either spring or autumn. Either could be accommodated in his movements that year; the latter is perhaps more likely given his 1946 work.

[15] Bersu 1948a.

[16] Bersu 1948b.

[17] Ralston 2009, 82–89.

[18] Ralston 2003, 19.

[19] Evans 1998, 195.

[20] Bersu 1948a, 253 fn. 1–2; 259; Bersu 1948c, 131.

[21] Bersu 1948a, 259.

| no | site | excavated | site type |
|---|---|---|---|
| 1 | Little Woodbury | 1938–9 | enclosure |
| 2 | Llyn du Bach, Penygroes | 1947–8 | settlement |
| 3 | King Arthur's Round Table | 1939 | henge |
| 4 | Traprain Law | 1947 | hillfort |
| 5 | Scotstarvit | 1946–7 | roundhouse / enclosure |
| 6 | Green Craig | 1947 | roundhouse / enclosure |
| 7 | Lissue | 1946–7 | rath |
| 8 | Freestone Hill | 1948-9 | hillfort |
| 9 | Ramsey Bay | 1946 | promontory fort |
| 10 | Cashtal, Ballagawne, Garwick | 1941 | promontory fort |
| 11 | Ballacagen A | 1941–2 | roundhouse |
| 11 | Ballacagen B | 1943 | roundhouse |
| 12 | Ballanorris | 1942–3 | roundhouse |
| 13 | Balladoole, Chapel Hill | 1944–5 | Viking burial |
| 14 | Peel | 1947 | Medieval |
| 15 | Ballateare | 1946 | Viking & Bronze Age burial site |
| 16 | Cronk Moar, Jurby | 1945 | Viking burial |

Fig. 1. Bersu's excavations in Britain and Ireland (image: Fraser Hunter).

however, concerned roundhouses. His story began with the raths of the Isle of Man, with a brief introduction before moving onto his work there, focussed on Ballacagen A[22]. He looked at technical construction details before addressing the key topic of how to reconstruct such houses, starting with Ballacagen before considering Little Woodbury. Of interest is his use of ethnographic parallels[23] from native America (a grass-thatched roundhouse of the Wichita in Kansas), northern Norway (most likely Sami conical huts clad in turf), and Scotland. His notes reference an "earth roof" on the Norwegian and Scottish examples, probably meaning a turf roof: in the published report on Scotstarvit Bersu proposed a "sod roof" and argued this also for Little Woodbury over his previous idea of thatch. The ethnographic parallels he illustrated provide some sense of the evidence he was drawing on[24].

Bersu's work on Traprain Law stands apart from his other British excavations. It was the only large hillfort he excavated in this period (though his later work on Freestone Hill in Co. Kilkenny, once he was based in Ireland, continued the hillfort theme[25]). This is a little surprising, as Bersu had a strong pedigree as an excavator of major hillforts. His long-running and influential excavations from 1911–29 at the Goldberg, in the Nördlinger Ries, Baden-Württemberg, were well-known to a contemporary British audience, though not published in his lifetime[26]; his work on the ramparts of the Breiter Berg near Striegau (today Strzegom, Lower Silesia / Poland) was published in 1930[27], while his excavations on the Wittnauer Horn (Kanton Aargau / Switzerland[28]) were summarised for an anglophone audience in 1946[29]. Simon Stoddart has commented on Bersu's influential double strategy of detailed work on the ramparts and extensive work within the interior to reconstruct layout and lifestyles[30]. Bersu's hillfort pedigree was thus clear to a British audience by the time of his arrival on the island, but it was his skills in large-scale settlement archaeology that were most desired, motivated perhaps by his friend Crawford's pioneering work on the air photographic traces of such settlements[31].

The Traprain Law excavations thus represent a rather different tack in his British and Irish work, but one for which Bersu was well-suited. His previous research would have been well known in the Scottish archaeological community: as noted, Childe, Professor of European Archaeology at Edinburgh University, was a close friend and supporter. In late 1946 Childe left for a post in London[32], but his successor, Stuart Piggott (1910–1996), had dug for Bersu at Little Woodbury, describing it as his "most valuable experience"[33], and the Scotstarvit acknowledgements show that Piggott and his wife Peggy (Margaret, née Preston, 1912–1994), a renowned archaeologist in her own right and also a Little Woodbury veteran, helped on site[34]. An unsung connection is with Robert Stevenson (1913–1992), Keeper of the National Museum of Antiquities of Scotland in Edinburgh. Stevenson was a

[22] Site B was shown once to illustrate the wood preservation; Ballanorris was shown once as a representative of the same type but with poorer preservation.

[23] C. f. Bersu 1940a, 90. – Evans 1998, 189 commented that his Manx notebooks included notes and sketches of native American houses along with photos of an earth-lodge from Missouri and a roundhouse built by the Dinka of Sudan.

[24] Bersu 1948a, 253 fn. 1; see also Hawkes 1946, 81 f., pls V–VII.

[25] Raftery 1969; cf. in this volume the contribution by Knut Rassmann et al.

[26] See discussion in Jope 1997; for the Bronze Age and Iron Age phases, Parzinger 1998.

[27] Bersu 1930.

[28] Bersu 1945; see also contribution by H. Brem in this volume.

[29] Bersu 1946.

[30] Stoddart 2002, 52.

[31] Evans 1989, 442–443; Krämer 2001, 64–65.

[32] Ralston 2009, 66.

[33] Piggott 1983, 33.

[34] Bersu 1940a, 110–111; Bersu 1948a, 262.

student of Childe's at Edinburgh who studied at Bonn University in the mid-1930s before a period at the Institute of Archaeology in London, returning to Edinburgh to take up a post as Assistant Keeper at the Museum in 1938[35]. It is unclear if Stevenson met Bersu while in Bonn, but he certainly came to know him during his Scottish work: Stevenson coordinated specialist reports for the Scotstarvit publication (writing up the pottery himself), made the practical arrangements for the 1947 Traprain dig, and discussed the earthworks on site with Bersu[36]. Colleagues and family members remember that Robert Stevenson and Gerhard Bersu remained in close contact thereafter[37]; Bersu, it seems, had a knack of making friends[38].

## Work on Traprain Law before Bersu

Traprain Law is a volcanic intrusion (221 m high) that dominates the otherwise low-lying, rolling coastal plain of East Lothian. Despite its prominence, the site saw minimal archaeological attention until the excavations of Alexander Curle (1866–1955) and James Cree (1864–1929) from 1914–15 and 1919–23, supported by the Society of Antiquaries of Scotland[39]. Unusually for the time, this work tackled not the ramparts but the interior, devoting considerable efforts to excavating a significant area on the large western terrace of the hill. Unfortunately, the complexity of the archaeology and the limitations of the techniques (excavations being conducted by workmen, with Curle or Cree visiting weekly) meant that structural remains and stratification are poorly understood, and the rich assemblage of finds has little close context[40]. The most spectacular find, in 1919, was a hoard of 23 kg of Roman *Hacksilber*, but this should not outshine the rich range of other material that indicates a site used since the Mesolithic, with large numbers of diagnostic finds from the late Bronze Age and the Roman Iron Age indicating these were key periods.

The ramparts remained almost untouched in this early work yet are the most visible feature of the site today. A pre-existing quarry in the north-east corner of the hill posed an ongoing threat to the remains, and a proposal to extend this in 1938 led to the first significant set of excavations on the ramparts, by Stewart Cruden (1915–2002) on behalf of the Office of Works (the responsible government department) and, once again, the Society of Antiquaries of Scotland[41]. These focussed on the inner rampart line on the northern side of the site, though curiously little of the threatened area itself was excavated. The rampart sequence remains debated, but three main circuits are clear. An inner circuit, heavily denuded, runs around the scarp of the hill's summit on the north and west sides (the east end comes to a natural point; the south is too steep to require ramparts). An outer circuit takes in a further break of slope towards the outer edges of the hill. The former encloses an area of some 8 ha, the latter 16 ha. These two circuits survive largely as earthworks; in contrast, the third and latest visible rampart on the site (the Cruden Wall, named after its first excavator) consists of stone facing walls enclosing a turf core. It runs around the outer western edge of the hill on top of the outer rampart, and then cuts up to take the line of the inner rampart *(fig. 2)*.

[35] Maxwell 1992, 1.

[36] Close-Brooks 1983, 206; Stevenson 1948; Bersu 1948b, 273 fn. 3; archive letters in the National Record of the Historic Environment, Historic Environment Scotland, Edinburgh (NRHE), MS 25/1-2.

[37] David Clarke, pers. comm.; Alice Stevenson, pers. comm.

[38] E. g. Radford 1965; Jope 1997, 230.

[39] Clarke 2022.

[40] Burley 1956, 118–120; Jobey 1976.

[41] Cruden 1940.

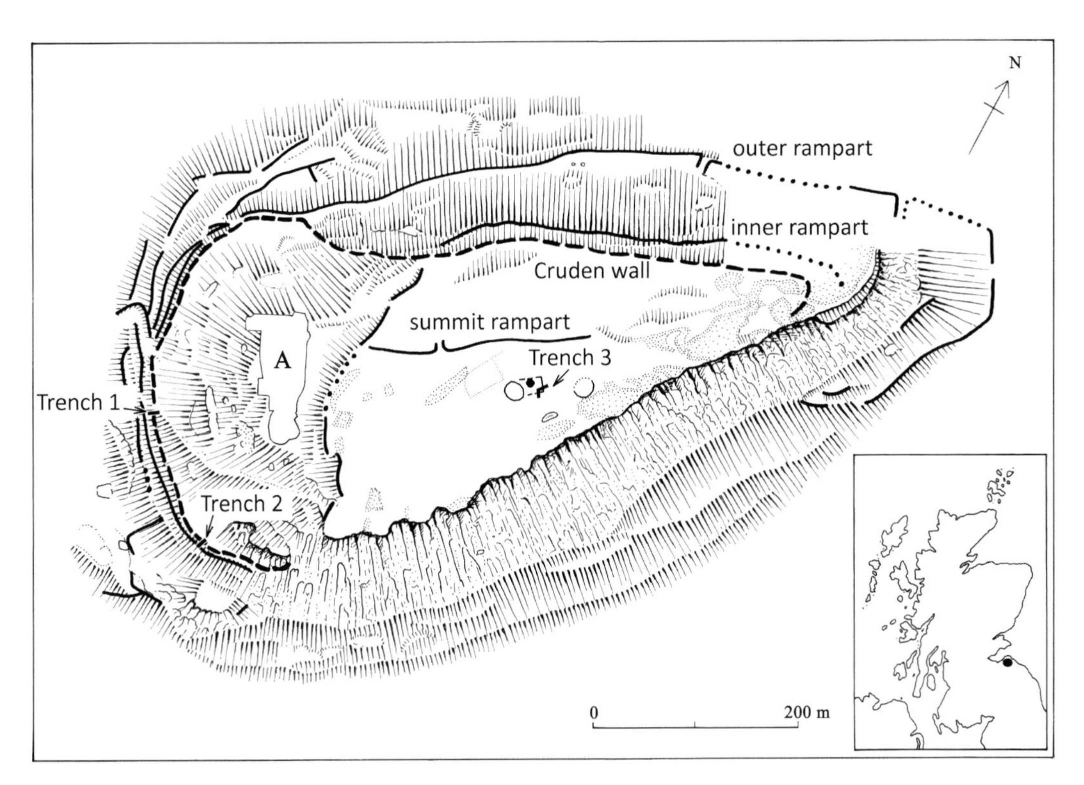


Fig. 2. Plan of Traprain Law, showing main ramparts and Bersu's three trenches; 'A' indicates the location of the main 1914–1923 excavations (drawn by M. O'Neil and F. Hunter, ©National Museums Scotland).

## Bersu's excavation on Traprain Law

Bersu's excavations on the site were designed to fit within this framework of knowledge, but archive material makes clear that they also reflected his own developing interests in the site. Again the work was supported by the Society of Antiquaries of Scotland, who wanted a gateway in the outer rampart to be excavated as this had not previously been tackled. Correspondence between Bersu, the Inspectorate of Ancient Monuments, and the Society of Antiquaries of Scotland *(Appendix 2)* makes it clear that Bersu argued successfully for a broader remit; he convinced the Inspectorate that more was to be gained by digging sections of the ramparts and investigation of other features on the hill, and was given free rein to do so (Bersu was wary of the potential complexities of gateways[42]). With a team of two workmen and between one and three students[43], he dug two sections across this outer rampart on the western side that are of key importance, as they remain the only work in a well-preserved area of this earthwork *(fig. 3)*. The use of small trenches through often complex ramparts was typical of the period, as reflected in Cruden's earlier work on the site.

Bersu's notebook (which preserves sketches made on site) and his site book (neatly written up each day) show that his interest stretched far beyond the task he had initially been allocated *(fig. 4)*. He spent much time walking over the hill, observing and sketching features, and was concerned not just in the rampart sequence but its relation to potentially later routeways onto the site, the terraces on the hill within and outside the ramparts, and the remains of rectangular structures on the summit. He cut an L-shaped trench

[42] E. g. Bersu 1947, 32.

[43] Close-Brooks 1983, 210.

Fig. 3. Photo taken by Bersu of cutting 2 through the Cruden Wall looking north, with his shadow cast across the image (©Historic Environment Scotland, G. Bersu Collection).

across the latter and put test pits into some terraces beyond the ramparts in the south-west corner (no records survive of these beyond a note that cultural layers were present). His notes show considerable interest in the evidence of the site's sequence from the surviving earthworks and finds, including the question of different phases of Roman contact. Bersu's work attracted a number of visitors from the Scottish archaeological establishment, including Curle who had led the early excavations. A very practical touch is preserved in Bersu's notebook: a note saying, "We are further south on this terrace", clearly intended to be left out to guide visitors.

Bersu never published this work, but his surviving archive (NRHE MS 25/1[44]) includes background notes on previous work at the site, a structure for the report, wide-ranging drafts of introductory sections of text, an extended discussion of the ramparts and entrances, and suggestions for future work. These indicate an interest not just in reanalysing the older finds but in doing further fieldwork on the summit area, although this never came to pass:

[44] National Record of the Historic Environment, Historic Environment Scotland, manuscript 25/1. https://canmore.org.uk (last accessed 7.12.2021).

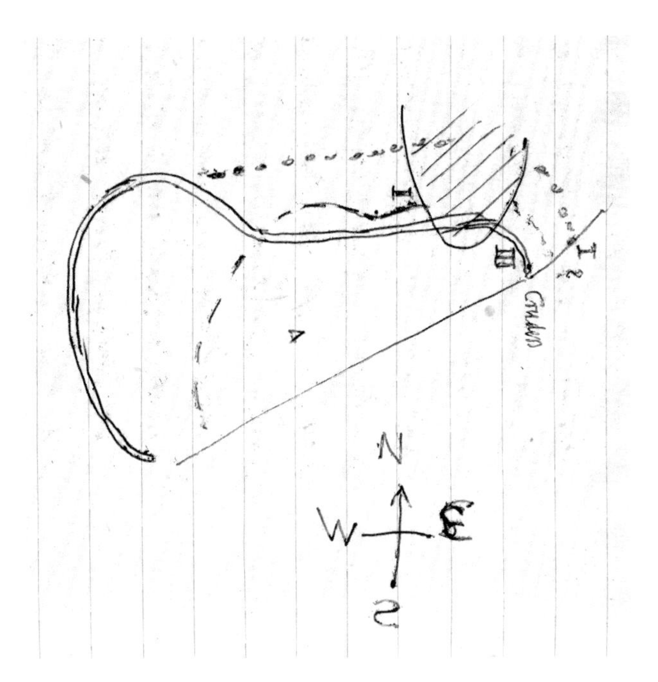


Fig. 4. Bersu's sketch of Traprain Law from his excavation notebook (©Historic Environment Scotland, G. Bersu Collection).

"Program for future work
Mapping
Working up old finds
Working up Curle plans
Concentrating top sequences. Building up evidence from youngest features. Cutting terraces. Work on terrace under summit (to the north)
Looking through sources of local history"[45]

The comments are perceptive. At the time, there was no good map of the site, nor any overview of the Curle and Cree plans (which were published annually as standalone reports for different areas), and the finds likewise had seen no synthetic study. Bersu's suggestion to work from the youngest features reflects the invisibility of obviously early structures apart from the ramparts: the most visible features of the site are post-Iron Age and remain poorly understood. So too are the terraces, which he identified as a priority to examine.

Although surviving records of his work are scanty, his broad interpretations preserved in the archive were critically analysed by Joanna Close-Brooks in publishing the excavations in 1983. She supported his essential view that the late rampart (the Cruden Wall, of late 4$^{th}$ / early 5$^{th}$ century date) overlay a large terrace bank – not a rampart itself, but material that had accumulated behind an earlier rampart downslope. (Similar reuse of an old rampart line, although with less accumulated sediment, has been recorded over the inner rampart in our more recent work on the hill[46]). Bersu recorded settlement remains

[45] G. Bersu, Traprain (site notebook of 1947 excavations). National Record of the Historic Environment, within MS25/1 archive.
[46] Armit et al. in prep.

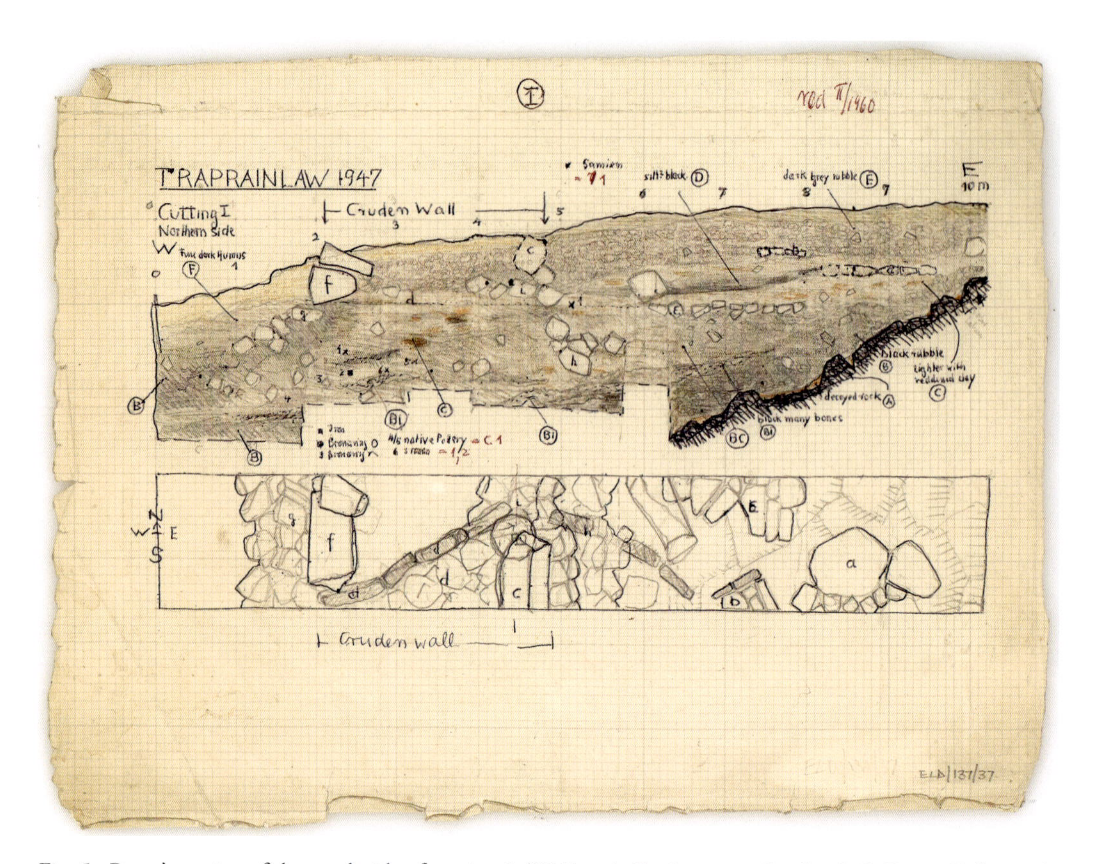


Fig. 5. Bersu's section of the north side of cutting 1 (©Historic Environment Scotland, G. Bersu Collection).

of Roman Iron Age date under the Cruden Wall, including layers with Roman pottery and a hearth with a rotary quern reused in its construction, but coherent structures could not be revealed in his small trenches. His sections record tantalising mention of "black layers with many bones" (*fig. 5*)[47], which could yield much to modern analysis, but none of this survives in the archive. All the material he removed, in places up to 2.5 m deep, overlies the older rampart; some of its facing stones are visible downslope, but its date remains a matter for conjecture (see below).

## Research on Traprain Law after Bersu

Because only brief summaries of Bersu's work were available until 1983, its results could not be critically analysed, and his "cautious" preliminary statements of the results were "considerably expanded by those later writers who have attempted to synthesise the history of the site"[48]. Traprain has constantly intrigued scholars because of its sheer scale (it is one of the largest hillforts in Scotland) and the wealth of its material culture. Although the hill saw no further excavation for almost 40 years, Richard Feachem's (1914–2005) systematic topographic survey and proposed sequencing of the rampart systems was a major step forward[49]; the same year saw reappraisal of the metalwork[50]. It was a further twenty years,

[47] Close-Brooks 1983, fig. 96.
[48] Close-Brooks 1983, 213.
[49] Feachem 1956.
[50] Burley 1956.

however, before George Jobey (1918–1992), an authority on the later prehistoric archaeology of the Scottish-English borderlands, sought to summarise the site in a synthesis that remains valuable today[51].

Through all this, the quarry continued to expand; further work took place on threatened ramparts at the eastern end of the hill by Peter Strong in the 1980s[52] before, finally, the quarry was closed and the hill safeguarded – at least from that source. Other threats remained, and two grassland fires caused extensive damage. A small one south of the summit in 1996 revealed unexpected remains of a medieval building[53]. A much larger and more devastating fire in 2003 caused surface loss over 18 % of the hill, with considerable damage to the upper deposits in places. A series of surveys and excavations from 2003–06 explored the most vulnerable areas[54]; key results are discussed below. One of the few positive outcomes of this damage was that vegetation loss made the topography of the hill much more visible, and a series of features was observed for the first time. Between these two fires, in 1999 and 2000 the authors were involved in a programme of small-scale research excavations that targeted areas largely avoided by previous work: the summit of the hill within the inner rampart, where Curle and Cree had barely worked, and where Bersu had put a single trench among the enigmatic features around the hill's highest point[55]. A key aspect of the work since 1999 has been the provision of a series of radiocarbon dates, the first from the site[56]. In 2017–2019, a new topographic survey of the hill was conducted by Historic Environment Scotland under the direction of George Geddes[57]. This combined drone survey with conventional field survey to create a highly detailed and subtle view of the hill's remains.

The landscape around the hill has also seen extensive excavation in recent years, in advance of house-development and road-building[58], and in a research project focussed on the surrounding settlement landscape[59]. Combined with the final publication of a series of Iron Age settlement excavations that took place in the 1970s and 1980s[60], this has made East Lothian one of the best-researched Iron Age landscapes in Britain. Yet, among all this work around it, many aspects of Traprain's history and significance remain uncertain.

## Summary of current perspectives on Traprain Law

### Early activity

The early excavations recovered a very little Mesolithic material and rather more Neolithic, the latter quite a selective range: there are flints, and a surprising number of stone axe-heads, but no Neolithic pottery[61]. This does not suggest domestic activity; it indicates that the hill was already seen as a special place in the Neolithic. This is supported by some enigmatic rock art, presumed to be of Neolithic or early Bronze Age date, found (and destroyed) during quarrying of the hill's north-east end in the 1930s[62]. It includes the cups

[51] Jobey 1976.
[52] To be published in Armit et al. in prep.
[53] Rees / Hunter 2000.
[54] Armit et al. in prep.
[55] Armit et al. in prep.
[56] Armit et al. 2017.
[57] Geddes in prep.
[58] E. g. McCullagh / Haselgrove 2000; Lelong / MacGregor 2007.
[59] Haselgrove 2009.
[60] Notably Alexander / Watkins 1998; Dunwell 2007; Armit / McKenzie 2013.
[61] Jobey 1976, 192.
[62] Edwards 1935.

with concentric rings typical of the period, but also a range of unusual rectilinear designs that have defied easy parallel and overlie the curvilinear designs; they could represent a later phase of deliberate reuse of this earlier sacred spot[63].

More conventional rock art was found on the southern edge of the hill in 2004. Excavation of a terrace exposed by a grass fire revealed later prehistoric building remains; a bedrock floor within the structure carried the worn remains of cup-and-ring motifs, triangles and rosettes[64]. This accidental discovery suggests there must be more rock art on the site, currently hidden from view.

During the earlier Bronze Age the hill was also used for burial. Remains of a round cairn on the summit, underlying part of the rectilinear structure dug by Bersu, are likely to be of this date, and there was a cremation cemetery on the western terrace, set almost into the flank of the hill[65]. During both the Neolithic and early Bronze Age, it seems this was a special place rather than a settled one, marked out by rock art and used for rituals and burials.

## The later Bronze Age

The nature of activity had changed dramatically by the late Bronze Age. The wealth of metalwork of this date found in Curle and Cree's excavations indicate that the hill was a major centre at the time. Finds included not just bronze tools, jewellery and occasional weaponry, but also moulds and crucibles for their manufacture[66]. Recent excavations supplemented this with an important series of radiocarbon dates on occupation levels that indicate intense activity in the period 1000–800 BC, with some activity already underway a couple of centuries earlier[67]. At this time one can talk plausibly of a dense settlement, though we can say little of its architecture or layout (only one roundhouse plan was recovered, the other remains being incoherent as published[68]). But was it enclosed? The dating of the rampart systems remains difficult. As noted above, the outer rampart has never been fully excavated; Bersu's work showed that the top layers of the thick terrace bank that built up over it were Roman Iron Age but gave no hint of the date of the rampart itself. Yet it seems intrinsically likely, given the dense late Bronze Age evidence from the western terrace and its hilltop location, that the site was enclosed at this time. For the summit area, the recent excavations offered more clues, but the evidence is not entirely conclusive. The surviving inner rampart was built over a layer that produced late Bronze Age dates; but another trench gave a single late Bronze Age *terminus ante quem* for a subtle east-west rampart line (the so-called "summit rampart"). We have too few dates to be dogmatic, but it is plausible that the hill hosted a major late Bronze Age enclosed settlement.

Fieldwork after the 2003 fire revealed an unexpected discovery of this period: a hoard of four bronze socketed axes, found in a metal-detecting survey on a difficult-of-access terrace above the steep south-western slopes of the hill *(fig. 6)*. Although axes were being made on the site, these ones were different: three of the four were exotic, from Ireland, Yorkshire, and southern England[69], revealing something of the occupants' contacts. The interpretation of such hoards remains a matter of debate, but it is noteworthy that other big hills in the region that are crowned with hillforts also have adjacent late Bronze Age hoards, such

[63] Armit et al. 2017, 30–31.
[64] Armit / McCartney 2005; Armit et al. 2017, fig. 6.
[65] Jobey 1976, 192–193.
[66] Burley 1956, 145–154.
[67] Armit et al. 2017, fig. 4.
[68] Cree 1923, fig. 3.
[69] Brendan O'Connor, pers. comm.

Fig. 6. Late Bronze Age axe hoard from the 2004 excavations (photo by D. Anderson, ©National Museums Scotland) – not to scale.

as Holyrood Park in Edinburgh and Eildon Hill North in the Borders[70]. They seem to us more plausibly linked to ritual acts of deposition rather than the hoarding of valuables for intended recovery.

## The Iron Age

It has long been assumed that Traprain was predominantly an Iron Age hillfort, as these are the dominant form of Iron Age settlement in the area. In fact, one struggles to find convincing evidence of Iron Age settlement at Traprain itself, in contrast to the more typical smaller hillforts in the region. The radiocarbon dates reflect this. While conditioned by the availability of reliable samples (and thus less useful for later phases, as discussed below), there is no obvious reason why Iron Age layers should have eluded the recent excavations. Yet the dates drop off dramatically after the late Bronze Age.

Artefactual evidence is generally of little help in identifying Iron Age activity in this region. The area's rather coarse, overwhelmingly plain ceramics have so far refused to produce any good typological sequence, and diagnostic metalwork of this period is almost absent in Scotland until the later Iron Age. There are only two pieces of truly diagnostic pre-Roman Iron Age metalwork from Traprain, both rather unusual in character. An early Iron Age iron socketed axe[71] could date to the immediate aftermath of the late Bronze Age settlement, representing some continuity of use, but given its intact nature, it could as plausibly represent an offering; there are no clues from the excavation report. The

[70] E.g. Coles 1960, 115–117; 130; O'Connor / Cowie 1985.

[71] Cree / Curle 1922, 216–217; Burley 1956, 210–211.

find-circumstances of the other item strongly suggest it was a deliberate deposit: an intact ring-headed pin of 3rd–1st century BC date, placed point-downwards in a small stone setting[72]. This idea of a significant site receiving offerings is supported from recent excavations by a cache of animal teeth found in a pit dug into a terrace on the southern side of the site; this was dated to the 6th–4th centuries BC but remains an apparently isolated feature without any associated structures.

There may be little evidence of settlement at this time, but there is evidence of enclosure. Dates on the outer rampart line at its eastern end, dug by Strong, suggest some rampart-building or maintenance in the 5th–3rd centuries BC[73]. This outer rampart (whose origins, as noted, may be late Bronze Age) is striking not only for its scale but for the number of entrances, with six recorded around its circuit. One could debate whether all were ancient, but most are good candidates. This number suggests a desire to guide access rather than prevent it and resonates with the multiple entrances found on other apparently "empty" Scottish hillforts, notably the Brown Caterthun in Angus[74]. It suggests a place where people gathered rather than settled – a ceremonial or mustering point for the area, perhaps[75].

One important result of the fire was the realisation that there was more to the ramparts than had been thought. With the vegetation largely lost on the western side of the hill, it was noticed that the terraces beyond the ramparts and running parallel to them were artificial, with slight stone walls along their edges. As yet they lack independent dating evidence beyond their spatial relation to the main rampart. However, their location is suggestive, and we hypothesise that they were designed as a deliberate aggrandisement to make the hill look more spectacular for those approaching from the west.

## The Roman Iron Age

As noted above, it becomes increasingly difficult to get reliable radiocarbon samples higher in the stratification. The upper levels were damaged by fire, and by rabbit disturbance; in addition, many were colluvial, with few reliable occupation or midden layers and virtually no pits or other features that might provide dating samples. We are thus still heavily reliant on artefact dating, primarily from Roman finds, for later phases. This is far from ideal, especially as few if any indigenous finds can be securely dated to the late pre-Roman Iron Age rather than the Roman Iron Age; styles of local Celtic art, for instance, span the invasion[76]. Reliance on Roman finds thus intrinsically pulls dating into the Roman period.

Nevertheless, there are indications of patterns. The Roman finds start in the Flavian period – there are no pre-Flavian finds to suggest significant contact with the Roman world before the invading army arrived[77]. This is in marked contrast to the great oppidum site of Stanwick in North Yorkshire, which saw Roman contact from the Augustan period, long before the legions arrived[78]. Indeed, pre-Flavian contact is generally very sparsely attested in Scotland. The societies of northern England (recorded in classical sources as the Brigantes) posed considerable difficulties to the Roman world; they were first set up as a client kingdom but shifting internal politics led to a need for direct Roman engagement and ultimately conquest, a process not completed until the early 70s AD. It may be that this absorbed so much military attention that there was little time for making contacts with more northern tribes, in what is now Scotland, on any significant scale.

[72] Cree / Curle 1922, 193; 215–216.
[73] Armit et al. in prep.
[74] Dunwell / Strachan 2007.
[75] Armit 2019.
[76] Hunter 2007, 288–289.
[77] Hunter 2009a; Hunter forthcoming.
[78] Haselgrove 2016.

Fig. 7. Selection of Roman finds from Traprain Law (photo by N. McLean, ©National Museums Scotland) – not to scale.

Attempts have been made to define phases in Roman contacts with the inhabitants of Traprain (a topic that Bersu's notes show he was interested in), but this is far from straightforward as different categories of imports show different patterns. Samian is overwhelmingly Antonine, for instance, but there is a lot of Flavian glass; the coin series shows a break from 160 to 250, yet there is glass and pottery of this period[79]. It suggests that import goods varied but contact itself was regular. The wealth of the site in Roman finds is remarkable *(fig. 7)*: it is many times richer than any other known Iron Age site in Scotland, in both quantity and range. This includes some unusual items such as a stone with the beginning of the alphabet surviving on it, suggesting attempts to learn Latin among some of the inhabitants[80].

In contrast to the late Bronze Age phase, we do know something of the architecture of the site in the Roman Iron Age. There were no ramparts, at least until the end of the period (see below); the great terrace bank investigated by Bersu had built up over the earlier outer rampart, and he found settlement traces on and in it (a hearth, and layers with Roman finds). Similar results were found in our work over the inner rampart, with a

[79] Reviewed in Hunter 2009a, 227.

[80] Cree / Curle 1922, 256 fig. 27 no. 1; Curle 1932, 358 fig. 42.

hearth associated with samian pottery in one of the trenches. Elsewhere, buildings which have been completely exposed in these upper levels have been sub-rectangular rather than the traditional Iron Age roundhouses, with stone foundations for turf walls. There are indications of this shift in architecture from round to rectangular at other sites in the region in the late pre-Roman Iron Age and Roman Iron Age[81]; the long-lived roundhouse tradition was changing, though it is clear that on other sites they were still being built and modified at this time (e. g. at the former hillfort site of Broxmouth where the final phase of roundhouse settlement ended around AD 145–255 at 95 % probability[82]).

While the site was not fortified, the older outer rampart was still visible in the form of the terrace bank (the inner rampart had been largely robbed of stone for building materials). This made it a hill with a visible history[83]. Given the current lack of late pre-Roman Iron Age settlement evidence, it is plausible that the stimulus for this major re-settlement of the hill was the disruptive effect of the Roman arrival on local politics, with one group claiming this most visible and significant ancestral site, taking advantage of Roman expectations of a central power or authority to deal with (as they had done with the Brigantes). Although speculative, this is a plausible model for further testing. The absence of known Roman sites in the immediate vicinity, despite ideal conditions for aerial photography, coupled with the wealth of Roman finds from the site, has been used to argue that this was a client kingdom or friendly group[84]; the nearest known Roman fort, Inveresk, is some 20 km from the site.

### Late Roman Iron Age and Early Medieval activity

In the 1st and 2nd centuries AD, Traprain sat within a densely-settled farming landscape. Analysis of the distribution of Roman finds in the area at this time supports a model of redistribution from Traprain Law, whose inhabitants can be seen as controlling access to Roman finds and favour[85].

In the 3rd and 4th centuries AD, after the Roman world had given up attempts to conquer Scotland, the frontier was firmly established on Hadrian's Wall to the south. There are two particularly noteworthy features of Traprain at this time. One is the continuing contact with the Roman world; glass, pottery, coins and other metalwork of this period are found in quantity. The second is the rarity of such contacts at a wider scale; across Scotland as a whole, late Roman finds are markedly rarer than early Roman ones, and in East Lothian there are only three or four other sites with finds of this date, in contrast to 23 with early Roman ones[86]. It is also notable that rather few sites in the region have produced evidence of settlement at this period. Does it reflect an increasing centralisation of power onto Traprain Law, with little movement of prestige material off the site in contrast to earlier periods? Or does the rarity of other settlement evidence suggest more of the population moved onto the hill at this time? Certainly, these latest levels show dense settlement; wherever there is ground fit to build on there are buildings of this broad date, often utilising partly-artificial terraces to maximise the available space.

The recent excavations have only been able to sample individual buildings, but the early 20th-century work exposed a much larger area, and plausible attempts have been made to reconstruct a phase plan for the western terrace by both Alexander H. A. Hogg and Ian

[81] E. g. Lelong / MacGregor 2007, 147–198.
[82] Hamilton et al. 2013, 222.
[83] Armit et al. 2017.
[84] E. g. Breeze 1982, 57.
[85] Hunter 2009b, 150–155.
[86] Hunter 2009b, tab. 7,9.

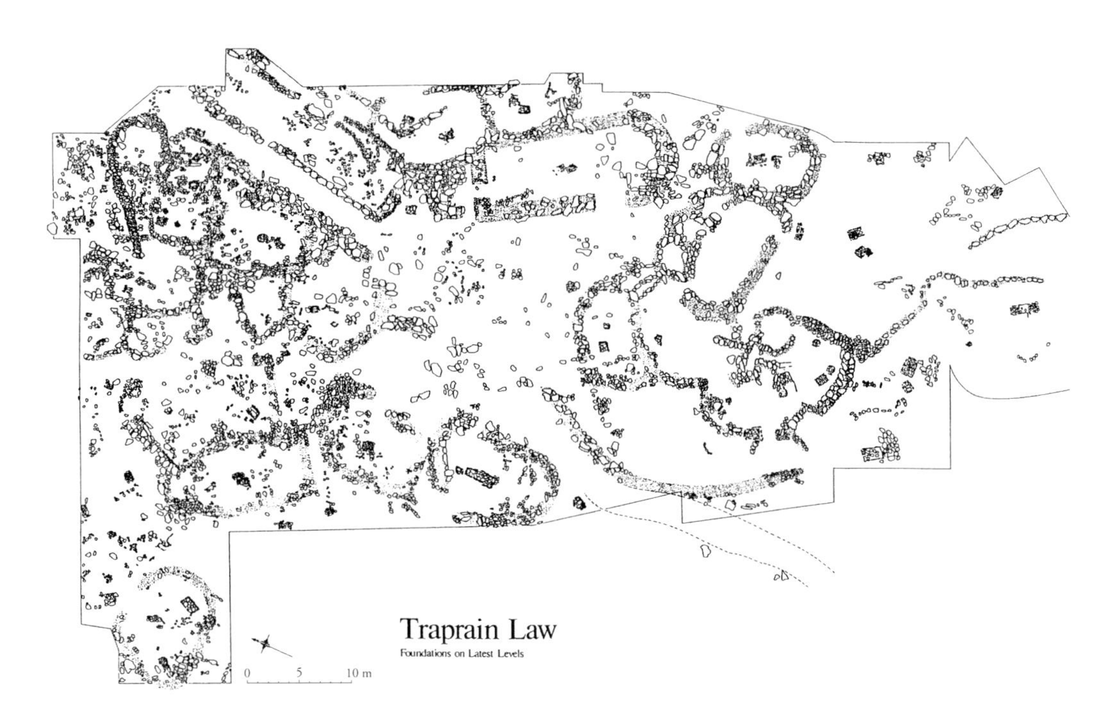


Fig. 8. Composite plan of the early excavations on the western terrace, compiled by Dr I. Smith (Smith 1990, fig. 5.3).

Smith[87]; the latter's plan is reproduced here *(fig. 8)*. It shows an open space, accessed by streets running into it from the two ends, and surrounded by a series of sub-rectangular building compounds. Smith argued for two phases within this, the later consisting of long rectilinear buildings with rounded ends[88], but the evidence is not strong enough to support this unequivocally, although random walls and misalignments make it clear that there is some time-depth to this "phase". This is the only coherent large-scale plan of a settlement area currently available from the site. The lower levels in the early excavations could not be reconstructed in the same way due to the disturbance caused by long occupation and the excavation and recording techniques of the time.

Around this period the site was refortified, with the building of the so-called Cruden Wall. The positioning of this wall was notably defensive, taking the steepest scarp edge on the western and northern sides. In contrast to the earlier, more porous enclosure line with multiple entrances, this one has only three, at the west, north-west, and east; other earlier entrances were deliberately blocked. Based on the date of underlying material, the Wall was built sometime in the 4th or early 5th century AD[89].

The most famous find of this phase in the site's history is the great *Hacksilber* hoard – over 23 kg of late Roman silver, the largest such hoard known anywhere in Europe[90]. Recent reappraisal argues that it was built up over several generations and represents the treasury of a powerful group. It may reflect continuing diplomatic efforts from the Roman

[87] Hogg 1951, 209–211 fig. 53; Smith 1990, 119–120; 124–126.
[88] Smith 1990, 115–148; Smith 1996, 26.
[89] Close-Brooks 1983, 216–217.
[90] Curle 1923; Hunter et al. 2022.

world to retain their friends in the north or arise from military payments to warbands from the hill[91].

Its value was not just as a source of disposable wealth but as a prestige raw material. Analysis of crucibles shows that silver was being recycled on the site. This was an entirely new metal for Scotland in the Roman period, and on Traprain it was reprocessed into local prestige items: from the hill come small pins, rings and plaques, as well as a spectacular massive chain weighing 1.6 kg[92]. It has been argued that silver became the key prestige material in Scotland at this period, with Roman wealth repurposed for local prestige items[93]. The chains are a particularly striking manifestation of this, representing highly visible prestige items that are very much conspicuous consumption of this Roman resource.

The Treasure was probably buried around the middle of the 5th century, but this was not the last act on the hill. The presence of a range of finds, albeit in small numbers, suggests its continuing use until the end of the 5th century or the early 6th[94]. Whether the scale of the settlement gradually downsized or dramatically changed remains unclear on current evidence, but it had been abandoned before the major political shifts reflected in the spread of Anglo-Saxon influence into the area in the 7th century.

### Later activity: the central area

One of the areas of the site that saw surprisingly little attention until recently was its summit, even though this has a range of intriguing features *(fig. 9)*: a large rock-cut cistern that was a key water source for the site[95]; the early Bronze Age cairn; and two other enigmatic features, a sub-circular enclosure and the rectilinear structure trenched by Bersu.

The circular feature was ignored in earlier work, but was interpreted by Peter Hill, in a stimulating though speculative paper, as a temple structure[96]. However, a trench into it in 1999 indicated it was much more recent.

The rectilinear structure has more interest to it. Bersu recorded two wall lines on the south side, the inner standing to some height. Our excavations in the immediate vicinity of Bersu's in 1999 recovered Medieval pottery, as he did, and it seems that the feature relates to a poorly attested Medieval phase of use. Some (speculative) hints to its possible character come from the discovery of a small cist burial within our trench; any bones had been lost to the acid soils, but the form and orientation are quite characteristic. These are an early Medieval phenomenon in this area, connected to early Christianity: by the late 5th / 6th century it is plausible that people in this area would have been Christian, although burial on an active settlement would be unusual. There are sparse and unreliable records of an early church foundation on the site[97], and the hill has a saintly connection in literature: the early life of Saint Kentigern (or Mungo), first recorded from the 12th century, associated his mother with Traprain. It is tempting to link this apparently high medieval rectilinear enclosure with a church, but this remains speculative until stronger archaeological evidence is obtained. There is another Medieval structure just south of the rectilinear enclosure: a small rectangular building, constructed against a rock outcrop[98]. These later phases of the hill, which intrigued Bersu and were touched on in his work, merit further attention.

[91] Painter 2013.

[92] Edwards 1939; Youngs 2013, 406 no. 9; Blackwell et al. 2017, 69–74; 95–104.

[93] Blackwell et al. 2017, 137–148.

[94] Hunter 2013.

[95] Cree 1923, 221–222.

[96] Hill 1987.

[97] Reviewed in Rees / Hunter 2000, 437, and more critically in Fraser 2013, 17; 24 fn. 30.

[98] Rees / Hunter 2000.

Fig. 9. Features on the summit of the hill, looking north from the pond towards the rectangular terraced platform where Bersu's trench 3 lay. The modern cairn overlies a Bronze Age one; the figure on the right is standing close to Bersu's trench (photo © F. Hunter.)

## Conclusions

Looking at the site over the long term, it is notable how the role of this dominant hill has fluctuated[99]. In the Neolithic, the character of the finds suggests it was a special or sacred site, with deposits of unusual material and rock art marking it out. In the early Bronze Age this special status continued, as it was a place of burial. This changed markedly in the period c. 1000–800 BC, in the later Bronze Age, when the first settlement evidence appears. At that time it was a major power centre in the local area, probably enclosed as a hillfort. During the Iron Age, it seems to have been abandoned as a settlement, but some rampart-building (or maintenance) took place, and there are suggestions it became a place to visit and gather at rather than one to settle on. It changed back to a major settlement and power centre (but not a fortified one) around the start of the Roman Iron Age, perhaps prompted by the opportunities presented by a Roman army coming into an unfamiliar area and keen to find people it could deal with. The hill's inhabitants remained a friendly power on Rome's northern frontier throughout the Roman occupation of Britain, growing rich on this favoured connection, as seen most spectacularly in the great silver hoard. At around the time of the silver hoard's burial or a little earlier, the site was enclosed once again, this time with a substantial defensive wall, pointing to times of increasing unrest. The later history is vague, though it had fallen from any major social significance by the 6th century, yet the hints of Christian activity and its presence in early hagiographies suggest a

[99] Armit et al. 2017.

role once more that was predominantly one of ritual, albeit in the service of very different beliefs.

The developing story of the hill is very different from the picture at the time of Bersu, although some aspects would have been very familiar to him, in particular the rich Roman finds. Indeed, many of the questions that his archive notes show he was interested in remain unresolved – the chronological changes in Roman contact, and the nature of the summit rectilinear structure – while the development of the ramparts and role of the terraces are only partly resolved. Much of the perspective outlined above is built on speculative foundations; the lack of large-scale modern excavated samples in different parts of the site greatly hinders our understanding of it. Indeed, the two areas of Bersu's trial excavations remain key targets for further work. A larger trench in the rectilinear summit structure would clarify its enigmatic nature and greatly improve our knowledge of the site's later use. Of most value, however, were his sections on the outer rampart, clarifying the character of the upper levels and offering tantalising hints of layers rich in environmental remains that we could now interrogate in great detail. If one were to exploit Bersu's legacy on the site, reopening and completing one of his rampart sections would be a great way forward.

## Appendix 1: Text of a lecture to the League of Prehistorians in St Andrews

The typescript of this lecture is preserved in the National Record of the Historic Environment, Historic Environment Scotland, Edinburgh (NRHE MS25/2). It was presumably delivered in 1947, immediately after the second season at Scotstarvit. Orthography follows the original (the German spellings reflect the use of a British typewriter, lacking characters for ä or ö); significant deletions are given; hand-written insertions in pen or coloured pencil are italicised. Five pages of originally six are preserved; the first three serve as introduction, the fourth is a list of slides that Bersu spoke to, and the sixth is acknowledgements. The fifth was presumably a summary of the Scotstarvit results. Only the first four pages are given here, as they are a valuable indication of Bersu's wider thinking on the rationale for and value of settlement excavations. Page numbers are in square brackets. Some explanatory notes to the slides are given below.

> [1] 'It is not generally realised that the actual digging is on average only a third of the work in which the archaeologist is involved by an excavation. It needs normally two third as much time to prepare and work up the material, to make the drawings for the publication, to write and to print the report on the excavation. So, I hope you will realise that it is rather a bold and in any case a premature enterprise to give you this evening an account on the work done at Scotstarvit Covert which came to an end only last Saturday. Please, accept therefore my apologies that I am neither able to produce exact drawings of the plans from those made on the site in rain and wind nor slides of these drawings and of comparative material. This cannot be a formal lecture but only a rather informal talk of the results and wider aspects of this excavation. I invite you to ask as many questions as you like after the talk. If many of the answers will be more or less negative, the reason for this is that this excavation was a kind of pioneer work. For we dug on a type of a side [sic] hitherto much neglected. Habitation sites were not long ago rather unpopular objects for an excavation. In the older times of antiquarian research it were the finds taken from the ground which interested the collector. An excavation was only worth while when it produced objects worthy to be

exhibited in showcases. This stage of archaeological activity had its merits also. The finds collected in hundred years of antiquarian research have taught us the general aspect and civilisation of those peoples who lived during the long periods of pre-literate history or in times when written records are too scanty to enlighten us satisfactorily. A relatively reliable [2] dating of these finds was built up and by the distribution of finds of similar character ethnological units could be reconstructed. But if we try to learn earnestly about our ancestors we should not go treasure-hunting any more. We have to excavate sites where experience has shown that only very modest finds are bound to turn up. This happens usually when to try to get the much needed information about the dwellings of prehistoric times and this happened in our excavation. To be fair there was an excuse that such sites were not more frequently excavated in earlier times. The technique of excavation had not been developed so far to enable the archaeologist to recognise and to interpret the faint traces which decayed wooden structures leave in the ground where normally all wood has vanished. And wood was in these parts of the world mostly used for the construction of the dwellings. This we are now able to do, and if the layers are not too much disturbed by modern activities as ploughing or afforestation we should be able under reasonable conditions to get all information that can be obtained at all. If we turn out [our] activities to habitation sites it is much more important to get information about a normal habitation site than about a special one or one of unusual dimensions. That means that we have to choose sites for exploration of which many similar examples exist and which are therefore typical. Being typical their elucidation might be expected to throw light upon a number of other sites hitherto unknown.

'The League of Prehistorians of St. Andrews has earned the thanks of those professionally interested in archaeology because it refrained intentionally from excavating an impressive object [3] of exceptional size in the hope of getting sensational results but of only limited value. *You may be able to gather from this preliminary report* broad foundations for future work by choosing *this* modest and typical site for your first investigation.

'The knowledge of the types of houses, the arrangement of the dwellings, conclusions about the economic situation are vital importance for our studies. The type of houses and dwellings characteristic of an ethnical unit is much more conservative than the material belongings of the people of a certain civilisation. New types of objects can be imported or invented without that the type of the house in which these people lived changed fundamentally. So, the knowledge of the types of houses is a very valuable means of testing if our conclusions built up on the material belongings are correct. *For example*, the germanic house, the illyrian house are quite different from the celtic house. Each type of such houses has its own pedigree which we now just start to recognise. The excavation of the habitation site at Scotstarvit Covert leads us in the complex question of the round house which is a characteristic of [deleted: pre-Roman and pre-Nordic this island] the British Isles.

'For technical reasons mentioned above I start the discussion of the results of the excavation at Scotstarvit with the demonstration of a type of house of the Iron Age about which we have now quite reliable information. *I show as first slide the ground plan of a Viking house a foreign feature in this country.*

[4] 'Liste Lichtbilder
1. Viking Haus, Ruinen rechteckig
2. Rath, Isle of Man, rund 30 000
3. Ballakeigan Phase A
4. Ballanorris Phase 2, derselbe Typus, kein Holz erhalten
5. Ballakeigan, Phase 2
6. Ballakeigan A, Wand, Zugehoerigkeit inner ring [sic]
7. Ballakeigan A, Wand, Kreuzung
8. Ballakeigan B, Erhaltungszustand Wand
9. Ballakeigan A, Phas 2, Typus Haus
10. Schnitt durch Ballakeigan A fuer Rekonstruktion
11. Rekonstruktion Schema, Traeger Dach
12. Littel [sic] Woodbury, Entwicklung des Typus, ethnologische Parallel [sic]
13. Wichita House
14. Schnitt durch Little Woodbury. Rekonstruktions Schemata.
15. Rekonstruktion Little Woodbury
16. Skandinavisches Haus mit Erddach, ethnologische Parallele fuer Einzelheiten
17. Haus in Finmark
18. Haus in Finmark, innen
19. Ballakeigan, Rekonstruktion
20. Ballinderry Crannog, dasselbe
    *still existing old houses represent same house[?] traditions*
21. Erdgedecktes Haus, Isle of Lewis
22. Grundriss dieses Hauses, ueberlebender Typus aelterer Haeuser im Norden

Notes
Slides 3, 5–9: Bersu used the modern placename Ballakeigan; in the final report he preferred Ballacagen as closer to the original form[100].
Slide 11: By 'Träger Dach' (truss roof), Bersu presumably meant the framing effect of rafters connected to rings of earth-fast posts, as shown in his reconstructions[101].
Slide 13: The Wichita of the American Midwest built circular lodges with a timber framework covered with grass thatch[102].
Slide 17: These are presumably the Sámi *goahti* of northern Norway, which included conical huts with turf or timber cladding[103].
Slide 20: Two crannog complexes (timber houses on artificial islands) were excavated at Ballinderry, Co Offaly, by Hugh O'Neil Hencken[104]. Neither published report includes a reconstruction drawing.
Slides 21–22: The so-called blackhouses of Lewis, with their thatched or turf-covered roofs, were widely photographed by travellers in the area in the late 19th and early 20th century[105].

[100] Bersu 1977, xii fn. 1.
[101] E. g. Bersu 1948a, 254 fig. 9; Bersu 1977, pl III.
[102] E. g. Douglas 1932.
[103] E. g. Manker / Vorren 1962, 42–46.
[104] Hencken 1936; Hencken 1942.
[105] E. g. Ferguson 2009, 126–127; 139–142.

## Appendix 2: Correspondence between Bersu, the Inspectorate of Ancient Monuments, and the Society of Antiquaries of Scotland

These two letters survive in the NRHE archive (MS25). They show how Bersu was able to change the original scope he had been given for his work to one more suitable for his developing interests.

Inspectorate of Ancient Monuments, 16 April 1947

Dear Dr Bersu,
As promised, I have written Mr Graham the Secretary of the Society of Antiquaries of Scotland and enclose a copy for your information.
I feel that you will have a very interesting and important contribution to make to the Society and one which will be an incentive to a real examination of the features on Traprain Law.

Yours sincerely,
James Richardson,
Inspector Ancient Monuments, Scotland

Inspectorate Ancient Monuments, 15 April 1947: to Angus Graham, Secretary, Society of Antiquaries of Scotland

Dear Sir,
On Monday 7th April I met Dr Bersu at Traprain Law and discussed with him the question of investigating the features of the two entrances of the Oppidum which are on the west side of the hill. After giving consideration to the matter it was decided that an exploration of the rampart wall to the south of the earliest of these entrances was necessary in order to find out if possible the exact nature of the construction.
I again visited the hill on the following Saturday afternoon, others present were Mr O'Neil the C. I.A. M. [Chief Inspector of Ancient Monuments], Mr Cruden the Asst. I. A.M. and Mr Robert Stevenson. Dr Bersu conducted us over the hill and explained in a lucid manner his ideas regarding the main features and their approximate periods, and he described the areas formerly occupied by dwelling places.
After hearing what Dr Bersu had to say it appeared to me it was in the interest of the Society of Antiquaries to accept his opinion and guidance and to give him authority to spend his time making investigation pits at various places rather than attempt to carry out his investigation of the entrance as approved by the Council.
With regard to this particular work, no one concerned was very clear how the matter connected with the excavation of the entrances came into being. Dr Bersu thought that it was the idea of the late Sir George Macdonald.
By the time there is a Council meeting you will have received Dr Bersu's report on the archaeological features of the hill, and this letter is only to let you know the reasons why there has been a departure from the programme suggested.

Yours faithfully,
S H Cruden, Assis. I. A. M., for Inspector Ancient Monuments

## Acknowledgements

We were able to conduct the recent phases of work on the site thanks to funding from Historic Environment Scotland, the Munro Lectureship Trust, National Museums Scotland, the Russell Trust, and the Society of Antiquaries of Scotland, to permissions from East Lothian Council, Historic Environment Scotland and Scottish Natural Heritage, and with the support of a wide range of colleagues who will receive fuller thanks in the final monograph. Fraser Hunter thanks the RGK for their hospitality during a research stay in their library which freed up time to write the bulk of this paper. Ian Ralston provided considerable assistance in the details of Childe's dealings with Bersu immediately before the War; we are most grateful for the archive notes he provided.

## Bibliography

Alexander / Watkins 1998
D. Alexander / T. Watkins, St Germains, Tranent, East Lothian: the excavation of Early Bronze Age remains and Iron Age enclosed and unenclosed settlements. Proc. Soc. Antiq. Scotland 128, 1998, 203–254.

Armit 2019
I. Armit, Hierarchy to anarchy and back again: social transformations from the Late Bronze Age to the Roman Iron Age in Lowland Scotland. In: I. Sastre / B. X. Curras (eds), Alternative Iron Ages: Social Theory from Archaeological Analysis (London 2019) 195–217.

Armit / McCartney 2005
I. Armit / M. McCartney, The new rock art discoveries at Traprain Law. Past 49, 2005, 4–5.

Armit / McKenzie 2013
I. Armit / J. McKenzie, An Inherited Place: Broxmouth Hillfort and the South-East Scottish Iron Age (Edinburgh 2013).

Armit et al. 2017
I. Armit / A. Dunwell / F. Hunter, Recycling power and place: the many lives of Traprain Law, SE Scotland. In: D. Gheorghiu / P. Mason (eds), Working with the Past: Towards an Archaeology of Recycling (Oxford 2017) 27–35.

Armit et al. in prep.
I. Armit / A. Dunwell / F. Hunter, The Hill at the Empire's Edge: Fieldwork and Excavation on Traprain Law, 1999–2011 (Edinburgh).

Bersu 1930
G. Bersu, Der Breite Berg bei Striegau. Eine Burgwalluntersuchung. Teil I: Die Grabungen (Breslau 1930).

Bersu 1940a
G. Bersu, Excavations at Little Woodbury, Wiltshire. Part I: The settlement as revealed by excavation. Proc. Prehist. Soc. 6, 1940, 30–111.

Bersu 1940b
G. Bersu, King Arthur's Round Table. Final report including the excavations of 1939 with an appendix on the Little Round Table. Transact. Cumberland and Westmorland 40, 1940, 169–206.

Bersu 1945
G. Bersu, Das Wittnauer Horn im Kanton Aargau. Seine ur- und frühgeschichtlichen Befestigungsanlagen. Monogr. Ur- u. Frühgesch. Schweiz 4 (Basel 1945).

Bersu 1946
G. Bersu, A hill-fort [Wittnauer Horn] in Switzerland. Antiquity 20, 1946, 4–8.

Bersu 1947
G. Bersu, The rath in Townland Lissue, Co. Antrim. Report on excavations in 1946. Ulster Journal Arch. 10, 1947, 30–58.

Bersu 1948a
G. Bersu, 'Fort' at Scotstarvit Covert, Fife. Proc. Soc. Antiq. Scotland 82, 1947/48 (1948), 241–263.

Bersu 1948b
G. Bersu, Rectangular enclosure on Green Craig, Fife. Proc. Soc. Antiq. Scotland 82,

1947/48 (1948), 264–275.
Bersu 1948c
G. Bersu, Preliminary report on the excavations at Lissue, 1947, Ulster Journal Arch. 3. Ser. 11, 1948, 131–133.
Bersu 1977
G. Bersu, Three Iron Age Round Houses in the Isle of Man. The Manx Museum and National Trust (Douglas 1977).
Blackwell et al. 2017
A. Blackwell / M. Goldberg / F. Hunter, Scotland's Early Silver: Transforming Roman Pay-Offs to Pictish Treasures (Edinburgh 2017).
Bradley 1994
R. Bradley, The philosopher and the field archaeologist: Collingwood, Bersu and the excavation of King Arthur's Round Table. Proc. Prehist. Soc 60, 1994, 27–34.
Breeze 1982
D. J. Breeze, The Northern Frontiers of Roman Britain (London 1982).
Burley 1956
E. Burley, A catalogue and survey of the metal-work from Traprain Law. Proc. Soc. Antiq. Scotland 89, 1955/56 (1956) 118–226.
Clarke 2022
D. Clarke, 'I have had a great day': A O Curle and the discovery of the Traprain Treasure. In: Hunter et al. 2022, 2–20.
Close-Brooks 1983
J. Close-Brooks, Dr Bersu's excavations at Traprain Law, 1947. In: A. O'Connor / D. V. Clarke (eds), From the Stone Age to the 'Forty-Five. Studies presented to R. B. K. Stevenson, former Keeper, National Museum of Antiquities of Scotland (Edinburgh 1983) 206–223.
Coles 1960
J. M. Coles, Scottish Late Bronze Age metalwork: typology, distributions and chronology. Proc. Soc. Antiq. Scotland 93, 1959/60 (1960) 16–134.
Crawford 1955
O. G. S. Crawford, Said and Done: Autobiography of an Archaeologist (London 1955).
Cree 1923
J. E. Cree, Account of the excavations on Traprain Law during the summer of 1922. Proc. Soc. Antiq. Scotland 57, 1922/23 (1923) 180–226.
Cree / Curle 1922
J. E. Cree / A. O. Curle, Account of the excavations on Traprain Law during the summer of 1921. Proc. Soc. Antiq. Scotland 56, 1921/22 (1923) 189–259.
Cruden 1940
S. H. Cruden, The ramparts of Traprain Law: excavations in 1939. Proc. Soc. Antiq. Scotland 74, 1939/40 (1940) 48–59.
Cubbon 1977
A. M. Cubbon, Foreword. In: Bersu 1977, vii–viii.
Curle 1923
J. Curle, The Treasure of Traprain. A Scottish Hoard of Roman Silver Plate (Glasgow 1923).
Curle 1932
J. Curle, An inventory of objects of Roman and provincial Roman origin found on sites in Scotland not definitely associated with Roman constructions. Proc. Soc. Antiq. Scotland 66, 1931/32 (1932) 277–397.
Douglas 1932
F. H. Douglas, The Grass House of the Wichita and Caddo (Denver 1932).
Dunwell 2007
A. J. Dunwell, Cist Burials and an Iron Age Settlement at Dryburn Bridge, Innerwick, East Lothian. Scottish Arch. Internet Rep. 24 (Edinburgh 2007). doi: https://doi.org/10.5284/1017938.
Dunwell / Strachan 2007
A. J. Dunwell / R. Strachan, Excavations at Brown Caterthun and White Caterthun Hillforts, Angus, 1995–1997 (Perth 2007).
Edwards 1935
A. J. H. Edwards, Rock-sculpturings on Traprain Law, East Lothian. Proc. Soc. Antiq. Scotland 69, 1934/35 (1935) 122–137.
Edwards 1939
A. J. H. Edwards, A massive double-linked silver chain. Proc. Soc. Antiq. Scotland 73, 1938/39 (1939) 326–327.

Evans 1989
C. Evans, Archaeology and modern times; Bersu's Woodbury 1938 and 1939. Antiquity 63, 1989, 436–450.
Evans 1998
C. Evans, Constructing houses and building context: Bersu's Manx round-house campaign. Proc. Prehist. Soc. 64, 1998, 183–201.
Feachem 1956
R. W. Feachem, The fortifications on Traprain Law. Proc. Soc. Antiq. Scotland 89, 1955/56 (1956) 284–289.
Ferguson 2009
L. Ferguson, Wanderings with a Camera in Scotland. The Photography of Erskine Beveridge (Edinburgh 2009).
Fraser 2013
J. Fraser, St Patrick and barbarian northern Britain in the fifth century. In: Hunter / Painter 2013, 15–27.
Geddes 2016
G. Geddes, The Royal Commission on the Ancient and Historical Monuments of Scotland, Angus Graham and Gordon Childe (1935–46). Proc. Soc. Antiq. Scotland 146, 2016, 275–309.
Geddes in prep.
G. Geddes, A new survey of Traprain Law. In: Armit et al. in prep.
Hamilton et al. 2013
D. Hamilton / J. McKenzie / I. Armit / L. Büster, Chronology: radiocarbon dating and Bayesian modelling. In: Armit / McKenzie 2013, 191–224.
Haselgrove 2009
C. Haselgrove, The Traprain Law Environs Project: Fieldwork and Excavations 2000–2004 (Edinburgh 2009).
Haselgrove 2016
C. Haselgrove (ed.), Cartimandua's Capital? The Late Iron Age Royal Site at Stanwick, North Yorkshire, Fieldwork and Analysis 1981–2011. CBA Research Rep. 75 (York 2016).
Hawkes 1946
J. Hawkes, The beginning of history: a film. Antiquity 20, 1946, 78–82.
Hencken 1936
H. O'N. Hencken, Ballinderry crannog 1. Proc. Royal Irish Acad. Section C 43, 1936, 103–239.
Hencken 1942
H. O'N. Hencken, Ballinderry crannog 2. Proc. Royal Irish Acad. Section C 47, 1942, 1–76.
Hill 1987
P. Hill, Traprain Law: the Votadini and the Romans. Scott. Arch. Rev. 4,2, 1987, 85–91.
Hogg 1951
A. H. A. Hogg, The Votadini. In: W. F. Grimes (ed.), Aspects of Archaeology in Britain and Beyond: Essays Presented to O G S Crawford (London 1951) 200–213.
Hunter 2007
F. Hunter, Artefacts, regions and identities in the northern British Iron Age. In: C. Haselgrove / T. Moore (eds), The Later Iron Age in Britain and Beyond (Oxford 2007) 286–296.
Hunter 2009a
F. Hunter, Traprain Law and the Roman world. In: W. S. Hanson (ed.), The Army and Frontiers of Rome. Papers offered to David J. Breeze on the occasion of his sixty-fifth birthday and his retirement from Historic Scotland. Journal Roman Arch. Suppl. Ser. 74 (Portsmouth, Rhode Island 2009) 224–240.
Hunter 2009b
F. Hunter, The finds assemblages in their regional context. In: Haselgrove 2009, 140–156.
Hunter 2013
F. Hunter, Hillfort and hacksilber: Traprain Law in the late Roman Iron Age and Early Historic period. In: Hunter / Painter 2013, 3–14.
Hunter forthcoming
F. Hunter, First contacts in Scotland: a review of old and new evidence. In: N. Mrđić / S. Golubović (eds), Proceedings of the XXIIII Congress of Roman Frontier Studies, Viminacium, 2018 (Belgrade forthcoming).
Hunter et al. 2022
F. Hunter / A. Kaufmann-Heinimann /

K. Painter (eds), The Late Roman Silver Treasure from Traprain Law (Edinburgh 2022).

Hunter / Painter 2013
F. Hunter / K. Painter (eds), Late Roman Silver: The Traprain Treasure in Context (Edinburgh 2013).

Jobey 1976
G. Jobey, Traprain Law: a summary. In: D. W. Harding (ed.), Hillforts: Later Prehistoric Earthworks in Britain and Ireland (London 1976) 191–204.

Jope 1997
E. M. Jope, Bersu's Goldberg IV: a petty chief's establishment of the 6th–5th centuries BC. Oxford Journal Arch. 16,2, 1997, 227–241.

Krämer 2001
W. Krämer, Gerhard Bersu – ein deutscher Prähistoriker, 1989–1964. Ber. RGK 82, 2001, 5–101.

Leach 2019
S. Leach, King Arthur's Round Table revisited: a review of two rival interpretations of a henge monument near Penrith, in Cumbria. Antiq. Journal 99, 2019, 417–434.

Lelong / MacGregor 2007
O. Lelong / G. MacGregor, The Lands of Ancient Lothian: Interpreting the Archaeology of the A1 (Edinburgh 2007).

Maxwell 1992
S. Maxwell, Robert Barron Kerr Stevenson, Proc. Soc. Antiq. Scotland 122, 1992, 1–6.

McCullagh / Haselgrove 2000
R. McCullagh / C. Haselgrove, An Iron Age Coastal Community in East Lothian: The Excavation of Two Later Prehistoric Enclosure Complexes at Fishers Road, Port Seton, 1994–95 (Edinburgh 2000).

Manker / Vorren 1962
E. Manker / Ø. Vorren, Lapp Life and Customs (Oxford 1962).

Mearns 2008
J. Mearns, 150 years of Glasgow Archaeological Society. Scottish Arch. Journal 30, 2008, vi–xxii.

Mytum 2017
H. Mytum, The social and intellectual lives of academics in Manx internment camps during World War II. In: S. Crawford / K. Ulmschneider / J. Elsner (eds), Ark of Civilization: Refugee Sholars and Oxford University, 1930–1945 (Oxford 2017) 96–116.

O'Connor / Cowie 1985
B. O'Connor / T. Cowie, A group of bronze socketed axes from Eildon Mid Hill, near Melrose, Roxburghshire. Proc. Soc. Antiq. Scotland 115, 1985, 151–158.

Painter 2013
K. Painter, Hacksilber: a means of exchange? In: Hunter / Painter 2013, 215–242.

Parzinger 1998
H. Parzinger, Der Goldberg. Die metallzeitliche Besiedlung. Röm.-German. Forsch. 57 (Mainz 1998).

Piggott 1983
S. Piggott, Archaeological retrospect 5. Antiquity 57,219, 1983, 28–37.

Radford 1965
C. A. R. Radford, Obituary: Gerhard Bersu. Antiq. Journal 4, 1965, 322–323.

Raftery 1969
B. Raftery, Freestone Hill, Co. Kilkenny: an Iron Age hillfort and Bronze Age cairn. Proc. Royal Irish Acad. Section C 68, 1969, 1–108.

Ralston 2003
I. Ralston, Scottish roundhouses – the early chapters. Scottish Arch. Journal 25,1, 2003, 1–26.

Ralston 2009
I. Ralston, Gordon Childe and Scottish archaeology: the Edinburgh years 1927–1946. European Journal Arch. 12,1–3, 2009, 47–90.

Rees / Hunter 2000
T. Rees / F. Hunter, Archaeological excavations of a medieval structure and an assemblage of prehistoric artefacts from the summit of Traprain Law, East Lothian, 1996–1997. Proc. Soc. Antiq. Scotland 130, 2000, 413–440.

Simpson 1998 (2015)
G. Simpson, Collingwood's latest archaeology misinterpreted by Bersu and Richmond.

Collingwood Stud: 5, 1998, 109–119 (= reprinted in Arbeia Journal 10, 2015, 35–41 [with introduction and comments by A. R. Birley]).

Smith 1990
I. M. Smith, The archaeological background to the emergent kingdoms of the Tweed Basin in the Early Historic period [Unpublished PhD dissertation] (University of Durham 1990).

Smith 1996
I. M. Smith, The origins and development of Christianity in north Britain and southern Pictland. In: J. Blair / C. Pyrah (eds), Church Archaeology: Research Directions for the Future. Council British Arch. Research Rep. 104 (York 1996) 19–37.

Stevenson 1948
R. B. K. Stevenson, Appendix I. In: Bersu 1948a, 262–263.

Stoddart 2002
S. Stoddart, Continental Europe. In: G. Carr / S. Stoddart (eds), Celts from Antiquity (Cambridge 2002) 51–56.

Youngs 2013
S. Youngs, From chains to brooches: the uses and hoarding of silver in north Britain in the Early Historic period. In: Hunter / Painter 2013, 403–425.

# Gerhard Bersu in Scotland, and his excavations at Traprain Law in context

## Zusammenfassung · Summary · Résumé

ZUSAMMENFASSUNG · In diesem Beitrag werden die von Gerhard Bersu in der befestigten Höhensiedlung von Traprain Law im Südosten Schottlands durchgeführten Grabungen sowohl im Zusammenhang mit seinen übrigen britischen und irischen Grabungen als auch im Vergleich zu anderen Arbeiten auf dem Hügel selbst beleuchtet. Die Ausgrabung in Traprain Law wich von Bersus anderen britischen Untersuchungen insofern ab, als dass sich diese mehrheitlich auf Hausbefunde bezogen, passte aber durchaus zu seiner früheren Existenz als Höhensiedlungsforscher. Aufgrund von Archivmaterial wird gezeigt, wie sich Bersu mit der Fundstelle auseinandersetzte und die vorgegebene Grabungsstrategie seinen eigenen Interessen anzupassen wusste. Eine Übersicht über die nach Bersu erfolgten Untersuchungen in Traprain stellt seine Arbeit in den übergeordneten Kontext des langlebigen Zentralorts, dessen Blütezeiten in die späte Bronze- und römische Eisenzeit datieren und der in früheren urgeschichtlichen Perioden sowie in der Eisenzeit als religiöses Zentrum oder als Versammlungsort genutzt wurde. Viele Fragen, die Bersu zu beantworten versuchte, sind bis heute noch nicht restlos geklärt. Im Anhang findet sich das Manuskript eines im Jahr 1947 gehaltenen und bisher unpublizierten Vortrags, der seine Überlegungen zum Potenzial von Siedlungsgrabungen sowie zur Interpretation von Rundhäusern etwas genauer ausführt. (S. H. / I. A.)

SUMMARY · Bersu's excavations on the hillfort of Traprain Law in south-east Scotland are reviewed in the light of his British and Irish digs and other work on the hill itself. It differs from the rest of his British excavations, which mostly focussed on houses, but is entirely in keeping with his earlier pedigree as a hillfort excavator. Archive material shows how he engaged with the site and was able to guide the pre-determined excavation strategy to his own interests. A review of work at Traprain since Bersu places his excavations in the context of this long-lived central place, which saw major peaks of settlement activity in the late Bronze Age and the Roman Iron Age, and a role as a ritual centre or gathering place in earlier prehistory and during the Iron Age. Many of the questions Bersu sought to tackle remain only partly answered today. An appendix presents the text of an unpublished lecture he gave in 1947 that reveals more of his thoughts on the value of settlement excavations and the interpretation of roundhouses.

RÉSUMÉ · Les fouilles de Bersu sur la colline fortifiée de Traprain Law dans le Sud-Est de l'Ecosse sont examinées à la lumière de ses fouilles en Grande-Bretagne et en Irlande, ainsi que d'autres travaux sur cette colline. Son travail se distingue ici des autres fouilles entreprises en Grande-Bretagne et axées principalement sur les habitations, mais correspond à ses antécédents de fouilleur de collines fortifiées. Les documents d'archives montrent comment il attaqua le site et fut capable de mener à son propre intérêt la stratégie de fouille pré-établie. Une revue du travail effectué depuis Bersu à Traprain situe ses fouilles dans le contexte de ce lieu central qui a connu des pics d'occupation au Bronze final et à l'âge du Fer romain et joué un rôle en tant que centre rituel ou lieu de rassemblement dans la préhistoire ancienne et à l'âge du Fer. Bien des questions auxquelles Bersu avait tenté de répondre n'ont reçu qu'une réponse partielle. Un appendice présente le texte d'un cours non publié qu'il donna en 1947 et qui révèle encore davantage ses idées sur la valeur des fouilles d'habitats et l'interprétation des maisons rondes. (Y. G.)

Addresses of the authors

Fraser Hunter
National Museum of Scotland
Chambers St
GB-Edinburgh EH1 1JF
E-mail: f.hunter@nms.ac.uk
https://orcid.org/0000-0003-2070-1384

Ian Armit
Department of Archaeology
University of York
King's Manor
GB-York YO1 7EP
E-mail: ian.armit@york.ac.uk
https://orcid.org/0000-0001-8669-3810

Andrew Dunwell
CFA Archaeology
Old Engine House
Station Road
Musselburgh
GB-East Lothian EH21 7PQ
E-mail: adunwell@cfa-arch.co.uk

# Following in the footsteps of Gerhard Bersu at Freestone Hill and Stonyford, Co. Kilkenny. New contributions from magnetic surveys

By Knut Rassmann, Roman Scholz, Hans-Ulrich Voß, Cóilín Ó Drisceoil and Jacqueline Cahill Wilson

*Schlagwörter:* *Irland / Bronzezeit / Eisenzeit / Befestigung / Siedlungen / Geomagnetik / Forschungsgeschichte*
*Keywords:* *Ireland / Bronze Age / Iron Age / fortification / settlements / geomagnetics / research history*
*Mots-clés:* *Irlande / Âge du Bronze / Âge du Fer / fortification / habitats / méthode géomagnétique / histoire de la recherche*

## Introduction

A remarkable alignment of circumstances led to Gerhard Bersu (1889–1964) undertaking in the years 1948–49 what is to this day one of the most important excavations of an Irish hillfort, at Freestone Hill, Co. Kilkenny, in the south-east of Ireland *(fig. 1)*. In January 1937 Bersu, then 47 years old, was forcibly retired by the *Reich*'s and Prussian Minister for Science, Education and Culture, Bernhard Rust (1883–1945), having been relieved two years previously of his post as Director of the Römisch-Germanische Kommission (RGK). Thanks to the solidarity of British colleagues such as Osbert G. S. Crawford (1886–1957), Bersu received an invitation to direct excavations at Little Woodbury, near Salisbury, in 1938, which ultimately led to the fortunate outcome that at the beginning of the Second World War he was in Great Britain, where he was to remain living and working with his wife Maria until 1947. During this time he conducted numerous excavations, along with Maria, on the Isle of Man where they were nominally interned, thereby consolidating his reputation as a leading excavator. At the end of the war life remained difficult for Gerhard and Maria Bersu and Gerhard was unable to regain his former position in Frankfurt. As a result, Crawford suggested to their mutual friend, the internationally-renowned Kilkenny essayist and humanitarian Hubert Butler (1900–1991), that Bersu reside with him in Kilkenny, with a view to exploring future possibilities for research and employment in Ireland.

H. Butler, a descendent of the noble Butler Earls of Ormonde, had been central to the revival of the Kilkenny Archaeological Society in 1945, the once-thriving organisation having gone into a period of steady decline following its move in 1890 to Dublin as the Royal Society of Antiquaries of Ireland. In reviving the Society, Butler wanted to reinstate Kilkenny as the 'great centre of Irish and British archaeology' as it had once been in the latter half of the 19$^{th}$ century, thanks to the pioneering work of archaeologists like James Graves (1815–1886) and John Prim (1821–1875). In bringing an esteemed German professor to Kilkenny it presented him with a unique opportunity to make progress with this aim. The injustice of Bersu's treatment at the hands of the German *Reich* also infuriated Butler, who had spent a lifetime advocating for human rights. Butler also drew parallels between the Nazi view of the Jews as 'inferior' and how the Gaelic Irish were similarly regarded by the English colonisers in the medieval period. He arranged with the Irish government,

Fig. 1. Geophysical surveys and distribution of Roman finds in Ireland (after Cahill Wilson 2017). Prospections of the Römisch-Germanische Kommission (RGK) highlighted by numbers: 1 Derry, 2 Ballynahatty, 3 Newgrange, 4 Knowth, 5 Dowth, 6 Oldbridge, 7 Faughan Hill, 8 Riverstown, 9 Tara, 10 Skryne, 11 Clomantagh, 12 Freestone Hill, 13 Stonyford, 14 Knockroe (map: H. Höhler-Brockmann, RGK).

whose leader *(Taoiseach)* Éamon de Valera, had attended and been highly impressed by one of Bersu's lectures in University College Dublin, that he receive a salary as chair of the Dublin-based Royal Irish Academy. Around the same time Butler and members of the Kilkenny Archaeological Society identified Freestone Hill as a suitably impressive venue for Bersu to carry out an excavation, in conjunction with the Society and financed by the Academy. A preliminary report on the outcome of Bersu's Freestone Hill excavation was published, apparently to the chagrin of the 'Dublin authorities', in the local journal of the Kilkenny Archaeological Society, the 'Old Kilkenny Review'. Due to the burdens of administrative work following his return to his former institute in Germany in 1950, the full excavation report was not completed by Bersu before his death in 1964. Fortunately however, his widow Maria subsequently made the site archive available to Barry Raftery (1944–2010), former Professor of Archaeology at University College Dublin, who in 1969 published a comprehensive account of the excavations in the Proceedings of the Royal Irish Academy. No excavations have occurred at Freestone Hill since Bersu's original campaign was undertaken but two separate geophysical surveys have been conducted; one centred on the hillfort itself in 2009 and the second by the RGK, in collaboration with Jacqueline Cahill Wilson, former Director of the Late Iron Age and Roman Ireland (LIARI) project, and Cóilín Ó Drisceoil, Director of Kilkenny Archaeology, in the years 2014 and 2016. The surveys focussed on the hillfort but also included, for the first time, an extensive survey of the surrounding lowland landscape below the monument and the team also undertook a separate survey of the area of the proposed find-spot of a unique Roman burial near Stonyford, Co. Kilkenny. The outcome of these investigations forms the subject of this paper.

The extent of the number of finds of Roman material from the Kilkenny area makes this one of the key regions in Ireland in the ongoing debate about the extent and character of Roman influence on Ireland. The Stonyford burial, personal and votive objects from Freestone Hill and a concentration of stray finds from the river valleys, as well as excavated settlements, corn-drying kilns and metal-smelting sites dating to the Late Iron Age make Kilkenny exceptionally important in Irish Iron Age studies. The exploitation of significant lead and silver deposits that occur at Knockadrina Hill, near Stonyford, and along the banks of the river Nore may have attracted settlers from the Roman world to the area, a factor that Bersu had alluded to in his original paper. The significance of Roman finds and their correlation with likely mineral exploitation was mapped by Cahill Wilson during her doctoral research. The importance of Kilkenny to the broader debates about the character of Roman settlement outside the margins of the Empire is why the geophysical research undertaken by the RGK formed part of the "Corpus der römischen Funde im europäischen Barbaricum" (CRFB) project, initiated by the RGK. Although it was initially limited to Central Europe, the CRFB has been, since its inception, international in its scope and collaborative in nature. There have been close contacts with researchers in northern and western Europe and the project has sought to help facilitate investigations and contribute to research questions around the phenomena of the impact of Roman influence on societies that lay beyond the formal *territorium* of Rome. It has been further developed and expanded to include consideration of aspects of Roman social influences through the movement of people and materials, and their likely social and economic structural development, looking beyond individual objects to encompass their landscape contexts. This is reflected in the field research presented here, which also offers continuity with Bersu's research and his personal impact on Irish archaeology and significant relationship with Kilkenny.

## Freestone Hill

Freestone Hill (Coolgrange townland) is situated 8 km to the east of Kilkenny city, on the tip of a spur that protrudes into the Nore river valley from an area of uplands known as the Castlecomer Plateau *(fig. 2)*. The topographical situation of Freestone Hill (140 m above sea level) rising to around 60 m above the valley to its south is not immediately impressive but from the summit of the hill, where the hillfort is situated, a wide panorama opens

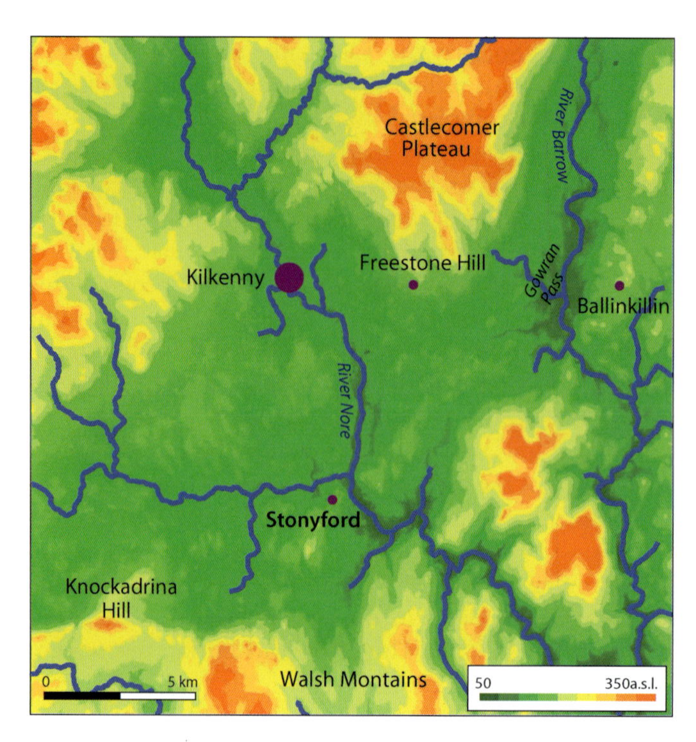


Fig. 2. Overview of the research area around Freestone Hill and Stonyford (Shuttle Radar Topography Mission 1 Arc-Second Global, doi: 10.5066/F7PR7TFT; map: K. Rassmann, RGK).

up over the Nore and Barrow river valleys and east to the Walsh Mountains and beyond *(fig. 3)*. The hillfort was deliberately sited to overlook what was historically a strategically important routeway known as *Bealach Gabráin* (the Pass of Gowran). This pass linked the two valleys of the rivers Nore and Barrow and two ancient Gaelic kingdoms, the Laigen to the east of the pass and the Osraige, within whose former territory the hillfort is situated, to its west. About 13 km to the east of Freestone Hill there is another hillfort, Ballinkillin, Co. Carlow, which although unexcavated, appears to be perfectly coordinated with Freestone Hill to facilitate control of the Gowran Pass *(fig. 2)*. At the east end of the pass, an extensive area of dispersed Late Iron Age settlement and burial sites, apparently centred on a linear earthwork known as the 'Rathduff Trench', has been recently proposed as readily comparable to territorial oppida settlements in England, France and Germany.

Freestone Hill derives its present name from outcrops of dolomite – known colloquially as "freestone" due to the ease with which it could be worked by stonemasons – on the east side of the hill. This rock was employed as a building material for many of Kilkenny's medieval structures (e.g. the lower part of the 12th century round tower at St Canice's Cathedral and the Dunamaggin high cross) and traces of quarrying for the stone are visible on a terrace at the eastern verge of the hill. The western part of the hill is limestone, which was also used as a major building stone in Kilkenny for generations. Limestone was also burned in lime kilns to produce lime for mortar and for spreading on land to improve its yields, and a number of these kilns are located around Freestone Hill. In the contact zone between these two types of rock, concentrations of calcite in combination with traces of manganese ore and malachite are indicative of ore deposits and, as Bersu suspected, may have attracted the attention of Iron Age prospectors.

Fig. 3. In the foreground Swen Heinermann and the 5-channel magnetometer, in the background the Freestone Hill hillfort (photo: H.-U. Voß, RGK).

The site today presents as a 1.4 ha (internal dimensions 152 m north-south × 128 m east-west) Late Bronze Age oval, univallate hillfort (Raftery's Class 1) that is defined by a low earth-and-stone bank with an external rock-cut ditch. The bank, measuring approximately 500 m in length, is continuous apart from where it is interrupted by simple entrance gaps in the west and south-east. Bersu regarded the western gap as the entrance to the hillfort. At the highest point within the hillfort interior the denuded remains of a 23 m diameter Early Bronze Age cemetery cairn are situated surrounded by a 36.5 m x 30 m 'heart-shaped' Late Iron Age enclosure defined by the foundations of 1.5–2.5 m thick drystone walls *(fig. 4)*. The Ó Drisceoil and Nicholls geophysical survey in 2009 identified what appears to be a large enclosure ditch with a north-facing entrance surrounding the cairn and the heart-shaped enclosure. The impressions of at least sixteen circular hut-platforms, arranged in neat parallel rows, can be discerned in the west and north of the interior from aerial photography of the site *(fig. 4)*. It is presumably from these that the local Irish name for the hill *Cnoc na mbothóga*, which translates as the 'hill of the huts', derives. Aerial photographic survey by Simon Dowling and a photogrammetric model by James O'Driscoll have recently identified a sub-circular enclosure (35 m north-south × 30 m east-west internally) appended to the exterior of the southern arc of the rampart and immediately to the west of the main entranceway *(fig. 4)*. Two smaller annexes are attached to the east side of this enclosure, apparently flanking either side of an entrance into the interior. Although it remains undated it may be earlier than the hillfort because it appears to be truncated by its ditch and rampart. Conversely, there are no indications for its continuation north of the rampart and it could therefore be of later date than the hillfort.

Bersu's excavations at Freestone Hill, meticulously surveyed by his wife Maria, concentrated on the central area of the burial cairn and drystone enclosure, but also included

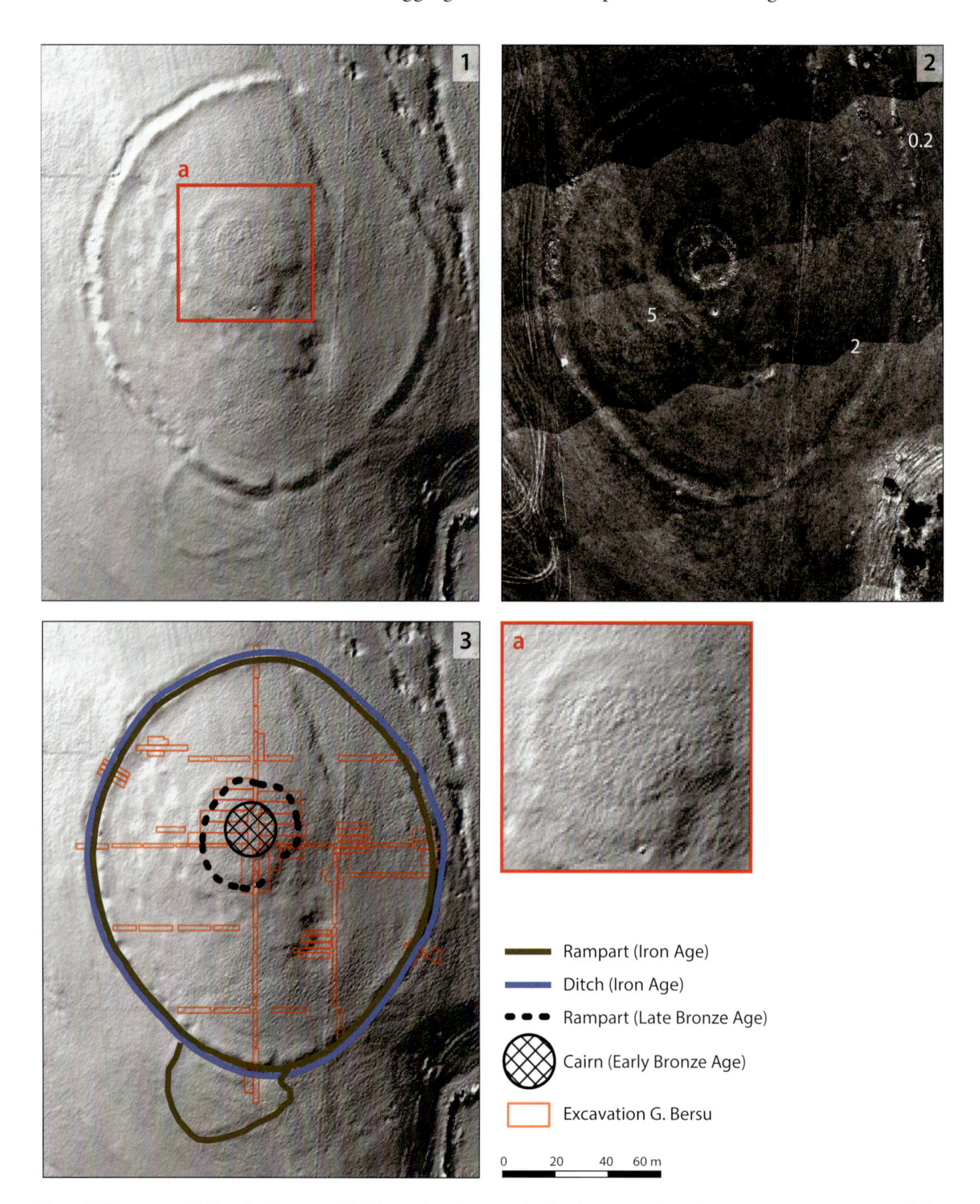


Fig. 4. Freestone Hill. 1 Lidarscan, 2 Multispektral image (red colour range), 3 Summary interpretation of the layout of the Freestone Hill hillfort with the location of Bersu's excavation (map: RGK and C. Ó Drisceoil).

complete north-south and east-west transects across the site, eight cuttings across the ditch and bank of the hillfort, and the investigation of some of the hut sites and the dolerite quarry-pits. Bersu, followed initially by Raftery, proposed that the excavations demonstrated two periods of occupation, the Early Bronze Age (Period I) burial cairn being succeeded in the Iron Age (Period II) by the hillfort, which they dated to the fourth century

AD on the basis that the same form of coarseware pottery recovered from the ditch, hut-sites and within the central drystone enclosure, was stratified with a coin of Constantine II (AD 337–340) and an assortment of provincial Roman bronzes such as toilet implements, fragments of penannular bracelets, rings, a blue-glass bracelet fragment, a gaming-piece, and sherds of Late Roman drinking vessels (subsequently identified by Cahill Wilson in 2010 as Nene Valley colour-coated ware and Severn Valley ware). Raftery subsequently proposed that the coarseware pottery was the same as the ware that had been found in unequivocally Late Bronze Age levels at Rathgall Hillfort and that it therefore represented a previously unidentified Late Bronze Age phase of occupation for the Freestone Hill site. A subsequent reassessment of the Iron Age phase of the site by Raghnall Ó Floinn also argued that the coarseware pottery was of Late Bronze Age date and that it was not in fact stratigraphically associated with the Roman finds. Instead, he proposed that the Roman material represented votive offerings made by a community who were well versed in the ritual practices of Roman Britain, within a shrine or *temenos* of Romano-British type that was demarcated by the drystone enclosure wall at the centre of the hillfort. The overall chronology of the site remains, however, very poorly understood and there is thus far just one, probably unreliable, radiocarbon date (810–550 BC) from an occupation layer within the central drystone enclosure. It was with great prescience therefore that Bersu deliberately left an area of the Late Iron Age enclosure l unexcavated in order that it could be available to future archaeologists. Further excavation here and elsewhere in and around Freestone Hill *(see below)* offers an exciting opportunity for further investigation with the benefit of the suite of modern scientific analyses.

## Magnetic Prospection

### Technical equipment

Freestone Hill and areas surrounding the site to its south and southwest were surveyed over the course of two campaigns, from the 28th–30th June 2014 and on the 28th of June 2016. A total area of about 40 ha was surveyed *(fig. 5)* with the aid of a manually-operated 5-channel magnetometer *(fig. 3)* and a vehicle-mounted 16-channel magnetometer *(fig. 6)*. Both the 5-channel and 16-channel magnetometers (SENSYS MAGNETO®-MX ARCH) were manufactured by Sensys GmbH, Bad Saarow, Germany. They are made entirely from fibre-reinforced plastic. Both systems used included FGM-650B tension band fluxgate vertical gradiometers with 650 mm sensor separation, a±3000 nT measurement range and 0.1 nT sensitivity. The 5-channel magnetometer was mounted on a hand-propelled carriage. The gradiometers were set at 0.25 m intervals. A walking pace of c. 4–5 km per hour yielded a mesh of 0.25 m by approximately 0.06–0.08 m. The prospection areas were first marked out using a Leica DGPS (GX 1000). The 16-channel magnetometer was mounted on a vehicle-drawn cart. The gradiometers were set at 0.25 m intervals on a 4 m-wide sensor frame. The vehicles housed both power supply and data processing hardware. MAGNETO®-MX compact 16-channel data acquisition electronics with 20 Hz sampling frequency were used for data acquisition with Trimble RTK-DGPS georeferencing (base / rover combination). With speeds of approximately 12–16 km per hour and a sample rate of twenty readings per second, the system provided xyz-data on a mesh of 0.25 m by approximately 0.3 m. Combining both systems offered the advantage of working with the hand-pushed system in rough areas and prospecting the easily-accessible areas by vehicle. At Freestone Hill the upper part of the hill was particularly difficult to drive on because

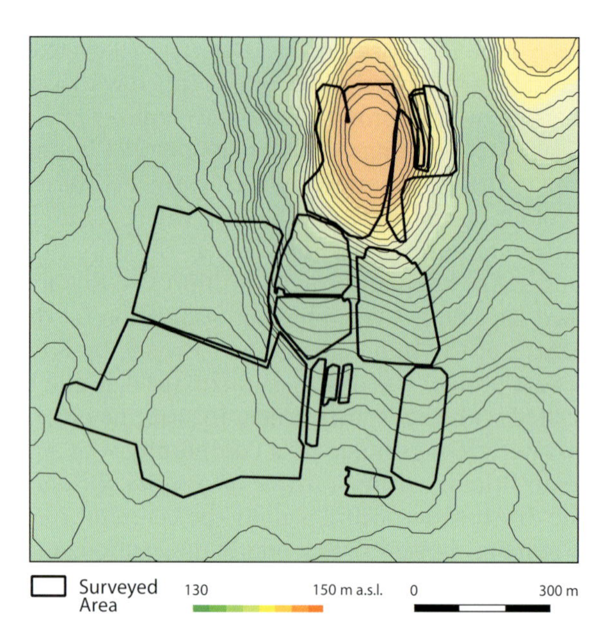


Fig. 5. DEM and the location of the surveyed area around the Freestone Hill (map: K. Rassmann, RGK, based on: Shuttle Radar Topography Mission 1 Arc-Second Global, doi: 10.5066/F7PR7TFT).

Fig. 6. In the foreground the vehicle-mounted 16-channel magnetometer on the top of Freestone Hill. View to the south to the Walsh Mountains (photo: K. Rassmann, RGK).

Fig. 7. Orthophoto and the location of the surveyed area around the Freestone Hill (map: RGK).

of numerous boulders that were hidden in the high grass that was present at the time of the survey.

## Results of magnetic survey

As already mentioned in the introduction, the area of the hillfort *(fig. 7)* had been previously surveyed in 2009 by Ó Drisceoil and Nicholls with a hand-held Bartington gradiometer. Despite the lower density of measuring points employed in this survey – the measuring lines were at a distance of 50 cm as opposed to 25 cm in the RGK survey – the results of the earlier investigation are clearer. A simple explanation for this rests is the fact that the systems used in the most recent survey were mounted on a carriage that ran unsteadily and swayed back-and-forth when driving over the uneven stony ground. The different movements of the probes influenced the measurements and led to 'noisier' measurement images. Here, an experienced fieldworker with a smooth-carrying hand-system can achieve better results when walking carefully. For instance, at Freestone Hill the probable ditched enclosure discovered by Ó Drisceoil and Nicholls around the burial cairn cannot be identified with certainty in the measurement images produced by the new prospection. Nonetheless, the new magnetic map identifies approximately 3000 anomalies of over 1–3 $m^2$ in size and having a minimum of over 2 nT with a median of between 10–20 nT *(fig. 8)*. The majority of these are presumably boulders from the underlying dolomite or limestone. However, some of the anomalies shows significantly elevated nT values of up to 20 nT *(fig. 9)* and thus probably represent pits and mining hollows filled with rock material and waste similar to those identified by Bersu during his excavation. In the northern part of the hillfort, linear and pit anomalies with measurement values over 20 nT located both inside and outside of the rampart correspond with features that were identified in Bersu's excavations. Further fieldwork which might include susceptibility measurements of soils and stone samples from

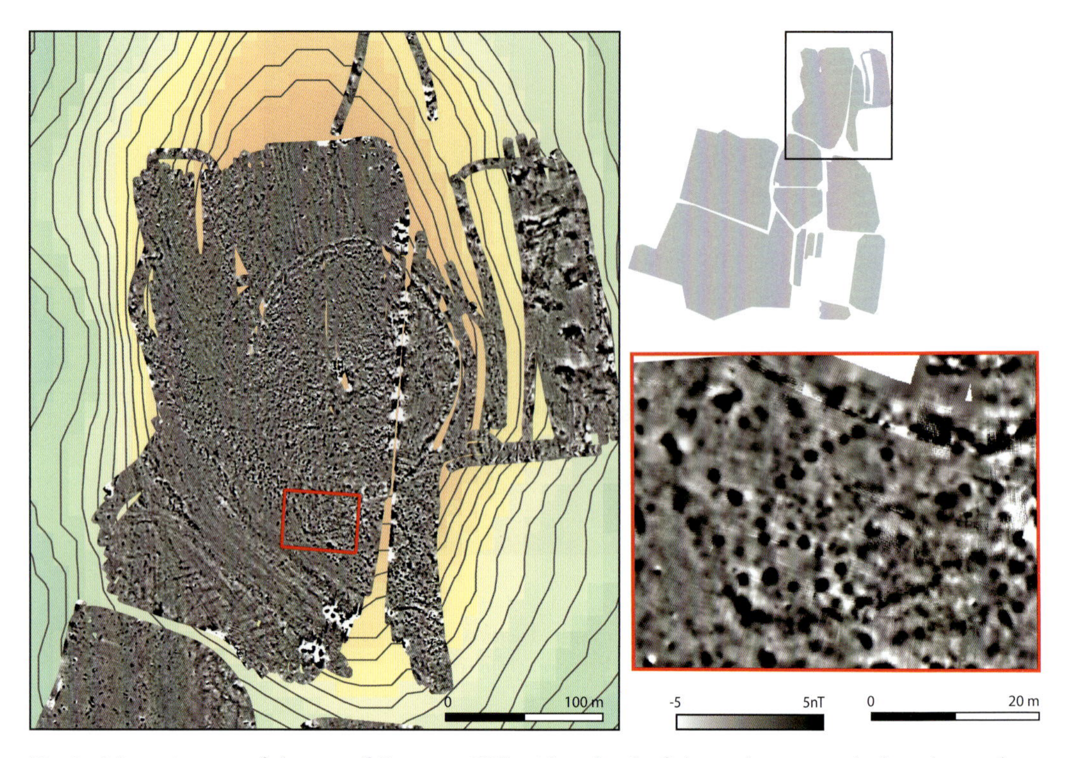


Fig. 8. Magnetic map of the top of Freestone Hill with a detail of the enclosure attached to the southern periphery of the hillfort (map: RGK).

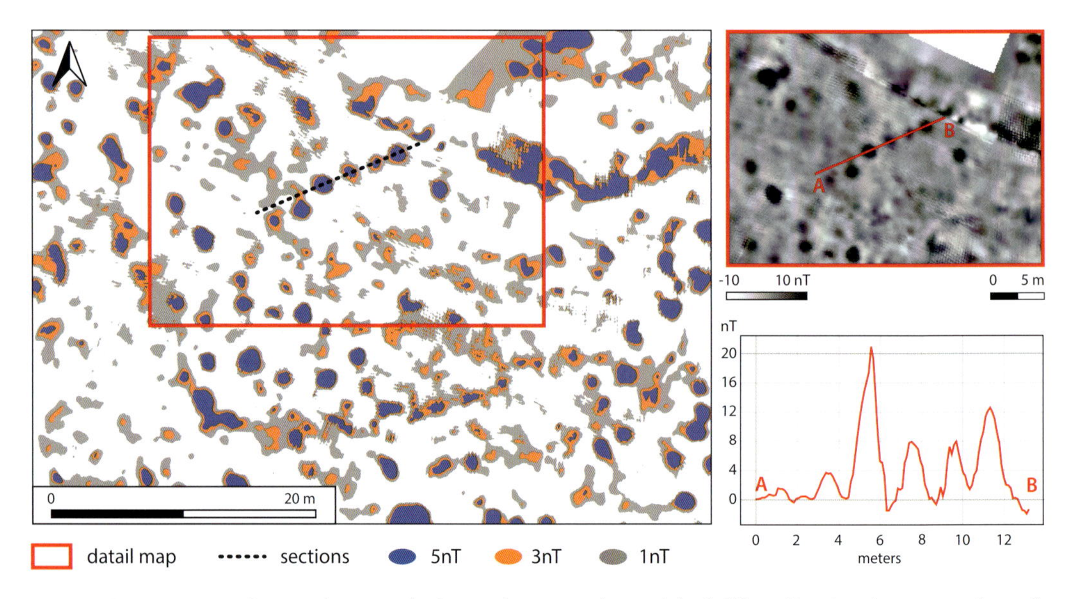


Fig. 9. Contour map of anomalies outside the southern periphery of the hillfort *(fig. 8)* and a section through the anomalies (map: M. Kohle, RGK).

drilling cores and test pits would be necessary to clarify interpretation of these anomalies. Immediately outside (south of) the southern arc of the hillfort rampart and within the area encompassed by the sub-circular enclosure previously identified from aerial photographs,

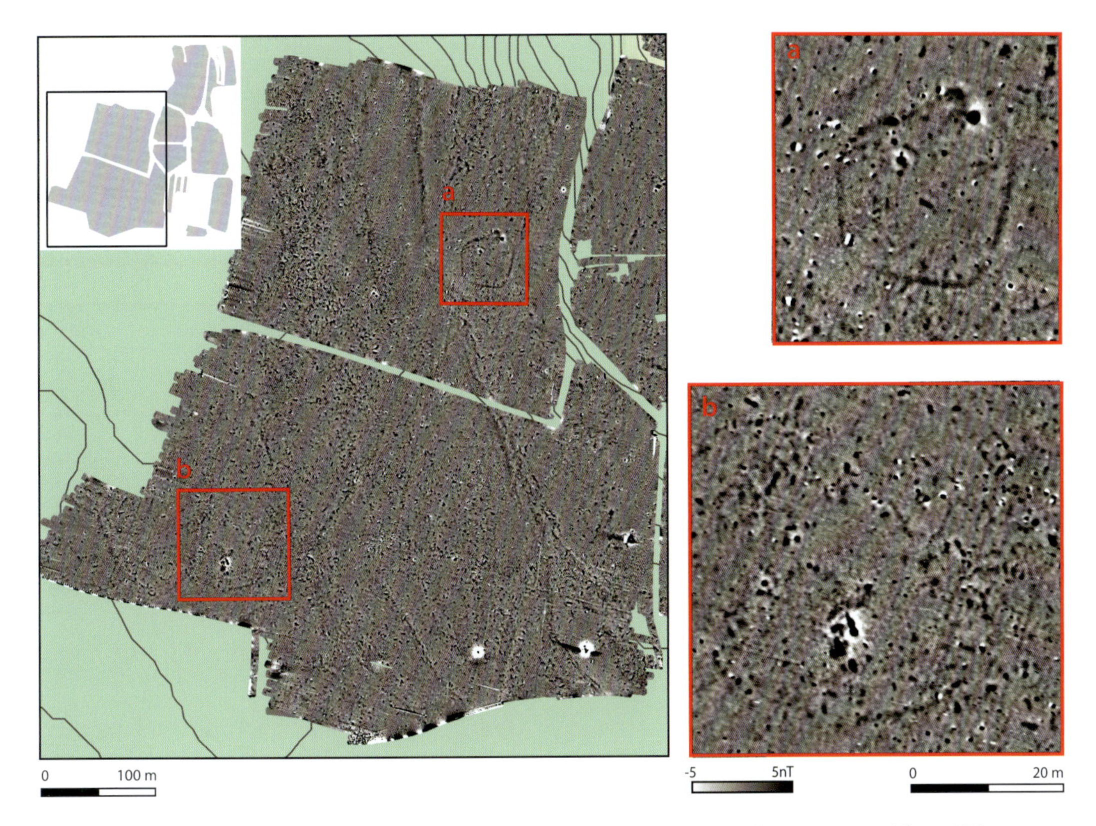


Fig. 10. Magnetic map of the areas to the southwest of Freestone Hill (map: M. Kohle, RGK).

a striking U-shaped arrangement (18 m × 11 m) of anomalies is visible *(fig. 8)*. The fact that they do not extend beyond the rampart and ditch of the hillfort tends to suggest they are contemporary with or of later date than the hillfort, although this is not certain. The anomalies have diameters of 1–1.5 m, but since the features will be significantly smaller than the surrounding magnetic field, in reality they may have diameters in the order of 0.5–1 m. The nT value of one of the anomalies reaches a maximum at 20 nT, indicating it is a pit containing burnt material *(fig. 9)*. These form part of a broad swathe of archaeological anomalies that extend southwards on the downslope of the hill from the main entrance to the fort in the south-east.

Thanks to the closer 25 cm probe distance employed and the resulting higher density of measuring points, the 2014 magnetic prospection was able to identify smaller structures inside the hillfort than the Ó Drisceoil and Nicholls survey. A reliable interpretation of the several thousand anomalies produced cannot, however, be provided solely on the basis of the magnetic measurement images and, as previously noted, supplementary investigations are necessary.

The results are considerably clearer in the lower-lying areas to the south and southwest of the hillfort, where the ground is more even and contains far fewer bedrock protrusions *(fig. 10)*. This area was prospected in 2016 using the 16-channel magnetometer when the land was used for pasture and the surface was flat and easy to drive on. Two clear archaeological monuments were identified in the area *(figs 11; 12)*. In the northern field a distinctive roughly pentagonal-shaped (25 m × 25 m / 1500 m$^2$ internal area) ditched enclosure,

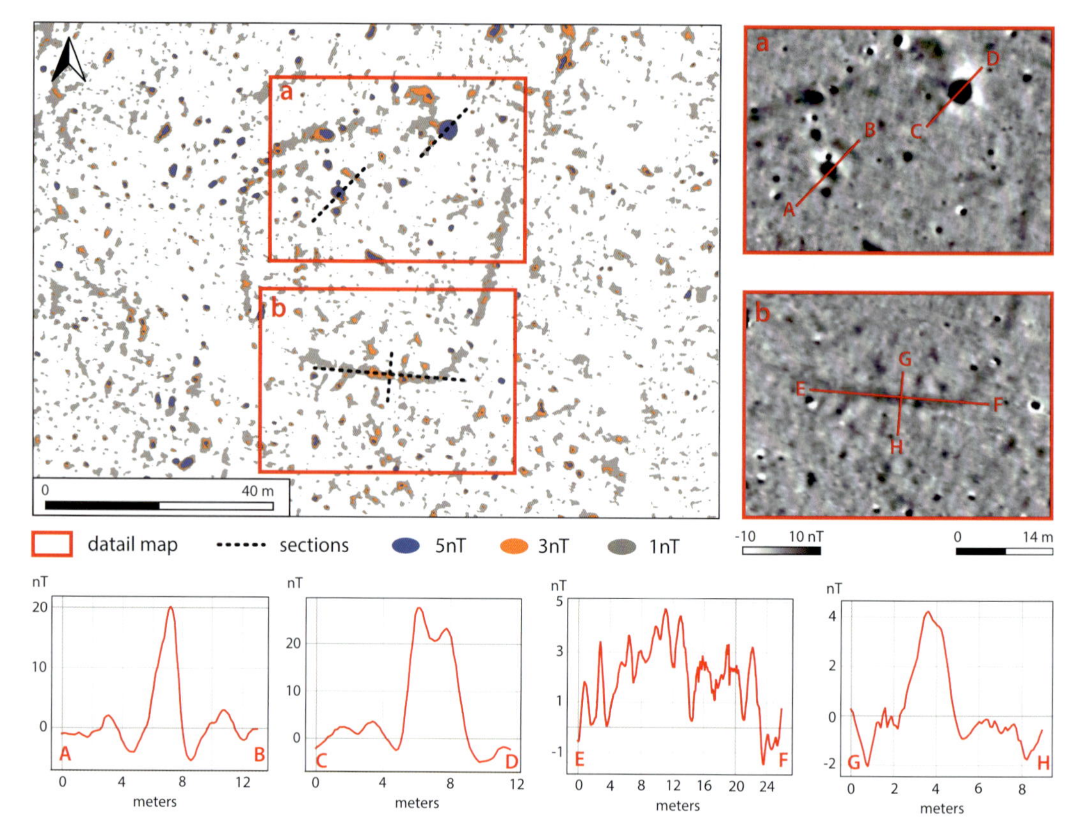


Fig. 11. Contour map of ditch enclosure in the area southwest of Freestone Hill *(fig. 10)*. a) Section through circular anomalies; b) Sections through the ditch of the enclosure (map: M. Kohle, RGK).

situated on flat ground 400 m to the southwest of the hillfort, is visible in the geophysical images *(figs 10; 11)*. The outline of this enclosure had been previously identified as a cropmark in aerial photography undertaken in 2013 by Ó Drisceoil. In the northwest of the enclosed area a circular 7 m diameter anomaly is visible, in the centre of which is a pit-like anomaly with a 20 nT maxima and a diameter of 2.5 m. At a distance of 20 m to its northeast there is another prominent c. 4 m diameter pit-like anomaly present with a slightly higher nT of 25. The magnetic image indicates some gaps in the enclosure ditch and whilst many of these may be related to the state of preservation of the monument, as well as to the survey process, one 4 m wide gap in the southeast might represent an original entrance feature. In the north-eastern part of the enclosure there are additional disruptions in the line of the enclosure ditch and these may indicate another entrance. The coincidence of a large, extensively burnt, pit could indicate a burnt entrance gateway or perhaps a cremation pyre.

Situated 450 m southwest of the above enclosure and 680 m southwest of the hillfort, further anomalies were identified with high nT-values that possibly represent kilns *(fig. 10)*. A nearby house-like structure can be seen in the magnetic images as a rectangular 6 m × 11 m building that is defined by lines of post-pit like features and slot-trenches *(fig. 12)*. Within the "house", a small circular anomaly, possibly a hearth, can be seen *(fig. 12a)*. Anomalies with a clear magnetic contrast are also discernible 50 m to the southwest of the structure *(fig. 12b)*. Two small features here with diameters of about 2 m might be interpreted as kilns due to their nT values of more than 20 nT (*fig. 12b:* sections A–B,

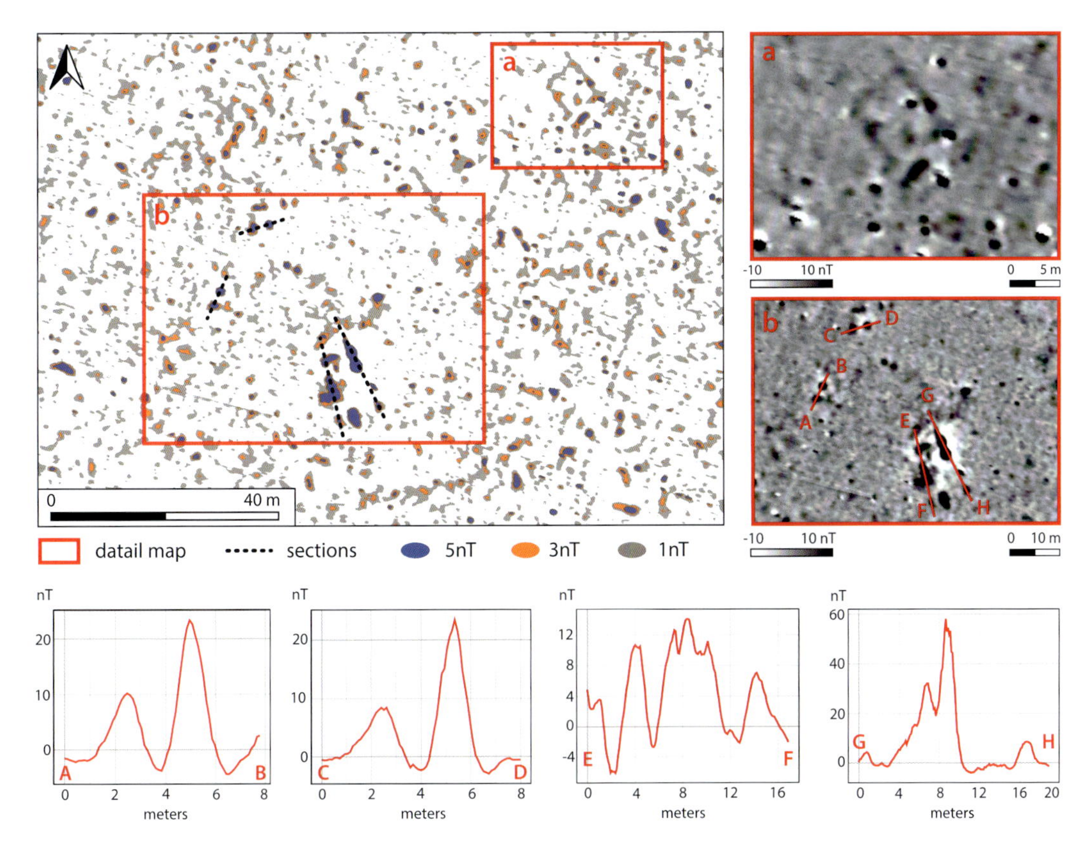


Fig. 12. Contour map of area with a house-like anomaly and kilns(?) or hearths(?) in the area southwards of Freestone Hill *(fig. 10)*. a) Detail of the house anomaly; b) Sections through a kiln(?) or hearth(?) (map: M. Kohle, RGK).

C–D). Surrounding the anomalies, a veil of negative nT-values indicate a remnant magnetisation of the features, a phenomenon that is often correlated with a concentration of burnt material, for example at pottery kilns.

In the vicinity of both of the features described above there are further circular anomalies of similar size that may represent further pits. Their nT-values are less than 10 nT, which is significantly lower than the burnt features and perhaps indicates an association with domestic occupation rather than industrial activities. A much larger kiln-like structure is located approximately 25 m to the east (*fig. 12b*: section G–H). Its magnetic contrast is much higher than the other similar features, with maxima reaching nearly 60 nT, indicating extensive burning. The veil of negative nT-values here indicates, as mentioned above, a pronounced remnant magnetism effect. The elongated, 8 m long × 2.5 m wide, keyhole-shaped / figure-of-eight ground plan of this feature is indicative of a probable corn-drying kiln.

Several pit-like anomalies and indications of further kilns / hearths are dispersed in the prospecting areas on the south-eastern periphery of Freestone Hill. In the west of this area, on the flat ground 510 m south of the hillfort, a concentration of burnt material with a maxima of more than 60 nT and of figure-of-eight plan probably represents another corn drying kiln *(figs 13a; 14a)*. It is situated immediately beside a c. 8 m diameter circular-shaped anomaly, perhaps a roundhouse or funerary ring-ditch (*fig. 14a*: section C–D).

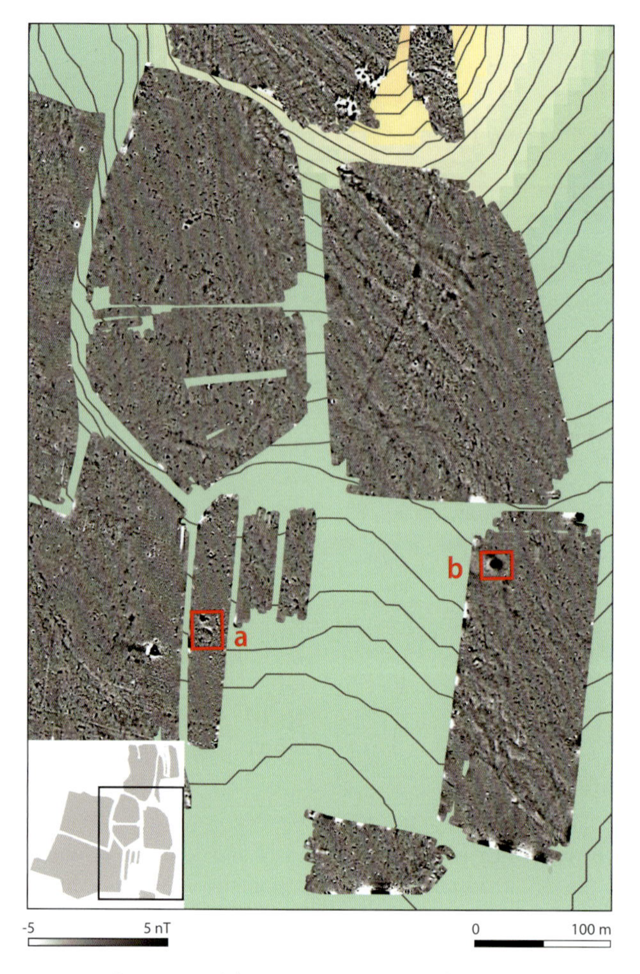


Fig. 13. Overview of the magnetic survey in the area south-eastwards of Freestone Hill (map: RGK).

A 4 m diameter burnt feature in the south-eastern prospection area, 450 m southeast of the hillfort, showed remarkably high values of more than 40 nT and may be a post-medieval lime kiln; a number of these structures are depicted nearby on the first edition Ordnance Survey map (1840) (*figs 13b; 14b*: section A–B).

## Freestone Hill: discussion

Knowledge of the interiors of Ireland's 60 recorded Class 1 hillforts is extremely limited and our research therefore presents a significant addition to understanding the layout and topography of these sites in the late prehistoric period. The RGK survey within the ramparts of the hillfort at Freestone Hill, whilst somewhat unclear due to technical constraints, nevertheless indicates a great density of potential archaeological features throughout the site that, in conjunction with the structures and features previously identified by Bersu's excavations and in the Ó Drisceoil and Nicholls survey, is suggestive of a dense concentration of occupation and a broad range of activities being practiced at the site. The character and date of the occupation activities is, however, only poorly understood at present but Bersu's excavations, which produced what has been identified as Late Bronze Age

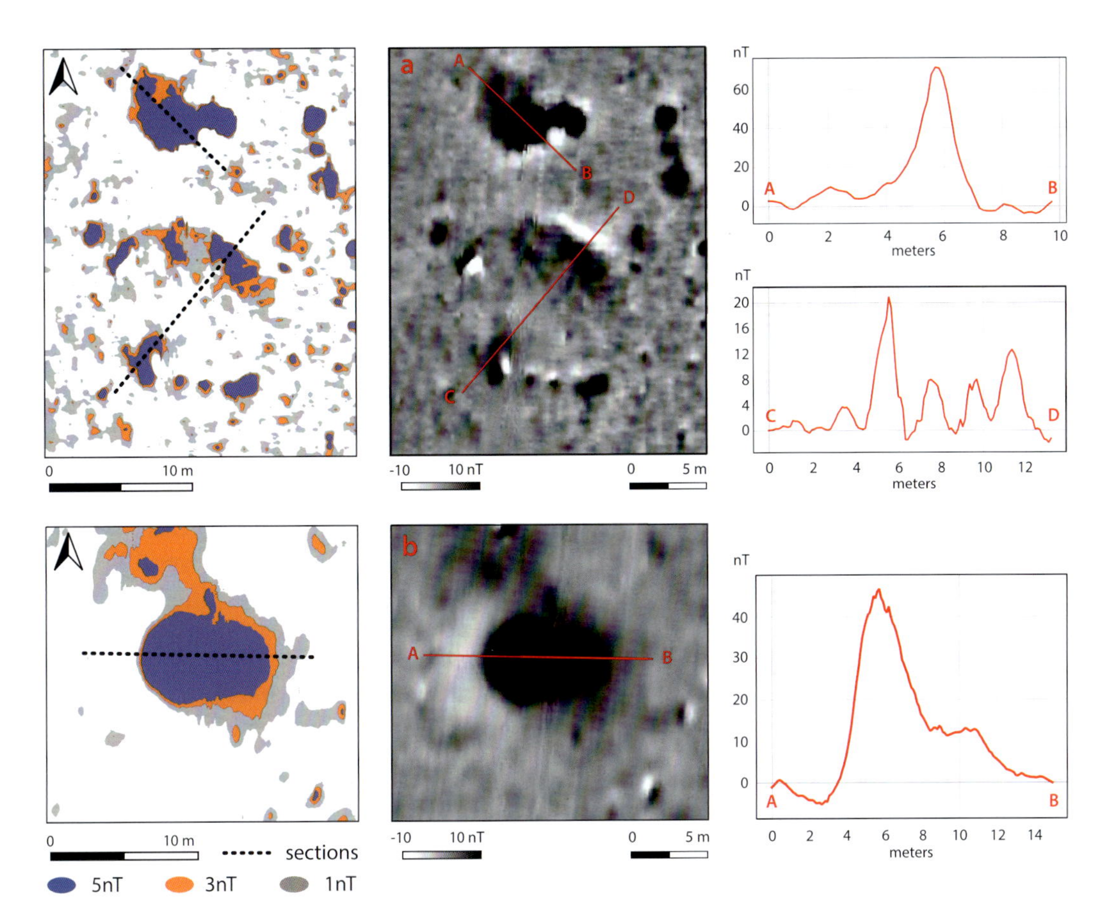


Fig. 14. Contour map of two areas south of Freestone Hill *(fig. 13)*. a) Section A–B through a and kiln(?) or hearth(?), C–D section through an unknown object (pits)(?); b) Section through a kiln(?) or hearth(?) (map: M. Kohle, RGK).

coarseware pottery from one of the house platforms and the ditch fills, suggest much of the activity dates from this period. If this is the case it has important implications for the ongoing debates around the function(s) of Irish hillforts and the question of whether they were primarily centres of permanent occupation or seasonal conglomerations for assembly. The high density of occupation within the bounds of the hillfort would tend to contradict Bersu's interpretation of the hillfort at Freestone Hill as a 'temporary fortified camp'. The extent and density of activities evident from the results of the Freestone Hill surveys bear close similarity with the small number of other densely-packed hillforts recorded, such as Knocknashee and Glasbolie, and they thereby lend support to Barry Raftery's assertion that at least some of the Irish hillforts 'approached the status of small, defended villages'.

A key discovery from the most recent phase of geophysical research is the remarkable detail it has provided for the arrangement of features within the 35 m × 30 m sub-circular embanked enclosure situated outside the southern rampart and immediately to the west of what may be an entrance to the hillfort. The area of the sub-circular enclosure had not been excavated by Bersu. Whilst the enclosure itself appears to be truncated by the hillfort's defences and may thus be associated with the Early Bronze Age phase of funerary activities 100 m to its north, the U-shaped arrangement of what appear to be large pit features within the area it encompasses is highly unusual in the context of Irish late prehistoric funerary monuments *(fig. 9)*. As previously noted, this pit arrangement may post-date the construction of the hillfort and its location adjacent to an entrance into the fort suggests it may have occupied a place that maintained its significance after the fort was built. Whilst clearly excavation is required to date and characterise the nature of the activities that were taking place within the enclosure, the general arrangement of pits inside a sub-circular enclosure finds close parallels with the Romano-British style *temenos* situated 100 m to its north on the summit of the hill. It also bears comparison with circular / sub-circular Late Iron Age and Romano-British ritual shrines such as those excavated at Hayling Island, Uley, Harlow, Colchester, and Maiden Castle. Large pits / shafts within which votive offerings were deposited form an important component of many of these and other circular shrines of the period, offering an intriguing potential explanation for the pits within the newly identified enclosure at Freestone Hill. These pits also bring to mind the series of large shafts that Bersu had excavated which he regarded as iron-ore prospecting mines that had been dug into the dolomite bedrock in the eastern area of the fort and outside its north-eastern ramparts. The shafts were, however, subsequently dismissed as natural solution hollows by Raftery. However, the pits, some of which were over 3 m deep and filled with clay and rubble which contained animal bones (some worked), antler tines, pottery (unidentified) and iron and bronze artefacts, bear close comparison with some of the aforementioned pits / shafts found on the Romano-British shrines. The discovery of the new sub-circular enclosure therefore potentially supplements the previous finds of Roman material culture from the site. These have been convincingly paralleled with material from Roman temples sited along the Severn River in Gloucestershire, such as Lydney Park, and this adds further importance to Freestone Hill in the ongoing debate about the extent of cultural contacts across the Irish Sea in the Roman period and likely Romano-British or Romano-Irish settlement in the area.

The extensive surveys undertaken in the lower terrain surrounding the hillfort, at around 38 ha in total extent, are amongst the most extensive undertaken around any Irish hillfort and provide significant new information regarding the archaeological landscape context of Freestone Hill. The surveys identified a dispersed series of monuments, structures, and features, including a distinctive pentagonal-shaped enclosure with internal features, a probable roundhouse, a rectangular structure and at least five probable corn-drying kilns, in addition to scatters of pits and areas of burning. The new discoveries augment the previously recorded corpus of eight large circular / sub-circular enclosures concentrated in a 65 ha area within a distance of 800 m to the east of the hillfort. Interestingly, the closest enclosure to the east side of the hillfort (KK020-024) is also of roughly pentagonal form, similar to the recently-discovered example on the west side of the hill. A number of additional circular cropmarks are also visible in the aerial photography in this area and although none of these sites have been excavated yet they can be considered to form an integral part of the Freestone Hill archaeological landscape. Unhappily, the fields in which the sites are situated have in the fairly recent past undergone intensive agricultural extensification and most of the monuments are now only intermittently visible as cropmarks.

Close dating and characterisation of the small pentagonal enclosure identified in the geophysical images to the southwest of the hillfort is not possible without excavation, largely because settlement enclosures of broadly similar form are known to span the late prehistoric to late medieval period in Ireland. Nonetheless, it is potentially significant that its configuration compares well with the D-shaped ditched enclosure identified adjacent to the probable find-spot of the Roman burial at Stonyford, Co. Kilkenny, presented below, and it is also similar to a roughly oval enclosure identified by geophysical survey at Drumanagh, Co. Dublin, where extensive quantities of Roman finds have also been recovered. In both these instances, however, the enclosures have not been dated. Similarly, the Freestone Hill example compares particularly well, morphologically, with Iron Age settlement enclosures in Wales, for example Varchoel Lane, Great Cloddiau and Ffynnoncyff and amongst numerous multi-period and multi-focal Iron Age to Roman sites in Gloucestershire and Wiltshire.

The unenclosed 6 m × 11 m rectangular house-like structure situated southwest of the hillfort is also not readily dateable given that buildings of similar form and dimensions are known throughout much of the prehistoric to post-medieval periods *(fig. 12a)*. It is, however, remarkably similar in form to the many early Neolithic house sites that have been excavated in Ireland in recent years. The figure-of-eight / keyhole plans and high nT values of five separate features indicate they are probably corn drying kilns that were employed for the purpose of cereal processing. Whilst none of these potential examples can be closely dated it is of considerable interest, in light of the fourth century Roman / Roman-influenced religious / ritual activity on the summit of Freestone Hill, that this form of cereal processing technology came into regular use from c. 200–100 BC, with a peak in dated sites from AD 200 to 400. Further examples dating to the same period have been excavated within the Gowran Pass below Freestone Hill and in the environs of Kilkenny City, where evidently cereal cultivation was an important aspect of the Late Iron Age economy.

## Stonyford

A second key site for assessing the nature of Roman interaction with Ireland, and vice versa, in the Late Iron Age is situated 13 km southwest of Freestone Hill, near the confluence of

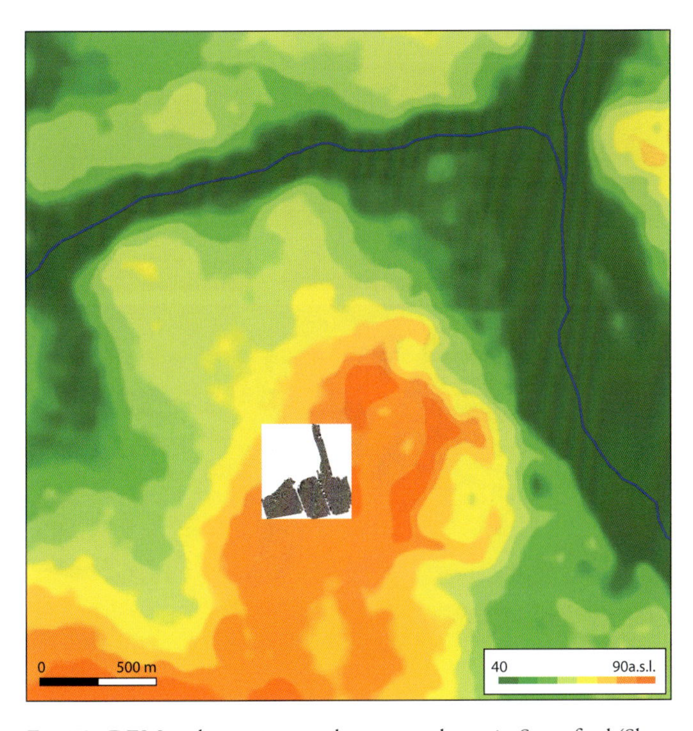


Fig. 15. DEM and overview on the surveyed area in Stonyford (Shuttle Radar Topography Mission 1 Arc-Second Global, doi: 10.5066/F7PR7TFT; map: K. Rassmann, RGK).

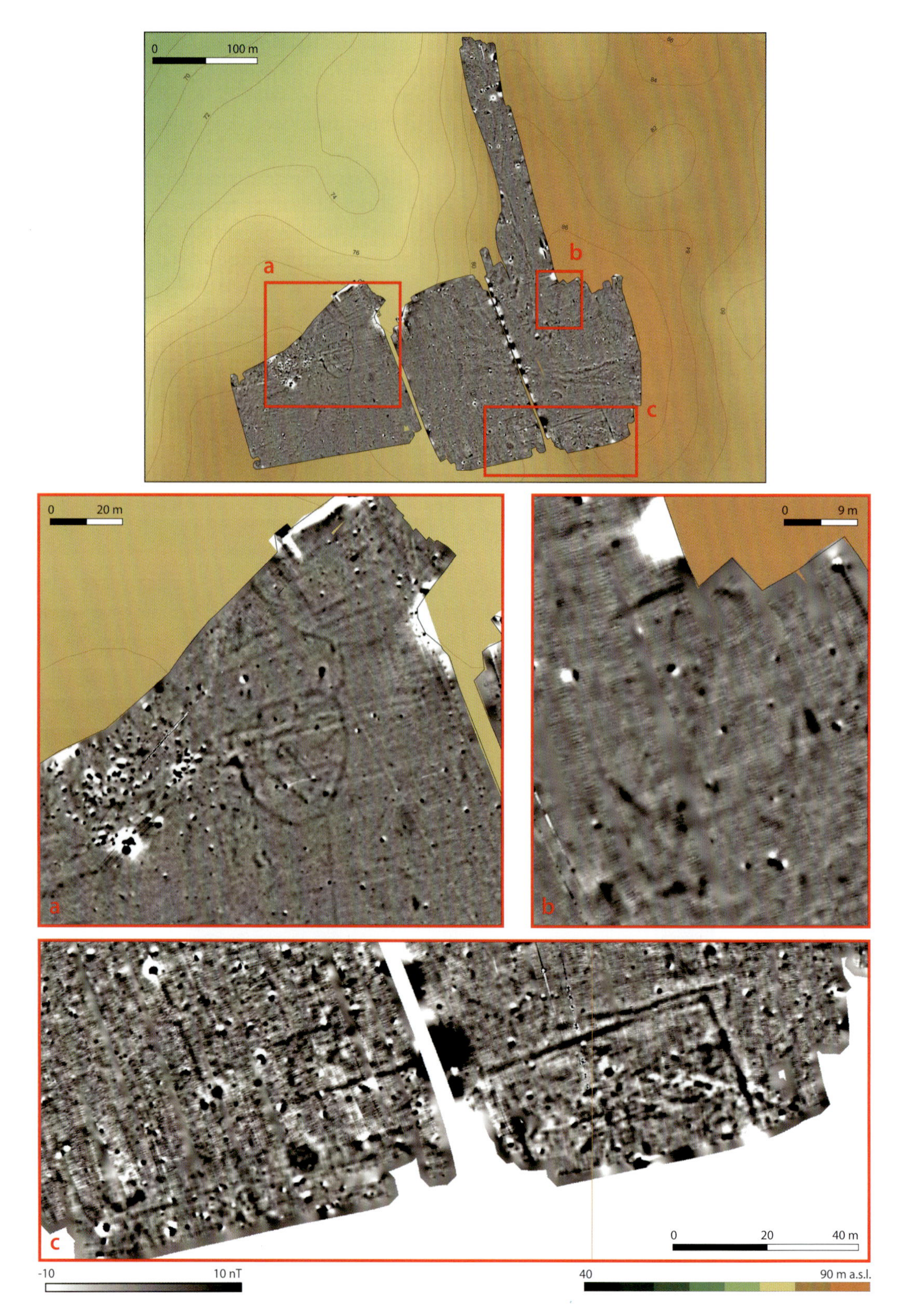


Fig. 16. Overview on the surveyed area in Stonyford. a) Semi-circular ditched enclosure with central ring-ditch / roundhouse; b) circular ring ditch (map: K. Rassmann, RGK and C. Ó Drisceoil, Kilkenny Archaeology).

the Nore and its tributary, the King's river, in the vicinity of the village of Stonyford, Co. Kilkenny. In around 1852, six Roman objects were reported to have been discovered 'near Stonyford'. These included a glass cinerary urn (Isings form 67a) of first century AD date containing cremated human remains (now lost), which was sealed with a circular bronze mirror and was found alongside a small glass bottle known as an *ungentarium* (Isings 28a or b). These were reported as having been found 'protected by stones' in an earthen enclosure and are considered to have constituted a Romano-British cist burial. The three other objects, found nearby according to the nineteenth century account of their discovery, comprised a nail-cleaner, a hooked toilet implement, and a finger-ring with *millefiori* inlays. They have been dated by Ó Floinn to the fifth–early sixth century. Because the precise discovery circumstances of all the objects were not adequately recorded at the time, questions have been intermittently raised about their veracity and provenance. Such doubts have however generally been discounted because the group of objects constituting the burial, and the burial rite associated with them, are of a standard Roman form and would have been extremely difficult to recreate in the nineteenth century. Furthermore, two separate reappraisals of the circumstances of the discovery both concluded that it is authentic and that the most likely location of the Roman burial is an enclosure thought to be a ring-barrow (KK 027-035) in Ballycoam townland, a kilometre due east of Stonyford village on a ridge that overlooks the King's river valley. In the 1990s this monument was, unfortunately, largely levelled by a local farmer and today it is visible only as a low rise in a pasture-field. Its outline was recorded on the first edition (1840) Ordnance Survey map and the 1910 25-inch map, prior to its destruction, as a circular mound around 25 m across. Local accounts of it also describe it as having comprised of a large circular mound with a deep encircling ditch. There is a second ring-barrow (KK027-036), marked on the historic maps but now a sub-circular 25 m × 26 m crop-mark, situated 350 m to the south-east in Cotterellsbooly townland and it may be speculated that it was this monument that produced the other, later, artefacts.

## Results of the magnetic survey

The magnetic prospection undertaken at Ballycoam, near Stonyford, was carried out on 1st July 2014. The survey area, covering an area of approximately 6 ha of pastureland in total, extended over two separate fields *(figs 15; 16)*. The western field contained the levelled remains of the Ballycoam ring-barrow, where it is thought the first century Roman cist-burial was found c. 1852. As at Freestone Hill the prospection was carried out with the vehicle-mounted 16-channel magnetometer *(fig. 6)*. The principal aim of our work was to investigate the area of the barrow and its surrounding landscape.

Extensive disturbance is visible on the magnetic image in the area corresponding with the location of the levelled ring-barrow (KK027-035) as it is depicted on the historic Ordnance Survey maps, which makes it difficult to determine the original configuration of the monument *(fig. 17)*. However, it is possible to trace the outline of a c. 30 m diameter curving ditch amongst the 'noise' caused by the modern disturbance. Additional features may be visible within the enclosed area but these are difficult to isolate from the overall disturbance.

Situated 15 m east of the levelled ring-barrow the magnetic data identified a previously unknown enclosure which is linked by a narrow, curving, trackway to either an elaborate forework or perhaps a second, larger, enclosure *(fig. 17)*. The clearly identified enclosure, situated on flat ground below the ridge occupied by the ring-barrow, is well-defined as a roughly D-shaped univallate enclosure measuring 30 m (east-west) × 32 m (north-south)

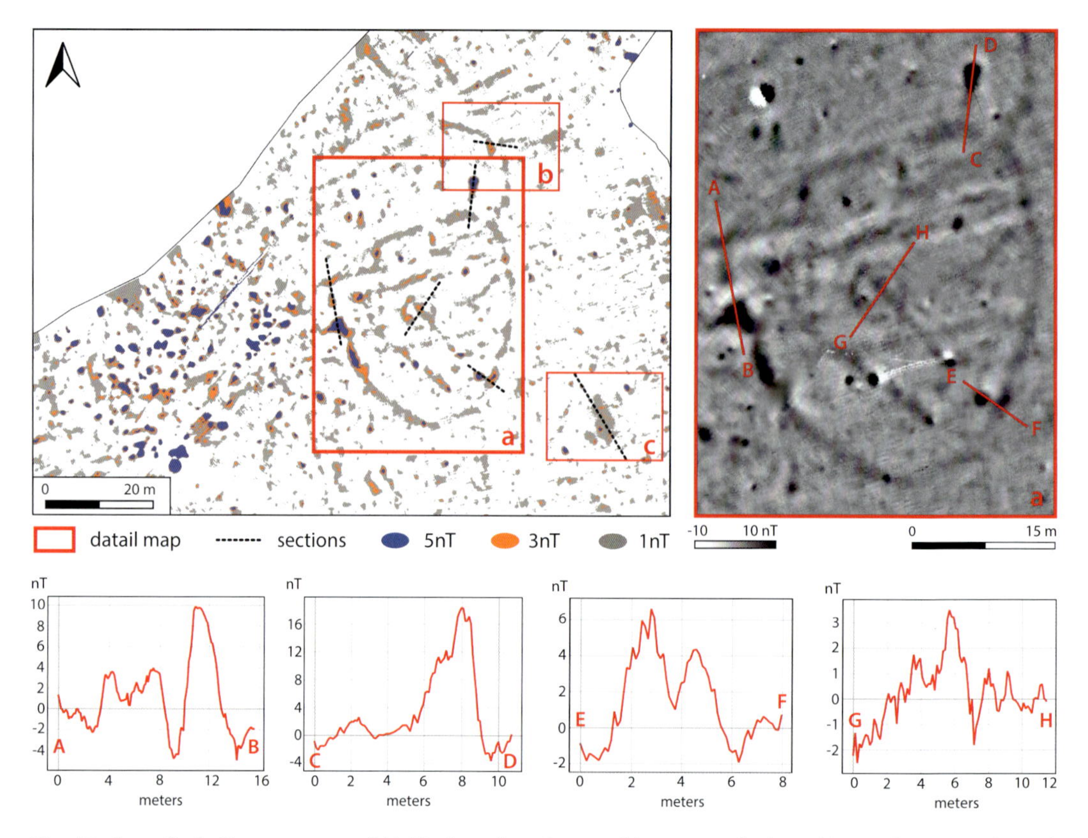


Fig. 17. Stonyford. Contour map of (a) D-shaped enclosure, (b) curving ditches, (c) circular anomaly, and section through ditch (A–B, C–D), ring-ditch / roundhouse (G–H) and pit like anomalies (E–F, B–C) (map: M. Kohle, RGK).

and encompassing an area of 530 m² *(figs 17; 18a)*. A likely entrance gap interrupts the north-western arc of the enclosure and appears to lead directly to the adjacent ring-barrow to its west (*figs 17a; 18*: profile A–B). Another entrance gap in the northeast leads into a 15 m long × c. 4 m wide, slightly curving passageway formed by parallel ditches. This continues on either side as curving stretches of ditch with a high magnetic contrast of up to 16 nT, indicating its backfill contains burnt material (*fig. 18a*: profile C–D). The curving ditches represent either the south side of a complete enclosure (c. 40 m diameter) that extends beyond the survey area to the north or, alternatively, an elaborate splayed outwork entrance feature for the D-shaped enclosure *(figs 18b; 19a)*. Further geophysical survey in accessible areas to the north is required to determine its complete morphology. A later double-ditched track, the north side of which corresponds with a former field boundary marked on the 1840 Ordnance Survey map, runs north-east to south-west across the enclosure. The D-shaped enclosure ditch has a low magnetic contrast of 1–3 nT (*fig. 18a*: profile C–D, E–F). Only at a point south of the postulated entrance are the values higher, reaching 10 nT, indicating that it is backfilled at this location with fired material (*fig. 18a*: profile A–B). Slightly offset within the centre of the D-shaped enclosure is a 7 m diameter circular anomaly that is probably a ring-ditch / roundhouse (*fig. 18a*: profile G–H). Pit anomalies are also visible within the enclosure. A linear ditch also extends for a distance of 70 m to the south of the enclosure and there are indications, albeit poorly defined, of what

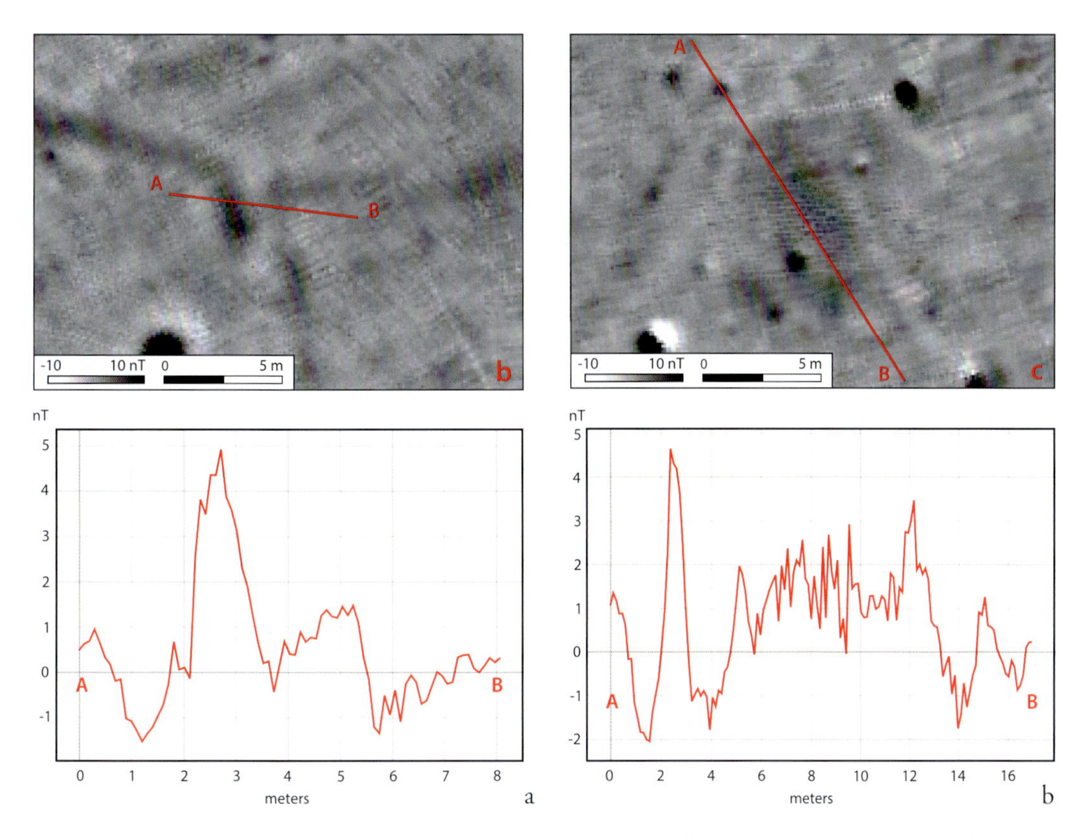


Fig. 18. a) Section A–B through the entrance feature in northern enclosure; b) circular anomaly with unclear function (map: M. Kohle, RGK).

may be a corresponding ditch to its north-west, the two features forming a widely splayed avenue to the south of the enclosure. In addition, 95 m south-east of the enclosure a large, elongated pit anomaly, reminiscent of a corn-drying kiln, is present in the geophysical images *(fig. 18)*.

A circular anomaly, 10 m in diameter, is visible in the magnetic data, 35 m south-east of the D-shaped enclosure *(fig. 18c)*. In the far northeast of the survey area in the townland of Cotterellsbooley, 250 m east of the D-shaped enclosure, a 26 m diameter circular enclosure is visible in the magnetic data *(fig. 17b)*. This enclosure is located on a low ridge in an area of limestone that was quarried for a nearby limekiln according to the first edition (1840) Ordnance Survey map, but it appears to have somehow survived relatively intact (or perhaps the map is inaccurate for this area). Within the circular enclosure no clear structures can be identified but a number of pit-like anomalies are visible in the data.

A portion of a large rectangular / square ditched enclosure was indicated in the survey 300 m south-east of the probable Roman burial find-spot *(figs 17b; 20)*. The enclosure appears to have continued outside the survey area to the south of an east-west running field boundary that cuts across its south side. Within the survey area the enclosure measures 50 m east-west × 33 m north-south and within it are what appear to be a number of pit-like and linear features *(fig. 20)*. The monument is not marked on any of the historic mapping and nor is it visible on any aerial photographs that were available for examination. Enclosures of similar scale and form are generally characterised as 'moated sites', a class

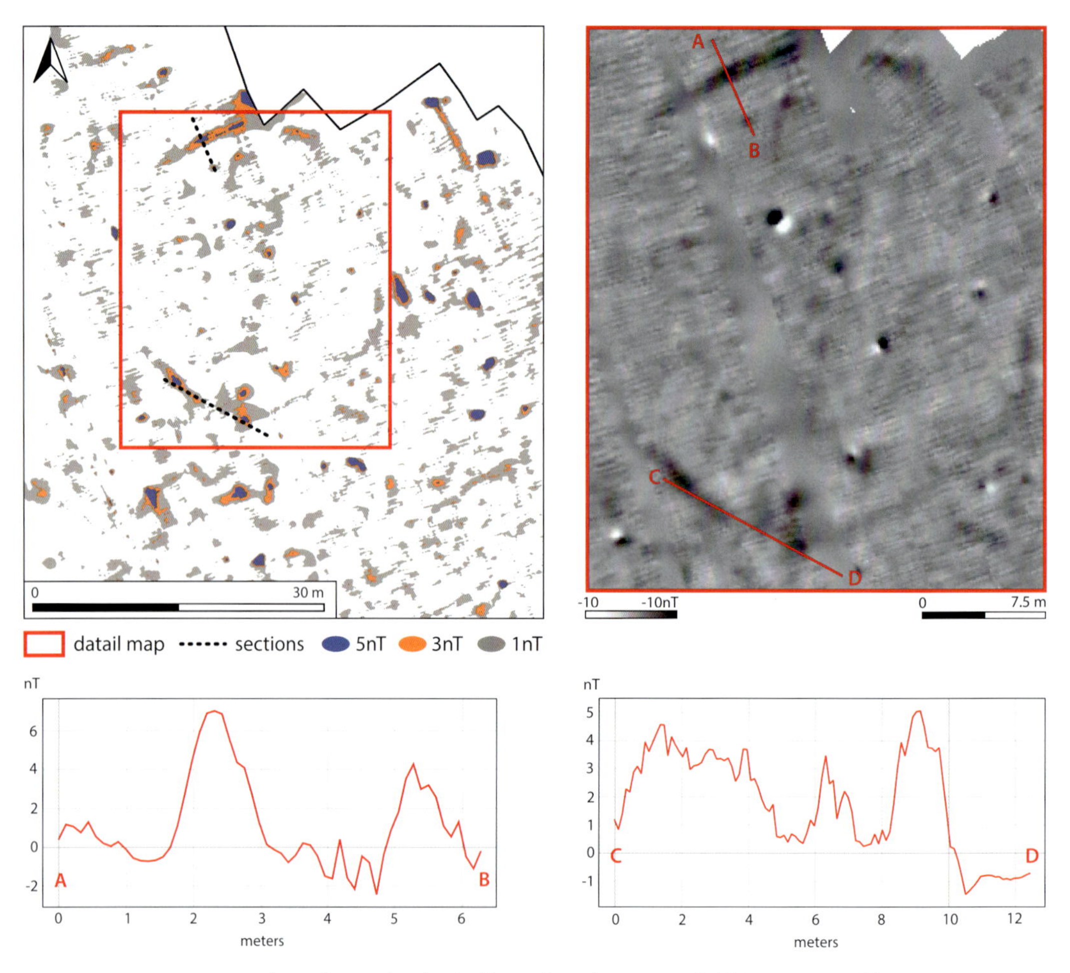


Fig. 19. Section through circular ditch *(fig. 17b)* in the eastern field (map: M. Kohle, RGK).

of monument that were primarily the fortified residences of Anglo-Norman settlers in the late 13th–14th centuries AD, although they were also built by Gaelic lords in both the later and early medieval periods. Around 65 moated sites are known in County Kilkenny, including a number to the north and south of Ballycoam. However, in light of the high likelihood of Late Iron Age and Roman activity in the surrounding area the possibility that the rectangular / square enclosure belongs to the same period cannot discounted and it could be speculated that it finds analogies with Late Iron Age square ritual enclosures such as Hayling Island, Thetford, and Folly Lane[1].

[1] Haselgrove 1999, 123.

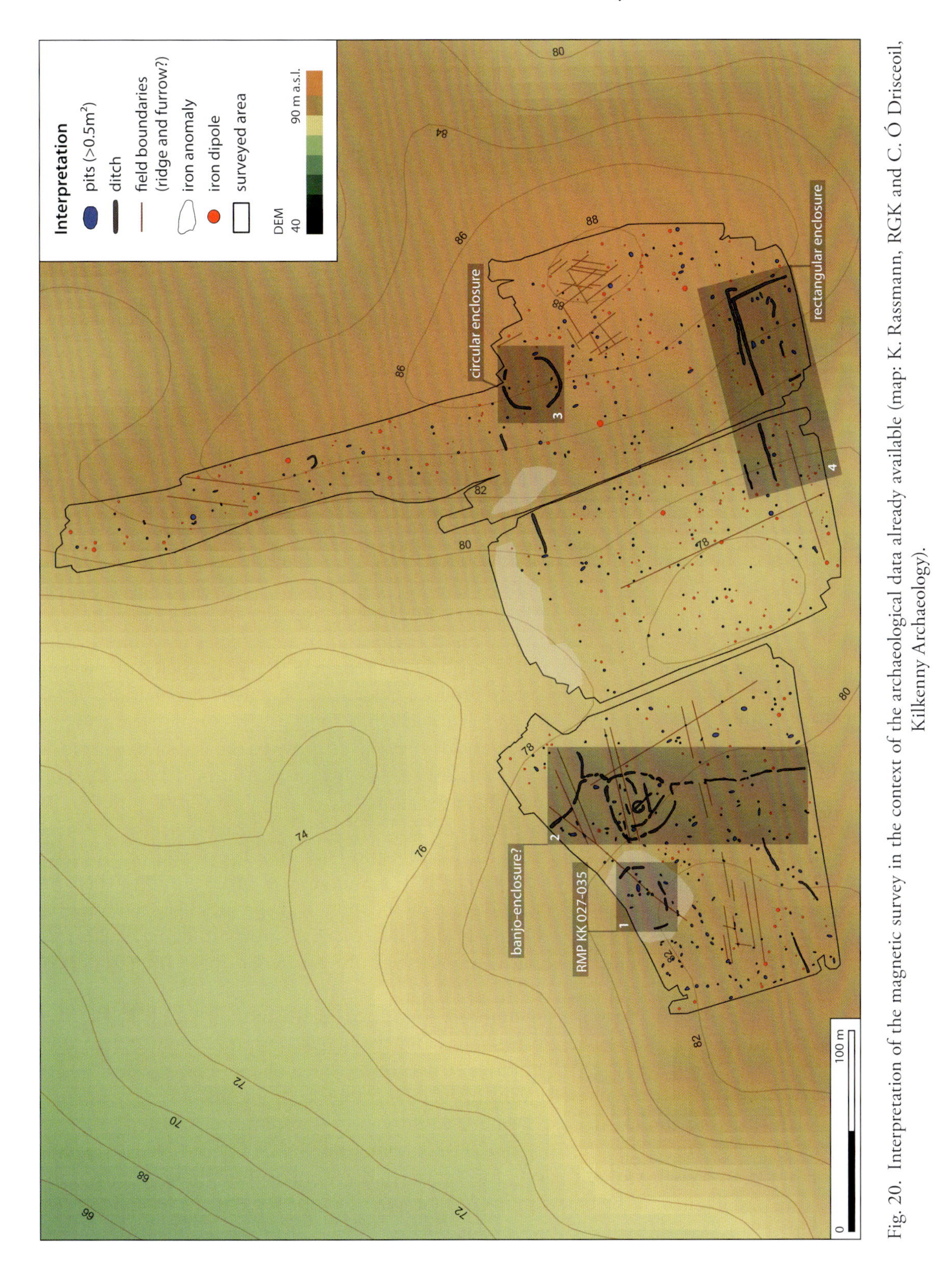


Fig. 20. Interpretation of the magnetic survey in the context of the archaeological data already available (map: K. Rassmann, RGK and C. Ó Drisceoil, Kilkenny Archaeology).

Summary

The prospection in Stonyford has confirmed the location of the, much disfigured, enclosure, considered a ring-barrow, wherein it is proposed the first century AD Roman burial was discovered in the 19th century. Whilst the survey adds little new information regarding the configuration of this particular monument, other than it appears to be defined by a circular ditch, it has revealed that it was not an isolated site, but that it is instead situated immediately beside a previously unidentified D-shaped enclosure and two further circular enclosures, possibly additional barrows, one 75 m to its southeast and the other 250 m to its east. A large square / rectangular enclosure is situated 300 m south-east of the burial find-spot. A fifth enclosure, thought to be a ring-barrow (KK027-036), has, as previously noted, been already identified in Cotterelsbooley, 365 m to its southeast. Pit-like features and what appear to be corn-drying kilns also occur within the survey area. The newly-identified D-shaped enclosure, connected via a trackway to either a widely-splayed entrance forework or another, larger, circular enclosure to its north, is of particular interest. If the latter scenario is valid it would recall conjoined ringforts of early medieval date, but none of these have the distinctive curving link passageway seen at Ballycoam[2]. The arrangement is atypical in an Irish context and instead finds its closest analogy in the highly distinctive Iron Age settlement enclosures of southern England and west Wales known as 'banjo enclosures'[3]. The defining characteristic of these sites is an elongated out-turned entrance passageway that extends from the main enclosure. The entrance features often 'flare out' at their furthest extension and connect with additional stretches of bank and ditch to create a 'funnel' shaped approach to the main enclosure. In some cases the outer banks and ditches loop around to create full enclosures that encircle the main enclosure. When excavated, the banjo enclosures generally produce evidence of intensive occupation, often in the form of roundhouses and storage pits, and what appear to be similar features are present within the Ballycoam D-shaped enclosure. The purpose of the elaborate entrance configurations represented at the banjo enclosures has been a matter of debate but they are generally thought to be expressions of status, along with having a practical function in directing and channelling movement into a central enclosure[4]. Chronologically, the sites in England and Wales wholly date from the Middle and Late Iron Age periods, c. 400 BC to AD 43. Significantly, in light of the dating of the Stonyford Roman burial to the first century AD, there is a particular concentration of occupation at the sites between the first century BC and the first century AD. It is also of interest that in Britain banjo enclosures are sometimes found in association with Iron Age barrow cemeteries, for example at Claydon Pike, Gloucestershire[5].

Banjo enclosures have not been heretofore identified in Ireland, although Katharina Becker has drawn parallels between these sites and the splayed entrance avenues recorded in association with large Iron Age circular structures at some of the Irish royal sites, for example Knockaulin (Rose phase)[6]. Whilst the data is unclear from Ballycoam, the possibility that there is a similar splayed 'avenue' leading up to the south side of the D-shaped enclosure offers a further interesting parallel. For some time the Stonyford burial's significance has been recognised as a strong indication that a Roman/Romanised community was living in Kilkenny in the first century AD, but no domestic settlements have ever been found in Ireland. Could the newly discovered enclosure be a candidate? Whilst this may be

[2] See O'Sullivan 2011, 67–69.

[3] Lang 2016; Murphy et al. 2012, fig. 3 (e. g. Rosehill, Gors Wen).

[4] Moore 2020, 574–575.

[5] Miles et al. 2007.

[6] Becker 2019, 268–286.

the case, evidently the hypothesis that the Ballycoam site represents an Irish example of a banjo enclosure is a new departure for the Irish Iron Age and needs to be tested by further geophysical survey and excavations.

## Conclusion

In his published preliminary report on his excavations at Freestone Hill Gerhard Bersu wrote that 'For the first time a well dated complex of finds of mid-4th century date, a hitherto rather obscure period is available. The exclusively provincial Roman provenance of the bronzes (mount and bracelets of this type are so far unknown from Ireland) indicate that already in pre-Patrician times close contacts existed with the area of the Roman empire'[7]. Bersu was one of the first archaeologists to recognise that Ireland and the Roman world were interconnected and the most recent work described above is thus very much, as the title of this paper suggests, following in his footsteps. Similarly, the Late Iron Age and Roman Ireland project for the Discovery Programme set out to characterise Roman and Iron Age material and identify nodal entry points and probable landscape clusters of Roman material and likely social influence, using a multi-discipline and international collaborative framework and these surveys were undertaken as part of that collaboration. In the absence of access to the most likely Roman site at Drumanagh, Co. Dublin, thanks in no small measure to Bersu's work, the wider Kilkenny environs proved to be the next highly probable area of interaction. Cahill Wilson's prior research using geo-chemical analysis on human and animal remains had identified a corresponding link between areas of natural mineral wealth (copper, lead and silver) and clusters of Roman material around Ireland[8]. Given, as noted above, that there are known lead silver deposits at Knockadrina and along the river Nore, access to these along with the navigable nature of the River Nore and rich fertile land on which to settle must have proved immensely attractive for Roman immigrants.

The results of the wider surveys at Freestone Hill and Stonyford are impressive and it is important to note that further work to establish dating for the various new features and sites is an essential next step, and if these are established as both Irish and Roman this would be ground-breaking on an international level. The new work also underlines the need to study sites such as these on several scales to create a better picture of how they fitted into the landscapes of the past. On the one hand it is essential to investigate the specific areas of the monuments, but it is also necessary to investigate the surrounding landscape as widely as possible. The system used for the surveys described above, with its expansive coverage of 10–30 ha, makes it possible to prospect large areas of the landscape relatively easily, and in exploring a monument's landscape positioning we avoid the binary classifications (royal / secular, sacred / profane) that have isolated these sites from our understanding of wider agricultural and settlement patterns and once rendered the people of the Iron Age as 'invisible'[9]. Freestone Hill and Stonyford (Ballycoam) are not just important Iron Age sites in their own right though, as they both sit within the landscape of the Nore river valley in Kilkenny, which has significant evidence of finds of Romano-British or we may say 'Romano-Irish' evidence. The cremation burial from Stonyford would be a rare find in any of the Roman provinces, with only a few examples known from Roman Britain, so for it to have been found in Ireland makes it exceptional. The surveys suggest that not only is

[7] Bersu 1951, 9.
[8] Cahill Wilson 2017.
[9] Raftery 1994, 112; but see Becker 2019.

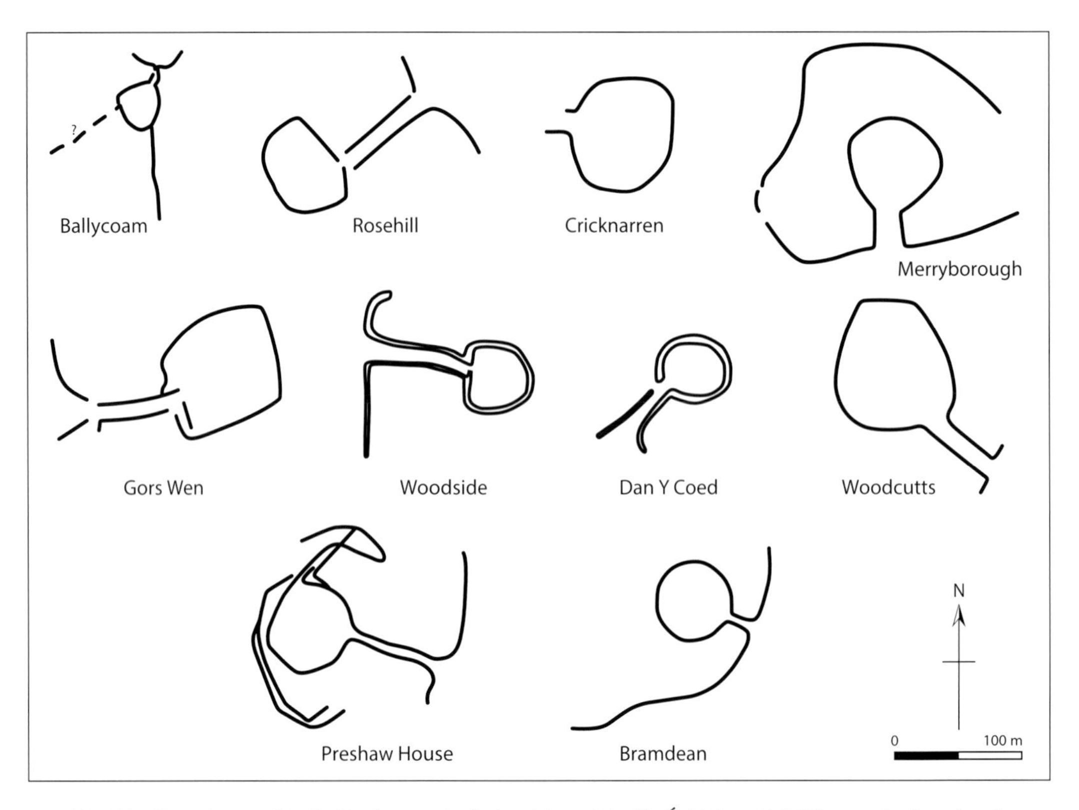


Fig. 21. Overview on Banjo-Enclosures in Ireland (graphic: C. Ó Drisceoil, Kilkenny Archaeology).

there evidence of settlement and ritual enclosures, but likely further barrow burials of an otherwise Roman character *(fig. 17)*.

If, as we believe this survey has revealed, there is settlement evidence at Stonyford and Freestone Hill that dates to the Roman Iron Age then we will be able to demonstrate Roman impact in Ireland for the very first time, and it will open up an entirely new research avenue for Irish archaeology. Furthermore, if we have identified an entirely new form of monument, the enclosure, in Ireland, a site-type that has up to this point been seen as uniquely British, then we will have prompted a need for a reconsideration of its classification.

Given the national but also important international significance of these sites, we recommend that the following programme of research be undertaken in the region around Freestone Hill and Stonyford.

1. To test the various interpretations of the magnetic anomalies set out above through targeted excavation aimed at obtaining suitable samples for radiocarbon dating and soil chemistry analysis.
2. To undertake systematic aerial photography of the sites and their surroundings using multi-spectral sensors.
3. To expand the geophysical survey areas around Stonyford (Ballycoam) and Freestone Hill, including the neighbouring hillfort at Ballinkillin, Co. Carlow[10].
4. To undertake archaeometric investigation of the Stonyford and Freestone Hill artefactual assemblages, including obtaining radiocarbon dates directly from residues on the pottery assemblage and human and animal skeletal material from the latter site.

[10] See e.g. Condit / Gibbons 1986/87.

Fig. 22. Participants in the first campaign in 2014 at Freestone Hill, Co. Kilkenny. From left: Klaus Abraham, Ralf Schuhmann, Swen Heinermann, Knut Rassmann, Francis Carroll, Jacqueline Cahill Wilson, Cóilín Ó Drisceoil and Austin Carroll (photo: H.-U. Voß, RGK).

5. To undertake geochemical analysis of samples of lead silver ore from Knockadrina to compare against recent comparative data on the sources of lead and silver in Ireland and Roman Britain.

The German-Irish project 'From Boyne to Brodgar' in the Boyne Valley World Heritage Site and on Rousay[11] and now in Kilkenny *(fig. 21)* has successfully demonstrated the significance of exploratory landscape studies even at sites that have been previously well studied. Gerhard Bersu was an extraordinary man working at Freestone Hill in difficult times. As we have finalised this paper during a global pandemic, several years after the surveys at Kilkenny were undertaken, the extraordinary results speak for themselves and it seems fitting to remind ourselves of the old Irish adage, 'good things come to those who wait'.

## Acknowledgments

The research at Freestone Hill and Stonyford was only possible with the support and cooperation of Klaus Abraham, Ruth Beusing and Johannes Kalmbach. We are thankful to Francis Carroll and his family for facilitating us with the opportunity to investigate Freestone Hill and its surroundings. We also thank James O'Driscoll for allowing us to reproduce his photogrammetric model of Freestone Hill and Simon Dowling for bringing his aerial photograph of the site to our attention.

[11] Rassmann et al. 2019.

## Bibliography

Becker 2019
K. Becker, Irish Iron Age settlement and society: reframing royal sites. Proc. Prehist. Soc. 85, 2019, 273–306. doi: https://doi.org/10.1017/ppr.2019.10.

Bersu 1951
G. Bersu, Freestone Hill. A preliminary report on the excavations. Old Kilkenny Rev. 4, 1951, 5–10.

Bourke 1989
E. Bourke, Stonyford: a first-century Roman burial from Ireland. Arch. Ireland 3,2, 1989, 56–57.

Butler 1990
H. Butler, The decay of archaeology. In: H. Butler, Grandmother and Wolfe Tone (Dublin 1990) 150–172.

Cahill Wilson 2014
J. Cahill Wilson (ed.), Late Iron Age and 'Roman' Ireland. Discovery Programme Reports 8 (Bray 2014).

Cahill Wilson 2017
J. Cahill Wilson, Et tu, Hibernia? Frontier zones and culture contact – Ireland in a Roman World. In: S. G. Sánchez / A. Guglielmi (eds), Romans and Barbarians Beyond the Frontiers: Archaeology, Ideology and Identities in the North. Trac Themes Roman Arch. 1 (Oxford 2017) 48–69.

Condit / Gibbons 1986/87
Th. Condit / M. Gibbons, Two hillforts at Knockscur and Ballinkillin, Co. Carlow. Carloviana 34, 1986/87, 8–9.

Coughlan 2012
T. Coughlan, "Follow me up to Carlow": an outline of the Iron Age sites found along the M9/N10 route from Knocktopher, Co. Kilkenny to Powerstown, Co. Carlow. In: C. Corlett / M. Potterton (eds), Life and Death in Iron Age Ireland in the light of recent archaeological excavations (Bray 2012) 59–78.

Coyne 2005
F. Coyne, Excavation of an early medieval 'plectrum-shaped' enclosure at Newtown, County Limerick. North Munster Antiquarian Journal 45, 2005, 45–63.

Davies / Lynch 2000
J. L. Davies / F. Lynch, The Late Bronze Age and Iron Age. In: F. Lynch / S. Aldhouse-Green / J. L. Davies, Prehistoric Wales (Stroud 2000) 139–219.

Dowling 2014a
G. Dowling, Geophysical investigations at Drumanagh and Loughshinny, north County Dublin. In: Cahill Wilson 2014, 59–90.

Dowling 2014b
G. Dowling, Landscape and settlement in late Iron Age Ireland: some emerging trends: In: Cahill Wilson 2014, 151–174.

FitzPatrick 2009
E. FitzPatrick, Native enclosed settlement and the problem of the Irish "ring-fort". Medieval Arch. 53, 2009, 271–307.

Harding 2015
D. W. Harding, The Iron Age in Lowland Britain (Oxon, New York 2015). doi: https://doi.org/10.4324/9781315747941.

Haselgrove 1999
C. Haselgrove, The Iron Age. In: J. Hunter / I. Ralston (eds), The Archaeology of Britain: An Introduction from the Upper Palaeolithic to the Industrial Revolution (London, New York 1999) 113–134.

Ireland 2012/13
A. M. Ireland, The Stonyford burial: fact or fiction (part I). Journal Royal Soc. Ant. Ireland 142/143, 2012/13, 8–27.

Ireland 2014/15
A. M. Ireland, The Stonyford burial: fact or fiction (part II). Journal Royal Soc. Ant. Ireland 144/145, 2014/15, 27–44.

Korvin-Piotrovskiy et al. 2016
A. Korvin-Piotrovskiy / R. Hofmann / K. Rassmann / M. Y. Videiko, Pottery Kilns in Trypillian settlements. Tracing the division of labour and the social organization of Copper Age communities and Lennart Brandtstätter. In: J. Müller / K. Rassmann / M. Y. Videjko (eds), Tripolye-Megasites and European Prehistory 4100–3400 BCE. Themes in Contemporary Arch. 2 (London 2016) 221–252.

Lang 2016
A. T. O. Lang, Defining banjo enclosures: investigations, interpretations, and understanding in the Iron Age of Southern Britain. Proc. Prehist. Soc. 82, 2016, 341–361.

Miles et al. 2007
D. S. Miles / S. S. A. Palmer / A. Smith / G. Perpetua-Jones, Iron Age and Roman Settlement in the Upper Thames Valley: Excavations at Claydon Pike and other Sites within the Cotswold Water Park. Thames Valley Landscapes Monogr. 27 (Oxford 2007).

Moore 2020
T. Moore, A Biography of Power: Research and excavations at the Iron Age oppidum of Bagendon, Gloucestershire (1979–2017) (Oxford 2020).

Monk / Power 2014
M. Monk / O. Power, Casting light from the fires of corn-drying kilns on the later Irish Iron Age. Arch. Ireland 28,3, 2014, 39–42.

Murphy et al. 2012
K. Murphy / H. Mytum / L. Austin / A. E. Caseldine / C. J. Griffiths / A. Gwilt / P. Webster / T. P. Young, Iron Age enclosed settlements in west Wales. Proc. Prehist. Soc. 78, 2012, 263–313. doi: https://doi.org/10.1017/S0079497X00027171.

Ó Drisceoil 2013
C. Ó Drisceoil, Kilkenny and the Roman World. Old Kilkenny Rev. 65, 2013, 7–19.

Ó Drisceoil 2016
C. Ó Drisceoil, Roman Kilkenny. In: M. Stanley (ed.), Above and Below. The Archaeology of Roads and Light Rail (Bray 2016) 31–46.

Ó Drisceoil / Nicholls 2010
C. Ó Drisceoil / J. Nicholls, Geophysical surveys at Freestone Hill, Danesfort, St. Kilmolig's church (Purcellsinch) and Castlefield. Old Kilkenny Rev. *62*, 2010, 68–84.

Ó Drisceoil / Walsh 2021
C. Ó Drisceoil / A. Walsh, Materialising Power: The Archaeology of the Black Pig's Dyke, Co. Monaghan (Bray 2021).

Ó Floinn 2000
R. Ó Floinn, Freestone Hill, Co. Kilkenny: a reassessment. In: A. P. Smith (ed.), Seanchas. Studies in Early and Medieval Irish Archaeology, History and Literature in Honour of Francis J. Byrne (Dublin 2000) 12–19.

O'Driscoll 2017
J. O'Driscoll, Hillforts in prehistoric Island: a costly display of power? World Arch. 49, 2017, 506–525. doi: https://doi.org/10.1080/00438243.2017.1282379.

O'Driscoll et al. 2019
J. O'Driscoll / A. Hawkes / W. O'Brien, The Irish hillfort. In: G. R. Lock / I. Ralston (eds), Hillforts: Britain, Ireland and the Nearer Continent. Papers from the Atlas of Hillforts of Britain and Ireland Conference, June 2017 (Oxford 2019) 77–96.

O'Kelly 1985
O. O'Kelly, The Place-Names of County Kilkenny (Kilkenny[2] 1985).

O'Sullivan 2011
A. O'Sullivan, Early medieval settlement enclosures in Ireland: dwellings daily life and social identity. Proc. Royal Irish Acad. C111, 2011, 59–90.

O'Sullivan et al. 2014
A. O'Sullivan / F. McCormick / Th. R. Kerr / L. Harney, Early Medieval Ireland, AD 400–1100. The Evidence from Archaeological Excavations (Dublin 2014).

Pickartz et al. 2020
N. Pickartz / W. Rabbel / K. Rassmann / N. Müller-Scheessel / J. Müller / I. Cheben / D. Wilken / T. Wunderlich / M. Furholt, What over 100 drillings tell us: a new method for determining the Koenigsberger ratio of soils from magnetic mapping and susceptibility logging. Arch. Prospection 27,4, 2020, 393–414.

Prendergast 1989
E. Prendergast, The Stoneyford Roman finds. Arch. Ireland 3,4, 1989, 159.

Raftery 1969
B. Raftery, Freestone Hill, Co. Kilkenny: an Iron Age hillfort and Bronze Age cairn. Excavation: Gerhard Bersu 1948–1949. Proc. Royal Irish Acad. 8, 1969, 1–108.

Raftery 1994
B. Raftery, Pagan Celtic Ireland. The Enigma of the Irish Iron Age (London 1994).

Rassmann et al. 2019
K. Rassmann / S. Davis / J. Gibson, Non- and minimally-invasive methods to investigate megalithic landscapes in the Brú na Bóinne World Heritage site (Ireland) and Rousay, Orkney Islands in Northwestern Europe. Journal Neolithic Arch. 21, 2019, 1–22.

Smyth 2014
J. Smyth, Settlement in the Irish Neolithic: new discoveries on the edge of europe. Prehist. Soc. Research Paper 6 (Oxford 2014).

Woodward 1992
A. Woodward, English Heritage Book of Shrines & Sacrifice (London 1992).

Woodward / Leach 1993
A. Woodward / P. Leach, The Uley Shrines: Excavation of a Ritual Complex on West Hill, Uley, Gloucestershire, 1977–1979. Arch. Report 17 (London 1993).

# Following in the footsteps of Gerhard Bersu at Freestone Hill and Stonyford, Co. Kilkenny. New contributions from magnetic surveys

## Zusammenfassung · Summary · Résumé

ZUSAMMENFASSUNG · Der Freestone Hill ist ein mehrphasiges 5 ha großes *hillfort* im südöstlichen Irland. Hier fand in den Jahren 1948–49 die letzte große Siedlungsgrabung von Gerhard Bersu statt. Der Beitrag geht kurz auf die Umstände ein, die Bersu zu dieser Ausgrabung veranlassten, und beschreibt die Ergebnisse der magnetischen Untersuchungen im *hillfort* und seiner Umgebung in den Jahren 2014 und 2018 durch die Römisch-Germanische Kommission und irische Kollegen. Die Untersuchungen führten zu äußerst wichtigen Ergebnissen für das *hillfort* und die umgebende Landschaft. Sie sind eine Würdigung für den großen deutschen Gelehrten und erweitern seine bahnbrechenden Forschungen auf dem Freestone Hill.

SUMMARY · Freestone Hill, a five-acre multiphase univallate hillfort in south-east Ireland, was the location of Gerhard Bersu's last major excavation in 1948–49. This paper describes the peculiar set of circumstances that led Bersu to undertake the excavations at Freestone Hill and it also describes two campaigns of magnetic surveys undertaken within the hillfort and in its environs in 2014 and 2018 by the Römisch-Germanische Kommission and Irish colleagues. These investigations produced highly significant results that provide a new landscape context for the late prehistoric activities within the hillfort and which augment the ground-breaking work on the site by the great German researcher.

RÉSUMÉ · Le Freestone Hill, une colline fortifiée de 5 ha du Sud-Est de l'Irlande comportant plusieurs phases, fut l'objet de la dernière grande fouille de Bersu menée dans les années 1948–49. Cette contribution aborde brièvement les circonstances qui ont poussé Bersu à entreprendre les fouilles et présente deux campagnes de prospection magnétique menées sur la colline fortifiée par la Römisch-Germanische Kommission et ses collègues irlandais en 2014 et 2018. Ces prospections ont livré des résultats de la plus haute importance pour la colline fortifiée et son environnement et, rendant hommage à ce grand chercheur allemand, elles complètent encore les travaux révolutionnaires sur le Freestone Hill. (Y. G.).

Addresses of the authors

Knut Rassmann
Referat für Prospektions- und Grabungsmethodik
Römisch-Germanische Kommission
Deutsches Archäologisches Institut
Palmengartenstr. 10–12
DE-60325 Frankfurt a. M.
E-Mail: knut.rassmann@dainst.de

Roman Scholz

Hans-Ulrich Voß
DE-19069 Lübstorf
E-Mail: hans-ulrich.voss@t-online.de
https://orcid.org/0000-0003-4359-9669

Cóilín Ó Drisceoil
National Monuments Service
Department of Housing
Local Government and Heritage
Customs House
IE-Dublin 1
E-Mail: Coilin.ODrisceoil@housing.gov.ie

Jacqueline Cahill Wilson
Chippenham
GB-Wiltshire
E-Mail: Jaccahilw@gmail.com

# Das „Abenteuer Frankfurt"*. Gerhard Bersus zweite Amtszeit im Spiegel seiner Korrespondenz mit Wilhelm Unverzagt

Von Susanne Grunwald

*Schlagwörter:* *Römisch-Germanische Kommission / Nachkriegszeit / Prähistorische Archäologie / Provinzialrömische Archäologie / geteiltes Deutschland*
*Keywords:* *Römisch-Germanische Kommission / postwar period / prehistoric archaeology / provincial Roman archaeology / divided Germany*
*Mots-clés:* *Römisch-Germanische Kommission / après-guerre / archéologie préhistorique / archéologie provinciale romaine / Allemagne divisée*

## Einleitung

Gerhard Bersu zählte seit den 1920er-Jahren zu den einflussreichsten, da engagiertesten und erfahrensten Prähistorikern in Deutschland und seine Berufung zum Zweiten Direktor der Römisch-Germanischen Kommission 1928 darf als der entscheidende Schritt hin zur Modernisierung und Emanzipation dieser Institution betrachtet werden. Seine Beurlaubung als Erster Direktor und Rückbeorderung an die Zentrale des Deutschen Archäologischen Instituts nach Berlin im Jahr 1935 unter Verweis auf die Gesetze zur sog. Wiederherstellung des Berufsbeamtentums unterbrach Bersus Karriere radikal[1]. Diese Zäsur kann auf verschiedene Arten beschrieben werden – als antisemitische Diskriminierung, als persönliche Katastrophe, aber auch als Verwaltungshandeln von Bersus Vorgesetzten und Kollegen und als deren Kapitulation vor einer rassistischen Gesetzgebung. Zu einigen dieser Fachkollegen kehrte Bersu 1950 zurück und nahm seine frühere Position in der RGK erneut ein. Diese Rückkehr kann nüchtern als seine zweite Amtszeit bei der RGK und Heimkehr oder als Triumph über seine Gegner und Bersu selbst kann als Überlebender oder als rehabilitiertes Opfer dargestellt werden – aber nach Ausweis der Quellen reklamierte Bersu selbst diese Zuschreibungen nicht für sich. Nach seiner Rückkehr nach Deutschland 1950 beschrieb er seine Vertreibung aus dem Amt des Direktors und seine private und berufliche Umorientierung während des Nationalsozialismus in knappen Worten so: „Auf Druck der NS-Regierung wurde ich 1935 aus dieser Stellung entfernt und als Referent für Ausgrabungen an die Zentraldirektion nach Berlin versetzt[2]. 1937 wurde ich durch die NS-Regierung pensioniert[3]. Ich leitete dann zahlreiche Grabungen im Auslande, u. a. die deutsch-bulgarische Gemeinschaftsgrabung einer gotischen Festung

* Bersu an Unverzagt, 1.11.1947: SMB-PK/MVF Archiv IX f 3, b-2/Bl. 3. – Ich habe in den wörtlichen Zitaten aus Bersus Briefen die überwiegend fehlenden Kommata ergänzt, verzichte aber auf eine besondere Kennzeichnung dieser Ergänzungen für eine bessere Lesbarkeit.

[1] Vigener 2012b, 68; 74–76.

[2] Wiegand, DAI, an Bersu, 22.7.1935: RGK-A NL Gerhard Bersu, unpag.

[3] Reichs- und Preußischer Minister für Wissenschaft, Erziehung und Volksbildung an Wiegand, DAI, 23.11.1936; Reichs- und Preußischer Minister für Wissenschaft, Erziehung und Volksbildung, Entlassungsurkunde Bersu 11.1.1937: RGK-A NL Gerhard Bersu, unpag.

des 6. Jahrhunderts in Sadowetz, und größere Grabungen in England und in der Schweiz. Auf einer solchen Grabung in Schottland tätig, blieb ich bei Kriegsausbruch in England, arbeitete zunächst die Ergebnisse meiner Ausgrabungen auf und wurde 1940 gelegentlich des allgemeinen Roundup der Aliens auf der Isle of Man interniert"[4]. Finanziert durch verschiedene Stiftungen, leitete Bersu „dann Grabungen auf der Isle of Man mit Internierten, war dann nach Kriegsende am Museum Douglas mit weiteren Ausgrabungen und der Aufarbeitung der Grabungsergebnisse tätig." 1947 wurde Bersu „zum Professor an der Royal Irish Academy Dublin ernannt, wo ich bis zum August 1950 tätig war, um von dort zur Übernahme der Leitung der Römisch-Germanischen Kommission als Erster Direktor dieses Institutes beurlaubt zu werden"[5].

Wenn das Bersus Version seiner Jahre zwischen den beiden Amtszeiten als Erster Direktor der RGK sozusagen für den Dienstgebrauch war, dann wollte er von seinen deutschen Kollegen als souveräner Amtsinhaber gesehen werden, der unter widrigen Umständen alternative Wirkungsmöglichkeiten für sich erschlossen hatte und nun auf den ihm zustehenden Direktorenposten zurückkehrt war. Er wollte weder als Opfer des Nationalsozialismus erscheinen noch als kaltgestellter, aufgabenloser Akademiker, obgleich er sich um die juristische und verwaltungstechnische Anerkennung seiner Verfolgung und Emigration aus „rassischen Gründen" bemühte[6]. Auch in den zahlreichen anderen vorliegenden Archivalien tritt Bersu als unpathetischer, hartnäckiger und vor allem verwaltungserfahrener Wissenschaftler auf, der Bürokratie als selbstverständliches Element institutionalisierter Wissenschaft anerkannte und für seine persönlichen Angelegenheiten ebenso souverän nutzte wie für die Belange der RGK oder das internationale Kongresswesen. In seiner Korrespondenz mit Wilhelm Unverzagt (1892–1971) ist diese Nüchternheit und Effizienz ebenfalls deutlich wahrzunehmen, aber – und dass macht diesen Briefwechsel im Vergleich zu den anderen überlieferten Archivalien so wertvoll – auch Bersus Unverständnis für die mangelhafte Entnazifizierung in der deutschen Bevölkerung wie in der Archäologie und seine Bedenken darüber, das geruhsame Gelehrtenleben in Irland voller Anerkennung und Forschungsfreiheiten gegen die beispiellose Aufbauarbeit im kriegszerstörten Deutschland einzutauschen.

Mit Unverzagt war Bersu seit Anfang 1917 persönlich eng bekannt, als Bersu im besetzten Belgien als Mitglied der Zivilverwaltung mit einer „Museographie der vorgeschichtlichen Funde in Belgien" und später im Rahmen des sog. Deutschen Kunstschutzes mit der Inventarisation der archäologischen Denkmäler beauftragt war und dabei mit Unverzagt zusammenarbeitete *(Abb. 1; 2)*[7]. Nach dem Krieg etablierten sich Bersu bei der RGK in

[4] Bersu, Lebenslauf, undat., S. 2; wahrscheinlich Anfang 1950er-Jahre: RGK-A NL Gerhard Bersu, unpag.

[5] Bersu, Lebenslauf, undat., S. 2; wahrscheinlich Anfang 1950er-Jahre: RGK-A NL Gerhard Bersu, unpag.

[6] Bersu hatte im Februar 1940 bei der British Society for the Protection of Science and Learning einen Antrag auf Einbürgerung gestellt (Ich danke Dana Schlegelmilch für diesen Hinweis). Bescheinigung der Stadt Frankfurt vom 23.2.1953, wonach Bersu aus „rassischen Gründen verfolgt" worden war und sich von 1939 bis 1950 in „Emigration in England und Irland" befand (RGK-A NL Gerhard Bersu, unpag.).

[7] Krämer 2001, 12–14. – Zum Anteil der Prähistorischen Archäologie an den Maßnahmen des „Kunstschutzes" im Ersten und Zweiten Weltkrieg vgl. Kott 1997; Leube 2002; Legendre et al. 2007; Neumayer 2014; Neumayer 2017; 100 Jahre „Kunstschutz" im Ersten Weltkrieg. Zugänge zu Ereignisgeschichte(n), Akteurs-Netzwerken und Objektbiographien. Workshop, 2./3. Mai 2018 (Berlin), Forschergruppe „Dealing with Damage" in TOPOI, dem Berliner Exzellenzcluster der Altertumswissenschaften, Konzeption, Organisation und Moderation: Katharina Steudtner, Sebastian Willert, Susanne Grunwald; Grunwald et al. 2018 sowie der Beitrag von Christina Kott und Heino Neumayer in diesem Band.

Abb. 1. Portrait des jungen Bersu (undat., Fotograf unbekannt. Privatbesitz E. Braun-Holzinger).

Abb. 2. Portrait des jungen Wilhelm Unverzagt, der zusammen mit Bersu im deutsch besetzten Belgien 1917 im Rahmen des sog. Deutschen Kunstschutzes arbeitete (Juni 1917; Archiv MVF Nachlass Unverzagt DP 0027667; vgl. Beitrag von Christina Kott und Heino Neumayer in diesem Band).

Frankfurt und Unverzagt bei der Prähistorischen Sammlung des Berliner Völkerkundemuseums (seit 1931 Staatliches Museum für Vor- und Frühgeschichte). Gemeinsam entwickelten sie ab 1927 das überregionale Forschungsprojekt „Arbeitsgemeinschaft zur Erforschung vor- und frühgeschichtlicher Wall- und Wehranlagen in Nord- und Ostdeutschland“, das von Unverzagt von Berlin aus koordiniert wurde[8]. Verstetigt wurde die Zusammenarbeit zwischen Bersu und Unverzagt 1930, als Unverzagt zum ständigen Berater für die prähistorische Forschung in Nord- und Ostdeutschland bei der Zentraldirektion des DAI ernannt wurde[9]. Darüber hinaus hatten Bersu und Unverzagt bis Sommer 1939 und damit lange nach Bersus Weggang aus Frankfurt, „in so vertraulichen Beziehungen“ gestanden[10].

Im vorliegenden Beitrag wird der Versuch unternommen, Bersus Entscheidungen zur Rückkehr nach Deutschland und Erfahrungen während seiner zweiten Amtszeit bei der RGK zu rekonstruieren und die Themen zu beschreiben, die er mit Unverzagt teilte[11]. Es kann nur ein Versuch sein, denn bei den zugrundeliegenden Quellen handelt es sich um die in Berlin und Frankfurt zugänglichen Teile des wahrscheinlich sehr viel umfangreicheren Briefwechsels zwischen Bersu und Unverzagt aus den 1940er- und 1950er-Jahren und nicht etwa um Tagebuchaufzeichnungen[12]. Hinzu kommt, dass diese Briefe überwiegend

[8] Grunwald 2019, 88–106 sowie Beitrag von Karin Reichenbach in diesem Band.

[9] von Schnurbein 2001, 188.

[10] Bersu an Unverzagt, 16.7.1946: SMB-PK/MVF Archiv IX f 3, b-2/Bl. 1.

[11] Krämer 2001.

[12] Für ihre Unterstützung bei meinen Recherchen danke ich herzlich Gabriele Rasbach (RGK), Nina Dworschak (ehemals RGK; Universität Frankfurt) und Horst Junker (SMB-PK/MVF Archiv Berlin). Den beiden Gutachtern dieses Textes danke ich für ihre Anmerkungen.

an die Dienstadressen beider Korrespondenzpartner gerichtet waren, sodass diese in ihren Themen und Formulierungen eine amtliche Aktenablage berücksichtigt haben müssen. Und obwohl das freundschaftliche Verhältnis beider Wissenschaftler spürbar vertrauensvoll war, siezten sich beide stets und sprachen sich mit Nachnamen an. So gibt diese Korrespondenz mehrheitlich die fachliche Perspektive beider Männer wieder und der „private" Bersu und der „private" Unverzagt werden nur sehr selten fassbar.

## Ausgangslage nach dem Zweiten Weltkrieg

Sehr viel mehr als die Nachrichten über die schweren Bombardements auf Frankfurt am Main im Oktober 1943 oder über die Schlacht um Berlin und über die Kapitulation Deutschlands, die am 8. Mai 1945 den Zweiten Weltkrieg in Europa beendete, wird Bersu in den letzten Kriegsjahren kaum in Irland erhalten haben. Bersu erlebte das Kriegsende auf der Isle of Man, wo er seit Oktober 1944 mit seiner Frau und anderen Internierten die eisenzeitliche befestigte Siedlung von Chapel Hill untersuchte[13]. Im Juni 1945 wurde Bersus Internierung aufgehoben und das *Manx Museum* in Douglas vermittelte ihm die Grabung von Cronk Moar, einem frühmittelalterlichen Hügelgrab, wieder auf der Isle of Man, wo er wohl bis Einbruch des Winters grub[14]. Anschließend unternahm er Vortragsreisen und untersuchte im Frühling 1946 eine kleine Küstenbefestigung auf der Isle of Man, bevor er im Sommer der Jahre 1946 und 1947 in einem frühmittelalterlichen Erdwerk bei Lisburn in Nordirland Ausgrabungen vornahm[15]. Im Winter 1946 grub er einen weiteren frühmittelalterlichen, wikingischen Grabhügel auf der Isle of Man aus und in Schottland zwei Erdwerke, bevor er Anfang 1947 eingeladen wurde, die neu eingerichtete Forschungsprofessur für Archäologie an der *Royal Irish Academy* zu übernehmen[16]. Im Sommer untersuchte er umfangreich die Ruinen von Peel Castle auf St. Patricks Island, bevor er die Professur in Dublin im Oktober 1947 antrat[17]. Dort konnte er ohne Limitierung und mit umfangreicher Unterstützung seinen Forschungsinteressen weiterhin folgen und diverse Forschungsgrabungen durchführen. Diese Arbeitsbedingungen und die wohlwollende Einbindung in ein Netzwerk engagierter Fachkollegen in Großbritannien und Irland wird Bersu sehr geschätzt haben.

Was auch immer die irischen und englischen Zeitungen über die Nachkriegszeit in Deutschland auch berichten mochten – hinsichtlich seiner früheren Wirkungsstätten in Frankfurt am Main und Berlin war Bersu gänzlich auf Nachrichten von seinen Verwandten angewiesen, vor allem seines Schwagers Georg Kurt Schauer (1899–1984)[18] in Frankfurt am Main, seiner Schwestern in Berlin und Frankfurt an der Oder und ehemaligen Kollegen. Es sollten vor allem Unverzagt und Gero von Merhart (1886–1959) sein, die Bersu über die Situation der archäologischen Institutionen in den Besatzungszonen informierten[19]. Wohl als erster schrieb der wissenschaftliche Hilfsarbeiter und Assistent der

[13] Krämer 2001, 72–73.

[14] Krämer 2001, 73.

[15] Krämer 2001, 74–75.

[16] Krämer 2001, 75.

[17] Krämer 2001, 75–76.

[18] Schauer war mit Lene Goltermann verheiratet (Estermann 2005).

[19] Eine Schwester Bersus, Charlotte Uebel, lebte in Berlin und war Generalbevollmächtigte des Ehepaares Bersu seit Mai 1943 (Abschrift Untervollmacht, 2.9.1943: RGK-A NL Gerhard Bersu, Sammlung Krämer, unpag.). Zu ihr hatte Unverzagt stets engen Kontakt gehalten, weshalb er durchaus als enger Freund Bersus und dessen Familie bezeichnet werden darf. Charlotte Uebel hatte Teile von Bersus Berliner Mobiliar und Wertgegenstände aufbewahrt und bei ihr war Unverzagt untergekommen, als seine zweite Wohnung in Berlin durch einen Bombentreffer zerstört worden war (Krämer 2001, 8; 72). Eine zweite Schwester, Eva Bersu,

Abb. 3. Der Assistent der RGK Walter Wagner als Sachwalter des Hauses und der Bibliothek in den ersten Nachkriegsjahren (undat., verm. 1965; RGK-A Negativ 66-14-84).

RGK Walter Wagner (1900–1966)[20] am 1. Dezember 1945 an Bersu über die Lage der RGK *(Abb. 3)*[21], ab Sommer 1946 traten die deutschen Kollegen dann in regelmäßigen Austausch mit Bersu[22].

Bersus einstiger Vorgesetzter im DAI, der damalige Präsident Theodor Wiegand (1864–1936), war noch vor dem Kriegsausbruch verstorben[23] und dessen Nachfolger Martin Schede (1883–1947) war Ende September 1945 „im Zuge einer Untersuchung der Beziehungen sämtlicher höherer Reichsbeamter zu ihren vorgesetzten Ministerien im dritten Reich" von russischer Seite inhaftiert worden[24] und verstarb im Februar 1947 in einem russischen Gefangenenlager in Sachsen[25]. Seit seiner Inhaftierung wurde Schede vertreten von dem Klassischen Archäologen Carl Weickert (1885–1975)[26]. Dieser hatte als Direktor

lebte (zumindest 1943) in Frankfurt an der Oder (Abschrift Untervollmacht, 2.9.1943: RGK-A NL Gerhard Bersu, Sammlung Krämer, unpag.).

[20] Wagner, Lebenslauf, 24.10.1947; Lebenslauf, 18.2.1963; Eidesstattliche Erklärung Wagner, 18.2.1963; Wagner an Bundesverwaltungsamt Köln, 15.6.1963: RGK-A PA 2.614 Dr. Walter Wagner, unpag.; Grunwald 2020, 258–265.

[21] Wagner an Bersu, 1.12.1945: RGK-A Korrespondenz Bersu 356, Bl. 798.

[22] Krämer 2001, 73.

[23] Althoff / Jagust 2016.

[24] Rundscheiben Weickert an Mitarbeiter des DAI, 22.2.1946, 3 S., S. 1–2: DAI Archiv der Zentrale 10–01 „Präsident, Allgemeines, 1.4.1936–31.12.1951"; unpag.; gleichlautende Version an Wagner vom 25.2.1946 unterzeichnet von Heinrich Fuhrmann, Referent des Institutes: RGK-A PA 2.614 Dr. Walter Wagner; unpag.

[25] Zu Schede: Bittel 1988; Junker 1997; Maischberger 2016.

[26] Weickert an Mitglieder der ZD, 5.7.1947; Weickert an Captain Grier, Monuments Fine Arts Archives, Econom. Building, Military Gouvernment

Abb. 4. Carl Weickert (rechts) und sein Amtsnachfolger Erich Boehringer wahrscheinlich Anfang der 1950er-Jahre (Archiv der Zentrale des DAI, Biografica Mappe).

die Staatliche Antikensammlung in München (1934–1936) und dann als Direktor die Antikensammlung der Berliner Museen bis 1945 geleitet *(Abb. 4)*.

In Frankfurt hatte Bersus Nachfolger Ernst Sprockhoff (1892–1967) bis zu seiner Einberufung im Sommer 1939 die RGK geleitet[27]. Während seines Fronteinsatzes und seiner Gefangenschaft hatte von Merhart mit Unterstützung von Wagner die Geschäfte in sehr beschränktem Umfang weitergeführt *(Abb. 5)*[28]. Diese beiden waren auch nach dem Krieg und Wagners Entlassung aus der Gefangenschaft im September 1945 wieder für die RGK zuständig[29], bis Weickert den Althistoriker Matthias Gelzer (1886–1974)[30] von der Frankfurter Universität zum kommissarischen Leiter der RGK berief *(Abb. 6)*[31]. Das Gebäude der RGK war durch Bombenschäden nicht mehr benutzbar und die umfangreiche Bibliothek lagerte „in Ausweichstellen, z. B. im Forsthaus Diana im Spessart und in Katzenelnbogen. Das wissenschaftliche Material befindet sich unversehrt in Frankfurt a. M., Mainz

Headquaters, Berlin Zehlendorf, 16.11.1945, 2 S., S. 1: DAI Archiv der Zentrale 10-01 „Präsident, Allgemeines, 1.4.1936–31.12.1951“; unpag.; Krumme / Vigener 2016.

[27] Ber. RGK 1939/40, 1.

[28] Von Merhart war durch Schede anlässlich der Einberufung Wagners zum Kriegsdienst im September 1943 mit der kommissarischen Leitung der RGK betraut worden (Schede an Merhart, 9.2.1944: RGK-A 256).

[29] Anderslautend: 18.7.1945: Hessisches Staatsministerium, Minister für Kultus und Unterricht, Berechnung des Besoldungsdienstalters, 12.4.1949: RGK-A PA 2.614 Dr. Walter Wagner.

[30] Hausmann 1998, 125–128; Meier 2017; Mons / Santner 2019.

[31] Weickert an Gelzer, 27.5.1946: DAI Archiv der Zentrale 10-10 RGK Allgemeines, 1935–31.3.1950; unpag.

Abb. 5. Gero von Merhart war im September 1943 mit der kommissarischen Leitung der RGK betraut worden (1940er-Jahre?; RGK-A NL Gerhard Bersu, Kiste 3).

Abb. 6. Der Althistoriker Matthias Gelzer wurde 1919 an die Frankfurter Universität berufen (hier sein offizielles Ernennungsfoto) und lehrte dort bis zu seiner Emeritierung 1955 (Archiv RGK).

und Marburg.“[32] Wagner hatte in der Privatwohnung der Verwaltungsmitarbeiterin der RGK Irmgard Menzner in der Nähe des RGK-Gebäudes ein provisorisches Büro eingerichtet, von wo aus er die Korrespondenz der RGK betreute und die Drucklegung der ersten Nachkriegsbände der Periodika der RGK vorbereitete[33].

Bei einem Gespräch, das Ende März 1946 zwischen Weickert und Vertretern der *Section Monuments, Fine Arts and Archives* der amerikanischen Militärregierung stattfand, wurde wahrscheinlich erstmals offiziell der frühere Direktor der RGK erwähnt: als „Leiter der Zweigstelle Frankfurt ist Professor Bersu in Aussicht genommen, der schon vor dem Kriege an dieser Anstalt tätig war, ein Fachmann ersten Ranges auf dem Gebiete der Vorgeschichte und politisch nicht belastet.“[34] Zu diesem Zeitpunkt hatten immer noch nur wenige deutsche Archäologen brieflichen Kontakt zu Bersu, allen voran von Merhart[35].

[32] Weickert an Captain Grier, Monumente Fine Arts Archives, Econom. Building, Military Gouvernment Headquaters, Berlin Zehlendorf, 16.11.1945, 2 S., S. 1: DAI Archiv der Zentrale 10-01 „Präsident, Allgemeines, 1.4.1936–31.12.1951“; unpag.

[33] Krämer 2001, 73.

[34] Aktennotiz zu Besprechung mit Section Monuments …, 23.3.1946, 25.3.1946, 5 S.; S. 3: DAI Archiv der Zentrale 10-01 „Präsident, Allgemeines, 1.4.1936–31.12.1951“; unpag.

[35] Merhart an Bersu, 7.8.1946: RGK-A NL Gerhard Bersu, Korrespondenz Bersu 1946–1957.

Für Bersus Freund Unverzagt waren mit dem Kriegsende alle Arbeitsmöglichkeiten in Berlin weggebrochen. War er bis dahin der wichtigste Archäologe in Berlin / Brandenburg der späten 1920er-und 1930er-Jahre gewesen[36], wurde er nun im Zuge der Entlassung aller NSDAP-Mitglieder aus öffentlichen Ämtern stellenlos und musste das Museum für Vor- und Frühgeschichte oder vielmehr das, was davon noch übrig war, verlassen[37]. Er bemühte sich mit Unterstützung zahlreicher anderer Wissenschaftler um seine Rückberufung an die Universität und im August 1945 formulierte er dafür einen Lehrplan für das kommende Semester[38]. Aber Universitätsleitung und Magistrat lehnten Unverzagts Bemühungen unter Verweis auf entsprechende Runderlasse sowohl der Sowjetische Militäradministration in Deutschland (SMAD) als auch des Berliner Magistrats ab, wonach ehemalige NSDAP-Mitglieder nach Möglichkeit nicht wieder in dem Magistrat unterstellten Behörden und Einrichtungen beschäftigt werden sollten. Im Oktober 1945 gab schließlich die Abteilung Volksbildung beim Berliner Magistrat bekannt, „auf das ganze Gebiet vorübergehend zu verzichten" und den Lehrstuhl für Vorgeschichte nicht neu zu besetzen[39]. Unverzagt empfahl man reine Forschungsarbeit, „bei der keine Berührungspunkte mit der Öffentlichkeit" gegeben wären[40]. Deshalb erwog dieser im Sommer 1946 auch kurzzeitig eine berufliche Umorientierung in die westlichen Besatzungszonen[41], begann dann aber doch zügig mit der Planung eines Instituts für Prähistorische Archäologie an der verbliebenen ehemaligen Preußischen Akademie der Wissenschaften. Beim DAI reagierte man darauf ungehalten[42], aber bald war eine Einigung darüber erreicht, dass das neu zu gründende Institut „eine ähnliche Aufgabe für den Osten erhalten [könnte], wie sie die Römisch-Germanische Kommission in Frankfurt a. Main schon bisher für den Westen hatte", es sollte aber kompatibel zum DAI strukturiert werden, um eine spätere Zusammenfassung beider Einheiten zu ermöglichen[43]. Noch im Januar 1947 beschloss das Plenum der Akademie die Einrichtung eines Instituts für Ur- und Frühgeschichte[44].

Im Sommer 1946 lagen Bersu mehrere Anfragen deutscher Kollegen hinsichtlich seiner Rückkehr an die RGK vor. In dem wahrscheinlich ersten Brief, den Bersu nach dem Krieg an Unverzagt schrieb, legte er seine Bedenken dazu dar: Einerseits sah er voraus, dass er seine noch kraftvollen Jahre dem Wideraufbau gänzlich würde widmen müssen, aber „mein Ideal war, wie Sie ja wissen, gewesen, mich in meinen späteren Tagen eigener wissenschaftlicher Arbeit zu widmen, nachdem ich von 1924–1933 mich ganz dem Wiederaufbau und Ausbau von Frankfurt gewidmet hatte. Ich lasse dabei ganz ausser Acht, wenn ich von der Schwere des Entschlusses spreche, welche Kränkungen und Ungerechtigkeiten

[36] Bertram 2004/05.

[37] Nawroth 2004/05; Leube 2007, 273.

[38] Unverzagt, Persönlicher Fragebogen, 15.8.1945: zit. nach Leube 2007, 274, Anm. 45.

[39] Aber Anfang 1946 wurde doch ein kleiner Lehrauftrag u. a. für Grabungstechnik an Walter Andrae (1875–1956) vergeben (Leube 2007, 276; 278).

[40] Leube 2007, 278.

[41] Bersu an Unverzagt, 16.7.1946: SMB-PK/MVF Archiv IX f 3, b-2/Bl. 1.

[42] Merhart an Unverzagt am 28.5.1946: SMB-PK / MVG Archiv IX f 4, Nachlass Unverzagt, 1949–1951, unpag.; Weickert an den Sekretar der Phil.-Hist. Klasse der DAW am 27.11.1946: ABBAW Bestand Schnellerstrasse A 3400, unpag.

[43] Weickert an den Sekretar der Phil.-Hist. Klasse der DAW am 27.11.1946, Bl. 2; Unverzagt an Brackmann am 20.12.1946; Fritz Hartung, Sekretär der Phil.-Hist. Klasse der DAW, an Unverzagt am 13.12.1946; Unverzagt an Hartung am 4.1.1947: ABBAW Bestand Schnellerstrasse A 3400, unpag.; Unverzagt an Kunkel am 12.1.1947: SMB-PK / MVG Archiv IX f 4, Nachlass Unverzagt, 1949–1951, unpag.

[44] Hartung an Unverzagt am 27.1.1947: ABBAW Bestand Schnellerstrasse A 3400, unpag. – Allgemein zur ostdeutschen Archäologie: Coblenz 1998. – Zu Unverzagt: Coblenz 1992. – Zur weiteren Konzeptionsgeschichte der Kommission bzw. des Instituts für Vor- und Frühgeschichte: Grunwald 2019, 160–172.

ich für diese Arbeit nach 1933 erfahren habe, weil man von Lumpen wie der Reinerth-Rosenbergsippe nichts anderes erwarten konnte. Ich denke dabei auch nicht an jene Kollegen, die mich aus Feigheit den Nazis gegenüber im Kampfe gegen unmögliche Prinzipien schmählich im Stich liessen, sondern gehe diese Frage vom sachlichen Standpunkt an, ob die Aufgabe überhaupt gelöst werden kann und ob ich sie lösen kann.“[45]

In den Anfragen seiner deutschen Kollegen und deren Zusicherungen, ihn bei dem Aufbauwerk zu unterstützen, sah Bersu Voraussetzungen für den Erfolg. Eine andere war die noch ausstehende Zusicherung seiner eigenen wirtschaftlichen Absicherung. Zusätzlich verwies er auf die „Praxis der hiesigen Behörden [in Irland; S. G.] nur denen die Rückkehr nach Deutschland zu gestatten, die amtlich von einer deutschen Behörde angefordert sind. Ein solches Schreiben habe ich noch nicht erhalten. Wenn mich z. B. Goessler[46] in seinen Briefen drängt unverzüglich zurückzukommen so macht er sich offenbar gar keine Gedanken darüber, dass ich nach Verlust von unserem ganzen Besitz nicht wüsste wovon wir leben sollten wenn ich nicht die schriftliche Zusage einer amtlichen Stelle habe dass ich mein Amt auch wirklich antreten kann, ganz abgesehen davon, dass ohne Genehmigung der Besatzungsbehörden beim gegenwärtigen politischen Zustand Deutschlands eine solche Aufforderung durch eine deutsche Stelle für Personal und Sachetat die Genehmigung dieser Behörden haben muss.“[47] Eigentlich sei er froh, so Bersu, sich derzeit noch nicht entscheiden zu müssen.

## Antisemitismus vor und nach 1945

Dieser erste Brief an Unverzagt ist vorläufig der einzige in der von mir eingesehenen Korrespondenz, in dem angedeutet wurde, dass Vertreibung und Krieg Bersu mehr genommen hatten als Position und Ansehen. Bersu kondolierte Unverzagt, dessen Vater gestorben war, und berichtete, dass seine Mutter während des Krieges ebenfalls verstorben war und dass seine Frau Maria verzweifelt auf Nachricht von ihrer Mutter warte[48]. Ob die Bersus da bereits wussten, dass Amalia Betty Goltermann Mitte März 1943 über Berlin in das Konzentrationslager Theresienstadt deportiert und dort am 9. Mai 1943 umgebracht worden war, ist vorläufig unklar.

Innerhalb der deutschen Archäologie wurde spätestens seit 1933 die familiäre Herkunft von Bersu und Unverzagt thematisiert. Bersus Frau stammte aus einer jüdischen Familie und auch Bersus vier Großeltern waren Juden gewesen, während er selbst getaufter Protestant war wie seine Eltern. Nach dem sog. Blutschutzgesetz und dem sog. Reichsbürgergesetz, beide 1935 erlassen, galt Bersu damit als Halbjude[49]. Das DAI als Reichsbehörde unterwarf sich den Vorgaben der nationalsozialistischen Rassengesetze und forderte jüdische Mitglieder zum Austritt auf und versetzte Bersu 1935 entsprechend dem Anfang April

[45] Bersu an Unverzagt, 16.7.1946: SMB-PK/MVF Archiv IX f 3, b-2/Bl. 1.

[46] Peter Goessler (1872–1956) war ehemaliger württembergischer Landeskonservator und lebte und forschte in Tübingen (Paret 1956).

[47] Bersu an Unverzagt, 16.7.1946: SMB-PK/MVF Archiv IX f 3, b-2/Bl. 2.

[48] Bersu an Unverzagt, 16.7.1946: SMB-PK/MVF Archiv IX f 3, b-2/Bl. 2; Amalie Betty Goltermann, geb. Cahn (1875–1943: https://www.bundesarchiv.de/gedenkbuch [letzter Zugriff: 7.11.2021]).

[49] In dem Formular, das die Verheiratung von Gerhard Bersu mit Dr. phil. Maria Anna Goltermann am 22.12.1928 bestätigte, wurden die Mutter der Braut und die Großeltern der Braut mütterlicherseits als jüdisch bezeichnet. Einer undatierten und anonymen Abschrift „Betr. Familienforschung Dr. Gerhard Bersu“ zufolge waren die Großeltern Bersus väterlicherseits „mosaisch“ (RGK-A NL Gerhard Bersu, unpag.); Heuer / Wolf 1997, 405; Friedländer 2006.

1933 erlassenen „Gesetz zur Wiederherstellung des Berufsbeamtentums" in den Ruhestand[50]. Danach reiste Bersu bis zum Kriegsbeginn wiederholt ins westeuropäische Ausland und hätte Gelegenheit gehabt zu emigrieren, er kehrte aber immer wieder nach Berlin zurück, erlebte dort auch die Novemberpogrome 1938[51] und dürfte sich der Risiken für sich und seine Frau, aber auch für ihre Angehörigen bewusst gewesen sein. Im Sommer 1939 schloss er die Untersuchungen in Little Woodbury in England ab und nahm angesichts der spürbaren Kriegsgefahr das Angebot einer Ausgrabung in Nordengland an, die er fünf Tage vor dem Kriegsausbruch abschloss[52]. Spätestens mit dem Kriegsbeginn 1939 unterlagen dann die Bersus als Angehörige einer feindlichen Kriegspartei einer ständigen Polizeikontrolle. Im Sommer 1940 wurden sie schließlich wie die meisten Deutschen auf den Britischen Inseln interniert, in ihrem Fall auf der Isle of Man[53].

Auch Unverzagt war als Jude bezeichnet worden, als Bersu 1933 im Rahmen einer fachpolitischen Kampagne des „Reichsbundes für deutsche Vorgeschichte" als gefährlich und als Jude diffamiert worden war. Es kam zu Recherchen bei der NSDAP in Unverzagts Heimat, die das Gerücht jedoch nicht bestätigten[54]. Unverzagt hat die Gerüchte gegen ihn nochmals dargestellt, als er Ende 1948 gegenüber dem DAI von den Auseinandersetzungen um das geplante Reichsinstitut für Vorgeschichte in den 1930er-Jahren berichtete[55].

Eine Aufarbeitung solcher antisemitischen Entscheidungen und Kampagnen als Elemente des Holocaust oder eine öffentliche Rehabilitierung der Betroffenen wurde nach 1945 weder fachintern noch öffentlich geleistet; in den Archäologien wurde erst im frühen 21. Jahrhundert damit begonnen, die Ereignisse als wissenschaftsgeschichtliches Thema zu bearbeiten[56]. Wenn überhaupt, standen oder stehen weniger die Opfer als vielmehr die Täter im Mittelpunkt des fachgeschichtlichen Interesses[57]. Scheinbar komplementär dazu schwiegen die Opfer und nach Ausweis der vorliegenden Quellen taten dies auch Bersu und seine Frau nach ihrer Rückkehr nach Deutschland. Die Bersus nahmen vermutlich wie viele Holocaustüberlebende wahr, dass mit dem Ende des Nationalsozialismus keineswegs auch der Antisemitismus überwunden worden war: Rückkehrende Überlebende erfuhren in ihren europäischen Herkunftsländern keinerlei Willkommenskultur, sondern vielmehr Ablehnung, oftmals Schikane bei der Rückforderung ihres requirierten Eigentums und sogar Pogrome[58]. Der Unwille und das Unvermögen der Mehrheit der Deutschen, sich mit dem Nationalsozialismus und dem Holocaust auseinanderzusetzen, sowie Scham und Schuldgefühle gegenüber den Holocaustüberlebenden ließen einen „sekundären Antisemitismus" mit der „tröstlichen Denkfigur" entstehen, wonach es irgendwie an den Juden selbst liegen müsse, dass sie seit Jahrhunderten verfolgt wurden[59].

Es ist nicht unwahrscheinlich, dass Unverzagt Bersu darüber informierte, wie der Magistrat von Berlin im Ostteil der Stadt 1948 die Rückgabe jüdischen Eigentums stoppte[60]

[50] Krämer 2001, 39–47; 58–60.

[51] Krämer 2001, 65.

[52] Krämer 2001, 67.

[53] Krämer 2001, 69. – Ob Bersu und seine Frau auch im Zuge der allgemeinen Ausbürgerung von im Ausland lebenden deutschen Juden, die 1941 erlassen wurde, betroffen waren, ist derzeit nicht bekannt.

[54] Unverzagt 1985, 30.

[55] Unverzagt 1985, 30.

[56] Vigener 2012a.

[57] Podiumsdiskussion in Apelt / Hufenreuter 2016, 155–174; 157.

[58] Benz / Mihok 2016.

[59] Benz 2016, 36.

[60] Staadt 2016, 103. – In der amerikanischen Besatzungszone wurden hingegen 1947 ein Gesetz zur Rückerstattung entzogener Vermögenswerte (1947) und ein Entschädigungsgesetz (1949) erlassen, das Widergutmachungsleistungen für erlittene Verfolgung zusicherte. Ihre Fortsetzung fanden diese Regelungen im Bundesergänzungsgesetz von 1953 und im Bundesrückerstattungsgesetz von 1957 (Winstel 2006; Frei et al. 2009).

oder wie der im Marxismus-Leninismus implementierte kommunistische Nationalismus Anfang der 1950er-Jahre im ganzen Ostblock eine offen antisemitische Wendung nahm[61]. Bersu war bereits wieder in Deutschland, als 1952 in Prag im sog. Slánský-Prozess elf Mitglieder der Tschechischen Kommunistischen Partei wegen „zionistisch-imperialistischer Agententätigkeit“ zum Tode verurteilt wurden[62], als im sowjetischen Regierungssitz in Moskau eine „jüdische Ärzteverschwörung“ aufgedeckt wurde[63] und als in der DDR das Zentralkomitee der Sozialistischen Einheitspartei Deutschland (SED) vor „Todfeinden des friedliebenden deutschen Volkes“ warnte, um anschließend Parteimitglieder auf ihre jüdische Herkunft hin zu überprüfen und jüdische Angestellte aus der Verwaltung zu entlassen[64]. Im Ergebnis flohen Anfang der 1950er-Jahre 400 Juden aus der DDR und nur Stalins Tod im März 1953 verhinderte weitere Maßnahmen[65]. Eine Aufarbeitung dieses latenten Antisemitismus fand nicht statt; vielmehr wurden antisemitische Übergriffe oder Schmierereien, wie sie dann Ende der 1950er-Jahre in der Bundesrepublik massenweise auftraten, als „Dumme Jungen Streiche“ abgetan[66].

Gegen diesen „Antisemitismus nach Auschwitz“[67] regte sich kaum Widerstand in der deutschen Nachkriegsbevölkerung, was auf eine breite öffentliche Zustimmung schließen lässt. Tatsächlich ergaben amerikanische Meinungsumfragen in der US-Besatzungszone Ende 1946, dass 18 % der Bevölkerung als „harte Antisemiten“, 21 % als Antisemiten und 22 % als Rassisten einzustufen waren[68], also mehr als 60 % der Bevölkerung jüdischen Mitbürgern ablehnend bis feindlich gegenüberstanden. In diese Gesellschaft kehrte Bersu mit seiner Frau zurück. Sie kehrten nach Frankfurt am Main zurück, wo vor dem Holocaust die größte jüdische Gemeinde in Deutschland gelebt hatte und wo man nun den Tod von 12 000 jüdischen Mitbürgern zu beklagen hatte[69]. Dass Bersu mutmaßlich zu den Ereignissen schwieg und mit ihm wohl das ganze Fach, entspricht ganz den Befunden über den Umgang der Überlebenden und der deutschen Öffentlichkeit mit dem Holocaust[70]. Auch dass Bersu als Heimkehrer ermahnt werden sollte, die Vergangenheit ruhen zu lassen und widerspruchslos mit den Kollegen zu kooperieren, entspricht dem (s. u.).

## Bitten und Ermahnungen

Die Finanzierung des DAI blieb auf Jahre unklar, da es nun nicht mehr eine Reichsbehörde war und die Zentrale im Westteil der alliiert besetzten, schwer zerstörten Hauptstadt Berlin lag, was Fragen der Zuständigkeit lange unbeantwortet ließ[71]. Weickert sah

[61] „Der marxistisch-leninistische Antiimperialismus ging von der Existenz von qua Natur zusammengehörigen Gemeinschaften namens ‚Völkern‘ bzw. ‚Nationen‘ als Kollektivsubjekten aus", welche das Interesse einte, die „Fremdherrschaft der zugleich kapitalistischen und ausländischen Eindringlinge“ zu beenden (Haury 2016, 16).

[62] Haury 2016, 16; Gerber 2017.

[63] Haury 2016, 16.

[64] Haury 2016, 17.

[65] Haury 2016, 17.

[66] Podiumsdiskussion in Apelt / Hufenreuter 2016, 155–174; 157.

[67] Stender 2010, 8.

[68] Wetzel 2016, 67.

[69] https://jg-ffm.de/de/gemeinde/geschichte (letzter Zugriff: 7.11.2021); https://www.bundesarchiv.de/gedenkbuch/einfuehrung.html.de?page=22019 (letzter Zugriff: 7.11.2021).

[70] Podiumsdiskussion in Apelt / Hufenreuter 2016, 155–174. – In größerem Umfang meldeten sich Überlebende des Holocaust weltweit erst etwa 30 Jahre nach dem Kriegsende zu Wort (Kämper 2005, 18).

[71] Aktennotiz zu Besprechung mit Section Monuments … am 23.3.1946, 25.3.1946, 5 S.: DAI Archiv der Zentrale 10-01 „Präsident, Allgemeines, 1.4.1936–31.12.1951“; unpag. – Es wurde erwogen, das DAI an die Berliner Universität oder die einstige Preußische Akademie anzugliedern, während man in den westlichen Besatzungszonen über die Einrichtung eines provisorischen Ausschusses zur

Abb. 7. Ruinengrundstück Palmengartenstraße, wie es Bersu bei seinem Besuch 1948 sah und fotografierte (RGK-A NL Gerhard Bersu: Kiste „Krämer – Sammlung Bersu").

in der Treuhänderschaft des Landes Hessen über die RGK die einzig mögliche Form für die weitere Zusammenarbeit zwischen DAI und der RGK, während Kollegen über andere Organisationsformen nachdachten[72]. Tatsächlich sollte Hessen die RGK bis zu deren Übernahme durch die Bundesrepublik 1953 finanzieren und für die „dringlichsten Bedürfnisse" der RGK sorgen, konnte aber keine Mittel für die Förderung von Forschungsvorhaben bereitstellen[73]. Derart verantwortlich, hatte Hessen „Bersu eine offizielle Berufung" geschickt, „damit er die Schritte zur Repatriierung in England unternehmen" konnte[74]. Bersu wollte an den etablierten Strukturen der RGK und des DAI festhalten; seine endgültige Entscheidung über die Rückkehr nach Frankfurt machte er aber von seinen eigenen zu erwartenden Bezügen und dem zukünftigen Etat der RGK abhängig[75]. Für die Beteiligten in Deutschland schienen die Verhandlungen mit Hessen „endlos" zu dauern[76]. Weickert und wohl auch andere Kollegen drängten Bersu zu einem Besuch in

Wahrnehmung der Aufgaben des Instituts in den Westzonen" diskutierte (Weickert an Schweitzer, 22.8.1946, 3 S.: DAI Archiv der Zentrale 10-01 „Präsident, Allgemeines, 1.4.1936–31.12.1951"; unpag.).

[72] Matz an ZD des DAI, Oktober 1947; Weickert an Bersu, 28.11.1947, 2 Bl., S. 4: RGK-A NL Gerhard Bersu, Korrespondenz Bersu 1946–1957.

[73] Ber. RGK 1952/54, 188.

[74] Weickert an Schweitzer, 22.8.1946, 3 S.: DAI Archiv der Zentrale 10-01 „Präsident, Allgemeines, 1.4.1936–31.12.1951"; unpag.

[75] Bersu an Ministerialrat Erdsiek, Grosshessisches Ministerium für Kultus und Unterricht, 7.8.1946; Bersu an Weickert, 11.8.1946: RGK-A „Rückberufung Prof. Bersu – Korrespondenz – 1946–1950"; unpag.

[76] Weickert an Bersu, 23.12.1946: RGK-A „Rückberufung Prof. Bersu – Korrespondenz – 1946–1950"; unpag.

Deutschland[77], aber die bestehenden Zerstörungen und zahlreiche Vorschriften erschwerten Bersus Einreise *(Abb. 7)*[78]. Die Bitten an ihn wurden im Verlauf des Jahres 1947 immer eindringlicher[79] und Bersu reagierte darauf zunehmend verständnislos. Er war empört über die groben Ermunterungen von Merharts, er solle das „Abenteuer Frankfurt“ wagen und einen Etat erkämpfen, womit er nach Bersus Meinung die Lage völlig verkannte[80].

## Entnazifizierung in West und Ost

Ende November 1947 erwähnte Weickert gegenüber Bersu einen Plan zur „Errichtung einer Abteilung für Vor- und Frühgeschichte in der britischen Zone“, wofür man Alfred Tode als zukünftigen Leiter erwog[81]. Offensichtlich lief gerade Todes Entnazifizierungsverfahren und Bersu steuerte wohl Details aus Todes früherer Laufbahn bei, worauf Weickert antwortete: „Sie rühren damit an ein ungemein schwierige Frage, die durch das Verfahren in dieser Angelegenheit, das ausserdem noch in allen vier Zonen verschieden gehandhabt wird, so verwickelt worden ist, dass man an ihrer für einen gesunde Entwicklung in der Zukunft notwendige Lösung verzweifeln möchte. […] Was mir wünschenswert und erstrebenswert erscheint ist, dass man unter Ausschaltung solcher Elemente, gegen die sich das Gefühl einer gesunden Ethik sträubt, auf ein ernstes und bescheiden geführtes Arbeiten hinstrebt und diese Arbeit in engem Kontakt mit seinen Berufs- und sonstigen Nachbarn führt zum Besten einer Verständigung unter uns selbst und unter den Völkern“[82].

Die Entnazifizierung der deutschen Bevölkerung war von den Alliierten bereits auf der Konferenz von Jalta im Februar 1945 beschlossen worden und sollte zwischen Mitläufer und NS-Verbrecher unterscheiden und dem gesellschaftlichen Wiederaufbau dienen. Was einvernehmlich beschlossen worden war, wurde in den verschiedenen Besatzungszonen schließlich sehr unterschiedlich umgesetzt, wobei die ursprüngliche moralische Maximalforderung nirgendwo erfüllt werden konnte, wollte man doch einen funktionsfähigen Staat aufbauen[83]. In der sowjetischen Besatzungszone hatte in der unmittelbaren Nachkriegszeit ein „anfänglicher Rigorismus“ geherrscht, der zum irreversiblen Ausschluss von ehemaligen NSDAP-Mitgliedern in den Bereichen Bildung, Justiz und Innere Verwaltung führte und der auch Unverzagt betroffen hatte. Die Verfahren waren aber „keineswegs nur gegen Nazis und Kriegsverbrecher“ gerichtet, „sondern zunehmend gegen alle Kräfte, die die sowjetische Hegemonie und Transformation in Frage zu stellen drohten“[84]. Da man aber im Gegensatz zu den Amerikanern nicht über die zu 90 % erhaltene Mitgliederkartei der NSDAP verfügte, war eine Überprüfung der Selbstaussagen oder Denunziationen nur

[77] Weickert an Bersu, 23.12.1946; Merhart an Bersu, 24.3.1947, 3 S.: RGK-A „Rückberufung Prof. Bersu – Korrespondenz – 1946–1950“; unpag. – Ähnlich eindringlich, aber bittend Max Wegner (Klass. Arch. Münster) an Bersu, 30.12.1947: RGK-A „Rückberufung Prof. Bersu – Korrespondenz – 1946–1950“; unpag.

[78] Weickert an Bersu, 12.4.1947; Werner an Bersu, 24.4.1947: RGK-A „Rückberufung Prof. Bersu – Korrespondenz – 1946–1950“; unpag.

[79] Weickert an Bersu, 6.8.1947; Weickert an Bersu, 15.10.1947; Weickert an Bersu, 1.11.1947: RGK-A „Rückberufung Prof. Bersu – Korrespondenz – 1946–1950“; unpag.

[80] Bersu an Unverzagt, 1.11.1947: SMB-PK/MVF Archiv IX f 3, b-2/Bl. 3.

[81] Weickert an Bersu, 28.11.1947, 2 Bl., S. 2: RGK-A NL Gerhard Bersu, Korrespondenz Bersu 1946–1957. – Alfred Tode (1900–1997) war seit 1937 Landesarchäologe von Braunschweig gewesen und zwischen 1945 bis 1965 Leiter des Braunschweigischen Landesmuseums.

[82] Weickert an Bersu, 28.11.1947, 2 Bl., S. 2–3; Weickert an Bersu, 23.7.1948, 2. Bl.: RGK-A NL Gerhard Bersu, Korrespondenz Bersu 1946–1957.

[83] Wolfgang Benz in Podiumsdiskussion in Apelt / Hufenreuter 2016, 79–98; 91.

[84] Gieseke 2010, 82.

schwer möglich, sodass es im Osten Deutschlands leichter war, die eigene Mitgliedschaft und politische Verstrickungen zu verschweigen. Als Weickert sich gegenüber Bersu für eine großzügige Integration ehemaliger Mitläufer aussprach, tat dies in Ost-Berlin auch die SED-Leitung. Ende 1947 wurde dort die Einbeziehung ehemaliger NSDAP-Mitglieder in den Aufbau einer sozialistischen Gesellschaft beschlossen und die sowjetische Militäradministration beendete die Entnazifizierungsverfahren vollständig. Fortan wurden die „volkseigenen Nationalsozialisten" in der DDR hartnäckig verschwiegen, gehörte doch der Antifaschismus „zum innersten Legitimationskern der DDR"[85]. Was scheinbar dem sozialen Frieden diente, führte aber dazu, dass verheimlichte Mitgliedschaften – weniger in der NSDAP als vielmehr in der Gestapo, in SS-Einsatzgruppen, Polizeibataillonen oder KZ-Wachmannschaften – Bürger erpressbar machten, was langfristig zu einer „geheimen Vergangenheitspolitik" des Ministerium für Staatssicherheit führte[86] und auch Spuren innerhalb der deutsch-deutschen Archäologie hinterließ. Dafür sprechen die zahlreich überlieferten Gerüchte über Kollegen, ohne dass es dazu aber bislang Untersuchungen gibt.

Die westlichen Besatzungsmächte dagegen führten die Entnazifizierungsverfahren mit Fragebogenaktionen bis Anfang der 1950er-Jahre durch. Die überlieferte NSDAP-Mitgliederkartei diente dabei als Prüfinstrument und Betrugsversuche wurden schwer geahndet. Aber auch in den westlichen Besatzungszonen folgte auf die anfängliche Entschlossenheit bald Mäßigung, wie die Aufhebungen zahlreicher Einstufungen durch Berufungsverfahren belegen. Man bemühte sich um eine „zügige Re-Integration der NS-belasteten Eliten [...] insbesondere was Bereiche wie Polizei, Justiz und Verwaltung betraf"[87]. Die westdeutsche Politik des „integrativen Beschweigens" von Nazitäterschaft stand damit der ostdeutschen Inszenierung eines offiziellen Antifaschismus' gegenüber, mit der die bewusste Integration von Tätern verheimlicht wurde[88], sodass Bersus Bedenken so berechtigt erscheinen wie Weickerts Schweige-Strategie zeitgenössisch opportun. Wen Weickert meinte mit „Elemente, gegen die sich das Gefühl einer gesunden Ethik sträubt"[89], waren diejenigen NS-Vertreter, die Regierungsverantwortung getragen und sich schwerer Verbrechen schuldiggemacht und in Nürnberg 1945–46 verurteilt worden waren[90]. Alle anderen, die Mitläufer, ohne die aber das System nicht hätte funktionieren können und die u. a. auch für Bersus Amtsenthebung gesorgt hatten, sollten wohlwollend in fleißige Arbeit integriert werden.

## Rückkehr in Raten

Während Bersu also aus Deutschland dazu ermahnt wurde, Milde gegenüber den einst systemkonformen Kollegen walten zu lassen, würdigte man ihn und seine wissenschaftlichen Leistungen in Irland mit der Ernennung zum Professor in Dublin, was die Entscheidung, in das kriegszerstörte Deutschland zurückzukehren, zweifellos wenig attraktiv

[85] Gieseke 2010, 80.

[86] Gieseke 2010, 81; Leide 2007.

[87] Gieseke 2010, 82.

[88] Gieseke 2010, 82. – In allen Besatzungszonen fanden parallel dazu seit Kriegsende NS-Strafverfahren statt, angefangen mit den sog. Nürnberger Prozessen (Priemel / Stiller 2013). In der sowjetischen Besatzungszone endete die strafrechtliche Verfolgung Anfang der 1950-Jahre (Leide 2007). Die Frankfurter Auschwitz-Prozesse, die in den 1960er-Jahren stattfanden, erwiesen sich dabei als die Prüfung deutsch-deutschen Rechtsverständnisses: Die DDR unterband die Mithilfe und Aussagen von in der DDR lebenden Prozesszeugen, um dem Gerücht keinen Vorschub zu leisten, man beherberge NS-Verbrecher (Wojak 2004; Leide 2019).

[89] Weickert an Bersu, 28.11.1947, 2 Bl., S. 2–3: RGK-A NL Gerhard Bersu, Korrespondenz Bersu 1946–1957, unpag.

[90] Huhle et al. 2015.

erscheinen ließ und tatsächlich unter den deutschen Kollegen auch für Unruhe sorgte[91]. Weickert plante dennoch weiter für Bersus Besuch und schrieb diesem aus Berlin, wo die wachsende Systemkonkurrenz zwischen West- und Ostteil und damit zwischen Westeuropa und den USA auf der einen Seite und der Sowjetunion mit den osteuropäischen Bündnispartnern auf der anderen Seite spürbarer war als etwa in Frankfurt: „Die Sorge um die RGK wird von Tag zu Tag ernster und brennender. Die beklagenswerten politischen Verhältnisse in Deutschland, nach denen mit einer mehr oder weniger vollkommenden Zerteilung Deutschlands in eine westliche und eine östliche Hälfte zu rechnen sein wird, lassen ganz abgesehen von den Spezialaufgaben der RGK die Besetzung der Direktorenstelle als höchst vordringlich erscheinen.“[92] Angesichts der politischen Entwicklungen sah Weickert die „Tendenz zum auch kulturellen Auseinanderfall Deutschlands, deren Gefahr, wie ich glaube und wie wir im Osten alle glauben, im Westen nicht richtig erkannt und zweifellos unterschätzt wird. [...] Ein so auch geistig zerstückeltes Deutschland würde nicht in der Lage sein, die ungeheuer schwierige Aufgabe zu lösen, die uns durch die weltpolitische Situation als einem Randgebiet gestellt ist.“ Als Gegenmittel verklärte Weickert die wissenschaftliche Arbeit und den Zusammenhalt der archäologischen Fächer, die sich in den Jahren seit dem Kriegsende positiv entwickelt hätten, und die RGK: „Die RGK, wieder arbeitsfähig und von sicherer Hand geführt, würde in diesen sich einander entgegenlaufenden Strömungen ein ruhiger und fester Punkt sein, der schnell schon allein durch seine prachtvolle Bibliothek auf alle interessierten Kreise Deutschlands eine starke Anziehungskraft ausüben würde.“ Er verteidigte seine Überzeugung, dass die Zentrale des DAI in Berlin verblieb: „Wir müssen, ohne unseren Anteil an der geistigen Kultur Europas aufzugeben, alles dazu tun, damit dieses Nebeneinander nicht ein unüberbrückbarer Gegensatz oder gar Feindschaft bedeutet, sondern daß ein jeder in seiner kulturellen Welt als Nachbar neben dem anderen leben kann. Bis jetzt ist in dieser Beziehung noch kaum etwas geleistet, wenn man nicht das Negative anführen will, daß man im Westen nur zu leicht denkt, wir wären der östlichen Ideologie bereits verfallen.“[93]

Bersu hielt Weickerts Einschätzung der kulturpolitischen Möglichkeiten in Deutschland angesichts der Entwicklungen in der SBZ für falsch, da er die kommunistische Ideologie als Gegenteil einer europäischen Ideologie sah: „Es schmerzt mich als Deutscher dies sagen zu müssen, aber im Osten kann es keine deutsch europäische Wissenschaft mehr geben. Die schöne Idee, dass deutsche Wissenschaft eine Brücke zwischen Ost und West sein könnte, ist ein Traum, dessen Erfüllung wir nicht mehr erleben werden. Sollte er je wieder möglich sein, wird er nur vom Westen aus zur Erfüllung gebracht werden können. Und dann auch nur wenn die K. S. Ideologie sich grundsätzlich ändert.“ Bersu betonte, dass er an dem Plan festhalte, das Frankfurter Institut und die anderen Institute wiederzueröffnen, wenn sich die Finanzlage im Westen Deutschlands verbessert habe[94].

Der hessische Minister für Kultus und Unterricht richtete endlich im Juni 1948 eine offizielle Einladung an Bersu, die von der Bildungsabteilung der amerikanischen Militärverwaltung von Hessen Anfang Juli an Bersu ging[95], womit die Bemühungen um seine

[91] U. a. Gelzer an Bersu, 9.4.1948; Gelzer an Bersu, 1.6.1948: RGK-A „Rückberufung Prof. Bersu – Korrespondenz – 1946–1950“; unpag.

[92] Weickert an Bersu, 10.6.1948, S. 1–2: RGK-A „Rückberufung Prof. Bersu – Korrespondenz – 1946–1950“; unpag.

[93] Ebd., S. 2–4.

[94] Briefentwurf Bersu an Weickert, undat; wohl Ende Juni 1948: RGK-A NL Gerhard Bersu, Korrespondenz Bersu 1946–1957; unpag. – Mit „K. S.“ meint Bersu wohl kommunistisch-sozialistisch.

[95] Stein an Bersu, 22.6.1948; Wann an Bersu, 7.7.1948: RGK-A „Rückberufung Prof. Bersu – Korrespondenz – 1946–1950“; unpag.

Einreisegenehmigung weiter intensiviert wurden[96]. Eine angekündigte Währungsreform, die am 21. Juni 1948 in den drei westlichen Besatzungszonen erfolgte[97], lähmte aber die weiteren finanziellen Planungen von Organisation und Treffen, doch Bersu hielt an seinen Reiseplänen fest[98].

Anfang Dezember 1948 kehrte der 59jährige Bersu dann nach fast zehn Jahren zum ersten Mal wieder nach Deutschland zurück. Er traf sich mit Kurt Bittel (1907–1991), Wagner, Assessor Lindner und Ministerialrat Hoffmann in Wiesbaden zu einer Besprechung, über die „vertrauliche Aufzeichnungen" erhalten sind[99]. Besprochen wurden als Voraussetzung für Bersus Rückkehr ein angemessener Etat für die RGK, der Wiederaufbau des Gebäudes in der Palmengartenstraße, die Bezüge für Bersu sowie der Beamtenstatus für Wagner. Man diskutierte die Bildung eines engeren Ausschusses, der bis zu Bersus Berufung die Geschäfte der Kommission beratend führen sollte[100], vor allem aber die Neukonstituierung der Kommission der RGK. Bersu empfahl, „dass man am besten die bisherige Kommission ruhen liesse und nicht wieder einberufe, da sie ja der heutigen Situation gegenüber personell wie sachlich nicht mehr entspreche. Dass das Institut doch neue Satzungen haben müsse (ich erwähnte warum die bisherigen unzulänglichen Satzungen nie geändert worden sind), ferner durch Fortfall des Reiches und die Schaffung der Länder neu ex officio Mitglieder bestellt werden müssten, würden diese Fragen am besten erst dann angeschnitten, wenn die Stelle des Direktors neu besetzt und die Stellung des Institutes im Verhältnis zum Staatsvertrage klar sei."[101]

Nach seiner Rückkehr aus Deutschland und nachdem er selbst alle entsprechenden Formalien erfüllt hatte, wartete Bersu in Irland lange auf ein konkretes Gehaltsangebot des Ministeriums in Wiesbaden. Gegenüber Unverzagt beklagte er: „Dies alles klingt sehr materiell und es scheint Leute zu geben, die erwarten, dass ich um der Sache willen Opfer auf mich nehmen sollte, aber das hat Grenzen und was Versprechungen auf die Zukunft bedeuten habe ich lernen müssen. Es hat mich schon genug gekostet, dass ich hier nichts weiteres unternommen um meine Stellung auszubauen weil ich eben grundsätzlich mich für Frankfurt entschlossen hatte und mich bisher durch die seltsame Haltung des Ministeriums (auch in der Reiseangelegenheit) nicht habe beirren lassen. Für normale Menschen ist es jedenfalls unverständlich dass ein Ministerium jemand haben will", dann aber mit ihm kaum kommuniziert oder klare Angebote macht[102]. In Hinblick auf die Archäologie meinte er, England habe archäologisch seit der Zeit vor dem Krieg große Fortschritte gemacht und man werde sich „sehr anstrengen müssen wenn wir Schritt halten wollen.

[96] Weickert an Bersu, 12.8.1948: RGK-A „Rückberufung Prof. Bersu – Korrespondenz – 1946–1950"; unpag.

[97] Buchheim 1988.

[98] U. a. Bersu an Ministerium in Wiesbaden, 8.8.1948; Bersu an Education and Cultural Relations Division US Army, Hesse, 8.8.1948; Bersu an Gelzer, 15.8.1948: RGK-A Korrespondenz 356, 807; 808; 813; Weickert an Bersu, 15.6.1948; Werner an Bersu, 22.6.1948: RGK-A „Rückberufung Prof. Bersu – Korrespondenz – 1946–1950"; unpag.

[99] „Vertrauliche Aufzeichnung über die Besprechungen in Wiesbaden am 6.12.1948"; undat., anonym: RGK-A NL Gerhard Bersu, Korrespondenz Bersu 1946–1957; „Aufzeichnung über eine Besprechung mit Herrn Assessor Lindner in Wiesbaden am 16. Dezember 1948": RGK-A „Rückberufung Prof. Bersu – Korrespondenz – 1946–1950"; unpag.

[100] „Aufzeichnung über eine Besprechung der Herren Bersu, Bittel und Gelzer in Frankfurt am 19. Dezember 1948": RGK-A NL Gerhard Bersu, Korrespondenz Bersu 1946–1957.

[101] „Aufzeichnung über eine Besprechung mit Herrn Assessor Lindner in Wiesbaden am 16. Dezember 1948", Bl. 2; Bersu an Weickert, 28.7.1949 (persönlich): RGK-A „Rückberufung Prof. Bersu – Korrespondenz – 1946–1950"; unpag.

[102] Bersu an Unverzagt, 15.10.1949: SMB-PK/MVF Archiv IX f 3, b-2/Bl. 6.

Hierfür unter den veränderten Verhältnissen den richtigen Weg zu finden die knapp gewordenen Mittel auf das Wesentliche zu konzentrieren ist die lockende Aufgabe für die RGK im Westen und das hätte mich gelockt trotz der offensichtlichen Schwierigkeiten über die ich mir klar bin. Denn trotz der Kriegsverluste ist wie die Nachkriegspublikationen zeigen noch ein guter Fonds an Menschen und Wissen da mit dem wieder aufgebaut werden kann."[103] Dass Bersu auch die Frage der Zusammenarbeit mit einstigen, politisch konformen Kollegen beschäftigte, machte er gegenüber Unverzagt deutlich. Ihm berichtete er, dass er im Juli 1949 Sprockhoff in Großbritannien getroffen habe: „Er hatte offenbar völlig vergessen, dass er einst Wiegand geschrieben [hat], dass ich das Frankfurter Institut nicht mehr betreten sollte! Ich staunte über seine unglaubliche Naivität."[104]

Unverzagt, der noch stärker als Weickert die Widersprüchlichkeit Berlins wahrnahm und kommunizierte, da er täglich zwischen seiner Wohnung im Westteil und seiner Arbeit an der Ost-Berliner[105] Akademie pendelte, teilte den Enthusiasmus des DAI-Präsidenten vom Juni 1948 nicht, wie er offen gegenüber Bersu einräumte. Zwei Tage vor der Gründung der DDR schrieb Unverzagt zwar stolz an Bersu, dass er sich inzwischen „wieder an die Oberfläche emporgearbeitet" habe und seit Mai Vorsitzender der Kommission für Vor- und Frühgeschichte sei, „die zum Mittelpunkt unserer Forschung in der Ostzone werden soll. Sie wird dann das Gegenstück zur RGK bilden. Auch aus diesem Grunde läge mir sehr daran, wenn Sie den Westen übernehmen würden. Eine reibungslose Zusammenarbeit schiene mir dann gewährleistet."[106] Aber gleichzeitig zeigte Unverzagt großes Verständnis für Bersus Ungehaltenheit, auch hinsichtlich seiner finanziellen Versorgung und ermahnte ihn: „Sie dürfen sich über das, was von Deutschland übrig geblieben ist, keine Illusionen machen, Sie werden in völlig veränderte Verhältnisse kommen, die mit den früheren nichts mehr gemein haben, in ein Land, in dem Treu und Glauben weitgehend ausgeschaltet sind. Hinzu kommt die Zerstückelung und die Kirchturmpolitik, die sich besonders im Westen entwickelt hat."[107] Unverzagt selbst sah sich als sog. „Grenzgänger" besonderen Herausforderungen gegenüber: angestellt im Osten Berlins, lebte er im Westsektor und musste mit einem Gehalt von 824 DM (Ostwährung) leben, wovon er jedoch nur 200 Mark im Tauschverhältnis 1 : 1 in Westwährung wechseln durfte. Damit konnte er lediglich ein möbliertes Zimmer, seine Verpflegung und das Nötigste finanzieren, sodass er „ungefähr finanziell wie ein kleiner Assistent gestellt" war. Im Westen lägen die Dinge günstiger, „aber auch dort sind die Mittel äusserst knapp."[108] Dennoch ermunterte er Bersu schließlich: „Wenn Sie also gewillt sind, für die Wiederaufrichtung unserer Forschung zu kämpfen und trotz aller Enttäuschungen und Rückschlägen, die nicht ausbleiben werden, sich durchzusetzen, dann kommen Sie ruhig herüber. Je weniger Illusionen Sie sich machen, umso grösser wird die Freude über jeden, wenn auch kleinen Erfolg sein."[109]

[103] Bersu an Unverzagt, 15.10.1949: SMB-PK/MVF Archiv IX f 3, b-2/Bl. 6.

[104] Bersu an Unverzagt, 15.10.1949: SMB-PK/MVF Archiv IX f 3, b-2/Bl. 8.

[105] Ich folge dem etablierten Sprachgebrauch zur Bezeichnung der beiden Teile Berlins mit West- und Ost-Berlin, da der zeitgenössische Sprachgebrauch der 1950er und 1960er-Jahre ideologisch hoch aufgeladen und auch verwirrend ist. So sprach man in der DDR von Groß-Berlin, Demokratischer Sektor, oder vom Demokratischen Berlin, wenn man die eigene Hauptstadt meinte, während West-Berliner Dokumente sie mit Berlin (Ost) oder später Ost-Berlin bezeichneten.

[106] Unverzagt an Bersu, 05.10.1949: SMB-PK/MVF Archiv IX f 3, b-2/Bl. 4.

[107] Unverzagt an Bersu, 24.10.1949: SMB-PK/MVF Archiv IX f 3, b-2/Bl. 9.

[108] Unverzagt an Bersu, 24.10.1949: SMB-PK/MVF Archiv IX f 3, b-2/Bl. 9.

[109] Unverzagt an Bersu, 24.10.1949: SMB-PK/MVF Archiv IX f 3, b-2/Bl. 9.

Im Frühsommer 1949 wurde der beantragte Etat für die RGK vom Land Hessen genehmigt, aber der Sonderbetrag für den Wiederaufbau des Gebäudes in der Palmengartenstraße, der bei Bersus Besuch im Dezember 1948 diskutiert worden war[110], wurde abgelehnt; die Stadt Frankfurt sollte selbst dafür aufkommen[111]. In Wiesbaden versicherte man aber Weickert, dass man daran festhalte, Bersus Bedingungen für seine Rückkehr an die RGK zu erfüllen, wozu eben auch der Wiederaufbau des RGK-Gebäudes gehört hatte[112]. Auch die Stadt Frankfurt forderte einen Antrag über die entsprechende Maßnahme, wodurch sich also die Rahmenbedingungen für Bersus Entscheidung über seine Rückkehr nicht verbesserten. Weickert drängte Bersu auf eine baldige Entscheidung, um weiteren Schaden von der RGK und dem Institut als Ganzem abzuwenden[113]. In Frankfurt war Gelzer als Mitglied des Engeren Ausschusses der RGK verantwortlich, aber er kümmerte sich, so Bittel, kaum noch um die Belange der RGK und ließ Wagner „schalten und walten, daß es für die Sache nicht gut ist“[114]. Aber die *Germania* war „in Arbeit, und das erste Heft, vielleicht sogar noch die ersten beiden, werden im Laufe dieses Jahres erscheinen.“[115]

## Entscheidung

Bis Ende des Jahres 1949 dauerten die zähen Diskussionen und Nachfragen zu Bersus Gehalt, der Kompensation für die weggefallene Dienstwohnung und der Ausstattung der RGK an. Bersu beklagte die Haltung Frankfurts gegenüber der RGK und stellte zur Diskussion, die RGK aus Hessen zu lösen und der am 23. Mai 1949 neu gegründeten Bundesrepublik Deutschland zu unterstellen[116]. Aus Ost-Berlin äußerte Unverzagt seine Skepsis über den wissenschaftspolitischen Erfolg des westdeutschen Föderalismus, womit er die innerfachliche Debatte der 1930er-Jahre um zentralisierte Forschung und Führerschaft fortsetzte[117]: „Ein Bundeskultusministerium ist nicht vorgesehen. Auf diesem Gebiet herrscht also Narrenfreiheit der einzelnen Länder, die zu seltsamen Auswüchsen führt. [...] Andererseits ist es allmählich allerhöchste Zeit, dass in Frankfurt wieder ein zusammenfassender Mittelpunkt unserer Forschung entsteht“. In der DDR „ist alles viel straffer organisiert und einheitlich zusammengefasst. So gibt es ein Volksbildungsministerium, im dem alle Fragen der Länder zentral bearbeitet werden. Wir spüren das auch in der Akademie, die in jeder Weise gefördert wird und die heute das Forschungszentrum der Ostzone bildet. Auch mit den Bestrebungen unserer Forschung beginnen wir uns immer mehr durchzusetzen.“[118] Bersus Meinung zu derart zentralisierter Forschung ist nicht überliefert *(Abb. 8)*.

[110] Aufzeichnung Besprechung Staatsbauamt, 15.12.1948: RGK-A NL Gerhard Bersu, Korrespondenz Bersu 1946–1957.

[111] Bittel an Bersu, 18.5.1949; Bittel an Bersu 6.7.1949: RGK-A „Rückberufung Prof. Bersu – Korrespondenz – 1946–1950“; unpag.; Oberbürgermeister Kolb an RGK, 14.07.1949: RGK-A NL Gerhard Bersu, Korrespondenz Bersu 1946–1957.

[112] Weickert an Bersu, 21.7.1949, S. 1–2: RGK-A „Rückberufung Prof. Bersu – Korrespondenz – 1946–1950“; unpag.

[113] Weickert an Bersu, 21.7.1949, S. 2; Bersu an Weickert, 28.7.1949 (offiziell): RGK-A „Rückberufung Prof. Bersu – Korrespondenz – 1946–1950“; unpag.

[114] Bittel an Bersu 6.7.1949:RGK-A „Rückberufung Prof. Bersu – Korrespondenz – 1946–1950“; unpag.

[115] Bittel an Bersu 6.7.1949:RGK-A „Rückberufung Prof. Bersu – Korrespondenz – 1946–1950“; unpag.

[116] Bersu an Weickert, 28.7.1949: RGK-A „Rückberufung Prof. Bersu – Korrespondenz – 1946–1950“; unpag.

[117] Grunwald 2020, 233–242.

[118] Unverzagt an Bersu, 11.2.1950: SMB-PK/MVF Archiv IX f 3, b-2/Bl. 11.

Abb. 8. Während Bersu seine Rückkehr nach Deutschland plante, war Unverzagt in der DDR bereits als Wissenschaftler und Akademiemitglied etabliert. Beim Empfang zum 250jährigen Bestehen der ehemals Preußischen, nunmehr Deutschen Akademie der Wissenschaften wurde Unverzagt am 11. Juli 1950 vom Präsidenten der DDR, Wilhelm Pieck (1876–1960), begrüßt. Hinter Unverzagt ist der renommierte Bodenkundler und Direktor des Akademieinstitutes zur Steigerung der Pflanzenerträge Eilhard Alfred Mitscherlich (1874–1956) zu erkennen, hinter Pieck steht (wahrscheinlich) Piecks Tochter Elly Winter (1898–1987), die im Büro des Präsidenten arbeitete (Archiv MVF Nachlass Unverzagt DP 0027635).

Ende Februar 1950 schrieb endlich das Hessische Finanzministerium an Weickert und legte detailliert Bersus zukünftige Bezüge samt Wohngeld dar[119]. Hessen gewährte Bersu Umzugskostenhilfen und bot ihm im Laufe der Verhandlungen schließlich auch eine Professur an der Frankfurter Universität ohne Lehrverpflichtung an[120], sodass Bersu schließlich am 6. April 1950 an das Hessische Erziehungsministerium schrieb, dass er die erste Direktorenstelle der RGK zu den ausgehandelten Bedingungen annehme[121]. Weickert reagierte umgehend, kurz und glücklich, Bittel ebenso[122]. Im Juni 1950 wurde die Ernennung Bersus zum Ersten Direktor der RGK bei der Hessischen Landesregierung beantragt[123] und schließlich am 13. Juli 1950 beschlossen[124].

[119] Gase, Finanzministerium, an Weickert, 22.2.1950: RGK-A „Rückberufung Prof. Bersu – Korrespondenz – 1946–1950“; unpag.

[120] Lindner an Bersu, 22.3.1950: Bersu an Weickert, 28.7.1949 (offiziell): RGK-A „Rückberufung Prof. Bersu – Korrespondenz – 1946–1950“; unpag.

[121] Bersu an Hessisches Ministerium für Erziehung und Volksbildung, 6.4.1950: Bersu an Weickert, 28.7.1949 (offiziell): RGK-A „Rückberufung Prof. Bersu – Korrespondenz – 1946–1950“; unpag.; Bersu an Unverzagt, 7.4.1950: SMB-PK/MVF Archiv IX f 3, b-2/Bl. 20.

[122] Weickert an Bersu, 13.4.1950: Bersu an Weickert, 28.7.1949: RGK-A „Rückberufung Prof. Bersu – Korrespondenz – 1946–1950“; unpag.

[123] Wagner an Bersu, 20.6.1950: RGK-A Korrespondenz 356, Bl. 837.

[124] Bersu an Wagner, 29.7.1950: RGK-A 356, Bl. 840.

Damit endeten die Schwierigkeiten und Verzögerungen jedoch nicht; das Hessische Bildungsministerium forderte Bersu auf, sich im Falle einer Ernennung zu verpflichten, sein Amt bis zum 65. Lebensjahr zu versehen, was Bersu als schweren Affront betrachtete. „Ich habe in Nazi-Zeiten nicht unter Druck irgendwelche Zusagen gemacht und habe auch nicht die Absicht, mich derartigen Methoden, die das Wiesbadener Ministerium offenbar aus diesen Zeiten geerbt hat, nunmehr anzupassen. Die Haltung des Ministeriums erinnert fatal an Hitlers ‚Ich habe keine territorialen Ansprüche mehr.'"[125] Gegenüber Unverzagt bekannte er: „Als wir heute vor 10 Jahren interniert wurden sah die Welt nicht so schwarz wie heute aus und das nun von den eigenen Landsleuten!"[126] Unverzagt relativierte die ministerialen Forderungen als folgerichtig und reagierte seinerseits empört: „Mein Gott, was sind Sie für eine empfindliche Mimose geworden, ein hinterwäldlerischer Insulaner, der 10 Jahre hindurch fern der bösen Welt und ihrer Entwicklung gelebt hat. [...] Dass Sie sich im übrigen mit Ihren Sonderforderungen dort nicht sehr beliebt gemacht haben, können Sie sich wohl vorstellen. So unbequem Ihre Internierung im einzelnen auch für Sie bestimmt gewesen ist, so dürfen Sie sich doch nicht wundern, wenn diese angesichts der furchtbaren Erlebnisse und Schicksale, die Millionen von Deutschen in den letzten 10 Jahren durchmachen mussten, als eine Art Kuraufenthalt angesehen werden kann. Dafür eine Sonderbelohnung zu verlangen, ist nicht besonders klug. Was habe ich in den letzten 5 Jahren alles für Demütigungen, Unbequemlichkeiten, Intrigen usw. auf mich nehmen müssen. Sie werden noch manche Enttäuschung erleben. Denken Sie dabei immer daran, dass ich Sie rechtzeitig darauf aufmerksam gemacht habe. So, nun haben Sie Ihr Fett weg."[127] Wie die meisten Deutschen beklagte also auch Unverzagt den vergangenen Krieg und die anschließende Besatzungszeit und nicht die 12 Jahre nationalsozialistischer Diktatur und die Opfer des Krieges und des Holocaust[128]. Damit ist sicherlich auch gleichzeitig die Perspektive der meisten deutschen Archäologen auf NS-Zeit, Krieg und Vernichtung und auf Exilierte wie Bersu wiedergegeben.

Bersu nahm seinem Freund Unverzagt diese Perspektive nicht übel. Umgehend reagierte er auf dessen „munteren Brief" und erklärte, dass er in den Verhandlungen mit Wiesbaden niemals die „Frage der Wiedergutmachung" angesprochen habe, sondern dass das Ministerium selbst die Frage von „Sonderbewilligungen bei Berufung verdienter Gelehrter" angebracht habe und dass ihn vor allem die Vorgehensweise des Ministeriums bei den Verhandlungen verärgert und verunsichert habe. Auf einer korrekten Verhandlungsführung zu bestehen sei, so Bersu, „keine insulare Hinterwäldlerei sondern ein selbstverständlicher Grundsatz im Verkehr mit Menschen. Wohin es führt wenn dieser Grundsatz aufgegeben wird, haben wir alle ja gespürt und hier wundert es mich dass Sie das nicht verstehen."[129] Unverzagt bedankte sich für Bersu Erläuterungen zu den Verhandlungen mit Wiesbaden und versprach: „Ich kann jetzt bedeutend entschiedener allen umlaufenden Gerüchten entgegentreten, [...] dass Sie sich im Wiesbadener Ministerium doch recht unbeliebt gemacht hätten."[130]

[125] Bersu an Bittel, 20.6.1950; Bersu an Weickert, 20.6.1950: RGK-A „Rückberufung Prof. Bersu – Korrespondenz – 1946–1950"; unpag. – Nach dem Münchner Abkommen über die deutsche Besetzung des Sudetengebietes vom September 1938 hatte Adolf Hitler dies der Weltöffentlichkeit versichert, um bereits am März 1939 im Rest der Tschechoslowakei einzumarschieren.

[126] Bersu an Unverzagt, 20.6.1950: SMB-PK/MVF Archiv IX f 3, b-2/Bl. 26.

[127] Unverzagt an Bersu, 26.6.1950: SMB-PK/MVF Archiv IX f 3, b-2/Bl. 27.

[128] U. a. Kämper 2005.

[129] Bersu an Unverzagt, 29.6.1950: SMB-PK/MVF Archiv IX f 3, b-2/Bl. 28.

[130] Unverzagt an Bersu, 3.7.1950: SMB-PK/MVF Archiv IX f 3, b-2/Bl. 29.

## Neuanfang

Im Sommer 1950 ging dann alles auf einmal schnell – Weickert vermittelte zwischen Bersu und Wiesbaden, die hessische Landesregierung ernannte Bersu am 10. Juli 1950 zum Direktor der RGK und obwohl Bersu mit finanziellen Schwierigkeiten zu kämpfen hatte, kam er endlich Anfang August nach Frankfurt und trat sein Amt an – zum zweiten Mal und im Alter von 61 Jahren[131].

In den Monaten davor war es nochmals zu Auseinandersetzungen um die Kommission der RGK gekommen[132]. Bersu hatte schon im September 1948 erklärt, die Neuwahlen für die Kommission der RGK davon abhängig machen zu wollen, „wie weit diese Herren wirklich loyal zum Institut stehen. Die Erfahrung der vergangenen Jahre hatte gezeigt, dass die Mitgliedschaft bei der Kommission keineswegs als Verpflichtung aufgefasst wurde, auch fuer die Interessen des Institutes einzutreten. Niemand von den Herren, der der Ansicht war, dass das Institut nicht die Interessen unserer Wissenschaft vertrete, zog die Konsequenzen und legte seinen Posten nieder. Dies hatte man erwarten muessen, und es wäre niemandem übel zu nehmen gewesen, dass er anderer Meinung war als wir am Institut waren. Mein Standpunkt mag nicht richtig sein, wenngleich mir immer die Zweckmässigkeitspolitik widerstrebt hat."[133] Dementsprechend hatte Bersu empört reagiert, als er im Frühjahr 1950, noch vor seiner Rückkehr nach Deutschland, darüber informiert worden war, dass am 7. August 1949 eine Sitzung stattgefunden hatte, auf der neue Mitglieder der Kommission der RGK berufen worden waren[134]. Gegenüber Unverzagt schrieb er von seinem „Aufsichtsrat" und beklagte, dass niemand ihn über die Kandidaten informiert haben[135].

Weickert versuchte, Bersu damit zu beschwichtigen, dass es sich bei der Kommission nicht um einen Aufsichtsrat, sondern ein Instrument handle, mit dem der Direktor arbeiten könne. Hinsichtlich der Auswahl versicherte er: „Inzwischen haben sich die Verhältnisse in Deutschland aufgrund der gesetzlich durchgeführten Entnazifizierung zu stabilisieren begonnen. Wenn man auch an dem Verfahren der Entnazifizierung Kritik üben kann, so muß diese doch im privaten Bereich bleiben. Im offiziellen dienstlichen Betrieb ist sie der Kritik und dem Widerspruch entzogen. Das muß auch für das Verhältnis des künftigen Direktors zu Kommission gelten, deren Zusammensetzung auch von einem

[131] Weickert an Bersu, 24.6.1950; Weickert an Bersu, 5.7.1950; Bersu an Hessisches Bildungsministerium, 29.7.1950; Bersu an Unverzagt, 23.1.1950: SMB-PK/MVF Archiv IX f 3, b-2/Bl. 10; Bersu an Bittel, 18.7.1950: RGK-A „Rückberufung Prof. Bersu – Korrespondenz – 1946–1950"; unpag.; Hessischer Ministerpräsident, Urkunde zur „Berufung in das Beamtenverhältnis auf Lebenszeit zum Ersten Direktor der Römisch-Germanischen Kommission des Deutschen Archäologischen Instituts in Frankfurt/Main" vom 12.8.1950; Bersu an Wagner, 29.7.1950: RGK-A NL Gerhard Bersu, unpag.

[132] „Die Mitglieder der RGK waren im Jahre 1939 folgende Herren, wobei ich die durch Tod oder die neuen politischen Verhältnisse ausgeschiedenen fortlasse: Sprockhoff, Aubin, Behrens, Gelzer, Jacob-Friesen, Krüger, von Merhart, Oelmann, Stieren, Unverzagt. Herr Giessler gehört nach dem neuen Staatsvertrag als Vertreter des Landes Württemberg der Kommission wieder an." (Weickert an Bersu, 29.8.1948: RGK-A NL Gerhard Bersu, Korrespondenz Bersu 1946–1957, unpag.).

[133] Bersu an Weickert, 8.9.1948: RGK-A NL Gerhard Bersu, Korrespondenz Bersu 1946–1957, unpag.

[134] Bersu an Weickert, 15.2.1950: RGK-A NL Gerhard Bersu, Korrespondenz Bersu 1946–1957, unpag.; Bittel an Bersu, 14.4.1950; Bittel an Bersu, 14.4.1950, 2. Bl.: RGK-A „Rückberufung Prof. Bersu – Korrespondenz – 1946–1950"; unpag.; Unverzagt an Bersu, 22.2.1950: SMB-PK/MVF Archiv IX f 3, b-2/Bl. 16.

[135] Bersu an Unverzagt, 16.2.1950; Bersu an Unverzagt, 14.3.1950: SMB-PK/MVF Archiv IX f 3, b-2/Bl. 14; 20.

amtierenden Direktor nicht allein entschieden werde."[136] Weickert erneuerte also seine Ermahnung von November 1947[137], die Entnazifizierungsverfahren als einzigen und offiziellen Weg der Vergangenheitsbewältigung anzuerkennen und mit den dadurch rehabilitierten Fachkollegen unbedingt zu kooperieren. Diese Aufforderung galt auch in Hinblick auf den wissenschaftlichen Beirat für die RGK, dessen Berufung Weickert empfohlen hatte und der, neben Gelzer, aus dem Osteuropahistoriker Hermann Aubin (1885–1969) sowie den Provinzialrömischen und Prähistorischen Archäologen Behrens, Goessler, Franz Oelmann (1883–1963) und Joachim Werner (1909–1994) bestand[138]. Mitte Mai 1950 hatte Unverzagt, der besser informiert war als Bersu, diesen dann damit beruhigt, dass die endgültige Ernennung der Mitglieder der Kommission der RGK wohl erst erfolgen würde, wenn Bersu seine Stelle in Frankfurt angetreten habe[139].

Bersu kam am 11. August 1950 in Frankfurt an und fuhr nach zwei Tagen weiter in die Schweiz, wo er sich mit von Merhart traf[140]. Am 23. September reiste er endlich wieder nach Berlin, um seine Schwestern und Unverzagt, wohl das erste Mal seit seiner Emigration, wiederzusehen[141]. Dass es dabei auch um Dienstliches ging wie Publikationskäufe und -tausch deutet der erste nach diesem Treffen überlieferte Brief an[142]; inwieweit die persönlichen Erlebnisse der Freunde und Verwandten seit Ende der 1930er-Jahre besprochen wurden, ist nicht überliefert.

Bereits Anfang Dezember scheint Bersu wieder gänzlich in der Rolle und den Aufgaben des Ersten Direktors der RGK angekommen zu sein; der Ton und die Anrede seiner Schreiben an Unverzagt wurde förmlicher und so bat Bersu seinen langjährigen Freund ganz offiziell zu einer Besprechung des „Sprockhoff'schen Ringwallunternehmens" mit Sprockhoff in Frankfurt[143]. Diese Arbeiten, die Ende der 1930er-Jahre begonnen worden waren, hatte man bereits 1949 wahrscheinlich mit der Sichtung des bisherigen Materials wieder aufgenommen[144]; 1950 begann die Förderung der weiteren kartographischen Aufnahme der Wallanlagen im Untersuchungsgebiet durch die RGK[145] und im Juni 1954 wurde dann ein „Arbeitsausschuss Deutsche Ringwälle bei der Römisch-Germanischen Kommission (Ringwallkorpus)" konstituiert[146]. Daneben vergab die RGK endlich wieder, wenn auch sehr bescheidene, Grabungszuschüsse und Förderungen für den Abschluss von Publikationen[147]. Überhaupt lag ein Schwerpunkt der Arbeiten in den frühen 1950er-Jahren auf der Rückgewinnung der einstigen Routine im Berichts- und Publikationswesen sowie im Schriftentausch mit in- und ausländischen Institutionen. Bersu unternahm dafür zahlreiche Reisen und verknüpfte Kongress- und Ausstellungsbesuche mit der Anbahnung oder Erneuerung von Austauschbeziehungen[148].

[136] Weickert an Bersu, 14.3.1950: RGK-A Nachlass Bersu, Korrespondenz Bersu 1946–1957, unpag.

[137] Weickert an Bersu, 28.11.1947, 2 Bl., S. 2–3; Weickert an Bersu, 23.7.1948, 2. Bl.: RGK-A NL Gerhard Bersu, Korrespondenz Bersu 1946–1957, unpag.

[138] Weickert an Bersu, 14.3.1950: RGK-A NL Gerhard Bersu, Korrespondenz Bersu 1946–1957, unpag.

[139] Unverzagt an Bersu, 21.5.1950: SMB-PK/MVF Archiv IX f 3, b-2/Bl. 21.

[140] Bersu an Wagner, 2.8.1950: RGK-A Korrespondenz 356, Bl. 842.

[141] Bersu an Unverzagt, 19.9.1950: SMB-PK/MVF Archiv IX f 3, b-2/Bl. 32.

[142] Bersu an Unverzagt, 6.10.1950: SMB-PK/MVF Archiv IX f 3, b-2/Bl. 34.

[143] Bersu an Unverzagt, 4.12.1950: SMB-PK/MVF Archiv IX f 3, b-2/Bl. 36.

[144] Ber. DAI 1948/49–1949/50, VII.

[145] Ber. DAI 1950/51, X.

[146] Mitglieder waren neben Bersu und Sprockhoff Dehn, Werner Jorns (1909–1960), Karlwerner Kaiser (1911–1994), Wolfgang Kimmig (1910–2001), Krämer, Kunkel, Oscar Paret (1889–1972), Stieren, Otto Uenze (1905–1962) (Ber. RGK 1954/55, 244).

[147] Ber. DAI 1950/51, X.

[148] Ber. DAI 1950/51, IX.

Bersu und Unverzagt erwarteten und erhofften, von nun an tatsächlich zusammen an der Reorganisation der deutschen Prähistorischen Archäologie arbeiten zu können und gemeinsame Themen wie die Ring- oder Burgwallforschung weiter bearbeiten zu können[149]. Noch Anfang 1951 sah Unverzagt zuversichtlich auf die weiteren Arbeitsmöglichkeiten seiner Kommission und damit auch seine Zusammenarbeit mit Bersu und er fühlte sich im Ostteil Berlins so eingebunden, dass er es ablehnte, sich auf die neue Westberliner Professur zu bewerben. Aber dann, im Frühling 1951, „begann sich die Lage an meinem jetzigen Institut allmählich zu verschlechtern. Die Mittel werden immer knapper. [...] Es wird wahrscheinlich so kommen, daß im Zeichen der Zuspitzung der Lage es immer schwieriger werden wird, die Geisteswissenschaften, die sich so wie so in einer Krise befinden, weiterzuführen, sodaß meine Hoffnungen für die Zukunft nicht sehr hoch gespannt sind.“[150] Zumindest die Ausgrabungen in der Magdeburger Altstadt[151] und am Burgwall von Teterow[152] konnte Unverzagt weiterführen, aber neue ministerielle Erlasse drohten mit weiterer akademischen Abschottung: „Auch bei der Akademie ist jetzt eine Anweisung gekommen, daß Forschungsmaterial der Akademie keinem außerhalb der Akademie stehenden Gelehrten mehr zugänglich gemacht werden darf“[153]. Damit war die erhoffte Kooperation mit der RGK und überhaupt mit Wissenschaftlern in der Bundesrepublik direkt gefährdet.

Bersu teilte Unverzagts pessimistische Einschätzung der Lage offensichtlich in solchem Ausmaß, dass Behrens Weickert zutrug, dass Bersu mit dem Gedanken spiele, nach Dublin zurückzukehren. Bersu sei nicht bewusst, „wie sehr in unseren Kreisen nach einer arbeitsfähigen RGK geschrieen wird“ und „welche Mißstimmung entsteht, wenn nicht bald eine Mitgliedersitzung der RGK einberufen wird. Da Bersu auf diese Frage nicht eingegangen ist, erlaube ich mir als ältestes Mitglied der RGK zugleich der ZD Ihnen die Bitte vorzutragen, mir Auskunft zu geben, wie die Angelegenheit steht.“[154] Bersu war also tatsächlich in kürzester Zeit wieder zum Gesicht und zum Direktor der RGK geworden, aber sein fachpolitisches Verständnis und seine Beflissenheit in protokollarischen Fragen verhinderten, dass er die Fachöffentlichkeit über die bisherigen Versäumnisse und ausstehenden grundlegenden Entscheidungen hinsichtlich der Arbeitsfähigkeit der RGK informierte, die seine Arbeit und die der RGK noch immer behinderten. Gleichzeitig erfuhr er innerhalb des DAI Anerkennung und Würdigung, wie u. a. seine Ernennung zum Stellvertreter des „Präsidenten im Westen“ auf der Jahressitzung der ZD des DAI Ende Juli 1951 zeigt[155].

## Bersus Ultimatum

Bersu fühlte sich im Sommer 1951 durch unangemeldete Besuche von Ministeriumsvertretern bei der RGK schikaniert und drohte mit seinem Rücktritt. Gegen die entstandenen Missverständnisse ging er aber schließlich im engen Austausch mit Weickert diplomatisch vor[156]. Ebenfalls im Sommer wurde das Angebot der provisorischen Unterbringung im

[149] Grunwald 2019, 88–106.

[150] Unverzagt an Bersu, 9.4.1951: SMB-PK/MVF Archiv IX f 3, b-2/Bl. 40.

[151] Unverzagt an Bersu, 21.4.1951: SMB-PK/MVF Archiv IX f 3, b-2/Bl. 42.

[152] Unverzagt an Bersu, 30.4.1951: SMB-PK/MVF Archiv IX f 3, b-2/Bl. 43.

[153] Unverzagt an Bersu, 11.6.1951: SMB-PK/MVF Archiv IX f 3, b-2/Bl. 46.

[154] Behrens an Weickert, 12.3.1951: Archiv ZD des DAI 10-10 RGK Allgemeines 01.04.1950–31.03.1951, unpag.

[155] Ber. DAI 1951/52, V.

[156] Protokoll Menzner, 14.7.1951; Bersu an Ministerialdirektor Willy Viehweg, 18.7.1951; Bersu an Weickert, 18.7.1951; Weickert an Ministerialdirektor Willy Viehweg, Hessisches Ministerium für Erziehung und Volksbildung, 19.7.1951;

Institut für Sozialforschung von Max Horkheimer (1895–1973) diskutiert[157], worüber es im Herbst offenbar zwischen Weickert und Bersu zu Unstimmigkeiten kam[158], die beigelegt wurden, sodass Ende 1951 mit der Aufstellung der RGK-Bibliothek in diesem Institut begonnen und drei Arbeitsplätze eingerichtet wurden. Bersu arbeitete mit zwei Mitarbeiterinnen im alten RGK-Gebäude in der Bockenheimer Straße[159]. Die Frage der Bezüge und der Dienstwohnung sollte noch bis Frühsommer 1952 virulent bleiben[160].

Bersu musste sich also auch persönliche Erleichterungen von einer Übernahme des DAI und damit der RGK an den Bund versprechen, wofür seit Frühling 1950 zwischen Vertretern des Bundesinnenministeriums und des Bundesfinanzministeriums die Angliederung des DAI an das zukünftige Auswärtigen Amt diskutiert wurde[161]. Der für diesen Vorgang in der Kulturabteilung des Bundesinnenministeriums zuständige Staatsekretär Erich Wende (1884–1966) hatte erstmals Anfang Dezember 1950 an das Hessische Bildungsministerium und den Senat von Groß-Berlin die Frage gerichtet, ob man „dem Übergang der römisch-germanischen Kommission auf den Bund zustimme“[162]. Im April 1951 fand in Bonn eine Sitzung statt, bei der Hessen und Berlin dieser Übernahme zustimmen sollten[163]. Zwischen Bersu und Weickert kam es in diesem Zusammenhang wieder zu Meinungsverschiedenheiten, da Bersu meinte, bei Weickert würden „Athen und die Auslandsinstitute so im Vordergrund des Interesses stehen, dass die Behandlung unserer Angelegenheiten dabei leicht zu kurz kommt, wenn man nicht, wie ich es tat, immer sehr energisch daran erinnert. Ich tat dies ungern, weil es ihn natürlich kränkt, wenn er meint daran zweifeln zu müssen, dass ich nicht auch der Ansicht bin, dass wir ihm ebenso interessant wie die Auslandsinstitute sind.“[164] Hinzu kamen Gerüchte, die Bersu Mitte Juli 1951 erreichten und mit denen er Weickert konfrontierte. Es „sei wieder besprochen worden, wie nützlich es wäre, wenn Zentralmuseum und RGK zusammengelegt würden. Ausserdem sei die Rede davon gewesen, dass ein Zentralinstitut für Archäologie gegründet werden soll, wofür bereits mit Heuss Fühlung genommen worden sei oder Fühlung genommen werde.“[165] Bersu berichtete Unverzagt von diesen Diskussionen und dieser beschrieb Weickerts jüngstes Verhalten in Berlin. Ein Ost-Berliner Mitglied der Zentraldirektion des DAI war Mitglied der ostdeutschen SED geworden und Weickert hatte darin eine Belastung der Zentraldirektion gesehen[166]. Unverzagt sah sich durch diese Ereignisse

Stellungnahme Lindner, 23.6.1951; Viehweg an Bersu, 26.7.1951; Bersu an Weickert, 7.9.1951; Weickert an Bersu, 15.9.1951: RGK-A NL Gerhard Bersu, Korrespondenz Bersu 1946–1957.

[157] Weickert an Bersu, 15.9.1951: RGK-A NL Gerhard Bersu, Korrespondenz Bersu 1946–1957; Boll / Gross 2009.

[158] Bersu an Gerda Bruns, 3.10.1951; Bersu an Weickert, 3.10.1951; Weickert an Bersu, 6.10.1951, 3 Bl.: RGK-A NL Gerhard Bersu, Korrespondenz Bersu 1946–1957.

[159] Krämer 2001, 85.

[160] Bersu an Weickert, 28.5.1952: RGK-A NL Gerhard Bersu, Korrespondenz Bersu 1946–1957.

[161] Bittel an Bersu, 19.3.1950, 3 Bl.: RGK-A NL Gerhard Bersu, Korrespondenz Bersu 1946–1957; Bericht Weickert, 10.3.1950; Rundschreiben Weickert, 14.3.1950: DAI Archiv der Zentrale 10-01 „Präsident, Allgemeines, 01.04.1936–31.12.1951“; unpag.

[162] Wende an Hessischen Minister für Erziehung und Volksbildung, 22.6.1951; Wende an Senat Groß-berlin, Abt. Volksbildung, 22.6.1951: RGK-A NL Gerhard Bersu, Korrespondenz Bersu 1946–1957.

[163] Bersu an Unverzagt, undat., wahrscheinl. vor dem 20.4.1951: SMB-PK/MVF Archiv IX f 3, b-2/Bl. 42.

[164] Bersu an Unverzagt, 6.6.1951: SMB-PK/MVF Archiv IX f 3, b-2/Bl. 45.

[165] Bersu an Weickert, 19.7.1951: RGK-A NL Gerhard Bersu, Korrespondenz Bersu 1946–1957. – Mit Zentralmuseum ist das Römisch-Germanische Zentralmuseum in Mainz gemeint und mit Heuß der damalige Bundespräsident Theodor Heuss (1884–1963).

[166] Weickert an die Mitglieder der Zentraldirektion, 6.8.1951: SMB-PK/MVF Archiv IX f 3, b-2/ Bl. 56; Bersu an Unverzagt, 4.8.1951; Bersu an Unverzagt, 11.8.1951; Unverzagt an Bersu, 27.8.1951: SMB-PK/MVF Archiv IX f 3, b-2/ Bl. 53, 57; 59).

in seiner kritischen Einschätzung Weickerts bestätigt und äußerte darüber hinaus vertraulich Bedenken darüber, ob er unter diesen Umständen weiterhin Mitglied der ZD bleiben könnte, zumal „Herr Weickert auch seine Beziehungen zur Akademie gelöst hat“[167]. Anlass dafür war wahrscheinlich das Glückwunschtelegramm des Akademiepräsidenten an Josef Stalin zu dessen Geburtstag Mitte Dezember 1950, das mehrere West-Berliner Wissenschaftler zum Austritt aus der Akademie bewogen hatte[168]. Vor allem deshalb konstatierte Unverzagt, dass nun eigentlich kein Grund mehr bestünde, dass die ZD in Berlin verbleibe und schlug vor, „die RGK doch vom Institut zu lösen und zu einem Zentralinstitut für Vor- und Frühgeschichte umzugestalten“[169].

Bersu erklärte dazu gegenüber dem Engeren Ausschuss des DAI und gegenüber Unverzagt, dass es im komplizierten Verhältnis zwischen Ost und West sehr oft zweckmäßig sei, manches unausgesprochen zu lassen und dass Klärungen in solchen Fällen zu unerwünschten Konsequenzen führen. Er bemühte sich mit Weickert, die Situation um das SED-Mitglied in der ZD zu entschärfen und versicherte Unverzagt, „dass Weickert wirklich sehr darüber betroffen war“ von Unverzagts Überlegung, die ZD zu verlassen, und dass er ernstlich „bemüht sein wird, Ihre Mitarbeit in der ZD zu erhalten“[170].

Bersu war von Weickert über dessen Verhandlungen mit der hessischen Regierung in Wiesbaden über die Zukunft der RGK informiert worden, bezweifelte aber, ob die „Angelegenheit geschäftsmäßig innerhalb der Ministerien ohne Anstoss von aussen“ überhaupt in Gang kommen würde. So hielt Bersu an dem Termin seiner eigenen „definitiven Entscheidung“ Anfang September darüber fest[171], ob er bei der RGK bleiben würde. Ende August lag immer noch keine Einigung vor und Bersu sah schwarz, wie er Unverzagt vertraulich mitteilte[172]. Tatsächlich waren Weickerts entsprechende Verhandlungen Mitte September in Wiesbaden mit für Bersu „niederschmetterndem Ergebnisse“ verlaufen und Bersu zeigte sich von Weickerts Führungs- und Verhandlungsstil deutlich enttäuscht[173]. Aber Weickert hatte zumindest die Berufung Wilhelm Schleiermachers (1904–1977) als Zweiten Direktor der RGK erwirkt und die Unterbringung der Bibliothek der RGK im Soziologischen Institut der Universität durchgesetzt[174], letztgenannten Erfolg rechnete sich aber auch Bersu an[175]. Schleiermacher sollte am 15. November 1951 bei der RGK anfangen, was Bersu freute. Dessen Wohnungssituation war seitens der Stadt Frankfurt noch immer ungeklärt und er hoffte, dass nach seinem Urlaub auf den Britischen Inseln endlich die Fragen seiner Bezüge, seiner Unterbringung und der Zuordnung der RGK geklärt wären[176].

[167] Unverzagt an Bersu, 1.8.1951: SMB-PK/MVF Archiv IX f 3, b-2/Bl. 52.

[168] Niederhut 2007, 24–25.

[169] Unverzagt an Bersu, 1.8.1951: SMB-PK/MVF Archiv IX f 3, b-2/Bl. 52.

[170] Bersu an Unverzagt, 4.8.1951: SMB-PK/MVF Archiv IX f 3, b-2/Bl. 53.

[171] Bersu an Unverzagt, 4.8.1951: SMB-PK/MVF Archiv IX f 3, b-2/Bl. 54.

[172] Bersu an Unverzagt, 29.8.1951: SMB-PK/MVF Archiv IX f 3, b-2/Bl. 60

[173] Bersu an Unverzagt, 26.9.1951: SMB-PK/MVF Archiv IX f 3, b-2/Bl. 63.

[174] Unverzagt an Bersu, 3.10.1951: SMB-PK/MVF Archiv IX f 3, b-2/Bl. 64.

[175] Bersu an Unverzagt, 10.10.1951: SMB-PK/MVF Archiv IX f 3, b-2/Bl. 65.

[176] Bersu an Unverzagt, 23.10.1951; Bersu an Unverzagt, 21.11.1951: SMB-PK/MVF Archiv IX f 3, b-2/Bl. 67, 69. – Die Bersus wohnten in den ersten Frankfurter Jahren bei Bersus Schwager Georg K. Schauer (s. o.), dann vier Monate beim Ehepaar Guido und Marie Luise Kaschnitz und danach für sieben Monate in einer kleinen Wohnung, bevor sie im Herbst 1952 ihre letzte gemeinsame Wohnung bezogen (Krämer 2001, 82).

## Deutsch-deutsche Wirklichkeit

Während also für Bersu eine Zuordnung von DAI und RGK zum Bund vielversprechend erschien, verfolgte Unverzagt mit großen Bedenken Weickerts vielfach öffentliche Äußerung, wonach das DAI „die Gesamtvertretung der deutschen Archäologie für sich in Anspruch" nahm. Das war für Unverzagt unmöglich, sobald das Institut „eine Behörde der westdeutschen Bundesrepublik" sein würde[177]. Bersu stimmte ihm darin zu, sah aber vielmehr ein „Bemühen" des DAI, „eine Gesamtvertretung in wissenschaftlichen Dingen aufrecht zu erhalten", was aber eine unmögliche „Fiktion" sei, sobald der Bund das DAI übernähme[178]. Tatsächlich hatten beide deutsche Staaten in ihrem Grundgesetz bzw. ihrer Verfassung die Wiederherstellung der deutschen Einheit als Regierungsaufgaben formuliert[179], sodass das DAI mit seinem gesamtdeutschen Anspruch grundgesetzkonform agierte, aber bereits unmittelbar nach den Staatsgründungen war damit begonnen worden, den eigenen Staat als das bessere Deutschland darzustellen[180]. Für unser Thema relevant sind u. a. die umständlich genehmigungspflichtigen innerdeutschen Reisen, für die ostdeutsche Wissenschaftler beim Innenministerium einen Interzonenpass beantragen mussten[181]. In Berlin kollidierten diese Widersprüche zwischen gesamtdeutschen Ansprüchen und westdeutscher und ostdeutscher Realität für jeden spürbar, was Unverzagt, der wie alle Wissenschaftler stets auch als nationale Botschafter galt, in seiner Arbeit behinderte und in schikanöse Konflikte manövrieren sollte[182]. Dadurch wurde er aber auch für Bersu zum wertvollen Seismografen der deutsch-deutschen Wirklichkeit.

Im Herbst 1951 beantragte Hessen, ohne weitere Bedingungen zu formulieren, die Übernahme der RGK durch den Bund gegenüber dem Bundesinnenministerium[183], was wohl dazu führte, das Bersu sein Ultimatum verstreichen ließ. Im Frühjahr 1952 kam Bewegung in diese Verhandlungen und im Mai stellte das Land Berlin als Treuhänderin für diese Übernahme die Bedingung, dass die ZD des DAI in Berlin bleiben müsse[184], womit man die Position der Bundesregierung vertrat, „dass Bundesbehörden in Berlin bleiben, ja nach Tunlichkeit noch weiter nach Berlin gelegt werden"[185]. Auch die ZD schloss sich dieser Forderung an und sagte zu, Berlin beizubehalten[186]. Nahezu zeitgleich wurde Bersu nun doch noch zum Honorarprofessor an der Frankfurter Universität ernannt[187].

Anfang des Jahres 1953 informierte Staatssekretär Wede Bersu darüber, dass „die Voraussetzung zur Übernahme der RGK auf den Bund und damit zur sofortigen Verhandlung über die effektive Übernahme geschaffen worden sind"[188] und am 1. April 1953 wurden das DAI und damit auch die RGK vom Bund übernommen[189]. Das nunmehr für das DAI zuständige Innenministerium – das Auswärtige Amt übernahm das DAI erst wieder 1972 – stimmte zu, dass die RGK bis zum Erlass neuer Satzungen von einem wissenschaftlichen

[177] Unverzagt an Bersu, 9.8.1951: SMB-PK/MVF Archiv IX f 3, b-2/Bl. 55.

[178] Bersu an Unverzagt, 11.8.1951: SMB-PK/MVF Archiv IX f 3, b-2/Bl. 57.

[179] Doehring et al. 1985.

[180] Wengst / Wentker 2013.

[181] Niederhut 2007, 27.

[182] Roggenbruch 2008; Lemke 2006.

[183] Protokoll Besprechung zwischen Ministerialrat Neumann, Weickert und Bersu am 12.10.1951 in Wiesbaden, 2 Bl.: RGK-A NL Gerhard Bersu, Korrespondenz Bersu 1946–1957.

[184] Weickert an Bersu, 27.5.1952: RGK-A NL Gerhard Bersu, Korrespondenz Bersu 1946–1957.

[185] Weickert an Bersu, 27.5.1952: RGK-A NL Gerhard Bersu, Korrespondenz Bersu 1946–1957.

[186] Weickert an Bersu, 27.5.1952: RGK-A NL Gerhard Bersu, Korrespondenz Bersu 1946–1957.

[187] Hessischer Minister für Erziehung und Volksbildung an Bersu, 15.4.1952: RGK-A NL Gerhard Bersu.

[188] Bersu an Unverzagt, 20.1.1953; Bersu an Unverzagt, 20.3.1953: SMB-PK/MVF Archiv IX f 3, b-2/Bl. 98; 115; Krämer 2001, 85.

[189] Ber. RGK 1952/54, 187.

Beirat beraten würde, der aus Vertretern der drei Arbeitsgebiete der RGK – Vorgeschichte (Wolfgang Dehn [1909–2001]), Frühgeschichte (Eduard Neuffer [1900–1954]) und Provinzialrömische Archäologie (Wolfgang Fritz Volbach [1892–1988]) – gebildet wurde[190].

Ende 1952 schrieb Unverzagt vage von „ernstlichen Berufsschwierigkeiten“[191] und tatsächlich spitzten sich die politischen Verhältnisse im Frühjahr 1953 in Berlin und der DDR derart zu, dass nun wieder diskutiert wurde, ob die ZD des DAI nicht doch in den Westen zu verlegen wäre. Hintergrund waren zahlreiche Maßnahmen zur Produktionssteigerung sowie zur stärkeren ideologischen Orientierung aller Bevölkerungsgruppen in der DDR, die zusammen dem „Aufbau des Sozialismus“ dienen sollten, aber vor allem die ohnehin stetige Abwanderung gen Westen verstärkte. Für Unverzagt bot sich vage die Möglichkeit, „mein altes Museum wieder zu übernehmen“ und angesichts der angespannten Situation fragte er Bersu um Rat[192], der ihm entschieden empfahl, die Sache weiter zu verfolgen[193]. Parallel dazu trieb Unverzagt die Gründung der „RGK des Ostens“ voran, die schließlich im Februar 1952 erfolgte.“[194] Stolz schrieb er an Bersu: „Die konstituierende Sitzung der neuen Sektion für Vor- und Frühgeschichte bei der Akademie, die eine ähnliche Rolle wie die RGK im Westen spielen soll, ist auf den 5. April 1952 festgesetzt“[195] und Bersu quittierte diese Entwicklung überaus wohlwollend[196].

Unverzagt prophezeite eine Verschlechterung der Verhältnisse bis zum Sommer und berichtete, dass „der Osten jetzt alle Vorkehrungen getroffen hat, die Sektoren hermetisch gegen einander abzuschliessen“[197]. Wenig später meldete er: „Der Abbau der in Westberlin wohnenden, an der Akademie tätigen Wissenschaftler ist anscheinend zunächst zurückgestellt worden. Ich kann daher hoffen, die mit Ihnen besprochenen Arbeiten noch durchführen zu können. Das ewige Katz und Maus-Spiel geht einem allmählich auf die Nerven; ebenso der damit verbundene politische und seelische Druck“[198]. Mitte März musste Unverzagt dann melden: „entgegen der gemachten Zusicherung ist nun doch mit der Kündigung der im Westsektor wohnenden Wissenschaftler begonnen worden. Es werden zunächst die Jüngsten, insbesondere die Assistenten getroffen. […] Wer weiss, wie die Lage in 8 Tagen ist, wenn die Abstimmung in Bonn stattgefunden hat[199]. […] Noch immer geht ununterbrochen der Zug der Flüchtlinge, und wenn nachts die Flugzeuge über die Sybelstrasse donnern, so wird man traurig bei dem Gedanken, dass jedes 60–80 deutsche Menschen dem Ostraum entzieht und auf diese Weise Raum für Nachrückende geschaffen wird. Es ist wie in der grossen germanischen Völkerwanderung, nur mit anderen Mitteln und sehr viel schneller“[200]. Am 20. März wurde in Bonn dem Entwurf zum

[190] Ber. RGK 1952/54, 188.

[191] Unverzagt an Bersu, 15.12.1952: SMB-PK/MVF Archiv IX f 3, b-2/Bl. 94

[192] Unverzagt an Bersu, 31.1.1953: SMB-PK/MVF Archiv IX f 3, b-2/Bl. 103.

[193] „wenn Ihre jetzigen Brotgeber nichts darüber erfahren. Aber ich würde die Verhandlungen hinhaltend führen und lediglich mit dem Motiv, im Fall des Falles etwas Sicheres in der Hand zu haben, so dass sie in einer guten Verhandlungsposition für alles weitere ev. Im Westen sind. Denn ich könnte mir weder die Aufgabe noch den Posten sehr reizvoll denken und würden den Posten keineswegs um der Aufgabe willen erstreben.“ (Bersu an Unverzagt, 4.2.1953; SMB-PK/MVF Archiv IX f 3, b-2/Bl. 106).

[194] Unverzagt an Bersu, 28.2.1952: SMB-PK/MVF Archiv IX f 3, b-2/Bl. 78.

[195] Unverzagt an Bersu, 10.3.1952: SMB-PK/MVF Archiv IX f 3, b-2/Bl. 80.

[196] Bersu an Unverzagt, 12.3.1952: SMB-PK/MVF Archiv IX f 3, b-2/Bl. 81.

[197] Unverzagt an Bersu, 26.2.1953: SMB-PK/MVF Archiv IX f 3, b-2/Bl. 110.

[198] Unverzagt an Bersu, 7.3.1953: SMB-PK/MVF Archiv IX f 3, b-2/Bl. 112.

[199] Unverzagt an Bersu, 14.3.1953: SMB-PK/MVF Archiv IX f 3, b-2/Bl. 114.

[200] Unverzagt an Bersu, 14.3.1953: SMB-PK/MVF Archiv IX f 3, b-2/Bl. 114. – Unverzagts Wohnung befand sich in der Sybelstraße in Berlin-Charlottenburg.

Bundesvertriebenengesetz zugestimmt, mit dem die Lebensbedingungen, die Eingliederung und die Entschädigung der Millionen deutscher Kriegsflüchtlinge in der Bundesrepublik geregelt werden sollte und das auch für die inzwischen etwa 1,8 Millionen sog. Sowjetzonenflüchtlinge gleiche Hilfen und Eingliederungsmaßnahmen vorsah[201].

Seit 1951 war über diesen Gesetzesentwurf debattiert worden, der bei Ausreisewilligen in der DDR große Erwartungen ausgelöst und zu der auch von Unverzagt beobachteten verstärkten Abwanderung geführt hatte – und der Gegenmaßnahmen der ostdeutschen Regierung befürchten ließ. Aber Ende März teilte Unverzagt Bersu mit, „Hier hat sich trotz der Ratifizierung in Bonn bisher nichts geändert. Der Verkehr zwischen den Sektoren ist noch unbehindert. [...] Hoffen wir weiterhin das Beste"[202]. Einen Monat später schrieb er: „Der Abbau der Westberliner ist anscheinend wieder hinausgeschoben. Diese ewige Unsicherheit macht einen direkt weich"[203]. Unverzagts Prophezeiung, dass sich die Verhältnisse bis zum Sommer verschlechtern würden, erwies sich als zutreffend. Die DDR-weiten Unruhen um den 17. Juni 1953, die als erster antistalinistischer Aufstand gelten, haben auch Unverzagts Leben und Arbeiten in Berlin beeinträchtigt. Ende Juni schrieb er erleichtert an Bersu: „Die unruhige Zeit der Demonstrationen habe ich gut überstanden und heute meinen grünen Passierschein erhalten, sodaß ich wieder uneingeschränkt den Ostsektor betreten und verlassen kann"[204]. In den Monaten danach wurden in der DDR als Reaktion auf den Aufstand zahlreiche Vergünstigungen zugunsten der ostdeutschen Wissenschaftler und Künstler umgesetzt. So fiel nun zum Beispiel die Zustimmungen des Innenministeriums für Reisen in die BRD weg und ab Herbst benötigten ostdeutsche Hochschullehrer auch keine Reisegenehmigung des zuständigen Staatssekretariats für Hochschulwesen mehr[205]. In West-Berlin wuchs dagegen das Misstrauen gegenüber Grenzgängern wie Unverzagt. Ende Juli 1953 berichtete er an Bersu, dass der Westberliner Senator für Volksbildung dem Direktor des Museums für Vor- und Frühgeschichte in West-Berlin „unter Androhung der Dienstentlassung" verboten habe, in den „Schriften der Akademie etwas zu veröffentlichen", sodass dieser sich gezwungen sah, seinen Beitrag für die Unverzagt-Festschrift zurückzuziehen[206]. Unverzagt fand dieses Vorgehen „reichlich töricht, denn damit wird weder die Festschrift verhindert, doch die Akademie in ihrer Tätigkeit beeinträchtigt"[207].

[201] Ackermann 1995; Schriftlicher Bericht des Ausschusses für Heimatvertriebene (22. Ausschuss) über den Entwurf eines Gesetzes über die Angelegenheiten der Vertriebenen und Flüchtlinge (Bundesvertriebenengesetz): http://dipbt.bundestag.de/doc/btd/01/039/0103902.pdf (letzter Zugriff: 7.11.2021).

[202] Unverzagt an Bersu, 23.3.1953: SMB-PK/MVF Archiv IX f 3, b-2/Bl. 116. So wie in diesem Brief berichtete Unverzagt stets auch ganz kurz über Reisen zu ostdeutschen Grabungen wie hier nach Teterow, so dass Bersu zumindest die Projekte kannte.

[203] Unverzagt an Bersu, 27.4.1953: SMB-PK/MVF Archiv IX f 3, b-2/Bl. 117.

[204] Unverzagt an Bersu, 26.6.1953: Archiv RGK 1244 Prof. Dr. Wilhelm Unverzagt Berlin, 1916–1956, Bl. 714.

[205] Niederhut 2007, 27. – Üblich blieb jedoch, bei diesem Staatssekretariat die Reisedevisen zu beantragen, womit weiterhin eine Aufsicht und Dokumentation der Reisen in die BRD und das sog. nichtsozialistische Ausland erhalten blieb (Niederhut 2007, 27).

[206] Unverzagt an Bersu, 24.7.1953: SMB-PK/MVF Archiv IX f 3, b-2/Bl. 130. – Die Festschrift für Unverzagt erschien unter dem Titel „Frühe Burgen und Städte" als zweiter Band der Schriftenreihe des Akademie-Institutes und waren Ende 1953 bereits im Satz (Unverzagt an Bersu, 16.12.1953: SMB-PK/MVF Archiv IX f 3, b-2/Bl. 145).

[207] Unverzagt an Bersu, 24.7.1953: SMB-PK/MVF Archiv IX f 3, b-2/Bl. 130.

Auch Unverzagt selbst geriet nun ins Visier des Westberliner Senats, diesmal des Senators für Inneres. Man beabsichtigte, „auf Grund einer angeblichen Mitgliedschaft bei dem ‚Wissenschaftlichen Rat des Museums für deutsche Geschichte' ein Dienststrafverfahren mit dem Ziele der Aberkennung meiner [Unverzagts, Einf. S. G.] Beamtenrechte einzuleiten."[208] Unverzagt legte Bersu sein Antwortschreiben an den Senator vor, worin er erklärte, seine Tätigkeit bei der Akademie „auf Wunsch und im Einverständnis" mit Bersus Dienststelle auszuüben und dass Bersu dazu ein Gutachten vorlegen könne[209]. Gegenüber Bersu räumte er ein, „oft vergeht einem die Lust, noch weiterhin im Osten tätig zu sein."[210] Bersu sicherte Unverzagt umgehend Unterstützung zu[211] und in seiner Eigenschaft sowohl als Gelehrter als auch als „Direktor des die Gesamtinteressen der archäologischen Wissenschaft im Gebiet der Bundesrepublik vertretenden Instituts (Bundesanstalt)" teilte Bersu dem Senat mit: „Ich weiß positiv, dass Herr Prof. Unverzagt nicht Mitglied des wissenschaftlichen Rates des Museums für Deutsche Geschichte ist und weiss, dass er das Angebot, Mitglied dieses Rates zu werden, abgelehnt hat wegen der politischen Implikationen, die sich für ihn aus dieser Mitgliedschaft ergeben hätten. Es ist eine grobe Unwahrheit, wenn behauptet wird, dass Herr Prof. Unverzagt deutsche Geschichte im Interesse der östlichen Ziele verfälsche. Die archäologische Wissenschaft der Bundesrepublik ist Herrn Professor Unverzagt zu grossem Dank verpflichtet, dass er bisher auf seinem Posten bei der Deutschen Akademie der Wissenschaften in Berlin ausgeharrt hat, und ich bin gern bereit, die Namen der angesehensten Vertreter meines Faches[212] namhaft zu machen, die zweifellos meine Ansicht teilen, dass die Einleitung eines Dienststrafverfahrens gegen Prof. Unverzagt nicht nur eine Ungerechtigkeit gegen Prof. Unverzagt bedeutet, sondern auch der archäologischen Wissenschaft in der gegenwärtigen Situation schwersten Schaden zufügen würde."[213] Noch Anfang 1954 hieß es vom Berliner Innensenator an Bersu, dass noch weitere Ermittlungen hinsichtlich Unverzagts angestellt würden[214], aber Ende Januar wurde schließlich mitgeteilt, dass sich der gegen Unverzagt erhobene Verdacht als unbegründet erwiesen habe und die Angelegenheit damit als erledigt gelte[215].

[208] Unverzagt an Bersu, 5.9.1953: SMB-PK/MVF Archiv IX f 3, b-2/Bl. 135. – In der Begründung hieß es, dass Unverzagt damit einem Gremium angehöre, „das eine Geschichtsforschung betreibt, die der freiheitlichen demokratischen Auffassung entgegensteht. Hierin erblicke ich eine Betätigung gegen die freiheitlich demokratische Grundordnung, die die Folgerung zuläßt, daß Sie nicht die Gewähr dafür bieten, sich jederzeit für die freiheitlich demokratische Grundordnung im Sinne des Grundgesetzes einzusetzen." (Senator für Inneres an Unverzagt, 1.9.1953: SMB-PK/MVF Archiv IX f 3, b-2/Bl. 136).

[209] „In seiner Äusserung vom 5.9.1953 beruft er sich u. a. darauf, dass er im Interesse der Erhaltung einer einwandfreien wissenschaftlichen Forschung in der Ostzone auf Wunsch und im Einvernehmen mit der zuständigen Bundesbehörde, der Römisch-Germanischen Kommission des Deutschen Archäologischen Instituts in Frankfurt/Main seine jetzige Stellung in der Deutschen Akademie der Wissenschaften zu Berlin beibehalten hat und stellt anheim, ein Gutachten anzufordern." (Görtsch, Berliner Innensenator an RGK, 19.10.1953: SMB-PK/MVF Archiv IX f 3, b-2/Bl. 141).

[210] Unverzagt an Bersu, 5.9.1953: SMB-PK/MVF Archiv IX f 3, b-2/Bl. 135.

[211] Bersu an Unverzagt, 8.9.1953: SMB-PK/MVF Archiv IX f 3, b-2/Bl. 137.

[212] Bersu hatte Unverzagt vorgeschlagen, Dehn, Sprockhoff und Werner als Referenzen anzugeben (Bersu an Unverzagt, 14.12.1953: SMB-PK/MVF Archiv IX f 3, b-2/Bl. 142–143).

[213] Bersu an Berliner Innensenator, undat.: SMB-PK/MVF Archiv IX f 3, b-2/Bl. 144.

[214] Berliner Innensenator an Bersu, 4.1.1954: SMB-PK/MVF Archiv IX f 3, b-2/Bl. 145.

[215] Berliner Innensenator an Bersu, 27.1.1954: SMB-PK/MVF Archiv IX f 3, b-2/Bl. 146.

## Die RGK als Provisorium

In Bersus Darstellung harrte Unverzagt an der Ost-Berliner Akademie auf nahezu verlorenem Posten aus und auch sich selbst sah Bersu zunehmend in einer ähnlichen Position, da weder die Kommission berufen noch deren Statuten verabschiedet wurden. Er hatte den Eindruck, dass Weickert mit der Koordination dieser Aufgaben überfordert war[216] und Ende 1953 war er so verzweifelt, dass er gegenüber Unverzagt einräumte, die RGK verlassen zu wollen, wenn Weickert nicht wie geplant zum 1. April 1954 in Pension ginge. Bersu sah diese Möglichkeit für sich, „da mir Dublin immer noch offen ist. Frankfurt ist nun wirklich das 5. Rad am Wagen geworden und mit dem Bundesetat 1954 sieht es trüb aus. Von Berlin aus kann man eben wirklich nicht regieren. Ich hatte gehofft nun unsere RGK endlich konstituieren zu können, nun stellt sich heraus, dass auch die Satzungen der Z. D. noch nicht in Kraft sind, trotzdem W. in seiner Einladung zur Z. D. Sitzung im März dies behauptet hat." Bersu beklagte die mangelnde Kommunikation zwischen Weickert und der RGK – „es ist höchste Zeit, dass er geht."[217] Während im März 1954 Verhandlungen zur Entlassung Bersus als hessischen Beamten und seiner Übernahme als Bundesbeamten liefen[218], wurde Weickert pensioniert und im Amt des DAI-Präsidenten folgte ihm zum 1. April der Numismatiker und Klassische Archäologe Erich Boehringer (1897–1971)[219]. Zwischen ihm und Bersu kam es bald zu Spannungen wegen der Art und Weise der Berufung der neuen Kommission der RGK[220] und Boehringer sprach sich wohl auch deshalb dafür aus, dass Bersu regulär 1954 in Pension ging[221].

Bersus Hoffnungen auf größere finanzielle Spielräume für die RGK durch den Übergang an den Bund erfüllten sich nicht und Bersu mahnte im Jahresbericht 1952–54 eindringlich an, der RGK wieder die Mittel zur Verfügung zu stellen, die man beanspruchte und die dafür erforderlich seien, um den im Ausland bestehenden Eindruck „eines gewissen Stillstandes in der Erforschung der Probleme und in den Bestrebungen nach Synthesen" zu korrigieren. Es fehlten vor allem Publikationsmittel und da die DFG „Unternehmen nicht fördern kann, die die Aufgabe des nun dem Bundesministerium des Inneren unterstehenden Instituts sind oder als solche angesehen werden, ist durch den unzulänglichen Bundesetat" der RGK für 1953 „eine weitere Verschärfung der Lage entstanden"[222]. Stagnierende Fachpublizistik, die unzureichende universitäre Vertretung der Provinzialrömischen Archäologie, fehlende Mittel für Studien- und Gutachterfahrten wurden ebenso angeprangert wie der fortdauernde Personalmangel und der immer noch umstrittene Wiederaufbau des Institutsgebäudes[223]. Anders als im März 1951 machte Bersu mit diesem Bericht vom Frühjahr 1954 nun das ganze Ausmaß der Schwierigkeiten für die RGK öffentlich, aber indem er seiner Kritik die geleisteten Editionsarbeiten, die erwiesenen Forschungsförderungen und die umfangreiche Gästeliste der RGK gegenüberstellte[224], dokumentierte er die Leistungsbereitschaft der RGK und beschrieb seine Vorstellungen einer arbeitsfähigen RGK, die „bei Ausgrabungen und Forschungsunternehmen anderer Stellen beratend und gutachtend tätig" sein sollte[225].

[216] Bersu an Unverzagt, 28.8.1953: SMB-PK/MVF Archiv IX f 3, b-2/Bl. 134.

[217] Bersu an Unverzagt, 14.12.1953: SMB-PK/MVF Archiv IX f 3, b-2/Bl. 142–143.

[218] Entwurf Bersu an Hessisches Kultusministerium, undat.: RGK-A „Rückberufung Prof. Bersu – Korrespondenz – 1946–1950"; unpag.

[219] Zu Boehringer u. a. Sailer 2015.

[220] Bersu an Unverzagt, 7.4.1954; Bersu an Unverzagt, 24.5.1954: SMB-PK/MVF Archiv IX f 3, b-2/Bl. 158; 163.

[221] Krämer 2001, 89.

[222] Ber. RGK 1952/54, 189.

[223] Ber. RGK 1952/54, 188–190.

[224] Ber. RGK 1952/54, 190–194.

[225] Ber. RGK 1952/54, 192.

Abb. 9. Direktorenkonferenz wahrscheinlich in der Zentrale des DAI Berlin Mitte der 1950er-Jahre. V.l.: Erich Boehringer (Präsident des DAI), Helmut Schlunk (1906–1982; Abteilung Madrid), Emil Kunze (1901–1994; Abteilung Athen), Kurt Bittel (Abteilung Instanbul), Gerhard Bersu (RGK-A NL Gerhard Bersu, Kiste 3, Tüte 24, Bild 38).

Im Sommer 1954 mehrte sich Kritik darüber, dass immer noch keine arbeitsfähige RGK berufen worden war, was Bersu angesichts der zahlreichen Widrigkeiten als ungerechtfertigt beklagte[226]. Bei einem Treffen zwischen Vertretern der DFG und der Mehrheit der Amtsinhaber westdeutscher archäologischer Institutionen Anfang Juni in Bamberg wurde dann deutlich, dass in absehbarer Zeit nicht mit neuen Statuten für das DAI und die RGK und damit auch nicht mit der Berufung einer arbeitsfähigen RGK zu rechnen war[227]. Es wurden auch Forschungsfragen diskutiert und Bersu bedauerte gegenüber Unverzagt, der nicht teilnehmen konnte, „da die provinzialrömische Forschung“ durch das Fernbleiben zahlreicher älterer Kollegen „schwach vertreten ist, wäre es gerade so gut gewesen, wenn auch Sie gekommen wären.“[228] In Bamberg wurde ein sog. Fünferausschuss berufen und beschlossen, dass der Präsident des DAI die neue RGK berufen würde, so das Bersu nicht handeln konnte oder Einfluss auf die Auswahl nehmen konnte[229]. Der Fünferausschuss stellte bei einer Sitzung Mitte August in Frankfurt am Main unter Boehringers Leitung eine Liste der 18 potentiellen Mitglieder der vorläufigen Kommission der RGK zusammen. Man vergaß Unverzagt auf die Liste zu setzen, was Bersu mit größtem Entsetzen bei seinem Freund zu entschuldigen suchte[230]. Die Liste der Mitglieder der vorläufigen

[226] Bersu an Unverzagt, 24.5.1954: SMB-PK/MVF Archiv IX f 3, b-2/Bl. 163.

[227] Ber. RGK 1954/55, 245.

[228] Bersu an Unverzagt, 31.5.1954: SMB-PK/MVF Archiv IX f 3, b-2/Bl 165.

[229] Bersu an Unverzagt, 31.8.1954: SMB-PK/MVF Archiv IX f 3, b-2/Bl. 169.

[230] Bersu an Unverzagt, 31.8.1954: SMB-PK/MVF Archiv IX f 3, b-2/Bl. 169.

Kommission der RGK wurde Anfang September 1954 im Anschluss an die Sitzung des Verwaltungsrates des RGZM in Mainz am 17. August 1954 vom Präsidenten bestätigt und dem Innenministerium mitgeteilt, womit die Kommission der vorläufigen RGK konstituiert war[231] *(Abb. 9)*.

Bersu hatte zeitgleich eine Denkschrift über Aufgaben und Stellung der RGK vorgelegt, die von der vorläufigen Kommission der RGK angenommen wurde, ebenso wie ein bereits Anfang 1953 vorgelegter Entwurf einer neuen Satzung und Geschäftsordnung der RGK. Diese vorläufige Kommission der RGK tagte während Bersus Amtszeit nur dreimal[232]. Ende Oktober 1954 schrieb Unverzagt: „Das Chaos in der Institutsangelegenheit, das auf völliger Unkenntnis der Sachlage beruht, hat mich doch recht betrübt. In der DDR wäre so etwas nicht möglich."[233] Bersu mag diese Einschätzung als ungerechtfertigt empfunden haben, denn es war ja gerade das Festhalten an demokratischen Entscheidungsprozessen, formatiert durch Statuten und Abstimmungen, das zu den Verzögerungen führte, und nicht Unwille. Dass Bersu jedenfalls mit diesen Fortschritten zufrieden war, darf man u. a. daraus schließen, dass er die Kündigung seiner Dubliner Professur im Dezember 1954 widerspruchslos akzeptierte[234]. Ob dazu auch die Würdigungen zu seinem 65. Geburtstag beigetragen haben, darunter eine bronzene Portraitmedaille von Emy Roeder im Auftrag zahlreicher deutscher Kollegen und Weggefährten[235], ist zu vermuten.

## Mitgliedschaft als gesamtdeutsches Statement

Seit 1953 unternahm die DDR eine politische Kurswende und man bemühte sich intensiv um den Austausch mit der BRD auf allen denkbaren gesellschaftlichen Ebenen. Für unser Thema relevant ist u. a. der ostdeutsche Versuch, für 1954 eine gesamtdeutsche Rektorenkonferenz einzuberufen, um Ausbildungs- und Forschungsstrategien in beiden deutschen Staaten zu koordinieren. Die Nichtanerkennung der DDR durch die BRD blockierte aber solche Zusammenarbeit vollständig[236]. Als dann mit dem Ende der Besatzungszeit 1955 beide Teile Deutschlands in das westliche (NATO) und östliche Militärbündnis (Warschauer Pakt) integriert wurden, wurde die Systemkonkurrenz buchstäblich betoniert. So blieben die persönlichen Kontakte, Tagungsteilnahmen und vor allem die Mitgliedschaften einzelner Wissenschaftler in den Institutionen wie bisher die Wege für den innerdeutschen Austausch, die vor allem – in der DDR – sog. bürgerliche Wissenschaftler pflegten.

[231] Bersu an Unverzagt, 31.8.1954: SMB-PK/MVF Archiv IX f 3, b-2/Bl. 169. Es wurden in die vorläufige Kommission der RGK berufen: Wolfgang Dietrich Asmus (1908–1993), Dehn, Hans Eiden (1912–2003), Gelzer, Werner Haarnagel (1907–1984), Siegfried Junghans (1915–1999), Karl Kersten (1909–1992), Krämer, Otto Kunkel (1895–1984), Hans Möbius (1895–1977), Herbert Nesselhauf (1909–1995), Eduard Neuffer (1900–1954), der aber wegen Erkrankung nicht mehr an dieser Sitzung teilnahm und am 29. August verstorben war, Sprockhoff, August Stieren (1885–1970), Arnold Tschira (1910–1969), Volbach und Werner.

[232] Man tagte am 8.9.1954; am 17./18.4.1955 und am 30.4./1.5.1956; Unverzagt nahm an den beiden letzten Sitzungen teil (Krämer 2001, 89).

[233] Unverzagt an Bersu, 25.10.1954: SMB-PK/MVF Archiv IX f 3, b-2/Bl. 175.

[234] Krämer 2001, 85.

[235] Krämer 2001, 88.

[236] Niederhut 2007, 31. – Erst der sog. Grundlagenvertrag zwischen beiden deutschen Staaten ermöglichte offizielle wissenschaftliche Kooperationen („Vertrag über die Grundlagen der Beziehungen zwischen der Bundesrepublik Deutschland und der Deutschen Demokratischen Republik"; geschlossen am 21.12.1972, in der BRD am 11.5.1973 und in der DDR am 13.6.1973 ratifiziert).

Sie trugen damit wesentlich dazu bei, „die Vorstellung von einer einheitlichen deutschen Wissenschaft und dem Fortbestand einer deutschen Nation aufrechtzuerhalten"[237].

Auch der RGK und dem Akademieinstitut kam unter diesen Bedingungen eine legitimatorische Funktion für den deutsch-deutschen wissenschaftlichen Austausch zu: Deshalb hatte Unverzagt 1951 den Austritt Weickerts aus der ostdeutschen Akademie bedauert[238], deshalb pflegte er seine Mitgliedschaft in der RGK durch Besuche und Korrespondenz[239], deshalb schlug Unverzagt wiederholt ostdeutsche Kollegen als korrespondierende Mitglieder der RGK vor[240] und lud westdeutsche Kollegen zu Tagungen in die DDR ein. Im Vorfeld einer solchen Veranstaltung versicherte ihm Bersu, die Teilnahme seinen westdeutschen Kollegen zu empfehlen[241] und erklärte sich dazu bereit, Empfehlungsschreiben für die Teilnahme an die Dienstherren dieser Kollegen zu verfassen[242]. Unverzagt zeigte sich zu Gunsten der Terminwünsche der westdeutschen Kollegen flexibel[243], staunte dann aber sehr darüber, dass man ihm aus finanziellen Gründen absagte[244]. Bersu erklärte, dass der Reisekostenetat der RGK aufgebraucht sei und bat Unverzagt, Weickert mitzuteilen, „welch schlechten Eindruck es macht, dass die RGK ihre beratende Tätigkeit nicht ausüben kann"[245]. Die westdeutschen Kollegen berichteten nach dieser Tagung, „welche günstigen Eindrücke" sie mitgenommen hätten[246] und auch Unverzagt war sehr zufrieden: „Es war eine schöne Veranstaltung die reibungslos in der geplanten Weise ablief und bei der etwa 180 km im Auto zurückgelegt wurden. Ich glaube kaum, dass so etwas augenblicklich im Westen möglich ist. Für die Herren aus dem Westen war es immerhin eine gute Gelegenheit, einmal einen unvoreingenommenen Einblick in unseren Forschungsbetrieb zu nehmen"[247].

Unverzagt war es inzwischen gelungen, dass die Kommission für Vor- und Frühgeschichte an der DAW in ein Institut umgewandelt und er zu dessen Direktor ernannt worden war[248]. Weiterhin fühlte er sich aber auch der RGK und Bersu verpflichtet und eng verbunden. Dies zeigt seine Anfrage an Boehringer und Bersu, ob er seine Wahl zum Sekretar der Klasse für Philosophie, Geschichte, Staats-, Rechts- und Wirtschaftswissenschaften der DAW Ende 1954 annehmen sollte. Während Boehringer Unverzagt sofort zuriet, sprach sich Bersu vertraulich gegen die Annahme aus, „da eine solche Stellung Sie meines Erachtens zu leicht exponieren kann. […] Ich sehe Schwierigkeiten kommen."[249]

[237] Niederhut 2007, 25.

[238] Niederhut 2007, 24–25.

[239] 4. Ordentliche Sitzung der Sektion für Vor- und Frühgeschichte, DAW, 13. März 1954: RGK-A Tagungen, Protokolle 1951–31.3.1955, 2.399 Bd. 1 von 2, unpag.

[240] Unverzagt an Bersu, 26.6.1954: SMB-PK/MVF Archiv IX f 3, b-2/Bl. 168. – Die Ernennungsdiplome des Jahres 1954 gingen den Betreffenden in der DDR nicht direkt zu, sondern wurden durch Unverzagt zugestellt. (Bersu an Unverzagt, 24.5.1954: SMB-PK/MVF Archiv IX f 3, b-2/Bl. 163). Im Bericht der RGK z. B. für das Jahr 1955/56 wurden die ostdeutschen Mitglieder unter der Rubrik „Inland" geführt (Ber. RGK 1955/56, 225).

[241] Bersu an Unverzagt, 21.7.1953: SMB-PK/MVF Archiv IX f 3, b-2/Bl. 129.

[242] Bersu an Unverzagt, 21.7.1953; Bersu an Unverzagt, 28.7.1953: SMB-PK/MVF Archiv IX f 3, b-2/Bl. 129; 131.

[243] Unverzagt an Bersu, 24.7.1953: SMB-PK/MVF Archiv IX f 3, b-2/Bl. 130.

[244] Unverzagt an Bersu, 25.8.1953: SMB-PK/MVF Archiv IX f 3, b-2/Bl. 133.

[245] Bersu an Unverzagt, 28.8.1953: SMB-PK/MVF Archiv IX f 3, b-2/Bl. 134.

[246] Bersu an Unverzagt, 16.10.1953: SMB-PK/MVF Archiv IX f 3, b-2/Bl. 139.

[247] Unverzagt an Bersu, 20.10.1953: SMB-PK/MVF Archiv IX f 3, b-2/Bl. 140. – Unverzagt heiratete am 30.10.1953 und wurde 1955 Vater einer Tochter.

[248] Unverzagt an Bersu, 20.10.1953: SMB-PK/MVF Archiv IX f 3, b-2/Bl. 140.

[249] Bersu an Unverzagt, 8.11.1954: SMB-PK/MVF Archiv IX f 3, b-2/Bl. 176.

Unverzagt teilte Bersu umgehend mit, dass er sich gegen die Ernennung nicht wehren konnte, da kein anderer Kandidat in Frage gekommen sei und die Wahl einstimmig gewesen war[250].

Nach seiner eigenen Wahl schlug er Bersu als korrespondierendes Mitglied der DAW vor und dieser nahm im Frühling 1954 die Wahl auch an, hoffte allerdings, dass darüber in der Öffentlichkeit nicht zu sehr gesprochen werde: „Sie kennen ja unsere lieben Kollegen. Aber ich stimme mit Ihnen vollkommen überein, das eine solche Mitgliedschaft der Verbindung in unserer Wissenschaft zwischen Ost und West nur förderlich sein kann“[251]. Nach den neuen Statuten der DAW hatten korrespondierende Mitglieder das Recht, an den Sitzungen der Sektion teilzunehmen und Unverzagt meinte, dass dadurch „eine gute Koordination für unser Fachgebiet hergestellt“ werden könnte[252]. Bersu freute sich über seine Ernennung „nicht nur aus persönlichen Gründen, sondern auch aus sachlichen, sehr“[253]. Gegenüber der Akademieleitung bekundete er in seinem Dankschreiben, „Es wird mein Bestreben sein, die durch diese Wahl erleichterten Beziehungen zwischen der heimischen Archäologie des Arbeitsgebietes meines Institutes und der des Parallel-Institutes der Akademie, das unter der Leitung von Herrn Professor Unverzagt ja einen so grossen Aufschwung genommen hat, weiter vertiefen zu können“[254]. Gegenüber dem Akademiepräsidenten Walter Friedrich gab Bersu seiner Hoffnung Ausdruck, „dass das neu geknüpfte Band ein weiterer Beitrag zur fruchtbaren Zusammenarbeit im Sinne der wissenschaftlichen Ideale der Völker und des Friedens sein möge“[255]. Als erstes gesamtdeutsch zu bearbeitendes Forschungsfeld entwickelte sich die „Westausbreitung der Slawen“, wofür Tagungen 1955 und 1956 stattfanden[256].

Die praktischen Rahmenbedingungen solcher fruchtbaren Zusammenarbeit sollte Bersu z. B. im November 1955 näher kennenlernen. Unverzagt lud ihn zu einer Sitzung des Beirates für Bodendenkmalpflege des Staatssekretariats für Hochschulwesen nach Halle an der Saale ein. Dafür erhob er bei Bersu detailliert dessen Personalien, damit Bersu entsprechend den Einreisebestimmungen für Westdeutsche in die DDR eine ortsspezifische Aufenthaltsgenehmigung erhielt[257]. Auf Bersus Frage hin, ob er Akten, die Angelegenheiten der RGK betreffen, mit einführen dürfe, beschied ihm Unverzagt, diese auf dem Postweg zu schicken. Außerdem empfahl ihm Unverzagt, Folgendes mitzubringen: „Gut ist es, wenn Sie für das Frühstück eine Art Dauerwurst, Käse und evtl. Butter und Zucker mitbringen. Ich weiss nicht, wie die Lage auf dem Gebiet der HO-Verpflegung augenblicklich ist. Ferner ist es nützlich, Handtuch, Toilettenpapier, Taschenlampe und

[250] Unverzagt an Bersu, 11.11.1954: SMB-PK/MVF Archiv IX f 3, b-2/Bl. 178.

[251] Bersu an Unverzagt, 12.5.1954: SMB-PK/MVF Archiv IX f 3, b-2/Bl. 161.

[252] Unverzagt an Bersu, 11.11.1954; Steinitz an Bersu, 31.1.1955: SMB-PK/MVF Archiv IX f 3, b-2/ Bl. 178; 191.

[253] Bersu an Unverzagt, 5.2.1955: SMB-PK/MVF Archiv IX f 3, b-2/Bl. 189.

[254] Bersu an Steinitz, 5.2.1955: SMB-PK/MVF Archiv IX f 3, b-2/Bl. 192.

[255] Bersu an Friedrich, 23.2.1955: SMB-PK/MVF Archiv IX f 3, b-2/Bl. 197. – Über die Zuwahl Sprockhoffs im Frühjahr 1955 wurde Bersu einerseits durch Unverzagts Briefe, aber auch durch westdeutsche Zeitungen informiert und er hoffte, „er nimmt an. Vielleicht muss er noch sein Ministerium fragen, in manchen der Westdeutschen Länder bestehen ja über solche Dinge Sonderbestimmungen.“ (Bersu an Unverzagt, 4.3.1955: SMB-PK/MVF Archiv IX f 3, b-2/Bl. 199).

[256] Protokoll der 6. Ordentlichen Sitzung der Sektion für Vor- und Frühgeschichte der Deutschen Akademie der Wissenschaften zu Berlin, Schwerin, 14.5.1955: RGK-A 2.399; Grunwald 2019, 179–184.

[257] Unverzagt an Bersu, 1.11.1955: SMB-PK/MVF Archiv IX f 3, b-2/Bl. 214.

Kerze mitzuführen. Das ist das Wesentliche.“[258] Besprochen wurde dann in Halle von west- und ostdeutschen Archäologen und Bodendenkmalpflegern, dass die Denkmallisten weiter zu führen und die Bodendenkmäler mit Schildern zu markieren seien, sodass für die 1950er-Jahre zumindest noch von zahlreiche Gemeinsamkeiten in der bodendenkmalpflegerischen Praxis zwischen West und Ost ausgegangen werden darf.

Ab Mitte der 1950er-Jahre bemühte sich die DDR um eine Verbesserung der Kontakte mit den östlichen Nachbarstaaten. In diesem Zusammenhang war Unverzagt im Oktober 1955 mit einer Akademiedelegation in Prag, „wo wir ein Abkommen zwischen unserer und der Tschechischen Akademie zu gemeinsamer Zusammenarbeit abgeschlossen haben“[259]. Im Januar 1956 wurde ein vergleichbares Abkommen mit der Polnischen Akademie geschlossen und Unverzagt unterzeichnete die konkrete Vereinbarung[260]. Vergleichbare Abkommen zwischen diesen osteuropäischen Staaten und der BRD wurden erst spät geschlossen[261], wodurch die ostdeutschen Fachvertreter für ihre westdeutschen Kollegen zum Teil wichtige Mittleraufgaben übernahmen. Indem sich westdeutsche Archäologen und die RGK bemühten, den Austausch mit den ostdeutschen Fachvertretern aufrecht zu erhalten und von deren Mittlerstellung profitierten, unterliefen sie wohl zum Teil die offizielle DDR-Politik der Bundesregierung, teilweise ungeachtet ständig wechselnder diplomatischer Fallstricke. So plante Boehringer nach seiner Berufung zum DAI-Präsidenten auch einen Antrittsbesuch beim Präsidenten der Akademie, „wie er das bei den anderen Berliner Hochschulen schon getan habe. Er war auch nicht abgeneigt, unter Umständen Ordentliches Mitglied zu werden, um auf diese Weise der Klassischen Archäologie eine Vertretung in der Akademie zu schaffen“[262]. Bersu bei der RGK verfolgte seinerseits die Entwicklungen in der DDR aufmerksam und vermittelte Informationen über ostdeutsche Projekte und Institutionen u. a. durch das *Mitteilungsblatt*, das seit dem 29. Jahrgang der *Germania* beigegeben war. Im *Mitteilungsblatt* 7 (*Germania* 32, 1954) erschien eine Liste aller ostdeutschen Vorgeschichtssammlungen, geordnet nach Bezirken und Kreisen und mit Angabe der Anschriften[263]. Bersu bat Unverzagt auch um 15 Exemplare des 1954 erlassenen ostdeutschen Ausgrabungsgesetzes und der ersten Durchführungsbestimmung, um sie an Interessenten zu verschicken: „In Betracht kämen ja wohl die westdeutschen Landesämter, je ein Exemplar nach Holland, Belgien, England, Frankreich und durch Schlunks Vermittlung auch nach Spanien“[264].

[258] Unverzagt an Bersu, 15.11.1955: SMB-PK/MVF Archiv IX f 3, b-2/Bl. 217. – HO ist die Abkürzung für die 1948 in der SBZ als staatliche Einzelhandelsorganisation gegründete „Handelsorganisation“, über die weitgehend die Lebensmittelversorgung in der SBZ und dann DDR erfolgte.

[259] Unverzagt an Bersu, 1.11.1955: SMB-PK/MVF Archiv IX f 3, b-2/Bl. 214.

[260] Unverzagt an Bersu, 23.2.1956: SMB-PK/MVF Archiv IX f 3, b-2/Bl. 224.

[261] Im Rahmen der sog. Ostverträge vom Beginn der 1970er-Jahre regelten erst Artikel 3 des „Vertrags zwischen der Bundesrepublik Deutschland und der Volksrepublik Polen über die Grundlagen der Normalisierung ihrer gegenseitigen Beziehungen“ vom 7. Dezember 1970 und Artikel 5 im „Vertrag über die gegenseitigen Beziehungen zwischen der Bundesrepublik Deutschland und der Tschechoslowakischen Sozialistischen Republik“ vom 11. Dezember 1973 die Aufnahme wissenschaftlicher Austauschbeziehungen.

[262] Unverzagt an Bersu, 11.11.1954: SMB-PK/MVF Archiv IX f 3, b-2/Bl. 178

[263] Mittbl. 7. Germania 32, 1954, 6–21; Grunwald 2018, 29–31.

[264] Bersu an Unverzagt, 17.4.1956: SMB-PK/MVF Archiv IX f 3, b-2/Bl. 229; Grunwald 2019, 169–170.

## Integration der Leistungsträger

War Bersu bis zu seiner Rückkehr nach Deutschland nur ferner Beobachter der Entnazifizierung und der fachlichen Besetzungspolitik in Deutschland gewesen, wurde er mit seinem Amtsantritt ebenso wie Unverzagt in zahlreiche personalpolitische Entscheidungen in ihren Arbeitsgebieten eingebunden. In ihre Amtszeit fiel die Integration nicht nur von Kriegsheimkehrern und Flüchtlingen, sondern auch von unterschiedlich entnazifizierten Kollegen, was den Zeitraum zwischen 1945 und Bersus Pensionierung auf besondere Weise wissenssoziologisch prägte. Mit den Entnazifizierungsverfahren und dem Wechsel von der nationalsozialistischen Diktatur zur westlichen Demokratie in der BRD und zum Aufbau des Sozialismus in der DDR wurde juristisch und ideologisch das Verhältnis von Wissenschaft und Gesellschaft offiziell neu bestimmt, wozu aber bislang fundierte fachgeschichtliche Würdigungen und Untersuchungen fehlen.

Vor dem Hintergrund des dürftigen Forschungsstandes und meiner eigenen Arbeiten zur Reorganisation der deutschen Archäologie nach 1945 möchte ich die Mehrheit der Personaldebatten und -entscheidungen der Nachkriegszeit als pragmatisch und weitgehend frei von moralischen oder ideologischen Bedenken bezeichnen. Weder die Mitgliedschaft in der NSDAP oder die Mitarbeit im Ahnenerbe der SS noch die Teilnahme an räuberischen „Kunstschutz"-einsätzen in besetzten Gebieten disqualifizierten deutsche Archäologen in den Augen ihrer Kollegen. Es war vielmehr die jeweilige Position bei den fachinternen Grabenkämpfen während der 1930er-Jahren[265], die nach 1945 über die Berufsaussichten des Einzelnen entschied. Folgerichtig bildete sich nach dem Krieg eine breite Front gegen Hans Reinerth (1900–1990), den politisch einflussreichsten Prähistoriker der NS-Zeit, der sich aggressiv um eine Neuausrichtung der „heimischen Vorgeschichte" bemüht hatte. Als dessen Revision gegen seine Einstufung als Schuldiger Anfang der 1950er-Jahre scheiterte, berichtete Bersu erleichtert an Unverzagt, dass Reinerth „bis zum 8. Mai 1957 weder eine öffentliche Stelle bekleiden kann noch schriftstellerisch tätig sein darf. Ausserdem ist er aller Rechte aus früheren Stellen damit verlustig gegangen."[266] Unverzagt empfand diese Nachricht als „große Beruhigung. Wer weiß, was der noch alles angestellt hätte."[267]

Weitgehend frei von moralischen Bedenken oder einer ideologischen Auseinandersetzung wurden diejenigen Fachkollegen gefördert, die man als Leistungsträger betrachtete und an die man Erwartungen hinsichtlich einer Reorganisation und Neuausrichtung der Archäologie knüpfte. Darin unterschieden sich Bersu oder Unverzagt wohl nicht von anderen Fachvertretern wie von Merhart, der mit Gutachten zu Entnazifizierungsverfahren Einfluss nahm auf zahlreiche Nachkriegskarrieren in Deutschland[268]. Das Beispiel Herbert Jankuhn (1905–1990) zeigt die Ambivalenz von bekannter politischer Position und fachspezifischen Erwartungen an einen Leistungsträger besonders deutlich *(Abb. 10)*[269]. Jankuhn hatte ab 1931 vom *Museum vaterländischer Altertümer* in Kiel aus die Ausgrabungen am wikingerzeitlichen Handelsplatz Haithabu geleitet[270]. Ihm gelang für die Förderung seiner Arbeiten kontinuierlich die nahezu bedingungslose Erschließung unterschiedlicher politischer und fachpolitischer Ressourcen wie denen der *Forschungsgemeinschaft Deutsches Ahnenerbe* der SS, was es ihm u. a. erlaubte, während der deutschen Besetzung Norwegens

[265] Halle 2002.

[266] Bersu an Unverzagt, 26.1.1953: SMB-PK/MVF Archiv IX f 3, b-2/Bl. 101.

[267] Unverzagt an Bersu, 31.1.1953: SMB-PK/MVF Archiv IX f 3, b-2/Bl. 103. – Ähnlich entschlossen blockierte man wohl nur noch Bolko von Richthofens (1899–1983) Rückkehr ins Fach (Weger 2017).

[268] Schlegelmilch 2012.

[269] Mahsarski 2011.

[270] Jankuhn 1937a; Jankuhn 1937b; Jankuhn 1943; Jankuhn 1956.

Abb. 10. H. Jankuhn (l.) im Gespräch mit seiner Ehefrau und W. Krämer auf dem Hamburger Kongress 1958 (Fotograf unbekannt, Archiv Bersu, Hamburger Kongreß 1958, Bild 3617).

im Süden des Landes Ausgrabungen vorzunehmen[271]. Jankuhn war bei Kriegsende als SS-Sturmbahnführer der Waffen-SS in amerikanische Gefangenschaft geraten und wurde bis Mitte Februar 1948 interniert. Im selben Jahr wurde er einem Entnazifizierungsverfahren unterzogen und in die Kategorie 4 (Mitläufer) ohne Tätigkeitsbeschränkung eingestuft, wobei seine Kriegseinsätze in Norwegen, Frankreich und der Ukraine für die Urteilsfindung keine Rolle spielten, über die man aber in Deutschland wohl durchaus informiert war[272]. Ab Frühjahr 1949 war der Weg frei für die Fortsetzung seiner Karriere, jedoch hatte sich die Atmosphäre im inzwischen geteilten Deutschland unter dem Eindruck des beginnenden Kalten Krieges nun neuerlich gewandelt. An seinen Förderer Unverzagt schrieb er: „Ich hoffe, dass wir die so verheißungsvoll begonnene Zusammenarbeit auf dem Gebiet der Stadtkernforschung fortsetzen können, insbesondere, dass sie sich zu einem Bindeglied zwischen den Kollegen in Ost und West entwickeln möchte. Ich habe nur die Befürchtung, dass wir ähnliche[n] Hexenprozesse[n] und Christenverfolgungen wie nach 1945 entgegen gehen, nur diesmal mit anderen Vorzeichen. Möchte sich das alles doch nicht auf die wissenschaftliche Zusammenarbeit mit bewährten und befreundeten Kollegen auswirken!“[273].

Unverzagt förderte in engem Austausch mit Bersu die Einrichtung einer neuen Professur an der Universität Kiel für Jankuhn und das in direkter Opposition zum Kieler Lehrstuhlinhaber Sprockhoff[274]. Aus Schleswig-Holstein, wo Jankuhn seit den Ausgrabungen in Haithabu hohes wissenschaftliches wie regionalpolitisches Ansehen genoss[275], hieß es, „Jankuhn muss bei uns bleiben […] Es sind sehr starke Kräfte ausserhalb der Universität

[271] Schülke 2012.

[272] Mahsarski 2011, 307; Grunwald 2020, 308–310.

[273] Jankuhn an Unverzagt, 4.10.1950: SMB-PK / MVG Archiv IX f 4, Nachlass Unverzagt, 1949–1951, unpag.

[274] Bersu an Unverzagt, 17.8.1951: SMB-PK / MVF Archiv IX f 3, b-2/Bl. 58.

[275] Unverzagt an Bersu, 3.10.1951: SMB-PK / MVF Archiv IX f 3, b-2/Bl. 64.

und der Landesregierung am Werk, ihn zu halten“[276]. Jahrelang bemühten sich Unverzagt und Bersu um die Vermittlung des politisch schwer belasteten Jankuhn[277] und versuchten, Sprockhoff zu beruhigen[278]. Im Rahmen der Wiederaufnahme der ostdeutschen Burgwallforschungen baute Unverzagt den Kontakt zu Jankuhn kontinuierlich aus und es kam zu gemeinsamen Exkursionen und Arbeiten an Forschungskonzeptionen[279]. Anfang 1956 berichtete Unverzagt schließlich vertraulich nach Frankfurt, dass Jankuhn auf Platz eins einer Kandidatenliste für ein neu zu gründendes Ordinariat für Vorgeschichte an der West-Berliner Freien Universität stehe, er aber wohl wegen seiner politischen Vergangenheit keine Aussichten habe[280]. Bersu hatte inzwischen von Jankuhn erfahren, dass dieser einen Ruf nach Göttingen angenommen hatte[281].

Als Jankuhn bald danach zum korrespondierenden Mitglied der DAW gewählt wurde, befürchtete Bersu, dass sich daraus für Unverzagt Schwierigkeiten ergeben könnten und brachte damit seine eigene, zwiespältige Haltung gegenüber ehemaligen, im NS erfolgreichen Kollegen zum Ausdruck: „unter normalen Umständen hätte ich aus Gründen der Vergangenheit schon grosse Bedenken gehabt, dass Sie ihn zum korr. Mitglied der Akademie wählen lassen. [...] Natürlich können nur Sie übersehen, ob Ihnen nicht Schwierigkeiten entstehen, einen Mann dessen Belastung in der Vergangenheit doch sehr bekannt ist gerade jetzt in die Akademie zu wählen. Würden nur rein sachlich fachliche Gründe für die Wahl von Jankuhn entscheidend sein, so ist es ausser allem Zweifel, dass seine Mitarbeit nur von grösstem Nutzen sein könnte und in normalen Zeiten mit stetiger Entwicklung würde dieser Grund auch ausschlaggebend sein. Aber [wir] wissen ja noch nicht, welche Folgen die Ereignisse in Ungarn für die wissenschaftliche Zusammenarbeit und wissenschaftliche Arbeit bei Ihnen haben werden, das werden wir erst in einigen Wochen wissen und wie man sich hier zu einer Veränderung der sich im vorigen Jahr normalisierenden Beziehungen stellt und welche Haltung dem Einzelnen mehr oder minder vorgeschrieben wird auch nicht.“[282]

Das Deutschlandverständnis und die Berufungspolitik der DAW unterliefen also das antifaschistische Selbstverständnis der DDR in gleichem Maße, wie die sich in Göttingen reorganisierende ehemalige deutsche Ostforschung davon profitierte[283], dass die Entnazifizierungsbemühungen der Westalliierten die Kontinuitäten von den Forschungen der völkischen Bewegung hin zu denjenigen im NS nicht erkannten[284] und ohnehin an Wissenschaftler andere, weniger strenge Maßstäbe anlegten als an politische Entscheidungsträger oder Militärs. Dies und das Tempo der innenpolitischen Reaktionen in beiden deutschen Staaten auf den Kalten Krieg, die Bündniseinbindungen ab 1955 oder den erwähnten

[276] Schwantes an Unverzagt, undat., zit. in Unverzagt an Bersu, 27.8.1951: SMB-PK/MVF Archiv IX f 3, b-2/Bl. 59.

[277] Unverzagt an Bersu, 27.8.1951: SMB-PK / MVF Archiv IX f 3, b-2/Bl. 59.

[278] Bersu an Unverzagt, 29.8.1951; Unverzagt an Bersu, 3.10.1951; Bersu an Unverzagt, 10.10.1951: SMB-PK/MVF Archiv IX f 3, b-2/Bl. 60; 64; 65.

[279] Unverzagt an Bersu, 18.7.1953; Unverzagt an Bersu, 25.8.1953: SMB-PK/MVF Archiv IX f 3, b-2/Bl. 128; 133. – Unverzagt bemühte sich auch um die Integration Werner Radigs (1903–1985), eines engen Vertrauten Reinerths in Ostdeutschland und später leitenden Mitarbeiters im „Deutschen Ostinstitut“ in Krakau (1940–1944). Ab 1951 arbeitete Radig in verschiedenen Instituten der DAW und wurde wiederholt von der Staatssicherheit kontaktiert (Strobel 2007).

[280] Unverzagt an Bersu, 5.1.1956: SMB-PK/MVF Archiv IX f 3, b-2/Bl. 218.

[281] Bersu an Unverzagt, 8.1.1956: SMB-PK/MVF Archiv IX f 3, b-2/Bl. 219.

[282] Bersu an Unverzagt, 8.2.1956: SMB-PK/MVF Archiv IX f 3, b-2/Bl. 221.

[283] Unger 2007; Krzoska 2017; Grunwald 2019, 179–184.

[284] Grunwald 2017.

Aufstand in Ungarn scheinen Bersu und Unverzagt in ihrer bewährten Strategie bestärkt zu haben, sich ohne eindeutige politische Bekenntnisse und Verurteilungen ausschließlich auf inhaltliche und strukturelle Fragen ihrer Fächer und Forschungen zu konzentrieren und dafür größtmögliche Flexibilität und Kompromissbereitschaft aufzubringen. Was als individuelle Strategie nachvollziehbar erscheinen mag, muss als wissenschaftspolitische Strategie einflussreicher Fachvertreter in ihren Auswirkungen auf die Fachentwicklungen reflektiert werden. Es war diese fachpolitische Mechanik, die zu zahlreichen thematischen und personellen Kontinuitäten und zur Reintegration solcher Leistungsträger wie Jankuhn führte, womit sich Fachinteressen und fachspezifische Dynamik als sehr viel robuster erwiesen, als es die beispiellose politische Entwicklung der 1930er bis 1950er-Jahre erwarten ließen[285].

## Der Hausherr geht

Aus Fachkreisen hatte man Bersu eindringlich ersucht, sich um die Verlängerung seiner Amtszeit zu bemühen und tatsächlich wurde ihm durch Beschluss des Bundeskabinetts die Hinausschiebung der Altersgrenze bewilligt[286]. Statt im September 1954 ging Bersu Ende März 1956 offiziell in den Ruhestand[287]. Auf der Sitzung der Kommission der vorläufigen RGK Mitte April 1955 wurde Werner Krämer zu Bersus Nachfolger gewählt[288].

Seine letzten Amtsjahre widmete Bersu vor allem dem Wiederaufbau der RGK. Am 13. Mai 1955 beschloss die Frankfurter Stadtverordnetenversammlung endlich den Neubau der RGK, was Bersu rückblickend als harten Kampf bezeichnete[289]. Nach einem Entwurf des Frankfurter Architekten Karl Georg Siegler übernahm die Frankfurter Aufbau AG den Auftrag und begann im Juli 1955 „nach Erledigung zeitraubender Einsprüche der Bauaufsichtsbehörde" mit dem Bau auf dem Gelände Palmengartenstraße 10/12 und dem dahinter liegenden Grundstück, das bis dato zum Amerikanischen Generalkonsulat gehörte, wodurch das neue Gebäude sehr viel großzügiger errichtet werden konnte, als es der alte Bau gewesen war[290]. Anfang November 1955 wurde bereits das Dach gedeckt[291].

Am 29./30. Oktober 1956 wurde das neue Haus in der Palmengartenstraße 10–12 feierlich mit einer wissenschaftlichen Tagung eingeweiht, zu der alle Mitglieder der vorläufigen Kommission der RGK sowie alle ordentlichen und korrespondierenden Mitglieder des DAI eingeladen waren[292]. Die etwa 200 deutschen und ausländischen Teilnehmer hörten neben zahlreichen Ansprachen vor allem Vorträge enger Weggefährten Bersus, mit denen er den CISPP aufgebaut hatte, sodass das Tagungsprogramm weniger die traditionellen

[285] Der Vergleich mit militär- und industrierelevanten Naturwissenschaften macht deutlich, dass auch das Desinteresse der deutschen Heeresleitung und dann aller Alliierter an archäologischen Forschungen Einfluss nahm auf die weitgehende personelle Kontinuität im Fach. Deutsche Archäologen waren nicht wegen kriegswichtiger Forschungen vor dem Kriegseinsatz geschützt und nach dem Krieg wurden sie auch nicht im Zuge von Maßnahmen zur „Intellektuellen Reparation" außer Landes gebracht (Ash 2010, 214–219).

[286] Hessischer Minister für Erziehung und Volksbildung, 1.7.1954; Bundesinnenministerium an Bersu, 29.9.1955; Bundesinnenministerium an Bersu, 4.10.1955: RGK-A NL Gerhard Bersu, Korrespondenz Bersu 1946–1957; Ber. RGK 1954/55, 244; Ber. RGK 1955/56, 223.

[287] Bundespräsident 3.4.1956: Dank zum Eintritt in den Ruhestand zum 31.3.1956 RGK-A NL Gerhard Bersu.

[288] Ber. RGK 1955/56, 225.

[289] Bersu an Boehringer, 5.5.1955; Bersu an Unverzagt, 18.5.1955: SMB-PK/MVF Archiv IX f 3, b-2/Bl. 101; 102.

[290] Ber. RGK 1955/56, 226.

[291] Krämer 2001, 85; Bersu an Unverzagt, 3.11.1955: SMB-PK/MVF Archiv IX f 3, b-2/Bl. 215.

[292] Kalb 2001, 411.

Abb. 11. Anlässlich der Eröffnung des neuen RGK-Gebäudes 1956 wurde Bersu am 29. Oktober feierlich aus seinem Amt verabschiedet. In Anerkennung seiner Leistungen für den Wiederaufbau der RGK und der deutschen Archäologien wurde ihm das Bundesverdienstkreuz verliehen. Die anschließende wissenschaftliche Tagung (29.–30. Oktober) würdigte die bisherige Arbeit der gesamten RGK und ihre thematische Einbindung in die Archäologien Europas (Archiv RGK; Krämer 2001, 93 Abb. 15; v. l. n. r.: Ministerialrat K.-H. Hagelberg, G. Bersu, Ministerialdirektor P. E. Hübinger, Regierungsdirektor Wiedemann).

Arbeitsgebiete der RGK widerspiegelte als vielmehr Bersus internationales Verständnis von archäologischer Forschung[293]. Die Eröffnungsfeier war auch Anlass für die politische Würdigung solcher Forschung und Netzwerkarbeit als Beiträgen für den Wiederaufbau Deutschlands[294]. Bersu wurde das Großes Bundesverdienstkreuz verliehen *(Abb. 11)*, dem ihm eng verbundenen Osbert Guy Stanhope Crawford (1886–1957) „als erstem ausländischen Archäologen" das Bundesverdienstkreuz und von Merhart für seine Verdienste um die deutsche Forschung „in den schweren Kriegs- und Nachkriegszeiten" ebenfalls das Große Bundesverdienstkreuz[295].

Nach Ausweis der Akten verbrachte Bersu die ihm verbleibenden acht Jahre seines Lebens mit dem, was er wohl am meisten mochte – dem geselligen Austausch mit Kolleginnen und Kollegen der verschiedenen Archäologien und Forschungsnationen bei Ausgrabungen, Exkursionen und Tagungen. Mit seinem Coup, den fünften Internationalen

[293] So sprachen u. a. Emil Vogt, Raymond Vaufrey und Ian Archibald Richmond (Vortragsprogramm; Ber. RGK 1956/58, 279–280); vgl. Beitrag von Susanne Grunwald und Nina Dworschak in diesem Band.

[294] Erlass über die Stiftung des „Verdienstordens der Bundesrepublik Deutschland" vom 7. September 1951.

[295] Ber. RGK 1956/58, 269.

Kongress für Vor- und Frühgeschichte des CISPP 1958 in Hamburg zu veranstalten, band er Deutschland noch einmal auf die für ihn eigene Weise in eine europäische Perspektive auf Forschung und Kommunikation ein und machte damit seinen Landsleuten ein Geschenk, das wohl nicht bei allen die Würdigung fand, die es verdiente[296] Dass dieser Kongress auch die DDR vielfältig einband, ist allein Bersus Freundschaft und Kooperation mit Unverzagt zuzuschreiben. Mit ihrer beider Pensionierung (Unverzagt: 1963) endete vorläufig der akademische Widerstand in der Prähistorischen Archäologie gegen die deutsche Teilung. 1957 vollzog die DDR eine deutschlandpolitische Kehrtwende und fortan wurde auf allen politischen und gesellschaftlichen Ebenen die Abgrenzung der DDR von der BRD betont. Konkret und für unser Thema relevant wurden die Rücknahmen zahlreicher seit Sommer 1953 geltender Vergünstigungen für Reisen aus der DDR gen Westen und die kontinuierliche Reduktion des gesamtdeutschen Anspruchs der DAW bei gleichzeitigem Generationswechsel an der DAW[297]. Zwar bemühten sich auch in der Bundesrepublik einzelne Fachvertreter um die Fortführung der innerdeutschen Kontakte, aber sowohl die bundesdeutsche Deutschlandpolitik als auch veränderte Forschungsprogramme reduzierten schließlich Frequenz und Inhalt des innerdeutschen Austauschs. Bei der RGK vollzog sich mit dem Amtsantritt Krämers ebenfalls ein grundlegender Wandel. Es war „in den 20er und 30er Jahren recht deutlich geworden, daß begrenzte, kurzfristige Maßnahmen einen nur bescheidenen und in seiner Bruchstückhaftigkeit letztlich unbefriedigenden Erkenntniszuwachs zu erbringen vermögen. Diese Einsicht löste die RGK vor allem nach dem 2. Weltkrieg mit längerfristigen Grabungsprojekten“ wie Manching ein[298], das Bersus Amtsnachfolger Krämer bei seinem Dienstantritt bei der RGK 1957 „mitbrachte“.

## Fazit

Vielleicht darf man sich Bersu angesichts der zahlreichen Fotografien, die ihn breit lächelnd zeigen, als humorvollen Mann vorstellen und vielleicht darf man deshalb vermuten, dass er das fulminante Finale seiner zweiten Amtszeit bei der RGK – die Verleihung des Bundesverdienstkreuzes an ihn, den einst aus dem Amt Vertriebenen im neueröffneten Haus der RGK – auch als Ironie der Geschichte betrachtet hat. Die überlieferten Schriftzeugnisse belegen dagegen deutlich, dass Bersu auf die Zäsur seiner Karriere und anschließend auf die beispiellosen sozialen und politischen Bedingungen bei seiner Rückkehr nach Deutschland – gewaltige Opferzahlen unter Militärangehörigen wie Zivilisten, Kriegszerstörungen, Entnazifizierung und NS-Strafverfahren, deutsche Teilung und alliierte Besatzung, Kalter Krieg und innerdeutsche Systemkonkurrenz – jedoch vor allem mit großer Sachlichkeit reagierte.

Humor und Sachlichkeit scheint Bersu mit Unverzagt geteilt zu haben, der beim Aufbau des archäologischen Instituts an der Akademie als Grenzgänger zwischen West- und Ost-Berlin einen multiplen (wissenschafts-)politischen Drahtseilakt bewältigte. Ihm blieb Bersu bis zum Ende verbunden; an Unverzagts Seite erlitt er auf einer Sitzung der nunmehrigen Sektion für Ur- und Frühgeschichte der ADW in Magdeburg 1964 einen Schlaganfall: „Er saß am Abend des 13. Novembers bei einem Lichtbildervortrag neben mir. Plötzlich legte er den Kopf auf meine Schulter. Als ich das Licht anmachen ließ, sank er an meiner Seite zu Boden. Am 19. November ist er dann, ohne das Bewusstsein wieder erlangt zu haben, im Krankenhaus sanft eingeschlafen.“[299] *(Abb. 12).*

[296] Vgl. Beitrag Grunwald / Dworschak in diesem Band.

[297] Niederhut 2007, 33–34.

[298] Müller-Scheessel 2002, 325.

[299] Unverzagt an Kunkel, 24.11.1964: SMB-PK / MVG Archiv IX f 4, Nachlass Unverzagt, 1962–1967, unpag.

Abb. 12. Unverzagt und Bersu im Gespräch. Die Aufnahme entstand um 1962 (Archiv MVF Nachlass Unverzagt IXf3).

Unverzagt verlor damit einen engen Freund und Kollegen, mit dem er die Idee geteilt hatte, dass eine koordinierte gesamtdeutsche Archäologie auch über die Teilung hinweg möglich und sinnvoll war. Sie bemühten sich um die Fortführung der älteren Burgwallforschungen, die stärke Einbindung beider deutschen Staaten in den internationalen Wissenschafts- und Kongressbetrieb und den Ausbau der staatlichen Förderung der Forschungen. In wieweit ihre Bemühungen erfolgreich waren oder von ihren Nachfolgern fortgeführt wurden, muss erst noch untersucht werden.

## Abkürzungen

| | |
|---|---|
| ABBAW | Archiv der Berlin-Brandenburgischen Akademie der Wissenschaften (seit 1992) |
| CISPP | Congrès International des Sciences Préhistoriques et Protohistoriques |
| DAI | Deutsches Archäologisches Institut |
| DAW | Deutsche Akademie der Wissenschaften zu Berlin (1946–1972) |
| DFG | Deutsche Gemeinschaft zur Erhaltung und Förderung der Forschung, kurz: Deutsche Forschungsgemeinschaft; bis 1929 Notgemeinschaft der deutschen Wissenschaft |
| PA | Personalakte |
| RGK | Römisch-Germanische Kommission |
| RGK-A | Archiv der Römisch-Germanischen Kommission |
| RGK-A NL | Archiv der Römisch-Germanischen Kommission, Nachlass |
| SBZ | Sowjetische Besatzungszone |
| SMB–PK / MVG Archiv | Staatliche Museen zu Berlin – Stiftung Preußischer Kulturbesitz/Museum für Vor- und Frühgeschichte Archiv |

## Literaturverzeichnis

Ackermann 1995
V. Ackermann, Der „echte" Flüchtling. Deutsche Vertriebene und Flüchtlinge aus der DDR 1945–1961 (Osnabrück 1995).

Althoff / Jagust 2016
J. Althoff / F. Jagust [mit einem Beitrag von St. Altekamp], Theodor Wiegand (1864–1936). In: Brands / Maischberger 2016, 1–37.

Apelt / Hufenreuter 2016
A. H. Apelt / M. Hufenreuter (Hrsg.), Antisemitismus in der DDR und die Folgen (Halle 2016).

Ash 2010
M. Ash, Wissenschaft und Politik als Ressourcen für einander. In: R. vom Bruch / B. Kaderas (Hrsg.), Wissenschaften und Wissenschaftspolitik. Bestandsaufnahmen zu Formationen, Brüchen und Kontinuitäten im Deutschland des 20. Jahrhunderts (Stuttgart 2002) 32–51.
Benz 2016
W. Benz, Judenfeindschaft ohne Ende? Erfahrungen nach dem Holocaust in Deutschland. In: Benz / Mihok 2016, 11–36.
Benz / Mihok 2016
W. Benz / B. Mihok (Hrsg.), „Juden unerwünscht". Anfeindungen und Ausschreitungen nach dem Holocaust (Berlin 2016).
Bertram 2004/05
M. Bertram, Wilhelm Unverzagt und das Staatliche Museum für Vor- und Frühgeschichte. In: W. Menghin (Hrsg.), Das Berliner Museum für Vor- und Frühgeschichte. Festschrift zum 175-jährigen Bestehen. Acta Praehist. et Arch. 36/37, 2004/05, 162–192.
Brands / Maischberger 2016
G. Brands / M. Maischberger (Hrsg.), Lebensbilder. Klassische Archäologen und der Nationalsozialismus. Forschungscluster 5, Geschichte des Deutschen Archäologischen Instituts im 20. Jahrhundert. Menschen – Kulturen – Traditionen 2 (Rahden/Westfalen 2016).
Bittel 1988
K. Bittel, Martin Schede. In: R. Lullies / W. Schiering (Hrsg.), Archäologenbildnisse. Porträts und Kurzbiographien von Klassischen Archäologen deutscher Sprache (Mainz 1988) 220–221.
Boll / Gross 2009
M. Boll / R. Gross (Hrsg.), Die Frankfurter Schule und Frankfurt. Eine Rückkehr nach Deutschland. Begleitpublikation zur Ausstellung im Jüdischen Museum Frankfurt (17.9.2009–10.1.2010) (Göttingen 2009).
Buchheim 1988
Ch. Buchheim, Die Währungsreform 1948 in Westdeutschland. Vierteljahrsh. Zeitgesch. 36,2, 1988, 189–231.
Coblenz 1992
W. Coblenz, In memoriam Wilhelm Unverzagt 21.4.1892–17.3.1971. Prähist. Zeitschr. 67, 1992, 1–15.
Coblenz 1998
W. Coblenz, Bemerkungen zur ostdeutschen Archäologie zwischen 1945 und 1990. Ethnogr.-Arch. Zeitschr. 39,4, 1998, 529–561.
Doehring et al. 1985
K. Doehring / W. Fiedler / W. G. Grewe / E. Klein / D. Rauschning / T. Stein, Deutschlandvertrag, westliches Bündnis und Wiedervereinigung. Stud. Deutschlandfrage 9 (Berlin 1985). doi: https://doi.org/10.3790/978-3-428-45846-2.
Estermann 2005
M. Estermann, Schauer, Georg Kurt. Neue Dt. Biographie 22 (Berlin 2005) 588–589.
Fahlbusch et al. 2017
M. Fahlbusch / I. Haar / A. Pinwinkler (Hrsg.), Handbuch der völkischen Wissenschaften, 2 Bde. (München[2] 2017) 1103–1113.
Frei et al. 2009
N. Frei / J. Brunner / C. Goschler (Hrsg.), Die Praxis der Wiedergutmachung. Geschichte, Erfahrung und Wirkung in Deutschland und Israel. Beitr. Gesch. 20. Jhs. 8 (Göttingen 2009).
Friedländer 2006
S. Friedländer, Die Jahre der Verfolgung. 1933–1939 (Berlin 2006).
Gerber 2017
J. Gerber, Ein Prozess in Prag. Das Volk gegen Rudolf Slánský und Genossen (Göttingen, Bristol[2] 2017).
Gieseke 2010
J. Gieseke, Antifaschistischer Staat und postfaschistische Gesellschaft: Die DDR, das MfS und die NS-Täter. Hist. Sozforsch. 35,3 (133), 2010, 79–94.
Grunwald et al. 2018
S. Grunwald / K. Steudtner / S. Willert, Tagungsbericht 100 Jahre „Kunstschutz" im Ersten Weltkrieg. Zugänge zu Ereignisgeschichte(n), Akteurs-Netzwerken und Objektbiographien. 2.5.2018–3.5.2018, Berlin. H-Soz-Kult 26.6.2018. https://www.hsozkult.de/conferencereport/id/

tagungsberichte-7767 (letzter Zugriff: 7.11.2021).
Grunwald 2020
S. Grunwald, Beispiellose Herausforderungen. Deutsche Archäologie zwischen Weltkriegsende und Kaltem Krieg. Ber. RGK 97, 2016 (2020), 229–379.
Grunwald 2017
S. Grunwald, Prähistorische Archäologie. In: Fahlbusch et al. 2017, 1103–1113.
Grunwald 2018
S. Grunwald, 100 Jahre Germania. Eine Fachzeitschrift als Identifikationsanker, Prestigeobjekt und polygraphisches Produkt. Germania 95, 2017 (2018) 1–41.
Grunwald 2019
S. Grunwald, Burgwallforschung in Sachsen. Ein Beitrag zur Wissenschaftsgeschichte der deutschen Prähistorischen Archäologie zwischen 1900 und 1961. Univforsch. Prähist. Arch. 331 (Bonn 2019).
Halle 2002
U. Halle, „Die Externsteine sind bis auf weiteres germanisch!" Prähistorische Archäologie im Dritten Reich. Sonderveröff. Naturwiss. u. Hist. Verein Land Lippe 68 (Bielefeld 2002).
Haury 2016
Th. Haury, Der Marxismus-Leninismus und der Antisemitismus. In: Apelt / Hufenreuter 2016, 11–33.
Hausmann 1998
F.-R. Hausmann, „Deutsche Geisteswissenschaft" im Zweiten Weltkrieg. Die „Aktion Ritterbusch" (1940–1945) (Dresden 1998).
Heuer / Wolf 1997
R. Heuer / S. Wolf (Hrsg.), Die Juden der Frankfurter Universität (Frankfurt am Main 1997).
Huhle et al. 2015
R. Huhle / L. Antipow / O. Böhm / M. Gemählich (Bearb.), Das Internationale Militärtribunal von Nürnberg 1945/1946. Die Reden der Hauptankläger. Hrsg. Nürnberger Menschenrechtszentrum (Nürnberg 2015).
Jankuhn 1937a
H. Jankuhn, Die Wehranlagen der Wikingerzeit zwischen Schlei und Treene (Neumünster 1937).
Jankuhn 1937b
H. Jankuhn, Haithabu – eine germanische Stadt der Frühzeit (Neumünster 1937).
Jankuhn 1943
H. Jankuhn, Die Ausgrabungen in Haithabu (1937–1939). Vorläufiger Grabungsbericht. Dt. Ahnenerbe 3 (Berlin 1943).
Jankuhn 1956
H. Jankuhn, Haithabu – Ein Handelsplatz der Wikingerzeit (Neumünster[3] 1956).
Junker 1997
K. Junker, Das Archäologische Institut des deutschen Reiches zwischen Forschung und Politik. Die Jahre 1929 bis 1945 (Mainz 1997).
Kalb 2001
Ph. Kalb, Die Bibliothek der Römisch-Germanischen Kommission. Ber. RGK 82, 2001, 395–445.
Kämper 2005
H. Kämper, Der Schulddiskurs in der frühen Nachkriegszeit. Ein Beitrag zur Geschichte des sprachlichen Umbruchs nach 1945. Stud. Linguistica Germania 78 (Berlin, Boston, New York 2005).
Kott 1997
Ch. Kott, Die deutsche Kunst- und Museumspolitik im besetzten Nordfrankreich im Ersten Weltkrieg – zwischen Kunstraub, Kunstschutz, Propaganda und Wissenschaft. Krit. Ber. 2, 1997, 5–24.
Krämer 2001
W. Krämer, Gerhard Bersu – ein deutscher Prähistoriker, 1889–1964. Ber. RGK 82, 2001, 5–101.
Krumme / Vigener 2016
M. Krumme / M. Vigener, Carl Weickert (1885–1975). In: Brands / Maischberger 2016, 203–222.
Krzoska 2017
M. Krzoska, s. v. Ostforschung. In: Fahlbusch et al. 2017, 1090–1102.
Legendre et al. 2007
J.-P. Legendre / L. Olivier / B. Schnitzler (Hrsg.), L'archéologie nationale-socialiste dans les pays occupés à l'Ouest du Reich (Gollion 2007).

Leide 2007
H. Leide, NS-Verbrecher und Staatssicherheit. Die geheime Vergangenheitspolitik der DDR (Göttingen 2007).

Leide 2019
H. Leide., Auschwitz und Staatssicherheit. Strafverfolgung, Propaganda und Geheimhaltung in der DDR. Bundesbeauftragter für die Unterlagen des Staatssicherheitsdienstes der ehemaligen DDR (Berlin 2019).

Lemke 2006
M. Lemke, Schaufenster der Systemkonkurrenz. Die Region Berlin-Brandenburg im Kalten Krieg (Köln 2006).

Leube 2002
A. Leube (Hrsg.) [in Zusammenarbeit mit Morten Hegewisch], Prähistorie und Nationalsozialismus. Die mittel- und osteuropäische Ur- und Frühgeschichtsforschung in den Jahren 1933–1945 (Heidelberg 2002).

Leube 2007
A. Leube, Zur Berliner Prähistorie in den Jahren nach 1945. Wilhelm Unverzagt und die Universität. In: G. H. Jeute / J. Schneeweiß / C. Theune (Hrsg.), Aedificatio terrae. Beiträge zur Umwelt- und Siedlungsarchäologie Mitteleuropas. Festschr. Eike Gringmuth-Dallmer. Internat. Arch., Stud. honoraria 26 (Rahden/Westf. 2007) 269–279.

Mahsarski 2011
D. Mahsarski, Herbert Jankuhn (1905–1990). Ein deutscher Prähistoriker zwischen nationalsozialistischer Ideologie und wissenschaftlicher Objektivität (Rahden/Westf. 2011).

Maischberger 2016
M. Maischberger, Martin Schede (1883–1947). In: Brands / Maischberger 2016, 161–201.

Meier 2017
Ch. Meier, Matthias Gelzer. In: E. Brockhoff / B. Heidenreich / M. Maaser (Hrsg.), Frankfurter Historiker (Göttingen 2017).

Mons / Santner 2019
T. Mons / C. Santner, Matthias Gelzer – Universitätspolitik und Althistorie im „Dritten Reich“. In: R. Färber / F. Link (Hrsg.), Die Altertumswissenschaften an der Universität Frankfurt 1914–1950. Stud. u. Dok. (Basel 2019) 111–136.

Müller-Scheessel 2001
N. Müller-Scheessel, Die Ausgrabungen und Geländeforschungen der Römisch-Germanischen Kommission. Ber. RGK 82, 2001, 291–361.

Nawroth 2004/05
M. Nawroth, Aus Trümmern erstanden. Der Neuanfang im Westteil der Stadt (1945–1963). In: W. Menghin (Hrsg.), Das Berliner Museum für Vor- und Frühgeschichte. Festschrift zum 175-jährigen Bestehen. Acta Praehist. et Arch. 36/37, 2004/05, 193–211.

Neumayer 2014
H. Neumayer, All quiet on the Western front? Archäologische Ausgrabungen an der Westfront vor Einsetzen des offiziellen deutschen Kunstschutzes am Beispiel der latènezeitlichen Nekropole von Bucy-le-Long, Dép. Aisne. In: P. Winter / J. Grabowski (Hrsg.), Zum Kriegsdienst einberufen. Die Königlichen Museen zu Berlin und der Erste Weltkrieg (Köln, Weimar, Wien 2014) 93–116.

Neumayer 2017
H. Neumayer, Die Vorgeschichtliche Abteilung des Königlichen Völkerkundemuseums im Ersten Weltkrieg. In: R. Born / B. Störtkuhl (Hrsg.), Apologeten der Vernichtung oder »Kunstschützer«? Kunsthistoriker der Mittelmächte im Ersten Weltkrieg (Köln, Weimar, Wien 2017) 271–283.

Niederhut 2007
J. Niederhut, Wissenschaftsaustausch im Kalten Krieg. Die ostdeutschen Naturwissenschaftler und der Westen (Köln 2007).

Paret 1956
O. Paret, Peter Goessler †. Gnomon 28,7, 1956, 558–559.

Priemel / Stiller 2013
K. Ch. Priemel / A. Stiller (Hrsg.), NMT. Die Nürnberger Militärtribunale zwischen Geschichte, Gerechtigkeit und Rechtschöpfung (Hamburg 2013).

Roggenbruch 2008
F. Roggenbruch, Das Berliner Grenzgängerproblem. Verflechtung und Systemkonkurrenz vor dem Mauerbau. Veröff. Hist. Komm. Berlin 107 (Berlin 2008).

Sailer 2015
G. Sailer, Monsignorina. Die deutsche Jüdin Hermine Speier im Vatikan (Münster 2015).
Schlegelmilch 2012
D. Schlegelmilch, Gero von Merharts Rolle in den Entnazifizierungsverfahren „belasteter" Archäologen. In: R. Smolnik (Hrsg.), Umbruch 1945? Die prähistorische Archäologie in ihrem politischen und wissenschaftlichen Kontext. Arbeits- u. Forschber. Sächs. Bodendenkmalpf. Beih. 23 (Dresden 2012) 12–19.
Schülke 2012
A. Schülke, „... und zeugen von einem stolzen Geschlecht". Ernst Sprockhoffs archäologisches Wirken auf Lista während des Zweiten Weltkries – eine Ausstellung in Nordberg Fort, Vest-Agder, Norwegen. Arch. Nachrbl. 17, 2012, 3–6.
Staadt 2016
J. Staadt, Die SED-Geschichtspolitik und ihre Folgen im Alltag. In: Apelt / Hufenreuter 2016, 99–119.
Stender 2010
W. Stender, Konstellationen des Antisemitismus. Zur Einführung. In: W. Stender / G. Follert / M. Özdogan (Hrsg.), Konstellationen des Antisemitismus. Antisemitismusforschung und sozialpädagogische Praxis (Berlin 2010) 7–38.
Strobel 2007
M. Strobel, Werner Radig (1903–1985) – Ein Prähistoriker in drei politischen Systemen. Arbeits- u. Forschber. Sächs. Bodendenkmalpfl. 47, 2005 (2007), 281–320.
Unger 2007
C. Unger, Ostforschung in Westdeutschland. Die Erforschung des europäischen Ostens und die Deutsche Forschungsgemeinschaft (1945–1975). Studien zur Geschichte der Deutschen Forschungsgemeinschaft 1 (Stuttgart 2007).
Unverzagt 1985
M. Unverzagt, Wilhelm Unverzagt und die Pläne zur Gründung eines Institutes für die Vorgeschichte Ostdeutschlands. DAI, Gesch. u. Dok. 8 (Mainz 1985).
Vigener 2012a
M. Vigener, „Schäbigste Opportunität und Charakterschwäche?": Nachkriegssituation und die Diskussion um Mitgliederstreichungen beim Deutschen Archäologischen Institut 1938/39 und 1953. In: R. Smolnik (Hrsg.), Umbruch 1945? Die prähistorische Archäologie in ihrem politischen und wissenschaftlichen Kontext. Arbeits.- u. Forschber. Sächs. Bodendenkmalpfl. Beih. 23 (Dresden 2012) 128–137.
Vigener 2012b
M. Vigener, „Ein wichtiger kulturpolitischer Faktor". Das Deutsche Archäologische Institut zwischen Wissenschaft, Politik und Öffentlichkeit 1918–1954. Forschungscluster 5, Menschen – Kulturen – Traditionen 7 (Rahden/Westfalen 2012).
von Schnurbein 2001
S. von Schnurbein, Abriß der Entwicklung der Römisch-Germanischen Kommission unter den einzelnen Direktoren von 1911 bis 2002. Ber. RGK 82, 2001, 137–289.
Weger 2017
T. Weger, s.v. Bolko von Richthofen. In: M. Fahlbusch / I. Haar / A. Pinwinkler (Hrsg.), Handbuch der völkischen Wissenschaften, Bd. 1 (München[2] 2017) 631–636.
Wengst / Wentker 2013
U. Wengst / H. Wentker (Hrsg.), Das doppelte Deutschland. 40 Jahre Systemkonkurrenz (Berlin 2013).
Wetzel 2016
J. Wetzel, Aufruhr in der Möhlstraße. München als Ort jüdischen Lebens. In: Benz / Mihok 2016, 57–75.
Winstel 2006
T. Winstel, Verhandelte Gerechtigkeit. Rückerstattung und Entschädigung für jüdische NS-Opfer in Bayern und Westdeutschland. Stud. Zeitgesch. 72 (München 2006).
Wojak 2004
I. Wojak (Hrsg.), Auschwitz-Prozeß 4 Ks 2/63 Frankfurt am Main. Begleitbuch Ausstellung im Haus Gallus und weiteren Stationen (Köln 2004).

# Das „Abenteuer Frankfurt“. Gerhard Bersus zweite Amtszeit im Spiegel seiner Korrespondenz mit Wilhelm Unverzagt

## Zusammenfassung · Summary · Résumé

ZUSAMMENFASSUNG · Im vorliegenden Beitrag werden Gerhard Bersus Entscheidung zur Rückkehr nach Deutschland rekonstruiert und die Themen skizziert, mit denen er sich während seiner zweiten Amtszeit bei der RGK auseinandergesetzt hat. Der überlieferte Austausch mit seinem Freund und Kollegen Wilhelm Unverzagt in Ost-Berlin macht deutlich, wie groß die Erwartungen an den heimkehrenden Bersu waren und welche widersprüchlichen Implikationen sich aus der Besatzung, der anschließenden deutschen Teilung und dem Kalten Krieg für die Bemühungen ergaben, archäologische Institutionen wie die RGK zu reorganisieren.

SUMMARY · This article reconstructs Gerhard Bersu's decision to return to Germany and outlines the issues he grappled with during his second term at RGK. Archived correspondence with his friend and colleague Wilhelm Unverzagt in East Berlin makes clear how great the expectations were for the returning Bersu and the contradictory implications of the occupation, the subsequent German division, and the Cold War for efforts to reorganize archaeological institutions such as the RGK.

RÉSUMÉ · On reconstitue dans cette contribution la décision prise par Gerhard Bersu de retourner en Allemagne et on esquisse les thèmes qu'il a abordés durant sa deuxième période d'activité à la RGK. Les échanges, dont nous disposons, avec son ami et collègue Wilhelm Unverzagt à Berlin-Est démontrent l'importance des attentes nourries à l'égard du retour de Bersu et la portée des implications contradictoires issues de l'occupation, puis de la division de l'Allemagne et de la Guerre froide, dans les efforts de réorganisation d'institutions archéologiques comme la RGK. (Y. G.)

Anschrift der Verfasserin

Susanne Grunwald
Institut für Altertumswissenschaften (IAW)
Arbeitsbereich Klassische Archäologie
Johannes Gutenberg-Universität
DE-55099 Mainz
https://orcid.org/0000-0003-2990-839X

# Die unsichtbare Institution. Der *Congrès International des Sciences Préhistoriques et Protohistoriques* und der Kongress in Hamburg 1958

Von Susanne Grunwald und Nina Dworschak

*Schlagwörter: Wissenschaftliche Kongresse / Nachkriegszeit / Prähistorische Archäologie / CISPP*
*Keywords: Scientific Congresses / postwar period / prehistoric archaeology / CISPP*
*Mots-clés: Congrès scientifiques / après-guerre / archéologie préhistorique / CISSP*

## Fragestellungen und Forschungsstand

Der Hamburger Kongress war der fünfte vom *Congrès International des Sciences Préhistoriques et Protohistoriques* (CISPP) veranstaltete Kongress[1]. Der CISPP war 1930 in direkter Reaktion auf kulturpolitische und fachinterne Debatten der Nachkriegsjahre gegründet worden und steht in der Tradition der bereits im ausgehenden 19. Jahrhundert begonnenen Internationalisierung der Archäologie[2], die derjenigen anderer historischen Wissenschaften ähnelt[3]. Dabei wurde Wissenschaft als kulturelles System konstituiert, „das den Anspruch erhob, die im Zeitalter der Nationalstaaten scharf konturierten Grenzen zu überwinden"[4].

Kongresse wie der CISPP spiegelten als neuartige transnationale und nichtstaatliche Wissenschaftsorganisationen die „Verflechtung von Nation und Internationalismus" einflussreich wider[5]. Eine kleine Gruppe von internationalen Akteuren wurde für definierte Zeiträume als nationale Vertreter berufen und bildete den *Conseil*, der die Themen und die Zusammenkünfte des CISPP plante. Derart fluide zwischen den Staaten und archäologischen Institutionen agierend und ohne festen Ort, war der CISPP damit von Beginn an die komplementäre Institution für das *invisible college*, als das Margarita Díaz-Andreu die internationale Gemeinschaft der Prähistorischen Archäologie bezeichnet hat[6]. Díaz-Andreu nahm damit Bezug auf die Selbstbeschreibung der ersten Mitglieder der britischen *Royal Society* im 17. Jahrhundert, die ihre unsichtbar miteinander verbundene Studiengemeinschaft als *invisible college* bezeichnet hatten[7]. Aber anders als bei den Kongressen ab dem 19. Jahrhunderten vertrat dort keines der Mitglieder seine Nation, sondern stand für sich und seine eigene Forschung ein. Wir möchten den CISPP in Anlehnung daran als unsichtbare und fluide Institution beschreiben, was helfen soll, den dynamischen Charakter und die Ortsungebundenheit dieser Organisationsform zu verdeutlichen und sie gegen national oder regional bezogene, ortsgebundene und damit sichtbarere Institutionen wie die Römisch-Germanische Kommission (RGK) oder ein Universitätsinstitut abzugrenzen.

[1] Obwohl gleichlautend, meint Kongress nicht nur im Deutschen einerseits die auf Dauer angelegte Vereinigung von Fach- oder Interessenvertretern mit einem Reglement, so der CISPP mit seinen Statuten. Andererseits wird mit Kongress das zeitlich begrenzte, wiederholte Zusammenkommen von Fach- oder Interessenvertretern bezeichnet, wie die aller vier Jahre veranstalteten Kongresse des CISPP.

[2] Fuchs 1996.

[3] Diesener / Middell 1996.

[4] Niederhut 2007, 149.

[5] Niederhut 2007, 149.

[6] Díaz-Andreu 2007.

[7] Bryson 2010.

Räumliche Ungebundenheit sowie personelle und inhaltliche Fluidität sollten auch diejenigen Eigenschaften sein, die den CISPP einflussreich werden ließen – und das nicht nur in Hinblick auf die darin vertretenen Archäologien, für die jede Veranstaltung und jeder Veranstaltungsort stets auch ein Statement hinsichtlich fachlicher Ausrichtung und Anerkennung bedeutete. Der CISPP war auch einflussreich für die innere und auswärtige Kulturpolitik der jeweils gastgebenden Länder, was wohl für alle internationalen Kongresse seit dem ausgehenden 19. Jahrhundert gilt, aber bislang für die Archäologien im Allgemeinen und die Prähistorische Archäologie im Speziellen noch nicht untersucht wurde[8]. Während bekannt ist, wie Vertreter verschiedener Altertumswissenschaften bereits seit dem 19. Jahrhundert zu einer erfolgreichen auswärtigen Kulturpolitik beitrugen[9] – aus deutscher Sicht sei hier nur auf das „epochemachende" Abkommen mit Griechenland über die Ausgrabungen des DAI in Olympia von 1874 verwiesen, womit ein neuer Weg internationaler kultureller Zusammenarbeit eingeschlagen worden war[10],– fehlt es bislang aus Perspektive der Archäologien an systematischen Untersuchungen darüber, welche Rolle sichtbaren wie unsichtbaren wissenschaftlichen Institutionen bei der auswärtigen Kulturpolitik zukam[11].

Spätestens seit diesem Olympia-Projekt von Ernst Curtius (1814–1896) wurden Mitarbeiter wissenschaftlicher Auslandsinstitute wie des DAI aber auch Organisatoren[12] und Teilnehmer von Ausgrabungen und Expeditionen sowie von Kongressen, Wanderausstellungen, Vortragsreisen und Publikationsprojekten immer öfter zu Botschaftern deutscher Interessen[13]. Wissenschaftliche, offiziell unpolitische Veranstaltungen wie die des CISPP oder auch Forschung- oder Ausstellungsprojekte konnten Verbindungen zwischen Akteuren oder zwischen Themen aufzeigen, noch bevor es sichtbare, national oder örtlich verankerte Institutionen konnten oder es zwischen vormaligen Gegnern zu Wirtschaftsverträgen oder Militärbündnissen kam.

Einerseits unterlief die internationale Zusammensetzung solcher unsichtbaren Institutionen wie des CISPP nationale Alleinmärsche und patriotische Missionsideen, wie noch zu zeigen sein wird, und bot damit neue Formen der auswärtigen Kulturarbeit an, wie sie nach den Weltkriegen in den während des jeweiligen Krieges besetzten oder eroberten Gebieten

[8] Zum Einfluss des internationalen Kongressbetriebes auf die nationale Außenpolitik und die globale Einbindung eines Staates am Beispiel der Schweiz 1914–50: Herren / Zala 2002.

[9] Trümpler 2010.

[10] Düwell 2015, 59–60.

[11] Die Mehrheit der vorliegenden Untersuchungen aus politikgeschichtlicher Sicht konzentriert sich auf die Zeit nach dem Zweiten Weltkrieg und dabei vor allem auf die US-amerikanischen Maßnahmen während des Kalten Krieges in Europa (Richmond 2004; Fosler-Lussier 2015), aber auch in Afrika (Scheffler 2016), sowie die Strategien einiger ehemaliger Kolonialmächte. Auch für die deutsche auswärtige Kulturpolitik liegt das Hauptaugenmerk auf der Zeit nach dem Zweiten Weltkrieg (Bauer 2010). Im 1951 wieder eingerichteten Auswärtigen Amt der BRD wurde auch dessen bereits 1920 gegründete Kulturabteilung reorganisiert und deren erster Nachkriegs-Leiter, Dieter Sattler, prägte den Begriff der Kulturpolitik als der „Dritten Bühne" der Außenpolitik neben der Diplomatie und Wirtschaft (Sattler 2007, 1; Singer 2003). Dominierte bislang der Blick von der Politik auf die verschiedenen kulturpolitischen Maßnahmen, rechtfertigen jüngere Forschungsergebnisse z. B. zur Geschichte der Archäologien (u. a. Halle 2009) unserer Meinung nach, einen fachspezifischen Blick auf die Geschichte der auswärtigen Kulturdiplomatie zu entwickeln.

[12] Bemüht um historische Korrektheit, werden im Text überall da, wo nachweislich Frauen und Männer tätig waren, diese auch so angegeben. Wo allein die männliche Form benutzt wird, sind auch nur männliche Akteure nachweisbar, was vor allem den innersten Kreis der Kongresse während des hier besprochenen Zeitraumes betraf.

[13] Düwell 2015, 64–65.

erforderlich wurden[14]. Aber andererseits wurde dieser Internationalismus als Fortsetzung der Idee von der *res publica literaria* im Sinne eines gleichberechtigten freien Austausches auch als Gestus für Modernität und Leistungsfähigkeit eingesetzt, um z. B. Diktaturen international zu legitimieren. Dies zeigt die Arbeit der 1934 gegründeten und ab 1936 dem Propagandaministerium unterstellten Deutschen Kongress-Zentrale[15]. Neben der Koordination und der Begleitung von Kongressen sammelte diese Zentrale in den besetzten Gebieten systematisch Daten von Organisationen, die Kongresse abhielten und bemühte sich um den Transfer dieser Organisationen unter deutsche Kontrolle, also um die Vergrößerung von fachlichen Netzwerken[16]. Durch die Zentrale wurden auch in Vorbereitung von Kongressteilnahmen fachspezifisch politisch konforme Wissenschaftlerinnen und Wissenschaftler zu Delegationen zusammengefasst, die jeweils einem weisungsberechtigten und berichtspflichtigen Delegationsleiter unterstellt wurden, der darüber wachte, dass z. B. keinem deutschen Kollegen in der Öffentlichkeit widersprochen wurde[17]. Vor diesem Hintergrund erscheinen die Auseinandersetzungen um Bersus Mitgliedschaft im *Conseil* des CISPP Mitte der 1930er-Jahre (s. u.) oder die Ausrichtung u. a. des Kongresses für Klassische Archäologie 1939 im nationalsozialistischen Deutschland (Berlin)[18] als mehr als nur innerfachliche Konflikte und Entscheidungen. Sie verweisen vielmehr beispielhaft darauf, wie Fachkongresse in der ersten Hälfte des 20. Jahrhunderts nicht nur an fachlicher, sondern auch an politischer Bedeutung gewannen und dass sie nicht nur als Elemente von Fachgeschichte, sondern auch als Elemente von Kulturpolitik beschrieben werden müssen.

Mit dieser gewachsenen kulturpolitischen Funktion kommt auch der Vergabepolitik des CISPP, der Entscheidung über den jeweiligen turnusmäßigen Veranstaltungsort, eine besondere Bedeutung zu, die im Falle Hamburgs sowohl in internationaler als auch nationaler Hinsicht außerordentlich war. Deutschland hatte im vorangegangenen Krieg nahezu ganz Europa, vor allem aber auch den im CISPP einflussreichen Wissenschaftsnationen Großbritannien und Frankreich bereits zum zweiten Mal als Gegner gegenüberstanden und war verantwortlich für Millionen Kriegstote und Flüchtlinge und europaweite Zerstörungen. Seit 1949 war dieses Land geteilt und hatte bis 1958, als der Kongress in Hamburg stattfand, einen hochdynamischen Aushandlungsprozess erlebt hinsichtlich der Widerherstellung der deutschen Einheit und des Vertretungsanspruches der deutschen Nation im Ausland, was den deutsch-deutschen Wissenschaftsaustausch stark beeinflusste. Während die Bundesrepublik die DDR nicht anerkannte und im Zuge der Westintegration einen Alleinvertretungsanspruch für Deutschland im Ausland vertrat, bemühte sich die DDR-Führung seit Anfang der 1950er-Jahre u. a. durch Erleichterung der Reisebedingungen für Wissenschaftler um einen engen nationalen Wissenschaftsaustausch als Schritt hin zu einer Wiedervereinigung[19]. 1957 erachtete man in Ost-Berlin diese bisherige Deutschlandpolitik als gescheitert und forcierte von nun an massiv eine Abgrenzung gegenüber der Bundesrepublik. Das im Mai 1957 erlassene Reiseverbot für ostdeutsche Studierende in die Bundesrepublik, das Verbot innerdeutscher Berufungsverhandlungen für Hochschullehrerinnen und Hochschullehrer und eine universitätsinterne Säuberungswelle waren die wissenschaftspolitischen Elemente dieser neuen Abgrenzungspolitik.

Dass der Kongress unter diesen Bedingungen nach Hamburg vergeben wurde und dass er in beiden Teilen Deutschlands stattfand, darf zu Recht als Bersus Coup bezeichnet

[14] Düwell 2015.
[15] Herren / Zala 2002.
[16] Herren / Zala 2002.
[17] Kühl 2014, 175.
[18] DAI 1940.
[19] Niederhut 2007, 32–37.

werden. Um diesen Coup kulturpolitisch und wissenschaftsgeschichtlich einordnen zu können, rekonstruieren wir im ersten Teil Bersus Anteil an den Entscheidungen, die zur Gründung des CISPP führten und versuchen, die Vergabepraxis des CISPP darüber, wo der Kongress jeweils tagte, bis in die 1950er-Jahre nachzuvollziehen. Im zweiten Teil stellen wir die Planungsgeschichte des Hamburger Kongresses als deutsch-deutsches Unternehmen dar und beschreiben den Kongress selbst[20]. Dabei wird hoffentlich deutlich, dass er nicht nur den Höhepunkt von Bersus Karriere markierte, sondern auf einzigartige Weise deutsch-deutsche Archäologiegeschichte mit der internationalen Wissenschafts- und Kulturpolitik im Kalten Krieg verband.

## Archäologische Kongresse

### Die Anfänge

Am Beginn des internationalen Kongressbetriebes der Prähistorischen Archäologie steht die Gründung des *Congrès international d'anthropologie et d'archéologie préhistoriques* (CIAAP) 1865[21]. Ein Jahr später veranstaltete dieser Bund einen ersten Kongress im Schweizer Neuchâtel. Die Kongressgründung darf sicherlich in die allgemeine französische Kulturmission eingeordnet werden, für die in der zweiten Hälfte des 19. Jahrhunderts der Begriff eines „pontificat de la civilisation neuve“ etabliert wurde[22], und in deren Folge es tatsächlich besonders nach dem Deutsch-Französischen Krieg 1870/71 zu schweren Spannungen zwischen den französischen und den deutschen Mitgliedern dieses Kongresses kam[23].

Der Kongress fand bis zum Ersten Weltkrieg in folgenden Städten statt: Neuchâtel (1866), Paris (1867), Norwich / London (1868), Kopenhagen (1869), Bologna (1871), Brüssel (1872), Stockholm (1874), Budapest (1876), Lissabon (1880), Paris (1889), Moskau (1892), Paris (1900), Monaco (1906) und Genf (1912)[24]. Mit der Bestimmung des Veranstaltungsortes ging stets eine Würdigung der dortigen Fachstrukturen, aber auch der archäologischen Hinterlassenschaften einher und regelmäßige Kongressteilnehmerinnen und Kongressteilnehmer konnten so Europa archäologisch kennenlernen. Die dreimalige Vergabe des Kongresses nach Paris und kongressinterne Entscheidungen zugunsten der alleinigen Konferenzsprache Französisch und gegen die Veranstaltung verschiedener deutschsprachiger Sektionen ließen deutsche und österreichische Wissenschaftler zu der Überzeugung kommen, dass gegen sie aus politischen Gründen Stimmung gemacht wurde und der CIAAP zu sehr von Frankreich dominiert würde[25]; der Vorschlag, den Kongress

[20] Um den Hamburger Kongress angemessen fach- und kulturpolitisch zu verorten, haben wir für unseren Beitrag die einschlägigen Archivalien zum Hamburger Kongress und in Bersus Nachlass, die in der RGK aufbewahrt werden, sowie korrespondierende Überlieferungen u. a. im Archiv des Museums für Vor- und Frühgeschichte Berlin ausgewertet. Zudem erschienen nach dem Kongress in ganz Europa mehrere Besprechungen dieses Events in nationalen Fachzeitschriften, die ebenfalls Einblick in Wahrnehmung des Hamburger Kongresses liefern.

[21] Müller-Scheessel (2011, 58) bietet einen Überblick über die bisherigen Arbeiten zur Geschichte des CIAAP, zur Wahrnehmung dieses Kongresses von deutscher Seite: Sommer 2009.

[22] Düwell 2015, 58–59.

[23] Müller-Scheessel 2011.

[24] Müller-Scheessel 2011, 60.

[25] Müller-Scheessel 2011, 62–64.

Anfang der 1880er-Jahre in Berlin zu veranstalten, war vor dem Hintergrund dieser Auseinandersetzungen abgelehnt worden[26].

Ungeachtet dessen erwies sich diese neue Form des Kommunikations- und Organisationsverhaltens, die sich an Strukturen der Medizin und anderen Naturwissenschaften orientierte, als erfolgreich: Ein gewähltes, turnusmäßig wechselndes Gremium von Fachwissenschaftlerinnen und Fachwissenschaftlern plant Treffen und organisiert die Veröffentlichung der dort getroffenen fachpolitischen Entscheidungen und Diskussionen. Dass damit für die regional so disparaten Zweige der Archäologie ein geeignetes Format gefunden war, zeigt auch dessen schnelle Adaption durch die Deutsche Gesellschaft für Anthropologie, Ethnologie und Urgeschichte 1868.

## Der Erste Weltkrieg als Zäsur für die Kongresskultur

Noch vor dem Ersten Weltkrieg war es auch durch die inzwischen gut etablierten Austauschbeziehungen, vor allem aber durch das überall rasch angestiegene Fundaufkommen zu einer Ausdifferenzierung der Archäologien gekommen, die sich u. a. auch in der Gründung spezifischer Kongresse niederschlug, so in dem erstmals 1905 abgehaltenen Kongress für Klassische Archäologie in Athen, dem ersten Kongress für Baltische Archäologie (1912)[27] oder dem Kongress für Nordische Archäologie, der erstmals 1916 in Kristiania (Oslo) in Norwegen stattfand[28]. Etwa zeitgleich entwickelte man nun auch im Deutschen Reich erste Vorstellungen einer systematischen auswärtigen Kulturpolitik[29], wobei vor allem auswärtige Sprach- und Schulpolitik im Vordergrund standen, was aber in Verbindung mit massiver Kriegspropaganda die internationalen Rivalitäten verstärkte[30]. Im Nachbarland Frankreich war dagegen bereits seit dem ausgehenden 19. Jahrhundert ein komplexes System der Kulturdiplomatie entwickelt worden, das zentral koordiniert wurde und das neben dem nationalen Missionsanspruch auch völkerverbindende Elemente und Ziele einschloss, woran man nach dem Weltkriegsende 1918 wieder anknüpfen konnte[31]. Deutschland aber, dem es nun an den traditionellen Mitteln der auswärtigen Politik („Macht, Heer, Flotte und Geld“)[32] fehlte und das nicht auf eine kulturdiplomatische Tradition zurückgreifen konnte, da der Zugang zu den Nachfolgestaaten des Osmanischen Reiches und der Mandatsgebiete des Völkerbundes in der Levante radikal eingeschränkt war, fiel die Aufnahme friedlicher, gleichberechtigter Außenkontakte wesentlich schwerer. Die Vertreter der deutschen Archäologien, die sich in diesen genannten Gebieten seit dem letzten Viertel des 19. Jahrhunderts großes internationales Renommee erworben hatten[33], sahen sich wissenschaftlich isoliert und ohne politische Unterstützung. Mit der Gründung der Abteilung IV als Kulturabteilung im Auswärtigen Amt 1920 wurde in Deutschland schließlich eine Einrichtung geschaffen, für die „die üblichen kulturpolitischen Mittel der imperialistischen Völker aus inneren und äußeren Gründen nicht mehr zum Requisit der deutschen Außenpolitik gehören“ sollte[34], und die bei Wissenschaftlerinnen und Wissenschaftlern wie auch Künstlerinnen und Künstlern Hoffnungen weckte.

[26] Müller-Scheessel 2011, 64.

[27] Rämmer 2015, 111.

[28] Baudou 2005, 130.

[29] Als einer der Ersten gebrauchte der Leipziger Historiker Karl Lambrecht (1856–1915) den Begriff der auswärtigen Kulturpolitik 1912 (Düwell 2015, 52).

[30] Düwell 2015, 60–61.

[31] Düwell 2015, 61; 63–64.

[32] General Wilhelm Groener von der Obersten Heeresleitung im Juni 1919, zit. bei Düwell 2015, 61.

[33] Düwell 2015, 65.

[34] Düwell 2015, 65–66.

Die Möglichkeiten internationaler Wissenschaftsbeziehungen waren bereits durch den Krieg dramatisch eingeschränkt worden und der Tagungsbetrieb war zum Erliegen gekommen. Der für 1915 in Madrid geplante Kongress des CIAAP fiel deshalb aus. Nationale Feindschaften wurden manifestiert und anthropologische Forschungen gewannen vor allem durch die Diskussion (ethnischer) Grenzziehungen an Einfluss in den Altertumswissenschaften. Dem trug man z. B. mit der Begründung der Kongresse für Nordische Archäologie Rechnung oder in Frankreich mit der Gründung des *Institut international d'Anthropologie* (IIA) 1918 in Paris. Mit dessen Richtlinien, Paris als dauerhaften Standort zu wählen, deutsche Wissenschaftler *per se* von Mitarbeit und Kongressteilnahmen auszuschließen und schließlich die Anthropologie gegenüber der Prähistorischen Archäologie zu präferieren, kündigte man nach Meinung vieler, nicht nur deutscher, Zeitgenossen den alten archäologischen Internationalismus auf[35]. Zu den Nachkriegs-Kongressen des IIA kamen entsprechend der Statuten nur Wissenschaftlerinnen und Wissenschaftler aus Bündnisstaaten Frankreichs oder Staaten, die im vergangenen Weltkrieg neutral geblieben waren, so dass deutsche Archäologinnen und Archäologen ausgeschlossen blieben von den Kongressen, die 1921 in Liège, 1924 in Prag und 1927 in Amsterdam stattfanden[36]. Der allgemeine Boykott gegenüber die deutschen Wissenschaften endete zwischen 1924 und dem Eintritt Deutschlands 1926 in den Völkerbund.

## Die Reaktion auf die Zäsur

Von deutscher Seite bemühte man sich einerseits um Anschluss an andere, weniger reglementierte Archäologiekongresse wie den Baltischen und den Nordischen Kongress als auch um direkte Einflussnahme auf das IIA[37]. In Amsterdam versuchten Kritiker dieses Zustandes, den CIAAP durch Vereinigung mit dem IIA wiederzubeleben, was auf dem Kongress 1930 in Coimbra und Porto in Portugal erfolgen sollte. Die Hoffnungen vor allem der archäologischen *community* zerschlugen sich aber, da weiterhin die Anthropologie die Kongressarbeit dominierte. Inzwischen kritisierte andererseits eine Mehrheit der europäischen Archäologinnen und Archäologen die Arbeit des IIA und hatte, so Gerhard Bersu, das „Interesse, die alten internationalen Kongresse wieder aufleben zu lassen. Herr Vaufrey, Professor am *Institut de Paléontologie humaine* in Paris, hat nun die Initiative ergriffen, diese alten Kongresse wieder aufleben zu lassen, und ist dabei allenthalben auf grosses Entgegenkommen gestossen“[38]. In den Jahren 1930 und 1931 wurde durch Korrespondenz und zahlreiche kleine Meetings am Rande von Kongressen oder, wie im Oktober 1930 in Berlin bei der Eröffnung des Pergamon-Museums, ermittelt, dass die Mehrheit der europäischen Prähistorikerinnen und Prähistoriker die einstige Interdisziplinarität zwischen Archäologie, Anthropologie und Ethnologie auf gleichberechtigt internationaler Ebene befürwortete und durch eine Körperschaft jenseits des IIA vertreten sehen wollte[39].

[35] Müller-Scheessel 2011, 72–73.

[36] Müller-Scheessel 2011, 72. – Nach Amsterdam wurden aber deutsche Wissenschaftler auf Initiative der Niederländer entgegen den Statuten eingeladen (Krämer 2001, 34).

[37] Zur Fühlungnahme mit den skandinavischen Kollegen u. a. (wahrschl. Viktor Karl Maximilian von) Dit(t)mar, Deutscher Gesandter für Estland an Auswärtiges Amt, 12.12.1924; Max Ebert an Gerhart Rodenwaldt, 16.1.1925: RGK-A 272 Allg. Schriftverkehr RGK mit ZD DAI 1922-1925/1922 Jan. 22–1925 März 1928, Bl. 375; 411; Krämer 2001, 34–36.

[38] Bersu an Karl Hermann Jacob-Friesen, 29.8.1930: RGK-A 272 Allg. Schriftverkehr RGK mit ZD DAI 1922–1925/ 1922 Jan. 22–1925 März 1928, Bl. 50–51.

[39] Krämer 2001, 34–35.

Von Seiten des deutschen Auswärtigen Amtes, wo seit dem Kriegsende auf eine kooperative auswärtige Kulturpolitik ohne jeden Anschein von Propaganda oder Expansionismus gesetzt und Strukturen wie der Deutsche Akademische Auslandsdienst (1925) oder die Alexander von Humboldt-Stiftung geschaffen wurden, förderte man solche Bemühungen, allerdings ohne größere finanzielle Mittel[40]. Als Credo der neuen inneren und äußeren Kulturpolitik kann der 1925 von dem Kunsthistoriker Gustav F. Hartlaub (1884–1963) geprägte Begriff der Neuen Sachlichkeit gelten[41] und Bersu erscheint als der idealtypische Vertreter eines sachlichen, kollegialen, wissenschaftlichen Austauschs über Staatsgrenzen hinweg.

Eine kleine Gruppe von Fachvertretern, die sich bereits 1927 in Amsterdam entsprechend verständigt hatte und über sowohl internationale als auch interdisziplinäre Kontakte verfügte, beauftragte während des *Congrès International d'Archéologie Classique* (CIAC) im Frühjahr 1930 den spanischen Prähistoriker Pere Bosch i Gimpera (1891–1974), im Rahmen des nächsten Kongresses eine prähistorische Sektion zu organisieren[42]. Man ging damit in direkte Opposition zum anthropologisch dominierten IIA, was aber auch wieder Kritik bei denjenigen auslöste, die gegen solche Kooperationen mit der Klassischen Archäologie waren[43]. In Deutschland bat Bersu erfolgreich die Berufsvereinigung deutscher Prähistoriker um ihre Unterstützung bei diesen Bemühungen und traf sich dafür sogar mit dem Rassenhygieniker Eugen Fischer (1874–1967)[44], während Wilhelm Unverzagt (1892–1971) bei den baltischen Kollegen für die Idee warb[45].

Dieses „berühmte kleine Komitee"[46] traf sich im Verlauf des Jahres 1930 wiederholt und schließlich im Februar 1931 in Paris[47]. Dort beschlossen Gerhard Bersu, Bosch i Gimpera, Raymond François Lantier (1886–1980), John Linton Myres (1896–1954), Hugo Obermaier (1877–1946), Unverzagt und Raymond Vaufrey (1890–1967), im nächsten Mai bei einem Treffen in Bern den *Congrès International des Sciences Préhistoriques et Protohistoriques* (CISPP) zu gründen *(Abb. 1)*. Bersu hoffte, „dass die Prähistorie darin den ersten Platz und die Anthropologie den zweiten bekommt. Praktisch wäre ja überhaupt die Anthropologie bei der Gelegenheit ganz auszuschiffen"[48]. Um die deutschen Teilnehmer am Berner Kongress über die Bedeutung dieser Pläne zu informieren, lud sich Bersu selbst als Redner zur nächsten Tagung der Berufsvereinigung in Stuttgart ein mit dem Referatstitel „Die künftigen internationalen Kongresse für Prähistorie"[49].

Das Treffen in Bern wurde maßgeblich von den deutschsprachigen Fachvertretern, allen voran Bersu von der RGK, vorbereitet und die von Bosch i Gimpera verschickten Einladungen dazu wurden in Frankfurt gedruckt[50]. In Bern stimmten schließlich

[40] Düwell 2015, 66–67.
[41] Düwell 2015, 67.
[42] Müller-Scheessel 2011, 74.
[43] Bersu an Rodenwaldt, 4.[?].12.1930: RGK-A 81 Allg. Schriftverkehr RGK mit DAI 1930, Bl. 54–55.
[44] Bersu an Rodenwaldt, 4.[?].12.1930: RGK-A 81 Allg. Schriftverkehr RGK mit DAI 1930, Bl. 54–55.
[45] Bersu an Karl Hermann Jacob-Friesen, 29.8.1930: RGK-A 272 Allg. Schriftverkehr RGK mit ZD DAI 1922–1925/ 1922 Jan. 22–1925 März 1928, Bl. 50–51).
[46] Bersu an Jacob-Friesen, 9.2.1931: RGK-A 272 Allg. Schriftverkehr RGK mit ZD DAI 1922–1925/ 1922 Jan. 22–1925 März 1928, Bl. 72–73.
[47] Müller-Scheessel 2011, 74; Krämer 2001, 35; Bersu an Jacob-Friesen, 9.2.1931: RGK-A 272 Allg. Schriftverkehr RGK mit ZD DAI 1922–1925/ 1922 Jan. 22–1925 März 1928, Bl. 72–73.
[48] Bersu an Jacob-Friesen, 9.2.1931: RGK-A 272 Allg. Schriftverkehr RGK mit ZD DAI 1922–1925/ 1922 Jan. 22–1925 März 1928, Bl. 72–73; 75.
[49] Bersu an Jacob-Friesen, 9.2.1931; Jacob-Friesen an Bersu, 21.2.1931: RGK-A 272 Allg. Schriftverkehr RGK mit ZD DAI 1922–1925/ 1922 Jan. 22–1925 März 1928, Bl. 72–73; 75.
[50] Müller-Scheessel 2011, 75.

Abb. 1. Gründung des Internationalen Kongresses 1931. Von links nach rechts: W. Unverzagt, P. Bosch i Gimpera, H. Obermaier, R. Lantier (Foto: G. Bersu, Archiv RGK / Ber. RGK 82, 2001, 36).

28 Wissenschaftler aus 14 Staaten für die Gründung des CISPP[51], aber sie waren dafür eigentlich nicht von der *scientific community* in einem formalen Wahl- oder einem anderen Verfahren akkreditiert worden[52]. In seinem Bericht an das DAI behauptete Bersu jedoch vor dem Hintergrund der so zahlreichen Vorgespräche, die Gruppe in Bern würde „die legitimierten Fachvertreter der internationalen Vorgeschichtswissenschaft" repräsentieren[53].

Im Sommer 1932 traf sich der CISPP, der damals bereits mehr als 600 Mitglieder umfasste, erstmals zu einem Kongress in London. Der Initiator des Widerstandes gegen das IIA, Myres, übernahm die Rolle des Generalsekretärs und neben dem britischen wurden sechs weitere nationale Sekretäre bestimmt[54]. Man bildete fünf thematische Gruppen,

[51] Bersu 1931.

[52] Müller-Scheessel 2011, 75.

[53] Gerhard Bersu, Bericht an die ZD DAI, 16.6.1931: RGK-A 29, Korrespondenz ZD, 2.1.1931–30.6.1931, S. 2, zit. bei Müller-Scheessel 2011, 75 Anm. 31; Bersu, Ber. RGK 1931/32, Ber. RGK 9. – Nils Müller-Scheeßel legt dar, dass Befürworter einer selbstständigen Prähistorischen Archäologie gemeinsam mit den Anhängern einer älteren, interdisziplinär eingebundenen Archäologie à la Virchow die Gründung des CISPP herbeiführten (Müller-Scheessel 2011, 75–76).

[54] Włodzimierz Antoniewicz (1893–1973; Polen), Ture Algot Johnsson Arne (1879–1965; Schweden), Bersu (Deutschland), Henry Édouard Prosper Breuil (1877–1961; Frankreich), Obermaier (Spanien) und Ugo Rellini (1870–1943; Italien).

welche die Arbeit und Kommunikation lange gestalten sollten[55]. Der CISPP wurde nun von einem gewählten Präsidenten sowie einem gewählten *Permanent Council* geführt und Amtsinhaber in diesen Positionen galten als renommiert und einflussreich. Am Londoner Kongress nahmen mehr als 500 Wissenschaftlerinnen und Wissenschaftler teil, die zum Teil in einer der 22 offiziellen nationalen Delegationen anreisten[56], was die Anerkennung des CISPP als Institution und der Prähistorischen Archäologie als Fach ausdrückte.

### Die Grenzen des Internationalismus

Aus deutscher Sicht beeinträchtigten weder das spanische Franco-Regime noch der italienische Faschismus die Zusammenarbeit im CISPP so sehr wie der Nationalsozialismus und vor allem der Kriegsbeginn 1939[57]. An Bersus Beispiel zeigt sich, wie damals Internationalismus mit Rassismus und Nationalismus kollidierten. In Deutschland erfolgte mit der Machtübernahme verstärkt ab 1937 eine nahezu vollständige, gut finanzierte Umkehr der auswärtigen Kulturpolitik der Weimarer Republik unter dem Einfluss des Propagandaministeriums[58]. Durch Strukturen wie die oben erwähnte, 1934 gegründete Deutsche Zentrale für Kongresse sowie durch das Reichserziehungsministerium erfolgte nun die politische Kontrolle von Teilnehmerinnen und Teilnehmern und Inhalten wissenschaftlicher Zusammenkünfte wie des CISPP.

Der CISPP hatte sich in kürzester Zeit zu einer beachteten internationalen Institution entwickelt und auch diejenigen deutschen Fachvertreter, die dem durch den CISPP vertretenen Internationalismus in der Forschung aus nationalistischen Gründen kritisch gegenüberstanden und dem Nationalsozialismus nahe standen, waren darum bemüht, dass die deutsche Forschung im *Conseil* angemessen vertreten war. So machten 1936 mehrere politisch konforme deutsche Prähistoriker z. B. ihre Teilnahme am Kongress in Oslo davon abhängig, dass in der deutschen Kongressvertretung kein „Nichtarier irgend eine Rolle“ spiele und meinten damit unmissverständlich Bersu[59]. Dieser war im Juli 1935 von seinem Posten als Direktor der RGK abberufen und als Referent an die Zentrale des DAI nach Berlin versetzt worden und wurde nun von mehreren Seiten, u. a. auch von seinem Nachfolger bei der RGK, Ernst Sprockhoff (1892–1967), unter Druck gesetzt: „Nach meiner Ansicht gibt es nur als einzige Bereinigung Ihren Rücktritt von sich aus. Das schafft Klarheit, setzt das Institut [die RGK; S. G.] nicht unnötigen Angriffen aus“[60]. Bersu trat tatsächlich im Mai 1936 von seinem Sitz im Conseil zurück[61], was unter den Vertretern

[55] „I. Human Palaeontology; II. Palaeolithic and Mesolithic; III. Ages of Polished Stone, Bronze and Iron in the Ancient World (subdivided into A. Western and Northern Europe; B. The Ancient East, Including the Mediterranean; and C. Central and Mediterranean Europe); IV. The Neolithic, Bronze, and Early Iron Ages Outside the Ancient World; and V. The Transition from Prehistory to History“ (Díaz-Andreu 2009, 95).

[56] Krämer 2001, 35.

[57] Inwieweit der Einmarsch Deutschlands in Österreich und der Tschechoslowakei die Mitarbeit der dortigen Kollegen am CISPP beeinträchtigte, ist wohl bislang noch nicht untersucht worden.

[58] Düwell 2015, 72–74.

[59] Einer der Wortführer war Bolko von Richthofen (1899–1983), der als politisch aktiver nationalistischer Archäologe vor allem die Auseinandersetzungen zwischen der deutschen und der polnischen Archäologie der Zwischenkriegszeit maßgeblich prägte (Rohrer 2004; Weger 2009; Weger 2017; Briefwechsel zwischen Bolko von Richthofen und Ernst Sprockhoff 1936, RGK-A 1054; zit. bei Krämer 2001, 53).

[60] Briefwechsel zwischen Ernst Sprockhoff und Gerhard Bersu 1936, RGK-A 356; zit. bei Krämer 2001, 54.; vgl. Beitrag von Susanne Grunwald in diesem Band.

[61] U. a. Unverzagt an von Richthofen, 9.5.1936: RGK-A 1244 Prof. Dr. Wilhelm Unverzagt Berlin, 1916–1956, Bl. 493.

der anderen Staaten große Betroffenheit auslöste[62]; ersetzt wurde er durch Hans Reinerth (1900–1990)[63].

Bersu war noch in einem weiteren Gemeinschaftsprojekt aktiv, das im vorliegenden Band beschrieben wird[64], und dessen Personalpolitik ebenfalls von den Entwicklungen im nationalsozialistischen Deutschland beeinflusst wurde. Bersu hatte sich seit 1932 als Vertreter Deutschlands im „paneuropäischen Projekt" zur Erstellung einer *Tabula Imperii Romani* (TIR) engagiert, wofür 1928 eine internationale Kommission gegründet worden war. Ende September 1935 trafen sich die Vertreter dieses Projektes in London und wählten u. a. Bersu ungeachtet seiner Versetzung von Frankfurt nach Berlin in den *Conseil* der TIR. Von dieser Sitzung erfuhr man beim deutschen Reichserziehungsministerium, wo sich Fragen nach der deutschen Vertretung bei der TIR ergaben, die man an das DAI richtete und die von dort an die RGK weitergereicht wurden. Max Wegner (1902–1998) vom DAI, der diese Anfragen an die RGK weiterleitete, hatte sich seinerzeit schon gegen die Reise Bersus als Privatperson nach London und dessen dortige Kandidatur ausgesprochen und war davon ausgegangen, dass Bersu die Reise „dazu benutzen würde, um diese Angriffsmöglichkeit aus der Welt zu schaffen. Das ist nun also nicht gelungen"[65]. Wegner vermutete, dass Bersu sich also aktiv um seine Wiederwahl bemüht habe. In seiner Antwort schrieb Kurt Stade (1899–1971), seit Bersus Weggang kommissarisch Zweiter Direktor der RGK und eigentlich offizieller Vertreter Deutschlands bei der TIR, dass er Bersus Teilnahme in London für „schädlich" gehalten habe und dass die Beschlussfassung in London so schnell erfolgt sei, dass er die englischen Kollegen nicht mehr darüber informieren konnte, dass die Wahl eines anderen offiziellen deutschen Vertreters auch für Bersu günstiger gewesen wäre. Bersu aber habe wohl angenommen, „dass seine Stellung durch Ernennung zum Mitglied ausländischer Gesellschaften hier in Deutschland gefestigt werden könne und handelte dementsprechend. An sich wäre es seine Aufgabe gewesen, die englischen Fachgenossen davon zu überzeugen, dass man ihm mit solchen Ernennungen keinen Gefallen erweise"[66]. Stades Meinung nach könnte „die unangenehme Tatsache, dass Herr Dr. Bersu zum Mitglied des Conseil Permanent ernannt worden ist, dadurch bereinigt werden, dass er nach einiger Zeit erklärt, dass seine jetzigen Aufgaben die notwendigen Reisen nicht zulassen würden und eine andere Person in Vorschlag bringt"[67].

In den Statuten solcher unsichtbaren Institutionen wie des CISPP oder der TIR war man also Ende der 1920er-Jahre, Anfang der 1930er-Jahre davon ausgegangen, dass die Teilnehmerstaaten jeweils einvernehmlich Vertreter entsenden würden. Undenkbar schienen damals rassische Differenzierungen oder nationale Teilungen als Gründe für Teilnahmebeschränkungen, wie man sie in Deutschland ab 1933 und ab 1949 erlebte[68]. Was die Statuten ungeregelt ließen, wurde den jeweiligen nationalen Wissenschaftsgemeinschaften

[62] Bersu an Theodor Wiegand, 18.5.1936, Archiv Zentrale DAI; zit. bei Krämer 2001, 55.

[63] Krämer 2001, 55; Díaz-Andreu 2009, 98.

[64] Vgl. Beitrag von Andreas Külzer in diesem Band.

[65] Wegner an Stade, 15.6.1936; Stade an DAI, 16.6.1936: RGK-A 104 Allg. Schriftverkehr Dezember 1931– 2. Januar 1936, Bl. 273; 271. Der Klassische Archäologe Wegner arbeitete zwischen 1932 und 1942 in der Zentrale des DAI u. a. als wissenschaftlicher Mitarbeiter (Manderscheid 2010, 53–57). Die Nürnberger Gesetze wurden auf dem 7. Reichsparteitag der NSDAP am 15.9.1935 einstimmig verabschiedet und mit der Veröffentlichung am 16.9.1935 erlassen.

[66] Stade an Wegner, 16.6.1936: RGK-A 104 Allg. Schriftverkehr Dezember 1931– 2. Januar 1936, Bl. 271.

[67] Stade an Wegner, 16.6.1936: RGK-A 104 Allg. Schriftverkehr Dezember 1931– 2. Januar 1936, Bl. 271.

[68] Ein weiteres Beispiel sollte Mitte der 1950er-Jahre China liefern. Von dort erging eine Anfrage an Unverzagt, inwieweit eine Mitarbeit Chinas im CISPP und eine Teilnahme am geplanten Kongress

zur Klärung zugewiesen. Die archäologische Gemeinschaft war aber in Deutschland zerstritten und niemand schien eine bessere Idee zu haben als Bersu aufzufordern, von sich aus zurückzutreten. Beim CISPP reagierte man mehrheitlich auf diese Auswüchse des Nationalsozialismus in Deutschland, des Faschismus in Italien oder des Bolschewismus in Russland mit „intellectual neutrality" – mit dem Willen, keine Unterschiede zwischen Nazis, Faschisten, Kommunisten und Demokraten zu machen, wenn es um Archäologie gehe[69] und die Unabhängigkeit von Forschung zu verteidigen, wie es die alte Idee der *res publica literaria* verfochten hatte. Was derart den Einzelnen schützte und seine Netzwerkeinbindung verteidigte, ignorierte aber die strukturelle Staatsnähe des Faches in Deutschland oder die Entwicklungen in der internationalen Diplomatie, durch die immer öfter Wissenschaftler zu informellen Botschaftern wurden.

## Ein routinierter Neubeginn?

Bis 1945 existierten der anthropologisch dominierte CIAAP[70] und der CISPP[71] praktisch parallel und veranstalteten bis zum Ausbruch des Zweiten Weltkrieges jeweils gut besuchte Kongresse; die danach für 1939 in Istanbul (CIAAP) und 1940 in Budapest (CISPP) geplanten Konferenzen mussten abgesagt werden. Nach dem Ende des Zweiten Weltkrieges traf sich das *Conseil Permanent* des CISPP erstmals wieder für einen Tag Ende Juni 1948 in Kopenhagen. Man legte als Veranstaltungsort des ersten Nachkriegskongresses Prag fest, was sich aber durch die spürbaren Auswirkungen des beginnenden Kalten Krieges zerschlug; ebenso wurde Budapest verworfen. Umgehend schlug der spanische Prähistoriker Louis Pericot (1899–1978) Spanien als alternatives Veranstaltungsland vor. Pericot avancierte nach dem Zweiten Weltkrieg zum einflussreichsten Prähistoriker in Spanien, nachdem der langjährige spanische Kontaktmann des CISPP Bosch i Gimpera seit 1939 im Exil lebte[72]. Zwischen 1948 und 1952 leitete Bosch i Gimpera jedoch in Paris bei der UNESCO die Abteilung Philosophie und Kulturwissenschaften und nahm dadurch weiter Einfluss auf den Tagungs- und Forschungsbetrieb der europäischen Prähistorischen Archäologie und verhinderte wohl, dass Pericots Vorschlag zugestimmt wurde. Blas Taracena Aguirre (1895–1951) hatte Bosch i Gimpera innerhalb der spanischen Archäologie, aber auch innerhalb des CISPP ersetzt und war seit 1939 Direktor des Museu Arqueològic Nacional d'Espanya, aber sein unerwarteter Tod 1951 machte endgültig den Weg für Pericot frei, der sich während des Bürgerkrieges politisch neutral verhalten hatte und deshalb

in Hamburg möglich sei. Unverzagt erkundigte sich bei Bersu, ob die Chinesische Volksrepublik schon Mitglied des CISPP sei und schon Vertreter in den *Conseil* entsandt habe oder ob China im Ausland noch „durch die sogenannte national-chinesische Regierung auf Formosa vertreten" werde (Unverzagt an Bersu, 21.9.1956: Archiv MVF IX f 3, b–2/Bl. 243). Nach Taiwan (port. Formosa) war 1949 die chinesische Kuomintang-Regierung nach ihrer Niederlage im chinesischen Bürgerkrieg geflohen, in dessen Folge 1949 die Volksrepublik China gegründet worden war. Tatsächlich berichtete Bersu an Unverzagt Anfang 1957: „Die Briefe an die beiden Chinesen wegen Teilnahme am Kongress [...] sind nun auch abgesandt." (Bersu an Unverzagt, 7.2.1957: Archiv MVF IX f 3, b–2/Bl. 266). Weltweit brachten also nationale Bewegungen und Neuordnungen das Prozedere des CISPP an seine Grenzen und machten neue Herangehensweisen erforderlich.

[69] Díaz-Andreu 2012, 28.

[70] Kongress in Brüssel 1935 und in Bukarest 1937 (Müller-Scheessel 2011, 74).

[71] Kongress in London 1932 und in Oslo 1936 (Müller-Scheessel 2011, 74).

[72] Bosch i Gimpera war 1937 im Spanischen Bürgerkrieg zum Justizminister ernannt worden und nach dem Ende dieses Krieges über Stationen in Frankreich und England nach Mexico geflohen (Díaz-Andreu 2012, 60; 252–255).

dem Franco-Regime als opportuner Fachvertreter galt[73]. Dessen enge Beziehung zu dem britischen Prähistoriker Christopher Hawkes (1905–1992) sollte schließlich entscheidend für die weitere Vergabepolitik des CISPP werden.

Auch unabhängig von Bosch i Gimpera bestanden im CISPP Zweifel darüber, ob man durch ein Treffen in Spanien nicht die Trennung von nahezu zwei Dritteln Europas, die nunmehr als kommunistisch galten, endgültig machen würde[74]. Bersu, der seit 1939 in Großbritannien gelebt und gearbeitet hatte, war über die dortigen Kollegen bestens eingebunden in die Bemühungen um die Wiederaufnahme des Kongressbetriebes und daher gut über die internen Diskussionen beim *Conseil Permanent* informiert, was er u. a. Anfang 1950 Unverzagt mitteilte, sieben Monate vor seiner endgültigen Rückkehr nach Deutschland[75]. So konnte Bersu auch beobachten, wie sich im *Conseil* der einstmals einflussreiche Myres zunehmend zurückzog und der jüngere Hawkes an seine Stelle trat. Hawkes hatte seit 1947 enge Beziehungen nach Spanien und dort mit Pericot die *International Summer Courses of Ampurias* etabliert, die wesentlich dazu beitrugen, südwesteuropäische Fundplätze für die britische Forschung zu erschließen und das bestehende westeuropäische Netzwerk weiter auszubauen[76].

Schließlich entschied man sich für die neutrale Schweiz, wo in Zürich vom 14. bis 19. August 1950 der dritte Kongress des CISPP stattfinden sollte. Beim *Conseil Permanent* stand zur Diskussion, ob auch Deutsche nach Zürich einzuladen seien oder ohne Einladungen selbstständig hinfahren könnten. Nach den Vorgängen bei der letzten Vorkriegstagung in Oslo 1936 und durch den Krieg selbst war Deutschland „automatisch" nicht mehr Mitglied und konnte nur durch Conseilbeschluss wieder Mitglied werden, aber bei der letzten Conseilsitzung in Kopenhagen war das durch die Alliierten besetzte Land noch kein politisches Gebilde gewesen, das Mitglied hätte werden können. Erst im Mai und Oktober 1949 waren die BRD und die DDR als nunmehr zwei deutsche Staaten gegründet worden und niemand war auf die Schwierigkeiten vorbereitet, die sich aus der geteilten Nation und einem sehr unterschiedlichen Verständnis von Wissenschaft und Wissenschaftspolitik auch für die innere und auswärtige Kulturpolitik ergeben sollten.

Da für eine aktive auswärtige Kulturarbeit beiden deutschen Staaten lange die Ressourcen fehlten, bemühte man sich einerseits um die Anerkennung durch Mitgliedschaft in der 1945 gegründeten UNESCO *(United Nations Educational, Scientific and Cultural Organization)*, der kultur- und bildungspolitischen Organisation der UNO[77], sowie um die Zusammenarbeit in internationalen Gremien wie dem CISPP. Während der Zugang für deutsche Wissenschaftler und Wissenschaftlerinnen z. B. zum CISPP allein auf akademischer Ebene verhandelt wurde, waren für die Aufnahme der Bundesrepublik in die UNESCO im November 1951 und die der DDR 1972 erhebliche diplomatische Verhandlungen notwendig, da die außenpolitische Vertretung beider Länder lange provisorisch war. Das Auswärtige Amt der BRD wurde erst 1951 gegründet und ab da führten zahlreiche bilaterale Kulturabkommen zu einer Wiederaufnahme und Weiterentwicklung der auswärtigen Kulturpolitik vor 1933, wobei vor allem zahlreiche neu- und wiedergegründete Mittlerorganisationen einflussreich werden sollten[78]. Deren Aufgabe, die Herstellung von Kontakten sowie vor allem die deutsche Außendarstellung, wurde auch von

[73] „[…] a Francoist backed up by his friends in the Opus Dei section of the Francoist regime" (Díaz-Andreu 2007, 31; Díaz-Andreu 2012, 406; 284–285).

[74] Díaz-Andreu 2012, 256.

[75] Vgl. Beitrag Grunwald in diesem Band.

[76] Ebd. 262–277.

[77] Düwell 2015, 75.

[78] Düwell 2015, 77–79.

komplementären ostdeutschen Einrichtungen verfolgt, so dass die beiderseitige Konkurrenz auch die internationalen Kontakte beider Staaten beeinflusste[79].

Die ostdeutsche auswärtige Kulturpolitik begann Anfang der 1950er-Jahre mit dem Abschluss von Kulturabkommen mit den sozialistischen Nachbarstaaten und der Aufnahme von Austauschbeziehungen mit dem nord- und westeuropäischen Ausland durch das 1954 eingerichtete Ministerium für Kultur. Die dadurch erhoffte völkerrechtliche Anerkennung der DDR gelang vorerst nicht, so dass sich das Schwergewicht der auswärtigen Kulturpolitik auf die sozialistischen und die sog. blockfreien Staaten vor allem in Afrika und Asien richtete[80].

Bersu wurde in Abwesenheit bei der Sitzung in der dänischen Hauptstadt 1950 wieder zum persönlichen Mitglied des *Conseils* gewählt[81]. Er teilte dies und seine Beobachtung, dass Deutschland immer noch als „enemy Power" betrachtet wurde, Unverzagt mit. Darauf hatte wohl der australische Prähistoriker auf dem Lehrstuhl in London, Vere Gordon Childe (1892–1957), aufmerksam gemacht, was diesen wiederum in den Verdacht brachte, er habe sich gegen die Zulassung Deutschlands ins *Conseil* ausgesprochen[82]. Für Bersu unterschätzte man in Deutschland, dass es im Ausland noch jede Menge Leute gebe, die nichts mit Deutschland zu tun haben wollten, da man im Land selbst eben nur diejenigen träfe, die Deutschland gegenüber freundlich seien; die französischen Conseilmitglieder hätten sich wegen solcher Abneigung für einen Veranstaltungsort in Frankreich für den Kongress des CISPP 1950 ausgesprochen[83].

Unverzagt stimmte Bersus Bedenken zu und meinte, dass man in Zürich angesichts der deutschen Teilung „für beide deutschen Nachfolgestaaten eigene getrennte Vertretungen" wählen müsste[84]. Bersu, der diese Frage allein mit Unverzagt und vertraulich behandelt wissen wollte, bezweifelte, dass es offiziell getrennte Vertreter für Deutschland geben könnte und sah wohl als einzige Möglichkeit, dass Unverzagt wieder als Mitglied gewählt werde und sie beide damit als inoffizielle Vertreter beider deutschen Staaten weiter im *Conseil* mitarbeiten könnten[85]. Unverzagt wollte sich nicht selbst vorschlagen, räumte aber ein, dass seine Wiederwahl den Vorteil hätte, „dass durch mich zwei auf breiter Basis stehende Organisationen, das Deutsche Archäologische Institut und die Deutsche Akademie der Wissenschaften, vertreten wären"[86]. Bersu sagte ihm zu, ihn bei dem Kongress in Zürich als neues Mitglied und Kurt Bittel (1907–1991)[87], der sozusagen auf dem Weg zu seinem neuen Amt als Direktor der Abteilung Istanbul des DAI war, als einen der Kongress-Sekretäre vorzuschlagen[88]. Unverzagt meinte dagegen, man könne es vorerst ruhig bei Gustav Behrens (1884–1955), dem Direktor des Römisch-Germanischen Zentralmuseums in Mainz (RGZM), als zweitem Sekretär belassen[89]. Unverzagt hatte sich bald danach mit

[79] Die langfristig wohl folgenreichste Konsequenz dessen war, dass die BRD bis 1967 keine diplomatischen Beziehungen zu Staaten unterhielt, welche die DDR völkerrechtlich anerkannt hatten, oder Beziehungen abbrach, wenn Staaten solche Beziehungen zur DDR aufnahmen. Unter den Staaten, welche die DDR anerkannten, war es seit 1959 allein die UdSSR, mit der die BRD ein Kulturabkommen abschloss (Düwell 2015, 79).

[80] Düwell 2015, 80.

[81] Bersu an Unverzagt, 16.2.1950: Archiv MVF IX f 3, b-2/Bl. 13.

[82] Bersu an Unverzagt, 16.2.1950: Archiv MVF IX f 3, b-2/Bl. 13. – Zu Childe: Harris 1994; zu Childes Engagement für den CISPP: Díaz-Andreu 2009.

[83] Unverzagt an Bersu, 21.5.1950: Archiv MVF IX f 3, b-2/Bl. 21.

[84] Unverzagt an Bersu, 22.2.1950: Archiv MVF IX f 3, b-2/Bl. 16.

[85] Bersu an Unverzagt, 1.3.1950: Archiv MVF IX f 3, b-2/Bl. 18.

[86] Unverzagt an Bersu, 7.3.1950: Archiv MVF IX f 3, b-2/Bl. 19.

[87] Bräuning 2007.

[88] Bersu an Unverzagt, 14.3.1950: Archiv MVF IX f 3, b-2/Bl. 20.

[89] Unverzagt an Bersu, 21.5.1950: Archiv MVF IX f 3, b-2/Bl. 21.

Emil Vogt (1906–1974), dem Züricher Lehrstuhlinhaber und Sekretär des CISPP (1950–1954), besprochen und wie dieser hoffte er, dass sie, also Bersu, Unverzagt und Behrens Mitglieder im *Conseil* bleiben würden. Gleichzeitig teilte man die Überzeugung, dass man unbedingt nach Zürich fahren müsse, „da auch uns weniger günstig gesinnte Kollegen, wie Herr Jacob-Friesen, Sprockhoff und andere hingehen werden“[90].

Bersus und Unverzagts Hoffnungen erfüllten sich und gemeinsam mit Behrens und Bittel wurden sie in Zürich in das *Conseil* berufen, womit nun „Deutschland wieder Mitglied des Congresses“ war[91]. „Es wurde auch ein kleines Exekutiv Comité gegründet (für Verbindungen mit UNESCO), in das ich auch gewählt wurde“ berichtete Bersu an den Präsidenten des DAI Carl Weickert (1885–1975)[92] und an Unverzagt. Diesem *Comité*, für vier Jahre gewählt, gehörten außerdem Hawkes, Pericot und fünf weitere Wissenschaftler an[93]. Bersu lobte die Kongressorganisation, merkte aber an, dass die Geschäftsführung im *Conseil* nicht gut sei[94]. Unverzagt freute sich über seine Ernennung: „Im allgemeinen ist man ja heute daran gewöhnt, dass nichts ohne Widerstände vonstatten geht. So freut man sich doppelt, wenn mal eine Sache sozusagen auf den ersten Anhieb glückt“[95]. In Folge dessen wurde der Congress in *Union internationale des Sciences préhistoriques et protohistoriques* (UISPP) umbenannt.

## Tagungsvergabe als kulturpolitische Legitimationsgeste?

In Zürich war beschlossen worden, dass der nächste Kongress 1954 in Madrid stattfinden und dass Taracena der Präsident dieser Veranstaltung und Pericot der Generalsekretär sein sollte[96]. Mitte Februar traf sich Bersu mit Bosch i Gimpera in Basel und anschließend mit Vogt in Zürich, denn „In der Angelegenheit unseres Kongresses ist eine komplizierte Situation eingetreten, weil der neue Präsident Teracena[97] (Madrid) gestorben ist“[98]. Aber Pericot war bereits in den UISPP einflussreich eingeführt und trat in jeder Hinsicht an Taracenas Stelle.

Dass man plante, in einer faschistischen Diktatur zu tagen, womit man diese auch würdigte und anerkannte, wurde unter den beteiligten Archäologinnen und Archäologen zumindest nach Ausweis der Quellen nicht diskutiert. Mit der im UISPP gepflegten *intellectual neutrality*[99] befand man sich jetzt, 1950, wahrscheinlich unverhofft in Übereinstimmung mit der Spanienpolitik der Westmächte. Das faschistische Franco-Regime war zwar als ehemaliger Bündnispartner der Achsenmächte nach dem Ende des Zweiten Weltkrieges auf Initiative der Sowjetunion und Polens nahezu vollständig diplomatisch geächtet und außenpolitisch isoliert worden, aber die USA und Großbritannien betrachteten diese Isolierung als Einmischung in innere Angelegenheiten kritisch[100]. Mit dem

[90] Unverzagt an Bersu, 26.6.1950: Archiv MVF IX f 3, b-2/Bl. 27.

[91] Krumme / Vigener 2016.

[92] Bersu an Weickert, 15.8.1950: Weickert an Gelzer, 12.4.1950: Archiv ZD des DAI 10-10 RGK Allgemeines 1.4.1950–31.3.1951, unpag.

[93] Díaz-Andreu 2012, 282 fig. 6.11; 284; 51–86.

[94] Postkarte Bersu an Unverzagt, 18.8.1950: Archiv MVF IX f 3, b-2/Bl. 30 [Karte datiert durch Unverzagts Antwortschreiben vom 25.8.1950: Archiv MVF IX f 3, b-2/Bl. 31]

[95] Unverzagt an Bersu, 25.8.1950: RGK-A 1244 Prof. Dr. Wilhelm Unverzagt Berlin, 1916–1956, Bl. 596.

[96] Díaz-Andreu 2012, 284.

[97] Gemeint ist natürlich der bereits erwähnte Blas Taracena Aguirre.

[98] Bersu an Weickert, 2.2.1951; Bersu an Weickert, 17.2.1951: Archiv ZD des DAI 10-10 RGK Allgemeines 1.4.1950–31.3.1951, unpag.

[99] Díaz-Andreu 2007, 40–41.

[100] Lehmann 2010, 11.

Beginn des Kalten Krieges gewann Spanien dann wegen seiner strategischen Lage für die späteren NATO-Partner an Bedeutung, so dass die UNO 1950 die Sanktionen gegen das faschistische Land praktisch ohne Auflagen zurücknahm[101]. Mit dem Abschluss eines Stützpunktabkommens mit den USA und eines Konkordats mit dem Vatikan (beide 1953) begann die internationale Reintegration Spaniens[102], die europaweit von linken Parteien und dem sozialistischen Lager kritisiert wurde. Mit der Aufnahme Spaniens in die UNO 1955 erfolgte endgültig die Anerkennung des faschistischen Spaniens als ungeliebten, aber notwendigen Partner der Staatengemeinschaft.

Inwieweit die Vergabe des Kongresses des UISPP 1954 nach Madrid Teil dieser Reintegration Spaniens war, ob dies als Beispiel für den Einsatz von Fachwissenschaftlern als Teil einer *soft power*-Politik bezeichnet werden kann und ob die Vergabe von den britischen Mitgliedern des UISPP stärker forciert wurde als beispielsweise von den deutschen oder osteuropäischen Mitgliedern, müssen weitere Untersuchungen erst noch zeigen. Es liegen aber Indizien dafür vor, dass sich die *scientific community* bewusst gegen eine isolationistische Kongresspolitik entschied. Unmittelbar nach dem Ende des Zweiten Weltkrieges signalisierten Fachvertreter vor allem aus den ehemals besetzten skandinavischen Staaten, dass sie sich momentan die Kooperation mit deutschen Fachvertretern im CISPP nicht vorstellen könnten[103]. Childe, der sich intensiv im UISPP engagierte, warnte unter Verweis auf die einstige deutschfeindliche Politik des IIA davor, dass Sanktionen auf den *Congress* zurückfallen würden[104]. Außerdem bestanden zu einzelnen spanischen Kollegen teilweise langjährige Verbindungen und Freundschaften, so zwischen Bersu, Unverzagt und Bosch i Gimpera, welche sicherlich die Kongressvergabe begünstigten.

Bersu war 1953 vom *Conseil* damit beauftragt worden, die Einladungen für den Madrider Kongress innerhalb Deutschlands zu verschicken. Bereits die Einladungszustellung, erst recht aber die Beantragung und Bewilligung der Einreisevisa für die ostdeutschen KollegInnen gerieten zu einem diplomatischen Balanceakt, den Bersu gemeinsam mit Unverzagt leistete. Bersu sandte an Unverzagt 20 Einladungen für ostdeutsche Wissenschaftler und das spanische Außenministerium stellte die Erteilung von Einreisevisa in Aussicht[105]. Bersu befürchtete, dass „kaum jemand aus der Ostzone in der Lage sein“ würde, „die rund 1.000,- DM, die die Teilnahme am Kongress kosten wird, selbst aufzubringen. Andererseits könne Unterstützung für Leute aus der Ostzone kaum aus Bundesmitteln gegeben werden, ganz abgesehen davon, dass dies ja auch im Interesse der Beteiligten nicht opportun wäre.“ Für die Finanzierung von Unverzagts Reise schlug Bersu deshalb vor, beim DAI oder dem bundesdeutschen Auswärtigen Amt um einen Zuschuss zu ersuchen. Dafür hatte er bereits „mit der Kulturabteilung des Auswärtigen Amtes, die ja für diese Dinge zuständig ist, Fühlung aufgenommen, ob eine kleine deutsche Delegation Zuschüsse zur Teilnahme an dem Kongress erhält. Hierbei ist in erste Linie an die vier deutschen Mitglieder des *Conseils* gedacht, also an Dehn, Bittel, Sie und mich, (wobei eben der Zuschuss für Sie von der ZD gegeben werden müsste)“[106]. Die RGK beantragte Ende Februar 1954 beim Auswärtigen Amt entsprechende Mittel für eine ausgewählte Gruppe von Fachvertretern und am 9. März 1954 erging der Bescheid an die RGK über 6.600 DM, um damit

[101] Lehmann 2010, 12.

[102] Lehmann 2010, 13.

[103] Díaz-Andreu 2009, 103; 105–106.

[104] Díaz-Andreu 2009, 106.

[105] Bersu an Unverzagt, 26.6.1953: Archiv MVF IX f 3, b-2/Bl. 124; RGK-A 1244 Prof. Dr. Wilhelm Unverzagt Berlin, 1916–1956, Bl. 713.

[106] RGK-A 1244 Prof. Dr. Wilhelm Unverzagt Berlin, 1916–1956, Bl. 713.

Abb. 2. Gerhard Bersu und Gordon Childe auf dem vierten Prähistorikerkongress 1954 in Madrid (Fotograf unbekannt. RGK-A NL-Gerhard Bersu-19-6 / Ber. RGK 82, 2001, 91).

die Tagungsteilnahme von 15 deutschen Archäologinnen und Archäologen in Madrid zu ermöglichen[107].

Unverzagt verteilte die Einladungen bei der nächsten Sitzung der Sektion für Ur- und Frühgeschichte an der Akademie der Wissenschaften an deren Mitglieder, obwohl auch er bezweifelte, dass angesichts der hohen Kosten jemand von ihnen nach Madrid kommen könnte und sah auch für sich ohne Zuschüsse keine solche Möglichkeit[108]. Gegenüber Bersu wiederholte Unverzagt mehrfach, dass Madrid als Tagungsort des Jahres 1954 denkbar ungünstig gewählt sei, da Madrid einfach zu „exzentrisch" liege. Als nächster Tagungsort sollte daher eine „neutrale und leichter erreichbare Örtlichkeit gewählt" werden. „Wäre

[107] Auswärtiges Amt an RGK, Bersu, 9.3.1954: RGK-A 257, 24. Beantragt wurden Reisemittel für Bersu, Dehn, Kimmig, A. Rieth, Sprockhoff, Ernst Wahle, Joachim Werner, Georg Leisner (1870–1957) und Ehefrau Vera (1885–1972; beide konnten die Reise dann aber nicht antreten), der Kartograf Adolf Herrnbrodt (1913–1981) sowie als Nachwuchswissenschaftler Siegfried Junghans (1915–1999), Horst Kirchner (1913–1990), Alfred Rust (1900–1983), Hermann Schwabedissen (1911–1994) und Eduard Šturms (1895–1959) (Bersu an Auswärtiges Amt, 26.2.1954: RGK-A 257, 19).

[108] Unverzagt an Bersu, 1.7.1953: Archiv MVF IX f 3, b-2/Bl. 126; RGK-A 1244 Prof. Dr. Wilhelm Unverzagt Berlin, 1916–1956, Bl. 716.

Abb. 3. Archäologen auf dem vierten Prähistorikerkongress 1954 in Madrid: R. Syme, H. Schlunk, E. Vogt und Abbé H. Breuil (Fotograf unbekannt. RGK-A NL-Gerhard Bersu-3-19-3A / Ber. RGK 82, 2001, 90).

jetzt nicht Madrid der Tagungsort, so hätte man etwa Prag oder Warschau propagieren können"[109].

Nach Madrid fuhren schließlich Bersu und Dehn und auch Erich Boehringer (1897–1971) als neuer Präsident des DAI plante zu kommen *(Abb. 2)*[110]. Bittel konnte ebenso wenig wie der erkrankte Unverzagt teilnehmen[111]. Es kamen schließlich etwa 250 Besucher aus dreißig Staaten nach Madrid und trugen mit diesem Treffen zur Festigung der internationalen Beziehungen in der Archäologie bei[112]. Und angesichts der offiziellen Anerkennung Franco-Spaniens durch den Westen kam es auch zu keinerlei Unmutsäußerungen über diese Diktatur[113]; die Fachvertreterinnen und Fachvertreter dankten vielmehr anschließend dem Organisator des Kongresses Pericot und sprachen von einem großen Erfolg *(Abb. 3)*[114]. Aus der Bundesrepublik war ohnehin keine Kritik zu erwarten – im März war die Abteilung Madrid des DAI wiedereröffnet worden und im Dezember schloss man ein Kulturabkommen mit Spanien[115].

[109] Unverzagt an Bersu, 31.3.1954: Archiv MVF IX f 3, b-2/Bl. 156.

[110] Bersu an Unverzagt, 15.4.1954: Archiv MVF IX f 3, b-2/Bl. 160.

[111] Bersu an Unverzagt, 7.4.1954: Archiv MVF IX f 3, b-2/Bl. 158. – Unverzagt erhielt einen finanziellen Zuschuss vom DAI für seine Tagungsteilnahme in Madrid (Bersu an Unverzagt, 23.2.1954: RGK-A 1244 Prof. Dr. Wilhelm Unverzagt Berlin, 1916–1956, Bl. 758), konnte aber aus gesundheitlichen Gründen schließlich doch nicht teilnehmen.

[112] Díaz-Andreu 2012, 292. – Bersu berichtete dagegen, dass über 600 eingeschriebene Mitglieder anwesend gewesen seien (Bersu an Pittioni, 13.5.1954: RGK-A 257, 90).

[113] Bersu an Pittioni, 13.5.1954: RGK-A 257, 90. Bersu berichtet, dass neben den Wissenschaftlerinnen und Wissenschaftlern auch die Botschafter Deutschlands, Italiens und Frankreichs an dem Kongress teilnahmen (Bericht, 4 S.: RGK-A NL Gerhard Bersu, Hamburger Kongress, unpag.).

[114] Díaz-Andreu 2012, 293.

[115] Düwell 2015, 77.

In Madrid übergab Bersu eine offizielle Einladung der Bundesregierung an den UISPP, den nächsten Kongress in Deutschland zu veranstalten und dem wurde zugestimmt[116] – Bersus Coup war geglückt. Deutschland war zu diesem Zeitpunkt nicht mehr das geächtete, alliiert besetzte Land von 1945, sondern bestand aus zwei Teilen mit eigenständigen Regierungen und Verfassungen, aber die Teile waren völkerrechtlich nicht souverän. Die Alliierten hatten zwar Anfang Juni 1945 bestimmt, die Verantwortung für Deutschland als Ganzes zu übernehmen und gleichermaßen hatten sich die Bundesrepublik und die DDR in ihren Verfassungen dazu bekannt, die Einheit herbeizuführen, was zukünftig alle Fragen des nationalen Vertretungsanspruches beeinträchtigen sollte[117]. Aber die Konflikte und Bedrohungen des Kalten Krieges führten dennoch zur quasi souveränen Einbindung beider deutscher Staaten in zahlreiche internationale politische, wirtschaftliche und vor allem militärische Vertragswerke und Bündnisse ab Anfang der 1950er-Jahre[118]. Diese internationale Anerkennung durch Einbindung ermöglichte es, dass Deutschland 1954, als man in Madrid tagte, als vollwertiges Gastgeberland eines Kongresses des CISPP gelten konnte.

## Kongresse im Kalten Krieg

Knappe Mittel für Kongressreisen zu weit entfernten Veranstaltungsorten belasteten das Kongresswesen aber weniger als die Auswirkungen des Kalten Krieges auf Kommunikation, Forschung und Mobilität. Die Sowjetunion hatte bereits Mitte der 1930er-Jahre ihre internationalen Wissenschaftsbeziehungen eingestellt, was Besuche ausländischer Wissenschaftlerinnen und Wissenschaftler sowie die Ausreise sowjetischer Forscherinnen und Forscher nahezu vollständig verhinderte. Ende der 1940er-Jahre verschärfte der Kalte Krieg diese Isolation, zumal nun auch die USA damit begannen, die Einreise von internationalen Wissenschaftlerinnen und Wissenschaftlern sowie vor allem die Ausreise von Amerikanerinnen und Amerikanern stark zu reglementieren[119]. Betroffene Akademikerinnen und Akademiker wurden oft pauschal als politisch links oder gar kommunistisch diffamiert. Der Widerstand innerhalb der amerikanischen Wissenschaften wuchs und Formulierungen wie die von *America's Paper Curtain* in Anlehnung an den Begriff des Eisernen Vorhangs kursierten, aber die Isolation wuchs und immer seltener fanden internationale Kongresse in den USA statt[120].

Anfang der 1950er-Jahre lässt sich bereits eine Ost-West-Teilung im archäologischen Kongresswesen in Europa beobachten. Eine Auswertung von Teilnehmerlisten mehrerer Veranstaltungen würde wahrscheinlich trennbare Mengen von nordeuropäischen, west- und südwesteuropäischen sowie ost- und südosteuropäischen Teilnehmerinnen und Teilnehmern nachweisen, von denen jeweils nur eine kleine Teilmenge als ‚Grenzgänger' fungierte und auch die komplementären Veranstaltungen besuchte. Aus Sicht der deutschen Archäologien waren es meist die hochrangigen Amtsinhaber, die als ‚Grenzgänger' fungierten oder sich zumindest durch Berichte über das Kongresswesen im jeweils anderen ‚Lager' informierten. Neben dem fachlichen Interesse stand vor allem die Wiederherstellung der einstmals regen internationalen Vernetzung im Vordergrund. So vermittelte

[116] Bersu 1961a.
[117] Grewe 1976.
[118] Küsters 2005.
[119] Niederhut 2007, 151–154.
[120] Obwohl in Gerichtsverfahren die Verfassungsmäßigkeit der unbeschränkten persönlichen Reisefreiheit wiederholt festgestellt wurde, erreichte erst ein Prozess am Obersten Bundesgericht 1964 die Wiederherstellung der vollständigen Reisefreiheit von US-Bürgerinnen und -Bürgern (Niederhut 2007, 154–155).

Unverzagt an Bersu ein Jahr nach Stalins Tod Eindrücke seines Mitarbeiters Paul Grimm (1907–1993) von einem der ersten erneut internationalen Kongresse. Im Frühsommer 1954 hatte Grimm in Moskau und Leningrad eine Tagung für Vor- und Frühgeschichte besucht und mitgeteilt, dass auf der Tagung „etwa 150 Vorträge“ gehalten wurden, „die eine vollständige Übersicht über die Ergebnisse der neuen sowjetischen Grabungen ergaben“[121].

Im Oktober 1954 besuchten Unverzagt und Dehn dann wohl eine der ersten Tagungen in der Tschechoslowakischen Republik und zeigten sich gegenüber Bersu beeindruckt von der Veranstaltung und übermittelten eine inoffizielle Anfrage Jaroslav Böhms (1901–1962), der „es sehr gern sehen würde, wenn er von Ihnen zu einer kleinen Vortragsreise eingeladen würde. Wenn sich das machen lässt, so würden Sie zweifellos der Wiederherstellung guter Verbindungen in unserer Wissenschaft einen wertvollen Dienst erweisen“[122]. Die Vermittlung von persönlichen Kontakten zwischen Ost und West verlief auf osteuropäischer Seite vielfach über die jeweiligen Akademien, was für die Archäologien und das archäologische Kongresswesen ein Novum darstellte. So bat die Sowjetische Akademie der Wissenschaften Unverzagt und sein Akademieinstitut, „westdeutsche Gelehrte namhaft zu machen, die zu einem Besuch eingeladen werden sollen“. Unverzagt schlug den DAI-Präsidenten Boehringer, den neuen Direktor des RGZM Wolfgang Volbach (1892–1988) und Dehn vor und fragte Bersu, ob er auch Interesse an solch einer Reise habe[123]. Dieser antwortete: „Natürlich würde ich auch Wert auf eine Einladung nach Moskau legen, auch als Präsident des 5. Internationalen Kongresses wäre mir dies sehr erwünscht“[124].

Der Netzwerker Bersu trug wesentlich zur erfolgreichen Wiederaufnahme der zahlreichen Vorkriegskontakte zwischen deutschen und europäischen Archäologen bei und Zeitgenossen wie Unverzagt würdigten dies. Er berichtete Bersu 1955 von seiner Teilnahme an der „ersten Archäologen-Konferenz in Budapest“, „die bestens verlief. […] Zu dieser Konferenz war auch Herr Boehringer eingeladen. Es wäre gut gewesen, wenn er Sie in seiner Vertretung geschickt hätte. Auf der Sitzung wurde viel von Ihnen und der Zusammenarbeit mit der RGK gesprochen“[125].

Parallel zu diesem wissenschaftspolitischen Tauwetter, das aber vorläufig die USA kaum beeinflusste, differenzierten sich nicht nur die einzelnen Archäologien weiter aus, sondern es etablierten sich zunehmend auch thematische Kongresse und Tagungen, wie wir sie in Abgrenzung zu den turnusmäßigen allgemeinen Veranstaltungen solcher unsichtbaren Institutionen wie des UISPP bezeichnen möchten.

## Der Kongress in Hamburg und der DDR

### Die Planungen

Bersu hatte die Einladung der Bundesregierung, den Kongress des Jahres 1958 in Deutschland zu veranstalten, den Teilnehmerinnen und Teilnehmern des Kongresses in Madrid 1954 überbracht[126] und es war wohl vor allem seinem internationalen Prestige zu

[121] Unverzagt an Bersu, 15.5.1954: Archiv MVF IX f 3, b-2/Bl. 162.

[122] Unverzagt an Bersu, 25.10.1954: Archiv MVF IX f 3, b-2/Bl. 175.

[123] Unverzagt an Bersu, 9.2.1955: Archiv MVF IX f 3, b-2/Bl. 194.

[124] Bersu an Unverzagt, 23.2.1955: Archiv MVF IX f 3, b-2/Bl. 196.

[125] Unverzagt an Bersu, 1.11.1955: Archiv MVF IX f 3, b-2/Bl. 214.

[126] Bersu an Hamburger Senat, 9.3.1957: RGK-A NL Gerhard Bersu, Diverses, Hamburg/Behörden, unpag.

verdanken, dass auf dem Kongress in Madrid 1954 „Deutschland als nächstes Kongressland bestimmt wurde“, wie er damals umgehend an Unverzagt berichtete[127]. Er, Bersu, „habe absichtlich abgelehnt, mich auf einen bestimmten Ort festzulegen. Das hat Zeit bis zur nächsten Conseil-Sitzung in zwei Jahren. Die Folge der Wahl Deutschlands ist auch, dass ich nun Präsident des Kongresses geworden bin. Ich mache mir darüber weiter keine Sorgen, denn was in vier Jahren ist, braucht einen jetzt noch nicht zu bedrücken. Ich habe mich um die Wahl Deutschlands energischer bemüht, weil aus den Kreisen, die uns nicht wohlwollen, erhebliche Opposition gemacht wurde und mit der Wahl Deutschlands nun diese latente Diskriminierung endlich einmal aufhören muss, von deren Umfang sich die lieben Kollegen in Deutschland nie ein rechtes Bild machen“[128]. Unverzagt nannte die Wahl Deutschlands einen „beachtlichen Erfolg für uns“[129] und vier Wochen später begannen die umfangreichen Planungen für den Kongress 1958, der in der Bundesrepublik und der DDR stattfinden sollte. Bersu konnte dabei auf wertvolle eigene Erfahrungen zurückgreifen: Als frisch ernannter Zweiter Direktor der RGK hatte er das 25jährige Jubiläum der RGK als dreitägige Feier mit zahlreichen internationalen Vorträgen organisiert und 1929 richtete er auf Wunsch des DAI-Präsidenten die 100-Jahrfeier des DAI aus und veranstaltete dafür eine „Internationale Tagung für Ausgrabungen“ in Berlin[130]. Auf der Besprechung der RGK in Bamberg am 7. Juni 1954 informierte Bersu die Kommissionsmitglieder u. a. über den 4. und 5. Internationalen Kongress für Vor- und Frühgeschichte, über die Struktur des UISPP und wie die Einladung nach Deutschland zustande gekommen war. Anschließend wurde die Ortswahl des Kongresses und die Wahl des deutschen Organisationskomitees behandelt[131]. Das Protokoll überliefert weder Anerkennung für diesen gelungenen Coup noch Perspektiven auf die wissenschaftspolitischen Möglichkeiten eines solchen internationalen Treffens.

Im Frühling 1955 begann die Diskussion über den Veranstaltungsort in Deutschland. Gegenüber der Kommission der vorläufigen RGK erklärte Bersu, „dass verschiedene Stimmen aus dem Ausland sich dafür ausgesprochen haben, diesen Kongress im nordwestdeutschen Raum abzuhalten. In der Aussprache zeigt sich die Neigung, diesen Raum zu wählen, und es wird unter anderen Orten Hamburg als möglicher Tagungsort genannt. Es herrscht die Vorstellung, dass eine Vorexkursion in den süddeutschen Raum zu führen hätte, eine Nachexkursion in den norddeutschen Raum, evtl. unter Einbeziehung von Ostdeutschland“[132]. Die Wahl der Mitglieder des deutschen Organisationskomitees verschob man, bis über den Tagungsort entschieden sei[133]. In der zweiten Januarhälfte 1956 fuhr Bersu nach Hamburg, „um dort zu klären, ob es bei Hamburg bleiben kann“[134], und auf der Sitzung des Conseils in Lund im Juli 1956 wollte er dann der internationalen *community* die Hansestadt zumindest inoffiziell als Veranstaltungsort bekanntgeben[135].

Ende März 1956 ging Bersu endgültig in Ruhestand. Derart befreit von den Amtsgeschäften, konzentrierte er sich von da an auf die Vorbereitungen des Kongresses. So nahm

[127] Bersu an Unverzagt, 12.5.1954: Archiv MVF IX f 3, b-2/Bl. 161.

[128] Bersu an Unverzagt, 12.5.1954: Archiv MVF IX f 3, b-2/Bl. 161.

[129] Unverzagt an Bersu, 15.5.1954: Archiv MVF IX f 3, b-2/Bl. 162.

[130] Krämer 2001, 25; 31.

[131] Protokoll der Besprechung am 7.6.1954: RGK-A 2.399 1 von 2, Tagungen, Protokolle 1951–31.3.1955

[132] Bericht und Protokoll der Sitzung der vorläufigen Römisch-Germanischen Kommission in Marburg am 17./18.4.1955, 16 S; S. 14: RGK-A 2.408 RGK-Sitzung 1955 (Marburg/L.).

[133] Bericht und Protokoll der Sitzung der vorläufigen Römisch-Germanischen Kommission in Marburg am 17./18.4.1955, 16 S; S. 14: RGK-A 2.408 RGK-Sitzung 1955 (Marburg/L.).

[134] Bersu an Unverzagt, 8.2.1956: Archiv MVF IX f 3, b-2/Bl. 221.

[135] Bersu an Unverzagt, 14.9.1956: Archiv MVF IX f 3, b-2/Bl. 240.

er an der Sitzung der Sektion für Ur- und Frühgeschichte der ostdeutschen Akademie am 6. April 1956 in Weimar teil und berichtete von den Planungen des Hamburger Kongresses. Unverzagt konkretisierte dabei die Möglichkeit, eine mehrtägige Exkursion durch die DDR zu organisieren und ein teilnehmender Mitarbeiter des Staatssekretariats für Hochschulwesen sicherte dafür jegliche Unterstützung zu[136]. Auf der nächsten RGK-Sitzung in Würzburg berichtete Bersu ausführlich über die Wünsche des UISPP bezüglich des Hamburger Kongresses: „Diese beziehen sich zum Teil auf die Veranstaltungen, zum Teil aber auch auf die Publikation von Führern, die den anwesenden Gästen das Zurechtfinden im vorgeschichtlichen Denkmäler- und Fundbestand Deutschlands erleichtern." Um diesen Vorstellungen zu entsprechen, müsste, so Bersu, ein Organisationskomitee berufen werden und er fragte, „ob die Kommission der Ansicht ist, dass sich die RGK als repräsentativ für den Kern dieses Komitee erkläre". Die anschließende Diskussion verdeutlichte, dass sich die Fachgemeinschaft in Deutschland nicht als Einheit verstand und wieviel Skepsis letztlich gegenüber der Veranstaltung des Kongresses überhaupt herrschte. „Herr Dehn als Generalsekretär des Kongresses warnt davor, die RGK mit dem deutschen Komitee zu identifizieren. Es wäre gefährlich, wenn die Idee aufkommen könne, dass es innerhalb dieses Komitees einen engeren Kreis gäbe, und man solle von Anfang an eine möglichst umfassende Vertretung der deutschen Vor- und Frühgeschichtler in diesem Komitee anstreben. [...] Bei der Aussprache hierüber kommt übereinstimmend zum Ausdruck, dass RGK und Kongress zwei getrennte Angelegenheiten bleiben sollten. [...] Herr Kunkel äussert sodann seine Bedenken gegen die Abhaltung des Kongresses in Deutschland überhaupt. Die deutschen Museen seien in keiner Weise auf ein solches Unternehmen vorbereitet, da sie alle noch an den Folgen des Krieges zu tragen hätten. Herr Bersu erwidert, dass der eigentliche Zweck des Kongresses nicht der Besuch von Museen sei. Herr Kunkel erwidert, die Vorträge interessierten nicht in so hohem Masse, da sie ja publiziert und später auch gelesen werden könnten. Die RGK könne sich schon aus dem Grund mit dem Kongress nicht identifizieren, da sie vorher über die Einladung nach Deutschland nicht befragt worden sei. Herr Bersu stellt hierzu klar, dass es zu dem Zeitpunkt der Einladung auch selbst noch keine vorläufige RGK gegeben habe"[137].

Solchen strukturellen Bedenken, wie sie der Bayerische Landeskonservator Otto Kunkel (1895–1984) geäußert hatte, standen zahleiche praktische Schwierigkeiten wie Einreiseformalitäten, Devisentausch und Unterbringungsmöglichkeiten gegenüber. Im Sommer 1956 meldete Unverzagt an Bersu, dass nun entschieden sei, „dass die Reise der Kongressteilnehmer in die DDR nicht auf Kosten der Akademie stattfindet, sondern jeder Teilnehmer die Kosten dafür selbst tragen muss. Es werden in Kürze auch Ostmark-Reiseschecks eingeführt, sodass die Selbstfinanzierung keine Schwierigkeiten machen wird"[138]. Nahezu zeitgleich informierte der tschechische Archäologe Böhm Bersu darüber, dass bei einzelnen sowjetischen Kollegen Interesse am UISPP bestünde. In einem Schreiben informierte Bersu die Sowjetische Akademie über das Prozedere und schickte voraus, dass seitens des Kongresses das größte Interesse an einer Zusammenarbeit bestünde, aber die Aufnahme der UdSSR könne nur durch einen Beschluss des *Conseils* erfolgen und die nächste Gelegenheit dafür biete die Sitzung des *Conseils* in Lund vom 8.–10.07.1956 oder im Folgejahr. Einen Antrag auf Abstimmung könnte Bersu auf die Tagesordnung setzen, wenn er bis dahin an ihn gerichtet würde. Es könnten aber auch zwei Vertreter der UdSSR selbst den

[136] Protokoll von Unverzagt und Grimm, S. 8 von 9: RGK-A 2.399 2 von 2.

[137] Bericht über die Sitzung der vorläufigen Römisch-Germanischen Kommission in Würzburg am 30.4. und 1.5.1956, 15 S; S. 8–9: RGK-A 2.409 RGK-Sitzung 1956.

[138] Unverzagt an Bersu, 18.6.1956: Archiv MVF IX f 3, b-2/Bl. 231.

Antrag auf der Sitzung vorbringen. Anschließend würde das Exekutiv-Komitee die Aufnahme der UdSSR vorschlagen, die entsprechende Abstimmung könnte dann auf dem Kongress 1958 in Hamburg stattfinden[139].

Noch im September 1956 gab es in der Bundesrepublik Stimmen gegen Hamburg als Veranstaltungsort, so dass Unverzagt seinem Freund in Frankfurt vorschlug, darüber nachzudenken, „ob man den Kongress nicht in Berlin abhalten und die Veranstaltungen paritätisch auf beide Sektoren verteilen könnte. Das ist bisher schon des öfteren mit gutem Erfolge geschehen“[140]. Bersu erklärte dazu: „in Lund, wo ich inoffiziell darüber sprach, fand diese Idee wenig Gegenliebe, wie ja vorher schon in Madrid, wo ich, um spätere Möglichkeiten nicht zu verbauen, verhinderte, dass sogar ein Beschluss gefasst wurde, dass Berlin nicht in Betracht kommen könne“[141].

Anfang des Jahres 1957 bemühte sich Bersu ungeduldig um einen Termin beim Hamburger Senat, um Formalitäten, aber auch konkrete Fragen zum Kongress zu besprechen[142]. Danach wollte er mit Dehn und Unverzagt über die „Konstituierung des deutschen Komitees nach § 8 der Satzung des Kongresses“ beraten[143]. Anfang März berichtete Bersu an Unverzagt: „Mit dem Resultat [der] Hamburger Besprechung bin ich sehr zufrieden“[144] und Ende April 1957 lag die offizielle Einladung des Hamburger Senates an den UISPP vor, den fünften Kongress zwischen dem 24. und 30. August 1958 in Hamburg zu veranstalten[145]. Darüber hinaus hatte Bersu zusammen mit dem neuen Sekretär des UISPP Sigfried Jan De Laet (1914–1999) den Entwurf der neuen Satzungen des UISPP überarbeitet und eine Antwort der Sowjetischen Akademie entgegengenommen, über deren Inhalt er sich mit Unverzagt lieber mündlich austauschen wollte. Und Bersu prophezeite: „Ärger wird es mit dem Int. Kongress für Klassische Archaeologie geben. Die Italiener haben ihn plötzlich ohne jemanden zu fragen von Pavia 1957 auf Neapel 1958 verschoben und zwar ausgerechnet auf denselben Termin wie Hamburg!“[146]. Viele in der Generation von Bersu und Unverzagt vertraten noch in Personalunion mehrere Archäologien, während die Fachorganisationen selbst, um Profilierung und Ressourcen bemüht, die weitere

[139] Bersu an Sowjetische Akademie der Wissenschaften, 29.6.1956: Archiv MVF IX f 3, b-2/Bl. 233. – Unverzagt erhielt eine Kopie des Anschreibens: Bersu an Unverzagt, 12.9.1956: Archiv MVF IX f 3, b-2/Bl. 239.

[140] Unverzagt an Bersu, 11.9.1956: Archiv MVF IX f 3, b-2/Bl. 238.

[141] Bersu an Unverzagt, 14.9.1956: Archiv MVF IX f 3, b-2/Bl. 240. – Unverzagt erklärte umgehend, dass er mit niemandem über diese Berlin-Idee gesprochen habe und sie nur aufgebracht habe, „um die Veranstaltung nicht als eine reine Angelegenheit der westdeutschen Bundesrepublik erscheinen zu lassen.“ (Unverzagt an Bersu, 18.9.1956: Archiv MVF IX f 3, b-2/Bl. 241).

[142] Bersu an Unverzagt, 28.1.1957; Bersu an Unverzagt, 7.2.1957: Archiv MVF IX f 3, b-2/Bl. 261; 266.

[143] Bersu an Unverzagt, 18.1.1957: Archiv MVF IX f 3, b-2/Bl. 259.

[144] Bersu an Unverzagt, 2.3.1957: Archiv MVF IX f 3, b-2/Bl. 267–268; 268.

[145] Bersu an Hamburger Senat: 9.3.1957; Einladung des Hamburger Senats an Bersu, 12.4.1957; Bersu an Präsidenten des Senats der Freien und Hansestadt Hamburg, 15.4.1957: RGK-A NL Gerhard Bersu, Diverses, Hamburg/Behörden, unpag. – Inzwischen existierte auch ein offizieller Briefkopf für das Kongressprojekt: Congrès International des Sciences Préhistoriques et Protohistoriques, Secrétariat du Conseil Permanent et du comité exécutif [S. J. De Laet], Le Président du V. Congrès [Gerhard Bersu]. Mit der offiziellen Einladung des Hamburger Senates wurde ein neuer Briefkopf gebräuchlich: „V. Internationaler Kongress für Vor- und Frühgeschichte. Hamburg 24.–30. August 1958. Der Generalsekretär Prof. Dr. Wolfgang Dehn [Marburg Universität Anschrift]. Der Präsident Prof. Dr. Gerhard Bersu [Postanschrift RGK] (Bersu an Unverzagt, 27.4.1957: Archiv MVF IX f 3, b-2/Bl. 270).

[146] Bersu an Unverzagt, 2.3.1957: Archiv MVF IX f 3, b-2/Bl. 267–268; 268.

Differenzierung vorantrieben. Parallelveranstaltungen wie diejenigen in Hamburg und Neapel erschienen wahrscheinlich den meisten älteren Fachvertretern und wenigen Fachvertreterinnen als Dilemma, während sie für die jüngeren eine Normalität werden sollten.

Wolfgang Dehn (1909–2001), der Generalsekretär des Hamburger Kongresses, verschickte Mitte Juni 1957 an alle archäologischen Einrichtungen in der Bundesrepublik und West-Berlin Namenslisten der Kollegen, die für das deutsche Organisationskomitee zur Wahl standen. Mitte Juli gab er bekannt, dass Werner Krämer (1917–2007), Sprockhoff, Herbert Jankuhn (1905–1990), Kurt Böhner (1914–2007), Joachim Werner (1909–1994), Kurt Tackenberg (1899–1992), Hermann Schwabedissen (1911–1994), Kunkel und Hansjürgen Eggers (1906–1975) gewählt worden seien und zusammen mit den vier deutschen Mitgliedern des *Conseil* (Bersu, Unverzagt, Bittel, Dehn) den Kongress vorbereiten würden.[147] Unverzagt, Gotthard Neumann (1902–1972) und Werner Coblenz (1917–1995) vertraten in diesem Komitee die DDR, das am 19. Juli 1957 in Marburg zusammentraf[148], wobei die Regularien des UISPP besprochen wurden. Am 10. September traf man sich in Frankfurt in der RGK[149] und diskutierte das Prozedere der Einladungen und der Organisation der geplanten Sektionen. Außerdem wurde ein erstes Programm aller geplanten Exkursionen vorgelegt, das „im Zeichen von drei großen Problemkreisen: 1. Wall- und Wehranlagen, 2. Megalithgräber und 3. Auseinandersetzung zwischen Römern und Germanen“ stand[150]. Man entschied, dass die Teilnehmerinnen und Teilnehmer noch vor Beginn des Kongresses zu einer ersten Exkursion durch Süd- und Westdeutschland in Stuttgart versammelt werden sollten (17. August 1958). Von dort aus sollten dann in den beiden folgenden Tagen die Heuneburg, das Oppidum Heidengraben bei Urach, der Donnersberg bei Kirchheimbolanden und das Kloster Lorsch besucht werden. Am 20. August sollte die Fahrt Richtung Frankfurt am Main und Köln erfolgen, um von dort aus vom 21. bis 23. August in zwei getrennten Touren „die großen Ringwallsysteme im Taunus“[151] (Goldgrube, Altkönig) sowie das römische Kohorten-Kastell Saalburg, die Innenstadtgrabungen in Bonn und Köln sowie Xanten und Haltern zu besichtigen, bevor es am Freitag weiter nach Oldenburg gehen sollte. Von dort aus sollten verschiedene Fundplätze sowie Lüneburg angefahren werden, bevor man am Sonntag, den 24. August, in Hamburg ankam[152].

Am 12. April 1958 traf sich das Organisationskomitee in Alfeld, um Fragen der Vorträge, der Führungen bei den Exkursionen und den Wortlaut des Rundschreibens für alle Kongressteilnehmerinnen und -teilnehmer zu besprechen[153]. Am 13. Juli kam man nochmals in der RGK zusammen[154]. Im August 1958 fand bei Unverzagt an der Akademie eine „Organisationssitzung über den Verlauf der Exkursion III statt“, also den Programmteil, der die Teilnehmerinnen und Teilnehmer in die DDR führen sollte[155]. Parallel zu diesen Planungen hatte man in Ost-Berlin ein Sonderheft des zentralen Publikationsorgans der

[147] Dehn, Rundschreiben, 11.6.1957; 13.7.1957: RGK-A NL Gerhard Bersu, Diverses, unpag. – Schließlich ersetzte Franz Termer vom Hamburgischen Museum für Völkerkunde Tackenberg (Bersu 1961b, 876).

[148] Bericht über 1. Sitzung des Deutschen Organisations-Komitees (DOK), 23.7.1957: RGK-A NL Gerhard Bersu, Diverses, unpag.; Bersu 1961b, 875–876.

[149] Bericht über 2. Sitzung des Deutschen Organisations-Komitees (DOK), 20.9.1957: RGK-A NL Gerhard Bersu, Diverses, unpag.

[150] Bersu 1961b, 879.

[151] Bersu 1961b, 880.

[152] Bersu 1961b, 880–882.

[153] Bersu, Rundschreiben mit Protokoll, 22.4.1958: RGK-A NL Gerhard Bersu, Diverses, unpag.

[154] Bersu, Rundschreiben mit Protokoll, 22.4.1958: RGK-A NL Gerhard Bersu, Diverses, unpag.

[155] Unverzagt an Bersu, 13.8.1958: Archiv MVF IX f 3, b-2/Bl. 301.

DDR-Archäologie „Ausgrabungen und Funde“ mit einer chronologischen Synthese von Forschungsergebnissen und Fundplätzen in der DDR zusammengestellt, das gleichzeitig als Führer zu den Fundplätzen und Einrichtungen dienen sollte (Bd. 3, H. 4/5, 1958). Davon schickte Unverzagt 700 Exemplare nach Hamburg[156], wo Bersu ab 1. Juni 1958 dauerhaft im sog. Valvo-Haus in der Burchardstrasse 21 in der östlichen Innenstadt sein Planungsquartier bezogen hatte[157]. Krämer, Bersus Amtsnachfolger bei der RGK, verantwortete die Zusammenstellung der von ausschließlich westdeutschen Wissenschaftlern verfassten Beiträge für den Band „Neue Ausgrabungen in Deutschland“, wovon 750 Exemplare ebenfalls als Festgabe für die Kongressteilnehmer gedacht waren[158].

## Verlauf des Kongresses

Bersu hatte das bundesdeutsche Innenministerium über die Gepflogenheiten bei der Veranstaltung eines Kongresses des UISPP informiert. Seit 1928 sei es Brauch, „dass die Regierung des Gastlandes [...] den Kongress mit einem Festessen bewirtet“[159]. Auf Anregung eines Dr. Petersen im Bundesinnenministerium wurde statt eines Empfanges für alle Kongressteilnehmerinnen und -teilnehmer eine abendliche Dampferfahrt vorgeschlagen[160], was beim UISPP Zustimmung fand und „als ein [...] sehr willkommenes Äquivalent angesehen“ wurde[161].

Am Sonntag, den 24. August, wurde der Kongress im Hörsaal A der Hamburger Universität feierlich in Anwesenheit u. a. eines Vertreters der Bundesregierung, des Bundesdeutschen Innenministeriums, des Hamburger Senats sowie der UNESCO eröffnet *(Abb. 4)*. Der Präsident des UISPP und Bersu hielten Ansprachen und begrüßten die zahlreichen Gäste[162]. Der Kongressbetrieb begann am Vormittag des 25. Augusts mit den ersten Vorträgen. Im Hauptgebäude der Universität Hamburg und im Museum für Völkerkunde und Vorgeschichte wurden bis einschließlich Samstag, den 30. August, in insgesamt zehn Sektionen Vorträge gehalten und diskutiert[163]. In der Wandelhalle der Universität organisierte

[156] Unverzagt an Bersu, 13.8.1958: Archiv MVF IX f 3, b-2/Bl. 301.

[157] Adresse siehe u. a. Bundesinnenministerium an Bersu, 3.7.1958: RGK-A NL Gerhard Bersu, Diverses, unpag. – In Hamburg standen Bersu für die Dauer von drei Monaten ein Wissenschaftler als Büroleiter sowie zwei Schreibkräfte und eine Hilfskraft zur Verfügung (Bersus Antrag an Hamburger Senat, 23.7.1958: RGK-A NL Gerhard Bersu, Diverses, Hamburg/Behörden, unpag.).

[158] Bersu an Buchdruckerei Brüder Hartmann, 20.8.1958: RGK-A NL Gerhard Bersu, Diverses, unpag.; RGK 1958. – Außerdem wurde von der Polnischen Akademie der Wissenschaften an die Kongressteilnehmer ein Band zu den archäologischen Forschungen in Polen ausgegeben (Hensel / Gieysztor 1958; Bersu 1961b, 877).

[159] Weiter schrieb er: „So hatte 1932 die Englische Regierung in London die Teilnehmer des I. Internationalen Kongresses für Vor- und Frühgeschichte, die norwegische Regierung 1936 in Oslo, auf dem II. Kongress 1950 die Schweizer Regierung in Zürich und 1954 die spanische Regierung die Teilnehmer des IV. Internationalen Kongresses in Madrid zu einem solchen Festessen eingeladen. Sowohl die Schweizer Regierung wie auch die Spanische hatten dieser Bewirtung eine Form gegeben, die bei den heutigen Preisen in Deutschland pro Teilnehmer einen Aufwand von mindestens DM 40,- pro Cuvert erfordern würde.“ (Bersu an Bundesinnenministerium, 28.4.1958: RGK-A NL Gerhard Bersu, Diverses, unpag.)

[160] Bersu an Petersen, 29.4.1958: RGK-A NL Gerhard Bersu, Diverses, unpag.

[161] Bersu an Bundesinnenministerium, 28.4.1958: RGK-A NL Gerhard Bersu, Diverses, unpag.

[162] Programm 1958, 140.

[163] Sektion Ia „Allgemeines und Methoden“; Sektionsleiter: Paul Grimm; Ib „Naturwissenschaftliche Nachbargebiete“; Wolfgang (?) Tischler; Sektion II „Paläolithikum und Mesolithikum; Hermann Schwabedissen; Sektion III „Neolithikum“; Otto Kunkel; Sektion IV „Bronzezeit“; Ernst Sprockhoff; Sektion V „Eisenzeit“, Gotthard Neumann;

Abb. 4. Maria Bersu und Bersu verdeckt durch Unverzagt und DAI-Präsident Erich Boehringer (ganz rechts) auf dem Hamburger Kongress; auch zu sehen sind J. K. van der Haagen (Lebensdaten unbekannt, links) sowie neben Boehringer der indische Archäologe Shri Amalananda Ghosh (1910–1981) (Archiv MVF).

der Prähistoriker und Verleger Rudolf Habelt (1916–1984) aus Bonn die Ausstellung von etwa 2500 Fachpublikationen und Zeitschriften, die seit dem Madrider Kongress erschienen waren[164]. Am Montagabend fand dann der Empfang des Innenministeriums für etwa 1000 Gäste auf dem Dampfschiff „Jan Molsen" der Hafen-Dampfschifffahrts AG als abendliche Dampferfahrt statt, wofür das Innenministerium ebenso wie für die Vorbereitungsarbeiten zum Kongress beträchtliche Mittel bereitgestellt hatte[165]. Der Empfang war eine willkommene Gelegenheit, um etwa 700 Wissenschaftlerinnen und Wissenschaftler

Sektion VI „Römer- und Völkerwanderungszeit; Joachim Werner; Sektion VII „Wikinger- und Slawenzeit"; Herbert Jankuhn; Sektion VIII „Archäologe und Ethnologie außerhalb der Alten Welt"; Franz Termer; Sektion IX „Prähistorische Anthropologie"; Hans Grimm (Programm 1958, 106).

[164] Bersu 1961b, 877.

[165] Das Bundesinnenministerium bezuschusste den Hamburger Kongress mit 53.580 DM und weiteren 10.000 DM für die Festgabe „Neue Deutsche Ausgrabungen". Das Bundesfinanzministerium stellte 17.000 DM zur Verfügung, die vom Bundesinnenministerium für den Eröffnungsempfang verrechnet wurden. Die Teilnahmegebühren der Kongressteilnehmerinnen und -teilnehmer erbrachten 10.000 DM Einnahmen (Bundesinnenministerium an Bersu [Bewilligung von 17.000 DM], 3.7.1958; Abrechnung über 7118,24 DM Organisationskosten; Bersu an Ministerialrat Geeb, Bundesinnenministerium, 9.7.1958: RGK-A NL Gerhard Bersu, Diverses, unpag.) Weitere Finanzmittel wurden von der Freien und Hansestadt Hamburg (15.000 DM) bereitgestellt und ein Zuschuss von über 5000 DM des Bundesministeriums für Gesamtdeutsche Fragen ermöglichte die Teilnahme von 30 Teilnehmerinnen und Teilnehmern aus der DDR am Kongress und finanzierte deren Unterbringung, Versorgung und Exkursionsteilnahmen. Mit nochmals 750 DM finanzierte dieses Ministerium auch den Versand der Festgabe an die Gäste aus der DDR (Schulbehörde der Freien und Hansestadt Hamburg an Bersu, 26.8.1958; Bersu an Bundesministerium für Gesamtdeutsche Fragen, 12.2.1959: RGK-A NL Gerhard Bersu, Diverses,

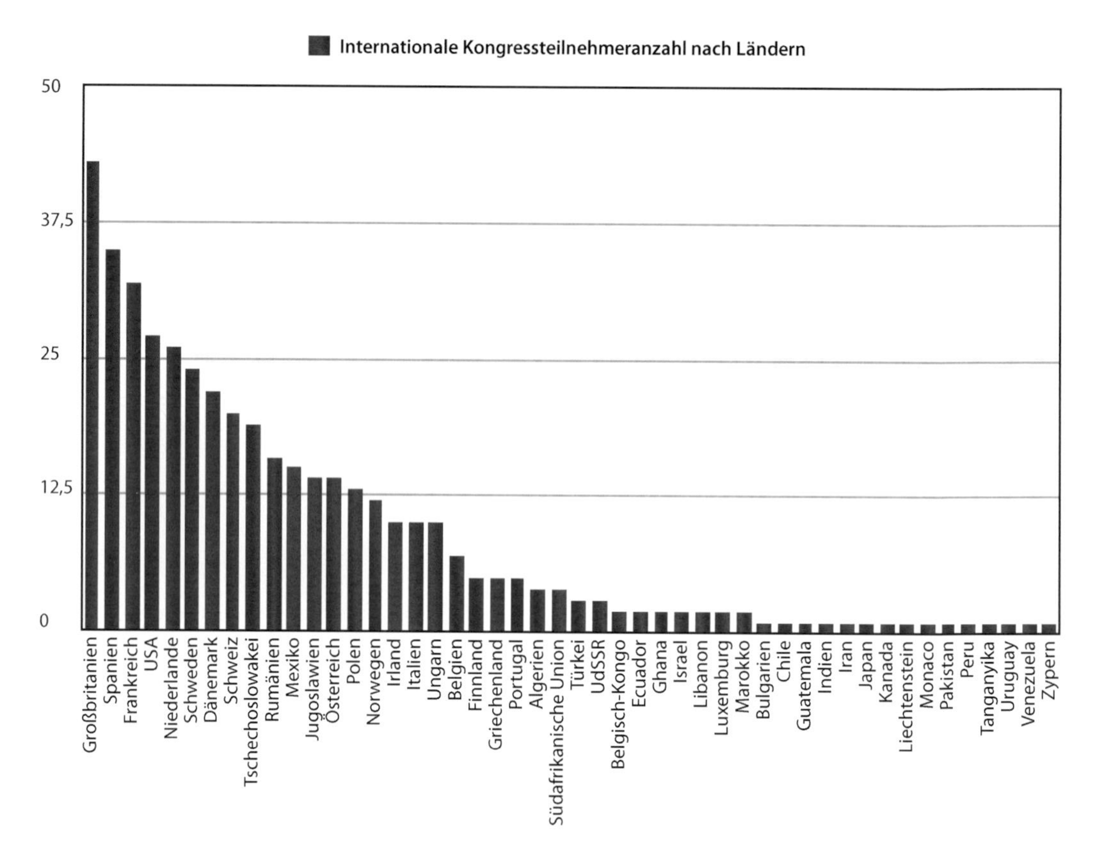


Abb. 5. Teilnehmer des Hamburger Kongresses nach Ländern (Grafik: N. Dworschak).

aus 40 Ländern, Honoratioren der Freien Hansestadt Hamburg sowie Politiker und Vertreter zahlreicher diplomatischer Vertretungen in der Bundesrepublik miteinander in Kontakt zu bringen *(Abb. 5)*. Bersu sah sich während der Planung dieses Empfanges dazu verpflichtet, dem Vertreter des Innenministeriums zu versichern, dass die am Kongress teilnehmenden Wissenschaftlerinnen und Wissenschaftler einzig wissenschaftliche Institutionen vertreten würden, aber weder ihr jeweiliges Land noch dessen Regierung, so dass keinerlei diplomatische Schwierigkeiten zu erwarten seien[166]. Die Bedeutung dieser Versicherung wird erst verständlich, wenn man neben der eingangs erwähnten Verschärfung des innerdeutschen Verhältnisses seit 1957 auch die beschriebene Isolation der US-amerikanischen

Hamburg/Behörden, unpag.) – Für die Vorarbeiten und Planungen zum Kongress einschließlich der Vergütung von Hilfskräften, Druckkosten und umfangreichen Reisemitteln wurden schließlich 12.250 DM verbraucht. Unmittelbar vor dem Kongress fielen nochmal Druck- und vor allem Reisekosten in Höhe von 24.702 DM an. Für die Verpflichtungen währen des Kongresses und die Nachbearbeitung der Veranstaltung bis Ende Februar 1959 wurden über 14.000 DM ausgegeben. Während des Kongresses wurden u. a. die Exkursionen in Rechnung gestellt; die Teilnahme u. a. an Exkursion III kostete pro Teilnehmer 150 DM (Bersus Antrag an Hamburger Senat, 23.7.1958; handschr. Abrechnung, 30.8.1958: RGK-A NL Gerhard Bersu, Diverses, Hamburg/Behörden, unpag.)

[166] Bersu an Ministerialrat Geeb, Bundesinnenministerium, 9.7.1958: RGK-A NL Gerhard Bersu, Diverses, unpag.

Wissenschaften berücksichtigt und sich dann die Zahlen der Kongressteilnehmerinnen und Kongressteilnehmer vor Augen führt. Aus der DDR reisten 30 Wissenschaftlerinnen und Wissenschaftler an, was in etwa der französischen oder amerikanischen Gruppe Wissenschaftler*innen entsprach – hier wird die Bedeutung des Hamburger Kongresses für den wissenschaftlichen Austausch inmitten des Kalten Krieges und am Vorabend des innerdeutschen Mauerbaues besonders deutlich.

Am Mittwoch, den 27. August, wurden keine Vorträge gehalten, sondern es fand eine ganztätige Exkursion nach Feddersen Wierde bei Bremerhaven mit 525 Kongressteilnehmerinnen und -teilnehmern statt, für die ein Sonderzug angemietet wurde[167]. Es wurden Führungen über die Ausgrabungen auf der Feddersen Wierde und der nahegelegenen Heidenschanze sowie eine Rundfahrt durch Bremerhaven angeboten[168]. Parallel dazu wurde für die begleitenden Ehefrauen der Kongressteilnehmer eine Betriebsführung bei dem Haarpflegemittelproduzenten Hans Schwarzkopf in Hamburg angeboten[169]. Am Donnerstag fand ein Empfang für die Tagungsteilnehmerinnen und -teilnehmer statt, den der Hamburger Senat in der großen Festhalle des Senats gab.

Mit einer Abschlusssitzung am Samstagmittag endete der Kongress. Es wurde Rom als der nächste Veranstaltungsort für den sechsten Kongress 1962 und dessen Präsident Alberto-Carlo Blanc (1906–1960) bekannt gegeben. Die Kongressteilnehmerinnen und -teilnehmer wurden in das umfangreiche Exkursionsprogramm entlassen, das mit einer halbtägigen Exkursion zur Rentierjägerstation bei Ahrensburg begann, an der 330 Fachvertreterinnen und -vertreter teilnahmen[170]. Von Sonntag, den 31. August, bis zum 2. September erkundeten die Kongressteilnehmerinnen und -teilnehmer in der sog. Exkursion II zahlreiche Fundplätze und Museen in Schleswig-Holstein, wobei der Besuch in Haithabu zweifellos einen Höhepunkt bildete[171]. Die dritte Exkursion schloss nahtlos daran an. Diese Rundreise begann in Lübeck und dauerte vom 4. bis 10. September[172]. Etwa 90 Personen nahmen daran teil[173], für die vier Reisebusse aus Berlin einschließlich professioneller Reisebegleiterinnen und -begleiter und Englischübersetzerinnen und -übersetzer zur Verfügung gestellt wurden. Während der ersten drei Tage besuchte die Reisegruppe Fundstätten entlang der Ostseeküste, das Museum für Ur- und Frühgeschichte in Schwerin *(Abb. 6)* sowie das Kulturhistorische Museum in Stralsund und die aktuellen Burgwallgrabungen der ostdeutschen Akademie der Wissenschaften in Mecklenburg. Auf Rügen wurden zudem Führungen zu den megalithischen Anlagen bei Nadelitz und zum slawischen Fundplatz Arkona angeboten. Am vierten Tag stand der Besuch der Ausgrabungen bei Behren-Lübchin *(Abb. 7)* und des Altmärkischen Museums in Stendal und des Landesmuseums für Vorgeschichte in Halle an der Saale auf dem Programm[174]. In Dresden wurde die Gruppe vom sächsischen Landesarchäologen Werner Coblenz (1917–1995) durch das Landesmuseum geführt und zu verschiedenen vor- und frühgeschichtlichen Wallanlagen zwischen Meissen und Zehren begleitet. Anschließend wurden die Sammlung des Instituts

[167] Teilnehmerliste, 27.8.1958: RGK-A NL Gerhard Bersu, Diverses, unpag.

[168] Programm 1958, 147–148.

[169] Programm 1958, 144.

[170] Teilnehmerliste Exkursion Ahrensburg, 30.8.1958: RGK-A NL Gerhard Bersu, Diverses, unpag.

[171] Bericht über 2. Sitzung des Deutschen Organisations-Komitees (DOK), 20.9.1957: RGK-A NL Gerhard Bersu, Diverses, unpag. – Bersu 1961b, 882–883.

[172] Bersu 1961a, 883–885.

[173] Powell 1958, 250.

[174] „Halle was undoubtedly the high-light of the excursion for many of the participants, and all had reason for particular thanks to Dr. Herman Behrens and his staff for the nature and welcome" (Powell 1958, 251).

Abb. 6. Exkursion der Tagungsteilnehmerinnen und -teilnehmer 1958 zum Landesmuseum Schwerin (Ber. RGK 82, 2001, 278).

Abb. 7. Exkursion der Tagungsteilnehmerinnen und -teilnehmer 1958 zur Grabung Burgwall Behren-Lübchin. Links im Bild Bosch i Gimpera, rechts daneben Unverzagt und vor diesem wohl Lantier (Archiv MVF).

Abb. 8. Die Tagungsteilnehmerinnen und -teilnehmer beim Besuch der Gedenkstätte des ehemaligen Konzentrationslagers Buchenwald (Fotograf unbekannt. Archiv RGK / Ber. RGK 82, 2001, 279).

für Vorgeschichte an der Friedrich-Schiller-Universität Jena, Weimar Ehringsdorf und das Landesmuseum für Vor- und Frühgeschichte in Weimar besucht. Die Teilnehmerinnen und Teilnehmer hatten zudem die Möglichkeit, die Gedenkstätte des Konzentrationslagers Buchenwald bei Weimar zu besuchen *(Abb. 8)*, bevor es über Naumburg zurück nach Ost-Berlin ging, wo das Präsidium der Akademie der Wissenschaften einen Empfang gab[175]. Während dessen wurde im Westteil der Stadt aus Anlass des Kongressendes die Sonderausstellung kaukasischer Altertümer im Museum für Vor- und Frühgeschichte wiedereröffnet.

## Rezeption des Hamburger Kongresses

Bescheiden kommentierte Bersu rückblickend den Kongress gegenüber Unverzagt: „Ich bin recht froh, dass nun alles vorbei ist und doch so gut geklappt hat; und zu diesem guten Gefühl hat nicht zum mindesten beigetragen, dass es mit der Ostexkursion so gut ging. Hoffentlich haben Sie auch keinen weiteren Ärger damit gehabt"[176] und fragte seinen Kollegen, ob er sich nochmal für die Durchführung der Ostexkursion bedanken sollte[177]. Unverzagt empfahl, dass Bersu sich als Präsident am besten mit einem netten Dankschreiben an den Präsidenten unserer Akademie wenden solle[178].

[175] Bericht über 2. Sitzung des Deutschen Organisations-Komitees (DOK), 20.9.1957: RGK-A NL Gerhard Bersu, Diverses, unpag.; Bersu 1961b, 883–885.

[176] Bersu an Unverzagt, 20.9.1958: Archiv MVF IX f 3, b-2/Bl. 303.

[177] Bersu an Unverzagt, 24.2.1959: Archiv MVF IX f 3, b-2/Bl. 319

[178] Unverzagt an Bersu, 27.2.1959: Archiv MVF IX f 3, b-2/Bl. 320.

Die beiden hatten schon vor dem Kongress beschlossen, dass die Pressestelle der Akademie Beiträge in der Presse zum Kongress sammeln und Bersu schicken würde[179], aber: „In der Presse sind bemerkenswerte Hinweise auf den Kongress nicht erschienen mit Ausnahme eines Artikels in dem ‚Vorwärts', der in Hamburg erscheinenden sozialdemokratischen Wochenzeitschrift [...] Die Nummer lassen Sie sich wohl am besten direkt kommen"[180]. In der bundesdeutschen Presse dagegen war der Hamburger Kongress ein beliebtes Thema gewesen und der Dienst für Presseausschnittsammlung „Der Ausschnitt" konnte der RGK 108 Zeitungsartikel zusammentragen und liefern[181]. Die Lektüre der Artikel vermittelt die teilweise amüsierte Distanz der Berichterstatter zu den Archäologinnen und Archäologen und ihren vielfach als hochspeziell wahrgenommenen Themen. So titelte man „Würdige Männer auf Studentensitzen" oder „Archäologen tragen gar keine Bärte"[182]. Erkennbar ist aber auch vielfach der Stolz darüber, dass eine internationale Forschergemeinschaft in Deutschland zu Gast war[183]. Die Mehrheit der Artikel entstand im Kontext der Kongress-Exkursionen und verband das lokale Denkmal mit der akademischen Welt; zum Besuch im Schleswiger Landesmuseum hieß es „Museum in internationalem Urteil"[184]. Vielfach wurde die Methodik der Archäologie erläutert und vor allem der Begriff der „Kohlenstoff-Uhr" zur Vermittlung der seinerzeit innovativen $^{14}$C-Datierung wurde häufig genutzt[185]. Mehrere Berichterstatter griffen eine Äußerung Herbert Jankuhns auf und titelten „Archäologie ohne Politik" unter Verweis auf das harmonische und konstruktive Miteinander der Kongressteilnehmerinnen und -teilnehmer[186], das niemand im Kalten Krieg als selbstverständlich ansehen konnte[187]. In der Artikelsammlung findet

[179] U. a. Bersu an Unverzagt, 20.9.1958: Archiv MVF IX f 3, b-2/Bl. 303.

[180] Unverzagt an Bersu, 25.9.1958: Archiv MVF IX f 3, b-2/Bl. 304. – Alexander von Cube, Der Mensch in den Mittelpunkt? Zur Rolle des historischen Materialismus in der Ur- und Frühgeschichte. Vorwärts, 12.9.1958.

[181] Büscher et al. 2002. – Sammlung Zeitungsartikel: RGK-A NL Gerhard Bersu, Diverses, unpag.

[182] Friedrich Roemer, Würdige Männer auf Studentensitzen. Impressionen von einem Kongreß – Vor- und Frühgeschichtler unter sich. Die Welt, Hamburg, 30.8.1958; jb, Archäologen tragen gar keine Bärte ... Prof. Dr. Fritz Tischler führte durch die römischen Ausgrabungen bei Moers. Duisburger General-Anzeiger, 23.8.1958: Sammlung Zeitungsartikel: RGK-A NL Gerhard Bersu, Diverses, unpag.

[183] O. A., Erst, was zweitausend Jahre alt ist, ist interessant für sie. Früh- und Vorgeschichtler aus aller Welt in Hamburg. Die Welt, 29.8.1958: Sammlung Zeitungsartikel: RGK-A NL Gerhard Bersu, Diverses, unpag.

[184] O. Pf., Museum in internationalem Urteil. Experten aus aller Welt anerkennen die vorbildliche Arbeit des Landesmuseums in Gottorf. Norddeutsche Rundschau 24b Itzehoe, 28.8.1958: Sammlung Zeitungsartikel: RGK-A NL Gerhard Bersu, Diverses, unpag.

[185] O. A., „Kohlenstoffuhr" stellt Holzfunde fest. Kongreß für Frühgeschichte in Hamburg beendet. Deutsches Volksblatt, Stuttgart, 3.9.1958: Sammlung Zeitungsartikel: RGK-A NL Gerhard Bersu, Diverses, unpag.

[186] Beispielhaft war die Berichterstattung anhand von vier Kurzportraits mit Bild der Archäologen Robert J. Braidwood (USA), Herbert Jankuhn (BRD), Józef Kostrzewski (VR Polen) und E. A. van Giffen (Niederlande): O. A., Erst, was zweitausend Jahre alt ist, ist interessant für sie. Früh- und Vorgeschichtler als aller Welt in Hamburg. Die Welt, 29.8.1958: Sammlung Zeitungsartikel: RGK-A NL Gerhard Bersu, Diverses, unpag.

[187] U. a. dpa zitierte Jankuhn mit den Worten: „Noch nie sind archäologische Erkenntnisse über den deutschen und slawischen Raum in Europa so einmütig wissenschaftlich und ohne jedes Politikum vorgetragen und diskutiert worden wie auf dem zu Ende gegangenen Fünften Internationalen Kongreß für Vor- und Frühgeschichte in Hamburg" (dpa, Archäologie ohne Politik. Abschluß des Internationalen Kongresses für Vor- und Frühgeschichte. Der Tagesspiegel. Berlin, 4.9.1958): Sammlung Zeitungsartikel: RGK-A NL Gerhard Bersu, Diverses, unpag.

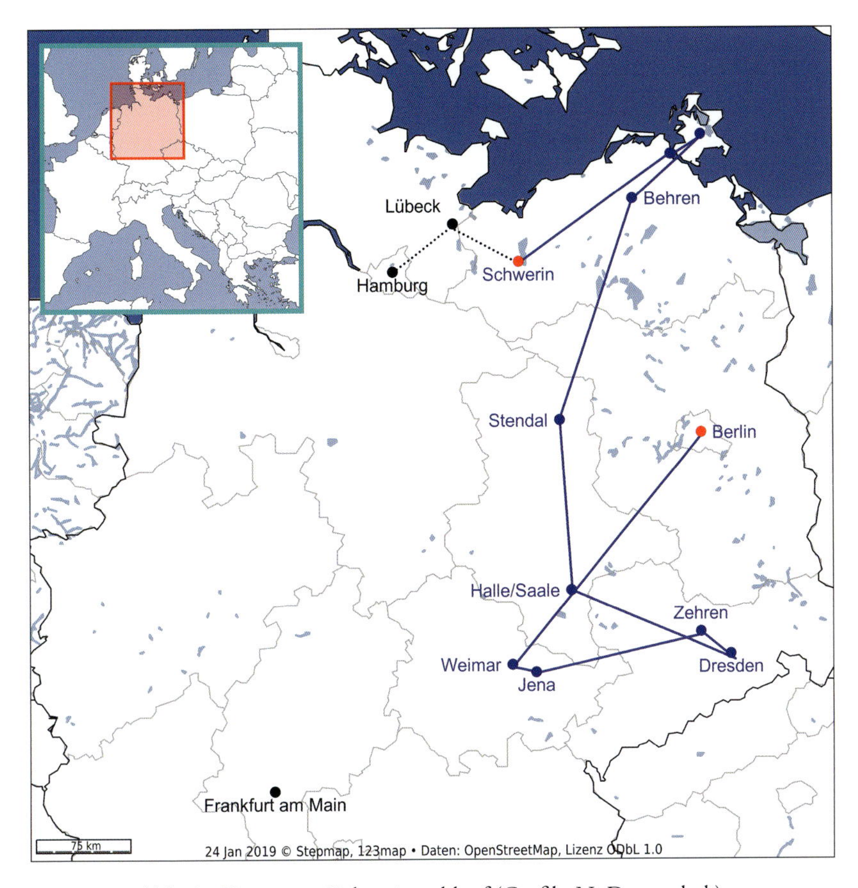


Abb. 9. Karte zum Exkursionsablauf (Grafik: N. Dworschak).

sich auch ein Beitrag des Ost-Berliner Professors für Ur- und Frühgeschichte Karl-Heinz Otto (1915–1989) im Zentralorgan der SED, in dem er auf den von Unverzagt erwähnten Vorwärts-Artikel ausführlich einging und die Vorträge der ostdeutschen Fachvertreterinnen und Fachvertreter und die Exkursion durch die DDR als Triumph der ostdeutschen Wissenschaft darstellte[188].

Dieser öffentlichen Berichterstattung stehen (vorläufig) nur zwei fachinterne Besprechungen gegenüber. Der britische Archäologe Thomas George Eyre Powell (1916–1975) kritisierte in seiner Besprechung des Hamburger Kongresses organisatorische Details, die der Euphorie in der Presse und der Zufriedenheit bei den Organisatoren widersprechen. Zunächst ärgerte Powell sich über die Unfähigkeit vieler Vortragender, sich an die vorgegebene Redezeit zu halten und bezeichnete das Verhalten dieser Kolleginnen und Kollegen als „intellectual incapacity" und warf ihnen „incompetence" und „discourtesy" gegenüber ihren Zuhörern vor[189]. Ebenso scharf kritisierte er die Moderatoren der einzelnen Sektionen und die Auswahl der Vortragsthemen: „It was clear, too, that many speakers had failed to give sufficient thought to the preparation of their communications. The worthwhile essentials were often buried beneath a mountain of detail that was only appropriate

[188] Karl-Heinz Otto, Wissenschaftliche Reise durch die DDR. Die Ur- und Frühgeschichtsforschung der DDR im Blickpunkt internationalen Interesses. Neues Deutschland 13, 7.10.1958.

[189] Powell 1958, 248.

to an appendix in some eventual publication"[190]. Powell lobte die Präsentationen seiner Kollegen aus England und Irland und beklagte die schlechte Auswahl und Qualität der in den anderen Vorträgen gezeigten Abbildungen[191]. Neben den Vortragsbeiträgen selbst nahm er auch Anstoß an den Inhalten der Diskussionsrunden, denen er regionales Denken und somit einen zu engen geografischen Horizont sowie Pedanterie vorwarf[192]. Powell lobte aber auch die Raumplanung in der Hamburger Universität und die dortige umfangreiche Literaturausstellung von Habelt sowie die zwei deutschen Ehrengaben an alle Teilnehmerinnen und -teilnehmer, die er als „publications of outstanding merit" bezeichnete[193]. Die weitere Fachöffentlichkeit konnte sich ab 1961 selbst über die Vorträge oder deren Kurzversionen eine Meinung bilden, als Bersu diese zusammen mit seinem Bericht veröffentlichte[194].

## Fazit

Mit der Herausgabe dieses über eintausend Seiten umfassenden Tagungsbandes 1961 endete Bersus siebenjährige Arbeit für den Hamburger Kongress, über dessen Vergabe nach Deutschland 1954 in Madrid entschieden worden war. Forciert hatten diese Entscheidung vor allem ältere, britische Mitglieder des UISPP, die in der jüngeren Forschungsgeschichte wegen ihrer intensiven Netzwerkarbeit und ihres Einflusses auf die Inhalte und Strukturen der Archäologie als „Golden Generation"[195] oder „Heroic Band"[196] bezeichnet werden und zu denen auch der Deutsche Bersu gerechnet werden darf. Es waren die Wertschätzung und Unterstützung dieses Netzwerks, die es Bersu ermöglichten, unter den beschriebenen kulturpolitischen Bedingungen in Europa und zwischen den beiden deutschen Staaten einen großen internationalen Kongress nach Deutschland „zu holen" und zu organisieren. Denn nachdem bereits vielfach betont wurde, dass Bersu damit zum neuerlichen internationalen Ansehen der deutschen Archäologie beigetragen habe, kann nun rekonstruiert werden, wie sehr Bersu diese Idee vor allem gegen die Skeptiker in den eigenen Reihen verteidigen musste.

Den Kongress nach Deutschland zu „holen" war Bersus Coup, ihn in beiden Teilen Deutschlands zu veranstalten war aber der weit größere Triumph. Denn damit wurden die konträren Außendarstellungen beider deutscher Staaten, wie sie im bundesdeutschen Auswärtigen Amt und im ostdeutschen Ministerium für Kultur vermittelt wurden[197], versöhnt, aber nur für einen Moment – auch einflussreichere Wissenschaften wie Medizin oder Physik vermochten nicht, mit ihren Bedürfnissen nach Austausch und Kooperation die Regeln des Kalten Krieges auszuhebeln[198]. Aus Sicht der Archäologie wurde jedoch dieses kleine Zeitfenster glücklich genutzt, das sich durch die Rücknahme der sowjetischen

[190] Powell 1958, 248.

[191] Powell 1958, 248.

[192] „When time for discussion was available, there was all too great a tendency in some sections to avoid the wider issues of pan-European relationships, and to fasten instead on points of pedantry to do with almost local matters of terminology and chronology" (Powell 1958, 248).

[193] Powell 1958, 247–248.

[194] Bersu 1961a; Bersu 1961b.

[195] Díaz-Andreu et al. 2009.

[196] Stout 2008.

[197] „Gegenüber dem Deutschlandbild der DDR, das vom ‚Wachsen und Werden des ersten sozialistischen deutschen Staates' ausging und bis Ende der sechziger Jahre von den stark propagandistisch eingesetzten Begriffen ‚Antifaschismus, Antikapitalismus, Antimilitarismus' begleitet wurde, war das Deutschlandbild, das in der Auswärtigen Kulturpolitik der Bundesrepublik verbreitet wurde, darauf bezogen, ‚ein anderes Deutschland', das freiheitlich-demokratisch und parlamentarisch geprägt war, vorzustellen." (Düwell 2015, 80).

[198] Niederhut 2007.

und amerikanischen Isolation geöffnet hatte, während die DDR ihre kooperative Deutschlandpolitik beendete. Vor diesem Hintergrund kann die Bedeutung des Hamburger Kongresses für den wissenschaftlichen Austausch inmitten des Kalten Krieges und am Vorabend des innerdeutschen Mauerbaues wahrscheinlich nicht hoch genug eingeschätzt werden.

Bersus Engagement und das der Mitorganisatoren wurde unmittelbar durch die hohe Teilnehmerzahl honoriert. Die Presseberichte belegen aber vor allem, dass die Gäste den einstigen Kriegsgegner Deutschland als gastfreundlich und gut organisiert erlebten und beide Teile Deutschlands als reiche archäologische Kulturlandschaft wahrnahmen. Darüber hinaus muss das Netz von archäologischen Institutionen, das von Vereinen und Verbänden über Museen und Universitätsinstitute bis zur RGK des DAI und der ostdeutschen Akademie reichte und das 13 Jahre nach dem Krieg wieder vollumfänglich arbeitsfähig war, auf die Kongressbesucherinnen und -besucher eindrucksvoll gewirkt haben. Diese sichtbaren Institutionen boten sich dadurch als Kooperationspartner unter neuen (wissenschafts-)politischen Bedingungen an und ihre Mitarbeiterinnen und Mitarbeiter müssen mit den zahlreichen Kongresskontakten viele Hoffnungen auf Austausch, Zusammenarbeit und Anerkennung verbunden haben. Ob tatsächlich neue Beziehungen geknüpft wurden oder ob lediglich ältere erneuert und gefestigt wurden, müssen weitere Untersuchungen zeigen. Ebenso ist nach den langfristigen Effekten dieses und anderer Kongresse für die Archäologie im Gastgeberland, deren Kooperationsverhalten oder Forschungsentwicklung unter dem Einfluss internationaler Kontakte zu fragen.

In der Vermittlung solcher Möglichkeiten über politische und ideologische Grenzen hinweg liegt zweifellos der wichtigste Wert solcher fluider, unsichtbarer Institutionen, aber die Frage bleibt, ob die im UISPP beschworene *intellectual neutrality*[199] tatsächlich bedingungslos sein kann und darf.

## Abkürzungen

CIAAP Congrès international d'anthropologie et d'archéologie préhistoriques
CIAC Congrès International d'Archéologie Classique
CISPP Congrès International des Sciences Préhistoriques et Protohistoriques
DAI Deutsches Archäologisches Institut
DAW Deutsche Akademie der Wissenschaften zu Berlin (1946–1972)
DFG Deutsche Gemeinschaft zur Erhaltung und Förderung der Forschung, kurz: Deutsche Forschungsgemeinschaft; bis 1929 Notgemeinschaft der deutschen Wissenschaft
IIA Institut international d'Anthropologie
RGK Römisch-Germanische Kommission
RGK-A Archiv der Römisch-Germanischen Kommission
UISPP Union internationale des Sciences préhistoriques et protohistoriques
ZD DAI Zentraldirektion des Deutschen Archäologischen Institutes

## Literaturverzeichnis

Baudou 2005
E. Baudou, Kossinna meets the Nordic archaeologists. Current Swedish Arch. 3, 2005, 121–139.

Bauer 2010
G. U. Bauer, Auswärtige Kulturpolitik als Handlungsfeld und „Lebenselixier". Expertentum in der deutschen Auswärtigen Kulturpolitik und der Kulturdiplomatie (München 2010).

[199] Díaz-Andreu 2007, 40–41.

Bersu 1931
G. Bersu, Die Neugründung eines Congrès international des sciences préhistoriques et protohistoriques. Nachrbl. Dt. Vorzeit 7, 1931, 113–111.

Bersu 1961a
G. Bersu (Hrsg.), Bericht über den V. Internationalen Kongress für Vor- und Frühgeschichte, Hamburg vom 24. bis 30. August 1958 (Berlin 1961).

Bersu 1961b
G. Bersu, Bericht über den Verlauf des Kongresses. In: Bersu 1961a, 875–885.

Bryson 2010
B. Bryson (Hrsg.), Seeing Further. The Story of Science and the Royal Society (London 2010).

Büscher et al. 2002
B. Büscher / Ch. Hoffmann / A. te Heesen / H.-Ch. von Herrmann (Hrsg.), Cut and Paste um 1900. Der Zeitungsausschnitt in den Wissenschaften. Zeitschr. Mediengesch. u. Theorie, Sondernr. 4 (Zürich 2002).

DAI 1940
Deutsches Archäologisches Institut (Hrsg.), Bericht über den VI. Internationalen Kongress für Archäologie, Berlin, 21.–26. August, 1939 (Berlin 1940).

Díaz-Andreu 2007
M. Díaz-Andreu, Internationalism in the invisible college. Political ideologies and friendships in archaeology. Journal Social Arch. 7,1, 2007, 29–48. doi: https://doi.org/10.1177/1469605307073161.

Díaz-Andreu 2009
M. Díaz-Andre, Childe and the International Congresses of Archaeology. European Journal Arch. 12,1–3, 2009, 12, 91–122. doi: https://doi.org/10.1177/1461957109339693.

Díaz-Andreu 2012
M. Díaz-Andre, Archaeological Encounters. Building Networks of Spanish and British Archaeologists in the 20th century (Cambridge 2012).

Díaz-Andreu et al. 2009
M. Díaz-Andreu / M. Price / C. Gosden, Christopher Hawkes, his archive and networks in British and European archaeology. Ant. Journal 89, 2009, 1–22.

Diesener / Middell 1996
G. Diesener / M. Middell, Institutionalisierungsprozesse in den modernen historischen Wissenschaften. Comparativ 5–6, 1996, 7–20.

Düwell 2015
K. Düwell, Zwischen Propaganda und Friedensarbeit – Geschichte der deutschen Auswärtigen Kulturpolitik im internationalen Vergleich. In: K.-J. Maaß (Hrsg.), Kultur und Außenpolitik. Handbuch für Wissenschaft und Praxis (Baden-Baden[3] 2015) 57–98.

Fosler-Lussier 2015
D. Fosler-Lussier, Music in America's Cold War Diplomacy (Oakland 2015).

Fuchs 1996
E. Fuchs, Wissenschaft, Kongreßbewegung und Weltausstellungen: Zu den Anfängen der Wissenschaftsinternationale vor dem Ersten Weltkrieg. Comparativ 5–6, 1996, 156–177.

Grewe 1976
W. Grewe, Der Deutschland-Vertrag nach zwanzig Jahren. In: D. Blumenwitz (Hrsg.), Konrad Adenauer und seine Zeit. Politik und Persönlichkeit des ersten Bundeskanzlers (Stuttgart 1976) 698–718.

Halle 2009
U. Halle, Internationales Networking deutscher Prähistoriker in der ersten Hälfte des 20. Jahrhunderts. In: S. Grunwald / J. K. Koch / D. Mölders / U. Sommer / S. Wolfram (Hrsg.), ARTeFACT. Festschrift Sabine Rieckhoff. Univforsch. Prähist. Arch. 172,1 (Bonn 2009) 139–149.

Harris 1994
D. R. Harris (Hrsg.), The archaeology of V. Gordon Childe. Contemporary perspectives. Proceedings of the V. Gordon Childe Centennial Conference held at the Institute of Archaeology, University College London, 8–9 May 1992 (London 1994).

Hensel / Gieysztor 1958
W. Hensel / A. Gieysztor, Archäologische Forschung in Polen (Warschau 1958).

Herren / Zala 2002
M. Herren / S. Zala, Netzwerk Aussenpolitik. Internationale Kongresse und

Organisationen als Instrumente der schweizerischen Aussenpolitik 1914–1950 (Baden-Baden 2002).

Krämer 2001
W. Krämer, Gerhard Bersu – ein deutscher Prähistoriker, 1889–1964. Ber. RGK 82, 2001, 5–101.

Krumme / Vigener 2016
M. Krumme / M. Vigener, Carl Weickert (1885–1975). In: G. Brands / M. Maischberger (Hrsg.), Lebensbilder. Klassische Archäologen und der Nationalsozialismus, Bd. 2 (Rahden/Westf. 2016) 203–222.

Kühl 2014
S. Kühl, Die Internationale der Rassisten. Aufstieg und Niedergang der internationalen eugenischen Bewegung im 20. Jahrhundert (Frankfurt am Mainz, New York[2] 2014).

Küsters 2005
H. J. Küsters, Von der beschränkten zur vollen Souveränität Deutschlands. Aus Politik u. Zeitgesch. 17, 2005, 3–30.

Lantier 1958
R. Lantier, Le 5e Congrès des sciences pré- et protohistoriques. [Hambourg, 24–30 août 1958]. Journal de Savants 1958, 1958, 141–144.

Lehmann 2010
W. Lehmann, Die Bundesrepublik und Franco-Spanien in den 50er Jahren. NS-Vergangenheit als Bürde? (Frankfurt am Main 2010).

Manderscheid 2010
H. Manderscheid, Opfer – Täter – schweigende Mehrheit. Anmerkungen zur deutschen Klassischen Archäologie während des Nationalsozialismus. Hephaistos 27, 2010, 41–65.

Müller-Scheessel 2011
N. Müller-Scheessel, '… dem Romanismus entgegentreten'. National animosities among the participants of the Congrès International d'Anthropologie et d'Archéologie Préhistoriques. In: Alexander Gramsch / Ulrike Sommer (Hrsg.), A History of Central Archaeology. Theory, Methods and Politics (Budapest 2011) 57–87.

Niederhut 2007
J. Niederhut, Wissenschaftsaustausch im Kalten Krieg. Die ostdeutschen Naturwissenschaftler und der Westen. Kölner Hist. Abhandl. 45 (Köln, Weimar, Wien 2007).

Powell 1958
T. G. E. Powell, The Hamburg Conference 1958. Antiquity 32, 1958, 247–252.

Programm 1958
UISPP (Hrsg.), V. Internationaler Kongress für Vor- und Frühgeschichte Hamburg 24.–30. August 1958. Offizielles Programm (Hamburg 1958).

Rämmer 2015
A. Rämmer, Intellectual partnerships and the creation of a Baltic cultural body. TRAMES 19,2, 2015, 109–137.

RGK 1958
Römisch-Germanische Kommission des Deutschen Archäologischen Instituts (Hrsg.), Neue Ausgrabungen in Deutschland (Berlin 1958).

Richmond 2004
Y. Richmond, Cultural Exchange and the Cold War: Raising the Iron Curtain (University Park 2004).

Rohrer 2004
W. Rohrer, Archäologie und Propaganda. Die Ur- und Frühgeschichtliche Archäologie in der deutschen Provinz Oberschlesien und der polnischen schlesischen Wojewodschaft zwischen 1918 und 1933. Ber. u. Forsch. 12, 2004, 123–178.

Sattler 2007
J. Sattler, Nationalkultur oder europäische Werte? Britische, deutsche und französische Auswärtige Kulturpolitik zwischen 1989 und 2003 (Wiesbaden 2007).

Scheffler 2016
K. Scheffler, Operations Crossroads Africa, 1958–1972. Kulturdiplomatie zwischen Nordamerika und Afrika (Stuttgart 2016).

Singer 2003
O. Singer, Auswärtige Kulturpolitik in der Bundesrepublik Deutschland. Konzeptionelle Grundlagen und institutionelle Entwicklung seit 1945. Wiss. Dienste des Deutschen Bundestages, Fachbereich X: Kultur und Medien, 2003; Reg. Nr.: WF X – 095/03.

SOMMER 2009
U. SOMMER, The International Congress of Anthropology and Prehistoric Archaeology and German Archaeology. In: M.-A. Kaeser / M. Babes (Hrsg.), Archeologists without Boundaries. Towards a History of International Archaeological Congresses (1866–2006), BAR (2009) 17–31.

STOUT 2008
A. STOUT, Creating Prehistory. Druids, Ley Hunters and Archaeologists in Pre-War Britain (Oxford 2008).

TRÜMPLER 2010
C. TRÜMPLER (Hrsg.), Das große Spiel. Archäologie und Politik zur Zeit des Kolonialismus (1860–1940) (Essen 2010).

WEGER 2009
T. WEGER, Bolko Freiherr von Richthofen und Helmut Preidel. Eine doppelte Fallstudie zur Rolle von Prähistorikern und Archäologen in den Vertriebenenorganisationen nach 1945. In: J. Schachtmann / M. Strobel / Th. Widera (Hrsg.), Die prähistorische Archäologie zwischen 1918 und 1989. Schlesien, Böhmen und Sachsen im Vergleich (Dresden 2009) 125–148.

WEGER 2017
T. WEGER, s. v. Bolko von Richthofen. In: M. Fahlbusch / I. Haar / A. Pinwinkler (Hrsg.), Handbuch der völkischen Wissenschaften, Bd. 1 (München[2] 2017) 631–636.

# Die unsichtbare Institution. Der *Congrès International des Sciences Préhistoriques et Protohistoriques* und der Kongress in Hamburg 1958

## Zusammenfassung · Summary · Résumé

ZUSAMMENFASSUNG · Die Ausrichtung des Internationalen Kongresses für Vor- und Frühgeschichte des CISPP in Hamburg mit anschließender Exkursion durch die DDR 1958 galt den Zeitgenossen als Beweis dafür, dass die Folgen des Nationalsozialismus und des Zweiten Weltkrieges in der Archäologie überwunden waren. Der Hamburger Kongress darf als der vielleicht größte Erfolg des Diplomaten Gerhard Bersu bezeichnet werden, denn er trug zur internationalen kulturpolitischen Anerkennung der Prähistorischen Archäologie, wie sie in beiden deutschen Staaten betrieben wurde, bei. Anhand archivalischer Quellen wird aus deutscher Perspektive die Gründung und Vergabepolitik des CISPP kontextualisiert und im zweiten Textteil die Planungsgeschichte und der Ablauf des Hamburger Kongresses rekonstruiert.

SUMMARY · The organization of the International Congress of Prehistory and Early History of the CISPP in Hamburg, followed by an excursion through the GDR in 1958, was regarded by contemporaries as proof that the consequences of National Socialism and the Second World War had been overcome in archaeology. The Hamburg Congress may be considered perhaps the greatest success of the diplomat Gerhard Bersu, as it contributed to the international cultural-political recognition of prehistoric archaeology as it was practiced in both German states. Based on archival sources, the foundation and allocation policy of the CISPP is contextualized from a German perspective, and in the second part of the text, the planning history and the course of the Hamburg Congress are reconstructed.

RÉSUMÉ · La tenue du Congrès international des Sciences préhistoriques et protohistoriques (CISPP) à Hambourg, suivi d'une excursion à travers la DDR, devait alors prouver que l'on avait surmonté en archéologie les retombées du national-socialisme et de la Deuxième Guerre mondiale. On peut dire de ce congrès qu'il fut probablement le plus grand succès du diplomate Bersu, car il contribua à la fois à l'internationalisation professionnelle de l'archéologie préhistorique allemande et à la reconnaissance culturelle et politique internationale de l'archéologie préhistorique, comme on la pratiquait dans les deux Allemagnes. La fondation et la politique d'attribution du CISPP sont contextualisées du point de vue allemand à partir d'archives et, dans un deuxième volet, on reconstitue l'historique de l'organisation et le déroulement du congrès de Hambourg. (Y. G.)

Anschriften der Verfasserinnen

Susanne Grunwald
Institut für Altertumswissenschaften (IAW)
Arbeitsbereich Klassische Archäologie
Johannes Gutenberg-Universität
DE-55099 Mainz
https://orcid.org/0000-0003-2990-839X

Nina Dworschak
Goethe-Universität Frankfurt
Universitätsbibliothek
Bockenheimer Landstr. 134–138
DE-60325 Frankfurt am Main
https://orcid.org/0000-0002-0656-7281

# Dr. Maria Bersu: Kunsthistorikerin, Topographin, Köchin, Gattin und Freundin

## Eine Skizze ihres Lebens, nach Dokumenten und Erinnerungen

Von Eva Andrea Braun-Holzinger

Maria Bersu (1902–1987), geb. Goltermann, soll in diesem Band eine eigene Würdigung erhalten, auch wenn sie in anderen Beiträgen durchaus Erwähnung findet[1]. Ihre wichtige Rolle im Leben ihres Gatten hat Werner Krämer (1917–2007) in seinem Artikel „Gerhard Bersu ein deutscher Prähistoriker"[2] beleuchtet: Sie wurde an der Seite von Gerhard Bersu (1889–1964) stets als hoch geschätztes Mitglied aller Grabungen, als anregende Teilnehmerin an Kongressen und den sie begleitenden gesellschaftlichen Ereignissen wahrgenommen. Bei der Verabschiedung von Gerhard Bersu 1956 hat Kurt Böhner (1914–2007) Maria Bersu einen speziellen Dank ausgesprochen.

Geboren am 15. Januar 1902, verbrachte sie eine glückliche Kindheit im Frankfurter Westend. Die Familie Goltermann war seit Generationen der Musik verschrieben. Der Großvater Georg Eduard Goltermann (1824–1898) war Kapellmeister und Chordirektor am Frankfurter Stadttheater, angesehener Komponist, berühmt für seine Cellowerke, und selbst ein Cellovirtuose. Der Vater Friedrich August Goltermann (1860–1914) hingegen wurde nicht seiner Neigung folgend Cellist, sondern ergriff den eher ungeliebten Beruf eines Kaufmanns. Allseitig musisch interessiert, unterstützte er die phantasievollen Spiele und Verkleidungen seiner Tochter und weckte ihr Interesse an Kunst und Literatur *(Abb. 1; 2)*.

Mit dem frühen Tod des Vaters 1914 änderte sich das Leben von Maria Bersu jäh; schon der Umzug aus dem väterlichen Haus war ein Einschnitt. Zwar konnte sie zunächst Ostern 1921 das Abitur ablegen und danach mit dem Studium der Kunstgeschichte beginnen. Die pekuniäre Lage der Familie zwang sie jedoch dann ab Herbst 1924 zunächst zu einem unbefriedigenden Broterwerb. Erst durch die Vermittlung eines ihrer Professoren, der sie in ihrer Notlage antraf, erhielt sie 1924 eine Anstellung an der Römisch-Germanischen Kommission (RGK) als Sekretärin des Direktors und als Bibliothekarin. In dieser akademischen, geistig anregenden Umgebung wurde ihr Ehrgeiz von Neuem angespornt; sie nahm das Studium 1926 wieder auf und wurde 1927 bei Rudolf Kautzsch (1868–1945) mit einer Arbeit über den Maler Franz Horny promoviert.

Als Mitarbeiterin an der RGK kam sie mit vielen Archäologen in Kontakt, es gab gemeinsame Unternehmungen, teils wissenschaftlicher, teils gesellschaftlicher Art. In diese Zeit fällt wohl auch die Begebenheit mit dem jungen Hans Möbius (1895–1977; später Ordinarius für Klassische Archäologie in Würzburg): Maria Bersu erzählte mit Vergnügen und auch ein wenig stolz, dass der zu Scherzen aufgelegte junge Archäologe bei einem gemeinsamen Besuch auf dem Kühkopf eine Ringelnatter erwischte und Maria Bersu entgegenstreckte in der hoffnungsvollen Absicht, sie zu erschrecken. Sie jedoch fasste die Ringelnatter beherzt, legte sie sich um den Hals und fühlte sich sogleich wie Kleopatra. Mit Möbius blieb sie bis ins hohe Alter freundschaftlich verbunden.

[1] Vgl. Beitrag von Harold Mytum in diesem Band. [2] Krämer 2002, 26; 31; 70; 72; 78; 92 f.; 99.

Abb. 1. Familie Goltermann, Maria links hinten (Privatbesitz E. A. Braun).

Abb. 2. Maria in Kimono und mit Sonnenschirm (Privatbesitz E. A. Braun).

Im Dezember 1928 heiratete sie Gerhard Bersu, der gerade Zweiter Direktor an der RGK geworden war und schon 1931 zum Ersten Direktor ernannt wurde. Dies waren glückliche Jahre; für ihren Mann war es eine Periode erfolgreicher Grabungstätigkeit im In- und Ausland *(Abb. 3)*. Maria Bersu begleitete ihn, nahm Anteil an seiner Arbeit und unterstütze ihn in vielerlei Weise, nahm ihm auch ganz selbstlos manche Schreibarbeiten ab.

Der Goldberg bei Pflaumloch (DE), eine der bedeutendsten Grabungen ihres Mannes, wurde auch für Maria Bersu ein prägendes Erlebnis. Dort konnte sie aktiv mitarbeiten, dort bildete sich eine spezielle lang andauernde Freundschaft. Gäste, die Jahrzehnte später um die Weihnachtszeit bei Frau Bersu zu einem Essen eingeladen wurden, erwartete eine Besonderheit: die berühmte Zunge aus Pflaumloch, der auch Krämer in seiner Würdigung von Gerhard Bersu gedacht hat. Bersus erhielten sie jedes Jahr von der Familie des Gasthauses Rössle; noch zu Maria Bersus Tode sandte die Familie ein Beileidsschreiben.

Die Studienfahrten deutscher und donauländischer Bodenforscher 1928–1935, die Gerhard Bersu ins Leben rief[3], waren für seine Gattin wissenschaftlich anregende, aber auch gesellschaftlich äußerst unterhaltsame Unternehmungen; sichtlich ermüdet, aber auch vergnügt, zeigt sie die Photographie von 1933 *(Abb. 4)*.

Weitere Höhepunkte bildeten die Internationalen Prähistorikerkongresse[4], erstmals 1932 in London. Allerdings durften schon beim 2. Kongress 1936 in Oslo Bersus nicht

[3] Vgl. Beitrag von Sigmar von Schnurbein in diesem Band.

[4] Vgl. Beitrag von Susanne Grunwald und Nina Dworschak in diesem Band.

Abb. 3. Das junge Paar 1929 (Privatbesitz E. A. Braun).

Abb. 4. Studienfahrt 1931, Maria Bersu neben Gustav Behrens (RGK-A NL Gerhard Bersu, Kiste 3, Tüte 30, Bild 8).

mehr dabei sein. Bei dem Kongress in Madrid 1954 war jedoch Gerhard Bersu wieder Mitglied des Conseil und damit auch treibende Kraft bei der Vorbereitung[5]. Der Kongress in Hamburg 1958, den er organisierte, bildete dann jedoch einen Höhepunkt seiner

[5] Vgl. Beitrag von Grunwald und Dworschak in diesem Band, 428–432, Abb. 2; 3.

Abb. 5. Hamburg, Internationaler Prähistorikerkongress, 15. August 1958, Maria Bersu mit Raymond Lantier und José Maria de Navarro (Archiv RGK).

wissenschaftlichen Karriere und auch für Maria Bersu war es ein wunderbares Ereignis, wie ihre strahlende Miene zeigt *(Abb. 5)*. Viele Photographien zeigen, wie sie, stets fesch gekleidet, meist mit kokettem Hut, in der Männerrunde sitzt.

Mit dem Arier-Paragraph im „Gesetz zur Wiederherstellung des Berufsbeamtentums" vom 7. April 1933 begannen Angriffe auf die Person Gerhard Bersus, der, wie auch Maria Bersu, jüdischer Abstammung war. Von nun an veränderte sich das Leben der beiden. Das Deutsche Archäologische Institut (DAI) versuchte zwar Gerhard Bersu solange wie möglich in Frankfurt zu halten, konnte dann aber 1935 nur durch eine Versetzung nach Berlin zunächst eine Kündigung verhindern. Gerhard Bersu war nun bis zu seiner Zwangspensionierung 1937 Referent für Ausgrabungswesen. In dieser Zeit erlaubten die Grabungen im Ausland in teils abgelegenen Gegenden Bersus eine willkommene Ruhepause, ohne politische beunruhigende Nachrichten aus deutschen Zeitungen; die Aufenthalte in Berlin wurden hingegen immer belastender.

Im März 1938 ergab sich die Möglichkeit einer Probegrabung in Little Woodbury (Wiltshire, UK), die vom 12. Juni bis 19. Juli 1939 fortgeführt wurde[6]. Es schloss sich eine kurze Grabung in Cumberland an, der sog. King Arthur's Round Table (bis 1. September). Bei Kriegsausbruch entschlossen sich Bersus, nicht nach Deutschland zurückzukehren. Über die Vermittlung von Vere Gordon Childe (1892–1957) konnten sie bei dessen Freunden in Dalrulzian Garage Blackwater, Blairgowrie (Perthshire, UK), unterkommen, registriert als „alien exempt from internment"[7] *(Abb. 6 b.c)*.

[6] Zu dieser Zeit und der darauffolgenden Internierung vgl. den Beitrag von Christopher Evans in diesem Band.

[7] Vgl. Beiträge von Mytum sowie Fraser Hunter, Ian Armit und Andrew Dunwell in diesem Band.

Zunächst konnte sich Gerhard Bersu, eingestuft in Gruppe B der „aliens", noch frei in Schottland bewegen, dann wurden jedoch mit einem Erlass vom 20. Juni 1940 alle „aliens" auf der Isle of Man interniert[8].

Bersus wurden in Edinburgh am 20. Juni 1940 in Gewahrsam genommen, allerdings getrennt. Maria Bersu wurde nach einem Aufenthalt im dortigen Gefängnis in das Internierungslager Rushen für Frauen auf die Isle of Man gebracht *(Abb. 6 c.d)*, ohne dass ihr Mann, der am 23. Juli in das dortige Camp Hutchinson verbracht wurde, von ihrem genauen Aufenthalt wusste. Während über das gesellschaftliche und wissenschaftliche Leben der internierten Akademiker in Hutchinson einiges bekannt ist durch die anschauliche Schilderung von Paul Jacobsthal (1880–1957)[9], weiß man über die Lage im Frauencamp Rushen vor allem durch den ausführlichen Bericht von Connery Chappell (1908–1984)[10] besser Bescheid, allerdings fehlen spezielle Hinweise auf Maria Bersu. Von ihr weiß man jedoch aus eigenen Erzählungen, dass sie dort erstmals Kochen lernte, zum Glück bei einer Italienerin; Kochgerät gab es kaum; als Teigrolle diente eine Bierflasche, deren Prägung sich dekorativ auf dem Teig abzeichnete.

Bis Mitte August hatten Bersus, obwohl nicht weit voneinander lebend, keine Nachricht voneinander. Erstmals im späten Oktober 1940 wurde ein Treffen der getrennt auf der Isle of Man internierten Ehepaare arrangiert; wie Chappell schreibt, war das Treffen emotional[11]. Von da an wurden diese Treffen einmal im Monat durchgeführt, die Paare hatten zwei Stunden, um sich auszutauschen.

Dieses Jahr im Camp Rushen war für Maria Bersu sicherlich ein besonders schweres; sie hatte zwar in ihrem bisherigen Leben oft schwere Zeiten zu erleiden, aber sonst wusste sie doch stets ihren Gatten als äußerst fürsorglichen Begleiter neben sich.

Ab April 1941 wohnten Bersus dann in dem „Married Aliens Camp Port St. Mary", einem Areal aus mehreren *boarding houses*, die wegen der fehlenden Touristen nun leer standen. Gerhard Bersu war wie stets sehr um das Wohl seiner Frau besorgt; so „beleuchtete" er für nächtliche Gänge den steilen Weg von der Küste zur Behausung mit in der Dunkelheit lumineszierenden Heringsköpfen.

Auf der Isle of Man war man an der archäologischen Arbeit von Gerhard Bersu sehr interessiert, von 1941 bis Mai 1945 konnte er lokale Ausgrabungen durchführen. Die Mitinternierten, die ein ebenso schweres Schicksal hatten und unter schwierigen Bedingungen im Lager lebten und vor allem unter ihrer Untätigkeit litten, waren willige Grabungshelfer, die sich gerne an diese Unternehmungen erinnerten und zu guten Freunden wurden. Das Verhältnis der Bersus zu den Mitarbeitern des Manx Museums, besonders zum Ehepaar Eleanor (1911–1977) und Basil Megaw (1913–2002) und zu William Cubbon (1865–1955), dem ehemaligen Direktor des Museums, war herzlich und dauerte bis zum Tod von Maria Bersu, wie der freundschaftliche Briefwechsel belegt.

Hier bewährte sich Maria Bersu wieder als aktive Grabungsmitarbeiterin, als Zeichnerin der topographischen Aufnahmen. So entwickelte sie sich mehr und mehr zur wissenschaftlich aktiven Begleiterin ihres Mannes[12].

Auch ein Nebenergebnis der Grabung schildert Mytum in diesem Band: Gerhard Bersu oder seinen Mitarbeitern gelang es, Holz aus der Grabung Ballacagen ins Lager zu bringen; dies wurde in vielerlei Art verarbeitet[13]. Maria Bersu besaß ein kleines aus Holz

[8] Vgl. Beitrag von Mytum in diesem Band.

[9] Jacobstahl 1940.

[10] Chappell 1984.

[11] Chappell 1984, 84–86.

[12] Vgl. Beitrag von Mytum in diesem Band, Abb. 9.

[13] Beitrag von Mytum in diesem Band, Abb. 6.

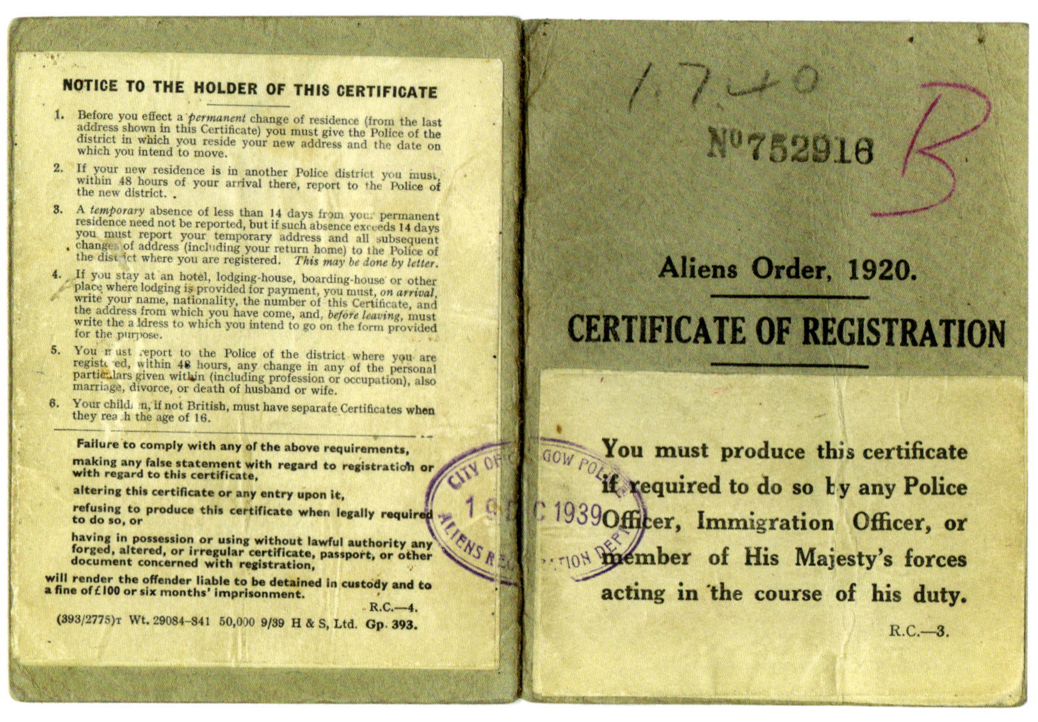

NOTICE TO THE HOLDER OF THIS CERTIFICATE

1. Before you effect a *permanent* change of residence (from the last address shown in this Certificate) you must give the Police of the district in which you reside your new address and the date on which you intend to move.
2. If your new residence is in another Police district you must, within 48 hours of your arrival there, report to the Police of the new district.
3. A *temporary* absence of less than 14 days from your permanent residence need not be reported, but if such absence exceeds 14 days you must report your temporary address and all subsequent changes of address (including your return home) to the Police of the district where you are registered. *This may be done by letter.*
4. If you stay at an hotel, lodging-house, boarding-house or other place where lodging is provided for payment, you must, *on arrival*, write your name, nationality, the number of this Certificate, and the address from which you have come, and, *before leaving*, must write the address to which you intend to go on the form provided for the purpose.
5. You must report to the Police of the district where you are registered, within 48 hours, any change in any of the personal particulars given within (including profession or occupation), also marriage, divorce, or death of husband or wife.
6. Your children, if not British, must have separate Certificates when they reach the age of 16.

**Failure to comply with any of the above requirements,**
**making any false statement with regard to registration or with regard to this certificate,**
**altering this certificate or any entry upon it,**
**refusing to produce this certificate when legally required to do so, or**
**having in possession or using without lawful authority any forged, altered, or irregular certificate, passport, or other document concerned with registration,**
**will render the offender liable to be detained in custody and to a fine of £100 or six months' imprisonment.**

R.C.—4.

(393/2775)T Wt. 29084-841 50,000 9/39 H & S, Ltd. Gp. 393.

1740

Nº 752916

B

**Aliens Order, 1920.**

**CERTIFICATE OF REGISTRATION**

**You must produce this certificate if required to do so by any Police Officer, Immigration Officer, or member of His Majesty's forces acting in the course of his duty.**

R.C.—3.

CITY OF GLASGOW POLICE · ALIENS REG. DEPT. · 1 DEC 1939

a

W.G.F. Const.

REGISTRATION CERTIFICATE No. 752916

ISSUED AT Kirkmichael

ON 6th September 1939

NAME (*Surname first in Roman Capitals*) BERSU: Maria Goltermann

ALIAS

Left Thumb Print (*if unable to sign name in English Characters*).

PERTHSHIRE & KINROSS-SHIRE CONSTABULARY 7.9.39 PERTH

*Signature of Holder* Maria Bersu

1

*Nationality* German

*Born on* 15/1/1902 *in* Germany

*Previous Nationality (if any)* Nil

*Profession or Occupation* Housewife

*Single or Married* Married

Business Address none

*Address of Residence* Dalrulzion, Blackwater Blairgowrie

*Arrival in United Kingdom on* 14th June, 1939

*Address of last Residence outside U.K.* Woirsch Strasse, Berlin

*Government Service* Nil

*Passport or other papers as to Nationality and Identity.* Passport No. 31 R 344/39, issued at Berlin on 17th December, 1938

b

Abb. 6. Certificate of Registration für Maria Bersu, ausgestellt am 6. September 1939: a) Einband, b) Registrierung (S. 0–1), c) Registrierungen 1939–40 (S. 4–5), d) Internierung 1940 (S. 6–7) (Nachlass M. Bersu).

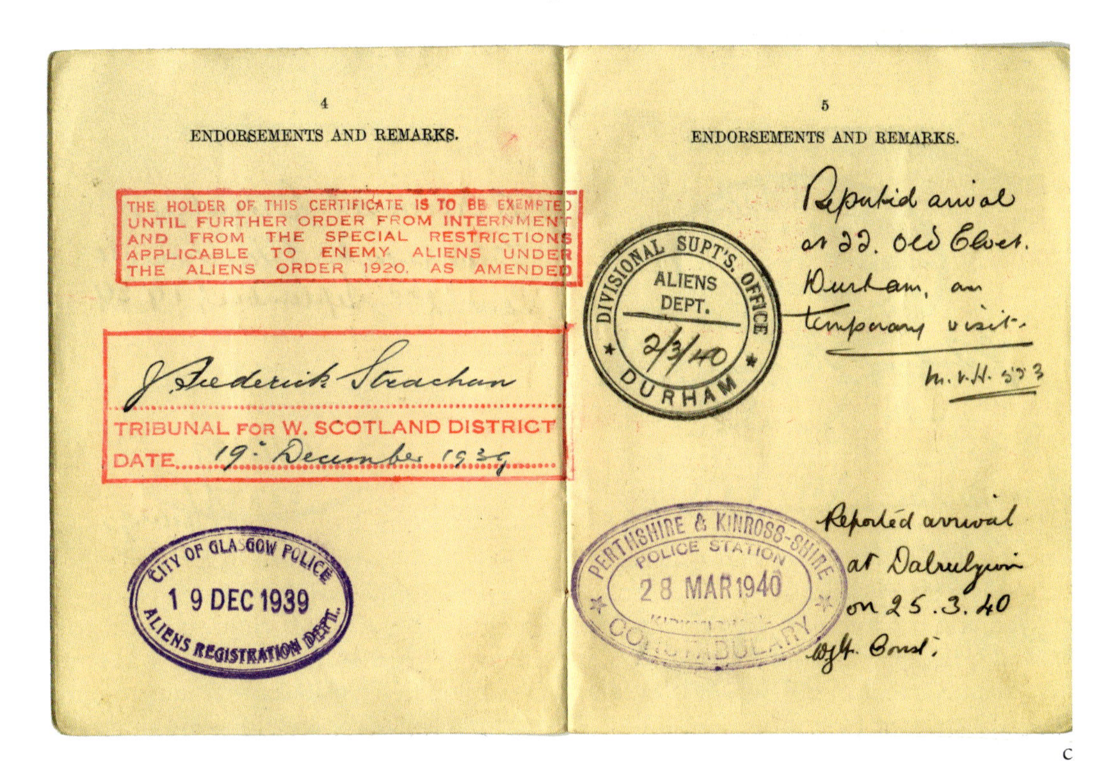
4

ENDORSEMENTS AND REMARKS.

THE HOLDER OF THIS CERTIFICATE IS TO BE EXEMPTED UNTIL FURTHER ORDER FROM INTERNMENT AND FROM THE SPECIAL RESTRICTIONS APPLICABLE TO ENEMY ALIENS UNDER THE ALIENS ORDER 1920, AS AMENDED

J. Frederick Strachan

TRIBUNAL FOR W. SCOTLAND DISTRICT

DATE 19th December 1939

CITY OF GLASGOW POLICE
19 DEC 1939
ALIENS REGISTRATION DEPT.

5

ENDORSEMENTS AND REMARKS.

DIVISIONAL SUPT'S. OFFICE
ALIENS DEPT.
2/3/40
DURHAM

Reported arrival at 22. Old Elvet. Durham, on temporary visit.

PERTHSHIRE & KINROSS-SHIRE
POLICE STATION
28 MAR 1940
CONSTABULARY

Reported arrival at Dalrulzion on 25.3.40

c

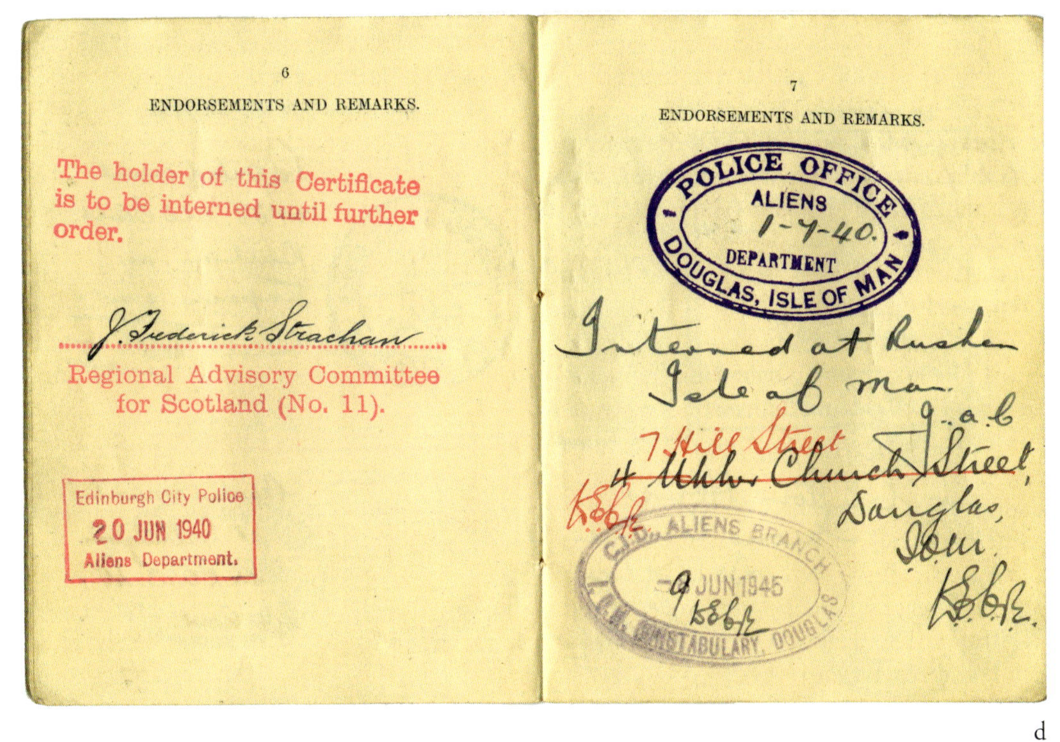
6

ENDORSEMENTS AND REMARKS.

The holder of this Certificate is to be interned until further order.

J. Frederick Strachan

Regional Advisory Committee for Scotland (No. 11).

Edinburgh City Police
20 JUN 1940
Aliens Department.

7

ENDORSEMENTS AND REMARKS.

POLICE OFFICE
ALIENS
1-7-40.
DEPARTMENT
DOUGLAS, ISLE OF MAN

Interned at Rushen Isle of Man.

7 Hill Street
~~4 Upper Church Street,~~
Douglas,
I.o.M.

C.I.D. ALIENS BRANCH
9 JUN 1945
I.O.M. CONSTABULARY, DOUGLAS

d

Abb. 6. Forts.

Abb. 7. Während der Internierung geschnitztes Holzschweinchen aus dem Nachlass von Maria Bersu (Fotos: K. Ruppel, RGK).

geschnitztes Schwein, wohl dort speziell für sie angefertigt, das bis zu ihrem Tod einen Ehrenplatz im Mittelfach ihres stets geöffneten Sekretärs erhielt *(Abb. 7)*.

Während der Internierung war eine Verbindung zu Deutschland kaum möglich, teilweise lief sie über das Rote Kreuz; am 26. November 1943 brannte die Berliner Wohnung bei einem Bombenangriff aus, das Inventar war vollständig vernichtet. Von nun an blieb Bersus auch keine Hoffnung mehr auf die Rückkehr in ein gewohntes, liebevoll ausgestattetes Heim.

Es lässt sich nicht mehr feststellen, wann Maria Bersu erfuhr, dass ihre Mutter am 16. März 1943 nach Theresienstadt deportiert wurde[14]. Dass sie schon im Mai 1943 dort verstarb, erfuhr die Familie erst durch die Nachforschung im Jahr 1951, nachdem sie schon 1949 für tot erklärt worden war.

Anfang Juni 1946 endete die Internierung, damit allerdings auch der gesicherte Lebensunterhalt. Hier sprangen jedoch die befreundeten englischen Kollegen ein, teilweise über die Finanzierung kleinerer Grabungen auf der Isle of Man, aber auch in Irland und Schottland[15].

Mit Gerhard Bersus Ruf nach Dublin vom 24. Februar 1947 (nach langer Überlegung Oktober 1947 angenommen[16]) stabilisierte und verbesserte sich die Lage des Ehepaars Bersu. In bescheidenem Maße wurde auch wieder ein kleiner Haushalt aufgebaut – in Frankfurt konnte man später die Leinenservietten mit kunstvollen irischen Mustern und weiteres irisches Kunsthandwerk bewundern.

Der Kunstgeschichte im weitesten Sinne blieb Maria Bersu stets verbunden. Ihr Interesse galt zwar weiterhin der Malerei, Skulptur und Architektur, es war jedoch das Kunsthandwerk, das sie mehr und mehr beschäftigte; schon 1930 hatte sie ja einen Beitrag zum Kunsthandwerk im römischen Germanien geschrieben[17].

Sie selbst entwickelte ihre kunsthandwerkliche Begabung bei typisch englischer Handarbeit: Ihre feinteiligen Patchworkdecken waren ein Blickfang noch in der Frankfurter Wohnung, überdauerten Jahrzehnte und wurden noch als Reste in Form von Kissenbezügen von ihren Erben in Ehren gehalten.

[14] Beitrag von Mytum in diesem Band, Anm. 98, Brief G. Bersu an Hawkes.

[15] Vgl. Beiträge von Mytum sowie Hunter, Armit und Dunwell in diesem Band.

[16] Vgl. Krämer 2002, 75 f.

[17] Bersu 1930.

Abb. 8. Das Interieur der RGK, aufgenommen anlässlich der Eröffnungsfeier am 29./30. Oktober 1956; rechts Werner Krämer und Herbert Nesselhauf (Archiv RGK).

Im September 1950 wurde Gerhard Bersu wieder als Erster Direktor der RGK eingesetzt. Im Vordergrund stand neben reger Grabungstätigkeit, wiederum in Begleitung seiner Frau, die Installierung der Bibliothek und der Wiederaufbau der RGK. Maria Bersu hat sich mit großem Engagement und exzellentem Urteilsvermögen um die Inneneinrichtung gekümmert; die exquisiten dänischen Möbel und Accessoires, wie Lampen und Bodenvasen der 50er-Jahre prägten lange das vornehme Erscheinungsbild des Treppenhauses, der Büros und der Bibliothek *(Abb. 8)*. Nachdem eine Generation hindurch die RGK dieses Erbe vernachlässigt hat und es teilweise entsorgt wurde, wurde man sich nach und nach wieder der Einzigartigkeit des Interieurs bewusst, gerade wenn mancher Besuch in Bewunderungsrufe ausbrach beim Anblick dieser zunächst noch weitgehend intakten Ausstattung.

Nach und nach konnte Maria Bersu auch wieder ein neues Heim gestalten. Ihre Dachwohnung im Dichterviertel war zwar nicht geräumig, sie verstand es jedoch, aus zwei ineinander übergehenden Zimmern ein großzügig wirkendes Ambiente zu schaffen. Das Umzugsgut von Dublin nach Frankfurt bestand zwar lediglich aus vier *tea chests* von 110 kg. Mit sicherem Gespür gelang es Maria Bersu jedoch durch Erwerbungen bei Versteigerungen, die Wohnung nach und nach mit ausgefallen schönem Mobiliar zu bestücken. Ein besonderes Möbeljuwel war ein Hamburger Biedermeier-Sekretär, wegen seiner aufwendigen Gestaltung das Maussoleum genannt. Bei Frankfurter Antiquaren und auch bei den Reisen sammelte sie ausgefallene Objekte von Kunsthandwerk. So erhielt die Wohnung eine Eleganz und zugleich Gemütlichkeit, die den Verlust des Inventars der Berliner Wohnung ein wenig verschmerzen ließ.

In diesen Räumen etablierte Maria Bersu eine rege Gastlichkeit; durch ihre in der Internierung erworbenen Kochkünste wurde sie zu einer Vorreiterin der späteren Welle der italienischen Küche in Deutschland. Ein komplettes Ensemble von Louis Philippe Stühlen mit passendem Esstisch bildete das Zentrum dieser Zusammenkünfte.

Abb. 9. Maria und Gerhard Bersu in der Ibn Tulun Moschee, Kairo 1961 (Foto: Piotrowski; DAI-RGK-A NL Gerhard Bersu-3-24,1).

Alte Freundschaften konnten wieder aufgenommen werden, so mit dem Ehepaar Kaschnitz von Weinberg[18], bei dem sie zunächst 1950 unterkamen. Nach dem Tod von Gerhard Bersu kamen Marie Luise Kaschnitz und Maria Bersu regelmäßig gemeinsam zu den Vorträgen der RGK, so erinnern sich noch heute alle, die dabei waren. Neue enge Freunde wurden Neumarks, ebenfalls mit Exilvergangenheit, allerdings aus der Türkei, wo Fritz Neumark (1900–1991) als renommierter Nationalökonom an der Universität Istanbul lehrte und aus dieser Zeit anregend berichten konnte. Mit Erica Neumark (1900–1989) und englischen Bekannten konnte Maria Bersu ihre in England erworbene exzellente Bridgefähigkeit weiterpflegen. Das Ehepaar Viebrock[19], besonders er als Anglist der Frankfurter Universität, wurden anregende Gesprächspartner, da sich Maria Bersu weiterhin für englische Literatur interessierte. Mit Ernst Holzinger (1901–1972; Städelsches Kunstinstitut) verband Maria Bersu ihr Interesse an der Kunstgeschichte, Gerhard Bersu mit Elisabeth Holzinger (1902–1995) die Gartenleidenschaft. Werner Krämer, der Nachfolger ihres Gatten, war Maria Bersu bis zu ihrem Tode ein Freund und eine Stütze.

[18] Marie Luise Kaschnitz (von Weinberg, 1901–1974) und Guido Kaschnitz von Weinberg (1890–1958).

[19] Helmut Viebrock (1912–1997) und Ehefrau Rosi.

Abb. 10. Werner Krämer (links), Maria Bersu (Mitte) und Friedrich Hermann Schubert (rechts) blicken auf die Zeder im Garten der RGK, 7. Juli 1972 (Foto: J. Bahlo, RGK; auch DAI-RGK-A NL Gerhard Bersu-3-32,6).

Zu Wilhelm Unverzagt (1892–1971), einem der ältesten Freunde, und dessen Frau hielten sie trotz räumlicher Entfernung engsten Kontakt[20].

Mit Jugendfreundinnen in Frankfurt blieb sie herzlich verbunden, mit munterem, regelmäßigem Austausch. Aber auch als Trösterin, gerade bei Krankheit und persönlichen Sorgen, stand sie ihren Freundinnen zur Seite. Sie selbst war ja bis ins hohe Alter geistig rege und konnte so Trost spenden, obwohl sie selbst oft niedergeschlagen war.

England blieb jedoch ein wichtiger Bezugspunkt; enge alte Freunde – die Ehepaare Megaw, Wormald und Raftery – trafen sie bei ihren regelmäßigen Besuchen. In London erwarb Gerhard Bersu weiterhin seinen Schnupftabak, Maria Bersu sorgte dafür, dass er stets mit eleganten feingemusterten Leinenschnupftüchern ausgestattet war, eine Sammlung, die noch nach ihrem Tod vorhanden war.

Aber auch in Frankfurt selbst konnte sie behilflich sein, das „Englische" zu etablieren. Sie war es, die mit Miss Collins auf die Ämter ging, als deutsche Bezugsperson, und ihr so hilfreich war bei der Gründung des English Bookshop. Diese 1956 gegründete Einrichtung hat Frankfurt über Jahrzehnte geprägt und musste 2016 aus ihrem angestammten Domizil weichen und schließen.

Das Staudamm-Projekt in Ägypten und die damit verbundene Rettung der Altertümer, bei der Gerhard Bersu beratend zur Seite stand, führte Maria Bersu in ihr bisher völlig unbekannte Regionen *(Abb. 9)*. Ihrem Haushalt sah man dies an: die Polstermöbel wurden mit blau-gestreiften arabischen Textilien bezogen, auf Basaren geblasene Gläser dienten als

[20] Vgl. Grunwald 2020.

Abb. 11. Kissack, eine Lokomotive der Isle of Man Railway Company, mit der Bersus zu ihrer Grabungsstelle fuhren (T. Hisgett, https://en.wikipedia.org/wiki/Port_Erin_railway_station#/media/File:IOM_railway_Kissack_2.jpg [CC BY 2.0]; letzter Zugriff: 4.11.2021).

Vasen für die von ihrem Mann sorgfältig gezogenen exquisiten Blumen; islamische und byzantinische Glasscherben, eine stattliche Sammlung koptischer Textilienfragmente und Stein- und Fayenceperlen wurden sorgfältig in Schächtelchen sortiert.

Das Ehepaar Bersu war sich eng verbunden; zahlreiche, liebevoll beschriftete, mit unterschiedlichen Kosenamen versehene und farbig ausgestaltete Zettelchen, auf denen ihr Mann ihr Glückwünsche oder auch einfach Grüße hinterlegte, hob sie bis zu ihrem Tode auf.

Nach dem Tod ihres Mannes am 19. November 1964 hat sich Maria Bersu mit großer Energie um dessen Nachlass gekümmert, blieb der RGK eng verbunden und besuchte regelmäßig die Zeder im RGK-Garten, die sie zusammen mit ihrem Mann dort gepflanzt hatte *(Abb. 10)*.

Die Beziehung zu allen Freunden, in England, der Schweiz und Deutschland, hielt sie in einem regen Briefwechsel aufrecht. Noch 1984 hielten Freunde vom Manx Museum sie über alte Bekannte auf dem Laufenden, selbst über die berühmten Lokomotiven, die wieder aktiviert wurden; ihr Liebling war seinerzeit offenbar die Lokomotive „Kissack“ *(Abb. 11)*.

In seinen frühen Erinnerungen schildert Christopher Hawkes (1905–1992) nochmals einfühlend sein letztes Zusammentreffen mit Maria Bersu in Frankfurt, der Abschied war, gerade in Erinnerung an die lange währende Freundschaft und die enge Verbindung ihres verstorbenen Mannes zu Hawkes, bewegend[21].

[21] Webster 1991, 238.

Die rege Anteilnahme an ihrem Tod am 27. Mai 1987 zeigte nochmals deutlich, wie sehr sie alle Kontakte weiter gepflegt hat, wie sehr sie in der Erinnerung dieser Freunde lebendig war.

## Literaturverzeichnis

Bersu 1930
M. Bersu, Kunstgewerbe und Handwerk. In: Römisch-Germanische Kommission des Deutschen Archäologischen Instituts (Hrsg.), Germania Romana. Ein Bilderatlas. H. 5 (Bamberg[2] 1930).

Chappell 1984
C. Chappell, Island of Barbed Wire. The Remarkable Story of World War Two Internment on the Isle of Man (London 1984).

Grunwald 2020
S. Grunwald, Beispiellose Herausforderungen – Deutsche Archäologie zwischen Weltkriegsende und Kaltem Kriege. Ber. RGK 97, 2016 (2020) 227–377.

Jacobstahl 1940
P. Jacobstahl, The Long Vac. In: R. M. Cooper (Hrsg.), Refugee Scholars. Conversations with Tess Simpson (Oldham 1940) 198–228.

Krämer 2002
W. Krämer, W. Gerhard Bersu, ein deutscher Prähistoriker. Ber. RGK 82, 2002, 5–101.

Webster 1991
D. Webster, Hawkeseye. The Early Life of Christopher Hawkes (Stroud 1991).

Anschrift der Verfasserin

Eva Andrea Braun-Holzinger
Ditmarstr. 19
DE-60487 Frankfurt
E-Mail: ebraun@uni-mainz.de

# Bericht über die Tätigkeit der Römisch-Germanischen Kommission des Deutschen Archäologischen Instituts in der Zeit vom 1. Januar bis 31. Dezember 2019

## 1. Wissenschaftliche Tätigkeiten

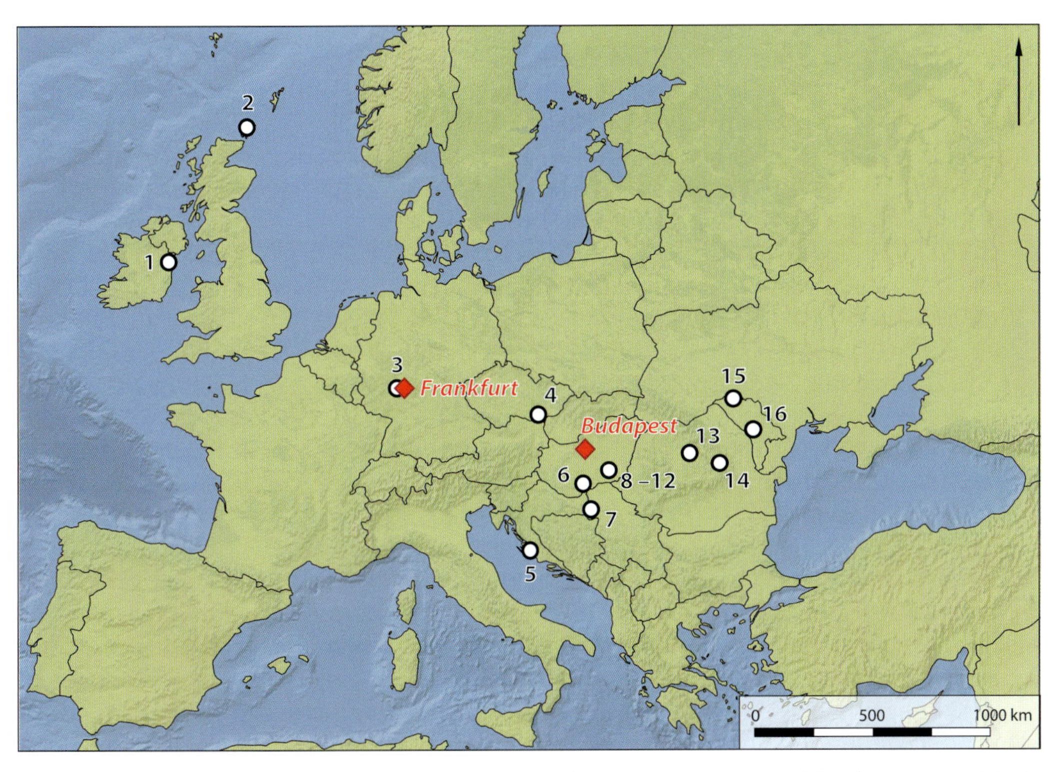


Abb 1. Laufende Feldforschungsprojekte der RGK im Jahr 2019: 1 Newgrange (Irland), 2 Rousay (Großbritannien), 3 Hofheim (Deutschland), 4 Mušov (Tschechische Republik), 5 Vrana (Kroatien) mit weiteren Fundplätzen im Umfeld 6 Sárköz-Alsónyék (Ungarn), 7 Bapska (Kroatien), 8–12 Hódmezővásárhely-Gorzsa, Hódmezővásárhely-Kökénydomb, Öcsöd-Kováshalom, Szegvár-Tűzköves, Tápé-Lebő (Ungarn), 13 Teleac (Rumänien), 14 Brețcu (Rumänien), 15 Horodište (Rep. Moldau), 16 Stolniceni (Rep. Moldau) mit weiteren Fundplätzen im Umfeld. (Grafik: Ch. Rummel, RGK).

Bei den Arbeiten und Forschungen der Römisch-Germanischen Kommission (RGK) lag dieses Jahr vor allem ein Fokus auf der Weiterentwicklung und Reflexion in der Archäologie angewandter Methoden. Gemeinsam mit unseren in- und ausländischen Kooperationspartner*innen wurden verschiedene non- und minimalinvasive Prospektionsmethoden kombiniert, um Arbeitsabläufe für die Erforschung großräumiger Landschaften zu optimieren. Dabei wurden 16 Feldforschungseinsätze von den Britischen Inseln bis ins südöstliche Europa durchgeführt *(Abb. 1)*. Weitere Arbeitsschwerpunkte waren objektarchäologische Studien und Forschungsdatenmanagement.

Die RGK war 2019 an mehreren internationalen und interdisziplinären Drittmittelprojekten beteiligt:

1. dem deutsch-polnischen DFG / NCN Beethoven-Projekt „Imagines Maiestatis. Barbarian Coins, Elite Identities and the Birth of Europe“;
2. dem um ein weiteres Jahr verlängerten, somit bis zum 31.12.2019 finanzierten, an der Goethe-Universität Frankfurt in Kooperation mit der Eurasien-Abteilung des Deutschen Archäologischen Instituts (DAI) durchgeführten LOEWE-Schwerpunkt-Programm „Prähistorische Konfliktforschung – Burgen der Bronzezeit zwischen Taunus und Karpaten“;
3. dem DFG-Projekt „Herausbildung und Niedergang des frühbronzezeitlichen Siedlungszentrums von Fidvár bei Vráble (Südwestslowakei)“;
4. dem unter Federführung des RGZM durchgeführten interdisziplinären Projekt „Resilience factors in a diachronic and intercultural perspective“ im Rahmen des Förderprogramms „Leibniz – Kooperative Exzellenz“;
5. dem EU-geförderten Vernetzungsprojekt NETcher (NETwork and social platform for Cultural Heritage Enhancing and Rebuilding) zur Bekämpfung des illegalen Antikenhandels und der Zerstörung kulturellen Erbes;
6. ARIADNEplus (Advanced Research Infrastructure for Archaeological Data Networking in Europe -plus) zur Integration der Münzdatenbank AFE-Web in die ARIADNE-Infrastruktur;
7. der europäischen COST-Aktion des Wissenschafts- und Technologienetzwerks SEADDA (Saving European Heritage from the Digital Dark Age; https://www.seadda.eu/ [letzter Zugriff: 10.11.2021]) und
8. dem neu bewilligten Exzellenz-Projekt der Johannes Gutenberg-Universität Mainz zu „400.000 Years of Human Challenges. Perception, Conceptualization and Coping in Premodern Societies“.

Ferner ist die RGK Projektpartner des Sonderforschungsbereichs 1266 „Scales of Transformations“ der Universität Kiel und arbeitet in den Projekten C2: „Die Dynamik von Siedlungskonzentration und Landnutzung in frühen sesshaften Gemeinschaften des Nordwestlichen Karpartenbeckens“, D1: „Bevölkerungskonzentration in Tripolye-Cucuteni Großsiedlungen“, sowie G2: „Geophysikalische Prospektionen, Klassifikation und Validation von Siedlungshinterlassenschaften in sich wandelnden Umgebungen“ mit. Sie engagiert sich zudem in dem Vorhaben zu „Uncovering a hidden neolithic landscape. Locating neolithic monumental sites through remote sensing, geophysics, and archaeology“ der Universität Göteborg (SE). In über 70 Vorträgen berichteten Mitarbeiter*innen der RGK in Europa, Asien und den USA über die Forschungsergebnisse des Instituts. Durch die Organisation von Tagungen, Workshops, Sektionen und Treffen spielte die RGK auch dieses Jahr wieder eine zentrale Rolle als Kommunikationsplattform zwischen verschiedenen Vertretern der Archäologien des In- und Auslands; hier lag ein gewisser Schwerpunkt auf komparativen Ansätzen sowie der Digitalisierung archäologischer Objekte und Daten. In über 50 Publikationen der wissenschaftlichen Mitarbeiter*innen wurden neue archäologische Erkenntnisse vorgelegt. Hervorzuheben ist die (Mit-)Herausgabe gleich mehrerer Bücher und hier insbesondere des Sammelbandes „Spuren des Menschen. 800 000 Jahre Geschichte in Europa“, an dem die RGK auch mit zahlreichen eigenen Beiträgen beteiligt war.

Die wissenschaftliche Arbeit der RGK ist durch zwei vor allem zeitlich definierte Forschungsfelder strukturiert, die durch übergreifende Themen wie kultureller Wandel, Raumerschließung und -nutzung sowie Grenzziehungen und -überschreitungen miteinander vernetzt sind. Zudem führt die RGK diachrone landschafts- und objektarchäologische Forschungen durch. Ferner fördert sie den Austausch durch wissensgeschichtliche, theoretische und methodische Reflexionen.

## Forschungsfeld I „Marginal Zones – Contact Zones"

Der chronologische Rahmen des Forschungsfeldes I reicht von der Steinzeit bis in die Bronzezeit. Zentrale Themen sind siedlungs- und landschaftsarchäologische Fragen, maßgeblich unter den Aspekten Übergang und Wandel.

### a) Alsónyék und die Region Sárköz (Ungarn)

Die Aufarbeitung des Sárköz-Alsónyék-Projekts zur neolithischen Besiedlung in Südungarn wurde fortgesetzt, wobei ein Schwerpunkt auf der Fertigstellung von Publikationen und Abschlussarbeiten lag.

2019 wurde der erste Band in der neuen Reihe „Confinia et Horizontes" über die Ergebnisse der Prospektionen und die geochemische Auswertung der Bohruntersuchungen, der Geologie und hydrologischen Bedingungen sowie der botanischen Reste im Kontext der Vegetationsgeschichte redigiert *(Abb. 2)*. Der nächste vorgesehene Band beschäftigt sich mit den bioarchäologischen Forschungen in der Region Sárköz. Die Manuskripte sind zu 75 % fertiggestellt und müssen noch redigiert sowie übersetzt werden. Die Doktorarbeit von Kata Szilágyi über die Steingeräte, die *chaîne opératoire* und die Rohstoffe im Sárköz wurde 2019 an der Eötvös-Loránd-Universität Budapest (ELTE) verteidigt. Ferner verteidigte Luke Jenkins seine Masterarbeit über die Mahlsteine aus Alsónyék und die Nutzung von Mahlsteinen im gesamten Neolithikum an der University of Cambridge. Beide Arbeiten werden für die Confinia-Reihe überarbeitet und ergänzt. Die Dissertation von Anett Osztás (ELTE) zur Architektur wurde 2019 eingereicht. In einer von der RGK unterstützten komparativen Studie wurde eine Typenanalyse der Grabkeramik im Kontext anderer transdanubischer Fundorte vorgenommen, anschließend wurden die daraus gewonnenen feinchronologischen Folgerungen mit der bayesischen statistischen Auswertung der $^{14}$C-Daten aus diesen Fundorten verglichen. Am Katalog der 2359 spätneolithischen Gräber aus Alsónyék wird gemeinsam mit ungarischen Projektpartnern weitergearbeitet.

Der von Eszter Bánffy und Judit P. Barna (Ungarisches Nationalmuseum) herausgegebene siebte Band der Reihe „Castellum Pannonicum Pelsonense" beschäftigt sich zum größten Teil mit Ergebnissen des Sárköz-Projekts und wurde von der RGK mitfinanziert.

Auch die Monographie „First Farmers of the Carpathian Basin" von E. Bánffy hat die Arbeiten zum Sárköz-Gebiet als Ausgangspunkt.

### b) Boyne to Brodgar (Nordirland und Orkneyinseln)

Die „From Boyne to Brodgar"-Initiative untersucht die Entstehung jungsteinzeitlicher Kulturlandschaften im Nordwesten Europas. Ausgangspunkt ist die sogenannte „atlantische Route" der Neolithisierung, die über die Irische See nach Irland, über die Isle of Man und weiter nach Schottland führte. Die Gemeinsamkeiten zwischen den einzelnen Regionen, die enge Kontakte während des Neolithikums belegen, zeigen sich besonders eindrücklich in der monumentalen Architektur, wie Megalithgräbern und Erdwerken.

An den 2014 begonnenen Untersuchungen dreier irischer Rituallandschaften mit megalithischen Anlagen und jüngeren Nutzungen ist die RGK seit 2016 beteiligt. Während das Gebiet um Newgrange (Irland) und die nicht minder bedeutsamen Monumente von Knowth und Dowth nördlich des Flusses Boyne zur UNESCO-Weltkulturerbestätte Brú na Bóinne gehören, sind die Gebiete südlich des Boyne bisher nur ausschnittsweise archäologisch erfasst. Gemeinsam mit Stephen Davis (University College Dublin) führte die RGK 2019 deshalb in der südlichen Peripherie der Welterbestätte auf dem Donore

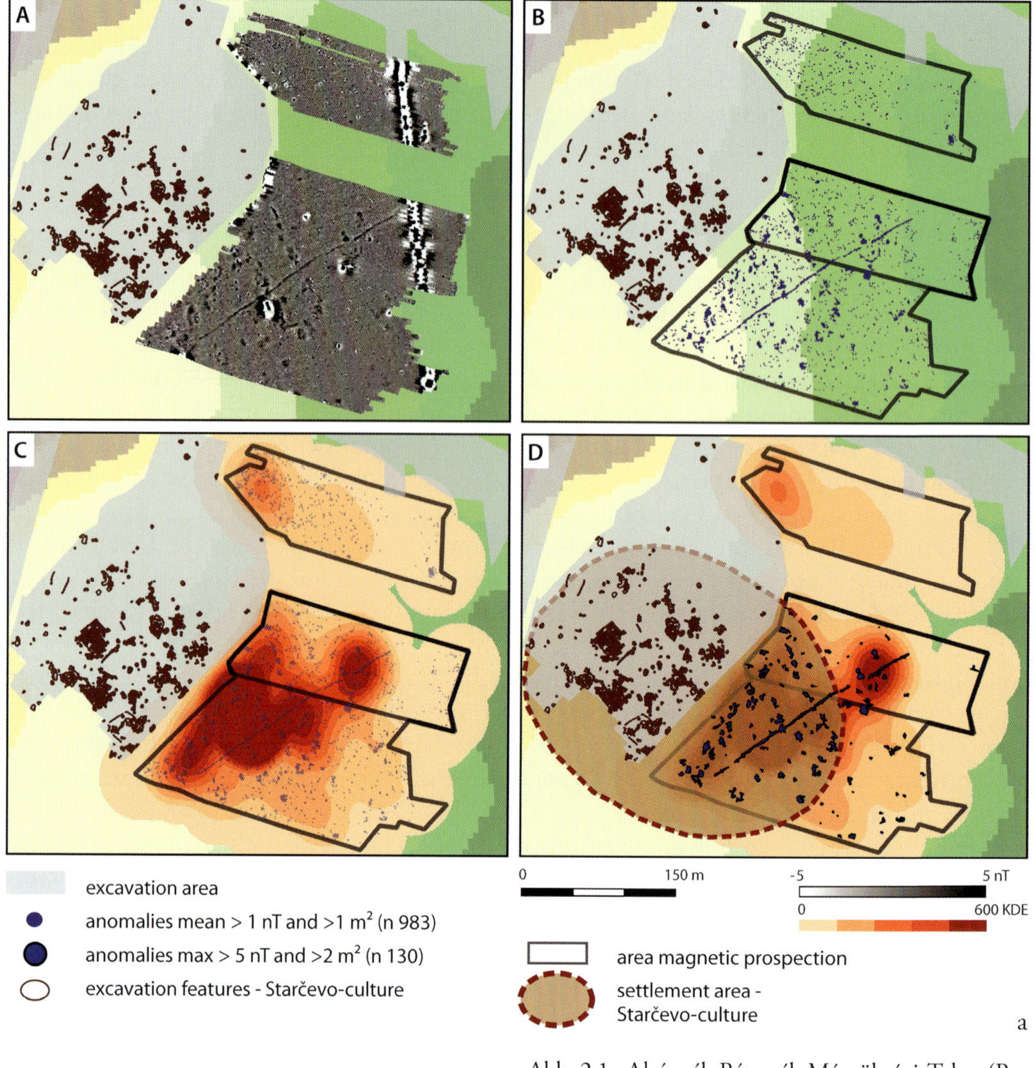


Abb. 2.1. Alsónyék-Bátaszék-Mérnökségi Telep (Bereich 6). Prospektions- und Ausgrabungsergebnisse im südöstlichen Bereich mit Siedlungsbefunden der Starčevo Kultur und einem linearen Graben mit Unterbrechung (E. Bánffy und H. Höhler-Brockmann, beide RGK).



Abb. 2.2. Dreidimensional erfasste Brandlehmfragmente in Schnittdarstellung. Grau dargestellt sind die anhand der Abdrücke ermittelten Durchmesser der Bauhölzer (E. Bánffy und H. Höhler-Brockmann, beide RGK).

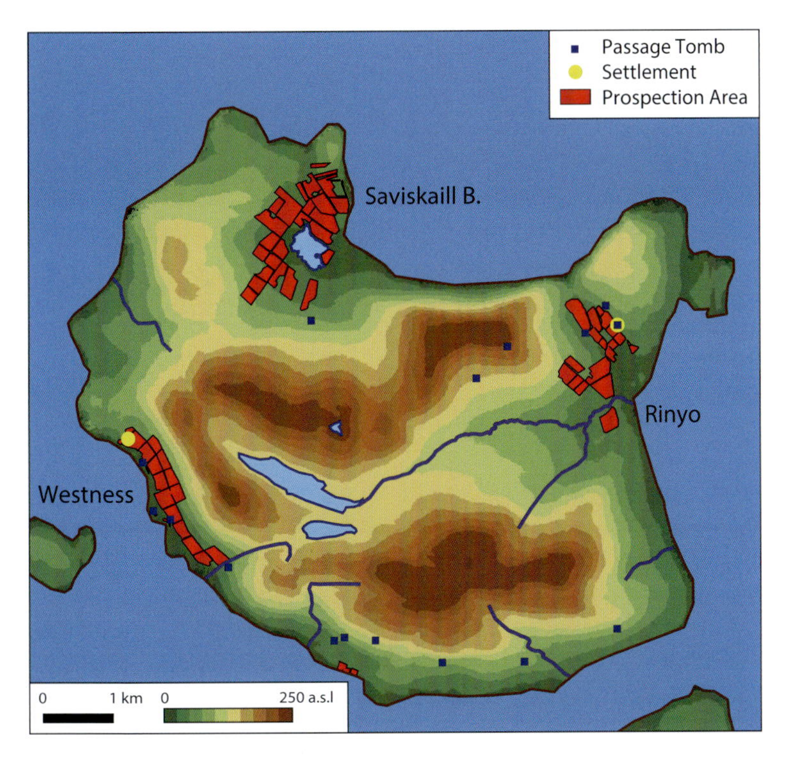


Abb. 3. Rousay. Lage der Prospektionsflächen (rot) (Grafik: K. Rassmann, RGK).

Hill – einer markanten Erhebung in Sichtachse zu den genannten Monumenten – magnetische Prospektionen durch.

Im schottischen Teil des Projekts arbeitet die RGK gemeinsam mit der University of Highlands and Islands und dem National Museum of Scotland in Edinburgh auf der Insel Rousay *(Abb. 3)*. Während der diesjährigen Kampagne lag der Fokus auf einem großen Areal, das alte Feldsysteme und Spuren jungstein- oder bronzezeitlicher Monumente birgt, darunter auch einige, die von der Küstenerosion gefährdet sind. Das Programm der RGK stützt sich weiter auf minimalinvasive Prospektionen, der Ansatz fußt auf einer Kombination aus Fernerkundung, geophysikalischer Prospektion, bodenkundlicher Analyse, Bohrungen und GIS-Modellierungen sowie Drohnenbefliegungen und den Einsatz naturwissenschaftlicher Methoden.

### c) Tellartige Siedlungen des Spätneolithikums in Südostungarn und Nordostkroatien

Seit 2018 forscht ein Team der RGK gemeinsam mit Partnern des ehemaligen Archäologischen Institutes der Ungarischen Akademie der Wissenschaften und Mitarbeitern des Archäologischen Institutes der Eötvös Loránd Universität (ELTE) im südöstlich der Theiß gelegenen Teil Ungarns, um dort an verschiedenen spätneolithischen Tellsiedlungen neue Methoden und Techniken, z. B. Drohnensysteme, zur Erkennung diachroner Veränderungen in der Landschaft zu erproben. Getestet wurde hierbei insbesondere ein multispektrales Sensorsystem, mit dem Vegetations- und Bodenmerkmale archäologischer Strukturen anhand ihrer spektralen Zusammensetzung identifiziert werden können. Die Feldforschungen dienen zudem als Vorbereitungen für einen Projektantrag.

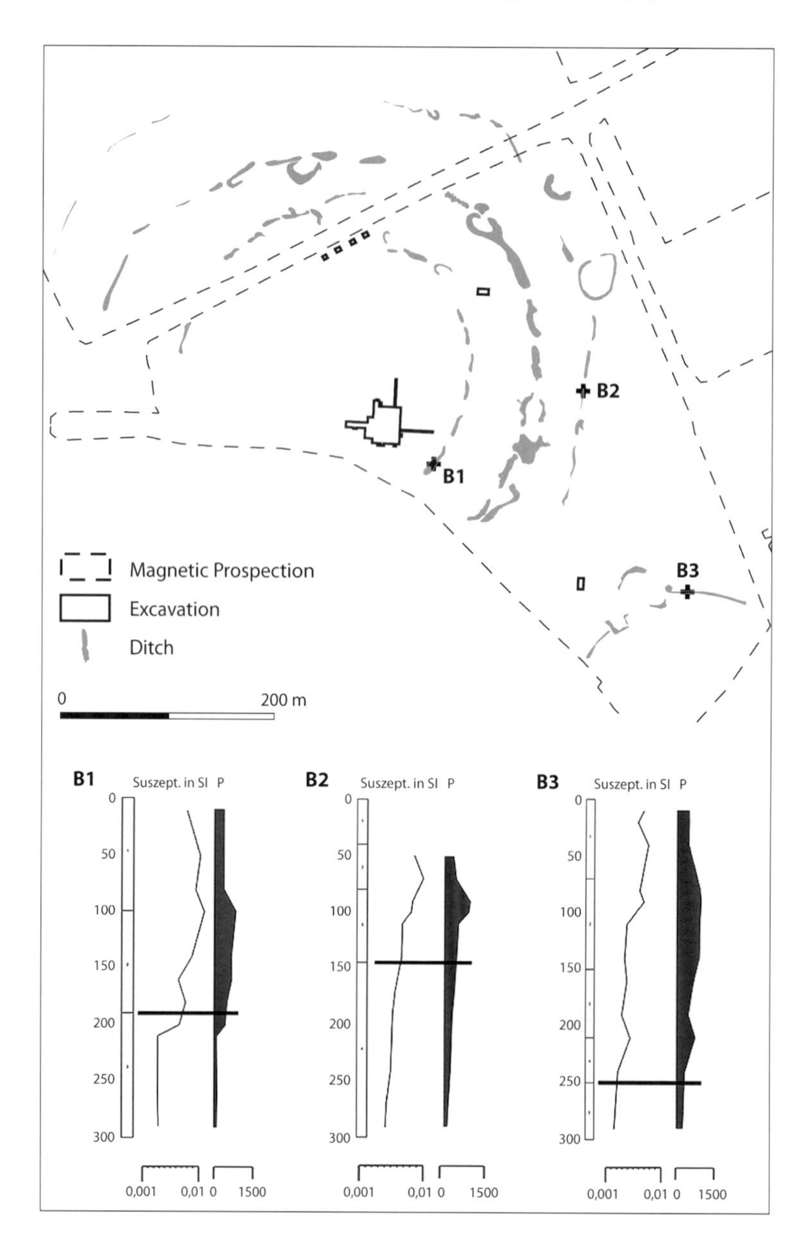


Abb. 4. Umzeichnung der dreifachen Grabenanlage von Öcsöd-Kováshalom nach den Ergebnissen der magnetischen Prospektion und die Lage der Bohrungen 1–4. Die Diagramme zeigen die Phosphorwerte und Suszeptibilitätsmessung der Bohrkerne (Kampagne 2018; Grafik: R. Scholz).

Bis zum Jahresende 2019 wurden fünf unterschiedliche Fundplätze untersucht: Öcsöd-Kováshalom, Szegvár-Tűzköves, Tápé-Lebő, Hódmezővásárhely-Gorzsa und Hódmezővásárhely-Kökénydomb. Es handelt sich um sogenannte Tellsiedlungen, Wohnhügel der späten Jungsteinzeit. Die ausgewählten Fundplätze eignen sich besonders gut für die luftgestützte, multisensorische Beobachtung *(Abb. 4)*. Ergänzend zu den durchgeführten Testflügen wurden zusätzliche Befliegungen mit einer weiteren Drohne der RGK vorgenommen, um hochauflösende topografische Geländedaten und Orthofotos zu generieren. Die Tellsiedlungen liegen in Gebieten, die großflächig landwirtschaftlich genutzt

Abb. 5. Luftbild mit Siedlungshügel in Bapska (Foto: J. Kalmbach, RGK).

werden. Dies macht es möglich, archäologische Spuren anhand von Veränderungen in der Bewuchsdichte zu erkennen und so menschliche Siedlungstätigkeiten non-invasiv nachzuvollziehen. Ziel ist es, die Verbindungen mit verschiedenen Siedlungen in der unmittelbaren Nähe zu erkennen, bis hin zur Rekonstruktion von Fernbeziehungen und Netzwerken. Im Jahr 2019 wurde ein ausführlicher englischsprachiger Aufsatz über die bisherigen Ergebnisse zu der Tellsiedlung Öcsöd-Kováshalom geschrieben und als Teil eines Studienbandes beim Oxbow Verlag eingereicht.

Das Projekt ist mit der RGK-Kooperation zur Erforschung des Siedlungshügels von Bapska und seines Umlandes in Nordkroatien verknüpft *(Abb. 5)*. Seit der Entdeckung des Siedlungshügels 1879 wurde der Tell in mehreren Etappen erforscht. Umfangreiche Ausgrabungen unter Leitung von Marcel Burić (Universität Zagreb) werden seit 2006 durchgeführt, seit 2013 unter Beteiligung der RGK. Durch mehrere geomagnetische Messungen *(Abb. 6)*, Bohrprospektionen *(Abb. 7)* und Befliegungen mit UAVs wird der Tell Schritt für Schritt stratigraphisch erfasst und das Siedlungsumland großflächig prospektiert. Die diesjährige Kampagne dauerte vom 1. bis 8. April. Der Schwerpunkt der Arbeiten lag auf weiteren Bohrungen, um die bestehenden Bohrprofile aus den letzten Kampagnen zu ergänzen, sowie der Erfassung des westlichen und südlichen Profils des Grabungsschnittes am nördlichen Plateau des Tells. An den Profilen wurden Suszeptibilitätsmessungen (Messungen zur magnetischen Anregbarkeit des Bodens; siehe Kapitel Referat für Prospektions- und Grabungsmethodik) durchgeführt und bodenchemische Proben entnommen. Außerdem wurden weitere Flächen im Umfeld des Tells geomagnetisch prospektiert, um das Gesamtbild zu vervollständigen. Dabei wurden auch Randbereiche des Siedlungshügels aufgenommen und dabei der Verlauf des Umfassungsgrabens weiterverfolgt. Die vorläufigen Ergebnisse zeigen, dass der Tell eine bis zu fünf Meter mächtige Kulturschicht aufweist, die durch eine mehrere Jahrhunderte andauernde Besiedlung entstand. Zur

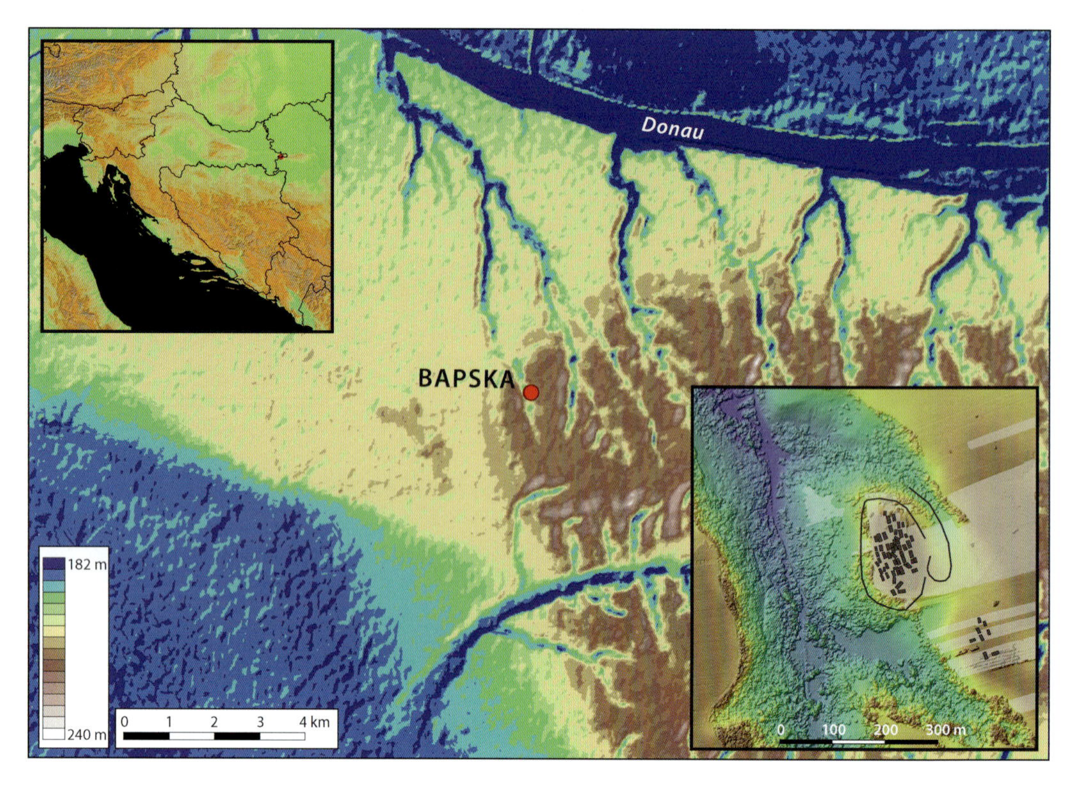


Abb. 6. Kartierung der Lage des Fundplatzes Bapska. Die Siedlungsstruktur wurde anhand der Ergebnisse der Magnetikmessungen dargestellt (Grafik: R. Scholz, RGK).

Abb. 7. Bohrkerne vom Fundplatz Bapska 2019 (Foto: M. Podgorelec, RGK).

Datierung der im Grabungsprofil dokumentierten Befunde wurden insgesamt dreizehn $^{14}$C-Proben eingereicht. Gemeinsam mit den Laboruntersuchungen der entnommenen Bohrkerne und der Auswertung der übrigen Daten wird sich ein umfängliches Bild zu dem Schichtaufbau des Fundplatzes zeichnen lassen.

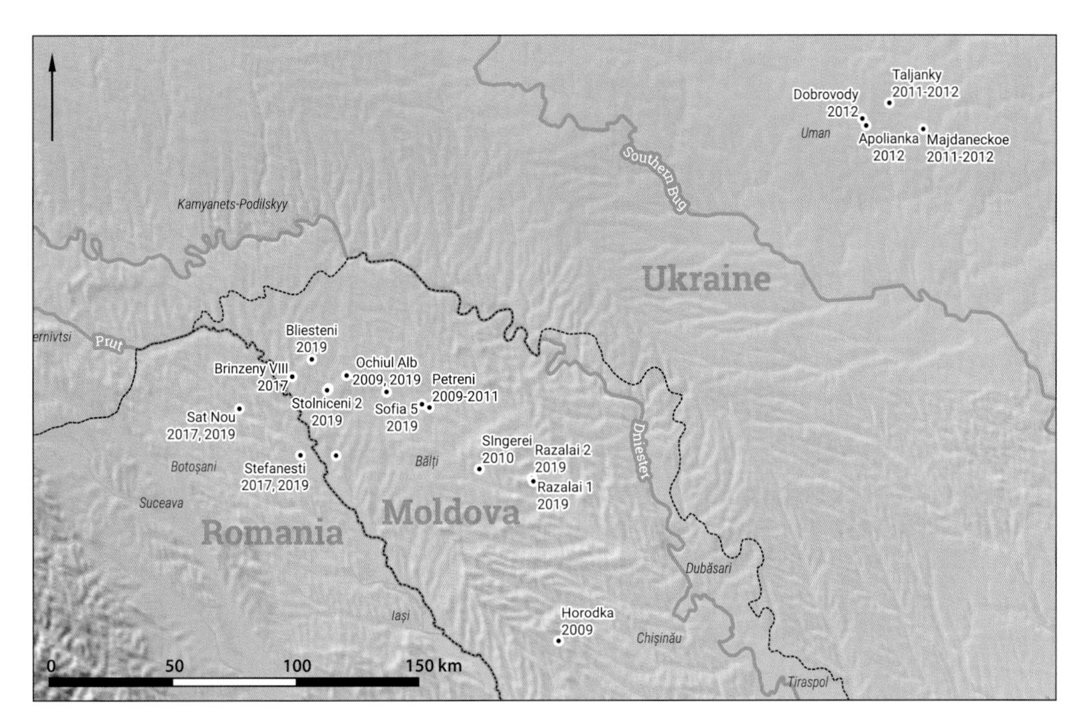


Abb. 8. Übersicht zu den Prospektionen der RGK auf Siedlungen der Cucuţeni-Trypillia-Kultur (Karte: H. Höhler-Brockmann, RGK).

d) Untersuchungen zur sozialen Organisation und Raumordnung kupferzeitlicher Großsiedlungen in Rumänien, Moldawien und der Ukraine

Die Forschungen zu den Siedlungen der Cucuţeni-Trypillia-Kultur konnten 2019 durch magnetische Prospektionen in Rumänien und Moldawien sowie mit Ausgrabungen in Stolniceni (Rep. Moldau) fortgesetzt werden. Die seit 2009 laufenden magnetischen Prospektionen erweitern schrittweise die Datengrundlage, sowohl qualitativ als auch quantitativ. Derzeit bestehen vergleichbare Datensätze zu zwei Siedlungen in Rumänien, zwölf in Moldawien und vier in der Ukraine. Für Rumänien liegen inzwischen weitere Prospektionsergebnisse durch Carsten Mischka (Friedrich-Alexander-Universität Erlangen-Nürnberg) und für die Ukraine durch Johannes Müller und Mitarbeiter*innen von der Christian-Albrechts-Universität zu Kiel vor. Während die Prospektionen der Projektpartner die Siedlungen überwiegend nur ausschnittsweise erfassten, konnte die RGK im Zuge ihrer Maßnahmen die Siedlungen zumeist vollständig prospektieren. Somit ist es besser möglich, das Gesamtphänomen der kupferzeitlichen Siedlungen der Cucuţeni-Trypillia-Kultur über die gesamte geographische Ausdehnung in der zeitlichen Tiefe zu betrachten *(Abb. 8)*.

Die diesjährigen magnetischen Prospektionen begannen auf den im Osten Rumäniens gelegenen Siedlungen von Sat Nou (Trypillia C1/C2) und Ştefăneşti (Trypillia B2/C1). Beide Siedlungen zeigen Unterschiede in Raumordnung und Größe. In Sat Nou gibt es zwei Gruppen mit jeweils unterschiedlich großen Häusern. Die kleineren messen ca. 10 × 6 m, während die größeren Gebäude maximal 28 × 8 m erreichen. Die Gruppe der kleineren, vermutlich älteren Häuser umfasst ca. 7 ha, die der größeren ca. 5 ha. Die Siedlung von Ştefăneşti ist mit 17,3 ha deutlich größer und besitzt eine klar strukturierte, radial

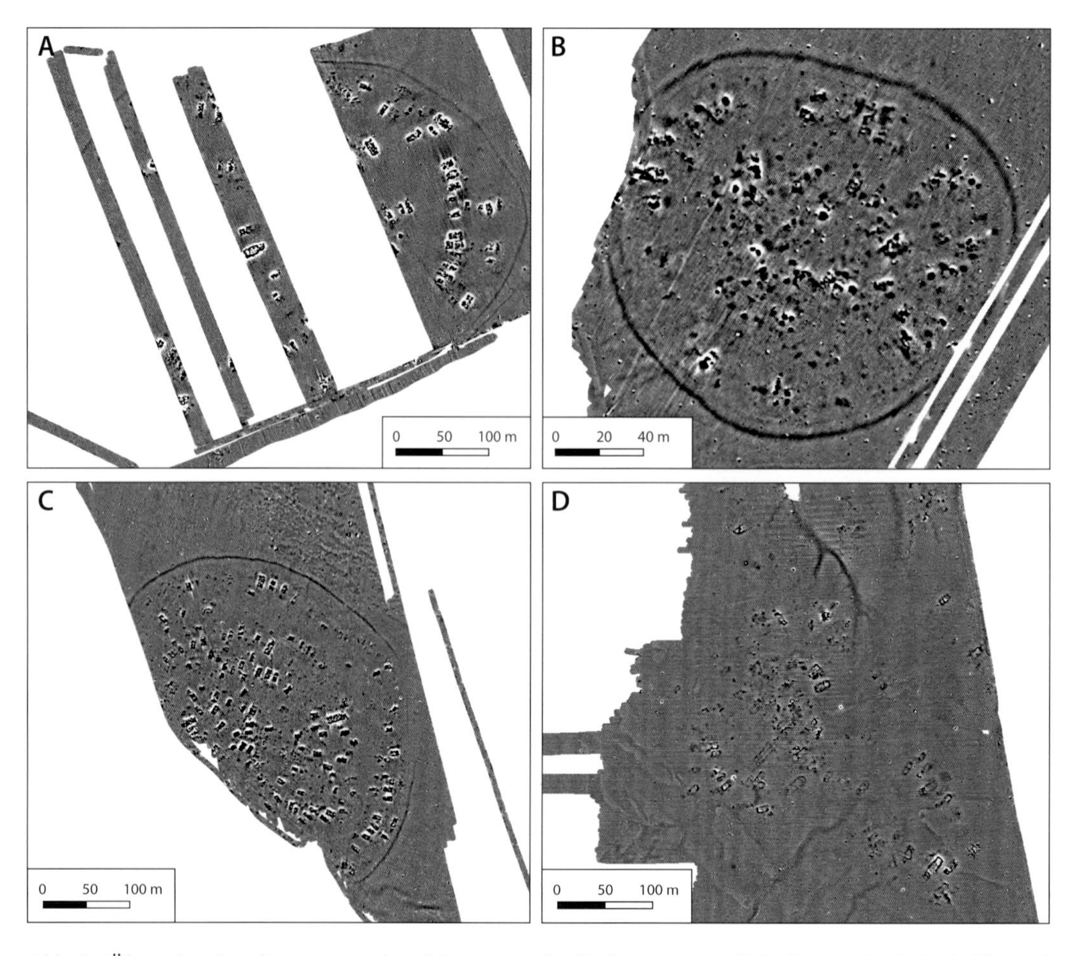


Abb. 9. Übersicht über die magnetischen Messungen der Siedlungen von A) Ştefăneşti, B) Ochiul-Alb, und C-D) Razalai (Grafiken: K. Rassmann, RGK).

ausgerichtete Bebauung, die von einem oval verlaufenden Graben umgrenzt wird. Die Häuser sind mehrheitlich 6 m breit, mit Hauslängen von zumeist 10–16 m. Im Zentrum der Siedlung liegt ein einzelnstehendes großes Gebäude von 22 × 10 m. Der Zentralbau ist eine Gemeinsamkeit mit den zeitgleichen Siedlungen der Trypillia-Kultur (Trypillia B2/C1) in Moldawien *(Abb. 9)*. Dagegen fanden sich in den Zentren der Großsiedlungen von Talianký, Maydanezkoe und Nebelivka in der Ukraine bislang keine Hinweise auf derartige Bauten.

In Moldawien wurden die Siedlungen von Stolniceni 3 (Trypillia B2/C1), Razalai 1 (Trypillia C2), Razalai 2 (B1/B2), Bliestenie (Trypillia C2), Şofrîncani (Trypillia B1), Ochiul Alb (Trypillia B1/B2) und Sofia 5 (Trypillia B2/C1) untersucht. Mit Ausnahme der frühesten Trypillia-Kultur (Stufe A) decken die Siedlungen die gesamte zeitliche Spannweite der langlebigen Kultur ab.

Nach einer 2009 nur testweise durchgeführten Prospektion konnte die ca. 2,5 ha große Siedlung von Ochiul Alb in diesem Jahr vollständig erfasst werden. Sie zeigt eine radiale Bebauung, allerdings noch nicht in der Klarheit wie bei den späteren Siedlungen von Petreni oder Stolniceni. Die Siedlung wird von einem kreisförmigen Graben umschlossen. Etwa 4,5 m von diesem nach innen versetzt findet sich eine weitere, radial verlaufende grabenähnliche Signatur, die als Palisadengräbchen gedeutet werden kann. Neben den

Überresten von verbrannten Häusern lassen sich zahlreiche grubenartige Anomalien beobachten. Ein ähnliches Grundmuster weist die Siedlung von Razalai 2 auf, die mit 9,3 ha aber deutlich größer ist. Auch hier lässt sich ein Graben nachweisen, der, im Unterschied zu Ochiul-Alb, die Siedlung jedoch nicht vollständig umschließt, sondern bogenförmig verläuft und die Siedlung, von einer Niederung ausgehend, abriegelt. Weniger deutlich zeigt sich an einigen Stellen ein vermeintliches Palisadengräbchen. Der zentrale Bereich der Siedlung weist die höchste Bebauungsdichte auf, die Hausgrößen schwanken zwischen 10 × 6 m und maximal 20 × 7,5 m.

Ebenfalls in den frühen Abschnitt der Trypillia-Kultur (B1) datiert die Siedlung von Şofrîncani, deren Spornlage maßgeblich die Außengrenze bestimmt. Sie ähnelt damit dem 2010 prospektierten Fundplatz von Sîngerei. Die Siedlung von Şofrîncani ist mit 5,8 ha kleiner als der ca. 9 ha umfassende Fundplatz Sîngerei. Die Größe der frühen Siedlungen schwankt somit zwischen 2–9 ha. Divers ist in dieser Phase auch die Innenbebauung. Dabei lässt sich einerseits eine Anordnung der Häuser in Zeilen beobachten, andererseits eine zunehmende Orientierung hin zum radialen Bebauungsmuster.

Bei der Prospektion 2019 wurde mit Sofia 5, etwa 5 km Luftlinie von Petreni entfernt, eine weitere Siedlung der klassischen Trypillia-Kultur (B2/C1) prospektiert. Trotz der kleinteiligen agrarischen Nutzung der Flächen ließen sich 50 % der Siedlung erfassen. Die Siedlung wird von einem Graben umschlossen. Die Innenfläche misst 28 ha und bewegt sich damit in der Größe von Petreni (26 ha) und Stolniceni (30 ha). Wie in Petreni und Stolniceni folgt die Bebauung einer radialen Ausrichtung. Die Größe der Häuser schwankt zwischen 10 × 6 und 18 × 7 m. Im zentralen Bereich befindet sich eine große Freifläche. Östlich versetzt vom Zentrum der Siedlung befindet sich hier ein einzelnstehendes großes Gebäude (32 × 10 m), exakt in der gleichen Größe wie das zentrale Gebäude in Petreni. Dagegen sind die zentralen Gebäude in Stolniceni (26 × 9 m bzw. 22 × 9 m) und Ştefăneşti (23 × 10 m) etwas kleiner. Westlich der Siedlung von Stolniceni wurde auf einem Sporn eine Fläche von 2 ha untersucht, in der aufgrund von Oberflächenfunden eine Siedlung der Trypillia-Kultur vermutet wurde. Es zeigten sich aber nur zahlreiche grubenartige Anomalien und keinerlei Hinweise auf verbrannte Häuser.

In Moldawien wurden mit Razalai 1 und Bliesteni zwei Siedlungen der späten Trypillia-Kultur (C2) untersucht. Die Siedlungsmuster ähneln dem der etwa zeitgleichen Siedlung von Sat Nou, mit Clustern von verbrannten Häusern unterschiedlicher Größe. Die größten Häuser messen auch hier bis zu 23 × 10 m. Die Größe der Hauscluster beträgt 0,5–2 ha. Die Fläche der Hauscluster summiert sich in Razalai 1 auf ca. 9 ha und in Bliesteni auf ca. 4 ha.

Anhand der Größe der kupferzeitlichen Siedlungen lässt sich von der Stufe B1 zu B2/C1 ein Anwachsen der Siedlungsgröße von 2–9 ha auf 24–30 ha feststellen. Am Ende der Trypillia-Kultur sind die Siedlungen in der Regel mit Flächengrößen unter 10 ha wieder deutlich kleiner. Die Zunahme der Siedlungsgröße in der späten Trypillia-Kultur und ihr Rückgang an deren Ende korreliert mit der Veränderung der Hausgrößen. Sie zeigen in der frühen Phase eine breite Spannbreite, in der späten Trypillia-Kultur nimmt diese ab und es setzt sich eine gewisse Vereinheitlichung durch. Gegen Ende der Kultur sind die Häuser tendenziell am größten und zeigen die insgesamt größte Variabilität. Die Siedlungsgröße weist auch aus einer übergeordneten, geographischen Perspektive einen klaren Trend auf. Generell zeigt sich eine Zunahme der Siedlungsgröße von West nach Ost. Ştefăneşti ist mit 16 ha die größte Cucuţeni- Trypillia -Siedlung westlich des Flusses Prut. Östlich davon finden wir in der klassischen Stufe B2/C1 die 25–30 ha großen Siedlungen in Moldawien. Bis zu mehr als zehnfach größere Siedlungen finden sich dann im Uman-Gebiet, wobei Taliankỳ (Ukraine) mit 340 ha deren Maximum markiert.

Abb. 10. Luftbildaufnahme mit der Lage der Grabungsschnitte in Stolniceni (Foto: St. Ţerna, Universität „High Anthropological School" Chişinău).

Die magnetischen Prospektionen spiegeln anschaulich die allgemeinen Trends. Allerdings fehlen noch Daten, um die Veränderungen in den jeweiligen Mikroregionen beschreiben zu können, wie die Veränderungen der Größe der Siedlungen, deren Struktur und die Verlagerung von Siedlungen in den Mikroregionen, unter besonderer Berücksichtigung ihrer Nutzungsdauer. Vielversprechende Ausgangsdaten liegen für die Region um Stolniceni, Petreni und Razalai vor.

Unverzichtbar für die Überprüfung der magnetischen Prospektionsdaten ist deren Evaluierung durch Ausgrabungen und minimalinvasiven Arbeiten. Die seit 2015 laufenden Arbeiten in Stolniceni können dabei als methodische Fallstudie dienen. 2019 konzentrierten sich die Ausgrabungen in Stolniceni auf drei Siedlungsgruben *(Abb. 10)*. Die magnetischen Prospektionen machen deutlich, dass zu nahezu jedem Haus eine Lehmentnahmegrube gehört, die mit Abfall verfüllt wurde, welcher vermutlich die Nutzungsdauer des Hauses spiegelt. Hypothetisch wurden die Häuser entsprechend ihrer Größe gegliedert: Megastrukturen, alpha-, beta- und, am kleinsten, gamma-Häuser. Die Ausgrabungen sollten klären, ob sich in dem Fundmaterial der Gruben Unterschiede zeigen, die mit der Größe der Häuser in Zusammenhang stehen. Deshalb wurde 2017 die Grube eines beta-Hauses ausgegraben und 2019 die Gruben einer Megastruktur sowie die eines alpha- und eines beta-Hauses untersucht *(Abb. 11–12)*. Das Fundmaterial der Gruben unterscheidet sich quantitativ und qualitativ. Die erste Auswertung zeigt, dass sich in der Grube der Megastruktur mindestens zehnmal mehr anthropomorphe und zoomorphe Keramik findet als in den anderen Gruben *(Abb. 11)*. Auch finden sich nur in der Grube der Megastruktur Kupferartefakte, was in Siedlungen der Trypillia-Kultur ohnehin bislang äußerst selten ist. Die ersten Beobachtungen sollten durch zukünftige Ausgrabungen

Abb. 11. Stolniceni, Ausgrabung 2019. Schnitt 21: Grube zu einer Megastruktur (Foto St. Ţerna, Universität „High Anthropological School" Chişinău).

Abb. 12. Stolniceni, Ausgrabung 2019. Schnitt 19: Grube eines alpha-Hauses (Fotos St. Ţerna, Universität „High Anthropological School" Chişinău).

von Gruben statistisch abgesichert werden. Zukünftig sollten die Gruben aber nicht vollständig ausgegraben werden, sondern durch eine angemessene, minimalinvasive Sampling-Strategie beprobt werden.

Abb. 13. Rammkernsondierungen durch A. Grundmann in Stolniceni 2019 (Foto: St. Ţerna, Universität „High Anthropological School“ Chişinău).

Im Rahmen einer Pilotstudie mit dem Max-Planck-Institut für Evolutionäre Anthropologie wurden vier Bodenproben aus Gruben ausgewählt und auf Reste von aDNA untersucht. Zur Ergänzung wurden aus zehn weiteren Gruben durch Rammkernbohrungen weitere Proben entnommen *(Abb. 13)*. Sollten die ersten Tests erfolgreich verlaufen, wird das Untersuchungsprogramm durch weitere Bohrungen und Testgrabungen ausgedehnt. Erste Ergebnisse zeigen eine gute Erhaltung von aDNA in den Böden. Nachgewiesen sind Reste von menschlicher aDNA, aber auch von weiteren Säugetieren wie z. B. Rind, Schaf und Schwein.

Den Abschluss der diesjährigen Arbeiten in Stolniceni bildete eine systematische Oberflächenaufsammlung. Diese wurde in Transekten vorgenommen; insgesamt wurden ca. 1700 Einzelflächen von jeweils 4 × 4 m abgesammelt. Keramik, Steingeräte und Hüttenlehm wurden berücksichtigt, gezählt und gewogen sowie die verzierte Keramik für eine noch ausstehende, qualitative Bearbeitung ausgesondert. Die Verteilung von Keramik und Hüttenlehm zeigt bereits jetzt klare Muster. Der Hüttenlehm spiegelt die Verbreitung der Häuser wider sowie offensichtlich den Grad der Zerstörung durch das Pflügen. Die Auswirkungen der agrarischen Nutzung sind dabei unterschiedlich zu bewerten. Ca. 60 % der Hausgruppen sind durch Konzentrationen von Hüttenlehm an der Oberfläche zu erkennen. Jedoch sind auch einige Hauszeilen in den magnetischen Daten auszumachen, die sich in den Fundverteilungen nur schwach abzeichnen. Dagegen sind Scherbenfunde über nahezu allen Häusern zu finden. Die raumstatistische Auswertung macht deutlich, dass sich die Oberflächenfunde präzise mit den darunter liegenden Häusern in Deckung

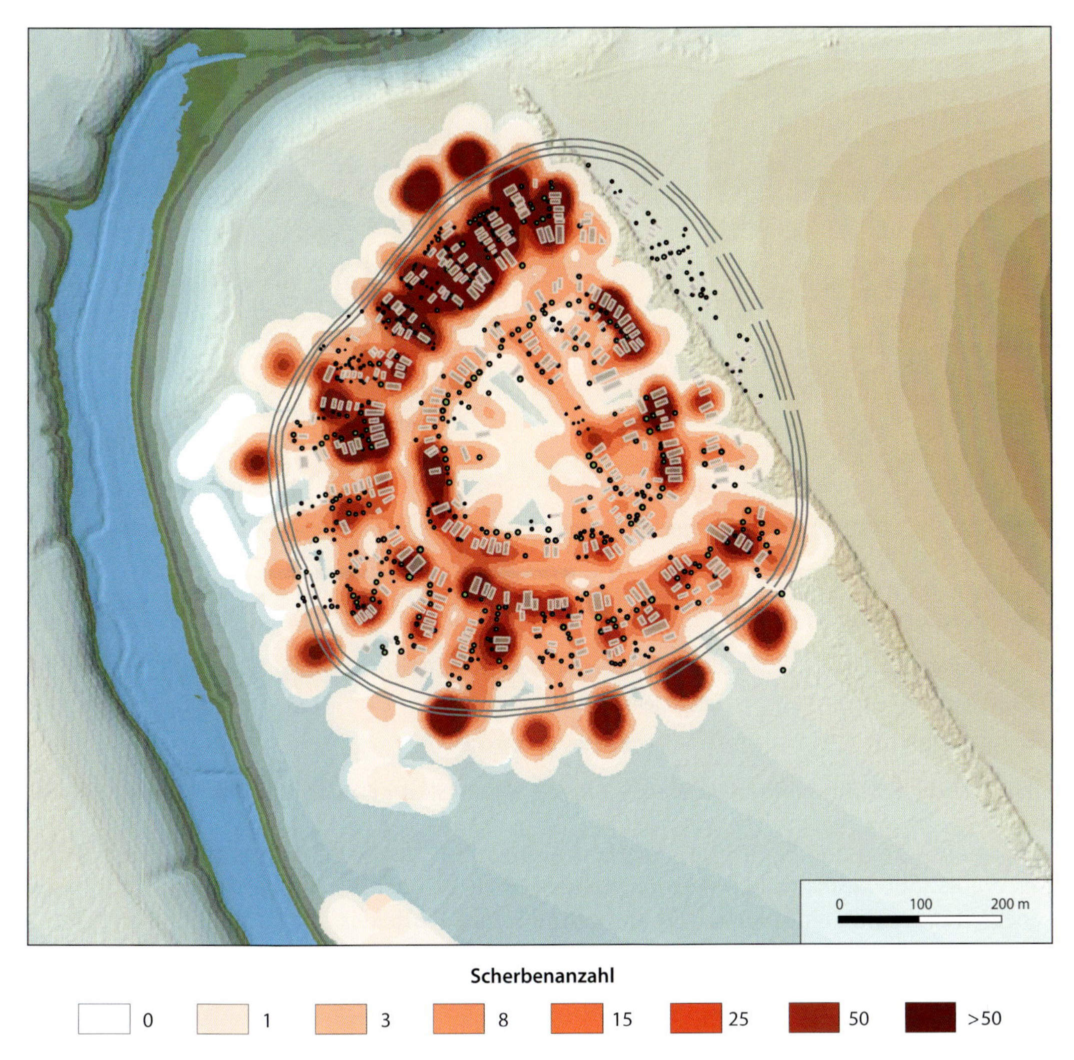


Abb. 14. Stolniceni. Interpolation der Keramikfunde der Oberflächenaufsammlung (Anzahl/16m²). (Grafik: K. Rassmann, RGK)

bringen lassen *(Abb. 14)*. Die Beobachtung zeigt, dass das Fundmaterial nur in geringem Umfang durch die agrarische Bodenbearbeitung verlagert wurde. Es ist davon auszugehen, dass 90 % des Fundmaterials um weniger als zwei Meter verlagert wurde.

In den magnetischen Daten wurden außerhalb der Siedlung von Stolniceni einige kreisförmige Strukturen von ca. 30 m Durchmesser detektiert. Eine derartige Struktur nordwestlich der Siedlung konnte bereits 2017 durch zwei Schnitte untersucht werden. Die kreisförmigen Strukturen bilden sich in einigen Luftbildaufnahmen deutlicher ab, dabei zeigt sich, dass in der Peripherie einer jeden Hausgruppe eine dieser Strukturen liegt. Bei den Oberflächenbegehungen ließen sich ebenfalls in allen Bereichen besonders viele Keramik- und Knochenfunde beobachten. Die qualitative Auswertung der Oberflächenfunde wird 2020 im Kontext der Grabungsfunde erfolgen. Vielversprechend im Hinblick auf Austausch und Zirkulation der Keramikproduktion in der Siedlung erscheint dabei der Vergleich von Keramikfunden aus den Gruben im Umfeld der Töpferöfen und den gegrabenen Hausinventaren.

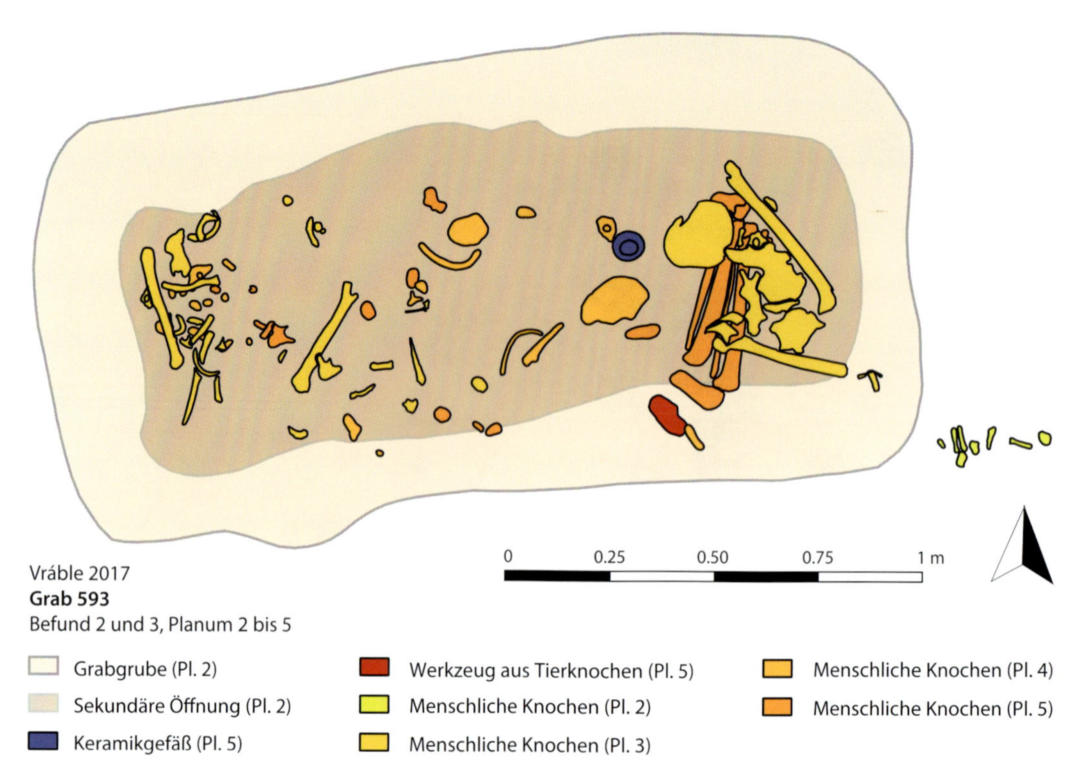


Abb. 15. Grab 593. Zusammenschau über die Lage der Skelettteile der Plana 2–5 (Grafik: K. Stucky, RGK).

e) Herausbildung und Niedergang des frühbronzezeitlichen Siedlungszentrums von Fidvár bei Vráble (Südwestslowakei) – Untersuchungen zu Wirtschaft, Sozialstruktur und politischer Organisation eines Sozialverbandes und seines Umfeldes.

Die Aufarbeitung der Grabung in Siedlung und Gräberfeld von Fidvár bei Vráble (Slowakei) wurde 2019 fortgesetzt. Neben den Grabungsschnitten 201–203 wurden auch die Schnitte 101–103 sowie die Fläche 4 einbezogen. Die Befundzeichnungen für die Gräber sind vollständig digitalisiert *(Abb. 15–16)*. Eine vorläufige anthropologische Katalogisierung der Skelettreste wurde durch Kerstin Stucky vorgenommen und die entsprechenden Angaben in die Grabungsdatenbank eingetragen. Mit 14 zusätzlichen Radiokarbondatierungen aus Siedlung und Gräberfeld liegen nun nahezu 70 Datierungen vor, die eine präzise Verknüpfung von Siedlungs- und Gräberfeldchronologie erlauben.

Um die Veränderung in der Siedlungslandschaft um Fidvár im überregionalen Kontext betrachten zu können, wurden für das Gräberfeld Mytna Nova Ves erstmals Radiokarbondatierungen vorgenommen. Die 21 neuen Daten fallen in das 21. und 20. Jahrhundert v. Chr. und markieren den Beginn der Frühbronzezeit. Damit liegen nun, neben Jelšovce und Fidvár, für drei Gräberfelder aus der Südwestslowakei repräsentative Serien von Radiokarbondaten vor.

Die 2019 begonnene Pilotstudie mit Matthias Meyer (Max-Planck-Institut für Evolutionäre Anthropologie in Leipzig) zur Erhaltung von aDNA in archäologischen Siedlungsschichten schloss auch Bodenproben aus der Siedlung und die Untersuchung menschlicher Skelettreste aus dem Gräberfeld und der Siedlung von Fidvár ein. Dafür konnten vorhandene Bodenproben aus dem Archiv der RGK genutzt werden. Ergänzend erfolgten 2019 Rammkernsondierungen nahe Schnitt 201, wobei Bodenproben aus unterschiedlicher Tiefe gewonnen wurden.

Abb. 16. Grab 593, Planum 5. Durch sekundäre Öffnung des Grabes verlagerte Skelettteile und eine Geweihhacke, die offenbar bei der erneuten Graböffnung verloren ging (Foto: B. Briewig, RGK).

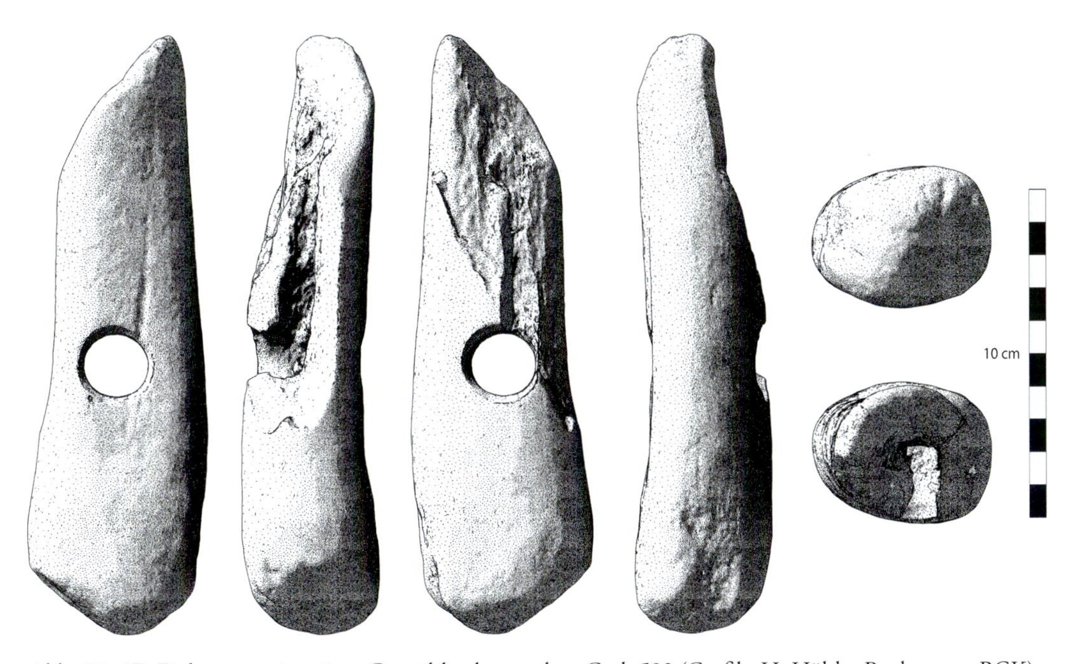


Abb. 17. 3D-Dokumentation einer Geweihhacke aus dem Grab 593 (Grafik: H. Höhler Bockmann, RGK).

Zudem begann 2019 die Auswertung der Kleinfunde nebst den entsprechenden naturwissenschaftlichen Analysen *(Abb. 17)*. Die ersten Pb-Isotopenanalysen von Bronzeartefakten aus der Siedlung und dem Gräberfeld machen die Nutzung von Kupferlagerstätten aus dem slowakischen Erzgebirge wahrscheinlich *(Abb. 18)*.

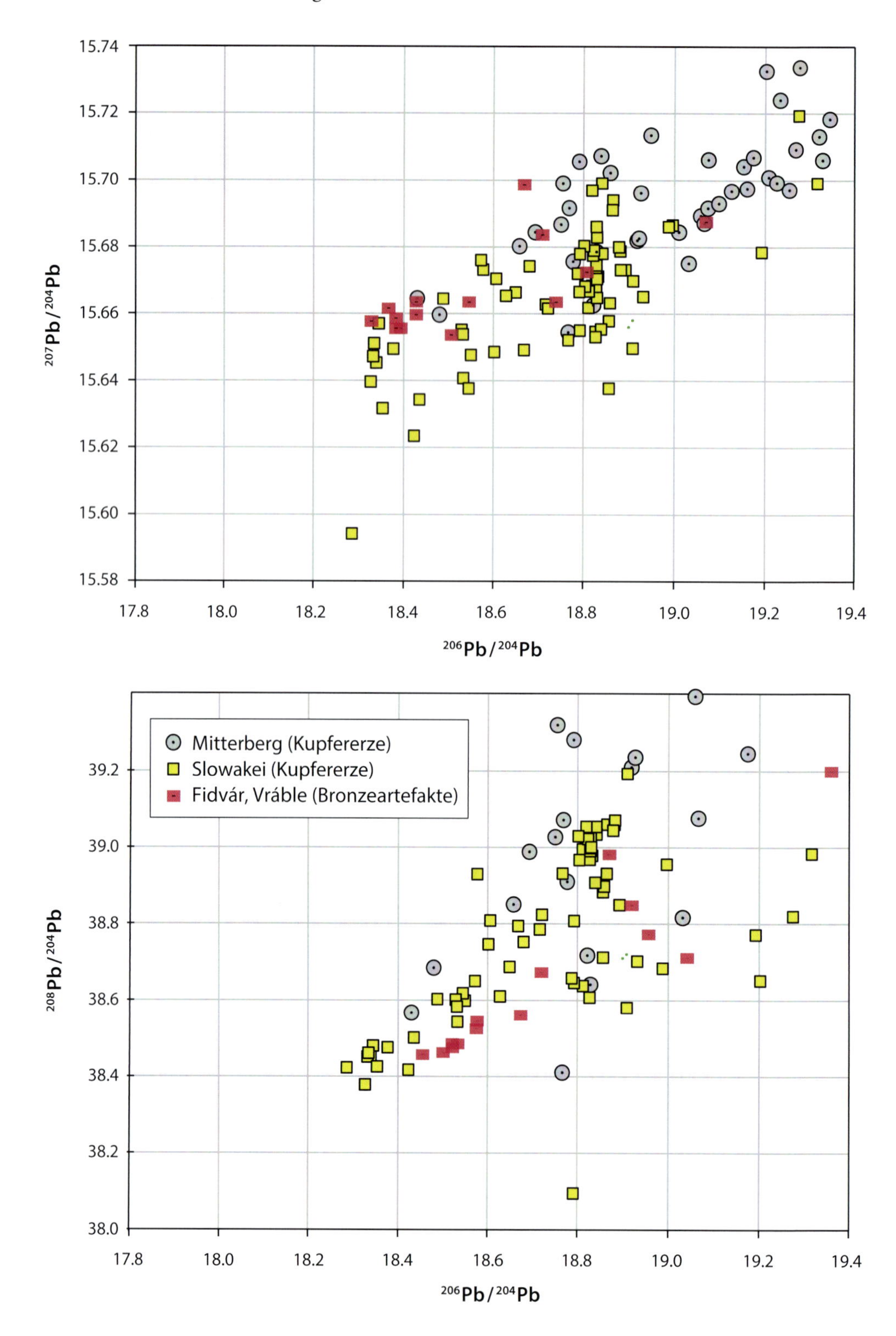


Abb. 18. Bleiisotopenwerte von Metallfunden aus der Siedlung und von dem Gräberfeld von Fidvár bei Vráble im Vergleich zu Lagerstätten im slowakischen Erzgebirge und dem Mitterberg in den Ostalpen (Grafik: K. Rassmann, RGK).

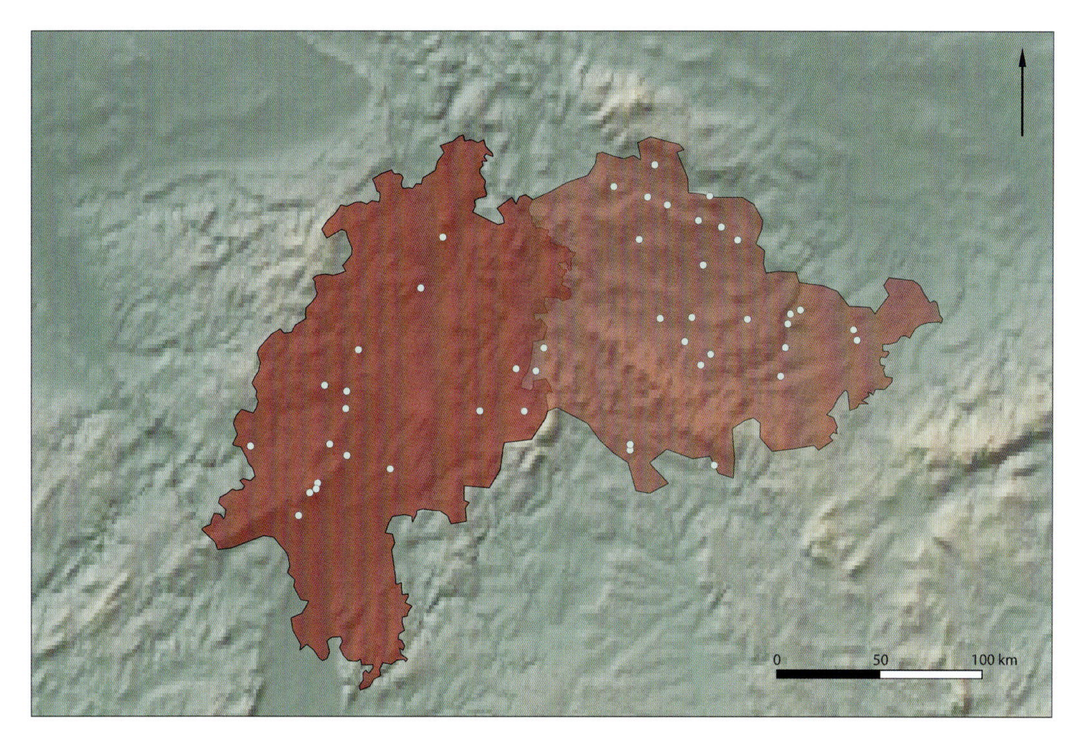


Abb. 19. Verbreitungskarte der bronzezeitlichen Höhensiedlungen und -befestigungen im Arbeitsgebiet (Kartierung: LOEWE-Datenbank; bearbeitet von M. Wingenfeld, RGK).

## f) Prähistorische Konfliktforschung: Burgen der Bronzezeit zwischen Taunus und Karpaten – LOEWE

Seit 2016 widmen sich die RGK zusammen mit der Eurasien-Abteilung und der Abteilung Vor- und Frühgeschichte der Goethe-Universität Frankfurt im Rahmen des vom Land Hessen finanzierten LOEWE-Schwerpunktprogramms „Prähistorische Konfliktforschung – Burgen der Bronzezeit zwischen Taunus und Karpaten" der Erforschung bronzezeitlicher Höhensiedlungen und -befestigungen. Bei diesem interdisziplinären Kooperationsprojekt werden in mehreren Teilprojekten die Entwicklung bronzezeitlicher Kriegsführung und die soziale Organisation vorgeschichtlicher Befestigungen untersucht. Dabei werden an zahlreichen Anlagen in Hessen sowie in Rumänien Prospektionen und Ausgrabungen durchgeführt. Ein wesentlicher Teil des Projekts von Seiten der RGK ist die Erforschung der spätbronze-und früheisenzeitlichen befestigten Höhensiedlung auf dem Teleac in Südwestsiebenbürgen. Kooperationspartner in diesem Vorhaben ist das Muzeul National al Unirii Alba Iulia. Die im Rahmen des Projekts erfolgten geophysikalischen Prospektionen und Ausgrabungen erlauben es, Aspekte der ökonomischen wie auch der sozialen Organisation innerhalb der Anlage und deren Veränderungen im Verlauf ihrer Besiedlungsgeschichte besser zu verstehen und in einen lokalen Kontext zu setzen. 2019 wurde die Publikation der Feldforschungen, die von 2016 bis 2018 durchgeführt wurden, vorangetrieben und in mehreren Aufsätzen und Vorträgen über die Ergebnisse der Arbeiten berichtet. Die Auswertung der Ausgrabungen und geophysikalischen Prospektion durch Claes Uhnér ermöglichte zudem ein besseres Verständnis der Bebauungsdichte und Organisation dieses Knotenpunkts für den Transport und Handel nach und aus Südwest-Siebenbürgen. Mittels einer Serie von $^{14}$C-Datierungen war es möglich, die Datierung des

Abb. 20. Altgrabung von 1957 durch den bronzezeitlichen Wall auf dem Johannisberg bei Jena-Lobeda in Thüringen (Foto: M. Wingenfeld, RGK).

Fundplatzes Teleac zu verfeinern. Die Projektdatenbank bronzezeitlicher Burgen wurde weitergeführt und ermöglichte es Franz Becker, vergleichende Analysen der befestigten Siedlungen mit GIS-gestützten Methoden im Rahmen seiner Dissertation durchzuführen. Milena Wingenfeld arbeitete weiter an ihrer Dissertation zu Höhensiedlungen in Baden-Württemberg, Bayern und Hessen und nahm weitere 44 Fundplätze im Arbeitsgebiet auf *(Abb. 19–20)*. Die Zwischenergebnisse der Teilprojekte wurden regelmäßig auf Arbeitstreffen des Schwerpunktes, in Kolloquien sowie auf Tagungen, insbesondere der letzten Tagung des LOEWE-Schwerpunktes an der Goethe-Universität Frankfurt im Oktober präsentiert.

### Forschungsfeld II „Crossing Frontiers in Iron Age and Roman Europe (CrossFIRE)"

Das Forschungsfeld II befasst sich vor allem mit kulturellen Interaktionen und Fragen von Grenzüberschreitungen und Raumnutzung von der Eisenzeit bis zum Frühmittelalter. 2019 lag dabei der Fokus mehrerer Projekte auf der Untersuchung der Auswirkungen des römischen Machtbereichs auf seine Nachbargebiete und deren interne Strukturen. Ziel dieser Untersuchungen waren nicht nur die direkten Grenzen und Grenzfunktionen, sondern ebenso die Reaktionen der Zivilgesellschaften auf Grenzen und ihre Veränderungen durch Grenzziehungen. Insbesondere letztere wurden sowohl mit landschaftsarchäologischen Methoden wie auch anhand von Untersuchungen einzelner Fundstücke und -komplexe erforscht.

a) Zwischen Meer und Land – landschaftsarchäologische Untersuchungen um den Vranasee in Kroatien

Im Hinterland des Vranasees (Kroatien) liegen die Ruinen der eisenzeitlichen bzw. hellenistisch-römischen Höhensiedlungen Bac und Zamina, die als Ausgangspunkte der landschafts-archäologischen Untersuchung der Region dienen. Seit dem 2. Jahrhundert v. Chr. bauten die Römer entlang der östlichen Adriaküste eine Kette von befestigten Hafenstädten auf, die teils auf älteren griechischen Gründungen des 7./6. Jahrhunderts v. Chr. fußten (z. B. *Tragyrion*, Epidauros). Im Umland dieser Städte gibt es einzelne Fundstellen von römischen Villen sowie Höhensiedlungen, die der einheimischen Bevölkerung der Liburner zugeschrieben werden. Bisher wurden in nur wenigen dieser Höhensiedlungen systematische Untersuchungen durchgeführt (z. B. Asseria).

Die am Projekt beteiligte Arbeitsgruppe, bestehend aus Franziska Lang und Judith Ley (Technische Universität Darmstadt) sowie Kerstin P. Hofmann, Roman Scholz und Gabriele Rasbach, führte vom 28. Februar bis zum 7. März eine erste Feldkampagne im Arbeitsgebiet durch. Am Beginn des Aufenthaltes führten Kolleg*innen der Universität Zadar (Anamarija Kurilić), und des Museums Biograd (Marko Meštrov) durch die Ruinen der Höhensiedlungen. Außerdem wurde die antike Siedlung von Asseria besucht. Die anschließenden Untersuchungen galten der Höhensiedlung Zamina, wo an mehreren Tagen systematische Begehungen und Drohnenbefliegungen durchgeführt wurden.

In Zamina galt es innerhalb der gewaltigen Mengen von Schutt erkennbare Baustrukturen einzumessen und eine erste Trennung zwischen antiken und neuzeitlichen Baustrukturen vorzunehmen, war das Areal der Höhensiedlung doch in den Jahren 1991–95 von Kampfhandlungen des Kroatienkriegs betroffen. Davon zeugen noch immer existierende Minengebiete im nördlichen Bereich der Siedlung sowie Panzerwege, diverse Unterstände und Steinsetzungen in den antiken Ruinen. Durch die bauhistorischen Begehungen konnten erste Ansätze für den Verlauf der antiken Stadtbefestigung gewonnen werden *(Abb. 21)*.

Außerdem wurden geomagnetische Messungen im Bereich der anhand von Lesefunden vermuteten antiken Villa von Sokoluša durchgeführt *(Abb. 22)*, die Spuren einfacher Gebäude erkennen ließen. Es ist zu vermuten, dass die Hauptgebäude der Villen auf dem östlich anschließenden Kalkrücken standen. Dieser ist mit Buschwerk bewachsen und wegen Minenbesatz gesperrt, sodass weder Luftbilder Ergebnisse erbrachten, noch Begehungen möglich waren.

Die durch Drohnenbefliegungen gewonnenen Geländemodelle von Zamina und Sokoluša sowie die Ergebnisse der geomagnetischen Messungen und der Begehungen wurden in einem GIS zusammengeführt. Dieses soll 2020 weiter ergänzt werden *(Abb. 21–22)*.

Im September konnte Roman Scholz zusammen mit den Kollegen des UNESCO-Unterwasserzentrums in Zadar taucharchäologische Untersuchungen an der antiken Hafenanlage von Sukošan durchführen. Im Rahmen der jährlichen Fieldschool am International Centre für Underwater Archaeology (ICUA) beteiligte sich die RGK durch Unterstützung der Feldarbeiten und der Ausbildung von Studierenden. Es wurden neu entwickelte Unterwasserpasspunkte im Umfeld der römischen Hafenanlage bei Sukošan installiert. Da sich der Fundplatz im Flachwasser befindet (ca. 0,5 bis 5 m Wassertiefe) und die Wasserqualität eine Ansprache der Unterwasserstrukturen zulässt, wurde bei Windstille eine intensive Befliegung über den Wasserflächen durchgeführt. Im Anschluss legte man eine Holzstruktur im antiken Hafenbecken oberflächlich frei, und dokumentierte mittels bildbasierter 3D-Modellierung. Am Ende des Projektes wurde eine Stechrohrbohrung an den Holzstrukturen durchgeführt.

Abb. 21. Luftbild mit eingetragenen Baustrukturen der Fundstelle Zamina (Foto: G. Rasbach und R. Scholz, beide RGK).

Abb. 22. Vrana: Luftbild mit magnetischer Prospektion der Fundstelle Sokoluša (Foto: R. Scholz, RGK).

Abb. 23. Das römische Kastell Angustia bei Breţcu von einem gegenüber gelegenen Hügel aus gesehen. Aufnahme von Südosten (Foto: Ch. Rummel, RGK).

Im Oktober setzte Marko Meštrov (Museum Biograd) seine 2018 begonnenen Ausgrabungen an einem Innengebäude in Zamina fort, woran sich Roman Scholz beteiligte. Ziel der Ausgrabungen ist die Erarbeitung einer belastbaren Stratigraphie zur Besiedlungsgeschichte des Platzes. Es ist geplant, diese Arbeiten 2020 weiterzuführen, u. a. auch die Freilegung von Stadtmauerresten durch das Beseitigen des lockeren Steinschutts.

### b) Die römische Grenze in Rumänien auf dem Weg zum Weltkulturerbe

Im Rahmen der Forschungen zu römischen Grenzen fand vom 4. bis 12. November eine Feldforschungskampagne in Rumänien statt, in deren Rahmen das Umland des römischen Kastells *Angustia* bei Breţcu (Judeţul Covasna) in Ostsiebenbürgen geomagnetisch prospektiert wurde *(Abb. 23)*. Von Seiten der RGK führten Gabriele Rasbach, Christoph Rummel, Jessica Schmauderer und Andreas Grundmann die Arbeiten gemeinsam mit Alexandru Popa (Muzeul Naţional al Carpaţilor Răsăriteni, Sfântu Gheorghe) und lokalen Kräften durch.

Hintergrund der Maßnahme bildet die geplante Antragsstellung zur Aufnahme des Dakischen Limes ins UNESCO-Welterbe, wofür vor Ort Schutzzonen an Schlüsselfundorten auszuweisen sind. Bisher waren detaillierte Untersuchungen größtenteils auf die Innenflächen und Umwehrungen von Kastellen begrenzt, die sie vermutlich umgebenden Zivilsiedlungen und andere zugehörige Strukturen sind wenig bis gar nicht bekannt. Großflächige Prospektionen sind hier ein wichtiges Hilfsmittel zur Identifikation antik bebauter und genutzter Bereiche, um so zukünftige Kern- und Pufferzonen auf Basis konkreter statt pauschaler Werte – in Rumänien 500 m rund um ein bekanntes Monument – ausweisen

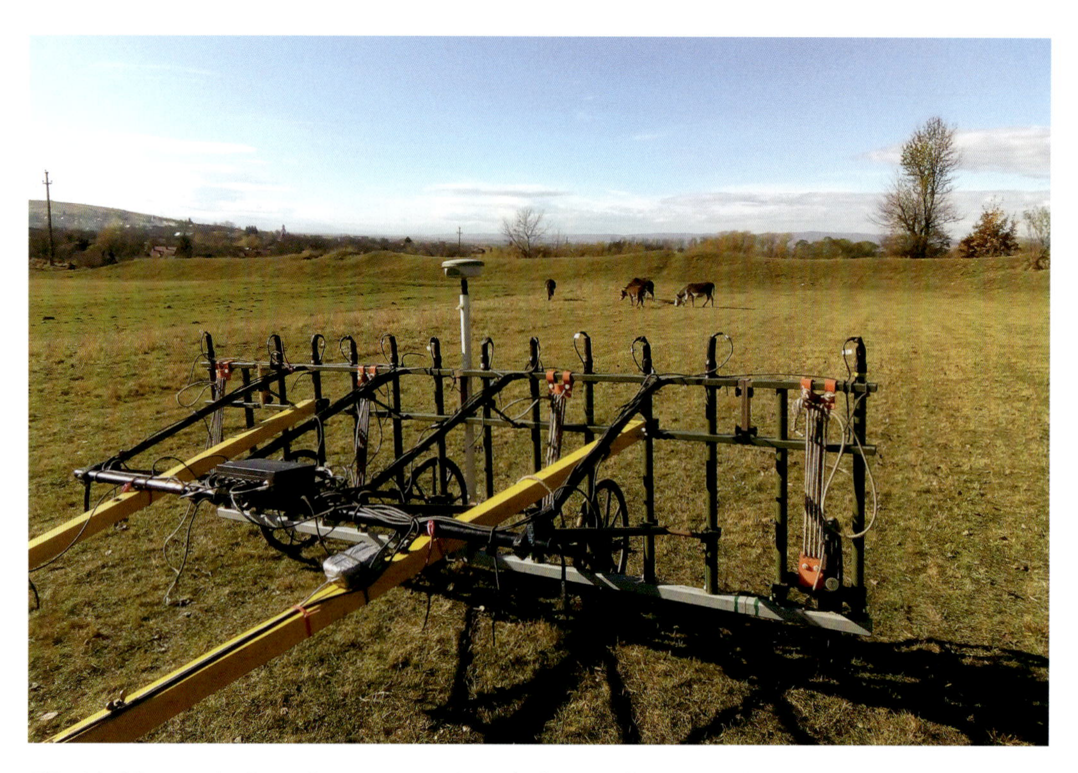

Abb. 24. Magnetische Prospektion im Innenbereich des Kastells *Angustia* bei Breţcu. Die Umwehrung ist noch heute als Erdwall im Gelände sichtbar (hinter den Eseln). Blick nach Westen (Foto: Ch. Rummel, RGK).

zu können. Gleichzeitig sollen durch die Prospektionen erstmals systematisch Kastellsiedlungen in Dakien erfasst werden, um so Einblicke in die Baustrukturen und Raumorganisation dieser bisher weitgehend unbekannten Zivilsiedlungen zu gewinnen.

Insgesamt konnte rund um das Kastell *Angustia* eine Fläche von rund 50 ha prospektiert werden; der Innenbereich des Kastells wurde ebenfalls untersucht *(Abb. 24)*. Hier ist die Baustruktur klar erkennbar und es scheinen sich mehrere Phasen der Anlage abzuzeichnen. Im Umland des Kastells ließ sich eine Vielzahl von Anomalien identifizieren, die wohl auf Gruben verschiedener Art, der Größe nach zu urteilen von Pfostenlöchern bis hin zu Grubenhäusern, schließen lassen. Somit entspricht der Befund zwar in keinster Weise traditionellen, aus den Nordwestprovinzen bekannten, Streifenhausbebauungen entlang von Straßen, die in der Regel in Kastellvici erwartet werden. Es scheint sich aber dennoch um eine ausgedehnte, dem Kastell zugehörige, genutzte und wahrscheinlich bewohnte Fläche zu handeln, die nun zum ersten Mal identifiziert und räumlich eingegrenzt werden kann. Die Daten befinden sich derzeit noch in der Auswertungsphase. Neben den als Gruben angesprochenen Anomalien wurden aber auch eher lineare Strukturen identifiziert, die auf einzelne größere Bauten oder Anlagen im direkten Kastellumfeld hinweisen.

### c) Geomagnetische Prospektionen auf dem Burgstall von Mušov und in seinem Umfeld

Das „Königsgrab" von Mušov (Tschechische Republik), der sog. Burgstall und sein Umfeld stehen im Mittelpunkt dieses Projektes mit dem Ziel, römisch-germanische Beziehungen und Interaktionen in einer verkehrsgeographisch herausragenden Landschaft mit römischer Präsenz außerhalb des Reiches zu untersuchen. Im Gegensatz zu den zahlreichen

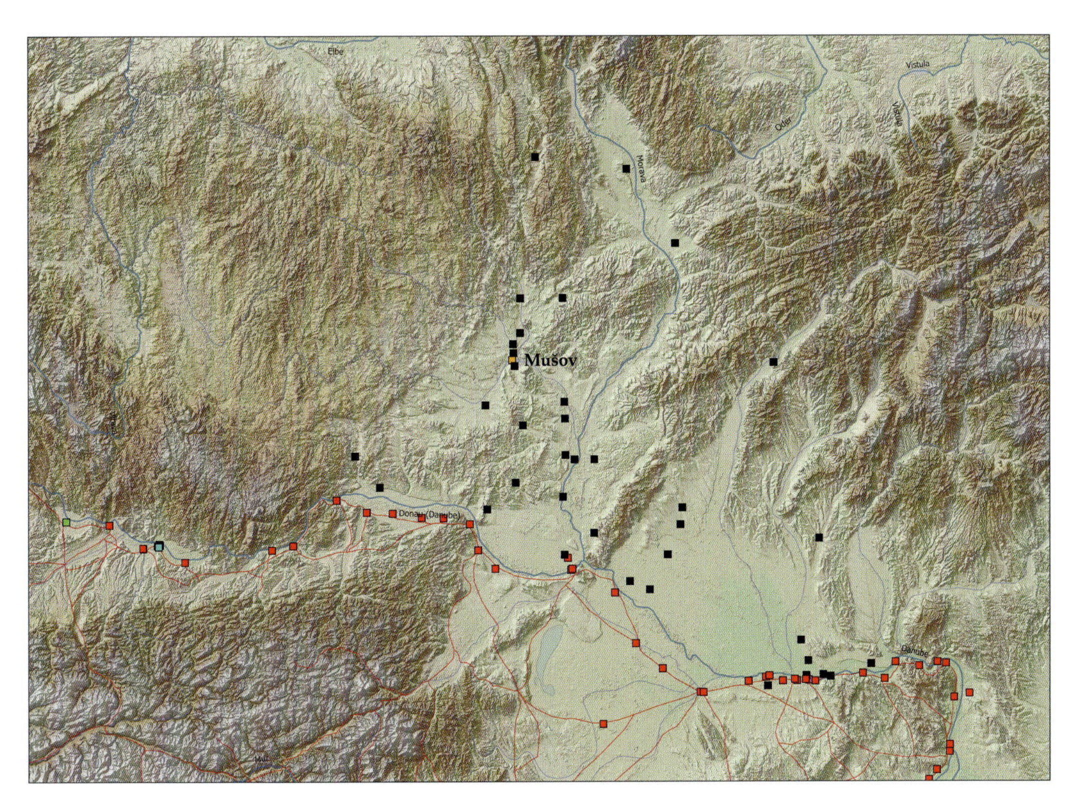


Abb. 25. Römische Militäranlagen des Limes entlang der Donau (rot) und die während der Markomannenkriege angelegten temporären Militärlager (schwarz) sowie der Burgstall von Mušov (gelb) (Karte: G. Rasbach, RGK).

temporären Militärlagern, die während der Markomannenkriege angelegt wurden, sind vom Burgstall dauerhaft ausgebaute römische Anlagen bekannt. Sowohl ihrer Vorgeschichte als auch den Auswirkungen der Markomannenkriege wird in diesem Projekt nachgegangen *(Abb. 25)*.

Der sog. Burgwall von Mušov ragt mit über 60 m Höhe aus der flachen, heute durch die aufgestaute Thaya überfluteten Ebene auf. Der Platz ist seit den 1930er-Jahren immer wieder ein Ort archäologischer Forschung. Herausragend war 1988 die Untersuchung des sog. Königsgrabes aus dem 2. Jahrhundert n. Chr. nahe dem heutigen Pasohlávky, wo u. a. der erste Bronzekessel mit Suebenkopfattaschen zutage kam. Südöstlich von Pasohlávky konnte in den letzten Jahren eine zeitgleiche germanische Siedlung ausgegraben werden, die u. a. auch reiche Metallfunde erbracht hat.

Mušov nahm im Aufmarschgebiet des römischen Militärs während der Markomannenkriege (166–180 n. Chr.) eine zentrale Position ein *(Abb. 25)*. Seit Beginn der Untersuchungen in den 1920er-Jahren wurden Grundrisse einer römischen *mansio* (Herberge), eines *valetudinarium* (Lazarett) und verschiedener typisch römischer Gebäude freigelegt.

Mit dem Einsatz von LiDAR-Scanning gelang es westlich von Mušov einen fast 2200 m langen, linearen Wall nachzuweisen, der durch zwei Durchlässe, darunter ein *titulum* (Wasserabfluss), unterbrochen wird *(Abb. 26)*. Dieser Wall knickt westlich der einheimischen Siedlung bei Pasohlávky nach Süden ab und schließt diese ein.

Vom 15. bis 17. November konnte die RGK auf ausgewählten Ackerflächen nordwestlich des Burgwalls sowie auf dem Burgwall selbst geomagnetische Messungen durchführen *(Abb. 26)*. Das Messbild ist durch ein ausgedehntes Bewässerungssystem geprägt,

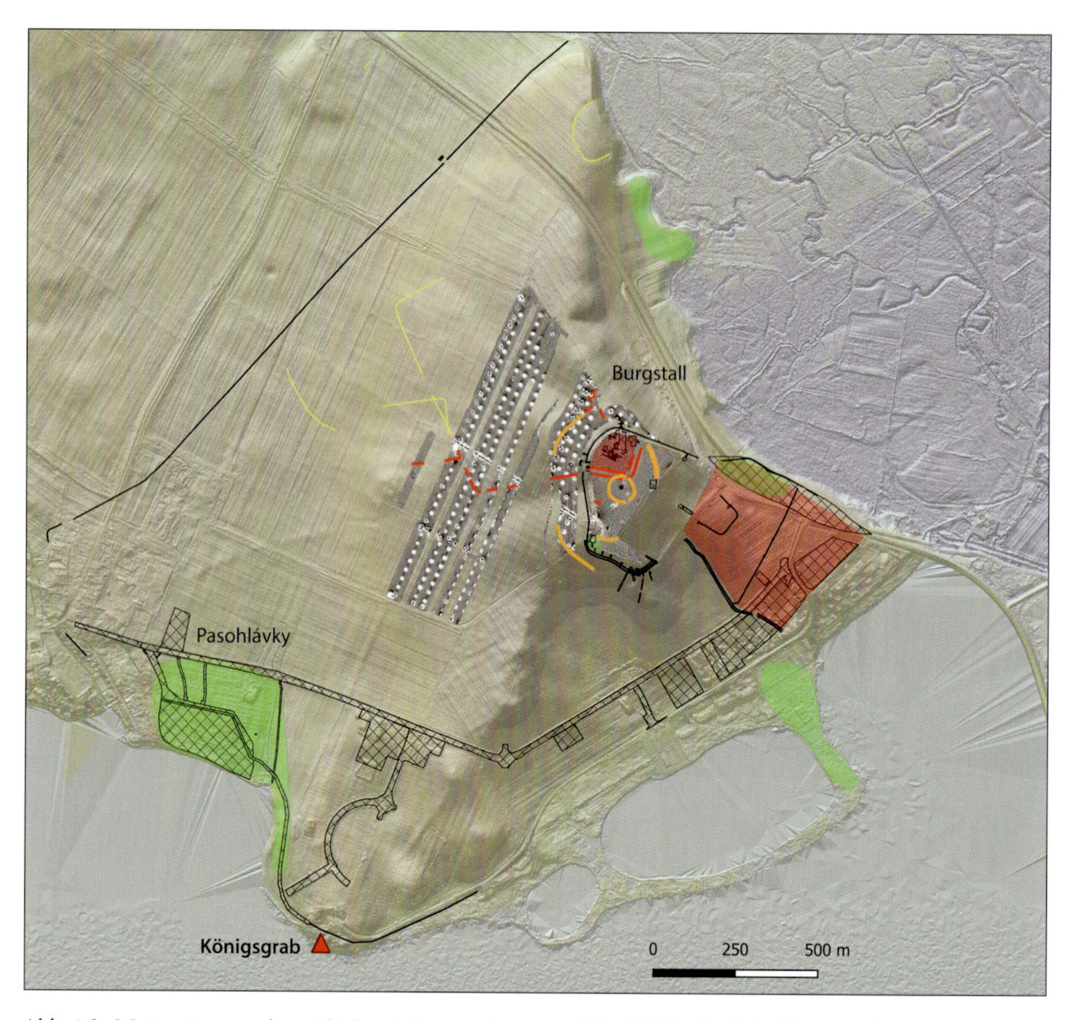


Abb. 26. Mušov. Ausgegrabene Flächen (schwarze Rasterung), Luftbildbefunde (gelb), römische Grabensysteme (rot), bronzezeitliche Befunde (orange), germanische Siedlungsbefunde (grün) und bereits bekannte Grabenwerke (schwarz) (Grafik: M. Vlach, Archäologisches Institut, Brno (ARÚB) und G. Rasbach, RGK).

zusätzlich stört eine westlich des Burgstalls verlaufende Stromtrasse das Ergebnis. Trotz dieser Einschränkungen konnten die im Messbereich liegenden Luftbildbefunde im Nordwesten verifiziert werden; einige bisher unbekannte Befunde kamen hinzu.

Auf dem Burgstall ergaben die Messungen Grabenspuren eines wohl bronzezeitlichen Grabhügels von mehr als 75 m Durchmesser, der durch zwei parallel verlaufende Grabenstrukturen römischer Zeit gestört wird *(Abb. 26)*. Diese Gräben liegen 16 m auseinander, was für römische Fortifikationsgräben sehr ungewöhnlich ist. Unklar ist, ob diese beiden Gräben gleichzeitig oder mit zeitlichem Abstand angelegt wurden.

Die Auswertung der geomagnetischen Messungen dauert zurzeit noch an. 2020 ist die Ausweitung der Messungen auf den Bereich in Richtung des sog. Königsgrabes und auf die Sperranlage nordwestlich des Burgstalls geplant.

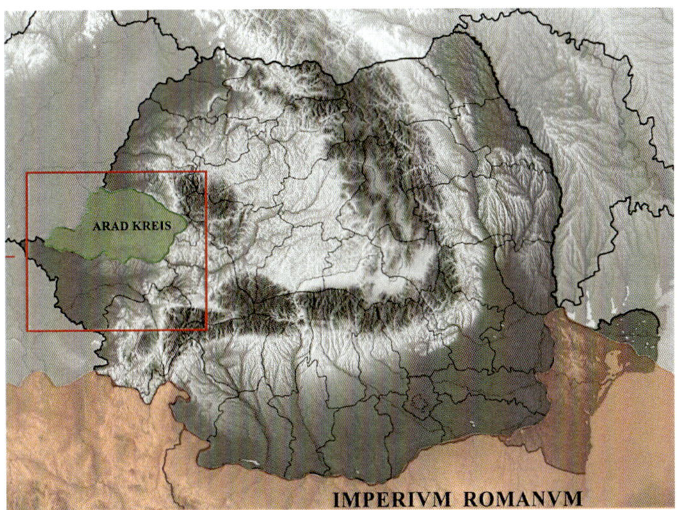


Abb. 27. L. Grumeza, CRFB, Rumänien Band 1. Kreis Arad. Lage Kreis („judeţ") und Grenze des Römischen Reiches vor Errichtung der Provinz Dakien unter Traian 106 n. Chr. (Grafik: L. Grumeza, Institutul de Arheologie Iaşi).

## d) Corpus der Römischen Funde im Barbaricum

Im Rahmen des multinationalen Editionsprogramms „Corpus der Römischen Funde im Barbaricum" (CRFB) werden alle römischen Funde aus dem Barbaricum, sprich in den Ländern zwischen Nordatlantik und Schwarzem Meer, Ostsee und römischer Reichsgrenze, erstmals vollständig und nicht selektiv nach Fundgattungen erfasst. Für das Gebiet der Bundesrepublik Deutschland sind bisher acht Lieferungen erschienen, weitere Bände sind in Druckvorbereitung bzw. in Arbeit. In Polen ist eine vierte Lieferung in Vorbereitung, in Rumänien ist der mit Unterstützung der RGK bearbeitete erste Band für den Westen des Landes „CRFB R1 Kreis Arad" erschienen *(Abb. 27)*.

Das Corpus-Projekt wurde mit den Arbeiten an der Online-Datenbank und am Katalog „CRFB D9, Land Nordrhein-Westfalen. Rechtsrheinisches Rheinland" mit aktuell 2216 Katalogeinträgen, fortgesetzt. Der Katalogteil „Regierungsbezirk Düsseldorf" liegt in überarbeiteter Form vor, die inhaltliche Bearbeitung des Katalogteiles „Regierungsbezirk Köln" steht vor dem Abschluss. Das reichhaltige Spektrum römischer Fein- und Gebrauchskeramik ist zur statistischen Auswertung erfasst und wird für die Fundlandschaften nördlich und südlich der Lippe gesondert mit Typentafeln vorgelegt.

Die CRFB Online-Datenbank wird zweistufig aufgebaut. Sie besteht aus „Kerndaten", erweiterten Registereinträgen der Lieferungen CRFB D1 bis 8,1 mit in Einzeldatensätzen aufgelösten Einträgen in Sammellisten, und „Corpusdaten". Für letztere wird, zusätzlich mit aufbereiteten Informationen zum römischen Gegenstand und den ‚einheimischen' Sachgütern im Befundkontext, gegenwärtig ein Modul zu Typochronologie erarbeitet *(Abb. 28)*.

Im Rahmen der mit dem Corpus-Projekt verknüpften Forschungen wurden die aus dem 2018 an der RGK stattfindenden Arbeitstreffen zu dem 2017 in der Westukraine entdeckten „Fürstengrab" von Káriv, obl. L'viv, als Beiträge für den Bericht der RGK verfasst. Sie werfen u. a. ein neues Licht auf die multikulturell geprägten Ausstattungsmuster der Gräber „barbarischer" Eliten vor, während und nach den Markomannenkriegen

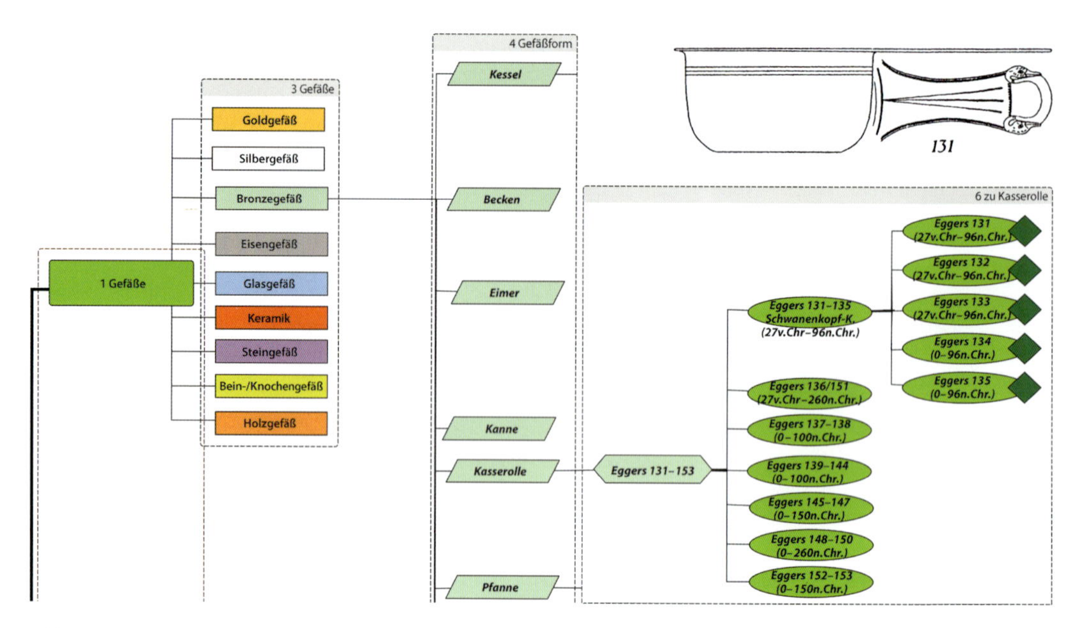


Abb. 28. Beispiel aus dem Typochronologie-Modul der CRFB online-Datenbank. Metallgefäße –> Kasserolle Eggers Typen 131–153 –> Kasserolle mit Schwanenkopfgriff Eggers Typ 131–135 –> Kasserolle Eggers Typ 131 .... Typ 135 mit jeweiligem Datierungsrahmen (Grafik: H.-U. Voß, RGK).

166/168–180 n. Chr. Römische Prestigegüter aus diesen Gräbern tragen nicht nur zum besseren Verständnis römischer Einflussnahme auf die Verhältnisse jenseits der Reichsgrenzen an Rhein und Donau, sondern auch der Elitennetzwerke innerhalb des „Barbaricums", bei. Damit liefern derartige Studien einen wichtigen Beitrag zu den in Kooperation mit unseren tschechischen Partnern aus Brno erfolgenden Untersuchungen auf dem Burgstall von Mušov und dessen Umfeld (siehe vorangegangener Bericht).

Einem weiteren Aspekt der vielfältigen Beziehungen zwischen dem Römischen Reich und seinen Nachbarn in Mittel- und Nordeuropa widmen sich objektarchäologische Untersuchungen zu Material sowie Herstellungstechnik römischer und nichtrömischer Edel- und Buntmetallobjekte, welche an ein 1998 abgeschlossenes RGK-Projekt anknüpfen[1]. In der Landesarchäologie des Landesamtes für Kultur- und Denkmalpflege Mecklenburg-Vorpommern in Schwerin konnten mit dem portablen RFA-Gerät der RGK Röntgenfluoreszenz-Oberflächenanalysen, u. a. an Neufunden spätrömischer Solidihorte aus Groß Labenz, Lkr. Nordwestmecklenburg und Gützkow, Lkr. Vorpommern-Greifswald *(Abb. 29)*, die zudem auch Ringgold enthalten, sowie an weiteren Gold- und Buntmetallfunden, vorgenommen werden. In beiden Fällen weisen die Solidi Feingehalte >97,0 % Gold auf (Ausnahme: Solidus Theodosius II.: 94,6 %), während beim Ringgold deutlich höhere Anteile an Silber und Kupfer gemessen wurden (Feingehalt 80,2–94,8 % Gold). Noch geringer ist der Feingehalt des 304,7 g schweren goldenen Schildkopfarmringes aus dem „Fürstengrab" Grab 5 von Zohor, okr. Malaky (Slowakei) *(Abb. 30)*, der bei einem

[1] H.-U. Voß / P. Hammer / J. Lutz, Römische und germanische Bunt- und Edelmetallfunde im Vergleich. Archäologischmetallurgische Untersuchungen ausgehend von elbgermanischen Körpergräbern. Ber. RGK 79, 1998, 107–382.

Abb. 29. Gützkow, Lkr. Vorpommern-Greifswald; Hortfund. Solidi des Honorius (384–423, [2x]), Valentinianus III. (425–455, [2x]) und Libius Severus (461–465), Ringgold (69,8 g) und Golddrahtöse (1,8 g) (Foto: S. Suhr, Landesamt für Kultur und Denkmalpflege Mecklenburg-Vorpommern).

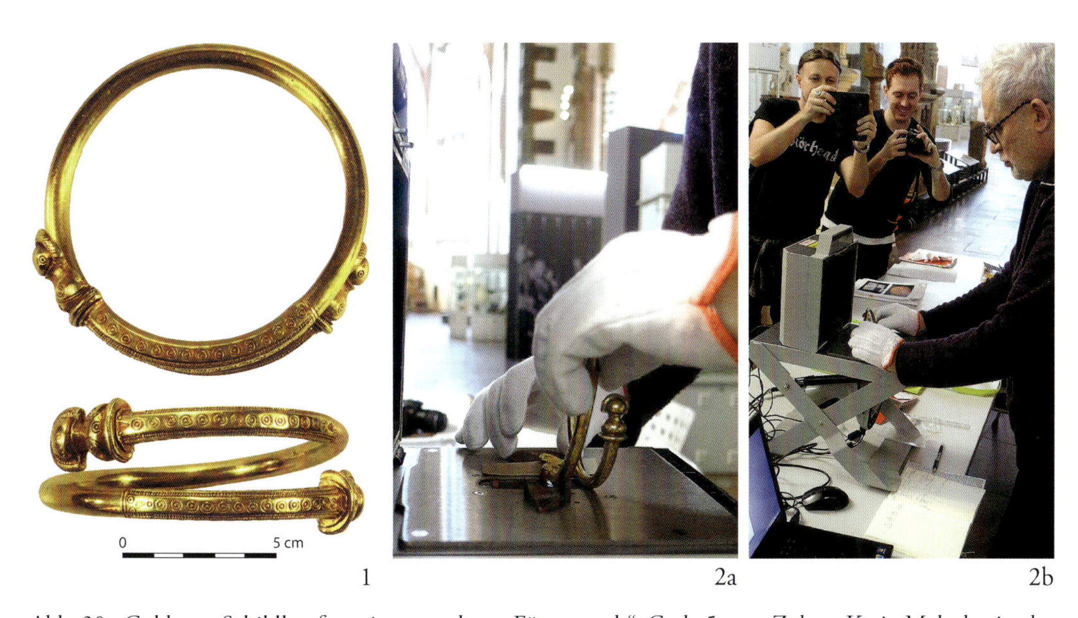


Abb. 30. Goldener Schildkopfarmring aus dem „Fürstengrab" Grab 5 von Zohor, Kreis Malacky in der Westslowakei. Oberflächen-Röntgenfluoreszensanalyse in der transportablen Probenkammer des Niton XL3 t-GOLDD+ Analyzer der RGK im Archäologischen Museum Frankfurt a. M. während des Abbaus der Sonderausstellung „BIATEC. NONNOS. Kelten an der mittleren Donau. Archäologische Neuentdeckungen in der slowakischen Hauptstadt Bratislava" des slowakischen Nationalmuseums Bratislava am 2.12.19 (Fotos: K. Iwe, Archäologisches Museum Frankfurt a. M.).

1 2a 2b 2c

Abb. 31. Dolní Dunajovice, okr. Brno-venkov, Mähren. Außenstelle des Archäologischen Instituts der Tschechischen Akademie der Wissenschaften Brno, Keyence-Digitalmikroskop. Vergoldetes Silberpressblech C 55 aus dem „Königsgrab" von Mušov mit Detail der Goldfolienplattierung (Fotos: M. Zelíková, Archeologický ústav AV ČR, Brno; H.-U. Voß, RGK).

Anteil von 72,5 % Gold, nebst 26,0 % Silber, nicht ausschließlich aus dem fast 24-karätigen Gold römischer Aureii gefertigt sein kann. Der Ring wird als römische Auszeichnung für einen germanischen *princeps* interpretiert, der zu Beginn des 2. Jahrhunderts n. Chr. beigesetzt worden war.

In Dolní Dunajovice, der Außenstelle des Archäologischen Instituts der Tschechischen Akademie der Wissenschaften Brno, konnten das Prachtschnallenpaar und zwei vergoldete Silberpressbleche aus dem in die Zeit der Markomannenkriege (166/168–180 n. Chr.) datierenden, im Regionalmuseum in Mikulov ausgestellten, „Königsgrab" von Mušov mit dem RFA-Gerät der RGK und dem Keyence 3D-Digitalmikroskop des dortigen Labors untersucht werden. Dabei zeigte sich, dass bei diesen Stücken Silberpressbleche mit Goldfolie plattiert worden sind, wobei keine Diffusionsbindung, also mechanisch feste Verbindung infolge gegenseitiger Diffusion der Atome[2], erzielt wurde *(Abb. 31)*. Das Verfahren

[2] H.-U. Voß / P. Hammer / J. Lutz, Römische und germanische Bunt- und Edelmetallfunde im Vergleich. Archäologischmetallurgische Untersuchungen ausgehend von elbgermanischen Körpergräbern. Ber. RGK 79, 1998, 316 f. Abb. 24 Taf. 59–62; M. Becker / M. Füting / P. Hammer / U. Sieblist,

Abb. 32. Herpály, Komitat Hajdú-Bihar, Ungarn. (a) Bronzener, mit vergoldetem Silberpressblech verkleideter Stangenschildbuckel (H. 152, gr. Dm. 168 mm, Gewicht: 299,4 g) eines Prachtschildes aus dem 3. Jahrhundert n. Chr. Digitalmikroskopische Untersuchung im Ungarischen Nationalmuseum Budapest. Details der vergoldeten Preßblechauflagen mit Abrieb der Goldschicht (Diffusionsbindung) durch Gebrauch. 20-fache (b); 50-fache (c) und 200-fache (d) Vergrößerung (Fotos: O. Heinrich-Tamáska, GWZO Leipzig).

der Diffusionsbindung ist an vergoldeten Silberpressblechen des späten 2. und 3. Jahrhunderts n. Chr. mehrfach nachgewiesen und kam offensichtlich auch für die figürlich und geometrisch verzierten Pressbleche des Schildbuckels von Herpály, Komitat Hajdú-Bihar (Ungarn) zur Anwendung. Dieser 1849 bei Feldarbeiten aus einem Körpergrab geborgene bronzene, mit vergoldetem Silberpressblech verkleidete Stangenschildbuckel wird von den Bearbeiter*innen in die erste oder zweite Hälfte des 3. Jahrhunderts, teilweise auch das 4. Jahrhundert n. Chr. datiert. Der Schildbuckel ist ein Schlüsselfund für das Verständnis der figürlich verzierten Pressbleche auf Statussymbolen der späten Römischen Kaiserzeit und des römischen Einflusses auf das Kunsthandwerk der „Barbaren“. Das im Ungarischen Nationalmuseum Budapest aufbewahrte Stück konnte von Orsolya Heinrich-Tamáska (Leibniz-Institut für Geschichte und Kultur des östlichen Europa [GWZO] Leipzig), Matthias Becker (Landesamt für Denkmalpflege und Archäologie Sachsen-Anhalt) und Hans-Ulrich Voß ebenfalls mit dem RFA-Gerät und dem Keyence 3D-Digitalmikroskop der RGK vor Ort untersucht und dokumentiert werden *(Abb. 32)*. Die erhobenen Daten ermöglichen u. a. den Vergleich mit bereits erfolgten Untersuchungen an Schildbuckeln von Prachtschilden aus dem „Fürstengrab“ von Gommern, Lkr. Jerichower Land, und

Reine Diffusionsbindung. Rekonstruktion einer antiken Vergoldungstechnik und ihrer Anwendungsbereiche im damaligen Metallhandwerk. Jahresschr. Mitteldt. Vorgesch. 86, 2003, 167–190.

dem Heeresausrüstungsopfer von Illerup Ådal bei Skanderborg in der dänischen Region Mitteljütland[3].

e) Antike Fundmünzen in Europa (AFE)

Der Schwerpunkt der Arbeiten für das Projekt „Antike Fundmünzen in Europa" (AFE) lag 2019 in der Aufbereitung der AFE-RGK-Daten für die geplante Webdatenbank des CRFB und in der Optimierung des Frontend von AFE-Web. Ferner wurde am Münzkabinett der Eötvös-Loránd-Universität Budapest (ELTE) durch Karsten Tolle, Big Data Lab Goethe-Universität Frankfurt, eine weitere Installation von AFE für das Projekt „Ancient Coins East of the Danube" (ACED) eingerichtet. Durch das Horizon 2020-Projekt ARIADNEplus soll die Integration in die europäische Forschungsdatenlandschaft gewährleistet werden. In enger Abstimmung mit diesem ist die RGK auch an der europäischen SEADDA-COST-Aktion beteiligt, die sich zum Ziel gesetzt hat, Leitlinien und Strategien für open-access Sammlungen archäologischer Daten in Europa zu entwickeln.

f) IMAGMA: Imagines Maiestatis. Barbarian Coins, Elite Identities and the Birth of Europe

Im deutsch-polnischen Projekt IMAGMA, von der Deutschen Forschungsgemeinschaft (DFG) und dem polnischen Narodowe Centrum Nauki im Rahmen des Beethoven-Programms finanziert, werden Imitationen römischer Münzen, die außerhalb des Imperiums im nördlichen Barbaricum hergestellt wurden, als Quelle für die Wechselbeziehungen zwischen dem Römischen Reich und den Völkern, die nördlich des Limes lebten, untersucht. Diese, bisher weitestgehend außer Acht gelassene Materialgruppe, produzierten die sich entwickelnden germanischen Eliten wohl in der Absicht, ihren Status zu demonstrieren. Die Münzimitationen zeigen einen einmaligen Mikrokosmos des kulturellen Aufeinandertreffens und illustrieren so eine Facette der einzigartigen Synthese von römischer und einheimischer Gesellschaft. Diese war ein wichtiger Faktor in der Ausbildung neuer germanischer Eliten, die sich später auf dem Gebiet des früheren Römischen Reichs niederließen und die Königreiche des frühmittelalterlichen Europas bildeten. Ein Treffen der Projektmitarbeiter fand am 15. Oktober an der Universität Warschau statt.

Holger Komnick untersuchte imitierte Gold- und Silbermünzen der Römischen Kaiserzeit sowie pseudoimperiale Prägungen der Völkerwanderungszeit in Nordwesteuropa. Im Mittelpunkt des ersten Halbjahrs stand der während den Grabungen 1955–56 auf der Zeche Erin in Castrop-Rauxel gefundene Goldbrakteat. Führte sowohl die Brakteatenforschung als auch die numismatische Forschung die Vorlage des Eriner Goldbrakteaten auf reguläre Goldmünzen des Kaisers Valens zurück, so ist diese Annahme nunmehr zu korrigieren. Es liegt hier vielmehr eine Stempelverbindung zu den barbarischen Silbermünzimitationen der sogenannten Heilbronn-Böckinger-Gruppe vor, die spätrömische Silbermünzen nachahmen und wohl Ende des 4. Jahrhunderts / in den ersten Dezennien des 5. Jahrhunderts n. Chr. entstanden sind. Der Sachverhalt wurde am 22. März auf der Heidelberger Fachtagung „Imitatio Delectat" erstmals vorgestellt. Im zweiten Halbjahr richtete sich das Augenmerk auf die Gruppe der barbarischen Silbermünzimitationen, die

[3] M. Becker, Das Fürstengrab von Gommern. Veröff. Landesamt Arch. 63 (Halle [Saale] 2010); C. v. Carnap-Bornheim / J. Ilkjær, Illerup-Ådal 5–7. Die Prachtausrüstungen. Jysk Ark. Selskabs Skr. 25,5–7 (Aarhus 1996).

u. a. mit mehr als 16 Exemplaren in dem 1907 geborgenen Dortmunder Schatzfund vertreten sind. Die im Zuge der Materialerfassung erstmals bekannt gewordenen Stücke eines in Nordhessen gelegenen Fundortes werden dabei im Rahmen eines Gemeinschaftsbeitrags für den nächsten Band der Zeitschrift „hessenARCHÄOLOGIE" vorgelegt.

Marjanko Pilekić befasste sich mit den Imitationen spätrömischer Goldmünzen aus dem Vorfeld der mittleren und unteren Donau und hielt sich zur Materialaufnahme in der Münzsammlung des Kunsthistorischen Museums Wien auf. Ein besonderer Schwerpunkt lag bei der Dokumentation und Klassifizierung einer bisher unerkannten Gruppe von subaeraten Imitationen. Die metallanalytischen Arbeiten an Imitationen von römischen Denaren sowie an völkerwanderungszeitlichen Gold- und Silbermünzen der Münzstätte Sirmium wurden von Sabine Klein und Tim Greifelt am Bergbaumuseum Bochum sowie am Institut für Geowissenschaften der Goethe-Universität Frankfurt fortgesetzt. Ergebnisse des Projektes wurden von M. Pilekić am 22. März an der Ruprecht-Karls-Universität Heidelberg, im Juli am Sommerseminar des Instituts für Numismatik und Geldgeschichte der Universität Wien und am 6. September auf der EAA 2019 in Bern vorgestellt.

## Forschungsfeldübergreifende Projekte

Neben den Forschungen, die klar einem der beiden Forschungsfelder zugeordnet werden können, führte die RGK im Berichtszeitraum auch mehrere Projekte durch, die als „forschungsfeldübergreifend" eingestuft werden können. Diese Arbeiten dienten vor allem der Weiterentwicklung neuer Konzepte, Methoden, Techniken und Forschungspraktiken und werden z. B. im Zuge der Treffen des Arbeitskreises „Landschaftsarchäologie am DAI" (LAAD) thematisiert. 2019 lag hier der Schwerpunkt auf Diskussionen zu Ressourcenlandschaften und Methoden der Fernerkundung.

### a) Resilienzfaktoren und Herausforderungen

Am transdisziplinären Leibniz-Forschungsprojekt zu „Resilienzfaktoren in diachroner und interkultureller Perspektive" (ReFadiP) beteiligt sich die RGK mit dem Teilprojekt „Archaeology of death revisited" (https://rfactors.hypotheses.org/ [letzter Zugriff: 10.11.2021]). Der Umgang mit dem Tod, aber auch die Konzeption und Reaktion von Menschen auf andere Arten der Herausforderung werden zudem gemeinsam im Rahmen des Exzellenzprojekts der Johannes Gutenberg-Universität Mainz „400,000 Years of Human Challenges" vor allem mit anderen Altertumswissenschaften thematisiert.

Für das Teilprojekt „The Archaeology of Death Revisited. Burial Places, Coping Practices and Resilience Factors" arbeitet seit Juli für knapp zwei Jahre Nataliia Chub. Sie befasst sich im Austausch mit K. P. Hofmann mit der Frage, wie wir anhand von ur- und frühgeschichtlichen Bestattungsplätzen auf Bewältigungspraktiken und dann wiederum auf einzelne bzw. Bündel von Resilienzfaktoren in Bezug auf den Stressor Tod rückschließen können *(Abb. 33)*. Grundannahme ist, dass wiederholt durchgeführte Praktiken ein Indikator für eine als erfolgreich betrachtete Bewältigung von Tod, und zwar im Sinne eines resilienten Umgangs mit Trauer und Verlust inklusive Neuverteilung von Rollen, Aufgaben und somit der Reorganisation einer Gemeinschaft, sind. Neben einzelnen Phänomenen – wie der Deponierung von Objekten im Grab (bei sog. Beigaben fürs Jenseits z. B. Optimismus / Religiosität), Bestattungsort und -aufwand (als Indikator für Zugehörigkeit und soziale Unterstützung) – werden auch exemplarisch Bestattungsplätze, der Wandel von Bestattungspraktiken und ihre möglichen Zusammenhänge mit Resilienzfaktoren untersucht. Als Fallbeispiel wurden die kupfer- bis bronzezeitlichen Nekropolen im Lechtal

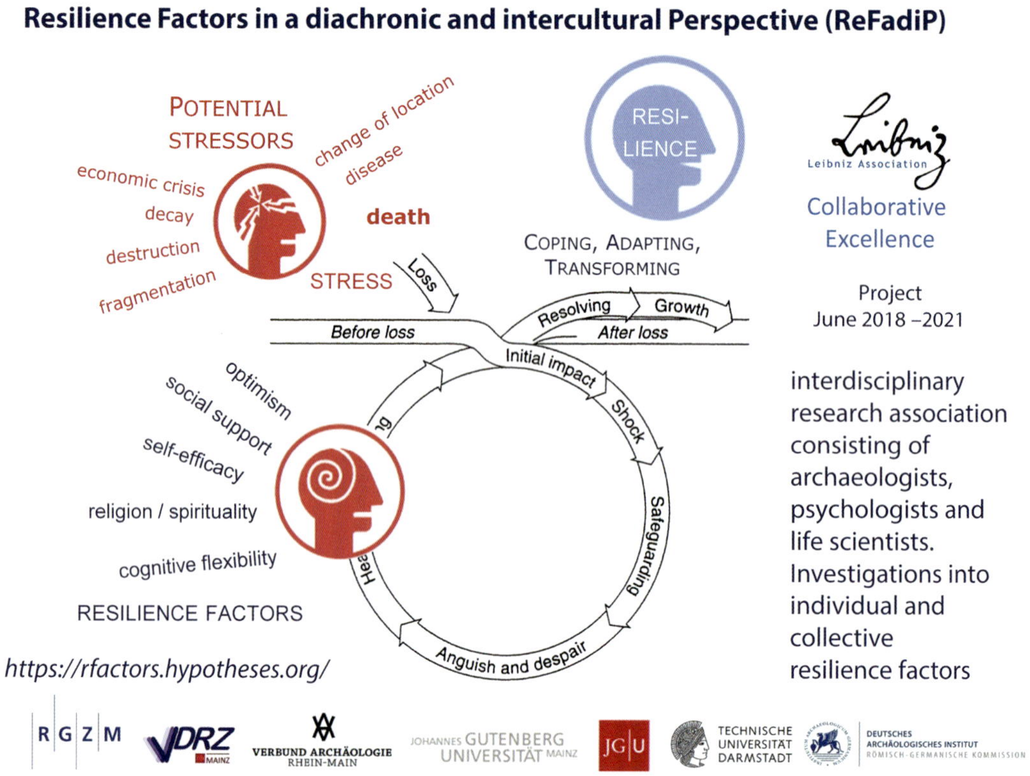

Abb. 33. Bewältigung von Tod und Trauer und dabei möglicherweise relevante Resilienzfaktoren (Grafik: K. P. Hofmann, RGK. Grundlage: a) Coping Cycle: J. D. Canine, Manifestations of Grief. In: J. D. Canine (Hrsg.), The Psychosocial Aspects of Death and Dying (Stanford 1996) 131–145, hier: 133 Fig. 11-2, Köpfe: N. Viehöver).

gewählt, die vor allem im Rahmen des Projekts „Zeiten des Umbruchs? Gesellschaftlicher und naturräumlicher Wandel am Beginn der Bronzezeit“ der Heidelberger Akademie der Wissenschaften bisher unter anderen Gesichtspunkten thematisiert wurden.

b) Ding-Editionen und Normdaten für Objekte in der Archäologie

Wissenspraktiken von Materialeditionen und die mit der Digitalisierung einhergehenden Potentiale und Herausforderungen werden im Projekt „Ding-Editionen“ systematisch analysiert. Dies geschieht in enger Zusammenarbeit mit dem Forschungsdatenmanagement-Projekt der Zentralen Wissenschaftlichen Dienste des DAI. Ziel ist es u. a., Normdaten für Objekte in der Archäologie zur Qualitätsabsicherung bei der Datenerhebung und zur Gewährung besserer Interoperabilität zu entwickeln. Hierfür werden von der RGK – wie beim erfolgreichen Projekt zur römischen Numismatik nomisma.org – etablierte Typographien und Standardvokabulare aus RGK-Editionsprojekten und Publikationen genutzt. Ein aktueller Schwerpunkt liegt dabei auf dem Transfer von Gedrucktem in *linked open data*, so bei dem 2019 begonnenen Pilotprojekt zum „Conspectus formarum terrae sigillatae ltalico modo confectae“. Ferner wurde eine Anpassung dieses Ansatzes für weniger standardisierte Massenfunde, z. B. keltische Münzen, vorangetrieben. Die Erkenntnisse

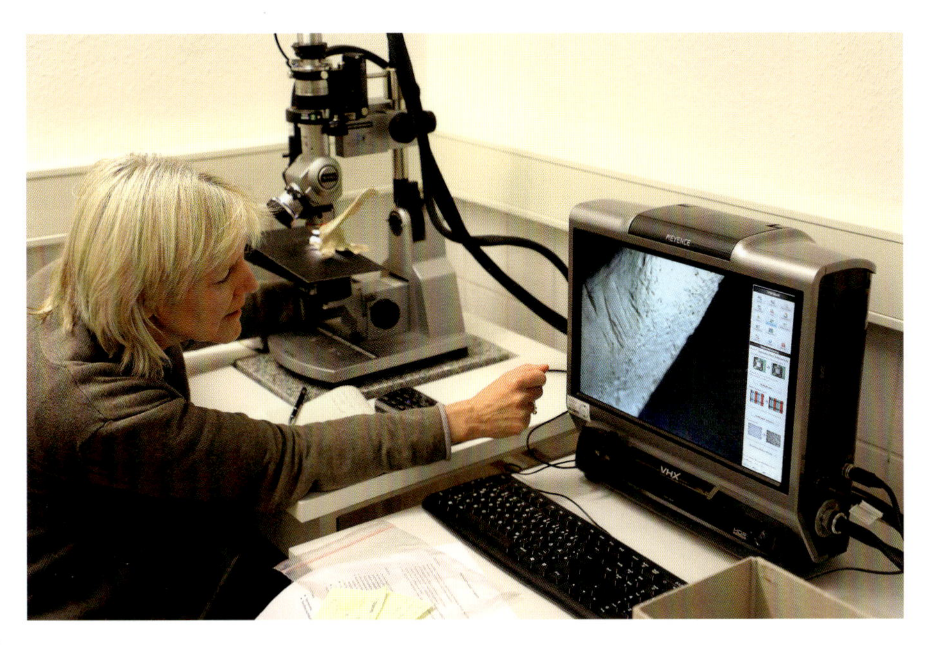

Abb. 34. Untersuchung von menschlichen Knochenfragmenten mit Hilfe eines Digitalmikroskops an der RGK (Foto: A. Gramsch, RGK).

des explorativen Workshops von November 2018 wurden 2019 in einem ausführlichen Forschungsbericht festgehalten und veröffentlicht (https://publications.dainst.org/journals/efb/2236 [letzter Zugriff: 10.11.2021].

c) Das Itinerarium des menschlichen Körpers. Ein archäologisch-anthropologisches Pilotprojekt

In einem gemeinsamen interdisziplinären Pilotprojekt von RGK und Historischer Anthropologie der Georg-August-Universität Göttingen werden seit Anfang 2019 menschliche Knochen aus archäologischen Kontexten untersucht. Ziel ist es, zum einen die analytischen Möglichkeiten eines hochauflösenden Digitalmikroskops zur Untersuchung von Knochen zu erproben, zum anderen Informationen zum postmortalen Umgang mit dem menschlichen Körper zu sammeln und osteobiographisch auszuwerten.

Eine Auswahl menschlicher Knochen vom frühneolithischen Fundplatz von Herxheim (Rheinland-Pfalz), der bereits Hinweise auf Manipulationen geliefert hat, wird derzeit mit dem Digitalmikroskop der RGK erneut auf postmortale Eingriffe untersucht *(Abb. 34)*. Mit Hilfe der hierbei erstellten mikroskopischen Aufnahmen, Querschnitte und 3D-Modelle sollen Spuren dokumentiert werden, die auf Handlungen verweisen, die zur Auflösung des Skelettverbands führten oder die in Abgrenzung dazu taphonomisch entstanden sind *(Abb. 35)*. Die detailliert dokumentierten Schnitt-, Schabe- u. a. Spuren an den Knochen werden gemeinsam von der Anthropologin Birgit Großkopf (Georg-August-Universität Göttingen) und Alexander Gramsch (RGK) ausgewertet.

In einem ersten Schritt werden die einzelnen Handlungen, die die Spuren verursachten, rekonstruiert. Bisher wurden Spuren an Knochenfragmenten verschiedener Skelettregionen, wie Schädel, Wirbel, Femora, Claviculae u. a. digitalmikroskopisch in verschiedenen

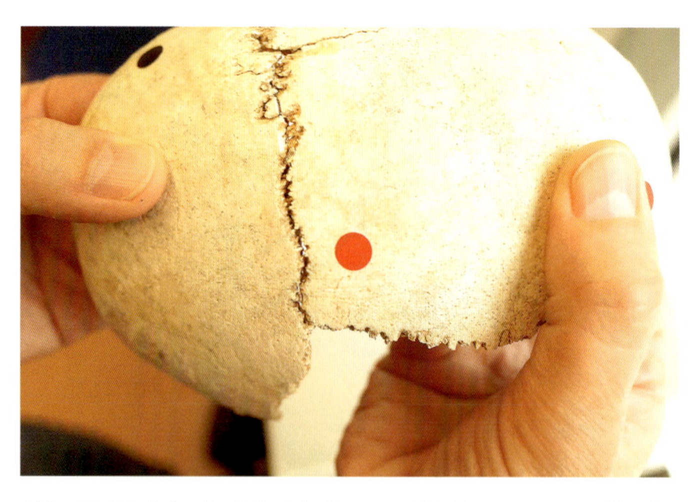

Abb. 35. Neolithische Schädelkalotte mit Markierungen von Oberflächenspuren, die digitalmikroskopisch untersucht werden sollen (Foto: A. Gramsch, RGK).

Abb. 36. Digitalmikroskopische Aufnahme von fünf parallelen Schnittspuren auf der Clavicula (Schlüsselbein) eines Kindes (Grafik: A. Gramsch, RGK).

Abb. 37. Halswirbel *(Axis)* mit mehreren, sich teils überschneidenden Schnittspuren rund um den *Dens axis* (Halswirbeldorn) (Foto: A. Gramsch, RGK).

Auflösungen in 2D und 3D dokumentiert *(Abb. 36)*. Meist bestehen sie aus mehreren Schnitten oder Ritzungen, die in einzelne „Gesten" unterschieden werden können: Es zeigt sich, dass es teilweise möglich ist, Eintritts- und Austrittsstellen des verursachenden Werkzeugs (i. d. R. Feuersteinklingen) zu unterscheiden, ebenso Überschneidungen und plötzliche Stopps von Gesten, und so Abfolgen einzelner Gesten wahrscheinlich zu machen *(Abb. 37)*. An jede einzelne Beschreibung von Spuren, Gesten sowie ihren Abfolgen schließen Hypothesen und Fragen an, anhand derer die mögliche Entstehung der Gesten und Spuren eingegrenzt und z. B. taphonomisch bedingte Spuren ausgeschlossen werden können. So soll u. a. geklärt werden, ob mehrere Gesten einer Spur durch ein und dasselbe Werkzeug bzw. zu Beginn der Zerlegung des Körpers entstanden oder erst als dieser bereits weitgehend aufgelöst war.

Zur Sichtbarmachung von Spuren sowie zur Dokumentation und Zuordnung der digitalmikroskopischen Aufnahmen wurde begonnen, SfM *(Structure from Motion)*-Aufnahmen

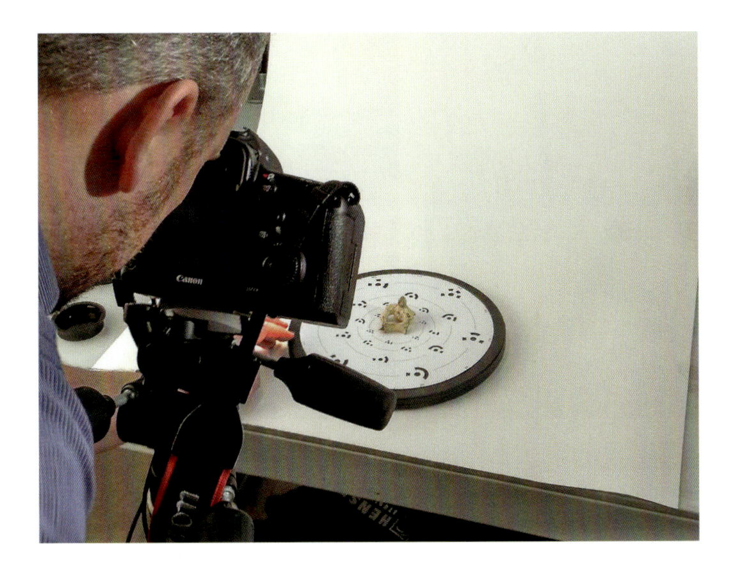

Abb. 38. Um ein bewegliches 3D-Modell des Halswirbels aus Abb. 38 mittels *Structure from Motion* (SfM) zu erstellen, werden zahlreiche Fotografien benötigt (Foto: A. Gramsch, RGK).

ausgewählter Knochen zu erstellen *(Abb. 38)*. So können zeitgleich bei guter Übersicht sowohl das gesamte Knochenfragment und die vollständige Spur als auch einzelne Gesten einander zugeordnet werden.

Die Menschenknochen aus Herxheim dienen derzeit der Pilotphase des Projekts, um die Methodik und ihre Auswertungsmöglichkeiten zu testen und zu verbessern. Bei erfolgreichem Abschluss des Pilotprojekts sollen in Folgeprojekten weitere Fundplätze mit manipulierten Menschenknochen in die Untersuchung einbezogen werden.

d) NETcher

Die Arbeiten des im Rahmen von Call H2020-SC6-TRANSFORMATIONS-2018 bewilligten Projektes NETcher (NETwork and social platform for Cultural Heritage Enhancing and Rebuilding; https://netcher.eu/ [letzter Zugriff: 10.11.2021]) starteten am 1. Januar. Ziel des an der RGK von David Wigg-Wolf zusammen mit Michaela Reinfeld betreuten Projektes ist die Angleichung verschiedener internationaler Initiativen zur Bekämpfung des illegalen Antikenhandels und der Zerstörung von Kulturgut sowie die Erarbeitung eines gemeinsamen Aktionsplans nebst *Code of Good Practices*. Koordiniert wird das Projekt vom Centre national de la recherche scientifique (CNRS) unter der Leitung von Veronique Chankowski (Université Lumière-Lyon 2 / École française d'Athènes). Weitere Projektpartner sind École Nationale Supérieure de la Police (ENSP), Capital High Tech, Università Ca' Foscari di Venezia, Interarts (Fundació Interarts per a la cooperació cultural internacional) und Michael Culture Association.

Das Kickoff-Meeting fand am 9./10. Januar in Lyon statt. Am 28./29. Mai wurden an der RGK sechs Workshops zu den einzelnen Leitthemen des Projektes: „Provenance and traceability", „Education and awareness-raising", „Preservation and reconstruction", „Return and restitution", „Traffic channels and actors" und „Operational and legal measures" veranstaltet. Das Seminar „Identification of gaps and setting-up of the Social Platform" wurde am 3./4. Oktober von Interarts in Barcelona durchgeführt.

a

b

Abb. 39. Batakiai in Litauen, Prospektion zur Lokalisierung der Fundstelle frühgeschichtlicher Gräber und Fund einer Parierstange eines frühmittelalterlichen Schwertes (Fotos: H. Neumayer, MVF Berlin).

## e) KAFU

Als Gründungsmitglied der 2001 geschaffenen „Kommission zur Erforschung von Sammlungen archäologischer Funde und Unterlagen aus dem nordöstlichen Mitteleuropa" (KAFU) engagiert sich die RGK gemeinsam mit dem Museum für Vor- und Frühgeschichte der Staatlichen Museen Preußischer Kulturbesitz in Berlin sowie zahlreichen Partnern in Polen, der Russischen Föderation und Litauen für den Schutz und die Bewahrung des kulturellen Erbes sowie den Auf- und Ausbau internationaler wissenschaftlicher Netzwerke über die Grenzen der Europäischen Union hinaus. Vertreter*innen der RGK nehmen regelmäßig an den Zusammenkünften der KAFU im In- und Ausland teil.

Dem Ziel, der schrittweisen Rekonstruktion des bis zum Zweiten Weltkrieg gewonnenen Bestandes archäologischer Quellen und der Erschließung des unpubliziert gebliebenen Forschungsstandes als Grundlage gegenwärtiger und künftiger Forschungen, diente auch 2019 die Unterstützung verschiedener Vorhaben. So einer Geländeprospektion bei Batakiai (Rajono Savivaldybė Tauragė, Apskritis Tauragė, Litauen) im ehemaligen Memelland, wo 1944 bei der Anlage von Schützengräben zwei frühgeschichtliche Gräber entdeckt und dokumentiert worden waren. Die geborgenen Grabbeigaben gelangten 1955 in das Germanische Nationalmuseum Nürnberg. Wissenschaftler*innen der Universität Klaipėda und des Museums für Vor- und Frühgeschichte der staatlichen Museen zu Berlin gelang es im Oktober 2019, die Fundstelle der Gräber zu lokalisieren und weitere frühgeschichtliche Funde zu bergen *(Abb. 39)*. Bis dahin waren der litauischen Denkmalpflege aus der Gemarkung Batakiai nur ein Burgwall und eine frühmittelalterliche Siedlung, aber kein Gräberfeld bekannt.

Die RGK unterstützte die inzwischen bewilligte Antragstellung des von Audronė Bliujienė am Institute of Baltic Region History and Archaeology der Universität Klaipėda, Litauen, initiierten Projektes „Copper alloy during the 1st millennium AD: investigation of metallurgy and technological processes in the context of socio-economic development and cultural change", das auch erhaltene Fundbestände KAFU-relevanter Sammlungen einbezieht. Mit ihrem mobilen Röntgenfluoreszenz-Analysegerät und dem 3D-Digitalmikroskop wird die RGK entsprechende Fundstücke in Museen in Deutschland untersuchen sowie die bei Projekten zur Verwendung und Verarbeitung von Edel- und Buntmetall im mitteleuropäischen Barbaricum und aktuellen Studien zum frühgeschichtlichen Feinschmiedehandwerk gewonnenen Erfahrungen einbringen. Das Projekt verspricht wichtige

Abb. 40. Von der RGK im Rahmen der KAFU mitfinanziert: W. D. Wagner, Die Altertumsgesellschaft Prussia. Einblicke in ein Jahrhundert Geschichtsverein, Archäologie und Museumswesen in Ostpreußen (1844–1945) (Husum 2019).

neue Erkenntnisse zur Versorgung mit Nichteisenmetallen, dem Wissenstransfer im Feinschmiedehandwerk sowie zur Technologie- und Stilentwicklung in Nordostmitteleuropa, Skandinavien und angrenzenden Regionen.

Einen wichtigen Beitrag zum Verständnis der Entstehung und Entwicklung der Vor- und Frühgeschichtlichen Archäologie im 19. Jahrhundert bis zum Ende des Zweiten Weltkrieges leistet der von der Altertumsgesellschaft Prussia anlässlich ihres 175-jährigen Bestehens herausgegebene Band zur Geschichte der Altertumsgesellschaft Prussia in Königsberg (Ostpreußen), heute Kaliningrad (Russische Föderation). Im Rahmen der KAFU-Aktivitäten hat die RGK den Druck des von Wulf Dietrich Wagner verfassten Bandes unterstützt, der am Beispiel zahlreicher forschungsgeschichtlich bedeutsamer Persönlichkeiten die weitverzweigte Vernetzung der Vor- und Frühgeschichtsforschung im europäischen Rahmen, die Entwicklung der methodischen Grundlagen des Faches und die Einbeziehung der interessierten Öffentlichkeit in die Forschungsarbeit darstellt *(Abb. 40).*

## Referat für Prospektions- und Grabungsmethodik

Die ehemalige Technische Abteilung wurde 2019 offiziell in „Referat für Prospektions- und Grabungsmethodik“ (Ref. PGM) umbenannt. In diesem Namen spiegeln sich Aufgaben und thematische Ausrichtung der 2010 gegründeten Struktureinheit deutlicher als in der bisherigen Benennung wider. Das Referat unterstützt Forschungsvorhaben der RGK und ihrer Projektpartner im Bereich der Geländearbeiten, der nachgeordneten Laborauswertung und bei objektarchäologischen Studien. Zudem beteiligt sich das Referat an der Weiterentwicklung von Methoden im Umfeld von Ausgrabungen und Prospektionen, aktuell in Form zweier Pilotstudien.

Im Berichtsjahr wurden von Seiten der RGK die Ausgrabungen der kupferzeitlichen Siedlung in Stolniceni (Moldawien) durch konventionelle wie 3D-gestützte Vermessung begleitet. Daran knüpften intensive experimentalarchäologische Versuche an einer, auf Befunden aus Stolniceni fußenden, Töpferofenrekonstruktion an. Großflächige geomagnetische Prospektionen erfolgten im Zuge des Vorhabens „From Boyne to Brodgar“ auf der Orkney-Insel Rousay und im Boyne Valley (Irland) sowie in Ostungarn, wo Drohnenaufnahmen die geomagnetischen Prospektionen begleiteten. Zur Evaluierung der magnetischen Prospektionen und für die Gewinnung von Bodenproben wurden Bohrungen mit der Rammkernsonde vorgenommen. Weitere Prospektionen unterstützen die Forschungen zur Cucuteni-Trypillia-Kultur in Ostrumänien und Moldawien. Für das Forschungsfeld II wurden Vorhaben in Moldawien und Rumänien, in Kroatien nahe Vrana und Zadar, in Siebenbürgen und in Mähren durch magnetische Prospektionen und Drohnenaufnahmen unterstützt.

### Einsatz von Drohnen (UAVs)

Für das Drohnen-System konnte 2019 ein vollautomatisiertes Kameragimbal realisiert werden, dieses dient der Aufnahme einer digitalen Vollformatkamera inklusive Wechselobjektive. Es kann in drei Achsen entweder autonom durch das Drohnensystem gesteuert oder per Fernbedienung durch einen Piloten bzw. Kameraoperator bedient werden. Das Kameragimbal ist zudem für die Verwendung mittels sogenannter Stabbildfotografie angepasst, wobei das mittels Schnellverschluss an einer Teleskopstange angebrachte Gerät Aufnahmen aus größerer Höhe ermöglicht, welche in Echtzeitübertragung per Joystick vom Boden aus erstellt werden. Die Kombination von Kameragimbal und RTK-DGPS wurde als Versuchsbau abgeschlossen und befindet sich in der Erprobung.

Mit dem Parrot Seqouia Plus Multispektralsensor wurden auf Orkney, in Irland und Ungarn weitere Erfahrungen gesammelt. Da sich kleinere Drohnensysteme aufgrund der vereinfachten Genehmigungsverfahren unkomplizierter einsetzen lassen, wurde eine kleinere Drohne (DJI Phantom 3) als Trägersystem angepasst und erfolgreich getestet.

### Magnetische Prospektion

Die magnetischen Prospektionen erfolgten vor allem mit dem 2018 erweiterten 14-Kanal MAGNETO® MX ARCH Messgerät. Bewährt hat sich zudem der Einsatz eines Quads als Zugfahrzeug. Bei den 2019 durchgeführten Einsätzen in Schottland, Irland, Ungarn, Rumänien, Moldawien, Kroatien und der Tschechischen Republik wurden insgesamt 495 ha gemessen.

### Bohruntersuchungen und Bodenchemie

Bestandteil verschiedener Feldforschungsvorhaben waren Bohrungen mit der Rammkernsonde, in diesem Jahr während der Maßnahmen in Bapska (Kroatien), Stolniceni

(Moldawien), Öcsöd-Kováshalom, Hódmezővásárhely-Gorzsa (beide Ungarn) und Fidvár bei Vráble (Slowakei). Die Untersuchung der gewonnenen Bohrkerne erfolgte im Labor der RGK in Frankfurt a. M., wo nach eingehender Dokumentation Proben für chemische Analysen und Suszeptibilitätsmessungen durchgeführt wurden. Bodenproben wurden mittels portabler XRF gemessen.

### Objektarchäologie

Anhand von ausgewählten Funden aus den Siedlungen von Stolniceni (Moldawien) und Fidvár bei Vráble (Slowakei) erfolgten Tests mit einem von Peter Demján (Prag) entwickelten *Laser Aided Profiler* zur Aufnahme von Keramikfunden. Die ersten Arbeiten zeigten das große Potential des Instruments hinsichtlich der effizienten Aufnahme großer Materialmengen. Die Implementierung der Aufnahmetechnik soll in mehreren Vorhaben 2020 fortgeführt werden.

Im Bereich der Objektarchäologie wurde das Digitalmikroskop (Keyence VHX 500) verstärkt genutzt. Hervorzuheben ist hierbei der Einsatz im Projekt „Itinerarium des menschlichen Körpers" von A. Gramsch, bei dem anthropogene Spuren an menschlichen Knochen aus der bandkeramischen Grubenanlage von Herxheim untersucht und systematisch dokumentiert werden.

Ein standardisierter Workflow, der die Kombination von portabler XRF zur Materialanalyse und des Digitalmikroskops für die Dokumentation und Untersuchung von Objekten hinsichtlich ihrer Herstellung und Nutzung einschließt, wird seit einigen Jahren von H.-U. Voß praktiziert. Im Jahr 2019 unterstützte ihn das Ref. PGM bei seinen Arbeiten im Ungarischen Nationalmuseum Budapest und im Museum von Mušov (Tschechische Republik) sowie in Frankfurt a. M. an Funden unterschiedlicher Sammlungen.

Die technische Infrastruktur wurde durch die Anschaffung einer Edelstein-Schleifmaschine erweitert. Die damit erzeugten planen Oberflächen bieten beste Voraussetzungen für die Messung mit der portablen XRF sowie für Fotoaufnahmen mit dem Digitalmikroskop, bspw. bei Keramikobjekten und Metallartefakten.

### Labor und Bohrproben-Lager

Der Ausbau der Laborräume im Keller der RGK in der Arndtstraße wurde weiter fortgesetzt. Die beiden durch eine Zwischentür getrennten Laborräume sind in einen Aufbereitungs- und Dokumentationsraum sowie einen „Reinraum" unterteilt. In Ersterem findet die Dokumentation der Bohrkerne (Aufsägen, Präparieren, Dokumentieren, Einschweißen und Vakuumisierung der zu archivierenden Liner-Hälfte) und Probenentnahme und Probenaufbereitung statt (Mörsern, Befüllen der Samplecups).

Hauptschwerpunkt der Arbeiten 2019 lag auf den Planungen und der Umsetzung zur Umstrukturierung des Probenlagers und seiner systematischen Dokumentation. In den Kellerräumen der RGK lagern momentan ca. 5000 Bodenproben (Liner-Hälften, Samplecups, Probentüten, Probeneimer), die noch nicht in einer Datenbank erfasst sind. Die Wichtigkeit der Archivierung wird immer deutlicher. In den letzten Jahren haben sich naturwissenschaftliche Analysen archäologischer Sedimente immer mehr etabliert. Neben den bereits lange bekannten Untersuchungen von organischen Mikro- und Makroreste, der Datierung von Holzkohle und Knochenfragmenten sowie der Bodenchemie, liefern Untersuchungen von Pilzsporen, Exkrementen, Phytolithen u. a. einen umfangreichen Zuwachs an Daten und Erkenntnismöglichkeiten.

Seit 2019 werden im Max-Planck-Institut für Evolutionäre Anthropologie in Leipzig ca. 200 Bodenproben aus verschiedenen Feldforschungen der RGK analysiert. Darunter sind auch solche, die bereits vor Jahren archiviert wurden. Erste Ergebnisse zeigen nun, dass aus vielen dieser Proben tierische und menschliche aDNA extrahiert werden konnte. Ein deutlicheres Beispiel für die Wichtigkeit eines professionellen Probenarchivs kann es kaum geben. Daher ist geplant, das Probenarchiv der RGK auszubauen und auf aktuelle wissenschaftliche Standards zu bringen. Dazu müssen die Lagerungsbedingungen verbessert und die Proben in einer Datenbank erfasst werden. Hier gingen umfangreiche Recherchen zum Umgang mit Sedimentproben aus archäologischen Kontexten, deren Dokumentation und besonders ihrer Archivierung voraus. Dabei wurde deutlich, dass es nach wie vor in der Archäologie kein Standard ist, Bodenproben auf lange Zeit zu archivieren. Daher fand 2019 ein Austausch vor allem mit Geowissenschaftlern statt, u. a. vom Geowissenschaftlichen Institut der Goethe-Universität Frankfurt und vom Hessischen Landesamt für Naturschutz, Umwelt und Geologie. Hinsichtlich der Lagerung und Archivierung konnten etliche Impulse aus dem Bereich der Meeresbiologie gewonnen werden (hier v. a. MARUM Institut Bremen). Spezielle Regalsysteme und Verpackungen ermöglichen eine effiziente Lagerung; der Kontakt zur Firma Brinkmann, die spezielle Verpackungen für Bohrkerne herstellen, besteht bereits. Hinsichtlich der Etikettierung und Datenbankerfassung wurden Gespräche mit Ulrike Thüring vom Max-Planck-Institut für Menschheitsgeschichte in Jena geführt. Dort werden alle Daten aus Feldforschungen in einer übergeordneten Datenbank hinterlegt. Die Proben werden mit QR-Codes versehen, bei deren Scan die Informationen aus der Datenbank aufgerufen werden. Für die Zukunft soll ein ähnliches System für die RGK entwickelt werden.

## Datenbank

Die 2002 entwickelte „Feldforschungs-Datenbank“ der RGK umfasst mittlerweile ca. 640 Fundplätze aus 40 Ländern. Während die meisten Fundstellen in Europa liegen, finden sich vereinzelt auch Einträge, die nicht im „klassischen“ Arbeitsgebiet der RGK zu verorten sind. Neben Informationen zu Ausgrabungs- und Geomagnetikkampagnen soll die Datenbank zukünftig auch die in den vergangenen Jahren an der RGK etablierten non- und minimalinvasiven Prospektionsmethoden, wie Bohrungen, chemische Sedimentanalysen oder Drohnenbefliegungen aufnehmen können. Dafür wird an einer Neukonzeption der Datenbank gearbeitet. Geplant ist außerdem die Verknüpfung mit von der RGK und dem DAI betreuten (iDAI.gazetteer, ZENON uvm.) sowie externen (z. B. RADON – Radiokarbondaten online) Datensammlungen. Momentan wird die Datenbank vervollständigt und bereinigt, d. h. noch nicht aufgenommene Feldforschungskampagnen bzw. fehlende Daten zu bestehenden Einträgen werden nachgetragen, Koordinaten werden vereinheitlicht und mehrfach aufgenommene Fundstellen (beispielsweise durch fehlerhafte Schreibweise) werden entfernt.

Die Datenbank dient nicht nur zur Speicherung und Verortung der einzelnen Feldforschungsprojekte, sondern kann auch als analytisches Mittel zur Rekonstruktion der Forschungsgeschichte, der Entwicklung von Methoden und der (statistischen) Analyse der Arbeiten selbst bei den einzelnen Projekten dienen.

## Pilotstudien

In einer gemeinsamen Pilotstudie mit dem Deutschen Zentrum für Luft- und Raumfahrt (DLR) fanden Langzeitbeobachtungen von ausgewählten Forschungsregionen in Irland (Boyne Valley), Schottland (Insel Rousay, Newstead), Ungarn (Öcsöd-Kováshalom), Moldawien (Stolniceni), Ukraine (Maydanezkoe und Talianký) und Schweden (Karleby) statt, deren Dauer mehrere Monate betrug. Die Arbeiten werden am DLR von Thomas Busche geleitet und koordiniert. Ziel ist, das Potential des satellitengestützten Synthetischen

Apertur Radar der TerraSAR-X Mission zu testen. Insbesondere durch Spotlight-Aufnahmen wurden zahlreiche archäologische Strukturen, vor allem von Siedlungen, sichtbar gemacht. Die Aufnahmen werden 2020 fortgeführt und auf weitere Regionen ausgeweitet.

Das Referat für Prospektions- und Grabungsmethodik hat 2019 zusammen mit Michael Meyer vom Max-Planck-Institut für Evolutionäre Anthropologie in Leipzig ein Projekt zur Erforschung von aDNA initiiert. Eine Pilotstudie untersucht das Potential von Bodensedimenten aus ur- und frühgeschichtlichen Siedlungen hinsichtlich der Gewinnung von aDNA. 193 Proben, entnommen aus den im Frankfurter Archiv lagernden Bohrkernen sowie bei Ausgrabungen im Feld, konnten an die Projektpartner in Leipzig versandt werden. Die vom Neolithikum bis ins Frühmittelalter streuenden Proben umfassen einen räumlichen Rahmen von Ungarn bis nach Großbritannien. Das Programm schließt auch die Beprobung von Unterwasserfundplätzen in Kroatien ein. Die ersten Analysen, beispielsweise für die frühbronzezeitliche Siedlung Vráble (Slowakei), zeigen eine unerwartet gute Erhaltung von aDNA.

## 2. Kooperationen

Um den Austausch zwischen verschiedenen Institutionen systematisch weiterzuentwickeln, hat die RGK auch 2019 konsequent ihre forschungs- und projektbasierten Kooperationen ausgebaut. Es wurden folgende Kooperationsvereinbarungen abgeschlossen, wobei ein Schwerpunkt auf den geplanten Forschungen und der Unterstützung zum Welterbeantrag des Dakischen Limes lag *(Abb. 41)*:

Abb. 41. Unterzeichnung eines *Memorandum of Understanding* mit der Rumänischen Limeskommission und dem Nationalmuseum der Geschichte Transsylvaniens, Cluj, am 4.7.2019 in Frankfurt (Foto: R. Klopfer, RGK).

- Museum Biograd (Kroatien);
- School of Archaeology, University of Oxford (Großbritannien);
- Muzeul Naţional al Carpaţilor Răsăriteni, Sfântu Gheorghe (Nationalmuseum der Ostkarpathen – MNC R), (Rumänien);
- Muzeul Naţional de Istorie a Transilvaniei (Nationalmuseum der Geschichte Transsylvaniens NM TH), Cluj (Rumänien);
- Rumänische Limeskommission (RLC);
- Münzkabinett der Eötvös-Loránd-Universität, Budapest (Ungarn) im Rahmen des Projektes „Antike Fundmünzen in Europa (AFE)“;
- Landesmuseum Württemberg (Stuttgart), *Letter of Intent* für ein geplantes Digitalisierungsprojekt zum Goldberg.

## 3. Kommissionssitzung

Am 27. Februar 2019 fand die Jahressitzung der RGK in Frankfurt a. M. statt. Es nahmen teil: E. Bánffy, Amy Bogaard, Sebastian Brather, Alexandra Busch, Wolfgang David, Friederike Fless, Alexander Heising, K. P. Hofmann, Rüdiger Krause, Joseph Maran, Michael Meyer, Doris Mischka, Michael Rind, Brigitte Röder, Siegmar von Schnurbein, Thomas Terberger, Claus Wolf und Sabine Wolfram *(Abb. 42).*

Folgende Mitglieder der Kommission der RGK wurden wiedergewählt: S. Brather (Freiburg), D. Mischka (Erlangen), Th. Terberger (Göttingen). Aufgrund der Satzungsänderung

Abb. 42. Die Mitglieder der Kommission der Römisch-Germanischen Kommission bei der Jahressitzung im Februar 2019. (Foto: R. Klopfer, RGK).

des Deutschen Archäologischen Instituts werden die Mitglieder der Kommission sukzessive durch Ausscheiden nach Ende der Amtszeit von 20 auf 9 reduziert; mit Inkrafttreten der neuen Satzung scheiden ebenfalls die Vertretung des Auswärtigen Amtes, die Präsidentin des DAI, die Direktorinnen der RGK und zwei institutionelle Mitglieder aus der Kommission der RGK, dem wissenschaftlichen Beirat des Instituts, aus.

## 4. Wissenschaftliche Veranstaltungen

### Kolloquien, Tagungen und Workshops

Am **7. Februar** organisierte E. Bánffy (RGK), gemeinsam mit dem Archäologischen Museum Frankfurt a. M. und dem Ungarischen Nationalmuseum Budapest, einen Workshop zur Vorbereitung einer gemeinsamen Ausstellung zu den ersten Bauern südlich des Balatons im 6.–5. Jahrtausend v. Chr. Es nahmen teil: E. Bánffy (Frankfurt a. M.), B. Varga (Budapest), W. David (Frankfurt a. M.), S. Fábián (Budapest), T. Marton (Budapest) und J. Jakucs (Budapest).

Die vom **2.–4. April** stattfindende Sektion „Mensch – Körper – Tod. Der Umgang mit menschlichen Überresten im Neolithikum" der Arbeitsgemeinschaft Neolithikum und der Arbeitsgemeinschaft Theorien in der Archäologie e. V. (AG TidA e. V.) auf der Tagung des West- und Süddeutschen Verbandes für Altertumsforschung (WSVA) und des Mittel- und Ostdeutschen Verbandes für Altertumsforschung (MOVA) in Würzburg wurde von Nadia Balkowski (LVR-Amt für Bodendenkmalpflege im Rheinland, Außenstelle Overath), K. P. Hofmann (RGK), Isabel Hohle (RGK), Nils Müller-Scheeßel (Universität Kiel) und Almut Schülke (Kulturhistorisches Museum, Universität Oslo) organisiert.

Es sprachen: N. Balkowski (Overath) / K. P. Hofmann (Frankfurt a. M.) / I. Hohle (Frankfurt a. M.) / N. Müller-Scheeßel (Kiel) / A. Schülke (Oslo), Begrüßung und Einleitung; U. Veit (Leipzig), Jenseits von Historismus und Anthropologie: Überlegungen zu einem kulturtheoretischen Rahmen für das Studium neolithischer Praktiken der Totenbehandlung; H. Peter-Röcher (Würzburg), Gewalt an Lebenden – Gewalt an Toten: zu Kontexten und Interpretationsmöglichkeiten menschlicher Überreste; F. Holz (Frankfurt a. M.), Die Abgrenzung prä- und perimortaler knöcherner Verletzungen von postmortalen Defekten – illustriert an ausgewählten Schädeln aus dem Beinhaus von St. Lubentius (Limburg-Dietkirchen); F. Pieler (Asparn) / M. Teschler-Nicola (Wien), Asparn / Schletz: Archäologische und anthropologische Bestandsaufnahme und Ausblick; J. Pechtl (Manching), Vielfalt in Leben und Tod – linienbandkeramische Bestattungskollektive in Südbayern; N. Müller-Scheeßel (Kiel) / I. Cheben (Nitra) / Z. Hukelova (Edinburgh) / M. Furholt (Oslo), Kopflose Skelette und aufgebahrte Leichen: Die Toten der bandkeramischen Siedlungen von Vráble / Südwestslowakei im Vergleich mit gleichzeitigen Kollektiven; A. Gramsch (Frankfurt a. M.) / B. Großkopf (Göttingen), Das Itinerarium des menschlichen Körpers. Eine interdisziplinäre Spurensuche; J. Ritter (Mainz), „Wo sind all die Toten hin?" Theorien und Konzepte zum bandkeramischen Bestattungswesen in Hessen; S. Schiesberg (Köln) / Ch. Rinne (Kiel), Knochen – Teilverband – Skelett. Neue Untersuchungsergebnisse und interkulturell vergleichende Überlegungen zum Totenritual kollektiv bestattender Populationen; Ch. Steinmann (Regensburg), Artikulierte und disartikulierte menschliche Überreste in der Mecklenburgischen Megalithik; T. Schunke (Halle), Der Umgang mit den Ahnen bei Salzmünde, Saalkreis – Die Umbettung eines Kollektivgrabes der Bernburger Kultur und nachfolgende Eingriffe in den Befund;

M. Nadler (Nürnberg), Gedanken zu den sog. Silobestattungen der Münchshöfener und Michelsberger Kultur; R. Turck (Zürich) / N. Bleicher (Zürich), Leben und Sterben auf dem Abfallhaufen? Menschliche Skelettreste in Jungsteinzeitlichen Seeufersiedlungen (ZH-Opéra)?; C. Drummer (Kiel), Grabhandlungen oder Handlungen am Grab? Die Bedeutung schnurkeramischer Scherben und unterschiedlicher Bestattungskonzepte am Beispiel des Galeriegrabes Altendorf, Lkr. Kassel; St. Schreiber (Mainz) / S. Neumann (Marburg) / V. Egbers (Istanbul), „I like to keep my archaeology dead". Entfremdung und „Othering" der Vergangenheit als ethisches Problem.

Postersession: B. Spies (Würzburg), Eine Menschenzahnkette der jüngeren Bandkeramik aus Mainfranken; J. Hahn (Frankfurt a. M.), Wie tickten die Taubertaler? Das schnurkeramische Gräberfeld Markelsheim-Fluräcker im regionalen Vergleich aus anthropologischer Sicht.

An der RGK fand am **26. April** der von E. Bánffy (RGK) organisierte internationale Workshop zur Methode der Stabilisotopenanalyse statt.

Es nahmen teil: K. W. Alt (Krems), A. Mörseburg (Cambridge), C. Knipper (Mannheim), M. Depaermentier (Basel), E. Bánffy (Frankfurt a. M.) und K. Rassmann (Frankfurt a. M.).

Vom **2.–4. Mai** fand das 8th Joint Meeting of the European Coin Find Network (ECFN) and nomisma.org an der Universit*à* degli Studi di Messina, Sicilia (Italien) statt, organisiert von A. Meadows (New College, University of Oxford), M. Puglisi (Università di Messina) und D. Wigg-Wolf (RGK).

Es sprachen: S. Cuzzocrea (Messina) / G. Giordano (Messina) / A. Meadows (Oxford) / M. Puglisi (Messina) / D. Wigg-Wolf (Frankfurt a. M.), Welcome and Opening; F. Carbone (Salerno) / R. Cantilena (Salerno) / G. Pardini (Salerno), Coin finds, contexts and data management between Pompeii and Velia; J. Prag (Oxford) / M. Puglisi (Messina), I. Num. Sic (Inscriptiones Numorum Siciliae): pilot phase; C. Rowan (Warwick), Numismatic micro histories: locating and representing tokens in Roman Italy; Ch. Weiss (Zürich), Medieval coin finds in Sicily (ca. 827–1246); A. Brown (London) / S. Moorhead (London), Coins as archaeological artefacts: exploiting the 300,000 Roman coins on the Portable Antiquities Scheme (PAS) database; M. Vojvoda (Belgrade) / A. Crnobrnja (Belgrade), The Roman coin hoards dated to the time of Maximinus I from the territory of present-day Serbia; A. Bursche (Warsaw) et al., The XVI International Numismatic Congress; A. Miškec (Ljubljana) / A. Šemrov (Ljubljana), New votive finds of coins in the area of northwestern Slovenia, H. W. Horsnæs (Kopenhagen), Aurei from the Boscoreale Hoard; K. Lockyear (London) et al., The Lohe Hoard revisited; M. Allen (Cambridge), EMC and early medieval coin finds at Rendlesham, Suffolk; D. Castrizio (Messina) / R. Ponterio (Messina) / V. Renda (Messina) et al., Laser micro-profilometry and 3D modelling applied on two ancient coins; E. Spagnoli (Neapel), Archivi condivisi e "memorie dinamiche". Riflessioni su una esperienza in corso; A. Celesti (Messina) / M. Caltabiano (Messina) / M. Puglisi (Messina), Towards a federated cloud-based coin archive able to drive big data analytics and visualization in numismatics: the DIANA approach; M. Caltabiano (Messina) / G. Salamone (Messina) / B. Carroccio (Rende), The standardisation of the iconographic description: the codification of the scenes; M. Caltabiano (Messina), Welcome and Introduction; E. Gruber (New York), Eight Years of Nomisma.org: Past, Present, and Future; F. Duyrat (València) / M. Gozalbes (València) / A. Meadows (Oxford) / J. Olivier (Paris) et al., The ARCH project; M. Gozalbes (València) / J. F. Onielfa Veneros (València) / A. Peña (València) / P. P. Ripollés (València), The creation of a hybrid, hierarchical and friendly system to represent legends in monedaiberica.org; V. Drost (Paris), „Trouvailles monétaires“ digital program: an update; K. Tolle (Frankfurt a. M.) / U. Peter (Berlin), Corpus Nummorum – Coins and types and improvements of data quality; T. Kissinger (Mainz), Digitization of text-based coin find data; M. Schlapke (Erfurt), Steps to the new KENOM: Normdata mapping with cocoda, and a new presentation of coin finds from Thuringia; K. Dahmen (Berlin), IKMK norm data.

Das 4. Eisenzeit-Forum Rhein-Main vom **22. Mai** fand im Rahmen des Verbundes Archäologie Rhein-Main (VARM) in Kooperation mit der hessenARCHÄOLOGIE Rhein-Main auf Schloss Biebrich in Wiesbaden statt, organisiert von H. Baitinger (RGZM), G. Brücken (GDKE Direktion Landesarchäologie Mainz), K. P. Hofmann (RGK), S. Hornung (Universität des Saarlandes), Ch. Pare (Johannes-Gutenberg-Universität Mainz), M. Schönfelder (RGZM), S. Sievers (Goethe-Universität Frankfurt / RGK), S. Sosnowski (hessenARCHÄOLOGIE) und F. Verse (Vonderau Museum).

Es sprachen: U. Recker (Wiesbaden), Begrüßung; R. Molitor (Mainz), Von Prunkgräbern und Ringschmuck – ein Blick auf die Vorderpfalz in der Frühlatènezeit; L. Rossi (Marburg), Studien zu Gürtelketten und Palmettengürtelhaken vom Heidetränk-Oppidum im Taunus; S. Piffko (Rockenberg), Eisenzeitliche Fundplätze und Befunde der SPAUsgrabungen von 2015–2019 in Hessen; E. Georg (Frankfurt a. M.), Die früheisenzeitlichen Siedlungsfunde und Befunde aus Frankfurt-Kalbach; A. Puhl (Mainz), Studien zum spätestbronze-/früheisenzeitlichen Depotfund von Wattenheim (Lkr. Bad Dürkheim): Atlantische Spuren im Pfälzer Wald; S. Fürst (Mannheim, Mainz), Rhein-Main-Ringe revisited – Neues zum frühlatènezeitlichen Goldringschmuck; S. Sosnowski (Wiesbaden), Scheinbar unscheinbar – Ein interessantes Fundensemble der Mittelatènezeit aus einer Siedlungsgrube aus Gießen-Lützellinden; S. Wenzel (Mayen), Mahlen mit Tradition – ein bei Mayen produzierter eisenzeitlicher Mühlsteintyp und seine Weiterverwendung in der frühen Kaiserzeit.

Am **28./29. Mai** organisierten D. Wigg-Wolf und M. Reinfeld (beide RGK) die Tagung „Illicit trafficking in Cultural Heritage. NETcher state of play“ in Frankfurt a. M. im Rahmen des Projektes „NETcher Social Platform for Cultural Heritage“.

Es sprachen: E. Bánffy (Frankfurt a. M.) / D. Wigg-Wolf (Frankfurt a. M.), Welcoming; V. Chankowski (Lyon), Presentation of NETcher.

Workshops: Provenance and Traceability, Chairperson: S. Fourrier (Lyon), Discussant: V. Michel (Poitiers), Presentation: M. Evangéline (Athen) / X. Delestre (Aix-en-Provence); Education and Awareness, Chairperson: V. Chankowski (Lyon) / A. Kędziorek (Warschau), Presentation: V. Gillet (Paris) / T. Cevoli (Viterbo); Cultural Heritage Preservation and Reconstruction, Chairperson: D. Wigg-Wolf (Frankfurt a. M.), Discussant: G. de Francesco (Siena), Presentation: S. Dobberstein (Berlin) / R. Bewley (Oxford) / M. Ioannides (Limassol); Cultural Heritage Return and Restitution, Chairperson: D. Wigg-Wolf (Frankfurt a. M.) / J. Kagan (Paris), Presentation: M. Hagedorn-Saupe (Berlin) / S. Hermon (Zypern); Traffic Channels and Actors, Chairperson: E. Gil (Lyon) / N. Gesbert (Lyon), Discussant: A.-S. Chavent-Leclère (Lyon); Concluding Round Table, Chairperson: V. Chankowski (Lyon) / A. Kędziorek (Warschau) / G. de Francesco (Siena) / J. Kagan (Paris) / A. Kerep (Paris) / A.-S. Chavent-Leclère (Lyon) / S. Delepierre (Paris).

An der Organisation der vom **21.–23. Juni** in Göttingen stattgefundenen Jahrestagung des DArV (Deutscher Archäologen Verband e. V.) „Archäologie in einer diversen Welt. Herausforderungen, Chancen und Perspektiven“ (https://www.darv.de/fileadmin/Medien/

PDFs_Programme_Jahrestagungen/Progamm_Goettingen_2019.pdf [letzter Zugriff: 10.11.2021), waren D. Wigg-Wolf und M. Reinfeld (beide RGK), gemeinsam mit J. Bartz (Humboldt-Universität zu Berlin), K. Junker (DAI, Eurasien-Abteilung), Ch. Schreiter (LVR-LandesMuseum Bonn) und D. Gutsmiedl-Schümann (Freie Universität Berlin) beteiligt.

Der 10. Workshop der Arbeitsgruppe „Landschaftsarchäologie am DAI (LAAD)" zum Thema „Erschließung und Nutzung von Ressourcen" am **25. Juni** in Berlin wurde organisiert von E. Schulze (DAI-Eurasien), Ch. Rummel und I. Hohle (beide RGK).

Es sprachen: M. Kempf (Freiburg), Multivariate Landschaftsmodelle: von postdictive zu predictive modelling; F. Becker (Berlin) / R. Eser (Berlin), Eisen, Wasser, Wald – Die antike metallurgische Landschaft auf der Insel Elba; W. Kennedy (Erlangen) / D. Knitter (Kiel), „Ressourcen und Territorium im antiken Zypern: Ein landschaftsarchäologischer fuzzy Ansatz zur Bestimmung des Ressourcenpotenzials des Königreichs von Idalion; G. Roth (Berlin), Nicht nur Hand-zu-Hand. Zur Weitergabe von Arnhofener Hornstein im Alt- und Mittelneolithikum aus methodologischer Sicht; B. Müller-Neuhof (Berlin), Chalcolithisch / frühbronzezeitlicher Feuersteinbergbau und Geräterohlingproduktion in Nordostjordanien; M. Karauçak (Berlin), Water management in dryland ecosystems: A case study from Kandahar, Afghanistan.

Am **24./25. Juli** organisierte die Forschungsstelle Budapest der RGK einen Workshop zur Auswertung des Fundmaterials von Alsónyek-Sárköz im Wosinszky Mór Museum in Szekszárd (Ungarn).

Es nahmen teil: E. Bánffy (Frankfurt a. M.), J. Ódor (Szekszárd), M. Vindus (Szekszárd), B. G. Mende (Budapest), T. Marton (Budapest), K. Oross (Budapest), K. Szilágyi (Szeged), A. Osztás (Budapest) und J. Regenye (Veszprém).

E. Bánffy (RGK) organisierte am **26. August** den internationalen Workshop „Mobilität und Migration im Karpatenbecken mittels Analyse von Strontium- und Sauerstoffisotopie" an der RGK in Frankfurt a. M.

Es nahmen teil: K. Alt (Krems), M. Depaermentier (Basel), C. Knipper (Mannheim) und A. Szécsényi-Nagy (Budapest).

Die Session 175 „Research Data and digital Corpora: From archaeological Findings to Artefacts of the Future" auf dem 25th Annual Meeting of the European Association of Archaeologists (EAA) in Bern (Schweiz) am **5. September** organisierten D. Wigg-Wolf (RGK), K. May (Historic England; University of South Wales), K. P. Hofmann (RGK) und C. Nimura (School of Archaeology, University of Oxford).

Es sprachen: K. P. Hofmann (Frankfurt a. M.) / D. Wigg-Wolf (Frankfurt a. M.), Object epistemologies and the practices of editing things: An introduction; J. Richards (York), Making archaeological data fair; K. Misterek (Berlin) / J. Stern (Berlin), Mass finds from the forced Labour Camp Tempelhof, Berlin: Exploiting new Possibilities of Interpretation using a relational Database; M. Langner (Göttingen) / A. Zeckey (Göttingen), Image and object Recognition as a Basis of digital Corpus Formation; K. May (Birmingham), Linking the Artefacts of the Future: Heritage linked Data; S. Heeren (Amsterdam), Joint national Ownership through widely varied Connections. The future of portable antiquities of the Netherlands (Pan); A. Izeta (Conicet) / R. Cattaneo (Conicet), Fostering fair and open data in south american archaeology. The Argentinean Case.

Am **7.–9. Oktober** fand die 4th International LOEWE Conference „The Early History of War and Conflict" des LOEWE-Schwerpunkts „Prähistorische Konfliktforschung" in Frankfurt a. M. statt.

Es sprachen: R. Krause (Frankfurt a. M.) / S. Hansen (Berlin), Begrüßung; S. Hansen (Berlin), Prähistorische Konfliktforschung. Die Aktualität eines neuen Forschungsfeldes; B. Jussen (Frankfurt a. M.), Warum die Geschichtswissenschaft die Mediologie braucht; D. Föller (Frankfurt a. M.), Das unsichtbare Kriegertum der karolingischen Militärs; F. Sutterlüty (Frankfurt a. M.), Ordnungen der Gewalt; R. Krause (Frankfurt a. M.), Die Rolle bronzezeitlicher Burgen bei Gewalt und Konflikten; A. Stobbe (Frankfurt a. M.), Der Wald ist grün, die Theorie bleibt grau – Vegetationsveränderungen von der Frühen Bronzezeit bis zur Eisenzeit; K. Theweleit (Freiburg), Am Anfang war #MeToo. Zur historischen Genese ‚Griechenlands'; F. Becker (Frankfurt a. M.), Die befestigten Siedlungen der Bronzezeit im Karpatenbecken; C. Uhnér (Frankfurt a. M.) / H. Ciugudean (Alba Iulia), At the crossroads: Control and conflict in Teleac – a Late Bronze and Early Iron Age hillfort in southwestern Transylvania; D. Neumann (Hannover), Traces of Bronze Age fortifications – Bleibeskopf and the hillforts of the Taunus; H. Blitte (Frankfurt a. M.), Bronze Age conflict in eastern Hesse? Traces from Sängersberg near Bad Salzschlirf; M. Wingenfeld (Frankfurt a. M.), Schutz und Sicherheit im Zeichen der Burg? Bronzezeitliche Höhenbefestigungen in Hessen und Thüringen; B. Richter (Frankfurt a. M.), Zerstört im Inferno – Zum Phänomen der vitrified forts zwischen Taunus und Karpaten; L. Bringemeier (Frankfurt a. M.), Paleoökologische Untersuchungen zur Landschaftsgeschichte in hessischen Mittelgebirgen (Taunus und Osthessen / Rhön); L. Linde (Frankfurt a. M.), Von Räumen, Netzwerken und Institutionen Überlegungen zur Funktion und Genese der bayerischen Höhenbefestigungen; A. Reymann (Frankfurt a. M.), Komplexität versus Komplexität. Architekturbasierte Defensivstrategien in ethnographischen Quellen; Th. Terberger (Göttingen) / D. Jantzen (Schwerin), Tollense valley 1300 calBC: What do we know about the origin of the warriors; S. Burmeister (Kalkriese), Kalkriese – ein antikes Schlachtfeld im Spannungsfeld von historischer und archäologischer Analyse; G. V. Szabó (Budapest) / G. Bakos (Budapest), Archäologische Spuren zu kriegerischen Auseinandersetzungen in spätbronzezeitlichen und früheisenzeitlichen befestigten Siedlungen in Nordostungarn; M. Meyer (Berlin), Prospektion, Geoarchäologie, Ausgrabung: Das germanisch-römische Schlachtfeld am Harzhorn, Ldkr. Northeim; P. Ettel (Jena), Die spätbronzezeitlichen Höhensiedlungen Alter Gleisberg bei Jena und Kuckenburg bei Esperstedt in Mitteldeutschland; M. Bartelheim (Tübingen), Konflikte um Ressourcen in der europäischen und mediterranen Vorgeschichte; R. Jung (Wien), Mediterrane Piraten und Sprenger der Ketten; O. Chvojka (Budweis) / D. Hlásek (Budweis), Bronze Age Hilltop settlements in Bohemia: Fortresses, Elite Settlements, Production and Trade Centres or Sanctuaries?; J. Peška (Olmütz), Burgen in Mähren.

Die Tagung „Wert-Vorstellungen – Frühgeschichtliche Deponierungen – Praktiken, Kontexte, Bedeutungen" der AG Spätantike und Frühmittelalter in Zusammenarbeit mit der RGK und dem Institut für Archäologische Wissenschaften der Goethe-Universität Frankfurt fand am **9./10. Oktober** in Frankfurt a. M. statt, organisiert von der AG Spätantike und Frühmittelalter durch R. Prien (Universität Heidelberg), A. Flückinger (Universität Basel), Alexandra Hilgner (RGZM), von der RGK durch K. P. Hofmann, G. Rasbach, Ch. Rummel, D. Wigg-Wolf und von der Goethe-Universität Frankfurt durch F. Kemmers und M. Scholz.

Es sprachen: E. Bánffy (Frankfurt a. M.) / R. Prien (Heidelberg) / M. Scholz (Frankfurt a. M.), Begrüßung; F. Hunter (Edinburgh), The values of Hacksilber hoards – an investigation; M. Hardt (Leipzig), Hacksilber in Spätantike und Merowingerzeit sowie bei Wikingern und Slawen. Strukturelle Ähnlichkeiten oder Kontinuität?; A. Flückiger (Basel), Approaching Hackbronze; Th. Becker (Darmstadt), Nichts als Schrott? Horte des 4. Jahrhunderts in Südhessen; A. M. Stahl (Princeton), Late Antique and Early Medieval hoards and the FLAME Project; E. Nowotny (Krems), Abfall – Altmetall – Totenopfer. Das Spannungsfeld frühgeschichtlicher Deponierungen am Beispiel von Niederösterreich; Ch. Fern (York), The Staffordshire Hoard: a seventh century royal treasure found in the kingdom of Mercia; J. López Quiroga (Madrid) / N. Figueiras Pimentel (Sevilla), Objects for the beyond. Funeral deposits and grave goods as treasures for the late-antique barbarian elites; U. Himmelmann (Speyer), Die Hunnen am Rhein? Der Schatzfund von Rülzheim; G. Kardaras (Athen), A large unknown hoard. The Avar thesaurus priscus into the hands of the Franks (795/96 AD); R. Czech Błońska (Warschau), Hoards in Early Medieval Poland. New theoretical and methodological approaches; W. Duczko (Warschau), Hoards are forever. Religious-magical aspects of Viking-age deposits; U. Gollnick (Schwyz), An mittelalterlichen Holzbauten der Innerschweiz beobachtete Zeugnisse der Volksfrömmigkeit; M. Henriksson (Karlskrona) / A. Svensson (Lund), The real treasures from Västra Vång, SE Sweden. Archaeological values and Iron-Age valuables; T. Esch (Manching), Alexandria Troas und die Goten: Münzhorte und -imitationen des 3. Jahrhunderts n. Chr.; D. Wigg-Wolf (Frankfurt a. M.), Why were hoards buried? … and not recovered?; A. Zapolska (Warschau), Roman Denarii in the Early Middle Ages hoards from East-Baltic Zone; M. Bogucki (Warschau) – Arkadiusz Dymowski (Warschau), Roman denarii in early medieval ($10^{th}$–$11^{th}$ century) silver hoards in the areas of the south-eastern Baltic Sea region.

Der 11. Workshop der Arbeitsgruppe „Landschaftsarchäologie am DAI (LAAD)" fand am **11. Dezember** zum Thema „Fernerkundung" in der RGK, Frankfurt am Main statt, organisiert von I. Hohle und Ch. Rummel (beide RGK).

Es sprachen: Th. Busche (München), Ein Seitenblick aus dem All: Erfahrungen und erste Ergebnisse zur Langzeitbeobachtung archäologischer Testgebiete in Europa mit satellitengestütztem Synthetischem Apertur Radar; R. Hesse (Esslingen), 10 Jahre flächendeckende Lidar-Prospektion in Baden-Württemberg; N. Lutz (Marburg), Das Relief Visualization Tool aus Anwenderperspektive mit Beispielen; M. F. Meyer-Heß (Bonn), Automatisierte Erfassung von Bodendenkmälern auf Basis freier Geodaten in NRW; H. Höhler-Brockmann (Frankfurt a. M.), Vegetationsmerkmale aus der Luft: Multispektrale Luftbildarchäologie; J. Kalmbach (Frankfurt a. M.), 1 Drohne, 2 Wochen, 12 Fundplätze; F. Becker (Frankfurt a. M.), Der Arbeitsablauf und die Auswertung von Drohnendaten in Siebenbürgen – Vom Foto zum DOM und weiter; Ch. Hartl-Reiter (Bonn), Anwendungsbeispiele für Drohneneinsätze in der Archäologie; M. Haibt (Berlin), Die Ergebnisse des Warka Environs Aerial Surveys; Ch. Franken / H. Rohland (beide Bonn), Nomadische Stadtsiedlungen im mongolischen Orchontal – Landschaftsarchäologische Ansätze und erste Ergebnisse.

Abb. 43. Abendvortrag anlässlich der Jahressitzung der Kommission von Knut Rassmann über „Frühe Monumentalität in Nordwesteuropa" (Foto: R. Klopfer, RGK).

## Vorträge an der RGK[4]

### Abendvorträge

Am **24. Januar** sprach R. Scholz (RGK) über „Tauchen, Dokumentieren, Bergen – Vier Schiffswracks in zwei Jahren, ein Erfahrungsbericht"*.
Am **26. Februar** fand der Abendvortrag zur Jahressitzung der Kommissiong statt. Es sprach K. Rassmann (RGK) über „Frühe Monumentalität in Nordwesteuropa. Vergleichende Untersuchungen zur Megalithgrablandschaften im Boyne-Valley (Irland) und auf der Orkney-Insel Rousay (Schottland)" *(Abb. 43)*.
Des Weiteren sprachen: am **14. März** S. Hornung (Universität des Saarlandes) über „Von Innovationen, Migrationen und Eroberern – Das Rheingebiet zwischen Kelten, Germanen und Iulius Caesars Gallischem Krieg"*,
am **25. April** M. Scholz (Goethe-Universität Frankfurt) über „Ist das heilig oder kann das weg? – Zur Beseitigung und Zerstörung römischer Grabmäler in den nordwestlichen Provinzen vor dem Hintergrund des Sakralrechts"*,
am **23. Mai** A. Gramsch (RGK) über „Altes Haus! – Vom Nachbau eines jungsteinzeitlichen Langhauses als „Public Archaeology"-Projekt"*,
am **12. Juni** im Rahmen des Sommerfestes R. Blankenfeldt (Zentrum für Baltische und Skandinavische Archäologie Schleswig) über „Öffentliche Kämpfe – geheime Rituale? Deponierungen militärischer Ausrüstungen in Nordeuropa"*,
am **18. Juli** K. Kowarik und H. Reschreiter (Naturhistorisches Museum Wien) über „Hallstatt – Eine prähistorische Salzlandschaft: Kontinuitäten trotz mannigfaltiger Herausforderungen"*,

[4] Die Abendvorträge der „Freunde der Archäologie in Europa e. V." sind mit * gekennzeichnet.

am **9. Oktober** Ch. Fern (University of York) über "The Staffordshire Hoard – a seventh century royal treasure found in the kingdom Mercia"*,
am **14. November** J. Borsch (Universität Basel) über „Erdbeben im römischen Kleinasien und die Grenzen der Resilienz"*
und am **5. Dezember** richtete Th. Claus (Berlin, Frankfurt a. M.) bereits zum dritten Mal seinen archäologischen Filmabend „Der Grabungsbesucher" aus*.

### Hauskolloquien, Forschungsfeldtreffen und Institutskonferenzen

**10. Januar** A. K. Loy (Berlin), Vortrag „Brochs' – für Sichtbarkeit erbaut?".
**16. Januar** Treffen des Forschungsfeldes I „Marginale Räume und Kontaktzonen".
**24. Januar** Treffen des Forschungsfeldes II „CrossFIRE".
**18. März** Institutskonferenz 1/2019 mit Bericht zur Kommissionssitzung und Schwerpunktthema Öffentlichkeitsarbeit (Gast: N. Kehrer).
**3. April** Vorträge J. Laabs (Bern), „Modellierungen zu Landschaftsnutzung in der vorgeschichtlichen Westschweiz" und M. Wunderlich (Kiel), „Megalithische Monumente und Sozialstrukturen: Vergleichende Studien zu rezenten und trichterbecherzeitlichen Gesellschaften".
**8. April** Vortrag A. Schülke (Oslo), „Mensch – Material – Ort: Ein praxistheoretischer Ansatz zur Erforschung von Mobilität und Kulturkontakt im südskandinavischen Mesolithikum und Neolithikum".
**11. April** Vortrag H. W. Nørgaard (Aarhaus), „Auf den Spuren der frühen Metallurgie in Skandinavien – Provenienz, Transfer und Mischen von Metallen 2000–1700 v. Chr.".
**8. Mai** Vorträge S. Martini (New Haven), „Fidvár by Vráble from a (comparative, quantitative) geoarchaeological perspective" und R. Staniuk (Kiel), „Kakucs-Turján, a multilayered fortified settlement. Integrating macro- and micro-scale analysis".
**2. Juli** Institutskonferenz 2/2019. Es sprachen: A. Gramsch, „Das Itinerarium des menschlichen Körpers"; M. Pilekić, „IMAGMA-Projekt"; G. Rasbach / Ch. Rummel, „Zonalität am Rande des römischen Reiches und das Welterbe Frontiers of the Roman Empire"; M. Reinfeld, „Unterwasserarchäologische Forschungen in der Hafenanlage von Karantina"; H.-U. Voß, „Das ‚Corpus der römischen Funde im europäischen Barbaricum' und die Interaktionen der Barbaren – von Mušov in Mähren bis Pasewalk im unteren Odergebiet"; D. Wigg-Wolff, „NETcher-Projekt".
**23. Oktober** Institutskonferenz 3/2019 mit Besprechung des Forschungsplans.
**10. Dezember** Institutskonferenz 4/2019. Es sprachen: H. Komnick, „IMAGMA-Projekt – (K)Ein Goldbrakteat aus Castrop-Rauxel"; G. Rasbach / Ch. Rummel, „Forschungen an römischen Lagern in Dakien"; G. Rasbach, „Bilder zu Mušov in Tschechien"; M. Reinfeld, „Kurzvortrag zum Workshop in Korea vom August"; H.-U. Voß, „Oberflächenanalysen frühgeschichtlicher Goldfunde".

### RGK-Lesezirkel

Im Studien- und Arbeitsalltag bleibt oft wenig Zeit für die intensive Auseinandersetzung mit theoretischen Grundlagentexten; gleichzeit spielen theoretische Ansätze eine immer wichtigere Rolle für die Entwicklung von Forschungsfragen und die reflektierte Arbeit mit archäologischen Quellen. Im Rahmen des Verbunds Archäologie Rhein-Main (VARM) bietet die RGK daher gemeinsam mit dem Römisch-Germanischen Zentralmuseum einen Lesezirkel an, um den intensiven Austausch über zentrale Texte zu derzeit in den Altertumswissenschaften diskutierten Themen zu ermöglichen. Die Veranstaltung richtet sich an Studierende, Nachwuchswissenschaftler*innen und alle, die Spaß an der Lektüre und Diskussion von Texten haben – auch über ihre eigenen Fachgrenzen hinweg. Der

Lesezirkel findet regelmäßig an jedem zweiten Mittwoch im Monat, abwechselnd an der RGK und dem RGZM statt und wird von K. P. Hofmann und F. Becker (RGK) sowie Stefan Schreiber und Louise Rokohl (RGZM) organisiert. Folgende Texte wurden 2019 bei Treffen diskutiert:
**9. Januar** (RGK) M. Gibson, Death and the Transformation of Objects and Their Value. Thesis Eleven 103,1, 2010, 54–64.
**13. Februar** (RGK) E. Durkheim, The elementary forms of the religious life (London 1964). Kapitel I und II (Definition und Animismus).
**13. März** (RGZM) S. Ahmed, Happy Objects. In: M. Gregg / G. J. Seigworth (Hrsg.), The Affect Theory Reader (Durham, London 2010) 29–51.
**10. April** (RGK) A. Geertz, Brain, Body and Culture. A Biocultural Theory of Religion. Method and Theory in the Study of Religions 22 (2010) 304–321.
**8. Mai** (RGZM) S. Tarlow, The Archaeology of Emotion and Affect. Annual Review of Anthropology 41, 2012, 169–185.
**10. Juli** (RGZM) B. Alberti, Archaeologies of Ontology. Annual Review of Anthropology 43, 2016, 163–179.
**14. August** (RGK) K. P. Hofmann, Anthropologie als umfassende Humanwissenschaft. Einige Bemerkungen aus archäologischer Sicht. Mitteilungen der Anthropologischen Gesellschaft in Wien 136/137, 2007, 283–300.
**11. September** (RGZM) A. Veling, Archäologie der Praktiken. Germania (in Vorbereitung).
**2. Oktober** (RGK) Y. Hamilakis, La trahison des archéologues? Archaeological Practices as Intellectual Activity in Postmodernity. Journal of Mediterranean Archaeology 12, 1999, 60–79.
**13. November** (RGZM) D. Bachmann-Medick, From Hybridity to Translation In: D. Bachmann-Medick (Hrsg.), The Trans/National Study of Culture. A translational Perspective (Berlin, Boston 2014) 119–136.

## Fachvorträge und Poster der Mitarbeiter*innen der RGK

### Fachvorträge

A. Kreuz / P. Pomázi / A. Osztás / K. Oross / T. Marton / J. Petrasch / L. Domboróczki / P. Raczky / E. **Bánffy**, 23.3., Tübingen, Eberhard Karls Universität Tübingen, Internationale Konferenz „LBK & Vinca“, Session 5 „The LBK world“, Vortrag „Hungarian Neolithic crops and diet – signals for cultural decisions?“.

E. Bánffy, 11.4., Albuquerque, 84. Jahrestagung der Society for American Archaeology, Session 275 „General Session. Neolithic Archaeology in Europe and the Mediterranean“, Vortrag „The diversity of the European Neolithic transition“.

E. Bánffy, 9.5., Cambridge, University of Cambridge, Seminar-Reihe „Garrod Research Seminars“, Vortrag „A bottleneck in the spread of early Balkan farmers: the birth of the Central European Neolithic“.

E. Bánffy / K. P. Hofmann, 17.5., Berlin, DAI, Festkolloquium „190 Jahre Deutsches Archäologisches Institut“, Vortrag „Grenzen überschreiten – interkulturell agieren. Die Römisch-Germanische Kommission in Frankfurt a. M.“.

E. Bánffy, 21.10, Budapest, Károli-Universität, Öffentlicher Vortrag „Die ‚Balkan-Route‘ der Neolithisierung: Lehren für das 21. Jh. n. Chr.“.

E. Bánffy, 1.11., Cambridge (Massachusetts) / Boston, Workshop „From Homer to History with the Max Planck-Harvard Research Center: Recent results from Bronze Age

Investigations", Vortrag „Implications, MHAAM achievements – archaeology and biomolecular investigations taken together".

F. **Becker**, 2.4., Würzburg, Tagung der AG-Bronzezeit „Hierarchische Strukturen in der Bronzezeit Forschungsstand, Methoden, Modelle und Neu-Evaluierung", Vortrag „Befestigte Siedlungen = Zentralorte, Fluchtburgen oder Herrschersitze?".

F. Becker, 8.10., Frankfurt a. M., Goethe-Universität Frankfurt / RGK, 4th International LOEWE Conference „The Early History of War and Conflict", Vortrag „Die befestigten Siedlungen der Bronzezeit im Karpatenbecken".

F. Becker, 11.12., Frankfurt a. M, RGK, 11. Workshop des Arbeitskreises Landschaftsarchäologie am DAI (LAAD) „Fernerkundung", Vortrag „Der Arbeitsablauf und die Auswertung von Drohnendaten in Siebenbürgen – Vom Foto zum DOM und weiter".

N. **Chub**, 22.11., Kyjiv, Institut für Archäologie der Nationalen Akademie der Wissenschaften der Ukraine / Nationale Universität Kyjiv-Mohyla-Akademie, Internationale Konferenz anlässlich des 100. Geburtstags von Dmytro Telehin „From Palaeolithic to Cossack Ukraine", Session „Section of the Eneolithic – Bronze Age Archaeology", Vortrag „Landfahrzeuge der Trypillja-Kultur".

A. **Gramsch** / B. Großkopf, 3.4., Würzburg, 85. Verbandstagung des West- und Süddeutschen Verbandes für Altertumskunde und 24. Verbandstagung des Mittel- und Ostdeutschen Verbandes für Altertumskunde, Sektion AG Neolithikum / AG TidA „Mensch – Körper – Tod. Der Umgang mit menschlichen Überresten im Neolithikum", Vortrag „Das Itinerarium des menschlichen Körpers. Eine interdisziplinäre Spurensuche".

A. Gramsch, 3.7., Hamburg, Universität Hamburg, Institut für Vor- und Frühgeschichtliche Archäologie, Vortragsreihe „Archäologie Sommer 2019", Vortrag „Das Itinerarium des menschlichen Körpers. Spurensuche an Knochen des bandkeramischen Fundplatzes Herxheim".

A. Gramsch / B. Großkopf, 5.9., Bern, 25th Annual Meeting of the European Association of Archaeologists (EAA), Session 280 „New approaches in bioarchaeology", Vortrag „Osteobiography and digital microscopy. Approaching manipulated human remains".

B. Großkopf / A. Gramsch, 24.9., Göttingen, 13. Internationaler Kongress der Gesellschaft für Anthropologie „Weal and Woe – Health and wellbeing from an anthropological perspective", Vortrag „Signs of manipulation on Neolithic bones".

K. P. **Hofmann**, 19.3., Ingolstadt, Stadt Ingolstadt / Katholische Universität Eichstätt-Ingolstadt / Bayerisches Landesamt für Denkmalpflege / RGK, 34. Ingolstädter Archäologischer Vortrag, Abendvortrag „Grenzen überwinden und kulturell Interagieren. Aktuelle Forschungen der Römisch-Germanischen Kommission".

N. Balkowski / K. P. Hofmann / I. Hohle / N. Müller-Scheeßel / A. Schülke, 2.4., Würzburg, 85. Verbandstagung des West- und Süddeutschen Verbandes für Altertumskunde und 24. Verbandstagung des Mittel- und Ostdeutschen Verbandes für Altertumskunde, Einleitung der Session „Mensch – Körper – Tod. Der Umgang mit menschlichen Überresten im Neolithikum".

E. Bánffy / K. P. Hofmann, 17.5., Berlin, DAI, Festkolloquium „190 Jahre Deutsches Archäologisches Institut", Vortrag „Grenzen überschreiten – interkulturell agieren. Die Römisch-Germanische Kommission in Frankfurt a. M.".

K. P. Hofmann / D. Wigg-Wolf, 5.9., Bern, 25th Annual Meeting of the European Association of Archaeologists (EAA), Session 175 „Research Data and Digital Corpora: From

Archaeological Findings to Artefacts of the Future“, Vortrag „Object Episteomologies and the Practice of Editing Things: An Introduction“.

K. P. Hofmann, 7.9., Bern, 25th Annual Meeting of the European Association of Archaeologists (EAA), Keynote „Archaeology beyond paradigms. A plea for reflected translation“.

K. P. Hofmann, 24.10., Bern, Universität Bern, Abteilung für Alte Geschichte und Rezeptionsgeschichte der Antike, Workshop „Transforming the Past: the concept of object biographies“, Vortrag „Objects in Flux: Humans, things and practices entangled in stories“.

I. **Hohle**, 29.1., Frankfurt a. M., Goethe-Universität Frankfurt, Abteilung Vor- und Frühgeschichte, Colloquium Praehistoricum, Vortrag „Das bandkeramische Dorf von Altscherbitz, Lkr. Nordsachsen – Potential und Probleme bei der Rekonstruktion einer sozialhistorischen Siedlungsentwicklung“.

N. Balkowski / K. P. Hofmann / I. Hohle / N. Müller-Scheeßel / A. Schülke, 2.4., Würzburg, 85. Verbandstagung des West- und Süddeutschen Verbandes für Altertumskunde und 24. Verbandstagung des Mittel- und Ostdeutschen Verbandes für Altertumskunde, Einleitung der Session „Mensch – Körper – Tod. Der Umgang mit menschlichen Überresten im Neolithikum“.

I. Hohle, 7.9., Bern, 25th Annual Meeting of the European Association of Archaeologists (EAA), Session 239 „Un-packaging Neolithic societies: From static notions to bottom-up models of social organization“, Vortrag „Was there a plan? The spatial and social organization of the Early Neolithic site of Altscherbitz (Germany)“.

K. Rassmann / J. **Kalmbach** / T. Jamir, 15.3., Kiel, Christian-Albrechts-Universität zu Kiel, Internationale Konferenz „Socio-environmental Dynamics over the last 15 000 years. The creation of Landscapes“, Session 10 „Layers of landscape: Anthropological and ethnoarchaeological perspectives“, Vortrag „Scales of Documentation – Remote Sensing and Structure from Motion (SFM) Documentation of Megalithic Monuments in Eastern India“.

R. **Klopfer**, 30.1., Darmstadt, Hochschul- und Berufsinformationstage, Vortrag „Berufsbild Archäologie“.

R. Klopfer, 25.5., Bartholomäberg, Goethe-Universität Frankfurt / Gemeinde Bartholomäberg / Montafon Tourismus, Jubiläumskolloquium „20 Jahre archäologische Forschungen im Montafon“, Vortrag „Das Montanrevier im Montafon – Interdisziplinäre Montanarchäologie“.

H. **Komnick** / J. Chameroy, 14.3., Wiesbaden, Landesamt für Denkmalpflege Hessen, Workshop „Zwei Gräber mit Schmiedegeräten aus dem merowingerzeitlichen Gräberfeld von Wölfersheim-Berstadt / Wetteraukreis“, Vortrag „Ein erster Überblick zu den römischen und merowingerzeitlichen Münzen aus dem merowingerzeitlichen Gräberfeld von Wölfersheim-Berstadt“.

H. Komnick, 22.3., Heidelberg, Ruprecht-Karls-Universität Heidelberg, Heidelberger Zentrum für antike Numismatik – Zentrum für Altertumswissenschaften (ZAW), Seminar für Alte Geschichte und Epigraphik, Fachtagung „Imitatio Delectat. Die soziokulturelle Bedeutung von Nachahmungen römischer Münzen / The Socio-cultural Significance of Imitations of Roman Coins“, Vortrag „Silber – das Gold des kleinen Mannes? – Überlegungen zu einer bislang nicht erkannten Stempelidentität zwischen barbarischen Silbermünzimitationen vom Ende des 4. Jhs./von den ersten Dezennien des 5. Jhs. und einem Goldbrakteaten“.

M. **Pilekić**, 22.3., Heidelberg, Ruprecht-Karls-Universität Heidelberg, Heidelberger Zentrum für antike Numismatik – Zentrum für Altertumswissenschaften (ZAW), Seminar für Alte Geschichte und Epigraphik, Fachtagung „Imitatio Delectat. Die soziokulturelle Bedeutung von Nachahmungen römischer Münzen / The Socio-cultural Significance of Imitations of Roman Coins", Vortrag „Imitieren und vergolden – Zwei Phänomene mit derselben Bedeutung?".

M. Pilekić, 6.9., Bern, 25th Annual Meeting of the European Association of Archaeologists (EAA), Session 156 „Crafting for the user: the intersection of daily life and object-making", Vortrag „Golden Imitations of Roman Coins – Symbols of Power?".

G. **Rasbach**, 9.3., Hannover, Jahrestagung des Freundeskreis der Archäologie in Niedersachsen, Vortrag „Die Holzobjekte aus den Brunnen von Waldgirmes".

G. Rasbach, 8.10., Rom, DAI Rom, Symposium „Rom und seine Grenzen – Funktionen und Strukturierung von Kommunikation", Session „Il Limes europeo / Der europäische Limes", Vortrag „Der Limes in Europa – Perspektiven einer Grenze".

G. Rasbach / S. Schröer, 25.10., Rom, DAI Rom, Beiratssitzung Cluster 5 „Geschichte der Archäologie", Vortrag „Propylaeum-VITAE. Akteure, Netzwerke, Praktiken".

G. Rasbach, 5.12., Wiesbaden, Verein für Naussauische Altertumskunde und Geschichtsforschung / Hessisches Hauptstaatsarchiv in Wiesbaden, Vortragsreihe „Geschichte – Kunst – Kultur", Abendvortrag „Der Pferdekopf aus Waldgirmes. Ausgrabung, Restaurierung, Präsentation".

K. **Rassmann**, 22.2., Göteborg, Göteborgs Universitet, Institutionen för historiska studier, Tagung „Västsvensk Arkeologidag", Vortrag „From onsite to offsite – magnetic prospection as a tool to investigate the prehistoric landscape in the surroundings of Karleby, Falbygden".

N. Pickartz / W. Rabbel / D. Wilken / K. Rassmann / R. Hofmann / M. Furholt / N. Müller-Scheeßel / St. Dreibrodt, 12.3., Christian-Albrechts-Universität zu Kiel, Internationale Konferenz „Socio-environmental Dynamics over the last 15 000 years. The creation of Landscapes", Session 18 „Transformations in geophysical and geoarchaeological methods", Vortrag „From Susceptibility Measurements to Magnetic Inversions".

K. Rassmann / J. Müller / P. Raczky, 14.3., Kiel, Christian-Albrechts-Universität zu Kiel, Internationale Konferenz „Socio-environmental Dynamics over the last 15 000 years. The creation of Landscapes", Session 5 „ From Tells to settlement systems: Landscape and networks along the Danube and the Tisza from the Neolithic to the Bronze Age", Vortrag „Scales of prospection. A comparative study of late Neolithic and Copper Age settlements in the Eastern Pannonian Basin".

S. Martini / St. Dreibrodt / K. Rassmann, 15.3., Kiel, Christian-Albrechts-Universität zu Kiel, Internationale Konferenz „Socio-environmental Dynamics over the last 15 000 years. The creation of Landscapes", Session 5 „From Tells to settlement systems: Landscape and networks along the Danube and the Tisza from the Neolithic to the Bronze Age", Vortrag „Answering archaeological questions with (quantitative) geoarchaeological methods – examples from a transect of tell sites, Anatolia to central Europe".

K. Rassmann / J. Kalmbach / T. Jamir, 15.3., Kiel, Christian-Albrechts-Universität zu Kiel, Internationale Konferenz „Socio-environmental Dynamics over the last 15 000 years. The creation of Landscapes", Session 10 „Layers of landscape: Anthropological and ethnoarchaeological perspectives", Vortrag „Scales of Documentation – Remote Sensing and Structure from Motion (SFM) Documentation of Megalithic Monuments in Eastern India".

K. Rassmann / Th. Busch, 23.10., Oberpfaffenhofen, Deutsches Zentrum für Luft- und Raumfahrt, Tagung „TerraSAR-X /TanDEm-X. Science Team Meeting", Session 7.2

„Archaeology", Vortrag „The Brú na Bóinne Archaeological Site – A new Space Borne SAR Perspective".

M. **Reinfeld**, 13.4., Bodrum, Deutsche Gesellschaft zur Förderung der Unterwasserarchäologie e. V., Tagung „Kontaktzonen: Archäologie zwischen Wasser und Land Küsten, See- und Flussufer", Vortrag „Escape – Expulsion – Sinking. New research at the harbour of Karantina Adası (Urla, Izmir/Turkey)".

M. Reinfeld, 22.8., Mokpo / Jindo / Taean / Seoul, National Research Institute of Maritime Cultural Heritage, International Workshop „The Protection of Underwater Cultural Heritage", Vortrag „The development of Underwater Archaeology from a Western European perspective".

M. Reinfeld, 26.8., Mokpo / Jindo / Taean / Seoul, National Research Institute of Maritime Cultural Heritage, International Workshop „The Protection of Underwater Cultural Heritage", Vortrag „Photography in Underwater Archaeology".

M. Reinfeld, 30.8., Mokpo / Jindo / Taean / Seoul, National Research Institute of Maritime Cultural Heritage, International Workshop „The Protection of Underwater Cultural Heritage", Session 1 „World Law and Policy on Protection of Underwater Cultural Heritage ", Vortrag „Underwater Archaeology and Underwater Cultural Heritage of Western Europe".

M. Reinfeld / B. Fritsch, 4.11., Wien, Stadtarchäologie Wien, Tagung „Conference on Cultural Heritage and New Technologies (CHNT 24)", Vortrag „Wrecks in Transition. Monitoring of shipwreck transformation processes using SfM".

Ch. **Rummel**, 28.3., Weißenburg, Römermuseum Weißenburg, Konferenz „Colloquium Biricianis 2019: Kernprovinz – Grenzraum – Vorland", Session „Allgemeines", Vortrag „Grenzraum? Von der Demarkationslinie zur zonalen Grenze".

G. von Bülow / Ch. Rummel, 18.6., Thessaloniki, Denkmalpflege Thessaloniki, Abendvortrag „Der spätrömische Kaiserpalast Romuliana bei Gamzigrad, Ostserbien – neue Forschungsergebnisse und neue Fragen".

Ch. Rummel / C. Brünenberg, 7.9., Bern, 25th Annual Meeting of the European Association of Archaeologists (EAA), Session 201 „The 3 Dimensions of Digitalized Archaeology – Data Management, Scientific Benefit and Risks of Data Storage in Archaeological Image-Based 3D-Documentation", Vortrag „Bathing in the Pompeian light – Integrating SFM technology in excavation and standing remains assessment".

Ch. Rummel / St. Pop Lazić, 14.9., Keszthely, Leibniz-Institut für Geschichte und Kultur des östlichen Europa (GWZO) Leipzig, Tagung „Reconstruction and Visualization of the Roman Heritage between Rhine and Danube", Vortrag „Romuliana: The Unesco World Heritage Monument at Gamzigrad".

R. **Scholz**, 26.9., Rostock, Universität Rostock / Leibniz Institut für Ostseeforschung Warnemünde, Interdisziplinäres Forschungstauchersymposium 2019, Vortrag „Tauchen, Dokumentieren, Bergen – Vier Schiffswracks in zwei Jahren, ein Erfahrungsbericht".

J. N. **Schrauder**, 30.11., Basel, Universität Basel, 10. Treffen des Basler und Berliner Arbeitskreises Junge Ägyptologie (BAJA 10), Session „Impuls", Vortrag „Variatio delectat: Zu koptischen Gesangstexten".

S. **Schröer**, 19.10., Aalen, Gesellschaft für Archäologie in Württemberg und Hohenzollern e. V., Kolloquium „Zwischen Rhein und Limes – Neue Forschungen zur Römerzeit im heutigen Süddeutschland“, Vortrag „Das römerzeitliche Siedlungsmuster im Bereich der nördlichen Provinzgrenze zwischen Rätien und Obergermanien. GIS-gestützte Raumanalysen zur Annäherung an eine Binnengrenze des römischen Reiches“.

G. Rasbach / S. Schröer, 25.10., Rom, DAI Rom, Beiratssitzung Cluster 5 „Geschichte der Archäologie“, Vortrag „Propylaeum-VITAE. Akteure, Netzwerke, Praktiken“.

H. **Skorna**, 13.4., Stralsund, Archäologische Gesellschaft für Mecklenburg und Vorpommern e. V. / Landesamt für Kultur und Denkmalpflege Mecklenburg-Vorpommern / Landesarchäologie Landesverband für Unterwasserarchäologie Mecklenburg-Vorpommern e. V., Tagung „61. Regionaltagung für Ostmecklenburg und Vorpommern“, Vortrag „Ex oriente lux? – Studien zum jungsteinzeitlichen Kupferhortfund aus Neuenkirchen, Lkr. Mecklenburgische Seenplatte“.

B. Nessel / C. **Uhnér**, 21.6., Miskolc, University of Miskolc, Konferenz „The 5th International Conference ‘Archaeometallurgy in Europe’“, Vortrag „Preliminary results of the analyses of features, soils and slag from a newly excavated Late Bronze Age metal workshop“.

B. Nessel / C. Uhnér, 7.9., Bern, 25th Annual Meeting of the European Association of Archaeologists (EAA), Session 191 „From science to history: interpreting archaeometallurgy“, Vortrag „A Late Bronze Age metal workshop from the Teleac hillfort in Transylvania – preliminary results“.

B. Nessel / C. Uhnér, 2.10., Frankfurt a. M., Goethe-Universität Frankfurt / University of Oxford, Tagung „FLAME V: The Flow of Ancient Metal Across Eurasia. Der Fluss von Alten Metallen durch Eurasien“, Vortrag „The Late Bronze Age metal workshop from Teleac, Transsylvania“.

C. Uhnér / H. Ciugudean, 8.10., Frankfurt a. M., Goethe-Universität Frankfurt / RGK, 4th International LOEWE Conference „The Early History of War and Conflict“, Vortrag „At the crossroads: Control and conflict in Teleac – a Late Bronze and Early Iron Age hillfort in southwestern Transylvania“.

H.-U. **Voß**, 13.9., Natalivka, Charkivs`kii Nazional`nii Universitet Imeni V. N. Karasanina, Internationales Seminar „Problems of Archaeology of Late Roman Period – Early Great Migration Period in Central and Eastern Europe“, Vortrag „Bemerkungen zum römischen Einfluss in verschiedenen Teilen des europäischen Barbaricums am Ende der Römischen Kaiserzeit“.

H.-U. Voß, 10.10., Hagenow, Museum für Alltagskultur der Griesen Gegend und Alte Synagoge Hagenow, Führung und Vortrag „Römer in Mecklenburg? ‚Fürstengräber‘ der frühen Römischen Kaiserzeit in Hagenow und Markomannenkriege Kaiser Mark Aurels“.

D. **Wigg-Wolf**, 23.3., Edinburgh, National Museums Scotland, Workshop „Denarii beyond the Empire: political & cultural perspectives on Roman silver coins in Barbaricum“, Vortrag „New insights into the outflow of denarii to the German Barbaricum“.

D. Wigg-Wolf / K. Tolle / T. Kissinger, 28.03., Frankfurt a. M., Centrum für Digitale Forschung in den Geistes-, Sozial- und Bildungswissenschaften (CEDIFOR) / Mainzer Zentrum für Digitalität in den Geistes- und Kulturwissenschaften (mainzed), 6. Jahrestagung des Verbands „Digital Humanities im deutschsprachigen Raum“, Vortrag „Nomisma.org: Numismatik und das Semantic Web“.

D. Wigg-Wolf, 13.4., Stralsund, 61. Regionaltagung für Ostmecklenburg und Vorpommern, Vortrag „Geld für die Barbaren? Neue Erkenntnisse zu den römischen Münzen in Norddeutschland“.

K. Tolle / D. Wigg-Wolf, 24.4., Krakow, CAA, Tagung CAA 2019 „Check Object Integrity“, Session 14 „Modelling Data Quality in archaeological Linked Open Data“, Vortrag „Uncertain Information, the Dark Matter of Archaeology – use cases from numismatics“.

E. Gruber / K. Tolle / D. Wigg-Wolf, 25.4., Krakow, CAA, Tagung CAA 2019 „Check Object Integrity“, Session 20 „Recent Developments in Digital Numismatics – Breaking down barriers“, Vortrag „Applying Linked Open Data to non-standardised typologies: the example of Celtic coinages“.

K. P. Hofmann / D. Wigg-Wolf, 5.9., Bern, 25th Annual Meeting of the European Association of Archaeologists (EAA), Session 175 „Research Data and Digital Corpora: From Archaeological Findings to Artefacts of the Future“, Vortrag „Object Episteomologies and the Practice of Editing Things: An Introduction“.

K. Tolle / D. Wigg-Wolf / E. Gruber, 5.9., Utrecht, Universität Utrecht, Workshop „Ontologies for Linked Data in the Humanities: Workshop at DH2019“, Vortrag „Nomisma.org – its up growth and resulting issues“.

D. Wigg-Wolf / S. Klein / T. Greifelt, 17.9., Bochum, Deutsches Bergbaumuseum, Workshop „Die Metallurgie römischer Denare“, Vortrag „Metal analyses of Roman Imperial Denarii“.

D. Wigg-Wolf, 10.10., Frankfurt a. M., RGK / Goethe-Universität Frankfurt / AG Spätantike und Frühmittelalter, Tagung „14. Sitzung der AG Spätantike und Frühmittelalter. Wert-Vorstellungen: Frühgeschichtliche Deponierungen – Praktiken, Kontexte, Bedeutungen“, Vortrag „Why were hoards buried? … and not recovered?“.

D. Wigg-Wolf, 2.12., Basel, Universität Basel, Seminar „Beutekunst?! Die Restitutionsdebatte in den Altertumswissenschaften“, Vortrag „NETcher – Social Platform for Cultural Heritage: Ein Horizon 2020-Projekt im Kampf gegen den illegalen Antikenhandel“.

M. **Wingenfeld**, 8.10., Frankfurt a. M., 4th International LOEWE Conference „The Early History of War and Conflict“, Vortrag „Schutz und Sicherheit im Zeichen der Burg? Bronzezeitliche Höhenbefestigungen in Hessen und Thüringen“.

Poster der Mitarbeiter*innen der RGK

N. **Chub**, 21.11., Sankt Petersburg, Institut für Geschichte der materiellen Kultur der Russischen Akademie der Wissenschaften / Die Eremitage, Internationale Konferenz „Antiquities of East Europe, South Asia and South Siberia in the context of connections and interactions within the Eurasian cultural space (new data and concepts)“, Poster „Landfahrzeuge der Trypillja-Kultur und die Innovation des Wagens“.

J. **Hahn**, 1.–5.4., Würzburg, 85. Verbandstagung des West- und Süddeutschen Verbandes für Altertumskunde und 24. Verbandstagung des Mittel- und Ostdeutschen Verbandes für Altertumskunde, Poster „Wie tickten die Taubertaler? Das schnurkeramische Gräberfeld Markelsheim-Fluräcker im regionalen Vergleich aus anthropologischer Sicht“.

N. Pickartz / R. Hofmann / St. Dreibrodt / K. **Rassmann** / L. Shatilo / R. Ohlrau / D. Wilken / W. Rabbel, 13.3., Kiel, Christian-Albrechts-Universität zu Kiel, Internationale Konferenz „Socio-environmental Dynamics over the last 15 000 years. The creation of Landscapes“, Session 19 „Scales of Transformation in Prehistoric and Archaic Societies – CRC 1266“, Poster „Quantification of Daub Masses based on Magnetic Prospection Data“.

## 5. Veröffentlichungen

### Publikationen der Römisch-Germanischen Kommission

Germania 96, 2018, 1.–2. Halbband. doi: https://doi.org/10.11588/ger.2018.0.

Limesforschungen 29: C.-M. Hüssen, Das Römische Holz-Erde-Lager auf der Breitung in Weißenburg i. Bay. Mit einem Beitrag von E. Hahn (Berlin 2018).

Der Band in der Reihe Limesforschungen stellt die Ergebnisse der archäologischen Ausgrabungen auf der Flur „Breitung" in Weißenburg i. Bay. vor. In mehreren Kampagnen zwischen 1976 und 1991 konnte ein 3 ha großes Holz-Erde-Kastell nahezu vollständig untersucht werden. In der Art der Innenbebauung ist bis heute im römischen Imperium kein vergleichbares Truppenlager bekannt geworden und in dieser Vollständigkeit ausgegraben worden. Das Kastell wurde auf dem Areal einer aufgelassenen Siedlung der Spätlatènezeit und neben einer keltischen Viereckschanze errichtet. Das Lager wurde vom römischen Militär nur für eine kurze Dauer genutzt, vielleicht nur wenige Monate im Rahmen einer befristeten Aufgabe in der Zeit um 160 n. Chr. neben dem bekannten römischen Standlager in Weißenburg i. Bay.-*Biriciana*. Als Truppe kommt eine starke, teilberittene Einheit in Frage, eine *cohors equitata militaria*, die im Rahmen des Ausbaus des Limes dorthin abkommandiert war.

Limesforschungen 30: E. Krieger, Die Wachttürme und Kleinkastelle am Raetischen Limes. Mit einem Beitrag von Thomas Becker (Berlin 2018).

Das Archiv der Reichslimeskommission überliefert die Original-Dokumentation, in der die Bearbeiter im Gelände Befunde erfassten. Auf diesen Aufzeichnungen basiert das zwischen 1894–1937 herausgegebene 15-bändige Monumentalwerk „Der Obergermanisch-Raetische Limes des Römerreiches" (ORL). Die Autorin hat in einer an der Universität Köln verfassten Dissertation für den Raetischen Limes die historischen Dokumentationen akribisch ausgewertet und auf dieser Grundlage die publizierten Befunde in den Lieferungen des ORL-Corpus geprüft und neu bewertet. Ihre Studie bringt die Feldforschungsaufzeichnungen und die publizierten Befunde in eine vergleichende Gegenüberstellung, die auch später gewonnene Untersuchungs- und Prospektionsergebnisse einbezieht. Das Ergebnis ist neben der quellenkritischen Bewertung der Befundvorlagen eine fundierte Darstellung sowohl der Forschungsgeschichte als auch gegenwärtig in der Diskussion befindlicher Forschungsfragen.

Castellum Pannonicum Pelsonense 7: E. Bánffy / J. P. Barna (Hrsg.), „Trans Lacum Pelsonem". Prähistorische Forschungen in Südwestungarn (5500–500 v. Chr.) / Prehistoric Research in South-Western Hungary (5500–500 BC) (Rahden 2019).

Die Reihe Castellum Pannonicum Pelsonense wurde 2010 gegründet, um die Ergebnisse archäologischer Forschungen in und um die spätantike Befestigung von Keszthely-Fenékpuszta in der Klein-Balaton-Region und in Südwestungarn vorzulegen. Der vorliegende Band wurde von der RGK mitherausgegeben. Ein dichtes Netz an Fundplätzen vom Neolithikum bis zur Eisenzeit liegt aus dieser Forschungsregion vor, das Hinweise auf Okkupationsprozesse auf einer überregionalen, komparativen Ebene liefert. Diese Fundplätze wurden seit den 1970er-Jahren in drei großen Forschungsprojekten und zahlreichen Rettungsgrabungen erfasst und werden nun, ergänzt um Ergebnisse aus der historischen DNA-Forschung und weitere naturwissenschaftliche Analysen, gemeinsam vorgelegt.

E. Bánffy / K. P. Hofmann / Ph. von Rummel (Hrsg.), Spuren des Menschen. 800 000 Jahre Geschichte in Europa (Darmstadt 2019) [https://www.wbg-wissenverbindet.de/shop/28594/spuren-des-menschen].

Das bei WBG Theiss Verlag erschienene Sachbuch zeigt die facettenreiche Geschichte Europas von der Urgeschichte, über Antike, Mittelalter bis zur Zeitgeschichte anhand aktueller Grabungsergebnisse und naturwissenschaftlicher Forschungen. Wie sahen Europas Städte vor der Ankunft der Römer aus? Warum sind mittelalterliche Wüstungen ein Glücksfall für die Archäologie? Wie beeinflusste die Dreifelderwirtschaft Mikroklima und Biodiversität? Die Autorinnen und Autoren machen den enormen Wissenszuwachs durch die archäologischen Forschungen der letzten Jahrzehnte in reich bebilderten Beiträgen sichtbar. Dafür gehen sie auf eine Fülle natur-, sozial- und kulturwissenschaftlicher Fragestellungen ein und thematisieren auch Aspekte der Mobilität, Innovation, Migration und der Widerstandsfähigkeit von Gesellschaften. Und wie kommt das neu gewonnene Wissen zu den Menschen? Wie der Wissenstransfer gelingen kann, wird z. B. anhand von Beispielen aus Museen und Ausstellungen thematisiert.

Römisch-Germanische Kommission (Hrsg.), Die RGK stellt sich vor. Introducing the RGK (Frankfurt a. M. 2019) [https://www.dainst.org/publikationen/broschueren (letzter Zugriff: 1.12.2021)]

In einer handlichen Imagebroschüre stellt die RGK ihre Geschichte und ihre Arbeitsbereiche vor.

## Publikationen der Mitarbeiter*innen der Römisch-Germanischen Kommission

E. **Bánffy** / K. P. Hofmann, e-Jahresbericht der Römisch-Germanischen Kommission 2018. e-Jahresbericht des DAI 2018, 89–110. https://publications.dainst.org/journals/ejb/2209/6654 (letzter Zugriff: 1.12.2021)

E. Bánffy / K. P. Hofmann / Ph. v. Rummel (Hrsg.), Spuren des Menschen. 800 000 Jahre Geschichte in Europa (Darmstadt 2019).

E. Bánffy / J. P. Barna (Hrsg.), „Trans Lacum Pelsonem". Prähistorische Forschungen in Südwestungarn (5500–500 v. Chr.) = Prehistoric Research in South-Western Hungary (5500–500 BC). Castellum Pannonicum Pelsonense 7 (Rahden / Westf. 2019).

E. Bánffy, First Farmers of the Carpathian Basin. Changing patterns in subsistence, ritual and monumental figurines. Prehist. Soc. Research Paper 8 (Oxford, Philadelphia 2019).

J. P. Barna / G. Serlegi / Z. Fullár / E. Bánffy, A circular enclosure and settlement from the mid-fifth millennium BC at Balatonmagyaród-Hídvégpuszta. In: E. Bánffy / J. P. Barna (Hrsg.), „Trans Lacum Pelsonem". Prähistorische Forschungen in Südwestungarn (5500–500 v. Chr.) = Prehistoric Research in South-Western Hungary (5500–500 BC). Castellum Pannonicum Pelsonense 7 (Rahden / Westf. 2019) 117–160.

A. Szécsényi-Nagy / J. P. Barna / A. Mörseburg / C. Knipper / E. Bánffy / K. W. Alt, An unusual community in death. Reconsidering of the data on the mortuary practices of the Balaton-Lasinja culture in the light of bioarchaeological analyses. In: E. Bánffy / J. P. Barna (Hrsg.), „Trans Lacum Pelsonem". Prähistorische Forschungen in Südwestungarn (5500–500 v. Chr.) = Prehistoric Research in South-Western Hungary (5500–500 BC). Castellum Pannonicum Pelsonense 7 (Rahden / Westf. 2019) 161–186.

E. Bánffy / K. P. Hofmann / Ph. v. Rummel, Vorwort. In: E. Bánffy / K. P. Hofmann / Ph. v. Rummel (Hrsg.), Spuren des Menschen. 800 000 Jahre Geschichte in Europa (Darmstadt 2019) 6–7.

D. Hofmann / E. Bánffy / D. Gronenborn / A. Whittle / A. Zimmermann, Als die Menschen sesshaft wurden. Die Jungsteinzeit in Süd- und Mitteldeutschland. In: E. Bánffy / K. P. Hofmann / Ph. v. Rummel (Hrsg.), Spuren des Menschen. 800 000 Jahre Geschichte in Europa (Darmstadt 2019) 111–121.

C. Uhnér / H. Ciugudean / S. Hansen / F. **Becker** / G. Bălan / R. Burlacu-Timofte, The Teleac Hillfort in Southwestern Transylvania. The role of settlement, war and the destruction of the fortification system. In: S. Hansen / R. Krause (Hrsg.), Bronze Age Fortresses in Europe. Proceedings of the Second International LOEWE Conference, 9–13 October 2017 in Alba Julia. Univforsch. Prähist. Arch. 335 (Bonn 2019) 177–200.

K. H. J. Boom / M. H. van den Dries / A. **Gramsch** / A. van Rhijn, A tale of the unexpected: a heritage encounter with a new target audience and the sociocultural impact experienced by this community of participants. In: J. H. Jameson / S. Musteață (Hrsg.), Transforming Heritage Practice in the 21st Century. Contributions from Community Archaeology. One World Archaeology (New York et al. 2019) 29–42.

A. Gramsch / K. P. Hofmann / S. Grunwald / N. Müller-Scheeßel, Was ist Archäologie? Spuren, Menschen, Dinge. In: E. Bánffy / K. P. Hofmann / Ph. v. Rummel (Hrsg.), Spuren des Menschen. 800 000 Jahre Geschichte in Europa (Darmstadt 2019) 8–33.

A. Gramsch / K. Rassmann, Mensch, Umwelt, Lebenswelt. Die Erkundung einer Beziehungsgeschichte. In: E. Bánffy / K. P. Hofmann / Ph. v. Rummel (Hrsg.), Spuren des Menschen. 800 000 Jahre Geschichte in Europa (Darmstadt 2019) 34–55.

A. Gramsch, A newsletter is a newsletter is a … EAA at 25 years. The European Archaeologist 61, 2019, 21–22. https://www.e-a-a.org/EAA/Publications/Tea/Tea_61/EAA_at_25_years/EAA/
Navigation_Publications/Tea_61_content/EAA_at_25_years.aspx#61_newsletter (letzter Zugriff: 1.12.2021)

J. **Hahn**, Bericht zum 13. internationalen Kongress der Gesellschaft für Anthropologie „Wohl und Wehe – Gesundheit und Wohlbefinden aus anthropologischer Sicht". Newsletter für den wissenschaftlichen Nachwuchs der Anthropologie 2019,2, 26–33.

E. Bánffy / K. P. **Hofmann**, e-Jahresbericht der Römisch-Germanischen Kommission 2018. e-Jahresbericht des DAI 2018, 89–110. https://publications.dainst.org/journals/ejb/2209/6654 (letzter Zugriff: 1.12.2021)

E. Bánffy / K. P. Hofmann / Ph. v. Rummel (Hrsg.), Spuren des Menschen. 800 000 Jahre Geschichte in Europa (Darmstadt 2019).

E. Bánffy / K. P. Hofmann / Ph. v. Rummel, Vorwort. In: E. Bánffy / K. P. Hofmann / Ph. v. Rummel (Hrsg.), Spuren des Menschen. 800 000 Jahre Geschichte in Europa (Darmstadt 2019) 6–7.

A. Gramsch / K. P. Hofmann / S. Grunwald / N. Müller-Scheeßel, Was ist Archäologie? Spuren, Menschen, Dinge. In: E. Bánffy / K. P. Hofmann / Ph. v. Rummel (Hrsg.), Spuren des Menschen. 800 000 Jahre Geschichte in Europa (Darmstadt 2019) 8–33.

K. P. Hofmann / S. Grunwald / F. Lang / U. Peter / K. Rösler / L. Rokohl / St. Schreiber / K. Tolle / D. Wigg-Wolf, Ding-Editionen. Vom archäologischen (Be-)Fund übers Corpus ins Netz. e-Forschungsbericht des DAI 2019,2, 1–12. doi: https://doi.org/10.34780/s7a5-71aj.

I. **Hohle** [Rez. zu]: N. Fröhlich, Bandkeramische Hofplätze. Artefakte der Keramikchronologie oder Abbild sozialer und wirtschaftlicher Strukturen? Frankfurter Arch. Schr. 33 (Bonn 2017). = Jülicher Geschbl. 2017/18, 2019, 353–359.

M. **Kohle**, Mensch, Abbild, Ahne? Die Anthropomorphisierung von Urnen. In: Ch. Bockisch-Bräuer / B. Mühlendorfer / M. Schönefelder (Hrsg.), Die frühe Eisenzeit in Mitteleuropa. Internationale Tagung vom 20.–22. Juli 2017 in Nürnberg = Early Iron Age in Central Europe. Beitr. Vorgesch. Nordostbayern 9 (Nürnberg 2019) 57–66.

M. Kohle / L. Kuhn / A. Zimmermann, Von der Axt bis zur Zwiebelknopffibel. Die Lehrsammlung der Abt. für Ur- und Frühgeschichte und Archäologie des Mittelalters der Universität Freiburg. Arch. Nachr. Baden 95, 2019, 36–50.

M. Kohle, Mehr als die Summe ihrer Teile. Studien zu eisenzeitlichen Urnengräbern. In: R. Karl / J. Leskovar (Hrsg.), Interpretierte Eisenzeiten. Fallstudien, Methoden, Theorie. Tagungsbeiträge der 8. Linzer Gespräche zur interpretativen Eisenzeitarchäologie. Stud. Kulturgesch. Oberösterreich, Folge 49 (Linz 2019) 209–220.

S. Hornung / T. Lang / S. Schröer / A. **Lang** / A. Kronz, Mensch und Umwelt III. Studien zur ländlichen Besiedlung der Region um Oberlöstern (Lkr. Merzig-Wadern) in gallo-römischer Zeit. Univforsch. Prähist. Arch. 326 (Bonn 2019).

A. Lang, Die villa rustica von Oberlöstern. Archäologisch-geophysikalische Untersuchungen des Gutshofes und einer möglichen Vorgängersiedung in einheimischer Holzbauweise. In: S. Hornung / T. Lang / S. Schröer / A. Lang / A. Kronz, Mensch und Umwelt III. Studien zur ländlichen Besiedlung der Region um Oberlöstern (Lkr. Merzig-Wadern) in gallo-römischer Zeit. Univforsch. Prähist. Arch. 326 (Bonn 2019) 177–228.

A. Lang, Katalog der Funde aus der villa rustica „Im Honigsack" sowie der Siedlung „Auf der Sengelheck" und „Spiesfeld" bei Oberlöstern. In: S. Hornung / T. Lang / S. Schröer / A. Lang / A. Kronz, Mensch und Umwelt III. Studien zur ländlichen Besiedlung der Region um Oberlöstern (Lkr. Merzig-Wadern) in gallo-römischer Zeit. Univforsch. Prähist. Arch. 326 (Bonn 2019) 501–506.

A. Lang, Liste 2 – Elektrische Widerstandstomographien (ERT) im Areal der villa rustica „Im Honigsack" bei Oberlöstern. In: S. Hornung / T. Lang / S. Schröer / A. Lang / A. Kronz, Mensch und Umwelt III. Studien zur ländlichen Besiedlung der Region um Oberlöstern (Lkr. Merzig-Wadern) in gallo-römischer Zeit. Univforsch. Prähist. Arch. 326 (Bonn 2019) 507–510.

M. große Beilage / M. **Pilekić** / A. Klünker, 10. Numismatisches Sommerseminar 2019. In: Institut für Numismatik und Geldgeschichte der Universität Wien (Hrsg.), Mitt. Inst. Numismatik und Geldgeschichte Wien 59 (Wien 2019) 11–12.

M. Pilekić / I. Vida, Subaeratus solidusok a Magyar Nemzeti Múzeum gyűjteményéből (= Subaearate Solidi from the Collection of the Hungarian National Museum). Az Érem 75, 2019,2, 8–10.

A. Becker / G. **Rasbach**, Les premiers témoignages d'architecture et d'urbanisme romains à l'est du Rhin. In: V. Guichard / M Vaginay (Hrsg.), Les modèles italiens dans l'architecture des iie et i[er] siècles avant notre ère en Gaule et dans les régions voisines. Actes du colloque de Toulouse, 2–4 octobre 2013. Collect. Bibracte 30 (Glux-en-Glenne 2019) 489–499.

G. Rasbach / C. Hüssen / D. Wigg-Wolf, Die Römer kommen! Römische Welt in Stadt und Land. In: E. Bánffy / K. P. Hofmann / Ph. v. Rummel (Hrsg.), Spuren des Menschen. 800 000 Jahre Geschichte in Europa (Darmstadt 2019) 247–269.

N. Becker / G. Rasbach, Klassik digital: Altertumsforschung im 21. Jahrhundert. Probleme, Tendenzen und Möglichkeiten. O-Bib. Das offene Bibliotheksjournal 6,2, 2019, 102–106. doi: https://doi.org/10.5282/o-bib/2019H2S102-106.

J. Henning / M. McCormick / L. Olmo Enciso / K. **Rassmann** / F. E. Eyub, Reccopolis revealed. The first geomagnetic mapping of the early medieval Visigothic royal town. Antiquity 93, 369, 2019, 735–751. doi: https://doi.org/10.15184/aqy.2019.66.

N. Pickartz / R. Hofmann / St. Dreibrodt / K. Rassmann / L. Shatilo / R. Ohlrau / D. Wilken / W. Rabbel, Deciphering archeological contexts from the magnetic map. Determination of daub distribution and mass of Chalcolithic house remains. Holocene 29,10, 2019, 1637–1652. doi: https://doi.org/10.1177/0959683619857238.

S. J. Martini / B. Athanassov / M. Frangipane / K. Rassmann / P. W. Stockhammer / St. Dreibrodt, A budgeting approach for estimating matter fluxes in archaeosediments, a new method to infer site formation and settlement activity: Examples from a transect of multi-layered Bronze Age settlement mounds. Journal Arch. Scien., Reports 26, 2019, 1–13. doi: https://doi.org/10.1016/j.jasrep.2019.101916.

K. Rassmann / S. Davis / J. Gibson, Non- and minimally-invasive methods to investigate megalithic landscapes in the Brú na Bóinne World Heritage Site (Ireland) and Rousay, Orkney Islands in North-Western Europe. Journal Neolithic Arch. 21, 2019, 1–22. doi: https://doi.org/10.12766/jna.2019S.4.

A. Gramsch / K. Rassmann, Mensch, Umwelt, Lebenswelt. Die Erkundung einer Beziehungsgeschichte. In: E. Bánffy / K. P. Hofmann / Ph. v. Rummel (Hrsg.), Spuren des Menschen. 800 000 Jahre Geschichte in Europa (Darmstadt 2019) 34–55.

J. Müller / K. Rassmann, Frühe Monumente – soziale Räume. Das neolithische Mosaik einer neuen Zeit. In: E. Bánffy / K. P. Hofmann / Ph. v. Rummel (Hrsg.), Spuren des Menschen. 800 000 Jahre Geschichte in Europa (Darmstadt 2019) 134–155.

K. Rassmann / F. Schopper, Historische Epoche oder Fiktion? Die Bronzezeit. In: E. Bánffy / K. P. Hofmann / Ph. v. Rummel (Hrsg.), Spuren des Menschen. 800 000 Jahre Geschichte in Europa (Darmstadt 2019) 156–181.

O. Heinrich-Tamáska / Z. May / K. Rassmann / G. Szenthe / H.-U. Voß, Anhang I: Bestandteile awarenzeitlicher goldener Pseudoschnallengürtel aus der Sammlung des Ungarischen Nationalmuseums in Budapest. In: H. Eilbracht / O. Heinrich-Tamáska / B. Niemeyer / I. Reiche / H.-U. Voß (Hrsg.), Über den Glanz des Goldes und die Polychromie. Technische Vielfalt und kulturelle Bedeutung vor- und frühgeschichtlicher Metallarbeiten. Koll. Vor- u. Frühgesch. 24 (Bonn 2019) 176–203.

O. Heinrich-Tamáska / K. Rassmann / H.-U. Voß / E. Wicker, Anhang II: Der goldene Pseudoschnallengürtel aus dem Grab 1 von Kunbábony. In: H. Eilbracht / O. Heinrich-Tamáska / B. Niemeyer / I. Reiche / H.-U. Voß (Hrsg.), Über den Glanz des Goldes und die Polychromie. Technische Vielfalt und kulturelle Bedeutung vor- und frühgeschichtlicher Metallarbeiten. Koll. Vor- u. Frühgesch. 24 (Bonn 2019) 204–230.

J. Davidović / O. Heinrich-Tamáska / M. Milinković / I. Popović / K. Rassmann / H.-U. Voß, Anhang III: Der goldene Pseudoschnallengürtel aus Sirmium / Sremska Mitrovica. In: H. Eilbracht / O. Heinrich-Tamáska / B. Niemeyer / I. Reiche / H.-U. Voß (Hrsg.), Über den Glanz des Goldes und die Polychromie. Technische Vielfalt und kulturelle Bedeutung vor- und frühgeschichtlicher Metallarbeiten. Koll. Vor- u. Frühgesch. 24 (Bonn 2019) 231–250.

T. Kerig / Ch. Mader / K. Ragkou / M. **Reinfeld** / T. Zachar (Hrsg.), Social Network Analysis in Economic Archaeology – Perspectives from a New World. Graduiertenkolleg 1878. Stud. Wirtschaftsarch. 3 (Bonn 2019).

W. Filser / B. Fritsch / M. Reinfeld / U. Schmidt, Dreidimensionale Rekonstruktion einer villa maritima. Die römische Meeresvilla von Capo di Sorrento. In: Antike Welt (Hrsg.), Auferstehung der Antike. Archäologische Stätten digital rekonstruiert (Darmstadt 2019) 28–31.

W. Filser / B. Fritsch / J. Lentschke / M. Makki / M. Reinfeld / U. Schmidt, Prunk, Prestige, Präsentation. Die römische Luxusvilla von Capo di Sorrento. Ant. Welt 4, 2019, 69–78.

H. Erkanal / İ. Tuğcu / V. Şahoğlu / J. I. Boyce / M. Reinfeld / Y. Alkan / N. Riddick, Liman Tepe 2017 Yılı Su Altı Çalışmaları. In: T. C. Kültür ve Turizm Bakanlığı (Hrsg.), 36. Araştırma Sonuçları Toplantısı. 07.–11. Mai 2018. Çanakkale. Kültür Varlıkları ve Müzeler Genel Müdürlüğü 184,2 (Ankara 2019) 293–308.

W. Held / M. Reinfeld, Zur Erforschung des Mare Erythraeum. Der Marburger Unterwassersurvey vor der Küste Saudi-Arabiens. Nachrbl. Arbeitskreis Unterwasserarch. 18, 2016 (2019) 91–96.

K. P. Hofmann / S. Grunwald / F. Lang / U. Peter / K. **Rösler** / L. Rokohl / St. Schreiber / K. Tolle / D. Wigg-Wolf, Ding-Editionen. Vom archäologischen (Be-)Fund übers Corpus ins Netz. e-Forschungsbericht des DAI 2019,2, 1–12. doi: https://doi.org/10.34780/s7a5-71aj.

Ph. v. Rummel / D. Winger / Ch. **Rummel**, Zwischen Antike und Mittelalter. Westrom und die Völkerwanderung. In: E. Bánffy / K. P. Hofmann / Ph. v. Rummel (Hrsg.), Spuren des Menschen. 800 000 Jahre Geschichte in Europa (Darmstadt 2019) 297–318.

M. Trümper / C. Brünenberg / J.-A. Dickmann / D. Esposito / A. F. Ferrandes / G. Pardini / A. Pegurri / M. Robinson / Ch. Rummel, Stabian Baths in Pompeii: New Research on the Development of Ancient Bathing Culture. Mitt. DAI Rom 125, 2019, 103–159.

S. Hornung / T. Lang / S. **Schröer** / A. Lang / A. Kronz, Mensch und Umwelt III. Studien zur ländlichen Besiedlung der Region um Oberlöstern (Lkr. Merzig-Wadern) in gallo-römischer Zeit. Univforsch. Prähist. Arch. 326 (Bonn 2019).

C. **Uhnér** / H. Ciugudean / S. Hansen / F. Becker / G. Bălan / R. Burlacu-Timofte, The Teleac Hillfort in southwestern Transylvania. The role of settlement, war and the destruction of the fortification system. In: S. Hansen / R. Krause (Hrsg.), Bronze Age Fortresses in Europe. Proceedings of the Second International LOEWE Conference, 9–13 October 2017 in Alba Julia. Univforsch. Prähist. Arch. 335 (Bonn 2019) 177–200.

H. Ciugudean / C. Uhnér / C. Quinn / G. Bălan / O. Oarga / A. Bolog / G. Baltes, Grupul Band-Cugir în lumina noilor cercetări din Transilvania centrală şi sud-vestică. Apulum 56, 2019, 245–277.

H. Eilbracht / O. Heinrich-Tamáska / B. Niemeyer / I. Reiche / H.-U. **Voß** (Hrsg.), Über den Glanz des Goldes und die Polychromie. Technische Vielfalt und kulturelle Bedeutung vor- und frühgeschichtlicher Metallarbeiten. Koll. Vor- u. Frühgesch. 24 (Bonn 2019).

O. Heinrich-Tamáska / H.-U. Voß, Goldene Pseudoschnallengürtel in der Avaria (7. Jh. n. Chr.): Studien zur Konstruktion, zu Herstellungs- und Verzierungstechniken sowie zum Material. In: H. Eilbracht / O. Heinrich-Tamáska / B. Niemeyer / I. Reiche / H.-U. Voß (Hrsg.), Über den Glanz des Goldes und die Polychromie. Technische Vielfalt und kulturelle Bedeutung vor- und frühgeschichtlicher Metallarbeiten. Koll. Vor- u. Frühgesch. 24 (Bonn 2019) 125–175.

O. Heinrich-Tamáska / Z. May / K. Rassmann / G. Szenthe / H.-U. Voß, Anhang I: Bestandteile awarenzeitlicher goldener Pseudoschnallengürtel aus der Sammlung des Ungarischen Nationalmuseums in Budapest. In: H. Eilbracht / O. Heinrich-Tamáska / B. Niemeyer / I. Reiche / H.-U. Voß (Hrsg.), Über den Glanz des Goldes und die Polychromie. Technische Vielfalt und kulturelle Bedeutung vor- und frühgeschichtlicher Metallarbeiten. Koll. Vor- u. Frühgesch. 24 (Bonn 2019) 176–203.

O. Heinrich-Tamáska / K. Rassmann / H.-U. Voß / E. Wicker, Anhang II: Der goldene Pseudoschnallengürtel aus dem Grab 1 von Kunbábony. In: H. Eilbracht / O. Heinrich-Tamáska / B. Niemeyer / I. Reiche / H.-U. Voß (Hrsg.), Über den Glanz des Goldes und die Polychromie. Technische Vielfalt und kulturelle Bedeutung vor- und frühgeschichtlicher Metallarbeiten. Koll. Vor- u. Frühgesch. 24 (Bonn 2019) 204–230.

J. Davidović / O. Heinrich-Tamáska / M. Milinković / I. Popović / K. Rassmann / H.-U. Voß, Anhang III: Der goldene Pseudoschnallengürtel aus Sirmium / Sremska Mitrovica. In: H. Eilbracht / O. Heinrich-Tamáska / B. Niemeyer / I. Reiche / H.-U. Voß (Hrsg.), Über den Glanz des Goldes und die Polychromie. Technische Vielfalt und kulturelle Bedeutung vor- und frühgeschichtlicher Metallarbeiten. Koll. Vor- u. Frühgesch. 24 (Bonn 2019) 231–250.

H.-U. Voß / M. Meyer / E. Schultze / D. Wigg-Wolf, Wo die „Barbaren" leben. Germanen zwischen Ostsee und Rhein. In: E. Bánffy / K. P. Hofmann/ Ph. v. Rummel (Hrsg.), Spuren des Menschen. 800 000 Jahre Geschichte in Europa (Darmstadt 2019) 270–296.

Th. G. Schattner / D. Vieweger / D. **Wigg-Wolf** (Hrsg.), Kontinuität und Diskontinuität, Prozesse der Romanisierung. Fallstudien zwischen Iberischer Halbinsel und Vorderem Orient. Ergebnisse der gemeinsamen Treffen der Arbeitsgruppen „Kontinuität und Diskontinuität: Lokale Traditionen und römische Herrschaft im Wandel" und „Geld eint, Geld trennt" (2013–2017). Cluster 6 »Connecting Cultures« Formen, Wege und Räume kultureller Interaktion 1 = Menschen, Kulturen, Traditionen 15 (Rahden / Westf. 2019).

D. Wigg-Wolf, Geld eint, Geld trennt – einige Grundgedanken. In: Th. G. Schattner / D. Vieweger / D. Wigg-Wolf (Hrsg.), Kontinuität und Diskontinuität, Prozesse der Romanisierung. Fallstudien zwischen Iberischer Halbinsel und Vorderem Orient. Ergebnisse der gemeinsamen Treffen der Arbeitsgruppen „Kontinuität und Diskontinuität: Lokale Traditionen und römische Herrschaft im Wandel" und „Geld eint, Geld trennt" (2013–2017). Cluster 6 »Connecting Cultures« Formen, Wege und Räume kultureller Interaktion 1 = Menschen, Kulturen, Traditionen 15 (Rahden / Westf. 2019) 13–28.

A. Gutsfeld / A. Lichtenberger / Th. G. Schattner / H. Schnorbusch / D. Wigg-Wolf, Prozesse der Romanisierung: Ergebnisse und Perspektiven / Processes of Romanization: results and perspectives. In: Th. G. Schattner / D. Vieweger / D. Wigg-Wolf (Hrsg.), Kontinuität und Diskontinuität, Prozesse der Romanisierung. Fallstudien zwischen Iberischer Halbinsel und Vorderem Orient. Ergebnisse der gemeinsamen Treffen der Arbeitsgruppen „Kontinuität und Diskontinuität: Lokale Traditionen und römische Herrschaft im Wandel" und „Geld eint, Geld trennt" (2013–2017). Cluster 6 »Connecting Cultures« Formen, Wege und Räume kultureller Interaktion 1 = Menschen, Kulturen, Traditionen 15 (Rahden / Westf. 2019) 193–206.

D. Wigg-Wolf, Rethinking coin finds as a process. In: St. Krmnicek / J. Chameroy (Hrsg.), Money Matters. Coin Finds and Ancient Coin Use (Bonn 2019) 13–20.

G. Rasbach / C. Hüssen / D. Wigg-Wolf, Die Römer kommen! Römische Welt in Stadt und Land. In: E. Bánffy / K. P. Hofmann/ Ph. v. Rummel (Hrsg.), Spuren des Menschen. 800 000 Jahre Geschichte in Europa (Darmstadt 2019) 247–269.

H.-U. Voß / M. Meyer / E. Schultze / D. Wigg-Wolf, Wo die „Barbaren" leben. Germanen zwischen Ostsee und Rhein. In: E. Bánffy / K. P. Hofmann/ Ph. v. Rummel (Hrsg.), Spuren des Menschen. 800 000 Jahre Geschichte in Europa (Darmstadt 2019) 270–296.

K. P. Hofmann / S. Grunwald / F. Lang / U. Peter / K. Rösler / L. Rokohl / St. Schreiber / K. Tolle / D. Wigg-Wolf, Ding-Editionen. Vom archäologischen (Be-)Fund übers Corpus ins Netz. e-Forschungsbericht des DAI 2019,2, 1–12. doi: https://doi.org/10.34780/s7a5-71aj.

## 6. Gremienarbeit

E. Bánffy ist
Vorsitzende der Oscar Montelius Foundation der European Association of Archaeologists;
Mitglied im Beirat der Stiftung „Pro archaeologia Saxoniae", Dresden;
Wiss. Beirat Niedersächsisches Institut für historische Küstenforschung in Wilhelmshaven;
Mitglied im International Advisory Board, Universität Leiden (NL);
Mitglied im Scientific Advisory Committee Max Planck – Harvard Research Center for the Archaeoscience of the Ancient Mediterranean (USA);
Mitglied im Archäologischen Komitee der Ungarischen Akademie der Wissenschaften in Budapest;
Mitglied des Editorial Boards der „Proceedings of the Prehistoric Society";
Mitglied des Editorial Boards des „Journal of Archaeological Research";
Mitglied des Editorial Boards des „Journal of World Prehistory";
Mitglied des Editorial Boards des „European Journal of Archaeology";
Mitglied des Editorial Boards „Hungarian Archaeology online";
Gewähltes Mitglied der British Academy;
Mitglied in der Öffentlichen Einrichtung der Ungarischen Akademie der Wissenschaften in Budapest;
Mitglied in der AG Urgeschichte, Ungarn;
Mitglied in der Hungarian Archaeologists' Association;
Mitglied in der Society of Antiquaries;
Mitglied in der Academia Europaea (Salzburg);
Series Editor der Reihe „Themes in Contemporary Archaeology".

A. Gramsch ist
Mitglied des Beirats der Zeitschrift „Forum Kritische Archäologie";
Mitglied des Advisory Boards „Archaeological Dialogues".

K. P. Hofmann ist
Vizepräsidentin des Deutschen Verbandes für Archäologie (DVA);
Stellvertretende Sprecherin der Arbeitsgemeinschaft Theorien in der Archäologie (TidA) e. V.;
Mitglied des Wissenschaftlichen Beirats der Zeitschrift „Forum Kritische Archäologie";
Mitglied der Kommission zur Erforschung von Sammlungen Archäologischer Funde und Unterlagen aus dem nordöstlichen Mitteleuropa (KAFU);
Beiratsmitglied der Archäologischen Trierer Kommission (ATK);
Mitglied des Lenkungsgremiums VARM;
Mitglied der Kommission Grabungstechnik des Verbands der Landesarchäologen und Vorsitzende der Prüfungskommission zur Fortbildung zum „Grabungstechniker" nach „Frankfurter Modell";

Mitglied des Wissenschaftlichen Beirats des Fachinformationsdienstes für Altertumswissenschaften Propylaeum.

I. Hohle ist
Sprecherin der AG Neolithikum.

M. Kohle ist
Beiratsmitglied der AG Eisenzeit des West- und Süddeutschen Verbandes für Altertumsforschung.

G. Rasbach ist
Mitglied des Wissenschaftlichen Beirats Limiseum, Ruffenhofen;
Mitglied des Wissenschaftlichen Beirats des Projektes Kalkriese;
Vertreterin der RGK bei der Deutschen Limeskommission;
Mitglied im Vorstand der Archäologischen Gesellschaft in Hessen (AiGH);
Mitglied im Denkmalbeirat der Stadt Frankfurt a. M.;
Mitglied der Kommission „Imperium und Barbaricum: Römische Expansion und Präsenz im rechtsrheinischen Germanien" (Akademie der Wissenschaften Göttingen);
Mitglied im Vorstand des Vereins „Freunde der Archäologie in Europa e. V.".

M. Reinfeld ist
Gewähltes Mitglied des Hauptausschusses des Deutschen Archäologen-Verbandes e. V. (DArV).

R. Scholz ist
Mitglied im Arbeitskreis für Grabungstechnik;
Mitglied der RGK in der Kommission Grabungstechnik des Verbands der Landesarchäologen;
Vorsitzender des Personalrats RGK;
Mitglied des erweiterten Vorstands des Gesamtpersonalrats DAI;
Vorsitzender des Hauptpersonalrats im AA.

H.-U. Voß ist
Korrespondierendes Mitglied der Kommission zur Erforschung von Sammlungen archäologischer Funde und Unterlagen aus dem nordöstlichen Mitteleuropa (KAFU);
Mitglied des Netzwerkes Archäologisch-Historisches Metallhandwerk (NAHM).

D. Wigg-Wolf ist
Gewähltes Mitglied des Hauptausschusses des Deutschen Archäologen-Verbandes e. V. (DArV);
Fachgebietsvertreter für antike Fundmünzen der Numismatischen Kommission der Länder in der Bundesrepublik Deutschland;
Mitglied des Wissenschaftlichen Beirats der Zeitschrift „MONETA";
Mitglied des Wissenschaftlichen Beirats der Zeitschrift „Journal of Archaeological Numismatics";
Mitglied des Wissenschaftlichen Beirats der Zeitschrift „Journal of Ancient History and Archaeology";
Mitglied des Wissenschaftlichen Beirats der Zeitschrift „Online Zeitschrift zur Antiken Numismatik – OZeAN";
Koordinator der Arbeitsgruppe „European Coin Find Network";
Mitglied des Steering Committee der Arbeitsgruppe „Nomisma.org";
Co-Chairperson der Arbeitsgruppe „DARIAH-EU Digital Numismatics Working Group".

## 7. Öffentlichkeitsarbeit

### Förderverein „Freunde der Archäologie in Europa e. V."

Der 2004 gegründete Förderverein der RGK veranstaltet Vorträge, Exkursionen ins In- und Ausland und fördert Forschungsprojekte.

Die Mitgliederversammlung fand am 12. Juni im Vorfeld des Sommerfests statt. Nach der Entlastung des alten Vorstandes (Dr. Rainer Stachels, 1. Vorsitzender; Prof. Dr. Siegmar von Schnurbein, 2. Vorsitzender; Dr. Christian Schudnagies, Schatzmeister; Frau Dr. Gabriele Rasbach, Schriftführerin) kam es zur Wahl des neuen Vorstandes:

Angelika Wilcke, 1. Vorsitzende
Prof. Dr. Markus Scholz, 2. Vorsitzender
Thomas Claus, Schatzmeister
Dr. Daniel Burger-Völlmecke, Schriftführer

#### Exkursionen

Am 2. Mai wurde die Sonderausstellung „Das Geheimnis der Keltenfürstin von der Heuneburg" mit Herrn Dr. Axel Posluschny im Keltenmuseum Glauberg besucht.

Am 27. November führte Herr Dr. Wolfgang David die Mitglieder des Vereins durch die Sonderausstellung „BIATEC NONNOS – Kelten an der mittleren Donau" im Archäologischen Museum Frankfurt a. M.

#### Förderungen

Der Förderverein ermöglichte durch finanzielle Unterstützungen die Übersetzung der Publikation „Fürstengräber von Carnowko" durch Herrn Prof. Dr. Jan Schuster sowie die Übersetzung des CRFB-Bandes „Corpus der römischen Funde im Barbaricum – Polen – Band 3 – Mittelpolen" durch Frau Prof. Dr. Magdalena Mączyńska ins Deutsche.

Außerdem finanzierte der Verein freundlicherweise die Anfertigung einer Kopie der Diana-Isis Statuette der RGK als Dauerleihgabe für eine Ausstellung in Marsal (Lothringen).

### Ausstellungen / Messestände

4.–7.9.2019, EAA Annual Meeting, Informationsstand der RGK, Präsentation von Redaktion und Öffentlichkeitsarbeit (A. Gramsch / Ch. Rummel)

### Interviews / Dreharbeiten

M. Reinfeld, Fernsehbeitrag „Auf Tauchgang im Werbellinsee" in der Sendung ZIBB des Rundfunk Berlin Brandenburg, ausgestrahlt am 10.7.2019.

D. Wigg-Wolf, Aufnahmen zur Rundfunksendung „Quarks und Co." des Westdeutschen Rundfunks, Beitrag zum illegalen Antikenhandel und die Rolle des Projektes NETcher, ausgestrahlt am 25.9.2019.

## Vorträge für eine breite Öffentlichkeit[5]

2. März, D. Wigg-Wolf, Vortrag „Geld für die Barbaren? Neue Erkenntnisse zu den römischen Münzen in Norddeutschland.“, Lehrerverband Mecklenburg-Vorpommern Rostock.
13. April, D. Wigg-Wolf, Vortrag „Geld für die Barbaren? Neue Erkenntnisse zu den römischen Münzen in Norddeutschland“, 61. Regionaltagung für Ostmecklenburg und Vorpommern, Stralsund.
13. April, M. Reinfeld, Vortrag „Escape – Expulsion – Sinking. New research at the harbour of Karantina Adası (Urla, Izmir / Turkey)“, Deutsche Gesellschaft zur Förderung der Unterwasserarchäologie e. V. Bodrum, Türkei.
18. Juni, Ch. Rummel und G. von Bülow, Abendvortrag „Der spätrömische Kaiserpalast Romuliana bei Gamzigrad, Ostserbien – neue Forschungsergebnisse und neue Fragen“, Denkmalpflege Thessaloniki, Griechenland.
8. Oktober, G. Rasbach, Vortrag „Der Limes in Europa – Perspektiven einer Grenze“, Deutsches Archäologisches Institut Rom.
10. Oktober, H.-U. Voß, Vortrag „Römer in Mecklenburg? ‚Fürstengräber‘ der frühen Römischen Kaiserzeit in Hagenow“, Museum Hagenow.
5. Dezember, G. Rasbach, Abendvortrag „Der Pferdekopf aus Waldgirmes. Ausgrabung, Restaurierung, Präsentation“ im Rahmen der Vortragsreihe „Geschichte – Kunst – Kultur“, Hessisches Hauptstaatsarchiv Wiesbaden.

## Websites

K. P. Hofmann, Ch. Rummel und R. Klopfer betreuten den Blog ‚Crossing Borders – Building Contacts‘ – News and Notes from the Römisch-Germanische Kommission, zu denen A. Gramsch, I. Hohle, H. Höhler-Brockmann, K. P. Hofmann, R. Klopfer, Ch. Rummel und R. Scholz Beiträge lieferten: https://www.dainst.blog/crossing-borders/ (letzter Zugriff: 1.12.2021).

Ch. Rummel und R. Klopfer sowie A. Lang und K. Brose betreuten die Website der RGK: https://www.dainst.org/standort/-/organization-display/ZI9STUj61zKB/14595 (letzter Zugriff: 1.12.2021).

Die RGK beteiligte sich mit mehreren Beiträgen zu ihren Forschungen und ihrer Geschichte an der 190 Jahre DAI Blogreihe, die anlässlich des 190-jährigen Bestehens des Deutschen Archäologischen Instituts auf der Facebook-Seite des DAI und dem entsprechenden DAI-Blog geschaltet wurde (https://www.dainst.blog/190JahreDAI/ [letzter Zugriff: 1.12.2021]).

A. Gramsch, bewarb die Open Access Journals der iDAI.world, und insbesondere die Online-Zeitschriften RGK und DAI im Rahmen der Open-Access-Week (https://www.openaccessweek.org).

K. P. Hofmann, Ch. Rummel, R. Klopfer sowie A. Lang und K. Brose betreuten die Facebook-Präsenz der RGK sowie der Freunde der Archäologie Europas e. V. (https://www.facebook.com/freunde.rgk/).

[5] Siehe ferner die unter „Vorträge der RGK“, mit * gekennzeichneten Vorträge der Mitarbeiter*innen.

K. P. Hofmann und D. Wigg-Wolf twitterten RGK-News unter dem #RGK_DAI.

K. P. Hofmann ist beteiligt am Blog des Verbund Archäologie Rhein-Main https://varm.hypotheses.org/ und dem Blog des Drittmittelprojektes „Resilienzfaktoren in diachroner und interkultureller Perspektive" https://rfactors.hypotheses.org/.

F. Becker, C. Uhnér und M. Wingenfeld arbeiteten an der Website des LOEWE-Schwerpunkts „Prähistorische Konfliktforschung" [https://www.uni-frankfurt.de/61564916/LOEWE-Schwerpunkt (letzter Zugriff: 1.12.2021)].

D. Wigg-Wolf arbeitete an den Websites https://www.imagma.eu/, https://ecfn.fundmuenzen.eu/ und https://afe.fundmuenzen.eu/ sowie celticcoinage.org.

## Buchpräsentationen

31. Mai, A. Gramsch, C. Wolf, C. S. Sommer, Buchpräsentation „Die Wachttürme und Kleinkastelle am Raetischen Limes", Gunzenhausen.
26. November Präsentation des Sachbuches „Spuren des Menschen" in der RGK, Frankfurt a. M. *(Abb. 44).*

Abb. 44. Buchpräsentation des Bandes „Spuren des Menschen. 800 000 Jahre Geschichte in Europa!" am 26.11.2019 in der RGK (Foto: R. Klopfer, RGK).

## 8. Nachwuchsförderung

### Stipendien

Reisestipendium 2019: Dr. Nadia Balkowski

### Betreuung von Abschlussarbeiten

E. Bánffy ist Erstbetreuerin der Promotionsarbeit von Anett Osztás an der Eötvös-Loránd-Universität (ELTE) Budapest über „Architektur der Lengyel-Besiedlung in Transdanubien".

R. Scholz ist Zweitgutachter der Masterarbeit von Melani Podgorelec an der HTW-Berlin mit dem Titel „Landschaftsarchäologische Untersuchungen zum Besiedlungsmuster und Stratigraphie der Satellitenfundplätze im Umfeld eines neolithischen Tells anhand einer Beispielregion im Osten Kroatiens".

D. Wigg-Wolf ist Mitbetreuer des Promotionsvorhabens von Tim Greifelt an der Ruhr-Universität Bochum zum Thema „Metallurgie der römisch kaiserzeitlichen Denarprägung".

### Lehre

N. Chub
Leuphana Universität Lüneburg, Seminar (Lektürekurs) im WS 2019/20 „Raum und seine Wechselbeziehung mit der Konstruktion der Identitäten".

M. Reinfeld / B. Fritsch
Institut für Archäologie, Lehrbereich Klassische Archäologie - Winckelmann-Institut, Humboldt-Universität zu Berlin. Vorlesung: „Einführung in naturwissenschaftliche Methoden in der Archäologie".

R. Scholz
Universität Rostock, Forschungstauchzentrum, Vorlesung für die Fortbildung zum berufsgenossenschaftlich geprüften Forschungstaucher, Seminar im WS 2018/19 „Methoden der Unterwasserarchäologie".

J. N. Schrauder / C. Nauerth
Universität Heidelberg, Ägyptologisches Institut, Seminar im WS 2019/20 „Ägyptens Erbe".

D. Wigg-Wolf
Goethe-Universität Frankfurt, Seminar im WS 2018/19 „Einführung in das keltische Münzwesen. Prägung, Ikonographie und Archäologie".

### Fortbildung Geprüfte Grabungstechnikerin bzw. Geprüfter Grabunsgtechniker

Am **27. März** hat Herr David Lehmann (Landesamt für Archäologie Freistaat Sachsen) die Prüfung zum Grabungstechniker erfolgreich abgelegt. Als Prüfer*innen waren beteiligt:

Ch. Grünewald, H. Haßmann, M. Bauer, S. Binnewies und R. Scholz.
Am **29. Oktober** hat Frau Laura Bauer (Generaldirektion Kulturelles Erbe, Rheinland-Pfalz, Landesarchäologie, Außenstelle Speyer) die Prüfung zur Grabungstechnikerin erfolgreich abgelegt. Als Prüfer*innen waren beteiligt: T. Schüler, H. Haßmann, A. Kinne, K. P. Hofmann, R. Scholz und M. Rummer.

## 9. Gäste

Dr. H. Ashkenazi (Universität Tel Aviv) – Dr. L. Bakker (Römisches Museum Augsburg) – Dr. T. Bechert (Stadtarchäologie Duisburg) – S. Betjes M. A. (Universität Nijmegen) – Dr. H. Brem (Amt für Archäologie Kanton Thurgau, Frauenfeld) – Prof. Dr. A. Bursche (Universität Warschau) – Dr. R. Ciołek (Universität Warschau) – Dr. S. Conrad (Universität Tübingen) – Dr. V. Defente (Universität Soissons) – C. Esposito M. A. (Universität Belfast) – M. Felcan M. A. (Slowakische Akademie der Wissenschaften, Nitra) – Dr. A. Feugnet (Universität Paris I) – Prof. Dr. B. Gediga (Universität Breslau) – M. Gigante M. A. (Universität Belfast) – Ph. Gleich M. A. (Universität Basel) – Dr. P. Glesson (Universität Belfast) – T. Greifelt M. A. (Deutsches Bergbaumuseum Bochum) – A.-L. Grevey (Universität Montpellier) – Dr. L. Grumeza (Archäologisches Institut der Rumänischen Akademie der Wissenschaften, Iași) – Dr. S. Grunwald (Berlin) – Dr. M. Grygiel (Universität Krakau) – Dr. F. Hunter (National Museums Scotland, Edinburgh) – J. Jakucs M. A. (Ungarische Akademie der Wissenschaften, Budapest) – Prof. Dr. T. Jamir (Nagaland University, Kohima) – Dr. L. Juhász (ELTE Universität, Budapest) – PD Dr. G. Kalla (ELTE Universität, Budapest) – E. Kocak (Universität Ankara) – Prof. Dr. A. Kokowski (Universität Lublin) – Dr. B. Komoróczy (Universität Brünn) – I. Kowalczuk M. A. (Universität Warschau) – Dr. K. Kowarik (Naturhistorisches Museum Wien) – D. Krčová M. A. (Slowakische Akademie der Wissenschaften, Nitra) – A. K. Lay M. Sc. (Freie Universität Berlin) – Dr. A. Lindenlauf (Bryn Mawr College) – PD Dr. M. Luik (Römerpark Köngen) – Prof. Dr. M. Mączyńska (Universität Łódź) – S. Martini M. A. (Universität Kiel) – Dr. B. Mende (Ungarische Akademie der Wissenschaften, Budapest) – Prof. Dr. M. Meyer (Freie Universität Berlin) – Prof. Dr. L. Mrosewicz (Universität Posen) – Dr. H. Nørgaard (Universität Aarhus) – Prof. Dr. W. Nowakowski (Universität Warschau) – Dr. J. O'Driscoll (Universität Aberdeen) – Dr. X. Pauli-Jensen (Moesgard Museum) – Prof. Dr. L. Përzhita (Archäologisches Institut Tirana) – Dr. R. Petrovszky (Historisches Museum der Pfalz, Speyer) – Dr. M. Pollak (Bundesdenkmalamt, Wien) – Dr. A. Popa (Museum der Ostkarpaten, Sfântu Gheorghe) – Dr. P. Prohászka (Slowakische Akademie der Wissenschaften, Nitra) – Dr. M. Przybała (Universität Krakau) – Prof. Dr. P. Raczky (ELTE Universität, Budapest) – Dr. J. Rajtár (Slowakische Akademie der Wissenschaften, Nitra) – Dr. A. Rau (Zentrum für Baltische und Skandinavische Archäologie, Schleswig) – M. Reichardt M. A. (Universität Jena) – Dr. T. Romankiewicz (Universität Edinburgh) – Dr. M. Sahin (Universität Bursa) – Dr. V. Salač (Tschechische Akademie der Wissenschaften, Prag) – Dr. P. Sankot (Nationalmuseum, Prag) – H. Schnorbusch M. A. (DAI Madrid) – Prof. Dr. A. Schülke (Universität Oslo) – Dr. R. Schumann (Universität Hamburg) – Prof. Dr. J. Schuster (Universität Łódź) – K. Sido M. A. (Universität Pécs) – Dr. V. Slavchev (Historisches Nationalmuseum, Varna) – Dr. G. Sommer-von Bülow (Berlin) – R. Staniuk M. A. (Universität Kiel) – Dr. M. Szeliga (Universität Lublin) – Dr. K. Szilágyi (Ungarische Akademie der Wissenschaften, Szeged) – Dr. St. Ţerna (Universität Chişinau) – Prof. Dr. S. Thomas (Universität Helsinki) – Dr. M. Tiplic (Rumänische Akademie der Wissenschaften, Sibiu) – Prof. Dr. P. van Ossel (Universität Nanterre, Paris) – Prof. Dr. Ph. Verhagen (Freie Universität Amsterdam) – M. Wunderlich M. A.

(Universität Kiel) – A. Wyss M. A. (Universität Bern) – Dr. A. Zapolska (Universität Warschau) und P. Ziesar (Universität Paris).

## 10. Bibliothek und Archiv

Das Jahr 2019 war für die Bibliothek der RGK zwar ein erfolgreiches, aber kein einfaches Jahr. Aufgrund von Personalausfällen wurden im zweiten Halbjahr zeitweise die Aufgaben der Bibliothek nur von einer Mitarbeiterin mit halber Stelle erledigt. Daher kamen in diesem Jahr auch nur 1827 neue Medieneinheiten zum Bestand der Bibliothek hinzu (2018 waren es noch 2278). Insgesamt konnten 2019 in der Bibliothek 44 und im Archivbereich 21 Anfragen bearbeitet werden, die teils komplexe Recherchen erforderten. Die schwierige personelle Situation führte dazu, dass die anstehende Revision leider nicht duchgeführt werden konnte. Sie ist für 2020 fest eingeplant.

Sehr erfreulich ist hingegen die positive Entwicklung der Besucherzahlen; mit 10 244 Besucher*innen wurden sogar die Zahlen aus den Jahren vor den zahlreichen brandschutzbedingten Schließungen der Bibliothek übertroffen.

Seit August 2019 arbeitet Sandra Schröer im Arbeitsfeld Archiv / Bibliothek. Sie hat mit der systematischen Ordnung und Neulagerung des aus Ingolstadt (ehemalige Außenstelle) übernommenen „Archiv der Reichs-Limeskommission" begonnen. Gleichzeitig erstellte sie ein Inventar (Findbuch) der Archivalien.

Eine Kernaufgabe des Archivs im Berichtsjahr war die Vorbereitung des Sammelbandes „Digging Gerhard Bersu". Zahlreiche Akten wurden gesichtet und externen Autor*innen als Regesten oder Scans zur Verfügung gestellt.

Die RGK beteiligte sich 2019 zudem weiter federführend am biographischen Informationssystem Propylaeum-VITAE [https://www.propylaeum.de/themen/propylaeum-vitae/] zu Personen, die durch ihre Leistungen in der Archäologie und in den Altertumswissenschaften hervorgetreten sind. Neben Treffen zur Klärung des Redaktionsablaufs und Fragen zu Schnittstellen und Standardvokabularen wurde das System möglichen weiteren Partner*innen und Nutzer*innen vorgestellt und mit dem RGZM ein DFG-Antrag zur inhaltlichen Erschließung der Archive und inhaltlichen Weiterentwicklung des Systems vorbereitet.

## 11. Persönliches

### Mitglieder der Kommission

Mitglieder *ex officio:*
Prof. Dr. Dr. h.c. Friederike Fless, Präsidentin des Deutschen Archäologischen Instituts, Podbielskiallee 69–71, 14195 Berlin
Prof. Dr. Dr. h.c. Eszter Bánffy, Erste Direktorin der Römisch-Germanischen Kommission des Deutschen Archäologischen Instituts, Palmengartenstr. 10–12, 60325 Frankfurt a. M.
Dr. Kerstin P. Hofmann, Zweite Direktorin der Römisch-Germanischen Kommission des Deutschen Archäologischen Instituts, Palmengartenstr. 10–12, 60325 Frankfurt a. M.
Carolin von Buddenbrock, Auswärtiges Amt, Arbeitsstab Kulturerhalt, Werderscher Markt 1, 10117 Berlin
Peter Feldmann, Oberbürgermeister der Stadt Frankfurt a. M., Römerberg 23, 60311 Frankfurt a. M. (in Vertretung: Dr. Wolfgang David, Direktor des Archäologischen

Museums in Frankfurt a. M., Karmelitergasse 1, 60311 Frankfurt a. M.)
Univ.-Prof. Dr. Alexandra Busch, Generaldirektorin des Römisch-Germanischen Zentralmuseums Mainz, Ernst-Ludwig-Platz 2, 55116 Mainz
Gewählte Mitglieder:
Prof. Dr. Amy Bogaard, Institute of Archaeology, University of Oxford, 36 Beaumont St, Oxford OX1 2PG, Great Britain
Prof. Dr. Sebastian Brather, Institut für Ur- und Frühgeschichte und Archäologie des Mittelalters der Albert-Ludwigs-Universität Freiburg, Belfortstr. 22, 79085 Freiburg
Prof. Dr. Alexander Heising, Albert-Ludwigs-Universität Freiburg, Institut für Archäologische Wissenschaften, Abteilung für Provinzialrömische Archäologie, Glacisweg 7, 79098 Freiburg im Breisgau
Prof. Dr. Rüdiger Krause, Institut für Archäologische Wissenschaften, Abt. III, Vor- und Frühgeschichte der Johann Wolfgang Goethe-Universität Frankfurt, IG-Farbenhaus, Norbert-Wollheim-Platz 1, 60629 Frankfurt a. M.
Prof. Dr. Joseph Maran, Institut für Ur- und Frühgeschichte der Ruprecht-Karls-Universität Heidelberg, Marstallhof 4, 69117 Heidelberg
Prof. Dr. Michael Meyer, Institut für Prähistorische Archäologie der Freien Universität Berlin, Fabeckstraße 23–25, 14195 Berlin
Prof. Dr. Doris Mischka, Institut für Ur- und Frühgeschichte der Friedrich-Alexander-Universität Erlangen-Nürnberg, Kochstr. 4/18, 91054 Erlangen
Prof. Dr. Dr. h. c. Volker Mosbrugger, Generaldirektor der Senckenberg Gesellschaft für Naturforschung, Senckenberganlage 25, 60325 Frankfurt a. M.
Prof. Dr. Johannes Müller, Institut für Ur- und Frühgeschichte der Christian-Albrechts Universität Kiel, Olshausenstraße 40, 24118 Kiel
Prof. Dr. Michael Rind, Direktor, LWL-Archäologie für Westfalen, An den Speichern 7, 48157 Münster
Prof. Dr. Brigitte Röder, Departement Altertumswissenschaften, Ur- und Frühgeschichtliche und Provinzialrömische Archäologie, Petersgraben 51, 4051 Basel, Schweiz
Prof. Dr. Thomas Terberger, Niedersächsisches Landesamt für Denkmalpflege, Scharnhorststraße 1, 30175 Hannover
Prof. Dr. Claus Wolf, Direktor, Regierungspräsidium Stuttgart, Landesamt für Denkmalpflege, Berliner Str. 12, 73728 Esslingen a. N.
Dr. Sabine Wolfram, Direktorin, Staatliches Museum für Archäologie Chemnitz, Stefan-Heym-Platz 1, 09111 Chemnitz

sowie ohne Votum:
Prof. Dr. Dr. h. c. Siegmar von Schnurbein, Erster Direktor i. R. der Römisch-Germanischen Kommission des Deutschen Archäologischen Instituts, Darmstädter Landstraße 81, 60598 Frankfurt a. M.

## Mitglieder des Deutschen Archäologischen Instituts

Bei ihrer Jahressitzung 2019 wählte die Kommission aus ihrem Arbeitsgebiet 14 Gelehrte zu Korrespondierenden Mitgliedern:

Alexandra Anders (Budapest) – Jacek Andrzejowski (Warszawa) – Stephen Davis (Dublin) – Asja Engovatova (Moskau) – Chris Gosden (Oxford) – Stijn van Heeren (Amsterdam) – Detlef Jantzen (Schwerin) – Miomir Korać (Belgrad) – Felix Marcu (Cluj-Napoca) – Xenia Pauli-Jensen (Moesgård) – Ulrike Peter (Berlin) – Sofija Petković (Belgrad) – Alexandru Popa (Sf. Gheorge) – Johannes Wienand (Braunschweig)

Verstorbene Mitglieder des DAI aus dem Forschungsbereich der RGK:
Wir betrauern den Tod von
Klaus-Dieter Jäger (verst. 31. März 2019),
Gerhard Billig (verst. 24. April 2019),
Stephan Bender (verst. 20. Juni 2019),
Nicolae Gudea (verst. 5. Juli 2019),
Peter Jablonka (verst. 21. Juli 2019),
Karl Peschel (verst. 19. August 2019),
Adolf Siebrecht (verst. 25. August 2019),
Friedrich Hiller (verst. 27. August 2019),
Gernot Jacob-Friesen (verst. 27. Oktober 2019),
Michael Müller-Wille (verst. 12. November 2019) und
Klaus Goldmann (verst. 19. Dezember 2019).

## Personal der Kommission

### Direktorium

Bánffy, Eszter, Prof. Dr. Dr. h. c., Erste Direktorin
Hofmann, Kerstin P., Dr., Zweite Direktorin

### Wissenschaft

Gramsch, Alexander, Dr.
Hohle, Isabel, Dr. (seit 15.1.2019)
Rasbach, Gabriele, Dr. (60 %)
Rassmann, Knut, Dr.
Rummel, Christoph, Dr.
Schröer, Sandra, M. A. (40 % Vertretung für G. Rasbach; seit 19.8.2019)
Voß, Hans-Ulrich, Dr.
Wigg-Wolf, David, Dr.

### Wissenschaftliche Hilfskräfte

Brose, Kerstin, M. Sc. (Freistellungen bis 31.3. und 1.5.–31.7.2019)
Hahn, Julia, M. A.
Klopfer, Rudolf, M. A. (Vertretung für K. Brose 26.11.2018–31.8.2020)
Kohle, Maria, M. A.
Lang, Ayla, M. A. (freigestellt seit 11.6.2019)
Lauer, Daniel, M. Sc.
Schrauder, Julienne N., M. A. (seit 15.10.2019; Vertretung für D. Wigg-Wolf, Stellenanteil IT-Sicherheit)

### Aus Dritt- und Projektmitteln finanzierte Stellen

Becker, Franz, M. A. (LOEWE; 65 %, 1.5.2016–31.12.2019)
Chub, Nataliia, M. A. (RefadiP; 50 %, 1.7.2019–31.5.2021)
Domscheit, Wenke, M. A. (DAI, FDM-Projekt ZWD, WHK 1.10.2019–30.9.2023)
Höhler-Brockmann, Hajo, M. Sc. (DFG; 50 %, 1.12.2019–30.9.2020)

Komnik, Holger, Dr. (DFG / NCN Beethoven-Projekt; 100 %, 1.1.2016–31.10.2017; 50 %, 1.11.2017–29.2.2020)
Pilekić, Marjanko, M. A. (DFG / NCN Beethoven-Projekt; 65 %, 1.4.2017–31.1.2020)
Reinfeld, Michaela, M. A. (NETcher, 65 %; 25.2.2019– 31.12.2020)
Rösler, Katja, Dr. (DAI, FDM-Projekt des ZWD, 5.8.2019–4.8.2023)
Stucky, Kerstin, M. Sc., M. A. (DFG; 65 %, 17.7.2017–30.4.2019)
Skorna, Henry, M. A. (DFG; 67 %, 7.8.2017–14.10.2019)
Uhnér, Claes, Dr. (LOEWE; 100 %, 15.3.2016–31.12.2019)
Wingenfeld, Milena, M. A. (LOEWE; 65 %, 1.4.2016–31.12.2019; freigestellt 8.8.2018–31.3.2019)

Bibliothek

Hofer, Beate, Diplom-Bibliothekarin (beurlaubt bis 13.4.2023)
Schlegelmilch, Dana (50 %, Vertretung für V. Szabó, 1.11.2018–30.4.2019)
Schottke, Monika, Bibliotheksbotin (50 %)
Schult, Susanne, FAMI (freigestellt seit 23.4.2019)
Szabó, Valéria, Diplom-Bibliothekarin (50 %, Vertretung für B. Hofer bis 13.4.2020)
Vogel, Caroline, Diplom-Bibliothekarin (50 %, Vertretung für V. Szabó, 15.7.2019–31.12.2019)
Yüksel, Güler, Vervielfältigerin (50 %)

Redaktion

Linß, Angelika, Verwaltungsangestellte (75 %, bis 31.10.2019)
Ruppel, Kirstine, Grafikerin
Wagner, Oliver, Grafiker (50 %)

Referat für Prospektions- und Grabungsmethodik

Grundmann, Andreas, Grabungstechniker (29.4.–7.5.2019; 1.7.–16.8.2019; 26.8.–13.9.2019; 15.10.–15.12.2019, tlw. Vertretung für J. Kalmbach)
Höhler-Brockmann, Hajo, M. Sc. Grabungstechniker (60 %, bis 30.11.2019; danach 35 % bis 31.5.2020, Vertretung für R. Scholz)
Kalmbach, Johannes, B. A. Grabungstechniker (freigestellt 4.4.–7.5.2019)
Scholz, Roman, Dipl. Ing., M. Sc., Grabungstechniker (75 %, 20.2.2018–19.2.2020; Freistellung 35 %, 1.2.2018–31.5.2020)
Podgorelec, Melani, M. Sc., Technische Assistentin (50 %, seit 1.4.2019)

Sekretariat

Delp, Ana (50 %, 1.7.–30.11.2019)
Kühn, Birgit, Ref. jur., PGDipSc (JCU) (50 %, seit 15.4.2019)

Verwaltung

Bertrand, Nicole, Bürosachbearbeiterin
Narin, Tatjana, Verwaltungsleiterin (75 %)
Calişkan, Şerife, Reinigungskraft

Hofmeister, Rigo, Hausmeister und Kraftfahrer (freigestellt seit 4.8.2019)
Yüksel, Güler, Pforte und Veranstaltungen (50 %)

Frankfurt a. M., den 31.12.2019

Eszter Bánffy
Kerstin P. Hofmann

# Hinweise für Publikationen der Römisch-Germanischen Kommission

Manuskripte, die zur Veröffentlichung angeboten werden, sind jederzeit an die Erste Direktorin der Römisch-Germanischen Kommission, Palmengartenstraße 10–12, D–60325 Frankfurt a. M. zu richten und können per E-Mail eingereicht werden über redaktion.rgk@dainst.de.

Die Entscheidung über die Annahme zum Druck, die Aufnahme in einen bestimmten Zeitschriftenjahrgang bzw. die Ablehnung wird nach dem Begutachtungsverfahren (doppelblindes Peer-Review) gefällt. Die Autor*innen werden gebeten, Kopien sämtlicher Texte, Daten und Bildvorlagen bis zum Erscheinen des Bandes bei sich aufzubewahren. Beiträge können auf Deutsch, Englisch oder Französisch abgefasst sein. Für die Zitierweise gelten die Richtlinien und Abkürzungen der Römisch-Germanischen Kommission des Deutschen Archäologischen Instituts (abgedruckt in: Bericht der Römisch-Germanischen Kommission 71, 1990, 973–998 und 73, 1992, 477–540). Wir empfehlen die naturwissenschaftliche Zitierweise mit Kurztiteln, bestehend aus Autor*innennamen und Erscheinungsjahr, in den Fußnoten oder in Klammern im Text, mit einem Literaturverzeichnis am Ende des Fließtextes. Elektronische Medien können nur zitiert werden, sofern sie über einen URN *(Uniform Resource Name)* der Deutschen Bibliothek (www.ddb.de) oder einen alternativen *Persistent Identifier* (z. B. *Digital Object Identifier*, doi) verfügen, der die Beständigkeit ihrer URL garantiert.

## Satzspiegel (bei Abbildungen einschließlich Unterschrift)

| | |
|---|---|
| Germania und Bericht RGK: | 14,0 : 21,5 cm |
| Römisch-Germanische Forschungen: | 18,7 : 23,7 cm |
| Kolloquien zur Vor- und Frühgeschichte: | 16,0 : 24,5 cm |
| Confinia et horizontes: | 16,5 : 24,5 cm |

## Manuskript

Bei der Germania ist der Umfang von Aufsätzen auf 30 Druckseiten Text (insgesamt rund 110 000 Zeichen inklusive Leerzeichen) und zehn Druckseiten für Abbildungen beschränkt, der Umfang von Diskussionsbeiträgen auf 15 Manuskriptseiten (ca. 40 000 Zeichen inklusive Leerzeichen) und fünf Abbildungen. Besprechungen umfassen höchstens fünf Manuskriptseiten (rund 16 000 Zeichen inklusive Leerzeichen) und können keine Fußnoten, Tabellen und Abbildungen beinhalten; Literaturzitate kommen in Klammern in den fortlaufenden Text.

Der Umfang für Beiträge im Bericht der RGK ist auf 150 Druckseiten Text (rund 540 000 Zeichen inklusive Leerzeichen) und 30 Druckseiten für Abbildungen beschränkt. Ausnahmen bedürfen der Absprache mit der Direktion.

Bitte achten Sie auf eine gerade auch für Nicht-Muttersprachler*innen möglichst leicht lesbare Sprache und vermeiden Sie insbesondere zu lange Sätze. Die Redaktion ist grundsätzlich berechtigt, kleinere stilistische Korrekturen vorzunehmen.

Neben Text und Anmerkungen muss jeder Beitrag auch die Anschriften aller Autor*innen und ggf. Übersetzer*innen, Bildunterschriften, Abbildungsnachweis, eine Zusammenfassung in der Länge von ca. 100 Wörtern (Germania) bzw. 300–700 Wörtern (Bericht RGK) sowie Vorschläge für Schlagwörter enthalten. Wir bitten alle Autor*innen, auf Vollständigkeit zu achten!

Das Manuskript muss im MS Word-Format (docx) oder als odt- oder rtf-Datei in linksbündigem Flattersatz ohne Silbentrennung und ohne Absatzformatierungen abgefasst sein. Nach Möglichkeit sollen die Dateien über E-Mail an die Adresse redaktion.rgk@dainst.de oder germania.rgk@dainst.de übermittelt werden. In den Texten werden nur fremdsprachige Ausdrücke kursiv gedruckt. In Anmerkungen und Literaturabkürzungen sind die Namen der Autor*innen als Kapitälchen (keinesfalls in Großbuchstaben) zu formatieren.

## Abbildungen

Die Abbildungen müssen in publikations- und reproduktionsfähiger (i. d. R. digitaler) Form zusammen mit dem Manuskript eingereicht werden. Die Abbildungen sind wie die Bildunterschriften fortlaufend zu nummerieren.

Diapositive, Negative und Papierabzüge von Fotos müssen in einwandfreiem Zustand sein (keine Kratzer oder Flecken; evtl. Ausnahme: historische Aufnahmen).

Der Nachweis über den Besitz der Bild- bzw. Nutzungsrechte ist schriftlich zu erbringen, Bildunterschriften bzw. Abbildungsnachweis müssen die notwendigen Angaben – wie Name der*des Fotograf*in, ggf. der Bearbeitenden und ggf. von Rechteinhaber*innen (z. B. eines Museums) – hierzu enthalten. Die maximale Größe für analoge Bildvorlagen (auch für Grabungspläne etc.) beträgt DIN A3; im Ausnahmefall müssen die Vorlagen problemlos auf dieses Format teilbar sein. Bei allen Karten, Plänen und Fundabbildungen muss ein Maßstab angegeben sein.

Die Strichstärken aller Abbildungen sollen für die jeweils erforderliche Verkleinerung auf Satzspiegelgröße berechnet sein, damit auch feine Details klar wiedergegeben werden.

Bildlegenden innerhalb von Karten und Plänen (Erklärungen verschiedener Signaturen, Schraffuren, Graustufen) sollten so angeordnet sein, dass sie das Kartenbild nicht störend überschneiden. Karten und Pläne sollen in allen Teilen möglichst schlicht und übersichtlich gehalten sein.

Für die Anordnung mehrteiliger Abbildungen ist ein Layout-Entwurf einzureichen, die Originalzeichnungen sind separat und unmontiert abzugeben. Ausnahmen sind rechtzeitig mit der Redaktion abzusprechen.

## Digitale Bilddaten

Mit der Entgegennahme digitaler Bilddaten ist keine Garantie verbunden, dass diese auch tatsächlich für eine Einbindung in die Druckvorstufe geeignet sind. Die Abbildungen (jpg, tif u. ä. per E-Mail oder ggf. per Datenfernübertragung [z. B. WeTransfer] oder Datenträger) bitte auch in einer pdf-Datei mit eingefügten Bildern mitliefern. Die verwendeten Grafik- bzw. Bildverarbeitungsprogramme sind anzugeben.

Modus: Schwarzweiß-Abbildungen sind als Graustufen- (Halbton) bzw. als Strichbilder (Vollton, Bitmap) zu liefern. Es dürfen keine indizierten oder RGB-Farben angewendet werden. Dies gilt auch für Farbvorlagen, die im Druck schwarzweiß wiedergegeben werden.

Größe: Scans von Halb- und Volltonvorlagen sind grundsätzlich so anzulegen, dass sie keinesfalls mehr vergrößert werden müssen.

Auflösung: Graustufenbilder: mindestens 600 dpi, Farbbilder: mindestens 350 dpi, bezogen auf die Reproduktionsgröße (nicht auf das Diaformat); Strichabbildungen: mindestens 1200 dpi.

Dateiformate: Rasterbilder werden ausschließlich als jpg-, tif- oder psd-Dateien akzeptiert. Vektorgrafiken können nur aus gängigen Grafikprogrammen entgegengenommen werden, welche die erforderlichen Informationen zur Weiterverarbeitung in der Druckvorstufe enthalten. Sie müssen als offene Datei, z. B. als Adobe Illustrator- (ai), CorelDraw- (cdr) oder pdf mit entsprechend guter Auflösung, geliefert werden. Nähere Auskünfte erteilt die technische Redaktion. Vektorgrafiken dürfen keinesfalls in Pixel- oder Graustufenbilder umgewandelt sein!

## Korrekturen und Druckfreigabe

Die Autor*in erhält eine Korrektur mit Abbildungen nach dem Umbruch regulär als pdf-Datei, bei Bedarf auch als Ausdruck. Bei mehreren Autor*innen bitten wir, eine*n Hauptautor*in zu benennen, der*die für die Korrekturen, auch gegenüber den Koautor*innen, verantwortlich ist. Der Ausdruck dient der Eintragung von Korrekturwünschen, die deutlich lesbar und in roter Farbe auf dem Seitenrand zu vermerken sind; falls unvermeidlich, sind Marginalien oder Erläuterungen mit Bleistift gestattet. Auf dem Deckblatt ist die Druckfreigabe handschriftlich mit Datum einzutragen. Korrekturwünsche können auch elektronisch in die pdf-Datei eingetragen werden. Falls die*der Autor*in keine Korrekturen innerhalb eines vorgegebenen Zeitraums zurücksendet, gilt die Druckfreigabe als erteilt. Wenn die Autor*innen sich nicht anders äußern, geht die Redaktion davon aus, dass sie mit der Veröffentlichung ihrer Adressen (dienstlich oder privat) einverstanden sind. Nach dem Erscheinen des Beitrages erhalten die Autor*innen die Abbildungsvorlagen und sämtliche elektronischen Medien zurück.

## Sonderdrucke

Jede*r Autor*in erhält ihren*seinen Beitrag als pdf-Datei. Im Zuge des Korrekturganges, spätestens jedoch vor der Drucklegung, besteht die Möglichkeit zur Bestellung von Sonderdrucken auf Kosten der Autor*innen.

Die Inhaltsverzeichnisse und Zusammenfassungen der Germania und des Berichtes der RGK erscheinen auch im Internet unter der Adresse www.dainst.org (unter Publikationen → Zeitschriften). Digitale Ausgaben beider Zeitschriften sind im *Open Access* verfügbar unter https://publications.dainst.org/journals/.

# Guidelines for Publications of the Römisch-Germanische Kommission

Manuscripts submitted for publication at any time should be addressed to the Director of the Römisch-Germanische Kommission, Palmengartenstraße 10–12, D–60325 Frankfurt a. M., Germany and can be sent via e-mail to redaktion.rgk@dainst.de.

The decision to accept a manuscript for publication, to include it in a particular volume, or to reject it (as the case may be) is made on the basis of a double-blind peer review process. Until the volume is published, authors are requested to retain a copy of all texts, data and illustrations. Contributions may be written in German, English, or French. For citation norms, the guidelines and abbreviations of the Römisch-Germanische Kommission of the German Archaeological Institute apply (published in Bericht der Römisch-Germanischen Kommission 71, 1990, 973–998 und 73, 1992, 477–540). We recommend the convention of short citations, consisting of author name and publication year, in footnotes or in brackets in the text with a complete list of references at the end of the manuscript. Electronic media can only be cited if assigned a URN (Uniform Resource Name) by the German Library (www.ddb.de) or an alternative Persistent Identifier (e. g. Digital Object Identifier, doi) that guarantees the permanence of its URL.

## Print Space (Illustrations, including captions)

| | |
|---|---|
| Germania and Bericht RGK: | 14.0 : 21.5 cm |
| Römisch-Germanische Forschungen: | 18.7 : 23.7 cm |
| Kolloquien zur Vor- und Frühgeschichte: | 16.0 : 24.5 cm |
| Confinia et horizontes: | 16.5 : 24.5 cm |

## Manuscript

In Germania, articles are limited to 30 printed pages of text (approximately 110 000 characters including spaces) and ten pages of illustrations, discussions to 15 printed pages (approximately 40 000 characters including spaces) and five figures. Book reviews should not exceed five pages of manuscript (approximately 16 000 characters including spaces) and may not include footnotes, tables of illustration; literature should be referenced within the text, enclosed in parentheses.

Contributions to Bericht der RGK are limited to 150 printed pages of text (approximately 540 000 characters including spaces) and 30 pages of illustrations. To discuss exceptions to these guidelines, please contact the editors.

Please remember that our publications have a wide readership. Authors should therefore write in a clear, straightforward style and avoid overly-long sentences. The editors are authorised to make stylistic changes, when necessary.

In addition to text and footnotes, each manuscript must also include the addresses of all authors as well as translators (if applicable), a list of figures with captions, an abstract of no more than 100 words (Germania), or 300–700 words (Bericht RGK), as well as a list of suggested key words. We request that authors complete all requirements!

The manuscript must be submitted in MS Word format (docx) or as an odt or rtf file; the text should be left-justified, without word-divisions or formatted breaks. If possible, email the file to the following address: redaktion.rgk@dainst.de or germania.rgk@dainst.de.

In text, italic print is only used for terms in foreign languages. In notes and reference abbreviations, authors' names should be formatted in small caps (never in upper case letters).

## Artwork

Figures, maps, and diagrams must be submitted in publication- and reproduction-ready (digital) form together with the manuscript. The publication of coloured images must be approved in advance by the editors. Figures as well as captions must be numbered consecutively.

Transparencies, negatives, and photographic prints must be in perfect condition (no scratches or spots; exceptions may be made in the case of historic photos).

Publication permission for all images and graphics has to be provided by the authors. Captions of illustrations must supply the required source information such as the name of the photographer, the originator or the holder of rights, f. ex. a museum. The maximum size for analogue figures (also excavation plans, etc.) is DIN A3; in exceptional cases, the image must be divisible in this format without problems. A scale of measurement must be indicated on all maps, plans, and depictions of finds.

The lineweight of all artwork should be so calculated as to allow the necessary reduction of the image to the dimensions of the print space while still allowing fine details to be reproduced.

Legends within maps and plans (information clarifying various signatures, cross hatching, greyscales) must be arranged so that they do not obscure or detract from the map. All elements of the maps and plans should be kept as simple and clear as possible.

A layout sketch must be provided in the case of multiple-part illustrations; the original artwork must be provided on separate, un-mounted sheets. Any exceptions must be discussed with the editors well before the publication deadline.

## Digital Photos

Our acceptance of digital photographs does not guarantee that they are actually of a quality suited for printing in a publication. Please also provide the illustrations (jpg, tif, etc. by e-mail or digital file transfer [f. ex. WeTransfer] or data medium) in a pdf file with inserted images. The image- or photo-processing programme must be identified.

Modus: Black and white illustration should be submitted as grey-scale (halftone) or as black and white line drawings (fulltone, bitmap) images. No indexed or RGB-colours may be used. This also applies to coloured images that will be reproduced in black and white form.

Size: Scans of half- and full-tone images must be laid out so that it will not be necessary to enlarge them further.

Resolution: Grey-scale images – at least 600 dpi, coloured picture – at least 350 dpi depending on the reproduction size (not the transparency format); line drawings – at least 1200 dpi.

Data format: Halftone images are only accepted as jpg, tif or psd data. Vector graphics can only be accepted if created with common graphic programmes that include the necessary information for further processing during print preparation. They must be delivered as open files, for example as Adobe Illustrator (ai), CorelDraw (cdr), or pdf files in sufficient resolution. Additional information is available from the technical editors. Vector graphics must never be converted into pixel or grey-scale images!

## Proofs and Permission to Print

The author will receive a page proof of the article, including illustrations, as a pdf file to correct; if required a printout can be provided. When there are multiple authors, we request that a main author be identified, who is responsible for proof-reading the copy and clarifying issues with the co-authors. Correction-wishes should be written in the margin of the hard-copy, legibly and in red ink; if it is unavoidable, marginal notes or clarifications may be written in pencil. Final permission to print an article following proof reading must be hand-written with the date on the title page of the proofs. Corrections can also be submitted electronically with the pdf file. If the author does not return the corrected copy within a certain period of time, it will be assumed that permission to print has been given. If the authors do not otherwise indicate, the editors will assume that they agree to the publication of their addresses (professional or private). After publication of the article, all artwork and electronic media will be returned to the authors.

## Offprints

Every author receives a digital offprint of their item as a pdf file. Additional hardcopies can be ordered with cost during the correction phase until before the printing begins.

The Table of Contents and Abstracts published in Germania and Bericht der RGK also appear in the Internet at www.dainst.org (under Publications → Journals). Digital issues of both journals are available open access at https://publications.dainst.org/journals/.

# Recommandations pour les publications de la Römisch-Germanische Kommission

Chaque proposition de manuscrit doit être expédiée à la directrice de la Römisch-Germanische Kommission à l'adresse suivante : Erste Direktorin der Römisch-Germanischen Kommission, Palmengartenstraße 10–12, D–60325 Frankfurt a. M. ou transmise par mail à l'adresse suivante : redaktion.rgk@dainst.de.

La décision concernant la recevabilité d'un manuscrit remis, son intégration dans un volume de revue précis voire son refus est prise par le comité de rédaction suite à un procédé d'évaluation (*peer-review* en double aveugle). Les auteurs sont priés de sauvegarder des copies de tous leurs textes, données et illustrations par leurs propres moyens jusqu'à la parution du volume. Les contributions peuvent être rédigées en allemand, en anglais ou en français. Les normes de citation des références bibliographiques sont indiquées dans les recommandations et abréviations de la Römisch-Germanische Kommission (RGK) de l'Institut Archéologique Allemand (DAI) (publiées dans : Bericht der Römisch-Germanischen Kommission 71, 1990, p. 973–998 et 73, 1992, p. 477–540). Les appels des références bibliographiques dans le texte se feront sous la forme suivante : nom de l'auteur, suivi de la date de la publication dans les notes de bas de pages ou entre parenthèses dans le texte ; une bibliographie sera présentée à la fin du texte. Des références électroniques ne peuvent être acceptées que si elles possèdent un URN *(Uniform Resource Name)* de la *Deutsche Bibliothek* (www.ddb.de) ou alternativement un *Persistent Identifier* (p.ex. *Digital Object Identifier*, doi), garantissant la durabilité de leur URL.

## Surface de composition (y compris les légendes des illustrations)

| | |
|---|---|
| Germania et Bericht RGK : | 14,0 : 21,5 cm |
| Römisch-Germanische Forschungen : | 18,7 : 23,7 cm |
| Kolloquien zur Vor- und Frühgeschichte : | 16,0 : 24,5 cm |
| Confinia et horizontes : | 16,5 : 24,5 cm |

## Manuscrit

La taille des articles destinés à la revue Germania ne devra pas dépasser 30 pages de texte imprimées (max. 110 000 caractères espaces compris) et dix pages imprimées d'illustrations. La taille des tribunes est limitée à 15 pages de texte imprimées (env. 40 000 caractères espaces compris) et cinq illustrations. Les comptes-rendus ne devront pas excéder cinq pages de texte (env. 16 000 caractères espaces compris) et ne doivent comporter ni note de bas de page, ni tableau ni illustration ; les appels bibliographiques se feront entre parenthèses au fil du texte.

La taille des manuscrits destinés au Bericht der Römisch-Germanischen Kommission est limitée à 150 pages de texte imprimées (env. 540 000 caractères espaces compris) et à 30 pages imprimées d'illustrations. Toute exception nécessite un accord préalable de la direction.

Il est recommandé d'utiliser un style de langue facilement compréhensible, notamment pour lecteurs non francophones et plus particulièrement de veiller à éviter plus particulièrement des phrases trop longues. Le comité de rédaction se réserve le droit d'effectuer des corrections minimes d'ordre stylistique.

En plus du texte et des notes, chaque contribution doit être accompagnée des adresses de tous les auteurs et – s'il y a lieu – des traducteurs, des légendes des figures, des crédits des illustrations, d'un résumé d'une taille d'environ cent mots (Germania) voire 300–700 mots (Bericht der RGK) ainsi que des propositions de mots-clés. Les auteurs veilleront à soumettre des dossiers complets !

Les textes seront fournis sous format MS Word (.docx) ou en tant que fichier .odt ou .rtf, justifiés à gauche sans césure des mots et sans style de paragraphe. Si possible, les fichiers devront être transmis par mail à l'adresse suivante : redaktion.rgk@dainst.de ou germania.rgk@dainst.de. Seuls les termes en langue étrangère seront en italique. Les noms des auteurs dans les notes et les appels bibliographiques doivent être écrits en petites capitales (jamais de majuscule).

## Illustrations

Les illustrations doivent satisfaire aux exigences de publication et de reproduction (en règle générale sous forme numérique) et être déposées en même temps que le manuscrit. Les figures et légendes seront numérotées en continu.

Les diapositives, négatifs et tirages papiers de photos doivent se trouver dans un état irréprochable (pas de rayure ou de tache ; à l'exception éventuellement de photographies historiques).

Les auteurs doivent attester par écrit qu'ils sont en possession des droits d'images et de publication et reproduction. Les légendes des figures ou les crédits des illustrations doivent contenir les indications nécessaires – nom du photographe ou graphiste et éventuellement des détenteurs de droits (p. ex. un musée). La taille maximale des illustrations analogues, y compris les plans de fouilles, correspond au format A3, le cas échéant les dessins doivent être réductibles à ce format sans problème. L'ensemble des cartes, plans et illustrations d'objets doivent comporter une échelle.

Les épaisseurs des traits de toutes les illustrations doivent être calculées en fonction de la réduction sur la taille de la surface de composition prévue afin de pouvoir reproduire les détails les plus fins.

Les légendes présentes au sein des cartes et plans (explications de différents symboles, hachures, niveaux de gris) ne doivent pas entraver la lecture de l'image. Les cartes et plans doivent rester sobres et synthétiques.

En ce qui concerne l'agencement des illustrations en plusieurs parties, une proposition de mise en page doit être déposée et les dessins originaux doivent être transmis individuellement et non assemblées. Les cas particuliers doivent être discutés en temps et en heure avec le comité de rédaction.

## Données graphiques numériques

Lors de la réception des données graphiques numériques il ne peut pas être garanti que celles-ci soient effectivement adaptées pour être intégrées dans le processus de production des épreuves. Les illustrations (transmises par mail ou envoyées par une plate-forme *web-transfer* [p.ex. WeTransfer] ou sur un support de stockage aux formats .jpg, .tif ou d'autres formats semblables) doivent être accompagnées d'un fichier PDF où les images sont insérées directement dans le texte. Les programmes graphiques ou de traitement d'images utilisés doivent être indiqués.

Mode : Les illustrations en noir et blanc doivent être fournies sous forme de nuances de gris (dégradé) ou de dessins au trait (aplat, bitmap). L'usage de couleurs indexées ou de couleurs RVB n'est pas autorisé. Cela vaut également pour des illustrations en couleur reproduites en noir et blanc à l'impression.

Taille : Les scans de dessins en dégradé ou aplat doivent être créés de manière à ce qu'il ne soit plus nécessaire de les agrandir.

Résolution : Images sous forme de nuances de gris : minimum 600 dpi, images en couleur : minimum 350 dpi, en référence à la taille de reproduction (et non au format de la diapositive) ; dessins au trait : minimum 1200 dpi.

Formats des fichiers : Les images tramées seront acceptées exclusivement sous forme de fichiers .jpg, .tif ou .psd. Les graphiques vectoriels doivent être issus de programmes graphiques courants contenant les informations nécessaires à leur traitement ultérieur lors de la préimpression. Elles doivent être fournies sous forme de fichiers ouverts, p.ex. sous format Adobe Illustrator (.ai), CorelDraw (.cdr) ou PDF avec une résolution adéquate. Pour plus d'informations, veuillez contacter la rédaction technique. En aucun cas, les graphiques vectoriels ne doivent être transformés en images bitmap ou de nuances de gris !

## Corrections et bon-à-tirer

Après la mise en page, l'auteur reçoit une version corrigée contenant les illustrations sous forme de fichier PDF ou, si nécessaire, sous forme imprimée. S'il y a plusieurs auteurs, un auteur principal doit être nommé qui sera responsable des corrections vis-à-vis de ses co-auteurs. Les demandes de correction doivent être soumises de façon électronique dans les fichiers PDF. Les demandes de correction peuvent également être inscrites sur les épreuves – bien lisibles et en rouge – dans la marge.

L'impression permettra d'annoter des demandes de corrections – bien lisibles et en rouge – sur la marge. Dans les cas où cela est inévitable, des commentaires en marge ou des précisions annotées au crayon de bois seront autorisés. Sur la feuille de couverture, l'imprimatur est à noter manuellement en indiquant la date. Il est également possible d'insérer les demandes de correction de façon électronique dans les fichiers PDF. Si l'auteur ne renvoie aucune correction dans les délais fixés, l'imprimatur prend effet automatiquement. Sauf indication contraire de la part des auteurs, la rédaction considère que ceux-ci acceptent la publication de leurs adresses (professionnelles ou privées). Après la parution du volume, les originaux des illustrations et tous les fichiers seront restitués aux auteurs.

## Tirés-à-part

Chaque auteur reçoit sa contribution sous forme de fichier PDF. Lors du procédé de correction et au plus tard avant l'impression, les auteurs ont la possibilité de commander des tirés-à-part à leurs frais.

Les tables des matières et les résumés des volumes de la revue Germania et de Bericht der RGK paraîtront également sur internet à l'adresse suivante : www.dainst.org (sous Publikationen → Zeitschriften). Des éditions numériques des deux revues sont disponibles en *Open Access* sous https://publications.dainst.org/journals/.